Word 2000
Kompendium

Rudi Kost

Professionelle
Textverarbeitung

KOMPENDIUM

Markt+Technik Verlag

Die Deutsche Bibliothek – CIP-Einheitsaufnahme

Ein Titeldatensatz für diese Publikation ist bei
der Deutschen Bibliothek erhältlich

10   9   8   7   6   5   4   3   2   1

04   03   02   01   00

ISBN 3-8272-5725-5

© 2000 by Markt+Technik Verlag,
ein Imprint der Pearson Education Deutschland GmbH,
Martin-Kollar-Straße 10–12, D-81829 München/Germany
Alle Rechte vorbehalten
Einbandgestaltung: Grafikdesign Heinz H. Rauner, Gmund
Lektorat: Rainer Fuchs, rfuchs@pearson.de
Satz: reemers publishing services gmbh, Krefeld
Druck und Verarbeitung: Bercker, Kevelaer
Printed in Germany

Inhaltsübersicht

Inhaltsübersicht

Einleitung

Kapitel 1

S tartklar fürs Millenium: Word 2000 macht Sie fit fürs 21. Jahrhundert. Und wieder will Sie dieses Kompendium einerseits in Word einführen, andererseits soll es Ihnen als Nachschlagewerk dienen, das möglichst alle Fragen erschöpfend behandelt.

Die schrittweise Einführung

Wer zumindest Teil 3, »Die Standard-Funktionen«, und Teil 4, »Dokumente gestalten«, von Anfang bis Ende durcharbeitet, wird schrittweise in die wesentlichsten Funktionen von Word eingeführt und kann danach schon einen Großteil seiner Arbeit erledigen.

Alle anderen Kapitel behandeln Themen, die nicht unbedingt zum unerläßlichen Grundwissen gehören, sondern dabei helfen, alle weiteren Möglichkeiten von Word auszuschöpfen.

Gezielte Informationen zum Nachschlagen

Die einzelnen Kapitel fassen die Funktionen von Word zu sinnvollen, in sich abgeschlossenen Einheiten zusammen. Wenn Sie zum Beispiel mal nicht mehr genau wissen, was man mit Kopf- und Fußzeilen alles anstellen kann: In dem betreffenden Kapitel finden Sie alle Informationen, die zum Komplex »Kopf- und Fußzeilen« gehören.

Das erlaubt auch, Funktionsbereiche zu überspringen, die man im Moment noch nicht benötigt. Man kann sie sich jederzeit später aneignen, ohne deswegen den Zusammenhang zu verlieren.

Nun ist es freilich so, daß man keine Funktion isoliert betrachten kann. Das eine folgt aus dem andern – irgendwie hängt ja alles zusammen. Querverweise auf andere Kapitel sind deshalb unumgänglich. Auf der

anderen Seite sollen Sie möglichst alles erfahren, was zu einem Themenkomplex gehört, ohne dauernd hin- und herblättern zu müssen.

Die Übungen

In die Kapitel eingeschlossen sind gelegentlich Übungen. Begreifen Sie
die als Angebot! Hier können Sie das praktisch ausprobieren, was zuvor
erläutert worden ist.

Die Übungen der einzelnen Kapitel bauen nicht aufeinander auf; es
besteht also von daher keine Notwendigkeit, das Buch von Anfang bis
Ende durchzuarbeiten – und keine Gefahr, den Anschluß zu verlieren,
wenn einige Übungen übersprungen werden.

Auf der beiliegenden CD-ROM finden Sie im Ordner *Kompendium* die
Dateien, die für die Übungen herangezogen werden. So haben Sie
Anschauungsmaterial, das auf die jeweilige Thematik zugeschnitten ist,
müssen nicht selbst schreiben und können gefahrlos experimentieren.
Am besten kopieren Sie diesen Ordner nebst seinen Unterordnern auf
Ihre Festplatte.

Um Ihre Festplatte nicht mit unnötig viel Datenmüll zu belasten, wird für
viele Übungen dieselbe Datei verwendet. Das schafft natürlich ein Problem. An den Übungen werden ja Änderungen vorgenommen – wie kommen Sie trotzdem immer wieder zur Originaldatei?

➤ Entweder speichern Sie die Übungsdatei vor jeder Übung unter einem
   anderen Namen. Wie das geht, wird in Kapitel 4, »Dokumente speichern«, erklärt.

➤ Oder Sie schließen die Datei, ohne sie zu speichern – mehr dazu
   ebenfalls in Kapitel 4.

➤ Oder Sie öffnen die Datei erneut von der CD-ROM.

Gebrauchsanweisung

Etliche Symbole sollen Ihnen die Orientierung erleichtern:

:-)
TIP
*Diese Tips erleichtern Ihnen die Arbeit oder geben Beispiel, wie sich die
besprochene Funktion im Alltag sinnvoll einsetzen läßt.*

STOP
*Vorsicht Falle! Diese Hinweise bewahren Sie vor Fehlern, die aus Unacht-
samkeit oder Unkenntnis leicht unterlaufen.*

Weiterführende Hinweise, auch auf andere Kapitel in diesem Buch, sowie Hintergrundinformationen.

Hier gibt's was zu tun! Die Übungen, die Sie Schritt für Schritt in Arbeitstechniken einführen und mit denen Sie gefahrlos ausprobieren können.

Was gibt es Neues?

Revolutionäre Neuerungen gegenüber der bisherigen Version hat Word 2000 nicht zu bieten. Geändert oder hinzugekommen sind im wesentlichen folgende Funktionen:

- Die Multilanguage-Philosophie erlaubt es, die Sprache der Oberfläche anzupassen. Word merkt auch, wenn sich in einem Text fremdsprachige Teile befinden und zieht automatisch zur Silbentrennung und Rechtschreibprüfung die richtigen Wörterbücher heran (sofern sie installiert sind).

- Die Oberfläche paßt sich der Arbeitsweise des Benutzers an. Funktionen, die häufig herangezogen werden, tauchen in den Menüs an vorderer Stelle auf, andere Funktionen bleiben versteckt. (Glücklicherweise läßt sich diese Mechanik auch abschalten. Es kann nämlich ganz schön nerven, wenn die gewohnten Funktionen nicht mehr an der üblichen Stelle stehen.)

- Der Textfluß um eingebundene Grafiken oder Tabellen wurde verbessert.

- Die Möglichkeiten der Tabellengestaltung wurden erweitert. So können jetzt zum Beispiel auch Tabellen ineinander verschachtelt werden.

- Eine erweiterte Zwischenablage kann gleichzeitig mehrere Daten speichern.

- Die größten und gewichtigsten Neuerungen ergeben sich beim Web-Publishing. Für Standard-Webseiten kann Word ohne Probleme als Editor herangezogen werden, beim Speichern im HTML-Format bleiben die Formatierungen erhalten. Allerdings, so richtig ausnutzen kann man das nur im Intranet, nicht im Internet.

Ein Dank zum Schluß

Es gibt viele Menschen, ohne die dieses Buch nicht zustandegekommen wäre. An erster Stelle müssen hier Petra Alm und Dirk Louis genannt werden

Und nicht zu vergessen die eigentlichen Adressaten dieses Buches. Die Leser früherer Ausgaben haben mit ihrer Kritik und ihren Anfragen ganz wesentlich dazu beigetragen, daß das Kompendium so geworden ist.

Rudi Kost
kost@koval.de

Der Autor

Rudi Kost begleitet Word, seit 1990 die Version 1.0 erschienen ist - damals noch „Word für Windows" genannt zur Unterscheidung vom großen Bruder aus der DOS-Welt. Seitdem hat er Word heranwachsen sehen wie ein Kind, hat die ersten Krabbelversuche verfolgt und das Ungestüm der Jugendjahre mit durchlitten. Mittlerweile ist Word erwachsen, sein „Charakter" gefestigt, und die Wandlungen hat jedesmal getreulich das Word-Kompendium beschrieben. Word ist ein Klassiker geworden - und das Kompendium dazu auch.

Seit 1986 sein erstes PC-Buch erschienen ist, hat sich Rudi Kost der „Computerei" verschrieben. Von ihm stammt eine Vielzahl von Titeln, die er teils alleine, teils zusammen mit Kollegen geschrieben hat. Fast schon Kultstatus hatte zum Beispiel die Reihe „So geht's!", die von der Autorengruppe Kost/Steiner/Valentin entwickelt worden ist.

Welchem Thema auch immer er sich zugewandt hat, stets galt die Devise: Es ist die vordringlichste Aufgabe des Autors, komplizierte Vorgänge einfach und verständlich darzustellen. Und möglichst auch locker.

Hier merkt man die journalistische Schule, aus der Rudi Kost kommt. Lange Jahre war er Redakteur und Ressortleiter bei Tageszeitungen, hat sich einen Namen gemacht als Film-, Krimi- und Theaterkritiker.

Als Ausgleich zur Arbeit vor und mit dem PC hat sich Rudi Kost ein anderes Gebiet ausgesucht: Gemeinsam mit Robert Valentin hat er den Koval Verlag gegründet, in dem Reiseführer erscheinen. Die natürlich auch hin und wieder von dem Duo selbst geschrieben werden.

Der erste Eindruck

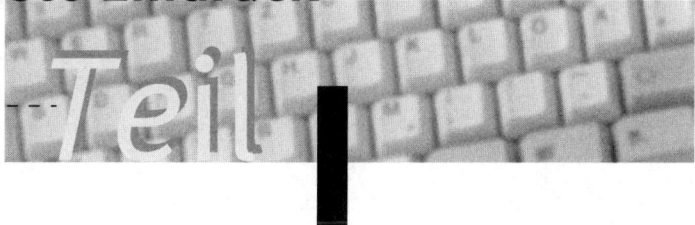

Teil 1

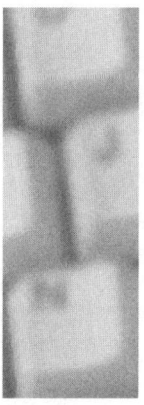

Orientierungshilfen

Kapitel 2

Wenn Sie zum ersten Mal mit Word, gar zum ersten Mal mit dem PC überhaupt arbeiten, sind Sie mit verwirrend vielen Bildschirmelementen konfrontiert. Und wissen vielleicht gar nicht, wie Sie Word Ihre Wünsche mitteilen sollen.

2.1   Word starten

Nach der Installation (Kapitel 66, »Die Installation«, S. 973) wird im Windows-START-Menü unter PROGRAMME ein neuer Eintrag, *Microsoft Word*, erstellt. Ein Klick darauf startet Word.

Beim allerersten Start meldet sich sogleich der Office-Assistent (siehe Kapitel 3, »Die Hilfestellung«, S. 49) und bietet Ihnen Informationen an: über sich selbst, über Word. Um dann mit Word arbeiten zu können, müssen Sie auf die entsprechende Option klicken. Der Office-Assistent bleibt an seiner Stelle – lassen Sie ihn vorerst mal dort.

2.2   Der Word-Bildschirm

Beim ersten Start sieht der Word-Bildschirm ungefähr so aus wie in Abbildung 2.1. Der Balken ganz oben ist die *Titelleiste*. Sie gibt Auskunft über das Programm (»Microsoft Word«) und das aktuelle Dokument. Vorerst heißt es schlichtweg »Dokument1«.

Dokument1 - Microsoft Word

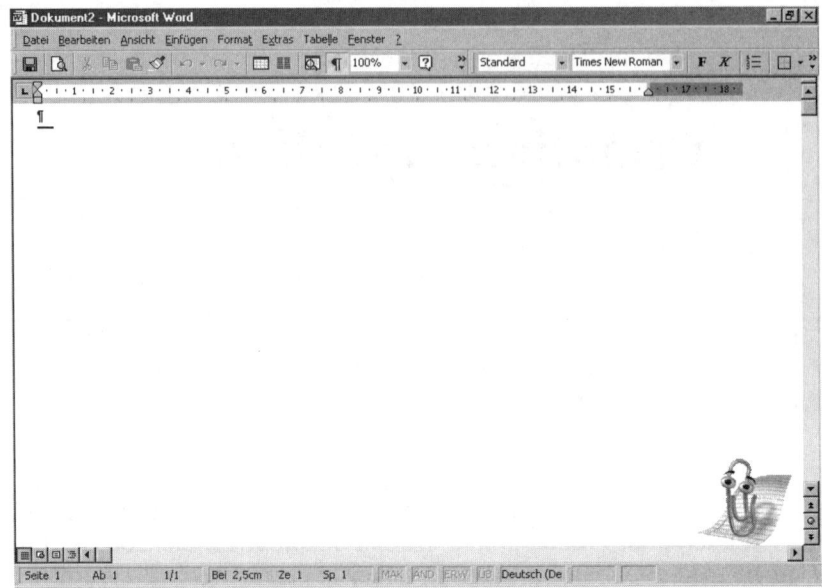

Darunter befindet sich die *Menüleiste*:

Direkt unterhalb der Menüleiste folgen die *Standard*-Symbolleiste und die *Formatierung*-Symbolleiste:

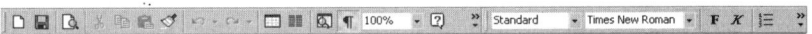

Wurden bei Word 97 diese zwei Symbolleisten noch getrennt untereinander angezeigt, so hat man im neuen Word dafür optiert, sie als Vorgabe hintereinander anzuordnen, wohl um die Arbeitsfläche gleich von Anfang möglichst groß anzulegen. Folge davon ist, daß alte Word-Hasen viele der bekannten Symbole auf den ersten Blick nicht in der Symbolleiste wiederfinden werden. Sie müssen dazu erst auf eine der beiden Schaltflächen mit dem nach rechts weisenden Doppelpfeil klicken. Diese Schaltflächen signalisieren, daß die Symbolleisten noch weitere Einträge enthalten.

Für alle, denen es so geht wie mir, möchte ich zum Troste sagen, daß Sie die beiden Symbolleisten natürlich auch wieder untereinander anzeigen lassen können. Ziehen Sie dazu die *Formatierung*-Symbolleiste entweder per Drag&Drop unter die Standard-Symbolleiste oder gehen Sie den Weg über das Menü EXTRAS/ANPASSEN. Im Register OPTIONEN finden Sie die Option *Standard- und Formatsymbolleiste teilen sich eine Zeile*. Wenn Sie dort die Markierung entfernen, stehen die zwei Symbolleisten wieder wie gewohnt untereinander (siehe dazu auch Abbildung 2.8 auf S. 45).

Unterhalb der Symbolleisten folgt das *Lineal*:

Hier sehen Sie Ränder und Tabulatoren, Absatzeinzüge oder bei Tabellen auch die Breite der einzelnen Spalten.

Ganz unten am Bildschirmrand befindet sich schließlich die *Statusleiste*:

Sie gibt wichtige Informationen über die aktuelle Arbeitssituation.

➭ Wenn Sie mit der Maus auf eines der Felder doppelklicken, aktivieren Sie die Funktion, etwa den Überschreibmodus bei »ÜB«, die Makroaufzeichnung bei »MAK«. Ein weiterer Doppelklick deaktiviert die Funktion wieder.

➭ Ein Doppelklick auf den ersten beiden Sektionen mit der Seiten-/ Zeilenzahl aktiviert BEARBEITEN/GEHE ZU (siehe Kapitel 10, »Arbeit am Text«, S. 125).

Je nachdem, wie Sie Windows bzw. MS-Office eingerichtet haben, kann sich an einem Bildschirmrand auch noch die Office-Shortcutleiste tummeln (mit der Sie andere Programme schnell aufrufen können), an einem anderen vielleicht die Windows-Startleiste.

Tabelle 2.1:
Beispiele für
Anzeigen in der
Statusleiste

Kürzel	Bedeutung
Seite 13	Cursor steht in Seite 13 (Druckseite)
Ab 9	Cursor steht in Abschnitt 9
29/58	Aktuelle Seitenposition (von 1 an durchgezählt) und Gesamtseitenzahl des Dokuments
Bei 3,8 cm	Vertikaler Abstand zwischen Cursor und dem oberen Rand des Blattes
Ze 12	Cursor in Zeile 12 auf dieser Seite
Sp 46	Cursor in Spalte 46

Kürzel	Bedeutung
ERW	Markierungserweiterung ([F8]) (siehe Kapitel 10, »Arbeit am Text«, S. 125)
SP	Spaltenmarkierung ([Strg]+[û]+[F8]) (siehe Kapitel 10, »Arbeit am Text«, S. 125)
ÜB	Überschreibmodus (siehe Kapitel 10, »Arbeit am Text«, S. 125)
ÄND	Überarbeitungsfunktion (Korrekturmodus) (siehe Kapitel 47, »Überarbeitungs-Funktionen«, S. 711)
MAK	Makroaufzeichnung (siehe Kapitel 59, »Makros aufzeichnen und abrufen«, S. 907)
Deutsch	Sprache des markierten Textes (für die Rechtschreibprüfung) (siehe Kapitel 12, »Texte prüfen«, S. 159)
📖	Automatische Rechtschreibprüfung aktiv (siehe Kapitel 12, »Texte prüfen«, S. 159)

2.3 Maustechniken

Vielleicht tragen wir jetzt Eulen nach Athen, weil Sie mit der Maus bereits vertraut sind? Dann wissen Sie auch, daß sie das wichtigste Zeige- und Bedienungsinstrument ist. Vielleicht ist Ihnen dann die Terminologie ebenfalls geläufig:

- *Klicken* heißt: den Mauszeiger auf ein Element richten und kurz die linke Maustaste drücken.

- Beim *Doppelklicken* wird die linke Maustaste zweimal schnell hintereinander gedrückt.

- *Ziehen* bedeutet: den Mauszeiger auf ein Element richten, die linke Maustaste gedrückt halten und das Element an die gewünschte Position ziehen. Dann wird die Maustaste wieder losgelassen.

Doppelklicks

Einen Doppelklick wendet man zum Beispiel an, um ein Wort zu markieren. Oder um in einem Dateiauswahl-Fenster eine Datei auszuwählen und gleichzeitig zu öffnen; man erspart sich so den Weg zur Schaltfläche OK (Tabelle 2.2).

Ein Doppelklick ist aber auch manchmal der schnellste Weg, ein Menü zu öffnen. Man muß nur wissen, wo man zu klicken hat. Hier eine kleine, keineswegs vollständige Aufstellung. Mag sein, daß Sie im Moment nicht so recht wissen, was damit gemeint ist; Sie werden das aber schon noch mitbekommen.

Normalansicht

Markierungsspalte	Absatz markieren
Formatierungsanzeige	FORMAT/FORMATVORLAGE
Lineal	DATEI/SEITE EINRICHTEN
Regler im Lineal	FORMAT/ABSATZ
Lineal, zwischen zwei Tabellenzellen	TABELLE/ZELLENHÖHE UND -BREITE
Lineal, zwischen zwei Spalten	FORMAT/SPALTEN

Layout-Ansicht

Graue Fläche neben Kopf-/Fußzeile oder Kopf-/Fußzeilenrahmen	Kopf-/Fußzeilenmodus
Zwischen zwei Seiten	Kopf-/Fußzeilenmodus
Lineal	wie Normalansicht

Kopf-/Fußzeilenmodus

Graue Fläche neben Kopf-/Fußzeile	DATEI/SEITE EINRICHTEN
Graue Fläche unter Kopfzeile oder abgeblendeter Text	Zurück zur Layout-Ansicht
Lineal	DATEI/SEITE EINRICHTEN

Kontextmenüs

In Word kommt auch die rechte Maustaste zu ihrem Recht. Sie öffnet Kontextmenüs – so genannt, weil sie kontext-, also situationsabhängig eine Auswahl von Menüfunktionen bietet; manchmal sogar zusätzliche Funktionen.

Probieren Sie das einfach hin und wieder mal aus. Sie werden überrascht sein, zu was es alles Kontextmenüs gibt.

2.4 Vom Umgang mit Menüs

Schon wieder solche Athener Eulen ... weil Sie vielleicht schon längst wissen, wie man Menüs öffnet und die gewünschte Funktion auswählt. Aber für jeden beginnt einmal das Windows-Zeitalter mit der Stunde Null. Und von wegen intuitive Bedienung! Natürlich, wenn man es einmal weiß ...

Menüs öffnen

Mit der Maus geht das ganz einfach: Sie fahren mit dem Mauszeiger auf einen Menünamen, der daraufhin hervorgehoben wird, dann klicken Sie mit der linken Maustaste, und das Menü öffnet sich.

:-)
TIP

Mit Ansicht/Symbolleisten/Anpassen *und dem Register* Optionen *können Sie festlegen, wie die Menüs aufklappen.*

Die Alternativen mit der Tastatur sind vielfältiger:

➡ Sie drücken (Alt). Daraufhin wird die Menüleiste aktiviert. Sie fahren mit (→) oder (←) nach rechts oder links, bis der gewünschte Menüname hervorgehoben ist. Jetzt (↓), (↑) oder (←), und das Menü öffnet sich. Wenn erst einmal ein Menü geöffnet ist, können Sie mit (→) oder (←) durch die geöffnete Menüleiste sausen.

➡ Oder Sie drücken (Alt) und danach den unterstrichenen Buchstaben des Menüs, also etwa (Alt)(T) für das Menü Format.

Beide Methoden können Sie selbstredend auch kombinieren. Um ein geöffnetes Menü wieder zu schließen, klicken Sie irgendwo oder drücken (Esc) – zweimal: einmal, um das Menü zu schließen, dann, um die Menüleiste zu deaktivieren.

Die Menüleiste wird in Word 2000 genauso behandelt wie eine Symbolleiste. Das heißt, Sie können sie von ihrem angestammten Platz wegziehen und beliebig auf der Arbeitsfläche plazieren (S. 47), Sie können sie ebensoleicht mit neuen Schaltflächen oder Menüs füllen (siehe Kapitel 63, »Symbol- und Menüleisten«, S. 955).

Menüfunktion auswählen

Das geht genauso einfach. Sie klicken auf die gewünschte Funktion. Oder:

➡ Sie führen den Markierungsbalken mit (↓) oder (↑) auf die Funktion und lösen sie mit (←) aus.

▐► Sie drücken den unterstrichenen Buchstaben der Menüfunktion. Hier ist jetzt ⌈Alt⌉ zusätzlich nicht mehr nötig, das braucht man nur, um ein Menü zu öffnen.

Den meisten Menüfunktionen folgen drei Punkte. Das bedeutet, daß sie nicht direkt ausgelöst werden, sondern zu einem Dialogfeld führen, in dem nähere Angaben zu machen sind.

Bei etlichen Untermenüs bemerken Sie, wenn Sie genau hinschauen, eine graue Leiste, z.B. bei EINFÜGEN/AUTOTEXT. An dieser Leiste können Sie das Untermenü packen und als Symbolleiste auf der Arbeitsfläche ablegen.

Viele Menüfunktionen sind auch über eine Tastenkombination, genannt Shortcut, aufzurufen, z.B. ⌈⇧⌉+⌈F12⌉ oder ⌈Strg⌉+⌈S⌉ für DATEI/SPEICHERN; zweifelsohne der schnellste Weg. Versuchen Sie aber gar nicht erst, diese Tastenkombinationen auswendig zu lernen. Das automatisiert sich durch den häufigen Gebrauch.

Alle Menüfunktionen anzeigen

Weil die einzelnen Menüs mit der Zeit immer umfangreicher wurden, lassen sich in Word 2000 auf Wunsch nur noch die bevorzugten Menüfunktionen anzuzeigen. Erst nach kurzem Verweilen mit dem Mauszeiger auf den nach unten weisenden Doppelpfeil werden die restlichen Menüfunktionen sichtbar.

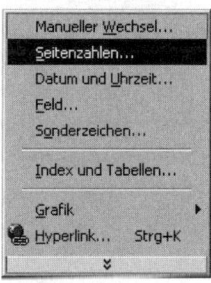

Abbildung 2.2:
Die Doppelpfeile
zeigen an: Dieses
Menü hat noch
mehr zu bieten

Hinter der Auswahl der Menüfunktionen steht die Intellisense-Technologie von Microsoft. Diese ermittelt, welche Menüfunktionen besonders häufig verwendet werden, um sie dann in der Menüfunktions-Hierarchie nach oben zu rücken.

Aber nicht jeder kann sich an die sich ständig ändernde Reihenfolge der Menüfunktionen gewöhnen. Wenn Sie wie in früheren Versionen alle Menüfunktionen anzeigen lassen wollen, rufen Sie einen der Befehle ANSICHT/SYMBOLLEISTEN/ANPASSEN oder EXTRAS/ANPASSEN auf, um dort im Register OPTIONEN die Option *Menüs zeigen zuletzt verwendete*

Befehle zuerst an auszuschalten. (Siehe dazu auch Abbildung 2.8 auf S. 45).

2.5   Im Dialog mit Word

Viele Menüfunktionen (nämlich all jene, denen drei Punkte folgen) sind gewissermaßen nur ein Deckblatt. Sie lösen keine unmittelbare Aktion aus, sondern öffnen Dialogfelder, in denen die weitere Auswahl vorgenommen wird. Dialogfelder bestehen aus verschiedenen Elementen. Eines, das nahezu alle enthält, ist DATEI/DRUCKEN. Auch hier hat es wiederum wenig Sinn, die Begriffe auswendig zu lernen. Sie werden sich sehr schnell zurechtfinden, auch wenn Sie nicht mehr wissen, ob das nun eine Options-Schaltfläche oder ein Kontrollfeld oder sonst was ist.

Abbildung 2.3:
Das Dialogfeld zum
Drucken

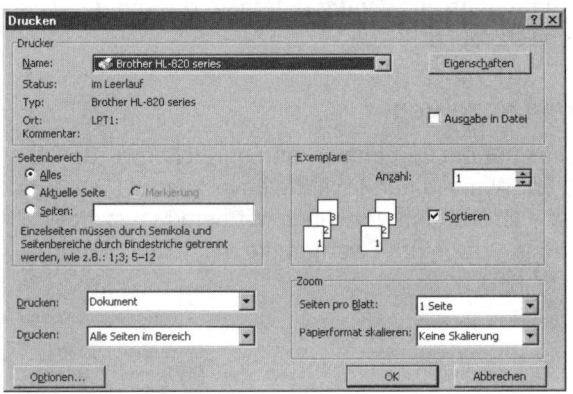

:-)
TIP

Manche Dialogfelder bleiben geöffnet, und man kann trotzdem den Text bearbeiten.

Felder anspringen

Hauptsache, Sie wissen die Felder zu bedienen. Und das geht nun wahrlich mit der Maus höchst einfach: nur klicken.

Mit der Tastatur springen Sie in das gewünschte Feld, indem Sie (Alt) gedrückt halten und anschließend den unterstrichenen Buchstaben drücken.

Sie können aber auch mit (↹) von Feld zu Feld wandern. Schauen wir uns nun einmal die einzelnen Elemente an.

Schaltflächen

Sie erkennen zunächst mehrere *Schaltflächen*. Fast immer vorhanden sind OK (meist gleichbedeutend mit (←)) und ABBRECHEN (das entspricht (Esc)). Die Bedeutung ist klar: Mit OK wird die Auswahl bestätigt und die Aktion sodann in Gang gesetzt, ABBRECHEN macht alles ungeschehen – nichts passiert.

Andere Schaltflächen werden, wie in den Menüs, teilweise von drei Punkten gefolgt. Und was das heißt, wissen Sie bereits: hier geht es weiter, es folgt noch ein Dialogfeld.

Unter den Schaltflächen ist immer eine besonders bevorzugt. Sie erkennen es an dem schwarzen Rand, der die gesamte Schaltfläche umgibt (manchmal ist auch der Text innerhalb der Schaltfläche mit einem gepunkteten Rand versehen). Wenn Sie (←) drücken, wird eben diese hervorgehobene Aktion ausgeführt. In der Regel ist das OK, aber das muß nicht sein – deshalb Vorsicht mit (←)!

Options-Schaltflächen

Sodann gibt es die *Options-Schaltflächen:* die runden Dinger, von denen eines einen schwarzen Punkt hat – diese Option ist ausgewählt. Immer nur **eine** Option kann gewählt werden.

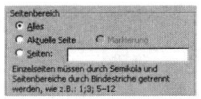

Kontrollfelder

Das unterscheidet die Options-Schaltflächen von den *Kontrollfeldern*: Sie können mehrere Kontrollfelder auswählen. Die ausgewählten sind mit einem Haken versehen. (Haken oder nicht Haken ist eine Frage der Leertaste, wenn man nicht klicken will.)

Eingabefelder

Im Komplex der Options-Schaltflächen sehen Sie in diesem Dialogfeld auch ein *Eingabefeld*. Hier tragen Sie die notwendigen Werte ein. Wenn Sie mit der Options-Schaltfläche auswählen, daß nur einzelne, nicht alle Seiten gedruckt werden sollen, müssen Sie zusätzlich angeben, welche Seiten das genau sein sollen – von Seite 15 bis Seite 34 beispielsweise.

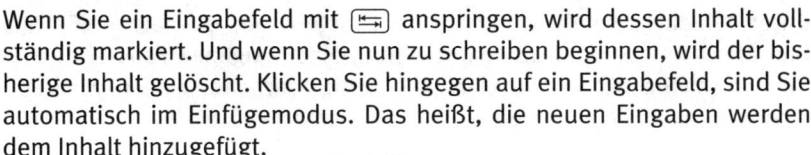

Wenn Sie ein Eingabefeld mit (⇥) anspringen, wird dessen Inhalt vollständig markiert. Und wenn Sie nun zu schreiben beginnen, wird der bisherige Inhalt gelöscht. Klicken Sie hingegen auf ein Eingabefeld, sind Sie automatisch im Einfügemodus. Das heißt, die neuen Eingaben werden dem Inhalt hinzugefügt.

 Auch das hier ist ein Eingabefeld. Doch in diesem Fall macht Ihnen Word die Sache leichter. Wenn Sie auf einen der Pfeile klicken, ändern sich die Werte. Sie müssen also nicht unbedingt etwas schreiben.

Listenfelder

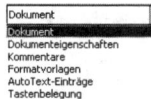 Das hier ist ein Listenfeld, ein sogenanntes »einzeiliges« Listenfeld. Angezeigt wird die aktuelle Auswahl. Wenn Sie auf den Pfeil klicken, klappt ein Menü herunter, und Sie können nun etwas anderes wählen. Ein Klick mit der Maus, das Menü verschwindet wieder, das Listenfeld zeigt die neue Auswahl.

Programm-Meldungen

Wenn Sie etwas tun, von dem Word nicht so ganz sicher ist, ob das auch richtig sei, erfolgt eine Rückfrage – auch ein Dialogfeld; eines sehen Sie hier als Beispiel.

Abbildung 2.4:
Ein
Meldungsfenster

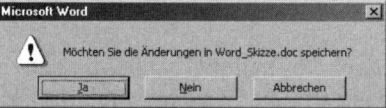

Bei solchen Rückfragen müssen Sie besonders darauf achten, welche Schaltfläche hervorgehoben ist. Man ist geneigt, automatisch ⏎ zu drücken, was aber nicht immer richtig ist.

Platz da!

In den Dialogfeldern erkennen Sie eine Titelleiste und das gleiche Sinnbild, das bei Programm- und Dateifenstern zum Schließen des Fensters dient. Ein Dialogfeld können Sie zwar nicht in der Größe verändern, aber Sie können es auf der Arbeitsfläche verschieben: dorthin, wo es den Blick auf Ihre Texte am wenigsten beeinträchtigt.

2.6 Fenster unter Windows

Unter Windows spielt sich alles in Fenstern ab, deshalb heißt das Betriebssystem ja so. Auch Word wird in einem eigenen Fenster ausgeführt. Wenn Sie mehrere Dateien gleichzeitig bearbeiten wollen, wird jede dieser Dateien in einem eigenen Word-Fenster geöffnet.

Alle diese Fenster haben ihre eigenen Bedienelemente. So finden Sie in jedem Fenster Menü-, Symbol- und Formatleiste sowie Lineal und Statusleiste.

*In früheren Versionen von Word wurden die geöffneten Dateien in eige-
nen Dokumentfenstern innerhalb des Programmfensters von Word angezeigt. Alle Dateien, die man öffnete, wurden in ein und demselben Word-
Fenster angezeigt und bearbeitet. Mit Word 2000 erhält jedes Dokument
quasi sein eigenes Word mit sämtlichen Symbolleisten etc. – damit der
Bildschirm noch ein bißchen voller wird.*

Von einem Dateifenster kann auch ein Duplikat erstellt werden mit FEN-
STER/NEUES FENSTER. In beiden Fenstern ist dann dasselbe Dokument,
aber Sie können verschiedene Ausschnitte dieses Dokuments bearbeiten.

Aktive und inaktive Fenster

Von den Fenstern kann immer nur ein Fenster aktiv sein. Man erkennt dieses aktive Fenster an der Titelleiste. Bei einem aktiven Fenster ist sie farbig, bei einem inaktiven grau. Ein Klick mit der Maus auf ein inaktives Fenster aktiviert dieses. Man kann auch mit Strg + F6 zwischen den Fenstern wechseln.

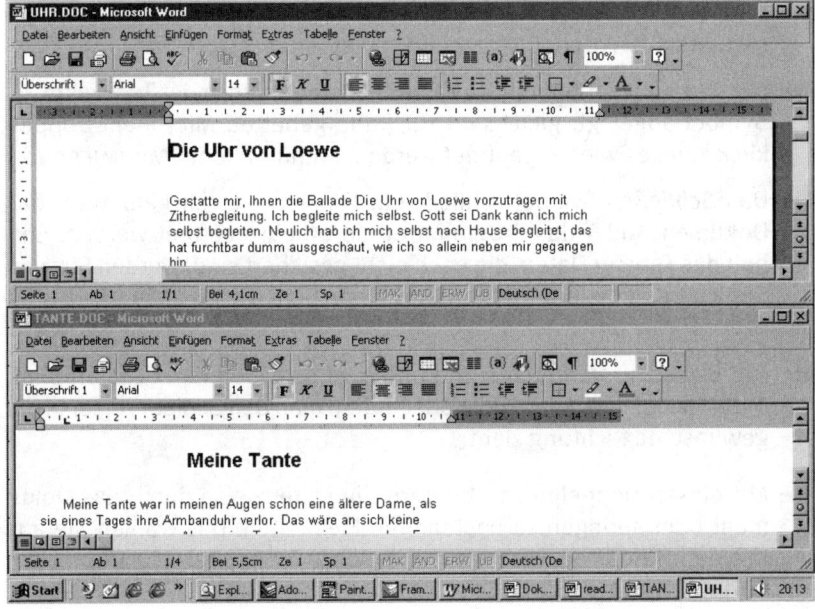

*Abbildung 2.5:
Zwei auf dem
Desktop
angeordnete Word-
Fenster*

Systemmenüs

Die Fenster besitzen links außen in der Titelleiste die *Systemmenüs*. Sie werden mit Alt+Leertaste bzw. mit Alt+- geöffnet und dienen der Fenstermanipulation über Menübefehle. Ein Doppelklick auf das Symbol schließt das Fenster.

Bedienungselemente

Verschiedene andere Sinnbilder in der rechten Fensterecke sind für die Fenstermanipulation mit der Maus gedacht. Gemeinsam ist ihnen allen, daß nur einmal darauf geklickt werden muß.

➡ Die *Titelleiste* kennen Sie bereits. Sie hat nicht nur Informationswert. Mit ihr verschiebt (»zieht«) man auch ein Fenster über den Bildschirm. Ein Doppelklick darauf ist gleichbedeutend mit »Vollbild« oder mit »Wiederherstellen«.

➡ Das *Vollbild*-Sinnbild vergrößert ein Fenster so, daß es die gesamte Bildschirmfläche einnimmt. Es sieht gar nicht mehr aus wie ein Fenster, weil es keinen Rahmen mehr hat, ist aber immer noch eins. Die entsprechende Menüfunktion im Systemmenü heißt MAXIMIEREN, ebenso können Sie die Tastenkombination Strg+F10 verwenden.

➡ Das *Wiederherstellen*-Sinnbild verkleinert ein Vollbild zu einem Fenster. Menüfunktion: WIEDERHERSTELLEN oder Strg+F5.

➡ Mit dem *Symbol*-Sinnbild wird das Fenster unten in der Taskleiste als Symbol abgelegt, gleichsam zur Ruhe gebettet. Mit einem Doppelklick kann es wieder geöffnet werden. Menüfunktion: MINIMIEREN.

➡ Das *Schließen*-Symbol schließt ein Fenster – es ist ganz weg, das Dokument (oder das Programm) muß erneut geöffnet werden. Enthält das Fenster Daten, die noch nicht gesichert sind, werden Sie zum Speichern aufgefordert. Menüfunktion: SCHLIESSEN oder Strg+W bzw. Alt+F4.

➡ Die *Bildlaufleisten* rechts und unten verschieben den Fensterinhalt: Mit Klick auf einen der Pfeile oder indem man den Schieberegler in die gewünschte Richtung zieht.

➡ Mit diesen Doppelpfeilen blättern Sie seitenweise durch das Dokument oder springen zu bestimmten Elementen. Das wählen Sie aus mit dem Knopf dazwischen. (Mehr dazu in Kapitel 10, »Arbeit am Text«, S. 125.)

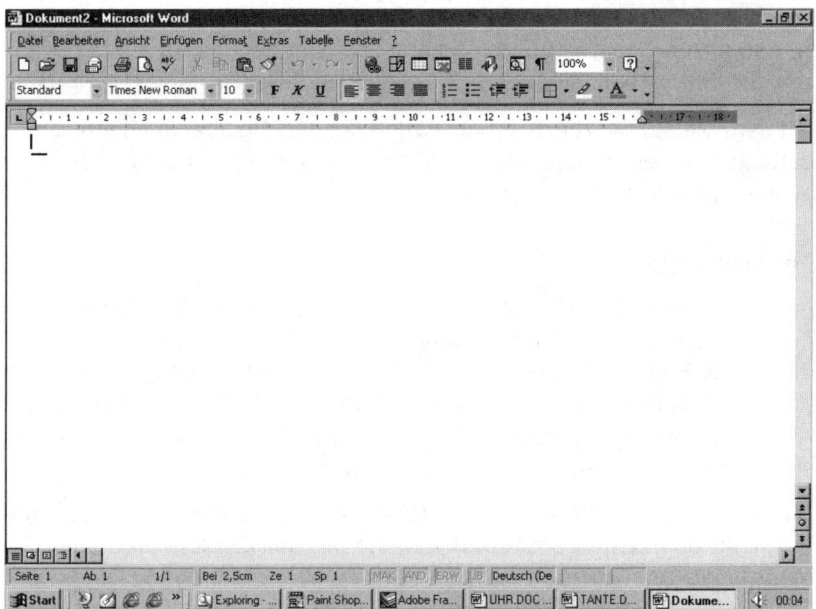

Abbildung 2.6:
Zwei Word-Fenster
sind in der
Taskleiste als
Symbol abgelegt

AutoBildlauf

Eine hübsche Funktion ist der AutoBildlauf, den Sie allerdings auf Anhieb gar nicht finden. Sie müssen sich dazu das entsprechende Symbol aus der Kategorie *Extras* installieren (zur Installation von Symbolen siehe Kapitel 63, »Symbol- und Menüleisten«, S. 955).

Wenn Sie dann auf diese Schaltfläche klicken, springt der Zeiger in die Bildlaufleiste. Bewegen Sie die Maus nach oben oder unten, wird der Fensterausschnitt gerollt – umso schneller, je näher Sie dem oberen oder unteren Ende der Bildlaufleiste kommen.

Mit einem Mausklick heben Sie diesen Modus wieder auf.

Größe und Position

▪► Der *Rahmen* eines Fensters dient dazu, die Fenstergröße zu verändern (damit so ein Rahmen erscheint, muß ein Fenster nötigenfalls erst »wiederhergestellt« werden): Sie führen den Mauszeiger auf den Fensterrahmen, bis er zum Doppelpfeil wird, halten die linke Maustaste fest und ziehen. Sobald Sie wieder loslassen, erhält das Fenster seine neue Größe.

▪► Um ein Fenster zu verschieben, führen Sie den Mauszeiger auf dessen Titelleiste, halten ebenfalls die linke Maustaste gedrückt und ziehen das Fenster an die gewünschte Position.

Durch Verändern von Größe und Position gelingt es Ihnen, mehrere Fenster so anzuordnen, daß Sie von allen etwas haben (innerhalb der Grenzen, die ein normalkleiner Bildschirm eben auferlegt).

Mit dem Menü FENSTER/ALLE ANORDNEN können Sie aber auch erreichen, daß alle Fenster schachbrettartig ohne Überlappung auf dem Bildschirm ausgerichtet werden.

Fenster teilen

Am oberen Rand der rechten Bildlaufleiste ist ein grauer Balken zu erkennen. Ihn kann man nach unten ziehen (der Zeiger ändert seine Form) und damit das Fenster in zwei Teile teilen, so daß man in jeder Hälfte einen anderen Ausschnitt des Textes betrachten und bearbeiten kann. Jede Änderung wirkt sich jedoch in beiden Fensterausschnitten aus, denn es sind keine getrennten Dateien, sondern de facto nur eine.

Das gleiche geht auch mit FENSTER/TEILEN. In der Mitte des Bildschirms erscheint dann eine gerasterte Linie, die mit den Cursortasten oder der Maus verschoben werden kann. ⏎ besiegelt die Teilung. Wollen Sie die Teilung wieder aufheben, bedienen Sie sich des Befehls FENSTER/TEILUNG AUFHEBEN.

Abbildung 2.7:
Ein geteiltes
Fenster

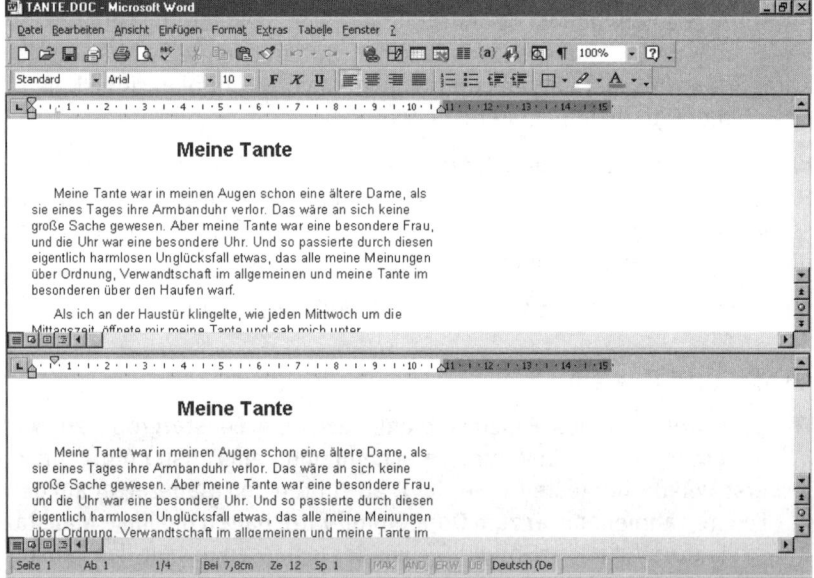

2.7 Die Symbolleisten

Mit den Symbolen (auch Icons genannt) können vielerlei Funktionen mit Mausklick abgerufen werden. Auf den ersten Blick ist natürlich bei vielen völlig unverständlich, wozu sie dienen. Doch die Information können Sie sich beschaffen.

▪► Führen Sie den Mauszeiger auf ein Symbol (nicht klicken!), und warten Sie kurz – als kleine »Sprechblase« erscheint eine knappe Information.

▪► Wenn das bei Ihnen nicht der Fall sein, dann öffnen Sie einmal ANSICHT/SYMBOLLEISTEN/ANPASSEN und wählen dort das Register OPTIONEN. Hier können Sie einstellen, daß diese *QuickInfo* angezeigt wird, auf Wunsch auch mit den Tastenkombinationen, mit denen die betreffenden Funktionen ausgeführt werden können. Schließlich können Sie auch wählen, ob *Große Symbole* dargestellt werden sollen. Und zu guter Letzt finden Sie hier die Optionen, um die unnötigen »Verbesserungen« von Word 2000, als da seien die variable Menübefehlsstruktur und die kombinierte *Standard-* und *Formatierung*-Symbolleiste, wieder auszuschalten.

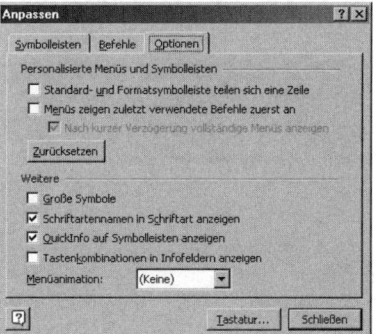

Abbildung 2.8:
Dialogfeld zum
Anpassen der
Symbolleisten

Wie Sie Symbolleisten ändern und neu erstellen, erfahren Sie in Kapitel 63, »Symbol- und Menüleisten«, S. 955.

Mit ANSICHT/SYMBOLLEISTEN können Sie auch Leisten aus- oder einblenden:

▪► Sie markieren die gewünschte Symbolleiste – ein Klick, und ein Haken davor erscheint.

➡ Ein erneuter Klick: der Haken davor verschwindet. War die Symbolleiste zuvor eingeblendet, wird sie damit ausgeblendet.

Allerdings zeigt das Menü nicht sämtliche Symbolleisten. Um alle zu sehen, müssen Sie das Dialogfeld mit ANPASSEN öffnen – im Register SYMBOLLEISTEN sind dann alle.

Abbildung 2.9:
Dialogfeld zum
Festlegen der
permanenten
Symbolleisten

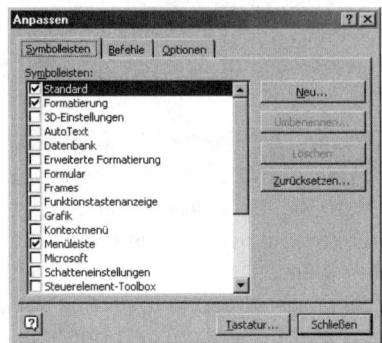

Es gibt auch noch einen anderen Weg:

➡ Führen Sie den Mauszeiger auf eine (eingeblendete) Symbolleiste, und klicken Sie mit der rechten Maustaste.

Abbildung 2.10:
Kontextmenü in der
Symbolleiste

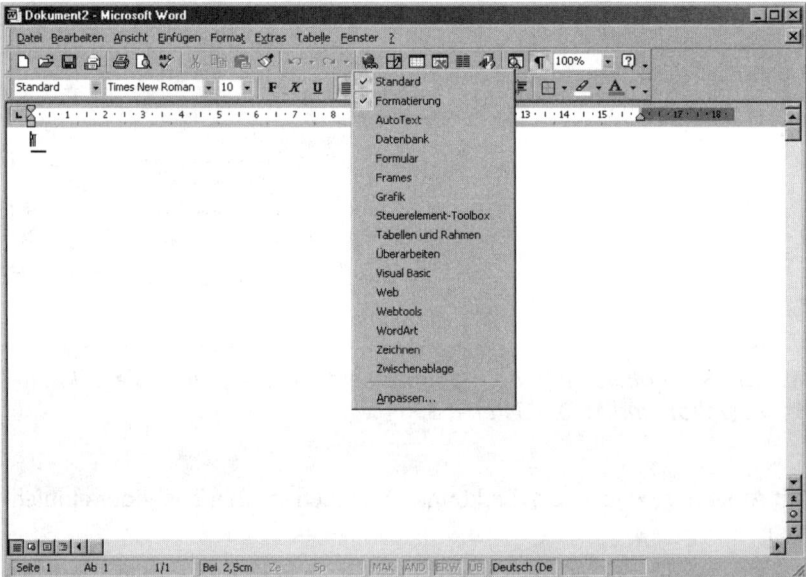

➡ Ein Menü erscheint: das sogenannte Kontextmenü. Die aktiven Symbolleisten sind mit einem Haken versehen. Klicken Sie auf eine ohne Haken, wird sie eingeblendet. Umgekehrt: Klicken Sie auf eine mit Haken, verschwindet der Haken, die Symbolleiste wird ausgeblendet.

Plazierung nach Wunsch

Die Symbolleisten lassen sich nach Belieben auf der Arbeitsfläche anordnen.

Sie sehen links in den Symbolleiste einen doppelten Längsstrich. Führen Sie den Mauszeiger darauf, halten Sie die linke Maustaste fest, ziehen Sie nach unten.

Die Symbolleiste folgt Ihnen und läßt sich dort nieder, wo Sie loslassen. Sie erhält jetzt auch eine Titelleiste – der ungefährlichste Platz, sie zu pakken und an eine andere Stelle zu schieben.

Soll die Symbolleiste wieder an ihren angestammten Platz zurück? Doppelklicken Sie auf deren Titelleiste.

:-)
TIP

Versuchen Sie einmal, eine solche Symbolleiste über den Bildschirmrand hinauszuschieben, wenn das Word-Fenster den ganzen Bildschirm füllt. Sie flutscht an den Rand und macht sich dort breit (oder längs).

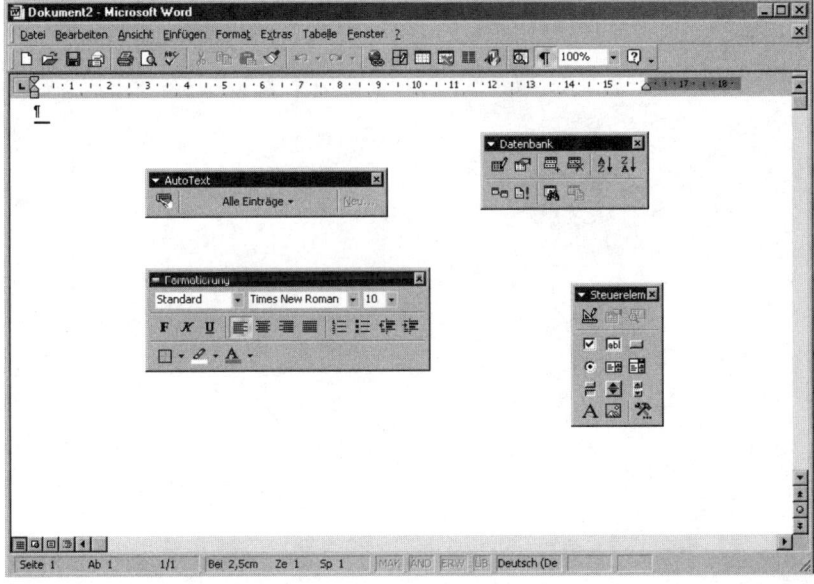

*Abbildung 2.11:
Symbole, wohin
das Auge blickt*

Ist das Word-Fenster hingegen ein »richtiges« Fenster, können Sie die Symbolleiste irgendwo sonst auf dem Bildschirm plazieren. Verkleinern Sie Word allerdings zu einem Symbol, verschwindet die Symbolleiste mit.

Auch die Größe einer Symbolleiste können Sie (fast) frei ändern. Das geht genauso wie bei einem Fenster: Sie ziehen an den Rahmen. Und ein Klick auf die Schaltfläche rechts oben blendet eine Symbolleiste aus.

:-)
TIP

Auch die Menüleiste läßt sich wie eine übliche Symbolleiste auf die Arbeitsfläche schieben.

Die Hilfestellung

Kapitel 3

Wenn Sie einmal nicht weiterwissen, leistet Ihnen die Word-Hilfestellung gute Dienste. Sie gibt es in verschiedenen Formen: als passive Hilfestellung, die Ihnen sagt, was Sie machen müssen, und als aktive Hilfe, die Ihnen gleich zeigt, wie es geht.

3.1 Der Office-Assistent

Der freundlicher Helfer, der Office-Assistent, steht Ihnen mit Rat und Tat zur Seite, wann immer Sie das wollen (und oft auch, wenn Sie es nicht möchten). Als animierte Figur setzt er sich auf Ihrem Bildschirm fest.

Sie sind ihm schon begegnet, beim allerersten Start von Word, und mußten ihn erst beenden, damit Sie überhaupt mit Word arbeiten konnten.

Im laufenden Betrieb rufen Sie ihn im Hilfemenü (dem mit dem Fragezeichen) mit OFFICE-ASSISTENT ANZEIGEN oder mit dem Symbol auf. Über das Kontextmenü können Sie ihn ausblenden und bei Bedarf mit dem Symbol wieder einblenden.

Als erstes sollten Sie im Kontextmenü auf OPTIONEN klicken, um die Grundeinstellungen vorzunehmen.

Was soll der Assistent tun?

Hier legen Sie fest, wie der Assistent auf Ihre Anfragen und Aktionen reagieren soll. Die meisten Einstellungen verstehen sich von selbst, und es gibt eigentlich keinen Grund, die Voreinstellungen zu ändern. Außer vielleicht bei einer Option: *Auf F1-Taste reagieren*. Ist die aktiviert, rufen Sie mit der Taste ⌨F1⌨ den Assistenten auf, andernfalls die allgemeine Word-Hilfe.

Abbildung 3.1:
Optionen des
Office-Assistenten

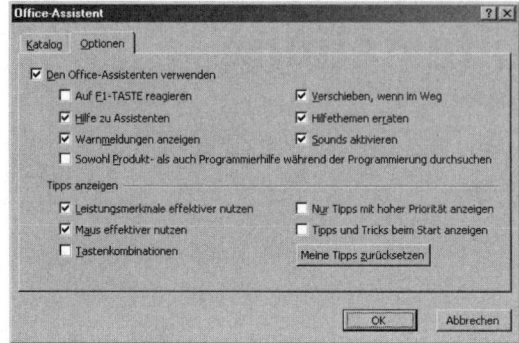

Erscheinungsbild

Im Register KATALOG bestimmen Sie das Erscheinungsbild des Assistenten, können hier unter verschiedenen animierten Bildchen wählen. Nun ja, wenn Sie den Assistenten ständig geöffnet haben sollten, ist ein bißchen Abwechslung vielleicht ganz gut.

Abbildung 3.2:
Wie soll Ihr Office-
Assistent
aussehen?

Wie der Assistent Ihnen hilft

Er bleibt hartnäckig auf Ihrer Spur, versucht nachzuvollziehen, was Sie gerade tun, meldet sich mal von selber mit Vorschlägen, signalisiert ein anderes mal durch ein gelbes Lämpchen, daß er was zu sagen hat, oder wartet darauf, daß Sie ihn in Anspruch nehmen.

Sie können zum Beispiel eine Frage zu formulieren und auf SUCHEN zu klicken: der Assistent versucht herauszufinden, was Sie mit Ihrer Frage meinen und bietet Ihnen dann verschiedene Themen zur Auswahl an.

 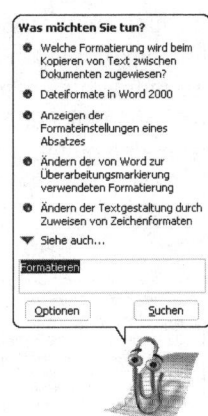

Abbildung 3.3:
Der Assistent stellt
mehrere
Hilfethemen zur
Auswahl

Auch sonst können Sie jederzeit die Dienste des Assistenten in Anspruch. Solange er geöffnet ist, brauchen Sie ihn nur anzuklicken und dann Ihre Frage zu formulieren.

3.2   Direkthilfen

Es gibt noch andere Arten, kontextsensitive (also situationsabhängige) Hilfen aufzurufen:

► Sie drücken ⌂+F1. Um den Zeiger rankt sich ein Fragezeichen. Aktivieren Sie nun wie gewohnt die Menüfunktion, die Sie interessiert, oder klicken Sie auf einen Bildschirmbereich: Word öffnet ein kleines Fenster mit einem kurzen Text. Besonders informativ wird das, wenn Sie auf einen Textabsatz klicken. Mit Klick irgendwo im freien Raum oder mit Esc schließen Sie das Hilfefenster wieder.

► In den Dialogfeldern finden Sie rechts oben ein Fragezeichen-Symbol. Klicken Sie darauf, und Sie erhalten ebenfalls einen Mauszeiger mit Fragezeichen. Mit dem klicken Sie nun auf ein Element im Dialogfeld und erhalten Informationen dazu. Alternative: mit der rechten Maustaste klicken, es erscheint *Direkthilfe*, darauf klicken Sie und erhalten jetzt Ihren Hilfetext – indirekte Hilfe müßte das eigentlich heißen.

3.3   Die ausführliche Hilfe

Wenn Sie auf F1 drücken, präsentiert Word das alphabetische Inhaltsverzeichnis der gesamten Hilfethemen.

Von hier aus verzweigen Sie zu den einzelnen darunter eingeordneten Themenkomplexen. Dazu doppelklicken Sie auf eines der Buch-Symbole – so lange, bis Themen mit einem Fragezeichen-Symbol erscheinen. Und nun doppelklicken Sie darauf und erhalten die Hilfe zum angezeigten Thema in einem eigenen Fenster.

Abbildung 3.4:
Inhaltsverzeichnis
der Hilfethemen
und Hilfefenster

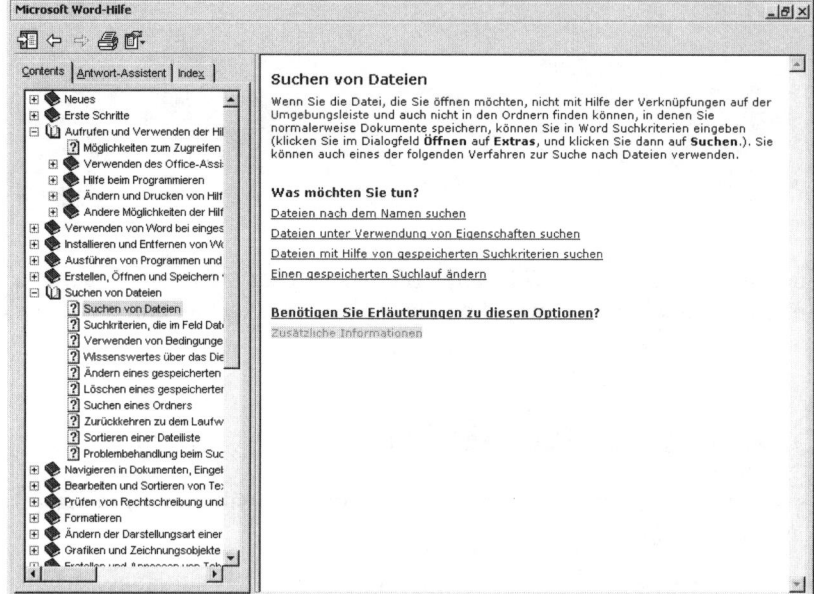

Dieses Hilfefenster können Sie wie bei anderen zweigeteilten Fenstern in der Breite verändern, indem Sie die Trennlinie in der Mitte mit gedrückter Maustaste mal nach links (vergrößern) und mal nach rechts (verkleinern) verschieben.

➥ Klicken Sie auf eines der Symbole im Text, erhalten Sie weitergehende Informationen.

➥ Blau unterstrichene Textstellen, sogenannte Hyperlinks, führen zu weiteren Fenstern mit Hilfetexten.

Die Menüs

Die Hilfe verfügt über Schaltflächen, mit denen Sie Ihre Aktionen steuern können.

➥ AUSBLENDEN/EINBLENDEN: Damit können Sie das Inhaltsverzeichnis der Hilfestellung ein- und ausblenden.

- Mit ZURÜCK blättern Sie rückwärts durch alle Hilfsinformationen, die Sie bisher aufgerufen haben. Das ist besonders hilfreich, um schnell zu Verzweigungspunkten zurückzukehren.

- Mit VORWÄRTS blättern Sie wieder nach vorn.

- DRUCKEN schickt den Hilfetext an den Drucker.

Die Schaltfläche OPTIONEN öffnet ein Menü zur weiteren Auswahl:

- REGISTERKARTEN AUSBLENDEN/EINBLENDEN blendet das Inhaltsverzeichnis ein beziehungsweise aus.

- ZURÜCK entspricht dem Befehl der Schaltfläche.

- VORWÄRTS ebenso.

- HOME ruft die erste Seite zu einem Thema auf

- STOP bricht das Laden der Seite ab

- REFRESH baut die Hilfeseite neu auf

- INTERNET-OPTIONEN. Führt Sie zu einem registerreichen Dialogfeld zur Anpassung der Internet-Einstellungen.

- DRUCKEN gibt den Hilfetext auf dem Drucker aus.

Der Index

Eine weitere Möglichkeit, Hilfe zu einem bestimmten Thema zu erhalten, ist die Registerkarte *Index*. Sie tippen das Schlüsselwort ein, nach dem Sie suchen, und springen in der Liste gezielt dorthin.

Es gibt wahrscheinlich viele Einträge zu diesem Thema und seinem Umkreis. Durch Auswahl weiterer Schlüsselwörter in Listenfeld 2 können Sie die Suche noch weiter einschränken. Mit jeder Einschränkung wird, verständlicherweise, die Zahl der angezeigten Themen in Listenfeld 3 geringer. Außerdem können Sie im Hilfefenster zu den jeweiligen Hilfethemen noch Hyperlinks ansteuern – und irgendwann kommen Sie dann auch tatsächlich zu den von Ihnen gewünschten Informationen.

Wollen Sie eine neue Suche starten, betätigen Sie die LÖSCHEN-Schaltfläche und geben ein neues Schlüsselwort ein.

Abbildung 3.5:
Über Index suchen

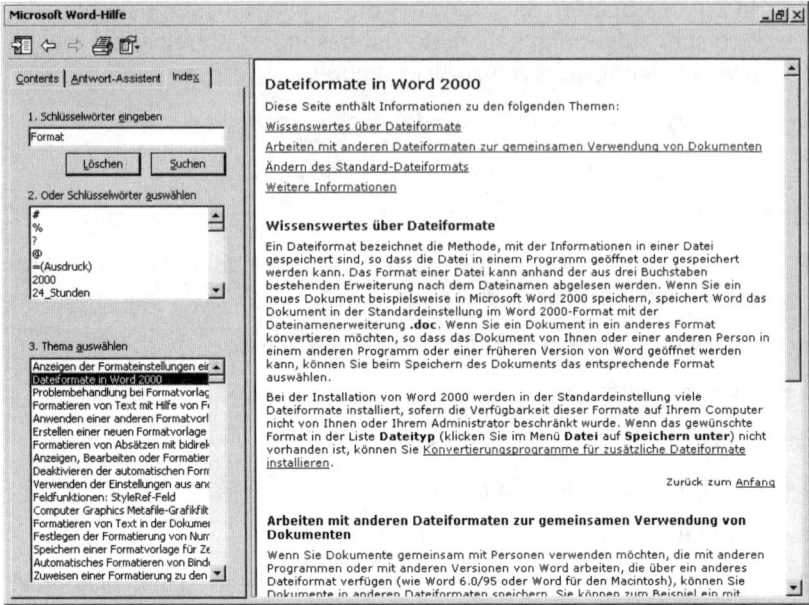

Abbildung 3.6:
Der Antwort-
Assistent

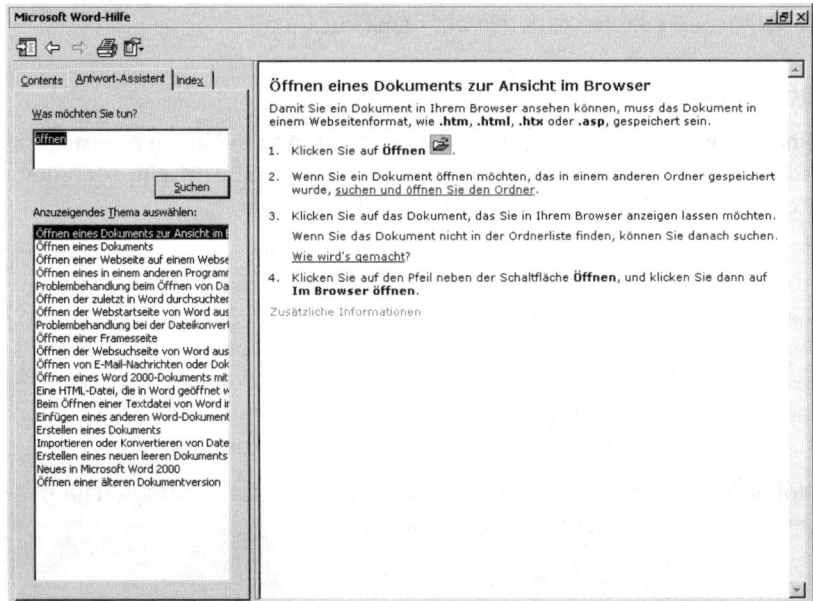

Der Antwort-Assistent

Etwas ähnliches verbirgt sich auch hinter der Registerkarte *Antwort-Assistent*. Im Unterschied zum Index, der auf einer vorgegebenen Stichwortliste basiert, erfolgt hier eine Volltextsuche nach Schlagwörtern der von Ihnen eingegebenen Frage in allen Hilfetexten. Deshalb erstellt Word zunächst einmal eine Liste, was einige Zeit dauern kann.

Ist es vollbracht, doppelklicken Sie auf das gewünschte Thema und können dann im rechten Anzeigebereich Ihre Suche durch Anklicken von Hyperlinks noch weiter spezifizieren.

3.4   Office im Web

Eine weitere Option im Hilfe-Menü. Das ist der Direktzugang zu den Microsoft-Sites im Internet. Sie werden direkt mit der Site verbunden, die Sie über Office-Updates informiert, ohne sich durch die komplizierte Struktur der Dienste hangeln zu müssen. Das setzt natürlich voraus, daß Sie über ein Modem oder eine ISDN-Karte verfügen und über einen Provider wie CompuServe, AOL oder T-Online Zugang zum Internet haben.

Ansichten

Kapitel **4**

W ord ist in der Lage, Dokumente in unterschiedlichen Darstellungsformen anzuzeigen. Das erlaubt eine abgestufte Kontrolle des
späteren Druckbildes. Zudem sind verschiedene Vergrößerungsstufen
wählbar. Nicht näher eingegangen wird in diesem Kapitel auf die Gliederungsansicht und das Zentraldokument, denn dabei handelt es sich weniger um Ansichten, sondern um eigene Funktion. Sie kommen zur Sprache
in Kapitel 38, »Gliederung«, S. 599 und Kapitel 39, »Das Zentraldokument«, S. 615.

4.1   Die aktive Ansicht

Bereits nach kurzer Erfahrung offenbart ein Blick auf die Bildschirmdarstellung, welche Ansicht gerade aktiviert ist. Am Anfang indes tut man
sich vielleicht noch etwas schwer. Orientierung verschafft das Menü
ANSICHT.

➤ Die aktuelle Ansicht ist im Menü ANSICHT markiert. Ausnahme: die
Seitenansicht. Aber die wird ohnehin über das Menü DATEI angewiesen (warum das so ist, weiß keiner).

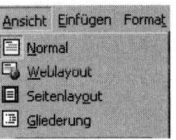

➤ Eine von vier Ansichten kann auf diese Weise angewählt werden:
NORMAL, WEBLAYOUT (bisher »Online-Layout« genannt), SEITENLAY-
OUT und GLIEDERUNG.

➤ NORMAL und GLIEDERUNG können zudem auch als Konzept dargestellt
werden (nicht hingegen die LAYOUT-Ansichten). Dies wird angewiesen mit EXTRAS/OPTIONEN/*Ansicht*.

➤ Alle Ansichten können stufenlos verkleinert/vergrößert werden zwischen 10 und 500 Prozent.

➡️ In allen Ansichten (außer Seitenansicht) kann Text in jeder Hinsicht bearbeitet werden.

➡️ In allen Ansichten und Ansichtsformen können die Feldfunktionen und die Sonderzeichen (nicht druckbare Zeichen) sichtbar gemacht oder versteckt werden – nur nicht in der Seitenansicht.

➡️ Für Fußnoten reserviert Word in der Normalansicht einen eigenen Fensterausschnitt. In der Seitenlayout- und Seitenansicht sind sie auf dem Bildschirm zu sehen und können direkt bearbeitet werden.

➡️ Kopf- und Fußzeilen werden in einem speziellen Modus bearbeitet, wozu Word in die Seitenlayout-Ansicht schaltet (siehe Kapitel 18, »Kopf- und Fußzeilen«, S. 299). Zu sehen sind sie in der Normalansicht nicht, nur in Seitenlayout- und Seitenansicht.

➡️ Anmerkungen (Kommentare) werden immer in einem Fensterausschnitt bearbeitet, auch in der Layout-Ansicht.

 ➡️ Die Symbole für die verschiedenen Ansichten finden sich links unten in jedem Dokumentfenster. Passen Sie aber auf, daß Sie die Seitenlayout-Ansicht nicht mit der Weblayout-Ansicht verwechseln!

So, das war jetzt das komplette Wissen über die Word-Ansichten, auf einer Seite versammelt. Wenn Sie jetzt hinreichend verwirrt sind und gar nicht mehr wissen, wohin Sie gucken sollen, sollten Sie sich doch die näheren Erläuterungen auf den folgenden Seiten zu Gemüte führen.

4.2   Die Konzeptansicht

EXTRAS/OPTIONEN
Die Konzeptansicht ist die schnellste Ansicht und verzichtet dafür auf ein wesentliches Merkmal von Word: die dem Druck angenäherte Darstellung der Seite. Sie hat keine eigene Funktion im Menü ANSICHT, sondern wird mit EXTRAS/OPTIONEN/*Ansicht* und *Konzeptschriftart* angewiesen. Kennzeichnend für die Konzeptansicht ist:

➡️ Statt der gewählten Schriftarten wird eine einheitliche Bildschirmschrift verwendet. Auch unterschiedliche Schriftgrößen werden nicht dargestellt.

➡️ Auszeichnungen wie Fett, Kursiv oder Kapitälchen werden durch eine Unterstreichung symbolisiert.

Darum ist die Konzeptansicht so schnell. Word muß keine Zeit aufwenden, die richtigen Schriften zu »malen« – was den Bildschirmaufbau verlangsamt. Deshalb ist sie ideal für die Texterfassung oder Textkorrektur in solchen Fällen, wo es auf die Darstellung und Kontrolle der Formatierung nicht ankommt.

Dafür muß man in Kauf nehmen, daß der angezeigte Seitenumbruch nicht den Realitäten entspricht (an der Stelle, an der die neue Seite beginnt, erscheint eine gepunktete Linie) und daß auch der Zeilenumbruch nicht stimmt. Word achtet in der Konzeptansicht immer darauf, daß die Zeilen höchstens bildschirmbreit werden.

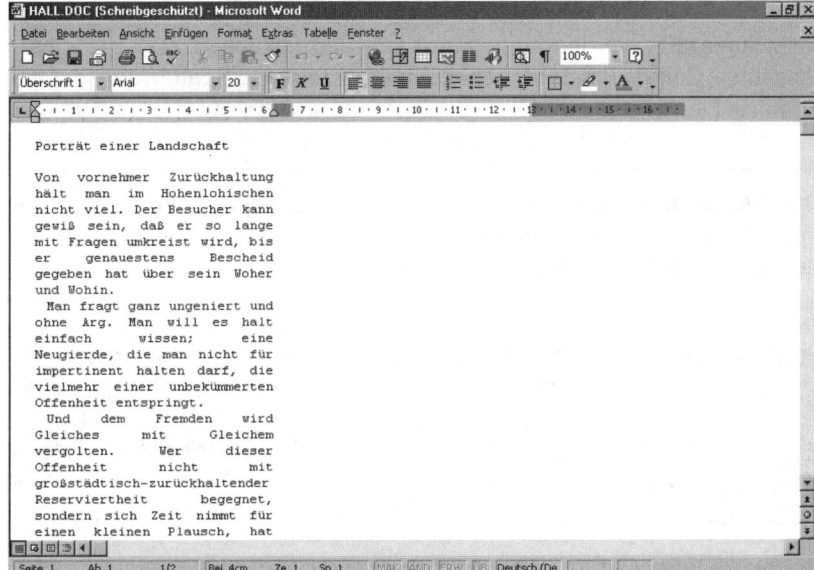

Abbildung 4.1:
Die Konzeptansicht

> *Wenn Sie die Konzeptansicht oft benötigen, sollten Sie den Word-Befehl »AnsichtEntwurf« in ein Menü oder die Symbolleiste aufnehmen (siehe Kapitel 63, »Symbol- und Menüleisten«, S. 955). Er wirkt als Schalter (ein/aus).*

:-)
TIP

4.3   Die Normalansicht

Die Normalansicht ist die Standardeinstellung von Word. In ihr folgen alle Texte und Bilder in der Reihenfolge aufeinander, wie sie eingegeben wurden. In Wahrheit können sie durch Positionierungen (siehe Kapitel 22, »Positionieren«, S. 379) irgendwo anders auf der Seite stehen oder sind vielleicht gar nicht zu sehen; dies muß dann in der Layout- oder der Seitenansicht sichtbar gemacht werden. Die Normalansicht zeigt:

Ansicht/Normal
Alt + Strg + N

━➤ die gewählte Schriftart und Schriftgröße,

━➤ Zeilen- und Seitenumbrüche genau an der Stelle wie beim späteren Druck (mit Einschränkungen, siehe weiter unten),

━➤ Tabstop- und Absatzausrichtung (zum Beispiel Einrückungen oder Blocksatz),

━➤ die Abstände von Zeilen und Absätzen,

━➤ Grafiken (sofern sie in den Text eingebunden sind).

Nicht angezeigt werden hingegen: Kopf- und Fußzeilen, Fußnoten, Seitenzahlen, Zeilennummern, nebeneinanderstehende Spalten sowie positionierte Elemente.

:-)

TIP

Der Bildschirmaufbau von Grafiken verschlingt viel Zeit. Verstecken Sie deshalb bei Bedarf die Grafiken mit EXTRAS/OPTIONEN/ANSICHT *(Platzhalter für Grafiken). Sie werden dann als leere Rahmen dargestellt.*

Abbildung 4.2:
Die Normalansicht

Die Schriftdarstellung

Sofern keine TrueType-Schriften oder Zusatzprogramme wie Adobe Type Manager verwendet werden (siehe Kapitel 19, »Formatieren«, S. 317), zeigt Word nur Times, Helvetica oder Courier an, egal, welche Schriftart tatsächlich verwendet wird. Die Systematik ist ganz einfach:

➤ Serifen-Schriften (das sind die mit den Querstrichen unten dran) werden auf dem Bildschirm als Times dargestellt.

➤ Serifenlose Schriften sind als Helvetica zu sehen.

➤ Für Schriften mit festem Zeichenabstand (die sogenannten Schreibmaschinenschriften) nimmt Word Courier.

Dabei muß Word nun ein besonderes Problem bewältigen: Schriften sehen ja nicht nur anders aus, sie sind auch unterschiedlich breit.

Angenommen, Sie verwenden die Schrift Bookman – eine Schrift mit Serifen, die viel breiter läuft als die Times, mit der Konsequenz, daß eine Zeile weniger Zeichen faßt –, aber auf dem Bildschirm kann diese Schrift nicht angezeigt werden und wird durch Times ersetzt. Durch Lücken zwischen den Wörtern sorgt Word dafür, daß der Zeilenfall (nennen Sie es auch Zeilenumbruch oder Zeilenwechsel) auf dem Bildschirm dem tatsächlichen Druckergebnis entspricht.

Fensterbreit

Dieses Bemühen, die Bildschirmanzeige schon während der Bearbeitung dem Druckbild anzunähern, kann freilich die Konsequenz haben, daß die Zeilen breiter werden als der Bildschirm. Damit man den Fensterausschnitt nicht beständig hin- und herschieben muß, kann man zum Beispiel den Vergrößerungsfaktor ändern; das kriegen wir noch. Oder in EXTRAS/OPTIONEN/*Ansicht* die Option *Zeilen auf Fensterbreite umbrechen* wählen.

Dann wird jede Zeile so dargestellt, daß sie vollständig zu lesen ist, und zwar bei jedem Vergrößerungsfaktor und jeder Fenstergröße. Damit verlieren Sie natürlich die Kontrolle über den genauen Zeilenfall und die korrekte Seitenaufteilung.

4.4   Das Seitenlayout

Das Seitenlayout zeigt eine Seite fast so, wie sie im Druck aussehen wird:

ANSICHT/SEITEN-LAYOUT
[Alt]+[Strg]+[L]

➤ Mehrere Spalten stehen nebeneinander.

➤ Positionierte Elemente stehen dort, wo sie hingehören.

➤ Kopf- und Fußzeilen sowie Fußnoten werden dargestellt (letztere können hier auch direkt bearbeitet werden), ebenso Spaltentrennlinien und Zeilennummern.

In der Layout-Ansicht kann der Text bearbeitet werden wie in der Normalansicht. Allerdings braucht Word nun auch noch zusätzlich Zeit für die Seitendarstellung, muß zum Beispiel Text zwischen den Spalten hin- und herschieben, wenn eingefügt oder gelöscht wird, was die Layout-Ansicht langsam macht.

:-) TIP
Auch in der Layout-Ansicht können Grafiken durch Platzhalter ersetzt werden.

Abbildung 4.3:
Das Seitenlayout

Seitenweise blättern

(Bild↑) und (Bild↓) blättern seitenweise rückwärts bzw. vorwärts – sofern die *Ganze Seite* dargestellt wird. Ist nur ein Ausschnitt aus der Seite zu sehen, wird er mit diesen Tasten verschoben. Wie eine Papyrus-Rolle ziehen die Seiten an Ihnen vorbei – kein Problem, Elemente von einer Seite auf die andere zu ziehen.

Schneller geht das Blättern dann auf jeden Fall mit den Symbolen rechts unten in der vertikalen Bildrolleiste: Klick genügt, und man befindet sich auf der nächsten oder vorigen Seite. Allerdings muß dazu vorher eingestellt werden, wohin Sie blättern möchten (siehe Kapitel 10, »Arbeit am Text«, S. 125).

Klicken und eingeben

Ein ganz neues Feature von Word 2000 stellt das »Klicken und eingeben«
dar. Sie können damit – allerdings nur in den beiden Layout-Ansichten –
irgendwo auf einer leeren Seite doppelt klicken und ab dieser Position
dann mit der Eingabe von Text beginnen. Word übernimmt automatisch
das Einfügen der dadurch notwendig geworden versteckten Zeilenum-
bruch- und Tabulatorzeichen. Ein- und ausgeschaltet wird diese Funktion
mit EXTRAS/OPTIONEN/BEARBEITEN.

Textbegrenzungen

Mit EXTRAS/OPTIONEN/*Ansicht* können Sie die *Textbegrenzungen* einschalten, so daß die Seitenbegrenzungen oder Positionsrahmen auf der
Seite zu sehen sind. Das ist besonders hilfreich, wenn Elemente verschoben werden sollen (siehe Kapitel 22, »Positionieren«, S. 379). Auch
sehen Sie genau, wo die Seite endet.

Das Lineal

Zum horizontalen Lineal gesellt sich in der Layout-Ansicht das vertikale.
Gleichzeitig ändert sich seine Funktion. Während in der Normalansicht im
Lineal z.B. Absatzeinzüge verändert werden (siehe Kapitel 19, »Formatie-
ren«, S. 317), lassen sich in der Layout-Ansicht Seitenränder oder Spal-
tenbreiten verschieben. Dies wird in Kapitel 17, »Das Seitenlayout«,
S. 279, detaillierter beschrieben.

(Alt) *und gedrückte linke Maustaste im Lineal auf der Seitenbegrenzung*
zeigt die exakten Seitenmaße.

:-)
TIP

4.5 Die Seitenansicht

Die Seitenansicht hat etwas Mühe, ihre Daseinsberechtigung zu behaup-
ten. In der Seitenansicht kann Text genauso bearbeitet werden wie in der
Layout-Ansicht, können auf die gleiche Weise Seitenränder und Spaltenbreiten geändert werden.

DATEI/
SEITENANSICHT
(Alt)+(Strg)+(I)
(Strg)+(F2)

Worin unterscheiden sich Layout-Ansicht und Seitenansicht dann überhaupt noch?

➡ Textbegrenzungen sind nicht sichtbar und auch nicht sichtbar zu
machen.

■► Die Seitenansicht verkleinert die Seite im Hochformat automatisch so, daß sie ganz dargestellt wird. Sie können diese Werte jedoch, wie bereits oben gesagt, von 10–500% einstellen.

Abbildung 4.4:
Die Seitenansicht

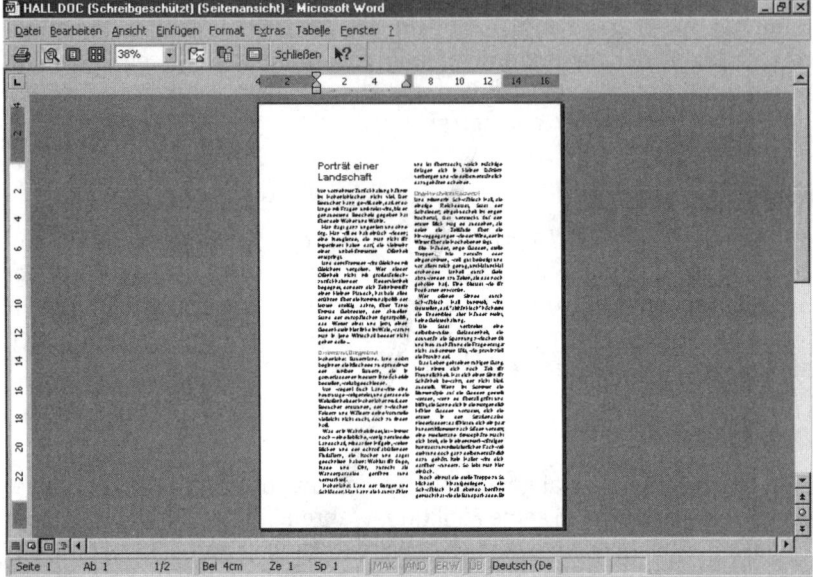

Im Grunde war's das auch schon an Augenfälligem. Dafür können Sie mit den Symbolen einiges anstellen:

■► Die Seitenansicht zeigt mehrere Seiten nebeneinander – wieviel, hängt von der Bildschirmauflösung ab. Das geht zwar in der Seiten-layout-Ansicht auch, muß dort nur über den Zoom eingestellt werden, doch können Sie in der Seitenansicht mit der Lupe schnell zwischen normalgroßer Darstellung und den Mini-Seiten wechseln.
Die zuletzt dargestellte Seitenanzahl in der Seitenansicht wird als Grundeinstellung gespeichert (nicht jedoch der Vergrößerungsfak-tor) und ist die Vorgabe, wenn man das nächste Dokument in der Sei-tenansicht betrachtet. Diese Einstellung wird auch beim nächsten Start von Word beibehalten.

■► Die Lupe vergrößert auf 100 Prozent. Klicken Sie auf den Bereich, den Sie näher betrachten möchten. Ein erneuter Klick bringt zurück zur Ganzseiten-Darstellung (unabhängig vom zuvor gewählten Zoom-Faktor). Ein Klick auf das Symbol selbst schaltet in den Bearbeitungs-modus.

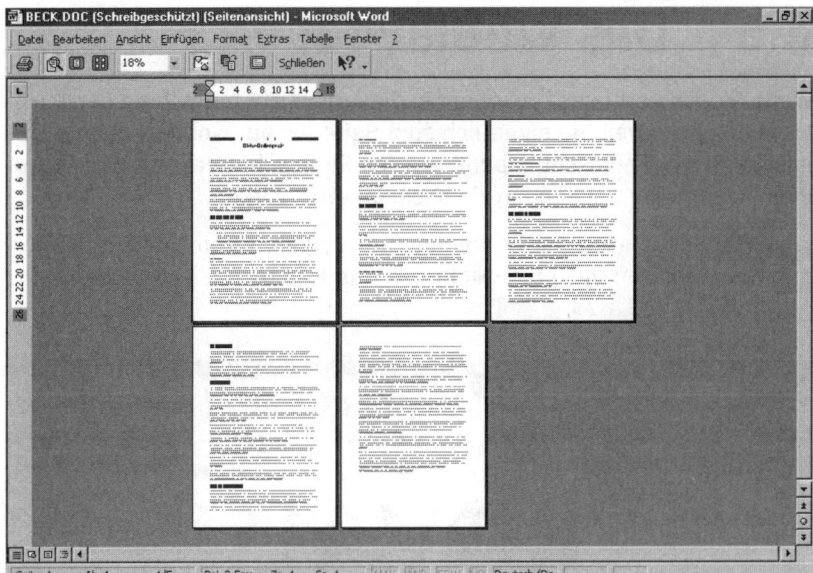

Abbildung 4.5:
Die Seitenansicht
mit mehreren
Seiten

Blendet Menüleiste, Statuszeile, Bildlaufleisten und Titelleiste aus und wieder ein – mehr Platz auf dem Bildschirm.

Blendet die Lineale aus und wieder ein – noch ein bißchen Platz mehr, noch ein bißchen größer.

Zeigt eine ganze Seite an. Spätestens in diesem Stadium sollten Sie die *Standard*-Symbolleiste der Seitenansicht sowie andere Symbolleisten aus ihren Randstellungen in die Arbeitsfläche hineinschieben – bringt auch ein paar Prozent mehr.

Jetzt wird's lustig. Diese Funktion vermindert das Dokument um eine Seite. Nein, die letzte Seite wird nicht einfach gelöscht! Word verringert vielmehr die Abstände und macht die Schriften kleiner, und wenn Sie das mal mit der Beispieldatei BECK.DOC ausprobieren, erleben Sie verblüfft, wie ein Fünf-Seiten-Dokument auf zwei Seiten zusammengequetscht wird. Für Dokumente mit anspruchsvoller Typographie taugt das natürlich nicht. Aber wenn's nicht so darauf ankommt, hat man auf diese Weise schnell die paar Zeilen eingebracht, die immer so einsam und verlassen auf der letzten Seite stehen.

Bis auf das letzte lassen sich übrigens alle Symbole bzw. deren Funktionen auch in der Layout-Ansicht einsetzen, das Verstecken des Lineals auch in der Normalansicht (Sie finden die Symbole in der Kategorie »Ansicht«).

4.6   Das Weblayout

ANSICHT/WEB-
LAYOUT
Wenn Sie ein normales Dokument in dieser Ansicht betrachten (vielleicht aus Versehen, weil Sie eigentlich zum Seitenlayout wollten und nur das falsche Symbol erwischt haben), werden Sie erschüttert sein. Das Dokument kann unter Umständen ziemlich daneben wirken.

Was Wunder: diese Ansicht kommt zum Tragen, wenn Sie HTML-Dokumente betrachten möchten. Mehr dazu ab Kapitel 54, »Webdokumente neu erstellen«, S. 827.

Abbildung 4.6:
Das Weblayout

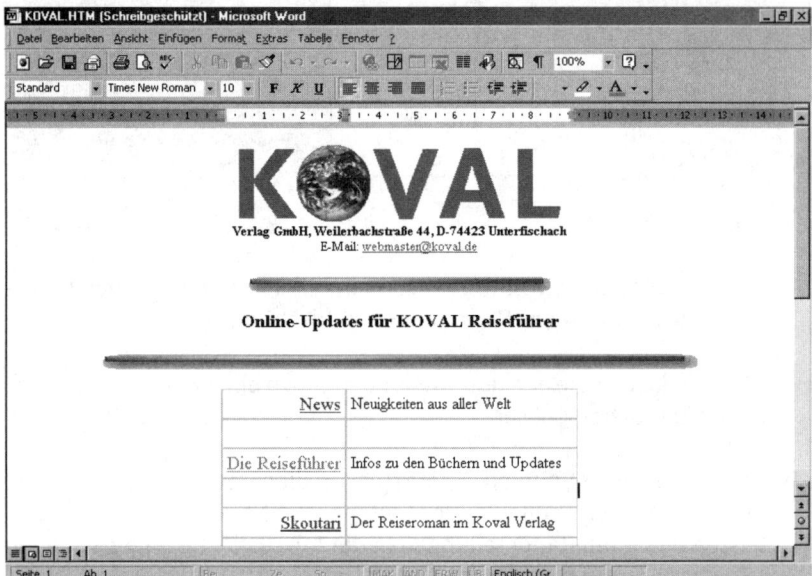

4.7   Gliederung

ANSICHT/
GLIEDERUNG
Auch diese Ansicht bewahren wir uns zur näheren Erläuterung für andere Kapitel auf (Kapitel 38, »Gliederung«, S. 599 – im gleichen Zusammenhang möchte ich auch auf das Kapitel 39, »Das Zentraldokument«, S. 615 verweisen). Dabei handelt es sich nämlich um besondere Funktionen, mit denen Sie Dokumente auf ihre Struktur reduzieren und so leichter bearbeiten können.

 Mit ihnen im Zusammenhang gesehen werden muß auch die Dokumentstruktur (Abbildung 4.8). Sie zeigt eben die Struktur des Dokuments neben dem normalen Textfenster, so daß Textstellen leicht angesprungen werden können. Damit das richtig funktioniert, sind freilich besondere Voraussetzungen vonnöten – Kapitel 38, »Gliederung«, S. 599.

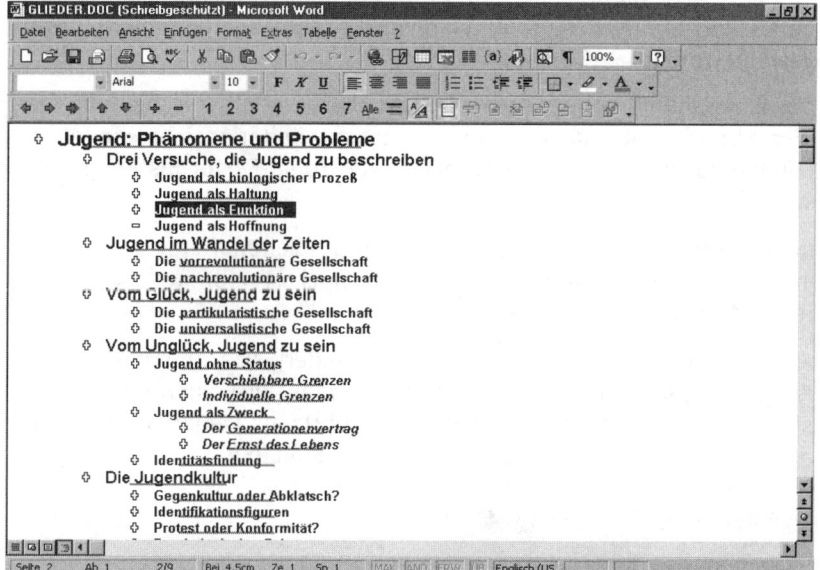

Abbildung 4.7:
Die
Gliederungsansicht

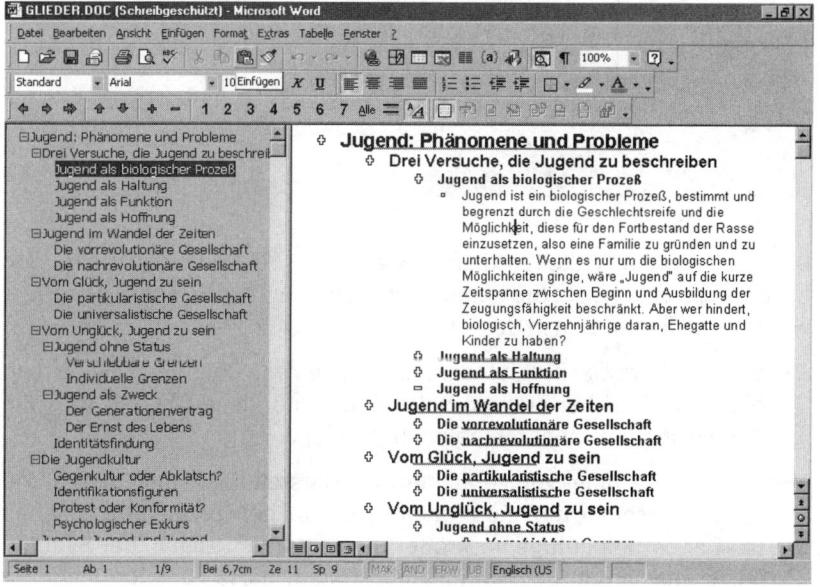

Abbildung 4.8:
Die
Dokumentstruktur

4.8 Der Zoom

ANSICHT/ZOOM In allen Ansichten, selbst in der Seitenansicht, kann die Größendarstellung auf dem Bildschirm individuell zwischen 10 und 500 Prozent gewählt werden.

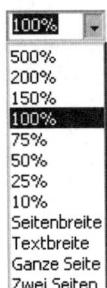

Das Auswahlfeld in der *Standard*-Symbolleiste stellt verschiedene feste Werte bereit, wobei die Liste sich je nach gewählter Ansicht wandelt. Sie können auswählen oder jeden beliebigen Zoom-Faktor ins Eingabefeld schreiben.

In der Normalansicht ist zusätzlich lediglich »Seitenbreite« anzuwählen, in der Layout- und Seitenansicht kommen noch »Textbreite«, »Ganze Seite« und »Zwei Seiten« hinzu.

Auch das Dialogfenster ANSICHT/ZOOM ändert sich entsprechend der Ansicht. Sie können drei feste Größen mit Mausklick auswählen, ansonsten den Zoom-Faktor einstellen. Er hat übrigens keinerlei Auswirkung auf das Symbol-Auswahlfeld; dessen Werte sind fix.

Abbildung 4.9:
Einstellung des
Zoom-Faktors

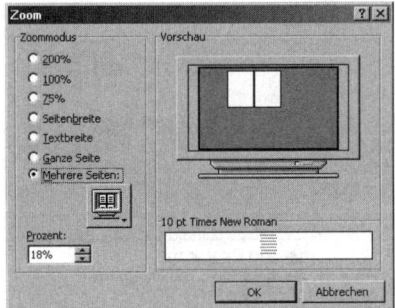

Die anderen Möglichkeiten des Dialogfensters ANSICHT/ZOOM sind von besonderer Raffinesse. Sie können allesamt auch als Symbole hinterlegt werden; sie finden sich in der Kategorie »Ansicht«.

 ➡ SEITENBREITE trachtet danach, daß keine Zeile über den Fensterrand hinausreicht – bei breitem Satzspiegel und kleiner Schrift wird die Seite verkleinert, bei schmalem Satzspiegel vergrößert.

 ➡ GANZE SEITE hingegen verkleinert die Darstellung in der Layout- und Seitenansicht so, daß die gesamte Seite auf dem Bildschirm zu sehen ist. Der aktuell gültige Vergrößerungsfaktor läßt sich in der Symbolleiste ablesen. In der Normalansicht steht diese Funktion nicht zur Verfügung. In der Seitenansicht ist das Symbol bereits vorhanden.

*Bedenken Sie, daß Word bei den Ganzseiten-Darstellungen den verfüg-
baren Platz ausnutzt. Das heißt, zum einen: Je mehr Platz zur Verfügung
steht, desto größer ist der Zoom-Faktor. Das heißt, zum andern: Gehen
Sie in Vollbild-Darstellung, blenden Sie möglicherweise auch die Menüleiste etc. (ANSICHT/GANZER BILDSCHIRM) aus.*

➥ MEHRERE SEITEN stellt in der Layout- und Seitenansicht mehrere Seiten unter- oder nebeneinander dar. Auch dieses Symbol ist in der Seitenansicht bereits vorgegeben.

Wieviel Seiten gezeigt werden und wie sie angeordnet sind (neben-
oder untereinander), bestimmen Sie selbst – im Rahmen dessen, was
Bildschirmauflösung und Arbeitsspeicher zulassen. Sie klicken auf
das Symbol und fahren mit gedrückter Maus über die Miniatur-Seiten
hinweg.

Daß die Seiten dabei extrem verkleinert werden, versteht sich. Aber
diese Darstellungsart ist auch nicht für die Textbearbeitung gedacht,
sondern als Kontrolle des Gesamteindrucks. Die gebräuchlichste Darstellung, nämlich zwei Seiten nebeneinander, finden Sie als Vorgabe
auch im Symbol-Auswahlfeld. (Zum Ausprobieren: Die Beispieldatei
BECK.DOC ist fünf Seiten lang.)

➥ Dieses Symbol (Kategorie »Ansicht«) schaltet in die Normalansicht
und zoomt gleichzeitig auf 100 Prozent.

Bildschirmauflösung und Seitendarstellung

Mit Windows gehört die Standard-VGA-Auflösung (640 x 480 Pixel) der
Vergangenheit an: man sieht zu wenig, der Ausschnitt ist zu klein. 800 x
600 Pixel sollten es heute mindestens sein. Und je höher die Auflösung,
desto mehr sieht man, bei 1280 x 1024 sogar eine ganze Seite dieses
Buches.

Freilich: Je höher die Auflösung, desto kleiner die Schriftdarstellung, was
auch von der Bildschirmgröße abhängt. 1024 x 768 auf einem 14-Zoll-
Monitor ist (ganz abgesehen vom unvermeidlichen Flimmern) Unfug, auf
einem 15- oder 16-Zoll-Monitor gerade noch erträglich.

Hier hilft der Zoom. Sie können ihn so einstellen, daß Sie ausreichend viel
von Ihrem Text sehen.

Das Optimale, aber auch Teuerste (man muß ja auch noch eine hochwer-
tige Grafikkarte einkalkulieren) ist ein 20- oder 21-Zoll-Bildschirm mit
einer Auflösung von 1280 x 1024 oder gar 1600 x 1280. Da kann man
selbst eine 9-Punkt-Schrift in Normalgröße (also 100 Prozent) ohne Mühe
lesen und hat gleichzeitig die ganze Seite vor sich.

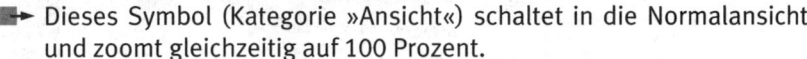

Mehr Platz auf dem Bildschirm

ANSICHT/GANZER BILDSCHIRM

Die Menüfunktion ANSICHT/GANZER BILDSCHIRM ist eigentlich nur eine Kleinigkeit, die aber in manchen Situationen äußerst hilfreich sein kann: Sie blendet sämtliche Bildschirmelemente aus, auf dem Bildschirm ist nur noch das Dokument zu sehen – der große Gesamtüberblick, ohne daß Menüleiste, Symbolleisten usw. Platz wegnehmen. Mit [Esc] oder der Schaltfläche GANZER BILDSCHIRM SCHLIESSEN schalten Sie wieder zurück zur üblichen Darstellung.

Mit [Alt] plus Codetaste können Sie nach wie vor die Menüs öffnen (also z.B. DATEI mit [Alt]+[D]) – oder Sie fahren mit der Maus an den oberen Bildschirmrand, dort taucht die Menüleiste dann auf (es sei denn, Sie haben Ihre Windows-Taskleiste dort plaziert).

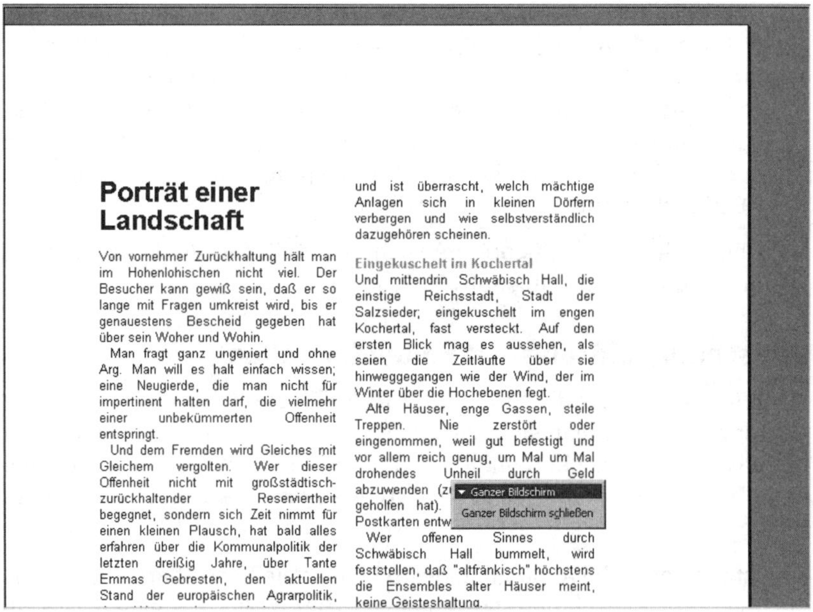

Porträt einer Landschaft

Von vornehmer Zurückhaltung hält man im Hohenlohischen nicht viel. Der Besucher kann gewiß sein, daß er so lange mit Fragen umkreist wird, bis er genauestens Bescheid gegeben hat über sein Woher und Wohin.

Man fragt ganz ungeniert und ohne Arg. Man will es halt einfach wissen; eine Neugierde, die man nicht für impertinent halten darf, die vielmehr einer unbekümmerten Offenheit entspringt.

Und dem Fremden wird Gleiches mit Gleichem vergolten. Wer dieser Offenheit nicht mit großstädtisch-zurückhaltender Reserviertheit begegnet, sondern sich Zeit nimmt für einen kleinen Plausch, hat bald alles erfahren über die Kommunalpolitik der letzten dreißig Jahre, über Tante Emmas Gebresten, den aktuellen Stand der europäischen Agrarpolitik,

und ist überrascht, welch mächtige Anlagen sich in kleinen Dörfern verbergen und wie selbstverständlich dazugehören scheinen.

Eingekuschelt im Kochertal

Und mittendrin Schwäbisch Hall, die einstige Reichsstadt, Stadt der Salzsieder, eingekuschelt im engen Kochertal, fast versteckt. Auf den ersten Blick mag es aussehen, als seien die Zeitläufte über sie hinweggegangen wie der Wind, der im Winter über die Hochebenen fegt.

Alte Häuser, enge Gassen, steile Treppen. Nie zerstört oder eingenommen, weil gut befestigt und vor allem reich genug, um Mal um Mal drohendes Unheil durch Geld abzuwenden (z geholfen hat). Postkarten entw

Wer offenen Sinnes durch Schwäbisch Hall bummelt, wird feststellen, daß "altfränkisch" höchstens die Ensembles alter Häuser meint, keine Geisteshaltung.

Abbildung 4.10: *Der ganze Bildschirm*

4.9 Fenster: vervielfacht und geteilt

In Word können Sie mit mehreren Fenstern arbeiten (siehe Kapitel 2, »Orientierungshilfen«, S. 31), in denen sich entweder das gleiche Dokument befindet (Menü FENSTER/NEUES FENSTER), in denen aber auch verschiedene Dateien sein können.

Zudem kann ein Fenster geteilt werden, so daß Sie verschiedene Ausschnitte aus dem selben Text bearbeiten können. ALLE ANORDNEN im Menü FENSTER verteilt alle Fenster kachelartig und ohne Überschneidung auf der Arbeitsfläche.

Wie steht es bei mehreren Fenstern mit den Ansichten? Gleichgültig, ob eine Datei in mehreren Fenstern angezeigt wird oder ob verschiedene Dateien in verschiedenen Fenstern sind oder ob ein Fenster nur geteilt ist: Jedes Fenster kann in allen Ansichtsbelangen seinen eigenen Weg gehen.

Die Möglichkeit der unterschiedlichen Ansichten in den einzelnen Fenstern ist etwas Tolles. Sie werden das merken, wenn Sie mit Feldfunktionen arbeiten: In einem Fenster die Funktionen, im andern die Ergebnisse, und was Sie im einen ändern, ist im andern sofort zu kontrollieren!

4.10 Nicht druckbare Zeichen und Feldfunktionen

Um das Thema »Ansichten« abzurunden, hier noch ein summarischer Verweis auf zwei Dinge, die an anderer Stelle eingehender besprochen werden.

Aber sie müssen hier wenigstens erwähnt werden, denn zum einen sind sie in allen Ansichten (Ausnahme: Seitenansicht) zu- und abschaltbar, zum anderen können sie Zeilen- und Seitenaufteilung und damit die richtige Ansicht durcheinander bringen.

Denn wenn zum normalen Text beispielsweise die ansonsten verborgenen Indexeinträge hinzukommen, wird der Umfang des Dokuments gehörig aufgebläht. Und er wird wieder reduziert, wenn statt der Bilder nur Feldfunktionen dastehen.

Wie gesagt: ein rechtes Durcheinander. Wundern Sie sich also nicht, wenn Sie sich in der Layout-Ansicht befinden, die Sonderzeichen einschalten, Word heftig neu umbricht und Sie sich plötzlich auf einer anderen Seite sehen.

Nicht druckbare Zeichen

Darunter versteht Word Tabulatoren, Leerzeichen, Absatzmarken usw., die gewöhnlich nicht sichtbar sind. Sie können mit EXTRAS/OPTIONEN/ *Ansicht* alle oder einzeln zu- und abgeschaltet werden. Komplett sichtbar machen lassen sie sich zudem mit einem Klick auf das nebenstehende Symbol oder mit Strg+*. Mehr dazu in Kapitel 10, »Arbeit am Text«, S. 125.

Feldfunktionen

Feldfunktionen werden in Kapitel 14, »Felder«, S. 201, ausführlich behandelt. Hier geht es nur darum, wie Feldfunktionen angezeigt werden können, nämlich

➡ als Grundeinstellung über EXTRAS/OPTIONEN/*Ansicht*

➡ oder mit Alt+F9 oder dem Symbol (womit man die Grundeinstellung auch wieder aufheben kann) oder mit ⇧+F9 für eine einzelne Feldfunktion.

Datei-Management

Teil II

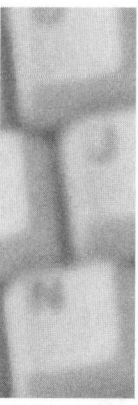

Dokumente erstellen
und öffnen

enn Sie mit Word arbeiten wollen, müssen Sie zunächst ein neues Dokument erstellen bzw. ein schon vorhandenes Dokument öffnen. Beim Start von Word wird automatisch ein neues, leeres Dokument angezeigt.

5.1 Dokument neu erstellen

Damit beginnt alles: Sie wollen ein neues Dokument erstellen – sozusagen ein jungfräuliches Blatt Papier in die Schreibmaschine spannen. Nach dem Start präsentiert Word Ihnen ein solch leeres Blatt Papier, und Sie können gleich mit dem Schreiben beginnen.

DATEI/NEU
[Strg]+[N]

Brauchen Sie ein neues leeres Dokument, benutzen Sie die Menüfunktion DATEI/NEU.

Dabei sind allerdings etliche Entscheidungen zu treffen, die den Neuling zu überfordern scheinen, weil das vorerst noch unverständliche Dinge sind:

- Sie entscheiden, ob Sie ein *Dokument* oder eine *Vorlage* erstellen wollen. Die Wahl fällt in dem Fall auf *Dokument*.

- Sie müssen notwendigerweise dem Dokument eine *Dokumentvorlage* zuordnen. Sie wählen dazu eine vorhandene Vorlage aus.

Dokumentvorlagen sammeln Formatvorlagen, AutoText, Makros und wiederkehrende Textelemente, zum Beispiel einen Briefkopf; Sie erfahren alles darüber im Kapitel 24, »Dokumentvorlagen«, S. 439.

Es führt kein Weg daran vorbei: Jedes Dokument braucht eine Dokumentvorlage. Im Laufe der Zeit werden Sie sich viele Dokumentvorlagen für ganz spezielle Zwecke aufbauen, zum Beispiel für Briefe, Auflistungen oder Berichte. Beim Anlegen eines neuen Dokuments wählen Sie dann die entsprechende Vorlage, wodurch gleiches Erscheinungsbild und rationelles Arbeiten (etwa mit AutoText-Einträgen oder Makros) gewährleistet sind.

Abbildung 5.1:
Dokumentvorlage
auswählen

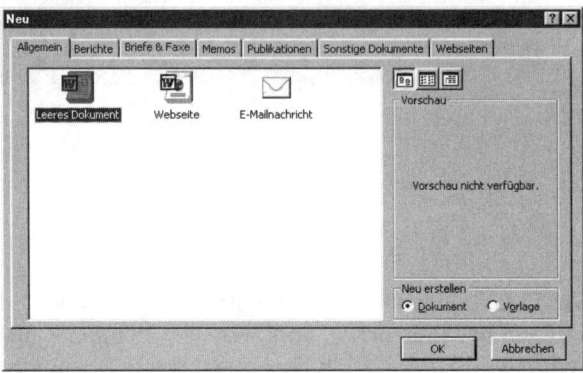

Wie Sie den Registern des Dialogfeldes entnehmen, können Sie die Dokumentvorlagen thematisch gruppieren – auch dazu mehr in Kapitel 24, »Dokumentvorlagen«, S. 439.

Bis Sie soweit sind, belassen Sie den Word-Vorschlag und nehmen die Vorlage »Leeres Dokument«. Das ist eine »globale« Vorlage, die generelle Verwendung findet – immer dann, wenn nicht eigens eine andere Vorlage zugeordnet wird.

 Wenn Sie statt der Menüfunktion das Symbol oder ⌨Strg+N verwenden, erstellt Word eine neue Datei automatisch mit dieser globalen Vorlage »Leeres Dokument«.

Auf dem Bildschirm erscheint nun, was diese Vorlage verspricht: ein leeres Dokument. Es heißt vorerst nur »Dokument1« oder »Dokument25« oder »Dokument63« – je nachdem, wieviel neue Dokumente Sie im Verlauf der gegenwärtigen Arbeitssitzung schon angelegt haben. Ein endgültiger Dateiname wird erst beim Speichern vergeben (siehe Kapitel 6, »Dokumente speichern«, S. 93).

5.2 Die Hilfe der Assistenten

Für verschiedene Dokumenttypen können Sie die Hilfe von Assistenten in Anspruch nehmen; sie tauchen in der Liste der Vorlagen auf. Im Register *Briefe & Faxe* finden Sie zum Beispiel den »Brief-Assistent« oder den

»Fax-Assistent«, in anderen Registern andere. Sie alle haben als Endung WIZ statt DOT, ihre Symbole einen Zauberstab.

➥ Sie markieren den Assistenten, sehen mitunter eine Vorschau, klikken auf OK. Eine Reihe von Dialogfeldern fragt verschiedene Einstellungen ab.

➥ WEITER bringt Sie zum nächsten Schritt, ZURÜCK geht schrittweise zurück bis zum Anfang, so daß Sie Ihre Angaben auch revidieren können.

➥ FERTIGSTELLEN schließlich überspringt die folgenden Schritte und erstellt ein neues Dokument mit den bisherigen Angaben.

➥ Und natürlich können Sie die Arbeit auch jederzeit und ohne Folgen ABBRECHEN.

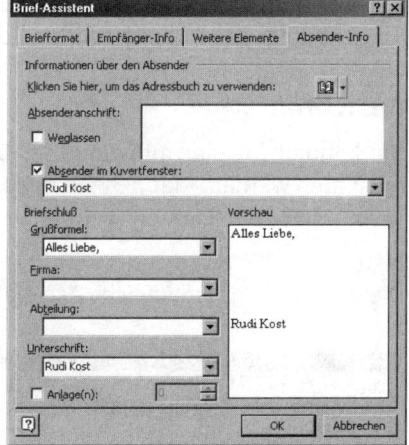

Abbildung 5.2:
Der Brief-Assistent

Die Assistenten nehmen mit Ihnen gemeinsam die notwendigen Grundeinstellungen vor, fragen Eingaben ab, fügen grafische Elemente ein und stellen die Textelemente bereit, die üblicherweise in solchen Formschreiben verwendet werden.

Kurz gesagt: Die Assistenten nehmen viel Arbeit bereits im Vorfeld der Dokumenterstellung ab. Wenn Sie die Möglichkeit intensiv nutzen, alle Abfragen brav beantworten, ist Ihr Dokument fast schon fertig ausgefüllt und formatiert. Ändern können Sie hernach alles nach Belieben, nichts ist festgefügt bis in alle Ewigkeit.

5.3 Dokument öffnen

DATEI/ÖFFNEN
$\boxed{\text{Strg}}+\boxed{\text{F12}}$
$\boxed{\text{Strg}}+\boxed{\text{O}}$

Sie öffnen (oder laden) dasjenige Dokument, mit dem Sie arbeiten möchten. Es erscheint dann auf dem Bildschirm. Für das Öffnen haben Sie gleich etliche Möglichkeiten: die Menüfunktion, ein Symbol oder zwei Tastenkombinationen.

 In jedem Fall landen Sie im Dateiauswahl-Fenster und müssen hier nun Ihre Datei finden. Was oft gar nicht so einfach ist.

Denn Dateien haben die rätselhafte und noch unerforschte Eigenschaft, sich rapide zu vermehren. Und unter den Hunderten, gar Tausenden von Dateien die richtige herauszufischen, ist eine Kunst für sich. Wobei Word allerdings helfen kann.

Dateien können mit dem Befehl EXTRAS/SUCHEN gezielt gesucht werden. Diese Möglichkeiten kommen in Kapitel 9, »Dateien suchen«, S. 115, zur Sprache; hier beschränken wir uns sozusagen auf den Alltag.

Ansichten

Sie können für die Auflistung der Dokumente zwischen verschiedenen Ansichten wählen. Klappen Sie dazu über das Listensymbol ein Untermenü auf. Das jeweils hervorgehobene Symbol markiert die gültige Ansicht:

 Liste
Die platzsparendste Ansicht – so sieht man die meisten Dateien.

Abbildung 5.3:
Die Listenansicht

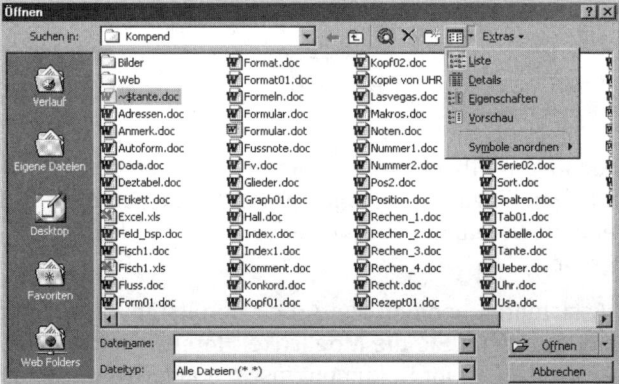

Details
Die ausführlichste Ansicht – Dateigröße und letztes Speicherdatum werden mit angezeigt.

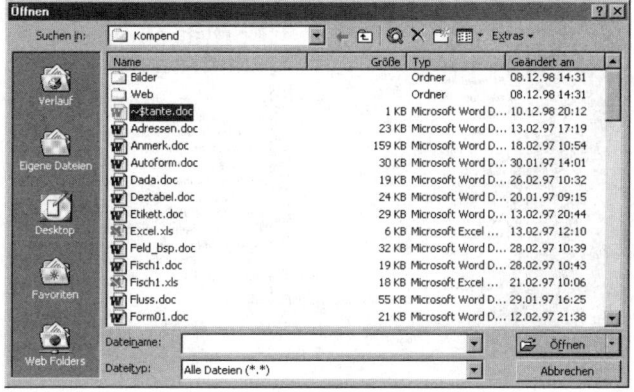

Abbildung 5.4:
Die Detail-Ansicht

Eigenschaften
Die statistische Ansicht – nähere Informationen zum Dokument (siehe Kapitel 8, »Datei-Eigenschaften«, S. 109).

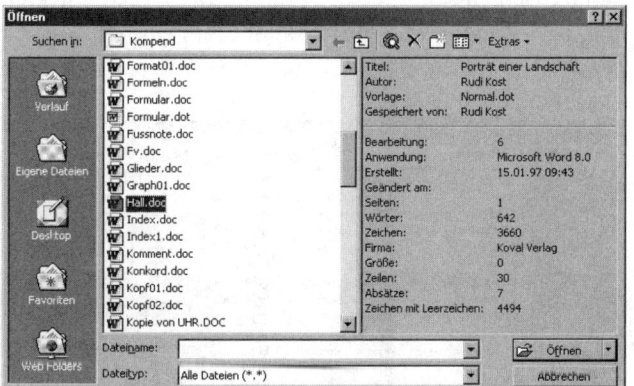

Abbildung 5.5:
Die Eigenschaften-Ansicht

Vorschau

Die informativste Ansicht – der Anfang des Dokuments wird gezeigt.

Abbildung 5.6:
Die Vorschau-
Ansicht

Dateiverwaltung

Das Dateiauswahl-Fenster können Sie inzwischen wie den Windows-Explorer zur Dateiverwaltung nutzen: Dokumente löschen, umbenennen, kopieren usw. Alle nötigen Befehle dazu erreichen Sie über Kontextmenüs (Sie wissen: mit der rechten Maustaste klicken) – unterschiedliche, je nachdem, ob ein Dokument, ein Ordner oder gar nichts markiert ist.

Abbildung 5.7:
Kontextmenü zu
einem
ausgewählten
Dokument

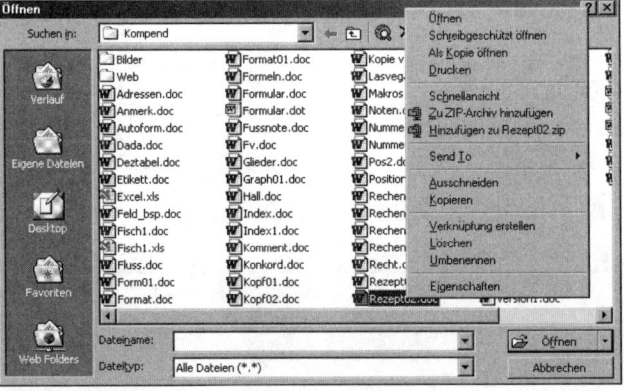

Filtern

Mit Hilfe eines Dateifilters im Feld *Dateiname* können Sie die angezeigten Dateien eingrenzen. Die Vorgabe ist *.DOC: Alle Dateien mit der Endung DOC (die Standard-Endung für Word-Dokumente) werden angezeigt.

Einige gebräuchliche Dateifilter lassen sich im Feld *Dateityp* auswählen. Sie beschränken sich allerdings auf Datei-Endungen, wie ».TXT« oder ».DOT«. Oft ist es aber nützlich und notwendig, auch die Dateinamen auszufiltern.

Für einen Dateifilter können Sie zwei verschiedene Sonderzeichen verwenden, die man auch »Joker« nennt:

- Das Fragezeichen ? ist der Stellvertreter für ein einzelnes Zeichen. Ein Filter wie R?D.DOC könnte folgende Dateien erfassen:

```
RAD.DOC
ROD.DOC
R1D.DOC
```

Ein Dateiname wie RADLER.DOC hingegen fiele unter den Tisch. Denn der Filter besagt: Der Name muß drei Zeichen haben (nicht mehr, nicht weniger), das erste Zeichen muß »R« sein, das dritte »D«, das zweite kann jedes sein.

- Der Stern * ist der Platzhalter für beliebig viele Zeichen. Ein Filter wie RA*.DOC sucht etwa folgende Dateien heraus:

```
RAD.DOC
RADLER.DOC
RAMBO.DOC
```

Genau besehen, sagt der Stern: Von hier an ist alles egal. Deshalb ist ein Filter wie *BO.DOC das gleiche wie *.DOC: Sämtliche Dateien mit der Endung .DOC gehen ins Netz.

Mit *.* werden sämtliche Dateien angezeigt.

Sie können auch mehrere Dateifilter kombinieren. Sie müssen dann durch ein Semikolon getrennt werden.   :-) TIP

Damit ein geänderter Dateifilter wirksam wird, müssen Sie ihn erst mit (⏎) oder OK bestätigen.

Die von Ihnen eingegebenen Filter werden gespeichert und können in der Liste *Dateiname* ausgewählt werden.

Eine andere Art des Filterns verbirgt sich hinter dem Feld *Zuletzt geändert*. Damit können Sie gezielt nur diejenigen Dokumente anzeigen lassen, die an einem bestimmten Datum geändert worden sind – gestern, heute, letzte Woche, diese Woche, letzten Monat, diesen Monat. »Beliebiges Datum« meint schlicht, daß auf das Datum keine Rücksicht genommen wird.

Befehle im Menü EXTRAS

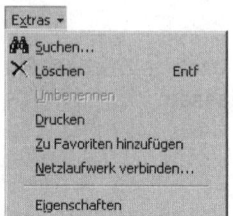

In diesem Menü finden Sie eine Reihe nützlicher Befehle. In den früheren Versionen gab es statt des Menüs EXTRA ein Symbol, mit dem man ein ähnliches Listenfeld aufklappen konnte. Verzichtet hat man unter anderem auf die bisherige Option SORTIEREN. Sortiert wird – wie im Windows Explorer – in der Details-Ansicht durch Anklicken der Spaltenüberschriften im Dateiauswahl-Fenster. Dadurch hat sich wohl ein separates Dialogfeld dafür erübrigt. Die für uns momentan wichtigsten Befehle lauten (die anderen kommen später):

⬛▶ SUCHEN: Damit öffnen Sie ein Dialogfeld zum Suchen nach Dateien. Hierin können Sie unter anderem spezifische Suchkriterien definieren und Suchläufe speichern.

⬛▶ LÖSCHEN: Löscht die markierte(n) Datei(en) oder Ordner.

⬛▶ UMBENENNEN: Bietet die Möglichkeit, die markierte(n) Datei(en) oder Ordner mit einem anderen Namen zu versehen.

⬛▶ DRUCKEN: Die markierten Dateien werden gedruckt – die einzige Möglichkeit, mehrere Dateien mit einem Befehl zum Drucker zu schicken.

⬛▶ ZU FAVORITEN HINZUFÜGEN: Dokumente, mit denen Sie häufig arbeiten, können Sie mit Klick auf diesen Befehl zu Ihren Favoriten küren. Word fragt dann nach, ob nur das markierte Element oder gleich der gesamte aktuelle Ordner ein Favorit werden soll.

Was hat es damit auf sich? Word erstellt eine Verknüpfung zu diesem Dokument und speichert sie in einem besonderen Verzeichnis. Eine Verknüpfung, das wissen Sie vielleicht, ist lediglich ein Verweis auf ein Dokument oder einen Ordner – platzsparender als eine Kopie, und außerdem stets aktuell: Es wird ja immer auf die Originaldatei verwiesen.

So können Sie verschiedene Dokumente aus unterschiedlichen Ordnern oder auch Ordner selbst im Favoriten-Ordner sammeln und müssen sich nicht jedesmal durch die gesamte Ordnerstruktur klicken. Es genügt statt dessen ein Klick auf die gleichlautende Schaltfläche in der linken Leiste – und Sie befinden sich im Favoriten-Ordner.

Die Favoriten können Sie übrigens auch umbenennen, ohne daß die Originaldatei bzw. der Ordner davon betroffen wäre – sind ja nur Verweise.

Dabei erhebt sich für den Neuling übrigens die schicksalshafte Frage: Was ist ein Ordner?

Ordnung im Ordnergestrüpp

Was früher »Verzeichnis« hieß, wird von Windows (und Word) nun »Ordner« genannt – eine Änderung des Namens, nicht der Bedeutung.

Vielleicht ist aber eben diese Bedeutung dadurch klarer: Dokumente werden in Ordnern gesammelt, damit man den besseren Überblick behält – ein Ordner für Briefe, ein Ordner für Rechnungen, ein Ordner für Berichte, ein Ordner für Bilder ... Und Ordner können ihrerseits wieder Unterordner enthalten.

Abbildung 5.9:
Ausschnitt einer
Ordnerstruktur im
Explorer

Ein Buch wie dieses könnte man etwa so aufteilen: Alles zusammen kommt in den Ordner »Buch«. Dieser Ordner ist unterteilt in die Ordner »Texte« und »Bilder«. Der Ordner »Bilder« wiederum enthält die Unterordner »Kapitel 1«, »Kapitel 2« usw.

Diese Ordnerstruktur läßt sich am besten im Windows-Explorer sichtbar machen, denn hier sieht man das Prinzip der Verschachtelung am deutlichsten.

Vor Augen halten muß man sich dabei die gesamte Ordnerstruktur, auch sie wiederum am besten im Explorer abzulesen. An oberster Stelle steht der »Desktop«, die Gesamtheit des Computers und aller angeschlossenen Geräte.

Eine Stufe darunter kommen der »Arbeitsplatz« (das ist Ihr Computer im speziellen) und die »Netzwerkumgebung« (sofern der PC in eine solche eingebunden ist).

Der »Arbeitsplatz« unterteilt sich wiederum in die verschiedenen Laufwerke: das Diskettenlaufwerk A, die Festplatte C, vielleicht noch das CD-ROM-Laufwerk D oder auch in viele Netz-Laufwerke.

Abbildung 5.10:
Gesamte,
unverzweigte
Ordnerstruktur im
Explorer

Und jedes Laufwerk enthält nun die eigentlichen Ordner: die Schubladen, in die man seine Dokumente steckt.

Wie man die Ordnerstruktur aufbaut, muß jeder selber wissen. Das hängt von der Arbeitssituation ab und den persönlichen Vorlieben. Manche lieben es tief verschachtelt, andere wieder mögen Unterordner gar nicht.

:-)
TIP

Auf jeden Fall sollten Sie sich ein Organisationsprinzip überlegen. Alle Dokumente in einem Ordner zu sammeln, ist keine gute Idee. Denn es kommen rasch so viele Dokumente zusammen, daß man den Überblick verliert. Alle thematisch zusammengehörenden Dateien sollten in ein jeweils eigenes Verzeichnis.

Den richtigen Ordner finden

Wie auch immer Sie Ihre Ordner unterteilen: Sie müssen sich merken, in welchem Ordner Ihr Dokument abgelegt ist. Und diesen Ordner müssen Sie zunächst öffnen, damit Sie an Ihr Dokument herankommen.

Das Dateiauswahl-Fenster zeigt im Feld *Suchen in* den aktuellen Ordner an. Das ist normalerweise jener, in dem Sie zuletzt eine Datei gespeichert oder geöffnet haben. Wenn Sie nach dem Start von Word zum ersten Mal ein Dokument öffnen oder speichern, geht Word in einen ganz bestimmten Ordner, der sich voreinstellen läßt (siehe S. 90). Danach ist dann immer der zuletzt geöffnete Ordner gültig.

Leider zeigt Word nur den Namen des aktuellen Ordners, nicht den gesamten Pfad. Wenn sich zwei gleichnamige Ordner auf verschiedenen Laufwerken befinden, ist nicht auf einen Blick zu sehen, wo man sich gerade aufhält. Man muß erst das Listenfeld öffnen. Ein kleiner Trick hilft: Legen Sie sich einen Unterordner an mit einem Namen wie »Laufwerk D«. Die Ordner stehen ja immer am Beginn der Liste.

Natürlich können Sie den aktuellen Ordner jederzeit wechseln:

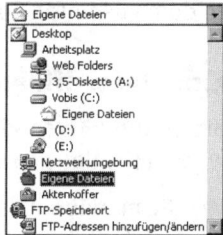

Abbildung 5.11:
Listenfeld
Suchen in

➡ Mit dem Listenfeld machen Sie die gesamte Ordnerstruktur sichtbar, ähnlich wie im Explorer, und können nun beispielsweise in ein anderes Laufwerk und von dort aus in den gewünschten Ordner wechseln.

➡ Mit diesem Symbol gehen Sie in der Ordnerhierarchie eine Stufe nach oben – irgendwann landen Sie dann ganz oben, im »Desktop«.

➡ Dieses Symbol macht Schritt für Schritt Ihre Wanderung durch die Ordnerstruktur rückgängig.

■➤ Auch kann man im ÖFFNEN-Dialogfeld bei Bedarf neue Ordner anlegen.

 ■➤ Außerdem müssen Sie zum Löschen von Dateien und Ordnern nicht erst in den Explorer wechseln oder umständlich das Kontextmenü aufrufen.

■➤ Besonders schnell spezielle Ordner anspringen können Sie mit den Schaltflächen in der Leiste links im Dialogfeld. Dort finden Sie die Windows-Vorgabe-Ordner. Mehr dazu im Abschnitt »Die Windows-Vorgabe-Ordner« auf Seite 89.

Verknüpfungen zur weiten Welt

Sie haben das ja auch schon mitbekommen: Der heimische Schreibtisch ist uns längst zu klein geworden, wir streben hinaus in die wilde weite Welt, auch WWW abgekürzt – Intranet und Internet heißen die Ziele der Stunde.

 Klar, daß Sie auch Dateien aus dem Intranet und Internet öffnen können: Dieses Symbol startet Ihren Internet-Dienst und Ihren Browser.

Über das Listenfeld SUCHEN IN können Sie zudem einen FTP-SPEICHERORT HINZUFÜGEN/ÄNDERN und sich auf diese Weise Dateien von einem FTP-Server holen – sofern Sie die nötigen Berechtigungen dazu haben. Mehr zu dem gesamten Komplex in Teil X, »Web-Publishing«, ab S. 817.

Eine Datei öffnen

Sie sind nun also glücklich im richtigen Ordner gelandet. Im Dialogfeld wählen Sie das gewünschte Dokument aus.

■➤ Sie markieren das Dokument und klicken dann auf ÖFFNEN oder drücken ⏎. Wenn Sie auf den kleinen nach unten weisenden Pfeil auf dem ÖFFNEN-Schalter klicken, können Sie noch genauer spezifizieren, wie Sie das Dokument öffnen wollen, ob als Kopie, schreibgeschützt oder im Browser (nur aktiv für HTML-Seiten).

■➤ Oder Sie doppelklicken auf das Dokument.

Der Effekt ist der gleiche: Das Dokument wird geöffnet und erscheint auf der Arbeitsfläche.

Abbildung 5.12:
Die Optionen beim
Öffnen eines
Dokuments

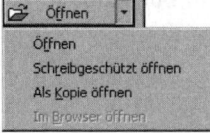

Die Option ALS KOPIE ÖFFNEN *im Kontextmenü eines Dokuments legt ebenfalls eine neue Datei an und kopiert in sie den Inhalt des markierten Dokuments.*

:-)
TIP

Mehrere Dateien öffnen

Sie können nacheinander mehrere Dateien öffnen – so lange, bis der Arbeitsspeicher erschöpft ist. Sie können aber auch *gleichzeitig* mehrere Dateien öffnen.

▪▸ Mit ⌊Strg⌋ und der linken Maustaste werden einzelne Dateien markiert bzw. wird eine Markierung wieder aufgehoben.

▪▸ Mit ⌊⇧⌋ und der linken Maustaste wird ein zusammenhängender Block von Dateien markiert.

Jede geöffnete Datei bekommt ein eigenes Fenster. Das dazugehörige Symbol wird in der Windows-Taskleiste abgelegt. Sie können dann

▪▸ über das Menü FENSTER oder mit den Shortcuts ⌊Strg⌋+⌊F6⌋ bzw. ⌊Strg⌋+⌊⇧⌋+⌊F6⌋ zwischen den Fenstern wechseln;

▪▸ mit FENSTER/ALLE ANORDNEN die Fenster so auf dem Bildschirm verteilen lassen, daß alle Platz finden;

▪▸ für jedes Fenster individuell Größe und Position bestimmen.

Eine Datei bleibt so lange geöffnet, bis deren Dateifenster geschlossen wird. Sind Sie sich nicht mehr darüber im klaren, welche Dateien geöffnet sind, genügt ein Blick auf die Taskleiste. Sie können aber auch im Menü FENSTER nachschauen. Dort sind sie alle aufgeführt. Die aktuelle Datei ist mit einem Haken markiert.

Der schnelle Weg zu einer Datei

Die letzten paar geöffneten Dateien merkt sich Word. Normalerweise die vier letzten; die Anzahl läßt sich mit EXTRAS/OPTIONEN/*Allgemein* bis auf 9 erhöhen.

Sie werden am Ende des DATEI-Menüs aufgeführt, was Ihnen erlaubt, schnell wieder eine zu öffnen. Hier müssen Sie übrigens nur einmal klikken, um die Datei zu öffnen. Ein Doppelklick richtet aber keinen Schaden an.

Vergegenwärtigen Sie sich den Unterschied zwischen den Anzeigen im DATEI- und im FENSTER-Menü:

▪▶ Das FENSTER-Menü führt die gerade geöffneten Dateien auf. Das können ziemlich viele sein. Markieren Sie einen Dateinamen, wird das betreffende Dateifenster aktiviert.

▪▶ Das DATEI-Menü listet die Dateien auf, die zuletzt geöffnet waren – maximal 9. Keine davon aber muß aktuell geladen sein. Klicken Sie auf einen Dateinamen, wird die betreffende Datei geöffnet. Dieselbe Datei kann aber nicht mehrmals geöffnet werden.

Auf dem Desktop

Wie Sie vielleicht wissen, können Sie auf dem Desktop (der Windows-Arbeitsfläche) Verknüpfungen zu jedem beliebigen Dokument oder Ordner (oder Programm) erstellen.

▪▶ Im Explorer öffnen Sie den richtigen Ordner.

▪▶ Hier markieren Sie Ihr Dokument.

▪▶ Ziehen Sie das Dokument mit gedrückter rechter (!) Maustaste auf den Desktop.

▪▶ Wenn Sie loslassen, fordert ein Kontextmenü von Ihnen eine Entscheidung – und Sie möchten, bitteschön, eine Verknüpfung erstellen.

▪▶ Mit Doppelklick auf das Symbol öffnen Sie sodann das Dokument und starten gleichzeitig Word.

Sie könnten das Dokument auch auf den Desktop kopieren, hätten dann aber zwei Versionen auf der Festplatte gespeichert. Mal abgesehen vom unnötigen Speicherverbrauch: Sie wissen dann bald nicht mehr, welches die aktuellere Version ist, die auf dem Desktop abgelegte oder die im Ordner gespeicherte.

Eine Verknüpfung hingegen ist lediglich ein Verweis auf das betreffende Dokument, die immer auf das Original zugreift.

Eine solche Verknüpfung können Sie sogar aus Word direkt heraus erstellen, wenngleich das ein wenig Fingerspitzengefühl verlangt.

▪▶ Im aktuellen Dokument markieren Sie etwas.

▪▶ Ziehen Sie dieses Etwas mit gedrückter rechter Maustaste auf den Desktop.

Ein Kontextmenü fragt, was Sie tun möchten:

▪▶ DATENAUSZUG HIER ERSTELLEN: Der markierte Text wird als eigene Datei auf den Desktop kopiert. Genauer gesagt, erstellen Sie hier ein Objekt (siehe Kapitel 30, »Dateien verbinden«, S. 529) mit dem markierten Word-Text. Um daraus tatsächlich eine eigenständige Datei zu machen, müssen Sie dieses Objekt öffnen (Doppelklick) und im Menü DATEI dann KOPIE SPEICHERN UNTER wählen.

▶ DATENAUSZUG HIERHER VERSCHIEBEN: Der markierte Text wird ausgeschnitten und auf dem Desktop abgelegt. Sonst wie oben.

▶ VERKNÜPFUNG MIT DOKUMENT HIER ERSTELLEN: Die interessanteste Möglichkeit. Sie erzeugen eine Verknüpfung, als hätten Sie die Datei aus dem Explorer auf den Desktop gezogen. Aber: Wenn Sie sie öffnen, springen Sie gleich an die markierte Stelle.

Die Windows-Vorgabe-Ordner

Für unentschlossene Leser gibt Microsoft im Dateiauswahl-Fenster einige Standardordner vor, die Windows und bestimmte Windows-Anwendungen zur Dateiorganisation nutzen, die man aber auch selbst zum Ablegen seiner Dateien nutzen kann.

Abbildung 5.13:
Schaltflächen für
einige häufig
benutzte Ordner

▶ VERLAUF. Hier legt Windows Verknüpfungen zu den zuletzt von Ihnen bearbeiteten Dateien ab.

▶ EIGENE DATEIEN. In diesem Verzeichnis können Sie, wenn Sie wollen, Ihre Dateien ablegen. Gegebenenfalls sollten Sie dann aber Unterverzeichnisse anlegen, um die Dateien nach Themen zu ordnen (beispielsweise Briefe, Finanzamt etc.).

▶ DESKTOP. Führt Sie schnell zum Ursprung Ihrer Ordnerstruktur.

▶ FAVORITEN. Wird üblicherweise beim Surfen im Internet genutzt, um Verknüpfungen zu interessanten Websites abzulegen. Sie können aber auch normale Dateien in diesem Ordner und seinen Unterverzeichnissen abspeichern.

➡ WEBORDNER. Wird nur angelegt, wenn Sie einen lokalen Webserver auf Ihrem Computer laufen haben. In diesem Fall werden unter diesem Ordner die lokalen Websites verwaltet.

Durch einfaches Anklicken dieser Ordner in der Leiste links im Dialogfeld können Sie schnell und bequem in die entsprechenden Verzeichnisse wechseln.

Der Standard-Ordner

Möchten Sie nach dem Start von Word eine Datei öffnen, wird Ihnen im allgemeinen das Winword-Verzeichnis angeboten, und Sie müssen sich erst durchklicken zu einem anderen Verzeichnis.

Abbildung 5.14:
Festlegen des
Standard-Ordners

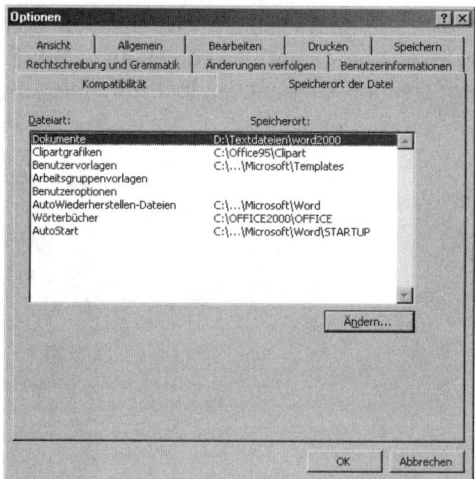

Mit einer kleinen Änderung können Sie jedoch auch einen anderen Standard-Ordner bestimmen. Dies geht bequem mit EXTRAS/OPTIONEN/*Dateiablage*. Hier wählen Sie als *Dateiart* »Dokumente« und bestimmen mit der Schaltfläche BEARBEITEN das Verzeichnis.

Dieser Standard-Ordner wird sofort wirksam. Wenn Sie eine Datei öffnen, landen Sie in diesem Verzeichnis – können es aber natürlich jederzeit auch wechseln.

ÜBUNG: Öffnen einer Datei *(Beispieldatei: LasVegas.DOC)*

1. Aktivieren Sie ÖFFNEN im Menü *Datei* oder klicken Sie auf das korre-
    spondierende Symbol in der Funktionsleiste.

    *Sie sollen jetzt eine der Beispieldateien dieses Buches laden. Wir ge-
    hen davon aus, daß sie sich im Verzeichnis* Kompendium *befindet.*

2. Wechseln Sie in das Verzeichnis *Kompendium*.

    *Wenn Sie die Beispieldateien in ein anderes Verzeichnis kopiert ha-
    ben, müssen Sie dieses wählen.*

3. Markieren Sie in der Dateiliste *LasVegas.DOC*.

    Bestätigen Sie mit OK oder ⏎. *Alternativ können Sie mit der Maus
    zweimal auf den Dateinamen klicken. Dann wird das Dokument so-
    fort geladen.*

Dokumente speichern

Kapitel 6

D amit Sie auf vorhandene Dokumente wieder zugreifen und sie bear-beiten können (und das wollen Sie ja, sonst könnten Sie bei der Schreibmaschine bleiben), müssen Sie diese Dokumente zuvor irgendwo ablegen.

6.1 Über das Speichern

Alle Änderungen, die an einem Dokument vorgenommen werden (und eine »Änderung« ist auch das Füllen eines neuen, leeren Dokuments mit Text), befinden sich so lange nur im Arbeitsspeicher, bis sie richtig gespeichert werden.

DATEI/SPEICHERN
⇧ + F12
Strg + S

Der Arbeitsspeicher ist sozusagen das Zwischenlager für eine Datei. Das ist zwar nicht so gefährlich wie beim Atommüll, erhöhte Vorsicht ist aber dennoch geboten. Denn der Arbeitsspeicher ist ein flüchtiger Speicher. Alle Informationen gehen verloren, wenn der Computer abgeschaltet wird. Und das kann, unabsichtlich, schon bei einem Stromausfall passie-ren.

Das Endlager ist die Diskette oder Festplatte. Beim Speichern (man sagt auch »Sichern« dazu) werden die Informationen auf die Festplatte geschrieben und sind nun sicher vor Unbilden.

Ist eine neue Datei erstellt worden, erfragt Word beim ersten Speichern einen Dateinamen. SPEICHERN hat in diesem Fall die gleiche Funktion wie SPEICHERN UNTER (siehe S. 99).

Ansonsten bewirkt das Speichern – das mit den Tastenkombinationen bestimmt am schnellsten geht – nur eine kurze Arbeitsunterbrechung. Manchmal auch eine längere: Wenn die Datei sehr umfangreich ist oder viele Bilder enthält. Dann kommt ein Dokument schon mal auf mehrere Mbyte, und das Speichern dauert seine Zeit.

Haben Sie das Speichern vergessen und beenden Word oder schließen ein Fenster, werden Sie darauf aufmerksam gemacht. Deshalb sollten Sie nie den PC einfach ausschalten, sondern Word – und natürlich auch Windows – ordnungsgemäß beenden.

Speichern Sie während der Arbeit möglichst oft, um die Gefahr von Datenverlusten gering zu halten.

Speichereinstellungen

Im Menü EXTRAS/OPTIONEN/*Speichern* können Sie verschiedene Speichereinstellungen festlegen, die dann für alle Dateien gelten. Was haben diese Optionen zu bedeuten?

Abbildung 6.1:
Die Optionen für
die Speicherung

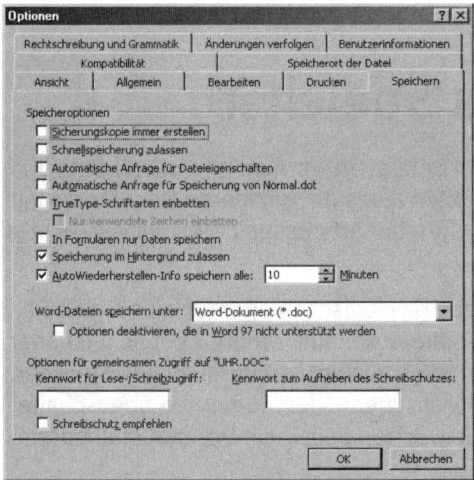

➡ *Sicherungskopie immer erstellen* bedeutet, daß die vorhergehende Version des Dokuments (also der Stand des letzten Sicherns) unter gleichem Dateinamen, aber mit der Endung .WBK gespeichert wird. Falls mit der originalen Datei etwas passiert, können Sie immer noch auf die Sicherungskopie zurückgreifen. Diese Einstellung ist zu empfehlen.

➡ *Schnellspeicherung zulassen* ist, wie der Name sagt, die schnellste Art zu speichern. Änderungen und Ergänzungen werden der Datei auf der Festplatte nur angehängt (während sie sonst durch die neue Fassung komplett ersetzt wird), was die Dateigröße allerdings aufbläht. Außerdem schließen Schnellspeicherung und Sicherungskopie einander aus.

■➤ *Automatische Anfrage für Dateieigenschaften* erfragt beim ersten Speichern einer neuen Datei Angaben für die Datei-Info. Wem das lästig ist, weil er die Datei-Info ohnehin nicht verwendet, schaltet die Anfrage ab. (Mehr dazu in Kapitel 8, »Datei-Eigenschaften«, S. 109.)

■➤ *Automatische Anfrage für Speicherung von Normal.dot.* Änderungen an der globalen Vorlage NORMAL.DOT werden normalerweise automatisch gespeichert – aber nicht, wenn Sie diese Option aktivieren. Dann fragt Word jedesmal, ob NORMAL.DOT gespeichert werden soll. (Zu NORMAL.DOT siehe Kapitel 24, »Dokumentvorlagen«, S. 439.)

■➤ *TrueType-Schriftarten einbetten* integriert TrueType-Schriften so in das Dokument, daß es auch auf anderen Systemen, die über diese Schriften nicht verfügen, gelesen und gedruckt werden kann (Kapitel 19, »Formatieren«, S. 317).

■➤ *In Formularen nur Daten speichern* sichert nur die Daten eines Formulars, und zwar als eigenen Datensatz zur weiteren Verwendung in einer Datenbank (Kapitel 29, »Formulare«, S. 521).

■➤ *Speicherung im Hintergrund zulassen* verschafft die Möglichkeit, während des Speichervorgangs weiterarbeiten zu können anstatt warten zu müssen, bis die Datei gespeichert ist. Freilich, ganz ohne Warten geht auch das Hintergrund-Speichern nicht.

■➤ *AutoWiederherstellen-Info speichern* ist die sicherste Art. Nach der angegebenen Zeitspanne speichert Word die Datei automatisch, ohne daß Sie etwas dazu tun müssen. (In früheren Versionen hieß das prosaischer *Automatisches Speichern*.) Mehr dazu im nächsten Abschnitt.

■➤ *Word-Dateien speichern unter:* Ihre Word-Dateien speichern Sie normalerweise auch als Word-Dateien; hier jedoch können Sie festlegen, daß grundsätzlich ein anderes Dateiformat verwendet wird (siehe S. 103).

■➤ *Optionen deaktivieren, die in Word 97 nicht unterstützt werden* vereinfacht den Aufruf und die Bearbeitung von Word2000-Dateien mit Word 97: Alle Funktionen aus Word 2000, die Word 97 nicht kennt, werden eliminiert.

▪► *Optionen für gemeinsamen Zugriff* schafft die Möglichkeit, ein Dokument für andere Benutzer zu sperren. Das besprechen wir in Kapitel 7, »Datei-Schutz«, S. 105.

Wenn das automatische Speichern aktiviert ist, wird auch NORMAL.DOT automatisch mit gespeichert, selbst wenn Sie für eine Anfrage votiert haben.

Das AutoWiederherstellen

Am bequemsten und in Verbindung mit der Sicherungskopie am sichersten ist das AutoWiederherstellen. Sie stellen eine Zeitspanne ein, den Rest erledigt Word. Allerdings kann es mitunter auch ganz schön nerven: wenn das Speichern lange dauert, weil die Datei so groß ist.

Diese AutoWiederherstellung ist kein »richtiges« Speichern – deshalb hat man den früheren Begriff *Automatisches Speichern* auch geändert, weil der zu einer trügerischen Sicherheit verleitete. Wenn Sie die Datei schließen, werden Sie nach wie vor zum Speichern aufgefordert. Vielmehr legt Word Zwischendateien an und wappnet sich (und Sie) auf diese Weise gegen einen Systemabsturz.

Wenn Sie nach einem solchen Systemabsturz – und der kann vielerlei, gar nicht selbst verschuldete Ursachen haben: irgendwo im Haus zerknallt eine Glühbirne und die Sicherung schaltet ab; kurzer Stromausfall während eines Gewitters; die Handwerker, die ohne Rückfrage den Strom abstellen; gar nicht zu reden vom kleinen Sohn, der ganz stolz verkündet, er habe ein paar Mal auf diesen Knopf da gedrückt (ich spreche aus Erfahrung) – wenn Sie also nach einem Systemabsturz Word wieder starten, startet es gleich mit der zuletzt geladenen Datei; in der Titelleiste steht hinter dem Dateinamen »Wiederhergestellt«. Das ist dann der Stand der letzten automatischen Sicherung.

Ängstliche Gemüter tendieren deshalb dazu, jede Minute sichern zu lassen. Naja, wer damit arbeiten kann ...

Mit Extras/Optionen/Dateiablage *können Sie ein Verzeichnis für die »AutoWiederherstellen-Dateien« festlegen. Sie erhalten die Endung .ASD.*

Das auto-automatische Speichern

Trotz des AutoWiederherstellens sollten Sie sich den Griff zu ⇧ + F12 oder Strg + S angewöhnen. Bei jeder Art von Arbeitsunterbrechung (Telefon, Gedankenfülle, Kaffee): Strg + S. Nach einiger Zeit hat man das so verinnerlicht, daß es ganz automatisch geht. Dann kann eigentlich nichts passieren. Und mit einem gewissen Restrisiko muß man einfach leben lernen.

Word merkt übrigens, wenn an einer Datei seit dem letzten Speichern keine Änderungen vorgenommen worden sind. Wenn Sie erneut speichern, tut sich nichts – hilfreich bei umfangreichen Dokumenten mit langen Speicherzeiten.

Alles speichern

Beim Speichern wird nur das aktuelle Dokument gesichert. Die Funktion ALLES SPEICHERN erlaubt es, alle geöffneten Dateien auf einen Schlag zu sichern – einschließlich der Dokumentvorlagen und der geöffneten, weil in Arbeit befindlichen Makros.

Gespeichert werden nur Dateien, an denen Änderungen vorgenommen worden sind. Bei jeder einzelnen Datei werden Sie gefragt, ob gespeichert werden soll oder nicht.

Und bevor Sie jetzt ALLES SPEICHERN vergeblich suchen, verrate ich den Trick: Sie müssen das DATEI-Menü mit gedrückter ⇧ -Taste aktivieren; SPEICHERN wird dann zu ALLES SPEICHERN.

Datei schließen

Wenn eine Datei gespeichert wird, bleibt sie auf der Arbeitsfläche. Mit DATEI/SCHLIESSEN hingegen oder dem äquivalenten Symbol im Dateifenster verschwindet sie, die Arbeitsfläche wird wieder leer oder enthält ein Fenster weniger. Haben Sie an der Datei Änderungen vorgenommen, werden Sie gefragt, ob gespeichert werden soll.

Diese Menüfunktion ist auch gleichbedeutend mit SCHLIESSEN im Systemmenü des Dateifensters. Und weil aller guten Dinge vier sind, gibt es auch eine Tastenkombination dafür: Strg + W.

Das Programmfenster – mithin Word selbst – wird mit Alt + F4 geschlossen. Auch hierbei fragt Word bei Änderungen nach dem Speichern.

:-)
TIP

Möchten Sie eine Arbeit abbrechen, weil Sie etwas falsch gemacht haben und dies nicht mehr rückgängig gemacht werden kann, dann tun Sie's mit DATEI/SCHLIESSEN, lassen aber dabei nicht speichern. Problem: Auch alle sonstigen, eventuell erwünschten Änderungen sind verloren. Dagegen hilft nur, immer dann zu speichern, wenn man sicher ist, daß die Änderungen beibehalten werden sollen. Gleicher Effekt: Dieselbe Datei nochmals öffnen – aber mit DATEI/ÖFFNEN, nicht aus der Liste der zuletzt geöffneten Dateien auswählen. Word fragt dann, ob die Datei »wiederhergestellt« werden solle. JA kehrt zum Originalzustand zurück.

Alle Dateien schließen

 Wenn Sie das DATEI-Menü mit gedrückter ⬆-Taste öffnen, finden Sie eine neue Option: ALLES SCHLIESSEN. Und es passiert damit genau das, was Sie bereits vermutet haben: Alle geöffneten Dateien werden geschlossen, die Arbeitsfläche ist leergefegt.

Die temporären Dateien

Wenn Sie mal Ihre Festplatte durchforsten, werden Sie mit Sicherheit auch auf temporäre Dateien stoßen. Je nach verwendetem Programm lauteten die Endungen dieser Dateien früher .BAK oder .TMP. Heute findet man auch schon mal explizit im Dateinamen den Verweis auf Backup oder Sicherungskopie. Möglich wurde dies durch die Aufhebung der Längenbeschränkung bei Dateinamen.

Bei Word können Sie im Menü EXTRAS/OPTIONEN/*Speichern* angeben, ob Sie immer eine Sicherungskopie erstellen lassen wollen oder nicht. Wenn ja, wird zu jeder abgespeicherten Datei eine zusätzliche Datei angelegt, die den Namen *Sicherungskopie von xy.WBK* trägt. Diese können Sie laden und bei Datenverlust nachschauen, ob das, was Sie verloren haben, dort noch vorhanden ist.

Haben Sie sich für Sicherungskopien bei Word entschieden, müssen Sie auch selbst dafür Sorge tragen, diese wieder zu entfernen, bevor Ihr Festplattenspeicher erschöpft ist. Word löscht sie nämlich von sich aus nicht. Allerdings sollten Sie etwas Vorsicht walten lassen. Es ist bestimmt besser, sie zunächst in ein anderes Verzeichnis oder auf Diskette auszulagern, bis man sicher ist, daß sie nicht mehr benötigt werden. Und die vom aktuellen Tag sollten Sie ohnehin belassen.

6.2 Unter einem anderen Namen speichern

Diese Funktion eröffnet drei Möglichkeiten:

▪► Eine Datei kann unter einem anderen Namen und/oder in einem anderen Ordner gespeichert werden. Das ist so, als fertigten Sie eine Kopie der Datei an.

▪► Eine Datei kann in einem anderen Datenformat gespeichert werden (siehe S. 103). Dies ermöglicht den Datenaustausch mit anderen Programmen. Überdies kann man damit aus einem Dokument eine Dokumentvorlage machen.

▪► Und zu guter Letzt kann man auch hier mit der Schaltfläche EXTRAS/ ALLGEMEINE OPTIONEN zu den grundlegenden Speichereinstellungen gelangen, die im vorhergehenden Abschnitt beschrieben worden sind. Hier kann dann unter anderem auch, wie bereits erwähnt, eine Datei gesperrt werden, so daß sie nur noch gelesen und nicht mehr bearbeitet oder überhaupt nur noch mit einem Paßwort geöffnet werden kann. Das ist eigentlich nur notwendig, wenn mehrere Personen auf dieselben Daten zugreifen können. Wir klammern das deshalb aus und besprechen es in Kapitel 7, »Datei-Schutz«, S. 105.

DATEI/
SPEICHERN UNTER
F12

Besonders bei SPEICHERN UNTER *ist der richtige Ordner wichtig. Oft übersieht man, daß man im falschen Ordner gelandet ist, und sucht später das Dokument vergeblich.*

6.3 Versionen

Was macht ein vorsichtiger Mensch, der an seinem kostbaren Manuskript arbeitet? Aus Angst, er könnte etwas Falsches gestrichen haben, speichert er nach jeder Änderung sein Dokument unter einem anderen Namen: ja nichts wegwerfen ...

Solche Vorsicht ist löblich, doch das langsam anschwellende Datenchaos kann man sich ausmalen.

DATEI/
VERSION

Damit ist Schluß jetzt. Eine in Word 97 neu eingeführte Funktion ermöglicht es, mehrere Versionen innerhalb desselben Dokuments zu speichern. Das treibt zwar, nach wie vor, die Datenmenge in die Höhe, doch ist wenigstens alles beisammen.

➡ Sie erreichen diese Funktion mit DATEI/VERSION, Schaltfläche JETZT SPEICHERN, oder mit DATEI/SPEICHERN UNTER und der Schaltfläche EXTRAS/VERSION.

➡ Sie werden aufgefordert, einen Kommentar zu dieser Version einzugeben – kann man machen, muß man aber nicht.

 ➡ In der Statusleiste taucht ein neues Symbol auf, zum Zeichen, daß dieses Dokument mehrere Versionen enthält.

➡ Wenn Sie bei DATEI/VERSION das Kontrollkästchen *Version beim Schließen automatisch speichern* aktivieren, wird bei jedem Schließen des Dokuments eine neue Version erstellt.

Abbildung 6.2:
Datei in einer
anderen Version
speichern

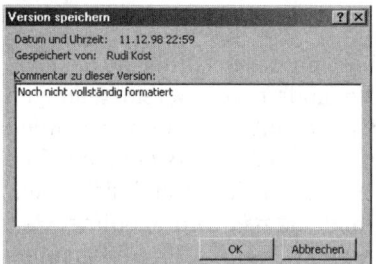

Sie sehen übrigens in diesem Dialogfenster, daß Sie hiermit nicht benötigte Versionen auch wieder löschen können – tunlichst anzuraten, da ja mit jeder neuen Version die Dateigröße anschwillt.

Version öffnen

➡ Öffnen Sie DATEI/VERSION. Die vorhandenen Versionen werden aufgeführt.

➡ Wählen Sie die Version aus, die Sie einsehen möchten. Sie wird daraufhin in einem eigenen Fenster geöffnet, zusätzlich zur aktuellen Version Ihres Dokuments.

Das war's dann auch schon. Um die Unterschiede herauszufinden, müssen Sie die Version als eigene Datei speichern und dann die Versionskontrolle bemühen (siehe Kapitel 47, »Überarbeitungs-Funktionen«, S. 711) – wieder mal ein guter Ansatz, der aber nur halb ausgeführt ist.

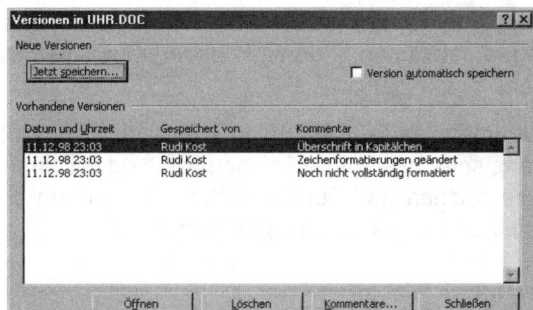

Abbildung 6.3:
Die verschiedenen
Versionen einer
Datei

Verschiedene Versionen in einem Dokument sind schön. Bedenken Sie aber, daß Sie dadurch viel Ballast mit sich herumschleppen, was sich schon auch auf die Bearbeitungsgeschwindigkeit auswirken kann. Und Sie erkennen die Änderungen doch nicht sofort. Oft ist die Überarbeitungsfunktion (Kapitel 47, »Überarbeitungs-Funktionen«, S. 711) der bessere Weg.

Eine Version als eigenes Dokument

Nun, das ist einfacher, als man vielleicht denken mag:

- Sie öffnen die gewünschte Version.

- Sie speichern sie, wie jedes normale Dokument, unter einem neuen Namen.

6.4 Einiges zu Dateinamen

In grauer Vorzeit, also bis vor ungefähr zwei Jahren, galten für Dateinamen folgende Konventionen:

- Der Dateiname darf aus höchstens acht Zeichen bestehen und bestimmte Zeichen nicht enthalten wie * oder ?. Leerzeichen sind nicht erlaubt, Umlaute zwar möglich, jedoch zu vermeiden, da sie von manchen Betriebssystemversionen nicht erkannt werden.

- Dem Dateinamen kann eine Extension oder Endung aus höchstens drei Zeichen angehängt werden. Sie wird vom eigentlichen Dateinamen durch einen Punkt getrennt.

Mit Windows 95 ist diese berüchtigte 8+3-Einschränkung, die zu allerhand seltsamen, jedenfalls unverständlichen Dateinamen zwang, gefallen.

Nunmehr darf ein Dateiname (und ein Ordnername) bis zu 255 Zeichen lang sein, bestimmte Zeichen wie * oder ? immer noch nicht, dafür auch Leerzeichen und Punkte enthalten. Seitdem sind Dateinamen möglich, die auch etwas auszusagen vermögen.

*Diese Zeichen dürfen nicht verwendet werden: /, \,:, *, ?, ", <, >, |*

Diese 255 Zeichen verstehen sich allerdings einschließlich des Pfades aus Laufwerk und Ordnern. Und wenn eine Datei im Ordner »C:\Mein erstes eigenes Buch\Alle Texte\Das Kapitel über das weiteste Feld« gespeichert ist, dann sind von den 255 Zeichen durch den Pfad schon mal – wieviel? zählen Sie mal! – jedenfalls etliche Zeichen weg.

Und ein anderes Problem tut sich mit langen Dateinamen auf: Es gibt ja noch genügend Zeitgenossen, die mit älteren Windows- und Word-Versionen arbeiten. Wenn Sie denen nun ein Dokument mit einem langen Namen geben, wird der Dateiname auf die alte 8+3-Regel gestutzt – was unter Umständen noch unverständlichere Dateinamen zur Folge hat.

Trotz langer Dateinamen: sie wollen gut überlegt sein. Bedenken Sie, daß die Dokumente in der Regel alphabetisch sortiert sind. Ein sinnvolles Namenssystem für Briefe ist zum Beispiel das Datum. Wenn Sie die Dateinamen in der Form »Jahr-Monat-Tag« aufbauen, werden die Dokumente in den Dateiauswahl-Listen automatisch chronologisch geordnet.

Die Endung

Die Endung (noch ein schöner Name dafür: Dateinamenserweiterung), die dem eigentlichen Dateinamen durch einen Punkt getrennt hintenan gesetzt wird, ist eine Möglichkeit, zusammengehörende Dateien zu gruppieren und zu identifizieren. Die meisten Programme verwenden daher ihre eigenen Endungen, und oftmals können überhaupt nur Dateien mit dieser Endung geladen werden.

Word ist da großzügiger. Es schluckt im Prinzip jede Endung, Hauptsache, mit dem Dateiformat kann es etwas anfangen. Dessen ungeachtet hat

Word für seine eigenen Dateien die Endung .DOC und .DOT (für Dokumentvorlagen) vorgesehen.

Die Endung .DOC wird von Word beim Speichern automatisch angehängt; Sie brauchen sie nicht zu schreiben. Es genügt also, den eigentlichen Dateinamen einzugeben – es sei denn natürlich, Sie wollen ausdrücklich eine andere Endung.

Die können Sie aber nicht einfach anhängen, weil Sie sonst ein Teil des Dateinamens wird, sondern Sie müssen einen anderen Dateityp wählen bzw. einen solchen mit EXTRAS/OPTIONEN/*Speichern* grundsätzlich einstellen (siehe S. 99).

Speichern in der Praxis

Beim ersten Speichern einer Datei zieht Word aus dem Dokument Text heraus und schlägt ihn als Dateinamen vor. Word nimmt dabei einen mit der Formatvorlage »Überschrift 1« formatierten Text (andernfalls die erste Zeile) bis zum ersten Satzeichen oder bis zum Ende des ersten Absatzes – je nach Text haben Sie damit schon einen ganz schön langen Dateinamen, den Sie natürlich jederzeit ändern können.

Beim SPEICHERN UNTER schlägt Word den originalen Dateinamen vor, so daß Sie ihn nicht nochmals schreiben müssen, wenn Sie ihn lediglich gering variieren (BRIEF02 statt BRIEF01) oder das Datenformat ändern möchten.

Geben Sie einen Namen an, der bereits vorhanden ist, fragt Word, ob diese Datei ersetzt, das heißt: überschrieben werden soll. Sie können das auch von vornherein so vorhaben und haben deshalb aus der Dateiliste die Datei ausgewählt.

Im Dialogfeld für das Speichern können Sie auch einen neuen Ordner anlegen, ohne zum Explorer wechseln zu müssen. :-) TIP

6.5 Datei-Formate

Nahezu jedes Programm speichert seine Dateien in einem eigenen Format, das von kaum einem anderen Programm gelesen werden kann.

Wenn Sie ein Word-Dokument in ein anderes Programm übernehmen wollen, müssen Sie es deshalb erst übersetzen – konvertieren, wie der Fachmann sagt. Entsprechende Konvertier-Filter werden bei der Installation von Word abgefragt und dann eingerichtet, können aber auch im nachhinein noch installiert werden (siehe Kapitel 66, »Die Installation«, S. 973).

Das gewünschte Format wählen Sie im Feld *Dateityp* aus bzw. legen es als Vorgabe fest in EXTRAS/OPTIONEN/*Speichern*. Für den Alltag sind eigentlich nur folgende Formate wichtig:

➥ *Word-Dokument* ist das Format für Word 2000-Dokumente, dementsprechend auch die Vorgabe. Wenn Sie ein Dokument lediglich unter einem anderen Namen oder in einem anderen Verzeichnis speichern wollen, müssen Sie dieses Format wählen bzw. belassen.

➥ *Word 6.0/95* müssen Sie wählen, um die Dateien von Word 2000 in das Format einer vorherigen Word-Version zu konvertieren.

➥ Auch *Word 2.x für Windows* taucht in der Liste auf: das Format einer noch früheren Word-Versionen. Das ist unter Umständen wichtig, wenn Sie ältere Programme verwenden, die zwar auch Word-Dokumente direkt einlesen können – aber eben noch keine Dokumente aus neueren Versionen.

➥ *Dokumentvorlage* macht aus einem Dokument eine Vorlage. (Mehr dazu in Kapitel 24, »Dokumentvorlagen«, S. 439.)

➥ *MS-DOS-Text* ist reiner ASCII-Text (also Text ohne Steuerzeichen für die Formatierungen), und der kann nun wirklich von jedem Programm importiert werden.

➥ *Nur Text* ist reiner ANSI-Text und im Prinzip das gleiche wie ASCII-Text. In bestimmten Bereichen aber unterscheiden sich ANSI und ASCII, was sich zum Beispiel auf die Umlaute auswirkt. Windows ist auf ANSI ausgelegt.

ASCII und ANSI sind genormte Zeichensätze. Jedes Zeichen bekommt eine bestimmte Nummer und wird darüber identifiziert.

Datei-Schutz

Kapitel 7

Mit dem Datei-Schutz ist es folgendermaßen bestellt: Der Mensch fühlt das leichte Unbehagen, daß seine Dateien von anderen auf das Schändlichste manipuliert, mißhandelt werden könnten. Also schiebt er einen Riegel vor. Außer mir, sagt er sich, darf niemand meine Dokumente verändern. Und die ganz geheimen Dinge (Liebesbriefe, Schmähbriefe) sollte ein anderer überhaupt nicht zu Gesicht bekommen.

Wie leicht einsichtig, kommt das eigentlich nur zum Tragen, wenn mehrere Personen Zugriff auf dieselben Dateien haben (in einem Netz also) oder am selben PC arbeiten.

Auch für den Einzelkämpfer jedoch ist manchmal ein Schutz anzuraten.

7.1   Der Schreibschutz

Der erste Schutz ist ein *Schreibschutz*. Er wird beim Öffnen einer Datei (DATEI/ÖFFNEN – ÖFFNEN/SCHREIBGESCHÜTZT ÖFFNEN) oder mit SCHREIBGESCHÜTZT ÖFFNEN im Kontextmenü angewiesen. Die Datei kann dann nur noch gelesen werden. Nach Änderungen muß sie unter einem anderen Namen gespeichert werden.

Das ist noch kein Schutz vor unerlaubten Änderungen durch andere, höchstens vor der eigenen Dusseligkeit: Für den Schreibschutz votiert ja der Benutzer, um unbeabsichtigte Änderungen von eigener Hand auszuschließen.

Da man freilich, wenn man schon so dusselig ist, garantiert nicht die Schreibschutz-Option markiert beim Öffnen der Datei, kann man – in einem lichten Moment – vorbeugen mit *Schreibschutz empfehlen* bei

DATEI/SPEICHERN UNTER, Schaltfläche EXTRAS/ALLGEMEINE OPTIONEN, oder bei EXTRAS/OPTIONEN/*Speichern*.

Beim Öffnen erinnert einen Word dann daran, daß man ja eigentlich die Datei mit einem Schreibschutz versehen haben möchte.

Abbildung 7.1:
Datei mit
Schreibschutz
öffnen

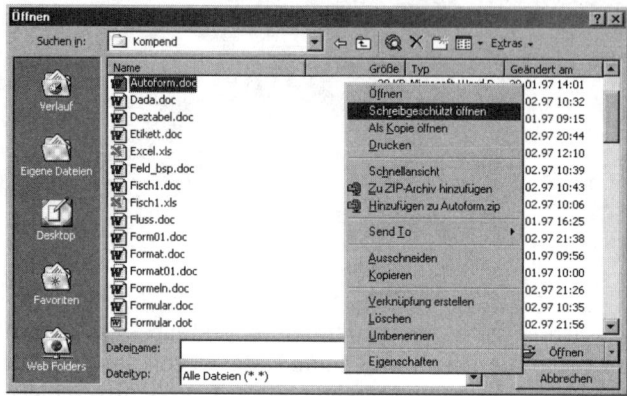

Dokumentschutz – einfach

Mit EXTRAS/DOKUMENT SCHÜTZEN können Sie festlegen, daß in einem Dokument nur Kommentare eingegeben werden dürfen oder Änderungen als Überarbeitungen gekennzeichnet werden (siehe Kapitel 47, »Überarbeitungs-Funktionen«, S. 711). Das betrifft nicht nur andere, sondern auch Sie selbst.

Freilich ist das leicht abzubiegen. Ist ein Dokument solchermaßen geschützt, gibt es die Menüfunktion EXTRAS/DOKUMENTSCHUTZ AUFHEBEN – voilà! Anders sieht die Sache aus, wenn Sie ein Kennwort vergeben.

Abbildung 7.2:
Dokumente vor
anderen und sich
selbst schützen

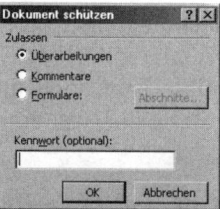

7.2 Das Kennwort

Word hat zwei Arten des Kennwort-Schutzes, die mit DATEI/SPEICHERN UNTER – EXTRAS/ALLGEMEINE OPTIONEN, oder mit EXTRAS/OPTIONEN/ *Speichern* oder mit EXTRAS/DOKUMENT SCHÜTZEN angewiesen werden:

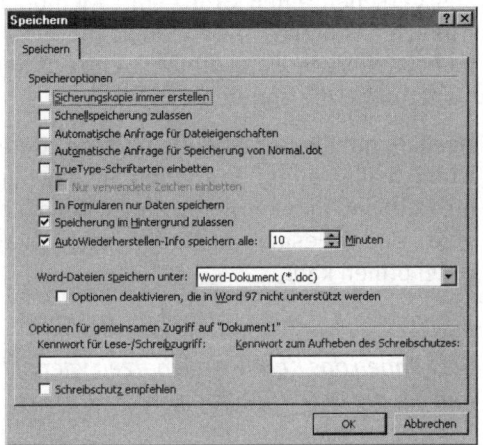

Abbildung 7.3:
Allgemeine Optionen für das Speichern

➡ Das *Kennwort für Lese-/Schreibzugriff* läßt ohne dessen Kenntnis eine Datei überhaupt nicht öffnen.

➡ Ohne das *Kennwort zum Aufheben des Schreibschutzes* ist der mit EXTRAS/DOKUMENT SCHÜTZEN angewiesene Schutz nicht aufzuheben.

Hinterhältigerweise kann das Kennwort nicht im Klartext eingegeben werden, sondern wird durch Sterne verschlüsselt – falls Ihnen ein neugieriger Jemand über die Schulter schaut. Und gleich anschließend müssen Sie das Kennwort nochmals bestätigen: die erste Probe für Ihr Gedächtnis. Geben Sie etwas Falsches an, wird das moniert, und Sie bekommen eine neue Chance.

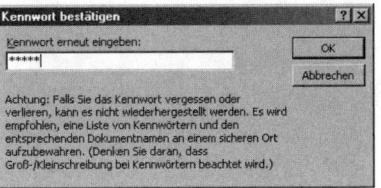

Abbildung 7.4:
Kennwort bestätigen

Und Word ist da wirklich penibel und besteht auch auf korrekter Groß- und Kleinschreibung.

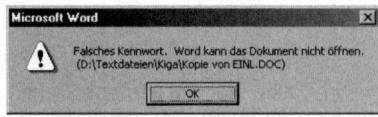

Und das ist eine ziemlich vertrackte Sache. Geben Sie nämlich irgendwo aus Versehen einen Groß- statt Kleinbuchstaben ein, und das kann ja wirklich passieren, hätten Sie so gut wie keine Chance mehr, das Dokument jemals wieder zu öffnen. Denn das Kennwort gilt auch für Sie selber, nicht nur für die anderen.

Deshalb hat die Bestätigung nach der Definition durchaus ihren Sinn. Da ist noch alles offen, da können Sie das Kennwort auch ändern, wenn Sie merken, daß Ihnen »Hieronymus« doch nicht so geläufig von den Fingern geht. Und jedesmal im Duden nachschlagen müssen, bevor man eine Datei öffnen kann ...

:-)
TIP

Sie können das Kennwort jederzeit wieder löschen – wenn es Ihnen gelungen ist, die Datei zu öffnen.

Falls Sie auch ein bißchen mitspielen wollen: eine kennwortgeschützte Beispieldatei ist SCHUTZ.DOC. Und wie war noch gleich das Kennwort? Aus vier Zeichen besteht es. Wenn Sie's nicht weitersagen: es heißt »Otto«. Oder war´s doch »OTTO«? Jetzt weiß ich es selber nicht mehr. Bitte ausprobieren!

Datei-Eigenschaften

Kapitel 8

D ie Eigenschaften sind die erweiterte Form der früheren Datei-Info. Sie werden zum Ausfüllen angeboten, wenn Sie eine Datei neu erstellen oder unter anderem Namen speichern und wenn Sie in EXTRAS/ OPTIONEN, Registerkarte *Speichern*, die entsprechende Option aktiviert haben.

Die Eigenschaften dienen dreierlei Zwecken:

➡ Sie können Inhalt und Nutzen einer Datei näher bestimmen.

➡ Ihren eigentlichen Sinn bekommen die Eigenschaften beim Suchen nach Dateien (Kapitel 9, »Dateien suchen«, S. 115).

➡ Die einzelnen Einträge lassen sich als Feldfunktionen (siehe Kapitel 14, »Felder«, S. 201) an jeder beliebigen Stelle in den Text integrieren.

8.1 Allgemeine Angaben

Mit DATEI/EIGENSCHAFTEN können Sie die Eigenschaften der aktuellen Datei einsehen und ändern.

DATEI/
EIGENSCHAFTEN

Die Registerkarte *Allgemein* vermittelt ähnliche Informationen wie die Eigenschaften im Explorer: Dateigröße, Speicherplatz, Speicherdatum usw. Auch über den Status einer Datei wird Auskunft gegeben, etwa, ob sie schreibgeschützt ist. Alle diese Angaben können allerdings nur eingesehen, nicht geändert werden.

Abbildung 8.1:
Eigenschaften
einer Datei,
Register ALLGEMEIN

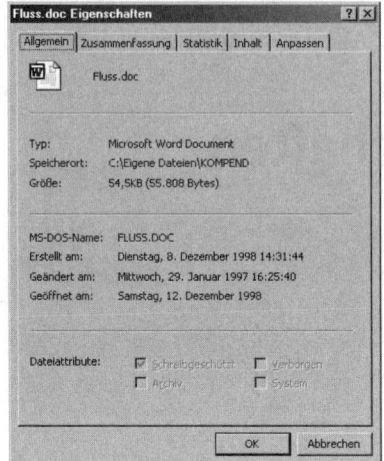

8.2 Zusammenfassung

Dies sind nun die Rubriken, mit denen Sie Ihr Dokument näher bestimmen, die als Feldfunktionen eingefügt und nach deren Inhalt gesucht werden kann.

Alle Felder sind nach Belieben auszufüllen; Platz besteht für jeweils 255 Zeichen.

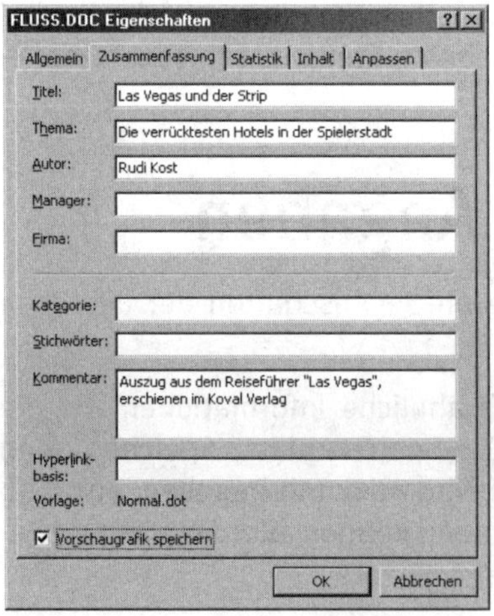

Abbildung 8.2:
Eigenschaften
einer Datei,
Register
ZUSAMMENFASSUNG

Als *Autor* schlägt Word den Namen vor, der bei der Installation angegeben wurde: Ihren eigenen gemeinhin. Sie können jedoch auch gleichsam unter Tarnkappe arbeiten und den Benutzernamen mit EXTRAS/OPTIO-NEN/*Benutzerinformationen* ändern. Dann übernimmt Word diesen Namen. Ebensogut können Sie in der Zusammenfassung jeden beliebigen Namen als Autor eintragen.

Wenn Sie die Option *Vorschaugrafik speichern* aktivieren, wird die erste Seite des Dokuments als Grafik gespeichert. Schalten Sie nun im Datei-auswahl-Fenster die Vorschau ein, wird diese Grafik angezeigt statt, wie sonst üblich, der Text.

In die Felder der Zusammenfassung kann auch Text aus der Zwischenab-lage eingefügt werden.   :-)
        TIP

8.3   Statistik

Auf diese Einträge haben Sie als Benutzer nur mittelbaren Einfluß. Word protokolliert damit die Arbeit an einer Datei. Das sind teilweise nützliche Informationen, die auch für die Dateisuche herangezogen werden; teil-weise aber machen sie mehr her, als sie tatsächlich wert sind.

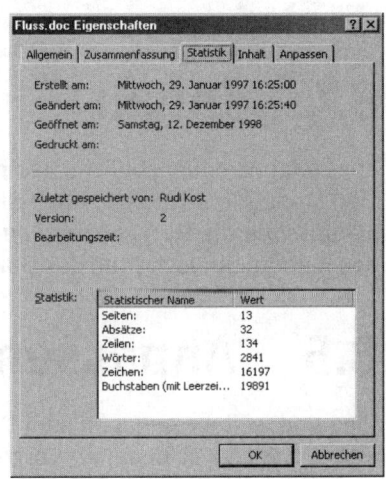

Abbildung 8.3:
Eigenschaften
einer Datei,
Register STATISTIK

Die meisten Rubriken verstehen sich von selbst. Deshalb nur Anmerkungen zu einigen Besonderheiten.

➤ *Version* gibt an, wie oft die Datei gespeichert worden ist. Das ist nun etwas aussagekräftiger als früher, da Word ja nur noch nach Änderungen speichern läßt.

➤ Die eigentliche Statistik, nämlich die Anzahl der Wörter, Zeichen usw., können Sie auch mit EXTRAS/WÖRTER ZÄHLEN abrufen.

Abbildung 8.4:
Eine etwas andere
Statistik

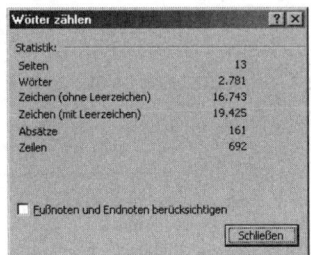

Da Sie in diese Zählung auch Fuß- und Endnoten einschließen können, sagt Ihnen die pure Logik, daß die in der Eigenschafts-Statistik nicht enthalten sind. Ebensowenig mitgezählt werden Kopf- und Fußzeilen und Kommentare. Es handelt sich also nur um den reinen Text.

> *Die Statistik wird beim Aufruf automatisch aktualisiert, was bei großen Dateien einige Zeit dauert.*

8.4 Inhalt

Angezeigt wird hier zunächst lediglich, was in der Zusammenfassung als Titel steht. Mehr Nutzen haben Sie davon, wenn Sie im Register *Zusammenfassung* die Option *Vorschaugrafik speichern* aktivieren. Dann werden hier die Überschriften des Dokuments aufgeführt

8.5 Anpassen

Hier sind weitere Angaben zum Dokument möglich. Sie können im Feld *Name* unter verschiedenen vorgefertigten Kategorien auswählen, aber auch eigene definieren.

Sie wählen sodann einen *Typ* – der aber zur Kategorie passen muß. Wenn Sie sich zum Beispiel für »Aufzeichnungsdatum« entschieden haben, ist das natürlich vom Typ »Datum«.

Schließlich weisen Sie der Kategorie noch einen *Wert* zu, klicken auf HINZUFÜGEN, und Ihre Angaben werden in das untere Feld übernommen. Dort können Sie sie markieren, ändern oder löschen.

Enthält Ihr Dokument Textmarken, können Sie diese übernehmen. Dazu aktivieren Sie *Verknüpfung zum Inhalt* und können die Textmarke sodann im Feld *Wert* auswählen.

Abbildung 8.5:
Eigenschaften
einer Datei,
Register ANPASSEN

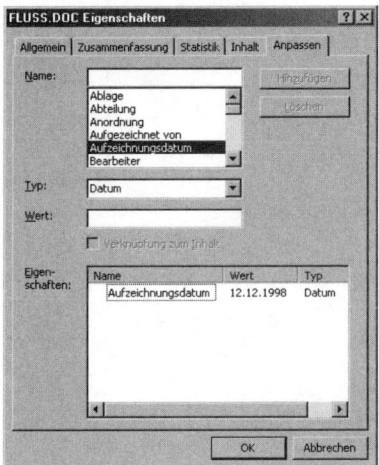

Dateien suchen

Kapitel 9

Die Suche nach Dateien in ihrer einfachsten Form kennen Sie bereits sehr gut, da Sie das im Grunde beim Öffnen jeder Datei machen: Sie wählen aus

➡ den Ordner (ein Verzeichnis), in dem gesucht werden soll,

➡ den Dateityp (filtern also alle Dateien nach einer bestimmten Endung),

➡ eventuell Teile des Dateinamens in einem umfangreichen Verzeichnis, das man nicht sofort überblickt, durch die Joker * oder ?,

So können Sie aus einem unübersichtlichen Verzeichnis schon einmal die Dateien herausfiltern, an denen Sie potentiell interessiert sind, sofern Sie den Namen oder zumindest Teile davon kennen. Wie aber sollen Sie vorgehen, wenn Sie keine Ahnung vom Dateinamen, dafür aber unter Umständen den Autor oder Teile des Dateiinhalts oder andere Dateiinformationen kennen?

9.1 Suchkriterien

Eine neue Datei öffnen? Kein Problem, werden Sie denken. Mit dem Befehl DATEI/ÖFFNEN in das entsprechende Dialogfeld und dann nur auswählen. Doch hier fangen meist die Schwierigkeiten erst an – besonders, wenn man weder das Verzeichnis kennt, in dem die Datei abgelegt wurde, noch den genauen Dateinamen weiß. Doch zu Ihrer Freude werden Sie feststellen, daß Word hinter dem ÖFFNEN-Dialog noch ein weiteres Dialogfeld verborgen hält, das Ihnen bei der diffizilen Suche behilflich ist.

In dieses Dialogfeld gelangen Sie über das Menü EXTRAS/SUCHEN des ÖFFNEN-Dialogs. In diesem umfangreichen Dialogfeld zum Suchen nach einer Datei haben Sie eine Vielzahl von Möglichkeiten, das Netz beim Suchen noch engmaschiger zu ziehen.

Abbildung 9.1: Vom Öffnen-Dialog aus nach einer Datei suchen

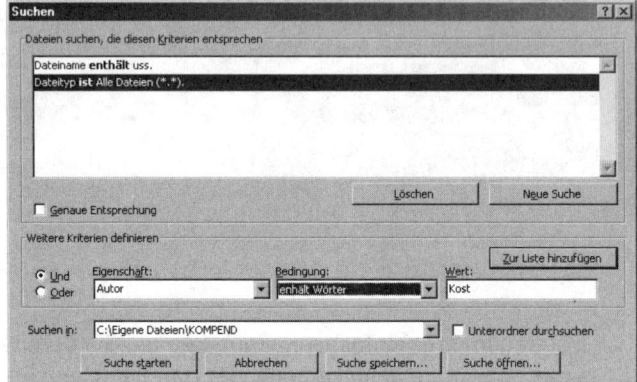

Worauf Sie zunächst Ihr Augenmerk richten sollten, das sind die Angaben im oberen Teil des Fensters. Hier sind nämlich die aktuell gültigen Suchkriterien, die bereits im ÖFFNEN-Dialog festgelegt wurden, aufgeführt – fast immer die Einschränkung auf einen Dateityp, vielleicht auch eine Einschränkung des Dateinamens. Was Sie nicht mehr brauchen, markieren Sie und LÖSCHEN es.

Der Suchpfad

Nächstwichtig: Wo wird gesucht? Im Feld *Suchen in* steht es. Klappen Sie das Listenfeld auf, können Sie etwas anderes aussuchen. Seltsamerweise jedoch ist die Auswahl beschränkt auf Laufwerke. Soll nur ein bestimmtes Verzeichnis durchsucht werden, sollten Sie das im Dialogfeld zuvor ausgewählt haben.

- Sie können auch mehrere Verzeichnisse durchsuchen lassen, müssen sie aber manuell eingeben und durch Semikola voneinander trennen.

- Wenn Sie das entsprechende Feld aktivieren, können Sie auch die Unterordner des aktuellen Ordners durchsuchen.

Weitere Kriterien

Und jetzt stellen Sie differenzierte Kriterien auf, nach denen gesucht werden kann. Grundsätzlich gilt:

- Bei allen Einträgen, mit Ausnahme des Dateinamens, werden Groß- und Kleinschreibung beachtet, wenn das Feld GENAUE ENTSPRECHUNG markiert ist.

- Ein neues Suchkriterium übernehmen Sie mit der Schaltfläche ZUR LISTE HINZUFÜGEN.

- Klicken Sie dann auf SUCHE STARTEN.

- NEUE SUCHE hingegen löscht sämtliche Suchkriterien.

Wonach kann gesucht werden?

Nach allen Kategorien, die Sie mit den Datei-Eigenschaften bestimmt haben, und noch nach einigem mehr – schauen Sie mal, was die Liste *Eigenschaft* so alles zu bieten hat.

Am interessantesten sind natürlich die Kategorien aus dem Register *Zusammenfassung* im EIGENSCHAFTEN-Dialogfeld – am interessantesten deshalb, weil die garantiert bei jedem Dokument vorhanden (wenn auch nicht unbedingt ausgefüllt) sind.

Der Ablauf ist etwa folgender:

- Sie wählen die *Eigenschaft* (die Kategorie), in der gesucht werden soll. Beispielsweise könnten Sie nach dem »Autor« aus der Zusammenfassung suchen.

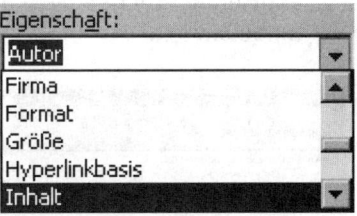

Abbildung 9.2:
Das scrollbare
Eigenschaften-
Listenfeld

- Sie bestimmen den *Wert*, nach dem gesucht werden soll – also den Namen des Autors. Angenommen, der Autor hieße »Rudi Kost«. Sie könnten dann beispielsweise nach »Kost« suchen lassen.

- Sie wählen eine *Bedingung* aus. Die Bedingungen ändern sich je nach Eigenschaft. In unserem Fall stehen unter anderem zur Auswahl: »enthält Wörter« – die allgemeinste Bedingung: der Text kann irgendwo im Titel stehen; »beginnt mit Ausdruck« – der Text steht am Anfang des Titels (wir fänden nichts); »endet mit Ausdruck« – der Text steht am Ende des Titels (trifft auf unser Beispiel zu).

- Mehrere Kriterien können Sie mit »Und« oder mit »Oder« verknüpfen.

Abbildung 9.3: Das scrollbare Listenfeld BEDINGUNG

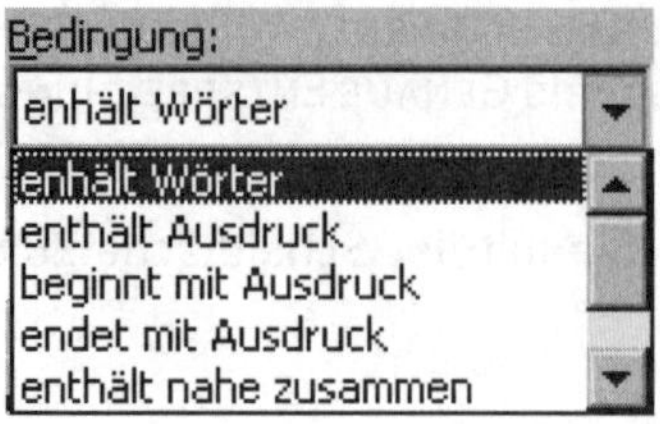

»Und« heißt: die Bedingungen müssen allesamt zutreffen. Wenn Sie als Autor »Karl May« eintragen und als Stichwort »Winnetou«, werden nur Dateien herausgefischt, in deren Datei-Infos sich **sowohl** die Einträge »Karl May« (als Autor) **als auch** »Winnetou« (als Stichwort) finden.

»Oder« hingegen bedeutet: eine der beiden Bedingungen muß zutreffen. Sie finden alle Dateien, als deren Autor »Karl May« eingetragen ist, gleichgültig, welche Stichwörter diese Dateien haben, und außerdem alle Dateien mit dem Stichwort »Winnetou«, unerheblich, wer deren Autor ist.

Die Suchkriterien erhalten

- Sie klicken auf SUCHE SPEICHERN und werden nach einem Namen gefragt. Da ist soviel Platz, daß Sie Ihre detaillierte Suche auch detailliert beschreiben können.
- Nach Bedarf können Sie diese Suchkriterien wieder auswählen und aktivieren (SUCHE ÖFFNEN) – und natürlich auch entfernen oder umbenennen.

Abbildung 9.4: Suchlauf speichern

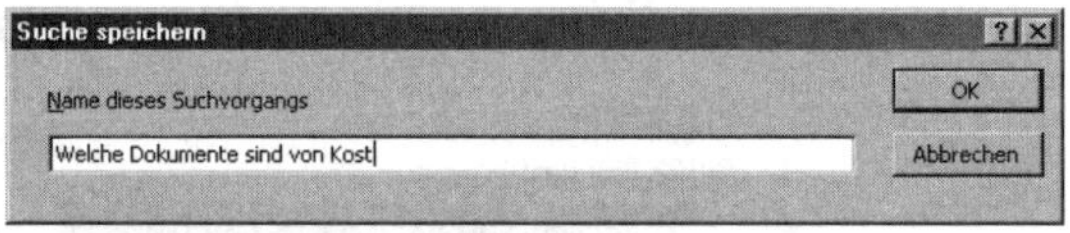

STOP

Die zuletzt ausgewählten Suchkriterien werden beim nächsten Öffnen des Dateiauswahl-Fensters nicht beibehalten, sondern alles wird gleichsam auf Null gesetzt. Wann immer Sie irgendwelche Kriterien angeben, sollten Sie deshalb den Suchlauf speichern. Macht nicht viel Mühe, und wer weiß, ob man's nicht nochmals braucht.

9.2 Textsuche

Mit etlichen der Optionen im Feld *Eigenschaft* können Sie eine Textsuche starten: Sie suchen Wörter oder Wortteile, die sich irgendwo im Text, in der Datei-Info (jetzt *Zusammenfassung* genannt) oder in den von Ihnen zusätzlich aufgenommenen Kriterien der Datei-Eigenschaften (Register *Anpassen*) befinden.

- Der Text im Feld *Wert* sollte nicht von Anführungszeichen umschlossen sein. Sie deaktivieren damit den Schalter ZUR LISTE HINZUFÜGEN.

- Groß- und Kleinschreibung hingegen spielen keine Rolle.

- Mit der Schaltfläche ZUR LISTE HINZUFÜGEN nehmen Sie Ihre Eingabe in die Suchkriterien mit auf.

- Klicken Sie dann auf SUCHE STARTEN.

- Neue SUCHE hingegen löscht das Feld *Eigenschaft*.

Operatoren für die Suche

Für die Textsuche können Sie die bekannten Joker * (mehrere Zeichen) und ? (ein Zeichen) mit heranziehen. Aber diese Jokerzeichen sind hier eigentlich gar nicht nötig, da ja auch Wortteile gefunden werden.

Hingegen können Sie einzelne Wörter mit drei logischen Operatoren kombinieren. Sie sind in Tabelle 9.1 zusammengefaßt.

Tabelle 9.1: Operatoren für die Dateisuche

Operator	Bedeutung
&	Logisches UND. Die Einträge müssen allesamt zutreffen. Statt des kaufmännischen Und kann auch ein Leerzeichen verwendet werden.
,	Logisches ODER. Wenigstens einer der Einträge muß zutreffen.
~	Logisches NICHT. Dieser Eintrag wird ausgeschlossen.

Wollen Sie nach einem Zeichen suchen, das auch als Operator verwendet wird, müssen Sie es anführen.

ÜBUNG: Gezielte Suche nach Dateien (*Beispieldateien: REZEPT01.DOC bis REZEPT05.DOC*)

Eine Situation, die jede Mutter, jeder Vater kennt: Die Gören sind zwar schon in Ordnung, aber wenn es ans Essen geht – oh je! Paul ist der einzige, der Huhn mag, Franz mag keinen Hasen, Tina mag keine Gnocchi. Nur bei Spaghetti, da sind sie sich alle einig.

Da der PC-gestützte Haushalt zwar immer noch selber kocht, aber die Rezepte als Word-Dokumente speichert, ist es kein Problem, als Stichwörter in die Datei-Eigenschaften einzutragen, wer von den Kindern was mag – REZEPT01.DOC bis REZEPT05.DOC unter Ihren Beispieldateien. Als Stichwörter sind die Namen der Kinder eingetragen, die das betreffende Gericht mögen. Suchen müssen Sie nach der Bedingung *enthält Wörter*.

➡ Was mögen denn alle gemeinsam?

```
Tina Franz Max Paul
```

Herausgesucht werden nur diejenigen Dateien, die als Stichwörter **sowohl** »Tina« **als auch** »Franz« **als auch** »Max« **als auch** »Paul« aufweisen. Eine Datei, die nur »Franz« oder nur »Max« als Stichwort hat, bleibt unberücksichtigt. Wir landen bei den Spaghetti.

➡ Heute sind nur Tina und Paul zum Essen da. Ein Gericht, mit dem beide zufrieden sind, das hat ein Suchlauf schon ergeben, ist nicht möglich, das gibt die Speisekammer nicht her. Soll wenigstens einer zufriedengestellt werden:

```
Tina, Paul
```

Herausgesucht werden diejenigen Dateien, die als Stichwörter **entweder** »Tina« **oder** »Paul« (oder beide) aufweisen. Gibt's halt Huhn in Sherry-Sauce, und Tina hat dann das Mousse au chocolat für sich.

➡ Max hat Geburtstag und kriegt sein Lieblingsessen, Tina und Franz haben sich bereit erklärt, zur Not auch in das saure Wildhasenfilet zu beißen. Weil aber Paul nicht da ist, soll wenigstens ausgeschlossen werden, was er gern ißt:

```
Max~Paul
```

Herausgesucht werden diejenigen Dateien, die als Stichwort »Max«, **aber nicht** »Paul« aufweisen. Hat also eine Datei neben »Max« zusätzlich das Stichwort »Paul«, wird sie nicht berücksichtigt.

9.3 Die Indizierung

Damit die Suche schnell geht, wird bei der Installation des Office-Pakets automatisch ein Hilfsprogramm zur Indexerstellung eingerichtet. Und ebenso automatisch durchsucht es ständig (das heißt: immer dann, wenn Sie gerade mal nichts tun) die lokale(n) Festplatte(n) nach neuen oder geänderten Dateien und indiziert sie.

Diese Indizierung können Sie auch beeinflussen. Sie finden dafür das Symbol *Find Fast* in der Systemsteuerung.

- Sie können damit – über das Menü INDEX – einen neuen INDEX ERSTELLEN und ihn beschränken auf bestimmte Laufwerke oder Verzeichnisse – oder andere Laufwerke mit einschließen.

- Sie können auswählen, welche Dokumente indiziert werden sollen. Standardmäßig sind alle Programme des Office-Pakets dran. Sie können das aber beispielsweise auch einschränken nur auf Word-Dokumente – geht schneller und spart Speicherplatz.

- Sie können die *Wortsuche beschleunigen*. Das sollten Sie aber tunlichst nur dann machen, wenn Sie häufig eine Textsuche mit differenzierten Kriterien machen, da sonst erheblich mehr Speicherplatz für die Indizierung gebraucht wird.

Sie können sich schließlich auch noch einen INDEX-BERICHT ANZEIGEN lassen und natürlich auch eine Indizierung abbrechen oder gar ganz löschen.

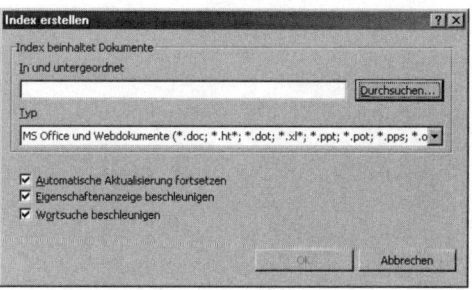

Abbildung 9.5:
Über die
Systemsteuerung
einen Index
erstellen

Die Standard-Funktionen

Teil **III**

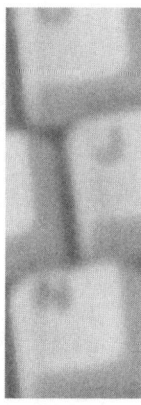

Arbeit am Text

Kapitel 10

Schreiben, korrigieren, löschen, hinzufügen – das ist Arbeit am Text. In diesem Kapitel werden die grundlegenden Techniken der Textbearbeitung beschrieben. Sie erfahren, wie Sie Text blitzschnell an eine andere Stelle verschieben oder kopieren oder wie Sie gezielt bestimmte Positionen anspringen.

10.1 Schreiben und Korrigieren

Keine Angst, es steht Ihnen jetzt kein Schreibkurs bevor. Daß man eine Taste drückt und daß daraufhin auf dem Bildschirm ein Buchstabe erscheint – geschenkt. Auf Schreibübungen verzichten wir deshalb in beiderseitigem Interesse.

Einige grundlegende Erklärungen sind trotzdem vonnöten, jenen zuliebe, für die Word der Einstieg in die Textverarbeitung bedeutet.

Nicht druckbare Zeichen

Auf dem Bildschirm sehen Sie normalerweise nur Text und sonst nichts. Ein Dokument besteht aber auch aus Sonderzeichen. Wenn Sie zum Beispiel die Tabulator-Taste drücken, wird ebenfalls ein Zeichen eingefügt, eben ein Tabulatorzeichen. Gleiches geschieht, wenn Sie die Leertaste oder die Taste ⏎ drücken.

In vielen Fällen ist es notwendig, diese nicht druckbaren und nicht sichtbaren Zeichen gleichwohl einzusehen. Dafür gibt es ein nettes Symbol, mit dem diese Sonderzeichen allesamt sichtbar werden: Tabstops, Leerzeichen, Absatzmarken, bedingte Trennstriche, verborgener Text.

Zusätzlich können Sie mit EXTRAS/OPTIONEN/*Ansicht* einzeln bestimmen, welches nicht druckbare Zeichen sichtbar werden soll (siehe Kapitel 59, »Allgemeine Einstellungen«).

Der Cursor

Auf dem Bildschirm blinkt stets ein senkrechter Strich gemächlich vor sich hin. Dies ist der Cursor, im Computer-Deutsch auch »Einfügemarke« oder »Schreibmarke« genannt. Wem der Cursor zu langsam oder zu schnell blinkt, der kann dies mit der Systemsteuerung von Windows ändern.

Der Cursor markiert die Schreibposition. Wo er sich befindet, können Sie schreiben oder löschen – nur dort, nirgendwo anders. Es gibt ausgefeilte Methoden, den Cursor über den Bildschirm zu jagen – siehe den Abschnitt »Cursorbewegungen« in diesem Kapitel auf Seite 129.

Verwechseln Sie den Cursor nicht mit dem Mauszeiger! Der Mauszeiger blinkt nicht. Wenn Sie ihn irgendwo in den Text führen und klicken, erscheint an dieser Stelle der Cursor.

Am Ende eines Dokuments erscheint in der normalen Bearbeitungsansicht stets ein waagrechter Strich: die Dateiende-Marke. Diese Ansicht ist beim Start von Word der Normalzustand. Sie können die Ansichten wechseln (siehe Kapitel 4, »Ansichten«, S. 57); in der Layout-Ansicht ist die Dateiende-Marke nicht vorhanden.

Abbildung 10.1: Der waagrechte Strich ist die Dateiende-Marke, der senkrechte ist der Cursor, die Schreibmarke

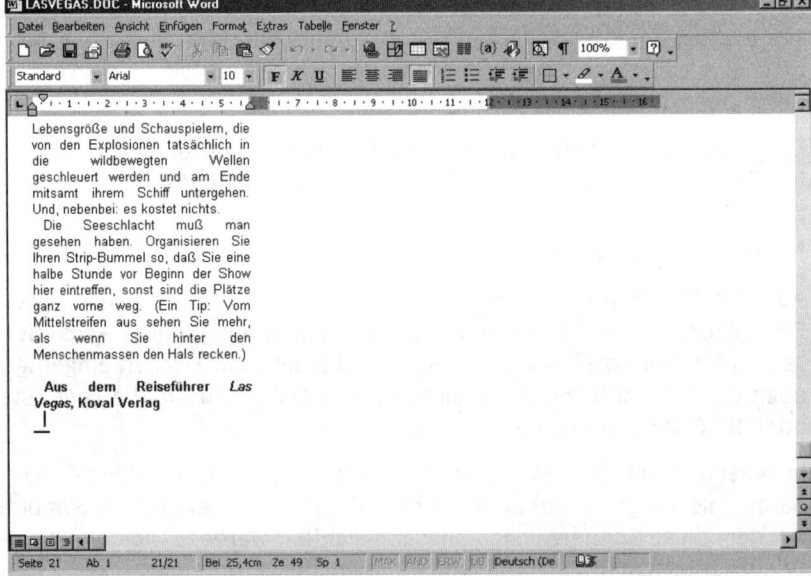

Aber sonst ist sie da und kennzeichnet das Ende der Datei. Wenn Sie – in Normalansicht – am Schluß eines Textes auf dem Bildschirm nur Weiß sehen, aber keinen waagrechten Strich, wissen Sie, daß zwischen Textende und Dateiende noch etwas ist – Leerzeilen in der Regel. Wenn Sie die nicht druckbaren Zeichen sichtbar machen, wird's deutlich.

Einfügen und Überschreiben

Word kennt zwei Schreibmodi: den Einfügemodus und den Überschreibmodus. Zwischen beiden läßt sich normalerweise mit der Taste `Einfg` hin- und herschalten, sofern Sie ihr nicht eine andere Funktion zugewiesen haben (siehe S. 143).

➡ Im *Einfügemodus* werden die eingetippten Zeichen dem Text hinzugefügt. Bestehender Text bleibt bestehen, er wird ab der Schreibstelle nach rechts gerückt. Der Einfügemodus ist die Grundeinstellung von Word.

➡ Im *Überschreibmodus* wird bestehender Text durch neuen Text `ÜB` ersetzt: überschrieben. Wer gewohnt ist, blind zu schreiben, kann im Überschreibmodus böse Überraschungen erleben: Was vorher war, ist weg. Ist der Überschreibmodus aktiv, wird dies in der Statuszeile mit »ÜB« gekennzeichnet. Ein Doppelklick auf »ÜB« in der Statusleiste wechselt ebenfalls die Schreibmodi.

Im Gegensatz zu einer Schreibmaschine brauchen Sie sich um das Zeilenende nicht zu kümmern. Ist es erreicht, wird der Text automatisch in der nächsten Zeile fortgesetzt.

Absätze

Word unterscheidet verschiedene Text-Einheiten: Zeichen, Absatz, Abschnitt und Dokument. Ein Dokument ist das Ganze. Es besteht aus einem oder mehreren Abschnitten, ein Abschnitt aus Absätzen, ein Absatz aus Zeichen.

Für vielerlei Aktionen, insbesondere das Formatieren, ist die Einheit »Absatz« wichtig.

➡ Mit der Taste `⏎`, auch Eingabetaste genannt oder »Return« oder »Enter«, wird das Ende eines Absatzes bestimmt. Drücken Sie `⏎` deshalb nur am Ende eines Absatzes, nie am Ende einer Zeile!

Sind die nicht druckbaren Zeichen sichtbar, erscheint auf dem Bildschirm das Zeichen ¶ als Absatzmarke. Die Absatzmarke enthält die Formatinformationen des ganzen Absatzes (Einrückung, Ausrichtung, Tabstops usw.).

Während bei manchen Textprogrammen zur Kennzeichnung eines Absatzendes zwei Absatzmarken (doppeltes ⏎) zwingend erforderlich sind, ist das bei Word nicht nötig.

Sie sollten das sogar tunlichst unterlassen. Denn mit einem zweiten ⏎ fügen Sie einen Leerabsatz ein. Um einen Abstand zwischen zwei Absätzen zu erzeugen, gibt es andere, bessere Methoden (siehe Kapitel 19, »Formatieren«, S. 317).

Zeilenwechsel, Seitenwechsel, Spaltenwechsel

Die Tastenkombination ⇧+⏎ erzeugt einen Zeilenwechsel. Das bedeutet: Der Text wird auf der nächsten Zeile fortgesetzt. Die Zeile endet hier, nicht jedoch der Absatz – wichtig und arbeitserleichternd bei der Formatierung.

Der Haken bei der Sache: Im Blocksatz wird eine so gebrochene Zeile nicht linksbündig gesetzt, sondern ebenfalls auf die gesamte Zeilenbreite gedehnt, mit riesigen Löchern zwischen den Wörtern – ein altes Übel, dem man immer noch nicht beigekommen ist. Ein Trick hilft: ⇥ am Ende der Zeile!

Strg+⏎ erzeugt einen Seitenwechsel (an dieser Stelle beginnt eine neue Seite), Strg+⇧+⏎ einen Spaltenwechsel (neue Spalte bei mehrspaltigem Satz).

Damit wäre alles komplett, was mit der Taste ⏎ im Text gemacht werden kann.

Was sich bei der Texteingabe tut

Allerhand, wenn Sie an den Grundeinstellungen von Word nichts geändert haben. Wie von Geisterhand wird beispielsweise ein typischer Schreibfehler wie »jezt« ersetzt durch das korrekte »jetzt«. Das ist der Werk der AutoKorrektur, die solche und andere Fehler automatisch berichtigt. In Kapitel 12, »Texte prüfen«, S. 159, werden Sie mehr dazu erfahren.

Andere Wörter werden mit einer roten Wellenlinie gekennzeichnet. Hier ist ein anderer Automatismus aktiv, die automatische Rechtschreibkontrolle. Sie kennzeichnet auf diese Weise alle Wörter, die falsch geschrieben oder unbekannt sind. Mehr zur Rechtschreibprüfung in Kapitel 12, »Texte prüfen«, S. 159. Ausschalten können Sie diesen Automatismus mit EXTRAS/OPTIONEN/*Rechtschreibung und Grammatik*.

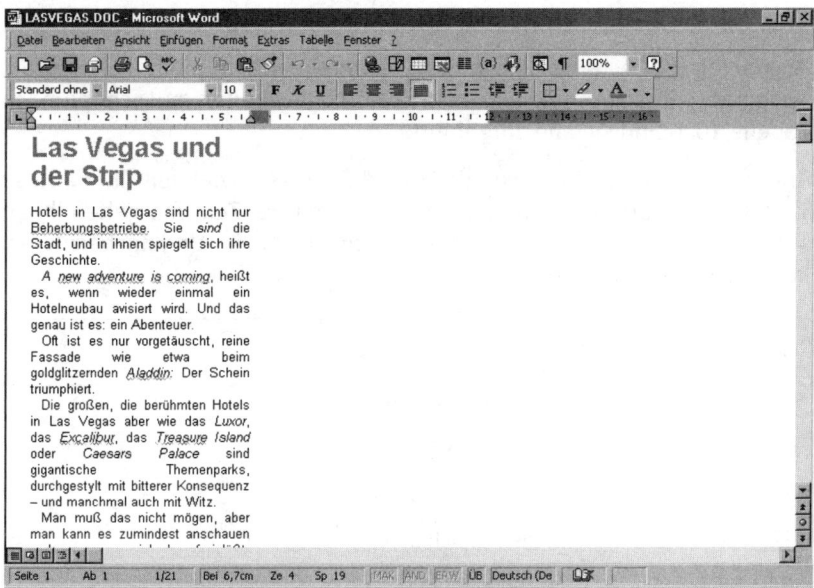

Abbildung 10.2:
Die automatische Rechtschreibprüfung in Aktion

Und schließlich wird Sie vielleicht ein dritter Automatismus überraschen, das AutoFormat, das manchem Text eine andere Gestaltung zuweist. Dazu mehr in Kapitel 23, »Formatvorlagen«, S. 407. Abgeschaltet wird das AutoFormat mit EXTRAS/AUTOKORREKTUR, Register *AutoFormat während der Eingabe.*

10.2 Cursorbewegungen

Die Frage ist doch: Wie bekomme ich den Cursor dorthin, wo ich ihn haben will – und zwar möglichst schnell? Mit den vier Cursortasten wird der Cursor um ein Zeichen nach links oder rechts, um eine Zeile nach oben oder unten versetzt.

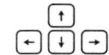

Zeichen für Zeichen, Zeile für Zeile: Das wäre mühsam, wenn größere Entfernungen zurückgelegt werden müssen. Deshalb gibt es etliche Hilfen.

Mit der Maus an der richtigen Stelle klicken

Mit der Maus ist es ganz einfach: Der Mauszeiger wird an die gewünschte Stelle geführt, es wird einmal mit der linken Maustaste geklickt, und schon ist der Cursor hierher gewandert. Ist der Text länger, als im Fenster angezeigt werden kann, müssen Sie den Ausschnitt erst mit den Bildlaufleisten verschieben.

Tastenkombinationen für den schnellen Sprung

Ansonsten gibt es eine Vielzahl von Tastenkombinationen, die man fast auswendig lernen muß, will man alle Möglichkeiten ausschöpfen. In Tabelle 10.1 sind sie alle aufgeführt.

Aber bitte doch nicht auswendig lernen! Es wäre zuviel der Mühe. Diese Tastenkombinationen automatisieren sich mit der Zeit und gehen Ihnen in Fleisch und Blut über, je häufiger Sie sie einsetzen. Und nachschlagen können Sie ja immer noch.

Tabelle 10.1:
Cursorbewegungen

Tasten	Bedeutung
Strg + →	Ein Wort nach rechts
Strg + ←	Ein Wort nach links
Strg + ↑	Ein Absatz nach oben
Strg + ↓	Ein Absatz nach unten
Pos1	Zum Zeilenanfang
Ende	Zum Zeilenende
Strg + Pos1	Zum Dateianfang
Strg + Ende	Zum Dateiende
Strg + Bild↑	An den oberen Rand des Fensters
Strg + Bild↓	An den unteren Rand des Fensters
Bild↑	Einen Fensterausschnitt nach oben
Bild↓	Einen Fensterausschnitt nach unten
Alt + Pos1	Zum Zeilenanfang in einer Tabelle
Alt + Ende	Zum Zeilenende in einer Tabelle
Alt + Bild↑	Zum Spaltenanfang in einer Tabelle
Alt + Bild↓	Zum Spaltenende in einer Tabelle

10.3 Positionen anspringen

BEARBEITEN/
GEHE ZU
Strg + G / F5

Mit den Cursorsprüngen bewegen Sie die Einfügemarke innerhalb einer bestimmten abgeschlossenen Einheit: wortweise, absatzweise oder fensterweise. Mit der Funktion, die hier zur Debatte steht, können Sie zum Beispiel eine bestimmte Zeile, Seite, Textmarke, Fußnote oder Kommentar gezielt anspringen.

■► Sie öffnen BEARBEITEN/GEHE ZU und wählen in der Liste das Element, zu dem Sie springen wollen.

■► Sie können das Menü auch mit einem Doppelklick in den ersten beiden Bereichen der Statuszeile öffnen (dort, wo die Positionsangaben sind).

■► In das Eingabefeld schreiben Sie einen Wert oder wählen aus, wenn es etwas auszuwählen gibt, etwa eine Textmarke.

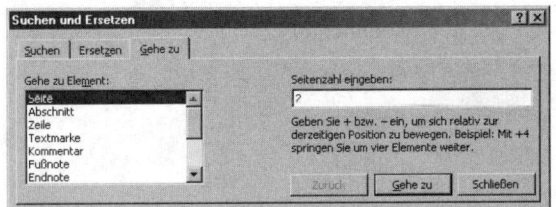

Abbildung 10.3:
Mit GEHE ZU
Positionen
anspringen

Am Element »Zeile« sei verdeutlicht, wie gesprungen wird. Geben Sie »10« ein, springt der Cursor in die Zeile 10. Mit »+10« geht es von der aktuellen Position 10 Zeilen nach unten, mit »–10« demgemäß 10 Zeilen nach oben.

Analog ist es bei den anderen Elementen auch. Zu beachten ist, daß bei »Seite« die richtige Seitennummer gemeint ist. Beginnt das Dokument beispielsweise mit Seite 5, springen Sie mit »6« zur Seite 6, also zur zweiten Seite des Dokuments. Mit »–1« geht es wieder eine Seite zurück – zur Seite 5.

Ziele kombinieren

Es ist nicht dokumentiert, aber es geht genauso wie bisher. Sie müssen hierzu die Codes der Tabelle 10.2 auf Seite 132 verwenden.

■► Die Ziele müssen entweder unmittelbar aufeinander folgen oder durch Leerzeichen voneinander getrennt sein. Beispiel:

```
s3z16
s3 z16
```

meint beidesmal: zu Zeile 16 auf der Seite 3. Hier ist nun nicht die tatsächliche Seitennummer, sondern die dritte Seite des Dokuments gemeint. Ähnlich können Sie mit s3 zu dieser dritten Seite gelangen, unabhängig davon, welche Seitennummer sie hat.

■► Bei kombinierten Zielen müssen Sie mit Plus- oder Minus-Zeichen aufpassen. Sie können zwar die nächste Seite anspringen (s+), aber nicht gleichzeitig dort die nächste Zeile (s+ z+), sondern nur eine bestimmte Zeile (s+ z16) – weil ja kein Bezugspunkt für die nächste Zeile vorhanden ist.

Tabelle 10.2:
Ziel-Codes für die
Gehe zu-Funktion

Code	Element
s	Seite
a	Abschnitt
z	Zeile
n	Kommentar
f	Fußnote
e	Endnote
d	Feld
t	Tabelle
g	Grafik
l	Formel
o	Objekt

Zurück zur vorigen Position

Eine Besonderheit ist die Tastenkombination ⇧+F5. Angenommen, Sie haben irgendwo eine Änderung am Text vorgenommen und bewegen dann den Cursor meilenweit von dieser Stelle. Mit ⇧+F5 springt er wieder an die vorige Position zurück – aber nur, wenn Sie etwas geschrieben oder geändert haben!

Ganz exakt gesagt: Der Cursor springt an die Position der jeweils vorigen Textänderung. Die letzten drei derartigen Positionen merkt sich Word und führt den Cursor dorthin zurück.

Schnelles Springen

Mit diesen beiden Doppelpfeilen (*Richtungsschaltflächen* heißen sie in Word-Deutsch), so war man es gewohnt, blättert man seitenweise durch das Dokument. Das ist aber nicht mehr automatisch so.

Generell springen Sie damit zu einem bestimmten Element. Das kann auch die nächste Seite sein, genausogut aber eine Grafik, ein Feld, ein

Kommentar usw. Welches Element Sie meinen, müssen Sie mit dem Knopf zwischen den Doppelpfeilen bestimmen. Diese Elemente sind:

➧ Feldfunktion

➧ Endnote

➧ Fußnote

➧ Kommentar

➧ Abschnitt

➧ Seite

➧ Gehe zu

➧ Suchen

➧ Bearbeitung

➧ Überschrift

➧ Grafik

➧ Tabelle

10.4 Markieren

Durch das Markieren wird ein Textteil hervorgehoben – auch optisch: Auf dem Bildschirm wird die Markierung invers dargestellt (weiße Schrift auf schwarzem Hintergrund). Generell gilt:

➧ Ist ein Text markiert, beziehen sich alle Aktionen nur noch auf den markierten Text.

Dies betrifft das Löschen oder Kopieren, das Suchen und Ersetzen, das Formatieren usw. Mit dem Markieren bestimmen Sie zum einen jenen Bereich, der für eine Aktion herangezogen werden soll, und grenzen ihn zum anderen gegen den Rest des Textes ab.

Abgegrenzte Textblöcke

Für abgegrenzte Texteinheiten – wie Wort oder Absatz – gibt es besondere Tastenkombinationen bzw. Mausoperationen. Sie sind in Tabelle 10.3 auf Seite 134 und Tabelle 10.4 auf Seite 137 aufgelistet.

Die Systematik im Vergleich zu den Cursorbewegungen ist leicht zu merken: die gleiche Tastenkombination, aber in Verbindung mit ⬆. Mit Strg+→ springen Sie ein Wort nach rechts, mit Strg+⬆+→ markieren Sie ein Wort rechts.

Bei Wort, Zeile oder Absatz (und bei Tabellen für Zeile oder Spalte) gilt im Tastaturbetrieb stets die Cursorposition als Anfangspunkt der Markierung. Wenn Sie sich also in einem Wort befinden und (Strg)+(⇧)+(→) drücken, wird von der Cursorposition bis zum Wortende markiert. Zum Wort gehört übrigens das folgende Leerzeichen, zum Satz das Satzzeichen.

Markieren nach Wunsch

Natürlich aber sind Sie an solche Einheiten nicht gebunden, sondern können gleichsam endlos markieren. Sowohl mit der Maus wie mit der Tastatur gibt es dazu unterschiedliche Methoden:

▪► Sie halten die linke Maustaste gedrückt, ziehen den Zeiger an die gewünschte Stelle und lassen dort wieder los.

▪► Sie setzen den Cursor an einen Anfangspunkt, halten die Taste (⇧) gedrückt und bewegen den Cursor mit den Tasten (wenn Sie gleichzeitig (Strg) gedrückt halten, markieren Sie Wort für Wort) bzw. klicken mit der linken Maustaste am Endpunkt. Sobald Sie jedoch (⇧) loslassen und den Cursor weiterbewegen, wird die Markierung aufgehoben.

▪► Sie setzen den Cursor an einen Anfangspunkt, drücken (F8), bewegen den Cursor bzw. klicken mit der linken Maustaste am Endpunkt.

Tabelle 10.3:
Markierungstasten

Tasten	Bedeutung
(F8)	Markierungsmodus (mit (Esc) wieder ausschalten) bzw. Markierung vergößern
(⇧)+(F8)	Markierung verkleinern
(⇧)+(Strg)+(F8)	Spaltenmodus
(⇧)+(→)	Ein Zeichen rechts
(⇧)+(←)	Ein Zeichen links
(⇧)+(Strg)+(→)	Von der Cursorposition bis zum Wortende (einschließlich des folgenden Leerzeichens)
(⇧)+(Strg)+(←)	Von der Cursorposition bis zum Wortanfang
(⇧)+(Strg)+(↑)	Von der Cursorposition bis zum Absatzanfang
(⇧)+(Strg)+(↓)	Von der Cursorposition bis zum AbsatzendeVon der Cursorposition bis zum Absatzende
(⇧)+(Pos1)	Bis zum Zeilenanfang
(⇧)+(Ende)	Bis zum Zeilenende

Tasten	Bedeutung
⬆+Strg+Pos1	Bis zum Dateianfang
⬆+Strg+Ende	Bis zum Dateiende
Strg+A Strg+5	Ganze Datei (5 im Zehnerblock)
⬆+Alt+Bild↑	Bis an den oberen Rand des Fensters
⬆+Alt+Bild↓	Bis an den unteren Rand des Fensters
⬆+Alt+Bild↑	Tabelle: Von der Cursorposition bis zum Beginn der Spalte
⬆+Alt+Bild↓	Tabelle: Von der Cursorposition bis zum Ende der Spalte
⬆+Alt+Pos1	Tabelle: Von der Cursorposition bis zum Beginn der Zeile
⬆+Alt+Ende	Tabelle: Von der Cursorposition bis zum Ende der Zeile

Die Markierungsspalte

In Tabelle 10.4 auf Seite 137 finden Sie eine »Markierungsspalte« erwähnt. Wo aber ist sie bloß? Das ist, ganz einfach, der Freiraum zwischen Text und linkem Fensterrand bzw. zwischen Text und Formatvorlagenanzeige, wenn diese sichtbar gemacht ist.

Sie können sie gar nicht verfehlen. Sobald Sie den Mauszeiger in die Markierungsspalte führen, wandelt er sich zu einem Pfeil, der nach rechts zeigt.

Die Formatvorlagenanzeige

Ebenfalls erwähnt in der Tabelle. Sie wird sichtbar gemacht mit EXTRAS/ OPTIONEN/*Ansicht*. Wozu man sie (sonst noch) braucht, erfahren Sie in Kapitel 23, »Formatvorlagen«, S. 407.

Der Markierungsmodus

F8 setzt sowohl bei der Maus als auch bei der Tastatur den Markierungsmodus in Gang; in der Statuszeile erscheint »ERW«. Mit einem Doppelklick in der Statuszeile auf »ERW« wird der Markierungsmodus ebenfalls aktiviert. Solange der Markierungsmodus aktiv ist, vergrößern oder verkleinern alle Cursorbewegungen die Markierung.

➡ Um den Markierungsmodus zu beenden, müssen Sie Esc drücken. Nach Befehlen wird er automatisch beendet

Wenn der Cursor in einem Wort steht und Sie drücken mehrmals [F8], wird erst das Wort markiert, dann der Satz, dann der Absatz, dann der gesamte Text. Das ist übrigens die einzige Möglichkeit, um mit der Tastatur einen Satz zu markieren; eine eigene Tastenkombination dafür gibt es seltsamerweise nicht.

Abbildung 10.4:
Markierter Text –
nicht zu übersehen

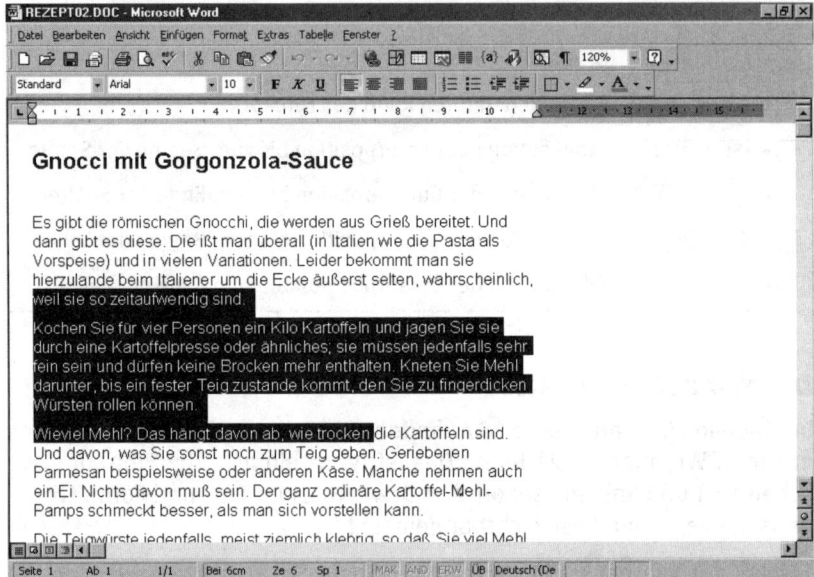

➡ Die Tastenkombination [⇧]+[F8] dient dazu, die Markierung zu verkleinern. Die Markierung wird reduziert auf das Wort, in dem der Cursor am Beginn der Markierung gestanden ist.

Welche Methode auch immer Sie verwenden: Die Markierung folgt stets linear dem Text. Sie bewegt sich den Zeilen entlang, auch wenn der Zeiger vertikal nach unten gezogen wird: Von der aktuellen Position springt sie zum Ende der Zeile, geht an den Anfang der nächsten Zeile, springt zu deren Ende und so fort (Abbildung 10.4).

Beim Aufzeichnen eines Makros können Sie nur mit der Tastatur markieren, nicht mit der Maus.

Tabelle 10.4:
Markieren
mit der Maus

Bereich	Aktion
Wort	Doppelklick mit der linken Taste
Satz	⎡Strg⎤ + Klick mit der linken Taste
Zeile	Linke Maustaste in Markierungsspalte drücken
Absatz	Klick in der Formatvorlagenanzeige Doppelklick in der Markierungsspalte Dreifachklick irgendwo im Absatz
Datei	⎡Strg⎤ + Klick links in der Markierungsspalte Dreifachklick in der Markierungsspalte
Textblock	Linke Maustaste drücken, dann ziehen
Spaltenblock	⎡Alt⎤ gedrückt halten, linke Maustaste drücken, ziehen

Abbildung 10.5:
Markierter Text im
Spaltenmodus: Ein
rechteckiger Block
wird markiert, über
die Zeilen hinweg

Der Spaltenmodus

Alternativ können Sie einen Spaltenmodus aktivieren. Sie markieren damit einen rechteckigen Block, der sich um den Zeilenverlauf nicht mehr kümmert.

Das ist hilfreich insbesondere bei Tabellen, die nicht im Tabellenmodus, sondern mit gewöhnlichen Tabulatoren erstellt worden sind; kann man damit doch ganze Tabellenspalten markieren.

▦► Mit der Tastatur wird der Spaltenmodus durch ⟨û⟩+⟨Strg⟩+⟨F8⟩ eingeleitet. In der Statuszeile erscheint »SP« statt »ERW«. Bewegen Sie
dann die Cursortasten.

▦► Mit der Maus halten Sie die ⟨Alt⟩-Taste fest, während Sie mit
gedrückter linker (!) Maustaste ziehen.

10.5 Hilfen beim Bearbeiten

Das Menü EXTRAS/OPTIONEN/*Bearbeiten* bietet einige Optionen, die das
Markieren und Bearbeiten von Text wesentlich erleichtern. Ich will sie
gleich alle mal durchgehen, auch wenn manches davon erst später in diesem Kapitel bedeutsam wird.

Abbildung 10.6:
Optionen zum
Bearbeiten

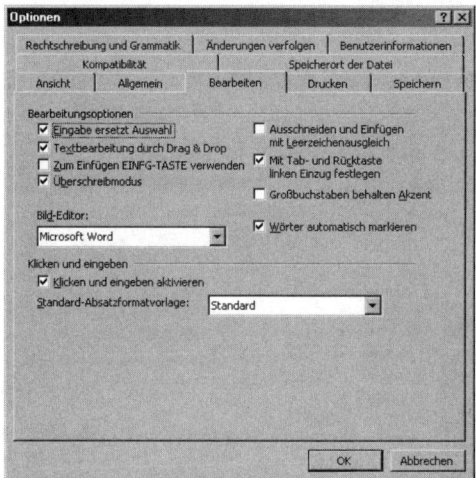

▦► *Eingabe ersetzt Auswahl:* Wenn Sie im Text etwas markiert haben und
dann zu schreiben beginnen, wird der markierte Text gelöscht.

▦► *Textbearbeitung durch Drag & Drop:* Textelemente können mit der
Maus an eine andere Stelle geschoben oder kopiert werden. Mehr
dazu auf S. 144.

▦► *Zum Einfügen EINFG-TASTE verwenden:* Ausgeschnittener oder
kopierter Text (siehe S. 140) kann mit der Taste ⟨Einfg⟩ wieder eingefügt werden. Zwischen Einfügen und Überschreiben kann dann mit
einem Doppelklick auf »ÜB« in der Statuszeile gewechselt werden.

▦► *Überschreibmodus:* Schaltet diesen ein.

➡ *Ausschneiden und Einfügen mit Leerzeichenausgleich:* Schneiden Sie etwa das letzte Wort eines Satzes aus, bleibt normalerweise ein Leerzeichen vor dem Punkt übrig. Mit dieser Option nicht, der Punkt rutscht nach links. Ähnlich beim Verschieben von Wörtern. Sie müssen sich keine Gedanken mehr machen, ob Sie vorne oder hinten ein Leerzeichen mit markieren müssen und wo genau Sie das Wort wieder einfügen – Word sorgt dafür, daß die Leerzeichen dorthin kommen, wo sie hingehören, und da verschwinden, wo sie überflüssig sind.

➡ *Mit Tab- und Rücktaste linken Einzug festlegen:* Mit einmal ⇥ wird, sofern Sie sich am Zeilenanfang befinden, die erste Zeile eingerückt, mit jedem weiteren ⇥ der gesamte Absatz, und zwar jeweils bis zur nächsten Standard-Tabposition. Und zurück geht es mit ←.

➡ *Großbuchstaben behalten Akzent:* Genau das.

➡ *Wörter automatisch markieren:* Wenn Sie mit der Maus zu markieren beginnen (mit gedrückter linker Taste), zum Beispiel mitten in einem Wort, und kommen dann zum nächsten Wort, sind plötzlich beide Wörter komplett markiert. Und wenn Sie weiterziehen, wird Wort für Wort markiert. Sehr effektiv, nur wird das Markieren einzelner Zeichen manchmal zu einer aufreibenden Tätigkeit. Markieren Sie einzelne Zeichen am besten mit ⇧+→.

10.6 Löschen

Mit Entf wird das Zeichen rechts des Cursors gelöscht, mit ← links davon. Lediglich für das Löschen eines Wortes gibt es spezielle Tastenkombinationen (Tabelle 10.5 auf Seite 142). Ansonsten wird man erst einen Textteil markieren und ihn dann mit Entf löschen.

Gelöscht ist gelöscht – weg ist das Zeugs! Glücklicherweise ist es nicht mehr so. Sie können die letzten 100 Aktionen rückgängig machen, worauf noch einzugehen sein wird (S. 146), und damit hat versehentliches Löschen seinen Schrecken verloren.

Die »Sammlung«

Eine besondere Bewandtnis hat es mit der Tastenkombination Strg+F3. Wenn Sie diese beiden Tasten drücken, wird der markierte Text gelöscht. Alle Löschungen werden jedoch in einem Textbaustein (AutoText) namens »Sammlung« aufbewahrt, und zwar wirklich alle. Sie werden hintereinander gehängt und können dann en bloc mit

⌂ +Strg+F3 an beliebiger Stelle wieder in den Text eingefügt werden (siehe Kapitel 11, »AutoText«, S. 151).

10.7 Ausschneiden, Kopieren und Einfügen

Schreib-Alltag: Der Satz, der hier steht, soll an eine andere Stelle kommen. Ich könnte ihn löschen und anderswo nochmals neu schreiben. Oder: Ein besonders schwer zu buchstabierendes Wort, ein gewundenes Zitat, eine Adresse brauche ich an anderer Stelle noch einmal. Also schreibe ich eben – noch einmal.

Das sind Relikte aus der Zeit, als es noch keinen Computer gab. Die Textverarbeitung macht es leichter. Sie erlaubt, einen Text zu verschieben oder zu kopieren und erspart dadurch viel Arbeit.

Es gibt mehrere Wege, solche Operationen zu bewerkstelligen. Einer führt über die Zwischenablage.

Die Zwischenablage

Die Zwischenablage ist ein interner Zwischenspeicher. Sie ist der zeitweilige Aufbewahrungsort für einen Text, ein Bild; allgemeiner gesagt: für Daten.

Man befördert sie in die Zwischenablage durch »ausschneiden« oder »kopieren«. Dort verbleiben sie, bis sie wieder abgeholt: irgendwo anders »eingefügt« werden.

Sie haben nun die drei entscheidenden Begriffe im Zusammenhang mit der Zwischenablage gelesen. Die dazu verwendeten Tastenkombinationen finden Sie in der Tabelle 10.5 auf Seite 142.

Nur diese Tastenkombinationen (bzw. die entsprechenden Funktionen im Menü BEARBEITEN und die Symbole) haben mit der Zwischenablage zu tun. Für das Verschieben und Kopieren gibt es noch andere Techniken, die aber gewissermaßen exterritorial, unter Umgehung der Zwischenablage stattfinden; dazu später mehr.

Im Zusammenhang mit der Zwischenablage hat sich Microsoft etwas sehr Praktisches und Innovatives einfallen lassen. War es früher nur möglich, *einen* kopierten oder ausgeschnittenen Eintrag in der Zwischenablage zu speichern, so stehen dazu bei Word 2000 jetzt bis zu 12 Speicherplätze zur Verfügung. Diese erweiterte Funktionalität heißt demzufolge auch nicht mehr »Kopieren/Ausschneiden und Einfügen« (*Copy and Paste*) sondern wird als »Sammeln und Einfügen« (*Collect and Paste*) bezeichnet.

Abbildung 10.7:
Die 12 Positionen
der neuen
Zwischenablage

Sie können also 12 Positionen in Ihren Zwischenspeicher ablegen, bis durch den 13. Eintrag die erste Position wieder gelöscht wird. Bei dieser Menge an Einträgen wird der Inhalt der einzelnen Zwischenspeicherplätze ziemlich schnell unüberschaubar. Doch zum Glück hat Microsoft auch diesem Problem vorgebeugt und läßt über Quick-Infos anzeigen, was sich hinter den einzelnen Positionen an Text verbirgt, wenn Sie mit dem Cursor über das Symbol fahren.

➟ Sie rufen das Zwischenablage-Fenster einfach auf, indem Sie den Cursor irgendwo im Text plazieren und zweimal `Strg`+`C` anklicken. Oder mit Ansicht/Symbolleisten/Zwischenablage.

➟ Die 12 Speicherplätze werden nun nacheinander durch Ausschneiden oder Kopieren gefüllt.

➟ Möchten Sie etwas einem dere Speicherplätze einfügen, klicken Sie auf dessen Symbol.

➟ Haben Sie durch Anklicken eines Speicherplatzes den gewünschten Text eingefügt, bezieht sich anschließend der Befehl `Strg`+`V` (Einfügen) ausschließlich auf eben diese Speicherposition.

➟ Sie können keine einzelnen Speicherpositionen löschen, sondern nur den Zwischenspeicher insgesamt leeren. Klicken Sie dazu einfach auf das entsprechende Symbol in der Menüleiste des Zwischenablage-Dialogs.

➟ In der gleichen Menüleiste befindet sich auch das Symbol, um alle gespeicherten Zwischenablage-Positionen auf einmal in den Text einzufügen.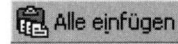

➟ Ein normales Löschen mit `Entf` beeinflußt die Zwischenablage nicht, ebensowenig das Kopieren mit `⇧`+`F2` oder das Verschieben mit `F2` (bzw. die äquivalenten Mausaktionen). Ihr Inhalt bleibt trotzdem erhalten.

➟ Sind große Datenmengen in der Zwischenablage, werden Sie beim Verlassen von Word gefragt, ob die Zwischenablage gelöscht werden oder ob die Daten »anderen Anwendungen zur Verfügung stehen« sollen. Was schlicht heißt: sie bleiben in der Zwischenablage.

Auf diese 12 Speicherplätze haben Sie auch in den anderen Programmen des Office 2000-Paketes Zugriff, was es leicht macht, Daten zwischen diesen Anwendungen zu kopieren.

Die normale Zwischenablage hingegen steht *allen* Windows-Programmen zur Verfügung (nicht nur denen von Microsoft), und in (fast) allen Windows-Programmen sind die Shortcuts für das Auschneiden, Kopieren und Einfügen gleich.

Und deshalb können Sie über die Zwischenablage Daten aus einem Programm, zum Beispiel Paint, entnehmen und in einem anderen Programm, zum Beispiel Word, wieder einfügen. Und sogar so verknüpfen, daß bei Änderungen im Ursprungsprogramm die Daten in Word aktualisiert werden. Kapitel 30, »Dateien verbinden«, S. 529, befaßt sich ausführlich damit.

Ausschneiden

Markiert man einen Text und drückt (Strg)+(X), dann verschwindet er. Es scheint, als sei er gelöscht. Tatsächlich aber ist er »ausgeschnitten«, in die Zwischenablage befördert worden.

Das Ausschneiden ist gewissermaßen ein Löschen mit Rückversicherung. Im Gegensatz zum normalen Löschen mit (Entf) kann der ausgeschnittene Text irgendwo wieder eingefügt werden, und zwar beliebig oft.

Tabelle 10.5:
Tasten für das
Löschen, Aus-
schneiden, Kopie-
ren und Einfügen

Tasten	Bedeutung
(Entf)	Zeichen rechts des Cursors oder markierten Text löschen
(←)	Zeichen links des Cursors löschen
(Strg)+(Entf)	Wort löschen von der Cursorposition bis zum Wortende
(Strg)+(←)	Wort löschen von der Cursorposition bis zum Wortanfang
(Strg)+(X) (⇧)+(Entf)	Ausschneiden (löschen) in die Zwischenablage
(Strg)+(C) (Strg)+(Einfg)	Kopieren in die Zwischenablage
(Strg)+(V) (⇧)+(Einfg)	Einfügen aus der Zwischenablage
(Strg)+(F3)	In Textbaustein »Sammlung« löschen
(⇧)+(Strg)+(F3)	Textbaustein »Sammlung« einfügen

Kopieren

Beim Kopieren ([Strg]+[C]) wird der markierte Teil nicht aus dem Text entfernt, sondern eine Kopie davon in die Zwischenablage gestellt. Sie kann dann beliebig oft wieder eingefügt werden, bis sie aus der Zwischenablage fliegt, weil zwölf weitere Kopier- oder Ausschneidevorgänge stattgefunden haben.

Einfügen

Das Einfügen ([Strg]+[V]) ist die logische Fortsetzung des Ausschneidens und Kopierens. Die Daten werden wieder aus der spezifizierten Zwischenablage-Position geholt und an der Cursorposition in den Text eingefügt. Die Zwischenablage wird dadurch nicht geleert, so daß ihr Inhalt beliebig oft eingefügt werden kann (bis er, wie wiederholt gesagt, durch die 13. Operation überschrieben wird).

Einfügen – ganz schnell

Mit EXTRAS/OPTIONEN/*Bearbeiten* können Sie bestimmen, daß Text aus der Zwischenablage auch mit [Einfg] geholt werden kann (siehe S. 139). Das ist praktisch in der täglichen Arbeit. De Shortcut [Strg]+[V] funktioniert deshalb aber weiterhin.

Schnelles Verschieben mit [F2]

Einen Textteil zuerst auszuschneiden und ihn dann an anderer Stelle wieder einzufügen bedeutet, ihn zu verschieben. Man erledigt das mit BEARBEITEN/AUSSCHNEIDEN und anschließendem BEARBEITEN/EINFÜGEN bzw. den Shortcuts oder den Symbolen. Eine Variante davon ist [F2]:

▪➤ Sie markieren den Textteil und drücken [F2]. In der Statuszeile werden Sie gefragt: *Wohin verschieben?*

▪➤ Sie bringen den Cursor an die gewünschte Position (er wird grau dargestellt, zum Zeichen, daß die Operation noch nicht beendet ist) und drücken dann [←].

Nachteil: Sie schmuggeln sich an der Zwischenablage vorbei. Der verschobene Textteil wird, im Gegensatz zum Ausschneiden, nicht gespeichert und kann deshalb nicht wiederholt eingefügt werden.

Vorteil: Sie schmuggeln sich an der Zwischenablage vorbei. Nein, das ist jetzt kein unabsichtlich falsch kopierter Satz. Denn Sie könnten ja einen Text in die Zwischenablage ausgeschnitten haben, und auf dem Weg zur Einfügestelle stolpern Sie über einen Satz, der auch zu verschieben wäre.

Was tun? Ausschneiden und verschieben? Aber die zwölf Speicherplätze der Zwischenablage sind schon voll! Erst die ursprünglich geplante Aktion zu Ende bringen, dann hierher zurückkehren? Naja, bis man die Stelle wieder gefunden hat ...

Damit Sie das eine tun können, ohne das andere lassen zu müssen, gibt es [F2]: Sie verschieben etwas, ohne deswegen die Zwischenablage antasten zu müssen.

Schnelles Kopieren mit [⇧]+[F2]

Die Kurzform [⇧]+[F2] funktioniert wie [F2] für das Verschieben:

➠ Sie markieren den Textteil und drücken [⇧]+[F2]. In der Statuszeile werden Sie gefragt: *Wohin kopieren?*

➠ Sie bringen den Cursor an die gewünschte Position und drücken dann [↵].

TIP

Wenn Sie bei der Textbearbeitung häufiger kopieren als verschieben müssen und dies lieber mit Tastenkombinationen tun als mit der Maus, dann vertauschen Sie die Belegung von [F2] und [⇧]+[F2] mit EXTRAS/ ANPASSEN (Kapitel 61, »Tastenbelegung«). [F2] greift sich besser.

10.8 Drag & Drop – die Maus in Aktion

Auch mit der Maus können Elemente verschoben und kopiert werden. Auf gut deutsch heißt das »Drag & Drop«. Damit Drag & Drop funktioniert, muß die entsprechende Option in EXTRAS/OPTIONEN/Bearbeiten markiert sein (siehe S. 138).

Es gibt sogar zwei Möglichkeiten, mit der Maus zu verschieben und zu kopieren, wobei die im folgenden zuerst beschriebene eigentlich nichts mit Drag & Drop zu tun hat. Um der Systematik willen ist sie mit in diesen Abschnitt aufgenommen worden.

➠ Drag & Drop funktioniert auch zwischen verschiedenen *Dokumentfenstern*. Sie können auf diese Weise also Elemente von einem Dokument in ein anderes kopieren oder verschieben.

➠ Drag & Drop funktioniert auch zwischen verschiedenen *Anwendungen*. Das ist mittlerweile bei nahezu allen Programmen der Fall – und erst recht natürlich bei den Microsoft Office-Programmen. Sie können damit also zum Beispiel einen Bereich aus Excel-Tabelle mit der Maus in ein Word-Dokument herüberziehen.

Verschieben, Variante 1

➡ Sie markieren den Text, der verschoben werden soll.

➡ Sie bringen den Mauszeiger an die Einfügestelle, drücken aber noch nichts! Soll der Text am Anfang einer Zeile eingefügt werden, kann der Zeiger auch in der Markierungsspalte, neben dem Text, stehen.

➡ Sie halten ⌜Strg⌝ fest und drücken jetzt die rechte Maustaste. Damit wird der Text verschoben.

Verschieben mit Drag & Drop

➡ Sie markieren den Text, der verschoben werden soll.

➡ Sie führen den Mauszeiger auf den markierten Text und drücken die linke Maustaste. Der Zeiger erhält schattierte Ergänzungen am Anfang und Ende. Die Taste nicht loslassen!

➡ Sie bringen den Mauszeiger an die Einfügestelle und lassen jetzt die Taste los. Der Text wird hierher verschoben.

Kopieren, Variante 1

Geht genauso wie das Verschieben. Sie müssen nur darauf achten, daß Sie die richtige Tastenkombination drücken:

➡ Sie markieren den Text, der kopiert werden soll.

➡ Sie bringen den Mauszeiger an die Einfügestelle, drücken aber noch nichts.

➡ Sie halten ⌜Strg⌝ und ⌜⇧⌝ gemeinsam gedrückt und drücken jetzt die rechte Maustaste. Damit wird der Text kopiert.

Kopieren mit Drag & Drop

Wie das Verschieben, aber wiederum mit einer Zusatztaste:

➡ Sie markieren den Text, der kopiert werden soll.

➡ Sie führen den Mauszeiger auf den markierten Text und halten ⌜Strg⌝ sowie die linke Maustaste gedrückt. Der Zeiger erhält dieselben schattierten Ergänzungen am Anfang und Ende, zudem noch ein kleines Plus-Zeichen. Die Taste nicht loslassen!

■➤ Sie bringen den Mauszeiger an die Einfügestelle und lassen jetzt die Tasten los. Der Text wird hierher kopiert.

10.9 Wiederholen und rückgängig machen

BEARBEITEN/
WIEDERHOLEN
F4
Strg + Y

Mit dieser Menüfunktion oder besser noch mit den Shortcuts läßt sich die letzte Aktion wiederholen. Das betrifft alle Bearbeitungs- und die meisten Formatieraktionen, zum Beispiel das Löschen eines Wortes, nicht hingegen das Springen an eine bestimmte Position oder das Suchen (siehe Kapitel 13, »Suchen & Ersetzen«, S. 185). Dafür wird dann die Tastenkombination ⇧ + F4 verwendet.

Das Symbol für das Wiederholen müssen Sie selber in eine Leiste aufnehmen. Sie finden es in der Kategorie »Bearbeiten«.

Wiederholt werden kann nur die letzte Aktion. Und je nachdem, was Sie getan haben, wird mehr oder weniger wiederholt.

Beispiel: Ein Wort wird fett und kursiv ausgezeichnet. Das geht mit Tastenkombinationen oder über die Formatierungs-Symbolleiste (siehe Kapitel 19, »Formatieren«, S. 317). Aber es sind zwei Aktionen: erst fett, dann kursiv. Nur die letzte wird wiederholt – kursiv.

Das gleiche geht aber auch mit der Menüfunktion FORMAT/ZEICHEN, wo in einem Dialogfenster fett und kursiv gemeinsam angewiesen werden können. Dann ist die Menüfunktion die letzte Aktion, die demgemäß wiederholt wird, also fett und kursiv.

Aktionen rückgängig machen

BEARBEITEN/
RÜCKGÄNGIG
Alt + ←
Strg + Z

Das Umgekehrte geht auch: eine Aktion wieder rückgängig zu machen. Das betrifft die jeweils letzte Aktion. Und maximal 100 Aktionen können Sie rückgängig machen. Wenn Sie also 100 Mal Strg + Z drücken, werden Ihre letzten 100 Aktionen wieder aufgehoben. Schritt für Schritt können Sie auf diese Weise Änderungen rückgängig machen.

Abbildung 10.8:
Auswahl der
Aktionen, die
rückgängig
gemacht werden
können

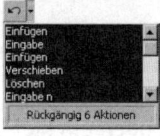

Den gleichen Effekt – die jeweils letzte Aktion wird rückgängig gemacht – erzielen Sie mit einem Klick auf dieses Symbol. Sie können statt dessen auch die Liste öffnen (Klick auf den Pfeil) und auswählen, was rückgängig gemacht werden soll – Ihre letzten 100 Aktionen werden getreulich notiert.

Wenn Sie aber nun meinen, Sie könnten genau diese Aktion ungeschehen machen und alles, was Sie *danach* getan haben, bleibt erhalten – dann haben Sie sich getäuscht.

Mit einer Auswahl ersparen Sie sich lediglich das schrittweise Zurückführen in einen früheren Zustand. Sie springen gewissermaßen zurück in ein anderes Stadium, und was danach kam, wird ebenfalls aufgehoben.

Was Sie aus der einen Liste entfernen, wird quasi in die andere transferiert – »Wiederherstellen« nennt sich dieses Symbol. Und damit machen Sie das rückgängig Gemachte wieder rückgängig.

10.10 Sonderzeichen, Symbole

Verschiedene Zeichen, z.B. ©, ™ oder ∞, können nicht über die Tastatur eingegeben werden. Dafür gibt es die sogenannte [Alt]-Methode: Man hält die [Alt]-Taste gedrückt und gibt auf dem numerischen Zehnerblock den ASCII- oder ANSI-Wert des gewünschten Zeichens ein. (ASCII und ANSI sind Normierungen für Zeichensätze; jedes Zeichen hat einen bestimmten Wert – A zum Beispiel ASCII 65.)

So kennt man es aus eigentlich jedem anderen Programm, und so funktioniert es grundsätzlich auch in Word. Aber Word folgt den Windows-Konventionen und verwendet nicht den ASCII-Zeichensatz, sondern den ANSI-Zeichensatz, und da haben die Zeichen teilweise andere Werte.

Der große Unterschied zwischen ASCII und ANSI: Die ANSI-Werte müssen mit einer vierstelligen Zahl im numerischen Zehnerblock eingegeben werden, vornedran immer eine 0, während man bei ASCII-Zeichen sozusagen nur den nackten Wert eingibt. Sonst erhalten Sie beispielsweise statt eines doppelten Anführungszeichens (ANSI 0147) das Zeichen ô (ASCII 147). Voraussetzung ist jeweils, daß die Taste [Num 0] eingeschaltet ist.

Obschon auf ANSI ausgerichtet, akzeptiert Word auch den ASCII-Zeichensatz. Sie müssen nur den Code richtig eingeben.

So geht's bequemer

Aber warum umständlich, wenn es auch einfach geht? Mit EINFÜGEN/SYMBOL zaubert Word eine ANSI-Tabelle auf den Bildschirm.

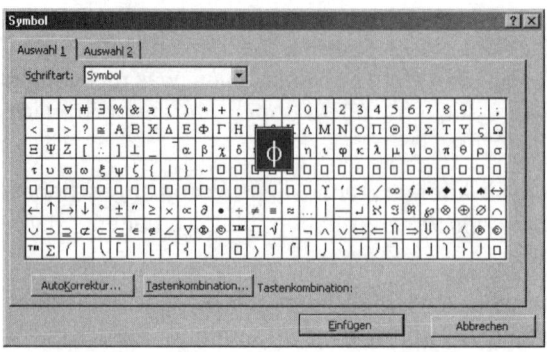

Sie müssen nur auf das gewünschte Zeichen klicken (wenn Sie die Maustaste gedrückt halten, wird es vergrößert), dann auf EINFÜGEN, und schon befindet es sich in Ihrem Text. Achten Sie auf die Statuszeile! Hier wird der ANSI-Wert des markierten Zeichens im Dialogfenster angezeigt.

Das Dialogfenster bleibt geöffnet, so daß Sie an anderer Stelle ein anderes Sonderzeichen einfügen können.

Damit wird die (Alt)-Methode eigentlich überflüssig. Ich habe sie dennoch erwähnt, weil viele altgediente Textverarbeiter die ASCII-Codes wichtiger, von ihnen benötigter Zeichen im Kopf haben und sie zweifelsohne schneller eingeben als auswählen.

STOP

»Normaler Text« ist die Schriftart des aktuellen Absatzes, ansonsten haben Sie die Auswahl unter den installierten TrueType-Schriftarten – da war Word schon mal weiter, in früheren Versionen konnte jede Schrift angesprochen werden. Wenn Sie auch auf andere als TrueType-Schriften zugreifen möchten, müssen Sie die Windows-Zeichentabelle verwenden.

Sonderzeichen, zweiter Teil

Die *Auswahl 1* bietet den kompletten Zeichensatz, die Registerkarte *Auswahl 2* enthält Sonderzeichen, die im Schreiballtag häufig benötigt werden, wie etwa den Gedankenstrich. Auch diese können Sie auf die gleiche bequeme Art auswählen und in den Text einfügen.

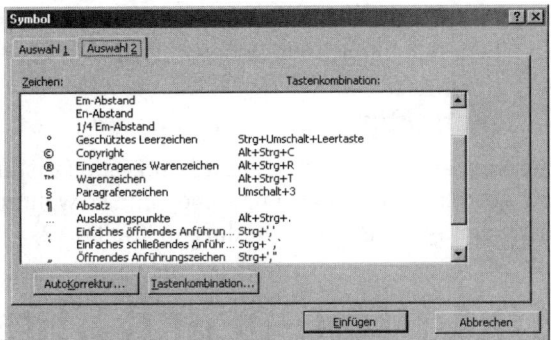

Abbildung 10.10:
Sonderzeichen in Word, Auswahl 2

Noch schneller einfügen

In der Registerkarte *Auswahl 2* sehen Sie, daß viele dieser Sonderzeichen bereits einem Shortcut zugewiesen sind. Jedes beliebige Zeichen aus einer der beiden Registerkarten können Sie indes auf eine Ihnen genehme Tastenkombination legen – oder eine vorhandene umdefinieren.

▶ Sie klicken auf TASTENKOMBINATION und drücken im Eingabefeld *Neue Tastenkombination drücken* den von Ihnen bevorzugten Shortcut. Die Einzelheiten entnehmen Sie bitte Kapitel 61, »Tastenbelegung«.

Tabelle 10.6:
Shortcuts für Sonderzeichen

Tasten	Bedeutung
⇧ + Strg + -	Geschützter Trennstrich: An dieser Stelle erfolgt keine Trennung, ein Wort wie »MS-DOS« bleibt in einer Zeile.
Strg + -	Bedingter Trennstrich: An dieser Stelle wird getrennt, wenn es sich mit dem Zeilenumbruch so fügt.
⇧ + Strg + Leertaste	Geschütztes Leerzeichen: An dieser Stelle erfolgt keine Trennung, bei »Richard III.« werden Name und Genealogie-Nummer zusammengehalten.
Strg + - (Zehnertastatur)	Gedankenstrich
Alt + Strg + - (Zehnertastatur)	Langer Gedankenstrich (Streckenstrich)

Die für den Schreiballtag wichtigsten Shortcuts der *Auswahl 2* finden Sie in Tabelle 10.6. Darunter sind auch die Tastenkombinationen, mit denen man die Trennung zweier Wörter durch einen Zeilenumbruch verhindert oder eine Silbentrennung erzwingt bzw. unterbindet – alles Dinge, die sich bereits beim Schreiben berücksichtigen lassen.

AutoKorrektur

Sie können auch direkt aus diesem Dialogfenster heraus ein Zeichen in die AutoKorrektur-Liste aufnehmen und so während der Eingabe automatisch einfügen lassen. Mehr dazu in Kapitel 12, »Texte prüfen«, S. 159.

10.11 Datum und Uhrzeit

EINFÜGEN/DATUM UND UHRZEIT

Was EINFÜGEN/DATUM UND UHRZEIT bewirkt, ist einsichtig. Dabei haben Sie die Auswahl zwischen verschiedenen Formaten.

Abbildung 10.11:
Datum- und
Uhrzeitformate
festlegen

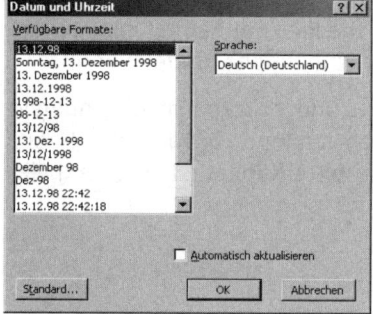

Aber was Sie gerne hätten, zum Beispiel den Monat ausgeschrieben und trotzdem die Zeit, das gibt es nicht? Gibt es schon, wenn auch nicht in diesem Dialogfenster, und Sie sollten sich einmal mit Kapitel 14, »Felder«, S. 201, befassen.

Datum und Uhrzeit lassen sich nämlich auf Wunsch auch *automatisch aktualisieren* (Als Feld einfügen), und dazu gibt es verschiedene Schalter, mit denen Sie alle denkbaren Formate definieren können.

Das Einfügen als Feld hat den Vorteil, daß Datum und Uhrzeit automatisch aktualisiert werden, spätestens beim Druck. Ist die Option nicht aktiviert, sind Datum oder Uhrzeit festgeschrieben – was ja in manchen Situationen durchaus erwünscht sein kann.

AutoText

Kapitel 11

AutoText (oft auch als Textbaustein bezeichnet) speichert häufig
wiederkehrende Phrasen. Das können einzelne Wörter sein oder
mehrere Absätze, auch Grafiken.

AutoText wird stets dann eingesetzt, wenn sich Textpassagen wiederholen. Zum Beispiel in Verträgen, in Briefen, in Büchern. Es wäre unökono-
misch, wollte man das immer wieder von Neuem schreiben – mal
abgesehen von den Schreibfehlern, die sich einschleichen.

11.1 AutoText definieren

Die Definition eines AutoTextes ist vom Grundsatz her einfach:

EINFÜGEN/
AUTOTEXT

➡ Sie markieren im Dokument, was als AutoText gespeichert werden
   soll.

➡ Ein AutoText darf beliebig lang sein.

➡ Ein AutoText speichert auch Formatierungen. Bei einem Absatz muß
   dann auch die Absatzmarke markiert sein.

➡ Sie aktivieren das Menü EINFÜGEN/AUTOTEXT/AUTOTEXT oder holen
   sich die AutoText-Symbolleiste.

➡ Sie geben dem AutoText einen Namen, der mindestens vier Zeichen
   lang sein sollte und bis zu 32 Zeichen umfassen kann und aus beliebigen Zeichen bestehen darf. Auch Leerzeichen sind erlaubt (anders als
   bei Textmarken; zu sonstigen Unterschieden siehe Kapitel 25, »Textmarken und Querverweise«, S. 465).

➡ Sie klicken auf HINZUFÜGEN.

Aber mit der Word-Version 97 hat Microsoft gezeigt, wie man eine so einfache Funktion ziemlich kompliziert machen kann, und es dabei auch in
Word 2000 belassen.

Es kommt nämlich schon mal darauf an, wie Sie Ihren AutoText speichern.

Abbildung 11.1:
AutoTexte
definieren

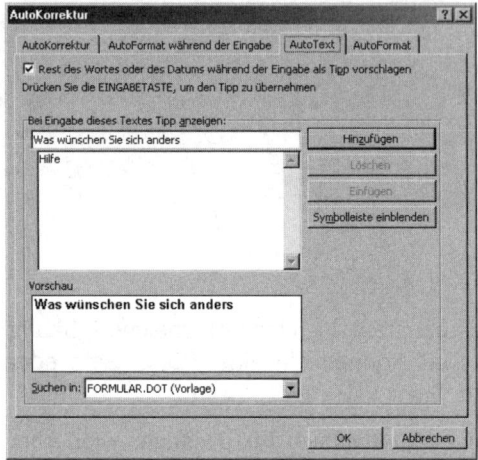

Wo ein AutoText gespeichert wird

Grundsätzlich: AutoText wird stets in einer Dokumentvorlage gespeichert
(siehe hierzu Kapitel 24, »Dokumentvorlagen«, S. 439), und zwar entweder

▶ in NORMAL.DOT, der globalen Vorlage,

▶ in jener Vorlage, mit der das aktuelle Dokument verbunden ist (wenn
es denn so ist).

Und jetzt ist entscheidend, wie Sie den AutoText speichern:

▶ Nehmen Sie im Menü EINFÜGEN/AUTOTEXT die Option AUTOTEXT oder
das Symbol in der Symbolleiste, können Sie im Feld *Suchen* wählen,
in welcher Formatvorlage der AutoText gespeichert werden soll: in
NORMAL.DOT oder der mit dem Dokument verbundenen Vorlage.

▶ Nehmen Sie im Menü EINFÜGEN/AUTOTEXT oder in der Symbolleiste
die Option NEU, wird der AutoText automatisch in der zuletzt gewählten Vorlage gespeichert – oder in NORMAL.DOT, wenn Sie zuvor noch
keine andere gewählt haben.

Der zweite Weg ist sicherlich der schnellere, aber auch der gefährlichere, wenn Sie mal in NORMAL.DOT, mal in der aktuellen Vorlage speichern – wissen Sie denn immer so genau, was Sie zuletzt gewählt haben?

Ja, werden die Word-Kenner nun sagen, das macht doch aber nichts! NORMAL.DOT ist eine globale Vorlage, die gilt immer, in allen Arbeitslagen.

Weit gefehlt! Denn da haben sich die Programmierer wieder etwas schön Kompliziertes einfallen lassen.

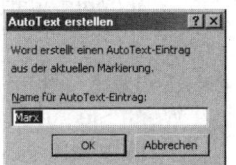

Abbildung 11.2:
AutoText mit einem
Namen versehen

11.2 AutoText abrufen

Folgende Möglichkeiten gibt es grundsätzlich, einen AutoText abzurufen:

➡ Sie aktivieren EINFÜGEN/AUTOTEXT – im Untermenü erscheint eine Liste der vorhandenen AutoText-Einträge. (Und warum Ihre speziellen Einträge eventuell nicht darunter sind, verrate ich gleich.) Das Untermenü kann man »abreißen« und auf der Arbeitsfläche beliebig plazieren (siehe Kapitel 2, »Orientierungshilfen«, S. 31) – daraus wird dann die normale AutoText-Symbolleiste.

➡ Oder Sie aktivieren EINFÜGEN/AUTOTEXT/AUTOTEXT, wählen den AutoText und aktivieren EINFÜGEN. Ins selbe Dialogfeld gelangen Sie auch mit dem Symbol.

➡ Oder Sie schreiben im Text den Namen des AutoTextes und drücken F3 oder Alt+Strg+V. Der AutoText wird eingefügt. Dem Auto-Text-Namen muß ein Leerzeichen oder Satzzeichen vorausgehen. Er darf nicht unmittelbar an ein anderes Wort anschließen, sonst betrachtet Word das als Teil des Namens.

➡ Oder Sie schreiben im Text den Namen des AutoTextes und klicken auf das Symbol. Ansonsten gilt das gleiche wie mit F3.

Sie müssen den Namen des AutoText-Eintrages nur so weit schreiben, daß er eindeutig identifiziert werden kann. Heißt der AutoText zum Beispiel »Nummer« und es gibt keinen weiteren Eintrag, der mit »N« beginnt, genügt die Eingabe von »N«. Gibt es einen weiteren Eintrag, der »Name« heißt, müssen Sie wenigstens »Nu« schreiben.

:-)
TIP

Auch die AutoKorrektur kann für den Abruf von AutoText benutzt werden (siehe Kapitel 12, »Texte prüfen«, S. 159) – ist sogar einfacher.

Kontextabhängig

Alles muß ja heutzutage kontextabhängig sein, und das ist ja auch schön – nur nicht beim AutoText. Da können Sie gleich in mehrere Fallen tappen: das Geheimnis, warum manche Ihrer Einträge nicht in der Liste erscheinen.

➥ Die Liste enthält nur die AutoTexte aus der zuletzt gewählten Vorlage. Wenn Sie zuvor einen AutoText in der mit dem Dokument verbundenen Vorlage gespeichert haben, erscheinen die AutoTexte aus NORMAL.DOT nicht.

➥ Die AutoTexte sind mit der Formatvorlage verknüpft, der sie entnommen worden sind. Haben Sie einen Text in einem Absatz mit der Formatvorlage *Standard* markiert und als AutoText definiert, müssen Sie ihn auch unter der Rubrik *Standard* suchen. Logisch, daß Sie bei vielen Formatvorlagen und vielen AutoTexten lange mit Suchen beschäftigt sind.

Abbildung 11.3: AutoText-Symbolleiste mit Textauswahl (aktiv) und ohne (deaktiviert)

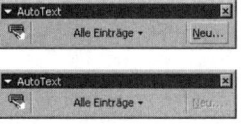

Automatisch einfügen

Im Dialogfeld ist Ihnen bestimmt die Option *Rest des Wortes oder Datums während der Eingabe als Tip vorschlagen* aufgefallen. Ist die aktiviert und Sie schreiben einen Text, den es auch als AutoText gibt, schlägt Word den vor. Sie können ihn mit ⟵ oder F3 übernehmen. *AutoVervollständigen* nennt sich das.

Damit das funktioniert, müssen folgende Voraussetzungen erfüllt sein:

➥ Der AutoText-*Name* muß mindestens vier Zeichen lang sein.

➥ Der AutoText-*Eintrag* selbst muß mindestens zwei Zeichen länger sein als der Name – also mindestens sechs Zeichen.

➥ Sie müssen mindestens vier Zeichen tippen, damit Word den AutoText identifizieren kann – oder noch mehr, wenn es mehrere gleichgeartete Einträge gibt.

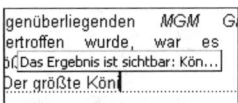

Abbildung 11.4:
AutoText als
Quickinfo
einblenden

Schauen Sie sich auch einmal an, welche AutoTexte Word mitbringt.

:-)
TIP

AutoText als Feld einfügen

Natürlich gibt es auch eine Feldfunktion, um AutoText einzufügen (zu Feldfunktionen allgemein siehe Kapitel 14, »Felder«, S. 201):

```
{AutoText Name}
```

Der Name muß zwischen Anführungszeichen stehen, wenn er aus mehreren Wörtern besteht.

Diese Art, einen AutoText einzufügen, ist dann besonders zu empfehlen, wenn derselbe AutoText-Eintrag mehrmals verwendet wird. Sollte sich der AutoText ändern, müssen nur die Felder aktualisiert werden, und alles ist wieder auf dem neuesten Stand.

Dann gibt es auch noch die Feldfunktion `AutoTextList`:

```
{AutoTextList "Text" \s Formatvorlage \t "Tip-Text"}
```

Sie erstellen damit eine Dropdown-Liste, aus der Sie einen AutoText auswählen können.

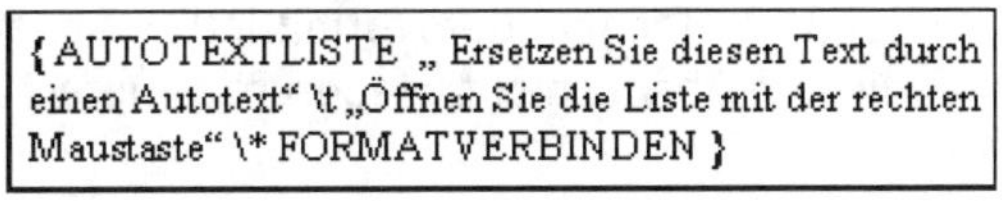

```
{ AUTOTEXTLISTE „ Ersetzen Sie diesen Text durch
einen Autotext" \t „Öffnen Sie die Liste mit der rechten
Maustaste" \* FORMATVERBINDEN }
```

Abbildung 11.5:
Feldfunktion für ein
aufklappbares
Listenfeld

Der `Tip-Text` erscheint als Info-Kästchen, sobald Sie den Zeiger auf das Feld führen. Sollte bei Ihnen kein Tip-Text angezeigt werden, prüfen Sie, ob im Dialogfeld EXTRAS/OPTIONEN/ANSICHT die Option *QuickInfo* markiert ist. Mit der rechten Maustaste öffnen Sie sodann die Dropdown-Liste.

> Öffnen Sie die Liste mit der rechten
> Maustaste
>
> **Ersetzen Sie diesen Text
> durch einen Autotext**

Der Text ist dabei das, was im Dokument auftaucht, wenn Sie das Feld eingefügt haben. Sobald Sie jedoch einen AutoText ausgewählt haben, wird der Text durch den AutoText ersetzt und verschwindet auf Nimmerwiedersehen. Insofern ist der Tip-Text zu empfehlen, um den Benutzer auf die Auswahlmöglichkeit hinzuweisen.

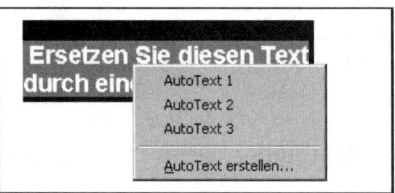

Was in der Dropdown-Liste angezeigt wird, folgt wiederum der seltsamen, Formatvorlagen-gebundenen Systematik:

→ Wenn Sie mit dem Schalter \s eine Formatvorlage angeben, werden nur die mit dieser Formatvorlage verbundenen AutoTexte angezeigt, gleichgültig, wie der aktuelle Absatz formatiert ist.

→ Geben Sie keine Formatvorlage an, passiert folgendes: Sind beispielsweise AutoTexte mit der Formatvorlage *Standard* verbunden, werden in einem mit *Standard* formatierten Absatz nur diese angezeigt, in einem anders formatierten Absatz hingegen alle – sofern mit diesem Absatz nicht wiederum andere AutoTexte verbunden sind.

AutoText – ganz schnell

Einen AutoText-Eintrag können Sie auch auf einen Shortcut legen, in ein Menü aufnehmen oder einer Symbolleiste zuordnen. Dies geht mit EXTRAS/ANPASSEN, und wie's geht, ist in Kapitel 63, »Symbol- und Menüleisten«, S. 955, und Kapitel 64, »Tastenbelegung«, S. 965, eingehend beschrieben.

11.3 Verwaltung von AutoText-Einträgen

AutoText bearbeiten

▶ Sie fügen den AutoText ein.

▶ Sie bearbeiten diesen Text (im Text).

▶ Sie definieren den AutoText neu.

AutoText löschen

▶ Sie aktivieren das Menü EINFÜGEN/AUTOTEXT/AUTOTEXT.

▶ Sie wählen den AutoText aus.

▶ Sie aktivieren LÖSCHEN.

AutoText kopieren

Sie haben es also geschafft: Jede Menge Text ist als AutoText hinterlegt (bei Verträgen bietet sich so etwas ja beispielsweise an), und als fortgeschrittener Word-Anwender haben Sie diese AutoText-Einträge in einer speziellen Dokumentvorlage gespeichert; nennen wir sie mal Vorlage B. (Wenn Sie mit Dokumentvorlagen noch nichts anfangen können, sollten Sie in Kapitel 24, »Dokumentvorlagen«, S. 439 nachlesen.)

Nun haben Sie ein Dokument vor sich, das mit der Vorlage B verbunden ist, und brauchen einen AutoText aus Vorlage A. Also ein neues Dokument erstellen mit Vorlage A, AutoText einfügen, 'rüberkopieren in B, neu definieren ...? Nein, es gibt zwei sinnvollere Wege:

▶ Sie holen Vorlage A als globale Vorlage (EXTRAS/VORLAGEN UND ADD-INS). Nun können Sie deren AutoText-Einträge auch in B verwenden – allerdings nicht ändern.

▶ Sie kopieren die AutoText-Einträge aus der Vorlage A in die Vorlage B. Dies geschieht mit FORMAT/FORMATVORLAGE oder EXTRAS/MAKRO oder EXTRAS/VORLAGEN UND ADD-INS. Sie wählen die Schaltfläche ORGANISIEREN, sodann die Registerkarte *AutoText* und müssen nun noch dafür sorgen, daß beide Vorlagen geöffnet sind.

Details zur Verfahrensweise und Hintergründe beider Methoden sind in Kapitel 24, »Dokumentvorlagen«, S. 439, beschrieben. Hier sollten Sie nur generell von den Möglichkeiten erfahren.

Übersicht über vorhandene Einträge

Die verschafft Ihnen Ihr Drucker: Bei DATEI/DRUCKEN wählen Sie im Feld *Drucken* »AutoText-Einträge«. Zuerst werden die Einträge aus NORMAL.DOT aufgelistet, dann die aus der globalen bzw. der aktuellen Vorlage (so vorhanden).

11.4 AutoText »Sammlung«

Trickreich ist die Tastenkombination (Strg)+(F3). Damit werden Löschungen in einem AutoText namens »Sammlung« aufbewahrt, und zwar wirklich alle Löschungen. Sie werden hintereinander gehängt, jede Löschung als eigener Absatz, und können dann *en bloc* an beliebiger Stelle wieder in den Text eingefügt werden.

So bewahren Sie die Kontrolle über sämtliche Löschungen. Sie können jederzeit überprüfen, was Sie gelöscht haben, und notfalls korrigieren.

Eingefügt wird »Sammlung« mit (⇧)+(Strg)+(F3). Gleichzeitig wird der AutoText-Eintrag »Sammlung« gelöscht. Über das Menü EINFÜGEN/AUTOTEXT hingegen können Sie »Sammlung« so oft abrufen, wie Sie möchten.

Texte prüfen

Die unvermeidlichen Tippfehler gehören mit Word zwar nicht der Vergangenheit an, aber lassen sich doch minimieren. Die AutoKorrektur berichtigt sie schon während der Texteingabe, und was noch übrigbleibt, läßt sich mit der Rechtschreibprüfung beseitigen. Und nebenher macht Word sich auch über die Grammatik her. Dabei wirbt Microsoft mit der sogenannten »intelligenten« Autokorrektur, das heißt, Korrekturen werden nicht aufgrund eines simplen Listenabgleichs vorgenommen, sondern basieren auf grammatikalischen Regeln.

Zu meinem Erstaunen hat in diesem Regelwerk zum Teil schon die neue Rechtschreibreform Niederschlag gefunden. Aus »numerieren« wird »nummerieren«, und auch »müßte« ist nicht mehr zulässig und wird in »müsste« geändert. Vieles, wie »Delphin« bleibt jedoch unbeanstandet. Konsequenz wird sein, daß sich in Ihren Texten mit Sicherheit die alte und neue Schreibweise mischen wird.

12.1 AutoKorrektur

Den kleinen Engel im Hintergrund, der unsere Tippfehler klammheimlich korrigiert, wünschen wir uns doch immer schon. Hier ist er: die AutoKorrektur. EXTRAS/AUTO-KORREKTUR

Schon eine feine Sache: Ein typischer Buchstabendreher wie »its«, und sobald Sie die Leertaste drücken, wird »ist« daraus. Und um den Großbuchstaben am Satzanfang brauchen Sie sich auch keine Gedanken zu machen.

Standardeinstellungen

Merke also, als erstes: Die Leertaste setzt die AutoKorrektur in Gang. Denn mit der Leertaste wird ein Wort abgeschlossen, und jetzt kann Word prüfen, was es damit anfangen soll. Und was das ist, müssen Sie, zunächst einmal ganz grundsätzlich, im Dialogfenster bestimmen:

Abbildung 12.1: Standardeinstellun gen der Autokorrektur

➡ *ZWei GRoßbuchstaben am WOrtanfang korrigieren* – die Schreibweise der Option macht klar, was passiert. Auch so ein typischer Tippfehler, der fortan automatisch behoben wird. Weshalb ich jetzt, bei eingeschalteter AutoKorrektur, einige Mühe habe, das richtig abzuschreiben, denn sofort wird der zweite Großbuchstabe umgewandelt. Ich kann nur nachträglich ändern.

➡ *Jeden Satz mit einem Großbuchstaben beginnen* – auch das ist klar: Wenn ein Punkt kommt (oder ein Frage- oder Ausrufezeichen), muß der nächste Buchstabe groß geschrieben werden. Das funktioniert nach jedem Punkt – auch nach einer Abkürzung (deshalb kann man auch Ausnahmen definieren, siehe S. 162). Auch hier wieder gilt: Wenn Sie nachträglich in einen Kleinbuchstaben ändern, bleibt der auch. Es ist ja die Leertaste, die den Mechanismus in Gang setzt.

➡ *Wochentage immer groß schreiben* – auch diese Option ist selbsterklärend

➡ *Unbeabsichtigtes Verwenden der fESTSTELLTASTE korrigieren* – ebenfalls klar.

Das sind die Standard-Tippfehler, die AutoKorrektur behebt. Zusätzlich können Sie in der Liste alles definieren, was Sie jemals in Ihrem Leben falsch zu schreiben gedenken; sehr, sehr vieles ist bereits vorgegeben.

Die Wortliste

Mehr noch, Sie können die AutoKorrektur ausweiten zu einer vollautomatischen Textbaustein-Funktion, die den Namen »AutoText« eher verdient als das, was Word damit bezeichnet (Kapitel 11, »AutoText«, S. 151).

Das Prinzip ist ganz einfach. Sie definieren eine Zeichenfolge, die durch eine andere Zeichenfolge ersetzt werden soll. Ob »its« durch »ist« ersetzt wird oder durch »im Tessin war es im letzten Winter schön beim Skifahren« oder durch eine Grafik (die Sie dann über die Zwischenablage einfügen müssen), ist einzig eine Sache der Definition.

- In das Feld *Ersetzen* schreiben Sie das Wort, das Sie häufig falsch tippen, oder die Abkürzung.

- In das Feld *Durch* kommt die richtige Schreibweise oder die Langfassung des Kürzels – maximal 255 Zeichen.

- Mit HINZUFÜGEN bzw. ERSETZEN (wenn es das Kürzel schon gibt) wird der Eintrag in die Liste aufgenommen.

Hüten Sie sich davor, bei der AutoKorrektur einen einzelnen Buchstaben als Kürzel zu definieren. Denn wenn Sie diesen Buchstaben tatsächlich mal solo brauchen, müssen Sie den Eintrag erst aus der Liste entfernen.

Wenn vor Aufruf der Funktion ein Text markiert war, kommt er in das Feld DURCH. Logischer wäre, er stünde im Feld ERSETZEN – man merkt ja selber, welche Fehler man häufig macht, und hätte die gerne ersetzt. Gehen Sie deshalb folgendermaßen vor:

- Das falsche Wort im Text kopieren Sie mit ⌈Strg⌉+⌈C⌉ und öffnen dann das Dialogfenster.

- Fügen Sie das Wort mit ⌈Strg⌉+⌈V⌉ in das Feld ERSETZEN ein (evtl. das folgende Leerzeichen löschen!) und korrigieren Sie das Wort im Feld DURCH.

- Möchten Sie hingegen einen Ersatztext mitsamt Zeichenformatierung aufnehmen, ist es schon richtig, daß er – fehlerfrei geschrieben und zuvor markiert – in das DURCH-Feld kommt. Denn Sie können hier keine Formatierungen zuweisen. Soll er auch formatiert wieder eingefügt werden, müssen Sie *Text mit Format* markieren.

Groß- und Kleinschreibung

Schreiben Sie den ERSETZEN-Text vollständig in Kleinbuchstaben, ist die Schreibweise des falschen Wortes gleichgültig – ersetzt wird immer durch den Text, der bei DURCH angegeben ist.

Beispiel: Bei ERSETZEN haben Sie »bericht« eingegeben – die korrekte Schreibweise (DURCH) ist »Bericht«. Ersetzt werden nun »bericht«, »Bericht«, »BERicth« und »BERICTH« gleichermaßen.

Die Ausnahmen

Weil Word stur nach jedem Punkt groß schreibt, können Sie mit der Schaltfläche AUSNAHMEN eben solche definieren. Auch hier enthält die Liste schon die gebräuchlichsten Abkürzungen, die Listen in den Registern *WOrtanfang GRoß* und *Weitere Korrekturen* sind hingegen noch leer.

Abbildung 12.2:
Ausnahmen der
AutoKorrektur für
Großschreibung
nach Punkt

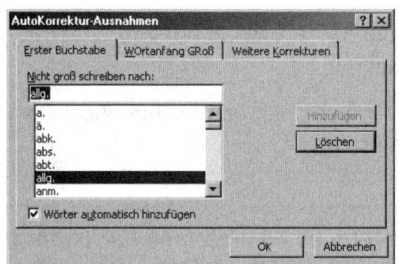

Nun brauchen Sie aber nicht zu überlegen, welche sonstigen Abkürzungen bei Ihnen eventuell noch vorkommen könnten – Word merkt das selber.

Voraussetzung ist, daß Sie die Option *Wörter automatisch hinzufügen* markiert haben.

Nun passiert folgendes: Sie schreiben eine Abkürzung, die noch nicht in der Liste enthalten ist. Word ersetzt beim nächsten Wort automatisch das erste Zeichen durch einen Großbuchstaben. Sie korrigieren das – und schon hat Word es kapiert, schon ist diese Abkürzung in die Liste aufgenommen.

Sie dürfen das fälschlicherweise groß geschriebene Zeichen nicht markieren, sondern müssen es mit Entf *löschen, sonst erkennt Word die Korrektur nicht.*

Wo werden AutoKorrektur-Einträge gespeichert?

Zentral in einer Datei mit der Endung ACL im Windows-Verzeichnis. Die AutoKorrektur-Liste steht damit immer und überall zur Verfügung. Und das heißt: nicht nur in jedem Dokument, sondern in allen Programmen des Microsoft Office-Paketes, also beispielsweise auch in Excel.

Mehr noch. Sie ist, sofern Sie Ihr Windows entsprechend eingerichtet haben, personenbezogen. Sie finden genau Ihre Liste immer wieder, unbeschadet davon, wer sonst noch an Ihrem Computer arbeitet.

AutoFormat

Diese Funktion, im selben Dialogfeld zu finden (und näher erläutert In Kapitel 23, »Formatvorlagen«, S. 407), hat in gewisser Weise auch Auto-Korrektur-Bedeutung. Wenn Sie möchten, können Sie im Register *Auto-Format während der Eingabe* u.a. folgendes einstellen:

- "Gerade" Anführungszeichen durch „typographische"* macht aus den »Schreibmaschinen«-Anführungen wie "diesen" die bei uns typographisch korrekten, nämlich „solche". Sie haben freilich keine Chance mehr, die anderen einzugeben – es sei denn, Sie deaktivieren die Option kurzzeitig.

- *Brüche (1/2) durch Sonderzeichen ($\frac{1}{2}$)* – auch hiermit wird die korrekte Form eingetragen.

- *Englische Ordnungszahlen (1st) hochstellen* – so ist es nun mal korrekt: 1st

Wenn nur diese Fälle gleich bei der Texteingabe automatisch korrigiert werden sollen, müssen Sie alle anderen, eigentlichen AutoFormat-Optionen deaktivieren.

AutoKorrektur und Rechtschreibprüfung

Daß man die immer gleichen Tippfehler macht, merkt man häufig erst, wenn man seinen Text auf Rechtschreibung prüft. Man kann deshalb von der Rechtschreibprüfung aus die AutoKorrektur-Liste ergänzen – siehe S. 178.

Nutzen Sie die AutoKorrektur intensiv! Das ist etwas, das wirklich Arbeit spart. Und Zeit. Denn eine nachträgliche Rechtschreibprüfung ist sehr, sehr zeitintensiv.

:-)
TIP

12.2 Die Sprachwahl

Multilingualität ist einer der Schwerpunkte im neuen Word. So hat man von dem Konzept, für jede Sprache eine eigene Office-Version bereit zu halten, Abstand genommen und sprachenunabhängige Office-Anwendungen entwickelt. Mit Hilfe des Multi-Language Pack als Bestandteil des Office-Pakets kann dann den jeweiligen Office-Anwendungen die gewünschte Sprache für die Benutzeroberfläche zugeordnet werden. Damit wurde das Problem unterschiedlicher Installationsroutinen, Registrierungseinträge und Komponentenkonfigurationen endgültig beseitigt. Außerdem erleichtert eine sprachenunabhängige Office-Version die Entwicklung und Einbindung von Dritt-Anbieter-Anwendungen.

Die Wahl der jeweils gewünschten Sprache erfolgt über START/PROGRAMME/MICROSOFT OFFICE TOOLS/MICROSOFT OFFICE SPRACHEINSTELLUNGEN.

Abbildung 12.3:
Sprache für die
Benutzeroberfläche
festlegen

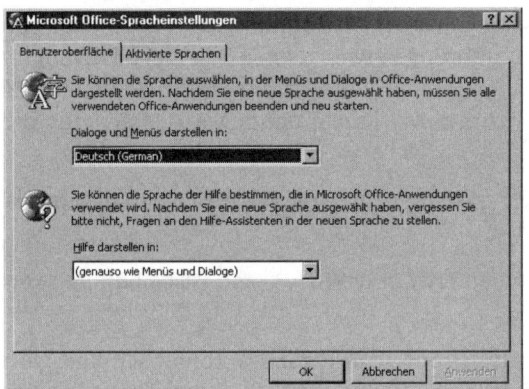

In dem Dialogfenster können Sie in einem Register die Sprache der Benutzeroberfläche definieren (wobei Sie darauf achten müssen, daß Ihr Betriebssystem diese Sprache auch unterstützt) und in dem Register *Aktivierte Sprachen* festlegen, ob in Ihren Anwendungen weitere Sprachen für bestimmte Funktionen festgelegt werden sollen.

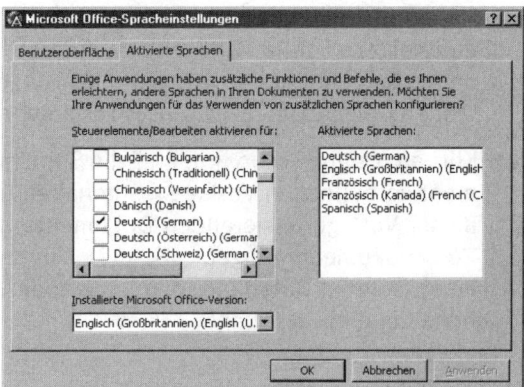

Innerhalb von Word können Sie mit EXTRAS/SPRACHE/SPRACHE BESTIMMEN wählen, welche Wörterbücher für Silbentrennung, Rechtschreibprüfung, Thesaurus und Grammatik herangezogen werden sollen.

EXTRAS/SPRACHE/
SPRACHE BESTIM-
MEN

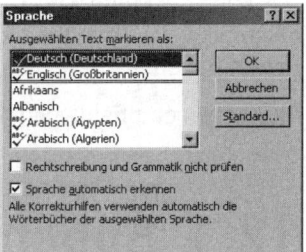

Abbildung 12.5:
Sprache auswählen

Neu ist die automatische Erkennung der Sprache – sofern die entsprechenden Wörterbücher eingebunden wurden. Damit können Sie einen mehrsprachigen Text Korrektur lesen, ohne einzelnen Absätzen die jeweilige Sprache separat zuweisen zu müssen.

Der Ablauf

Angenommen, Sie haben einen mehrsprachigen Text, bei dem ganze Abschnitte in deutsch, englisch und französisch vorliegen. Wenn Sie dafür die Rechtschreib- und Grammatikkorrektur starten, werden für die einzelnen Abschnitte automatisch die richtigen Wörterbücher herangezogen.

➥ Die Sprachwahl erfolgt absatzweise. Wenn sich im deutschen Text hin und wieder ein englisches oder französisches Wort findet oder wenn der englische Text ein deutsches Wort enthält, wird dieses selbstverständlich moniert.

■► Haben Sie häufig fremdsprachige Absätze in Ihrem Text, sollten Sie dafür eigene Formatvorlagen erstellen und die Sprachwahl darin aufnehmen (siehe Kapitel 23, »Formatvorlagen«, S. 407). Dann gilt die Wahl für alle Absätze mit dieser Formatvorlage.

■► Klicken Sie auf STANDARD, wird die Sprachwahl in der mit dem Dokument verbundenen Vorlage festgehalten und gilt für alle neuen, auf dieser Vorlage basierenden Dokumente (zu Vorlagen siehe Kapitel 24, »Dokumentvorlagen«, S. 439). Fügen Sie allerdings Text (aus einer anderen Datei) ein, dem eine andere Sprache zugewiesen ist, behält er diese Auswahl.

Keine Prüfung bitte!

EXTRAS/SPRACHE hat noch einen weiteren Nutzen. Mit der Option *Rechtschreibung und Grammatik nicht prüfen* können Sie nämlich einen Komplex von der Prüfung ausnehmen und z.B. eine Silbentrennung verhindern.

Das kann die Mühe wert sein, wenn Sie automatisch trennen lassen, aber beispielsweise Tabellen so belassen möchten, wie Sie sie mühsam hergerichtet haben.

Ansonsten empfiehlt sich hier ebenfalls die Aufnahme in eine Formatvorlage.

12.3 Silbentrennung

EXTRAS/SPRACHE/
SILBENTRENNUNG

Wenn Wörter am Zeilenende nicht getrennt werden, hat das bei Blocksatz unschöne Löcher in der Zeile zur Folge, bei Flattersatz einen arg zerrissenen Rand. Die Word-Trennhilfe kann dies vermeiden helfen.

Abbildung 12.6:
Automatische
Silbentrennung
vorgeben

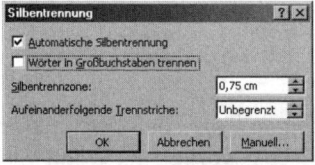

Sie müssen sich zunächst grundsätzlich entscheiden, ob Sie eine automatische oder manuelle Silbentrennung durchführen lassen wollen.

■► Bei der *automatischen Silbentrennung* wird während des Schreibens getrennt. Sie können aber auch nachträglich ein Dokument (oder Teilbereiche) automatisch trennen lassen. Über die Besonderheiten dieser Automatik wird weiter hinten noch zu reden sein.

■➤ Bei der *manuellen Silbentrennung* macht Word für jede mögliche Trennung einen Vorschlag. Sie können ihn mit JA akzeptieren, mit NEIN aufheben oder mit den Cursortasten bzw. einem Mausklick verschieben (danach wieder mit JA bestätigen). Eine gestrichelte Linie markiert den Seitenrand – logisch, daß rechts davon nicht getrennt werden kann.

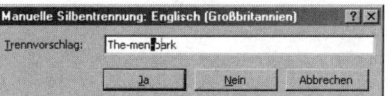

Abbildung 12.7:
Manuelle
Silbentrennung

Für die manuelle Trennung schaltet Word in die Layout-Darstellung und ersetzt Grafiken durch leere Rahmen, damit der Bildschirmaufbau schneller geht. Word trennt das gesamte Dokument (man kann natürlich zwischendurch abbrechen), es sei denn, ein Bereich ist markiert. Dann beschränkt sich die Trennung darauf.

Die Einstellungen für die Silbentrennung (automatisch oder manuell, Silbentrennzone usw.) werden mit dem Dokument gespeichert und bleiben somit erhalten. Sie können aber auch in der Dokumentvorlage bestimmt werden und gelten dann für alle neuen Dokumente, die auf dieser Vorlage basieren.

Die Silbentrennung beeinflussen

Im Dialogfenster EXTRAS/SILBENTRENNUNG können Sie zwischen mehreren Einstellungen wählen, die für beide Arten der Silbentrennung gelten:

■➤ Mit der Option *Wörter in Großbuchstaben trennen* wird definiert, daß, nun ja, auch Wörter in Großbuchstaben getrennt werden dürfen. Daß man dies ausschließen kann, ist sinnvoll. Wörter in Großbuchstaben sind häufig Firmenbezeichnungen (FIAT) oder Abkürzungen für Organisationen (UNESCO) – unschön, sie zu trennen.

■➤ Die *Silbentrennzone* bestimmt, innerhalb welcher Grenzen getrennt wird und damit letztlich, wie oft. Bei der Vorgabe von 0,75 cm wird nur getrennt, wenn der Abstand zwischen rechtem Rand und Zeilenende größer als 0,75 cm ist. Wenn eine Zeile, sagen wir mal: 1,5 cm vom rechten Rand entfernt endet, versucht Word, das erste Wort der nächsten Zeile zu trennen, in der richtigen Annahme, daß es zu lang ist, um noch in die vorige Zeile zu passen. Je kleiner die Trennzone, desto öfter wird getrennt, desto geringer sind die Lücken am rechten Rand oder zwischen den Wörtern.

➡ Sehr viele *Aufeinanderfolgende Trennstriche* sind unschön; deshalb können Sie hier wählen, wie viele es sein dürfen. Entscheiden Sie sich dafür, daß Sie nur einen *Aufeinanderfolgenden Trennstrich* haben wollen, bleibt nach einer Trennung auf jeden Fall die nächste Zeile ungetrennt, egal, wie groß die Lücke ist. Erst in der übernächsten Zeile wird wieder getrennt. Trotzdem können Sie immer noch mit `Strg`+`-` manuell trennen.

:-)
TIP

Leider kennt Word nur die recht ungenaue Trennzone und läßt nicht festlegen, wieviel Zeichen ungetrennt bleiben müssen. Deshalb wird oft schon nach zwei Zeichen getrennt, was Puristen sauer aufstößt. Bei sehr schmalem Satz, der ohnehin eine kleine Trennzone erfordert, damit überhaupt getrennt wird, kann das aber oft vorkommen. Hier ist es dann besser, auf eine Silbentrennung zu verzichten und von Hand zu trennen. (Übrigens: Seit jeder Blocksatz kann, ist Flattersatz wieder in Mode. Und da ist man etwas flexibler bei Trennungen.)

Über die Schwierigkeiten beim Trennen

Ein Trennprogramm arbeitet zunächst einmal nach festen Regeln. Etwa (alte Fassung): Von mehreren Mitlauten kommt der letzte auf die folgende Zeile (An-ker, Fin-ger, Rit-ter, neh-men). Doch wundern Sie sich nicht, auch hier ist die neue Rechtschreibung schon eingeflossen. So gilt die Regel »Trenne nie st, denn es tut ihm weh« längst nicht mehr (oder vielleicht auch bald wieder). Auch stoßen Sie auf Trennungen wie kli-cken, bli-cken. Die neue Rechtschreibung läßt sich übrigens über EXTRAS/OPTIONEN/*Rechtschreibung und Grammatik* ein- und ausschalten

Ein sehr gutes Trennprogramm braucht darüber hinaus im Deutschen ein Ausnahmelexikon, der vielen zusammengesetzten Wörter und der importierten Fremdwörter wegen, für die wieder andere Konventionen gelten. Von den mannigfachen Ausnahmefällen ganz abgesehen. Ohne Ausnahmelexikon werden aus den Spar-geldern die berühmten Spargel-der.

Wie gut trennt Word?

Keineswegs vollkommen. Manche Trennmöglichkeiten, das ist das mißlichste, werden gar nicht erkannt. Trennfehler im eigentlichen Sinne halten sich in Grenzen, und bei den Spargel-dern muß man Nachsicht walten lassen, denn das ist keine falsche, nur eine unschöne Trennung.

Um Fehler gleich im Ansatz zu verhindern, bietet sich die manuelle Trennung an, die Bestätigung Wort für Wort. Freilich ist das bei umfangreichen Texten eine langwierige (und öde) Angelegenheit.

Die Trennung von Hand

Selbstredend sind Sie den Automatismen nicht hilflos ausgeliefert, sondern können korrigierend eingreifen – und auch schon vorab bestimmen, wo getrennt werden soll und wo nicht.

- Ein *bedingter Trennstrich* erlaubt oder erzwingt an dieser Stelle eine Trennung, wenn es sich mit dem Zeilenumbruch so fügt.

- Ein *geschützter Trennstrich* unterbindet eine Trennung. An dieser Stelle wird nicht getrennt, ein Wort wie »MS-DOS« bleibt in einer Zeile. Ein geschützter Trennstrich sieht auf dem Bildschirm aus wie ein normaler Bindestrich.

- Ein *geschütztes Leerzeichen* verhindert ebenfalls eine Trennung und hält zwei Wörter auf einer Zeile (»Richard III.« beispielsweise), die sonst dem Zeilenumbruch zum Opfer fallen. Ein geschütztes Leerzeichen wird als kleiner hochstehender Kringel dargestellt, der an die Stelle des Punktes für ein normales Leerzeichen tritt.

Versteht sich, daß man das alles auch bereits beim Schreiben berücksichtigen kann. Bedingter Trennstrich und geschütztes Leerzeichen sind aber nur sichtbar, wenn die Anzeige der nicht druckbaren Zeichen eingeschaltet ist.

Tabelle 12.1:
Trenn- und Leerzeichen

Taste	Bedeutung
`Strg`+`_`	Geschützter Trennstrich (Unterstrich)
`Strg`+`-`	Wahlweiser (bedingter) Trennstrich
`û`+`Strg`+`Leertaste`	Geschütztes Leerzeichen

Trennung aufheben

Unmittelbar nach einem Trennvorgang geht es mit `Alt`+`←` bzw. `Strg`+`Z`. Keimt der Wunsch erst später in Ihnen auf, müssen Sie in der Liste der zu widerrufenden Aktionen auswählen.

Sie können aber auch die Ersetzen-Funktion zu Hilfe nehmen (siehe Kapitel 13, »Suchen & Ersetzen«, S. 185). Als Suchbegriff wählen Sie *Bedingter Trennstrich* (Code ^-), als Ersatzbegriff nichts. Dadurch werden alle

Trennstriche gelöscht. Das Ersetzen funktioniert selbst dann, wenn die nicht druckbaren Zeichen verborgen sind.

Ach, Sie haben das probiert, und es hat nicht geklappt? Kann schon sein! Lesen Sie bitte weiter.

Die automatische Trennung und ihre Probleme

Schon fein, wenn während des Schreibens wie von Zauberhand die Wörter getrennt werden.

Und Sie schreiben nun also und warten doch vergeblich, daß die Trennung erfolgt? Nun, Word wartet auch – auf das, was da vielleicht noch folgen mag. Doch spätestens, wenn Sie den Cursor in den nächsten Absatz führen, tritt die Silbentrennung in Aktion.

Kribbelig freilich kann man werden, wenn man gerade etwas markieren will, und die Wörter rutschen einem unterm Mauszeiger davon, weil gerade die Silbentrennung in Aktion tritt. Gut, damit kann man leben. Kritischer sind einige andere Dinge.

➤ Bei der automatischen Silbentrennung fügt Word keinen bedingten Trennstrich ein wie bei der manuellen, sondern etwas ganz Eigenes. Diese Trennstriche kriegen Sie mit Ersetzen nicht weg. Sie können die Aktion nur rückgängig machen – aber auch nur so lange, bis Sie das Dokument schließen. Ein automatisch eingefügter Trennstrich läßt sich auch nicht löschen. Entfernt wird statt dessen das folgende Zeichen.

➤ Zu einem späteren Zeitpunkt können Sie die automatische Silbentrennung zum Beispiel dadurch aufheben, daß Sie das Dokument noch einmal manuell trennen. Das ist natürlich eine mühselige Angelegenheit. Sie erfahren gleich noch, wie's etwas praktischer zu handhaben ist.

➤ Sie können die Trennung eines einzelnen Wortes nicht unterbinden. Fügen Sie davor einen wahlweisen Trennstrich ein, wie man das bei anderen Programmen machen kann, passiert entweder gar nichts oder am Ende der Zeile bleibt ein einsamer Trennstrich übrig.

➤ Sie können allerdings eine andere Trennstelle wählen und hier mit ⌜Strg⌟+⌜-⌟ einen bedingten Trennstrich eingeben (und müssen vielleicht wieder etwas warten, bis die Automatik in Gang kommt).

Daß man eine Trennung nicht unterbinden kann, ist eine Lücke im Programm. Man muß sie mit einigen Tricks umgehen.

➤ Mit FORMAT/ABSATZ, Register *Zeilen- und Seitenwechsel*, kann für diesen Absatz *Keine Silbentrennung* angewiesen werden. (Das läßt sich natürlich auch einer Formatvorlage zuordnen.) Der Absatz wird dann bei der automatischen Silbentrennung übergangen – oder bereits erfolgte Trennungen werden aufgehoben. Sie können aber gleichwohl von Hand trennen mit ⌜Strg⌟+⌐-⌐.

- Einen ähnlichen Effekt erreichen Sie, wenn Sie für diesen Absatz mit EXTRAS/SPRACHE/SPRACHE BESTIMMEN *Rechtschreibung und Grammatik nicht prüfen* wählen (leider geht das nur bei einem Absatz, nicht bei einem einzelnen Wort). Nachteil: Dieser Absatz bleibt auch von der Rechtschreibprüfung und dem Thesaurus ausgeklammert.

Dieses grundsätzliche Sperren gilt übrigens auch für die manuelle Silbentrennung.

12.4 Rechtschreibhilfe

Die Rechtschreibhilfe von Word überprüft den gesamten Text, einen markierten Textteil oder ein einzelnes Wort. Wie Sie die Rechtschreibhilfe aufrufen, ob über das Menü, mit dem Symbol oder mit ⌜F7⌟, ist gleich. Kleine Unterschiede gibt es beim zu überprüfenden Bereich:

EXTRAS/
RECHTSCHREIBUNG
UND GRAMMATIK
⌜F7⌟

- Ist ein Textteil oder ein einzelnes Wort markiert und Word hat keinen Fehler entdeckt, wird gefragt, ob der Rest des Dokuments auch überprüft werden soll.

- Findet Word einen Fehler, erscheint gleich das Dialogfenster, das noch ausführlich unter die Lupe genommen wird. Mit diesem Dialogfenster bekommen Sie es von Anfang an zu tun, wenn nichts markiert ist, also der gesamte Text geprüft wird.

Wie üblich, kann am Anfang des Textes weitergemacht werden, wenn Sie in der Mitte begonnen haben.

Sie können außerdem eine *Automatische Rechtschreibprüfung* einschalten, die schon während der Texteingabe aktiv wird. Mehr dazu ab Seite 179.

Wie die Rechtschreibhilfe arbeitet

Die Rechtschreibprüfung ist ein schlichter Abgleich, im Grunde eine Suchen- und Ersetzen-Operation. Word überprüft den Text mit den Einträgen in seinen Wörterbüchern. Ergibt sich eine Übereinstimmung, ist alles in Ordnung – nächstes Wort. Andernfalls wird ein Fehler gemeldet.

Der Fehler kann ein tatsächlicher Schreibfehler sein: Das Wort im Text ist anders geschrieben als das Wort im Wörterbuch.

Der Fehler kann aber auch schlichte Unkenntnis sein: Word findet kein ähnliches Wort in seinen Wörterbüchern, und was es nicht kennt, das ist im Sinne der Programmlogik ein falsches Wort.

Zweifeln Sie also nicht an Ihren Rechtschreibkenntnissen, wenn Word ein Wort moniert, von dem Sie sicher glauben, daß es richtig geschrieben ist.

Aufgrund der Eigenheiten der deutschen Sprache hat es eine Rechtschreibhilfe schwer. Sie kann nur dann zufriedenstellend arbeiten, wenn sie über ein riesiges Wörterbuch verfügt. Mehrzahlbildungen, Konjugationen, Deklinationen, Partizipialkonstruktionen, Zusammensetzungen: lauter neue Wörter. Und lauter Anlässe, zweifelhafte Rechtschreibung zu beanstanden.

Die Rechtschreibprüfung von Word ist, alles in allem, nicht schlecht und auf alle Fälle besser als in früheren Versionen.

Die Wörterbücher

Das Hauptwörterbuch für die deutsche Version heißt MSSP3GEP.LEX (bzw. MSSP3GEA.LEX für Österreich). Dessen Wortschatz kann nicht geändert werden.

Zusätzlich können bei jedem Korrekturlauf zehn Benutzerwörterbücher verwendet werden. Sie sammeln – auf Wunsch – diejenigen Wörter, die dem Programm unbekannt sind. Bei künftigen Gelegenheiten werden sie nicht mehr als falsch moniert, nur weil sie nicht im Wörterbuch enthalten sind.

- Das eine Benutzerwörterbuch heißt BENUTZER.DIC. Es heißt immer so und ist immer vorhanden.

- Die anderen Benutzerwörterbücher können Sie nach Belieben benennen.

Anlegen können Sie so viele Wörterbücher, wie Sie möchten, verwenden indessen immer nur neun neben BENUTZER.DIC.

:-)
TIP

Sammeln Sie den allgemeinen Wortschatz in BENUTZER.DIC, legen Sie für Spezialbegriffe eigene Wörterbücher an.

Wo Word Wörterbücher sucht und speichert, muß mit EXTRAS/OPTIONEN/ *Speicherort der Dateien*, Kategorie »Wörterbücher«, bestimmt werden.

Mit welchen Wörterbüchern Sie arbeiten, wird mit EXTRAS/OPTIONEN/ *Rechtschreibung und Grammatik* und der Schaltfläche WÖRTERBÜCHER

festgelegt. Hier landen Sie auch, wenn Sie im Dialogfenster der Rechtschreibprüfung auf die Schaltfläche OPTIONEN klicken.

Ein neues Wörterbuch anlegen

Im Dialogfenster klicken Sie also zunächst auf WÖRTERBÜCHER, dann auf
NEU. Ein weiteres Dialogfenster erscheint, in dem Sie einen Namen für
das neue Wörterbuch angeben. Die Endung .DIC wird von Word schon vorgegeben, Sie dürfen sie nicht ändern.

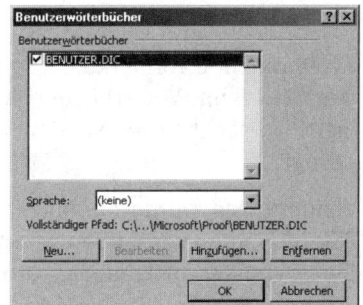

Abbildung 12.8:
Benutzerwörterbüc
her verwalten

Möchten Sie ein Wörterbuch speziell für eine (Fremd-)Sprache reservie-
ren, sollten Sie diese im Feld SPRACHE bestimmen. Ansonsten ist die Auswahl »(keine)« schon richtig: Das Wörterbuch wird immer herangezogen,
egal, welche Sprache gerade zuständig ist.

Diese Wörterbücher werden übrigens von allen Microsoft-Programmen
verwendet, also nicht nur von Word, sondern beispielsweise auch von
Excel und PowerPoint.

---

*Legen Sie regelmäßig Sicherheitskopien Ihrer Wörterbücher an! Wäre
schade, wenn ein unvorhergesehenes Malheur die mit viel Mühe gefüll-
ten Wörterbücher zerstört.*

:-)
TIP

Wörterbücher hinzufügen

Normalerweise ist das nicht nötig. Neu erstellte Wörterbücher werden
sowieso hinzugefügt, und die Liste bleibt auch beim Verlassen von Word
erhalten. Die Notwendigkeit des Hinzufügens ergibt sich nur, wenn eine
gütige Freundin Ihnen ihr eigenes Wörterbuch mit den aktuellsten esote-
rischen Fachbegriffen zur Verfügung stellt.

Sie klicken auf Hɪɴᴢᴜꜰüɢᴇɴ, wählen das Wörterbuch aus, und das war's auch schon.

Wörterbücher auswählen

Höchstens zehn Benutzerwörterbücher können, wie erwähnt, verwendet werden. Sie auszuwählen, ist recht einfach: Sie klicken darauf. Ein nochmaliger Klick auf ein bereits erwähltes Wörterbuch klammert es wieder aus. Unterliegen Sie der Versuchung, mehr als zehn auszuwählen – nicht, weil Sie nicht bis zehn zählen könnten, sondern nur so spaßeshalber –, protestiert Word.

Zur Benutzung vormerken, also der Liste hinzufügen, können Sie weitaus mehr als zehn Wörterbücher; wieviel insgesamt, habe ich nicht ausprobiert. Tatsächlich verwenden können Sie indes nur zehn davon, wie gesagt.

Weiter vorne wurde darauf hingewiesen, daß das Wörterbuch BENUTZER.DIC immer vorhanden sein müsse. Korrigieren wir: es sollte. Nehmen Sie es von der Auswahl aus, droht Word fürchterliche Konsequenzen an.

Abbildung 12.9:
Warnung bei
Entfernen des
allgemeinen
Benutzer-
wörterbuches

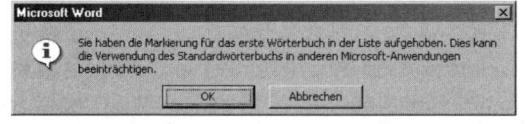

Und das ist auch logisch, da die Wörterbücher ja auch in anderen Microsoft-Anwendungen verwendet werden. Und das Wörterbuch BENUTZER.DIC ist nun mal eben das Standard-Benutzerwörterbuch, das immer da ist. Vorsichtshalber sollten Sie BENUTZER.DIC deshalb belassen. (Genaugenommen stört sich Word nur daran, wenn das erste Wörterbuch in der Liste deaktiviert wird, gleichgültig, wie es heißt.)

Ziehen Sie für die Rechtschreibprüfung nur so viele Wörterbücher heran, wie Sie auch tatsächlich benötigen. Je mehr Wörterbücher Sie geöffnet halten, um so langsamer wird die Prüfung. Denn Word muß ja in jedem Wörterbuch nachschauen.

Wörterbücher entfernen

Dreimal dürfen Sie raten, wozu die Schaltfläche ENTFERNEN ist. Richtig geraten, gleich auf Anhieb: Damit wird ein Wörterbuch aus der Liste entfernt. Aber keineswegs von der Festplatte gelöscht.

Das Ausschluß-Wörterbuch

Richtig geschriebene und von Word erkannte Wörter werden bei einer Rechtschreibprüfung übergangen; an ihnen gibt's ja nichts zu bemängeln. Möchten Sie, daß solche Wörter trotzdem angezeigt werden, müssen Sie ein besonderes Wörterbuch erstellen: ein »Ausschluß-Wörterbuch».

▪▸ Sie erstellen eine neue Textdatei und schreiben die Wörter, jedes Wort in einem eigenen Absatz.

▪▸ Sie speichern mit DATEI/SPEICHERN UNTER, wählen als Dateityp »Nur Text« und geben der Datei den Namen MSSPGEP.EXC. Sie muß so heißen wie das Hauptwörterbuch (hier das deutsche) und muß die Endung EXC haben.

▪▸ Sie speichern die Datei in dem Ordner, in dem sich das Hauptwörterbuch befindet. Üblicherweise ist das im Ordner *Programme\Gemeinsame Dateien\Microsoft Shared\Proof*, Sie können Word aber auch woanders installiert haben.

Dieses Wörterbuch wird bei der Rechtschreibprüfung automatisch verwendet; wollen Sie das nicht mehr, müssen Sie es umbenennen oder in ein anderes Verzeichnis verschieben.

Und wozu braucht man das nun wirklich? Ehrlich gesagt, weiß ich das auch nicht so recht ...

Grundeinstellungen

Etliche weitere Grundeinstellungen – wir sind immer noch bei EXTRAS/ OPTIONEN – sind für die Prüfung von Bedeutung.

▪▸ *Wörter in GROSSBUCHSTABEN ignorieren* übergeht Wörter, die ganz aus Großbuchstaben bestehen. Meist sinnvoll, da es sich dabei oft um Abkürzungen handelt, die Word nicht gespeichert hat.

▪▸ *Wörter mit Zahlen ignorieren* übergeht Wörter, die auch Zahlen enthalten.

▪▸ Ebenso kann Word auch *Internet- und Dateiadressen ignorieren*.

Abbildung 12.10:
Optionen zur
Rechtschreib- und
Grammatikprüfung

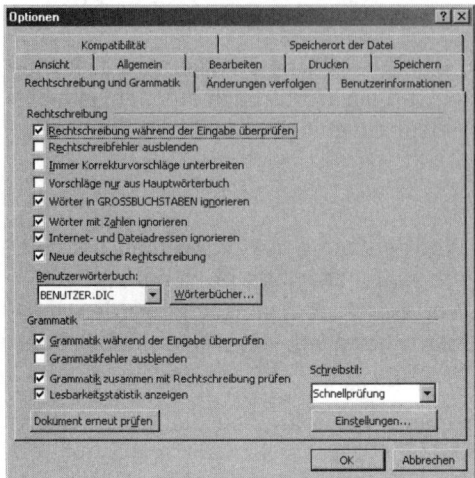

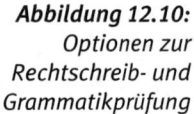 *Neue deutsche Rechtschreibung* erlaubt Texterfassung nach alten und neuen Rechtschreibregeln. Doch Vorsicht ist geboten; die neue deutsche Rechtschreibung ist zum Teil unvollständig – was ja auch kein Wunder ist, da derzeit niemand weiß, wie eigentlich richtig geschrieben wird.

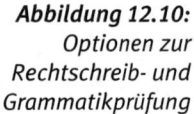 *Korrekturvorschläge* werden dann unterbreitet, wenn Word auf ein falsch geschriebenes oder unbekanntes Wort stößt. Aus der Liste der Korrekturvorschläge können Sie die richtige Schreibweise aussuchen (wenn sie dabei ist). *Immer unterbreiten* heißt: Word sucht gleich nach Alternativen. Heißt aber auch: Der Prüfvorgang dauert länger, weil Word jedesmal in den Wörterbüchern stöbern muß. Deshalb können Sie dies generell aus- und von Fall zu Fall wieder einschalten.

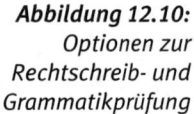 Es dauert auch seine Zeit, bis alle geöffneten Wörterbücher nach Vorschlägen durchsucht sind. Deshalb können Sie festlegen, daß die *Vorschläge nur aus* (dem) *Hauptwörterbuch* kommen.

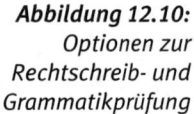 Des weiteren können Sie festlegen, daß Word die *Grammatik mit der Rechtschreibung prüfen* soll – auch das dauert wieder etwas länger.

Mit der Option »Rechtschreibung und Grammatik nicht prüfen« von EXTRAS/SPRACHE können Sie, wie bekannt, einen markierten Komplex, also einen ganzen Textteil, oder bestimmte Formatvorlagen von der Überprüfung ausnehmen.

Angebracht ist das zum Beispiel, wenn Sie eine Adressenliste in Ihrem Text haben oder einen Bereich mit Fachbegriffen, die in ein Wörterbuch aufzunehmen sich nicht lohnt, weil sie nie mehr vorkommen werden –

also immer dann, wenn Sie billigerweise davon ausgehen können, daß Word garantiert nichts kennt und Sie sich andauernde Anfragen ersparen wollen.

Der Ablauf

Nach soviel Vorbereitungen und Vorreden geht es jetzt endlich zur Sache: Sie starten die Rechtschreibprüfung. Und irgendwann beanstandet Word ein – falsch geschriebenes oder nur unbekanntes – Wort. Dann geht es so weiter:

➡️ Word zeigt das Wort im Feld *Nicht im Wörterbuch* an, rot hervorgehoben.

➡️ Word unterbreitet als *Vorschläge* eine Liste mit Ersatzwörtern – wenn *Korrekturvorschläge* generell eingeschaltet ist.

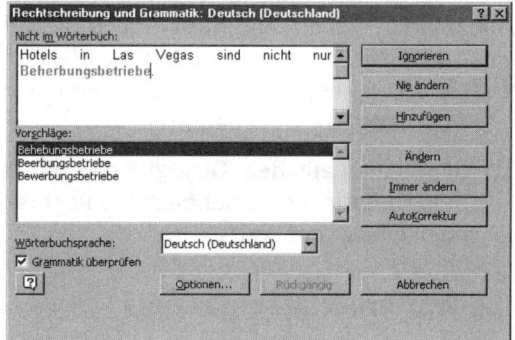

Abbildung 12.11: Dialogfeld zur Rechtschreibprüfung

➡️ Sie wählen aus der Liste ein Ersatzwort und klicken auf ÄNDERN. Dadurch wird im Text das Wort ersetzt.

➡️ Oder Sie korrigieren im oberen Feld das beanstandete, rot hervorgehobene Wort (oder auch ein anderes) und klicken dann auf ÄNDERN.

➡️ Oder Sie übergehen das Wort mit IGNORIEREN, weil es richtig ist. Das hat seltsame Folgen. Taucht dasselbe Wort im Rest des Textes nochmals auf, wird es wiederum beanstandet. Brechen Sie die Überprüfung jedoch ab und starten sie neu, wird das Wort bis zur Abbruchstelle ignoriert.

➡️ NIE ÄNDERN ignoriert dieses Wort künftig – praktisch, wenn z.B. ein Name häufig auftaucht. Alle solchermaßen markierten Wörter werden in einer internen Liste gespeichert, und die wird für jedes Dokument während der aktuellen Arbeitssitzung herangezogen.

➠ IMMER ÄNDERN macht eben dies. Beipiel: Sie haben immer »its« statt »ist« geschrieben. Beim ersten Mal korrigieren Sie und klicken auf IMMER ÄNDERN. Word korrigiert dann automatisch, wenn irgendwo noch einmal »its« auftaucht. Das ist jedoch nur anwählbar, wenn Word einen Korrekturvorschlag hat oder wenn Sie ein Wort selbst korrigiert haben.

➠ RÜCKGÄNGIG läßt Sie rückwärts durch Ihren Text wandern und die Änderungen wieder aufheben.

Einige kleine Extras erleichtern das Leben:

➠ Doppelte Wörter werden von Word erkannt. Im ersten Feld heißt es dann *Wortwiederholung*. Mit der Schaltfläche LÖSCHEN wird das doppelte Wort aus dem Text entfernt.

➠ Kleinschreibung bei einem Substantiv wird moniert, am Satzanfang jedoch nicht (aber für den großgeschriebenen Satzanfang sorgt ja automatisch die AutoKorrektur, nicht wahr?). Das erste Feld meldet *Großschreibung*. Manche falsche Kleinschreibung freilich kann Word nicht erkennen, dann nämlich, wenn es das Wort auch als Verb gibt (z.B. »Begriff« und »begriff«).

➠ Sie können aus dem Dialogfenster direkt in den Text wechseln und dort Änderungen vornehmen. Die Rechtschreibprüfung aktivieren Sie dann wieder mit WEITER.

Die Wörterbücher ergänzen

Wenn Sie ein unbekanntes Wort in eines der Wörterbücher aufnehmen möchten, wählen Sie zuerst das Wörterbuch über die Schaltfläche OPTIONEN und nehmen es dann mit HINZUFÜGEN auf.

Aufgenommen wird das Wort im Text – eine kleine Schwierigkeit, wenn Sie ein falsch geschriebenes Wort entdecken und es richtig in ein Wörterbuch aufnehmen wollen. In dem Fall korrigieren Sie es zuerst, gehen aus dem Dialogfenster in den Text, setzen den Cursor vor das nunmehr richtige Wort und machen mit der Prüfung weiter.

AutoKorrektur

Wenn Sie einen Text von Word Korrekturlesen lassen, wird Ihnen vielleicht auffallen, daß Sie bestimmte Wörter immer auf die gleiche Weise falsch schreiben. Das ist, sagen Sie sich zurecht, ein Fall für die AutoKorrektur. Klicken Sie dazu auf AUTOKORREKTUR. Schon ist es dieser Liste hinzugefügt.

Die Wörterbücher bearbeiten

Die Benutzerwörterbücher sind schlichte Textdateien und können deshalb auch manuell erstellt und bearbeitet werden. Das geht sogar recht bequem mit EXTRAS/OPTIONEN/*Rechtschreibung und Grammatik*, der Schaltfläche WÖRTERBÜCHER und dann BEARBEITEN (zuvor das gewünschte Wörterbuch markieren), allerdings nicht während einer laufenden Prüfung (klar, dann werden die Wörterbücher ja benutzt).

➟ Sie erstellen eine Textdatei und erfassen die Wörter. Jedes Wort muß in einem eigenen Absatz stehen, die Wörter müssen aber nicht alphabetisch sortiert sein. (Sie erleichtern Word jedoch die Arbeit, wenn sie's sind.)

➟ Sie speichern die Datei als »Nur Text« (siehe Kapitel 6, »Dokumente speichern«, S. 93) und mit der Endung .DIC.

➟ Oder Sie öffnen ein bestehendes Wörterbuch wie beschrieben und können es nun mit neuen Wörtern füttern oder Fehler bei irrtümlich aufgenommenen Wörtern korrigieren.

Öffnen Sie von Zeit zu Zeit Ihre Wörterbücher und unterziehen Sie sie einer kritischen Prüfung. Eliminieren Sie vor allem die falsch geschriebenen Wörter, die sich doch hin und wieder einschleichen.

:-)
TIP

Auto-Rechtschreibung

In EXTRAS/OPTIONEN/*Rechtschreibung und Grammatik* können Sie votieren für *Rechtschreibung während der Eingabe überprüfen*. Word arbeitet dann still und heimlich den gesamten Text durch – das kann eine Weile dauern –, die beanstandeten Wörter werden mit einer roten Wellenlinie unterstrichen. Das geschieht auch mit Text, den Sie neu eingeben.

Sind allerdings zu viele beanstandete Wörter im Text, gibt Word nach einer Weile resigniert auf.

In der Statusleiste weist Sie ein Symbol darauf hin, daß die automatische Überprüfung eingeschaltet ist.

➟ Klicken Sie mit der rechten Maustaste auf das Symbol, können Sie bestimmen, daß die Kennzeichnung der beanstandeten Wörter abgeblendet wird oder die Rechtschreib-Optionen aufrufen.

➟ Klicken Sie mit der rechten Maustaste auf ein beanstandetes Wort, erscheint ein Kontextmenü mit Korrekturvorschlägen (so vorhanden) und verschiedenen Steuermöglichkeiten.

Abbildung 12.12:
Automatische Rechtschreib-prüfung

Abbildung 12.13:
Korrektur-vorschläge im Kontextmenü

Diese automatische Rechtschreibprüfung sollten Sie zur Verbesserung der Arbeitsgeschwindigkeit ausschalten, wenn Sie ein langes Dokument mit vielen unbekannten Wörtern haben.

Andererseits ist das die bequemere Art, Schreibfehler zu korrigieren. Lassen Sie die übliche Rechtschreibprüfung über den Text laufen, nervt Sie Word ständig mit Beanstandungen, vor allem bei Fachtexten. Bei der automatischen Rechtschreibprüfung hingegen können Sie selber entscheiden, welche Wörter Sie korrigieren (oder nachschlagen) möchten und die Korrekturen nebenbei mit durchführen.

12.5 Die Grammatikprüfung

Wie der Menüpunkt schon andeutet, ist die Grammatikprüfung in Verbindung mit der Rechtschreibprüfung zu sehen: die Rechtschreibung kann zwar solo geprüft werden, die Grammatik aber nur zusammen mit der Rechtschreibung.

EXTRAS/
RECHTSCHREIBUNG
UND GRAMMATIK

Word prüft dabei einen Satz zunächst auf die Rechtschreibung und dann auf die Grammatik.

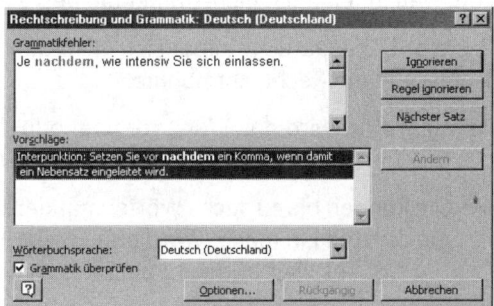

Abbildung 12.14:
Dialogfeld zur Grammatikprüfung

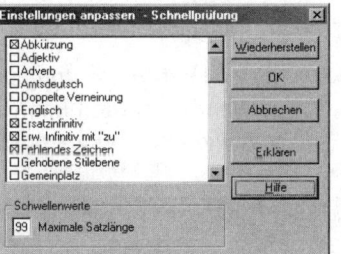

Abbildung 12.15:
Einstellungen für Rechtschreibung und Grammatik plus Erläuterungen der Regeln

➡ Mit EXTRAS/OPTIONEN/*Rechtschreibung und Grammatik* treffen Sie einige Voreinstellungen. Zum Beispiel wählen Sie einen *Schreibstil* aus und können den dann durch die EINSTELLUNGEN differenzieren. Die Einstellungen können Sie sich ERKLÄREN lassen.

▸ Die Prüfung selbst läuft so ähnlich ab wie die Rechtschreibhilfe. Bei der automatischen Überprüfung werden die grammatikalischen Beanstandungen grün gekennzeichnet.

Über Sinn und Unsinn einer Grammatikprüfung streiten die Experten heftig. In der Tat kann sie den einen oder anderen Fehler aufspüren. In einem ist sie unbestreitbar hilfreich, auch für den Laien: Wenn man sich die Erklärungen anzeigen läßt, lernt man eine Menge über die Sprache.

Um alle Einstellungen richtig setzen zu können, muß man freilich fast ein Linguist sein.

12.6 Thesaurus

EXTRAS/SPRACHE/
THESAURUS
⇧ + F7

»Thesaurus« erklärt der Duden kurz und bündig als »Wortschatz«. Gemeint ist damit ein Wortschatz an Synonymen: Wörtern mit ähnlicher Bedeutung. Selbst Profischreiber greifen gelegentlich zum Synonymlexikon, weil ihnen auch nicht immer die beste Formulierung einfällt.

Der Word-Thesaurus arbeitet sich nicht durch den gesamten Text wie die Trenn- und die Rechtschreibhilfe.

▸ Überprüft wird das Wort, vor dem oder in dem der Cursor steht, das markiert ist oder dem der Cursor unmittelbar folgt.

▸ Sie können bis zu sechs Wörter markieren. Weil das dann in der Regel ein Satzteil ist, macht Word entsprechende Vorschläge, für »es konnte« z.B. »es weit bringen« oder »es zu etwas bringen«.

Der Ablauf

Die praktische Anwendung sei an dem Wort »Leben« verdeutlicht.

▸ In der Liste *Bedeutungen* wird gezeigt, in welchem Sinne »Leben« verwendet werden kann. Es kann damit die »Welt« ebenso gemeint sein wie »Belebung« oder »Wirklichkeit« .

Abbildung 12.16:
Verschiedene
Bedeutungen eines
Wortes

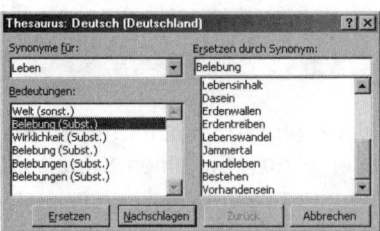

➡ In der Liste *Ersetzen durch Synonym* steht, welche sinnverwandten Wörter der Thesaurus in seinem Lexikon hat. Die Synonyme wechseln je nach Bedeutung.

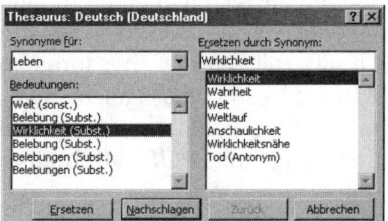

Abbildung 12.17:
Sinnverwandte
Wörter

➡ Haben Sie in einer der Listen einen Begriff markiert, können Sie sich mit NACHSCHLAGEN oder einem Doppelklick weitere Vorschläge unterbreiten lassen.

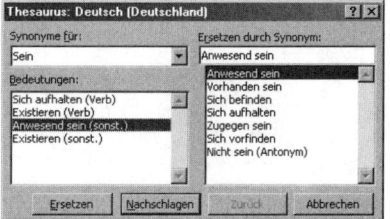

Abbildung 12.18:
Begriffe
nachschlagen

➡ Mit ZURÜCK blättern Sie schrittweise zurück durch all die Begriffe, zu denen Sie verzweigt haben.

➡ Weil Sie sich mit der Zeit im Gewirr der Bedeutungen und Synonyme verlieren, öffnen Sie das Listenfeld *Synonyme für* und können nun gezielt zu allen Bedeutungen gelangen, die Sie zwischenzeitlich nachgeschlagen haben.

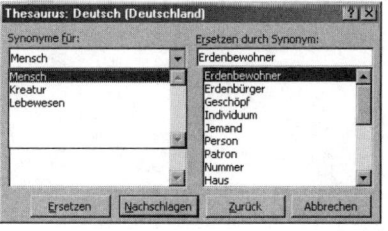

Abbildung 12.19:
Liste durchgehen

➡ Wenn Sie das Wort im Text durch ein besseres oder nur anderes ersetzen möchten, müssen Sie in einer der beiden Listen den Ersatz markieren und dann auf ERSETZEN klicken.

Gönnen Sie sich mal einen ruhigen Nachmittag, und amüsieren Sie sich mit dem Thesaurus! Sie werden Ihren Sprachschatz enorm erweitern! Und auf alle Fälle ist der Thesaurus immer ein Quell ungetrübter Heiterkeit. Man muß es ja nicht gleich so verbissen sehen und den Wortschatz für bare Münze nehmen, vor allem nicht, wenn in Word »Frauenhaus« in einem Zuge mit »Puff«, »Bordell«, »Eroscenter« etc. aufgeführt wird.

Ein Thesaurus hat natürlich auch seine Tücken und ersetzt Wissen und Sprachgefühl nicht. Zum Beispiel ist »gleich« nicht dasselbe wie »dasselbe«, und viele Wörter meinen zwar das gleiche, doch nicht dasselbe, und verläßt man sich blindlings auf die Synonym-Vorschläge, ergeben sich mitunter gleich Bedeutungsunterschiede.

Übrigens: Den Thesaurus kennt der Word-Thesaurus nicht.

Suchen & Ersetzen

Kapitel **13**

Das Paradebeispiel für das Suchen und Ersetzen ist immer der Romanautor, der in seinem 1000-Seiten-Epos den Namen seines Helden Max durch Moritz ersetzen will. Doch auch für den Normalmenschen ist diese Funktion gewinnbringend einsetzbar.

13.1 Grundlagen

Im Menü BEARBEITEN finden Sie getrennte Funktionen für SUCHEN und ERSETZEN. Wir können beide jedoch weitgehend zusammen erörtern, da das Ersetzen nur eine Erweiterung des Suchens ist – auch beim Ersetzen muß ja zunächst etwas gesucht werden –, was schon daraus ersichtlich ist, daß vom SUCHEN-Dialogfenster aus gleich weitergeschaltet werden kann zum ERSETZEN.

BEARBEITEN/
SUCHEN
Strg + F

BEARBEITEN/
ERSETZEN
Strg + H

Bevor Sie das Suchen oder Ersetzen starten, müssen Sie sich über folgendes im klaren sein:

➡ Ist ein Textteil markiert, bezieht sich das Suchen oder Ersetzen nur auf diesen markierten Text.

➡ Ansonsten beginnt Word an der Cursorposition und arbeitet sich bis zum Dateiende durch. Dort werden Sie gefragt, ob am Dateianfang weitergemacht werden soll. Sie müssen also nicht unbedingt an den Beginn des Dokuments springen, wenn die gesamte Datei durchsucht werden soll.

➡ Ein Suchvorgang kann mit ⬆+F4, Strg+Bild↑ (aufwärts), Strg+Bild↓ (abwärts) bzw. mit den Doppelpfeilen rechts unten im Dokumentfenster oder mit dem Symbol fortgesetzt werden, ohne daß das Dialogfenster nochmals geöffnet werden müßte. Für das Ersetzen gelten besondere Regeln – kommen später.

13.2 Der Ablauf beim Suchen

Bevor wir uns mit den Feinheiten beschäftigen, sollen Sie erst einmal erfahren, wie eine Suche überhaupt abläuft.

➠ Sie tippen den Suchtext ein. Oder Sie markieren ihn zuvor im Text, kopieren ihn mit Strg+C und fügen ihn mit Strg +V in das Eingabefeld ein.

➠ Sie grenzen die Suche durch Bedingungen ein, wozu Sie das Dialogfeld ERWEITERN müssen, und legen die Suchrichtung fest.

➠ Sie lösen die Suche aus mit WEITERSUCHEN.

➠ Word markiert den gefundenen Text. Das Dialogfenster bleibt auf dem Bildschirm (Sie können es verschieben), mit erneutem Klick auf WEITERSUCHEN wird die Suche fortgesetzt.

➠ Sie können das Fenster auch mit ABBRECHEN schließen und die Suche mit den Tastenkombinationen wieder aufnehmen.

Abbildung 13.1:
Der Suchen-Dialog

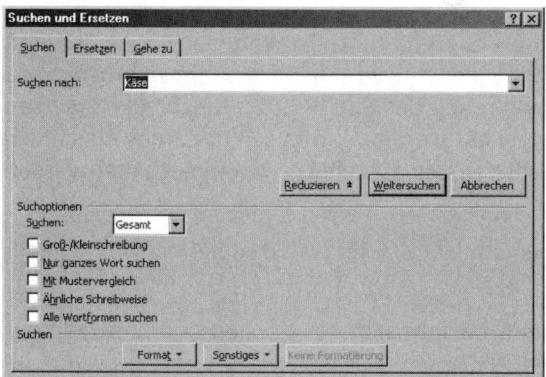

13.3 Wonach wird gesucht?

Die Felder für Such- und Ersatztext können jeweils 255 Zeichen aufnehmen; sind es mehr, wird nur nach den ersten 255 Zeichen gesucht. Innerhalb der Felder bewegen Sie den Cursor mit den gleichen Tastenkombinationen wie im Text.

▪► In beide Felder können Sie mit ⌜Strg⌟+⌜V⌟ Text aus der Zwischenablage einfügen. Was konkret bedeutet: Über die Zwischenablage läßt sich Text aus dem Dokument in die Eingabefelder kopieren.

▪► Das Dialogfenster bleibt im Vordergrund. Sie können also in den Text gehen, dort zum Beispiel etwas bearbeiten oder anderen Text kopieren und anschließend mit dem Suchen oder Ersetzen fortfahren. Ziehen und Ablegen mit der Maus funktioniert allerdings nicht!

▪► Die letzen Such- oder Ersatztexte werden gespeichert und können aus der Liste ausgewählt werden.

Umfaßt der Text aus der Zwischenablage mehr als die zulässigen 255 Zeichen, kann er im *Ersetzen*-Feld (aber nicht im *Suchen*-Feld) durch ^c angegeben werden. Das heißt, Sie können zwar durch einen langen Text ersetzen lassen, aber nicht nach einem solchen suchen – eine durchaus praxisnahe Einschränkung.

Die Suchfunktion kann man auch für stilistische Überarbeitungen heranziehen. Wenn Sie die leise Ahnung haben, daß Sie ein Wort besonders häufig verwenden (jeder hat so seine Lieblingswörter) – lassen Sie danach suchen. Wenn das Dr. Murke schon gekannt hätte! Aber der hätte wahrscheinlich dazu die Grammatikprüfung herangezogen.

:-)
TIP

Sonderzeichen

Zum Suchen oder Ersetzen von Sonderzeichen wie Leerzeichen, Absatzmarken oder Tabulatoren oder Elementen wie Grafiken, Kommentare oder Feldern müssen bestimmte Codes verwendet werden.

Diese Codes beginnen generell mit dem Caret-Zeichen ^, dann folgt der eigentliche Code-Schlüssel. Diese Codes kann man mit der Schaltfläche SONSTIGES auswählen – oder direkt eintippen, was schneller gehen mag. In Tabelle Tabelle 13.1 auf Seite 188 sind alle Codes aufgeführt.

▪► Die Code-Buchstaben müssen klein geschrieben werden.

▪► Manche Codes können nur beim Suchen verwendet werden. So läßt sich etwa nach einem Kommentarzeichen suchen, aber nicht ein Text durch ein Kommentarzeichen ersetzen. Auch das ist in der Tabelle vermerkt.

▪► Es gibt Platzhalter für einen Buchstaben (^$), eine Ziffer (^#) oder ein Zeichen (^?). Ein Zeichen in diesem Sinne kann sowohl Buchstabe wie Ziffer sein. Immer steht dieser Code für ein *einzelnes* Zeichen. Sie können aber mehrere Codes hintereinander setzen.

Code	Bedeutung
^?	Beliebiges Zeichen (nur Suchen)
^#	Beliebige Ziffer (nur Suchen)
^$	Beliebiger Buchstabe (nur Suchen)
^^	Das Zeichen ^
^=	Gedankenstrich
^+	Langer Gedankenstrich (Streckenstrich)
^_	Geschützter Bindestrich
^g	Geschütztes Leerzeichen
^–	Bedingter Trennstrich
^t	Tabulator
^a	Absatzmarke (⏎)
^m	Manueller Seitenwechsel (Strg+⏎)
^z	Zeilenwechsel (⇧+⏎)
^n	Spaltenwechsel
^b	Abschnittswechsel (nur Suchen)
^5	Kommentarzeichen (nur Suchen)
^f	Fußnotenzeichen (nur Suchen)
^e	Endnotenzeichen (nur Suchen)
^d	Feld (nur Suchen)
^r	Grafik (nur Suchen)
^l	Leerfläche (nur Suchen)
^c	Ersetzen: Ersetzen durch den Inhalt der Zwischenablage (unabhängig von ihrer Größe)
^&	Übernimmt den Suchtext als Ersatztext
^0n	ANSI-Zeichen mit dem Dezimalwert n
^n	ASCII-Zeichen mit dem Dezimalwert n.

▪► Suchen Sie nach einem Kommentarzeichen oder einer Fuß- bzw. Endnote, wird gleichzeitig der Kommentar- bzw. Fußnotenausschnitt
geöffnet.

▪► Um nach einem Feld zu suchen, müssen die Feldfunktionen sichtbar
sein (siehe Kapitel 14, »Felder«, S. 201).

▪► Die Leerfläche (^w) meint eine beliebige Anzahl und Kombination von
normalen und geschützten Leerzeichen, Tabstops und Absatzmarken. Und weil eben die Anzahl beliebig ist, wird auch ein einzelnes
Leerzeichen gefunden.

ANSI und ASCII

Für Zeichen, die nicht über die Tastatur zu erreichen sind, wie ç, ï oder æ,
muß deren Dezimalwert angegeben werden. Word unterscheidet dabei
den ANSI- und den ASCII-Zeichensatz. (ASCII und ANSI sind Normierungen für Zeichensätze.)

▪► ANSI-Zeichen geht eine 0 voraus, z.B. ^0245 für »õ«.

▪► ASCII-Zeichen haben keine 0 vornedran. ^245 ist »§«.

Word verwendet, wie alle Windows-Programme, den ANSI-Zeichensatz,
akzeptiert aber auch ASCII-Zeichen. Beide Zeichensätze sind im unteren
Bereich, bis zum Dezimalwert 128, gleich (das ist gewissermaßen der normale Sprachumfang) und unterscheiden sich nur in den Sonderzeichen –
zu denen beispielsweise die deutschen Umlaute zählen.

Wonach Sie nicht suchen können

Haben Sie ein bestimmtes Zeichen mit der Feldfunktion {Symbol} eingefügt, zum Beispiel {Symbol 64} für @, können Sie nicht nach dem Zeichen @ suchen. Sie müssen vielmehr die Feldfunktionen sichtbar machen
und dann nach dem Text »Sondzeichen 64« suchen.

13.4 Eingrenzungen

Zwei Bedingungen können entscheidend sein für den Erfolg einer Suche:

▪► *Nur ganzes Wort suchen* beschränkt die Suchaktion auf Wörter. (Ein
Wort ist per definitionem eine zusammenhängende Zeichenfolge, der
ein Leerzeichen oder ein Satzzeichen folgt.) Andernfalls wird gesucht,
wo immer der Text auftaucht – auch mitten in einem Wort.

▪► *Groß-/Kleinschreibung* erfordert, daß gesuchter und gefundener Text
in Groß- und Kleinschreibung genau übereinstimmen.

In der Regel sollte man auf beides verzichten, es sei denn, man kann tatsächlich eingrenzen. Möchten Sie nach dem Wort »in« suchen, ist *Nur ganzes Wort suchen* durchaus zu empfehlen, denn als Silbe kommt »in« in vielen Wörtern vor.

Wenn Sie nach exakter Groß- und Kleinschreibung suchen, müssen Sie bedenken, daß Schreibfehler unter Umständen zu einem Mißerfolg führen.

Die Optionen *Ähnl. Schreibweise* und *Alle Wortformen suchen* sind, wie Sie sehen, nur für englische Texte gedacht. Im Deutschen führen sie zu seltsamen Ergebnissen.

Richtungen

Im Feld *Suchrichtung* können Sie dreierlei Auswahlen treffen:

- *Abwärts* sucht von der aktuellen Position an bis zum Ende des Dokuments. Dann werden Sie gefragt, ob am Anfang weitergemacht werden soll.

- *Aufwärts* ist die andere Richtung: bis zum Anfang, dann geht es vom Ende her weiter.

- *Gesamt* macht den gesamten Text durch und fragt nicht, ob es weitergehen soll. Dies ist besonders beim Ersetzen praktisch, wenn tatsächlich alles ohne Rückfrage ersetzt werden soll. Überdies durchsucht *Gesamt* auch Kopf- und Fußzeilen, Kommentare sowie Fußnoten, die *Abwärts* und *Aufwärts* aussparen.

Wenn Word nichts findet, obwohl eigentlich etwas gefunden werden muß, war vielleicht im Text etwas markiert – und sei's nur ein Zeichen. Wiederholen Sie die Suche dann einfach noch einmal!

Eine häufige Falle ist auch, daß dem Suchwort ein Leerzeichen folgt oder vorangeht – passiert leicht beim Kopieren eines Wortes.

13.5 Mustervergleich

Mit dem *Mustervergleich* können Sie auch komplexe Suchkriterien eingeben und damit die Beschränkungen der normalen Such-Codes umgehen.

Mit den normalen Codes können Sie etwa nach *einem* einzelnen Zeichen suchen (^?). »T^?« findet dann sowohl die »Tante« wie die »Tinte« und die »Tunte«. Jetzt schwant Ihnen freilich – konstruiertes Beispiel, ich geb's zu –, daß Sie irgendwo »Tahnte« geschrieben haben. Oder war's doch »Tanhte«? Jedenfalls, bis Sie alle Beweise Ihrer mittelmäßig entwikkelten Rechtschreibung (pardon, sind natürlich nur Tippfehler, die jedem unterlaufen) ausfindig gemacht und getilgt haben, müssen Sie unter Umständen etliche Suchläufe starten und finden doch nicht das Richtige.

Hier helfen die komplexen Suchkriterien. Generell:

➡ Sie müssen im Dialogfenster *Mit Mustervergleich* markieren.

➡ Die Auswahl unter SONSTIGES wird nun ergänzt um die Operatoren, die für die komplexe Suche eingesetzt werden können. Sie sind in Tabelle 13.2 aufgeführt.

➡ Die Operatoren gelten nur für die Suche. Für das Ersetzen gibt es lediglich einen einzigen Operator.

➡ Die Suche berücksichtigt die Groß- und Kleinschreibung. »m?ßt« findet »mußt«, aber nicht »Mußt«. Die Schreibweise des Zeichens an der Stelle des Operators ist hingegen gleichgültig. »mUßt« wird auch gefunden.

➡ Ist der Mustervergleich eingeschaltet, können Sie nicht nach einem normalen Text suchen. Word erwartet jetzt, daß irgendwo einer der Operatoren auftaucht.

➡ Wollen Sie nach einem Zeichen suchen, das als Operator verwendet wird, müssen Sie ihm den umgekehrten Schrägstrich (Backslash) voranstellen, z.B. »\?«.

Der letzte Operator, der einzige, der das Ersetzen betrifft, verlangt eine Erklärung. Er verdreht den Suchtext in der Reihenfolge, die man als Ersatztext angibt. Allerdings müssen Sie den Suchtext richtig eingeben. Soll die Wortfolge »(nicht) (wieder)« gefunden werden, muß zwischen beiden Teilen ein Leerzeichen stehen. Ebenso müssen im Ersatztext die beiden Operatoren durch ein Leerzeichen getrennt werden.

Mit dem Musterabgleich und den dazugehörigen Operatoren kann man ganz gezielt Zeichenmuster abfragen. Doch sich alle Optionen zu merken oder sich über die Hilfe anzeigen zu lassen, ist etwas umständlich.

Einige eifrige Leser werden merken, daß die Beispiele in Tabelle Tabelle 13.2 auf Seite 192 der Hilfestellung entnommen (und ein wenig erweitert) sind – warum soll man das Rad zweimal erfinden? Damit Sie das auch mal ausprobieren können, habe ich aus eben diesen zu suchenden und zu findenden oder nicht zu findenden Wörtern einen kleinen Text gebastelt, ohne tieferen Sinn. Oder doch? Auf jeden Fall heißt die Beispieldatei DADA.DOC.

Operator	Bedeutung	Beispiel
?	Beliebiges Zeichen	SUCHTEXT:m?ßt FINDET:mußt, mißt
[a–z]	Ein Zeichen aus der angegebenen Alpha-betfolge (aufsteigend angeordnet)	SUCHTEXT: [R-U]orte FINDET: Sorte, Torte FINDET NICHT: Borte
<	Wortanfang	SUCHTEXT: <Inter FINDET: Interesse, Intern FINDET NICHT: Winter
>	Wortende	SUCHTEXT: at> FINDET: Adressat, Verrat FINDET NICHT: Vater
[abcd]	Eines der angegebenen Zeichen	SUCHTEXT: s[ie]tzt FINDET: sitzt, setzt FINDET NICHT: satzt
[!a]	Dieses Zeichen nicht	SUCHTEXT: M[!a]tte FINDET: Mitte, Motte FINDET NICHT: Matte
[!a-z]	Ein einzelnes Zeichen, mit Ausnahme der angegebenen Alphabetfolge(aufsteigend angeordnet)	SUCHTEXT: S[!a-f]tzung FINDET: Sitzung FINDET NICHT: Satzung
{n}	Genau *n* Vorkommen des vorhergehenden Zeichen oder Ausdrucks	SUCHTEXT: Her{2} FINDET: Herr, Herren FINDET NICHT:Herd
{n;}	Mindestens *n* Vorkommen des vorherge-henden Zeichen oder Ausdrucks	SUCHTEXT: Star{1;}e FINDET: Stare, Starre
{n;m}	Von *n* bis *m* Vorkommen des vorherge-henden Zeichens oder Ausdrucks	SUCHTEXT: 10{2;3} FINDET: 100, 1000 FINDET NICHT: 10
@	Ein oder mehrere Vorkommen des vorhergehenden Zeichens	SUCHTEXT: et@e FINDET: Wette, biete
*	Zeichenfolge	SUCHTEXT: k*t FINDET: kalt, kühlt, krümelt
\n	Vertauscht beim Ersetzen die Ausdrücke	SUCHTEXT: (nicht) (wieder) ERSATZTEXT: \2 \1 ERSETZT IN: wieder nicht

13.6 Der Ablauf beim Ersetzen

➤ Sie geben den Such- und den Ersatztext ein.

➤ Sie differenzieren die Suche durch Bedingungen. Die Optionen *Nur ganzes Wort suchen, Mit Mustervergleich, Ähnliche Schreibweise, Alle Wortformen suchen* sind gleich wie beim Suchen, sie müssen hier nicht noch einmal wiederholt werden. Über *Groß-/Kleinschreibung* muß man noch ein paar Worte verlieren.

➤ Sie geben die Richtung an.

➤ Sie lösen die Suche aus mit WEITERSUCHEN.

➤ Word markiert den gefundenen Text. Möchten Sie, daß an dieser Stelle ersetzt wird, klicken Sie auf ERSETZEN, wenn nicht, auf WEITERSUCHEN. In beiden Fällen sucht Word das nächste Vorkommen, und das Spiel beginnt von vorne.

➤ ALLE ERSETZEN tauscht automatisch und im Hintergrund überall im Text. Deshalb haben Sie auch keine Kontrollmöglichkeit und müssen sich vom Ergebnis überraschen lassen – nur zu empfehlen, wenn Sie wirklich sicher sind, daß überall richtig ersetzt wird. Hüten Sie sich also davor, gleich frohgemut ALLE ERSETZEN zu lassen! Machen Sie erst einen Probelauf mit individuellem Ersetzen und schauen Sie, ob alles richtig funktioniert.

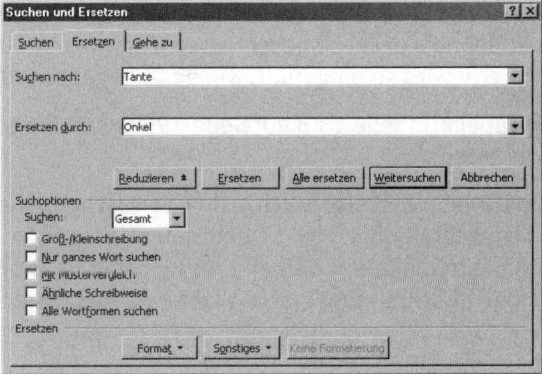

Abbildung 13.2: Das Ersetzen-Dialogfeld

Sie können in diesem Dialogfeld die Tastatur ohne [Alt] einsetzen. Es genügt also [W] für WEITERSUCHEN oder [E] für ERSETZEN. Sie müssen aber zuvor das Eingabefeld verlassen, mithin einmal die Operation mit Mausklick oder [Alt]+[W] ausgelöst haben.

Ist alles vorbei, meldet Word stolz seine Trefferquote. Man kann sich richtig vorstellen, wie da im Innern des Computers einer sitzt und sich die Hände reibt: So, das wäre geschafft!

Such- und Ersatzbegriff sowie alle sonstigen Einstellungen merkt sich Word. Das heißt, beide werden wieder vorgegeben, wenn Sie ERSETZEN erneut aufrufen (natürlich nur, wenn Sie zwischendurch Word nicht beendet haben). Und wenn Sie ⇧+F4 drücken, macht sich Word auf die Pirsch nach dem Suchbegriff aus der letzten Ersetzen-Aktion.

:-)
TIP

Das Ersetzen kann man auch für globales Löschen verwenden. Als Ersatztext geben Sie einfach nichts ein.

Groß- und Kleinschreibung

Groß-/Kleinschreibung ist beim Ersetzen eine etwas knifflige und für Normalmenschen wie Sie und mich undurchschaubare Sache. Dabei ist es im Prinzip völlig logisch (programm-logisch; das ist so ähnlich wie die Steuer-Logik unserer Finanzämter):

➡ Wenn *Groß-/Kleinschreibung* deaktiviert ist, übernimmt Word die Schreibweise für den Ersatzbegriff von dem im Text (!) gefundenen Begriff. Insofern ist es gleichgültig, wie Sie Such- und Ersatzbegriff schreiben.

➡ Wenn *Groß-/Kleinschreibung* aktiviert ist, werden nur Wörter gefunden, die exakt so geschrieben sind wie der Suchbegriff. Der Ersatzbegriff wird so eingefügt, wie er eingegeben wurde.

In Tabelle Tabelle 13.3 auf Seite 195 finden Sie einige Beispiele für beide Varianten.

Das Ergebnis ist eigentlich nicht überraschend. Bei ausgeschalteter Groß-/Kleinschreibung (Fall 1) übernimmt Word die Schreibweise aus dem Text, allerdings nur den ersten Buchstaben. Bloß bei einer durchgehenden Großschreibung macht Word eine Ausnahme.

Soll die Schreibweise beachtet werden (Fall 2), findet Word ohnehin nur Begriffe, die exakt so geschrieben sind wie der Suchtext: in unseren drei Fallbeispielen nur jeweils einmal. Der Ersatzbegriff wird genau so in den Text geschrieben, wie er im ERSETZEN-Feld steht.

Suchtext	Word findet ...	... und ersetzt durch	
		Fall 1	*Fall 2*
sogehts	sogehts	aha	aha
	Sogehts	Aha	–
	SoGehts	Aha	–
	sogehtS	aha	–
	SOGEHTS	AHA	–
Sogehts	sogehts	aha	–
	Sogehts	Aha	aha
	SoGehts	Aha	–
	sogehtS	aha	–
	SOGEHTS	AHA	–
SOGEHTS	sogehts	aha	–
	Sogehts	Aha	–
	SoGehts	Aha	–
	sogehtS	aha	–
	SOGEHTS	AHA	aha

Tabelle 13.3:
Schreibweisen beim Ersetzen. Als Ersatzbegriff wird »aha« verwendet, die Groß-/Klein-schreibung ist in Fall 1 deaktiviert, in Fall 2 aktiviert

13.7 Formatierungen suchen und ersetzen

Auf einfache Weise kann nach einem formatierten Text oder einer Formatierung solo gesucht werden, ebenso kann eine Formatierung durch eine andere Formatierung ersetzt werden.

Dazu können in den Eingabefeldern die gleichen Tastenkombinationen herangezogen werden wie für das Formatieren selbst (siehe Kapitel 19, »Formatieren«, S. 317). Darüber hinaus können die Formatierungen auch in einem Dialogfenster ausgewählt werden.

Nach einem formatierten Text suchen

Sie schreiben den Text als Such- und/oder Ersatzbegriff und wählen dann das Format (an welcher Stelle im Eingabefeld der Cursor steht, ist dabei gleichgültig):

➟ mit einer Tastenkombination (zum Beispiel ⌜Strg⌟+⌜⇧⌟+⌜K⌟ für kursiv),

➟ mit der Schaltfläche FORMAT und nachfolgend einer Auswahl aus der Liste, z.B. ZEICHEN, ABSATZ oder FORMATVORLAGE. Die Dialogfenster, die dann erscheinen, sind identisch mit jenen, die für das Formatieren verwendet werden; lediglich FORMATVORLAGE sieht etwas anders aus. In den Dialogfenstern bestimmen Sie dann die gewünschten Formatierungen.

Die Formatierung, die Sie ausgewählt haben, erscheint unterhalb der Eingabefelder im Klartext. Sie können die Formatierungen beliebig kombinieren (soweit überhaupt sinnvoll). Bedenken Sie aber, daß Sie damit ein sehr enges Netz knüpfen.

Und, des weiteren: Das ausgewählte Format gilt für den gesamten Suchtext. »**Onkel** und Tante« – ein fetter Onkel neben einer mageren Tante, das geht nicht. Wenigstens nicht als Suchtext.

Differenzierte Kriterien engen die Suche beträchtlich ein – so sehr unter Umständen, daß Sie gar nicht das finden, was Sie finden wollen. Das gilt besonders, wenn auch Formatierungen eingeschlossen werden. Stecken Sie die Grenzen zunächst eher weit. Die Fundstellen zeigen Ihnen schnell, ob Sie weiter eingrenzen müssen.

Was die Dialogfenster zeigen

Wenn Sie zum Beispiel nach einem Zeichenformat suchen, erscheint das Dialogfenster leer: Keine Schrift oder Größe ist ausgewählt, bei den Stilmerkmalen gerasterte Haken.

Sie können nun gezielt genau jene Formatierung auswählen, nach der Sie suchen möchten. Zum Beispiel nur nach der Schriftart »Arial«. Dann ist es gleichgültig, in welcher Größe der Text vorhanden ist, ob er fett oder kursiv ausgezeichnet ist usw. Hauptsache, Arial. Ähnlich ist es auch bei den Absatzformaten.

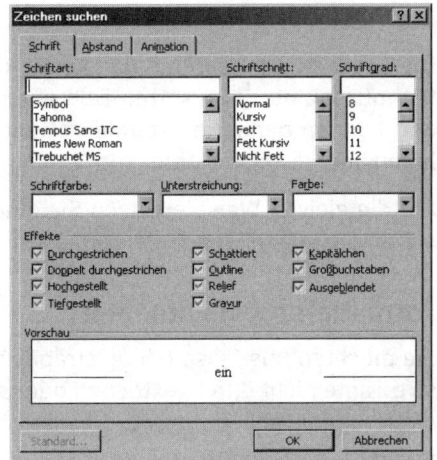

Abbildung 13.3:
Nach formatierten
Zeichen suchen

Im folgenden Bild wird nach dem Text »Tante« gesucht, und zwar muß er ausweislich der zugewiesenen Formatierungen in fettkursiven Kapitälchen sein. Das heißt, alle drei Formatmerkmale müssen zutreffen. Die nur fette Tante findet Word nicht, ebensowenig eine nur kursive, eine nur fettkursive, eine nur in Kapitälchen usw.

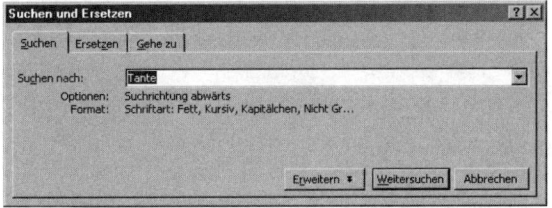

Abbildung 13.4:
Suchen eines
Wortes mit
bestimmter
Formatierung

Nur nach einer Formatierung suchen

Im Prinzip das gleiche: Sie definieren die Formatierung – aber schreiben natürlich keinen Text. Sonst würde ja nach der kapitalen, fettkursiven Tante gesucht; Sie möchten aber auch Oma und Opa und Onkel ausfindig machen: eben nur die Formatierung, egal welcher Text.

Wenn Sie nur nach einer Formatierung suchen, jedoch einen Ersatztext eingeben, werden alle gefundenen Formate durch diesen Ersatztext (und eventuell dessen Formatierung) ersetzt.

Formatierungen ersetzen

Die Logik sagt Ihnen, daß das kein großer Unterschied zum Suchen ist. Sie müssen nur im Ersetzen-Feld ebenfalls eine Formatierung zuweisen und können dann die kapitale, fettkursive Tante aus dem Verborgenen holen oder sie etwas abmagern lassen.

Auf die gleiche Weise ersetzen Sie eine Formatierung durch die andere, indem Sie in den Eingabefeldern auf jeglichen Text verzichten.

Formatierungen aufheben

Sie möchten unsere so häufig strapazierte kapitale, verborgene, fettkursive Tante nicht durchgestrichen oder sonstwas haben, sondern alle Formatierungen sollen weg, die Tante soll sich wieder in ganz normaler Gestalt präsentieren.

In dem Fall suchen Sie nach Tante samt allen Formatierungen und geben im *Ersetzen*-Feld zunächst den Code ^& ein (Option »Suchtext« unter SONSTIGES). Das bedeutet: Der Ersatztext ist gleich dem Suchtext. (Natürlich können Sie den Ersatztext auch schreiben.)

Abbildung 13.5:
Suchen und
Ersetzen mit
Formatierungen

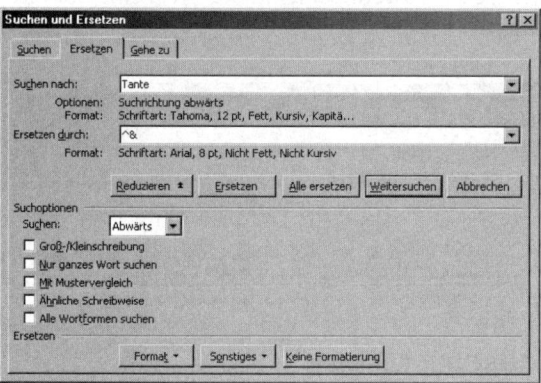

Dann bestimmen Sie das Zeichenformat. Statt »Fett Kursiv« wählen Sie »Normal«. Nun geht es den Stilmerkmalen an den Kragen. In den Auswahlkästchen sind gerasterte Haken, das heißt: nicht ausgewählt.

Sie klicken auf »Kapitälchen«, im Auswahlkästchen erscheint der Haken: Diese Option ist ausgewählt und würde mithin als Ersatz-Formatierung gelten. Jetzt aber klicken Sie erneut auf »Kapitälchen«, das Auswahlkästchen wird weiß und leer.

Was das zu bedeuten hat, sehen Sie im ERSETZEN-Dialogfenster. Dort steht jetzt als Format »Nicht Kapitälchen« (leider zeigt unser Beispiel das nicht mehr an). Und das heißt für die Ersetzen-Operation: Das Format »Kapitälchen« wird aufgehoben.

Für Absatzformatierungen gilt das aber nicht, was eigentlich auch logisch ist. Ein Absatz ist, zum Beispiel, entweder linksbündig oder rechtsbündig oder zentriert oder im Blocksatz, aber er ist nicht – nichts.

Ähnlich bei Formatvorlagen (weil die sich auf den gesamten Absatz beziehen, siehe Kapitel 23, »Formatvorlagen«, S. 407). Sie müssen durch eine andere Formatvorlage ersetzt werden.

Suchen/Ersetzen ohne Formatierung

Eine einmal eingegebene Formatierung im *Suchen-* oder *Ersetzen-*Feld bleibt beim nächsten Aufruf erhalten, und Sie haben das übersehen – daran liegt es oft, wenn nichts gefunden wird. Um die Formatierungen in den Eingabefeldern des Dialogfensters wieder aufzuheben, gibt es mehrere Möglichkeiten:

- Sie drücken die gleiche Tastenkombination nochmals;

- um sämtliche Formatierungen aufzuheben, drücken Sie Strg+Leertaste (für Zeichenformatierungen) oder Strg+Q (für Absatzformatierungen);

- mit der Schaltfläche KEINE FORMATIERUNG annulliert man Zeichen- und Absatzformate auf einenSchlag (natürlich nur die der Such- oder Ersatz-Kriterien, nicht im Text).

Tabulatoren suchen

Sie haben auch die Möglichkeit, nach Tabulatoren zu suchen (über die Schaltfläche FORMAT). Sie geben dann an, welche Position, Ausrichtung, Füllzeichen usw. der gesuchte Tabulator haben soll.

- Beim Suchen wird der Absatz markiert, der eine solche Tabulatordefinition aufweist. Es ist unerheblich, ob in diesem Absatz auch ein Tabulator mit ⇥ gesetzt worden ist.

Auch das Ersetzen eines Tabulators geht, freilich nicht im Wortsinne. Vielmehr wird der Tabulator, den Sie als Ersatz angeben, dem betreffenden Absatz hinzugefügt.

Löschen hingegen können Sie einen Tabstop. Sie suchen nach ihm und lassen das Ersetzen-Feld leer – kein Text, keine sonstige Formatierung.

Positionsrahmen suchen

Im Gegensatz zum Tabulator können Sie hier tatsächlich auch ersetzen und einen Positionsrahmen beispielsweise von innen nach außen verschieben und gleichzeitig die Breite ändern.

Weil es bei Positionsrahmen jedoch so viele Einstellmöglichkeiten gibt (siehe Kapitel 22, »Positionieren«, S. 379), sollten Sie mit dem Suchen zunächst einmal ganz vorsichtig anfangen und die Kriterien dann schrittweise einengen.

Hervorhebungen suchen

Gesucht wird nach einer beliebigen Hervorhebung; nach welcher Farbe, kann jedoch nicht differenziert werden.

Ersetzt werden kann beispielsweise durch ein Zeichenformat. Oder durch eine andere farbliche Hervorhebung. Dazu müssen Sie die neue Farbe zunächst auswählen (siehe Kapitel 19, »Formatieren«, S. 317) und dann den Ersetzungsvorgang starten.

Felder

Kapitel 14

*F*elder fügen, allgemein gesagt, Informationen in das Dokument ein. Etwa eine Seitenzahl oder den Namen des Autors. Sie steuern aber beispielsweise auch Serienbriefe.

Felder werden überall dort eingesetzt, wo sich Informationen ändern. Denn der Vorteil von Feldern ist, daß sie jederzeit aktualisiert werden können.

Felder begegnen Ihnen in vielfacher Form; oftmals, ohne daß Sie es bemerken, etwa bei einem Inhaltsverzeichnis oder bei Indexeinträgen. Die entsprechende Menüfunktion setzt sie selbsttätig ein.

14.1 Feldfunktion und Feldergebnis

Mit Feldern ist es so ähnlich wie mit Dokumentvorlagen: Es gibt kein Entrinnen. Sie möchten doch auch eine Seitenzahl für Ihre Texte? Und Sie wollen die Seiten nicht eigenhändig durchnumerieren wie einst im Mai mit der guten, alten Schreibmaschine, sondern das soll Word gefälligst selber machen? Sehen Sie, dazu wird beispielsweise ein Feld verwendet.

Oder Datum und Uhrzeit, die sich höchst bequem über das Menü EINFÜGEN in den Text integrieren lassen. Auch hier sorgt eine Feldfunktion dafür, daß Sie – spätestens beim Druck – stets das aktuelle Datum erhalten.

Freilich bemerken Sie unter Umständen gar nicht, daß es sich um Felder handelt. Sie sind nämlich gut versteckt.

Funktionen oder Ergebnisse anzeigen

Felder zeigen sich in zweierlei Form:

▪► als Feldfunktion (eine Art Formel, Abbildung 14.2) und

▪► als Feldergebnis (das Resultat aus der Formel, Abbildung 14.1).

Wer schon einmal mit Tabellenkalkulationsprogrammen zu tun hatte, kennt das Prinzip. Auch da sieht man normalerweise nur die Zahlen und nicht die Formeln, aus denen sich die Zahlen errechnen.

Die Seitenzahl beispielsweise, die in einem Text auftaucht, ist ein Feld*ergebnis*. Hinter der Seitenzahl steckt eine Feld*funktion*. Sie ist normalerweise nur nicht slchtbar. Kann aber sichtbar gemacht werden, auf mannigfache Weise:

▪► In EXTRAS/OPTIONEN/*Ansicht* läßt sich mit dem Kontrollkästchen *Feldfunktionen* eine Grundeinstellung festlegen. Dann sind entweder die Feldergebnisse zu sehen (Vorgabe) oder die Feldfunktionen.

▪► Ebenfalls in EXTRAS/OPTIONEN/*Ansicht* gibt es das Auswahlfeld *Feldschattierung*. Hier bestimmen Sie, wann Feldfunktionen durch eine Schattierung hervorgehoben werden sollen: *Nie*, *Immer* oder nur *Wenn ausgewählt* (wenn also der Cursor auf einer Feldfunktion steht). Wenn Sie häufig mit Feldern zu tun haben, sollten Sie die Felder immer hervorheben lassen.

▪► Für ein einzelnes Feld kann mit ⟨⇧⟩+⟨F9⟩ zwischen Ergebnis- und Funktionsdarstellung gewechselt werden. Der Cursor muß sich dazu in diesem Feld befinden. Was ein Feld ist, kann freilich gar nicht so einfach festgestellt werden, wenn nur das Ergebnis zu sehen ist – es sei denn, die Feldfunktionen sind immer hervorgehoben.

▪► Steht der Cursor in einem Feld, können Sie mit Klick auf die rechte Maustaste ein Kontextmenü aktivieren und hier u.a. bestimmen, ob Feldfunktion oder Feldergebnis für diese eine Feldfunktion angezeigt werden soll. Dies entspricht ⟨⇧⟩+⟨F9⟩.

▪► Mit ⟨Alt⟩+⟨F9⟩ wird global im gesamten Text zwischen Feldfunktionen und Feldergebnissen hin- und hergeschaltet.

 ▪► In einem Menü ist die korrespondierende Funktion zu ⟨Alt⟩+⟨F9⟩ nicht vorgesehen. Der Word-Befehl »AnsichtFeldfunktionen« kann jedoch in eine Symbolleiste aufgenommen werden.

Ob Feldfunktion oder -ergebnis, kann für jedes Fenster individuell festgelegt werden. Sie können also das aktuelle Fenster teilen oder ein neues Fenster mit derselben Datei öffnen und einmal die Feldfunktionen, das andere mal die Feldergebnisse anzeigen.

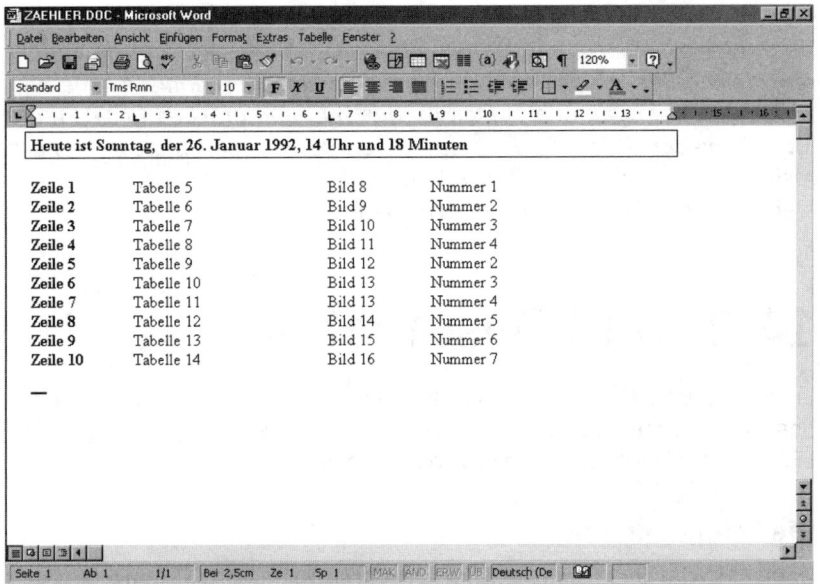

Abbildung 14.1:
Die Beispieldatei
ZAEHLER.DOC in
Ergebnis-
darstellung

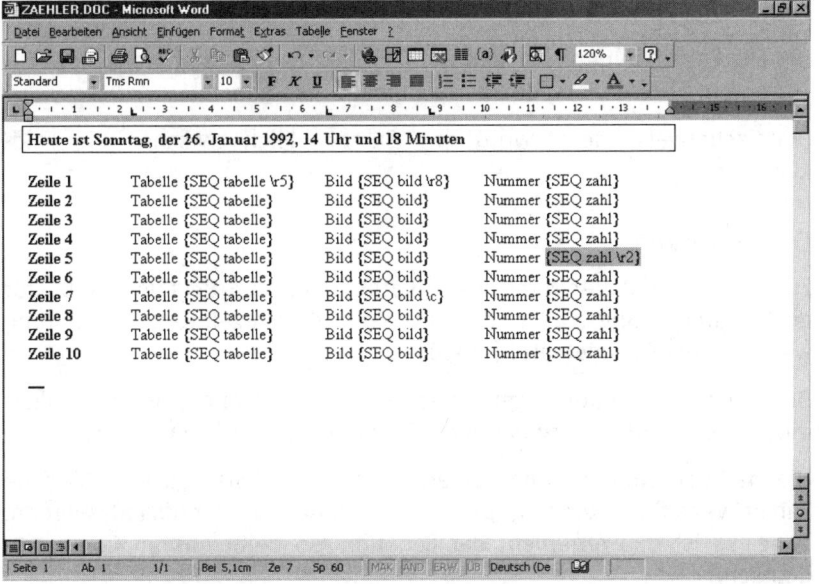

Abbildung 14.2:
Die gleiche Datei in
Funktions-
darstellung

Wenn Sie nach einem verborgenen Feld wie {XE} für Indexeinträge suchen, müssen Sie verborgenen Text sichtbar machen, sonst finden Sie nichts. Möchten Sie ein verborgenes Feld mit [F5] anspringen, bietet Word von sich aus an, den verborgenen Text sichtbar zu machen.

:-)
TIP

Um Felder komplett zu markieren, gibt es mehrere recht einfache Verfahren, gleichgültig, ob die Feldfunktionen oder deren Ergebnisse angezeigt werden: Sie bringen den Cursor vor das Feld und drücken ⇧+→. *Die Maus bewegen Sie am Feldanfang mit gedrückter linker Taste leicht nach rechts, und schon ist das ganze Feld markiert.* F11 *(Sprung zum nächsten Feld) markiert ebenfalls das Feld komplett.*

14.2 Feld-Bestandteile

Ein Feld setzt sich aus mehreren Bestandteilen zusammen, und um das besser verstehen zu können, sollten Sie in der Beispieldatei ZAEHLER.DOC die Feldfunktionen sichtbar machen.

Die Feldklammern

Das Feld wird insgesamt von geschweiften Klammern { } umschlossen. Das sind jedoch keine echten geschweiften Klammern, wie sie auch über die Tastatur eingegeben werden können; sie sehen nur so aus.

➡ Die Feldklammern **müssen** mit Strg+F9 eingefügt werden, sonst erkennt Word nicht, daß es sich um ein Feld handelt!

Praktischerweise setzt Word den Cursor gleich zwischen die Feldklammern.

Der Feldname

Zunächst kommt der Name der Feldfunktion, zum Beispiel {SEQ} für einen Numerierungszähler oder {Time} für die Uhrzeit (oder das Datum, wie Sie in der Beispieldatei sehen).

Bei vielen Feldfunktionen genügt das auch schon. Manche brauchen allerdings noch nähere Bestimmungen. Zum Beispiel {SEQ tabelle}.

Hier heißt der Numerierungszähler tabelle – weil Sie viele verschiedene Zähler verwalten können, muß jeder eindeutig identifiziert werden. tabelle ist das *Argument* der Funktion (so heißt das im Computerdeutsch).

Manche Argumente sind optional, das heißt wahlfrei; beispielshalber brauchen Sie für die Funktion {SEQ} nur dann ein Argument, wenn Sie tatsächlich mit mehreren Zählern arbeiten.

Andere Funktionen können ohne Argumente nicht existieren. Um etwa eine andere Datei oder eine Grafik in einen Text einzufügen, muß notwendigerweise gesagt werden, um welche Datei oder Grafik es sich handelt. Der Dateiname ist in diesem Fall das Argument.

Die Schalter

Viele Funktionen haben zudem Schalter als weitere Differenzierung der Aktion. Zum Beispiel verfügt in der Funktion {SEQ \r6} der Schalter \r6, daß die Numerierung bei 6 beginnen soll.

Bei {Time} bestimmen die Schalter, in welchem Format Zeit oder Datum angezeigt werden. Der Schalter \@ "tttt" beispielsweise zieht aus dem Datum nur den Wochentag heraus.

Schalter sind in der Regel optional, das heißt, sie können angegeben werden, müssen aber nicht. Es sei denn, man wünscht ein bestimmtes Ergebnis zu erhalten, etwa den Wochentag.

Die Schreibweise

Für die Schreibweise von Feldfunktionen müssen bestimmte Regeln eingehalten werden – peinlich genau:

- Beim Feldnamen spielen Groß- und Kleinschreibung keine Rolle. Word schreibt ihn in Großbuchstaben (wir halten es bei Listings oder Anweisungen genauso, zur besseren Unterscheidung von Argumenten), das muß aber nicht so sein.

- Die Schalter werden mit einem einfachen Backslash, dem umgekehrten Schrägstrich, angehängt: \r6.

- Die Schalter bestehen aus einem Code-Buchstaben, manche haben zusätzlich ebenfalls ein Argument. Bei \r6 ist \r der eigentliche Schalter, 6 dessen Argument. Schalter und Argument müssen nicht unmittelbar aufeinander folgen, zwischen beiden dürfen Leerzeichen sein – auch mehrere.

  Wie Sie am Beispiel {Time} sehen, besteht der Schalter hier aus dem Zeichen @. Das ist ein allgemeiner Schalter, der das Zeit- und Datumsformat bestimmt. Einen ähnlichen allgemeinen Schalter für Zahlenformate werden sie noch kennenlernen. Diese allgemeinen Schalter können überall dort verwendet werden, wo Zeit-/Datumswerte (oder für die Zahlenformate eben Zahlenwerte) anfallen.

- Bei manchen Funktionen ist eine Pfadangabe erforderlich. (Ein Pfad ist der genaue Speicherort einer Datei, bestehend aus Laufwerk und Verzeichnissen.) Die Funktion {IncludePicture} fügt eine Grafik ein und muß daher wissen, wo sie gespeichert ist und wie sie heißt. In Pfadangaben, so ist man's von der DOS-Ebene gewohnt, verwendet man den einfachen Backslash. Felder verlangen hier jedoch die doppelte Ausführung:

```
{IncludePicture "c:\\winword\\beispiel\\bild.tif"}
```

Das ist nötig, weil den einfachen Backslash die Schalter für sich reserviert haben. Und die brauchen den umgekehrten Schrägstrich, also den Backslash, und nicht den normalen, weil der wiederum der allgemein gebräuchliche Operator für eine Division ist. So folgt eines aus dem andern ...

➡ Manche Argumente müssen von Anführungszeichen umschlossen werden. Faustregel: Immer dann, wenn es sich um Text handelt und wenn der aus mehr als einem Wort besteht.

Schon gemerkt? Wenn Sie die Feldfunktionen sichtbar machen und zudem die nicht druckbaren Zeichen, sind die Feldklammern mit einem gerasterten Rahmen umgeben. Damit auch jeder sieht, daß das keine normalen Zeichen sind.

Die Syntax

Im Referenzteil dieses Buches sind in Kapitel A, »Feldfunktionen«, S. 985, sämtliche Feldfunktionen aufgeführt, und angegeben ist jeweils die richtige Syntax. Die Syntax beschreibt in allgemeiner Form, welche Argumente und Schalter eine Funktion haben kann oder haben muß und wie sie geschrieben werden müssen.

Das sieht etwa so aus:

```
{AutoText Textbausteinname}
{SEQ Zähler [Schalter]}
```

Zwischen eckigen Klammern stehen die optionalen Bestandteile: solche, die die Funktion näher bestimmen, die aber nicht unbedingt sein müssen.

Unerläßlich nötige Argumente wie bei der Funktion {AutoText} haben keine eckigen Klammern.

[Schalter] bedeutet, daß mehrere Schalter vorhanden sind; sie werden dann im Referenzteil einzeln aufgeführt.

14.3 Felder einfügen

Felder werden manuell eingefügt oder in einem Menü ausgewählt. Manu-
ell geht es manchmal schneller, wenn man die erforderliche Funktion
samt Syntax im Kopf hat und Tipparbeit nicht scheut:

EINFÜGEN/FELD

■➤ Sie drücken ⌈Strg⌉+⌈F9⌉. Word fügt die geschweiften Klammern ein
und setzt den Cursor gleich dazwischen. Und Sie geben ein, was für
die Funktion nötig ist.

Ist etwas markiert, wenn Sie ⌈Strg⌉+⌈F9⌉ für die Feldklammern drücken,
wird die Markierung zwischen die Feldklammern gestellt. Genauer
gesagt: ausgeschnitten und zwischen den Feldklammern wieder einge-
fügt.

Bequemer und sicherer ist die Auswahl mit EINFÜGEN/FELD:

■➤ In *Feldnamen* wählen Sie die Funktion aus. Sie können die Auswahl
zuvor auch durch bestimmte *Kategorien* gezielt eingrenzen.

■➤ Der Funktionsname erscheint daraufhin im Eingabefeld *Feld-*
funktionen. Darüber steht die Syntax, darunter eine knappe Erklä-
rung.

■➤ Sie gehen mit dem Cursor in das Eingabefeld und fügen dem Funk-
tionsnamen die Argumente hinzu, sofern das nötig ist.

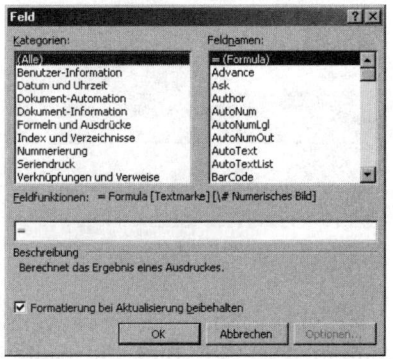

Abbildung 14.3:
Feldnamen
auswählen

■➤ Wenn die Funktion Schalter verwendet oder Argumente braucht, kön-
nen Sie mit OPTIONEN zu diesen weiterblättern. Je nach Funktion kön-
nen Sie wählen zwischen allgemeinen (z.B. dem Datumsformat) und
spezifischen Schaltern. Manchmal ist noch eine weitere Registerkarte
vorhanden. Zum Beispiel können Sie bei {StyleRef}, das sich auf

Formatvorlagen bezieht, gleich die gewünschte Formatvorlage auswählen, bei anderen eine Textmarke.

☞ Sie wählen von den Schaltern, was Sie benötigen. Mit der Schaltfläche HINZUFÜGEN wird der markierte Schalter der Funktion im Eingabefeld angehängt.

☞ Die Option *Formatierung bei Aktualisierung beibehalten* im Hauptfenster von EINFÜGEN/FELD hängt den Formatschalter *Format-
Verbinden an, mit dem die Formatierung eines Feldes beeinflußt
wird. Was er genau bewirkt, erfahren Sie weiter hinten in diesem
Kapitel.

Abbildung 14.4:
Allgemeine
Schalter für die
Feldfunktion

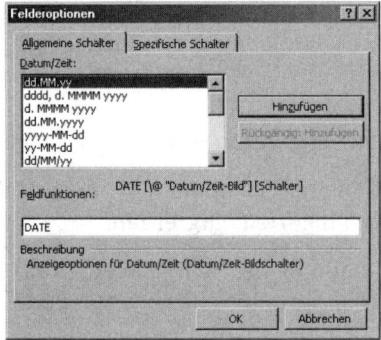

Abbildung 14.5:
Spezifische
Schalter für die
Feldfunktion

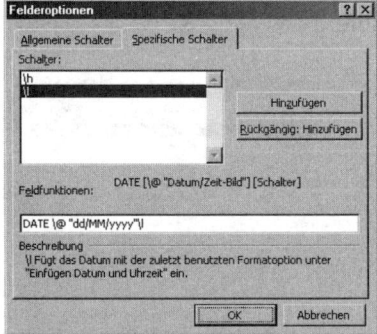

Für drei besonders häufig verwendete Funktionen, nämlich für das Tagesdatum, die Zeit und die Seitenzahl, existieren Tastenkürzel (siehe
Tabelle 14.2 auf Seite 209). Allerdings nimmt Word als Formate Stan-
dardvorgaben.

Tabelle 14.1:
Shortcuts für Felder

Taste	Bedeutung
`F9` `Alt`+`⇧`+`U`	Feld aktualisieren
`Strg`+`F9`	Feld einfügen
`⇧`+`F9`	Umschalten zwischen der Anzeige von Feldfunktion und Ergebnis (aktuelles Feld)
`Alt`+`F9`	Umschalten zwischen der Anzeige von Feldfunktion und Ergebnis (alle Felder)
`⇧`+`Strg`+`F9` `Strg`+`6`	Feldfunktion durch das Ergebnis ersetzen
`⇧`+`Alt`+`F9`	Feldaktion ausführen
`F11`	Zum nächsten Feld springen
`⇧`+`F11`	Zum vorigen Feld springen
`Strg`+`F11` `Strg`+`3`	Feld sperren (keine Aktualisierung)
`Strg`+`⇧`+`F11` `Strg`+`4`	Feldsperre aufheben
`Strg`+`⇧`+`F7`	Quelle aktualisieren

Tabelle 14.2:
Shortcuts für
Datum, Zeit und
Seite

Tasten	Bedeutung
`Alt`+`⇧`+`D`	Datum-Feld einfügen. Format: tt.MM.jj Beispiel: 15.01.97
`Alt`+`⇧`+`T`	Zeit-Feld einfügen. Format: HH:mm Beispiel: 10:26
`Alt`+`⇧`+`P`	Seite-Feld einfügen.

Felder bearbeiten

Was zwischen den geschweiften Klammern steht, ist wie Text und läßt sich als solcher bearbeiten. Zum Beispiel, um ein Argument zu verändern. Daß hierbei auf die Anzeige der Feld*funktionen* umgeschaltet werden muß, versteht sich.

Auch das Ergebnis einer Feldfunktion ist Text und steht zur Änderung offen. Die Änderung bleibt jedoch nur so lange erhalten, bis das Feld aktualisiert wird.

Beispiel: Sie haben aus Versehen das Datumsformat erwischt, welches den Monatsnamen auf die ersten drei Buchstaben abkürzt – »15. Jan. 97«. Sie sind zu faul, das Schalterargument zu wechseln und fügen – in der Ergebnisdarstellung – dem »Jan« sein »uar« hinzu. »Januar« bleibt – bis Sie das Feld aktualisieren. Dann wird wieder »Jan« daraus.

14.4 Felder aktualisieren

Felder sind vielfach nur Verweise. Zum Beispiel auf das Tagesdatum. Wenn Sie die Datei zwei Tage später aufrufen, stimmt das Datum nicht mehr. So geht es Ihnen beispielshalber, wenn Sie die Übungsdatei ZAEH-LER.DOC öffnen.

Word aktualisiert von sich aus die Ergebnisse von Feldfunktionen nicht. Das alte Datum bleibt. Genauso bleibt das Ergebnis einer Berechnung, obschon sich die zugrundeliegenden Werte geändert haben.

Regel mit Ausnahmen

Dieses sture Festhalten an dem einmal angezeigten Ergebnis wird nur bei bestimmten Funktionen durchbrochen. Zum Beispiel werden alle Numerierungsarten fortlaufend aktualisiert – Seitenzahlen etwa oder die Numerierung einer Gliederung.

Viele andere Felder, zum Beispiel Querverweise oder Verweise auf Formatvorlagen, werden automatisch aktualisiert, sobald man in die Layout-Ansicht schaltet.

Ansonsten aber müssen Sie selber dafür sorgen, daß das aktuelle Ergebnis einer Funktion angezeigt wird.

➡ Sie müssen dazu den Cursor in/auf ein Feld bringen und F9 drücken oder im Kontextmenü FELD AKTUALISIEREN wählen. Nur dieses eine Feld wird damit aktualisiert, alle anderen nicht.

➡ Da einem Text in Ergebnisdarstellung nicht anzusehen ist, ob er eine Feldfunktion als Grundlage hat (außer, Sie lassen die Feldfunktionen hervorheben), können Sie mit F11 zum nächsten Feld springt, mit ⇧+F11 zum vorigen.

➡ Sie können auch nach einem Feld suchen (unter SONSTIGES den richtigen Code auswählen) oder mit F5 Felder anspringen – entweder ein beliebiges Feld oder ein ganz bestimmtes. Auch verborgene Felder wie für Indexeinträge können damit angesprungen werden.

- Um alle Felder global zu aktualisieren, markieren Sie das ganze Dokument mit `Strg`+`A` und drücken dann `F9`.

- Beim Druck können Sie wählen, ob die Felder aktualisiert werden sollen oder nicht (siehe Kapitel 16, »Drucken«, S. 267). Aktualisiert werden sie sowohl auf dem Ausdruck als auch im Text. Vorgabe ist, daß sie **nicht** aktualisiert werden.

Die Felder `{Time}`, `{Date}`, `{PrintDate}` *oder* `{StyleRef}` *werden immer aktualisiert, unabhängig von der Druckeinstellung.*

`:-)`
TIP

Daß die Feldaktualisierung verhältnismäßig viel Umstand bereitet, mag manchmal lästig sein (und in der Tat wäre eine zuschaltbare Funktion wünschenswert, die beim Öffnen einer Datei global aktualisiert).

Auf der anderen Seite jedoch erlaubt das einen flexiblen Umgang mit Feldern. Es werden nur die Felder aktualisiert, die Sie aktualisiert haben möchten – von den erwähnten Ausnahmen abgesehen.

Felder sperren

Sonst müßten Sie immer tun, was Sie so nur von Fall zu Fall zu tun brauchen: Felder vor der Aktualisierung zu bewahren.

- `Strg`+`F11` oder `Strg`+`3` sperrt ein Feld, eine Aktualisierung unterbleibt.

- `⇧`+`Strg`+`F11` oder `Strg`+`4` hebt die Sperre wieder auf.

Funktion durch Ergebnis ersetzen

Ein – gar nicht mal so konstruiertes – Beispiel, wann ein Feld nicht aktualisiert werden soll: Sie möchten Ihren Arbeitsbeginn festhalten und fügen deshalb die aktuelle Zeit ein. Welche Tragik, wenn das laufend aktualisiert würde!

Freilich können Sie solche Ängste von vornherein ausschließen, wenn Sie die Feld*funktion* dauerhaft durch ihr Feld*ergebnis* ersetzen. Das geht so:

- Sie bringen den Cursor in das Feld.

- Sie drücken `Strg`+`⇧`+`F9` oder `Strg`+`6`.

Aus einem Feld wird normaler Text, der mithin bleibt, wie er ist und nicht mehr aktualisiert werden kann. Für das Zurück zur Feldfunktion gibt es allerdings keine Funktion. Sie können die Aktion während der laufenden Arbeitssitzung höchstens rückgängig machen.

> $\boxed{\text{Strg}}$+$\boxed{\Uparrow}$+$\boxed{\text{F9}}$ *ersetzt das Feld durch das letzte Ergebnis der Funktion. Und das letzte muß nicht immer das aktuellste sein. Deshalb vor der Umwandlung mit* $\boxed{\text{F9}}$ *aktualisieren!*

14.5 Einige Feldfunktionen im Detail

Viele Feldfunktionen, die meisten sogar, werden dort erörtert, wo sie thematisch hingehören, zum Beispiel in Kapitel 21, »Listen, Numerierungen, Aufzählungen«, S. 361, in Kapitel 25, »Textmarken und Querverweise«, S. 465, in Kapitel 18, »Kopf- und Fußzeilen«, S. 299 – fast in jedem Kapitel werden Sie über Feldfunktionen stolpern.

Auf einige andere Funktionen, die sich der Systematik entziehen, möchte ich im folgenden eingehen, auch, um Ihr Verständnis von Feldern zu vertiefen.

Abbildung 14.6: Die Beispieldatei FELDBEISPIEL.DOC in ihrem Urzustand

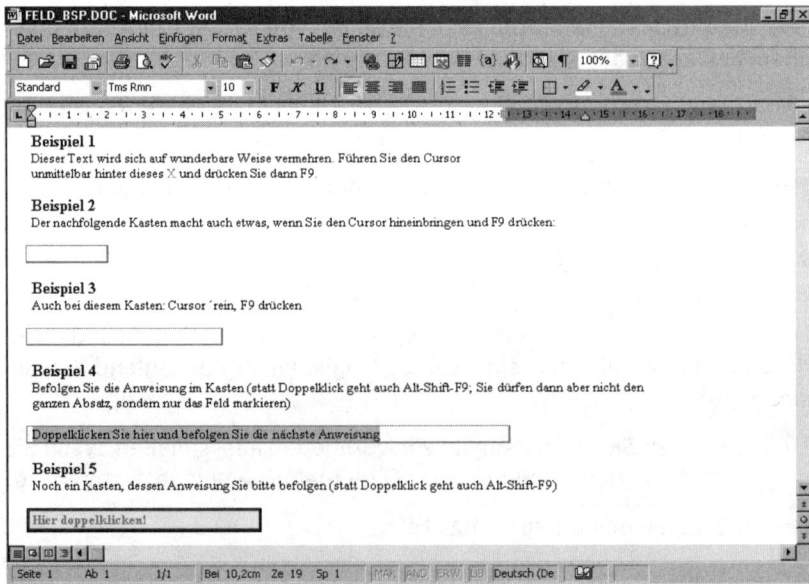

Die Beispiele sind in der Übungsdatei FELDBEISPIEL.DOC enthalten. Um auch ein bißchen Spaß zu haben, sollten Sie jedoch die Gebrauchsanweisungen im Text befolgen.

Öffnen Sie die Datei, schalten Sie um auf Ergebnisdarstellung (sehr wichtig, weil sonst die Feldfunktionen nicht das tun, was sie tun sollen), und machen Sie genau, was die Texte vorschreiben.

In den nachstehenden Abschnitten werden die einzelnen Funktionen erläutert, unter Bezug auf die Beispieldatei.

Die Beispieldatei ienthält AutoText und Makros. Beispiel 5 funktioniert nicht, wenn Sie makros gesperrt haben. Lösen Sie die Sperre mit EXTRAS/ MAKRO/SICHERHEIT *und* NIEDRIG.

Text einfügen

Das Einfügen ist eine wesentliche Aufgabe von Feldern. Zum Beispiel können damit Seitenzahlen integriert werden oder Informationen aus der Datei-Info. {REF}, sehr häufig benötigt, fügt den Inhalt einer Textmarke ein, {PageRef} deren Seitenzahl.

Man kann aber auch einen vorgegebenen Text einfügen (Beispiel 1) mit der Funktion

    {QUOTE "Text"}

Was Sie als »Text« schreiben, wird an dieser Stelle eingefügt, sobald das Feld aktualisiert wird.

Auf ähnliche Weise kann man auch einen AutoText (Textbaustein) holen (Beispiel 2):

    {AUTOTEXT Textbaustein}

Oder in Beispiel 3 einen ganzen Absatz. Das ist, wie Sie sehen, der erste Absatz dieser Datei. Verantwortlich ist die Funktion

    {StyleRef Formatvorlage}

Sie schaut nach dem nächstgelegenen Absatz mit der angegebenen Formatvorlage, in Beispiel 3 nach einem Absatz mit dem Format »Holen«. Gliederungsüberschriften kann man übrigens bequem mit ihren Nummern (1–9) ansprechen und braucht den Formatnamen nicht auszuschreiben.

Feldaktionen

Die Tastenkombination $\boxed{\text{Alt}}$+$\boxed{\text{û}}$+$\boxed{\text{F9}}$ (oder ein Doppelklick im Feld) löst eine Feldaktion aus. Das geht nur bei bestimmten Feldern. Hier funktioniert dann die Aktualisierungstaste $\boxed{\text{F9}}$ nicht.

Probieren Sie es mal mit Beispiel 4. Nach Doppelklick auf diesen Kasten springen Sie an das Ende der Datei und mit nochmaliger Feldaktion zurück zum Ausgangspunkt.

Die Funktion dafür ist, in allgemeiner Form:

> {GOTOBUTTON Anweisung Anzeigetext}

In der Praxis sieht das dann so aus:

> {GOTOBUTTON sprung Doppelklicken Sie hier und befolgen
> Sie die nächste Anweisung}
> {GOTOBUTTON zurück Nochmals Doppelklick, und Sie kom-
> men an den Ausgangsort zurück}

Abbildung 14.7:
Ein Blick hinter die
Kulissen. Das sind
die Feldfunktionen,
die für Action
sorgen

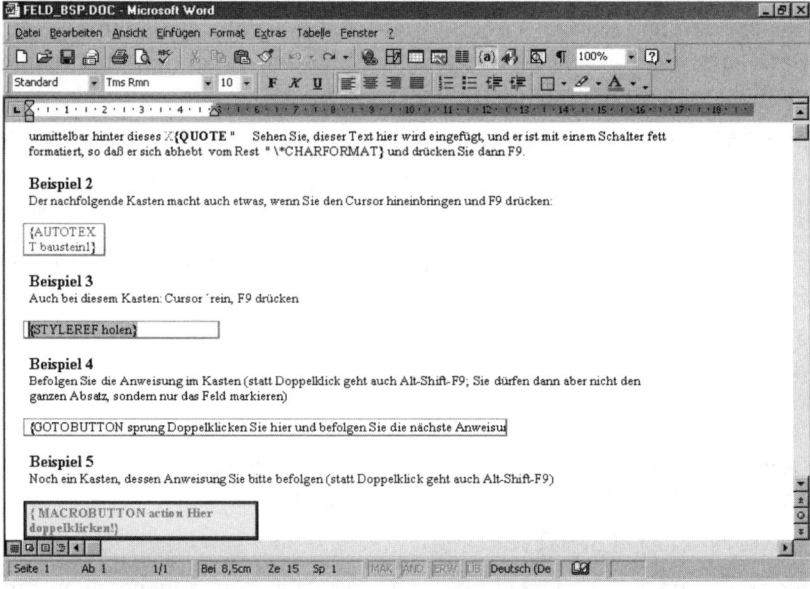

In unserem Fall wurde jeweils eine Textmarke als Sprungadresse definiert (»sprung« und »zurück«); statt dessen kann all das angesprungen werden, was sich mit BEARBEITEN/GEHE zu oder $\boxed{\text{F5}}$ erreichen läßt (siehe Kapitel 10, »Arbeit am Text«, S. 125).

Der Anzeigetext ist das, was Sie in den Kästen lesen: die Gebrauchsanweisung. Der Anzeigetext darf ausnahmsweise keine Anführungszeichen haben, und er muß in eine Zeile passen.

Etwas ähnliches ist auch Beispiel 5. Zumindest die Syntax ist ähnlich:

```
{MACROBUTTON Makroname Anzeigetext}
```

Damit wird ein Makro abgerufen, und das tut nun etwas. In unserem Beispiel ist das reine Spielerei, aber es könnte ja auch etwas Sinnvolles unternehmen.

Jede Menge Informationen

Viele Feldfunktionen dienen dazu, Informationen abzurufen. Die sind jetzt nicht in der Beispieldatei enthalten, Sie müßten das bitte selber ausprobieren. Eine kleine Auswahl (Beschreibungen finden Sie im Referenz-Kapitel 64, »Feldfunktionen«):

■➤ {FileName} – der Name des aktuellen Dokuments, mit oder ohne Pfad. Ähnlich ermittelt {Template} die verwendete Vorlage.

■➤ {FileSize} – in Byte, Kilobyte oder Megabyte. Andere statistische Angaben sind {NumPages}, {NumWords} oder {NumChars}.

■➤ Aus der Zusammenfassung der Dateieigenschaften läßt sich alles herausziehen: {Author}, {LastSavedBy}, {Comments}, {Title}, {Subject}, {Keywords} – und nicht nur herausziehen, sondern auch ändern, soweit möglich.

14.6 Felder formatieren

Felder lassen sich formatieren wie jeder andere Text. Wobei hier zwischen Ergebnis und Funktion differenziert werden muß:

■➤ Wird nur ein Teil des Felder*gebnisses* formatiert, wird die Formatierung bei der nächsten Aktualisierung aufgehoben.

■➤ Wird ein Teil der Feld*funktion* formatiert, bleibt die Formatierung auch nach einer Aktualisierung erhalten.

Beispiel: In einem Datum möchten Sie den Monat kursiv hervorheben. Sie schalten in die Funktionsanzeige um und formatieren im Schalter, der das Datumsformat bestimmt, den Monatsteil:

```
{DATE \@ "tt. MMMM jjjj"}
```

Das Datum erscheint nun so:

28. *August* 1999

So bleibt es auch, wenn Sie mit [F9] aktualisieren. Sie könnten aber statt dessen auch das *Ergebnis* formatieren. Bei einer Aktualisierung verschwindet der kursive Teil wieder. Er bleibt hingegen, wenn Sie die Feldfunktion mit [⇧]+[Strg]+[F9] in ihr Ergebnis umwandeln.

Ansonsten markieren Sie das komplette Feld und formatieren es alsdann. Dabei ist es oftmals einfacher, die Funktion zu markieren, nicht das Ergebnis. Wenn Sie etwa mit {IncludeText} eine andere Datei integrieren, kann die sehr lang sein. Die Feldfunktion indes umfaßt nur ein paar Zeichen.

Der Schalter »Zeichenformat«

Mit zwei speziellen Schaltern, die jeder Funktion angehängt werden können, läßt sich die Formatierung noch auf andere Weise beeinflussen.

Der Schalter *Zeichenformat bestimmt die Zeichenformatierung des Feldergebnisses (z.B. Fett, Kursiv, Schriftart). Entscheidend für das Ergebnis ist die Formatierung des **ersten** Zeichens nach der öffnenden Klammer.

*Zeichenformat betrifft immer das gesamte Feld, auch wenn es nach einer Feldaktualisierung länger wird. Das unterscheidet diesen Schalter von *Formatverbinden.

Beispiel: Wenn Sie in der Feldfunktion

{=35 *Zeichenformat}

das Gleichheitszeichen fett auszeichnen, wird das Ergebnis (35) ebenfalls fett. Und es bleibt fett, wenn ein neues Ergebnis länger wird, weil z.B. eine Zahl addiert wird:

{=35+122 *Zeichenformat}

Der Schalter »Formatverbinden«

Der Schalter *Formatverbinden entfaltet seine Wirkung nach einer Feldaktualisierung. Dies entspricht der Option FORMATIERUNG BEI AKTUALISIERUNG BEIBEHALTEN im Menü EINFÜGEN/FELD. Damit wird die vorherige Formatierung des Feldes Wort für Wort übernommen.

Oder Zentimeter für Zentimeter. Bei einer Grafik zum Beispiel, die in der Größe verändert wurde (siehe Kapitel 48, »Grafiken«, S. 725). Ohne Schalter oder mit *Zeichenformat springt sie nach einer Aktualisierung zu ihrer ursprünglichen Größe zurück. *Formatverbinden verhindert das.

War keine spezielle Formatierung vorhanden, ist *Formatverbinden gleichbedeutend mit *Zeichenformat: Das erste Zeichen nach der Klammer gilt. Ist nach der Feldaktualisierung das neue Ergebnis länger als das alte, wird für den Zusatz die Formatierung nicht übernommen.

Beispiel: Sie definieren eine Textmarke, rufen sie ab und formatieren das Ergebnis kursiv:

```
{SET marke allevögelsindschonda}
{REF marke \*Formatverbinden}
allevögelsindschonda
```

Dann ändern Sie die Textmarke, aktualisieren die Felder und bekommen dieses Ergebnis:

```
{SET marke "alle vögel sind schon da"}
{REF marke \*Formatverbinden}
alle vögel sind schon da
```

Sie sehen hier übrigens auch den Gebrauch von Anführungszeichen. Im ersten Beispiel sind sie nicht notwendig, weil das Argument nur aus einem Wort besteht. Sind es mehrere Wörter wie im zweiten Fall, müssen die Anführungszeichen sein.

In EXTRAS/OPTIONEN/Allgemein kann man veranlassen, daß Verknüpfungen zu Grafiken beim Öffnen einer Datei automatisch aktualisiert werden. Andere Felder im Dokument betrifft das dann nicht. Bei solchen Verknüpfungen sucht Word nach den Originaldateien, ebenso, wenn beim Druck die Felder aktualisiert werden. Sind sie im angegebenen Verzeichnis nicht enthalten, wird beispielsweise die Grafik »ersetzt« durch eine Fehlermeldung. Sie können das umgehen, wenn Sie die Felder sperren.

14.7 Formate für Schreibweisen

Wenn das Ergebnis einer Funktion ein Text ist (zum Beispiel eine Textmarke oder eine in Text umgewandelte Zahl), können Sie durch Schalter dessen Schreibweise festlegen (Tabelle 14.3 auf Seite 218).

Einige Beispiel zeigen Ihnen, wie das funktioniert (Tabelle 14.4 auf Seite 218). Dabei wird zunächst mit {SET} eine Textmarke definiert, die dann mit {REF} abgerufen und formatiert wird.

Tabelle 14.3: Schalter für Schreibweisen	Schalter	Bedeutung
	* Grossbuchstaben	Alles in Großbuchstaben.
	* Kleinbuchstaben	Alles in Kleinbuchstaben.
	* SatzanfangGross	Beginnt das erste Wort mit einem Großbuchstaben.
	* Initial	Beginnt jedes Wort mit einem Großbuchstaben.

Tabelle 14.4: Beispiele für Schreibweisen	Feldfunktion	Ergebnis
	{SET Sum marke "Karl May"}	
	{REF marke * Grossbuchstaben}	KARL MAY
	{REF marke * Kleinbuchstaben}	karl may
	{REF marke * SatzanfangGross}	Karl may
	{REF marke * Initial}	Karl May

14.8 Zahlenformate

Schalter dienen auch dazu, Zahlen zu formatieren oder in Text umzuwandeln. Das kann man für vielerlei Gelegenheiten brauchen, zum Beispiel für Seitenzahlen in Kopf- und Fußzeilen. Oder für Scheckvordrucke – Word nimmt Ihnen die Arbeit ab, den Betrag in Worten zu schreiben.

Tabelle 14.5 auf Seite 219 führt sämtliche Zahlenformate auf. In der Übungsdatei Z_FORMAT.DOC finden Sie Beispiele dafür und können nach Herzenslust experimentieren, ohne viel schreiben zu müssen.

Prinzipiell kann die Formatierung oder Umwandlung auf jede Zahl angewendet werden, auch auf das Ergebnis von Berechnungen. Bei einigen Umwandlungen sind jedoch Obergrenzen gesetzt. Sie sind ebenfalls der Tabelle 14.5 auf Seite 219 zu entnehmen.

*Alphabetisch *und* *Römisch *gibt es mit großen und kleinen Anfangsbuchstaben. Für das Zahlenformat ist das von entscheidender Bedeutung. Bei allen anderen Schaltern ist die Schreibweise gleichgültig.*

Schalter	Bedeutung
* Arabic	Arabische Zahlen (1 2 3) Grenzwert: keiner
* ALPHABETIC	Großbuchstaben (A B C) Grenzwert: 780
* alphabetic	Kleinbuchstaben (a b c) Grenzwert: 780
* ROMAN	Größe römische Zahlen (I II III) Grenzwert: 3.999
* roman	Kleine römische Zahlen (i ii iii) Grenzwert: 3.999
* CardText	Zahl als Text (Eins Zwei Drei) Grenzwert: 999.999
* OrdText	Ordnungszahl als Text (Erste Zweite Dritte) Grenzwert: 999.999
* Ordinal	Ordnungszahl, arabisch (1. 2. 3.) Grenzwert: keiner
* Hex	Hexadezimalwert einer Zahl (1E) Grenzwert: 32.767
* DollarText	{=25,60 * Währungstext} = fünfundzwanzig und 60/100 Grenzwert: 999.999

Tabelle 14.5:
Zahlenformate

14.9 Nummernbilder

Mit Feldfunktionen kann man auch rechnen – und wie (siehe Kapitel 27, »Rechnen«, S. 487)! Die Ergebnisse lassen sich in einem bestimmten Nummernbild darstellen. Zum Beispiel wird damit die Anzahl der Dezimalstellen festgelegt oder es wird definiert, in welcher Form negative Zahlen erscheinen sollen. Word befolgt bei den Nummernbildern weitgehend die gleichen Konventionen wie Excel, bietet aber nicht so viele Möglichkeiten.

Natürlich lassen sich Nummernbilder auf alle Zahlenwerte anwenden. Sinnvoll ist es jedoch nur bei Berechnungen; eine Seitenzahl mit Nachkommastellen wirkt schon etwas seltsam.

➤ Den Nummernbildern muß der Schalter \# vorangesetzt werden.

➤ Das Nummernbild selbst wird aus verschiedenen Symbolen zusammengesetzt, die in Tabelle 14.6 auf Seite 220 aufgelistet sind.

Code	Bedeutung
0	Platzhalter für eine Ziffer. Angezeigt werden nur so viele Ziffern, wie 0 vorhanden. Notfalls wird mit 0 aufgefüllt oder Dezimalstellen werden aufgerundet.
#	Platzhalter für eine Ziffer. Es wird aber nicht mit 0 aufgefüllt.
X	Beschneidet die Ziffer von links gemäß dem Nummernbild, wenn X an erster Stelle steht. X rechts des Kommas rundet notfalls auf.
,	Dezimalkomma
.	Tausenderpunkt
–	Minus-Zeichen
+	Plus-Zeichen
positiv;negativ	Unterschiedliche Nummernbilder für positive und negative Werte.
positiv;negativ;Null	Unterschiedliche Nummernbilder für positive, negative Werte und Nullwerte.
(Text)	Text, der in das Nummernbild eingeschlossen wird (z.B. Währungssymbol). Dann muß das gesamte Nummernbild angeführt werden.
`Reihenfolge`	Die Nummer des vorhergehenden {SEQ}-Feldes oder einer Beschriftung. Muß von Accents grave eingeschlossen werden: {=SUM(A1:D4) \# "##0,00 aus der Auflistung `tabelle`"}

■► Das Nummernbild muß vollständig von Anführungszeichen umschlossen werden, wenn sich auch Text darin befindet. Ohne Text können die Anführungszeichen unterbleiben.

In der Übungsdatei Z_FORMAT.DOC finden Sie einige Beispiele für Experimente. Die Tabelle 14.7 auf Seite 221 zeigt Ihnen Beispiele für Nummernbilder und ihre Auswirkung auf Zahlen.

■► 0 ist Platzhalter für eine Ziffer. Und zwar entscheidet er letztlich, zusammen mit dem Dezimalkomma, über die Dezimalstellen. Die Anzahl von 0 bestimmt die Anzahl der Dezimalstellen; notfalls wird aufgerundet oder mit Nullen aufgefüllt. Aufgefüllt wird auch links des Kommas. Vor dem Dezimalkomma sollten Sie immer 0 stehen haben, sonst wird bei Zahlen kleiner als 1 keine Null vor dem Komma dargestellt.

► # ist auch Platzhalter für eine Ziffer. Es wird aber nicht mit Nullen aufgefüllt, wenn links oder rechts vom Komma weniger Ziffern vorhanden sind.

► X schneidet Ziffern ab. Steht X an erster Stelle, werden vor dem Komma nur soviel Ziffern dargestellt, wie das Nummernbild aufweist; die Ziffern davor fallen unter den Tisch. Rechts des Kommas bestimmt X ebenfalls die Anzahl der Ziffern, aber es wird auf- oder abgerundet.

► – und + erzwingen die Darstellung dieser Zeichen. Z.B. , wenn positive und negative Zahlen auszuweisen sind. Negative Zahlen können Sie aber beispielsweise auch in Klammern setzen.

► Für positive Zahlen, negative Zahlen und Nullwerte können Sie je eigene Nummernbilder festlegen. Sie müssen dann durch ein Semikolon getrennt werden.

Ausgangszahl	567	–567	0,567
Nummernbild	Zahlendarstellung		
0	567	-567	1
0,00	567,00	-567,00	0,57
0,000	567,000	-567,000	0,567
+0,00;–0,00	+567,00	–567,00	+0,57
0,00;(0,00)	567,00	(567,00)	0,57
#.##0	567	- 567	1
#.##0,00	567,00	- 567,00	0,57
"#.##0,00 DM"	567,00 DM	- 567,00 DM	0,57 DM
#.##0;–#.##0	567	– 567	1
0%	567%	-567%	1%
0,00%	567,00%	-567,00%	0,57%
x#	67	67	1
0,xx	567,	-567,	0,57

Tabelle 14.7:
Beispiele für Nummernbilder

Tabelle 14.7 zeigt einige Anwendungen dieser Nummernbilder. Wenn Sie die Tabelle genau betrachten oder selbst mit Nummernbildern experimentieren, wird Ihnen einiges auffallen.

Vor allem der Platzhalter # hat so seine Tücken. Vor positive Zahlen setzt er Leerzeichen, und zwar so viele, bis das Nummernbild quasi aufgefüllt ist. Deshalb stehen die Zahlen auch nicht korrekt linksbündig untereinander.

:-)
TIP

Wem bei negativen Zahlen der normale Bindestrich zu kurz ist, kann ihn durch den – in diesem Fall typographisch auch korrekten – Gedankenstrich ersetzen (Strg+- im Zehnerblock). Allerdings geht das nur in einem Nummernbild, das negative Zahlen definiert. Als Minuszeichen vor der Zahl selbst wird der Gedankenstrich nicht akzeptiert

14.10 Datums- und Zeitformate

Die Schreibweise eines Datums – etwa 11.1.99 oder 11. Januar 1999 – läßt sich ebenfalls mit einem Schalter bestimmen. Er wird, mit \@ eingeleitet, der Feldfunktion angehängt und setzt sich aus verschiedenen Komponenten zusammen, die in Tabelle 14.8 auf Seite 223 aufgeführt sind.

Über die Symbole im Kopf-/Fußzeilenmodus oder bei den Tastenkombinationen fügt Word für das Datum (Alt+⇧+D) die Feldfunktion {Date} ein, für die Zeit (Alt+⇧+T) die Feldfunktion {Time}. Wenn man das Datum (oder die Zeit) mit den Schaltern formatiert, kann man beide Feldfunktionen synonym verwenden. Aus dem Datum läßt sich auch die Zeit, aus der Zeit das Datum extrahieren.

Die Schalter lassen sich beliebig kombinieren, auch die Reihenfolge steht Ihnen frei. Die gebräuchlichsten Kombinationen können auch mit EINFÜGEN/FELD als *Allgemeine Schalter* ausgewählt werden. Und auch EINFÜGEN/DATUM UND UHRZEIT hängt sie an, wenn man für *Als Feld einfügen* votiert.

- Der gesamte Komplex (ohne \@) muß zwischen Anführungszeichen stehen.

- Sie können andere Zeichen dazwischen setzen, zum Beispiel Punkte oder Doppelpunkte.

- Der Code »M« für den Monat muß groß geschrieben werden, zur Unterscheidung vom Code »m« für Minuten. Bei den Stunden entscheidet die Schreibweise über das 12-Stunden- (»h«) oder das 24-Stunden-Format (»H«). Die Schreibweise der anderen Schalter ist ohne Belang.

▆► »tt.MM.jj« bzw. »HH.mm:ss« ist das Standardformat, wenn nichts anderes angewiesen ist. Das ist zu ändern mit der Windows-Systemsteuerung (Ländereinstellungen).

▆► Sie sollten keinen Text einschließen, der die Buchstaben T, M, S, J oder H enthält. Word setzt sonst an deren Stelle unerbittlich den Datums- oder Zeitwert.

Code	Bedeutung
t	Tag ohne führende Null bei einstelligen Ziffern
tt	Tag mit führender Null bei einstelligen Ziffern
ttt	Wochentag als Text, auf drei Buchstaben abgekürzt
tttt	Wochentag ausgeschrieben
M	Monat in Zahlen, ohne führende Null
MM	Monat in Zahlen, mit führender Null
MMM	Monat als Text, auf drei Buchstaben abgekürzt
MMMM	Monat als Text, ausgeschrieben
jj	Jahr, zweistellig
jjjj	Jahr, vierstellig
h	Stunde ohne führende Null (amerikanisches 12-Stunden-Format)
hh	Stunde mit führender Null (amerikanisches 12-Stunden-Format)
H	Stunde ohne führende Null (europäisches 24-Stunden-Format)
HH	Stunde mit führender Null (europäisches 24-Stunden-Format)
m	Minuten ohne führende Null
mm	Minuten mit führender Null
s	Sekunden ohne führende Null
ss	Sekunden mit führender Null

Tabelle 14.8:
Datums- und Zeitformate

Ein paar Beispiele für mögliche Formate und ihre Ergebnisse nebst einigen Irrtümern:

```
{DATE \@ "tt.MM.jj"}
01.01.99

{DATE \@ "t.M.jj"}
1.1.99

{DATE \@ "t.MMM jjjj"}
1.Jan 1999

{DATE \@ "jjjj, MMMM, tt"}
1999, Januar, 01

{DATE \@ "tttt"}
Samstag

{TIME \@ "hh:mm"}
08:52

{TIME \@ "h:mm"}
8:52

{TIME \@ "HH.mm"}
20.52

{TIME \@ "h Stunden mm Minuten"}
8 38Iunden 52 1inu1en
```

Merken Sie, was im letzten Beispiel passiert ist? In den Texten »Stunden« und »Minuten« befinden sich Buchstaben, die Codes sind – »t« für den Tag, »M« für den Monat, »s« für Sekunden. Und Word setzt entsprechend Tag und Monat dafür ein. Ähnliches passiert Ihnen, wenn Sie in einer Zeitangabe den Text »Uhr« haben.

Sie können das mit zwei getrennten Funktionen umgehen:

```
{TIME \@ "h"} Stunden {TIME \@ "mm"} Minuten
```

:-)
TIP

Der Schalter \l *für* {Date} *bestimmt, das zuletzt bei* EINFÜGEN/DATUM UND UHRZEIT *ausgewählte Format zu verwenden.*

Tabellen

Kapitel 15

*E*ine Tabelle ist gemeinhin ein Wust aus Zahlen, übersichtlich in Spalten nebeneinander angeordnet. In Word kann eine Tabelle weitaus
mehr sein. Denn sie kann auch Text oder Grafiken aufnehmen, und sie
kann eine Form annehmen, die mit einer üblichen Tabelle nichts mehr
gemein hat.

15.1 Kleines Bestiarium der Tabellen und Tabulatoren

Unter einer Tabelle verstehen wir ein Gebilde mit einer prinzipiellen
Struktur wie in Abbildung 15.1 und Abbildung 15.2. Auch Abbildung 15.3,
man mag's kaum glauben, ist eine Tabelle.

Für eine Tabelle charakteristisch sind die horizontal laufenden Zeilen –
von links nach rechts – und die vertikal laufenden Spalten – von oben
nach unten.

Die einfache Liste

Abbildung 15.1 könnte man auch als Liste bezeichnen. Sie unterscheidet
sich von den anderen beiden Gebilden dadurch, daß jeder Spalteneintrag
maximal eine Zeile umfaßt.

Eine solche Liste (oder Tabelle, wir wollen es hier nicht so genau nehmen)
läßt sich bequem mit Hilfe von Tabulatoren erstellen, wie man das früher
auf der Schreibmaschine auch gemacht hat. Sie garantieren, daß in den
einzelnen Spalten die Texte gleich untereinander stehen.

Nachname	Vorname	Schwarze Beute Nr.
Alberts	Jürgen	3
Allbeury	Ted	1
Allingham	Margery	4
Ambler	Eric	5
Andresen	Thomas	5
Baumrucker	Gerhard	4
Beinhart	Larry	6
Bieber	Horst	1
Blettenberg	Detlef	3
Boileau/Narcejac		3
Borniche	Roger	4
Box	Edgar	6

Die Tabelle als solche

Bei der Tabelle in Abbildung 15.2 ist das schon etwas schwieriger. In manchen Spalten reicht der Text über mehrere Zeilen: die Spalten sind zu schmal, um allen Text einzeilig nebeneinander anordnen zu können.

Wer sich schon einmal damit herumgeplagt hat, Tabellen dieser Art mit Tabulatoren zu erstellen, weiß, was ihn erwartet. Hat man's endlich hingepfriemelt, gibt es garantiert eine Änderung, und alle Mühe war für die Katz.

Für solche Tabellen empfiehlt sich der Tabelleneditor. Er setzt ein Netz aus Kästchen hin – einzelne Zellen, die sich zu Zeilen und Spalten summieren –, und jedes Kästchen kann theoretisch beliebig viel Text (oder auch Grafiken) aufnehmen.

ZEIT	ARBEIT	Zeit	Kunde	X	KB
Montag	Fräsen	16	Ford	1,6	25,6
Dienstag	Drehen	17	Daimler Benz AG	1,9	32,3
Mittwoch	Planschleifen und Polieren	9	Porsche	1,1	9,9
Donnerstag	Bohren	14,5	Opel	1,5	21,75
Freitag	Sägen	7	VW	1,0	7

Wenn's zuviel wird, vergrößert sich die Zelle automatisch nach unten. Und Sie selber können die Breite einer Spalte sozusagen mit links anpassen. Und mit Linien und Rahmen gestalten.

Ganz exotisch und doch praktisch

Das Ding in Abbildung 15.3 hat mit einer Tabelle im üblichen Sinne nichts mehr tun. Es ist fast schon ein grafischer Entwurf. Ich weiß, die Aufnahmeprüfung an einer Design-Hochschule würde ich damit nicht bestehen. Aber vielleicht konnte ich damit deutlich machen, was mit Tabellen und dem Tabelleneditor möglich ist. Eine sinnvolle Anwendung dieser Art wären zum Beispiel Formulare.

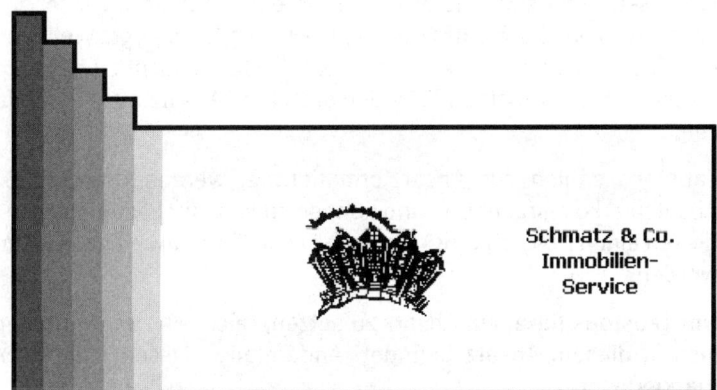

Abbildung 15.3:
Variation 3

15.2 Wozu Tabstops?

Wenn der Tabelleneditor so ein tolles Ding ist – wozu überhaupt noch Tabstops?

▆► Weil Tabstops auch zur Ausrichtung von Text dienen. Aufzählungen zum Beispiel lassen sich mit Tabstops leicht formatieren.

▆► Weil für Listen, wie in Abbildung 15.1 dargestellt, der Tabelleneditor doch vielleicht zu viel Aufwand ist, vor allem, wenn es sich nur um ein paar Zeilen handelt.

Was die Tabulator-Taste macht

Und außerdem: Der Umsteiger von der Schreibmaschine mag sich denken, er habe es am Anfang leichter mit gewöhnlichen Tabulatoren, die er ja auch von seinem Gerät kennt. Aber das ist vielleicht ein Trugschluß. Denn:

▆► Bei der Schreibmaschine läßt die Tab-Taste den Wagen mit Geratter vorspringen zum nächsten Tabstop.

▆► In Word fügt die Taste 🔄 einen Tabulator ein: Der Rest der Zeile wird von dieser Position an zum nächsten Tabstop geschoben.

Dies gilt für normalen Text. Im Tabelleneditor ist das wieder anders. Dort dient 🔄 zum Springen von Zelle zu Zelle, ein Tabstop eingefügt wird hier mit ⌞Strg⌟+⌞⇥⌟. So nähert sich, mit fortschreitender Technik, manches wieder seinen Ursprüngen.

Der Standard-Tabulator

Word setzt von sich aus alle 1,25 cm einen Tabstop. Dieser Standard-Tabulator wird im Menü FORMAT/TABSTOPP festgelegt. Weil sich Listen und Tabellen gemeinerweise an diese Abstände nicht zu halten pflegen, lassen sich die Tabstops für jeden einzelnen Absatz auch individuell setzen.

Tabstops zählen zur Absatzformatierung, werden demgemäß in der Absatzmarke festgehalten und können sowohl direkt zugewiesen (nur für diesen einen Absatz gültig) als auch in eine Formatvorlage aufgenommen werden.

Um Tabstops für einen Absatz zu setzen, reicht es aus, wenn der Cursor sich in diesem Absatz befindet. Andernfalls müssen mehrere Absätze markiert werden.

Mit den Standard-Tabstops eine Listen-Tabelle richtig auszurichten, ist ein Ding der Unmöglichkeit. Widerstehen Sie der Versuchung, solange ⌞⇥⌟ zu drücken, bis es paßt! Richten Sie lieber im ersten Absatz provisorische Tabstops ein; mit ⌞↵⌟ werden sie in den nächsten Absatz übernommen. Zum Schluß die Tabelle ganz markieren und die Tabstops ausrichten.

15.3 Tabstops setzen im Lineal

Im Lineal befinden sich ganz links die Symbole für die Ausrichtung des Tabulators. Sie dienen einmal zum Setzen des Tabulators mit der Maus, zum andern informieren sie über den Status des Tabstops. Sie tauchen nämlich genauso im Zeilenlineal auf – wenn ein Tabstop gesetzt ist.

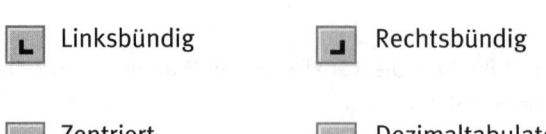

Ganz einfach mit der Maus

Mit der Maus sind Tabstops das reine Vergnügen:

■► Um einen Tabstop zu setzen, klicken Sie zunächst auf das Symbol für die Ausrichtung und klicken dann im Lineal auf die graue Leiste unterhalb der Zahlen oder auf die Zahlen. Sie sehen dort feine Striche, die die Standard-Tabulatoren kennzeichnen.

■► Um einen Tabstop zu verschieben, führen Sie den Zeiger auf das Symbol im Lineal, halten die linke Maustaste gedrückt und schieben. Eine vertikale Phantomlinie zieht sich über den ganzen Bildschirm, so daß Sie nicht auf Ihr Augenmaß angewiesen sind, sondern die einzelnen Positionen in einer Tabelle gut ausrichten können.

■► Um einen Tabstop zu löschen, ziehen Sie ihn mit gedrückter linker Taste nach oben oder unten weg, aus dem Lineal heraus.

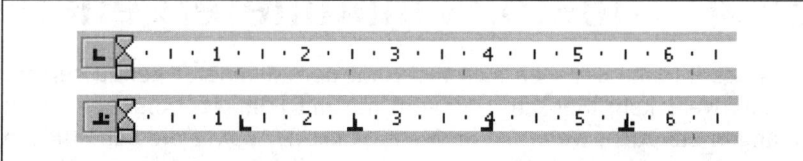

Abbildung 15.4:
Standard-Tabulator (oben), individuelle Tabulatoren (unten)

Auf diese Weise können Sie alle 0,25 cm einen Tabstop setzen; das ist die kleinste Maßeinheit im Lineal.

Es geht aber noch ein bißchen feiner:

■► Sie verschieben den Tabulator mit gedrückter (Alt)-Taste.

■► Im Lineal können Sie genau ablesen, an welcher Position Sie sind.

■► Zudem läßt sich jetzt der Tabulator in kleineren Schritten verstellen, oder vielmehr in Sprüngen: 2 mm, 3 mm, 2 mm, 3 mm usw. in der 100-Prozent-Ansicht; bei 500% Vergrößerung sind es 0,2 bzw. 0,3 mm.

ÜBUNG: Tabulatoren im Lineal (*Beispieldatei: TABELLE.DOC*)

1. Markieren Sie die Zeilen 3 bis 6.
   Wenn mehreren Absätzen gemeinsam Tabstops zugewiesen werden, müssen sie markiert werden.

2. Klicken Sie im Lineal auf »8 cm«.
   Damit ist der Tabstop auch schon gesetzt.

3. Der nächste Tabstop soll rechtsbündig bei »10 cm« sein.

   Zuerst muß die Ausrichtung gewählt werden (das Symbol anklicken), dann erst wird der Tabstop gesetzt.

4. Bringen Sie den Zeiger auf den ersten Tabstop im Lineal, halten Sie die linke Taste gedrückt, schieben Sie ihn auf »6 cm«.

   So einfach geht das Verschieben mit der Maus.

5. Setzen Sie weitere Tabstops.

   Immer erst die Ausrichtung wählen, dann klicken.

6. Bringen Sie den Zeiger der Maus auf den ersten Tabstop, halten Sie die linke Maustaste gedrückt, ziehen Sie nach unten, in den Text hinein.

   So wird ein Tabstop mit der Maus gelöscht.

15.4 Tabstops millimetergenau

FORMAT/TABSTOPP Tabstops im Lineal lassen sich nicht auf den Millimeter genau setzen; warum, weiß kein Mensch. Das geht nur mit FORMAT/TABSTOPP. Dazu gelangen Sie auch, wenn Sie im Menü FORMAT/ABSATZ die Schaltfläche TABSTOPPS wählen. Oder mit einem Doppelklick im grauen Bereich des Zeilenlineals (dabei wird gleichzeitig an dieser Stelle ein Tabulator gesetzt); dazu müssen Sie aber schon genau zielen.

Beim Aufruf des Menüs werden bei *Tabstoppposition* (nebenbei: ein schöneres Beispiel für den Unfug der neuen Rechtschreibung gibt es kaum!) alle vorhandenen Tabstops angezeigt – nicht die standardmäßigen alle 1,25 Zentimeter, sondern die ausdrücklich gesetzten.

Einen neuen Tabstop setzen

➡ Sie schreiben die gewünschte Position in das Eingabefeld.

➡ Sie wählen nach Bedarf die Ausrichtung und das Füllzeichen.

➡ Sie klicken auf SETZEN, können im Anschluß daran den nächsten Tabulator definieren, beenden schließlich mit OK.

Nach jedem neuen Tabulator muß der Klick auf SETZEN sein, sonst gilt's nicht. Es sei denn, Sie definieren nur einen.

Abbildung 15.5:
Tabstops
definieren

Einen Tabstop löschen

⯈ Sie markieren in der Liste einen vorhandenen Tabstop. Er erscheint
daraufhin im Eingabefeld.

⯈ Sie wählen die Schaltfläche LÖSCHEN, um den markierten Tabstop zu
entfernen. Das wird hinter *Zu löschende Tabstopps* notiert. Erst wenn
Sie das Dialogfeld mit OK verlassen, werden die Löschungen durchgeführt und damit wirksam.

⯈ Mit der Schaltfläche ALLE LÖSCHEN werden sämtliche Tabstops entfernt.

Einen Tabstop ändern

Verschieben läßt sich ein Tabstop hier nicht. Sie müssen ihn löschen und
neu setzen. Ändern können Sie hingegen Ausrichtung und Füllzeichen.
Nach jeder (!) Änderung müssen Sie aber auch hier auf SETZEN klicken,
sonst gilt sie nicht.

---

*In diesem Dialogfeld können Sie auch den Abstand des Standard-Tabula-
tors einstellen (Vorgabe: 1,25 cm). Er gilt nicht nur für den aktuellen
Absatz, sondern für das ganze Dokument.*

:-)
TIP

Die Füllzeichen

Die Füllzeichen, ihr Name besagt es, füllen die Lücke, die ein Tabstop
schlägt, reichen also von Text zu Text. Zur Verfügung stehen:

⯈ Punkte

⯈ Bindestriche

⯈ Unterstreichung

Anfang..	und Mitte	und Ende
Anfang --------------------------------	und Mitte --------------------------------	und Ende
Anfang _____	und Mitte _____	und Ende

Bei Verwendung von Proportionalschrift kann das unter Umständen zu einem unschönen Ergebnis führen, weil es nicht glatt aufgeht mit dem Füllzeichen. Man sollte deshalb vor dem Text (oder der Zahl) mit `Strg`+`⇧`+`Leertaste` ein festes Leerzeichen einfügen.

Natürlich kann man die Füllzeichen innerhalb einer Zeile auch mischen.

Punkt...................... Bindestrich------------------- Unterstrich _____ Ende			

Die Ausrichtung

Sie sorgt dafür, daß der Text irgendwie bündig untereinander steht. Das ist nicht allzuschwer zu begreifen.

Die vertikalen Linien erscheinen als zusätzliche Striche im Lineal und können ebenfalls verschoben werden. Sie ersetzen keinen Tabstop, und es ist ziemlich mühsam, Linie und Tabstop aneinander anzugleichen. Einfacher geht sowas mit dem Tabelleneditor.

Linksbündig Gerichtet	Hier zentriert	Rechtsbündig gerichtet	13,658 1459,2
Sie vertikale	können Linien	aber setzen	auch lassen.

15.5 Spalten markieren

Obschon es den schönen Word-Tabelleneditor gibt, sind Tabulatoren weiterhin wichtig. Zum Beispiel, um im Text mal geschwind etwas ausrechnen zu können (Kapitel 27, »Rechnen«, S. 487). Oder zum Sortieren (Kapitel 26, »Sortieren«, S. 481).

➤ Sie richten die Zahlen mit Tabulatoren aus. Die Ausrichtung ist im Prinzip gleichgültig. Aber bei rechtsbündigen oder Dezimaltabs mag es passieren, daß Ziffern abgeschnitten werden. Deshalb kann es ratsam sein, alle Zahlen linksbündig zu stellen, wenigstens für die Zeit der Markierung.

➤ Sie bringen den Cursor vor die erste Zahl, aktivieren mit $\boxed{\text{Strg}}$+$\boxed{\text{û}}$+$\boxed{\text{F8}}$ den Spaltenmodus (in der Statusleiste erscheint »SP«) und können nun mit den Cursortasten den Zahlenblock markieren (und ihn berechnen lassen). Mit erneutem $\boxed{\text{Strg}}$+$\boxed{\text{û}}$+$\boxed{\text{F8}}$ schalten Sie den Spaltenmodus wieder aus.

➤ Alternativ dazu markieren Sie mit der Maus spaltenweise, wenn Sie die $\boxed{\text{Alt}}$-Taste gedrückt halten.

Mit dem Spaltenmodus können Sie auch ganze Spalten kopieren oder verschieben. Weil das mit dem Tabelleneditor aber wirklich einfacher geht, sei es nur ganz kurz erwähnt:

➤ Richten Sie möglichst alle Spalten linksbündig aus. Bringen Sie den Cursor vor das erste Zeichen in der Spalte, markieren Sie die Spalte – und zwar einschließlich des folgenden Tabulators!

➤ Kopieren Sie die Spalte in die Zwischenablage oder schneiden Sie sie aus. Bringen Sie den Cursor auf das erste Zeichen in der Spalte, vor der eingefügt werden soll, und fügen Sie dort die Spalte ein.

Das ist natürlich nicht nur auf Zahlen beschränkt, sondern läßt sich ebenso mit Text machen.

15.6 Der Tabelleneditor

Den Tabelleneditor heben folgende Leistungen besonders hervor:

➤ Eine Tabelle kann Zahlen, Text, Grafiken und neuerdings auch verschachtelte Tabellen enthalten.

➤ Eine Zelle in einer Tabelle kann auch aus mehreren Absätzen bestehen.

➤ Die Breite jeder einzelnen Zelle, nicht nur einer gesamten Spalte, läßt sich individuell bestimmen (die Höhe ergibt sich aus dem Inhalt, kann aber ebenfalls festgelegt werden).

➤ Zellen lassen sich mit Rahmen oder Linien versehen.

➤ Text läßt sich in eine Tabelle, umgekehrt eine Tabelle in Text verwandeln.

➠ In Tabellen kann gerechnet werden.

➠ Tabellen können nach Spalten sortiert werden.

➠ Auch aus Text in der Tabelle (zum Beispiel formatierte Überschriften) kann ein Verzeichnis erstellt werden.

➠ Eine Tabelle kann die Grundlage für ein Diagramm sein. Word-Tabellen lassen sich auch exportieren, z.B. nach Excel, wie Sie auch Excel-Tabellen in Word übernehmen und als ganz normale Word-Tabelle weiterverarbeiten können (Kapitel 30, »Dateien verbinden«, S. 529).

Begriffe und Namen

Eine mit dem Tabelleneditor erstellte Tabelle ist etwas ganz eigenes und hat auch eine eigene Terminologie. Unterschieden werden Zeilen, Spalten und Zellen:

➠ Zeilen verlaufen horizontal (von links nach rechts). Spalten sind vertikal orientiert (von oben nach unten). Zeilen und Spalten bestehen aus Zellen. In den Zellen befindet sich der eigentliche Tabelleninhalt.

➠ Zellen werden – für Berechnungen – durch Koordinaten identifiziert. Sie entsprechen den Gepflogenheiten in Tabellenkalkulationsprogrammen: A1, B1, A2, B2 usw. Mehr dazu in Kapitel 27, »Rechnen«, S. 487.

Was man sieht (oder sehen kann)

Auch durch ihr Aussehen schließlich ist eine Tabelle abgehoben:

➠ Jede Zelle hat am Ende anstelle einer Absatzmarke das Zeichen ¤. Das ist aber nur sichtbar, wenn die nicht druckbaren Zeichen angezeigt werden. In dem Fall entspricht es einer Absatzmarke.

➠ Für die Tabelle lassen sich im Menü TABELLE Gitternetzlinien anzeigen. Sie werden nicht gedruckt, erleichtern aber die Orientierung. Voraussetzung ist dabei allerdings, daß Ihre Tabelle nicht bereits einen Rahmen aufweist.

Für viele Operationen gibt es auch Symbole; Sie finden sie in der Symbolleiste *Tabellen und Rahmen*. Etliche weitere lassen sich zusätzlich installieren (Kategorie »Tabelle«), wie das für die Gitternetzlinien. Mit ihnen tut man sich viel leichter.

15.7 Tabelle neu erstellen

Eine neue Tabelle ist logischerweise eine leere Tabelle. Sie müssen aber Word mitteilen, wie groß die Tabelle werden soll. Wenigstens fürs erste. Ändern können Sie später immer noch.

TABELLE/ZELLEN EINFÜGEN/TABELLE

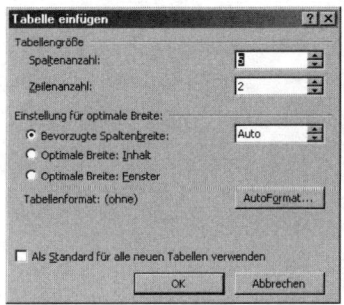

Abbildung 15.9:
Das Dialogfeld zum Einfügen einer Tabelle

➡ Sie geben die *Spaltenanzahl* und die *Zeilenanzahl* an. Word schlägt fünf Spalten und zwei Zeilen vor. Nichts hindert Sie, auch nur eine Spalte und eine Zeile, mithin eine einzelne Zelle zu definieren. Die Obergrenze sind 63 (statt früher 31) Spalten. Klingt nach viel, aber wenn Sie beispielsweise versuchen, ein kariertes Schulblatt zu basteln, ist die Obergrenze schnell erreicht.

➡ Die *Bevorzugte Spaltenbreite*. Der Wert, den Sie eingeben, bezieht sich auf sämtliche Spalten; alle werden deshalb gleich lang. »Auto« heißt, daß Word die Tabelle insgesamt so breit wie die gesamte Zeile macht, der Raum wird gleichmäßig auf alle Spalten verteilt.

➡ Mit *Optimale Breite: Inhalt* erreichen Sie, daß die Spaltenbreite sich an dem Inhalt der längsten Zelle orientiert

➡ *Optimale Breite: Fenster* bewirkt, daß die Spalten sich über die gesamte Zeile erstrecken, wobei wie bei *Bevorzugte Spaltenbreite*, Option »Auto«, alle Spalten erst einmal gleich groß sind.

Die Tabelle wird gleich mit Rahmen sowie Zellen- und Spaltenlinien eingefügt.

Ihre Einstellungen können Sie *Als Standard für alle neuen Tabellen verwenden*. Sie erscheinen dann als Vorgabe beim nächsten Aufruf des Dialogfensters – praktisch, wenn man mehrere gleiche Tabellen zu erstellen hat

Abbildung 15.10:
Eine leere Tabelle
ohne Rahmen und
Linien. Die
Gitternetzlinien
sind eingeschaltet,
ebenso die
Sonderzeichen

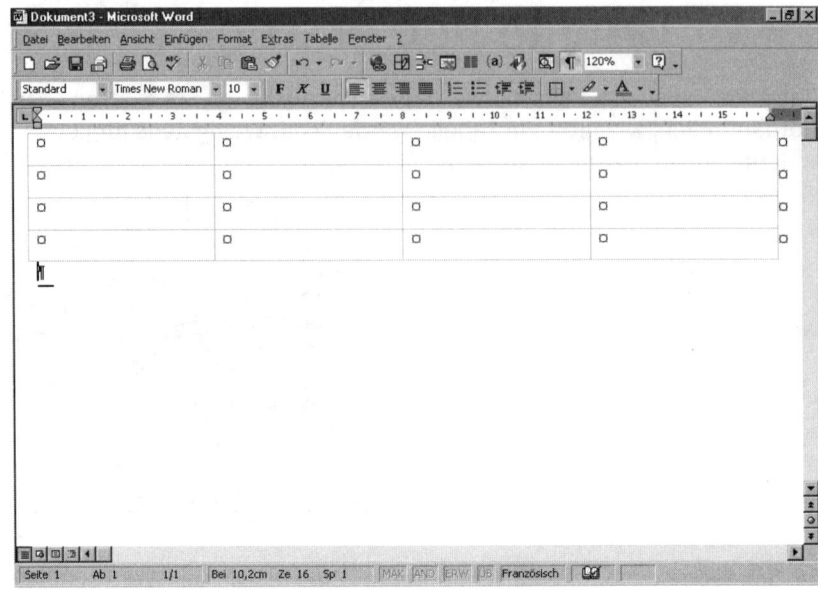

Tabelle – witzig

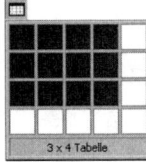

Originell ist das Symbol in der Funktionsleiste (das Sie aber nicht mit dem rechts daneben verwechseln dürfen, mit dem eine Excel-Tabelle eingefügt wird). Wenn Sie es drücken, erscheint eine kleine Tabelle. Und hier markieren Sie mit gedrückter linker Maustaste, wieviel Zeilen und Spalten Sie haben möchten. Damit Sie nicht zählen müssen, wird die Dimension der Tabelle unten angezeigt (erst die Zeilen, dann die Spalten).

Die symbolische Tabelle vergrößert sich dynamisch, und zwar der Bildschirmgröße angepaßt.

Was man mit diesem Symbol sonst noch anstellen kann, werden Sie im Verlauf dieses Kapitels erfahren.

Tabelle zeichnen

TABELLE/TABELLE ZEICHNEN Eine andere Möglichkeit ist es, eine Tabelle zu zeichnen. Sie ist vor allem hilfreich, wenn Sie von vornherein eine unregelmäßige Tabelle planen, z.B. ein Formular.

➥ Sie aktivieren TABELLE/TABELLE ZEICHNEN. Word schaltet in die Layout-Ansicht.

➥ Der Zeiger wird zum Zeichenstift, gleichzeitig erscheint die Symbolleiste *Tabellen und Rahmen*, und eventuell versorgt Sie auch der Office-Assistent mit seinen guten Ratschlägen.

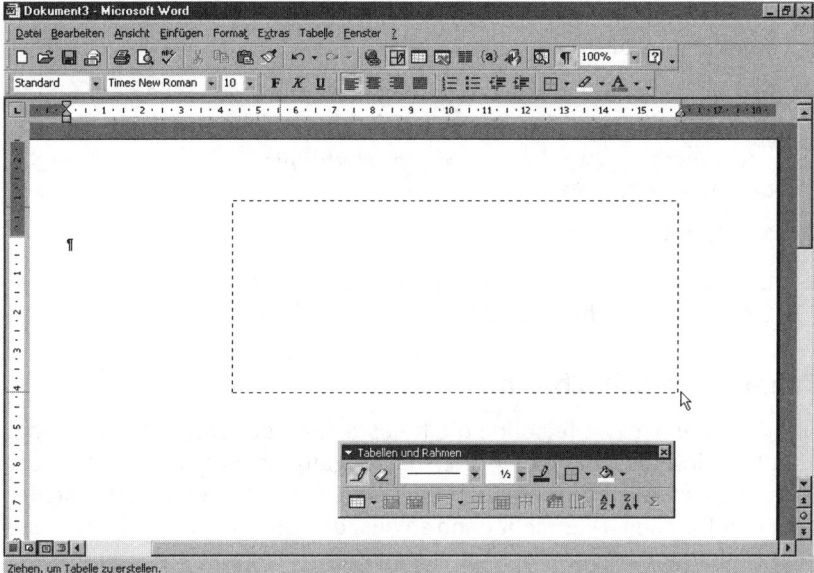

Abbildung 15.11:
Die Größe der
Tabelle

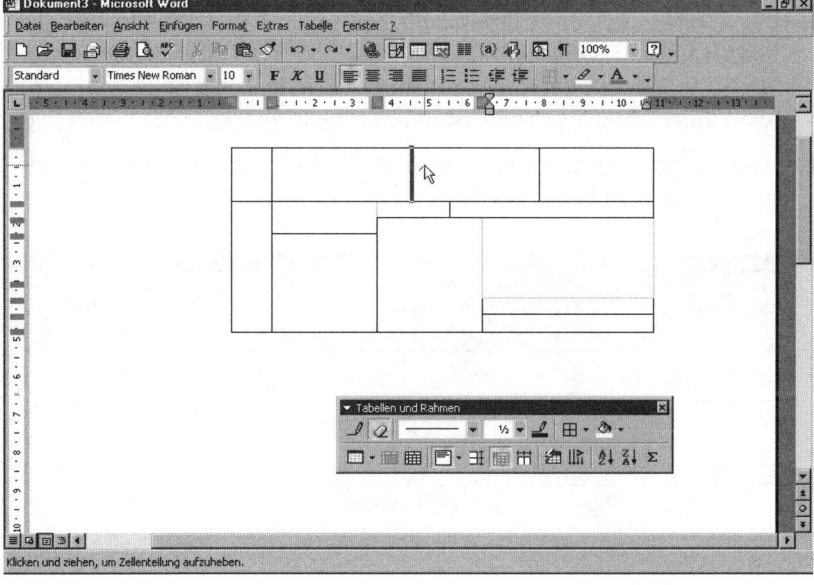

Abbildung 15.12:
Ausradieren einer
Linie

➡ Ziehen Sie den Zeichenstift zunächst diagonal, um die Größe der Tabelle festzulegen.

 ➡ Nun zeichnen Sie die Zeilen und Spalten. Die erste Zeile oder Spalte muß auf alle Fälle durchgehen, bei den restlichen sind Sie frei. Die Linie, die Sie neu zeichnen, schnappt automatisch bis zur nächsten, bereits vorhandenen Linie.

 ➡ Mit dem Radiergummi entfernen Sie eine Linie wieder.

➡ Beenden Sie den aktuellen Modus (Zeichnen oder Radieren), indem Sie auf das Symbol klicken oder (Esc) drücken.

Tabellen verschachteln

Das Zeichnen ist zweifelsohne die freieste Form der Tabellengestaltung. Ebenfalls interessant, wenn auch nicht ganz so variabel, dafür aber schneller zu realisieren, ist – Achtung! neue Funktion! – die Verschachtelung von Tabellen. Dies sieht dann so aus, daß man in einer Tabellenzelle eine weitere untergeordnete Tabelle einfügt.

➡ Fügen Sie mehrere – zuvor markierte und kopierte – zusammenhängende Zellen und deren Inhalt über das Kontextmenü mit dem Befehl GESCHACHTELTE TABELLE EINFÜGEN in eine Zelle ein.

➡ Sie können auch den Cursor in die Zelle einer Tabelle setzen und dort über TABELLE/ZELLEN EINFÜGEN/TABELLE explizit über das Dialogfeld eine Tabelle definieren. Wenn Sie dabei jedoch die Zelle markieren, wird ohne Rückfragen eine Standardtabelle von 1x5 Zellen angelegt.

➡ Soweit Word es hinkriegen kann, verändert sich die Zelle nur in der Höhe und nicht in der Breite.

Abbildung 15.13:
Eine verschachtelte
Tabelle

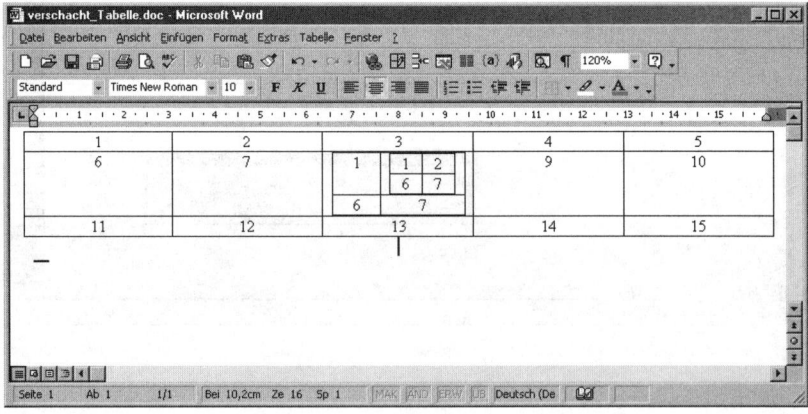

15.8 Bewegungen in der Tabelle

Innerhalb einer Tabelle bewegen Sie sich wie sonst auch im Text. Es gibt jedoch einige spezielle Tastenkombinationen, die auf Tabellen abgestimmt sind. Sie sind aus Tabelle 15.1 auf Seite 239 zu ersehen.

Manche Tasten haben in Tabellen andere Bedeutungen:

➡ [⇆] springt zur nächsten Zelle.

➡ Ein Tabulator in einer Zelle wird mit [Strg]+[⇆] eingefügt.

➡ [↵] in einer *Zelle* fügt, wie gewohnt, einen neuen Absatz ein, [↵] am Ende einer *Zeile* hingegen eine neue Zeile.

➡ [Strg]+[⇧]+[↵], in einer Zelle gedrückt, fügt oberhalb dieser Zeile einen normalen Absatz ein. Was konkret bedeutet: Die Tabelle wird geteilt (sofern Sie sich nicht gerade in der ersten Zeile befinden). Alternative: die Menüfunktion TABELLE/TABELLE TEILEN.

Steht die Tabelle ganz am Anfang des Dokuments, genügt auch [↵], um davor einen normalen Textabsatz einzufügen. Ansonsten spaltet [Strg]+[⇧]+[↵] die Tabelle; die nunmehr zwei Tabellen sind durch eine Leerzeile getrennt.

Wenn Sie die Leerzeile löschen, verschmelzen die beiden Tabellen zu einer – auch dann, wenn es sich nicht um geteilte, sondern um zwei selbständige Tabellen handelt.

Tabelle 15.1:
Cursorbewegungen und spezielle Tasten in Tabellen

Taste	Bedeutung
[⇆]	Eine Zelle nach rechts (am Ende der Tabelle: Zeile anfügen)
[↵]	Am Ende einer Zeile: neue Zeile einfügen
[Strg]+[⇆]	Tabstop in einer Zelle
[⇧]+[⇆]	Eine Zelle nach links
[Alt]+[Pos1]	Zum Zeilenanfang (erste Zelle in der Zeile)
[Alt]+[Ende]	Zum Zeilenende (letzte Zelle in der Zeile)
[Alt]+[Bild↑]	An das obere Spaltenende (erste Zelle in der Spalte)
[Alt]+[Bild↓]	An das untere Spaltenende (letzte Zelle in der Spalte)
[Strg]+[⇧]+[↵]	Oberhalb der Zeile einen Textabsatz einfügen (Tabelle teilen)

Inhalt für die Zellen

In die Zelle(n) einer Tabelle kann eingefügt werden, was beliebt: Text, Zahlen, Grafiken, komplette andere Dateien – sogar eine Tabelle in der Tabelle ist ja inzwischen möglich (das heißt, Sie müssen den Text innerhalb einer Zelle nicht mehr mit Tabulatoren ausrichten).

Ein Text darf auch aus mehreren Absätzen bestehen, die unterschiedlich formatiert sein können. Der Inhalt kann direkt eingegeben oder aus der Zwischenablage geholt werden, via Ausschneiden oder Kopieren.

Die Höhe einer Zelle wird automatisch ihrem Inhalt angepaßt, nicht jedoch die Breite. Die bleibt, wie sie definiert worden ist. Für eine Anpassung müssen Sie selber sorgen.

Tabelle und Seitenwechsel

Auch mitten in einer Zeile kann ein Seitenwechsel erfolgen. Dazu muß allerdings die entsprechende Option in TABELLE/TABELLENEIGENSCHAF-TEN, Registerkarte *Zeile*, aktiviert sein, was standardmäßig der Fall ist.

Woraus Sie vielleicht schon entnehmen, daß dies für jede Zeile individuell festgelegt werden kann. Dazu muß aber die Zeile komplett markiert sein, sonst gilt es für die gesamte Tabelle.

15.9 Vergrößern, verkleinern

Zum Bearbeiten einer Tabelle zählen solche Dinge wie das Löschen oder Einfügen von Zeilen/Spalten, das Verschieben und Verbinden von Zellen, ebenso die Änderung der Spaltenbreite oder der Zeilenhöhe.

Zum vergnüglichen Üben sollten Sie sich der Beispieldatei DEZ-TABEL.DOC bedienen, auch wenn nicht ausdrücklich eine Übung durchgeführt wird. Diese Tabelle besteht aus 100 durchnumerierten Zellen, so daß Sie genauestens verfolgen können, was etwa beim Einfügen einzelner Zellen passiert.

Markieren in Tabellen – mit der Tastatur

In Tabellen wird prinzipiell genauso markiert wie in normalem Text. Allerdings gibt es einige spezielle Tastenkombinationen (siehe Tabelle 15.2 auf Seite 241) und Mechanismen, die aus dem besonderen Tabellenmodus resultieren.

➨ Mit ⇧+→ oder ⇧+← markieren Sie zunächst die aktuelle Zelle, dann die benachbarten Zellen eine nach der anderen. Sind Sie am Zeilenende angelangt, markiert ⇧+↓ die nächste Zeile komplett.

➡ Mit ⌈⇧⌉+⌈↑⌉ oder ⌈⇧⌉+⌈↓⌉ werden die Zellen darüber oder darunter eine nach der anderen markiert, dann die ganze Tabelle bis zur Ausgangszelle.

➡ Für ganze Zeilen oder Spalten gibt es im Menü TABELLE auch entsprechende Funktionen abzurufen, ebenso für die ganze Tabelle.

Taste	Bedeutung
⌈Alt⌉+⌈⇧⌉+⌈Bild↑⌉	Markiert von der aktuellen Zelle bis zum Anfang der Spalte
⌈Alt⌉+⌈⇧⌉+⌈Bild↓⌉	Markiert von der aktuellen Zelle bis zum Ende der Spalte
⌈Alt⌉+⌈⇧⌉+⌈Ende⌉	Markiert von der aktuellen Zelle bis zum Ende der Zeile
⌈Alt⌉+⌈⇧⌉+⌈Pos1⌉	Markiert von der aktuellen Zelle bis zum Anfang der Zeile
⌈Alt⌉+⌈5⌉	Markiert die ganze Tabelle (⌈5⌉ im Zehnerblock)

Tabelle 15.2:
Markieren in
Tabellen

Markieren in der Tabelle – mit der Maus

➡ Um eine einzelne *Zelle* zu markieren, führen Sie den Zeiger an den Zellenrand. Es gibt da auch so etwas Ähnliches wie eine Markierungsspalte: zwischen Gitternetzlinie und Text. Der Zeiger wird zum Pfeil, Sie klicken links. (Natürlich können Sie auch wie üblich links ziehend markieren.)

➡ Sie brauchen, um einen Block von Zellen zu markieren, nur die linke Taste gedrückt zu halten und über die Zellen hinwegzustreichen.

➡ Um eine ganze *Spalte* zu markieren, halten Sie ⌈Alt⌉ gedrückt und drükken dann die linke Maustaste.

➡ Alternative: Sie führen den Zeiger oberhalb der ersten Zeile behutsam in die Tabelle hinein, bis er sich in einen schwarzen Pfeil wandelt, und drücken dann die linke Maustaste.

➡ Um eine ganze *Zeile* zu markieren, muß in der Markierungsspalte geklickt werden wie bei einer Textzeile.

Was markieren?

Was markiert ist in einer Tabelle, ist für die weitere Bearbeitung wichtig. Die meisten Bearbeitungs- und Formatieraktionen lassen sich auf den markierten Bereich beschränken – nicht anders als bei normalem Text.

Und ähnlich wie dort, wo Word davon ausgeht, daß Sie ein ganzes Wort formatieren möchten, wenn der Cursor im Wort steht, denkt das Programm auch bei Tabellen etwas weiter voraus:

- Ist nicht ausdrücklich eine Zelle, Zeile oder Spalte markiert, betreffen Änderungen immer den ganzen Bereich. Also: Die Breite der *ganzen* Spalte wird geändert, wenn der Cursor in einer Zelle steht, die Höhe *aller* Zeilen.

- Umgekehrt müssen Sie einen Bereich markieren, wenn Aktionen darauf beschränkt sein sollen. Also: Eine Zelle markieren, wenn nur deren Breite verändert werden soll, eine Zeile, um nur deren Höhe anzupassen.

:-)
TIP

> *Um eine ganze Zeile zu markieren und gleichzeitig zu formatieren, doppelklicken Sie in der Formatvorlagenanzeige (siehe Kapitel 23, »Formatvorlagen«, S. 407). Dann öffnet sich gleich* FORMAT/FORMATVORLAGEN.

Zeilen anhängen

Eine Tabelle nach unten zu vergrößern, also weitere Zeilen anzuhängen, ist die leichteste aller Übungen:

- In der letzten Zelle einer Tabelle drücken Sie ⭾ oder ↵.

Zeilen und Spalten einfügen

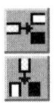

- Am einfachsten und schnellsten geht es mit den Symbolen, die sich hinter dem Befehl TABELLE/ZELLEN EINFÜGEN verbergen. Nichts muß markiert sein, es wird jeweils eine Zeile oder Spalte eingefügt.

- Diese Symbole stehen Ihnen auch über die Symbolleiste TABELLEN UND RAHMEN zur Verfügung

- Im Kontextmenü (rechte Maustaste in einer Zelle drücken) gibt es bei markierter Zeile die Option ZEILEN EINFÜGEN; wenn eine Spalte markiert ist, auch SPALTEN EINFÜGEN.

- Um eine Tabelle nach rechts zu vergrößern, also Spalten anzuhängen, müssen Sie den Cursor an das Ende einer Zeile bringen. Jedes Zeilenende wird durch das Zeichen ¤ markiert. Diese letzte Pseudo-Spalte können Sie markieren wie eine normale Tabellenspalte, dann geht's weiter wie oben.

- ↵ am Ende einer Zeile fügt ebenfalls eine neue Zeile ein.

Wo wird eigentlich eingefügt?

Das können Sie – und das ist neu in word 2000 – mit der Wahl des Symbols bzw. der entsprechenden Menüoptionen explizit festlegen. Es gibt je zwei für Zeilen (oberhalb und unterhalb der Cursorposition einfügen) und zwei für Spalten (links und rechts der Cursorposition einfügen). Haben Sie mehrere Zeilen/Spalten markiert, werden genausoviel auch eingefügt.

Die eingefügten Zeilen oder Spalten werden so groß wie die vor der Einfügung markierten und übernehmen auch deren Formatierungen.

Zellen einfügen

Auch einzelne Zellen lassen sich einfügen. Dadurch verschieben sich die anderen Zellen.

■► Steht der Cursor in einer Zelle – markiert oder nicht – dann kann dieses Symbol zum Einsatz kommen. Sie finden es unter dem Menübefehl TABELLE/ZELLEN EINFÜGEN, wenn das dahinter verborgene Popup-Menü aufklappt.

■► Sind Zellen markiert, dann wird um so viele Zellen verschoben, wie markiert sind.

■► Es wird ein Dialogfenster geöffnet, in dem Sie auswählen können, ob Sie von der Cursorposition aus eine Zeile, eine Spalte oder eine Zelle einfügen wollen.

Das Dialogfenster, in dem Sie bestimmen müssen, was mit dem Rest der Tabelle geschehen soll:

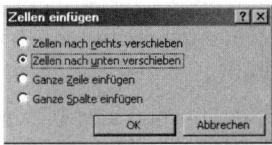

Abbildung 15.14: Mehrere Möglichkeiten, Zellen einzufügen

■► *Zellen nach rechts verschieben:* Die restlichen Zellen in dieser Zeile rükken nach rechts, die Tabelle bekommt eine Art Wurmfortsatz.

■► *Zellen nach unten verschieben:* Die restlichen Zellen in dieser Spalte rutschen nach unten, gleichzeitig wird eine ganze Zeile angehängt. Eine Ausbuchtung nach unten ist komischerweise nicht möglich.

■► Im Gegensatz zu Spalten und Zeilen (die dabei vollständig markiert sein müssen), gibt es für das Einfügen von Zellen keinen Befehl im Kontextmenü.

Dadurch werden solch komische Gebilde wie in Abbildung 15.3 auf S. 227 möglich. Freilich, diese rein optischen Effekte erreicht man besser, leichter und kontrollierter mit entsprechend verteilten Linien – eine Tabelle ist immer einfacher zu handhaben, wenn sie einen geschlossenen Block bildet.

Abbildung 15.15:
Eine Zelle wird
eingefügt, der Rest
wird nach rechts
verschoben

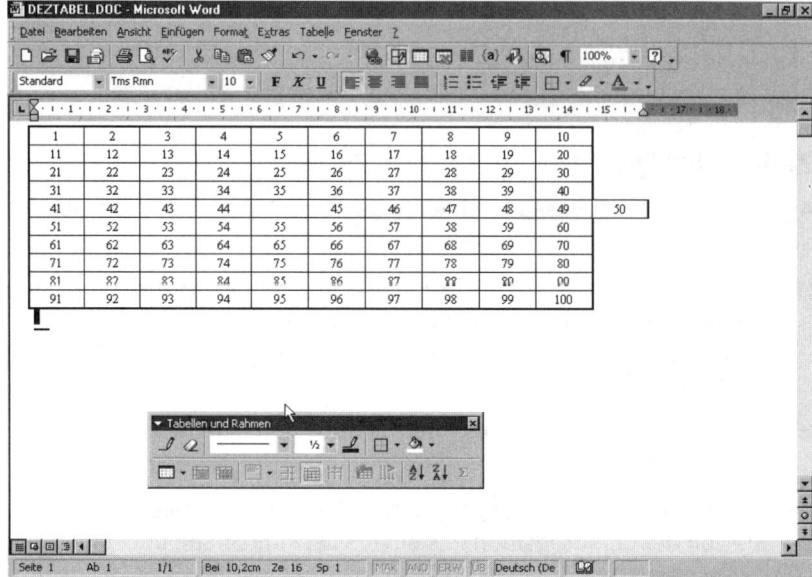

Zeilen, Spalten und Zellen löschen

Wenn Sie ganz automatisch ⌈Entf⌉ drücken, sind Sie zwar den Inhalt von Zellen los, nicht jedoch die Zellen selber. Die Struktur der Tabelle bleibt übrig.

Das Löschen von Zeilen, Spalten und einzelnen Zellen funktioniert fast analog zum Einfügen.

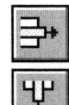

➡️ Sie setzen den Cursor in eine Zelle und gehen über TABELLE/LÖSCHEN in das dazugehörige Popup-Menü. Hier können Sie wählen, ob Sie die ganze Tabelle, die Spalte, Zeile oder die einzelne Zelle löschen wollen.

➡️ Nur beim Kontextmenü gibt es Unterschiede. Haben Sie eine ganze Spalte/Zeile markiert, steht entweder der Befehl SPALTE LÖSCHEN oder ZEILE LÖSCHEN zur Verfügung. Steht der Cursor nur in einer Zelle oder ist ein zusammenhängender Zellenblock markiert, lautet der Befehl ZELLEN LÖSCHEN. Damit gelangen Sie in ein Dialogfeld, das dem für das Einfügen von Zellen ähnelt. Hier haben Sie noch die Möglichkeit, die Löschaktion auf die ganze Spalte oder Zeile auszudehnen.

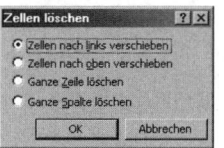

Die ganze Tabelle löschen

Auch hier betrifft (Entf) nur den Inhalt der Tabelle. Die Tabelle selbst löschen Sie mit TABELLE/LÖSCHEN/TABELLE. Dabei ist es egal, ob die Tabelle ganz, teilweise oder gar nicht markiert ist. Hauptsache, der Cursor steht in der Tabelle.

Ein Trick, wie (Entf) doch auch die Tabelle als solche löscht: markieren Sie nicht nur die Tabelle, sondern davor oder danach auch einen normalen Textabsatz. Dann geht's. Der Trick ist natürlich nur praktikabel, wenn der Textabsatz leer ist.

Kopieren und Ausschneiden

Word, das haben Sie schon gemerkt, unterscheidet zwischen Tabelle und Tabelleninhalt. Tabelle ist sozusagen das Zellennetz, Tabelleninhalt, was in den Zellen steht. Das bekommen Sie zu spüren, wenn Sie Zellen verschieben oder kopieren wollen.

Keinerlei Probleme gibt es, wenn Sie den *Inhalt* einer einzelnen Zelle markieren und dann ausschneiden oder kopieren. Das ist normaler Text, der sich irgendwo anders wieder einfügen läßt – auch in einer anderen Zelle.

Der Inhalt mehrerer Zellen kann nicht markiert werden. Das sind dann ganze Zellen.

Anders sieht es aus, wenn Sie *Zellen* als Ganzes ausgeschnitten oder kopiert haben. Das ist dann Zelle plus Zelleninhalt: eine Tabelle für sich.

➡️ Der Komplex läßt sich, als Tabelle, in den laufenden Text integrieren, wo immer es beliebt.

Fügen Sie einen solchen Block allerdings in eine Tabelle ein, passiert folgendes:

➡️ Die vorhandenen Zellen werden überschrieben. Wenn Sie beispielsweise drei Zellen untereinander kopiert haben, werden die nächsten drei Zellen in der Spalte überschrieben.

➡ Besteht der einzufügende Komplex aus mehr Zeilen oder Spalten, als die Tabelle aufweist, wird sie entsprechend vergrößert.

➡ Ist am Zielort etwas markiert, muß es die gleiche Dimension haben wie der ausgeschnittene Komplex.

➡ Steht der Cursor in einer Zelle, finden Sie im Kontextmenü den Befehl ALS GESCHACHTELTE TABELLE EINFÜGEN. Wenn Sie den Komplex damit einfügen, wird in der Zelle eine neue Tabelle angelegt.

Das klingt etwas kompliziert – die Übung auf S. 248 zeigt Ihnen, wie das gemeint ist.

Ganze Zellen oder Spalten

Völlig anders ist es, wenn Sie ganze Zeilen/Spalten markiert haben und diese nun kopieren oder verschieben möchten. Halten wir uns dabei vor Augen, daß es zwei Möglichkeiten gibt, ganze Zeilen zu markieren (oder analog Spalten):

➡ Sie streichen mit dem Mauszeiger über die Zellen hinweg, bis alle Zellen einer Zeile markiert sind.

Abbildung 15.17:
So sind nur
einzelne Zellen
markiert

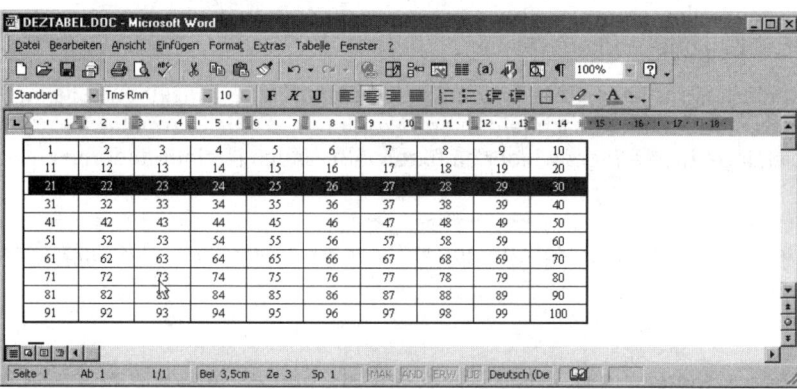

Genau besehen, markieren Sie damit aber nicht ein Zeile, sondern lediglich mehrere nebeneinanderstehende Zellen.

➡ Für die echte Markierung einer Zeile klicken Sie in der Markierungsspalte (bzw. mit ⟨Alt⟩ plus Maustaste für eine Spalte) oder benutzen die Menüfunktionen. Sie erkennen, daß auch das Zeichen für das Tabellenende mit markiert ist.

So, und wenn Sie nun eine solchermaßen vollständig markierte und kopierte oder ausgeschnittene Zeile/Spalte irgendwo anders in der

Tabelle einfügen (wobei der Cursor am Zeilen- bzw. Spaltenanfang stehen muß) – dann wird sie zwischenrein gepreßt. Nichts wird überschrieben. Word fügt gewissermaßen eine neue Zeile/Spalte ein und füllt sie.

Das aber geht, wie gesagt, nur, wenn Sie die Zeile oder Spalte »echt« markieren.

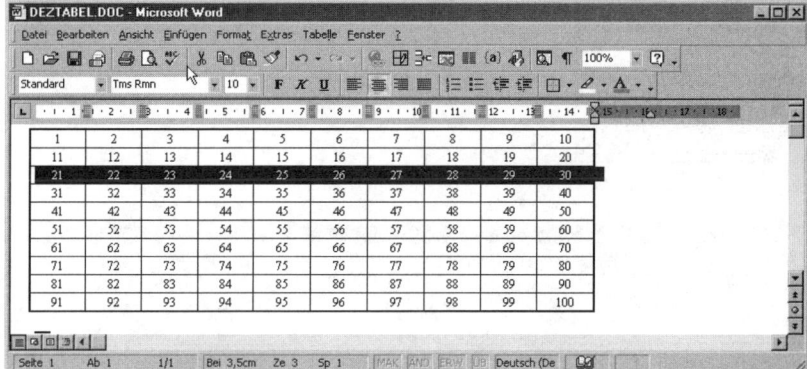

Abbildung 15.18:
Hier ist eine ganze
Zeile markiert

Zellen verbinden

So richtig schön komplizierte Tabellen sind die reinsten Kunstwerke. Sie arbeiten mit allen Tricks, im Dienst der Sache: Um etwas übersichtlich darzustellen – oder um den Ernst der Lage zu verschleiern. Einer dieser Tricks besteht darin, Zellen miteinander zu verbinden: aus mehreren Zellen eine Zelle zu machen.

Verbinden Sie Zellen möglichst erst, wenn die Spaltenbreite stimmt. Sie tun sich leichter.

:-)
TIP

 Sie markieren zwei oder mehr Zellen. Im Menü TABELLE wählen Sie ZELLEN VERBINDEN. Die Inhalte der Zellen werden in einer Zelle zusammengefaßt.

Nicht nur Zellen in einer Zeile können verbunden werden, auch in einer Spalte.

 Um die Verbindung wieder zu lösen, markieren Sie die Zelle und wählen im Menü ZELLEN TEILEN.

 Sie können dabei wählen, in wieviel Zellen aufgeteilt werden soll. Es ist ohne weiteres möglich, zwei Zellen zu verbinden und sie dann in vier zu teilen.

Statt Zellen einzufügen, ist es oft geschickter, Zellen – nehmen wir mal an: zwei – erst zu verbinden und sie gleich wieder aufzuteilen in, sagen wir mal: vier. Diese vier Zellen werden zusammen jetzt nämlich genauso breit wie die ursprünglichen zwei Zellen – wahrhaft eine Zellteilung.

Abbildung 15.19:
Zeilen teilen: aus 1
mach ...

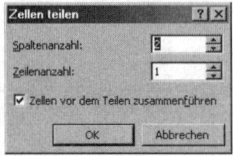

Abbildung 15.20:
Verbundene Zellen
in einer Spalte

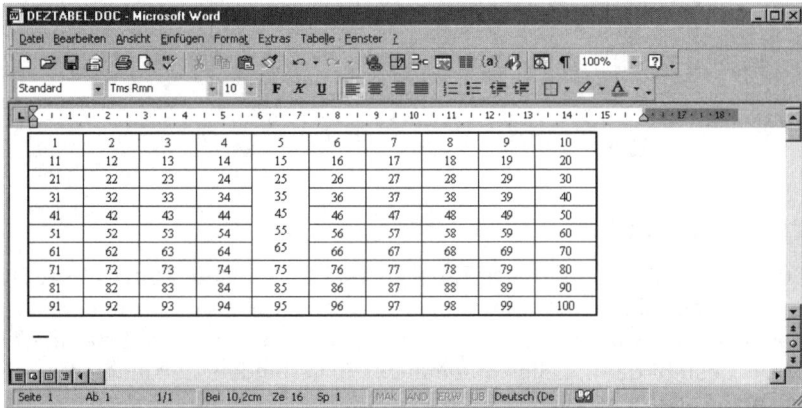

ÜBUNG: Ausschneiden und kopieren in Tabellen
(Beispieldatei: DEZTABEL.DOC)

1. Markieren Sie die Zellen 1 bis 12, und kopieren Sie sie.

   Wir verstehen uns? Das sind die vier Zellen 1, 2, 11 und 12.

2. Gehen Sie in die Zelle 35, und fügen Sie ein.

   Die Zellen 35, 36, 45 und 46 werden überschrieben.

3. Markieren Sie die Zellen 91 bis 94, und fügen Sie ein.

   Sind doch auch 4 Zellen, müßte doch gehen? Geht aber nicht. Der markierte Block muß die gleiche Struktur haben wie der einzufügende.

4. Markieren Sie die Zellen 81 bis 92, und fügen Sie ein.

   So stimmt's.

5. Gehen Sie in die Zelle 100, und fügen Sie ein.

   Die Tabelle vergrößert sich.

6. Gehen Sie an das Ende des Dokuments, fügen Sie die kopierte Zellen ein letztes Mal ein.

   Sie werden eingefügt als Tabelle. Wenn Sie möchten, können Sie auch das Ausschneiden üben. Die Mechanismen sind die gleichen.

7. Am besten schließen Sie jetzt die Tabelle, ohne zu speichern, und öffnen sie wieder.

   Damit sie Ihnen wieder in ihrem Urzustand zur Verfügung steht. (Rückgängig machen ginge auch.)

8. Markieren Sie die erste Zeile, indem Sie mit der Maus darüber fahren, und kopieren Sie sie.

   Wir sind uns einig, daß Sie damit eigentlich keine ganze Zeile markieren, sondern einen Block von zehn nebeneinanderliegenden Zellen.

9. Gehen Sie in Zelle 81, und fügen Sie die Kopie ein.

   Was wir erwartet haben: Die Zellen dieser Zeile werden überschrieben.

10. Jetzt markieren Sie die erste Zeile richtig und schneiden sie aus.

    Richtig markieren heißt: Klick in der Markierungsspalte oder TABELLE/ ZEILE MARKIEREN.

11. Gehen Sie in Zelle 31, und fügen Sie die ausgeschnittene Zeile ein.

    Die ausgeschnittene Zeile wird vor dieser Zeile eingefügt. Sie sehen es sehr deutlich, weil die Zeile auch ihren dickeren oberen Rand mitbringt.

15.10 Tabelleneigenschaften

Alle Eigenschaften, die Spalten, Zeilen, Zellen und die ganze Tabelle betreffen, sind nunmehr, verteilt auf Register, in einem Dialogfeld zusammengefaßt, das Sie mit TABELLE/TABELLENEIGENSCHAFTEN sowie über das Kontextmenü erreichen. Die Möglichkeiten im Umgang mit Tabellen wurden dabei beträchtlich erweitert, auch um einige recht raffinierte Mechanismen.

TABELLE/TABELLENEIGENSCHAFTEN

Grundsätzlich

Eine neue Tabelle wird so breit wie die Zeile – sofern Sie nichts anderes bestimmt haben und sofern es nicht zu viele Spalten sind (die Standardgröße ist dann 0,63 cm). Jede Spalte läßt sich jedoch jederzeit vergrößern oder verkleinern. Sogar jede einzelne Zelle.

Deshalb müssen Sie wieder darauf achten, was in der Tabelle markiert ist:

➡ Ist nichts markiert, steht also der Cursor nur in irgendeiner Zelle, ist die gesamte Spalte betroffen.

➡ Ist eine Zelle markiert, wird nur deren Breite verändert.

Und analog gilt das auch für die Zeilenhöhe, wenn eine Zeile markiert oder nicht markiert ist.

Spaltenbreite mit der Maus

Im Lineal erscheinen graue Blöcke, die gewissermaßen die Spaltentrennlinie markieren. Bei schmalen Spalten geht es schon etwas eng zu, weil für die aktuelle Zelle auch noch die Regler für die Einzüge zu sehen sind.

Abbildung 15.21:
Linealmarkierun-
gen für die Spalten-
trennlinien

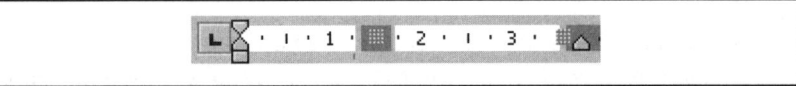

➡ Sie führen den Zeiger auf die Spaltenmarkierung im Lineal (es muß nicht die Spalte sein, in welcher der Cursor steht), halten die linke Maustaste gedrückt und ziehen das Symbol nach links oder rechts.

➡ Oder Sie führen den Zeiger in der Tabelle auf die Spaltentrennlinie. Dann die linke Maustaste festhalten und ziehen. Halten Sie in beiden Fällen zusätzlich (Alt) gedrückt, werden im Lineal die exakten Spaltenbreiten angezeigt.

➡ In beiden Fällen bleibt die Gesamtbreite der Tabelle gleich. Die Spalte rechts daneben (aber nur die) wird größer oder kleiner.

➡ Wenn gleichzeitig die (Strg)-Taste gedrückt wird, passen sich alle Spalten rechts daneben in der Größe an. Die Gesamtbreite der Tabelle bleibt unverändert.

➡ Wenn gleichzeitig die (⇧)-Taste gedrückt wird, behalten alle Spalten rechts ihre Breite. Die Tabelle insgesamt wird also breiter.

Spaltenbreite mit dem Menü

Mit dem Menü läßt sich die Spaltenbreite nun ganz exakt einstellen. Auch hier wieder: Wenn eine Zelle markiert ist, ist nur sie betroffen, ansonsten die ganze Spalte.

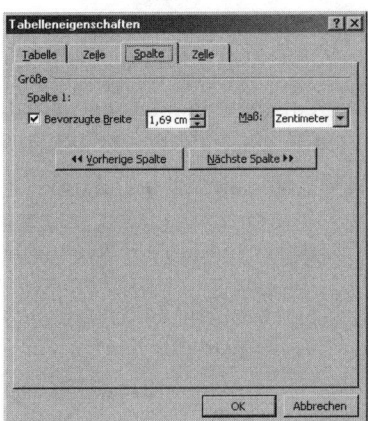

Abbildung 15.22:
Tabellen-
eigenschaften für
Spalten

▶ Hinter *Spalte* steht jeweils eine Nummer: die Nummer der Spalte, auf die sich die Aktion bezieht. Mit NÄCHSTE SPALTE und VORHERIGE SPALTE wandern Sie durch die Tabelle von Spalte zu Spalte, können mithin mehrere Spalten in einem Arbeitsgang anpassen.

▶ Sind mehrere Spalten markiert (hinter *Breite* steht beispielsweise »2-4«: Spalten 2 bis 4), bekommen sie alle die gleiche Breite – eine arbeitssparende Möglichkeit, mehrere Spalten gleich zu formatieren. NÄCHSTE SPALTE und VORHERIGE SPALTE betrifft aber wieder nur eine einzelne Spalte.

▶ Denselben Effekt – gleiche Breite für mehrere Spalten – erreichen Sie mit TABELLE/AUTOANPASSEN/SPALTEN GLEICHMÄSSIG VERTEILEN. Dazu, versteht sich, müssen mindestens zwei Spalten markiert sein.

Die optimale Breite

Excel-Kunden kennen das: Doppelklick im Spaltenkopf, und die Spalte wird so breit, daß der längste Inhalt gerade noch reinpaßt – die »optimale Breite«.

So geht's auch in einer Word-Tabelle, nur dürfen Sie hier nicht im Lineal doppelklicken, sondern auf die Spaltentrennlinie in der Tabelle. Oder Sie wählen die Option AUTOANPASSEN/AUTOANPASSEN INHALT im Menü TABELLE.

Der Spaltenabstand

Die Option *Standardzellbegrenzungen* im Dialogfeld TABELLENOPTIONEN (zu erreichen über die Schaltfläche OPTIONEN im Register *Tabelle* der TABELLENEIGENSCHAFTEN) definiert einen Freiraum am linken und rechten Rand einer Spalte, damit die Zellinhalte nicht zusammenstoßen, wenn die

Zellen ganz gefüllt sind. Die Spaltenbreite wird vom Spaltenabstand nicht berührt, nur in der Zelle ist halt weniger oder mehr Platz.

Die Einstellungen lassen sich nunmehr für den linken und rechten sowie oberen und unteren Spaltenrand separat angeben.

➨ Der Spaltenabstand (oder im Word-Neudeutsch: die *Standardzellenbegrenzung*) gilt für die gesamte *Tabelle*, wenn nichts markiert ist; für die gesamte *Zeile*, wenn diese markiert ist. Den Spaltenabstand nur für eine einzelne Zelle zu verändern, ist hier nicht möglich. Sie müssen dazu die Zellenoptionen aufrufen (TABELLENEIGENSCHAFTEN/ZELLE/OPTIONEN).

➨ Der *Standardzellenabstand* schafft quasi einen Leerraum zwischen den einzelnen Zellen. (Probieren Sie's mal aus, indem Sie diesen Abstand in der Beispieltabelle auf 1 cm setzen.)

➨ Die *Automatische Größenänderung* bewirkt, daß sich die Zellenbreite von selbst anpaßt, wenn Sie ein langes Wort eingeben.

➨ Das Gegenteil ist der Fall, wenn Sie im Register *Zelle* über OPTIONEN *Text anpassen* wählen. Dann wird der Text so verkleinert, daß ein langes Wort noch in die Zelle paßt.

:-)
TIP

Es ist oftmals besser, auf den Spaltenabstand ganz zu verzichten, ihn also auf 0 zu setzen, und statt dessen mit Absatzeinzügen zu arbeiten. Da Sie ja jede einzelne Zelle bzw. jeden einzelnen Absatz in einer Zelle individuell formatieren können, kann mit einem entsprechenden Absatzformat flexibler verfahren werden als mit einem globalen Spaltenabstand. Sie haben dann nicht das Problem, daß die Tabelle links über den Rand hinausragt (siehe Abschnitt »Links am Rand und doch nicht« auf Seite 256).

Die Zeilenhöhe

Was für die Spaltenbreite recht ist, muß auch für die Zeilenhöhe billig sein.

➨ »Mindestens« definiert eine minimale Zeilenhöhe. Die Zeile wird, nehmen wir mal an, drei Zeilen hoch, obwohl nur eine Zeile Text drin steht. Vergrößert sich aber der Text auf vier Zeilen, vergrößert sich auch die Zeile.

➨ »Genau« heißt genau: so hoch wird die Zeile – basta! Soll der viele Text doch gucken, wo er bleibt. Logische Schlußfolgerung: möglichst nur verwenden, wenn die Zellinhalte garantiert nicht größer werden.

► Ist nichts markiert, ist die gesamte *Tabelle* davon betroffen; ist eine *Zeile* markiert, dann nur diese. Die Höhe einer einzelnen *Zelle* kann nicht verändert werden.

► In der Layout-Ansicht kann die Zeilenhöhe auch mit der Maus im Lineal verändert werden.

► Mit TABELLE/AUTOANPASSEN/ZEILEN GLEICHMÄSSIG VERTEILEN erhalten mehrere markierte Zeilen dieselbe Höhe.

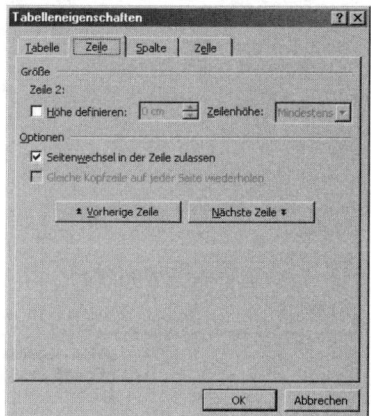

Abbildung 15.23:
Tabelleneigenschaf ten für Zeilen

Positionen auf der Seite

Natürlich können Sie eine Tabelle auch komplett markieren, mit einem Positionsrahmen versehen und sie irgendwo auf der Seite plazieren, unabhängig von allem anderen Text (siehe Kapitel 22, »Positionieren«, S. 379).

Doch das ist inzwischen alles Schnee von gestern. Für die Positionierung der Tabelle bietet das Dialogfeld TABELLENEIGENSCHAFTEN im Register TABELLE viele Möglichkeiten.

Sie sollten übrigens bei der Positionierung der Tabelle in die Layout-Ansicht wechseln, da Sie in der Normalansicht zwar begrenzt Änderungen vornehmen , deren Auswirkungen aber nicht verfolgen können.

Sie können Ihre Tabelle rechts, links oder zentriert ausrichten und für jede gewählte Ausrichtung auch noch explizit den Textfluß definieren.

Wie üblich: Ist nichts markiert, gilt es für die ganze Tabelle.

Abbildung 15.24:
Tabellen-
eigenschaften für
die Tabelle
insgesamt

Abbildung 15.25:
Ausrichtung der
Tabellen

Links

Die Tabelle steht am linken Rand

Zentriert

Die Tabelle steht in der Mitte zwischen linkem und rechtem Rand

Rechts

Die Tabelle steht am rechten Rand

Ist Ihnen das noch nicht genau genug, können Sie in dem Eingabefeld *Einzug von links* bestimmen, wie weit die Tabelle vom linken Rand entfernt positioniert sein soll, oder über den Schalter POSITION sogar in das Dialogfeld TABELLENPOSITION verzweigen, sofern den Textfluß Umgebend gewählt haben. Was Sie dort festlegen, ist mit den Einstellungen von Positionsrahmen identisch – nähere Erläuterungen deshalb in Kapitel 22, »Positionieren«, S. 379.

Da sind millimetergenaue Angaben zum Abstand der Tabelle vom Seitenrand und zum Abstand des umfließenden Textes möglich.

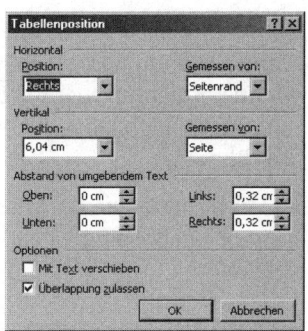

Abbildung 15.26:
*Wie genau wollen
Sie Ihre Tabelle
positionieren?*

Und für alle, die lieber mit der Maus arbeiten und auf Ihr Augenmaß vertrauen (Sie müssen dazu aber in die Layoutansicht schalten):

- Fahren Sie mit dem Zeiger in die linke obere Ecke der Tabelle. Es erscheint oben links außerhalb der Tabelle das Symbol zum Ziehen der Tabelle (der vierköpfige Pfeil) und unten rechts ein Kasten-Symbol zum Vergrößern oder Verkleinern der Tabelle.

- Beide Symbole können Sie mit dem Zeiger aufnehmen.

- Mit dem vierköpfigen Pfeil verändern Sie die Position der Tabelle – beim Anklicken wird automatisch die ganze Tabelle markiert.

- Das Kästchen-Symbol macht die Größenveränderung der Tabelle so einfach wie nie zuvor. Einfach anklicken und ziehen. Das funktioniert proportional, wenn Sie dabei ⇧ gedrückt halten, oder auch getrennt für Breite und Höhe.

- Eine gerasterte Umrißlinie der Tabelle, die sozusagen mitwandert, hilft Ihnen bei der Positionierung und der Größenveränderung.

- Wenn Sie einfach mit der Maustaste ziehen, wird die Tabelle in winzigen Sprüngen verschoben. Stufenlos geht's wenn Sie dabei die (Alt)-Taste gedrückt halten.

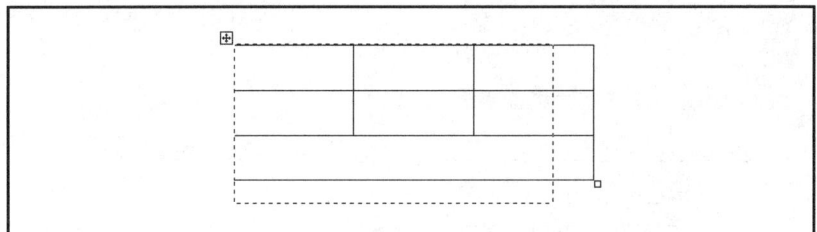

Abbildung 15.27:
*Symbole der
Tabellen, um Größe
und Position zu
verändern*

Links am Rand und doch nicht

Wenn Sie einmal Ihre Tabellen auf dem Bildschirm oder einem Ausdruck genau betrachten, werden Sie ein Phänomen feststellen: Links am Seitenrand heißt noch lange nicht, daß die Tabelle mit dem Seitenrand bündig abschließt.

Vielmehr hängt sie darüber hinaus. Sie sehen das am besten in der Layout-Ansicht bei eingeschalteten Textbegrenzungen und sichtbaren Gitternetzlinien.

Abbildung 15.28:
Schummelt Word?

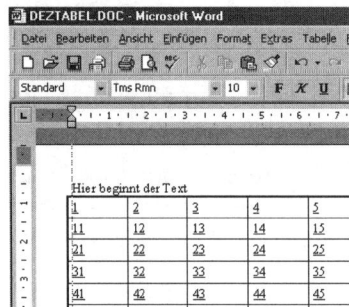

Wenn Sie noch genauer hinschauen, wird Ihnen noch etwas auffallen. Was genau mit dem linken Seitenrand abschließt, das ist der Text in einer Zelle (sofern er linksbündig steht).

Das also ist des Pudels Kern! Word richtet die Tabelle so aus, daß Seitenrand und Textanfang der ersten Spalte bündig sind.

Wenn Sie demgemäß die Standardzellenbegrenzung (TABELLENEIGEN-SCHAFTEN/TABELLE/OPTIONEN) links auf 0 setzen, sind Seitenrand und Tabelle eins. Da Sie aber nun keinen Abstand zwischen den Spalten mehr haben, müssen Sie selbigen notgedrungen über einen Absatzeinzug (FORMAT/ABSATZ/EINZÜGE UND ABSTÄNDE) erreichen.

Abbildung 15.29:
Ohne
Spaltenabstand
beginnt die erste
Zeile am
Seitenrand

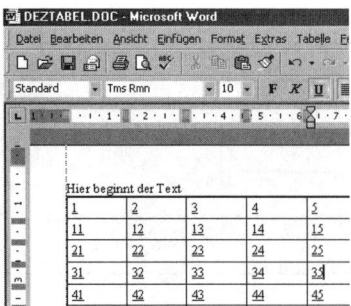

Eine andere Möglichkeit besteht darin, die Tabelle einzurücken, und zwar genau um den Wert für die linke Zellenbegrenzung (zu finden in TABELLEN-EIGENSCHAFTEN/ZELLEN/OPTIONEN). Das ist der Raum, der in den Spalten zwischen Rand und Zellinhalt eingefügt wird.

15.11 Tabelle formatieren

Was uns hier zunächst interessieren soll, ist das Aussehen der Tabelle insgesamt.

Rahmen, Linien, Raster

Jede Zelle, jeder Zellenkomplex, mithin: alles, was markiert ist, kann mit Linien versehen werden. Und vier Linien addieren sich zu einem Rahmen. Und für den Hintergrund darf's auch gern ein Raster oder Muster sein. Weil das nicht anders ist als bei der Umrahmung eines Absatzes, verweise ich auf Kapitel 20, »Rahmen und Schattierung«, S. 351, wo das eingehend beschrieben ist.

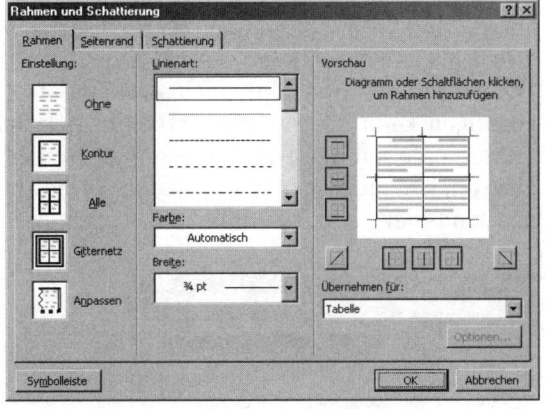

Abbildung 15.30:
Gestaltungsmöglic hkeiten mit Rahmen und Schattierungen

Für Tabellen gibt es jedoch einige Besonderheiten.

➤ Bei FORMAT/RAHMEN UND SCHATTIERUNG (auch zu erreichen über das Kontextmenü oder TABELLENEIGENSCHAFTEN, Schalter RAHMEN UND SCHATTIERUNG) gibt es unter anderem die Option *Gitternetz*. Sie zieht um die Tabelle (oder den markierten Bereich) eine dicke Linie, innen drin dünne – aber nur, bei einer Linienbreite von mindestens 1 $^1/_2$.

➤ Möchten Sie überall gleich dicke Linien, wählen Sie die Option *Alle*.

➡️ Sie können mit *Übernehmen für* bestimmen, ob die Rahmen für den aktuellen Absatz, die Zelle oder die gesamte Tabelle gelten soll. Damit sind auch unterschiedliche Rahmen oder Schattierungen für den Absatz und die Tabellenzelle möglich.

Übrigens geht das auch sehr bequem mit den Symbolen aus der *Rahmen*-Symbolleiste.

Und wie die Absätze bleibt auch die Tabelle eisern an ihrem Platz. Die Linien legen sich außen um die Tabelle oder Zellen, vergrößern also die einzelnen Zellen und mithin die gesamte Tabelle, so daß sie sowohl höher wird als auch breiter.

Und breiter heißt: Die Linien stehen schon wieder außerhalb des Seitenrands – wo Sie doch eben mühsam Seitenrand und Tabelle deckungsgleich gebracht haben. Zum Trost: bei einer dünnen Linie fällt es eigentlich kaum auf (es sei denn, jemand ist ganz pingelig). Doch je dicker die Linie ...

AutoFormat

 Mit dieser Menüoption können Sie unter einer reichen Palette an vorgefertigten Formatierungen für die Tabelle wählen, mit mannigfachen Möglichkeiten der Differenzierung. Selbst wenn Sie nicht wollen, daß Ihre Tabelle wie die von jedermanns aussieht, als Grundlage für individuelle Lösungen kann das AutoFormat doch ganz hilfreich sein. Wenigstens erfahren Sie auf diese Weise, wie man zu diesen beeindruckenden 3D-Effekten kommt. Bedenken Sie jedoch: Was auf dem Bildschirm phantastisch aussieht, bereitet oft beim Druck eine herbe Enttäuschung.

Abbildung 15.31:
Tabellenvorlagen

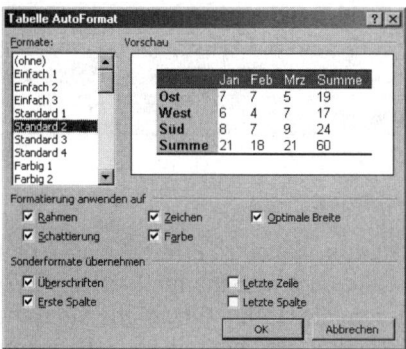

Überschrift

Die Menüoption TABELLE/ÜBERSCHRIFTENZEILEN WIEDERHOLEN ist zum ersten meist gar nicht erreichbar, und wenn Sie's dann doch mal schaffen, hat sie keine sichtbare Wirkung. Dabei ist das eine sehr hilfreiche Sache:

➡ Stellen Sie den Cursor in die erste Zeile oder markieren Sie die ersten paar Zeilen.

➡ Aktivieren Sie nun TABELLE/ÜBERSCHRIFTENZEILEN WIEDERHOLEN. Die Menüoption wird mit einem Haken versehen.

➡ Die so ausgezeichneten Zeilen werden auf der nächsten Seite als Überschrift wiederholt, wenn es in der Tabelle einen Seitenwechsel gibt.

Den gleichen Effekt erreichen Sie auch bei den Tabelleneigenschaften im Register *Zeile* mit *Gleiche Kopfzeile auf jeder Zeile wiederholen*.

15.12 Tabelleninhalt formatieren

Der Zellinhalt ist Text (auch eine Grafik steht ja in einem Textabsatz), er kann mithin wie jeder Text formatiert werden, direkt mit dem Menü FORMAT oder mit Formatvorlagen. Aber Word kann noch ein bißchen mehr.

➡ Sie können den Zellinhalt vertikal und horizontal ausrichten. Seltsamerweise ist diese Funktion (ZELLAUSRICHTUNG) nicht im normalen TABELLEN-Menü enthalten, sondern nur im Kontextmenü und in der Tabellen-Symbolleiste. Damit können Sie den Zellinhalt an den oberen und unteren Rand oder in die Mitte stellen und diese Optionen mit rechtsbündig, linksbündig und zentriert kombinieren.

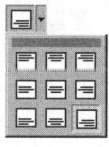

Oben linksbündig ausgerichteter Text	Oben zentriert ausgerichteter Text	Oben rechtsbündig ausgerichteter Text
Mittig linksbündig ausgerichteter Text	Mittig zentriert ausgerichteter Text	Mittig rechtsbündig ausgerichteter Text
Unten linksbündig ausgerichteter Text	Unten zentriert ausgerichteter Text	Unten rechtsbündig ausgerichteter Text

Abbildung 15.32:
Zelleninhalt ausrichten

➡ Sie können auch die *Textrichtung* bestimmen – wiederum aber nur über das Kontextmenü oder die eingeblendete Symbolleiste. Im Dialogfeld sehen Sie dann Beispiele für die drei Richtungsarten, mit dem

Symbol drehen Sie pro Klick schrittweise. Die Textrichtung ist aber nur in der Layout-Ansicht zu sehen.

Abbildung 15.33:
Textrichtung
festlegen

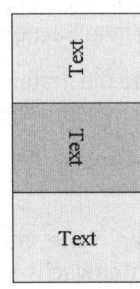
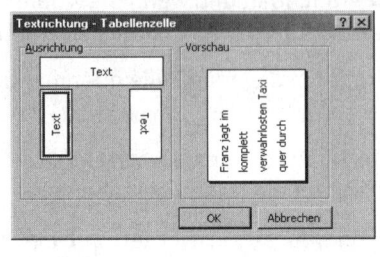

Eines der Highlights bei der Formatierung von Tabelleninhalt ist aber das Einfügen von Grafiken und die Möglichkeit, den Text innerhalb dieser Zelle um die Grafik herumfließen zu lassen. Dabei wird der Textfluß von der Grafik-Symbolleiste aus gesteuert, die automatisch eingeblendet wird, wenn Sie die Grafik zur Bearbeitung markieren (mehr dazu in Kapitel 48, »Grafiken«, S. 725). Wenn Sie hingegen Einfluß auf die Ausrichtung des Textes in der Zelle nehmen wollen, müssen Sie den betreffenden Text markieren und ihn wie oben beschrieben mit dem Kontextmenü oder der Tabellen-Symbolleiste formatieren.

Abbildung 15.34:
Grafiken in
Tabellen

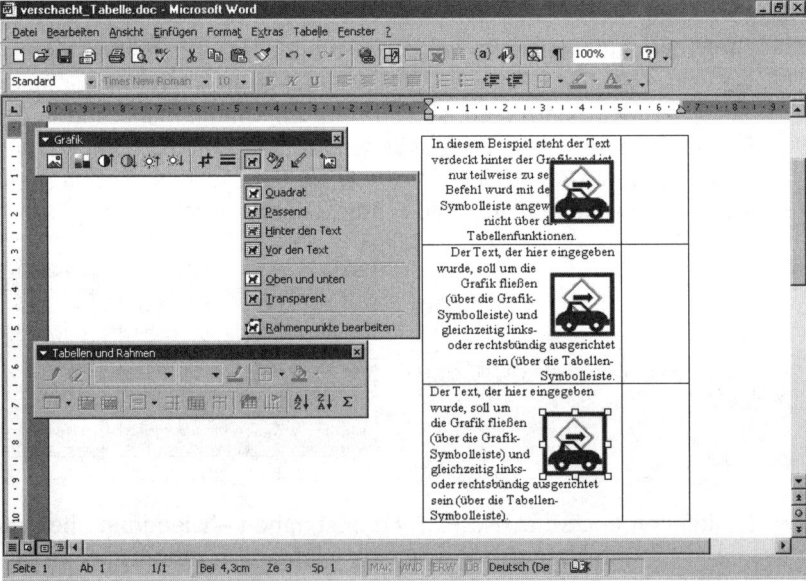

15.13 Beschriftung

Wenn Tabellen beschriftet sind, erleichtert das dem Leser die Orientierung. Auch das kann Word halbwegs automatisieren, mit freilich recht bescheidenen Möglichkeiten.

EINFÜGEN/ BESCHRIFTUNG

■► In EINFÜGEN/BESCHRIFTUNG wählen Sie eine *Bezeichnung*; drei gibt Word vor (»Abbildung«, »Gleichung« und »Tabelle«), weitere Bezeichnungen können Sie erstellen. Den Beschriftungstext der vorgegebenen Bezeichnungen können Sie im Dialogfeld nicht ändern, wohl aber später im Text.

■► Die Bezeichnung hat ursächlich nichts mit dem Elementtyp zu tun, den Sie beschriften wollen (Sie können für eine Tabelle auch die Bezeichnung »Abbildung« wählen), sondern sie bestimmt einzig allein den Text der Beschriftung – bei der Bezeichnung »Tabelle« ist eben »Tabelle« vorgegeben.

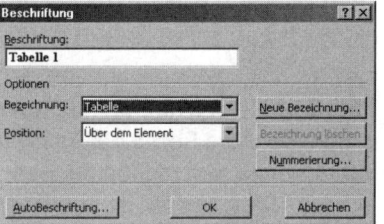

Abbildung 15.35:
Beschriftung der
Tabellen

■► Entscheiden Sie sich für eine NUMERIERUNG – das *Format* zunächst. Möchten Sie auch die *Kapitelnummer einbeziehen*? Dann müssen Sie Ihre Überschriften zuerst mit FORMAT/NUMERIERUNG UND AUFZÄHLUNG numeriert haben (siehe Kapitel 21, »Listen, Numerierungen, Aufzählungen«, S. 361) und dann wählen, welche »Überschrift«-Formatvorlage für die Numerierung der Beschriftung herangezogen werden soll.

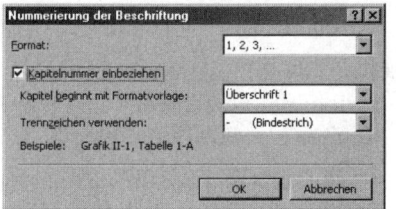

Abbildung 15.36:
Numerierung der
Tabellen

▶ Die AUTOBESCHRIFTUNG ist eine beeindruckende Sache. Verschiedenen Typen ordnen Sie hier eine Bezeichnung zu, bestimmen die Numerierung und die Position (über oder unter dem Element), und wann immer Sie einen solchen Elementtyp einfügen oder erstellen, kommt automatisch die Beschriftung dazu. Aufgeführt in der Liste sind alle OLE-fähigen Programme, die auf Ihrem System installiert sind (deren Produkte werden als Objekte eingefügt – siehe Kapitel 30, »Dateien verbinden«, S. 529). Sie finden aber zum Beispiel auch die Word-eigene Tabelle darunter.

Abbildung 15.37:
AutoBeschriftung

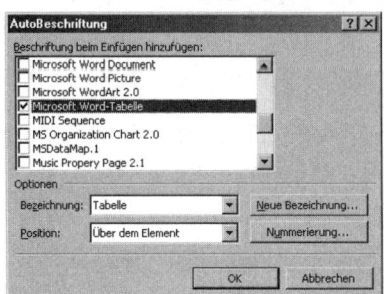

▶ Neue Bezeichnungen können Sie erstellen, wann immer Sie Bedarf haben. Die Bezeichnung braucht erst einen Namen, und dieser Name ist dann auch schon der Beschriftungstext. Also gut überlegen! Wenn es schon zu spät ist fürs Überlegen, löschen Sie die Bezeichnung einfach und erstellen sie nochmals neu. Die drei vorgegebenen Beschriftungen können Sie übrigens nicht löschen.

Abbildung 15.38:
Neue Beschriftung
hinzufügen

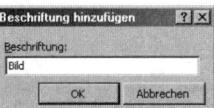

Was Word bei einer Beschriftung macht, ist bewundernswert einfach. Die Numerierung besteht nämlich aus Feldfunktionen. Sieht etwa so aus:

```
Tabelle {STYLEREF 1 \n}-{SEQ Bild \*ARABIC}
```

Wer in Feldfunktionen erprobt ist (siehe Kapitel 14, »Felder«, S. 201), zudem die verschiedenen Techniken der Numerierung intus hat (siehe Kapitel 22, »Positionieren«, S. 379), kann dies leicht entschlüsseln.

{STYLEREF} ist ein Bezug auf eine »Überschrift«-Formatvorlage, hier auf »Überschrift 1«. Der Schalter \n sorgt dafür, daß nicht die Überschrift selbst, sondern deren Numerierung eingefügt wird.

Dann wird mit {SEQ} ein Sequenz-Zähler aufgebaut, mit dem Namen der Beschriftung; dahinter steht das zugewiesene Nummernformat. Bei der ersten Beschriftung wird zudem der Zähler auf 1 gesetzt.

Die Beschriftung erhält die Formatvorlage »Beschriftung«; Sie müssen sie nur noch Ihren Bedürfnissen anpassen.

15.14 Tabelle umwandeln

Word bietet die Möglichkeit, einen Text in eine Tabelle und, umgekehrt, eine Tabelle in Text umzuwandeln. Dadurch lassen sich die spezifischen Fähigkeiten des Tabelleneditors nutzen, ohne daß vorhandener Text mühselig in die Zellen geschrieben oder kopiert werden muß.

Die Umwandlung geschieht über das Menü TABELLE, wo die Option je nachdem UMWANDELN/*Text in Tabelle* oder UMWANDELN/*Tabelle in Text* lautet.

Voraussetzung ist beide Male, daß der umzuwandelnde Komplex markiert sein muß. Woraus logischerweise folgt, daß nur der markierte Komplex auch umgewandelt wird: Sie können die Umwandlung beispielsweise auf einen Teil einer Tabelle beschränken. Eine Zeile ist das mindeste.

Getrennt durch ...

Irgendwoher muß Word wissen, was in die einzelnen Zellen zu schreiben ist oder, umgekehrt, wie die Zellen zu trennen sind, wenn aus ihnen Text wird.

Für beide Richtungen gibt es daher dieselben Optionen für das Trennzeichen.

Das freigewählte Trennzeichen (*Andere*) kann dann von Bedeutung sein, wenn Sie Daten aus anderen Programmen übernehmen oder in andere Programme übergeben wollen.

Tabelle in Text

Das geht eigentlich problemlos, Sie müssen nur das gewünschte Trennzeichen wählen:

- *Absatzmarken:* Jede Tabellen-*Zelle* wird ein einzelner Text-Absatz.
- *Tabstopps*, *Semikola*, *Andere*: Jede Tabellen-*Zeile* wird ein Text-Absatz, die Zellen werden durch das Zeichen getrennt.

Abbildung 15.39:
Tabelle in Text

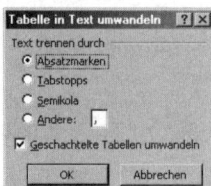

Das Format der Tabelle hat keinen Einfluß auf den Text, der erzeugt wird. Spaltenbreite oder Zeilenhöhe, Rahmen oder Linien: fällt alles unter den Tisch.

Wie schon erwähnt, muß wenigstens eine Zeile der Tabelle markiert sein. Ein Block von Zellen irgendwo mittenraus geht nicht. Wenn Sie das unbedingt brauchen, müssen Sie den Block ausschneiden und in einen Textabsatz einfügen. Dann wird eine eigenständige Tabelle draus, die sich bequem umwandeln läßt.

Text in Tabelle

Das geht am schnellsten, wenn Sie den Text markieren und auf das Tabellen-Symbol klicken. Und ist problemlos, wenn die Textelemente durch Tabs oder ähnliches getrennt sind. Bei ganzen Absätzen jedoch wird aus jedem Absatz eine einzelne Zeile.

Abbildung 15.40:
Text in Tabelle

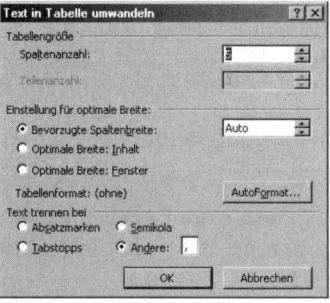

Hier ist dann der Weg über das Menü zu empfehlen. Dort nämlich können Sie entscheiden, wieviel Spalten Sie haben möchten. Bei den anderen Trennzeichen geht Word von der längsten Zeile aus. Sie sind darauf aber nicht festgelegt. Weisen Sie mehr oder weniger Spalten an, berechnet Word die Zeilenanzahl entsprechend.

Wie Sie sehen, können Sie hier auch gleich eine feste Spaltenbreite angeben und die Tabelle mit AutoFormat in eine schöne Form bringen. Das gewählte Format wird dann hinter *Tabellenformat* angezeigt.

15.15 Rechnen in Tabellen

Der Tabelleneditor in Kombination mit den Rechenfunktionen ist fast wie eine Tabellenkalkulation. Wie's geht und worauf man achten muß, ist ausführlich in Kapitel 27, »Rechnen«, S. 487, beschrieben; hier nur in Kurzfassung das wichtigste.

➡ Die Feldfunktion muß sich innerhalb der Tabelle befinden. Dann kann über Zellbezüge auf einzelne Zellen oder Tabellenbereiche zugegriffen werden.

➡ Spalten werden mit Buchstaben, Zeilen mit Nummern gekennzeichnet. Dadurch ist ein eindeutiger Zellbezug wie A1 oder C4 möglich.

Für die Addition einer ganzen Zeile oder Spalte gibt es eine vereinfachte {=SUM}-Funktion.

➡ Sind Zellen oder Teile von Zellen als Textmarken definiert, können Sie auch in Rechenformeln außerhalb der Tabelle darauf Bezug nehmen.

15.16 Tabellen als Gestaltungsmittel

Lösen Sie sich von der Vorstellung, Tabellen seien nur etwas zur übersichtlichen Darstellung von Zahlen. In Word sind sie ein wesentliches Gestaltungsmittel auch für Text. Und sie lassen sich so einsetzen, daß niemand etwas von der Existenz einer Tabelle bemerkt. Und abgesehen von dem abstrusen Gebilde in Abbildung 15.3 auf S. 227 auch für sinnvolle Aufgaben.

Ein Formular

Auch für Formulare jedweder Art ist eine Tabelle bestens geeignet. In einer vorigen Version des Kompendiums gab es an dieser Stelle ein Formular für Telefon- oder sonstige Notizen. Aber längst hat mir Microsoft den Wind aus den Segeln genommen. Denn mit den mitgelieferten Dokumentvorlagen und den Assistenten erledigt sich sowas fast von selber.

Zum Beispiel der Fax-Assistent. Er erstellt beeindruckende Fax-Formulare in vielen Variationen, die sich ohne Mühe auch in Notiz-Formulare umwidmen lassen.

Sie sollten sich so ein Fax-Formular mal erstellen lassen und genauer anschauen. Sie merken dabei, wie geschickt man Tabellen einsetzen kann, um ein Dokument zu strukturieren und zu gestalten.

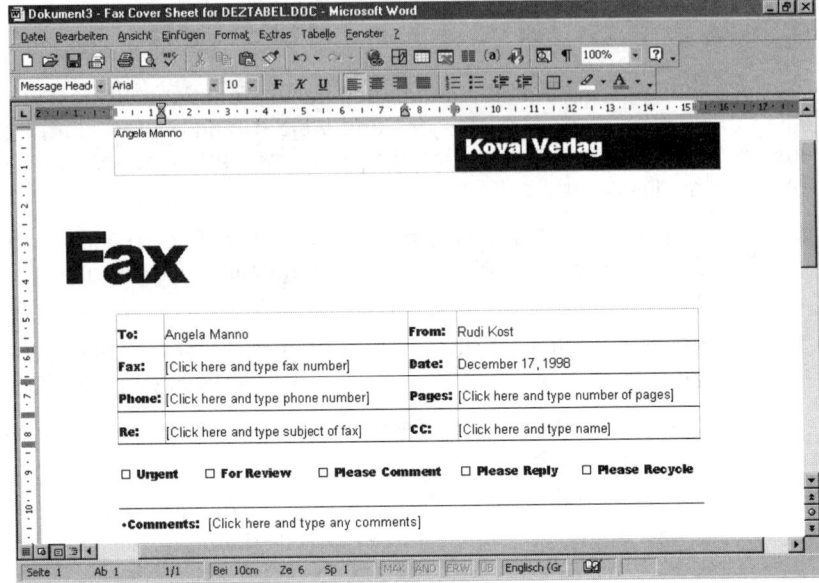

Eine Rechnung

Ein weiteres Einsatzgebiet für Tabellen sind etwa Rechnungs- oder Bestellformulare. Sie finden ein solches als TAB01.DOC unter den Beispieldateien.

Neben einer übersichtlichen Struktur bietet eine solche Tabelle den Vorteil, daß ohne sonderlichen Aufwand auch Berechnungen durchgeführt werden können.

Notenpapier

Notenpapier ist teuer. Wer Word hat, muß dafür nichts bezahlen. Hobbykomponisten, die noch nicht direkt am Bildschirm komponieren, finden in der Datei NOTEN.DOC ein Beispiel, wie man mit Hilfe von Tabellen Notenpapier erstellen kann.

Noch mehr Formulare

... finden Sie in Kapitel 29, »Formulare«, S. 521. Mit speziellen Funktionen können Sie Auswahlfelder definieren, Felder sperren usw.

Drucken

Wenn ein Dokument zum ersten Mal gedruckt wird, ist das stets ein erhebender Moment. Papier macht doch noch immer einen anderen, besseren Eindruck. In früheren Zeiten war es auch ein banger Moment: Kommt auch alles so, wie ich es in meinem Programm angewiesen habe? Bei Word sind solche Sorgen nahezu überflüssig. Dank der umfassenden Seitenkontrolle sieht man schon auf dem Bildschirm ziemlich genau, wie der Ausdruck sein wird.

16.1 Drucker einrichten

Zu unterscheiden ist zwischen der *Installation* eines Druckers und dessen *Einrichtung*.

Bei der Installation wird Windows, Words Großer Mutter, mitgeteilt, welcher Drucker vorhanden ist; gleichzeitig wird er auch konfiguriert, z.B. einer Schnittstelle zugeordnet. Die Installation kann nicht von Word aus erfolgen. Das ist die Sache von Windows.

Bei der Einrichtung eines Druckers hingegen sagt man Word, welcher Drucker benutzt werden soll, falls mehrere vorhanden sind. Überdies kann man von hier aus bestimmte Einzelheiten wählen, etwa die Qualität oder die Papiergröße.

Erst wenn Installation und Einrichtung erledigt sind, kann der eigentliche Druck beginnen.

Installation und Konfiguration eines Druckers

Das haben Sie bereits getan, als Sie Windows eingerichtet haben. Aber möglicherweise haben Sie Ihren Drucker gewechselt – endlich können Sie sich den heißersehnten Farb-PostScript-Drucker leisten – oder Sie möchten einen zusätzlichen Drucker installieren.

All das geschieht mit der Windows-Systemsteuerung und deren Option DRUCKER bzw. im START-Menü mit EINSTELLUNGEN/DRUCKER.

Abbildung 16.1:
Der Drucker-Ordner

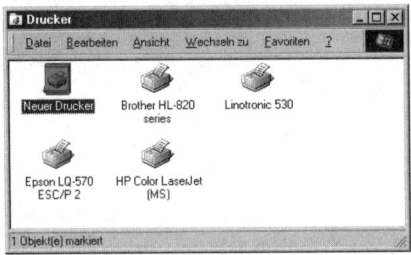

Mit dem Symbol *Neuer Drucker* wählen Sie den neuen oder zusätzlichen Drucker aus, worauf Sie ein Assistent komfortabel durch die Installation führt.

Er wird Sie möglicherweise auffordern, eine Diskette bzw. die Windows-CD-ROM einzulegen, auf der sich der Druckertreiber befindet: das Programm, das zwischen Word/Windows und Ihrem Drucker vermittelt.

Der nächste Schritt ist dann die Zuweisung eines Anschlusses. Hier müssen Sie angeben, welche Schnittstelle der Drucker verwendet. LPT steht für die parallelen Schnittstellen, COM für die seriellen. FILE schickt das Dokument nicht zum Drucker, sondern macht eine Druckdatei daraus (siehe S. 274). Das können Sie aber auch direkt von Word aus anweisen.

Ebenfalls von Word aus können Sie zu dem gelangen, was sich hinter den EIGENSCHAFTEN verbirgt (im Kontextmenü oder im Menü DATEI), nämlich die differenzierte Einrichtung des Drucker. Gleichwohl sollten Sie das normalerweise gleich bei der Installation des Druckers erledigen.

Die Druckereinrichtung in Word

DATEI/DRUCKEN
Strg + P
Strg + ⇧ + F12

Zwei Drucker sind heutzutage selbst im Privathaushalt keine Seltenheit mehr. Es ist kein Problem, mehrere Drucker derselben Schnittstelle zuzuweisen. Aber logischerweise kann immer nur einer davon der aktive sein.

Word müssen Sie aber auf alle Fälle sagen, welcher Drucker verwendet wird. Sonst stimmen vielleicht die Schriften nicht und alles, was daraus folgt: Zeilenfall und Seitenumbruch. (Wenn Ihnen manchmal die

Bildschirmdarstellung seltsam anmutet, sollten Sie nachschauen, welcher Drucker aktiviert ist).

Im Drucker-Ordner (siehe oben) und dessen Menü DATEI können Sie einen Drucker markieren und ALS STANDARD DEFINIEREN – denjenigen, mit dem Sie am häufigsten drucken.

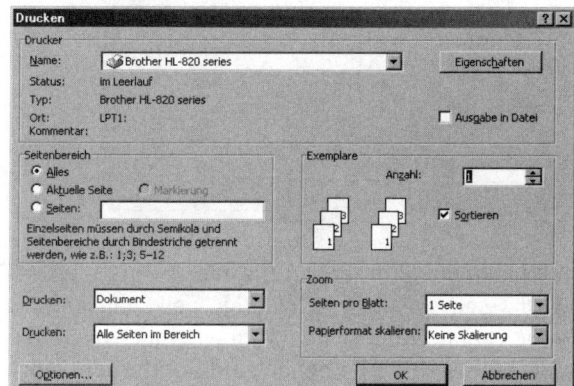

Abbildung 16.2:
Drucken: Was, wie,
wieoft ?

Das Listenfeld *Name* in Words Menü DATEI/DRUCKEN führt alle installierten Drucker auf; hinter *Ort* lesen Sie, an welcher Schnittstelle der gewählte Drucker angeschlossen ist. Steht hier nichts, bedeutet das, daß der Drucker zwar installiert, doch nicht angeschlossen ist.

In einem Netzwerk kann da ziemlich viel stehen, weil unter Umständen am Server mehrere Drucker hängen, zudem noch lokale Drucker vorhanden sind (an den Arbeitsplätzen), auf die man zu allem Überfluß über eine Arbeitsgruppe zugreifen kann.

Wie auch immer: Sie wählen den Drucker aus, mit dem gedruckt werden soll. Versteht sich, daß dies nicht notwendig ist, wenn überhaupt nur ein einziger Drucker installiert ist.

Dieses Menü dient freilich noch einem anderen Zweck, und von jetzt an wird es auch für die armen (oder glücklichen) Menschen interessant, die nur einen Drucker haben: die Schaltfläche EIGENSCHAFTEN. Die Einrichtung, die hier vorgenommen wird, ist in den meisten Fällen nur einmal nötig und wird normalerweise bei der Druckerinstallation in Windows erledigt.

Je nach Druckermodell können Sie hier verschiedenes auswählen, bei Matrixdruckern beispielsweise die Druckqualität (Entwurf oder Korrespondenz) und die Grafikauflösung; bei Farbdruckern Papierqualität und Farbeinstellungen; bei PostScript-Druckern, wie TrueType-Schriften zu handhaben sind usw.

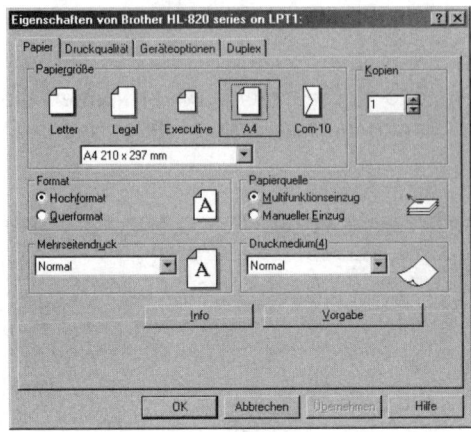

Normalerweise brauchen Sie hier nichts einzustellen. Und wenn doch, wird's sehr oft sehr schwierig, weil man kaum allgemeine Ratschläge geben kann. Drucker sind wahrscheinlich die letzten Individualisten in der Computerwelt: Jeder beharrt auf Sonderbehandlung.

16.2 Machen Sie Druck!

Im Dialogfeld DRUCKEN sind zwar eine Vielzahl von Einstellungen zu treffen, die sind aber nicht weiter schwer zu verstehen. Zunächst bestimmen Sie im Listenfeld *Drucken*, was überhaupt gedruckt werden soll:

➟ das Dokument selbst,

➟ die Dateieigenschaften,

➟ die Kommentare,

➟ die Formatvorlagen,

➟ die AutoText-Einträge,

➟ die Tastenbelegung.

Das sind sozusagen Exklusiventscheidungen: entweder das Dokument oder die Kommentare, entweder die Formatvorlagen oder die Tastenbelegung.

Wenn Sie mit OPTIONEN weiterschalten – das Dialogfeld kennen Sie vielleicht bereits von EXTRAS/OPTIONEN/*Drucken* – können Sie in der Abteilung *Mit dem Dokument ausdrucken* ein wenig differenzieren und kombinieren, was **zusätzlich** zur Exklusiventscheidung aus dem vorigen Dialogfeld gedruckt werden soll:

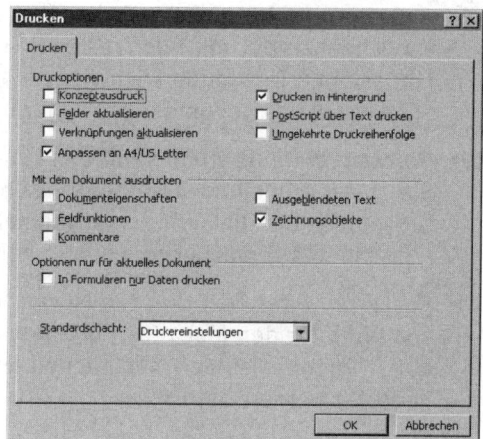

Dokumenteigenschaften – werden auf einer eigenen Seite gedruckt.

Feldfunktionen – die Funktionen statt der Ergebnisse.

Kommentare – ebenfalls auf einer eigenen Seite.

Ausgeblendeter Text – druckt auch als verborgen formatierten Tex (z.B. Indexeinträge oder Kommentare), was natürlich den ganzen Umbruch durcheinander bringen kann.

Zeichnungsobjekte.

Weitere Wahlmöglichkeiten sind:

Konzeptausdruck: Ein Minimum an Formatierungen. Was ein Drucker unter *Konzeptausdruck* versteht, ist nicht vorhersagbar. Jeder Drukker hat da seine eigenen Vorstellungen. Meist aber werden auf alle Fälle die Bilder nicht gedruckt, was den Druck erheblich beschleunigt.

Felder aktualisieren: Sämtliche Felder im Text werden vor dem Druck aktualisiert. Kann auch gefährlich sein, wenn Sie manche Felder nicht aktualisiert haben wollen. Die sollten Sie dann (vor dem Druck) mit einer Feldsperre vor Aktualisierungen schützen (siehe Kapitel 14, »Felder«, S. 201). Manche Felder wie {Date} oder die Seitennummer oder Querverweise werden so oder so immer aktualisiert, auch wenn diese Funktion nicht eingeschaltet ist.

Verknüpfungen aktualisieren beschränkt sich eben darauf, anstatt sämtliche Felder zu aktualisieren. Das betrifft jedoch nur Daten, die mit {Link} eingefügt sind. Verknüpfte und im Dokument gespeicherte Grafiken sind damit nicht gemeint. Zu dieser Art der Verknüpfung siehe Kapitel 30, »Dateien verbinden«, S. 529.

➥ *Anpassen auf A4/US Letter:* In den USA wird ein anderes Papierformat verwendet als bei uns, eben *Letter.* Beim Drucken solcher Dokumente gibt es unter Umständen Schwierigkeiten – diese Option behebt sie, ohne dabei das Dokument neu zu formatieren.

➥ *Drucken im Hintergrund* spult den Druck ganz schnell durch, so daß Sie ganz schnell weiterarbeiten können, wenn sich auch unter Umständen die Dialogfelder langsamer öffnen, das Verschieben des Ausschnittes gemächlicher vor sich geht.

➥ *PostScript über Text drucken* ist nur interessant, wenn Dokumente aus Word für den Macintosh übernommen werden und bezieht sich auf {Print}-Felder, mit denen zusätzlicher PostScript-Code gedruckt werden kann.

➥ *Umgekehrte Druckreihenfolge:* Word druckt von hinten her, so daß die Seiten nachher in richtiger Reihenfolge liegen und Sie nicht umsortieren müssen. Natürlich nur sinnvoll bei Einzelblättern, wenn der Drukker das Papier nicht automatisch umgekehrt ablegt.

Für die weiteren Druckeinstellungen müssen wir jetzt wieder ins Dialogfeld DRUCKEN zurückwechseln.

:-)
TIP

Gedruckt wird stets nur die aktuelle Datei. Im Dateiauswahl-Fenster können auch mehrere Dateien markiert und hintereinander gedruckt werden (siehe Kapitel 5, »Dokumente erstellen und öffnen«, S. 75).

Was soll gedruckt werden?

In der Sektion *Seitenbereich* wählen Sie, ob *Alles* (alle Seiten) gedruckt werden sollen, nur die *Markierung* im Text oder die *Aktuelle Seite.*

Sie können auch nur einzelne Seiten drucken oder Seitenbereiche; die müssen Sie dann mit Semikola voneinander trennen.

Soll etwa nur Seite 3 gedruckt werden, heißt es: »3«. Die Eingabe »5;8–13;15;17–19« druckt die Seiten 5, 8 bis 13, 15 und 17 bis 19. Für Tüftler gibt es auch noch weitaus kompliziertere Varianten – siehe die Hilfestellung.

!!
STOP

Sie müssen, wenn die Seitennumerierung nicht bei 1 beginnt, die richtigen Seitennummern angeben.

Und schließlich können Sie im Listenfeld *Drucken* rechts unten noch entscheiden, ob sämtliche Seiten gedruckt werden sollen (*Alle Seiten im Bereich*) oder nur die geraden oder ungeraden.

Neu im DRUCKEN-Dialogfenster ist die Sektion *Zoom*. Damit haben Sie die Möglichkeit, mehrere Seiten auf einem Blatt auszudrucken. Im Listenfeld *Seiten pro Blatt* haben Sie die Wahl zwischen 1, 2, 4, 6, 8 und 16 Seiten. Außerdem können Sie das Papierformat skalieren. Vorgegeben ist allerdings keine Skalierung.

Wie oft soll gedruckt werden?

Die Anzahl der Kopien bestimmen Sie mit *Exemplare*. Mit der Option *Sortieren* entscheiden Sie, auf welche Art die Kopien gedruckt werden.

Beispiel: Sie möchten einen zehnseitigen Bericht fünfmal drucken. Normalerweise druckt Word zunächst die erste Seite fünfmal, dann die zweite Seite fünfmal usw. Insbesondere bei einem Laserdrucker kann das einen erheblichen Zeitvorteil bedeuten, da die Seiten im Drucker nur jeweils einmal aufbereitet werden müssen. Aber was Sie hier an Zeit gewinnen, legen Sie unter Umständen hinterher wieder drauf, um die Blätter richtig zu sortieren.

Sortieren hingegen druckt das erste Exemplar vollständig, dann das zweite usw.

Drucken mit dem Symbol

Der Klick auf das Symbol scheint der bequemste Weg zu sein. Ist es oft auch. Manchmal erleben Sie aber auch böse Überraschungen. Sie umgehen zwar das Dialogfeld DRUCKEN, verwenden aber trotzdem dessen Einstellungen. Das heißt ganz konkret:

- Die OPTIONEN bleiben erhalten – zum Beispiel, daß Sie auch verborgenen Text drucken wollen.

- Bei den übrigen Möglichkeiten nimmt Word seine Grundeinstellungen. Wenn Sie zuvor nur die aktuelle Seite gedruckt haben und das jetzt eigentlich auch möchten und aus Bequemlichkeit aufs Symbol klicken, haben Sie Pech gehabt: Die Grundeinstellung heißt *Alles* – die ganze Datei wird gedruckt.

16.3 In eine Datei drucken

In eine Datei drucken heißt, daß der Text nicht Seite für Seite aus dem Drucker kommt, sondern als eigene Datei, eben die Druckdatei gespeichert wird. Diese Druckdatei enthält alle nötigen Informationen für den Drucker. Sie können sie über die MS-DOS-Eingabeaufforderung mit dem Befehl COPY zum Drucker schicken, und sie wird so gedruckt, als geschähe das von Word aus.

Man macht das, um später in aller Ruhe drucken zu können. Oder um Freund Johannes eine Diskette mit der Druckdatei mitgeben zu können, weil der diesen sagenhaften Farblaser hat. Oder weil eine Datei für den Buchdruck belichtet werden soll.

➥ Sie weisen im Dialogfeld DRUCKEN die Option *Ausgabe in Datei* an.

➥ Oder Sie installieren mit der Systemsteuerung einen eigenen Drucker (es kann ruhig auch einer sein, der schon mal vorhanden ist) und bestimmen für ihn den Anschluß FILE. Vor dem Druck müssen Sie dann diesen Drucker auswählen.

In beiden Fällen werden Sie, wenn der Druck gestartet ist, nach einem Namen für die Druckdatei gefragt und können auch ein Verzeichnis auswählen.

Beim Druck in eine Datei ist es unerheblich, ob Sie selbst das Druckermodell haben oder nicht. Angenommen, Sie haben einen Tintenstrahldrukker, möchten aber eine Druckdatei für die Satzbelichtung erstellen. Dann installieren Sie einen PostScript-Drucker an FILE und bestimmen ihn als aktiven Drucker. Daß dieser Drucker gar nicht real vorhanden ist, interessiert in dem Fall niemanden, da ja auch nicht wirklich gedruckt wird. Word braucht nur die Informationen aus dem Druckertreiber.

16.4 Der Druck-Manager

Nun haben Sie also endlich alles eingestellt und Ihre Datei zum Drucker geschickt. Ohne daß Sie davon viel bemerken, hat sich der Druck-Manager von Windows dazwischengeschaltet.

Was er macht

Word bzw. Windows erstellt eine Druckdatei, und diese Druckdatei wird dann vom Druck-Manager weiterverarbeitet und tatsächlich zum Drucker geschickt

Der Druck-Manager sammelt alle Druckaufträge und schickt sie nacheinander zum Drucker, und zwar im Hintergrund. Das heißt, Sie können im Vordergrund mit Word oder einem anderen Windows-Programm weiterarbeiten, ohne daß Sie warten müssen, bis der Druck erledigt ist.

Sie können den laufenden Druck beeinflussen, indem Sie den Druck-Manager anders einstellen. Wie kommen Sie überhaupt zu ihm? Sie rufen ihn über das START-Menü und EINSTELLUNGEN/DRUCKER auf und doppelklicken dann auf das Drucker-Symbol.

Die Druckschlange

Der Druck-Manager listet säuberlich alle Dateien auf, die zum Druck anstehen (das heißt, von Word aus bereits »gedruckt« worden sind) und die nun darauf warten, daß die Reihe an ihnen ist.

Sie können jeden Druckauftrag markieren und dann mit dem Kontextmenü oder dem Menü DOKUMENT beispielsweise anhalten und später fortsetzen oder löschen. Sie können auch den gesamten Druck anhalten oder abbrechen. Dies geht über das Menü DRUCKER.

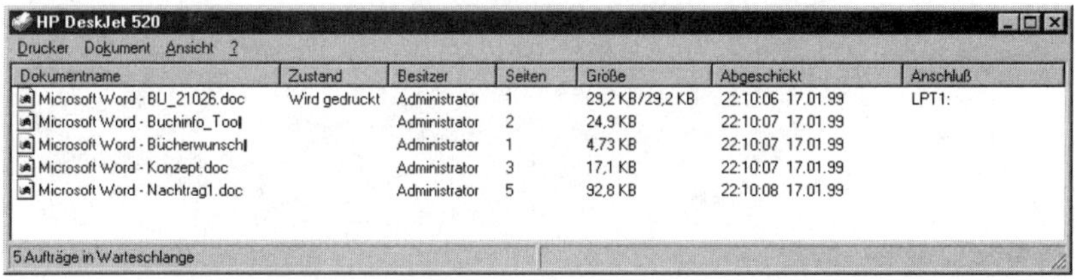

Abbildung 16.5:
Der Druck-Manager

16.5 PostScript- und TrueType-Schriften

Wer PostScript- oder TrueType-Schriften verwendet, der sollte folgende Punkte beachten:

- PostScript-Schriften kann man auf verschiedene Weise installieren. Entweder so, daß sie bei Bedarf von der Festplatte geholt werden, oder so, daß Windows sie als resident im Drucker vorhanden betrachtet (siehe Kapitel 19, »Formatieren«, S. 317). Im zweiten Fall müssen die Schriften vor dem Druck erst in den Drucker geladen werden. Bei TrueType-Schriften ist das kein Thema.

- TrueType-Schriften werden immer in eine Druckdatei eingebettet, bei PostScript-Schriften hängt es von der erwähnten Installationsart ab.

Erkundigen Sie sich bei Ihrem Belichtungsstudio, was Sie machen sollen.

➡ Der richtige Drucker ist von entscheidender Bedeutung bei Post-Script-Schriften (und eingeschränkt auch bei TrueType-Schriften). Ob Sie als Druckermodell einen Belichter wie z.B. die Linotronic oder einen normalen PostScript-Drucker wählen, ist ein Unterschied. Der höheren Auflösung wegen berechnet die Linotronic viel genauer, und das kann erhebliche Auswirkungen auf den Umbruch haben. (Sie können ohne Probleme Linotronic auswählen und auf einen normalen PostScript-Drucker ausgeben.)

➡ Bevor Sie eine Druckdatei für die Belichtung erstellen, müssen Sie sich mit dem Belichtungsunternehmen in Verbindung setzen und die notwendigen Einstellungen absprechen. Sonst erleben Sie unter Umständen eine teure Überraschung.

Dokumente gestalten

Teil IV

Das Seitenlayout

Kapitel 17

Mit dem Seitenlayout legen Sie fest, welcher Bereich auf einer Seite überhaupt bedruckt wird. Möchten Sie mehrere Spalten wie bei einer Zeitung? Kein Problem mit Word! Wollen Sie innerhalb eines Dokuments die Spaltenanzahl wechseln, das Seitenformat oder die Kopf- und Fußzeilen, unterteilen Sie Ihren Text in Abschnitte.

17.1 Der Satzspiegel

DATEI/SEITE EINRICHTEN

Der Satzspiegel legt fest, welcher Teil der Seite bedruckt wird und welcher nicht. Anders gesagt: Sie bestimmen hier die Druckränder.

➥ Der Satzspiegel schließt nicht die Kopf- oder Fußzeilen ein. Deren Position wird zwar auch mit diesem Menü definiert, sie stehen aber außerhalb des eigentlichen Druckbereichs (siehe Kapitel 18, »Kopf- und Fußzeilen«, S. 299).

➥ Fußnoten hingegen befinden sich innerhalb des Satzspiegels. Mit EINFÜGEN/FUSSNOTE wird festgelegt, ob sie beispielsweise am Ende jeder Seite oder gesammelt am Ende des gesamten Dokuments zu drucken, ebenso, wie sie zu numerieren sind. (Mehr dazu in Kapitel 40, »Fußnoten«, S. 629.)

Das Menü für die Einrichtung einer Seite hat vier Register: *Seitenränder*, *Papierformat*, *Papierzufuhr* sowie *Seitenlayout*. Sie werden noch im einzelnen besprochen. Alles, was mit Kopf- und Fußzeilen zu tun hat, bleibt hier allerdings ausgeklammert und wird in Kapitel 18, »Kopf- und Fußzeilen«, S. 299 behandelt.

Das Symbol für die Seiteneinrichtung taucht automatisch auf, wenn Sie Kopf-/Fußzeilen bearbeiten (siehe Kapitel 18, »Kopf- und Fußzeilen«, S. 299). Sie können es sich aber in jede beliebige Symbolleiste installieren.

 Einstellungen, die über das Menü DATEI/SEITE EINRICHTEN vorgenommen werden, überschreiben die Werte aus einer Dokumentvorlage und bleiben auch dann gültig, wenn eine andere Vorlage zugewiesen wird. (Zu den Dokumentvorlagen siehe Kapitel 24, »Dokumentvorlagen«, S. 439.)

Geltungsbereiche

Für alle Register gleichermaßen kann ein Geltungsbereich festgelegt werden (*Anwenden auf*): *Gesamtes Dokument, Dokument ab hier, Aktuellen Abschnitt* (das aber nur, wenn das Dokument aus mehreren Abschnitten besteht) oder *Markierten Text* (wenn etwas markiert ist).

Das macht es möglich, mitten im Dokument die Seitenränder zu wechseln oder statt des Hochformats ein Querformat zu verwenden. Word fügt dazu – ein kleiner Vorgriff auf ein Thema, das weiter hinten in diesem Kapitel besprochen wird – jeweils einen neuen Abschnitt ein.

Papierformat

Der erste Schritt bei der Definition eines Satzspiegels ist die Festlegung der Seitengröße, genauer gesagt: der Papiergröße (Option *Papierformat*). Word bietet einige gängige Größen zur Auswahl an; in Tabelle 17.1 finden Sie Umrechnungen der amerikanischen Formate sowie einige andere, die Word nicht vorgibt, die aber häufig verwendet werden. In Ihrer Liste mögen auch andere Formate auftauchen; das ist abhängig vom gewählten Drucker.

Abbildung 17.1:
Papierformat für
das Dokument
festlegen

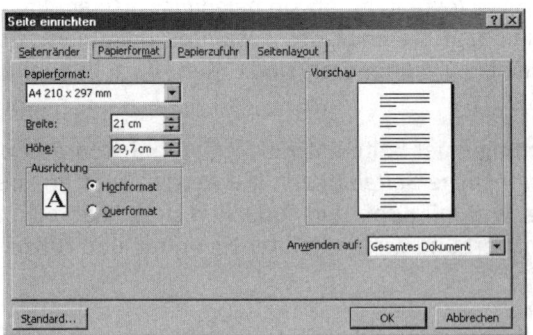

Format	Breite	Höhe	
DIN A5	14,85 cm	21,00 cm	*Tabelle 17.1:*
			Seitenformate
DIN B5	18,20 cm	25,70 cm	
DIN A4	21,00 cm	29,70 cm	
DIN A3	29,70 cm	42,00 cm	
Endlospapier (Fanfold)	21,00 cm	30,48 cm	
Letter	21,59 cm	27,94 cm	
US-Legal	21,59 cm	35,56 cm	
Note	21,59 cm	27,94 cm	
Tabloid	27,94 cm	43,18 cm	
Ledger	43,18 cm	27,94 cm	

Daneben aber können Sie die Maße individuell eingeben – und müssen dazu nicht einmal die Option *Benutzerdefiniert* wählen. Sobald Sie ein eigenes Maß eingeben, wird diese Option aktiviert. Das geht bis zu einer Höhe/Breite von 55,87 cm. Wie Sie dieses Poster dann drucken, ist Ihr Problem.

Ebenso müssen Sie hier die Ausrichtung des Papiers festlegen: Hoch- oder Querformat.

Achten Sie auf das richtige Papierformat! Besonders bei importierten Dateien stimmt unter Umständen das Papierformat nicht. Sehr beliebt ist das US-Format Letter. Weil es unserem DIN-A4-Format sehr ähnlich ist (gleich breit, nur etwas kürzer), sehen Sie den Unterschied auch in der Layout- oder Seitenansicht nicht.

Seitenränder

Die Seitenränder werden jeweils von der Papierkante bis zum Textbeginn gemessen (wie schon erwähnt ohne Kopf- und Fußzeilen). Bei Seitenrändern von links 2 cm und rechts 3 cm bleibt demnach bei einer DIN-A4-Seite (21 cm breit) eine Satzbreite (oder Spaltenbreite) von 16 cm.

➡ Mit *Gegenüberliegende Seiten* werden die Ränder bei linken und rechten Seiten vertauscht. Linke und rechte Seiten bekommen dadurch unterschiedliche Ränder, wie das etwa bei Büchern der Fall ist.

➡️ Um Verwirrungen zu vermeiden, was nun rechts und was links ist, wandelt sich die Option *Links* in *Innen*, *Rechts* in *Außen*. *Innen* meint die Innenseite eines Blattes, dort, wo der Buchfalz ist, *Außen* demgemäß die gegenüberliegende Schnittkante – bei einer rechten Seite rechts, bei einer linken Seite links (siehe Abbildung 17.3).

Abbildung 17.2:
Seitenränder
definieren

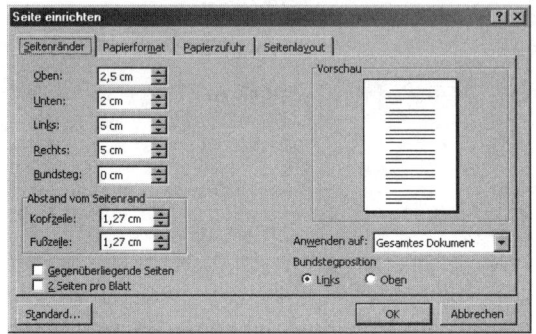

Abbildung 17.3:
Seitenränder bei
gegenüber-
liegenden Seiten

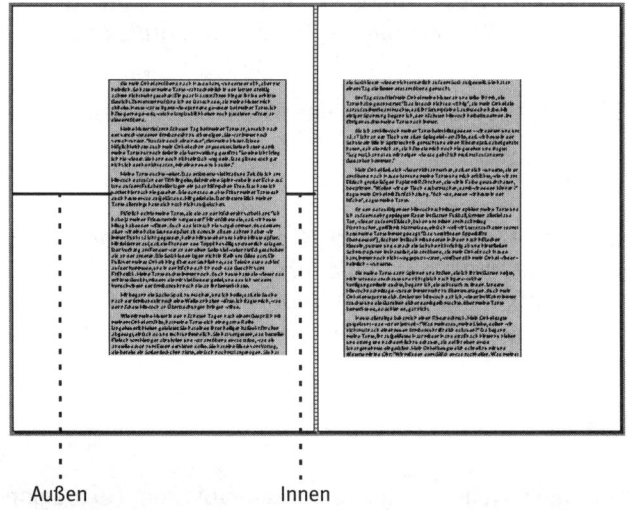

Zusätzlich kann ein *Bundsteg* angewiesen werden. Dieser Wert wird im Hochformat dem linken Rand und im Querformat dem oberen Rand zugeschlagen (werden die Ränder gespiegelt, ist die Bundstegposition innen).

Der Bundsteg ist ein zusätzlicher Raum, der beim Binden eines Buches (oder beim Heften von Blättern) verbraucht wird. Ohne Bundsteg wird am normalen inneren Rand geknabbert, der Text hängt zu dicht am Falz.

Bundsteg und gespiegelte Ränder sind nur bedeutsam, wenn Blätter doppelseitig bedruckt und dann gebunden werden. Bei einseitig beschriebenem Papier läßt sich der Heftrand auch über den linken oder den oberen Rand bestimmen.

Negative Seitenränder

Auch wenn es Sie verwundert: Für die Seitenränder können Sie negative Werte eingeben. Das hat seinen Sinn im Zusammenspiel mit Kopf- und Fußzeile (siehe Kapitel 18, »Kopf- und Fußzeilen«, S. 299):

- *Negative* Werte für die Seitenränder definieren einen festen Rand: Hier beginnt der Text, komme, was da wolle. Wenn die Kopf- und Fußzeilen zu lang sind oder deren Abstand zum Papierrand nicht richtig gewählt wurde, überschneiden sich Text und Kopf-/Fußzeilen unter Umständen.

- *Positive* Werte für die Seitenränder kennzeichnen variable Ränder. Erst kommen die Kopf- und Fußzeilen, und wenn dann noch Platz ist, steht zwischen beiden der Text.

Seitenränder mit der Maus

Die Seitenränder sind auch mit der Maus im Lineal zu verändern (wozu selbiges natürlich sichtbar sein muß: ANSICHT/LINEAL), was allerdings nur in Abständen von 0,25 cm und nur in der Layout- oder Seitenansicht geht.

Sie sollten den Vergrößerungsfaktor so wählen, daß der Blattrand zu sehen ist. So können Sie jetzt genau ablesen, welcher Seitenrand gewählt ist – bei der folgenden Abbildung zum Beispiel ein linker Rand von 4,5 cm.

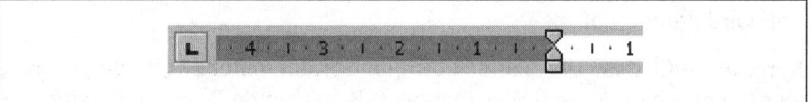

Abbildung 17.4:
Seitenränder über
das Lineal
verschieben

- Sie bringen den Mauszeiger auf die Grenze zwischen weißer und grauer Markierung, bis er nebenstehende Form annimmt.

- Mit gedrückter linker Taste verschieben Sie den Seitenrand.

- Probieren Sie das ganze jetzt noch einmal und halten dabei die (Alt)-Taste gedrückt. Word zeigt die exakten Werte für die Seitenränder und die Spaltenbreite an – und nun können Sie auch fast millimetergenau einstellen.

 Das geht analog natürlich auch mit dem vertikalen Lineal für oberen und unteren Rand und funktioniert in der Seitenansicht genauso. Hier haben Sie sogar ein Symbol, mit dem das Lineal ein- und ausgeschaltet werden kann.

Die Papierzufuhr

Erstaunlicherweise wird auch das mit SEITE EINRICHTEN geregelt.

Sie können wählen, woher die erste Seite kommt und welcher Schacht für die restlichen Seiten zuständig ist. Was natürlich voraussetzt, daß Ihr Drucker auch über zwei Schächte verfügt. Briefeschreiber werden das hilfreich finden, können sie doch für die erste Seite gedrucktes und für die Folgeseiten neutrales Briefpapier verwenden.

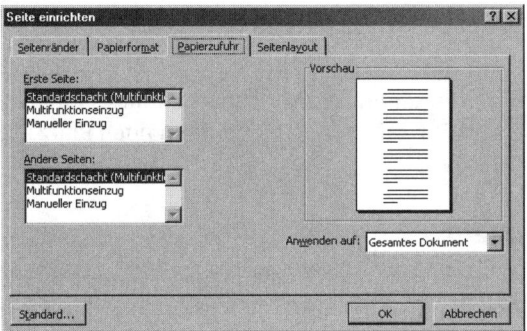

Abbildung 17.5:
Papierzufuhr beim
Drucken

Standard setzen

Mit der Schaltfläche STANDARD, in allen Registern zu finden, kann man die Einstellungen der aktuellen Vorlage zuordnen; hat das Dokument keine spezielle Vorlage, ist damit die globale Vorlage NORMAL.DOT gemeint und wird demgemäß geändert.

Konkret heißt das: Die bisher gültigen Seiteneinstellungen der Vorlage werden durch die neuen Werte ersetzt. Bestehende Dokumente sind von der Änderung nicht betroffen, aber alle neuen Dokumente, denen diese Vorlage zugewiesen ist. (Zu den Vorlagen siehe Kapitel 24, »Dokumentvorlagen«, S. 439.)

Ränder bei bestehenden Dokumenten ändern

Sie schaffen damit also die Grundlage für künftige Dokumente. Was aber, wenn Sie auch bei vorhandenen Texten, die mit einer Vorlage arbeiten –

nennen wir diese einmal ganz einfallsreich TEST.DOT –, die Randeinstellungen ändern wollen?

Sie können das manuell tun: Dokument öffnen, Ränder ändern, Dokument speichern und schließen, nächstes Dokument öffnen ... und nach spätestens drei Dokumenten beginnt das, in nervtötende Arbeit auszuarten. Es gibt zwei praktikable bessere Wege:

➡ Sie zeichnen ein Makro auf (siehe Teil XI, »Makros«, ab S. 905), das die geänderten Einstellungen enthält, und die Ränder zu ändern ist dann eine Kleinigkeit.

➡ Sie erstellen eine Datei mit der Vorlage TEST.DOT und fügen das »alte« Dokument ein (EINFÜGEN/DATEI, siehe Kapitel 30, »Dateien verbinden«, S. 529). Anschmiegsam ordnet es sich den neuen Rändern unter.

ÜBUNG: *Seitenformat bestimmen (Beispieldatei: TANTE.DOC)*

1. Aktivieren Sie DATEI/SEITE EINRICHTEN und dort *Seitenränder*, markieren Sie *Gegenüberliegende Seiten*.

   Rechte und linke Seiten bekommen unterschiedliche Ränder. Durch das Spiegeln der Ränder hat sich Links *in* Innen *gewandelt,* Rechts *in* Außen.

2. Geben Sie folgende neuen Seitenränder ein:
   Oben: 10 cm
   Unten: 8 cm
   Innen: 5 cm
   Außen: 3 cm

   Der Satzspiegel wird extrem verkleinert, damit der Text mehrere Seiten füllt.

3. Geben Sie einen *Bundsteg* von 2 cm ein, und bestätigen Sie alles mit OK.

   Der Bundsteg wird dem inneren Seitenrand zugeschlagen, so daß er nunmehr insgesamt 7 cm beträgt.

4. Schalten Sie in die Layout-Ansicht (möglichst Ganzseiten-Darstellung).

   Sie sehen im Lineal die definierten Ränder.

5. Schalten Sie um in die Seitenansicht (Menü DATEI), lassen Sie zwei Seiten (oder mehr) anzeigen, und blättern Sie durch das Dokument.

   Bei zwei gegenüberliegenden Seiten sehen Sie deutlich, wie sich die gespiegelten Ränder und der Bundsteg auswirken.

6. Verändern Sie die Seitenränder mit der Maus.

Maus in das Lineal bringen (auf den Doppelpfeil achten), mit gedrückter linker Taste verschieben. Dies geht sowohl in der Seiten- wie der Layout-Ansicht.

17.2 Der Seitenumbruch

Normalerweise füllt Word eine Seite bis zum unteren Rand, und wenn die Seite zu Ende ist, beginnt eben eine neue. Das ist nicht immer erwünscht, wie nicht näher erläutert werden muß.

Es gibt mehrere Möglichkeiten, ein Seitenende zu erzwingen:

➤ Im Absatzformat (FORMAT/ABSATZ/*Zeilen- und Seitenwechsel*) wird *Seitenwechsel oberhalb* definiert. Dieser Absatz steht dann am Beginn einer neuen Seite.

➤ Einem Abschnitt wird ein entsprechender *Abschnittsbeginn* zugewiesen (DATEI/SEITE EINRICHTEN/*Seitenlayout*). Hier kann differenziert werden, ob der Abschnitt auf der folgenden Seite, der nächsten geraden Seite oder der nächsten ungeraden Seite beginnen soll. Das gleiche kann bereits beim Einfügen eines *Abschnittswechsels* bestimmt werden (EINFÜGEN/MANUELLER WECHSEL).

➤ Mit Strg+⏎ oder der Menüfunktion EINFÜGEN/MANUELLER WECHSEL wird ein fester *Seitenwechsel* angewiesen.

Auf dem Bildschirm zeigt er sich in der Normalansicht als gepunktete Linie quer über die gesamte Seite mit dem Text »Seitenwechsel«.

:-)
TIP

Auf einen festen Seitenwechsel kann man den Cursor setzen und ihn dann auch löschen.

Der Begriff »Umbruch« begegnet uns in zweierlei Bedeutung. Einmal ist damit der Seitenwechsel gemeint: bis hierher und nicht weiter. Zum anderen versteht man darunter die Aufteilung des Textes auf die Seiten.

Dieser eigentliche Seitenumbruch erfolgt praktischerweise automatisch.

➤ Ist im Menü EXTRAS/OPTIONEN/*Allgemein* die Option *Seitenumbruch im Hintergrund* gewählt worden, berechnet Word bei jeder Änderung die Seiten neu. Sie sollten dies so lassen, dann sind Sie über die Seitenaufteilung stets informiert.

‣ Unabhängig davon wird jedesmal, wenn Sie in die Layout- oder Seitenansicht schalten, das Dokument bis zur aktuellen Seite neu umbrochen. Auch für den Druck erfolgt natürlich ein neuer Seitenumbruch.

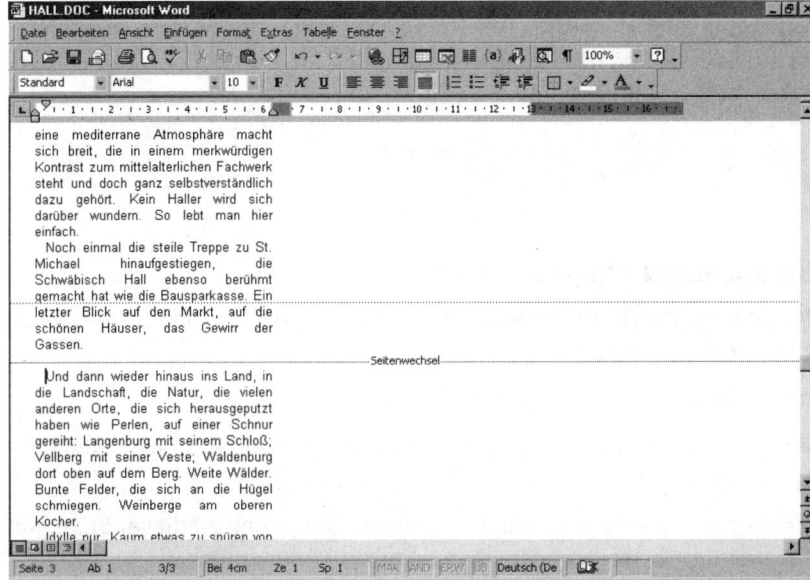

Abbildung 17.6:
Automatischer
(oben) und fester
Seitenwechsel
(unten)

Der automatische Seitenwechsel wird in der Normalansicht als gepunktete Linie ohne jeglichen Beitext dargestellt und ist somit nicht zu verwechseln mit einem festen Seitenwechsel.

17.3 Die Seitennumerierung

Bei einem neuen Dokument beginnt die Seitennumerierung bei 1. Das neue Dokument kann aber auch, beispielsweise, das Kapitel 16 eines Buches sein und demzufolge mit Seite 279 beginnen. Also müssen Sie eine andere Anfangsnummer definieren.

Wie das geht, soll hier nur kurz beschrieben werden, die ausführliche Erläuterung kommt in Kapitel 18, »Kopf- und Fußzeilen«, S. 299:

‣ Im Menü EINFÜGEN/SEITENZAHLEN wählen Sie die Schaltfläche FORMAT. Hier geben Sie im Feld *Seitennumerierung–Beginnen mit* die neue Seitennummer ein.

■► Schließen Sie dieses Dialogfenster mit OK und das folgende dann – wichtig! – mit SCHLIESSEN. Klicken Sie hier nämlich auch auf OK, wird gleichzeitig eine Kopf- oder Fußzeile eingefügt, die Sie in der Form vielleicht nicht wollen.

Die Statuszeile informiert über die Seitennummern. In der folgenden Abbildung besagt sie: Das Dokument hat insgesamt 3 Seiten, der Cursor ist auf Seite 2, und das ist die Seite Nummer 24. Dieser Text beginnt demnach mit der Seite 23.

Abbildung 17.7:
Numerierung in der
Statuszeile

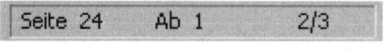

Seiten anspringen

Mit BEARBEITEN/GEHE ZU oder F5 oder Strg+G können Sie gezielt zu einer Seite springen.

■► Im Dialogfenster wählen Sie »Seite«.

■► Mit den Schaltflächen WEITER und ZURÜCK geht es zur nächsten oder vorigen Seite.

■► Geben Sie eine Nummer ein, springen Sie gezielt zu dieser Seite. Mit +*n* oder –*n* springen Sie um *n* Seiten vor oder zurück.

Word berücksichtigt hierbei die tatsächliche Seitennummer. Angenommen, Ihr Dokument beginnt mit Seite 5. Geben Sie als Sprungziel »7« ein, gelangen Sie auf Seite 7 (der dritten Seite des Dokuments). Rückwärts denkt Word mit: »2« etwa bringt Sie zur zweiten Seite (der Seite 6 also). Hingegen springen Sie mit »5« zur tatsächlichen Seite 5, also zur ersten.

Das Dialogfenster GEHE ZU ist, wie Sie wissen (aus Kapitel 10, »Arbeit am Text«, S. 125), eines derjenigen, das im Vordergrund bleibt. Sie können also in den Text gehen, dort etwas ändern und gleich weiterspringen, ohne das Dialogfenster nochmals neu aufrufen zu müssen.

Probleme beim Numerieren?

Haben Sie Probleme mit der Seitennumerierung? Wird sie nicht richtig fortgeführt, sondern fängt mitten im Text wieder von vorne an? Wahrscheinlich befindet sich an dieser Stelle ein Abschnittswechsel. Das ist nicht weiter schlimm. Verantwortlich ist aber eine falsche Einstellung für die Paginierung. In EINFÜGEN/SEITENZAHLEN, Schaltfläche FORMAT, müssen Sie bei Seitennumerierung die Option *Fortsetzen vom vorherigen Abschnitt* wählen.

Eben dieser Schwierigkeit wegen und weil Word die unangenehme, aber durchaus logische Eigenschaft hat, bei jedem neuen Abschnitt die Seitennummerierung auf *Beginnen mit* zu setzen, sollten Sie, wenn Sie einen Text in mehrere Abschnitte unterteilen und fortlaufende Seitennummerierung wünschen, zunächst im zweiten Abschnitt *Fortsetzen vom vorherigen Abschnitt* anweisen und dann erst weitere Abschnittswechsel einfügen.

Warum das, und warum ist *Beginnen mit* bei jedem neuen Abschnitt logisch? Jeder neue Abschnitt übernimmt die Formatierungen des vorhergehenden Abschnitts. Und beim ersten Abschnitt ist natürlich die Seitennummerierung auf *Beginnen mit* gesetzt. Deshalb gilt sie zunächst einmal auch für den zweiten Abschnitt, und ebenso für den dritten, weil der sie ja aus dem zweiten übernimmt.

17.4 Abschnitte

Ein Dokument läßt sich in mehrere Abschnitte unterteilen. Ein Abschnitt ist ein Komplex innerhalb des Dokuments, der sich durch seine Formatierung vom Rest der Welt unterscheidet. Genauer: von dem Abschnitt davor und dahinter.

Sind keine Abschnitte explizit definiert, besteht das gesamte Dokument aus einem einzigen Abschnitt. Zusätzliche Abschnitte werden eingefügt, um

- das Seitenformat (den Satzspiegel) zu ändern,

- unterschiedliche Spalten festzulegen,

- einen Text vertikal auf der Seite auszurichten,

- Zeilennummern für einen bestimmten Bereich festzulegen,

- Fußnoten in einem bestimmten Bereich auszuklammern,

- Kopf-/Fußzeilen innerhalb eines Dokuments zu ändern.

Die Abschnittsformatierung ist, wie Sie daraus schon entnehmen können, eine komplexe Sache. Zwar nicht sonderlich schwer zu durchschauen in ihrer Mechanik, in der praktischen Anwendung jedoch nicht ganz leicht.

Ein Teil der Dinge, die mit Abschnitten zusammenhängen, bleibt hier ausgeklammert und wird in anderen Kapiteln, im umfassenden Zusammenhang, behandelt: Zeilennummern (Kapitel 21, »Listen, Numerierungen, Aufzählungen«, S. 361), Fußnoten (Kapitel 40, »Fußnoten«, S. 629), Kopf- und Fußzeilen (Kapitel 18, »Kopf- und Fußzeilen«, S. 299). An dieser Stelle geht es vor allem darum, wie ein Abschnitt definiert wird und wie man ihn zum Wechseln der Spaltenanzahl auf einer Seite verwenden kann – und um das Verständnis von Abschnitten überhaupt.

Abschnitt einfügen

EINFÜGEN/
MANUELLER
WECHSEL Um einen neuen Abschnitt zu beginnen, müssen Sie gleichsam eine Linie ziehen: hier beginnt etwas anderes. Auf dem Bildschirm erscheint in der Normalansicht tatsächlich auch eine Doppellinie mit dem »Abschnittwechsel«. Sie gehen folgendermaßen vor:

➡ Sie setzen den Cursor an den Beginn eines Absatzes. Vor diesem Absatz beginnt der neue Abschnitt.

➡ Im Menü EINFÜGEN/MANUELLER WECHSEL votieren Sie für einen *Abschnittswechsel* und bestimmen, wohin der Abschnitt kommt: *Nächste Seite*, *Gerade Seite*, *Ungerade Seite* oder *Fortlaufend*. Das letztere soll heißen, der neue Abschnitt schließt unmittelbar an den vorigen an.

Abbildung 17.8:
Manueller Seiten-/
Abschnittswechsel

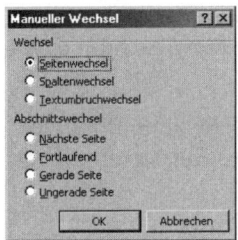

Das alles hat zunächst keine weiteren Auswirkungen (außer, daß unter Umständen eine neue Seite beginnt). Die folgen erst, wenn Sie die spezifischen Merkmale der einzelnen Abschnitte bestimmen. Anders gesagt: Wenn Sie den Abschnitt formatieren. Vorerst übernimmt der neue Abschnitt die Formatierungen des vorigen.

Die einzelnen Abschnitte werden in der Statuszeile durchgezählt: »Ab 1«, »Ab 2« usw. Sie können also genau ablesen, wo Sie sich gerade befinden.

Aufgehoben wird ein Abschnittswechsel übrigens denkbar einfach: Die Doppellinie wird gelöscht wie normaler Text.

Wenn Sie Schwierigkeiten bei den Abschnittsformatierungen haben, durchwandern Sie den Text und achten Sie auf die Statuszeile. Oder springen Sie von Abschnitt zu Abschnitt. Vielleicht hat sich irgendwo ein Abschnittsumbruch dazwischengeschmuggelt, der da nicht hingehört.

*Abschnittswechsel sind in der Layout-Ansicht nicht zu sehen, nur zu erah-
nen. Sie können sichtbar gemacht werden mit dem Symbol für nichtdruckbare Zeichen und erscheinen dann als die übliche Doppellinie. Weil
damit aber auch andere nichtdruckbare Zeichen sichtbar werden, kommt
der Seitenumbruch gehörig durcheinander. Suchen Sie deshalb besser in
der Normalansicht nach Abschnittswechseln.*

:-)
TIP

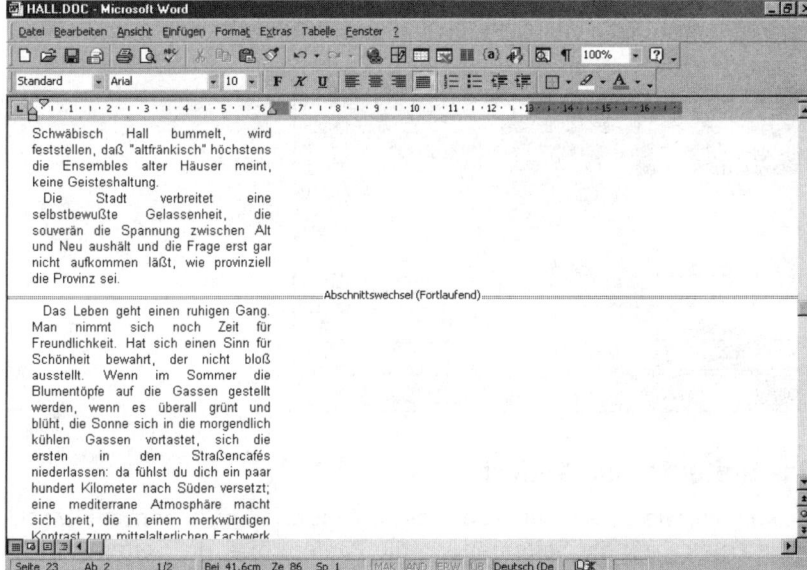

Abbildung 17.9:
Abschnittswechsel

Abschnitt formatieren

Für die Formatierung eines Abschnitts ist zunächst wieder DATEI/SEITE
EINRICHTEN, Register *Seitenlayout*, zuständig. Jeder Abschnitt kann individuell formatiert werden. Formatiert wird allerdings nur der aktuelle
Abschnitt – also der Abschnitt, in dem der Cursor steht. Sie können von
diesem Dialogfenster aus keinen anderen Abschnitt anwählen, sie können es nur wieder schließen und den Cursor anders plazieren.

Mit dieser Funktion können Sie noch einmal den *Abschnittsbeginn* festlegen. Oder besser gesagt: ihn ändern. Vielleicht haben Sie beim Einfügen
des Abschnittsumbruchs *Fortlaufend* gewählt, und hinterher finden Sie es
doch besser, wenn der Abschnitt auf der nächsten geraden Seite beginnt.

:-)
TIP *Sie erreichen das Dialogfeld auch mit einem Doppelklick auf dem Abschnittswechsel.*

Die Zeilennummern, habe ich erwähnt, kriegen wir in einem späteren Kapitel, ebenso die Fußnoten. Weiter hinten in diesem Abschnitt folgt die vertikale Ausrichtung. Und alles, was im folgenden besprochen wird, können Sie am Ende dieses Abschnitts in einer Übung ausprobieren, und Sie sollten das auch tun. Dann wird Ihnen sofort klar, was bei den theoretischen Erläuterungen vielleicht unverständlich klingt.

Abbildung 17.10:
Optionen für das
Seitenlayout

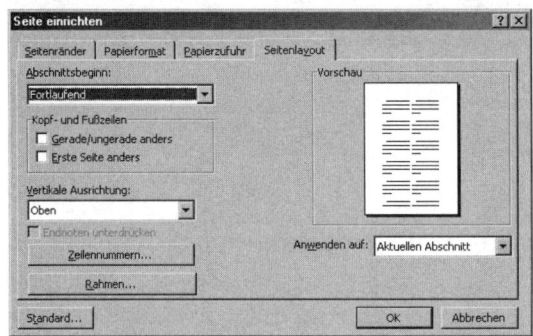

Das Seitenformat ändern

Sie können, wie Sie am Anfang dieses Kapitels erfahren haben, mit DATEI/ SEITE EINRICHTEN die Seitenränder, die Papiergröße, die Seitenausrichtung (Hoch- oder Querformat) und die Papierzuführung für jeden Abschnitt individuell festlegen. Bei *Anwenden auf* wählen Sie dann »Aktuellen Abschnitt«.

Beispiel: Mitten in Ihrem Text steht eine Tabelle. Was Sie nicht bedacht haben: Sie wird viel zu breit für das DIN-A4-Hochformat, das Sie verwenden. Also fügen Sie vor und nach der Tabelle einen Abschnittswechsel ein; für den Abschnitt, in dem die Tabelle steht, ändern Sie die Papierausrichtung in Querformat. Alle Probleme behoben.

Sie müssen nicht unbedingt erst einen neuen Abschnitt definieren, sondern können in DATEI/SEITE EINRICHTEN bei *Anwenden auf* auch *Dokument ab hier* wählen; Word fügt dann einen Abschnittsumbruch ein.

Das empfiehlt sich, wenn für den Rest des Dokuments andere Seiteneinstellungen gelten sollen. Wird nur eine andere Seite dazwischen geschoben, sind Abschnittsumbrüche besser, weil die zunächst einmal das Format des Vorgängers übernehmen. So müssen Sie nur in einem, dem entscheidenden Abschnitt die Einstellungen ändern.

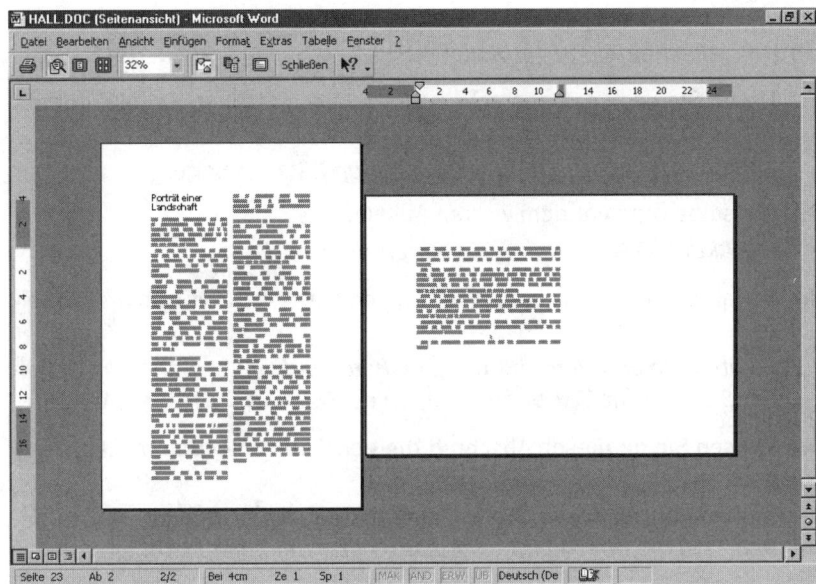

Abbildung 17.11:
Ein anderes
Seitenformat
mitten im Text.
Abschnitte machen
es möglich

Die vertikale Ausrichtung

Diese Option läßt den aktuellen Abschnitt entweder am oberen Rand beginnen (*Oben*, Voreinstellung), richtet ihn zwischen oberem und unterem Rand aus (*Zentriert*) oder fügt zwischen den einzelnen Absätzen so viel Zwischenraum ein, daß der Abschnitt ganz oben auf der Seite anfängt und ganz unten aufhört (*Block*).

Zu sehen ist das allerdings nur in der Layout- oder der Seitenansicht, nicht in der Normalansicht. Diese Option braucht man vornehmlich für den Ausgleich von Spalten.

Abschnitte anspringen

Abschnitte werden von Word numeriert, die aktuelle Abschnittsnummer wIrd In der Statuszeile angezeigt. Mit Bearbeiten/Gehe zu oder [Strg]+[G] läßt sich gezielt zu einem Abschnitt springen.

➠ Im Dialogfenster wählen Sie »Abschnitt«. Mit Weiter und Zurück geht es zum nächsten oder vorigen Abschnitt.

➠ Geben Sie eine Nummer ein, springen Sie gezielt zu diesem Abschnitt. Mit +*n* oder −*n* springen Sie um *n* Abschnitte vor oder zurück.

ÜBUNG: *Abschnitte und vertikaler Ausgleich (Beispieldatei: HALL.DOC)*

1. Fügen Sie nach der Überschrift einen Abschnittswechsel ein, der auf der nächsten Seite beginnt.

   EINFÜGEN/MANUELLER WECHSEL, *Option* Nächste Seite.

2. Dasselbe bitte vor dem vierten Absatz.

   Die Aktion läßt sich mit F4 *wiederholen.*

3. Schalten Sie in die Layout-Ansicht, und blättern Sie vor zur ersten Seite.

   Richten Sie den Vergrößerungsmaßstab auf GANZE SEITE *ein. Schalten Sie auch die Textbegrenzungen ein (*EXTRAS/OPTIONEN/*Ansicht).*

4. Weisen Sie für diesen Abschnitt die *Vertikale Ausrichtung* »Zentriert« an.

   Sie wählen im Menü DATEI/SEITE EINRICHTEN/*Seitenlayout und sehen, daß die Überschrift jetzt in der Mitte der Seite steht.*

5. Blättern Sie auf die nächste Seite, wählen Sie hier »Blocksatz« als *Vertikale Ausrichtung.*

   Die Absätze werden so auseinandergezogen, daß sie die ganze Seite füllen.

6. Löschen Sie die Abschnittswechsel wieder.

   Gehen Sie zurück in die Normalansicht und mit Strg+Pos1 *an den Textanfang. Dann springen Sie mit* Strg+G *und Abschnitt die einzelnen Abschnitte an und löschen die Abschnittswechsel mit* Entf*.*

17.5 Spaltensatz

FORMAT/SPALTEN Was Spalten sind, wissen Sie bestimmt. Das beste Beispiel ist der Zeitungssatz: drei, vier, fünf Spalten nebeneinander auf einer Seite, der Text springt vom Ende der Spalte 1 an den Anfang der Spalte 2 usw. Zunächst zum Vorgehen:

➡ Sie wählen FORMAT/SPALTEN und bestimmen dort die Anzahl der Spalten.

➡ Bis zu acht Spalten sind möglich. Weil es in der Regel weniger sein werden, finden Sie für gängige Vorhaben Sinnbilder. Drei Spalten auf einer DIN-A4-Seite sind genug, und dann bitte auch nur in Proportionalschrift und mit guter Silbentrennung!

■→ Wenn Sie *Gleiche Spaltenbreite* anklicken, brauchen Sie den Wert für die Spaltenbreite nur einmal einzugeben. Das ist Voreinstellung bei den ersten drei Symbolen (*Eine, Zwei, Drei*).

■→ Sie können für jede Spalte aber auch unterschiedliche Breiten angeben. Dazu deaktivieren Sie *Gleiche Spaltenbreite* oder wählen – für zwei Spalten – die Sinnbilder *Links* bzw. *Rechts*. Schmäler als 1,27 cm kann eine Spalte nicht werden.

■→ Wenn Sie die Spaltenbreite in einem Feld ändern und dann in ein anderes Feld klicken, berechnet Word automatisch die Breiten für die restlichen Spalten.

■→ Ebenso können Sie den Abstand zwischen den Spalten ändern.

■→ Jede Spalte und jeder Abstand zwischen den Spalten kann unterschiedlich sein. Alles zusammen aber muß die Satzspiegelbreite ergeben. Gegebenenfalls müssen Sie zuvor den linken/rechten Seitenrand anpassen.

■→ Wählen Sie schließlich noch bei Bedarf eine Zwischenlinie.

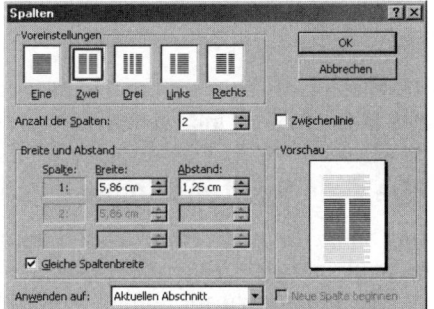

Abbildung 17.12:
Spalten-Dialogfeld

Wie beim Seitenformat müssen Sie Ihren Text vorher nicht durch Abschnittsumbrüche in einzelne Bereiche zerlegen, das geht auch mit FORMAT/SPALTEN (*Dokument ab hier*). Daß man die Spaltenanzahl auch auf den aktuellen Abschnitt begrenzen oder auf das ganze Dokument ausdehnen kann, wird Sie nicht mehr weiter überraschen.

Wenn Sie einen Textbereich markieren und diesem dann eine andere Spaltenanzahl zuweisen (z.B. mit dem Symbol), werden automatisch davor und dahinter Abschnittswechsel eingefügt.

Dank der Abschnitte ist es ohne weiteres möglich, einen Text dreispaltig zu beginnen, zwischendurch einen einspaltigen Komplex einzufügen und dann zweispaltig fortzufahren. Sie müssen nur darauf achten, daß jeweils ein fortlaufender Abschnittsumbruch eingefügt wird (geschieht automatisch mit *Dokument ab hier* und läßt sich ändern mit DATEI/SEITE EINRICHTEN).

In einem solchen Fall ist es überlegenswert, wie man vorgeht, eingedenk der Tatsache, daß ein neuer Abschnitt die bestehende Formatierung übernimmt: einschließlich der Spaltenanzahl.

Angenommen, Sie wechseln im Text zwischen zwei und drei Spalten (oder zwischen verschiedenen Seitenformaten), wozu Sie notwendigerweise vor dem Block mit den drei Spalten einen Abschnittswechsel einfügen. Wenn Sie diesen wieder löschen, besteht Ihr Text plötzlich durchgehend aus drei Spalten. Warum? Wird ein Abschnittswechsel gelöscht, übernimmt der aktuelle Abschnitt die Formatierungen des folgenden!

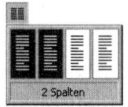

Sehr witzig ist die Definition von Spalten mit dem Symbol. Sie klicken auf das Symbol, ein Fenster klappt auf mit vier stilisierten Spalten, Sie markieren, wie viele Sie möchten (und wenn Sie mit dem Mauszeiger nach rechts fahren, vergrößert sich das Fenster dynamisch) – und Sie haben sie!

Auf diese Weise bekommen Sie allerdings nur gleich breite Spalten. Aber das können Sie ja mit FORMAT/SPALTEN ändern.

Wie viele Spalten können es sein?

Das hängt vom Papierformat und den Seitenrändern ab. Eine Spalte darf nicht kleiner als 1,27 cm sein (das ist ein halbes Zoll – daher der komische Wert). Und aus dieser Minimalanforderung resultiert die mögliche Spaltenanzahl.

Sie brauchen aber nun nicht zum Taschenrechner zu greifen. Word setzt von sich aus den Maximalwert ein, wenn Sie zu viele Spalten angeben.

Spaltenbreite ändern mit der Maus

Geht ähnlich wie bei den Seitenrändern mit gedrückter Maustaste im Lineal der Layout-Ansicht. Und ebenso erhalten Sie hier wieder exakte Angaben über die Breiten, wenn Sie die ⎇-Taste gedrückt halten.

Wenn Sie *Gleiche Spaltenbreite* angewiesen haben, brauchen Sie nur eine Spalte zu ändern, alle andern passen sich dynamisch an. Ansonsten ändern Sie jede Spalte individuell.

Spaltenausgleich

Bei aufeinanderfolgenden Abschnitten mit mehreren Spalten, also solchen, die nicht explizit auf eine neue Seite gestellt werden, macht Word automatisch einen Spaltenausgleich: Alle Spalten sind gleich lang – so gut es eben geht. Bei einem einzigen Absatz mit ungerader Zeilenzahl geht es zum Beispiel nicht.

Für den Spaltenausgleich bei Abschnitten, die allein auf einer Seite stehen, müssen Sie selber sorgen. Dies geschieht mit der schon erwähnten Option *Vertikale Ausrichtung – Blocksatz* im Menü DATEI/SEITE EINRICHTEN.

Wenn das nicht klappen will, besonders nicht am Ende eines Textes, machen Sie folgendes:

- Fügen Sie am Ende des Abschnitts (nochmals) einen Abschnittswechsel ein, und zwar *Fortlaufend*, damit Sie keine Leerseite bekommen.

Spaltenwechsel

Innerhalb eines Spalten-Abschnitts können Sie im Menü EINFÜGEN/ MANUELLER WECHSEL auch einen *Spaltenwechsel* erzwingen. Der folgende Text beginnt dann in der nächsten Spalte.

Einen solchen Spaltenumbruch erzeugt auch die Tastenkombination $\boxed{\text{Strg}}+\boxed{\text{⇧}}+\boxed{\leftarrow}$. Gelöscht wird er wie ein Abschnitts- oder Seitenumbruch: Cursor drauf und $\boxed{\text{Entf}}$.

Damit kommt unter Umständen der Spaltenausgleich gehörig durcheinander, und Sie müssen etwas jonglieren, damit alles wieder seine Richtigkeit hat.

ÜBUNG: *Spalten (Beispieldatei: USA.DOC)*

1. Weisen Sie für den gesamten Text 2 Spalten an.
   FORMAT/SPALTEN. *Nehmen Sie die Voreinstellung* Zwei: *2 Spalten mit gleicher Breite.*

2. Fügen Sie vor dem dritten Textabsatz einen Abschnittswechsel ein, und zwar für *Nächste Seite*.
   Das Menü ist klar? EINFÜGEN/MANUELLER WECHSEL.

3. Weisen Sie für diesen Abschnitt 3 Spalten an.

Sie können die Voreinstellung Drei *nehmen, aber auch mit unter-schiedlichen Breiten experimentieren. Dazu* GLEICHE SPALTENBREITE *deaktivieren.*

4. Gehen Sie noch zwei Absätze nach unten, bis »Sie kommen durch ...«, und fügen Sie hier einen fortlaufenden Abschnittswechsel ein.

    Und diesem neuen Abschnitt geben Sie eine andere Spaltenanzahl, ganz nach Lust und Laune. In diesem Zustand finden Sie den Text als SPALTEN.DOC unter den Beispieldateien.

5. Gehen Sie an den Textanfang, schalten Sie in die Layout-Ansicht (wenn Sie sich nicht bereits dort befinden).

    Sie sollten die ganze Seite vor sich sehen.

6. Richten Sie den ersten Abschnitt (also die erste Seite) vertikal als Block aus.

    DATEI/SEITE EINRICHTEN/*Seitenlayout. Die Absätze werden auseinan-dergezogen, von zwei Spalten ist nichts zu sehen. Auf der folgenden Seite allerdings stimmt alles.*

7. Gehen Sie auf der ersten Seite an das Ende des letzten Absatzes, und fügen Sie dort einen fortlaufenden Abschnittswechsel ein.

    Und siehe da, jetzt haben Sie die Spalten.

8. Wenn die Überschrift nicht in der ersten Spalte stehen soll, sondern extra – wie geht das wohl?

    Richtig: Sie markieren den Überschriften-Absatz und weisen 1 Spalte an; Word fügt automatisch den notwendigen Abschnittswechsel ein.

9. Gehen Sie an das Ende des Textes. Auch die Spalten auf der letzten Seite sollen im Block nebeneinander stehen.

    Schauen Sie, ob für diesen Abschnitt als vertikale Ausrichtung auch Blocksatz angewiesen ist. Dann fügen Sie am Ende des Textes aber-mals einen fortlaufenden Abschnittswechsel ein.

Kopf- und Fußzeilen

Kopfzeilen stehen am Kopf der Seite, Fußzeilen am Fuß der Seite. So einfach ist das. Kopf- und Fußzeilen müssen nur einmal definiert werden und wiederholen sich dann automatisch auf jeder Seite. Deshalb werden sie gern für Seitenzahlen und Kapitelüberschriften verwendet (wie Sie an diesem Buch sehen). In Word können Kopf- und Fußzeilen mannigfach variiert werden. Auf der ersten Seite können andere stehen als auf den restlichen Seiten, auf linken andere als auf rechten. Und zudem kann an beliebiger Stelle mit neuen Kopf- und Fußzeilen begonnen werden.

18.1 Kopf- und Fußzeilen definieren

Kopf- und Fußzeilen stehen nicht nur vom anderen Text getrennt, außerhalb des eigentlichen Satzspiegels nämlich (siehe Kapitel 17, »Das Seitenlayout«, S. 279), sie sind auch sonst etwas ganz eigenes.

ANSICHT/ KOPF- UND FUSSZEILE

Das merken Sie gleich, wenn Sie eine Kopf- oder Fußzeile definieren bzw. bearbeiten möchten. Word schaltet nämlich automatisch in die Layout-Ansicht. Und dann betrachten Sie bitte einmal genauer, was auf dem Bildschirm präsentiert wird:

➡ Kopf- und Fußzeile sind mit einem Rahmen umgeben und somit deutlich abgehoben vom übrigen Text.

➡ Der restliche Text ist grau dargestellt. Sie haben in diesem Moment keine Chance, ihn zu bearbeiten.

Abbildung 18.1:
*Die Definition oder
Bearbeitung einer
Kopf- oder Fußzeile
erfolgt in der
Layout-Ansicht*

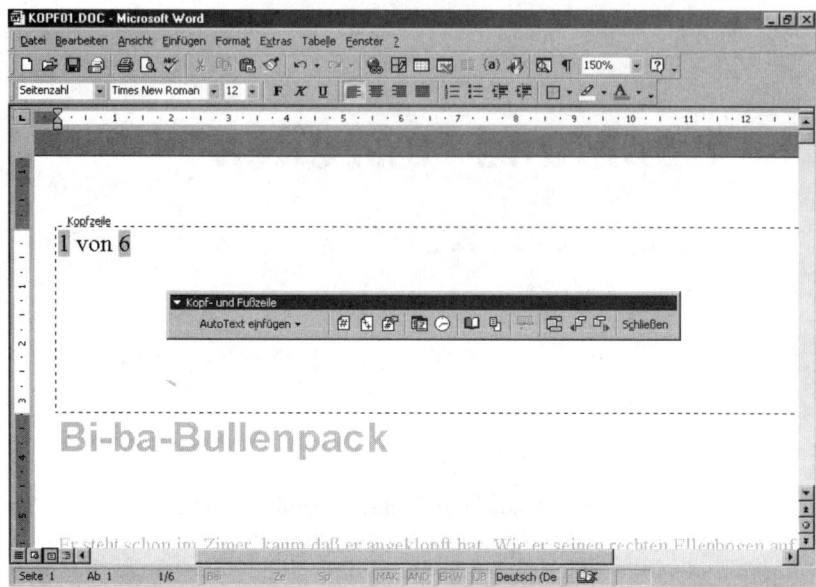

➡ Eine Symbolleiste erscheint, die nur in diesem Modus zur Verfügung
steht.

Mithin gehört alles, was Sie in den Kopf- oder Fußzeilenrahmen einfügen,
zur Kopf- oder Fußzeile. Wie bedeutsam (und raffiniert) das ist, werden
Sie noch merken. Sie beenden den Kopf-/Fußzeilenmodus übrigens mit
SCHLIESSEN in der Symbolleiste oder einem Doppelklick auf den grauen
Text.

:-)
TIP

*Kopf- und Fußzeilen werden wie gesagt in einem eigenen Modus in der
Layout-Ansicht bearbeitet. Es gibt aber noch einen Befehl, der wie in den
früheren Versionen in der Normalansicht einen Fensterausschnitt öffnet:
»AnsichtNormalKopfzeileBereich« (die Fußzeile hat nichts Korrespon-
dierendes). Sie können ihn bei Bedarf in ein Menü oder eine Symbolleiste
aufnehmen.*

Die Symbolleiste

Der Kopf-/Fußzeilenmodus hat eine eigene Symbolleiste. Der Wechsel
zwischen Kopfzeile und Fußzeile mit Hilfe eines Symbols etwa ist eine
wesentliche Erleichterung, erspart es doch die Fummelei mit den Bildlaufleisten. Besonders bei einer Vergrößerung der Ansicht, die in diesem
Modus auch möglich ist.

Seitenzahl einfügen (⎡Alt⎤+⎡⇧⎤+⎡P⎤)

Anzahl der Seiten

Seitenzahlen formatieren

Datum einfügen (⎡Alt⎤+⎡⇧⎤+⎡D⎤)

Uhrzeit einfügen (⎡Alt⎤+⎡⇧⎤+⎡T⎤)

Datei/Seite einrichten

Dokumenttext ein-/ausblenden; der graue Text verschwindet, und Sie können sich auf die Kopf- und Fußzeilen konzentrieren

Kopf- und Fußzeile aus dem vorigen Abschnitt übernehmen oder Verknüpfung aufheben

Wechsel zwischen Kopf- und Fußzeile

Zum vorigen Abschnitt springen

Zum nächsten Abschnitt springen

Doppelklick

Manche Funktion können Sie in der Layout-Ansicht auch durch Doppelklicks mit der Maus erreichen. Es kommt nur darauf an, wo man klickt:

Tabelle 18.1:
Doppelklicks in
Layout-Ansicht

Kopf-/Fußzeilenmodus eingeschaltet	
Graue Fläche neben der Kopf-/Fußzeile	DATEI/SEITE EINRICHTEN
Graue Fläche unter der Kopfzeile oder abgeblende-ter Text	Zurück zur Layout-Ansicht
Lineal	DATEI/SEITE EINRICHTEN
Kopf-/Fußzeilenmodus ausgeschaltet	
Graue Fläche neben der Kopf-/Fußzeile oder Kopf-/Fußzeilenrahmen	Kopf-/Fußzeilenmodus
Zwischen zwei Seiten	Kopf-/Fußzeilenmodus
Lineal	DATEI/SEITE EINRICHTEN

Differenzierung nach Seiten

DATEI/SEITE
EINRICHTEN

Ohne besondere Anweisungen sind Kopf- und Fußzeilen auf jeder Seite gleich. Professioneller, auch hilfreicher für den Leser sind Differenzierungen.

Abbildung 18.2:
Seitenlayout
festlegen

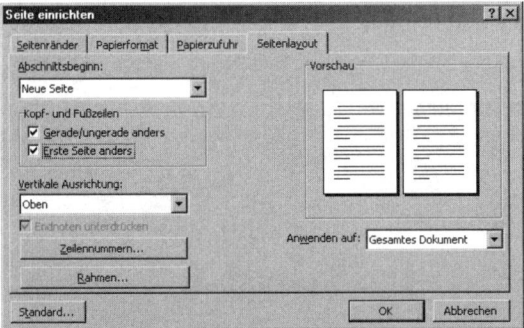

- ➡ *Erste Seite anders* – für die erste Seite andere Kopf- und Fußzeilen als für den Rest des Dokuments. Der Rahmen heißt demgemäß *Erste Kopfzeile* und *Erste Fußzeile*.

- ➡ *Gerade/ungerade anders* differenziert nach linken (geraden) und rechten (ungeraden) Seiten. Entsprechend heißen die Rahmen jetzt:

Gerade Kopfzeile, Ungerade Kopfzeile, Gerade Fußzeile, Ungerade Fußzeile.

Kopf-/Fußzeilen auf allen Seiten mit Ausnahme der ersten (etwa für Briefe) erhalten Sie, wenn Sie ERSTE SEITE ANDERS aktivieren, aber die ERSTE KOPFZEILE/FUSSZEILE leer lassen.

Formatvorlagen

Für Kopf- und Fußzeilen stellt Word die automatischen Absatzformate »Kopfzeile« und »Fußzeile« sowie das Zeichenformat »Seitenzahl« bereit. Sie können andere Formate zuweisen.

Besser jedoch ist es, diese Formatvorlagen zu belassen und lediglich den eigenen Wünschen anzupassen.

Wenn Sie eine Datei in eine andere, leere Datei einfügen oder kopieren, bringt sie ihre Kopf- und Fußzeilen mit – so sie welche hat. (Das Einfügen ist der bequemste Weg, um ein anderes Seitenformat zu erhalten). Hat die neue Datei aber irgendeinen Inhalt, und sei's ein einziger leerer Absatz, werden die Kopf- und Fußzeilen nicht mit übernommen.

`:-)`
`TIP`

18.2 Positionen bestimmen

Kopf- und Fußzeilen, es sei wiederholt, stehen außerhalb des eigentlichen Satzspiegels. Deshalb kann und muß ihre Position auf der Seite eigens bestimmt werden.

Zwei Möglichkeiten

Dies geschieht einmal mit der Menüfunktion DATEI/SEITE EINRICHTEN/ *Seitenränder.* Für Kopf- und Fußzeilen getrennt geben Sie den *Abstand vom Seitenrand* ein. Gemeint ist damit der obere oder untere Papierrand, und der Abstand bemißt sich zur Oberkante der Kopfzeile bzw. zur Unterkante der Fußzeile.

Alternativ können Sie auch die Kopf- oder Fußzeile in einen Text- bzw. Positionsrahmen stellen und dann frei plazieren (siehe Kapitel 22, »Positionieren«, S. 379).

Auf welche Weise die Position bestimmt wird, ist nicht ganz gleichgültig. Es kommt darauf an, wie Sie positionieren möchten:

➡ DATEI/SEITE EINRICHTEN/*Seitenränder* übernimmt die Werte für den linken und rechten Seitenrand aus der Seitenformatierung. Die Kopf- und Fußzeilen sind deshalb automatisch so breit wie der Satzspiegel. Sie können sie aber z.B. auch mit einem negativen Absatzeinzug nach links über den Seitenrand hinausrücken.

➡ Ein Text- bzw. Positionsrahmen hingegen gibt völlig freie Hand bei der Plazierung und erlaubt mithin, die Kopf- und Fußzeilen auch außerhalb des eigentlichen Seitenrandes zu stellen. Zum Beispiel neben den Text.

> :-) TIP
> *Der Abstand vom Seitenrand läßt sich wie der Seitenrand selbst auch mit der Maus verändern. Der Cursor muß dazu in der Kopf- oder Fußzeile stehen.*

Flexibel oder fest

Einfluß weniger auf die Kopf- und Fußzeilen als auf den Rest der Seite haben auch die Seitenrand-Einstellungen im Menü DATEI/SEITE EINRICHTEN/*Seitenränder*.

➡ *Positive Werte* für die Seitenränder kennzeichnen variable Ränder. Erst kommen die Kopf- und Fußzeilen, und wenn dann noch Platz ist, steht zwischen beiden der Text.

➡ *Negative Werte* für die Seitenränder definieren einen festen Rand: Hier beginnt der Text, komme, was da wolle. Wenn die Kopf- und Fußzeilen zu lang sind oder deren Abstand zum Papierrand nicht richtig gewählt wurde, überschneiden sich Text und Kopf- und Fußzeilen unter Umständen.

Wenn Sie einen festen Rand wählen (negative Seitenränder), schaffen Sie sich gleichsam eine zweite Ebene auf der Seite. Der Inhalt einer Kopf- oder Fußzeile legt sich dann über den Text. Das läßt sich zu raffinierten Effekten nutzen, wie Sie weiter hinten in diesem Kapitel noch sehen werden.

> :-) TIP
> *Sie wissen nicht mehr genau, ob Sie die Kopfzeilen fest oder flexibel definiert haben? Sie müssen, wenn Sie sich im Bearbeitungsmodus für Kopf- und Fußzeilen befinden, nicht erst im Menü DATEI/SEITE EINRICHTEN nachschauen. Ein Blick auf den Bildschirm genügt. Reicht der Kopfzeilenrahmen über die ganze Seite, haben Sie eine feste Kopfzeile (negativer Seitenrand); Text und Kopfzeile können sich also überschneiden .*

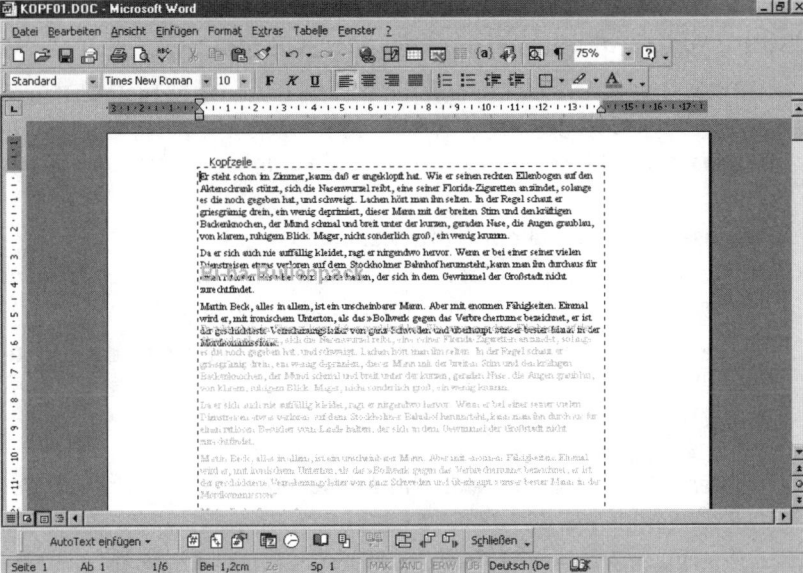

Abbildung 18.3:
Bei einem
negativen
Seitenrand
überschneiden sich
Kopfzeile und Text

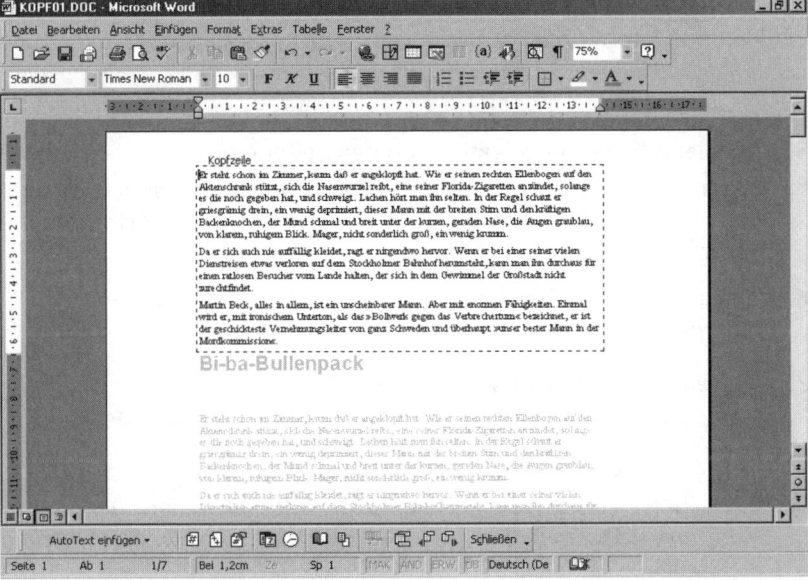

Abbildung 18.4:
Bei einem positiven
Seitenrand schiebt
eine lange
Kopfzeile den Text
nach unten

ÜBUNG: *Kopf- und Fußzeilen (Beispieldatei: KOPF01.DOC)*

1. Öffnen Sie KOPF01.DOC, kopieren Sie die ersten drei Textabsätze in die Zwischenablage.

   Markieren, mit `Strg`+`C` *kopieren. Sie kommen später in die Kopfzeile.*

2. Wechseln Sie in den Kopf-/Fußzeilenmodus.

   ANSICHT/KOPF- UND FUSSZEILE. *Word schaltet in die Layout-Ansicht. Sie sehen die Rahmen für die Kopfzeile und die Fußzeile.*

3. Vergeben Sie unterschiedliche Kopf- und Fußzeilen für die erste Seite und für gerade/ungerade Seiten.

   DATEI/SEITE EINRICHTEN/SEITENLAYOUT. *Hier aktivieren Sie* ERSTE SEITE ANDERS *sowie* GERADE/UNGERADE ANDERS. *Blättern Sie durch den Text, und beobachten Sie, wie sich die Beschriftung der Rahmen geändert hat.*

4. Gehen Sie auf die zweite Seite, und fügen Sie in die Kopfzeile den Text aus der Zwischenablage ein.

   Mit `Strg`+`V`. *Sie sehen, wie sich die Kopfzeile vergrößert und den Haupttext nach unten schiebt; wenn's nicht gleich klappt, gehen Sie kurz zurück in die Layout-Ansicht. Sie sehen überdies, wenn Sie weiterblättern, daß die Kopfzeilen auf ungeraden Seiten leer bleiben.*

5. Definieren Sie einen negativen oberen Seitenrand.

   DATEI/SEITE EINRICHTEN/SEITENRÄNDER. *Nun überlagern sich Text und Kopfzeile. Der Rahmen für die Kopfzeile reicht zudem über die ganze Seite.*

6. Löschen Sie in der Kopfzeile die beiden letzten Absätze.

   Damit Sie's leichter haben, verbergen Sie den Haupttext.

7. Weisen Sie wieder einen flexiblen Rand an.

   Sie machen aus dem negativen Seitenrand einen positiven.

8. Ändern Sie den Abstand der Kopfzeile zum Papierrand.

   DATEI/SEITE EINRICHTEN/SEITENRÄNDER *oder noch einfacher mit der Maus im vertikalen Seitenlineal. Sie müssen aber zuvor den Cursor in die Kopfzeile stellen.*

9. Löschen Sie die Kopfzeile wieder, heben Sie auch alle sonstigen Einstellungen auf, bringen Sie also die Datei in ihren Urzustand zurück.

   Nur um Sie wieder mal daran zu erinnern: Statt vieler Einzelaktionen schließen Sie einfach die Datei und verzichten dabei auf das Speichern.

18.3 Inhalte für Kopf- und Fußzeilen

Kopf- und Fußzeilen können zunächst einmal jeden beliebigen Text enthalten, auch in ziemlicher Länge, wie Sie in der vorigen Übung erfahren haben. Es ist gleichfalls kein Problem, eine Tabelle in eine Kopf- oder Fußzeile aufzunehmen.

Gemeinhin jedoch enthalten Kopf- und Fußzeilen nur ganz bestimmte Elemente. Die vier wichtigsten, nämlich Seitennummer, Anzahl der Seiten, Datum und Uhrzeit, lassen sich bequem mit den Symbolen einfügen. (Alternativ stehen auch Tastenkombinationen zur Verfügung, siehe S. 300.)

Alle Elemente werden als Feldfunktionen eingefügt, sind mithin Variablen (siehe Kapitel 14, »Felder«, S. 201). Das heißt, sie werden beim Ausdruck automatisch aktualisiert. Sie können die aktuelle Feldfunktion mit ⇧+F9 sichtbar machen (zuvor markieren), sämtliche Feldfunktionen mit Alt+F9.

Den Seitennummern widmen wir einen eigenen Abschnitt, die anderen möglichen Inhalte einer Kopf- und Fußzeile sollen uns jetzt beschäftigen.

Datum und Zeit

Für das Datum fügt Word die Feldfunktion {DATE} ein, für die Zeit {TIME}. Die Schreibweisen (»Formate«) von Datum und Zeit lassen sich mit einem Schalter bestimmen. Er wird mit \@ eingeleitet, der Feldfunktion angehängt, setzt sich aus verschiedenen Komponenten zusammen und wird in (siehe Kapitel 14, »Felder«, , Abschnitt »Datums- und Zeitformate«, S. 222, detailliert erläutert.

Wenn Sie statt der Symbole die Menüfunktion EINFÜGEN/DATUM UND UHRZEIT verwenden, können Sie gleich ein gewünschtes Format aussuchen (das Sie sonst manuell mit eben dem Schalter \@ bestimmen müssen).

Aktivieren Sie die Option *Als Feld einfügen*, wenn Datum oder Uhrzeit bei jedem Druck aktualisiert werden sollen!

Andere Feldfunktionen

Kopf- und Fußzeilen sind geradezu prädestiniert für Feldfunktionen, da diese ja flexibel mit Werten umgehen. Sie wählen sie aus mit EINFÜGEN/FELD oder geben sie manuell ein.

Eine kleine Auswahl von Feldfunktionen, die sonst noch Sinn haben (in Kapitel 64, »Feldfunktionen«, sind sie erklärt):

- {StyleRef} – Bezug auf einen Textabschnitt mit einer bestimmten Formatvorlage. Damit kann zum Beispiel stets die aktuelle Überschrift in die Kopfzeile übernommen werden. Die Profis nennen das einen »lebenden« Kolumnentitel.

- {Subject} – das Thema aus der Datei-Info oder der {Title} oder der {Author} usw.

- {FileName} – der Dateiname des Dokuments.

Beispiel: In diesem Buch lautet die Kopfzeile auf den linken (geraden) Seiten folgendermaßen:

```
Kapitel {StyleRef 1 \n}: {StyleRef 1}
```

Zunächst wird Bezug genommen auf die Kapitelnummer der Formatvorlage »Überschrift 1«. Dann folgt ein Verweis auf einen Absatz mit der Formatvorlage »Überschrift 1«.

Die Beispieldatei KOPF02.DOC enthält in den Kopf- und Fußzeilen Verweise auf verschiedene Überschriftenebenen. Schauen Sie mal rein!

Grafiken in Kopf- und Fußzeilen

Eine Kopf- oder Fußzeile kann alles enthalten, was ein normaler Text auch enthält. Zum Beispiel eine Grafik – ein Firmenlogo etwa. Das ist dann sinnvoll, wenn sich die Grafik auf jeder Seite wiederholen soll; schließlich ist das genau die Aufgabe einer Kopf- oder Fußzeile.

Es läßt sich damit jedoch auch mehr machen. Sie können z.B. ein »Wasserzeichen« erzeugen, das auf jeder Seite hinter dem Text liegt. Das geht ganz einfach, indem man einen entsprechenden Textfluß auswählt (siehe Kapitel 48, »Grafiken«, S. 725).

Zeichnungselemente in Kopf- und Fußzeilen

Natürlich können sie ebenso aufgenommen werden. Hier kommt ein weiterer Aspekt der Kopf- und Fußzeilen zum Tragen. Zeichnungselemente, die Sie im Kopf-/Fußzeilenmodus irgendwo auf der Seite einfügen, sind in der Kopf-/Fußzeile verankert und wiederholen sich daher auf jeder Seite. Ein negativer Seitenrand ist dabei nicht nötig. Zeichnungselementen liegen ohnehin über bzw. hinter dem Text.

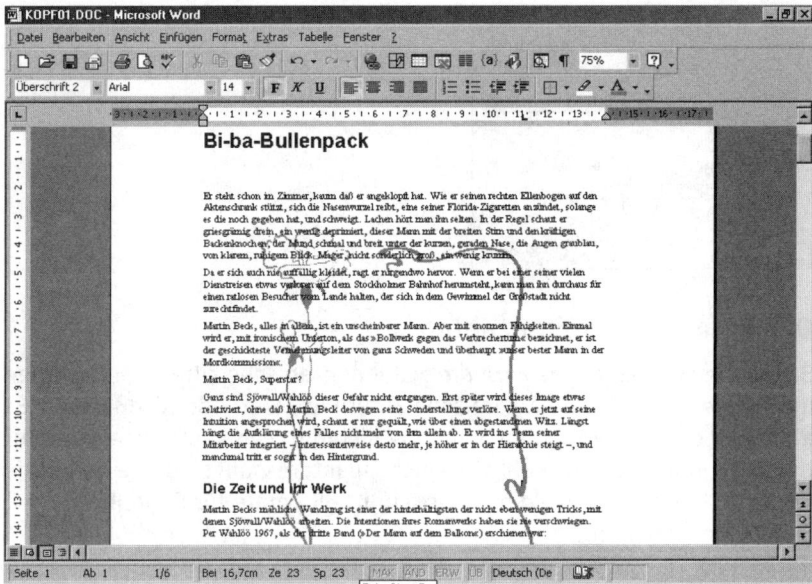

Abbildung 18.5:
Ein
»Wasserzeichen«
hinter dem Text

Sie möchten, wie es häufig geübte Praxis ist, eine Linie unter der Kopfzeile? Kein Problem mit FORMAT/RAHMEN UND SCHATTIERUNG. *Wer typographisch pingelig arbeitet, sollte aus der Kopfzeile jedoch erst eine Tabelle machen. Eine Linie unter einem Absatz ragt links und rechts leicht über den Rand hinaus (siehe Kapitel 19, »Formatieren«, S. 317). Mit einer Tabelle läßt sich das verhindern.*

:-)
TIP

18.4 Seitennummern

Das sicherlich wichtigste Element in einer Kopf- oder Fußzeile ist die Seitennummer. Auch hierfür gibt es ja ein höchst bequemes Symbol, das die Feldfunktion {Page} einfügt. Die Art der Seitennumerierung und den Beginn wählen Sie im Menü EINFÜGEN/SEITENZAHLEN mit der Schaltfläche FORMAT; im gleichen Dialogfeld landen Sie mit dem entsprechenden Symbol in der Kopfzeilenansicht.

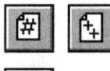

Ganz wichtig dabei: Das Unter-Dialogfenster FORMAT müssen Sie mit OK quittieren, damit Ihre Einstellungen wirksam werden, das eigentliche Dialogfenster SEITENZAHLEN hingegen dürfen Sie nur mit SCHLIESSEN verlassen! Sonst wird unter Umständen eine Kopf- oder Fußzeile der Art eingefügt, wie sie im nächsten Abschnitt »Seitennummern – ganz schnell« beschrieben ist.

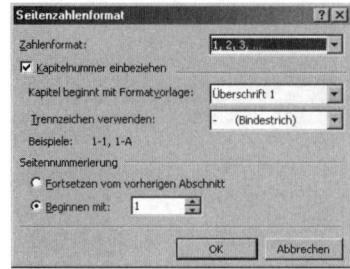

Das Format der Seitenzahlen

Sie können verschiedene *Formate* wählen: Arabische Ziffern, Buchstaben in Klein- oder Großschrift, römische Ziffern in Klein- oder Großschrift. Es gibt noch ein paar Varianten mehr, die nicht im Menü auftauchen und für die Seitennumerierung wohl auch nicht so interessant sind; Sie finden sie in (siehe Kapitel 14, »Felder«, , Abschnitt »Formate für Schreibweisen«, S. 217, beschrieben.

Vornedran die Kapitelnummer

Der Seitennummer voranstellen können Sie auch die *Kapitelnummer*. Dies setzt freilich voraus, daß die Überschriften im Text zuvor entsprechend formatiert (mit den Formatvorlagen »Überschrift«) und numeriert (FORMAT/NUMERIERUNG UND AUFZÄHLUNGEN) worden sind; Einzelheiten dazu finden Sie in Kapitel 21, »Listen, Numerierungen, Aufzählungen«, S. 361.

In diesem Dialogfenster wählen Sie, aus welcher Überschriftenebene die Kapitelnummer entnommen werden soll (*Kapitel beginnt mit Formatvorlage*) und durch welches Zeichen Kapitelnummer und Seitenzahl getrennt werden sollen (*Trennzeichen verwenden*).

Word zieht dann die letzte Kapitelnummer der vorigen Seite heran. Nicht eingefügt wird die Überschrift selbst (dies geht nur mit der Feldfunktion {StyleRef}), sondern lediglich die Nummer in der Schreibweise, wie sie im Text auftaucht.

Die Startnummer

Wir sind immer noch im selben Dialogfenster. Hier legen Sie auch die Startnummer für die Seitenzahlen fest (*Beginnen mit*); wenn nicht, beginnt Word die Zählung stets bei 1.

Haben Sie den Text in mehrere Abschnitte unterteilt, läßt sich für jeden Abschnitt eine eigene Startnummer wählen. Wenn Sie das nicht wollen (und meistens will man es nicht), müssen Sie die andere Option aktivieren, *Fortsetzen vom vorherigen Abschnitt*. Und das bedeutet, der Text wird kontinuierlich weitergezählt, über alle Abschnitte hinweg.

Die aktuelle Seitennummer wird in der Statuszeile angezeigt, und zwar die echte Nummer. Diese folgende Abbildung besagt: Sie sind auf Seite 25 (im zweiten Abschnitt), und dies ist die Seite 3 von insgesamt 3 Seiten, die das Dokument umfaßt. (Woraus hervorgeht, daß für die erste Seite die Startnummer 23 bestimmt wurde.)

Abbildung 18.7:
Numerierung in der
Statusleiste

Rechnereien mit Seitenzahlen

Die bloße Seitennummer kann man um mancherlei Informationen bereichern. Einfach ist ja das:

```
Seite {Page} von {NumPages}
Seite 8 von 13
```

Manchmal wird auch gern auf die Folgeseite verwiesen. Weil die beiden Feldfunktionen numerische Werte ergeben, kann man mit ihnen auch rechnen (siehe Kapitel 27, »Rechnen«, S. 487):

```
Es folgt Seite {={Page}+1}
Es folgt Seite 9
```

Auch nicht so raffiniert. Man muß hierbei nur bedenken, daß zwei Feldfunktionen ineinander verschachtelt sind.

Probleme tauchen auf, wenn die Seitenzählung nicht mit 1 beginnt und man die interne Nummer der aktuellen Seite haben möchte:

```
Dies ist die Seite 245, die 10. dieses Kapitels
```

In Funktionsdarstellung sieht das so aus:

```
Dies ist die Seite {Page}, die {={Page} - {PageRef
Startseite}+1}. dieses Kapitels
```

Um das dynamisch zu halten, so daß sowohl eine Änderung der Startnummer wie ein anderer Umfang automatisch berücksichtigt werden, habe ich auf der ersten Seite des Kapitels die Textmarke »Startseite« definiert. Mit dem Querverweis {PAGEREF} auf diese Textmarke ermittle ich die Seitennummer der ersten Seite, subtrahiere sie von der aktuellen Seite, noch eins dazu – heraus kommt die interne Seitennummer.

Das nur mit Einschränkungen!

Der Zähler {SEQ} (Kapitel 21, »Listen, Numerierungen, Aufzählungen«, S. 361) in einer Kopf- oder Fußzeile will mit Vorsicht genossen sein. Er wird nämlich nicht weitergezählt. Auf den ersten Blick seltsam, auf den zweiten logisch: Kopf-/Fußzeilen sollen ja auf jeder Seite wiederholt werden.

18.5 Seitennummern – ganz schnell

EINFÜGEN/
SEITENZAHLEN

Wenn Sie sich nicht die Mühsal aufladen wollen, eine Kopf- oder Fußzeile nur wegen so einer lumpigen Seitenzahl zu definieren, können Sie auch den schnellen Weg über EINFÜGEN/SEITENZAHLEN nehmen.

Sie erstellen damit eine Kopf- oder Fußzeile, die nur die Seitennummer enthält und sonst gar nichts. Und genau dafür ist die Funktion auch gedacht. Im Dialogfenster wählen Sie,

☞ ob die Seitenzahl als Kopf- oder als Fußzeile eingefügt werden soll (*Position*),

☞ wo sie zwischen den Seitenrändern plaziert werden soll: Links, Zentriert, Rechts, Innen oder Außen (*Ausrichtung*),

☞ ob auch die Anfangsseite eine Seitennummer erhalten soll (*Seitenzahl auf erster Seite*),

☞ welches Format die Seitenzahl haben soll; hier können Sie auch bei Bedarf die Kapitelnummer integrieren.

Abbildung 18.8:
Position und
Ausrichtung der
Seitenzahlen

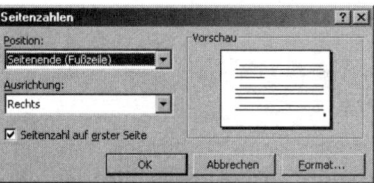

Ansonsten: Mit der Seitennummer wird, wie gesagt, eine ganz normale Kopf- oder Fußzeile eingefügt, die wie jede andere Kopf- oder Fußzeile weiterbehandelt werden kann.

Probleme mit den Seitennummern?

Wird die Seitennumerierung nicht richtig fortgeführt, sondern fängt mitten im Text wieder von vorne an? Wahrscheinlich befindet sich an dieser Stelle ein Abschnittswechsel. Das ist nicht weiter schlimm. Verantwortlich ist aber eine falsche Einstellung für die Paginierung. In EINFÜGEN/SEITENZAHLEN, Schaltfläche FORMAT, müssen Sie bei Seitennumerierung die Option *Fortsetzen vom vorherigen Abschnitt* wählen.

Weil Word bei jedem neuen Abschnitt die Formatierungen des vorhergehenden Abschnitts übernimmt, ist in der Regel auch die Seitennumerierung auf *Beginnen mit* gesetzt. Deshalb sollten Sie, wenn Sie einen Text in mehrere Abschnitte unterteilen und fortlaufende Seitennumerierung wünschen, zunächst im zweiten Abschnitt *Fortsetzen vom vorherigen Abschnitt* anweisen und dann erst weitere Abschnittswechsel einfügen.

18.6 Kopf- und Fußzeilen wechseln

Für jeden Abschnitt lassen sich eigene Kopf- und Fußzeilen definieren. Andersherum gedacht und gesagt: Wenn Sie mitten in einem Dokument andere Kopf- und Fußzeilen haben möchten, fügen Sie einen Abschnittswechsel ein (EINFÜGEN/MANUELLER WECHSEL, siehe Kapitel 17, »Das Seitenlayout«, S. 279), bringen den Cursor in den neuen Abschnitt und bestimmen die von jetzt an gültigen Kopf- und Fußzeilen.

Wundern Sie sich nicht, wenn die bisherigen Kopf- oder Fußzeilen zu sehen sind. Sie gelten zunächst einmal auch für den neuen Abschnitt, da der ja das Format das vorhergehenden Abschnitts übernimmt, und dazu gehören eben auch die Kopf- und Fußzeilen (probieren Sie das einmal aus mit der Beispieldatei KOPF02.DOC). Word läßt Sie nicht im unklaren, wie die Lage ist:

- In der Kopf- und Fußzeile ist die Nummer des aktuellen Abschnitts vermerkt.

- Über dem Rahmen steht »Wie vorherige«. Das heißt, Kopf- und Fußzeilen werden aus dem vorherigen Abschnitt übernommen.

Abbildung 18.9:
»Wie vorherige«
zeigt an, daß die
Kopfzeile aus dem
vorigen Abschnitt
übernommen wird

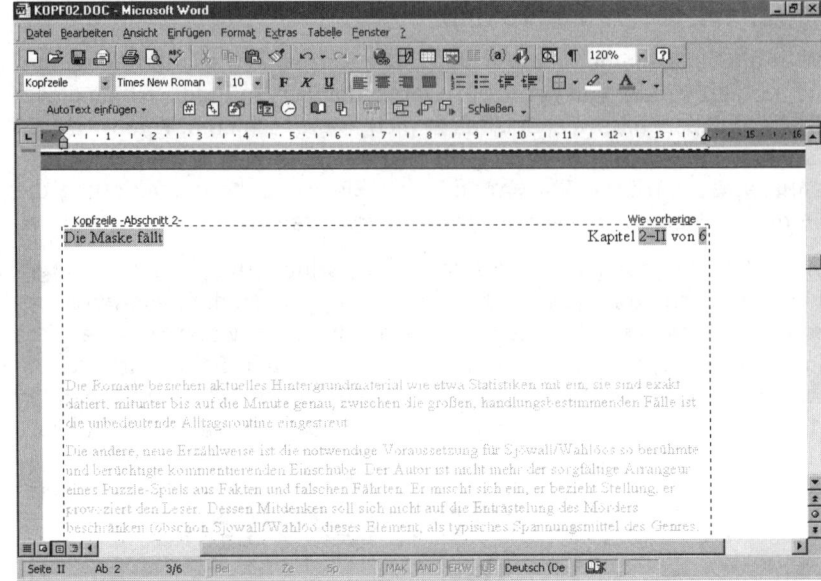

Die Verbindung ändern

Im neuen Abschnitt können Sie nun andere Kopf- oder Fußzeilen definieren. Sie gelten aber trotzdem für das gesamte Dokument! Und zwar solange, wie die Anmerkung »Wie vorherige« zu sehen ist. Sie müssen also die Verbindung zum vorigen Abschnitt erst lösen. Das ist weiter keine Schwierigkeit:

 In der Symbolleiste klicken Sie auf dieses Symbol. Achten Sie darauf, daß der Cursor tatsächlich in der Kopf- oder Fußzeile steht, sonst geht es nicht!

»Wie vorherige« verschwindet. Von jetzt an gilt die neue Kopf- oder Fußzeile. Beginnt der neue Abschnitt mitten auf einer Seite, gelten dessen Kopf- und Fußzeilen erst ab der folgenden Seite.

Überlegen Sie es sich später anders und möchten doch wieder die Kopf- und Fußzeilen des vorhergehenden Abschnitts übernehmen, klicken Sie erneut auf das Symbol. Word präsentiert dann eine seiner schönen Warnungen, die so lästig sind, wenn man seiner Sache ganz sicher ist, aber hilfreich, weil sie unter Umständen größeren Schaden verhindern.

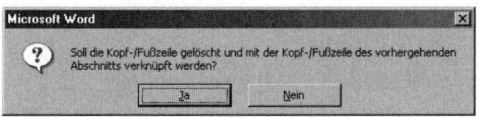

Abbildung 18.10:
Warnung

Sie wissen nicht mehr so genau, ob und wo ein neuer Abschnitt mit geänderter Kopf-/Fußzeile beginnt? Statt im normalen Bearbeitungsmodus
nach Abschnitten zu suchen, aktivieren Sie besser ANSICHT/KOPF- UND
FUSSZEILE und verwenden dann diese beiden Symbole. Die bringen Sie
schneller zum jeweils nächsten bzw. vorigen Abschnitt. Und Sie können
bei Bedarf die Kopf- oder Fußzeile gleich ändern.

Formatieren

Kapitel 19

*B*eim Formatieren wird, allgemein gesagt, der Text so ausgerichtet und angeordnet, daß er ein schönes Druckbild ergibt. Besser müßte man vielleicht von »Gestaltung« reden – aber der Fachausdruck im Computer-Kauderwelsch (und die entsprechende Menüoption) ist nun mal Formatieren.

Was dieses Formatieren oder Gestalten bewirkt, haben Sie vielleicht schon während der Texteingabe bemerkt. Wie von Geisterhand erscheint möglicherweise mancher Text in größerer Schrift, Zeichen werden ersetzt: AutoFormat ist aktiv.

Mit dessen Geheimnissen werden wir uns in Kapitel 23, »Formatvorlagen«, S. 407, befassen (aber ich will wenigstens verraten, wie Sie das AutoFormat abschalten: mit EXTRAS/AUTOKORREKTUR/AUTOFORMAT). Hier geht es zunächst einmal um die gute, alte Handarbeit.

19.1 Formatierungseinheiten

Ein Text läßt sich in logische Einheiten zerlegen. Ein Dokument besteht aus Absätzen, ein Absatz aus Sätzen, ein Satz aus Wörtern, ein Wort aus Zeichen.

Einer ähnlichen Logik folgt die Formatierungsweise von Word. Auch Formatierungen orientieren sich an bestimmten Einheiten, was sich beispielsweise in den Optionen des Menüs FORMAT niederschlägt.

➡ Das **Dokument** ist die größte, allumfassende Einheit. Es läßt sich in verschiedene Abschnitte unterteilen, für die z.B. Spalten definiert werden können. Dieser Komplex wird in Kapitel 17, »Das Seitenlayout«, S. 279, behandelt

➡ Einem **Absatz** (FORMAT/ABSATZ) wird eine Ausrichtung zugewiesen (linksbündig, Blocksatz), vielleicht ein linker und/oder rechter Einzug, ein Abstand zum vorigen und/oder folgenden Absatz. Auch Tabstops (FORMAT/TABSTOPP) sind an einen Absatz gebunden. Zudem kann ein Absatz mit Rahmen, Linien oder Hintergrundraster versehen werden (FORMAT/RAHMEN UND SCHATTIERUNG).

➡ Das **Zeichen** (FORMAT/SCHRIFTART) ist die kleinste Einheit und zugleich die flexibelste. Dokument und Absatz sind fest umrissene Größen: Ein Absatz endet eben dort, wo die Absatzmarke steht. Zeichenformatierungen hingegen lassen sich auf jeden markierten Text anwenden, ob er ein einzelnes Zeichen umfaßt oder mehrere Zeichen: ein Wort, einen Satz, einen Absatz, mehrere Absätze. Die Zeichenformatierung betrifft nur Dinge, die mit der Schrift zu tun haben: Schriftart, Größe, Auszeichnung (fett, kursiv usw.).

Von der größten zur kleinsten Einheit – im folgenden drehen wir die Reihenfolge um und beginnen bei den Zeichen.

Grundeinstellungen

Sie werden in diesem Kapitel verschiedentlich darauf stoßen, daß mit EXTRAS/OPTIONEN/*Kompatibilität* Grundeinstellungen getroffen werden können. Welche *Empfohlene Option* Sie auswählen, ist dabei im Prinzip egal, da Word ohnehin zu *Benutzerdefiniert* wechselt, sobald Sie etwas ändern.

Diese Einstellungen werden mit dem Dokument gespeichert, wirken also nur auf dieses eine Dokument ein. Sie können aber auch zum Bestandteil einer Dokumentvorlage gemacht werden und gelten dann für alle neuen Dokumente, die auf dieser Vorlage basieren (zu Vorlagen siehe Kapitel 24, »Dokumentvorlagen«, S. 439).

Nicht druckbare Zeichen

Erinnern Sie sich: Mit EXTRAS/OPTIONEN/*Ansicht* können Sie bestimmen, welche nicht druckbaren Zeichen auf dem Bildschirm angezeigt werden sollen (siehe Kapitel 10, »Arbeit am Text«, S. 125). Diese machen Sie sodann mit dem Symbol sichtbar.

Spätestens jetzt, wenn Sie damit beginnen, Ihren Text zu gestalten, sollten Sie mit dieser Funktion etwas experimentieren. Denn beim Formatieren ist es manchmal sehr wichtig, die Absatzmarke oder Leerzeichen, die sonst verborgen sind, zu sehen.

19.2 Über Schriften

Zu früheren Zeiten (also vor ein paar Jahren) war die Schriftenauswahl sehr eingeschränkt. Jeder Drucker hatte (und hat noch immer) einige Schriften eingebaut. Unter denen konnte man wählen. Mehr war in den meisten Fällen nicht drin. Nur bei bestimmten Druckern konnte man noch zusätzliche Schriften laden: eine teure und zudem speicherplatzfressende Sache.

Auch die Installation solcher zusätzlicher Schriften gestaltete sich recht kompliziert. Damit die verwendeten Schriften auf dem Bildschirm zu sehen waren, mußten besondere Bildschirmzeichensätze eingerichtet werden.

TrueType und Adobe Type Manager

Heute ist das alles anders. Seit Windows 3.1 gibt es die TrueType-Schriften (und fast jedes Programm bringt einige TrueType-Schriften mit, Word ja auch), und zudem ist der Adobe Type Manager (ATM) für PostScript-Schriften weit verbreitet.

Beiden Technologien gemeinsam ist:

- Die Schriften werden auf dem Bildschirm so dargestellt, wie sie auch im Druck erscheinen.

- Diese Schriften können auf jedem beliebigen Drucker ausgegeben werden und sehen auf jedem Drucker gleich aus. (Daß zwischen einem Laserdrucker und einem Nadeldrucker weiterhin Qualitätsunterschiede bestehen, versteht sich.)

- Die Schriften sind beliebig skalierbar, das heißt in der Größe veränderbar. Früher brauchte man für jede Schriftgröße eine eigene Datei, weil jedes einzelne Zeichen gewissermaßen als Bild gespeichert war. TrueType- wie PostScript-Schriften hingegen liegen als Umrißbeschreibungen vor und werden je nach Bedarf neu berechnet.

Der Unterschied zwischen beiden: Für PostScript-Schriften braucht man ein eigenes Verwaltungsprogramm, eben den Adobe Type Manager, die Verwaltung von TrueType-Schriften ist in Windows integriert.

PostScript-Schriften sind die edleren, besseren, auch teureren Schriften. Sie werden vorwiegend im graphischen Gewerbe verwendet. Für Otto Normalanwender reicht die Qualität der TrueType-Schriften hingegen völlig aus. Ohnehin kann nur ein sehr geschultes Auge die Unterschiede ausmachen.

Dank dieser Technologien hat man Zugriff auf ein riesiges Schriften-Reservoir. Eine kleine Auswahl verschiedener Schriften sehen Sie auf der folgenden Seite. Wobei eines klar sein sollte: Jede zusätzliche Schrift muß man kaufen und bezahlen.

Zwar findet man TrueType-Schriften mittlerweile im Sonderangebot: viel Schrift für wenig Geld. Oft handelt es sich dabei um »geklonte« Schriften – urheberrechtlich geschützte Schriften werden ein klein wenig verändert und unter anderem Namen auf den Markt gebracht. Vielfach, und das schränkt den Gebrauch erheblich ein, verfügen sie nicht über die deutschen Umlaute.

Schriftenvielfalt ist verführerisch. Nur Dilettanten indes müssen auch zeigen, wie viele Schriften sie haben. Der Profi erlegt sich wohlüberlegte Beschränkung auf.

Welche Schriften sind verfügbar?

Nach wie vor nur diejenigen, die auch tatsächlich vorhanden sind – Binsenweisheit. Das sind die eingebauten Schriften des Druckers und die zusätzlich installierten TrueType- und ATM-Schriften.

Was vorhanden ist, wird in der Schriftenauswahl-Liste angezeigt. Vor den meisten Schriften sehen Sie kleine Symbole.

➡ Bei Schriften mit einem Druckersymbol geht Word davon aus, daß sie resident im Drucker vorhanden sind oder vor dem Druck geladen werden. Dabei kann es sich um die internen Schriften des Druckers handeln sowie um ATM-Schriften.

➡ Das »T« signalisiert eine TrueType-Schrift.

Nach Schriftarten suchen, die gar nicht vorhanden sind? Das Problem taucht auf, wenn Dateien von fremden Systemen übernommen werden. Das Ersetzen durch andere Schriftarten ist nicht immer erwünscht. Aber nach der fehlenden Schrift suchen geht auch nicht, denn sie taucht ja in der Schriftenliste nicht auf, kann nicht ausgewählt werden. Handarbeit ist gefragt: Sie müssen bei FORMAT/SCHRIFTART in das Eingabefeld den Schriftnamen tippen – aber in exakt derselben Schreibweise, wie er in der Liste normalerweise erscheint!

Beispiele für Schriften

Das Zitat stammt von Karl Kraus. Alle Beispiel sind in 10 Punkt. So sehen Sie auch einmal, wie unterschiedlich breit die Schriften laufen.

Auch ein anständiger Mensch kann, vorausgesetzt, daß es nie herauskommt, sich heutzutage einen geachteten Namen schaffen. **Tahoma**

Auch ein anständiger Mensch kann, vorausgesetzt, daß es nie herauskommt, sich heutzutage einen geachteten Namen schaffen. **MetaPlus Roman**

Auch ein anständiger Mensch kann, vorausgesetzt, daß es nie herauskommt, sich heutzutage einen geachteten Namen schaffen. **Arial**

Auch ein anständiger Mensch kann, vorausgesetzt, daß es nie herauskommt, sich heutzutage einen geachteten Namen schaffen. **AvantGarde**

Auch ein anständiger Mensch kann, vorausgesetzt, daß es nie herauskommt, sich heutzutage einen geachteten Namen schaffen. **Bookman**

Auch ein anständiger Mensch kann, vorausgesetzt, daß es nie herauskommt, sich heutzutage einen geachteten Namen schaffen. **Comic Sans**

Auch ein anständiger Mensch kann, vorausgesetzt, daß es nie herauskommt, sich heutzutage einen geachteten Namen schaffen. **Info Text**

Auch ein anständiger Mensch kann, vorausgesetzt, daß es nie herauskommt, sich heutzutage einen geachteten Namen schaffen. **Rotis SansSerif**

Auch ein anständiger Mensch kann, vorausgesetzt, daß es nie herauskommt, sich heutzutage einen geachteten Namen schaffen. **Rotis Serif**

AUCH EIN ANSTÄNDIGER MENSCH KANN, VORAUSGESETZT, DAß ES NIE HERAUSKOMMT, SICH HEUTZUTAGE EINEN GEACHTETEN NAMEN SCHAFFEN. Cosmic Two

Schriften installieren

Word bringt einige TrueType-Schriften mit (zusätzlich zu den Windows-Schriften wie Arial, Symbol oder Wingdings) und installiert sie auf Wunsch auch gleich.

Andere, neue TrueType-Schriften werden mit der Windows-Systemsteuerung, Abteilung »Schriftarten«, installiert (und auch wieder aus dem System entfernt).

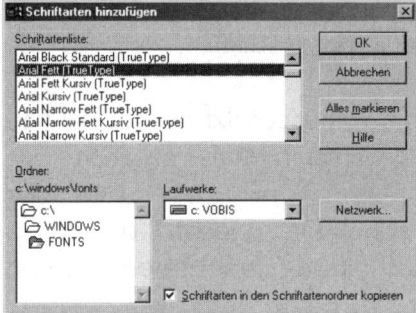

Abbildung 19.1:
Neue Schriften
hinzufügen

Die Systemsteuerung ist auch eine gute Gelegenheit, sich einen Überblick über die vorhandenen Schriften zu verschaffen (im Kontextmenü ÖFFNEN wählen). Das angezeigte Schriftmuster ist größer und damit besser zu sehen als bei Word selbst im Menü FORMAT/SCHRIFTART.

PostScript-Schriften hingegen werden mit dem Programm Adobe Type Manager installiert und in die Windows-Systemdatei WIN.INI bei jedem installierten Drucker eingetragen.

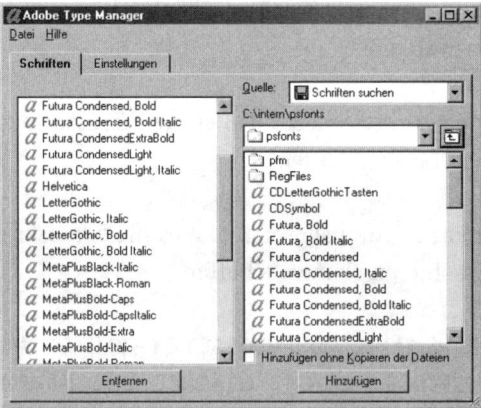

Abbildung 19.2:
Schriften mit dem
Adobe Type
Manager
installieren

Die Dateien mit der Endung PFM enthalten nicht die Schriftinformationen selbst. In ihnen sind vielmehr alle Schriftcharakteristika gespeichert: Laufweite, Aussehen usw. Das sieht dann in WIN.INI etwa so aus:

```
[PostScript,LPT1]
ATM=placeholder
softfonts=9
softfont1=c:\psfonts\pfm\lg_____.pfm
softfont2=c:\psfonts\pfm\uvl_____.pfm
softfont3=c:\psfonts\pfm\cjr_____.pfm
softfont4=c:\psfonts\pfm\cjb_____.pfm
softfont5=c:\psfonts\pfm\cjbi____.pfm
softfont6=c:\psfonts\pfm\cji_____.pfm
softfont7=c:\psfonts\pfm\insd____.pfm
softfont8=c:\psfonts\pfm\inin____.pfm
softfont9=c:\psfonts\pfm\krkx____.pfm
```

Auch wenn Sie nur solche PFM-Dateien haben, können Sie mit diesen Schriften arbeiten. Sie werden auf dem Bildschirm dargestellt, Word macht einen korrekten Umbruch. Nur drucken können Sie diese Dokumente dann nicht.

Fast jedes Programm bringt mittlerweile ein paar TrueType-Schriften mit (und installiert sie oft auch gleich, wie Word). Und Ihre Schriftenliste wird länger und länger ... Misten Sie gelegentlich aus! Prüfen Sie, welche Schriften Sie wirklich benötigen; den Rest deinstallieren Sie (mit der Windows-Systemsteuerung). Das erleichtert nicht nur den Überblick. Auch Windows startet schneller, wenn es nicht so viele Schriften laden muß.

:-)
TIP

Wie kommen die Schriften in den Drucker?

Die eingebauten (residenten) Schriften sind sowieso vorhanden. Auch bei TrueType-Schriften müssen Sie sich keine Sorgen machen. Word holt sie sich bei Bedarf von der Festplatte.

Anders sieht es bei PostScript-Schriften aus. Bei der oben gezeigten Installationsart (in WIN.INI sind nur Verweise auf die PFM-Dateien) erwartet Word, daß diese Schriften resident im Drucker vorhanden sind. Sind sie das nicht, weil sie nicht zu den eingebauten Schriften gehören, müssen sie vor dem Druck »geladen«, zum Drucker geschickt werden (Fachbegriff: »downloaden«).

Weil das eine umständliche und für den Laien auch nicht ganz einfache Sache ist, kann man bei der Installation einer Schrift mit dem Adobe Type Manager auch bestimmen, daß die Schrift automatisch in den Drucker geladen wird. Die Einträge in WIN.INI werden dann ergänzt um den Pfad zu den eigentlichen Schriftdateien (Endung PFB):

```
softfont7=c:\psfonts\pfm\insd____.pfm,
          c:\psfonts\insd____.pfb
```

Wann immer nun eine solche Schrift benötigt wird, holt sie sich Word (respektive Windows) aus dem angegebenen Verzeichnis.

Wenn eine Schrift nicht vorhanden ist

Beim Druck wird sie dann durch eine andere ersetzt, meist durch Courier, die Schreibmaschinenschrift. Spätestens dann merken Sie, daß die Schrift fehlt.

Auf dem Bildschirm ist das nicht unbedingt zu sehen, es sei denn, Sie wissen genau, wie die Schrift ausschaut. Im Schriftauswahl-Feld wird nämlich korrekt angezeigt, welche Schrift das sein soll. Wenn Sie dann aber diese Schrift zuweisen wollen, fehlt sie in der Schriften-Liste – klar, sie ist ja nicht da. Das geöffnete Dokument enthält nur die Information, welche Schrift ursprünglich einmal verwendet wurde.

Mit EXTRAS/OPTIONEN/*Kompatibilität* können Sie aber die nicht vorhandene Schriften durch andere ersetzen lassen (SCHRIFTARTENERSETZUNG). Im Gegensatz zu den anderen Kompatibilitäts-Einstellungen ist die Schriftartenersetzung nicht an das Dokument gebunden, sondern gilt generell.

Word schlägt eine Ersatzschrift vor; Sie können aber statt dessen im Feld *Ersatzschriftart* eine andere Schrift wählen; aufgeführt sind hier sämtliche Schriften, die in diesem System zur Verfügung stehen.

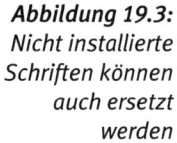
Abbildung 19.3:
Nicht installierte
Schriften können
auch ersetzt
werden

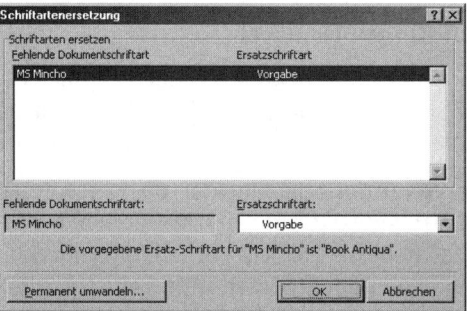

Word ersetzt dann im gesamten Dokument die Schrift. Mit einigen zunächst kurios anmutenden Folgen: Dargestellt auf dem Bildschirm wird die Ersatzschrift. Setzen Sie den Cursor in ein solches Wort, wird im Schriftenfeld nach wie vor die Originalschrift angezeigt.

Das hat aber durchaus seinen Sinn. Öffnen Sie diese Datei auf dem System, von dem sie stammt, sind die Originalschriften wieder vorhanden. Diese Option sorgt also nur dafür, daß Sie auf Ihrem System mit den Ihnen zur Verfügung stehenden Schriften diese Datei auch drucken können.

Wählen Sie hingegen die Schaltfläche PERMANENT UMWANDELN, werden die fehlenden Schriften wirklich und tatsächlich ersetzt. Auf dem Originalsystem erscheint die Ersatzschrift – und muß nun hier unter Umständen auf die gleiche Weise wieder zurückgewandelt werden in die Originalschrift.

Bevor Sie Ihren Briefbogen mit einer sagenhaften neuen Schrift gestalten, sollten Sie erst mal einen Probeausdruck machen. Was auf dem Bildschirm noch ganz passabel aussieht, erweist sich oft im Druck als ziemlich schräg.

:-)
TIP

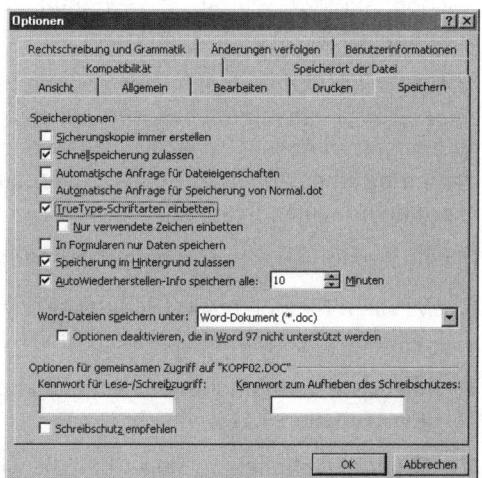

Abbildung 19.4:
Speichern-
Optionen

TrueType-Schriften einbetten

Daß Schriften nicht an jedem Arbeitsplatz vorhanden sind, kommt selbst in bestorganisierten Netzwerkumgebungen vor. Eine andere Variante, dem Dilemma fehlender Schriften zu entkommen, ist die Option *True-Type-Schriftarten einbetten* bei EXTRAS/OPTIONEN/*Speichern*, die Sie auch von DATEI/SPEICHERN UNTER aus mit der Schaltfläche OPTIONEN erreichen.

Zusätzlich können Sie wählen, daß nur die tatsächlich verwendeten Zeichen eingebettet werden, nicht der gesamte Zeichensatz *(Nur verwendete Zeichen einbetten)*, was sich dämpfend auf die Dateigröße auswirkt.

Die Schriftinformationen werden zusammen mit der Datei gespeichert. Das gewährleistet, daß auf einem anderen System die Schrift richtig dargestellt wird und zudem das gesamte Dokument korrekt erscheint. Denn eine andere Schrift wirft sonst den gesamten Umbruch über den Haufen, da jede Schrift anderen Platz beansprucht.

19.3 Zeichen formatieren

FORMAT/
SCHRIFTART

Die Zeichenformatierung bestimmt

- Schriftart und Schriftgröße,

- Schriftauszeichnung (fett, kursiv, unterstrichen ...) und Farbe,

- Position (hochgestellt, tiefgestellt) und Zeichenabstand.

Um Zeichen formatieren zu können, müssen Zeichen markiert sein: ein Zeichen, ein Wort, ein Absatz, ein ganzer Text. Ist nichts markiert, wird automatisch das Wort formatiert, in dem der Cursor steht.

In der Praxis wird man dann zur Zeichenformatierung greifen, wenn einzelne Wörter hervorzuheben sind, vielleicht auch einmal ein Satz. Bei einem ganzen Absatz hingegen ist es weitaus bequemer, die Zeichenformatierung über Absatz-Formatvorlagen zu erledigen (siehe Kapitel 23, »Formatvorlagen«, S. 407).

Die Zeichenformatierung kann auf vier Wegen erfolgen:

- Mit dem Menü FORMAT/SCHRIFTART. Das Menü (auch über das Kontextmenü erreichbar) vereint sämtliche Möglichkeiten.

- Mit Tastenkombinationen. Nahezu alles läßt sich auch damit erledigen (Tabelle 19.1).

- Mit der Symbolleiste. Sie enthält die wichtigsten Funktionen wie Fett, Kursiv. Andere können zusätzlich aufgenommen werden.

- Mit Zeichen-Formatvorlagen. Sie werden in Kapitel 23, »Formatvorlagen«, S. 407, erklärt.

Schriftart und Schriftgröße bestimmen

Schriftart und Schriftgröße werden in der Formatierungsleiste aus Listenfeldern ausgewählt, die man am bequemsten mit der Maus aufklappt (Klick auf den Pfeil). Die zuletzt ausgewählten Schriften (bis zu 9) werden an den Anfang der Schriftenliste gestellt. Mit ⟨Strg⟩+⟨⇧⟩+⟨A⟩ und ⟨Strg⟩+⟨⇧⟩+⟨P⟩ werden die Auswahlfelder in der Symbolleiste aktiviert, mit ⟨↓⟩ oder ⟨↑⟩ wählen Sie dann aus.

Tabelle 19.1:
Zeichen-
formatierungen

Taste	Bedeutung
`Strg`+`D`	Menü FORMAT/SCHRIFTART
`Strg`+`⇧`+`F`	Fett
`Strg`+`⇧`+`K`	Kursiv
`Strg`+`⇧`+`U`	Unterstreichen
`Strg`+`⇧`+`D`	Doppelt unterstreichen
`Strg`+`⇧`+`W`	Wort unterstreichen
`Strg`+`⇧`+`Q`	Kapitälchen
`Strg`+`+`	Hochstellen und Schrift verkleinern
`Strg`+`#`	Tiefstellen und Schrift verkleinern
`Strg`+`⇧`+`G`	Alles in Groß- oder Kleinbuchstaben
`⇧`+`F3`	Groß-/Kleinschreibung
`Strg`+`9`	Schrift vergrößern um 1 Punkt
`Strg`+`8`	Schrift verkleinern um 1 Punkt
`Strg`+`<`	Schrift verkleinern (um 1 Punkt, wenn kleiner als 12 Punkt; um 2 Punkt, wenn größer)
`Strg`+`>`	Schrift vergrößern (bis 12 Punkt um 1 Punkt größer, danach um 2 Punkt)
`Strg`+`⇧`+`B`	Schriftart »Symbol« für markierten Text
`Strg`+`⇧`+`A`	Schriftart wählen
`Strg`+`⇧`+`P`	Schriftgrad wählen
`Strg`+`⇧`+`H`	Zeichenformat »Verborgen«
`Strg`+`Leertaste` `Strg`+`⇧`+`Z`	Zeichenformatierung aufheben

Beide sind übrigens mit den Auswahllisten im Menü FORMAT/SCHRIFTART identisch. Sowohl im Menü als auch im Listenfeld können Sie betrachten, wie die Schrift aussieht. Für das Listenfeld müssen Sie dann allerdings in EXTRAS/ANPASSEN/*Optionen* die Option *Schriftartennamen in Schriftart anzeigen* aktivieren. Haben Sie einen Text markiert, bevor Sie das Menü öffnen, wird genau dieser Text im Menü angezeigt, ansonsten der Schriftname

Abbildung 19.5: Zeichenformatierungen

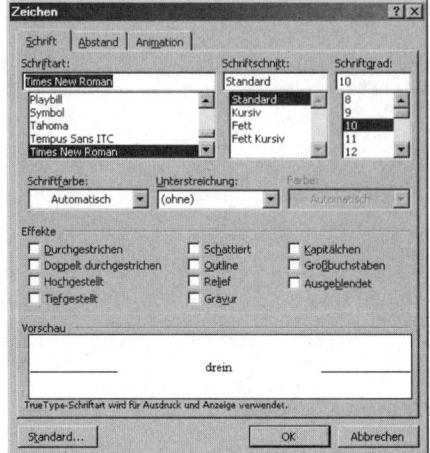

Schriftauszeichnungen

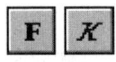

Darunter versteht man Hervorhebungen wie Fett oder Kursiv. Diese beiden sind auch über die Formatierungsleiste abzurufen, die anderen über das Menü, mit Tastenkombinationen oder teilweise mit Symbolen, die zusätzlich installiert werden können.

Abbildung 19.6: Schriftauszeichnungen

Das ist fett
Das ist kursiv
Das ist fett und kursiv

~~Das ist durchgestrichen~~
~~Das ist doppelt durchgestrichen~~

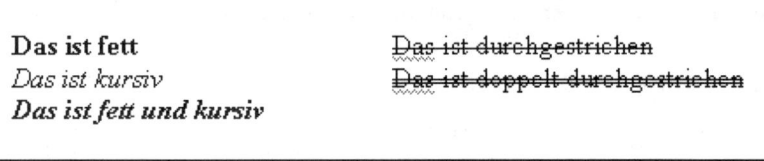

Bei Unterstreichungen können Sie unter mannigfachen Varianten wählen: alles oder wortweise, doppelt oder punktiert ...

Abbildung 19.7: Unterstreichungen

Das ist einfach unterstrichen
Wortweise unterstrichen
Das ist doppelt unterstrichen
Punktiert unterstrichen
Fett unterstrichen
Unterstrichen mit einem Strich
Fettpunktiert unterstrichen

Unterstreichungen zeigen, böse gesagt, daß man den Schritt von der Schreibmaschine zum PC im Innern noch nicht vollzogen hat. Bei Schreibmaschinen blieb früher zur Auszeichnung gar nichts anderes übrig. Aber heutzutage beherrscht eigentlich jeder Drucker zumindest Fett- und Kursivschrift.

Etliche andere Effekte entfalten ihre Wirkung allerdings nur bei größeren Schriftgrößen, Relief und Gravur brauchen zudem einen dunkleren Hintergrund, und der Umriß funktioniert überhaupt nur, wenn er will:

Das ist schattiert
Das ist ein Umriß
Das ist Relief
Das ist Gravur

Abbildung 19.8:
Besondere Effekte

▪▶ Auszeichnungen summieren sich (z.B. **Fett *und Kursiv***), sofern sie sich nicht ausschließen, was bei den diversen Unterstreichungsarten der Fall ist.

▪▶ Durchgestrichen und die verschiedenen Unterstreichungsarten sollten Sie nicht verwenden, wenn Sie die Überarbeitungs-Funktion (Korrekturmodus) benutzen (siehe Kapitel 47, »Überarbeitungs-Funktionen«, S. 711). Damit wird hier nämlich üblicherweise neuer oder geänderter Text markiert (man kann statt dessen aber auch eine andere Auszeichnung wählen).

▪▶ Farbe ist auch dann empfehlenswert, wenn sie nicht gedruckt werden kann. Dadurch können Auszeichnungen auf dem Bildschirm kontrolliert werden. Sie sollten in diesem Fall aber bei EXTRAS/OPTIONEN/*Kompatibilität* die Option »Farben ... schwarz drucken« wählen. Sonst erscheint farbige Schrift im Druck gerastert.

▪▶ Um eine einzelne Auszeichnung wieder aufzuheben, wird die gleiche Tastenkombination nochmals gedrückt, abermals auf das Symbol geklickt oder die Auszeichnung im Menü deaktiviert – die Wirkung ist stets die gleiche.

➥ Sämtliche Auszeichnungen können aufgehoben werden mit der Tastenkombination ⌈Strg⌉+⌈Leertaste⌉ oder ⌈Strg⌉+⌈⇧⌉+⌈Z⌉. Der markierte Text erscheint wieder in Grundschrift.

➥ Sie können gleich während der Texteingabe formatieren. Etwa: ⌈Strg⌉+⌈⇧⌉+⌈K⌉ – aller folgender Text wird kursiv. Danach mit nochmals ⌈Strg⌉+⌈⇧⌉+⌈K⌉ oder ⌈Strg⌉+⌈Leertaste⌉ aufheben und normal weiterschreiben!

Hervorhebungen

Wie mit einem Leuchtstift markieren Sie Teile Ihres Textes. Klicken Sie auf den Pfeil des Symbols, haben Sie die Auswahl unter verschiedenen Farben. Die zuletzt gewählte wird im Symbol angezeigt. Sie brauchen dann nur auf das Symbol zu klicken und können nun über Ihren Text hinwegstreichen.

Dieser Hervorhebungsmodus bleibt so lange aktiviert, bis Sie abermals auf das Symbol klicken oder ⌈Esc⌉ drücken.

Um die Hervorhebung wieder aufzuheben, markieren Sie sie und wählen dann als Farbe *Keine*.

Nach solchen Hervorhebungen kann man auch suchen, jedoch nur generell, nicht nach einer bestimmten Farbe (siehe Kapitel 13, »Suchen & Ersetzen«, S. 185).

Abbildung 19.9:
Hervorhebungen
durch Animation

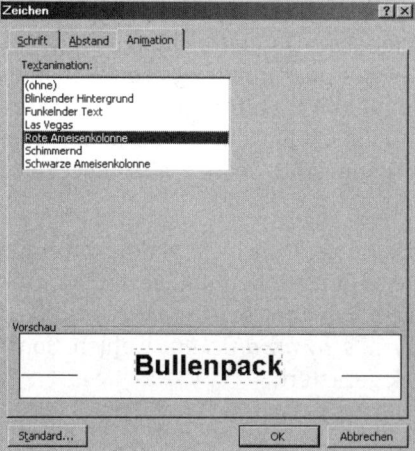

Animation

Wie nett: Mit der Registerkarte *Animation* kann man Text animieren lassen. Und dann blinkt's und funkelt's auf dem Bildschirm, daß es eine wahre Freude ist – aber nur auf dem Bildschirm sind diese Effekte zu sehen, beim Druck bleiben sie natürlich wirkungslos. Nun ja, damit können Sie Ihrem Spieltrieb nachgehen und gleichzeitig auf bestimmte Textstellen aufmerksam machen. Vielleicht ganz hilfreich, wenn mehrere Personen einen Text bearbeiten.

Ausgeblendeter Text

Verborgener Text ((Strg)+(ô)+(H)) ist nicht zu sehen, wenn die nicht druckbaren Zeichen versteckt sind. Und man kann das ja so einstellen, daß nur einzelne dieser Sonderzeichen zu sehen sind.

Beispielsweise markieren Sie in EXTRAS/OPTIONEN/*Ansicht* den Punkt *Ausgeblendeten Text*. Er ist dann immer sichtbar, und wenn Sie auf das Symbol klicken, werden die anderen nicht druckbaren Zeichen sichtbar oder unsichtbar.

Beachten Sie aber, daß sichtbar gemachter ausgeblendeter Text (eigentlich ja ein Widerspruch in sich) Zeilenfall und Seitenumbruch am Bildschirm durcheinander bringt. Daß ein Text als verborgen formatiert ist, erkennen Sie an der Punktierung unter dem Text – nicht zu verwechseln mit der punktierten Unterstreichung.

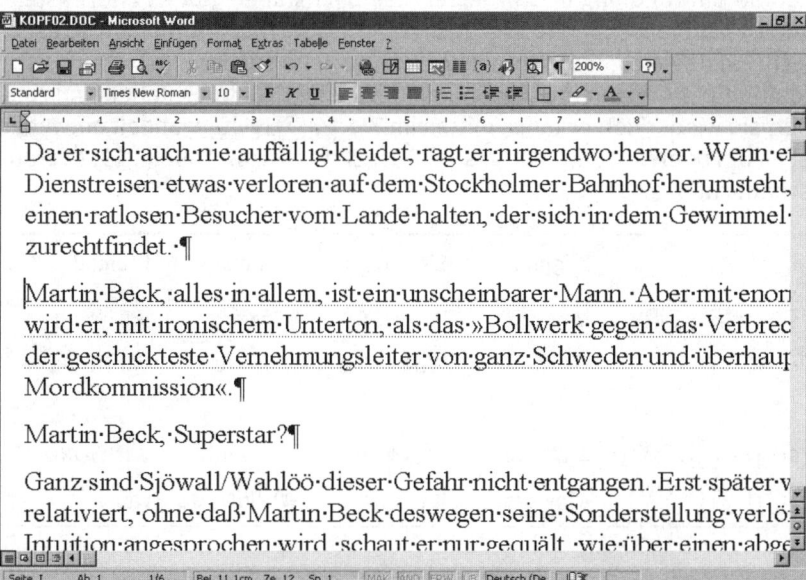

Abbildung 19.10:
Der Text mit den Punkten darunter ist verborgen formatiert

Word selber verwendet verborgenen Text zum Beispiel bei Index-einträgen (siehe Kapitel 42, »Index«, S. 653) oder bei manchen Feld-funktionen.

Generell kann man verborgenen Text benutzen für Anmerkungen im Dokument (abgesehen von der eigentlichen Kommentar-Funktion, siehe Kapitel 47, »Überarbeitungs-Funktionen«, S. 711). Verborgener Text wird normalerweise nicht mitgedruckt – das ist ja auch sein Sinn –, indessen kann man das auch anders einstellen (siehe Kapitel 16, »Drucken«, S. 267).

Wird auch die Absatzmarke verborgen formatiert, gibt es an dieser Stelle keinen Absatzumbruch.

Groß und klein und Kapitälchen

KAPITÄLCHEN sehen Sie oft in diesem Buch; damit werden die Men-übezeichnungen hervorgehoben. Die Tastenkombination dafür ist Strg+⇧+Q – »Quapitälchen« sozusagen.

Für die Umwandlung in Groß- oder Kleinbuchstaben gibt es zwei Tasten-kombinationen: Strg+⇧+G und ⇧+F3. Die sind nicht identisch, nicht mal gleich, sondern fundamental verschieden. Strg+⇧+G (dafür gibt es auch ein Symbol) merkt sich die Großbuchstaben und zau-bert sie wieder hervor (auch mitten im Wort), ⇧+F3 wandelt entweder alles um oder setzt nur den ersten Buchstaben groß. Tabelle 19.2 veran-schaulicht das.

Tabelle 19.2:
Wechsel der Groß-
und Klein-
schreibung

	Original	Einmal	Zweimal	Dreimal
Strg+⇧+G	Winword	WINWORD	Winword	WINWORD
⇧+F3	Winword	WINWORD	winword	Winword
Strg+⇧+G	WinWord	WINWORD	WinWord	WINWORD
⇧+F3	WinWord	Winword	WINWORD	winword

➥ Die Option *Großbuchstaben* im Menü FORMAT/SCHRIFTART entspricht Strg+⇧+G.

■► FORMAT/GROSS-/KLEINSCHREIBUNG entspricht im Prinzip ⌗+F3,
bietet aber ein paar Möglichkeiten mehr, die sich eigentlich von
selbst erklären. Mit Ausnahme von *Ersten Buchstaben im Satz groß
schreiben* (denken Sie auch an die Möglichkeiten der AutoKorrektur,
siehe Kapitel 10, »Arbeit am Text«, S. 125) beziehen sich alle anderen
Varianten auf den markierten Textteil oder auf das Wort, in dem der
Cursor steht.

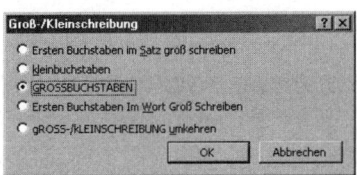

*Abbildung 19.11:
Optionen für die
Groß- und
Kleinschreibung*

Hoch und tief

Beim Hoch- und Tiefstellen über die Symbole, mit den Tastenkombinationen Strg+⌗ (Tiefstellen)und Strg+➕ (Hochstellen) oder mit den entsprechenden Optionen im Menü FORMAT/SCHRIFTART, Registerkarte
Schrift, erfolgt ein Versatz nach ^{oben} oder $_{unten}$. Gleichzeitig wird die
Schrift verkleinert, wie Sie sehen.

Wieviel nach oben/unten, wie klein die Schrift – darauf haben Sie mit diesen Funktionen keinen Einfluß. Nur mit der Registerkarte *Abstand* läßt
sich der Versatz nach Belieben festlegen.

Dabei wird dann allerdings die Schriftgröße nicht verändert. Sie müssen
zusätzlich eine kleinere Schrift anweisen.

Bei *Position* im Register *Abstand* wählen Sie aus, ob hoch- oder tiefgestellt werden soll, und bestimmen dann den Versatz. Sie müssen hierbei
auf den richtigen Zeilenabstand achten (siehe S. 345).

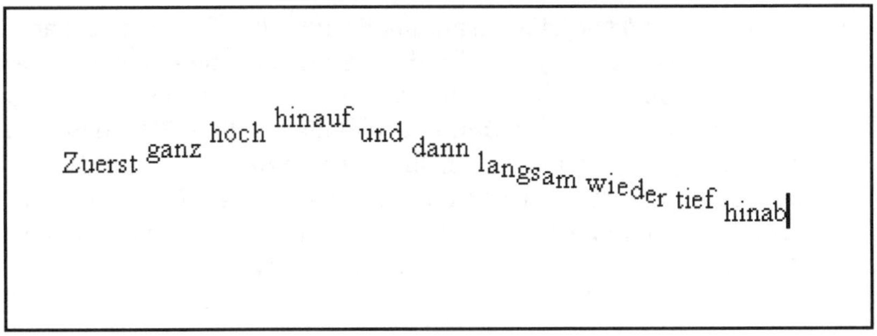

*Abbildung 19.12:
Hoch- und
tiefgestellte
Zeichen*

Zuerst ^{ganz} ^{hoch} ^{hinauf} und $_{dann}$ $_{langsam}$ $_{wieder}$ $_{tief}$ $_{hinab}$

Der Zeichenabstand

In höhere DTP-Regionen streckt Word zarte Fühler aus mit der Möglichkeit, den Zeichenabstand, den Abstand einzelner Zeichen zueinander, zu erweitern oder zu vermindern (Register *Abstand*).

Die Profis sprechen von »sperren« oder »spationieren« (größerer Abstand) und von »unterschneiden« (kleinerer Abstand). Zum Unterschneiden greift man gern bei großen Schriften, um einzelne Buchstaben näher aneinander zu rücken.

Abbildung 19.13:
Abstands-
formatierungen für
Zeichen

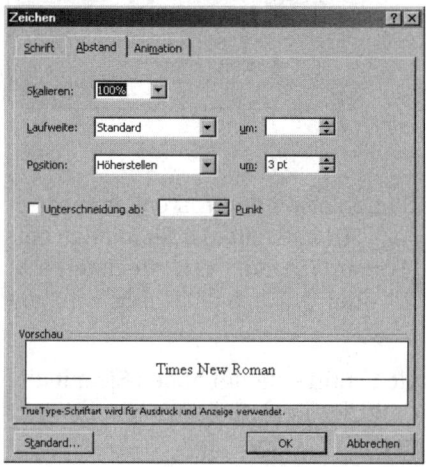

➡ *Laufweite* ändert den Abstand zwischen den Zeichen gleichmäßig. Betroffen davon ist das aktuelle Wort bzw. der markierte Textteil. Damit können Sie ein Wort *Gesperrt* darstellen oder *Schmal*. Grenzen gibt es keine, wenigstens nicht in den Dimension, die noch vernünftig sind.

➡ *Unterschneidung* sorgt für ein automatisches »Kerning« (so der Fachausdruck) ab einer Schriftgröße, die Sie hier angeben. Soll ab einer Schriftgröße von 16 Punkt unterschnitten werden, geben Sie hier 15 Punkt ein. Wenn Sie diese Option verwenden, sollten Sie sie in eine Formatvorlage aufnehmen (z.B. für Überschriften). Sie gilt nur für TrueType- und PostScript-Schriften; ihr Wert ist zweifelhaft, da professionelle Schriften Kerning-Tabellen integriert haben, die bestimmte Buchstabenpaare im notwendigen Maße unterschneiden.

```
Gesperrt  um  3  Punkt

Gesperrt  um  2  Punkt

Gesperrt um 1 Punkt

Dies ist die normale Schrift

1 Punkt schmäler

2 Punkt schmäler
```

Tor   normaler Text

Tor   »T« ist um 4 Punkt unterschnitten

Tor   »o« ist zusätzlich um 2 Punkt unterschnitten

Trotz dieser Kerning-Tabellen kann es sich als notwendig erweisen, manche Buchstabenkombinationen manuell zu unterschneiden, vor allem bei großen Schriftgraden. Auch das geht.

Beeinflußt wird der Abstand rechts des markierten Zeichens. Um den Abstand zwischen zwei Zeichen zu verändern, sollte also nur das erste Zeichen markiert werden. Natürlich können aber auch mehrere Zeichen markiert sein.

Geben Sie den Wert für die Unterschneidung dann bei *Laufweite* ein. Den Effekt können Sie im Vorschaufenster in etwa beurteilen.

Manuelles Kerning erfordert ein gesteigertes ästhetisches Empfinden. Jeder Fachmann wird erkennen, daß die Unterschneidung in Abbildung 19.15 höchst dilletantisch ist. Aber sie dient ja auch nur Demonstrationszwecken.

Tor   Skalierung 100%

Tor   Skalierung 120%

Tor   Skalierung 150%

Tor   Skalierung 50%

Auch *Skalieren* können Sie nunmehr die Schrift. Dabei wird nicht etwa eine andere Schriftgröße gewählt, sondern der Text wird in die Breite gezogen oder gequetscht.

Zeichenformate kopieren

Zeichenformatierungen können relativ leicht kopiert werden.

➡ Sie markieren den Text, dessen Format Sie übernehmen wollen. Wie immer: Möchten Sie das Zeichenformat des aktuellen Wortes kopieren, genügt es, wenn der Cursor in diesem Wort steht.

➡ Sie drücken `Strg`+`⇧`+`C`.

➡ Sie markieren den Text, der formatiert werden soll, und drücken `Strg`+`⇧`+`V`.

➡ Dieses kopierte Format können Sie so lange übertragen, bis Sie wieder mit `Strg`+`⇧`+`C` ein Format kopieren.

Weil im Windows-Zeitalter alles auf die Maus und Symbole ausgerichtet ist, haben sich die Programmierer auch dafür etwas überlegt und sind auf folgendes verfallen:

➡ Sie markieren den Text mit dem zu übernehmenden Format.

 ➡ Sie klicken auf das Symbol.

➡ Sie ziehen den Zeiger über den Text, der das Format erhalten soll. Bei einem einzelnen Wort genügt ein Klick.

➡ Soll das Format mehrmals angewendet werden, müssen Sie beim ersten Mal, also beim eigentlichen Kopieren, auf das Symbol doppelklicken und können nun das Format beliebig oft anwenden. Sie beenden diesen Modus wieder mit `Esc` oder erneutem (einfachen) Klick auf das Symbol.

Die Tastaturmethode ist sehr praktisch, weil das Format gleichsam gespeichert wird; man kann beliebig weiterarbeiten und das Format dann kopieren, wenn es benötigt wird.

Die Sache mit dem Symbol ist etwas zweifelhaft. Man kann nur in einem Zug das Format kopieren. Will man zwischendurch etwas schreiben, muß man wieder von vorne anfangen.

Eine weitere Art des Kopierens soll nicht vergessen werden:

➡ `F4` wiederholt bekanntermaßen die letzte Aktion. Das gilt auch für die Zeichenformatierung – aber nur für die allerletzte Aktion.

Beispiel: Ein Wort wird fett und kursiv ausgezeichnet. Mit den Tastenkombinationen oder den Symbolen sind das zwei Aktionen, von denen mit (F4) nur die letzte wiederholt wird – kursiv. Geht man aber über das Menü, ist es eine Aktion.

19.4 Absatz formatieren

Zu einem Absatzformat gehört unter anderem: FORMAT/ABSATZ

■▸ die Ausrichtung des Absatzes (z.B. Blocksatz),

■▸ der rechte und der linke Einzug des gesamten Absatzes, womit die Absatzbreite unabhängig vom Satzspiegel festgelegt werden kann,

■▸ der Einzug der ersten Zeile,

■▸ der Zeilenabstand innerhalb des Absatzes und der Abstand zwischen Absätzen.

Noch einiges mehr zählt zum Absatzformat, wird aber um der Systematik willen an anderer Stelle besprochen: Linien, Rahmen oder Hintergrundraster (Kapitel 20, »Rahmen und Schattierung«, S. 351), die Druckposition von Absätzen (Kapitel 22, »Positionieren«, S. 379), die Tabstops (Kapitel 15, »Tabellen«, S. 225) sowie Numerierungen und Aufzählungen (siehe Kapitel 21, »Listen, Numerierungen, Aufzählungen«, S. 361).

Nicht eingeschlossen bei der Formatierung, über die wir hier sprechen, sind Schriftart und Schriftgröße. Anders bei Formatvorlagen Kapitel 23, »Formatvorlagen«, S. 407). Zu deren Merkmal gehört auch eine Schriftzuweisung.

Absatzmarke und Zeilenumbruch

Ein Absatz endet mit einer Absatzmarke: wenn Sie (←) drücken. Diese Absatzmarken kann man als das nicht druckbare Zeichen ¶ sichtbar machen – und sollte es auch tun, wenn man formatiert.

Denn die Absatzmarke ist nicht nur eine visuelle Erinnerung daran, daß hier der eine Absatz aufhört und der andere anfängt. Sie hat eine weitaus tiefere Bedeutung.

Die Absatzmarke speichert nämlich sämtliche Formatinformationen. Erzeugen Sie mit (←) einen neuen Absatz, übernimmt er die Merkmale des vorigen.

Löschen Sie eine Absatzmarke, wird der aktuelle Absatz jedoch nicht mehr wie in früheren Versionen wie der nächste formatiert, sondern behält sein Format.

Und wie verhält es sich mit dem Zeilenumbruch (als ⏎ sichtbar), der mit ⟦⇧⟧+⟦←⟧ angewiesen wird? Er beendet lediglich eine Zeile, der Text wird auf der nächsten Zeile fortgesetzt. Aber es ist immer noch derselbe Absatz, so daß sich an der Formatierung nichts ändert, wenn ein Zeilenumbruch eingefügt oder gelöscht wird.

Im Blocksatz hat der Zeilenumbruch allerdings die unangenehme Eigenschaft, daß die solchermaßen gebrochene Zeile auf die gesamte Breite ausgedehnt wird (was mit der letzten Zeile eines Absatzes nicht geschieht). Kann man aber mit einem Trick verhindern: vor dem Zeilenwechsel einen Tabstop einfügen.

Markieren – aber was?

Damit ein Absatz formatiert werden kann, muß er nicht unbedingt markiert sein. Es genügt, daß der Cursor irgendwo im Absatz steht. Wollen Sie hingegen mehreren Absätzen dasselbe Format zuweisen, müssen Sie auch mehrere Absätze markieren.

Theoretisch genügt es, wenn das letzte Zeichen des ersten Absatzes und das erste Zeichen des letzten Absatzes markiert ist. In der Praxis wird man einfach mit der Maus bei gedrückter linker Taste über die Absätze hinwegfahren – durchaus auch in der Markierungsspalte, womit ja, wie Sie wissen, ganze Zeilen markiert werden.

Sie können aber auch die letzte (Formatier-)Aktion mit ⟦F4⟧ wiederholen.

Formatieren – aber wie?

Die Absatzformatierung geschieht auf drei Weisen, die jedoch nicht alle identisch sind, sondern sich ergänzen:

- Mit der Menüfunktion FORMAT/ABSATZ. Sie vereint alle Formatierungsmöglichkeiten (damit können mehrere Einzelmerkmale in einem Arbeitsgang zugewiesen werden) und erlaubt exakte Wertangaben bei Einrückungen, Einzügen oder Abständen, zum Beispiel 3,61 cm.

- Mit Tastenkombinationen. Ideal für den Wechsel von Ausrichtungen (linksbündig, Blocksatz usw.) und Zeilenabständen. In Grenzen können sie herangezogen werden für Absatzabstände (weil damit nur eine Leerzeile Abstand möglich ist) und für Einrückungen und Einzüge (weil sie sich an den gesetzten Tabstops orientieren). Die möglichen Tastenkombinationen sind in Tabelle 19.3, S. 339 aufgeführt.

- Mit Symbolen. Die wichtigsten sind in der *Formatierung*-Symbolleiste vorhanden, einige andere können zusätzlich aufgenommen werden.

→ Im Lineal. Hier lassen sich mit der Maus Einzüge und Einrückungen unabhängig von den Tabstops bestimmen, aber nur ungenau, in Abständen von 0,25 cm – genauer, wenn Sie die Taste [Alt] dazunehmen. (Tabstops bleiben hier, wie schon erwähnt, ausgeklammert, sie werden in Kapitel 15, »Tabellen«, S. 225, beschrieben.)

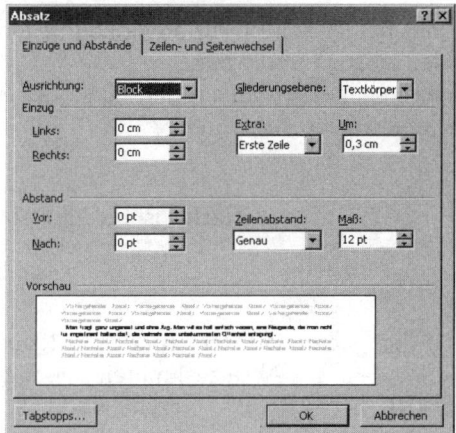

Abbildung 19.17: Einzüge und Abstände bei der Absatzformatierung

Tabelle 19.3: Absatzformatierungen

Taste	Bedeutung
[Strg]+[B]	Blocksatz
[Strg]+[E]	Zentrieren
[Strg]+[L]	Linksbündig
[Strg]+[R]	Rechtsbündig
[Strg]+[1]	Normaler Zeilenabstand (einzeilig)
[Strg]+[2]	Doppelter Zeilenabstand
[Strg]+[5]	Eineinhalbfacher Zeilenabstand
[Strg]+[0]	Anfangsabstand einfügen/aufheben
[Strg]+[M]	Einzug bis zum nächsten Tabstopp
[Strg]+[⇧]+[M]	Absatzeinzug aufheben (zurück zum vorigen Tab)
[Strg]+[T]	Hängender Einzug (erste Zeile ausrücken)
[Strg]+[⇧]+[T]	Ausrückung aufheben (zurück zum vorigen Tab)
[Strg]+[Q]	Absatz auf seine Formatvorlage zurücksetzen
[Strg]+[⇧]+[N]	Formatvorlage »Standard« zuweisen

Die Ausrichtung

In Word stehen vier Ausrichtungsarten zur Verfügung, die ich hier demonstriere. Damit sie sich deutlich vom üblichen Text abheben, habe ich dafür eine andere Schrift gewählt.

 Links richtet den Absatz am linken Seitenrand
oder Einzug bündig aus,
am rechten Rand flattert der Text – der Absatz hier
ist übertrieben flatterhaft.

 Rechts ist die Umkehrung: bündig am rechten Rand,
flatternd am linken.

 Zentriert steht ein Absatz (genauer: jede Zeile eines
Absatzes) mitten zwischen den Rändern,
rechts und links gleich
viel Leerraum.

 Block macht den Absatz sowohl rechts wie links bündig mit dem Rand. Um den geschlossenen Block zu erreichen, wird zwischen den Wörtern so viel Leerraum eingefügt, bis die Zeile paßt.

Verwenden Sie Blocksatz nur bei Proportionalschriften. Und lassen Sie eine Silbentrennung durchführen!

```
Bei Schriften mit festem Zeichenabstand (zum Beipiel
hier  Courier)  sind  deutlich  sichtbare  Lücken
zwischen den Wörtern unumgänglich – und unschön.
```

Einzüge und Einrückungen

Zunächst einmal kann der gesamte Absatz links und/oder rechts eingezogen werden. Normalerweise füllt eine Zeile den Raum zwischen linkem und rechtem Seitenrand; durch einen Einzug macht man sich unabhängig vom Satzspiegel.

Unabhängig davon, welche Maßeinheit mit EXTRAS/OPTIONEN/ALLGEMEIN
gewählt worden ist, können Werte in Zentimeter (cm), Zoll ("), Punkt (pt)
oder Pica (pi) angegeben werden. Fügen Sie dem Wert keine dieser
Abkürzungen für die Maßeinheit hinzu, geht Word von der aktuellen Ein-
stellung aus.

:-)
TIP

> Links rückt den gesamten Absatz vom linken Seiten-
> rand weg. Ich demonstriere das hier wieder einmal
> überdeutlich.

Rechts bestimmt den Abstand zum rechten Seitenrand. Beide Absätze haben übrigens einen Einzug
von 3 cm.

Der Einzug läßt sich aber auch auf die erste Zeile eines Absatzes
beschränken; man spricht dann von einem Erstzeileneinzug. Den Effekt
kennen Sie und sehen ihn oft in Büchern, beispielsweise so:

> Erste Zeile bei Extra rückt die erste Zeile des Absatzes ein. Maß-
> gebend ist der linke Einzug des Absatzes. Beträgt der wie in diesem
> Absatz 0,5 cm und der Erstzeileneinzug 1 cm, beginnt die erste Zeile
> 1,5 cm vom linken Seitenrand entfernt.

Einzüge für den gesamten Absatz wie für die erste Zeile können positiv
oder negativ sein. Negative Einzüge nennt man auch »hängende« Einzüge
oder »Ausrückungen«.

Dies ist ein negativer Erstzeileneinzug. Die erste Zeile beginnt normal am
Spaltenrand, der Rest des Absatzes ist um 2 cm eingerückt.
Die Einstellung dazu ist 2 cm bei Extras/Hängend.

Hier hängt der gesamte Absatz um einen Zentimeter über den Spaltenrand hinaus, was ausgesprochen unschön aussieht, aber um der Demonstration willen
toleriert werden muß. Weil der linke Rand betroffen ist, wird Links: –1 cm angegeben.

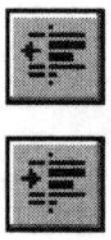

Mit den Tastenkombinationen oder den Symbolen wird jeweils um einen Tabstop eingerückt oder ausgerückt. Generell stehen die Tabstops alle 1,25 Zentimeter; dies kann mit FORMAT/TABULATOR allgemein oder individuell für jeden Absatz geändert werden (Kapitel 15, »Tabellen«, S. 225).

Einrückungen können Sie auch mit der Tabulatortaste [⇥] erzeugen. Dazu ist es jedoch notwendig, in EXTRAS/OPTIONEN/*Bearbeiten* die Option *Mit Tabulator- und Rücktaste Absatzeinzug ändern* zu aktivieren.

Wenn Sie jetzt am Anfang eines Absatzes [⇥] drücken, wird die erste Zeile bis zum nächsten (Standard-)Tabstop eingerückt. Noch einmal [⇥], und der gesamte Absatz erhält einen linken Einzug. Rückwärts geht es mit [←].

Hängende Einzüge und Tabs

Bei einem hängenden Einzug fügt Word normalerweise einen Tabstop an der Position des Einzuges ein. Wenn dieser Tabstop auch unsichtbar bleibt (er wird im Menü FORMAT/TABULATOR nicht aufgeführt), so ist er doch da. Und das ist auch durchaus sinnvoll, denn hängende Einzüge verwendet man vielfach für Aufzählungen (sofern man sie nicht automatisiert, siehe Kapitel 21, »Listen, Numerierungen, Aufzählungen«, S. 361).

Wenn Sie diesen Tabstop aus irgendwelchen Gründen nicht haben möchten, müssen Sie in EXTRAS/OPTIONEN/*Kompatibilität* (grundsätzlich dazu siehe S. 318) folgendes tun:

- Aktivieren Sie die Option »Bei hängendem Einzug keinen automatischen Tabstop hinzufügen«. Diese Kompatibilität-Einstellungen werden mit dem Dokument gespeichert.

STOP

Bei einem hängenden Einzug müssen die Kenner früherer Versionen ebenso umdenken! Sie sind eine Mischung aus Absatzeinrückung und negativem Erstzeileneinzug gewohnt – die Ausrückung der ersten Zeile entsprach dem Wert für die Einrückung des Absatzes. Jetzt wird nur noch der hängende Einzug definiert, der Absatz selbst wird links nicht eingerückt.

Einzüge im Lineal festlegen

Für Einrückungen und Einzüge stehen im Lineal kleine Regler.

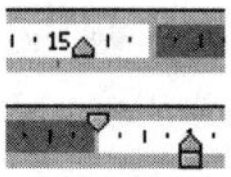

- Das Dreieck rechts außen ist klar, das ist für den rechten Einzug gedacht. Das Dreieck am linken Rand unterteilt sich in zwei Dreiecke.

Das untere ist für den Absatzeinzug, das obere für den Erstzeileneinzug. Beide lassen sich unabhängig voneinander verschieben.

Verschieben? Ach ja, Sie haben es selber gemerkt: So ändert man Einzüge mit der Maus – Zeiger auf den Regler und einfach schieben (mit gedrückter linker Taste, versteht sich). Das geht in Schüben von 0,25 cm, mit gedrückter ⌜Alt⌟-Taste auch genauer. Wenn Sie beim Schieben ⌜Alt⌟ gedrückt halten, werden die genauen Maße angezeigt.

Sie müssen bei den linken Einzügen ein wenig aufpassen, wohin Sie mit dem Zeiger zielen:

➡ Mit den Dreiecken verschieben Sie den unteren und oberen Regler unabhängig voneinander.

➡ Mit dem Rechteck unterhalb des unteren Dreieck-Reglers verschieben Sie alle beide gemeinsam. Das ist dann vorteilhaft, wenn Sie einen Einzug angewiesen haben und nun den gesamten Absatz einrücken möchten, ohne den Einzug zu verlieren.

ÜBUNG: *Einzüge und Einrückungen (Beispieldatei: TANTE.DOC)*

1. Drücken Sie in einem beliebigen Absatz zweimal ⌜Strg⌟+⌜M⌟.
   Der Absatz wird um zwei Tabstops eingerückt: um 2,5 cm.

2. Drücken Sie ⌜Strg⌟+⌜T⌟.
   Die erste Zeile bleibt, wo sie ist, der Rest des Absatzes rückt um einen Tabstop nach rechts: negativer Einzug (Ausrückung) der ersten Zeile.

3. Drücken Sie ⌜Strg⌟+⌜⇧⌟+⌜T⌟.
   Die Ausrückung wird aufgehoben.

4. Drücken Sie zweimal ⌜Strg⌟+⌜⇧⌟+⌜M⌟.
   Der Absatzeinzug wird rückgängig gemacht.

5. Aktivieren Sie FORMAT/ABSATZ und geben Sie folgenden Wert ein:
   Links: 2,78 cm
   Extras: (ohne)
   Jetzt kommt die Menüfunktion dran. Der gesamte Absatz ist um 2,78 cm eingerückt. Die verrückte Zahl soll demonstrieren, daß nur mit der Menüfunktion exakte Einstellungen möglich sind.

6. Wie schaffen Sie es, daß die erste Zeile am Spaltenrand beginnt und nur die restlichen Zeilen um 2,78 cm eingerückt werden?
   Das müssen Sie eingeben:
   Links: 0
   Extras/Hängend: 2,78 cm

Die Kenner früherer Versionen müssen umdenken! Sie sind eine Mischung aus Absatzeinrückung und negativem Erstzeileneinzug gewohnt.

7. Drücken Sie ⌈Strg⌉+⌈Q⌉.

Alle manuellen Formatierungen werden aufgehoben, der Absatz kehrt in seinen Urzustand zurück.

Der Zeilenabstand

Als Zeilenabstand trägt Word von sich aus »Einfach« ein. Das heißt, jede Zeile ist so hoch wie das höchste Zeichen in dieser Zeile. Sie müssen sich keine Gedanken machen, daß es bei Verwendung einer größeren Schrift innerhalb einer Zeile zu Überschneidungen kommt – Word richtet's schon, Sie sehen es.

Der Nachteil folgt auf dem Fuß: Sie sind der Automatik auch ausgeliefert. Setzer und DTP-Profis verlassen sich nicht auf Programmautomatismen. Sie geben für Zeilen- und Absatzabstände absolute Werte ein (*Maß*). Also nicht »Einfach«, sondern zum Beispiel »12pt« bei einer 10-Punkt-Schrift.

➡ »Mindestens« hat fast den gleichen Effekt wie »Einfach« (Anpassung an größere Schrift), zusätzlich ist aber ein Mindestabstand angewiesen, der nicht unterschritten wird.

➡ »Genau« hingegen ist – eben genau. Der Zeilenabstand ist und bleibt so. Und wenn innerhalb des Absatzes eine größere Schrift kommt – ich riskiere es mal und setze jetzt etwas statt in 10 Punkt in 24 Punkt – Sie sehen, was passiert.

➡ »Mehrfach« ist eine etwas seltsame Kombination aus »Mindestens« (Anpassung inklusive) und einem Zeilenabstand, der hier in Zeilen gemessen wird (Eingaben in Punkt werden umgerechnet).

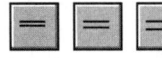 Mit den Tastenkombinationen (Tabelle 19.3 auf Seite 339) sind nur bescheidene Abstandsänderungen möglich, die ihre Äquivalente in der Menüfunktion oder zusätzlich zu installierenden Symbolen finden: einfacher, eineinhalbfacher und doppelter Zeilenabstand (⌈Strg⌉+⌈1⌉, ⌈Strg⌉+⌈5⌉, ⌈Strg⌉+⌈2⌉).

 Die Maßeinheit beim Zeilenabstand ist Punkt. Nur bei »Mehrfach« gelten nach wie vor Zeilen (1 Zeile = 12 Punkt).

Zeilenabstand am Seitenanfang

Ein Zeilenabstand, der mit »Mindestens« oder »Genau« angewiesen ist, wird nicht etwa der Zeile hinten angehängt, sondern vorne. Er schafft also Raum zur vorhergehenden Zeile. Das kann bei einem Zeilenabstand, der das übliche Maß überschreitet, Probleme beim Seitenwechsel bringen. Denn die erste Zeile auf einer neuen Seite hält respektvollen Abstand zum oberen Seitenrand.

Das läßt sich beheben. Dazu müssen Sie in EXTRAS/OPTIONEN/*Kompatibilität* (zum Grundsätzlichen siehe S. 318) eine weitere Einstellung treffen.

▪► Aktivieren Sie die Option »Keinen zusätzlichen Leerraum am oberen Seitenrand«. Dann wird der Zeilenabstand am Anfang einer Seite unterdrückt. (Verwechseln Sie das nicht mit dem Absatzabstand, der jetzt gleich zur Sprache kommt!)

Bei den Abständen »1,5 Zeilen«, »Doppelt« und »Mehrfach« bekommt die Zeile unten einen Abstand.

┌┐┌┐
STOP

Zeilenabstand und Hoch-/Tiefstellung

Egal, welche Art von Zeilenabstand Sie wählen: Bei Hoch- und Tiefstellungen, die mit FORMAT/SCHRIFTART/*Abstand* definiert sind (siehe S. 333), paßt Word den Zeilenabstand nicht automatisch an. Sie können das ändern, abermals mit EXTRAS/OPTIONEN/*Kompatibilität*:

Achten Sie darauf, daß die Option »Bei Hoch-/Tiefstellung keinen zusätzlichen Leerraum hinzufügen« nicht aktiviert ist. Dann wird genügend Raum geschaffen, damit der hoch- oder tiefgestellte Text sich nicht mit dem anderen Text überschneidet (mit Ausnahme beim Zeilenabstand »Genau«).

Abstände davor und danach

Sie regeln den Leerraum zwischen zwei aufeinanderfolgenden Absätzen:

▪► Der Abstand vor dem Absatz *(Vor)* fügt vor dem aktuellen Absatz einen Leerraum ein. Dieser Absatz hier hat einen Anfangsabstand von 6 Punkt.

▪► Der Abstand nach dem Absatz *(Nach)* fügt, oh Wunder! nach dem Absatz einen Leerraum ein.

Die Tastenkombination $\boxed{\text{Strg}}+\boxed{0}$ fügt 12 Punkt Abstand vor dem Absatz ein. Der Shortcut wirkt als Schalter. Erneutes $\boxed{\text{Strg}}+\boxed{0}$ nimmt den Abstand wieder zurück.

Wenn Abstände zusammentreffen

... hat nicht etwa einer das Nachsehen, sondern Anfangs- und Endeabstand der beiden Absätze addieren sich. Zweimal 6 Punkt summieren sich so zu 12 Punkt Leerraum – davon läßt sich Word nicht abbringen.

Abstände beim Seitenwechsel

Fügt es sich so, daß ein Absatz mit Anfangsabstand an den Beginn einer neuen Seite zu stehen kommt, ignoriert Word den Anfangsabstand – vortrefflich!

Weisen Sie hingegen manuell mit $\boxed{\text{Strg}}+\boxed{\leftarrow}$ einen Seitenumbruch an, wird der Anfangsabstand nicht unterdrückt – oft zum Haareraufen. Ebenso nicht, wenn Sie in der zweiten Abteilung von FORMAT/ABSATZ, *Zeilen- und Seitenwechsel*, die Option *Seitenwechsel oberhalb* wählen.

Aber zumindest die Sache mit dem manuellen Seitenwechsel läßt sich beheben – ein weiteres Mal müssen Sie EXTRAS/OPTIONEN/*Kompatibilität* bemühen (siehe S. 318).

➤ Aktivieren Sie die Option *"Abstand vor" nach Seiten- oder Spaltenwechsel unterdrücken*. Dann wird bei einem manuellen Seitenwechsel der Anfangsabstand unterdrückt.

➤ Dies gilt allerdings nicht beim ersten Absatz eines Dokuments oder nach einem Abschnittswechsel, ebenso nicht für *Seitenwechsel oberhalb*, sondern wirklich und wahrhaftig nur bei einem manuellen Seitenwechsel mit $\boxed{\text{Strg}}+\boxed{\leftarrow}$. Diese Einstellung wird übrigens mit dem Dokument gespeichert.

Ein Absatzendeabstand kann an Lücken am Seitenende schuld sein. Word betrachtet den Endeabstand als festen Teil des Absatzes, und was nicht mehr paßt, das paßt eben nicht mehr und wird auf die nächste Seite genommen.

Automatischer Seitenwechsel

Schon erwähnt wurde die Option *Seitenwechsel oberhalb* – wir befinden uns nun in der zweiten Abteilung des Dialogfensters FORMAT/ABSATZ, bei

Zeilen- und Seitenwechsel. Sie stellt den Absatz auf die nächste Seite, unterdrückt aber nicht den Anfangsabstand, wie gesagt.

Absätze zusammenhalten

■➤ *Absatzkontrolle*: Da gibt es die berühmt-berüchtigten Schusterjungen und Hurenkinder (alter Setzerjargon, heute verschämt »Witwen« und »Waisen« genannt): einzelstehende Zeilen am Beginn oder Ende einer Seite. Sie werden damit – ja was jetzt? Abgewehrt? Versklavt? Ausgelöscht? Geknechtet? Niedergezwungen? Ich habe ausnahmsweise mal den Thesaurus benutzt (siehe Kapitel 12, »Texte prüfen«, S. 159), weil mir absolut kein anderes Wort für »unterdrücken« oder »ignorieren« eingefallen ist.

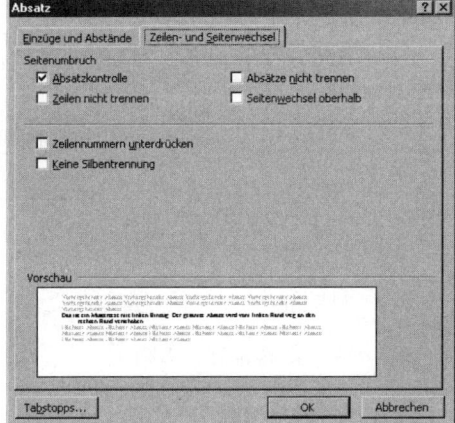

Abbildung 19.18: Zeilen- und Seitenwechsel bei der Absatzformatierung

■➤ *Zeilen nicht trennen*: Dieser Absatz wird überhaupt und gar-nie-nicht durch einen Seitenumbruch auseinandergerissen. Paßt er nicht mehr auf diese Seite, kommt er vollständig auf die nächste.

■➤ *Absätze nicht trennen*: Zwischen diesem und dem nächsten Absatz erfolgt kein Seitenumbruch. Wir brauchen uns keine Gedanken mehr darum zu machen, daß vielleicht die Seite mit einer einsamen Überschrift endet.

■➤ *Zeilennummern unterdrücken*: Keine Zeilennummern für diesen speziellen Absatz – kriegen wir in Kapitel 21, »Listen, Numerierungen, Aufzählungen«, S. 361.

■➤ *Keine Silbentrennung*: Dieser Absatz wird bei der Silbentrennung übergangen, kann aber nach wie vor von Hand getrennt werden. Über den Sinn solchen Tuns siehe Kapitel 12, »Texte prüfen«, S. 159.

Welches Format hat mein Absatz?

Sie könnten jetzt natürlich FORMAT/ABSATZ auswählen und nachschauen. Viel eleganter und amüsanter jedoch geht es so:

➡️ Sie drücken ⇧+F1 für die kontextsensitive Hilfe.

➡️ Sie klicken mit dem nunmehr fragezeichengeschmückten Zeiger auf ein beliebiges Zeichen – und die »Sprechblase« informiert Sie genau über die Formatierungen des Zeichens und des Absatzes.

Abbildung 19.19:
Erschöpfende (und
witzige)
Informationen über
die aktuellen
Formatierungen

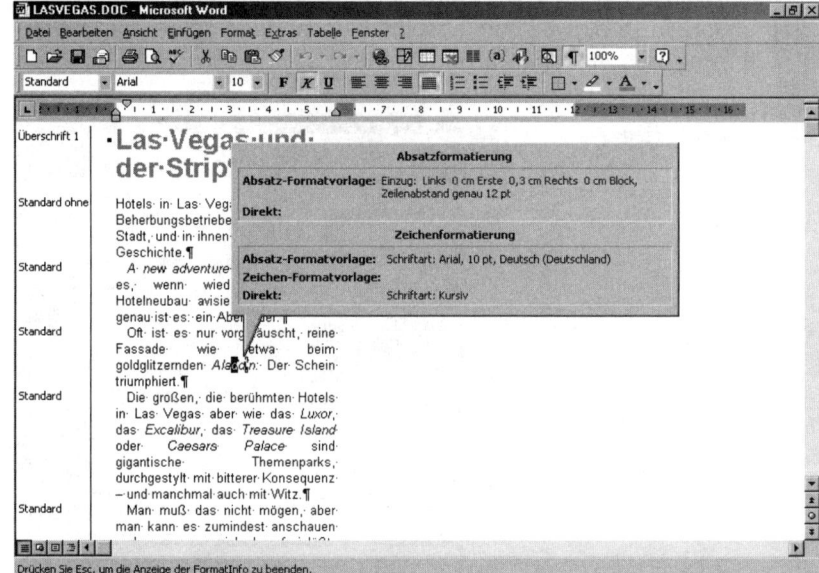

Absatzformate kopieren

Absatzformatierungen werden auf die gleiche Weise kopiert wie Zeichenformatierungen mit Strg+⇧+C / Strg+⇧+V oder dem Symbol.

➡️ Sie markieren den Absatz, dessen Format sie übernehmen wollen. Und zwar entweder den ganzen Absatz (Klick in der Formatierungsspalte) oder die Absatzmarke, denn sie enthält ja die Formatinformationen für den gesamten Absatz.

➡️ Sie drücken Strg+⇧+C.

➡️ Sie markieren den Absatz, der formatiert werden soll, und drücken Strg+⇧+V.

➡️ Dieses kopierte Format können Sie so lange übertragen, bis Sie wieder mit Strg+⇧+C ein Format kopieren.

Und mit der Maus und dem Symbol:

■➤ Sie markieren den Absatz mit dem zu übernehmenden Format.

■➤ Sie klicken auf das Symbol.

■➤ Sie klicken auf den Absatz, der das Format erhalten soll.

■➤ Soll das Format mehrmals angewendet werden, müssen Sie beim ersten Mal, also beim eigentlichen Kopieren, auf das Symbol doppelklicken und können nun das Format beliebig oft anwenden. Sie beenden diesen Modus wieder mit (Esc) oder erneutem (einfachen) Klick auf das Symbol.

Und nicht zu vergessen:

■➤ (F4) wiederholt bekanntermaßen die letzte Aktion. Das gilt auch für die Absatzformatierung – aber nur für die allerletzte Aktion.

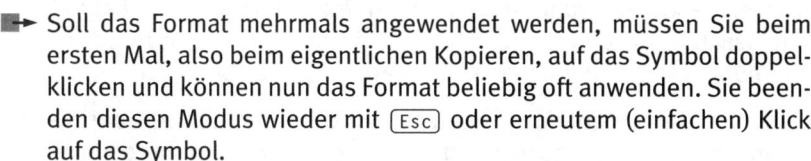

ÜBUNG: *Absatz- und Zeilenabstand (Beispieldatei: TANTE.DOC)*

1. Drücken Sie in einem beliebigen Absatz (Strg)+(0).
   Vor dem Absatz werden 12 Punkt (nach Word-Maß eine Zeile) Leerraum eingefügt.

2. Drücken Sie (Strg)+(0).
   Der Leerraum wird wieder zurückgenommen.

3. Drücken Sie (Strg)+(2).
   Doppelter Zeilenabstand.

4. Drücken Sie (Strg)+(1).
   Normaler, einfacher Zeilenabstand.

5. Aktivieren Sie FORMAT/ABSATZ.
   Jetzt wird es wieder genauer.

6. Geben Sie folgende Abstände ein:
   Vor: 1 cm
   Nach: 2
   Zeile: 16
   Absichtlich wurden verschiedene Maßeinheiten gemischt, damit Sie sehen, es geht. Sie müssen aber, wenn Sie nicht Punkt eingeben wollen, die Abkürzungen für die Maßeinheiten mit angeben. (Wenn Sie das Dialogfenster nochmals aufrufen, sehen Sie, daß Word die Zentimeter in Punkt umgerechnet hat).

19.5 Formatierungen suchen und ersetzen

Auch Formatierungen können gesucht und getauscht werden. Grundsätzliche Anmerkungen zum Suchen und Ersetzen finden Sie in Kapitel 13, »Suchen & Ersetzen«, S. 185; hier nur in Kurzfassung, was bei dieser Funktion im Zusammenhang mit Formatierungen zu beachten ist.

➡ Ist ein Textteil markiert, bezieht sich die Operation nur auf diesen markierten Text. Ansonsten beginnt Word an der Cursorposition.

➡ Der Suchvorgang kann mit ⬆+F4 fortgesetzt werden.

Mit einem vorangestellten ^ und einem folgenden Code (der mit SONSTIGES im erweiterten Dialogfeld bequem ausgewählt werden kann) werden Sonderzeichen wie Absatzmarken oder Seitenwechsel verschlüsselt.

Ansonsten gelten in den Eingabefeldern die gleichen Shortcuts wie für die Formatierung selbst. Wobei der »Text« auch nur aus einer Formatanweisung bestehen darf.

➡ Um nur nach einer Formatierung zu suchen, drücken Sie die Tastenkombination, ohne einen Such-/Ersatztext zu schreiben (zum Beispiel Strg+⬆+K für Kursiv) oder wählen sie mit der Schaltfläche FORMAT aus. Diese Schaltfläche öffnet dieselben Dialogfenster, die Sie von der Formatierung kennen.

➡ Um einen formatierten Text zu suchen, drücken Sie die Tastenkombination vor, in oder nach dem Such-/Ersatztext bzw. wählen die Formatierungen mit der Schaltfläche aus.

Bedenken Sie, daß Text plus Formatierung nach genau dem so formatierten Text sucht und nicht fündig wird, wenn derselbe Text eine andere Formatierung hat.

➡ Um eine einzelne Formatierung im *Suchen*- oder *Ersetzen*-Feld wieder aufzuheben, drücken Sie die Tastenkombination nochmals – besonders wichtig bei kombinierten Formatierungen wie Fett und Kursiv. Strg+Leertaste hebt alle Zeichenformatierungen, Strg+Q alle Absatzmarkierungen auf. Das gleiche macht die Schaltfläche KEINE FORMATIERUNG.

➡ Um eine Zeichenformatierung im Text zu löschen, geben Sie im *Suchen*-Feld die Formatierung ein, öffnen im *Ersetzen*-Feld das Format-Dialogfenster und deaktivieren die betreffende Option (zweimal klicken – kein Raster davor, kein Kreuz).

Rahmen und Schattierung

Kapitel 20

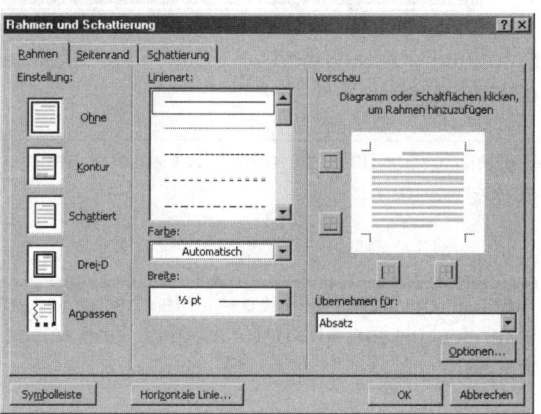

M it Linien, Rahmen oder Hintergrundraster kann man einen Textteil hervorheben. Diese Funktion läßt sich aber gleichermaßen auf Grafiken und Tabellen anwenden. Und um Ihnen die Effekte gleich in der Praxis zu demonstrieren, bin ich leider gezwungen, das wohldurchdachte Layout der Seiten etwas durcheinander zu bringen.

20.1 Linien in alle Richtungen

So, der Cursor steht also irgendwo in einem Absatz, Sie aktivieren die Menüfunktion, und Word erkennt ganz richtig, daß der Absatz »Ohne« irgendwelche Linien ist.

FORMAT/
RAHMEN UND
SCHATTIERUNG

Abbildung 20.1:
Dialogfeld für
Rahmen und
Schattierungen

| ¼ Punkt |

| ½ Punkt |

| ¾ Punkt |

| 1 Punkt |

| 1 ½ Punkt |

| 2 ¼ Punkt |

| 3 Punkt |

| 4 ½ Punkt |

| 6 Punkt |

Das soll geändert werden, also klicken Sie beispielsweise auf *Kontur*. In der Rubrik *Linienart* markiert Word automatisch die einfache Linie – belassen wir es mal dabei. Und nun klicken Sie auf OK, und der Absatz hat einen Rahmen.

Drücken Sie beim Weiterschreiben am Ende des Absatzes ⏎, wird auch der folgende Absatz in den Rahmen eingeschlossen: ein gemeinsamer Rahmen für mehrere Absätze. Denn auch Rahmen sind, als Teil des Absatzformats, in der Absatzmarke gespeichert.

Sie können nun beispielsweise eine andere *Linienart* wählen, eine andere *Breite* oder eine *Farbe*. Sie sollten das, insbesondere die Breite, auf Ihrem Drucker mal ausprobieren. Zumindest bei den dünnen Linien werden Sie wohl kaum einen Unterschied feststellen können.

Sämtliche Breiten und etliche der ausgefalleneren Linienarten sehen Sie hier. Manche Linien sind aber nur in bestimmten Breiten erreichbar.

Oder wie wäre es mit einem schattierten Rahmen? Aber bitte mit Bedacht einsetzen! So etwas können mittlerweile viele Programme, und seitdem ist eine rapide Vermehrung von schattierten Rahmen festzustellen. Man muß doch zeigen, was man hat, nicht wahr?

Wie finden Sie den schattierten Rahmen von Word

Word bietet auch 3D-Rahmen – beispielsweise den folgenden hier. Bilden Sie sich selbst ein Urteil!.

Und so sieht der 3D-Rahmen von Word aus

Statt eines Kastens sind auch Linien auf einer der vier Seiten oder kombiniert möglich.

Dieser Absatz hat, wie unschwer zu erkennen, rechts eine Linie – eine etwas fettere.

Hier nun die Variante mit der Linie oben. »Schattiert« übrigens ist nur bei einer geschlossenen Kontur möglich (und würde anders auch keinen Sinn machen).

Horizontale Linien

Statt einem Absatz unten oder oben eine horizontale Linie als Teil einer Kontur zuzuweisen, können Sie auch auf die Schaltfläche HORIZONTALE LINIE drücken und dann aus der ClipArt-Galerie unter den von Microsoft mitgelieferten ClipArts eine gewünschte Linie auswählen. Ein schier unerschöpfliches Reservoir an Gestaltungsmöglichkeiten!

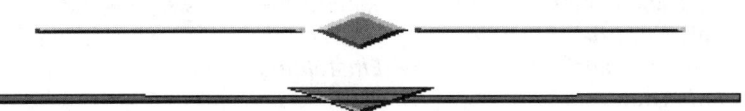

Linien mit Symbolen

Mit der Symbolleiste *Tabellen und Rahmen* sind Linien ein Kinderspiel. Allerdings stehen längst nicht so viele Möglichkeiten zur Verfügung, was freilich nur auffällt, wenn man Tabellen differenziert mit Rahmen versieht.

- Sie wählen eine Linienart. Obacht: Was in dem Listenfeld angezeigt wird, ist keineswegs die Linie, die ein Absatz momentan hat (das zeigt nur die Menüfunktion), sondern jene, die Sie jetzt zuweisen werden.

- Ebenso wählen Sie die Breite und die Farbe.

- Dann öffnen Sie die Rahmenauswahl (das Menü kann man abreißen) und klicken auf ein Symbol, je nachdem, wo Sie die Linie haben möchten. Das jeweils zuletzt gewählte Symbol wird angezeigt, so daß Sie diese Linie erneut zuweisen können, ohne das Feld aufklappen zu müssen.

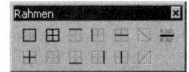
- An den »gedrückten« Symbolen erkennen Sie, wo eine Linie zugewiesen ist. Gut, das *sehen* Sie auch, wenn Sie nicht gerade Weiß als Linienfarbe gewählt haben. Wichtiger aber: Die Symbole wirken als Schalter, so daß Sie mit einfachem Mausklick eine Linie auch wieder entfernen können.

Zwei Symbole sind vielleicht nicht so leicht verständlich:

Alle Linien entfernen

Innenlinien in Tabellen oder Linie zwischen Absätzen. Womit wir schon beim nächsten Thema wären.

20.2 Linien hier, Linien da

Wie kommt man nun im Menü zu einzelnen Linien? Es ist viel leichter als in früheren Versionen.

1. Sie öffnen die Menüfunktion. Wenn der Text noch keinen Kasten oder keine Linie hat, sieht das Sinnbild so aus. Sie erreichen das auch, wenn Sie bei *Einstellung* auf »Ohne« klicken.

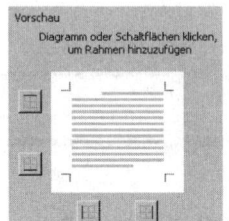

2. Nun wählen Sie Breite und Linienart aus und klicken in der *Vorschau* auf eines der Symbole – je nachdem, wo Sie Ihre Linie haben möchten. (Sie können auch im Vorschaufenster zwischen die angedeuteten Ecken klicken.)

3. Jetzt wählen Sie eine andere Linienart aus und auch eine Farbe, wenn Sie möchten (selbst wenn Sie keinen Farbdrucker haben: auf dem Bildschirm sieht es schön aus) und klicken auf eines der Symbole – hier jetzt für eine Linie unten

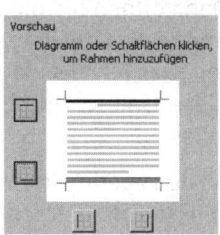

4. So können Sie jeder Seite eine eigene Linie zuweisen.

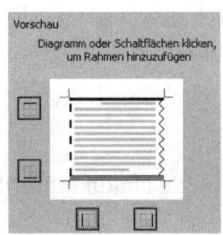

Dabei hat Word übrigens automatisch bei *Einstellungen* das Symbol *Anpassen* hervorgehoben – nichts anderes verbirgt sich dahinter.

Es gibt da auch ein paar Tricks, insbesondere, wenn Sie eine Linie ändern möchten.

➡ Klicken Sie auf eines der Symbole, wird die Linie an dieser Seite aufgehoben. Klicken Sie erneut, wird sie wieder zugewiesen – in der aktuell gültigen Form (Breite, Art, Farbe).

➡ Schneller geht's, wenn Sie zunächst die Form auswählen und dann nicht auf eines der Symbole, sondern auf eine bereits vorhandene Linie klicken.

20.3 Gültigkeit und Abstände

In früheren Versionen war es so, daß nur ein ganzer Absatz umrahmt oder mit einer Schattierung hinterlegt werden konnte. Nunmehr kann das aber auch auf einen beliebigen Textteil angewendet werden.

Vorausgesetzt, ein solcher ist markiert, haben Sie bei *Übernehmen für* die Auswahl unter Absatz oder Text. Und können nun auch ein einzelnes Wort umranden oder mit einem Raster hinterlegen.

Auch in Tabellen ist es nun möglich, getrennte Rahmen für die Tabellenzelle und den Textabsatz zuzuweisen. Oder sogar für ein Wort innerhalb des Absatzes.

Mehrere Absätze umrahmen

Sind mehrere Absätze markiert, erhalten sie eine gemeinsame Kontur; das wurde schon erwähnt. Gleiches gilt für einzelne Linien. Aber angenommen, Sie möchten für drei aufeinanderfolgende Absätze einen gemeinsamen Rahmen und die Absätze durch Linien getrennt?

Es besteht keine Notwendigkeit, jeden Absatz einzeln zu formatieren. Vielmehr markieren Sie die drei Absätze, weisen eine »Kontur« zu und klicken auf *Anpassen* – jetzt bekommt das Symbol seinen Sinn. Nun wählen Sie eine andere Linienart und klicken auf das Symbol für die Linie zwischen Absätzen.

Und die Linie folgt gleich hintennach – Sie haben Ihre andere Linie zwischen den Absätzen.

Abstand zum Text – innen

Mit der Schaltfläche OPTIONEN regeln Sie den Freiraum zwischen Linien und Text (der nunmehr auf allen vier Seiten unterschiedliche sein kann).

Es wird nun aber nicht, wie zu erwarten wäre, der Text weiter nach innen gerückt, sondern die Linien nach außen. Der Text bleibt, wo er ist, der Rahmen vergrößert sich.

Abbildung 20.2:
Optionen für
Rahmen und
Schattierungen

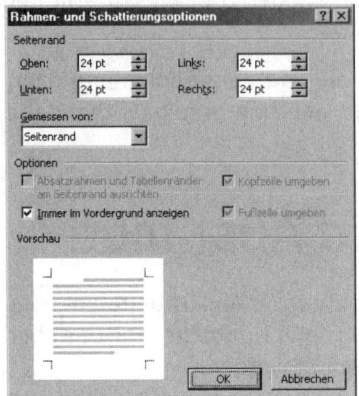

Abstand zum Rand

Wenn Sie sich das eben Gesagte durch den Kopf gehen lassen und Ihren Bildschirm mit irgendwelchen umrahmten Absätzen eingehend betrachten, am besten in der vergrößerten Layout-Ansicht mit eingeschalteten Textbegrenzungen, dann bemerken Sie: Alle Rahmen – und für die Linien gilt das ebenso – ragen über den Seitenrand hinaus. Das fällt besonders auf, wenn der Abstand vergrößert wird, weil der Text ja bleibt.

Manchmal ist das erwünscht, manchmal nicht, und dann muß man den Absatz (FORMAT/ABSATZ) links und rechts einrücken, ungefähr um Linienstärke plus Abstand innen. Da muß man experimentieren. Auf die Layout-Ansicht ist ziemlich Verlaß, letzte Gewißheit bringen aber nur Probedrukke.

Bei Linien oben und unten nützt aber auch der Einzug nichts! Will man exakte Übereinstimmung zwischen linkem/rechtem Textrand und Linienende, muß man – auch wenn das jetzt seltsam klingen mag – aus dem Absatz eine Tabelle machen (siehe Kapitel 15, »Tabellen«, S. 225).

Abstand zum Text – außen

Bei einem Rahmen oder einer Linie oben/unten hat der Anfangs- oder Endabstand eines Absatzes keinerlei Auswirkung auf die Linien selbst. Damit kann nach wie vor die Distanz zum vorigen oder nächsten Absatz bestimmt werden. Anders verhält es sich bei einer seitlichen Linie. Sie schließt den Anfangs-und Endabstand mit ein.

20.4 Seitenrand

Auch der gesamten Seite kann ein Rand (jedoch keine Schattierung) zugewiesen werden. Dies geschieht mit der Registerkarte *Seitenrand* und funktioniert ähnlich wie bei einem Absatz.

Allerdings haben Sie zusätzlich herzallerliebste *Effekte* zur Verfügung – ein Rahmen aus Tannenbäumen oder Sternen oder etwa, deren Breite Sie zudem verändern können.

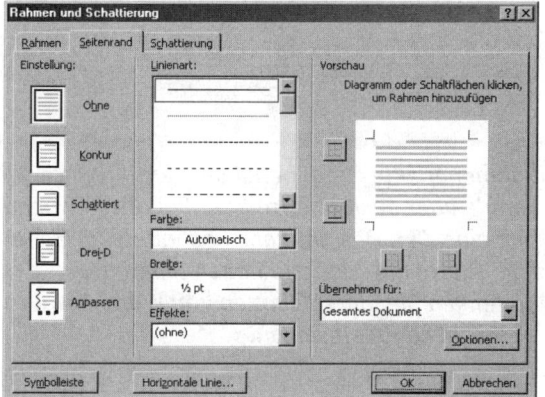

Abbildung 20.3: Seitenränder einzeln definieren

Als Bereich können Sie das gesamte Dokument auswählen (jede Seite bekommt diesen Rahmen) oder den Rahmen auf einen Abschnitt (zu Abschnitten siehe Kapitel 17, »Das Seitenlayout«, S. 279) beschränken, und das nun wieder differenziert auf allen Seiten des Abschnitts, nur auf der ersten Seite oder auf allen außer der ersten.

Schalten Sie weiter zu den OPTIONEN, können Sie, wie bei einem Absatz, den Abstand verändern; sonst fast nichts, wenn Sie bei *Gemessen von* den *Seitenrand* wählen. Die anderen Optionen sind nur zugänglich bei der Auswahl *Text*:

➤ *Absatzrahmen und Tabellenränder am Seitenrand ausrichten:* Ein Absatz- oder Tabellenrahmen wird so breit wie der Seitenrand, allerdings nur, wenn der Abstand zwischen Rahmen und Seitenrand kleiner als 10,5 Punkt ist.

➤ *Kopfzeile umgeben, Fußzeile umgeben:* Sie werden in den Seitenrand mit eingeschlossen.

➤ *Immer im Vordergrund anzeigen:* Zeichen- oder Textelemente werden hinter den Rahmen gestellt, sofern sie sich mit ihm überschneiden.

Abbildung 20.4:
Zusätzliche Optionen für Rahmen und Schattierungen

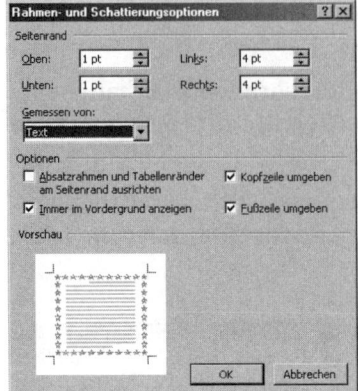

Rahmeneffekte sind genauso verführerisch wie Schriftenvielfalt. Man kann's aber auch übertreiben. Bei allen Formatierungen ist Bescheidenheit eine Zier. Das gilt ganz besonders für Seitenrand-Effekte. Eine Weihnachskarte mit Tannenbäumen umkränzt mag ja schon schön sein – aber bedenken Sie, daß Millionen von Word-Anwender das auch können. Und vielleicht sogar einsetzen.

Abbildung 20.5:
Ein Seitenrand

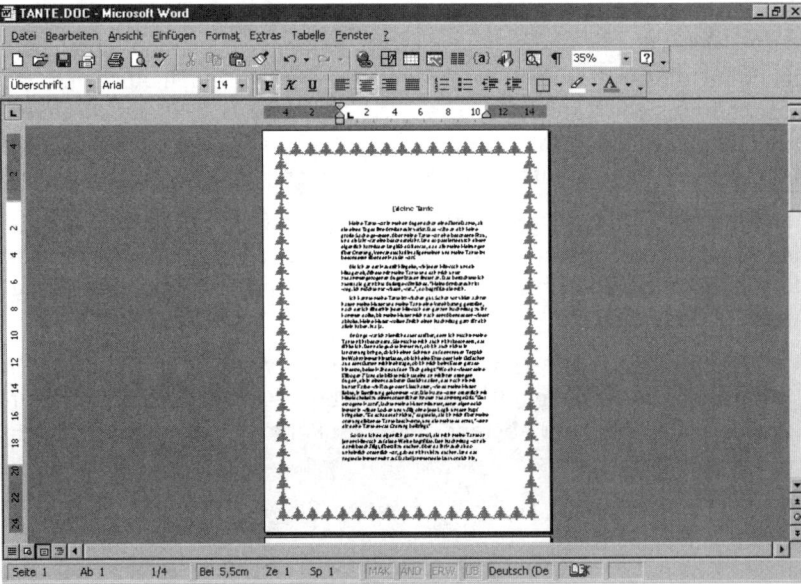

20.5 Schattierung

Mit der Registerkarte *Schattierung* geht es weiter zu einem Dialogfenster, in dem Sie Hintergrundraster und Hintergrundmuster auswählen können. Auch die gelten wieder für einen Absatz, einen markierten Textteil und ebenso für Tabellen.

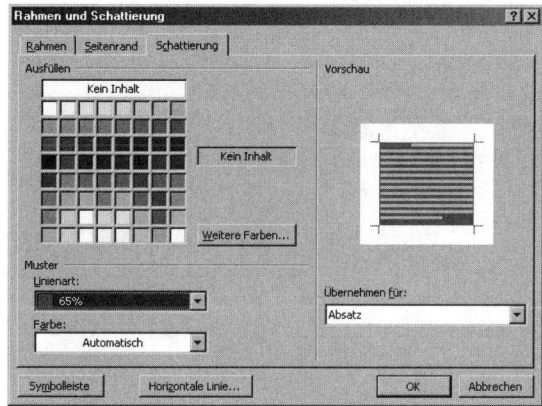

Abbildung 20.6: Die Registerseite Schattierung

Sie können ein Muster auswählen oder einen Rasterwert (*Transparent* ist gar nichts) sowie Vorder- und Hintergrundfarbe bestimmen. Zum Beispiel rote Querstriche (Vordergrund) auf blauem Hintergrund oder sonst etwas Scheußliches. Nebenan sehen Sie einige der Raster.

Bei Hintergrundrastern sind noch einige Kleinigkeiten interessant:

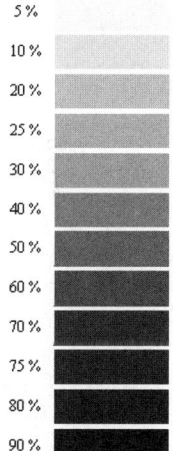

➡ Die Raster und Muster ignorieren die Anfangs- und Endabstände der Absätze. Ist zusätzlich eine Linie links oder rechts zugewiesen, reduziert sich auch diese auf die tatsächliche Absatzhöhe.

➡ Folgen jedoch zwei gemusterte/gerasterte Absätze aufeinander, wird auch der Absatzabstand mit in das Muster bzw. Raster einbezogen.

➡ *Einfarbig (100%)* bei Schwarz macht die Schrift automatisch weiß.

Auch Raster sind verführerisch. Sie wirken jedoch nur, wenn hochauflösend gedruckt werden kann. Und sich nicht von der Bildschirmdarstellung blenden lassen!

Listen,
Numerierungen, Aufzählungen

Kapitel **21**

Nehmen Sie nur mal dieses Buch: so viele Kapitel, und jedes Kapitel hat eine Nummer. Also numerieren wir mal: 1, 2, 3 ... Und dann werden die Kapitel umgestellt. Also numerieren wir nochmals: 1, 2, 3 ... Jede Menge Handarbeit und deshalb enorm fehlerbehaftet. Word erledigt sowas automatisch.

21.1 Zeilen numerieren

Erinnern Sie sich noch an so manche Lesehefte in Ihrer Schulzeit? Da waren oft die Zeilen am Rand numeriert, damit Lehrer und Schüler sich schnell auf die richtige Stelle einigen konnten. Das schaffen Sie mit Word auch. Und zwar spielend.

DATEI/SEITE EINRICHTEN

Im Menü DATEI/SEITE EINRICHTEN, Registerkarte *Seitenlayout*, aktivieren Sie die Schaltfläche ZEILENNUMMERN und sodann die Option *Zeilennummern hinzufügen*. Damit ist die Zeilennumerierung zunächst einmal grundsätzlich eingeschaltet. Zu sehen ist sie nur in der Layout- und Seitenansicht.

Der Geltungsbereich

Im Dialogfenster zuvor, also bei *Seitenlayout*, müssen Sie festlegen, in welchem Bereich Zeilennummern eingefügt werden sollen: Im gesamten Dokument? Im aktuellen Abschnitt, wenn es mehrere Abschnitte gibt? Im markierten Text, sofern einer markiert war? Im letzten Fall fügt Word vor und hinter der Markierung einen Abschnittswechsel ein.

Woraus Sie auch den Umkehrschluß ziehen können: Durch Einfügen von Abschnittswechseln können Sie die Zeilennumerierung auf einen bestimmten Textbereich begrenzen. (Alles zu Abschnitten im Kapitel 17, »Das Seitenlayout«, S. 279.)

Die Feinheiten

Sodann bestimmen Sie die Einzelheiten der Numerierung:

Abbildung 21.1:
Das Dialogfeld zum
Numerieren eines
Dokuments

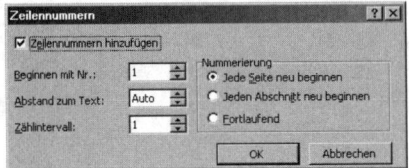

- → *Beginnen mit Nr.* setzt die Anfangsnummer. Mit dieser Nummer fängt die Zählung an.

- → *Abstand zum Text* definiert den Abstand, den die Zeilennummer vom Text hat. »Auto« sind etwa 7 Millimeter. Die Nummern werden mit eben diesem Abstand vor den linken Seiten- oder Spaltenrand gesetzt, außerhalb des eigentlichen Satzspiegels also. Achten Sie bei mehreren Spalten auf ausreichend Abstand dazwischen!

- → *Zählintervall* bestimmt, wie oft die Zeilennummern erscheinen. Mit 1 wird jede Zeile numeriert, mit 5 nur jede fünfte.

- → *Jede Seite neu beginnen* startet die Numerierung auf jeder Seite neu mit der festgelegten Startnummer.

- → *Jeden Abschnitt neu beginnen* fängt am Anfang des Abschnitts an und hört an dessen Ende auf, numeriert also über alle Seiten hinweg innerhalb eines Abschnitts.

- → *Fortlaufend* hebt die Abschnittsgrenzen auf. Die Numerierung fährt dort fort, wo sie im Abschnitt zuvor geendet hat. Allerdings darf sich dazwischen kein Abschnitt befinden, für den die Zeilennumerierung ausgeschaltet ist.

Diese letzte Option ist nötig, damit auch dann fortlaufend numeriert werden kann, wenn innerhalb eines Textes die Spaltenzahl gewechselt wird, was nur durch Definitionen verschiedener Abschnitte geschehen kann.

Zeilennummern unterdrücken

Im Menü FORMAT/ABSATZ, Registerkarte *Zeilen- und Seitenwechsel*, können Sie mit der Option *Zeilennummern unterdrücken* gezielt einzelne Absätze von der Numerierung ausnehmen (am besten verwendet man dafür eine Formatvorlage).

Word ignoriert Absätze ohne Zeilennumerierung schlichtweg und numeriert weiter fortlaufend, als ob diese Absätze nicht existierten.

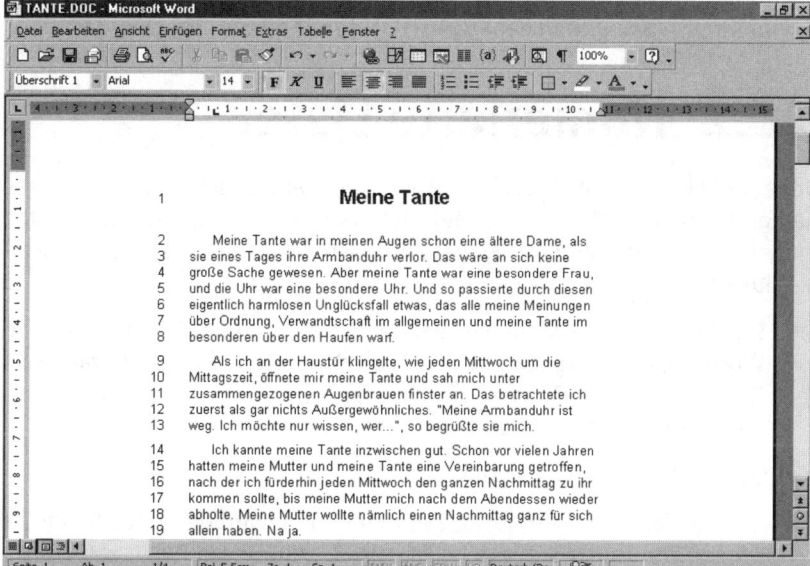

Abbildung 21.2:
Eine fortlaufende
Zeilennumerierung

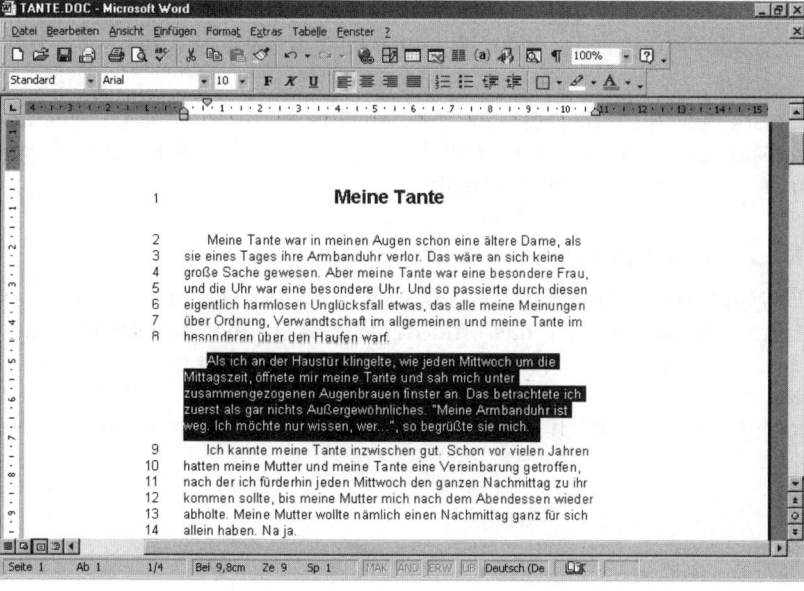

Abbildung 21.3:
Ein Absatz ist von
der Numerierung
ausgeklammert

Zeilennummern entfernen

Im Menü DATEI/SEITE EINRICHTEN/*Seitenlayout* gehen Sie über die Schaltfläche ZEILENNUMMERN in das gleichnamige Dialogfeld, wo Sie *Zeilennummern hinzufügen* deaktivieren. Und schon sind sie weg.

21.2 Numerierte Listen

Jeder beliebige Absatz läßt sich numerieren. Tatsächlich jeder – wenn das jemand gern so hätte. In der Regel wird man jedoch ausgewählte Absätze mit einer Nummer versehen wollen. Überschriften zum Beispiel. Oder Aufzählungen.

■ Doch da kommen wir in ein semantisches Dilemma. Aufzählungen im Word-Sprachgebrauch sind Absätze mit so Dingern vornedran, zum Beispiel solchen Quadraten, wie sie hier zu sehen sind. Alles, was eine Nummer hat, ist dann eben eine Numerierung.

Grundsätzlich gilt zunächst einmal:

➡ Sofern nicht mehrere Absätze markiert sind, wird der aktuelle Absatz numeriert. (Seh'n Sie, das ist eine »Aufzählung« im Sinne von Word.)

➡ Die Nummer ist ein eigenständiges, sozusagen gar nicht existentes Element. Sie kann nicht markiert und nicht auf herkömmlichem Wege gelöscht werden – und damit auch nicht unabsichtlich gelöscht werden.

Es gibt verschiedene Möglichkeiten, Absätze zu numerieren (aus mehreren numerierten Absätzen entsteht dann eine Liste). Wir beginnen mit dem – scheinbar – kompliziertesten.

Numerierungen nach Wunsch

FORMAT/
NUMMERIERUNG
UND AUFZÄHLUNGS-
ZEICHEN

Im Menü FORMAT/NUMMERIERUNG UND AUFZÄHLUNGSZEICHEN, Registerkarte *Nummerierung* – das erreichen Sie auch über das Kontextmenü (rechte Maustaste klicken) – haben Sie die Wahl zwischen verschiedenen Nummernformaten. Sie wählen eines davon aus, und mit Klick auf OK könnten Sie eigentlich gleich loslegen – der aktuelle Absatz wird numeriert.

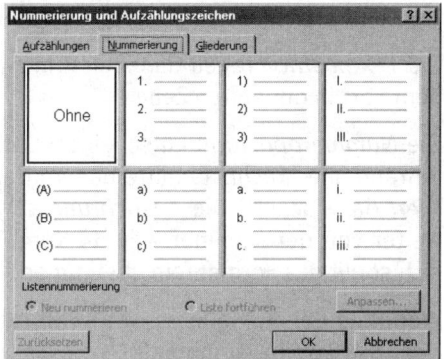

Doch neugierig, wie wir sind, interessieren uns die Details – Schaltfläche ANPASSEN. Im folgenden Dialogfenster tun Sie nichts anderes, als die Vorgaben, die durch die Wahl eines Nummernformats in Gang gekommen sind, zu verändern. Und das Schöne ist: Arg viel muß man gar nicht erklären, alle Änderungen sind im Vorschaufenster deutlich zu sehen. (Probieren Sie alles gleich aus mit der Beispieldatei NUMMER1.DOC.)

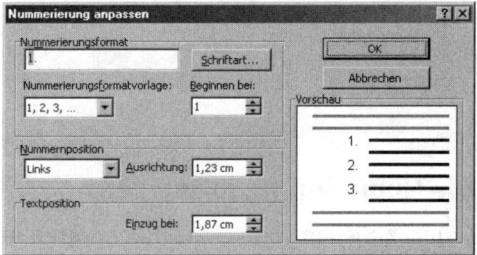

Abbildung 21.5:
Die Numerierung
den eigenen
Bedürfnissen
anpassen

➡ Das *Nummerierungsformat* setzt sich zusammen aus der – welche herrliches Wort! – *Nummerierungsformatvorlage* (arabische oder römische Zahlen oder Buchstaben? die groß oder klein?) und einem beliebigen Text, den Sie vor oder nach die Nummer setzen können: Punkt, Komma, Strich, Klammern. Sie können aber auch richtigen Text schreiben oder ein beliebiges anderes Zeichen nehmen – zum Beispiel das Paragraph-Zeichen.

➡ Sie wählen bei Bedarf noch eine andere *Schrift*; sie bezieht sich auf die Nummer einschließlich Zeichen davor und danach, aber nicht auf den Text des Absatzes selbst. Sie können die Nummer auch höheroder tieferstellen

➡ Und natürlich die Startnummer, mit der die Numerierung beginnen soll.

➡ Dann die *Nummernposition* – spielen Sie einfach mal mit den Werten.

Die *Textposition* regelt den Freiraum zwischen Nummer und nachfolgendem Text in der ersten Zeile.

Die *Nummernposition* entscheidet: Soll die Nummer *Links* an den Spaltenrand oder *Rechts* unmittelbar vor den Text? Oder als Kompromiß *Zentriert* dazwischen? Die *Ausrichtung* schiebt den Text in der ersten Zeile weiter von der Nummer weg. In Kombination mit der *Textposition* läßt sich somit das Format fein abstimmen.

Wenn Sie das nun alles austariert haben und auf OK klicken – dann hat der Absatz seine Nummer.

Abbildung 21.6:
Die Aufzählungs-
nummer wurde
ganz links, bündig
mit dem Text,
ausgerichtet

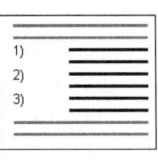

Abbildung 21.7:
Die Aufzählungs-
nummer wurde zu-
sammen mit dem
Text eingerückt

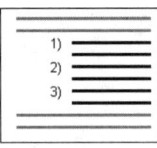

Die Numerierung fortsetzen

Drücken Sie am Ende eines numerierten Absatzes ⏎, erhält der folgende Absatz ebenfalls eine Nummer, und zwar die nächste. Was Word als Nummer einfügt, ist eine dynamische Sache: Verschieben Sie einen numerierten Absatz, wird die Numerierung sofort aktualisiert.

Die Numerierung unterbrechen und abbrechen

Möglicherweise möchten Sie aber nicht jeden Absatz numeriert haben, sondern zwischendurch auch Textteile ohne Nummer. Da greifen nun mehrere Automatismen und Techniken:

➡ Ein neuer Absatz behält nur dann seine Nummer, wenn Sie auch etwas schreiben. Erzeugen Sie mit ⏎ mehrere Leerabsätze, sind die unnumeriert.

➡ Sie können die Numerierung aber jederzeit in einem anderen Absatz fortsetzen, wenn Sie zuvor im Dialogfeld die Option *Liste fortführen* wählen.

■→ Sie können einen numerierten Absatz aus der Numerierung herausnehmen, indem Sie auf das Symbol klicken.

■→ Im Dialogfeld finden Sie auch *Neu numerieren*. Damit setzen Sie eine Neunumerierung in Gang. Solche anders numerierten Absätze können sich sogar zwischen einer schon bestehenden Numerierung befinden.

■→ Wollen Sie hingegen die Startnummer bereits numerierter Absätze ändern, müssen Sie sie alle (!) markieren und dann die Numerierung neu zuweisen.

Formatvorlagen für die Nummern

Daß eine Numerierung fortgesetzt wird, wenn man ⏎ drückt, läßt darauf schließen, daß die Numerierung, wie alle Formatinformationen, in der Absatzmarke steckt. Das bringt uns doch auf den naheliegenden Gedanken, die Numerierung auch in eine Formatvorlage aufzunehmen. Und das ist ja nicht weiter schwer, wie Sie im Kapitel 23, »Formatvorlagen«, S. 407, lernen.

Weisen Sie einem Absatz diese Formatvorlage zu, tritt genau dieselbe Mechanik in Kraft wie mit dem Symbol: Je nachdem, welcher Absatz formatiert wird, wird die Numerierung fortgesetzt oder abgebrochen.

Zur Arbeitserleichterung bringt Word bereits Formatvorlagen mit, die eine Numerierung enthalten. Sie heißen »Listennummer« und unterscheiden sich lediglich durch ihren Einzug.

Nun gibt es noch einige weitere vorgefertigte Formatvorlagen, die das Wort »Liste« im Namen führen:

■→ »Listenfortsetzung« enthält keine Numerierung, ist lediglich in der Einrückung des gesamten Absatzes und im Erstzeileneinzug auf die »Listennummer«-Formate abgestimmt.

■→ »Liste« enthält ebenfalls keine Nummer, die Einrückung korrespondiert ebenfalls mit »Listenfortsetzung« und »Listennummer«, dafür haben diese Formatvorlagen einen hängenden Einzug.

Diese Formatvorlagen sind normalerweise verborgen. Sie können Sie sichtbar machen und auswählen, wenn Sie das Formatvorlagen-Listenfeld in der FORMATIERUNG-*Symbolleiste mit gedrückter* ⇧-*Taste öffnen.*

:-)
TIP

Das Nummernformat ändern

Sie tun sich leicht, wenn Sie mit Formatvorlagen arbeiten. Die ändern Sie einfach (FORMAT/FORMATVORLAGE), und alle numerierten Absätze bekommen das neue Nummernformat.

Manuell ist es wesentlich komplizierter:

➡ Sie markieren die numerierten Absätze und ändern mit FORMAT/NUMMERIERUNG UND AUFZÄHLUNGSZEICHEN das Nummernformat.

Das gestaltet sich dann etwas schwierig, wenn Sie die Numerierung durch normale Absätze unterbrochen haben. Dann müssen Sie alles markieren und hernach in Handarbeit mit dem Symbol die Nummern wieder entfernen. Wenn Sie das einmal in einem langen Text gemacht haben – spätestens dann werden Sie den Nutzen von Formatvorlagen einsehen.

Numerierung entfernen

Wie das mit dem Symbol geht, haben Sie ja schon erfahren. Das gleiche erreichen Sie mit der Option *Ohne* im Dialogfeld FORMAT/NUMMERIERUNG UND AUFZÄHLUNGSZEICHEN. Betroffen davon ist der aktuelle Absatz. Es ist ja aber kein Problem, mehrere Absätze zu markieren. Und wenn unnumerierte Absätze dazwischen sind, schadet das in diesem Falle auch nichts.

ÜBUNG: *Absätze numerieren (Beispieldatei: NUMMER1.DOC)*

1. Gehen Sie in den zweiten Absatz, klicken Sie auf das Numerierungssymbol.
   Der Absatz erhält die Nummer 1, mit einem Punkt nach der Zahl – sofern Sie nicht zwischenzeitlich ein anderes Nummernformat definiert haben.

2. Öffnen Sie FORMAT/NUMMERIERUNG UND AUFZÄHLUNGSZEICHENEN, Registerkarte *Nummerierung*, und ändern Sie das Nummernformat.
   Andere Nummernart, andere Abstände, vielleicht eine andere Startnummer – ganz nach Belieben.

3. Im nächsten Absatz ebenfalls ein Klick auf das Symbol.
   Word zählt brav weiter, mit dem geänderten Nummernformat.

4. Den nächsten Absatz überspringen, und erst im übernächsten wieder ein Klick.
   Die Numerierung beginnt wieder von vorne.

5. Jetzt kommt der bisher übergangene Absatz an die Reihe.
   Der hat die richtige Nummer.

6. Öffnen Sie in dem neu numerierten Absatz das Dialogfeld, und aktivieren Sie *Liste fortführen*.
   Die Numerierung wird fortgesetzt.

7. Klicken Sie in einem numerierten Absatz auf das Symbol.
   In diesem Absatz wird die Nummer entfernt. Aber die Numerierung ist nur unterbrochen, nicht abgebrochen, wie an den folgenden Numerierungen zu sehen ist.

21.3 Aufzählungen

■ Im Jargon von Word ist dieser Absatz eine Aufzählung. Er hat einen »Bullet« vornedran, wie das im Englischen, einen »Blickfang«, wie es im Deutschen heißt: ein besonderes Zeichen, das ihn vom übrigen Text abhebt.

FORMAT/ NUMMERIERUNG UND AUFZÄHLUNGS- ZEICHEN

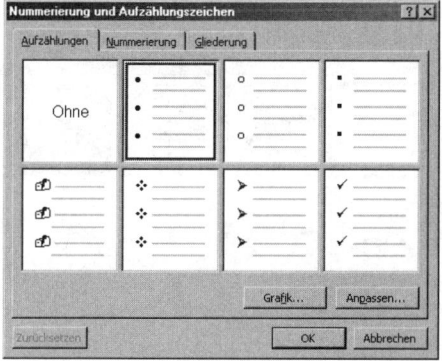

Abbildung 21.8:
Die gebräuchlichsten Aufzählungszeichen

Für Aufzählungen gilt das gleiche wie für Numerierungen, nur daß Sie eben in FORMAT/NUMMERIERUNG UND AUFZÄHLUNGSZEICHEN die Registerkarte *Aufzählungen* nehmen. Und daß Sie das Aufzählungszeichen frei bestimmen können, wenn Sie mit den Vorschlägen nicht einverstanden sind. Zum einen mit der Schaltfläche ANPASSEN:

➡ SCHRIFTART öffnet das Dialogfeld für die Zeichenformatierung. Sie wählen Schriftart usw., können das Zeichen auch höher- oder tieferstellen.

➡ ZEICHEN öffnet das Dialogfeld mit den Sonderzeichen (siehe Kapitel 10, »Arbeit am Text«, S. 125), und Sie wählen Ihr Wunschzeichen unter den verfügbaren Schriften.

Abbildung 21.9:
Aufzählungs-
zeichen anpassen
oder neue
definieren

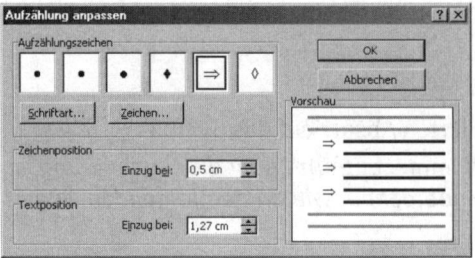

▓➛ Sie können aber auch im Dialogfeld AUFZÄHLUNGEN davor über die
Schaltfläche GRAFIK ClipArts als Aufzählungszeichen definieren oder
sogar eigene Grafiken als Bildaufzählungszeichen laden. Damit können Sie Ihrer Liste eine ganz persönliche Note geben.

Abbildung 21.10:
Grafiken oder Clip-
Arts als Aufzäh-
lungszeichen laden

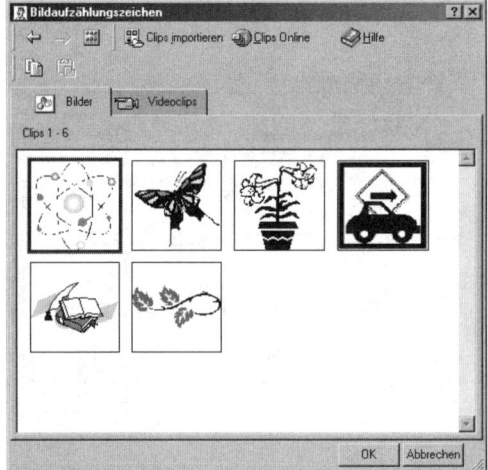

▓➛ Die zuletzt gewählten Aufzählungszeichen bleiben erhalten, so daß
Sie sie jederzeit schnell wieder zuweisen und zwischen sechs freige-
wählten Zeichen wechseln können.

▓➛ Alle sonstigen Dinge wie Abstände usw. regeln Sie wie bei einer
Numerierung.

▓➛ Auch das Symbol ist gleich einzusetzen, ebenso das Kontextmenü.

De facto können Sie das Zeichen nur unter den TrueType-, nicht unter den
PostScript-Schriften auswählen.

Formatvorlagen für Aufzählungen

Auch für Aufzählungen liefert Word Formatvorlagen namens »Aufzählung...«. Sie verwenden einen Punkt als Aufzählungszeichen und unterscheiden sich durch die Art ihrer Einzüge. Sie können sie ändern oder eigene Formatvorlagen definieren. So werden sie sichtbar: Auswahlliste mit ⟨⇧⟩ öffnen.

Auf jeden Fall zu empfehlen ist eine Formatvorlage für Aufzählungszeichen – wenn Sie nicht die vorgegebenen verwenden möchten.

Die Formatvorlage »Aufzählungszeichen« ist standardmäßig auf den Shortcut ⟨Strg⟩+⟨⇧⟩+⟨L⟩ gelegt.

Arbeiten Sie bei Numerierungen und Aufzählungen mit Formatvorlagen, müssen Sie darauf achten, daß für den nächsten Absatz keine andere Formatvorlage definiert ist. Sonst wird nach ⟨↵⟩ die Numerierung nicht übernommen (es sei denn, die folgende Formatvorlage ist ebenfalls als Numerierung bestimmt worden).

21.4 Gegliederte Liste

Die dritte Registerkarte im Menü FORMAT/NUMMERIERUNG UND AUFZÄHLUNGSZEICHEN, *Gliederung*, erstellt gegliederte Listen. Was ist darunter zu verstehen? Spielen wir das doch einmal durch:

FORMAT/
NUMMERIERUNG
UND AUFZÄHLUNGS-
ZEICHEN

1 Eine gegliederte Liste besteht aus mehreren Ebenen. Dies ist die Hauptebene.
   1.1   Dann wird unterteilt in Unterebenen, die Sie jeweils mit Tabstops einleiten müssen.
      1.1.1 Bis zu neun Ebenen sind möglich, was hier aber nicht ausgenutzt werden soll.
      1.1.2 Eine solche Darstellung eignet sich beispielsweise hervorragend fur Vertrage.
   1.2   Etwas Denkarbeit müssen Sie bei der Definition der Einzüge usw. leisten.
2 Aber dann sind gegliederte Listen ein Kinderspiel.

Eine gegliederte Liste hat nichts mit einer Gliederungsnumerierung zu tun, von der der nächste Abschnitt handelt. Die Techniken sind aber bei beiden ähnlich.

Das Hauptfenster der Gliederung bietet sieben Varianten zur Auswahl – eine Vorentscheidung, nichts weiter, denn alles können Sie mit ANPASSEN anders festlegen. Und zwar für jede Ebene einzeln. Links im ANPASSEN-Fenster sehen Sie ein kleines Rollfeld, wo Sie die Ebenen anwählen. Das Vorschaufenster zeigt das Resultat Ihrer Bemühungen.

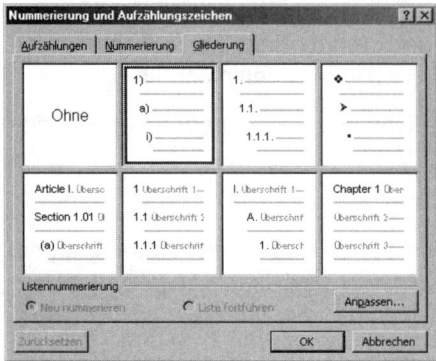

Abbildung 21.11:
Standardmöglich-keiten, eine Liste zu gliedern

Die Nummernposition

Alles, was mit der *Nummernposition* zu tun hat, kennen Sie bereits von der Numerierung und der Aufzählung. Sie müssen nur auf eines aufpassen: Wollen Sie die Unterebenen so einziehen, wie im Beispiel weiter vorne, müssen Sie jeder Ebene die *Textposition* aus der Ebene darüber zuschlagen. Die Ebene 1 hatte dort einen Abstand von 0,5 cm, die Ebene 2 von 1 cm, die Ebene 3 von 1,5 cm usw.

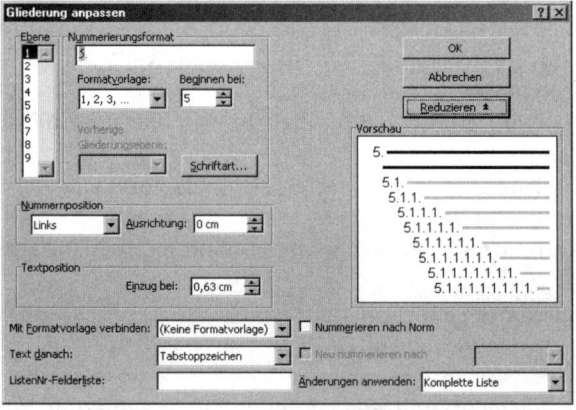

Abbildung 21.12:
Die Gliederung den Bedürfnissen anpassen

Das Numerierungsformat

Beim *Numerierungsformat* können Sie nicht nur zwischen den Vorgaben einer Numerierung wählen (arabisch, Buchstaben ...), in der Auswahlliste finden sich auch die derzeit aktuellen Aufzählungszeichen – und die Option »Anderes Zeichen«. Was Sie damit auswählen, findet sich dann wiederum auch bei der Aufzählung.

Sie müssen sich überlegen, was in jeder Ebene an Text enthalten sein soll. Besteht die erste Ebene, wie im Beispiel auf S. 371, nur aus einer Ziffer und sonst nichts, muß in den Ebenen darunter der Nummer jeweils ein Punkt folgen.

Ab der zweiten Ebene müssen Sie sich zudem entscheiden, was aus der Numerierung der Ebene zuvor übernommen werden soll (Feld *Vorige Gliederungsebene*). Das sehen Sie am besten an einem Beispiel.

Das hier wäre sozusagen eine normale Liste:

A Ebene 1
  A.1. Ebene 2
    A.1.1. Ebene 3
  A.2. Ebene 2
B Ebene 1

Hier nun ist die Ebene 1 übernommen worden:

A Ebene 1
  A1. Ebene 2
    A.1.1. Ebene 3
  A2. Ebene 2
B Ebene 1

Sie müssen eventuell überflüssige Zeichen vor der Nummer löschen.

Weitere Optionen

- *Mit Formatvorlage verbinden:* Alle Absätze, die mit der ausgewählten Formatvorlage formatiert sind, werden automatisch numeriert. Welche Formatvorlage welcher Ebene zugeordnet ist, können Sie im Vorschaufeld ablesen.

  Jeder Ebene können Sie eine andere Formatvorlage zuweisen. Was auch bedeutet: Weisen Sie einem Absatz diese Formatvorlage zu, wird er entsprechend numeriert.

- *Text danach:* Text ist damit eigentlich nicht gemeint: der Nummer kann entweder ein *Tabstoppzeichen*, ein *Abstand* (ein Leerzeichen) oder gar nichts folgen.

■► *Nummerieren nach Norm:* Buchstaben, römische Ziffern werden in arabische Ziffern umgewandelt. Auch das ist ebenenbezogen. Sie können nun keine andere *Formatvorlage* auswählen, es sei denn, Sie heben *Nummerieren nach Norm* wieder auf.

■► *Neu nummerieren nach* – und zwar dann, wenn die aktuelle Ebene (z.B. Ebene 3) einer übergeordneten Ebene (in dem Fall Ebene 2) folgt.

■► Mit der Option *ListenNr-Felderliste* können Sie einen Namen für alle Listen vergeben, die Sie mit dem ListNum-Feld einfügen wollen.

■► Zudem können Sie wählen, worauf Sie *Änderungen anwenden* wollen: auf die komplette Liste, auf den aktuellen Absatz oder auf den Rest des Dokuments.

Die gegliederte Liste anwenden

Sie haben also alles definiert, der erste Absatz hat seine Nummer – automatisch die der ersten Ebene. Mit dem Numerierungssymbol machen Sie sich über andere Absätze her; alle sind sie der ersten Ebene zugeordnet. Daß es dabei dasselbe zu beachten gibt wie bei einer normalen Numerierung, von wegen unterbrechen oder abbrechen und so, sollte eigentlich klar sein.

Wenn Sie in einer gegliederten Liste zufällig einmal das Kontextmenü angeschaut haben, sind Ihnen zwei zusätzliche Optionen aufgefallen:.

Auf sehr einfache Weise können Sie Absätze höherstufen und tieferstufen: mit den Symbolen, die normalerweise für Ein- und Ausrückungen gedacht sind. Und damit weisen Sie dem aktuellen Absatz eine höhere oder tiefere Ebene zu, und er erhält genau das Format, das Sie für diese Ebenen vorgesehen haben.

Sie sind dabei übrigens nicht auf die logische Ordnung angewiesen. Der Ebene 1 kann durchaus auch gleich Ebene 9 folgen. Sie müssen nur oft genug auf das Symbol klicken.

Möglichkeiten und Grenzen

■► Sie können eine gegliederte Liste jederzeit umstellen, die Numerierung wird automatisch angepaßt.

■► Wenn Sie bei einer normalen Numerierung oder Aufzählung das Nummernformat wechseln, betrifft das nur den aktuellen Absatz. Bei einer gegliederten Liste indes werden alle numerierten Absätze geändert.

■► Innerhalb einer gegliederten Liste läßt sich jederzeit auch eine normale Numerierung oder eine Aufzählung verwenden. Dann sollte aber wenigstens der folgende Absatz schon gegliedert numeriert sein, so daß Sie diese Numerierungsart fortsetzen können.

► Sie können gegliederte Listen verschachteln und unterschiedliche Nummernformate verwenden. Markieren Sie dazu die Absätze, ändern Sie das Nummernformat, wählen Sie bei *Änderungen anwenden* aber *Markierten Text*.

► Eine gegliederte Numerierung kann auch als Formatvorlage definiert werden.

21.5 Überschriften numerieren

Eine eigene Funktion dafür wie noch in Word 95 (FORMAT/ÜBERSCHRIFTEN NUMERIEREN) gibt es nicht mehr. Ist eigentlich auch nicht notwendig: auch numerierte Überschriften sind eine gegliederte Liste, nur daß diese Liste auf bestimmte Formate beschränkt ist.

Bei Überschriften sind das die »Überschrift«-Formatvorlagen, die man sinnvollerweise verwendet, auch, um die Möglichkeiten der Gliederungsfunktion ausnutzen zu können (Kapitel 38, »Gliederung«, S. 599). Zum Üben gedacht: Beispieldatei NUMMER2.DOC.

Wollen Sie numerierte Überschriften haben, dann warten Sie nicht damit, bis das Dokument fertig ist. Denn wann immer Sie ein »Überschrift«-Format zuweisen, wird die gesamte Numerierung aktualisiert. Allein die Numerierung sagt Ihnen aber schon viel über die Struktur Ihres Dokuments.

:-)
TIP

21.6 Numerierungen mit Feldern

Gliederungsnumerierung

Für eine Gliederungsnumerierung können auch die Feldfunktionen {AutoNum}, {AutoNumLgl} und {AutoNumOut} verwendet werden. Ihnen gemeinsam ist:

► Ihre eigentliche Wirkung, nämlich eine gegliederte Numerierung mit unterschiedlichen Formaten, entfalten sie nur, wenn sie in Absätze mit den »Überschrift«-Formatvorlagen eingefügt werden.

▶ In allen anderen Absätzen wirken sie alle drei gleichermaßen wie eine normale Dezimalnumerierung (eine Ebene).

▶ Eine Numerierung mit diesen Feldfunktionen setzt sich immer fort, auch wenn unnummerierte Absätze dazwischenstehen.

▶ Solchermaßen numerierte Absätze können nach Belieben umgestellt werden, die Numerierung paßt sich automatisch an.

▶ Die Startnummer ist immer 1.

Sequenz-Nummer

Mit der Feldfunktion {SEQ} lassen sich beliebig viele Zähler verwalten, läßt sich die Startnummer frei bestimmen. Um die Mechanismen zu verstehen, sollten Sie sich in Kapitel 14, »Felder«, S. 201, über die Feldfunktionen informiert haben.

Die allgemeine Syntax lautet:

```
{SEQ Zähler [Textmarke] [Schalter]}
```

Mit Zähler wird der jeweilige Zähler eindeutig benannt, zum Beispiel »Tabelle« oder »Bild« oder »XYZ« oder was auch immer. Dadurch können Sie in einem Text unterschiedliche Zähler verwenden, die unabhängig voneinander verwaltet werden.

Abbildung 21.13:
Mit der
Feldfunktion {SEQ}
lassen sich beliebig
viele Zähler
verwalten. Jeder
Zähler bekommt
einen eigenen
Namen

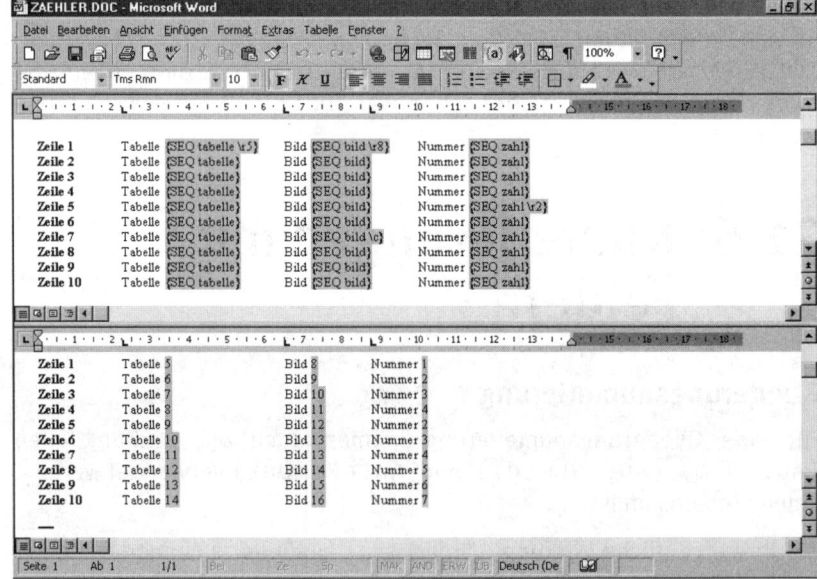

So könnte man zum Beispiel auch in diesem Buch mit der Numerierung von Bildern und Tabellen verfahren und kürzt die Zähler einfach mit »b« (für »Bild«) und »t« (für »Tabelle«) ab. Zusätzlich können Sie eine solche Nummer als Textmarke definieren und sich dann darauf beziehen.

Beispiel: Bei Abbildung 21.13 könnte ich die Bildnummer, also 13, die durch ein SEQ-Feld mit der Kennung »b« erzeugt wird, als Textmarke *bild5* definieren. Ich beziehe mich dann darauf mit folgender Feldfunktion:

```
{SEQ b bild5}
```

Auch wenn sich ein anderes Bild dazwischen schieben sollte, bleibt die Nummer stets aktuell.

Schalter erlauben Differenzierungen:

Code	Bedeutung	
\r*n*	Anfangsnummer *n*; anderenfalls beginnt die Zählung bei 1. Die folgenden Felder derselben Sequenz brauchen diesen Schalter nicht mehr.	*Tabelle 21.1:* *Schalter für den* *Zähler {SEQ}*
\c	Übernimmt die aktuelle Nummer, also die letzte innerhalb der Sequenz. Sie können das dazu benutzen, um die aktuelle Nummer an anderer Stelle nochmals einzufügen.	
\n	Zählt um eins weiter (Standardeinstellung).	
\h	Das Feldergebnis wird nicht angezeigt.	
\s	Setzt die Numerierung bei der Überschriftenebene fort, die hier angegeben wird.	

Beispiel: Über Ihren Text verteilt finden sich folgende Zähler:

```
{SEQ Tabelle \r5}
{SEQ Tabelle}
{SEQ Tabelle}
{SEQ Tabelle}
{SEQ Tabelle \c}
```

Tabelle ist der Name des Zählers. Im ersten Feld wird als Startnummer 5 definiert. Das sieht dann so aus:

```
5
6
7
8
8
```

Die Zähler werden fortlaufend numeriert, bis auf den letzten. Des Schalters \c wegen übernimmt er den aktuellen Stand, also die Nummer des vorhergehenden Feldes.

In Kopf- und Fußzeilen werden Zähler mit {SEQ} nicht weitergezählt, was eigentlich auch logisch ist. Denn Kopf- und Fußzeilen sind ja gerade dazu gedacht, daß sich Texte auf jeder Seite wiederholen. {SEQ} kann man hier also allenfalls als Verweis z.B. auf eine Kapitelnummer verwenden.

Die Listennummer

Ein weiteres Feld ergänzt die Numerierungsmöglichkeiten:

{ListNum "Name" [Schalter]}

Innerhalb einer gegliederten Liste können Sie damit eine eigene gegliederte Numerierung erzeugen.

Der Name bezieht sich auf eine Liste, die Sie mit FORMAT/NUMMERIERUNG UND AUFZÄHLUNGSZEICHEN festgelegt haben.

Tabelle 21.2:
Schalter für den
Zähler {ListNum}

Code	Bedeutung
\l	Die Listenebene. Nicht auf neun Ebenen beschränkt wie bei einer Gliederung.
\s	Anfangswert des Feldes.
NummerStandard	Numerierungsformat: gegliederte Numerierung (wie {AutoNum})
DezimalStandard	Numerierungsformat: Dezimalnumerierung (wie {AutoNumLgl})
GliederungStandard	Numerierungsformat: Gliederung (wie {AutoNumOut})

Positionieren

*D*ie Teile eines Textes haben normalerweise eine feste Reihenfolge: Ein Satz jagt den nächsten, ein Absatz folgt auf den anderen. Word erlaubt es jedoch, Textteile gleichsam auszuklinken und auf der Seite beliebig zu plazieren. Oder allgemeiner gesagt: Elemente. Es muß nicht nur Text sein, es kann sich ebenso um Grafiken oder Tabellen handeln.

22.1 Arten der Positionierung

Für den Nutzer früherer Word-Versionen gab es nur eine Möglichkeit: den berühmt-berüchtigten Positionsrahmen. Die nötigen Befehle dazu werden Sie in Word – zunächst – vergeblich suchen. Denn Microsoft plädiert dafür, statt dessen die neu eingeführten Textfelder zu verwenden.

Textfelder

Ein positioniertes Element durchbricht die natürliche Ordnung eines Textes. Ein Textteil – oder ein Element generell: Grafik, Diagramm, Tabelle – wird herausgebrochen und an einen anderen Platz gestellt.

Um das überhaupt bewerkstelligen zu können, muß das Element in einen besonderen Rahmen gestellt werden. Nicht das Element selber ist beweglich, sondern nur der Rahmen, mit allem, was darinnen ist. Man sollte sich diesen Unterschied vor Augen halten, um die Mechanismen des Positionierens besser zu verstehen.

Textfelder sind so etwas ähnliches wie die bisher bekannten Positionsrahmen, mit einigen zusätzlichen Möglichkeiten. Unter anderem:

➡ erweiterte Formatierungsmöglichkeiten;

das Textfeld kann gedreht werden, mitsamt dem Text darin;

Textfelder können gruppiert werden;

Textfelder können verknüpft werden, so daß sich der Text von einem Textfeld in das andere fortsetzt.

Es gibt allerdings auch einige Dinge, die ein Textfeld im Vergleich zum Positionsrahmen nicht kann. Das betrifft vor allem die Ausrichtung auf der Seite.

Positionsrahmen

Sie gibt es immer noch, und sobald Sie den Text einer früheren Word-Version importieren mit Positionsrahmen darin, stehen auch die gewohnten Befehle zur Verfügung.

Microsoft selber sagt, Textfelder hätten »fast« alle Möglichkeiten von Positionsrahmen. Aber eben nur fast. Und in etlichen Fällen ist es sogar ganz offiziell *nötig*, weiterhin Positionsrahmen statt Textfelder zu verwenden. Dann nämlich, wenn der Text folgende Elemente enthält:

Kommentare,

Fuß-/Endnoten,

eines dieser Felder:
- *AutoNr, AutoNrDez, AutoNrGli* (Gliederungsnumerierung)
- *Inhalt, Verzeichnis, RD* (Verzeichnis)
- *XE* (Indexeintrag)

Es ist durchaus möglich, Text mit solchen Einträgen in ein Textfeld umzuwandeln. Bei Fuß-/Endnoten und Kommentaren erfolgt auch eine Warnung, nicht hingegen bei den anderen Feldern. Das ist besonders gefährlich bei den Index- und Verzeichnisfeldern, da die ja verborgen sind. Sie bleiben zwar erhalten, ein Indexeintrag in einem Textfeld wird jedoch nicht in den Index aufgenommen.

Bevor Sie einen bestehenden Text in ein Textfeld umwandeln, sollten Sie erst ausgeblendeten Text sichtbar machen!

Darüberhinaus sind Positionsrahmen die einzige Möglichkeit, um Elemente automatisch an der rechten Seite einer Spalte auszurichten.

Grafiken

Auch Grafiken, die an einer bestimmten Stelle plaziert werden sollen, mußten bisher in einen Positionsrahmen gestellt werden. Das ist jetzt nicht mehr nötig. Die Befehle zur Positionierung sind auch auf eine »normale« Grafik anwendbar, die Möglichkeiten des Textflusses wurden erweitert.

Dieses Kapitel

... mischt zu großen Teilen Positionsrahmen und Textfelder. Denn so arg unterschiedlich sind sie gar nicht, viele Techniken sind identisch.

22.2 Positionsrahmen und Textfelder einfügen

Wenn Sie mit Positionsrahmen arbeiten möchten, sollten Sie sich zunächst dieses Symbol installieren. Sie finden es mit dem Befehl Extras/Anpassen/*Befehle* in der Kategorie *Einfügen* (es wird hier seltsamerweise als *Horizontal* bezeichnet) oder in der *Formular*-Symbolleiste.

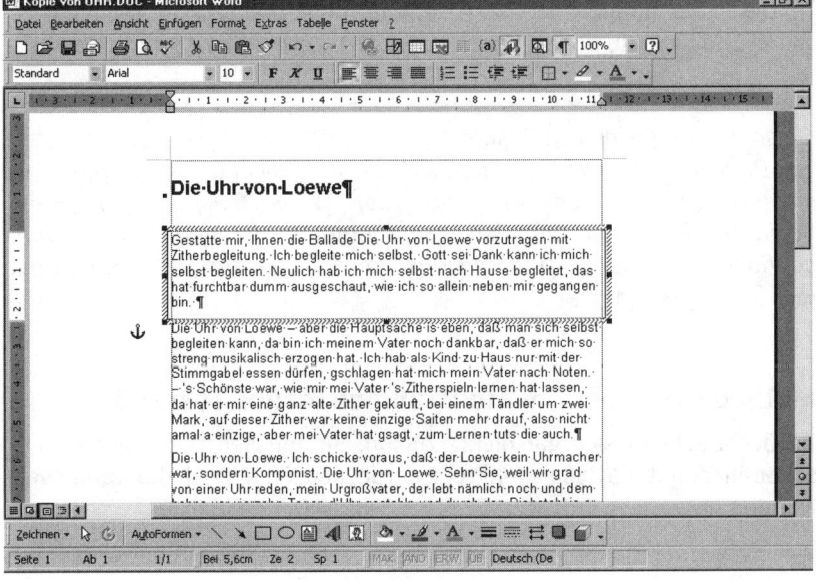

Abbildung 22.1:
Ein Absatz in einem
Positionsrahmen

Sie brauchen dieses Symbol, um einen Positionsrahmen zu erzeugen. Das Äquivalent dazu ist der Befehl *EinfügenPosRahmen*, den Sie selbstverständlich auch in ein Menü aufnehmen können. Der Menübefehl FORMAT/POSITIONSRAHMEN erscheint automatisch, sobald ein Positionsrahmen markiert ist.

 Das Symbol für ein Textfeld findet sich in der *Zeichnen*-Symbolleiste, die Menüfunktion (EINFÜGEN/TEXTFELD) hingegen ist ständig vorhanden.

Wie kommt nun ein Element in einen Positionsrahmen oder ein Textfeld? Es gibt zwei Möglichkeiten:

- Man erstellt zunächst einen Rahmen und schreibt in diesen dann seinen Text. Oder kopiert ihn hinein oder fügt eine Grafik ein.

- Man markiert ein Element und weist Word an, drum herum einen Positionsrahmen oder ein Textfeld zu ziehen. Im Prinzip ist dies das gleiche wie die erste Methode, nur daß man Word die Arbeit überläßt.

Sofern Sie sich in der Normal- oder Konzeptansicht befinden, schaltet Word automatisch in die Layout-Ansicht.

Positionsrahmen: Den *Inhalt* eines Positionsrahmens, ob es sich nun um Text oder um eine Grafik handelt, können Sie sehr wohl auch in der Normalansicht bearbeiten.

Textfeld: Der Inhalt eines Textfeldes ist in Normalansicht gar nicht zu sehen und deshalb auch nicht zu bearbeiten, nur in der Layout-Ansicht.

Sie sollten für Absätze in Positionsrahmen eigene Formatvorlagen erstellen. Damit arbeitet sich's leichter. Jedoch ist Vorsicht geboten, wenn Formatvorlagen so definiert sind, daß zum Beispiel auf einen Positionsrahmen ein normaler Absatz folgt. Das folgende Format steht häufig noch im Positionsrahmen, obschon das eigentlich nicht sein sollte. Hier hilft (Strg)+(Q).

Methode 1: Neuer Positionsrahmen, neues Textfeld

 Zunächst scheint sich gar nichts zu tun. Sie müssen schon genau hinschauen, damit Sie das Fadenkreuz entdecken, in das sich der Cursor verwandelt hat.

Sie halten die linke Maustaste fest, ziehen – ein Phantomrahmen erscheint –, lassen wieder los, und da haben Sie ihn, Ihren Positionsrahmen – bzw. Ihr Textfeld.

Word zieht automatisch einen Rahmen drumherum (oder sagen wir besser: einen Kasten, damit wir nicht mit zweierlei begrifflichen Rahmen hantieren). Überdies erhält der Positionsrahmen, das Textfeld die Formatvorlage »Standard« (Kapitel 23, »Formatvorlagen«, S. 407).

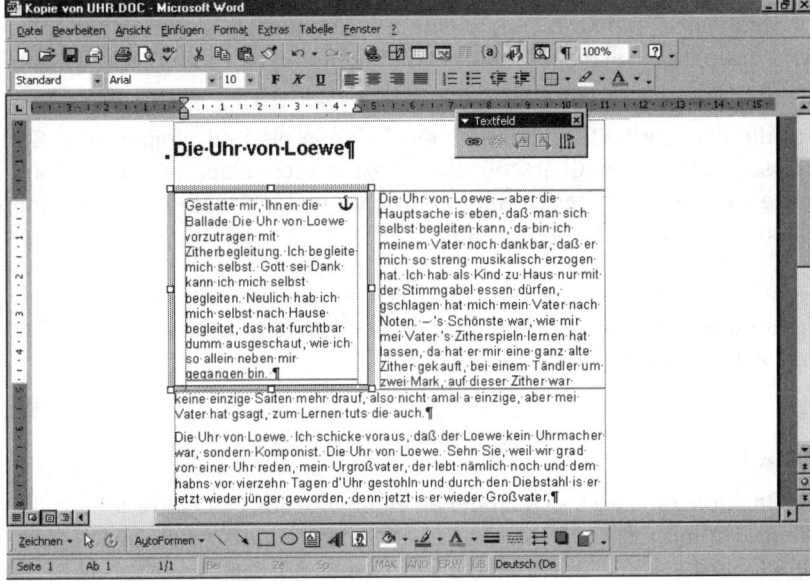

Abbildung 22.2:
Ein Absatz in einem
Textfeld

Methode 2: Nachträglich

Sie haben dazu einen Absatz markiert. Es tut sich geradezu Dramatisches. Word werkelt und macht – und setzt den Positionsrahmen samt Inhalt an den Anfang des aktuellen Absatzes.

Text bekommt einen Kasten, eine Grafik hingegen nicht. War ein ganzer Absatz markiert, einschließlich der Absatzmarke, bleiben alle Formatierungen erhalten, denn die stecken ja in der Absatzmarke. Der Positionsrahmen bekommt die Formatvorlage des Absatzes, in dem er steht.

Ein Inhalt für den Positionsrahmen/das Textfeld

Ein neuer Rahmen (hier ist jetzt beides gemeint: Positionsrahmen und Textfeld) ist zunächst einmal leer. Sie können ihn leer belassen, warum auch nicht. Sie können in ihm schreiben oder Text in ihn hineinkopieren. Sie können eine andere Datei in ihn einfließen lassen (siehe Kapitel 30, »Dateien verbinden«, S. 529) oder eine Grafik (siehe Kapitel 48, »Grafiken«, S. 725).

Positionsrahmen: Der Positionsrahmen wird automatisch in der Höhe angepaßt (aber nicht in der Breite). Zunächst nach unten, dann auch nach oben bis zum Papierrand. Mag sein, daß es immer noch mehr Text ist, als der Positionsrahmen aufnehmen kann. Der restliche Text verschwindet. Machen Sie den Rahmen breiter, und Sie sehen den Text wieder.

Textfeld: Das Textfeld bleibt, wie es ist, Sie müssen es manuell vergrößern oder ein zusätzliches Textfeld einfügen und den Text hierin fortsetzen.

Auf die nächste Seite dehnt sich ein Rahmen nie und nimmer aus. Sie müssen notfalls den überschüssigen Text ausschneiden und ihn auf der Folgeseite in einem neuen Rahmen wieder einfügen. Aber das geht mit einem verknüpften Textfeld einfacher.

:-)
TIP

Eine Grafik in einem Textfeld ist eigentlich unnötig, da eine Grafik selber eine Art Textfeld ist.

Verankert

Ein Positionsrahmen hängt immer an einem Absatz, genauso ein Textfeld. Wenn Sie mit EXTRAS/OPTIONEN/*Ansicht* die *Objektanker* einschalten, sehen Sie diese Verankerungen in der Layout-Ansicht.

STEP

ÜBUNG: *Textfelder (Beispieldatei: POSITION.DOC)*

1. Schalten Sie zur Vorbereitung in EXTRAS/OPTIONEN/*Ansicht* die *Objektanker* ein.

   Auch die Textbegrenzungen, wenn Sie möchten. Ist aber nicht unbedingt nötig.

2. Öffnen Sie POSITION.DOC, achten Sie darauf, daß Sie in der Normalansicht sind.

   Sie sollen das von Anfang an auskosten können.

3. Markieren Sie den ersten Textabsatz nach der Überschrift vollständig.

   Vollständig heißt: mit Absatzmarke. Um ganz sicher zu gehen, können Sie die Sonderzeichen sichtbar machen.

4. Aktivieren Sie EINFÜGEN/TEXTFELD, oder klicken Sie auf das korrespondierende Symbol in der Zeichnungsleiste.

Word wechselt in die Layout-Ansicht. Der Absatz wird in einen Rahmen gestellt. Sie sehen auch den Verankerungspunkt – in Form eines kleinen Ankers.

5. Erstellen Sie ein neues Textfeld.

Dazu müssen Sie zunächst den Cursor in einen normalen Absatz bringen. Dann wieder EINFÜGEN/TEXTFELD.
Der Zeiger wandelt sich zu einem Fadenkreuz. Irgendwohin bringen, links gedrückt halten, ziehen, wieder loslassen: der Positionsrahmen erscheint. Er schiebt den Text auf die Seite.

6. Schreiben Sie in das neue Textfeld einen beliebigen Text oder kopieren Sie einen hinein.

Sie dürfen auch gerne weitere Textfelder erstellen.

7. Gehen Sie zurück in die Normalansicht.

Der Text im Textfeld ist in der Normalansicht nicht zu sehen.

22.3 Bearbeiten

Den Rahmen markieren

Klicken Sie irgendwo in den Positionsrahmen oder das Textfeld, werden sie unübersehbar hervorgehoben: ein schraffierter Rahmen legt sich um den Rahmen.

Positionsrahmen: Damit ist der Positionsrahmen selbst aber noch nicht markiert. Führen Sie den Mauszeiger auf den Rand des Positionsrahmens. Sie sind dann richtig – und nur dann –, wenn dem Zeiger ein Kreuz angehängt wird. Dann ein Klick, und der Rahmen erhält acht schwarze Markierungspunkte (ein Positionsrahmen um eine Tabelle nur zwei).

Textfeld: Bei einem Klick in das Textfeld wird dieses automatisch markiert. Sie sehen es an den Markierungspunkten. Bei einem Textfeld sind sie weiß.

Die Größe ändern

Positionsrahmen oder Textfeld müssen zunächst markiert sein, klar. Nun führen Sie den Zeiger auf einen der Markierungspunkte. Er zeigt sich höchst wandlungsfähig und schlüpft in andere Gestalt, und zwar an den Eckpunkten anders als an den Seitenpunkten.

Das weitere Vorgehen dürfte eigentlich selbstverständlich sein: linke Maustaste drücken, ziehen, wieder loslassen. Mit welchem der Markierungspunkte Sie ziehen, hat freilich Auswirkung:

- ■► Mit den Eckpunkten werden Höhe und Breite des Rahmens gleichzeitig verändert.

- ■► Mit den Seitenpunkten wird nur die Höhe oder die Breite des Rahmens geändert.

Der Textfluß innerhalb des Rahmens paßt sich der Größenänderung an.

Besonderheiten bei der Größenänderung:

- ■► Halten Sie die Taste ⸢⇧⸣ gedrückt und ziehen an den Eckpunkten, wird die Größe proportional verändert, das heißt, das Verhältnis Breite zu Höhe bleibt gleich.

- ■► Halten Sie die Taste ⸢Strg⸣ gedrückt, verändern Sie die Größe auf allen Seiten gleichzeitig: Der Rahmen verkleinert oder vergrößert sich um seinen Mittelpunkt.

Die Position ändern

Wenn Positionsrahmen oder Textfeld markiert sind, bringen Sie den Zeiger auf eine der Seitenlinien. Passen Sie auf, daß Sie nicht einen der Markierungspunkte erwischen! Aber die Zeigerform signalisiert, ob Sie richtig liegen. Sie brauchen jetzt wieder das Kreuz. Und dann wie gehabt: links drücken und ziehen.

Wenn Sie die Verankerungspunkte sichtbar gemacht haben (EXTRAS/ OPTIONEN/*Ansicht*), und das ist bei der Arbeit mit Positionsrahmen zu empfehlen, merken Sie, wie der Anker von Absatz zu Absatz springt, sobald Sie Positionsrahmen oder Textfeld verschieben. In diesem Absatz werden die Rahmen verankert. Und er verschiebt sich mit, wenn sich der Absatz verschiebt (durch Einfügungen oder Löschungen).

Noch etwas bemerken Sie: Der Text fließt um den Absatz herum. Was nun allerdings zu erheblichen Lücken im Text führen kann – ein Fall für die Silbentrennung (siehe Kapitel 12, »Texte prüfen«, S. 159).

Trotzdem: Text, der um Rahmen (oder Bilder) fließt, wird immer schmal, und Lücken hie und da lassen sich einfach nicht vermeiden. Manchmal kann man eben dort nicht trennen, wo es wünschenswert wäre.

:-)
TIP

Beim Verschieben orientieren sich Positionsrahmen und Textfeld an dem Gitternetz, das für Zeichnungselemente eingestellt ist (Kapitel 50, »Zeichnen mit Word«, S. 769).

Verschwinde!

Wie, zum Teufel, bekommen Sie einen Positionsrahmen oder ein Textfeld wieder weg? Sie können sie – vorausgesetzt, sie sind markiert – kopieren oder ausschneiden wie normalen Text. Oder löschen mit Entf . Dann sind sie ganz weg.

FORMAT/
POSITIONSRAHMEN
FORMAT/TEXTFELD

Das ist aber vielleicht nicht, was Sie wollen. Den Inhalt möchten Sie schon behalten, Sie möchten ihn nur seiner herausragenden Stellung beheben, ihn wieder in den anderen, normalen Text integrieren.

Positionsrahmen: Sie öffnen FORMAT/POSITIONSRAHMEN. FRAME ENTFERNEN ist die Schaltfläche, die Sie benötigen.

Textfeld: Nicht ganz so einfach. Sie können den Inhalt markieren, ausschneiden, im Text wieder einfügen, dann das Textfeld löschen. Oder das Textfeld erst in einen Positionsrahmen umwandeln. Das geht mit FORMAT/TEXTFELD, Register *Textfeld*, Schaltfläche ZU POSITIONSRAHMEN UMWANDELN. Und dann geht's weiter wie oben.

Was vom Positionsrahmen noch übrigbleibt, ist der Kasten. Den können Sie mit FORMAT/POSITIONSRAHMEN wieder entfernen. Ansonsten hat sich der Inhalt wieder bescheiden in den Rest des Dokuments eingeordnet. Seine Star-Rolle – einmal im Leben anders sein als die anderen! – ist zu Ende.

Wenn Sie häufig mit Positionsrahmen zu tun haben, werden Sie sie häufig auch formatieren müssen. Es lohnt sich, die Funktion »FormatPosRahmen« auf ein Symbol oder einen Shortcut zu legen – sofern Sie nicht das Kontextmenü benutzen.

:-)
TIP

22.4 Die Größe

Mit der Maus arbeiten Sie bei Größen- und Positionsänderungen bequem, aber im Ungefähren. Der Augenschein entscheidet.

Das mag oft angehen. Aber nicht nur preußische Pingeligkeit, die Obsession der geheiligten Ordnung, auch schlichte typographische Erfordernisse, die Ästhetik der Ausgewogenheit, erfordern Genauigkeit.

Auf Millimeterbruchteile ist sie mit FORMAT/POSITIONSRAHMEN bzw. FORMAT/TEXTFELD möglich.

Hier ergeben sich nun allerdings beträchtliche Unterschiede zwischen Positionsrahmen und Textfeld.

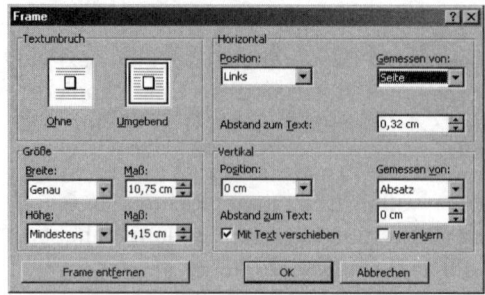

Die Größe – Positionsrahmen

Wenn Sie einen Text (oder ein anderes Element) markieren und dann einen Positionsrahmen anweisen, trägt Word in die Felder *Breite* und *Höhe* »Automatisch« ein: eine flexible Größe.

Sobald Sie die Rahmengröße manuell mit der Maus ändern oder wenn Sie einen neuen Positionsrahmen ziehen, lesen Sie »Genau« bei *Breite* und »Mindestens« bei *Höhe*. Und daneben stehen die exakten Maße.

Abbildung 22.4:
Der Positions-
rahmen und seine
Größe

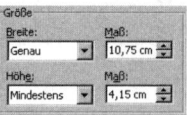

Auch für die Höhe können Sie »Genau« auswählen. Den Unterschied kennen Sie vom Zeilenabstand beim Absatzformat (siehe Kapitel 19, »Formatieren«, S. 317). Bei »Mindestens« paßt sich die Höhe dem Inhalt an, bei »Genau« bleibt sie, wie sie ist.

Natürlich können Sie selber auch exakte Werte eingeben und so dezidiert eine Größe bestimmen.

Die Größe – Textfeld

Zuständig ist das Register *Größe*. Nichts wird beim Textfeld automatisch geregelt, Höhe und Breite sind exakt angegeben. Allerdings können Sie ein Textfeld auch prozentual verkleinern und vergrößern. Aktivieren Sie zusätzlich *Seitenverhältnis*, wird die Größe proportional verändert. Das heißt: Wenn Sie die Höhe etwa auf 50% festlegen, wird bei der Breite automatisch ebenfalls 50% Prozent eingetragen.

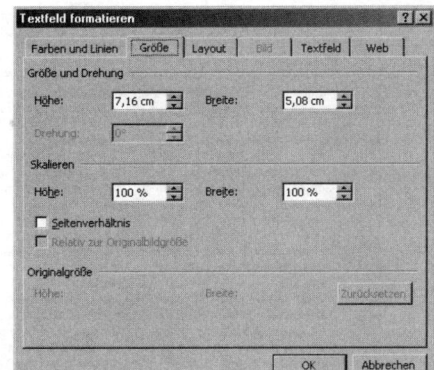

Abbildung 22.5:
Das Register Größe
für Textfelder

Wundern Sie sich nicht über die abgeblendeten Felder: Dasselbe Dialog-
feld ist auch für Grafiken und Zeichnungsobjekte zuständig.

INFO

22.5 Die Position

Die absolute Position

In den Bereichen *Horizontal* und *Vertikal* kann der exakte Standort eingetragen werden: die absolute Plazierung eines Positionsrahmens oder
Textfeldes. Auch eine absolute Position ist jedoch relativ zu sehen. (Alles
ist relativ, sagen bekanntermaßen die Philosophen. Oder waren es Politi-
ker – nach der Wahl?) Sie braucht einen Bezugspunkt, von dem aus
gemessen werden kann. Vier solcher Bezugspunkte gibt es, die in Abbildung 22.6 veranschaulicht werden:

- *Seite* – gemessen wird vom Blattrand aus.

- *Seitenrand* – gemessen wird vom definierten Rand aus.

- *Spalte* (nur bei der horizontalen Position) – gemessen wird vom Spaltenrand aus. Bei einem nur einspaltigen Text sind *Seitenrand* und
Spalte identisch.

- *Absatz* (nur bei der vertikalen Position). Bezugspunkt ist der Beginn
des Absatzes, mit dem der Rahmen verknüpft ist. Damit kann eine
exakte Position in Relation zu diesem Absatz hergestellt werden. »0«
bedeutet, daß der Rahmen auf gleicher Höhe mit dem Absatz steht.

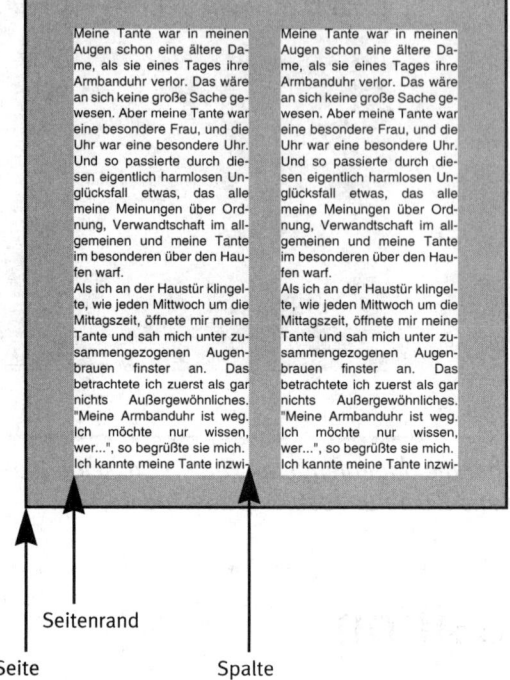

Meine Tante war in meinen Augen schon eine ältere Dame, als sie eines Tages ihre Armbanduhr verlor. Das wäre an sich keine große Sache gewesen. Aber meine Tante war eine besondere Frau, und die Uhr war eine besondere Uhr. Und so passierte durch diesen eigentlich harmlosen Unglücksfall etwas, das alle meine Meinungen über Ordnung, Verwandtschaft im allgemeinen und meine Tante im besonderen über den Haufen warf.

Als ich an der Haustür klingelte, wie jeden Mittwoch um die Mittagszeit, öffnete mir meine Tante und sah mich unter zusammengezogenen Augenbrauen finster an. Das betrachtete ich zuerst als gar nichts Außergewöhnliches. "Meine Armbanduhr ist weg. Ich möchte nur wissen, wer...", so begrüßte sie mich. Ich kannte meine Tante inzwi-

Seitenrand

Seite   Spalte

Die relative Position

Statt ein genaues Maß für die Position anzugeben, können Sie den Rahmen – und in Word 2000 jetzt auch ein Textfeld – relativ zu einem Bezugspunkt plazieren. Oder etwas einfacher ausgedrückt: Word soll selber dafür sorgen, daß z.B. in den Text integrierten Abbildungen genau am Spaltenrand stehen.

Zu diesen Einstellungen gelangen Sie mit einem Doppelklick auf das Objekt bzw. mit FORMAT/POSITIONSRAHMEN und bei einem Textfeld mit FORMAT/TEXTFELD/LAYOUT/WEITERE, Register *Bildposition*.

Bei der horizontalen Position stehen zur Auswahl *Links*, *Zentriert*, *Rechts*, *Innen* und *Außen*, wobei die beiden letzten Positionen nur wichtig sind, sofern bei der Seitendefinition für gegenüberliegende Seiten votiert wurde. Für die vertikale Position gibt es *Oben*, *Unten*, *Zentriert*, *Innen* und *Außen*. Auch für diese relativen Positionen ist der Bezugspunkt entscheidend. *Oben* am Seitenrand ist etwas anderes als *Oben* an der Seite.

Sollen in den Text integrierte Abbildungen automatisch immer *Rechts* oder *Links* an der Spalte stehen, tut man sich mit einem Positionsrahmen leichter, denn diese Positionen kann ich in die Formatvorlage für diese

Absätze aufnehmen. Zudem sehe ich einen solchen Positionsrahmen auch in der Normalansicht, ein Textfeld hingegen nur in der Layoutansicht.

Beispiele für Positionen

Um die Positionierung etwas plastischer zu machen, zeige ich Ihnen nun im Bild verschiedene Möglichkeiten. Wenn Sie das selber nachvollziehen möchten, nehmen Sie bitte die Beispieldatei POS2.DOC dazu. In ihrem Originalzustand entspricht sie der ersten Abbildung.

Der Rahmen wurde mit einem Rasterhintergrund versehen, damit er besser zu erkennen ist.

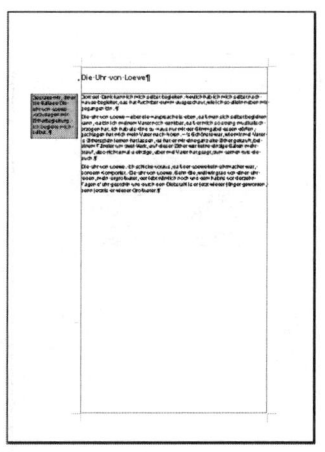

Horizontale Position:
Innen (oder *Links*), gemessen von *Seite*
Abstand zum Text: 0,25 cm

Vertikale Position:
0 cm, gemessen von *Absatz*

Der Rahmen steht nicht ganz links am Blattrand, sondern hält von der Spalte 0,25 cm Abstand. Vergrößert man diesen Abstand, rückt der Rahmen weiter nach links.

Horizontale Position:
0 cm, gemessen von *Seite*
Abstand zum Text: 3 cm

Vertikale Position:
0 cm, gemessen von *Absatz*

Weil jetzt keine relative, sondern eine absolute Position angegeben wurde, steht der Rahmen ganz links am Blattrand. Der Abstand von 3 cm verschiebt den Text nach rechts.

Horizontale Position:
Links (oder *Innen*), gemessen von
Seitenrand
Abstand zum Text: 1 cm

Vertikale Position:
0 cm, gemessen von *Absatz*

Der Rahmen steht ganz links am Seitenrand. Mit dem Abstand von
1 cm wird rechts (und links) des Rahmens
Platz frei gelassen.

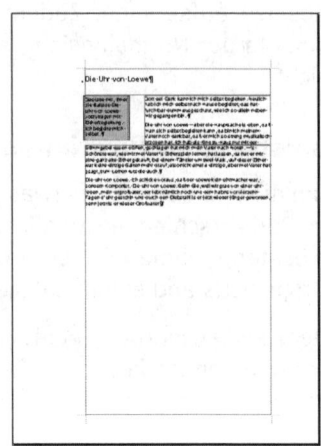

Horizontale Position:
Zentriert, gemessen von *Seitenrand*
Abstand zum Text: 1 cm

Vertikale Position:
0 cm, gemessen von *Absatz*

In der Mitte des Textes. Wollte man ihn in
die Mitte des Blattes stellen, müßte man
als Bezugspunkt *Seite* wählen.

Horizontale Position:
Rechts, gemessen von *Seite*
Abstand zum Text: 1 cm

Vertikale Position:
Unten, gemessen von *Seite*

In der rechten unteren Ecke der Seite.

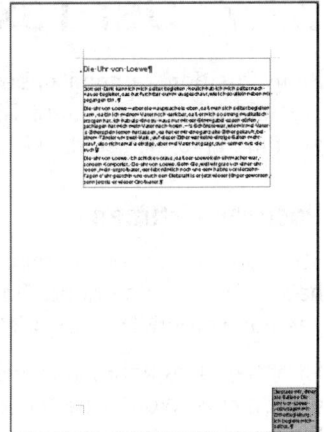

Wird ein positioniertes Element in Normalansicht verschoben, kann es seinen Positionsrahmen verlieren. Gut, wenn man eine Formatvorlage hat: Strg + Q, *und alles ist wieder ok.*

22.6 Abstände

Positionsrahmen: *Abstand zum Text* definiert den Freiraum um ein Element. Sie können trennen zwischen vertikalem Abstand (oben und unten) und horizontalem Abstand (links und rechts). Er betrifft aber immer alle zwei Seiten. Getrennte Abstände beispielshalber für links und rechts sind nicht möglich.

Textfeld: Wenn Sie getrennte Abstände definieren möchten, sollten Sie besser ein Textfeld verwenden. Hier finden Sie im Register *Layout* die Schaltfläche Weitere, mit der Sie Ihre Layout-Optionen erweitern. Im Register *Textumbruch* können Sie den Abstand zum Text individuell für alle vier Seiten regeln.

Das Register *Textfeld* legt zudem den *Innenrand* fest, also den Abstand zwischen Text und Rahmen. Auch hier sind unterschiedliche Abstände auf allen vier Seiten möglich.

22.7 Der Textfluß

Beim Positionsrahmen haben Sie nur bescheidene Möglichkeiten. Das Textfeld hingegen erlaubt Dinge, die sonst nur bei »großen« DTP-Programmen möglich sind – ein echter Fortschritt.

Positionsrahmen

»Umgebend« ist die Voreinstellung für den Textumbruch, die Wirkung haben Sie bereits erlebt: Ein solcher Rahmen kann mitten in einen Text gestellt werden. Der Text fließt um den Rahmen.

Ist neben dem Rahmen zu wenig Platz (weniger als 1 Zoll, also 2,54 cm), fließt nichts. Word schaltet de facto zu der Alternative »Ohne«. Hier bleibt Freiraum zwischen Rahmen und Spaltenrand.

Abbildung 22.7:
Die Textflußmög-
lichkeiten bei
Positionsrahmen

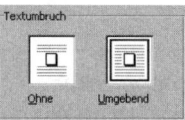

Textfelder

Mit dem Register *Layout* können Sie so allerhand anstellen. Manches können Sie einstellen, doch ohne daß es eine Wirkung zeigt – dieses Dialogfeld, ich sagte es schon, ist auch für Grafiken und Zeichnungsobjekte zuständig. So bleibt *Mit Text in Zeile* denn hier ausgespart: ein Textfeld ist immer rechteckig.

Abbildung 22.8:
Layout-Optionen
zum Formatieren
des Textfeldes

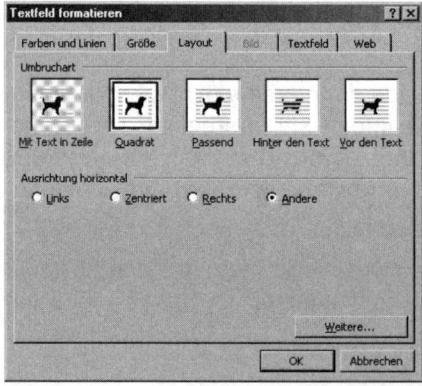

Was Sie wählen, ist zunächst die *Umbruchart*, womit Sie bestimmen, wie der Text um das Objekt fließt. Spezifische Optionen können Sie mit der Schaltfläche WEITERE festlegen. Es werden zwei zusätzliche Register eingeblendet, die präzise Angaben zu Grafikposition und dem Textumbruch erlauben. So können Sie im Register *Textumbruch* neben der Art des Umbruchs auch festlegen, in welche Richtung der Umbruch (*Zeilenumbruch*) erfolgen soll.

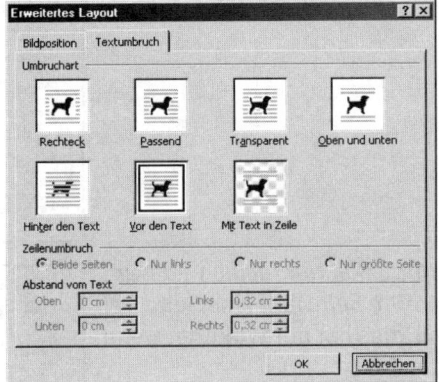

Abbildung 22.9:
Erweitertes Layout
für Textfelder

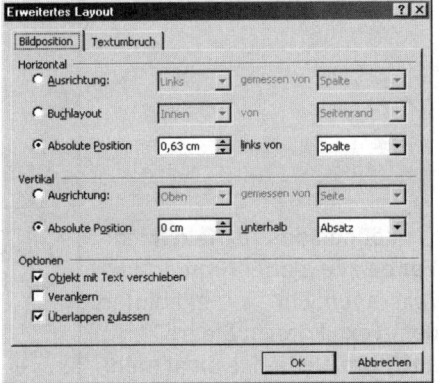

Abbildung 22.10:
Erweitertes Layout
für die Position von
Textfeldern

Die Wirkung der verschiedenen Optionen sehen Sie am besten an einigen Beispielen. Eine Übungsdatei zum Spielen für Sie ist FLUSS.DOC.

Verlassen Sie sich bei Positionierungen nicht auf die Bildschirmdarstellung! Auch TrueType hat seine Grenzen. Die Darstellung stimmt halbwegs bei 100% und wird mit zunehmender Vergrößerung ungenauer. Aufschluß geben nur Probeausdrucke.

Rechteck und *Zeilenumbruch/ Beiden Seite*n läßt den Text wahrhaftig auf allen Seiten um den Text fließen.

Nur links, Nur rechts und *Nur größte Seite* läßt eine Seite frei. All dies hat nur Wirkung, wenn der Text
auf der einen Seite
nicht zu schmal ist.

Sie können das Textfeld auch *Vor den Text* oder *Hinter den Text legen*. Ein Textfeld hinter dem Text können Sie freilich auf normale Weise nicht mehr markieren. Sie müssen dazu das Markierungswerkzeug aus der *Zeichnen*-Symbolleiste verwenden (Kapitel 50, »Zeichnen mit Word«, S. 769).

Las Vegas und der Strip

Hotels in Las Vegas sind nicht nur Beherbungsbetriebe. Sie *sind die* Stadt, und in ihnen spiegelt sich ihre Geschichte.

A new adventure is coming, heißt es, wenn wieder einmal ein Hotelneubau avisiert wird. Und das genau ist es: ein Abenteuer. Oft ist es nur vorgetäuscht, reine Fassade wie etwa beim goldglitzernden *Aladdin:* Der Schein triumphiert.

Die großen, die berühmten Hotels in Las Vegas aber wie das *Luxor,* das *Excalibur,* das *Treasure Island* weiteres im *Luxor* oder im *MGM Grand* einen ganzen Tag verbringen, ohne sich zu langweilen.

Und Sie müssen dazu nicht einmal die Casinos frequentieren. Sie bummeln durch diese riesigen Gebäudekomplexe, lassen sich in die "Adventures" entführen, essen zwischendurch einen Happen in einem der zahllosen Restaurants ...

Und so ist das ja auch gedacht. Sie sollen das Hotel gar nicht verlassen müssen. Alles Notwendige finden Sie unter einem Dach versammelt. Und irgendwann bricht auch der hartnäckigste Widerstand, und Sie setzen sich doch in eines der Casinos ... und das ist der Moment, wo die Betreiber wirklich Geld mit Ihnen verdienen.

Der Strip

Das Herz des Strip (offiziell: Las

Aus dem Reisefuhrer *Las Vegas,* erschienen im Koval Verlag. 144 S. mit 123 Abbildungen. Durchgehend vierfarbig. DM 24,80

Las Vegas und der Strip

Hotels in Las Vegas sind nicht nur Beherbungsbetriebe. Sie *sind die* Stadt, und in ihnen spiegelt sich ihre Geschichte.

Aus dem Reisefuhrer *Las Vegas,* erschienen im Koval Verlag. 144 S. mit 123 Abbildungen. Durchgehend vierfarbig. DM 24,80

A new adventure is coming, heißt es, wenn wieder einmal ein Hotelneubau avisiert wird. Und das genau ist es: ein Abenteuer. Oft ist es nur vorgetäuscht, reine Fassade wie etwa beim

Es ist nicht wahr, daß der Strip nur am Abend interessant sei, wenn er im Neonlicht glitzert, tags hingegen schäbig.

Denn hinter den Fassaden tut sich ja allerhand. Sie können ohne weiteres im *Luxor* oder im *MGM Grand* einen ganzen Tag verbringen, ohne sich zu langweilen.

Und Sie müssen dazu nicht einmal die Casinos frequentieren. Sie bummeln durch diese riesigen Gebäudekomplexe, lassen sich in die "Adventures" entführen, essen zwischendurch einen Happen in einem der zahllosen Restaurants ...

Und so ist das ja auch gedacht. Sie sollen das Hotel gar nicht verlassen müssen. Alles Notwendige finden Sie unter einem Dach versammelt. Und irgendwann bricht auch der hartnäckige Widerstand, und Sie setzen sich doch in eines der Casinos ... und

---

Las Vegas und der Strip

Hotels in Las Vegas sind nicht nur Beherbungsbetriebe. Sie *sind die* Stadt, und in ihnen spiegelt sich ihre Geschichte.

A new adventure is coming, heißt es, wenn wieder einmal ein Hotelneubau avisiert wird. Und das genau ist es: ein Abenteuer. Oft ist es nur vorgetäuscht, reine Fassade wie etwa beim goldglitzernden *Aladdin:* Der Schein triumphiert.

Die großen, die berühmten Hotels in Las Vegas aber wie das *Luxor,* das *Excalibur,* das *Treasure Island* oder *Caesars Palace* sind gigantische Themenparks, durchgestylt mit bitterer Konsequenz – und manchmal auch mit Witz. Man muß das nicht mögen, aber man kann es zumindest anschauen

Aus dem Reisefuhrer *Las Vegas,* erschienen im Koval Verlag. 144 S. mit 123 Abbildungen. Durchgehend vierfarbig. DM 24,80

die "Adventures" entführen, essen zwischendurch einen Happen in einem der zahllosen Restaurants ...

Und so ist das ja auch gedacht. Sie sollen das Hotel gar nicht verlassen müssen. Alles Notwendige finden Sie unter einem Dach versammelt. Und irgendwann bricht auch der hartnäckigste Widerstand, und Sie setzen sich doch in eines der Casinos ... und das ist der Moment, wo die Betreiber wirklich Geld mit Ihnen verdienen.

Der Strip

Das Herz des Strip (offiziell: Las Vegas Boulevard South) zwischen Hacienda/Tropicana Avenue und Sahara Avenue, dort, wo die Musik spielt, ist etwa fünfeinhalb Kilometer lang – ein besserer Spaziergang also, wenn Sie nur mal so bummeln wollen.

In der Sommerhitze freilich kann

22.8 Ankerpunkte

Positionsrahmen und Textfeld, so wurde schon wiederholt gesagt, sind immer in einem Absatz verankert. Sie sehen das am Ankerpunkt, wenn Sie diesen mit EXTRAS/OPTIONEN/*Ansicht* sichtbar machen.

Klebrige Sachen

Mit der Maus haben Sie zweierlei Möglichkeiten, den Rahmen zu verschieben. Entweder Sie packen den Rahmen oder seinen Anker. Das hat aber unterschiedliche Auswirkungen.

- Verschieben Sie den Rahmen selbst, bleibt er in seinem Absatz verankert. Zunächst wenigstens. Kommen Sie in die Nähe des nächsten Absatzes, rutscht der Ankerpunkt dorthin (weitergehende Verschiebungen nach oben oder unten müssen Sie also mit FORMAT/POSITIONSRAHMEN bzw. FORMAT/TEXTFELD erledigen). Durch diese Art der Verschiebung ändert sich die relative Position zum verbundenen Absatz.

- Verschieben Sie den Ankerpunkt, stellen Sie einen Bezug zu einem anderen Absatz her. In diesem Absatz ist der Rahmen jetzt verankert. Er behält aber, und das ist der gewichtige Unterschied, seine ursprüngliche Position auf der Seite.

Bei gewissenhaftem Studium des Dialogfensters (FORMAT/POSITIONSRAHMEN bzw. FORMAT/TEXTFELD, Schalter WEITERE und Register *Bildposition*) wird Ihnen auch die Option *Verankern* auffallen. Bevor Sie ins Spekulieren kommen, will ich hoffnungsvolle Träume gleich zerstören:

- *Verankern* bedeutet einzig und allein, daß Sie den Rahmen nicht in einem *anderen* Absatz verankern können. Er läßt sich gleichwohl auf der Seite nach Belieben verschieben.

Sie entgehen damit der Mechanik, daß der Rahmen irgendwann einmal zum nächsten Absatz rutscht – und kriegen dafür ein nett verändertes Ankersymbol.

Positionsrahmen: In der Normalansicht können Sie einen verankerten Positionsrahmen trotzdem an eine beliebige Stelle verschieben; er wird dann dem nachfolgenden Absatz zugeordnet.

Textfeld: Bei einem Textfeld geht das nicht – es ist ja in der Normalansicht gar nicht zu sehen.

Komm mit!

Mit Text verschieben (bei den Textfeldern heißt es *Objekt mit Text verschieben*) garantiert, daß ein Rahmen am Rockzipfel seiner Mutter, respektive an seinem Absatz kleben bleibt, auch wenn sich Textverschiebungen ergeben.

Ist die Option nicht markiert, bleibt der Rahmen, wo er ist. Das freilich muß auch wieder relativ gesehen werden. Immer noch ist er mit einem Absatz verbunden. Probieren Sie das mal aus mit der Beispieldatei POS2.DOC.

➡ Sie sehen den Ankerpunkt vor dem ersten Textabsatz.

➡ Wenn Sie *Mit Text verschieben* aufheben, hat der Rahmen keine relative Position zum Absatz mehr, sondern eine absolute zur Seite. (Das gilt für einen Positionsrahmen; Textfelder haben immer eine absolute Position.)

➡ Sie fügen davor etwas ein und schreiben und schreiben und schreiben, der Rahmen bleibt aber an seiner Stelle. Das ist der Sinn der Sache.

Das geht so lange gut, bis – und halt!, schon ist es passiert. Der Absatz, in dem der Rahmen verankert ist, rutscht, der Einfügungen wegen, auf die nächste Seite. Und der Rahmen mit ihm.

Und dann erinnern Sie sich an die Option *Verankern*. Vielleicht ...? Nein, geht auch nicht. Lassen Sie es sich gesagt sein:

➡ Es gibt keine Möglichkeit, einen Rahmen auf der Seite so zu verankern, daß er absolut fest an seiner Position bleibt.

Fast keine. Die einzige Chance ist, den Rahmen in der Kopfzeile zu verankern (siehe Kapitel 18, »Kopf- und Fußzeilen«, S. 299).

Wenn Sie aber nicht möchten, daß er auf allen Seiten erscheint, müssen Sie bei Bedarf Abschnittswechsel einfügen, damit Sie die Kopfzeile ändern können.

22.9 Rahmen und Schattierung

Positionsrahmen: Bei einem Positionsrahmen können Sie Linien und Hintergrundmuster mit FORMAT/RAHMEN UND SCHATTIERUNG zuweisen – mit allen Möglichkeiten, die es da so gibt (siehe Kapitel 20, »Rahmen und Schattierung«, S. 351).

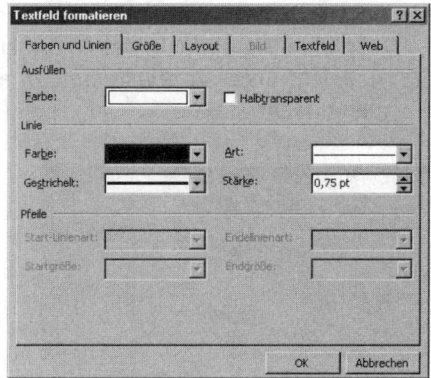

Textfeld: Bei einem Textfeld geht das prinzipiell auch. Nur haben Sie weit vielfältigere Möglichkeiten mit FORMAT/TEXTFELD, Register *Farben und Linien*.

Die Möglichkeiten einer *Linie* – also des eigentlichen Rahmens – sind ja noch relativ trivial: Sie wählen eine Form, eine Art, eine Stärke aus. Schon bei der *Farbe* wird es jedoch im wahrsten Sinne etwas bunt.

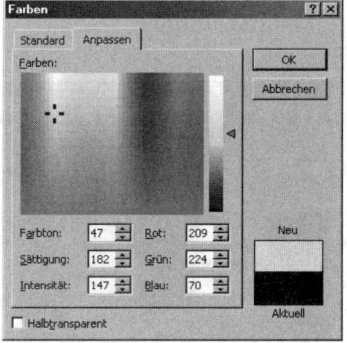

Sie haben ein paar Farben in dem Feld zur Auswahl – und noch mehr, wenn Sie auf *Weitere Farben* klicken – und noch viel mehr dort im Register *Anpassen*. Sie können hier auch die konkreten Farbwerte eingeben. Zudem können Sie dann noch eine *Gemusterte Linie* auswählen.

Was dann unter *Ausfüllen* bei *Farbe–Weitere Farben* auftaucht, kommt Ihnen bekannt vor: die gleichen Auswahlmöglichkeiten. Überwältigend wird's dann, wenn Sie nach den *Fülleffekten* schauen. Was Word hier bietet, läßt selbst manches renommierte DTP-Programm erblassen.

■► *Graduell* ermöglicht Farbverläufe in allen nur denkbaren Variationen – spielen Sie einfach mal ein bißchen herum. Zu Anfang wählen Sie vielleicht unter *Voreinstellungen* aus, was sich die Word-Macher so ausgedacht haben.

Abbildung 22.13:
Farbverläufe für
Textfelder

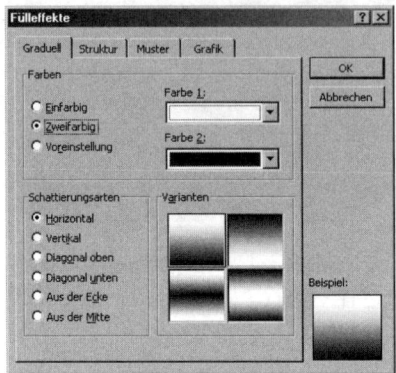

■► *Struktur* sagt's ja schon. Was da angeboten wird, ist ja ganz nett. Aber darf's ein bißchen mehr sein? Dann suchen Sie doch mal auf Ihrer Festplatte weitere Strukturen. Schon im Windows-Verzeichnis werden Sie fündig.

Abbildung 22.14:
Strukturen für
Textfelder

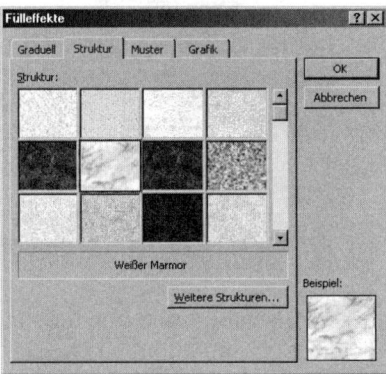

■► *Muster* – nun gut, das kennen Sie auch schon von den Linien.

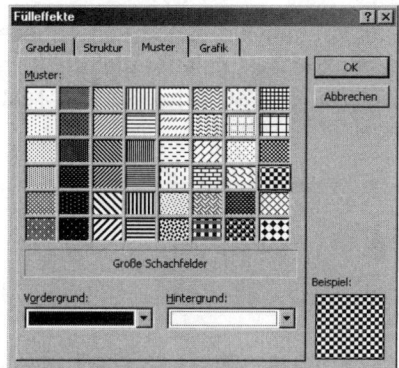

Abbildung 22.15:
Muster für
Textfelder

■► *Grafik* – hier ist gar nichts vorgegeben, Sie müssen selber eine suchen, und können jede beliebige nehmen (sofern Word sie importieren kann, versteht sich).

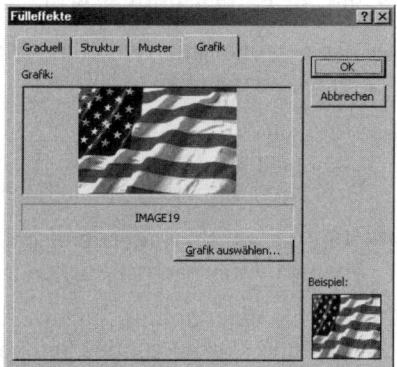

Abbildung 22.16:
Grafiken für
Textfelder

Der Unterschied zwischen Struktur und Grafik? Eine Struktur wird sozusagen endlos wiederholt, wenn das Textfeld zu groß wird; deshalb eignen sich dazu nur echte Strukturen, keine Grafiken (die Sie gleichwohl hier auch laden können).

Eine Grafik hingegen wird in das Textfeld hineingequetscht und paßt sich dessen Größe an.

22.10 Textrichtung

Das kennen Sie schon von Tabellen. Im Menü FORMAT/TEXTRICHTUNG sehen Sie Beispiele für die drei Richtungsarten, mit dem Symbol drehen Sie pro Klick schrittweise. Die Textrichtung ist aber nur in der Layout-Ansicht zu sehen.

Abbildung 22.17:
Auch in Textfeldern
ist die Textrichtung
variabel

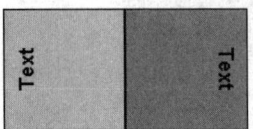

22.11 Textfelder verknüpfen

Das ist nun wirklich eine bemerkenswerte Funktion: Sie erstellen mehrere Textfelder, auf derselben Seite oder auf verschiedenen Seiten, und verknüpfen diese miteinander, so daß der Text vom ersten Textfeld ins zweite und von dort ins dritte usw. fließt.

➡ Sie erzeugen Ihre Textfelder, kopieren einen Text und fügen ihn in das erste Textfeld ein.

 ➡ Nun klicken Sie auf das Verknüpfungssymbol, führen den Zeiger auf das nächste Textfeld und klicken dort. Der Zeiger läßt Sie nicht im unklaren darüber, was Sie füllen dürfen.

➡ Und so geht's weiter: erst das zuletzt gefüllte Textfeld markieren, dann auf das nächste klicken.

➡ Um die Verknüpfung aufzuheben, markieren Sie ein (gefülltes) Textfeld und klicken auf das Symbol. Alle Textfelder in der Kette **danach** werden geleert. Ein Textfeld mittendrin aus der Kette herausnehmen, kann Word nicht.

  ➡ Und mit diesen Symbolen springen Sie von einem verknüpften Textfeld zum andern.

22.12 Marginalienspalte

Die Marginalienspalte sehen Sie auf jeder Seite dieses Buches: eine Randspalte für Bemerkungen und Symbole, immer außen (oder immer innen). Mit Word so etwas zu erzeugen, ist kein Problem. Es geht aber nur mit Positionsrahmen.

Die Randeinstellungen

Notwendig ist als erstes die Definition gegenüberliegender Seiten (siehe Kapitel 17, »Das Seitenlayout«, S. 279) und eine ungleiche Randeinstellung.

Die Marginalienspalte (nehmen wir an: 3 cm breit) und der Abstand zum Text (0,5 cm) müssen vom eigentlichen Satzspiegel (dem insgesamt bedruckten Bereich der Seite) abgezogen und dem Rand *Außen* zugeschlagen werden.

Für den Ausdruck auf einer DIN-A4-Seite ergibt das beispielsweise einen Rand *Außen* von 7,5 cm und *Innen* von 3,5 cm. Für die Textspalte bleiben dann noch 10 cm übrig.

Die Formate

Die Elemente in der Marginalienspalte sind in Positionsrahmen. Sie stehen »Außen« (Bezugspunkt: *Seite*) und haben eine genaue Breite von 3 cm. Der vertikale Bezugspunkt ist der Absatz, und natürlich werden sie mit dem Absatz verschoben.

Die vertikale Position von 0 cm garantiert, daß die Überschrift und der danebenstehende Absatz genau auf der gleichen Höhe stehen. Das geht aber nur dann reibungslos, wenn in beiden Fällen die gleiche Schriftgröße verwendet wird.

Ist die Überschrift größer, passiert folgendes: Bei einem »Einfach«-Zeilenabstand werden Text und Überschrift an der Oberlänge ausgerichtet (Abbildung 22.18). Haben beide Absätze den gleichen, genau definierten Zeilenabstand, stehen sie exakt auf der gleichen Schriftlinie. Dafür rutschen die Zeilen in der Überschrift unter Umständen ineinander (Abbildung 22.19).

Der Text in der Marginalienspalte muß den gleichen Anfangsabstand haben wie der nebenstehende Textabsatz, sonst wird das positionierte Element tiefer gesetzt (Abbildung 22.20). Natürlich läßt sich dieser Effekt auch bewußt einsetzen, um Text in der Marginalienspalte entsprechend zu plazieren.

Abbildung 22.18:
Unterschiedliche
Schriftgröße und
ein Einfach-
Zeilenabstand: auf
gleicher Höhe mit
der Oberlänge

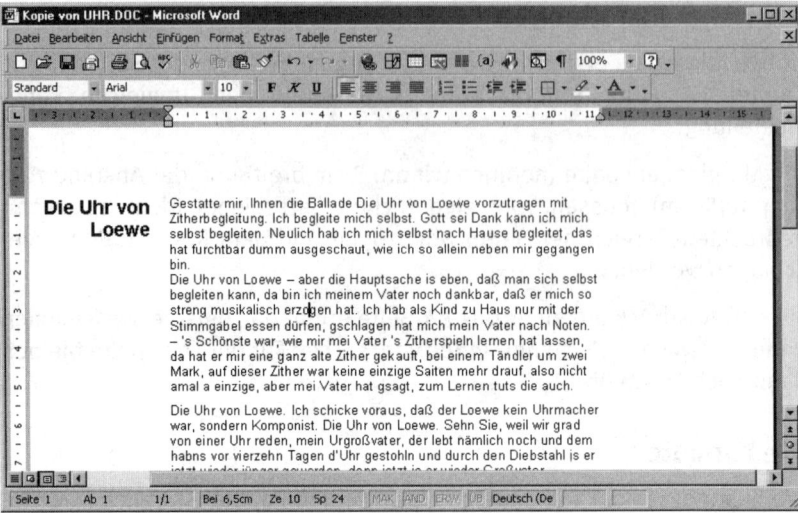

Abbildung 22.19:
Gleicher
Zeilenabstand:
ausgerichtet an der
Schriftlinie

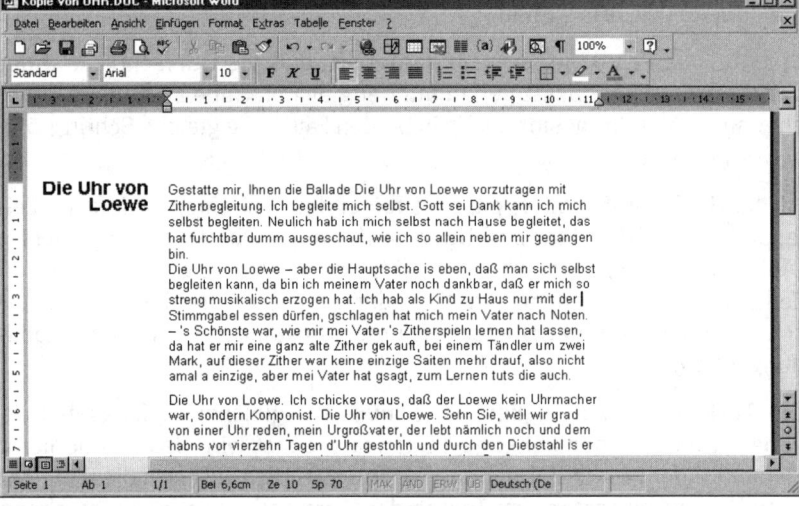

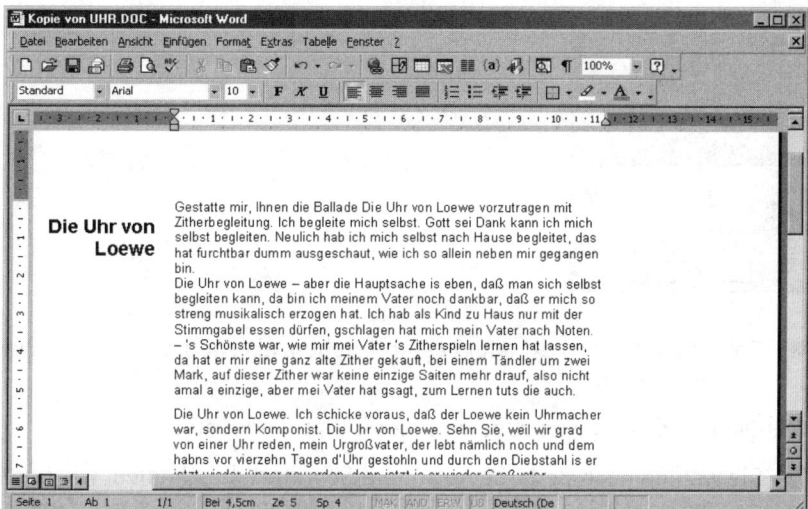

22.13 Initialen

Das sind die großen Anfangsbuchstaben eines Absatzes, wie Sie sie in diesem Buch bei jedem Kapitelanfang sehen. In mittelalterlichen Handschriften sind sie wunderschön ausgemalt und verziert, wir müssen uns mit etwas weniger bescheiden.

> or langer, langer Zeit stand am Fuße des Olivenberges am Olivensee eine kleine Hütte, und dort wohnte eine Mutter mit ihrem Sohn. Die Mutter war eine kleine, gebeugte Greisin und konnte kaum eine Arbeit mehr verrichten, doch da sie einen jungen und tüchtigen Sohn hatte, schlugen sich die beiden schlecht und recht durchs Leben.
>
> or langer, langer Zeit stand am Fuße des Olivenberges am Olivensee eine kleine Hütte, und dort wohnte eine Mutter mit ihrem Sohn. Die Mutter war eine kleine, gebeugte Greisin und konnte kaum eine Arbeit mehr verrichten, doch da sie einen jungen und tüchtigen Sohn hatte, schlugen sich die beiden schlecht und recht durchs Leben.

Abbildung 22.21:
Die zwei Möglichkeiten, Initialen zu verwenden

Dafür geht es ganz einfach, da Word eine eigene Funktion dafür hat: FOR-MAT/INITIAL. Sie brauchen nicht einmal etwas zu markieren. Es reicht, wenn der Cursor irgendwo in einem Absatz steht. Und es gibt sogar ein Symbol dafür (Kategorie »Format«).

Und warum das ausgerechnet in diesem Kapitel erwähnt wird? Nun, Word nimmt den ersten Buchstaben des Absatzes, bricht ihn heraus und stellt ihn – in einen Positionsrahmen. Sie müssen nur die Details entscheiden:

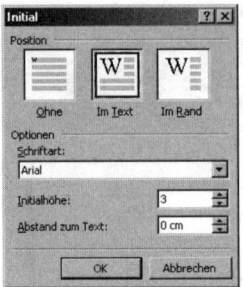

► Soll das Initial *Im Text* oder *Im Rand* stehen, also neben dem Text, wie im Absatz zuvor?

► *Ohne* hebt ein zuvor zugewiesenes Initial wieder auf.

► Sie wählen nach Bedarf eine andere Schriftart, bestimmen, wie hoch das Initial werden soll (in Zeilen) und welchen *Abstand zum Text* es haben soll.

Word berechnet, wie groß das Zeichen werden, um wieviel Punkt es tiefer gestellt werden muß – alles Dinge, die man früher in elender Handarbeit selbst machen mußte. Schön!

Formatvorlagen

Kapitel 23

Formatvorlage« klingt abschreckender, als die Sache tatsächlich ist. Eine Formatvorlage ist schlicht die Zusammenfassung verschiedener Formatmerkmale.

Was bei der direkten Formatierung in vielen Einzelschritten erledigt wird – Schriftart, Einzug, Ausrichtung, Abstand, Position –, wird zusammengefaßt, das Ding bekommt einen Namen und ist fortan eine Formatvorlage. Und alle Formatmerkmale lassen sich sodann gemeinsam in einem Schritt zuweisen.

Sie sollten für dieses Kapitel über die allgemeinen Grundlagen der Formatierung Bescheid wissen, weshalb gewissenhaftes Studium von Kapitel 19, »Formatieren«, S. 317, unabdingbare Voraussetzung ist.

23.1 Über Formatvorlagen

Wer zum ersten Mal mit Formatvorlagen in Berührung kommt, hat allen Anlaß, sich verwirrt zu fühlen. Was Formatvorlagen sind, ist nicht schwer zu verstehen. Aber der Umgang mit ihnen gestaltet sich nicht ganz so einfach. Vor allem, weil da auch noch die Dokumentvorlagen mit hereinspielen, und das ist erst recht kompliziert.

Wenn Sie am Ende des Kapitels nicht alles verstanden haben, ist das keine Schande. Den richtigen und sinnvollen Einsatz von Formatvorlagen lernt man erst in der praktischen Arbeit. Bemühen Sie sich am Anfang gar nicht darum, alle Details zu verstehen! Es genügt, wenn Sie in Grundzügen Bescheid wissen. Sie werden dann selber im Laufe der Zeit auf die Feinheiten stoßen und können sie in diesem Kapitel nachschlagen.

Und garantiert: Sobald Sie sich an Formatvorlagen gewöhnt haben, werden Sie sie nicht mehr missen wollen.

Formatvorlagen hießen früher »Druckformate«. An der Funktion hat sich aber nichts geändert.

Was sind Formatvorlagen?

Formatvorlagen vereinen alles, was sonst einzeln und nacheinander zugewiesen werden muß:

▪ Zeichenformatierung,

▪ Absatzformatierung (auch Aufzählungen und Numerierungen),

▪ Tabulatoren,

▪ Positionsbestimmungen.

Eine Formatvorlage ist immer vorhanden, ob Sie wollen oder nicht. Sie heißt »Standard« und wird von jedem Absatz verwendet, dem nicht ausdrücklich eine andere Vorlage zugewiesen ist.

Welcher Absatz welche Formatvorlage verwendet, läßt sich an zwei Stellen ablesen, und es empfiehlt sich, beides einzuschalten:

▪ In der *Formatierung-Symbolleiste*. Hier erscheint der Formatvorlagenname des Absatzes, in dem der Cursor steht.

> Word zeigt in dieser Liste bereits die Formatierungen an, weshalb es etwas dauern kann, bis sich die Liste öffnet. Die Größe der Darstellung ist vom aktuellen Zoom-Faktor abhängig.

▪ In der *Formatvorlagenanzeige*. Sie befindet sich links neben dem Text und muß mit EXTRAS/OPTIONEN/*Ansicht* definiert werden. Dort müssen Sie als *Breite der Formatvorlagenanzeige* zum Beispiel »1 cm« eingeben. Diese Formatvorlagenanzeige ist jedoch nur in der Gliederungs- und Normalansicht sichtbar.

Wie breit die Formatvorlagenspalte werden soll, hängt davon ab, wieviel Sie von den Formatvorlagennamen sehen wollen. Die Breite läßt sich mit der Maus leicht verändern:

▪ Sie bringen den Zeiger auf die Linie der Formatvorlagenspalte, bis er sein Aussehen ändert, drücken die linke Maustaste und verschieben die Linie.

23.2 Formate zuweisen

Formatvorlagen lassen sich auswählen und zuweisen. Die Fülle der Möglichkeiten ist geradezu überwältigend:

FORMAT/
FORMATVORLAGE

- Mit dem Menü FORMAT/FORMATVORLAGE.

- Mit der *Formatierung*-Symbolleiste und der Maus.

- Mit ⌨Strg+⌨⇧+⌨S. Damit wird das Listenfeld in der Formatierungsleiste aktiviert, mit ⌨↑ und ⌨↓ blättern Sie durch die Liste. Bei ausgeblendeter Formatierungsleiste gelangen Sie zum Menü FORMAT/FORMATVORLAGE.

- Mit der Formatvorlagenspalte und der Maus. Ein Doppelklick mit der linken Maustaste in der Formatvorlagenspalte öffnet das Menü FORMAT/FORMATVORLAGE.

- Mit einer Tastenkombination. Dazu muß aber zunächst eine Formatvorlage auf diese Tastenkombination »gelegt« werden, was bei der Definition (oder nachträglich) geschieht. Verschiedene Shortcuts sind schon vorbelegt (Tabelle 23.1 auf Seite 414).

Das Zuweisen von Formatvorlagen gehört zu den Aktionen, die sich mit ⌨F4 *wiederholen lassen.*

:-)
TIP

Die Formatvorlagen für Absätze und für Zeichen sind leicht voneinander zu unterscheiden:

- Absatz-Formatvorlagen haben das Absatzmarken-Zeichen ¶ hintendran.

- Zeichen-Formatvorlagen sind mit dem Zeichen a̲ markiert.

Was wird nun genau formatiert mit einer Formatvorlage?

- Mit einer Zeichen-Formatvorlage wird das aktuelle Wort oder ein markierter Textteil formatiert.

- Mit einer Absatz-Formatvorlage wird der aktuelle Absatz formatiert – oder mehrere Absätze, wenn sie markiert sind. Diese Formatinformationen werden in der Absatzmarke festgehalten. Wird diese gelöscht, erhält der Absatz aber nicht mehr wie in früheren Versionen das Format des folgenden Absatzes, sondern behält sein Format bei.

Damit Sie mal sehen, wie sowas geht, sollten Sie die nächste Übung mitmachen.

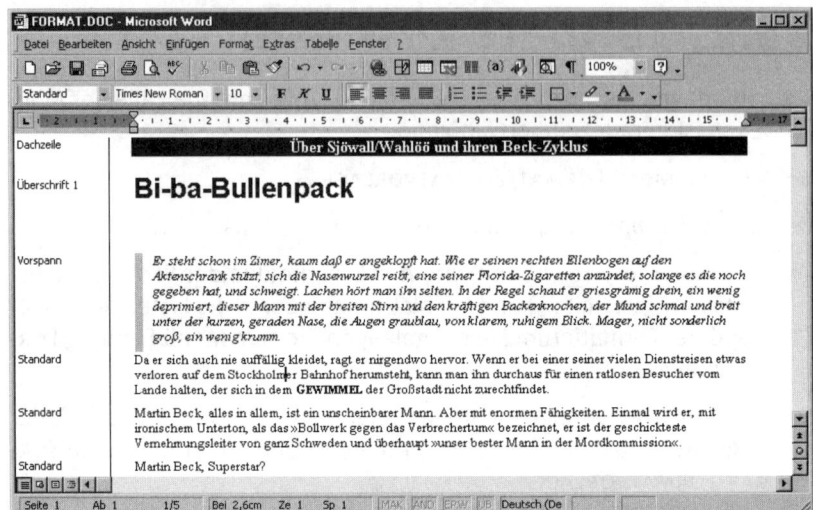

ÜBUNG: *Formatvorlage zuweisen (Beispieldatei: FORMAT.DOC)*

1. Schalten Sie, sofern nötig, die *Formatierung*-Symbolleiste ein sowie die *Formatvorlagenanzeige* über EXTRAS/OPTIONEN.

   So läßt sich leichter arbeiten. Machen Sie die Formatvorlagenanzeige für den Anfang 1 cm breit, vergrößern Sie sie dann mit der Maus.

2. Bringen Sie den Cursor in den ersten Absatz, öffnen Sie das Format-vorlagen-Listenfeld in der Formatierungsleiste, weisen Sie das Format »Dachzeile« zu.

   Es geht auch mit ⌨Strg+⌨↑+⌨S. *Dann solange* ⌨↓, *bis »Dachzeile« erscheint, und* ⌨↵.

3. Doppelklicken Sie in der Formatvorlagenanzeige.

   Das ist gleichbedeutend mit dem Öffnen des Menüs FORMAT/FORMATVORLAGE.

4. Wählen Sie die Formatvorlage »Überschrift 1«, und klicken Sie auf die Schaltfläche ZUWEISEN. Oder drücken Sie ⌨↵.

   Diese Formatvorlage vereint viele Merkmale. Sie werden unten im Dialogfenster aufgeführt.

5. Gehen Sie in den nächsten Absatz, und wählen Sie die Formatvorlage »Vorspann«.

   Probieren Sie aus, welche Art der Zuweisung Ihnen am sympathischsten ist.

6. Gehen Sie mit dem Cursor in ein Wort, und wählen Sie die Formatvorlage »Hervorhebung«.

Die bisherigen Formatvorlagen betrafen immer ganze Absätze, diese hier formatiert Zeichen.

Nutzen Sie Formatvorlagen weidlich! Zu viele sind zwar auch von Übel, weil man den Überblick zu verlieren droht, zu wenige aber verursachen möglicherweise viel Arbeit. Formatvorlagen sind immer dann sinnvoll, wenn sich an der Formatierung möglicherweise etwas ändert. Nur weil Sie einmal den Endeabstand ändern müssen, lohnt sich keine neue Formatvorlage. Aber spätestens beim dritten Mal sollten Sie dann zur Tat schreiten.

:-)
TIP

23.3 Formatvorlagen ändern

Formatvorlagen neu anzulegen oder zu verändern, ist nicht so kompliziert, wie es auf den ersten Blick scheinen mag. Der Weg dazu führt über das Menü FORMAT/FORMATVORLAGE, das Sie auch, wie Sie ja wissen, besonders schnell mit Doppelklick in der Formatvorlagenanzeige öffnen können.

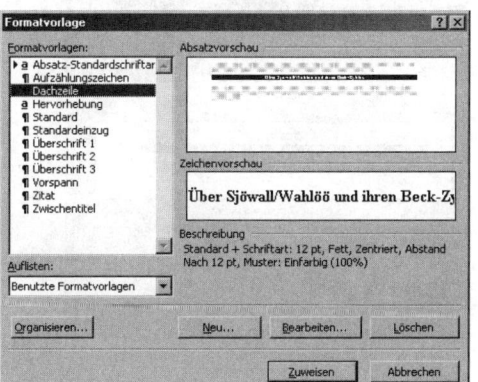

Abbildung 23.2:
Der Einstieg in die Bearbeitung von Formatvorlagen

Verweilen Sie einen Augenblick, der Anblick ist so schön. Sie erhalten schon eine Menge Informationen:

➡ Aktuelles Zeichen- und Absatzformat sind hervorgehoben bzw. mit einem Pfeil markiert.

▪️ Die *Beschreibung* sagt genau, welche Merkmale die betreffende Formatvorlage hat: Schriftart, Schriftgröße, Einzüge, Abstände, Tabstops, Positionsangaben, Rahmen, Farbe usw.

▪️ In der *Vorschau* sehen Sie das Zeichenformat dargestellt und stilisiert
die Wirkung des Absatzformats.

▪️ Mit *Auflisten* können Sie die Anzeige der Formatvorlagen wechseln.
Benutzte Formatvorlagen sind jene, die im aktuellen Dokument auch
tatsächlich verwendet werden. *Alle Formatvorlagen* – das ist eine
ganze Menge, denn Word hat viele vorgegebene, »automatische«
Vorlagen, auf die wir noch zu sprechen kommen. Und schließlich
schränkt *Benutzerdef. Formatvorlagen* den Kreis erheblich ein. Hier
handelt es sich um solche, die Sie selber erstellt haben; Words vorgegebene Formatvorlagen bleiben ausgeklammert.

Eigentlich kennen Sie das alles schon

Um eine Formatvorlage zu ändern, wählen Sie sie zunächst einmal aus.
Und dann ist alles eigentlich ganz einfach – wenigstens, wenn man die
Feinheiten vorerst noch mißachtet:

▪️ Mit BEARBEITEN schalten Sie zum zweiten Teil des Dialogfensters:
nochmals eine Vorschau, nochmals eine Beschreibung.

Abbildung 23.3:
Wir verzweigen zur
Änderung der
Formatvorlage

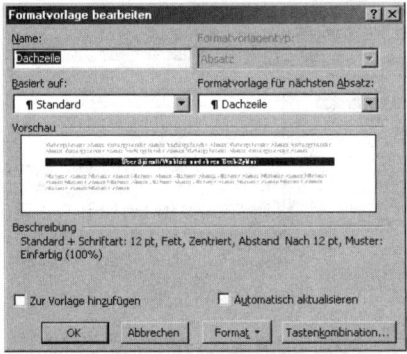

▪️ Mit FORMAT wählen Sie nacheinander aus, was Sie ändern möchten.

▪️ Daraufhin öffnen sich dieselben Dialogfenster, die bei der Formatierung über das Menü FORMAT abgerufen werden.

▪️ Sie nehmen Ihre Änderungen vor, nach diversen OK landen Sie wieder
im Hauptfenster, das Sie mit SCHLIESSEN verlassen.

ÜBUNG: *Formatvorlage ändern (Beispieldatei: FORMAT.DOC)*

1. Gehen Sie in einen Absatz mit dem Format »Standard«.

   Richtig geraten: Diese Formatvorlage soll geändert werden.

2. Aktivieren Sie das Menü FORMAT/FORMATVORLAGEN.

   »Standard« ist schon markiert, da der Cursor in einem so formatierten Absatz steht.

3. Wählen Sie BEARBEITEN, dann FORMAT, dann ZEICHEN, und ändern Sie Schriftart und Schriftgröße. Zweimal OK, dann SCHLIESSEN, und Sie sind wieder im Text

   Wenn Sie in der vorigen Übung die Formatvorlagen zugewiesen haben, bemerken Sie, daß auch die anderen Formate die veränderte Schriftart und -größe übernehmen. Diese Zusammenhänge werden noch erklärt.

4. Machen Sie die Änderung wieder rückgängig.

   Öffnen Sie die Liste, wählen Sie »Formatvorlage« aus.

Shortcut oder Symbol für die Formatvorlage

Besonders bequem ist es, Formatvorlagen einem Shortcut zuzuweisen. Die Finger können auf der Tastatur bleiben, der Schreibfluß wird nicht unterbrochen. Der Shortcut kann bei der Definition einer Formatvorlage bestimmt werden, aber jederzeit auch nachträglich.

Das geht genauso wie die übliche Definition eines Shortcuts (siehe Kapitel 64, »Tastenbelegung«, S. 965), nur daß Sie vom Dialogfenster FORMAT/FORMATVORLAGE, Abteilung BEARBEITEN, aus mit TASTENKOMBINATION gleich weiterschalten können. Und dann nur das eine Format vorfinden, das gerade markiert ist.

Achten Sie darauf, was im Feld *Speichern in* steht! Hiermit bestimmen Sie nämlich, in welcher Dokumentvorlage der Shortcut gespeichert wird und mithin, wann Sie das Format auf diese Weise abrufen können. Die Vorgabe in diesem Feld ist NORMAL.DOT. Damit steht der Shortcut immer zur Verfügung.

Was es mit diesen Dokumentvorlagen auf sich hat, ist Ihnen jetzt vielleicht noch ein Rätsel. Sie werden im Verlauf dieses Kapitels ein wenig mehr darüber erfahren, ganz viel in Kapitel 24, »Dokumentvorlagen«, S. 439.

Belegt werden können nahezu alle Tasten in Verbindung mit `Strg`, `⇧` und `Alt`, wobei Sie auch zwei Auslösetasten bestimmen können. In dem

Fall ist dann die erste Taste die »Präfix«-Taste und kann alleine nicht mehr verwendet werden. Definieren Sie Kombinationen, die von Word bereits belegt sind, folgt eine entsprechende Meldung.

Genauso können Formatvorlagen auch einem Symbol zugewiesen oder in ein Menü aufgenommen werden. Das müssen Sie aber mit EXTRAS/ ANPASSEN vornehmen. Einige häufig gebrauchte Formatvorlagen haben bereits einen Shortcut, den Sie belassen oder ändern können.

Mit `Alt`+`⇧`+`→` bzw. `Alt`+`⇧`+`←` können Sie gleichsam durch die »Überschrift«-Formatvorlagen blättern. Konkreter gesagt, werden damit die Überschriften um eine Ebene höher- bzw. tiefergestuft (siehe hierzu Kapitel 38, »Gliederung«, S. 599).

:-)
TIP

Shortcuts für Formatvorlagen sind sinnvoll. So kann gleich während des Schreibens das Format zugewiesen werden. Nur: je mehr Formatvorlagen, desto mehr Shortcuts. Überlegen Sie sich die Zuweisungen gut, sonst brauchen Sie ein Elefantengedächtnis. Sinnvoll ist es, die zwei Auslösetasten zu nutzen und damit die Formate zu ordnen, z.B. `Strg`+`⇧`+`Z` `1` für »Zitat 1«, `Strg`+`⇧`+`Z` `2` für »Zitat 2« usw. – wobei Sie je nach Präfix-Taste die Standardbelegung erst löschen müssen.

Wenn Sie nicht während des Schreibens formatieren, sondern hinterher, kann es hilfreich sein, die wichtigsten Formatvorlagen auf Symbole zu legen und in einer eigenen Symbolleiste zusammenzufassen. Die können Sie dorthin schieben, wo sie bequem zu erreichen ist (siehe Kapitel 63, »Symbol- und Menüleisten«, S. 955).

Tabelle 23.1:
Shortcuts für
Formatvorlagen

Tasten	Bedeutung
`Strg`+`⇧`+`S`	Formatvorlage auswählen/definieren
`Strg`+`Q`	Absatz auf seine Formatvorlage zurücksetzen
`Strg`+`⇧`+`N`	Formatvorlage »Standard«
`Alt`+`1`	Formatvorlage »Überschrift 1«
`Alt`+`2`	Formatvorlage »Überschrift 2«
`Alt`+`3`	Formatvorlage »Überschrift 3«
`Strg`+`⇧`+`L`	Formatvorlage »Aufzählungszeichen«
`Alt`+`⇧`+`→`/`←`	»Überschrift«-Formatvorlagen zuweisen
`Strg`+`J`	AutoFormat starten

23.4 Formatvorlagen neu anlegen

Das Neuanlegen von Formatvorlagen geschieht ebenfalls mit dem Menü FORMAT/FORMATVORLAGE, und wie beim Ändern weisen Sie mit den Schaltflächen die gewünschten Merkmale zu. Der chronologische Ablauf ist etwa so, die Erklärungen folgen:

- Sie klicken im Dialogfenster auf NEU.

- Sie geben einen Namen für die neue Formatvorlage. Der Name darf 253 Zeichen lang sein. Leerzeichen sind erlaubt, Backslash, Semikolon und geschweifte Klammern verboten. Groß- und Kleinschreibung spielt eine Rolle: »Test«, »TEST« und »test« sind drei unterschiedliche Formatvorlagen!

- Sie wählen den *Formatvorlagen-Typ* – entweder »Absatz« oder »Zeichen«.

- Im Feld *Basiert auf* erscheint der Name jener Formatvorlage, in welcher der Cursor steht. Eine neue Formatvorlage basiert stets auf einer anderen, ist im Grunde nur eine Variante davon. Sie müssen hier eine Basis-Formatvorlage auswählen.

- Sie bestimmen eine *Formatvorlage für nächsten Absatz*.

- Sie legen die Eigenschaften der Formatvorlage fest, auch gleich eine Tastenkombination, wenn Sie möchten.

- Wenn Sie das Dialogfenster mit OK verlassen, steht Ihnen die neue Formatvorlage zur Verfügung.

ÜBUNG: *Neue Formatvorlage anlegen (Beispieldatei: FORMAT.DOC)*

1. Aktivieren Sie FORMAT/FORMATVORLAGE und NEU, schreiben Sie als Namen:

   Einzug

   In der Rubrik Basiert auf *erscheint die Formatvorlage des markierten Absatzes.*

2. Wählen Sie in *Basiert auf* das Format »Zwischentitel«.

   Dieses, nicht »Standard«, soll die Basis des neuen Formats sein.

3. Weisen Sie dem neuen Format einen Einzug zu.

   ... und heben Sie auch gleich die Zeichenformatierung »Fett« auf.

4. Wählen Sie bei *Formatvorlage für nächsten Absatz* »Standard«. Beenden Sie nun mit OK.

   Unter der Liste der Formatvorlagen sind unterdessen die Merkmale von »Einzug« erschienen.

5. Fügen Sie im Text irgendwo eine Leerzeile ein, formatieren Sie sie als »Einzug«, drücken Sie ⏎.

   Der nächste Absatz erhält automatisch das Format »Standard«.

Formatvorlage festhalten

Der Weg über das Menü ist der normale, beruhend auf der Tatsache, daß Sie wild entschlossen sind, gleich Dutzende von Formaten zu definieren, weil's so schön ist.

Es gibt aber auch die andere Möglichkeit: Sie haben einen Absatz direkt formatiert, beispielsweise mit einem Einzug versehen, weil Sie denken, für diesen einen Absatz lohnt sich keine eigene Formatvorlage. Dann aber dämmert Ihnen, daß Sie genau das doch öfter brauchen. Gehen Sie folgendermaßen vor:

➥ Sie setzen den Cursor in den formatierten Absatz.

➥ Sie schreiben in das Eingabefeld in der Formatierungsleiste einen neuen Formatvorlagennamen.

➥ Sie beenden mit ⏎ oder klicken irgendwo im Text. Schon ist die Formatvorlage neu definiert. Das geht aber nur mit Absatzformaten, nicht mit Zeichenformaten.

Auf ähnlich einfache Weise können Sie eine Formatvorlage im Text ändern und somit erst mal ein bißchen rumprobieren:

➥ Sie nehmen Ihre Änderungen vor und markieren den ganzen Absatz.

➥ Sie klicken auf den Formatvorlagennamen in der Formatierungsleiste.

➥ Sie beenden mit ⏎ oder klicken im Text. Word fragt, ob Sie tatsächlich ändern oder lediglich dem Absatz die Formatvorlage zuweisen wollen – für den Fall, daß Sie heute morgen mit der Maus ein wenig herumzittern.

Abbildung 23.4:
Änderung
bestehender
Formatvorlagen

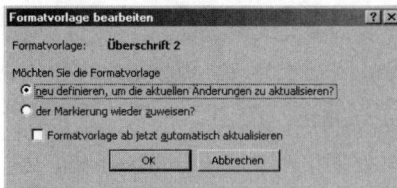

Sie müssen tatsächlich den Absatz komplett markieren (Doppelklick in der Formatvorlagenanzeige). Andernfalls werden Ihre Änderungen zurückgesetzt.

[[
!!
STOP

Automatisch aktualisieren

Wenn Sie eine Formatvorlage wie eben beschrieben ändern, können Sie im Dialogfeld auch die Option *Formatvorlage ab jetzt automatisch aktualisieren* aktivieren. Die gleiche Option gibt es auch beim Bearbeiten einer Formatvorlage über das Menü.

Wenn Sie das aktivieren, werden alle Änderungen an einem Absatz automatisch in der Formatvorlage festgehalten, alle anderen Absätze mit dieser Formatvorlage ändern sich entsprechend.

Das beraubt Sie freilich der Möglichkeit, einen Absatz individuell zu ändern – Sie möchten vielleicht nur für diesen Absatz einen anderen Abstand, für andere nicht. Dafür müssen Sie dann erst für diese Formatvorlage in FORMAT/FORMATVORLAGE/BEARBEITEN die Option *Automatisch aktualisieren* deaktivieren.

Über Formatvorlagennamen

Wie schon erwähnt: 253 Zeichen lang darf ein Formatvorlagenname sein. Sie sollten diese Freiheit aber nicht bis zum Letzten ausnutzen.

- ➡ Verwenden Sie eindeutige, zum Inhalt passende Namen. »Format 1« ist genauso nichtssagend wie »15_4.8/2«. Wollen wir wetten, daß Sie spätestens übermorgen nicht mehr wissen, was sich dahinter verbirgt? Hingegen sagen »Brief an Oma«, »Einzug 0,5 cm«, »Rahmen fett« eine ganze Menge.

- ➡ Wenn mehrere Formatvorlagen einen ähnlichen Namen haben, sollten die entscheidenden, unterscheidenden Informationen in den ersten Zeichen stecken.

- ➡ 253 Zeichen sind ganz schön viel – muß ich jetzt abzählen? Keine Sorge, wenn der Formatvorlagenname zu lang wird, geht's einfach nicht mehr weiter.

- ➡ Bedenken Sie, daß im Listenfeld in der Formatierungsleiste nicht alle Zeichen angezeigt werden. Wieviel, hängt von der Bildschirmgröße, der Auflösung und der Systemschrift ab.

Lassen Sie uns beim letzten Punkt noch etwas verweilen. Für die Zuordnung einer Formatvorlage ist das noch hinnehmbar: Wenn das Listenfeld aufgeklappt wird, ist ein bißchen mehr von den Namen zu sehen. Ganz schön viel sogar.

Aber wozu können wir den Namen im Auswahlfeld noch gebrauchen? Richtig, er informiert uns darüber, welche Formatvorlage der aktuelle Absatz hat. Und er informiert uns eben nur über die ersten paar Zeichen des Namens. Welchen Einwand höre ich da? Das könne man ja auch in der Formatvorlagenanzeige ablesen, und die könne man auch verbreitern?

Akzeptiert. Wobei Sie dann freilich auf einem normalgroßen Bildschirm und bei breiten Zeilen nur die Hälfte Ihres Textes lesen können. Und – jetzt kommt's – in Tabellen, die ja aus nebeneinanderstehenden Spalten bestehen (siehe Kapitel 15, »Tabellen«, S. 225), wird die Formatvorlage eben nicht auch in der Formatvorlagenanzeige, sondern *nur* im Auswahlfeld angezeigt.

:-)
TIP

Mit den richtigen Namen läßt sich viel Gefummel in der Auswahlliste vermeiden. Manche Formatvorlagen unterscheiden sich nur in Details voneinander – die gleichen Grundformatierungen etwa, aber andere Abstände. Geben Sie ihnen ähnliche Namen! Wenn Sie dann statt »Standard« mal »Standard Abstand 1 Zeile« brauchen, liegen sie in der Auswahlliste direkt hintereinander. Hieße die Formatvorlage jedoch »Abstand 1 Zeile«, müßten Sie ganz an den Beginn der Auswahlliste fahren. Ein gern angewendeter Trick ist, häufig benötigten Formatvorlagen im Namen eine Ziffer voranzustellen, z.B. 1 Vorspann, 2 Zitat usw. Sie erscheinen dann in der – alphabetisch sortierten – Liste der Formatvorlagen ganz oben. Word schiebt dem allerdings in gewisser Weise einen Riegel vor, weil die benutzerdefinierten Formatvorlagen erst nach den »eingebauten« kommen.

Löschen einer Formatvorlage

Das ist nicht weiter geheimnisvoll:

- LÖSCHEN entfernt die markierte Formatvorlage. Von Word generierte Formate allerdings lassen sich nicht löschen.

Und wenn Ihnen ein Name nicht mehr gefällt? Natürlich können Sie eine Formatvorlage auch umbenennen. Wie das geht, erfahren Sie auf S. 428.

Automatische Formate

Word legt für bestimmte Dinge von sich aus Formate an: generiert sie selbständig. »Standard« ist so ein generiertes Format. Andere sind beispielsweise: »Kommentartext«, »Überschrift 1«, »Fußnotentext«, »Kopfzeile«. Wofür sie verwendet werden, erkennen Sie schon aus den Namen.

Jede Menge solcher vordefinierter Formate gibt es. Sie schlummern zum größten Teil im Verborgenen, und Word holt sie nur bei Bedarf hervor: »Fußnotentext« zum Beispiel erst dann, wenn tatsächlich eine Fußnote definiert wird.

Sollen wir mal den Vorhang lüften? Im Dialogfenster FORMAT/FORMAT-VORLAGE wählen Sie »Alle Formatvorlagen« bei *Auflisten*. Oder Sie öffnen das Listenfeld in der Symbolleiste mit gedrückter ⇧-Taste. Nun werden sämtliche Formatvorlagen angezeigt.

Kennzeichen der automatischen Formate:

➤ Sie können wie jedes andere Format geändert werden.

➤ Sie lassen sich jedoch weder löschen noch umbenennen.

Zumindest das mit dem Umbenennen muß etwas relativiert werden. Sie können einem generierten Format zwar einen anderen Namen geben (siehe S. 428). Der ersetzt jedoch nicht den Originalnamen, sondern wird ihm angehängt. Aus »Standard« wird dann zum Beispiel »Standard;Body«. Da das keinen so rechten Sinn hat, sollten Sie das Umbenennen besser bleiben lassen.

Einem mit generiertem Format versehenen Absatz können Sie freilich jederzeit eine andere Formatvorlage zuweisen.

Welche Formatvorlagen soll man verwenden?

Eine dumme Frage, mag's scheinen. Aber nicht ganz so dumm, wenn man sie auf die automatischen Formate bezieht.

➤ Verwenden Sie nach Möglichkeit die von Word generierten, die automatischen Formate. Word weist eben jeder Kopfzeile das Format »Kopfzeile« zu – warum sollen Sie sich der Mühe unterziehen, eine andere Formatvorlage zuzuweisen? Besser, Sie ändern »Kopfzeile«.

➤ Dies gilt insbesondere für Überschriften. Definieren Sie keine eigenen Formatvorlagen, nehmen Sie »Überschrift 1« bis »Überschrift 9«. Sie können sich dann auch andere Funktionen zunutze machen, die auf diese Formatvorlagen abgestimmt sind, zum Beispiel die Gliederungs-Funktion oder das automatische Numerieren von Überschriften.

23.5 Eine Folge von Abhängigkeiten

Formatvorlagen sind sozusagen alleine nicht überlebensfähig. Es gibt immer irgendwelche Abhängigkeiten; manche leicht zu erkennen, manche nicht.

Eine derartige Abhängigkeit haben Sie in der vorigen Übung schon gesehen. Die Option *Formatvorlage für nächsten Absatz* ist eine wesentliche Erleichterung beim Schreiben. Sie legt fest, wie Formatvorlagen aufeinanderfolgen. Damit ist jetzt nicht die alphabetische Reihenfolge gemeint.

Beispiel: Sie haben definiert, daß dem Format »Titel« als nächste Formatvorlage »Vorspann« folgen soll. Sie formatieren einen Absatz mit »Titel«, schreiben die Überschrift, drücken ⏎, womit dieser Absatz zu Ende ist – und der nächste Absatz wird automatisch als »Vorspann« formatiert. Ohne diese Anweisung hätte der Absatz nach ⏎ auch das Format »Titel«. Diese Automatik funktioniert allerdings nur beim Schreiben, nicht beim nachträglichen Zuweisen von Formatvorlagen.

Formatvorlage und Formatvorlage

Eine Formatvorlage basiert stets auf einer anderen. Es liegt in Ihrer Hand, welche Formatvorlage die Basis ist. Wenn Sie nichts anderes wählen, nimmt Word als Grundlage das Format des Absatzes, in dem der Cursor steht. Eine neue Formatvorlage ist immer nur die Variante einer anderen.

Abbildung 23.5: Die Basis einer neuen Schriftart

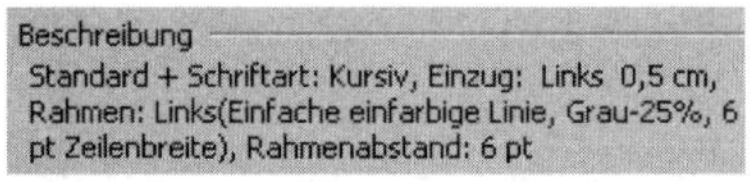

Beschreibung
Standard + Schriftart: Kursiv, Einzug: Links 0,5 cm, Rahmen: Links(Einfache einfarbige Linie, Grau-25%, 6 pt Zeilenbreite), Rahmenabstand: 6 pt

Diese Abhängigkeit bemerken Sie in der Beschreibung. Sie lesen etwa »Standard +«. Dieses Plus ist das, was diese Formatvorlage vom Basisformat unterscheidet. Gibt es kein Plus, ist die Formatvorlage mit dem Basisformat identisch.

Dieses Verfahren bietet einen entscheidenden Vorteil:

➡ Wenn Sie in der Basis-Formatvorlage ein Merkmal ändern, ändern sich automatisch die abgeleiteten Formatvorlagen entsprechend.

Beispiel: Basierend auf »Standard« haben Sie eine Reihe von Formatvorlagen angelegt, die alle die gleiche Schriftart verwenden. Nun ändern Sie die Schriftart in »Standard«, etwa von Times zu Helvetica. Alle von »Standard« abgeleiteten Formatvorlagen benutzen nun ebenfalls Helvetica, ohne daß Sie etwas dazu tun müssen.

Das Positive ist, in anderer Sicht, gleichzeitig auch das Negative: Alle Formate ändern sich automatisch, auch dort, wo es nicht gewünscht wird. Nur auf eines können Sie sich verlassen:

➡ Ein gegenüber der Basis verändertes Formatmerkmal bleibt erhalten, auch wenn sich die Basis-Formatvorlage ändert.

Beispiel: »Standard« verwendet die Schrift Times, 10 Punkt. Basierend auf »Standard«, haben Sie »Fett« angelegt (Times, 10 Punkt, fett) und »Groß« (Times, 16 Punkt, fett).

Sie ändern »Standard« auf Helvetica, 8 Punkt. Was passiert mit den beiden anderen, von »Standard« abgeleiteten Formaten?

»Fett« und »Groß« bestehen jetzt auch aus Helvetica, weil dieses Merkmal unverändert übernommen worden ist. »Fett« ist ebenfalls 8 Punkt (die Schriftgröße wurde unverändert übernommen), bleibt aber fett (verändert). »Groß« behält 16 Punkt und fett bei (beides verändert).

Sie müssen sich also gut überlegen, wie Sie die Formatvorlagen vernetzen. Eine kluge Wahl erspart viel Arbeit bei Änderungen (weil Sie nur wenige Knotenpunkte haben und damit eine effiziente Kontrolle über Ihre Formate), eine schlechte macht viel Arbeit (weil Sie viele Vorlagen wieder einzeln ändern müssen).

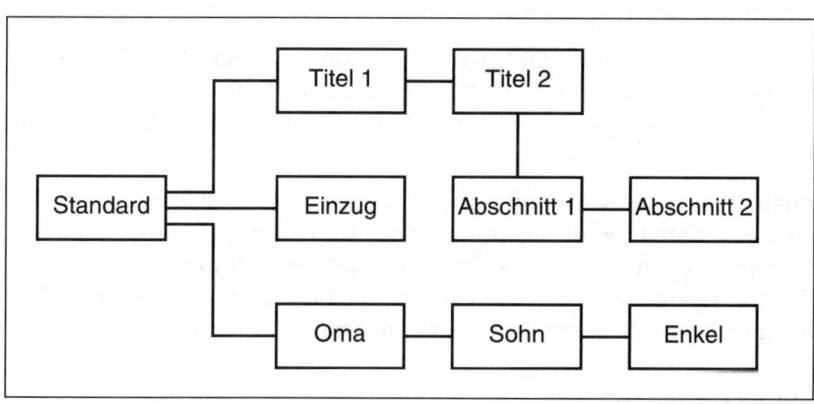

Abbildung 23.6:
Formatvorlagen –
eine Folge von
Abhängigkeiten

Wie man solche Abhängigkeiten am besten aufbaut, ist schwer zu sagen, da immer der Einzelfall entscheidet. Als Faustregel kann vielleicht gelten: Wenn Sie eine Reihe von Formatvorlagen haben, die sich *gemeinsam* in einem Merkmal von »Standard« unterscheiden, dann sollten die eine andere Basis bekommen.

Beispiel: Für Hervorhebungen verwenden Sie eine Formatvorlage, die gegenüber »Standard« links eingerückt ist. Sie brauchen sogar mehrere Formatvorlagen. Gemeinsam ist ihnen der linke Einzug, sie unterscheiden sich durch unterschiedliche Anfangs- und Endeabstände. Für alle diese Hervorhebungs-Formate schaffen Sie sich eine gemeinsame Basis, nennen wir sie »Einzug«. Wenn Sie nun beschließen, daß der Absatzeinzug nicht 0,5 cm, sondern 0,6 cm betragen soll, brauchen Sie das nur in der Basis »Einzug« zu ändern.

Allerdings können Sie nicht endlos tief verschachteln. Der Stammbaum endet de facto im zehnten Glied: Zehn jeweils von einander abhängige Formatvorlagen können Sie auf »Standard« aufbauen.

:-) TIP

Eine Änderung der Basis-Formatvorlage bietet sich unter Umständen bei den »Überschrift«-Formaten an. Man sollte sie für Überschriften verwenden; dies erleichtert, mit Hilfe der Gliederungsfunktion, Textumstellungen. Alle »Überschrift«-Formate basieren auf »Standard«. Im allgemeinen aber haben Überschriften auch gemeinsame Merkmale: eine andere Schrift, alle fett usw. Deshalb ist es keine schlechte Idee, sie alle auf »Überschrift 1« basieren zu lassen.

Wenn die Basis gelöscht wird

Ein Basis-Formatvorlage läßt sich löschen, ohne daß die abgeleiteten Formate dadurch ihre Merkmale verlieren. Bei einer Kette von Abhängigkeiten wird das Glied davor zur Basis. Das letzte Glied in der Kette ist »Standard«.

Beispiel: »Format 5« basiert auf »Format 4«, dieses auf »Format 3«, dieses auf »Format 2«, dieses auf »Format 1«, dieses auf »Standard«. Sie löschen »Format 3«, die Basis von »Format 4«; »Format 4« ist nun von »Format 2« abhängig. Sie löschen »Format 1«, die Basis von »Format 2«; »Format 2« ist nun von »Standard« abhängig.

Die Basis wechseln

Sie können die Basis-Formatvorlage auch wechseln. Die abgeleiteten Formatvorlagen übernehmen die Merkmale der neuen Basis, sofern sie nicht ausdrücklich davon abweichen.

Beispiel: Sie haben folgende Formate:

- *Standard:* Times, 10 Punkt
- *Format 1:* Standard + Fett
  (= Times, 10 Punkt, fett)

■▶ *Format 2:* Format 1 + Schrift: 16 Punkt
  (= Times, 16 Punkt, fett)

■▶ *Format 3:* Format 1 + Kursiv
  (= Times, 10 Punkt, kursiv)

■▶ *Basis:* Standard + Schrift: Helv 11 Punkt, Kapitälchen
  (= Helvetica, 11 Punkt, Kapitälchen)

Den Formaten »Format 2« und »Format 3«, die beide auf »Format 1« aufbauen, weisen Sie als neue Grundlage »Basis« zu. Die Formate haben dann folgende Merkmale:

■▶ *Format 2:* Helvetica, 16 Punkt, fett, Kapitälchen

■▶ *Format 3:* Helvetica, 11 Punkt, kursiv, Kapitälchen

Von der neuen Basis-Formatvorlage wird alles übernommen, was in den abgeleiteten Formaten nicht ausdrücklich anders angewiesen worden ist.

Formatvorlagen in ein anderes Dokument kopieren

Dank Drag & Drop ist es ja ein Kinderspiel, einen Absatz in ein anderes Dokument zu kopieren oder zu verschieben. Der kopierte Absatz nimmt seine Formatvorlage huckepack mit.

■▶ Gibt es eine Formatvorlage dieses Namens bereits, übernimmt der kopierte Absatz dessen Merkmale.

■▶ Er übernimmt auch alle anderen Merkmale, mit Ausnahme jener, die ihm ausdrücklich zugewiesen sind.

Beispiel: In Dokument A hat »Standard« die Schrift Times. Auf »Standard« basiert die Formatvorlage »Brief an Oma«, nur ist die Schrift größer (16 Punkt – wegen der Augen). In Dokument B verwendet »Standard« die Schrift Helvetica. Wird »Brief an Oma« in Dokument B kopiert, ändert sich die Schrift von Times in Helvetica, der Schriftgrad aber bleibt.

23.6 Formatvorlagen und direkte Formatierungen

Wie vertragen sich Formatvorlagen und direkte Formatierungen? Direkte oder »harte« Formatierungen, Sie erinnern sich (Kapitel 19, »Formatieren«, S. 317), werden über die Menüs FORMAT/SCHRIFTART, FORMAT/ABSATZ usw. oder mit deren äquivalenten Tastenkombinationen oder Symbolen vorgenommen.

Grundsätzlich ist es so, daß direkte Formatierungen den Formatvorlagen übergeordnet sind.

Beispiel: Sie haben einen Absatz in Grundschrift, etwa mit der Formatvorlage »Standard«. Ein Wort soll fett ausgezeichnet werden – kein Problem.

Konflikte kann es allerdings geben, wenn Sie diesem Absatz jetzt eine andere Formatvorlage zuordnen. Zum Beispiel eine, die den ganzen Absatz kursiv auszeichnet. Dann wird das kursive Wort fettkursiv.

Der Grund liegt darin, daß sich solche Auszeichnungen summieren. Um das Wort dennoch wieder nur fett und nicht auch kursiv zu bekommen, müssen Sie das Wort nochmals markieren und kursiv abschalten.

Sie bedienen sich dabei einer anderen Mechanik: Die Zeichenformatierung wirkt als Ein-/Aus-Schalter.

Alles auf einen Schlag aufheben

Vergessen Sie aber auch die Tastenkombinationen [Strg]+[Q] und [Strg]+[Leertaste] nicht!

➡ [Strg]+[Leertaste] oder [Strg]+[⇧]+[Z] hebt manuelle Zeichenformatierungen auf. Im obigen Beispiel würde das fettkursive Wort kursiv: Die zusätzliche Zeichenformatierung wird eliminiert, das Wort erhält das Zeichenformat der zugrundeliegenden Absatz-Formatvorlage.

➡ [Strg]+[Q] hebt manuelle Absatzformatierungen auf (Abstand, Einzug, Ausrichtung, Position) und setzt den Absatz auf die Einstellungen der Absatz-Formatvorlagen zurück.

23.7 Formatvorlagen und Dokumentvorlage

Formatvorlagen, die Sie neu erstellen, sind zunächst einmal an das aktuelle Dokument gebunden. Hier sind sie, hier bleiben sie. Es wäre nun freilich sehr mühsam, müßte man in jedem Dokument alle Formatvorlagen wieder neu erstellen.

Da kommen nun die *Dokument*vorlagen ins Spiel. Davon ist in Kapitel 24, »Dokumentvorlagen«, S. 439 ausführlich die Rede – muß auch ausführlich sein, denn das ist eine komplexe Angelegenheit.

Ein paar grundlegende Informationen sind aber jetzt schon vonnöten, damit Sie das Folgende besser verstehen:

➡ Jedes Dokument ist mit einer Dokumentvorlage verbunden, die entweder beim Anlegen des Dokuments oder nachträglich zugewiesen wird.

➡ Wenn Sie keine speziell auf das Dokument zugeschnittene Dokumentvorlage zuweisen, verwendet das Dokument NORMAL.DOT. Dies ist eine globale, allgemeingültige Vorlage.

➡ Eine *Dokument*vorlage beinhaltet auch *Format*vorlagen. Dadurch können Sie dieselben Formate in unterschiedlichen Dokumenten benutzen, Sie müssen ihnen nur dieselbe *Dokument*vorlage zuweisen.

Dies zur groben Orientierung. Vielleicht haben Sie jetzt auch überhaupt nichts kapiert? Und verstehen auch im folgenden nicht alles? Dann empfehle ich Ihnen, zunächst ein wenig in Kapitel 24, »Dokumentvorlagen«, S. 439 zu schmökern, ehe Sie hier weiterlesen. Dokumentvorlagen *sind* eine komplizierte Angelegenheit.

Formate der Dokumentvorlage ändern

Erstellen Sie ein neues Dokument, stehen Ihnen die Formatvorlagen der mit diesem Dokument verbundenen Dokumentvorlage voll und ganz zur Verfügung.

➡ Ändern Sie im aktuellen Dokument eine Formatvorlage, ist nur das aktuelle Dokument davon betroffen, sonst nichts und niemand.

➡ Nur auf ausdrücklichen Befehl hin werden die Änderungen in die Dokumentvorlage zurückgeschrieben, so daß sie auch anderen Dokumenten zur Verfügung stehen. Dies geschieht mit der Option *Zur Vorlage hinzufügen* im BEARBEITEN-Fenster von FORMAT/FORMATVORLAGE und betrifft sowohl geänderte wie neu erstellte Formatvorlagen.

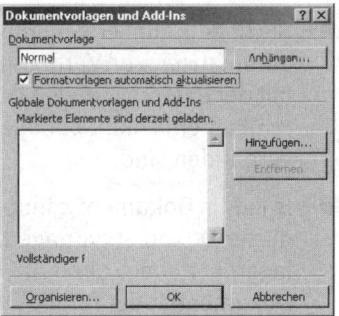

Abbildung 23.7:
Geänderte
Formatvorlagen für
alle erstellten
Dokumente
übernehmen

■► Eine solchermaßen in der Dokumentvorlage geänderte Formatvorlage wirkt sich jedoch nur auf neue Dokumente aus. Bestehende Dokumente behalten ihre alte Formatvorlage. Es bedarf wieder einer zusätzlichen Aktion, damit auch sie der Neuerungen teilhaftig werden, nämlich der Anweisung *Formatvorlagen automatisch aktualisieren* im Menü EXTRAS/VORLAGEN UND ADD-INS. Diese Anweisung wird mit dem Dokument gespeichert. Bei jedem Öffnen des Dokuments werden deshalb die Formatvorlagen aktualisiert.

Sobald Sie diese Option ankreuzen und mit OK bestätigen, werden alle Formatvorlagen des aktuellen Dokuments mit jenen aus der Dokumentvorlage überschrieben. Das wirkt sich nicht aus auf direkte Formatierungen. Wenn Sie also einem Absatz mit FORMAT/ABSATZ zum Beispiel einen anderen Endeabstand zugewiesen haben, bleibt der erhalten. Haben Sie jedoch die Formatvorlage dieses Absatzes mit FORMAT/FORMATVORLAGE geändert (und nicht vom Dokument aus in die Dokumentvorlage zurückgeschrieben), wird die Änderung jetzt wieder rückgängig gemacht.

Daß man die Formatvorlagen aus der Dokumentvorlage erst holen muß, mag umständlich erscheinen, hat aber durchaus seinen Sinn. Auf diese Weise werden bestehende Dokumente vor unabsichtlichen Änderungen geschützt.

Natürlich können Sie Formatvorlagen auch direkt in der Dokumentvorlage ändern. In der Regel aber ergeben sich Änderungen spontan, während der Arbeit an einem Dokument, und da ist das Zurückschreiben weitaus praktischer. Auf S. 423 werden Sie erfahren, wie man Formatvorlagen auch in ein anderes Dokument oder in eine Dokumentvorlage kopieren kann.

Die drei Stufen des Formatierens

Damit Sie das Verhältnis von Dokumentvorlage und Formatvorlage besser verstehen, soll hier nochmals verdeutlicht werden, welche Formatiermöglichkeiten Ihnen zur Verfügung stehen.

■► Sie haben, zum ersten, die Formatvorlagen aus der Dokumentvorlage automatisch zur Verfügung, wenn Sie eine Datei neu erstellen und mit der entsprechenden Dokumentvorlage verbinden. Diese garantieren Einheitlichkeit bei allen Dokumenten, die mit derselben Vorlage verbunden sind.

■► In jedem Dokument können Sie, zum zweiten, die Formatvorlagen aus dieser Dokumentvorlage beliebig ändern und auch neue Formatvorlagen erstellen, ohne daß dies zwangsläufig Folgen für bestehende Dokumente oder für die Dokumentvorlage hat.

■► Jede Formatvorlage läßt sich, zum dritten, mit manuellen For-matierungen (FORMAT/SCHRIFTART, FORMAT/ABSATZ usw.) ändern. Das betrifft nur den aktuellen Absatz, nicht auch die anderen Absätze im Dokument, denen diese Formatvorlage zugewiesen ist.

Die zweite Stufe wird quasi rückgängig gemacht, wenn Sie die Formatvor-lagen automatisch aktualisieren lassen, wie oben beschrieben.

Das System der Dokumentvorlagen ist, wenn man so will, ein Ausdruck des Zeitgeistes. Die Vorlage verpflichtet eine Gruppe von Dokumenten (alle Ihre Briefe, Verträge, Rechnungen ...) auf gemeinsame Grundwerte, sprich: Formate. (Und bedenken Sie mal: Sie sind Gesetzgeber und mora-lische Instanz in einem!) Daneben aber darf sich jedes Dokument indivi-duell austoben.

Die Dokumentvorlage wechseln

Sie können das jederzeit mit EXTRAS/VORLAGEN UND ADD-INS. Mit der Schaltfläche ANHÄNGEN wählen Sie die Dokumentvorlage aus, die ab sofort mit Ihrem Dokument verknüpft sein soll.

■► Damit stehen dem Dokument zunächst einmal nur die Symbolleisten, Tasten- und Menübelegung, die Makros und AutoText-Einträge aus der neuen Dokumentvorlage zur Verfügung – nicht jedoch deren For-matvorlagen.

■► Erst wenn Sie *Formatvorlagen automatisch aktualisieren* anweisen, werden auch die Formatvorlagen aus der neuen Dokumentvorlage geholt.

Beispiel: Ihr Dokument war bisher mit Dokumentvorlage A verknüpft, jetzt verknüpfen Sie es mit Dokumentvorlage B. Befinden sich in Ihrem Dokument Formatvorlagen gleichen Namens, werden sie überschrieben. Zusätzlich können Sie jetzt auf die Formatvorlagen zugreifen, die sich nur in Dokumentvorlage B befinden. Diejenigen Formatvorlagen, die nur in Dokumentvorlage A oder Ihrem Dokument enthalten sind, nicht aber in Dokumentvorlage B, bleiben unverändert erhalten.

Eine Übung dazu finden Sie in Kapitel 24 im Abschnitt »Vorlage wech-seln«, S. 455 – es ist vielleicht besser, wenn Sie zuvor über Dokumentvor-lagen besser Bescheid wissen.

23.8 Formatvorlagen verwalten

Wie Sie eine geänderte Formatvorlage in die Dokumentvorlage zurückschreiben, wie Sie alle Ihre Formatvorlagen auf einen Schlag aktualisieren lassen, haben Sie erfahren. Word hat aber noch weitere Funktionen zur Verwaltung von Formatvorlagen.

Formatvorlagen umbenennen

Von FORMAT/FORMATVORLAGE aus können Sie mit der Schaltfläche ORGANISIEREN weiterschalten. Das müssen Sie zum Beispiel, um einer Formatvorlage einen neuen Namen zu geben.

Im linken Fenster sehen Sie die Formatvorlagen des aktuellen Dokuments, im rechten jene aus der globalen Dokumentvorlage NORMAL.DOT.

In beiden Fenstern können Sie eine Formatvorlage markieren und ihr dann mit der Schaltfläche UMBENENNEN einen neuen Namen geben. Oder sie sogar löschen.

Dokument oder Vorlage?

Links werden also die Formatvorlagen des Dokuments angezeigt; dessen Name steht auch im Feld *Formatvorlagen verfügbar in*. Statt dessen können Sie in diesem Feld auch die mit dem Dokument verbundene Dokumentvorlage wählen – mindestens aber NORMAL.DOT, denn die ist immer vorhanden.

Abbildung 23.8:
Formatvorlagen
zwischen
Dokumentvorlagen
austauschen

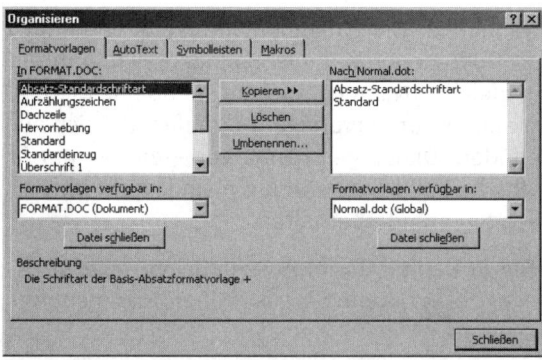

Wenn Sie das einmal bei der Beispieldatei FORMAT.DOC machen, sehen Sie, daß das Dokument mehr und andere Formatvorlagen hat als die Dokumentvorlage NORMAL.DOT. Und genau diese Formatvorlagen sollen jetzt in die Dokumentvorlage kopiert werden, damit sie auch anderen, neuen Dokumenten zur Verfügung stehen.

Formatvorlagen-Austausch

▪▶ Sie markieren in dem einen Listenfenster eine Formatvorlage. In welchem? Das kommt darauf an, wohin Sie kopieren möchten. Die Pfeile hinter der Schaltfläche KOPIEREN weisen die Richtung: normalerweise von links nach rechts – vom aktuellen Dokument in die rechts angezeigte Dokumentvorlage. Wenn Sie aber im rechten Fenster eine Formatvorlage markieren, dreht sich der Pfeil um, und Sie kopieren in das aktuelle Dokument hinein.

▪▶ Sie klicken auf KOPIEREN, und dieses Kopieren geht so rasant, daß Sie's gar nicht mitkriegen.

▪▶ Sie können auch mehrere Formatvorlagen markieren und sie alle dann auf einen Schlag kopieren. Die Auswahl geschieht, wie üblich, mit ⟨Strg⟩+Mausklick bzw., wenn ein Block von hintereinanderstehenden Formaten kopiert werden soll, mit ⟨⇧⟩+Mausklick.

▪▶ Gibt es in der Zieldatei bereits eine Formatvorlage mit diesem Namen, werden Sie gefragt, ob sie überschrieben werden soll – oder ob bei Mehrfachmarkierung alle überschrieben werden sollen; Sie ersparen sich so Einzelnachfragen.

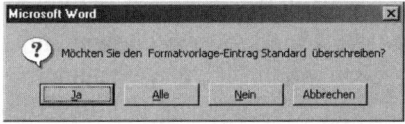

Abbildung 23.9:
Benachrichtigung
bei gleich-
lautenden Format-
vorlagen

In jedem der beiden Fenster können Sie jede beliebige Datei oder Dokumentvorlage öffnen und damit kreuz und quer Formate kopieren.

▪▶ Sie klicken auf die Schaltfläche DATEI SCHLIESSEN; sie ändert sich daraufhin in DATEI ÖFFNEN.

▪▶ Ein Klick auf DATEI ÖFFNEN beschert Ihnen das wohlbekannte Dateiauswahl-Fenster. Hier wählen Sie die zu öffnende Datei. Sie müssen unter Umständen mit *Dateityp* die angezeigte Auswahl ändern.

▪▶ Dann kopieren Sie Ihre Formatvorlagen.

Wie Sie an den Registerkarten sehen, können Sie von hier aus auch Auto-Text-Einträge, Symbolleisten und Makros kopieren.

Zu diesem ORGANISIEREN-Dialogfenster gelangen Sie auch von zwei anderen Menüs aus, nämlich von EXTRAS/VORLAGEN UND ADD-INS und von EXTRAS/MAKRO.

23.9 Formatvorlagen suchen und ersetzen

Wie nach direkten Formatierungen (siehe Kapitel 19, »Formatieren«, S. 317) kann auch nach einer Formatvorlage gesucht werden. Gegebenenfalls läßt sie sich auch durch eine andere Formatvorlage ersetzen.

Die allgemeinen Prinzipien des Suchens und Ersetzens sind in Kapitel 13, »Suchen & Ersetzen«, S. 185, erläutert. Für Formatvorlagen gilt:

- Mit der Schaltfläche FORMAT und dann FORMATVORLAGE wählen Sie die Formatvorlage aus, nach der gesucht bzw. durch die ersetzt wird.

- Enthält das Eingabefeld auch Text, wird nur der Text gefunden, der in einem Absatz mit der ausgewählten Formatvorlage vorkommt. Die Kombination von »Liebe Oma« und der Formatvorlage »Anrede Oma« findet die liebe Oma nicht in einem Absatz, der mit »Standard« oder »Überschrift 1« oder was auch immer formatiert ist.

- Mit der Schaltfläche KEINE FORMATIERUNG wird die Formatvorlage wieder aufgehoben, in den Eingabefeldern bleibt der nackte Text übrig. Jetzt stoßen Sie allüberall im Text auf die Oma.

- Sie können Formatvorlage und direkte Formatierung auch kombinieren, wenn Sie z.B. nach einer fettgedruckten Oma in einem Absatz mit der Formatvorlage »Anrede Oma« suchen, die kursiven Omas aber nicht finden wollen.

Einen speziellen Code für die Rücksetzung zum Standard-Format, vergleichbar Strg+Q, gibt es für das Ersetzen nicht. Sie müssen explizit durch »Standard« ersetzen lassen.

23.10 AutoFormat

FORMAT/
AUTOFORMAT

Formatvorlagen – schön und gut. Wer sich daran gewöhnt hat, wird sie bereits während der Texterfassung einsetzen. Aber nun kommt zu Ihnen jener Kollege, der mit Formatvorlagen nichts am Hut hat, mit seinem unformatierten Text. Und Sie möchten doch, bitteschön ...

Statt die richtigen Formate auszusuchen und zuzuweisen, was bei längeren Texten richtiggehend in Arbeit ausartet, können Sie sich wenigstens die Grobarbeiten von Word abnehmen lassen.

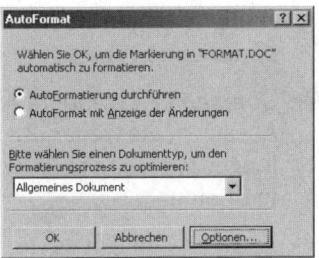

Abbildung 23.10:
Ein Dokument
automatisch
formatieren

AutoFormat analysiert das Dokument, versucht, typische Elemente herauszufinden, und weist ihnen dann Formatvorlagen zu. Das kann bereits
während der Texteingabe geschehen oder nachträglich.

Beginnen wir mit dem letzteren, weil Sie dann vielleicht die dahinterste-
hende Systematik besser verstehen.

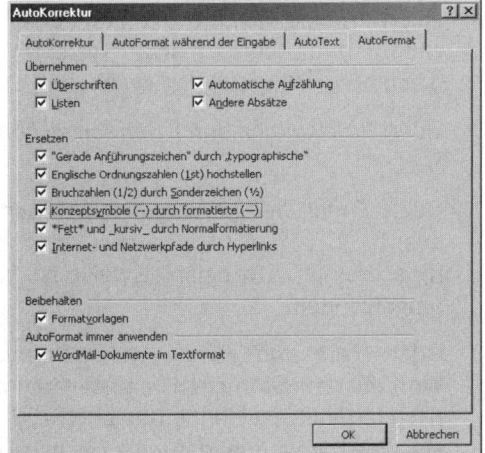

Abbildung 23.11:
Optionen für das
AutoFormat

Wenn Sie die Funktion aufrufen, können Sie zunächst diverse OPTIONEN
festlegen und damit bestimmen, wie und was formatiert werden soll. Dasselbe Dialogfenster erreichen Sie übrigens auch mit EXTRAS/AUTOKOR-
REKTUR/*AutoFormat*.

- ➡ *Beibehalten – Formatvorlagen*. Sind solche zugewiesen, werden sie
  nicht geändert.

- ➡ *Übernehmen – Überschriften*. Was Word als solche zu erkennen
  meint, bekommt die Formatvorlagen »Überschrift 1« bis »Überschrift
  9«.

- ➡ *Übernehmen – Listen* und *Übernehmen – Automatische Aufzählung*.
  Findet Word etwas, das nach Auflistungen aussieht (Absätze mit

Numerierungen oder Aufzählungszeichen), bekommen sie die entsprechenden Formatvorlagen.

➡ *Übernehmen – Andere Absätze.* Word macht sich auf die Suche nach Absätzen, die weder Überschriften noch Numerierungen oder Aufzählungen sind, und formatiert sie – zum Beispiel Adressen oder Anreden in Briefen.

➡ *Ersetzen* – da gibt es viel, was automatisch ersetzt wird. Zum Beispiel: *Gerade Anführungszeichen durch typographische.* Wird ein Wort "so angeführt", ist das typographisch nicht korrekt. Richtig hingegen ist „so". Word wandelt um. (Die französischen Anführungszeichen » «, wie sie in diesem Buch verwendet werden, kennt Word allerdings nicht.)

Oder: *Konzeptsymbole durch formatierte.* Sie schreiben »(TM)« (weil sich dieses Zeichen nicht auf der Tastatur findet und weil es Ihnen lästig war, das richtige mit Einfügen/Sonderzeichen herauszusuchen), und Word macht korrekt ™ daraus. Ebenso wird beispielsweise »(c)« umgewandelt in ©.

Oder: *Bruchzahlen durch Sonderzeichen.* »1/2« wird umgewandelt in $^1/_2$.

Oder: *Englische Ordnungszahlen hochstellen* – so sieht das dann aus: 1st, 2nd, 3rd, 4th usw., wobei Word selber erkennt, ob Sie das richtig schreiben. 1th beispielsweise ist falsch und wird deshalb nicht umgewandelt.

Oder: **Fett* und _kursiv_ durch Normalformatierung:* Wenn Sie ein Wort mit dem Sternchen beginnen und abschließen, wird es automatisch fett ausgezeichnet. Das gleiche gilt für den Unterstrich und Kursiv. Word verwendet dafür die Zeichen-Formatvorlagen *Emphasis* und *Strong* – die Sie auch nach Ihren Wünschen anpassen können.

Was passiert?

Haben Sie alles ausgewählt, was für Ihren Text notwendig ist (enthält ein Text etwa Programmlistings, sollte man die Anführungszeichen tunlichst nicht umwandeln lassen) und das AutoFormat mit OK gestartet, beginnt Word zu arbeiten. Sehr schnell übrigens.

Bevor es weitergeht, sollten wir mal kurz darüber nachdenken, was eigentlich geschieht.

Die Aufgabe von AutoFormat ist es nicht, Texten ein schönes Aussehen zu geben. AutoFormat weist lediglich bestimmten Absätzen Formatvorlagen zu – damit Sie diese Arbeit nicht machen müssen. Ihr Job ist es, hernach diese Formatvorlagen so zu ändern, daß der Text präsentabel ist.

Nun wissen wir alle, daß es mit Automatismen so eine Sache ist. Aus der Tatsache, daß ein Absatz nur eine Zeile umfaßt und dieser Text nicht mit einem Satzzeichen beendet wird, schließt Word beispielsweise, daß es sich um eine Überschrift handelt. Und ein Gedankenstrich am Beginn eines Absatzes – das riecht nach Aufzählung.

Wie Sie die Aufzählung gerne hätten, zu welcher Ebene die Überschrift gehört, weiß Word nicht. Und kann auch nicht erahnen, ob dieser einzeilige Absatz mit dem Fragezeichen Text oder Überschrift sein soll.

Versprechen Sie sich also nicht allzu große Wunder von AutoFormat. Es ist eine Hilfe, eine Grobformatierung, weiter nichts.

Sie sollten AutoFormat mit der Beispieldatei AUTOFORM.DOC ausprobieren. Sie enthält einige typische Elemente, an denen die Automatik ihre Freude hat.

:-)
TIP

Die Änderungen überprüfen

Aus diesem Grund sollten Sie im AutoFormat-Dialogfeld vielleicht nicht unbedingt die Option *AutoFormatierung durchführen* wählen, denn dann können Sie die Aktion nur noch komplett rückgängig machen, sondern besser *AutoFormat mit Anzeige der Änderungen*. Dann können Sie nämlich in jedem Einzelfall entscheiden, was mit der Formatierung geschehen soll.

Übrigens sehen Sie, daß Sie auch einen *Dokumenttyp* auswählen und damit die Formatierung beeinflussen können.

Hat AutoFormat seine Arbeit getan, müssen Sie entscheiden, wie es weitergehen soll.

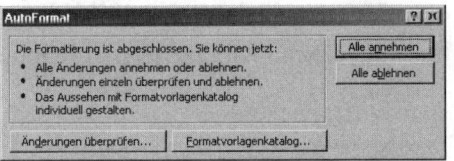

Abbildung 23.12: Autoformat-Änderungen annehmen oder ablehnen

Sie können die Änderungen ALLE ANNEHMEN oder ALLE ABLEHNEN – globales Ja oder Nein.

➡️ Sie können aus dem FORMATVORLAGENKATALOG eine andere Dokumentvorlage heraussuchen und schauen, ob deren Formate besser
passen – dazu gleich noch Näheres.

➡️ Sie können schließlich die ÄNDERUNGEN ÜBERPRÜFEN – jede einzeln,
und jeweils individuell entscheiden, ob Sie sie übernehmen oder verwerfen möchten.

AutoFormat nutzt für seine Änderung die – für diese Zwecke etwas modi-
fizierte – Funktion ÜBERARBEITEN (siehe Kapitel 47, »Überarbeitungs-
Funktionen«, S. 711) und bringt Korrekturmarkierungen an, so daß Sie
ganz genau sehen können, was sich getan hat – siehe Tabelle 23.2.

Tabelle 23.2:
Symbole für Auto-
Format-
Korrekturen

Zeichen	Bedeutung
Blaue Absatzmarke ¶	Formatvorlage zugewiesen
Rote Absatzmarke ¶	Absatzmarke gelöscht
Durchgestrichen	Zeichen gelöscht
Unterstrichen	Zeichen hinzugefügt
Linie links neben dem Text	In diesem Absatz wurde etwas geändert

Die *Beschreibung der Änderungen* im Dialogfenster informiert in jedem
Einzelfall, was geändert wurde. Mit den Schaltflächen läßt sich folgendes
machen (sie entsprechen denen der Überarbeitungs-Funktion):

➡️ MARKIERUNGEN AUSBLENDEN – die Korrekturmarkierungen werden
unsichtbar, so daß Sie sich einen besseren Eindruck von der endgültigen Textfassung machen können. Ändert sich dann zu ANZEIGEN.

➡️ Mit SUCHEN hüpfen Sie vorwärts oder rückwärts zur nächsten Änderung.

➡️ Mit ABLEHNEN heben Sie die aktuell markierte Änderung wieder auf
und springen gleich zur nächsten.

➡️ RÜCKGÄNGIG hebt die letzte Ablehnung wieder auf (aber nur die letzte!).

Abbildung 23.13:
Autoformat-
Änderungen
überprüfen

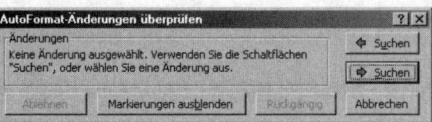

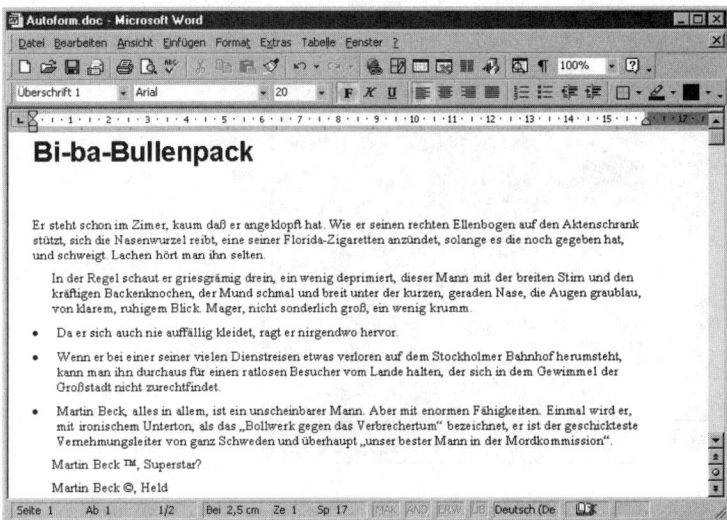

Wenn Sie anschließend wieder ins Haupt-Dialogfenster zurückkehren (mit ABBRECHEN, wenn Sie alle Formatierungen akzeptieren, oder mit SCHLIESSEN, wenn Sie etwas abgelehnt haben), können Sie immer noch einen Rückzieher machen: ALLE ANNEHMEN oder ALLE ABLEHNEN ist nach wie vor die Wahl.

Was machen Sie mit dem formatierten Text?

AutoFormat hat seine Arbeit getan, jetzt sind Sie an der Reihe. Wenn keine speziellen Formatierungen vorhanden waren und die beibehalten wurden, sind durchweg Formatvorlagen aus dem reichen Reservoir der generierten Formatvorlagen zugewiesen worden.

Das wenigstens müssen Sie nicht mehr tun. Sie müssen nur noch die Formatvorlagen so ändern, wie es Ihren Bedürfnissen entspricht. Was am Ende dieses Kapitels eigentlich kein Problem mehr darstellen sollte.

Und wenn Sie mit der vorgefertigten Formatvorlage »Textkörper« nicht einverstanden sind, die AutoFormat anstelle von »Standard« zugewiesen hat, lassen Sie die einfach ersetzen.

AutoFormat während der Eingabe

Sie haben auch die Möglichkeit, das AutoFormat bereits während der Texteingabe aktiv werden zu lassen. Dazu müssen Sie die entsprechende Option (*AutoFormat während der Eingabe*) in EXTRAS/AUTOKORREKTUR aktivieren und können dann im Dialogfenster bestimmen, was alles während der Eingabe geändert wird.

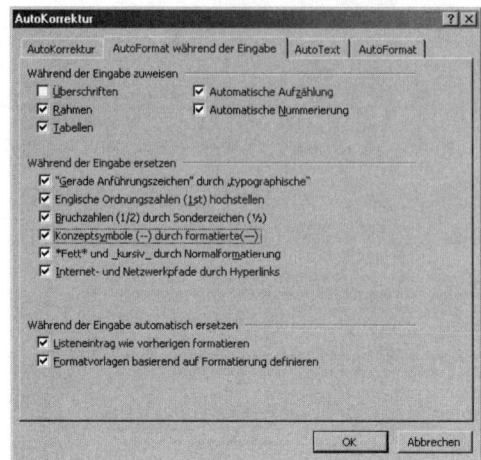

Nach den bisherigen Erörterungen ist Ihnen klar, daß Word keineswegs Ihre Texte inhaltlich analysiert (und Ihre schreiberischen Absichten erkennt), sondern rein mechanisch Ihre Aktionen überprüft, zum Beispiel:

- Drei oder mehr aufeinanderfolgende Bindestriche und anschließend ⏎: eine dünne Rahmenlinie.

- Drei oder mehr aufeinanderfolgende Gleichheitszeichen und anschließend ⏎: eine doppelte Rahmenlinie.

- Am Anfang der Zeile eine Nummer, gefolgt von einem Satzzeichen (Punkt beispielsweise), oder ein Stern: Numerierung oder Aufzählung.

Ist der Office-Assistent aktiv (siehe Kapitel 2, »Orientierungshilfen«, S. 31), erhalten Sie Nachricht, was getan worden ist, und können diese Aktion wieder rückgängig machen. Pro Element und Arbeitssitzung meldet sich der Assistent übrigens nur einmal.

Sie können sich aber auch zeigen lassen, welche Option für die Formatänderung verantwortlich ist.

Der Formatvorlagenkatalog

FORMAT/DESIGN   Oft wissen Sie nicht, ob Sie die Formate aus einer anderen Dokumentvorlage auch tatsächlich brauchen können. Hier hilft Ihnen der Formatvorlagenkatalog weiter. Er verbirgt sich jetzt im Dialogfeld FORMAT/DESIGN hinter der Schaltfläche FORMATVORLAGENKATALOG. (Die Designs sind auch eine Art Formatvorlagenkatalog und können auch so verwendet werden, aber speziell auf das – meist buntere – Layout von Web-Seiten abgestellt.)

Sie sehen Ihr Dokument zunächst in seiner originalen Form – »Original« ist auch markiert in der Auswahlliste links. Dort sind auch alle anderen Dokumentvorlagen aufgeführt, die sich im aktuellen Dokumentvorlagen-Verzeichnis befinden. (Es läßt sich mit EXTRAS/OPTIONEN/*Speicherort der Datei* festlegen, siehe Kapitel 24, »Dokumentvorlagen«, S. 439.)

Wählen Sie jetzt eine andere Dokumentvorlage, können Sie im Vor-schaufenster betrachten, wie Ihr Dokument mit deren Formatvorlagen aussehen würde.

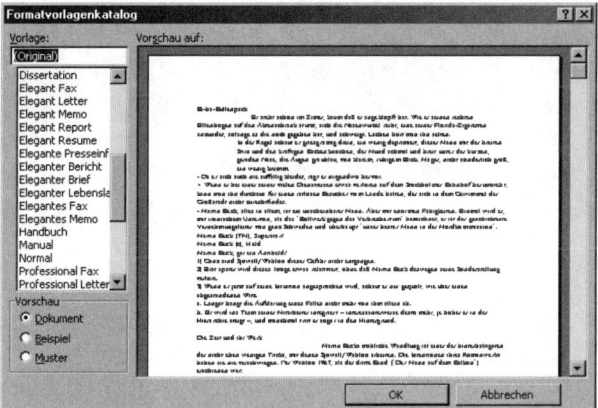

Abbildung 23.16:
Der Format-
vorlagenkatalog

Das setzt natürlich voraus, daß in dieser Dokumentvorlage auch Format-vorlagen gleichen Namens vorhanden sind. Immer ist das der Fall bei den generierten Formaten wie »Standard«, »Überschrift 1« usw. So können Sie wenigstens anhand grober Merkmale entscheiden, ob Sie diese For-mate gebrauchen können. Wenn ja, offeriert Ihnen Word einen äußerst bequemen Weg, alle Formate zu übernehmen:

➡ OK oder ⏎ oder Doppelklick auf die Dokumentvorlage kopiert sämtliche Formatvorlagen in das Dokument.

➡ Es gibt keine Funktion, um das wieder aufzuheben. Sie können die Operation nicht einmal rückgängig machen.

Die Option *Beispiel* greift auf den AutoText-Eintrag »Formatvorlagen-Bei-spiel«, *Muster* auf »Formatvorlagen-Muster« in der betreffenden Doku-mentvorlage zurück. Beide können beliebigen Text enthalten und müssen in den Dokumentvorlagen eigens definiert werden. Manche der mitgelie-ferten Muster-Vorlagen haben sie bereits.

Dokumentvorlagen

Kapitel **24**

D okumentvorlagen sind gleichsam die Kommandozentrale von Word. Sie lassen sich auch mit Master-Seiten vergleichen, wie man sie von manchen DTP-Programmen kennt. In Dokumentvorlagen werden ständig wiederkehrende Texte festgehalten. Kopf- und Fußzeilen etwa oder ein Briefkopf. In Dokumentvorlagen sind Formatvorlagen, Textbausteine und Makros gespeichert, ebenso die Menü-, Tasten- und Symbolleistenbelegungen. Mit einer Dokumentvorlage schaffen Sie also eine spezifische, auf das jeweilige Dokument zugeschnittene Arbeitsumgebung. Und mit Dokumentvorlagen ist garantiert, daß alle ähnlichen Dokumente (z.B. alle Briefe) die gleichen Formatierungen haben.

24.1 Sinn und Zweck

Wir stehen jetzt vor einem Problem. Um Dokumentvorlagen richtig zu verstehen, sollten Sie eigentlich den Rest dieses Buches kennen. Aber um den Rest dieses Buches zu verstehen, sollten Sie über Dokumentvorlagen Bescheid wissen. So beißt sich die Katze in den Schwanz.

Eine Warnung und ein kleiner Trost

Es mag durchaus sein, daß Sie am Ende dieses Kapitels nicht allzuviel klüger sind als zuvor. Vielleicht sogar eher verwirrt. Lassen Sie sich davon nicht entmutigen. Das Konzept der Vorlagen ist wirklich nicht leicht zu durchschauen. Aber *wenn* Sie es einmal kapiert haben – werden Sie sich verwundert fragen, warum Sie jemals solche Schwierigkeiten damit hatten.

Man wächst langsam hinein in die Arbeit mit Vorlagen und lüftet allmählich den Schleier des Geheimnisses. Scheuen Sie sich nicht, dieses Kapitel für den Anfang nur mal zu überfliegen, und befassen Sie sich näher damit (und immer wieder), wenn die Zeit dafür reif ist. Sie werden bei fast allen Funktionen irgendwie auf die Vorlagen stoßen, und aus den vielen Einzelinformationen formt sich langsam ein Bild.

Und trösten Sie sich: Ich habe auch geraume Zeit gebraucht, bis ich Dokumentvorlagen tatsächlich effizient einsetzen konnte. Und möglicherweise habe ich immer noch nicht alles verstanden.

Warum Vorlagen hilfreich sind

Dokumentvorlagen dienen der Arbeitserleichterung und der Normierung. Sie basieren auf folgenden Annahmen:

➡ Viele Dokumente haben gleiches Aussehen (müssen haben oder dürfen haben), zum Beispiel Briefe oder Verträge. Deshalb verwendet man für diese Dokumente die gleichen Seiteneinstellungen und die gleichen Formatvorlagen.

➡ In vielen Arbeitssituationen sind gleiche Tätigkeiten auszuführen. Zum Beispiel müssen bestimmte Wörter auf eine bestimmte Weise formatiert, müssen die immer gleichen Floskeln geschrieben werden. Hier sind Makros und AutoText-Einträge vorteilhaft, ebenso angepaßte Symbolleisten, Menüs und Shortcuts.

Das alles trifft aber nicht auf jedes Dokument zu, sondern immer nur auf eine Untermenge aller Dokumente: Briefe stellen andere Erfordernisse als Verträge.

Es wäre doch gut, hat sich irgendjemand irgendwann mal gedacht, wenn sich alle Briefe das, was sie brauchen, aus demselben Topf holen könnten. Und die Verträge aus einem anderen.

Diese Töpfe sind die Dokumentvorlagen. Alle Dokumente, für die die gleichen Voraussetzungen zutreffen, verwenden deshalb dieselbe Dokumentvorlage. Derselbe Topf garantiert Einheitlichkeit. Und noch mehr:

➡ Viele Dokumente haben an den immer gleichen Stellen immer gleichen Text. Zum Beispiel Briefköpfe, wenn man kein vorgedrucktes Briefpapier benutzt. Warum jedesmal schreiben? Einmal genügt: in der Dokumentvorlage. Alle Dokumente mit dieser Vorlage haben den Text dann automatisch.

➡ In vielen Arbeitssituationen werden bestimmte Funktionen häufig benötigt, andere selten bis nie. Wie wäre es denn, wenn man eben diese Funktionen in eine Symbolleiste aufnehmen würde, wo sie besonders bequem abzurufen sind? Aber der Briefschreiber braucht andere Funktionen als der Vertragsexperte, der Hobby-Journalist andere als der Profi-Autor.

Und so hat jeder sein Töpfchen, seine Vorlage, und bedient sich.

Die Vorlage: eine Arbeitsumgebung

Mit Dokumentvorlagen (Endung: DOT) schafft man sich also eine spezifische Arbeitsumgebung, legt sich das Werkzeug bereit, das für die Erledigung einer Aufgabe notwendig ist.

Und das geht konkret so und ist eigentlich kein Hexenwerk: Sie erstellen ein neues Dokument und müssen dabei zwangsweise festlegen, mit welcher Dokumentvorlage dieses neue Dokument verbunden sein soll. Sie haben damit für Ihr Dokument alles zur Verfügung, was in der Vorlage festgehalten ist:

- AutoText-Einträge,

- Makros,

- Menü-, Tasten- und Symbolleisten-Belegungen,

- Formatvorlagen,

- Standardtext.

Viele Einstellungen sind an ein Dokument gebunden und werden mit diesem Dokument gespeichert, beispielsweise für die Silbentrennung oder die Vorgaben in EXTRAS/OPTIONEN/*Kompatibilität*. Wird dies für eine Dokumentvorlage angewiesen, betrifft es auch alle neuen Dokumente, die mit dieser Vorlage verbunden sind – ein Stück Arbeitsersparnis.

Wie man AutoText und Makros erstellt, Menü- und Tastenbelegungen variiert, wird in eigenen Kapiteln detailliert erörtert. Hier soll es darum gehen, was sie in Dokumentvorlagen zu suchen haben, was sie bewirken und was man generell mit Dokumentvorlagen anfängt.

Eine Vorlage ist immer da

Spätestens jetzt könnten Sie sagen: Interessiert mich nicht. Will davon nichts wissen. Kann auch ohne Dokumentvorlagen leben.

Geht leider nicht. Sie können den Dokumentvorlagen gar nicht entfliehen, und das haben Sie sicher selber schon bemerkt.

- Wenn Sie ein Dokument neu erstellen (DATEI/NEU, siehe Kapitel 5, »Dokumente erstellen und öffnen«, S. 75), müssen Sie zwingend eine

Dokumentvorlage auswählen. Dieses neue Dokument übernimmt alles, was in der Dokumentvorlage ist.

▐► Weisen Sie nicht eine spezielle Dokumentvorlage an, nehmen Sie, was im Dialogfenster markiert ist und erstellen ein »Leeres Dokument«. In dem Fall verwendet Word die Vorlage NORMAL.DOT.

Abbildung 24.1:
Ein neues
Dokument erstellen

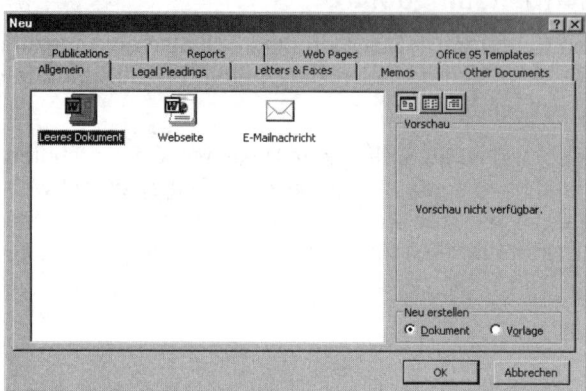

NORMAL.DOT ist die Standard-Vorlage, eine »globale« Vorlage, wie das im Word-Jargon heißt. Sie ist immer da – entweder sie oder eine andere, spezielle Vorlage.

Bevor Sie etwas tun, das NORMAL.DOT beeinflußt, sollten Sie davon eine Kopie unter anderem Namen machen. NORMAL.DOT ist nämlich eine »leere« Vorlage, die nichts enthält außer generierten Standardformaten. Eine solche »leere« Vorlage ist oftmals praktisch, zum Beispiel als Grundlage einer neuen. Überlegen Sie sich deshalb auch genau, was Sie in NORMAL.DOT aufnehmen; sonst schleppen Sie viel überflüssigen Ballast mit.

Welche Vorlage hat mein Dokument?

Wäre eigentlich schön, wenn das in der Statuszeile stünde; Platz ist ja noch vorhanden. Steht aber nicht da, Sie müssen das selber herausfinden:

▐► DATEI/EIGENSCHAFTEN, Register *Datei-Info*, vermerkt ganz unten im Dialogfenster, mit welcher Dokumentvorlage das aktuelle Dokument verbunden ist.

▐► Auch EXTRAS/VORLAGEN UND ADD-INS führt die aktuelle Vorlage auf und informiert auch, in welchem Ordner sie gespeichert ist. Bei verschachtelter Verzeichnisstruktur müssen Sie mit dem Cursor in das Eingabefeld und dann an den Anfang oder das Ende hüpfen, um den Pfad ganz lesen zu können.

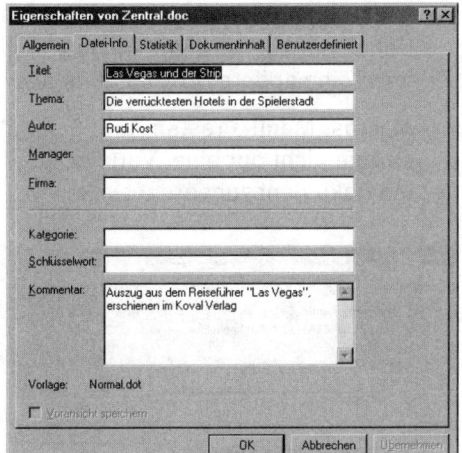

Abbildung 24.2:
Angaben zu der
Dokumentvorlage
finden Sie bei den
Datei-
Eigenschaften

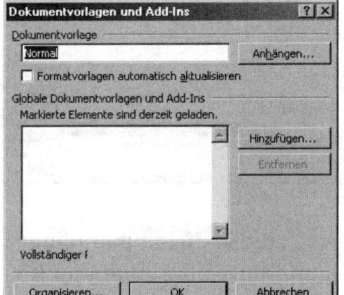

Abbildung 24.3:
Im Dialogfeld
Dokumentvorlagen
und Add-Ins finden
Sie zu der
Dokumentvorlage
auch den
zugehörigen Pfad

Der Kontext

Wann immer Sie etwas tun, was eine Vorlage betrifft, müssen Sie entscheiden, welche Vorlage davon betroffen ist. Dies ist der Fall bei den
Belegungen der Menüs, der Tasten und der Symbolleiste, ebenso bei
Makros und AutoText-Einträgen. (Bei Formatvorlagen auch, da ist es nur
nicht ganz so offensichtlich.)

Irgendwo in diesen Dialogfenstern findet sich immer eine Auswahlliste für
die Dokumentvorlage. Mal sind dort nur ganz nüchtern die Dokumentvorlagen aufgelistet, ein anderes Mal ist's etwas ausführlicher und aussagekräftiger.

➡ Wird eine spezielle Dokumentvorlage gewählt, werden die Elemente
der aktuellen Vorlage zugeordnet. Sie stehen damit allen Dokumenten zur Verfügung, die mit dieser Dokumentvorlage verbunden sind –
anderen aber nicht.

➤ Mit der globalen Vorlage NORMAL.DOT stehen die Elemente jedem Dokument zur Verfügung, unabhängig davon, ob das aktuelle Dokument eine andere Dokumentvorlage hat oder nicht.

➤ Makros, Menü-, Tasten- und Symbolleisten-Belegungen können als einzige nicht nur einer Vorlage, sondern alternativ auch dem aktuellen Dokument zugeordnet werden.

Abbildung 24.4: AutoText mit einer Dokumentvorlage verbinden

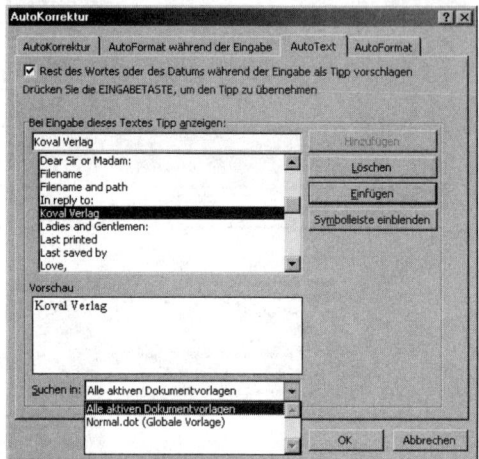

Auch diese Zusammenhänge werden Ihnen noch verständlicher werden. Immerhin sollte Ihnen jetzt schon mal deutlich geworden sein, daß Sie Vorlagen-Elemente entweder NORMAL.DOT zuschlagen können oder der aktuellen Vorlage. In eine andere Vorlage bekommen Sie sie aber nicht so ohne weiteres hinein.

Die aktuelle Vorlage ist jene, mit der das Dokument verbunden ist. Haben Sie ihm keine spezielle Vorlage zugewiesen, ist es mit NORMAL.DOT verknüpft. In dem Fall ist die globale Vorlage NORMAL.DOT gleichzeitig auch die aktuelle Vorlage.

24.2 Wo kommen denn die Vorlagen her?

Der Storch bringt sie nicht, das ist mal klar. Normalerweise befinden sie sich im Ordner »Vorlagen« des Word-Programmverzeichnisses. Und das heißt »Winword« oder »MsOffice\Winword« oder »Office2000« oder ganz anders – je nachdem, wie Sie Word bzw. Office installiert haben.

Die Wahrheit ist: Sie können Dokumentvorlagen in jedem beliebigen Ordner speichern. Und Sie werden, Sie sollten das auch tun. Der kluge Mann (die kluge Frau) unterteilt ja die Festplatte in mehrere Ordner und sammelt dort die Dateien nach inhaltlichen Gesichtspunkten. Was spricht dagegen, auch die zugehörigen Dokumentvorlagen dorthin zu stecken?

Sie sollten dann Word nur mitteilen, wo die Dokumentvorlagen zu finden sind.

Ein Pfad zu den Dokumentvorlagen

Dies geschieht mit EXTRAS/OPTIONEN/*Speicherort der Datei*. Neben anderem finden Sie hier »Benutzervorlagen« und »Arbeitsgruppenvorlagen«. Mit ÄNDERN legen Sie fest, wo diese zwei Sorten zu finden sind. Sie können den Ordner bequem auswählen, hiermit auch neue Ordner anlegen. Und erfreulicherweise kapiert Word das sofort, der neue Pfad ist von jetzt an gültig.

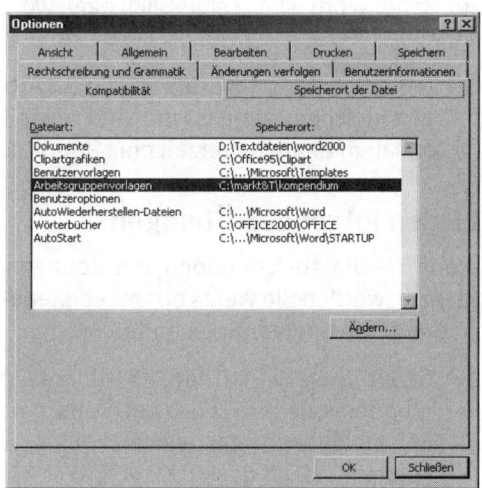

Abbildung 24.5: Speicherort für Dokumentvorlagen definieren

Die Auswahlliste von DATEI/NEU führt die Dokumentvorlagen aus den hier definierten Ordnern auf. Nur diese. Die in anderen Ordnern nicht.

So, und nun müssen wir diese pauschale Aussage etwas differenzieren, denn Word ist ja intelligent und denkt mit:

➤ Hat der gewählte Ordner Unterordner und befinden sich in diesen Ordnern Word-Dokumente (normale Dokumente oder Dokumentvorlagen), werden diese Unterordner als eigene Register im Dialogfenster aufgeführt.

➤ Word zeigt im Dialogfenster aber nicht nur die Dokumentvorlagen an, sondern auch sämtliche Word-Dokumente in dem jeweiligen Ordnern. Auch diese können Sie als Vorlage für ein neues Dokument hernehmen.

Auch das ist bequem – und sollte Sie dazu veranlassen, Ihre Dateiverwaltung gut überlegt zu organisieren. Die Möglichkeit, Dokumentvorlagen auch aus den Unterordnern zu wählen, schafft Übersichtlichkeit. Die machen Sie sich wieder zunichte, wenn Sie in denselben Ordnern auch normale Dokumente speichern.

Die Arbeitsgruppe für den einzelnen

Der Pfad zu den »Arbeitsgruppenvorlagen« ist natürlich für Netz-Umgebungen gedacht (siehe Kapitel 43, »Word im Netz«, S. 671). Haben Sie einen solchen bestimmt, können Sie auf die Dokumentvorlagen beider Verzeichnisse zugreifen.

Aber auch dem Einzelkämpfer vor dem heimischen PC kann diese Option nützen, hat er damit doch ebenfalls die Vorlagen aus zwei Verzeichnissen zur Hand. Word ist es schließlich egal, wo das Arbeitsgruppenverzeichnis ist.

➤ Befinden sich im Benutzer- und im Arbeitsgruppenverzeichnis Vorlagen gleichen Namens und sind beide Pfade gesetzt, hat die Vorlage aus dem Benutzerverzeichnis Priorität.

Zu den folgenden Übungen

Wenn Sie die Absicht haben, die Übungen dieses Kapitels mitzumachen (danach werden Sie vieles besser verstehen), müssen Sie zuerst den Pfad zu den Dokumentvorlagen ändern.

➤ Geben Sie als Pfad für die »Benutzervorlagen« (oder die »Arbeitsgruppenvorlagen«, ganz nach Geschmack) den Ordner ein, in dem die Beispieldateien gespeichert sind. Wenn Sie meinem Vorschlag gefolgt sind, ist das C:\KOMPENDIUM\VORLAGEN.

Das war jetzt, genau genommen, schon die erste Übung zum Thema Dokumentvorlagen.

24.3 Eine Vorlage zuweisen

Nach reichlich viel Theorie geht es jetzt zur Sache. Beginnen wir mit dem allereinfachsten:

- ■➤ Das Symbol in der Standardleiste oder ⎡Strg⎤+⎡N⎤ erstellt automatisch eine neue Datei mit NORMAL.DOT.

- ■➤ Ansonsten erstellen Sie eine neue Datei mit DATEI/NEU.

- ■➤ Sie müssen gezwungenermaßen eine Vorlage bestimmen, Word läßt nichts anderes zu. Entweder Sie nehmen *Leeres Dokument* (das ist NORMAL.DOT) oder eine der anderen, die in der Liste aufgeführt sind.

Und damit das alles ein bißchen klarer wird, schließen wir gleich mal eine Übung an.

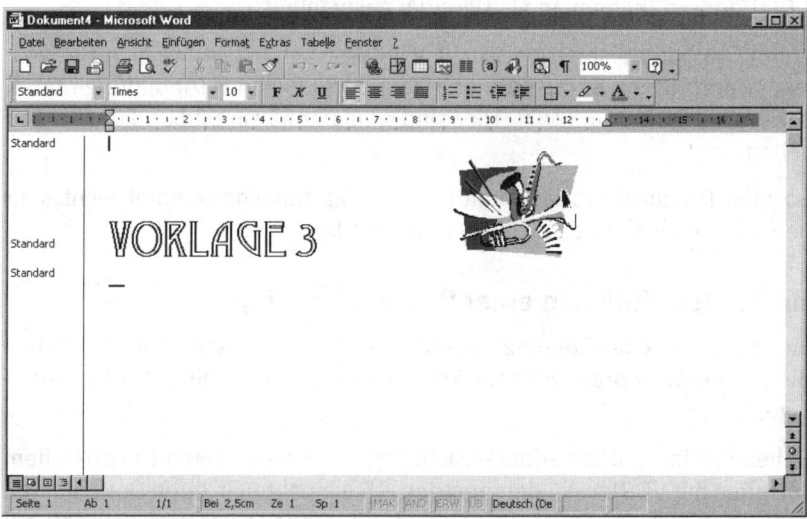

Abbildung 24.6: Eine neue Datei übernimmt Standardtext aus der Vorlage (sofern dort einer gespeichert ist)

ÜBUNG: *Vorlagen zuweisen (Beispieldateien: VORLAGE1.DOT, VORLAGE2.DOT, VORLAGE3.DOT)*

1. Erstellen Sie eine neue Datei mit der Vorlage VORLAGE1.

    Eine neue Symbolleiste taucht auf. Schauen Sie sich auch an, welche Formatvorlagen es gibt.

2. Jetzt eine neue Datei mit der Vorlage VORLAGE2.

    Wieder eine andere Symbolleiste. Und schauen Sie genau hin: auch eine andere Menüleiste.

3. Für die nächste neue Datei wählen Sie die VORLAGE3.

    Nicht verwirren lassen durch die Menüleiste von VORLAGE2! Sie finden den Befehl im ersten Menü. Die neue Datei hat bereits Inhalt. Diese Elemente sind in der Vorlage gespeichert und nun in die neue Datei übernommen worden. Jede neue Datei, die auf der Basis von VORLAGE3 erstellt wird, enthält zunächst einmal diese Elemente (Abbildung 24.6).
    Es wäre gut, wenn Sie alle drei neuen Dateien auf dem Bildschirm belassen. Wir werden sie noch brauchen.

24.4 Vorlage bearbeiten

DATEI/ÖFFNEN Um eine bestehende Dokumentvorlage zu ändern, wird sie geöffnet wie jede andere Datei. Sie müssen nur im Auswahl-Fenster den Dateifilter in *.DOT ändern (kann man als *Dateityp* auswählen).

Wenn Sie das beispielsweise mit VORLAGE1.DOT tun, werden Sie vielleicht enttäuscht sein: gähnend leerer Bildschirm (Abbildung 24.7). Anders bei VORLAGE3.DOT. Hier sind wenigstens ein Bild und der Text zu sehen.

So eine Dokumentvorlage kann in der Tat zunächst einmal nicht sehr beeindrucken: sieht aus wie ein normales Dokument.

Hinter den Kulissen einer Dokumentvorlage

Im Grunde ist eine Dokumentvorlage auch ein normales Dokument. Nur per Definition, worauf wir noch kommen, wird daraus eine Dokumentvorlage.

Sehen Sie das mal aus anderer Sicht. Um den gleichen Effekt zu erreichen, wie eben mit VORLAGE3 demonstriert – Sie möchten in Ihren Dokumenten den gleichen Text, das gleiche Bild (betrachten wir das mal als Briefkopf oder ähnliches) –, könnten Sie auch so vorgehen: Sie erstellen ein solches Dokument, speichern es. Öffnen es wieder. Speichern es unter anderem Namen. Und so jedesmal, wenn Sie diesen Text, dieses Bild benötigt.

Mit Dokumentvorlagen passiert im Grunde das gleiche. Sie haben ein Muster, das Sie immer wieder verwenden können. Bloß ist dieses Muster einfacher zu handhaben. Und Sie laufen nicht Gefahr, daß Sie irgendwann einmal aus Unachtsamkeit Ihr schönes Muster kaputtmachen, weil Sie vergessen haben, es unter einem anderen Namen zu speichern.

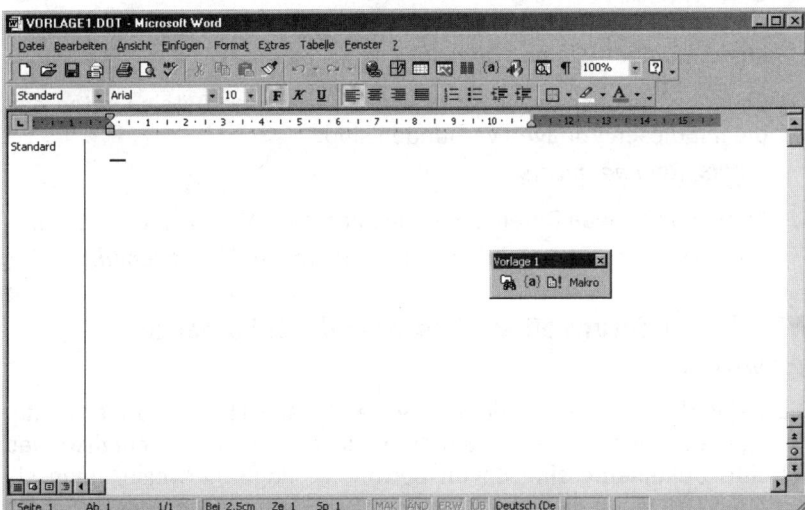

Abbildung 24.7:
Die Dokument-
vorlage
VORLAGE1.DOT,
zum Bearbeiten
geöffnet: nichts als
ein leerer Bild-
schirm

Ist die Dokumentvorlage einmal geöffnet, können Sie alles ändern oder ergänzen, auf die genau gleiche Art, als ob Sie sich in einem normalen Dokument befänden: Formatvorlagen, das Seitenformat, Textbausteine, Makros, Funktionsleiste, Menüs, Tastenbelegung. Text, den Sie in die Dokumentvorlage schreiben, wird zu Standardtext.

Nun gibt es aber vielleicht Dokumente, die mit dieser Vorlage verknüpft sind. Was passiert mit den Dokumenten? Wie wirken sich die Änderungen aus? Vielleicht sollten Sie das einmal selber ausprobieren.

ÜBUNG: *Vorlagen ändern (Beispieldateien: VORLAGE1.DOT,*
VORLAGE3.DOT)

1. Auf Ihrem Bildschirm befinden sich aus der vorigen Übung bereits neue Dateien, die mit den Vorlagen VORLAGE1.DOT und VORLAGE3.DOT erstellt wurden.
   Wenn nicht, sollten Sie das jetzt nachholen.

2. Öffnen Sie VORLAGE1.DOT und VORLAGE3.DOT.
   DATEI/ÖFFNEN, *dann den Filter auf »*.DOT« ändern. Die Vorlagen be-*
   finden sich im Ordner mit den Beispieldateien.

3. Schreiben Sie in VORLAGE1.DOT irgendeinen Text. Ändern Sie auch eine Formatvorlage. Das gleiche machen Sie bitte auch in VORLAGE3.DOT. Hier bietet sich's an, einen Teil des Standardtextes zu löschen.

Ändern Sie die Formatvorlagen auffällig, also etwa 3 Zeilen Endeabstand, anderer Rahmen oder so.

4. Schauen Sie nach, was sich in den vorhandenen Dateien getan hat, die mit diesen Vorlagen verbunden sind.

   Nichts. Rein gar nichts.

5. Erstellen Sie neue Dateien, die Sie mit diesen Vorlagen verknüpfen.

   Diese Dateien übernehmen die Änderungen in den Vorlagen.

Wie sich Änderungen auf bestehende Dokumente auswirken

Die kleine Übung hat Ihnen deutlich gezeigt, daß sich Änderungen an der Vorlage auf bestehende Dokumente nicht auswirken. Lediglich neu erstellte Dokumente sind davon betroffen – logischerweise, denn sie beziehen sich ja auf die aktuelle, mithin geänderte Version der Vorlage.

Freilich, so allgemeingültig, wie das eben gesagt wurde und wie Sie es in der Übung erfahren haben, stimmt es nicht:

➡ Änderungen an jeglicher Art von Formaten (Formatvorlagen, Seitenformat) haben keine Auswirkung auf bestehende Dokumente, ebensowenig Änderungen am Standardtext.

➡ Änderungen an den anderen Vorlagen-Elementen hingegen (AutoText, Makros, Symbolleiste, Menübelegung, Tastenbelegung) stehen sofort auch bestehenden Dokumenten zur Verfügung.

Geänderte Formatvorlagen werden nicht übernommen? Auch das ist pure Absicht von Word und soll Ihre Dokumente vor ungewollten Änderungen schützen. Sie müssen die geänderten Formatvorlagen in Ihr Dokument hereinholen mit Extras/Vorlagen und Add-Ins *und* Formatvorlagen automatisch aktualisieren. *Es nützt auch nichts, die Vorlage nochmals zuzuweisen.*

Die Arbeitsumgebung: immer verfügbar

Dahinter steckt ein einsichtiges Konzept. Was zur Arbeitsumgebung gehört, muß unmittelbar und immer im Zugriff sein.

Die Arbeitsumgebung sollte so konzipiert sein, daß sie in vergleichbaren Arbeitssituationen, also für gleichgeartete Texte, identisch ist. Für einen Vertrag beispielsweise brauche ich immer die gleichen Textelemente, die ich dann als AutoText abrufe.

Ich brauche auch bestimmte Makros, die mir die Arbeit erleichtern; wünsche Funktionen, die ich wieder und wieder brauche, zur schnellen Verfügung – nehmen Sie sie deshalb am besten in Symbolleisten auf. VORLAGE1 und VORLAGE2 demonstrieren das mit eigenen Symbolleisten; jeweils ein Symbol enthält auch ein Makro (probieren Sie es ruhig aus, es geht nichts kaputt).

VORLAGE2 geht noch einen Schritt weiter. Hier wurden die Menüs ziemlich radikal geändert. Auf diese Weise kann man Funktionen verbergen, die man z.B. in einer Arbeitsgruppe lieber nicht jedem an die Hand geben möchte; kann auf der anderen Seite neue Funktionen verfügbar machen – abgestimmt, nochmals sei's gesagt, auf die spezifische Arbeitssituation.

Was hier als Arbeitsumgebung bezeichnet wird, hat keinen Einfluß auf Inhalt und Gestalt eines Dokuments, sondern erleichtert nur die Arbeit.

Inhalt und Gestalt: nur nach Bedarf

Anders sieht es bei Formatierungen aus. Da besteht oft die Notwendigkeit individueller Änderungen. Mal muß ein Abstand vergrößert, mal ein Einzug oder Tabulator angepaßt werden.

Es könnte fatale Folgen haben, wenn das – durch eine Änderung in der Dokumentvorlage – in bestehenden Dokumenten automatisch und ohne Kontrolle geändert würde.

Dem hat Word einen Riegel vorgeschoben. Geänderte Formatvorlagen aus der Dokumentvorlage wirken sich nur auf besondere Anweisung in bestehenden Dokumenten aus. Dieses Thema soll uns einen eigenen Abschnitt wert sein.

24.5 Von einem Dokument aus ändern

Stellen Sie sich mal vor, Sie arbeiten lustig vor sich hin. Eine Floskel, die Sie häufig brauchen, speichern Sie als AutoText, zwischendurch erstellen Sie ein Makro, um einen Ablauf zu automatisieren (doch, doch, so weit kommen Sie auch noch!), und dann kommen Sie zur Einsicht, daß all das nicht nur für Ihr aktuelles Dokument, sondern für alle Briefe (Verträge, Angebote, Rechnungen ...) zu gebrauchen wäre.

Weil es ziemlich arbeitsaufwendig wäre, erst die Dokumentvorlage zu öffnen und dann alles nochmals neu zu definieren, können Vorlagen auch direkt vom aktuellen Dokument aus geändert werden. Die Änderungen werden quasi in die Vorlage hineingeschrieben.

■► Das Seitenformat (DATEI/SEITE EINRICHTEN) wird mit der Schaltfläche STANDARD verbindlich für die Vorlage.

■► Mit der gleichen Schaltfläche in FORMAT/SCHRIFTART legen Sie die Zeichenformatierung der Formatvorlage »Standard« fest, das bekanntlich alle Absätze verwenden, sofern ihnen nicht ausdrücklich eine andere Formatvorlage zugewiesen wird.

■► AutoTexte sind ohnehin immer in einer Vorlage festgehalten. Sie können lediglich wählen, ob sie »global« gespeichert werden sollen (in NORMAL.DOT, dann stehen sie allen Dokumenten zur Verfügung) oder in der aktuellen Vorlage. Achten Sie hierbei genau darauf, was im Auswahlfeld vorgegeben ist: nicht die aktuelle Vorlage, sondern die globale NORMAL.DOT.

■► Makros, Menü-, Tasten- und Symbolleistenbelegungen können auch im aktuellen Dokument gespeichert sein. Sollen sie global verfügbar sein, ist es besser, sie in eine Dokumentvorlage aufzunehmen.

Bei den Seiten- und Zeichenformaten sollten Sie sich immer vor Augen halten, daß die aktuelle Vorlage damit gemeint ist. Und wenn Sie für das Dokument keine spezielle Vorlage ausgewählt haben, ist die aktuelle Vorlage NORMAL.DOT. Und wie bei allen Änderungen an Dokumentvorlagen gilt: bestehende Dokumente sind nicht automatisch betroffen.

■► Standardtext kann nur direkt in der Vorlage geändert werden.

Die Änderungen speichern

Öffnen Sie ein Dokument, wird mit ihm zusammen auch die verbundene Dokumentvorlage geöffnet, allerdings ohne daß Sie davon etwas bemerken.

Änderungen, die Sie wie eben beschrieben von einem Dokument aus an der Vorlage vornehmen, sind deshalb jedoch zunächst im Arbeitsspeicher abgelegt, noch nicht auf der sicheren Festplatte.

Abbildung 24.8:
Änderungen an
einer
Dokumentvorlage
speichern

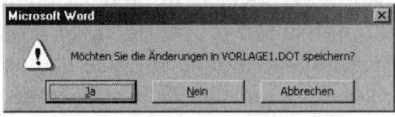

■► Wenn Sie ein Dokument speichern, wird nach Rückfrage auch dessen Dokumentvorlage mitgespeichert, sofern daran etwas geändert wurde.

▉▶ DATEI/ALLES SPEICHERN speichert alle geöffneten und geänderten Dateien – also auch eine Dokumentvorlage.

▉▶ Wenn Sie Word beenden, werden nach Rückfrage automatisch alle geänderten und noch nicht gesicherten Dateien gespeichert – also auch eine Dokumentvorlage.

▉▶ Wenn Sie ein Dokument schließen und auf der Arbeitsfläche befindet sich kein weiteres Dokument mehr, das mit derselben Dokumentvorlage verbunden ist, fragt Word nach, ob die Dokumentvorlage auch gespeichert werden soll.

NORMAL.DOT wird üblicherweise ohne Rückfrage gespeichert. Sie können das unterbinden mit der entsprechenden Option in EXTRAS/OPTIONEN/*Speichern* (»Automatische Anfrage für Speicherung von Normal.dot«). So bewahren Sie sich die Kontrolle, was in NORMAL.DOT gesichert wird.

Alles geändert, und alles weg? Eifrig haben Sie Formatvorlagen geändert, neue AutoText-Einträge und Makros definiert, und trotzdem finden Sie sie in der Dokumentvorlage nicht wieder. Was ist passiert? Wahrscheinlich haben Sie vergessen, die Vorlage speichern zu lassen. Zwar fragt Word automatisch an, aber vielleicht haben Sie mit NEIN geantwortet, weil Sie nicht so recht wußten, ob Sie etwas kaputtmachen. Bei den Formatvorlagen kann es auch sein, daß Sie die Option Zur Dokumentvorlage hinzufügen *nicht aktiviert haben.*

24.6 Dokumentvorlage und Formatvorlagen

Eines sollten wir noch einmal festhalten: Erstellen Sie eine neue Datei, stehen Ihnen die Formatvorlagen der verbundenen Dokumentvorlage voll und ganz zur Verfügung. Ändern Sie im aktuellen Dokument eine Formatvorlage, ist nur das aktuelle Dokument davon betroffen.

Aber genau das soll nicht sein. Auch andere Dokumente sollen der Formatvorlagenänderungen teilhaftig werden. Was dabei zu tun ist, wird in Kapitel 23, »Formatvorlagen«, S. 407, eingehend beschrieben; hier nur in Stichworten, um das Thema Dokumentvorlagen abzurunden. (Vielleicht verstehen Sie auch manches jetzt erst besser, nachdem Sie über Dokumentvorlagen Bescheid wissen.)

➡ Im Dialogfenster FORMAT/FORMATVORLAGE, Abteilung BEARBEITEN, markieren Sie *Zur Vorlage hinzufügen*. Änderungen oder neu erstellte Formatvorlagen werden in die Dokumentvorlage zurückgeschrieben.

➡ Mit ORGANISIEREN im Dialogfenster FORMAT/FORMATVORLAGE können Sie Formatvorlagen aus dem aktuellen Dokument in jedes beliebige Dokument, in jede beliebige Dokumentvorlage kopieren – oder von dort holen.

➡ Mit EXTRAS/VORLAGEN UND ADD-INS und *Formatvorlagen automatisch aktualisieren* holen Sie sich die neueste Fassung der Formatvorlagen aus der Dokumentvorlage. Sie können das Dokument auch mit einer anderen Vorlage verbinden und auf die gleiche Weise deren Formatvorlagen holen.

Wie das in der Praxis vor sich geht, zeigt eine Übung im Abschnitt »Vorlage wechseln«.

24.7 Vorlage neu erstellen

Eine gänzlich neue Vorlage erstellen Sie auf eine der folgenden Weisen:

➡ Sie aktivieren DATEI/NEU, wählen in der Rubrik *Neu erstellen* die Option *Vorlage* und zudem noch eine vorhandene Dokumentvorlage als Grundlage. Die Dokumentvorlage, das wissen Sie, sieht aus wie ein normales Dokument, und wie in einem normalen Dokument definieren Sie alles, was die Vorlage enthalten soll. Sie speichern sie dann unter einem beliebigen Namen.

➡ Oder Sie öffnen eine vorhandene Vorlage und speichern sie unter einem anderen Namen.

Abbildung 24.9:
Eine neue
Dokumentvorlage
erstellen

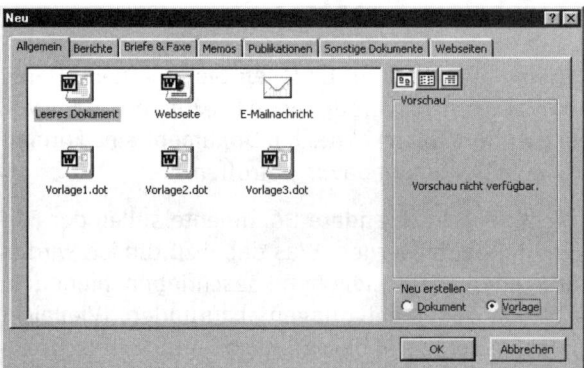

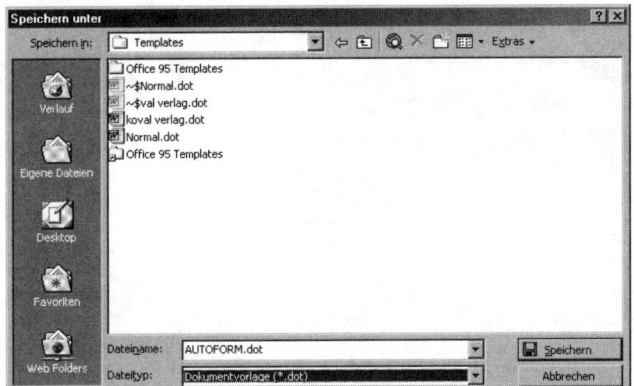

Abbildung 24.10:
Eine normale Datei
als Dokument-
vorlage speichern

▪► Oder Sie öffnen ein Dokument, aktivieren DATEI/SPEICHERN UNTER
und wählen als *Dateityp* »Dokumentvorlage«. Word gibt automatisch
das Vorlagenverzeichnis vor, das Sie aber jederzeit ändern können.

Die erste und zweite Art sind nahezu identisch und dann angebracht,
wenn Sie bereits auf Vorarbeiten zurückgreifen wollen: auf vorhandene
Formatvorlagen, Textbausteine, Makros und dergleichen.

In der Praxis werden Sie es vermutlich meist so machen. Denn wenn sich
erst einmal grundlegende Dokumentvorlagen angesammelt haben, sind
neue Vorlagen meist nur Variationen von alten.

Der dritte Weg bietet sich an, wenn Sie an einem Dokument ohne spezielle Vorlage (also mit NORMAL.DOT) arbeiten und Ihnen plötzlich aufgeht,
daß Sie die Formatvorlagen usw. auch für andere Dokumente brauchen
können. Statt in mühevoller Arbeit eine neue Dokumentvorlage zu erstellen, speichern Sie einfach das Dokument als Vorlage.

Bedenken Sie, daß aller Text des Dokuments zu einem Bestandteil der
Vorlage wird. An einer Bearbeitung der neuen Dokumentvorlage werden
Sie wohl nicht vorbeikommen.

24.8 Vorlage wechseln

Angenommen, Sie haben ein Dokument mit der Dokumentvorlage A,
möchten dafür aber Dokumentvorlage B nehmen. Das ist nicht weiter
schwierig:

▪► Im Menü EXTRAS/VORLAGEN UND ADD-INS wählen Sie mit ANHÄNGEN
die gewünschte Vorlage – aus jedem beliebigen Verzeichnis.

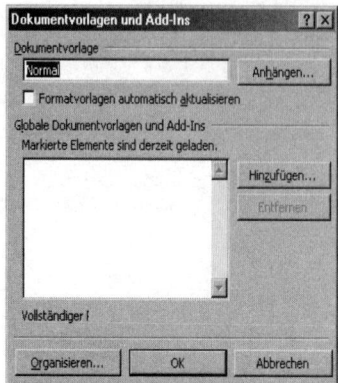

Was ändert sich durch den Wechsel der Vorlage?

Wenn Sie dieses Kapitel bis hierher aufmerksam gelesen haben (und das haben Sie natürlich), können Sie die Frage selber beantworten:

▶ An den Formatvorlagen ändert sich nichts, ebensowenig am Seitenformat. Generell: Alles bleibt, was mit Format zu tun hat. Um die Formatvorlagen der neuen Vorlage auch für das aktuelle Dokument verfügbar zu machen, müssen Sie zusätzlich *Formatvorlagen automatisch aktualisieren* wählen.

▶ Standardtext wird aus der neuen Dokumentvorlage nicht übernommen.

▶ Nur AutoText, Makros, Symbolleisten sowie Menü- und Tastenbelegungen werden aus der neuen Dokumentvorlage übernommen. Die der bisherigen Vorlage verschwinden. Die globalen bleiben natürlich. Die sind ja in NORMAL.DOT gespeichert und deshalb immer da.

ÜBUNG: *Vorlagen wechseln (Beispieldateien: VORLAGE1.DOT, VORLAGE2.DOT)*

1. Erstellen Sie eine neue Datei mit VORLAGE1.DOT (sofern nicht bereits vorhanden), und stöbern Sie mal, was spezifisch für diese Vorlage ist.

   Sie sehen eine Symbolleiste namens »Vorlage 1«, Sie finden eine Formatvorlage namens »Vorlage 1« und einen AutoText-Eintrag »Baustein 1«.

2. Weisen Sie einem Absatz die Formatvorlage »Rahmen« zu.

   Doppelt umrandet, roter Hintergrund. Probieren Sie ruhig auch mal das Symbol »Makro« aus!

3. Verbinden Sie dieses Dokument mit VORLAGE2.DOT

EXTRAS/VORLAGEN UND ADD-INS *und* ANHÄNGEN, *dann die Vorlage auswählen.*

4. Schauen Sie nach Änderungen.

    Eine neue Menüleiste. Die Symbolleiste »Vorlage 1« ist verschwunden, Sie können aber eine namens »Vorlage 2« holen. Es gibt einen »Baustein 2« (die AutoText-Funktion finden Sie im ersten Menü). Die Formatvorlage »Vorlage 1« ist geblieben.

5. Aktivieren Sie in EXTRAS/VORLAGEN UND ADD-INS Formatvorlagen automatisch aktualisieren.

    Der Rahmen müßte jetzt blau mit einer dicken grünen Linie werden: Die ursprüngliche Formatvorlage aus VORLAGE1 wurde überschrieben mit der gleichen Namens aus VORLAGE2. Die Formatvorlage »Vorlage 1« ist geblieben, hinzugekommen ist »Vorlage 2«.

24.9 Weitere globale Vorlagen

Warum wechseln Sie die Vorlage? Weil es, zum Beispiel, in der anderen Vorlage ein Makro gibt, das Sie für Ihr aktuelles Dokument unbedingt brauchen. Ist aber arg umständlich, müssen Sie zugeben, denn hernach müssen Sie wieder zurückwechseln zur ursprünglichen Vorlage, weil es da ein Makro gibt ...

EXTRAS/VORLAGEN UND ADD-INS

Es geht einfacher: Sie definieren weitere globale Vorlagen. Deren Makros, AutoText-Einträge usw. stehen Ihnen anschließend zur Verfügung, allerdings nicht deren Formatvorlagen.

Abbildung 24.12:
Dokumentvorlagen und Add-Ins bearbeiten

☛ In EXTRAS/VORLAGEN UND ADD-INS laden Sie mit HINZUFÜGEN die gewünschten Vorlagen.

☛ Die angekreuzten Vorlagen (Mausklick wirkt als Schalter) sind auch aktiviert, d.h., deren Ressourcen können Sie nutzen. Greifen die Vorlagen auch in die Menüstruktur ein, kann da ganz schön was durcheinander kommen.

➡ Um eine globale Vorlage zu deaktivieren, brauchen Sie sie im Dialogfenster nur zu markieren, der Haken verschwindet.

➡ Um eine Vorlage aus der Liste ganz zu löschen, markieren Sie sie und klicken auf ENTFERNEN.

Sie haben es nun also mit zwei Sorten von globalen Vorlagen zu tun: Mit NORMAL.DOT und den anderen, zusätzlich zu ladenden. Was sind die Unterschiede?

➡ NORMAL.DOT ist immer da, auch ohne Ihr Zutun. Die anderen globalen Vorlagen müssen Sie eigens laden.

➡ NORMAL.DOT können Sie direkt aus dem aktuellen Dokument heraus ändern, die anderen globalen Vorlagen nicht. Deren Makros usw. können Sie nur benutzen. Möchten Sie sie verändern, müssen Sie die Vorlage als normale Datei öffnen.

Wie Sie dem Dialogfenster entnehmen, können Sie auch »Add-Ins« laden. Damit haben Fremdhersteller (oder auch Sie selbst) die Möglichkeit, Zusatzprogramme zu entwickeln, die die Funktionalität von Word erweitern. Sie müssen in C programmiert sein.

> :-)
> TIP
>
> *Dokumentvorlagen, die sich im Autostart-Verzeichnis befinden (festlegen mit EXTRAS/OPTIONEN/SPEICHERORT DER DATEI), werden automatisch als globale Vorlagen geladen.*

24.10 Vorlagen verwalten

Wenn Sie sich an das Prinzip der Dokumentvorlagen gewöhnt haben, werden Sie sie bald nicht mehr missen wollen. Und es kommt, wie es kommen muß: Die Dokumentvorlagen vermehren sich rapide, weil Sie sich für die verschiedenen Arbeitssituationen immer neue Vorlagen basteln.

Natürlich kann man das auch methodisch angehen. Aber wer ist schon so perfekt? Und so stellt sich bald das Problem, daß Sie zwar wunderbare Vorlagen haben, aber was Sie jetzt, genau in diesem Moment brauchen, für den Bericht, den Sie gerade schreiben sollen, ist wild verstreut über verschiedene Dokumentvorlagen.

Globale Vorlagen sind ein Ausweg – wenn man nur geschwind mal Zugriff haben will. Wenn Sie aber eine neue Vorlage erstellen müssen, nützt das auch nichts.

Sie können aber die typischen Vorlagenelemente, nämlich Formatvorlagen, AutoText, Symbolleisten und Makros, überall hinkopieren und von überall herholen (allerdings keine Tastenbelegungen).

Das Verfahren ist in Kapitel 23, »Formatvorlagen«, S. 407, detailliert beschrieben; mit der folgenden Kurzfassung werden Sie aber auch zurechtkommen.

- ▪▶ In den Menüs EXTRAS/VORLAGEN UND ADD-INS, FORMAT/FORMAT-VORLAGE oder EXTRAS/MAKRO klicken Sie auf ORGANISIEREN.

- ▪▶ Im folgenden Dialogfenster sehen Sie links die Elemente aus dem aktuellen Dokument bzw. der Vorlage, rechts die aus NORMAL.DOT.

- ▪▶ Sie markieren die Elemente in einem der beiden Fenster (Mehrfach-auswahl möglich) und können sie nun in die andere Datei kopieren. Der Pfeil auf der Schaltfläche KOPIEREN weist die Richtung.

- ▪▶ In beiden Fenstern können Sie jedes beliebige Dokument, jede Vorlage laden: die aktuelle DATEI SCHLIESSEN, die neue DATEI ÖFFNEN.

- ▪▶ Sie können hier auch LÖSCHEN oder UMBENENNEN.

Sie können Ihre Vorlagen auch dokumentieren. Im Menü DATEI/DRUCKEN (siehe Kapitel 16, »Drucken«, S. 267) können Sie auswählen, ob statt des Dokuments Formatvorlagen, AutoText-Einträge oder die Tastenbelegung gedruckt werden – alles nacheinander, nicht miteinander.

:-)
TIP

24.11 Vorlagen in der Praxis

Nun wissen Sie alles über Dokumentvorlagen. Noch immer nicht so klar ist Ihnen vielleicht, wie man Vorlagen sinnvoll einsetzt. Möglicherweise helfen Ihnen folgende kleine Beispiele.

Auf Anhieb die richtige Arbeitsumgebung

Das ist der hauptsächliche Zweck einer Dokumentvorlage: für gleiche (oder auch nur ähnliche) Aufgaben alle benötigten Werkzeuge bereitzu-stellen. Dazu gehören Formatvorlagen ebenso wie angepaßte und zusätz-liche Funktionsleisten oder Makros.

Natürlich gibt es auch für dieses Buch eine eigene Dokumentvorlage. Darin wimmelt es nur so von Symbolleisten. Sie sind mit Makros, Formatvorlagen und Word-Funktionen belegt, die ich häufig brauche und deshalb im schnellen Zugriff haben möchte. Je nach Bedarf hole ich sie hervor. Beim Schreiben sind es andere als beim letzten Durchlauf, wenn Korrekturen und letzte Feinheiten an der Formatierung zu erledigen sind.

Darüberhinaus gibt es natürlich jede Menge Formatvorlagen (die immer automatisch aktualisiert werden, weil ständig Kleinigkeiten geändert werden), andere Makros und AutoText-Einträge und in der Folge davon eine Tastenbelegung, die von der Originalbelegung fast nichts übrigläßt. Ungefähr in Kapitel 36 kann ich mir das alles dann auch merken.

All das garantiert mir – dank der Dokumentvorlage –, daß jedes Kapitel gleich formatiert wird und daß mir stets alle Hilfsmittel zur Verfügung stehen, die ich zur Arbeitserleichterung brauche.

Weg mit allem, was stört

Statt Arbeitsmittel bereitzustellen, kann man sie auch ausblenden. Vor allem im Büroalltag, wo mehrere Personen auf gleiche Datenbestände zugreifen können und wo nicht alle gleich gut Bescheid wissen über Word, ist das mitunter hilfreich.

Neu in Ihrem Büro sind das nette Fräulein Meier und der nette Herr Müller. Sie sind wirklich sehr nett, aber leider auch noch ziemlich unbedarft, was den Umgang mit Word anbelangt. Nun, mit Ihrer und des Kompendiums Hilfe wird sich das bald ändern. Aber bis dahin? Allein eine kleine Wanderung durch die Menüs kann dem Neuling schon allen Mut nehmen.

Herr Müller ist im Sekretariat mit der Korrespondenz beschäftigt. Sie stellen ihm eine Dokumentvorlage bereit, die natürlich alle benötigten Formatvorlagen und die auf das Firmenpapier angepaßten Randeinstellungen zur Verfügung stellt.

Aber zusätzlich beschneiden Sie Words Leistungsumfang. Alles, was Herr Müller für seine Korrespondenz garantiert nicht braucht, nehmen Sie aus den Menüs heraus, zum Beispiel Inhaltsverzeichnis und Index, alles was mit Grafiken zusammenhängt usw. Jetzt sieht das alles doch nicht mehr so bedrohend aus, der Überblick fällt leichter.

Fräulein Meier hingegen ist die Sachbearbeiterin für das Rechnungswesen. Auch bei ihr werden – über eine Dokumentvorlage – die Menüfunktionen reduziert. Aber Sie haben ihr ein paar Makros geschrieben, die automatisch für die richtige Rechnungsnummer sorgen und Kundenadressen heraussuchen, und die nehmen Sie zusätzlich in die Menüs auf. Da kann man lesen, was sie bewirken. Und wenn Sie merken, daß

Fräulein Müller öfter mal aus Versehen auf das falsche Symbol klickt und vom Ergebnis völlig überwältigt ist, nehmen Sie ihr dieses Symbol einfach weg.

Aufgaben automatisieren

Betrachten und benutzen Sie auch die Dokumentvorlagen, die Word mitliefert. Die MEMOS-Vorlagen beispielsweise geben die für Memos gebräuchlichen Elemente vor – Sie brauchen sie nur noch auszufüllen; ein wichtiger Einsatzbereich von Dokumentvorlagen.

Noch einen Schritt weiter gehen die Assistenten. Auch sie basieren auf einem Grundgerüst von Elementen, die bei Memos, Fax-Blättern oder Urkunden stets gleichbleiben, fragen aber die nötigen Variablen ab und setzen sie gleich an die richtige Stelle.

Die Assistenten sind ein Programmzusatz von Word, nicht eigentlich Dokumentvorlagen. Was sie machen, kann man aber selbst auch mit Makros erzeugen – der Phantasie sind keine Grenzen gesetzt.

Die von den Assistenten produzierten Blätter können Sie als Dokumentvorlagen speichern und weiterverwenden.

:-)
TIP

Erweiterte Funktionen

Teil **V**

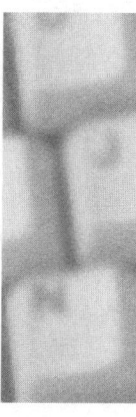

Textmarken und Querverweise

Kapitel 25

Der Begriff »Textmarke« klingt etwas mysteriös. Lassen Sie sich davon nicht abschrecken! Textmarken sind unsichtbare Markierungen im Text, die für vielerlei Dinge herangezogen werden können, zum Beispiel für Querverweise – wovon dieses Kapitel auch handelt.

In der einfachsten Form ist eine Textmarke ein Haltepunkt in einem Text, wie ein Buchzeichen, und Sie können blitzschnell an diese Stelle springen. Textmarken können aber auch beliebigen Inhalt haben. Sie definieren einen Textteil und geben ihm einen Namen: die Textmarke. Mit Hilfe des Namens, also der Textmarke, können Sie Bezug nehmen auf diesen Textteil.

25.1 Textmarken definieren

Wozu kann man Textmarken gebrauchen? Eine kleine Auswahl:

EINFÜGEN/
TEXTMARKE
[Strg]+[⇧]+[F5]

➡ Eine Textmarke kann mit einem einfachen Befehl angesprungen werden.

➡ Textmarken sind die Grundlage für Querverweise: Irgendwo im Text verweisen Sie auf eine andere Stelle 26 Seiten zuvor – »siehe Seite 12«.

➡ Eine Textmarke kann für Berechnungen herangezogen werden (siehe Kapitel 27, »Rechnen«, S. 487).

Bevor Sie eine Textmarke definieren, müssen Sie sich entscheiden, welche Art von Textmarke Sie haben möchten.

■➤ Als bloßer Haltepunkt ist die Textmarke »leer«. Sie setzen den Cursor irgendwo hin, und an dieser Stelle wird die »leere« Textmarke eingefügt.

■➤ Für eine Textmarke mit Inhalt müssen Sie zunächst etwas markieren – egal was, egal wie lang. In der Regel wird es Text sein, genausogut aber können Sie etwa eine Grafik als Textmarke definieren.

Soweit sind Sie also jetzt: Der Cursor steht an einer bestimmten Stelle, oder Sie haben etwas markiert. Mit dem Befehl EINFÜGEN/TEXTMARKE benennen Sie sodann die Textmarke – oder wählen eine vorhandene aus, um ihr einen neuen Inhalt zuzuweisen. Aber Vorsicht: Word fragt nicht nach, sondern überschreibt die Textmarke sofort.

Die Auswahlliste im Dialogfenster führt übrigens auch alle Textmarken auf, die mit Feldfunktionen definiert worden sind (siehe weiter hinten in diesem Kapitel), und, sofern Sie *Ausgeblendete Textmarken* aktivieren, auch die internen Querverweise

Abbildung 25.1:
Textmarken
einsehen und
erstellen

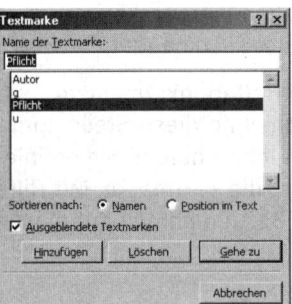

Textmarke vs. Textbaustein

In der zweiten Form (mit Inhalt) scheint eine Textmarke vergleichbar zu sein mit einem Textbaustein (siehe Kapitel 11, »AutoText«, S. 151). In Wahrheit haben sie nichts miteinander gemein. Auch deshalb hat man sie von den Begriffen her deutlicher unterschieden: was früher als Textbaustein bekannt war, heißt heutzutage ja »AutoText«.

■➤ Ein Textbaustein ist schlichtweg gespeicherter Text, den man auf schnelle Art einfügen kann. Sonst kann man mit ihm nichts machen.

■➤ Eine Textmarke hingegen – respektive deren Inhalt – kann man auf normale Art nicht einfügen, nur mit einer Feldfunktion. Dafür kann man den Inhalt einer Textmarke auf vielerlei andere Art verwenden: wie schon erwähnt und noch näher zu erläutern beispielshalber für Querverweise. Das geht mit einem Textbaustein nicht.

■► Und noch ein wesentlicher Unterschied: Der Inhalt eines Textbausteins wird im Dialogfenster angezeigt, der Inhalt einer Textmarke nicht.

Regeln und Grenzen

Insbesondere bei den Namen für Textmarken sollten Sie aufpassen, da hier andere Regeln gelten als etwa für AutoTexte oder Makros.

■► Der Name für die Textmarke darf 40 Zeichen lang sein.

■► Er muß mit einem Buchstaben beginnen, ansonsten dürfen Buchstaben und Ziffern gemischt werden. Als einziges sonstiges Zeichen ist darüberhinaus der Unterstrich zulässig – kein Leerzeichen.

■► Groß- und Kleinschreibung wird nicht unterschieden.

■► In einem Dokument sind höchstens 32.000 Textmarken erlaubt (viel Spaß!); woraus Sie entnehmen, daß Textmarken Teil des aktuellen Dokuments sind (im Gegensatz zu Textbausteinen, die in einer Dokumentvorlage gespeichert werden).

Eine Textmarke beharrt auf Exklusivität: Derselbe Name darf nur einmal auftauchen. Geben Sie den Namen an anderer Stelle nochmals ein, wird die Textmarke hierhin verschoben. Aber ohne ihren Inhalt. Genauer gesagt: die Textmarke wird neu und »leer« definiert. (Was anderes ist es natürlich, wenn Sie einen markierten Text mit einer vorhandenen Textmarke belegen. Dann bekommt die Textmarke einfach einen neuen Inhalt.)

Den Verschiebeeffekt erreichen Sie auch, wenn Sie den Cursor an eine andere Stelle bewegen, das Menü EINFÜGEN/TEXTMARKE öffnen und die zu verschiebende Textmarke auswählen.

Auf die gleiche Weise können Sie eine neue, veränderte Textmarke definieren. Sie wählen zum Beispiel »Marke_1« aus und ändern den Namen ab in »Marke_2« – spart Tipparbeit.

... und löschen

Hätten Sie das gedacht, daß mit der Schaltfläche LÖSCHEN eine Textmarke wieder entfernt wird? Und daß man sie dazu zuvor ausgewählt haben muß? Man lernt doch nie aus ...

25.2 Textmarken anspringen

BEARBEITEN/
GEHE ZU
EINFÜGEN/
TEXTMARKE

Textmarken sind zum einen Sprungmarken, Haltepunkte im rasenden Fluß des Textes.

➡ Sie öffnen das Menü BEARBEITEN/GEHE ZU, geben den Namen der Textmarke ein oder wählen ihn aus. Das geht auch, wie Sie wissen, mit F5 oder Strg+G oder Doppelklick in der Statuszeile auf den Bereich mit den Seitennummern.

➡ Oder Sie öffnen das Menü EINFÜGEN/TEXTMARKE, wählen die Textmarke aus und springen sie an mit der Schaltfläche GEHE ZU.

Besteht die Textmarke aus einem zuvor im Dokument definierten Text, wird der beim Anflug markiert.

Abbildung 25.2:
Textmarken
anspringen

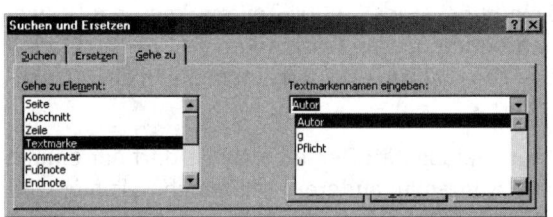

:-)
TIP

Wer über Tage hinweg am selben Dokument arbeitet, fügt, wenn Feierabend ist, eine leere Textmarke beispielsweise namens »x« ein. Die Stelle kann am nächsten Morgen mit F5 schnell angesprungen werden.

25.3 Textmarken anzeigen

EXTRAS/OPTIONEN

Normalerweise sind Textmarken eminent gut verborgen. Sie sind schlichtweg unsichtbar und auch nicht sichtbar zu machen (es sei denn, sie werden als Felder definiert; siehe den nächsten Abschnitt). Nur wenn man sie anspringt, treten sie aus ihrem Schattendasein.

Das läßt sich ändern. In EXTRAS/OPTIONEN/*Ansicht* finden Sie die Option *Textmarken*. Ist sie markiert, sehen Sie Textmarken auf einen Blick:

➡ Leere Textmarken werden als überdimensionaler Cursor angezeigt, ebenso solche Textmarken, die mit der Feldfunktion {Set} definiert worden sind.

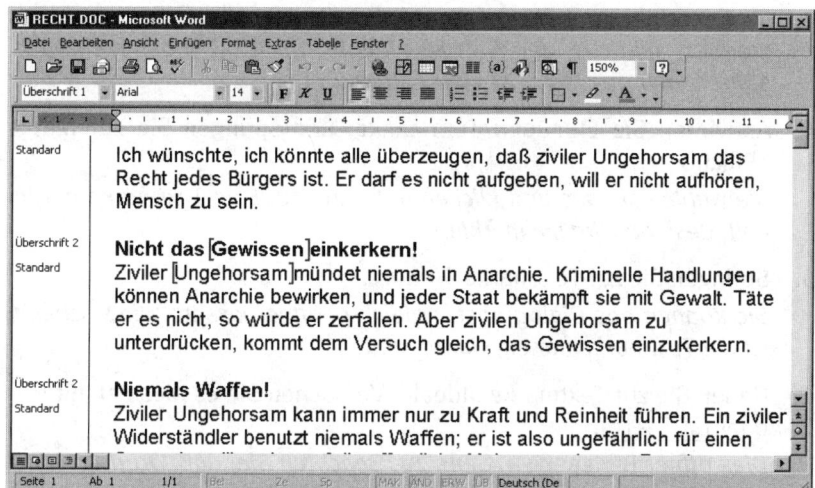

Abbildung 25.3:
Markierte
Textmarken

In the figure (RECHT.DOC - Microsoft Word):

Standard: Ich wünschte, ich könnte alle überzeugen, daß ziviler Ungehorsam das Recht jedes Bürgers ist. Er darf es nicht aufgeben, will er nicht aufhören, Mensch zu sein.

Überschrift 2 / Standard: **Nicht das [Gewissen]einkerkern!** Ziviler [Ungehorsam]mündet niemals in Anarchie. Kriminelle Handlungen können Anarchie bewirken, und jeder Staat bekämpft sie mit Gewalt. Täte er es nicht, so würde er zerfallen. Aber zivilen Ungehorsam zu unterdrücken, kommt dem Versuch gleich, das Gewissen einzukerkern.

Überschrift 2 / Standard: **Niemals Waffen!** Ziviler Ungehorsam kann immer nur zu Kraft und Reinheit führen. Ein ziviler Widerständler benutzt niemals Waffen; er ist also ungefährlich für einen

➡ Textmarken mit Inhalt werden von – ebenso großen – eckigen Klammern eingeschlossen.

➡ Das gleiche gilt für Überschriften, auf die mit der Feldfunktion {StyleRef} verwiesen wird, beispielsweise in einer Kopfzeile.

Diese Markierungen werden in der Normal- und Layout-Ansicht gezeigt, nicht jedoch in der Seitenansicht.

ÜBUNG: *Textmarken definieren und anspringen (Beispieldatei: RECHT.DOC)*

1. Bringen Sie den Cursor an eine beliebige Stelle im Text, öffnen Sie EINFÜGEN/TEXTMARKE.

   Sie sehen im Dialogfenster, daß dieses Dokument bereits vier Textmarken hat.

2. Nennen Sie Ihre Textmarke »Marke_1«. Klicken Sie anschließend auf HINZUFÜGEN.

   Ein Leerzeichen ist nicht gestattet, deshalb der Unterstrich. Da Sie zuvor nichts markiert hatten, haben Sie eine leere Textmarke, einen Haltepunkt, definiert.

3. Markieren Sie den ersten Absatz (»Ich wünschte ...«). Aktivieren Sie EINFÜGEN/TEXTMARKE mit dem Shortcut [Strg]+[⇧]+[F5].

Nun entsteht eine Textmarke mit Inhalt, deshalb muß zuvor etwas markiert sein. Nennen Sie sie »Ideal«. Ob Groß- oder Kleinbuchstaben oder gemischt, ist völlig gleichgültig.

4. Aktivieren Sie EINFÜGEN/TEXTMARKE, und springen Sie zur Marke »Pflicht«.

   Sie wählen sie aus und klicken auf GEHE ZU. Eine Textmarke mit Inhalt, deshalb wird sie markiert.

5. Springen Sie zur Textmarke »Autor«.

   Sie können das Dialogfenster gleich geöffnet lassen. Wie's scheint, ist die Textmarke nur ein Haltepunkt.

6. Gehen Sie zur Textmarke »Ideal«. Versuchen Sie es diesmal mit `F5` oder `Strg`+`G`.

   Dies öffnet BEARBEITEN/GEHE ZU. Beachten Sie, daß Word vorwärts oder rückwärts springt, je nachdem, wo die Textmarke zu finden ist.

25.4 Textmarken als Felder definieren

Textmarken können auch mit Hilfe einer Feldfunktion definiert werden. Das bietet sich immer dann an, wenn der Inhalt der Textmarke im Dokument selber nicht vorhanden ist (oder sein darf), demzufolge auch nicht markiert werden kann, oder wenn irgendeine Position auf der Seite für einen Querverweis gebraucht wird. Die Feldfunktion dafür ist:

```
{SET TextmarkenName Inhalt}
```

➡ Der Inhalt der Textmarke kann ein beliebig langer Text sein. Besteht der Inhalt nur aus einem Wort oder einer Zahl, geht es auch ohne Anführungen. Andernfalls müssen sie sein, sonst betrachtet Word nur das erste Wort als Textmarken-Inhalt und ignoriert den Rest.

➡ Eine leere Textmarke (Haltepunkt), z.B. für einen Querverweis, braucht ebenfalls einen Inhalt. Der besteht dann aus nichts (siehe das Beispiel unten).

➡ Ein {Set}-Feld zeigt kein Ergebnis an. Und wenn Sie noch so oft mit `F9` aktualisieren.

Beispiel: Textmarken könnten so definiert werden:

```
{SET marke_1 Johann}
{SET marke_2 "Johann Caspar Friedrich"}
{SET marke_3 256}
{SET bild19_1 ""}
```

Das letzte Beispiel ist eine leere Textmarke.

Textmarken mit {Set} *statt mit der Menüfunktion zu definieren ist hilf-reich bei Dokumenten, die immer den gleichen Inhalt haben und nur an bestimmten Stellen voneinander abweichen – Namen in Verträgen etwa. Bei jedem neuen Vertrag braucht nur im* {Set}*-Feld der Name geändert zu werden, den Rest erledigt Word alleine.*

:-)
TIP

Textmarken abrufen

Abgerufen wird eine Textmarke – gleich, ob sie über das Menü EINFÜGEN/ TEXTMARKE oder mit der Funktion {Set} definiert worden ist – mit der Feldfunktion

    {REF TextmarkenName}

An dieser Stelle wird dann der Inhalt der Textmarke eingefügt. Alternativ dazu können Sie auf das {REF} in der Feldfunktion auch verzichten und nur den Textmarken-Namen angeben, zum Beispiel {marke_1}.

Da müssen Sie aber darauf achten, daß der Textmarken-Name nicht mit einem Feldfunktions-Namen oder bei Serienbriefen mit einem Datensatz-Feld identisch ist.

Textmarken für Spezialisten

Der Bezug mit {REF} kann mit verschiedenen Schaltern differenziert wer-den (siehe Kapitel 64, »Feldfunktionen«). Die interessantesten seien hier kurz vorgestellt.

Der Schalter \n verweist auf einen numerierten Absatz und fügt dessen Nummer ein:

    {REF MarkeImAbsatz \n}

In dem numerierten Absatz muß natürlich eine Textmarke vorhanden sein, wobei es genügt, ein Wort als Textmarke zu definieren. Auch eine leere Textmarke ist statthaft.

Der Schalter \f bezieht sich auf Fußnoten oder Kommentare. Sie müssen das Fußnoten- oder Kommentarzeichen als Textmarke definieren – nennen wir sie mal schlicht Zeichen. Auf diese Textmarke beziehen Sie sich:

```
{REF Zeichen \f}
```

An dieser Stelle wird jetzt die Fußnote oder der Kommentar eingefügt, deren Zeichen als Textmarke definiert worden ist: Eine elegante Möglichkeit, Fußnoten oder Kommentare zu wiederholen.

Der Schalter \h erstellt einen Hyperlink zu einer Textmarke. Das heißt, der Inhalt der Textmarke erscheint, und wenn Sie darauf klicken, springen Sie dorthin. Das geht natürlich nicht mit einer »leeren« Textmarke.

Etwas ähnliches erzeugen Sie auch mit EINFÜGEN/HYPERLINK. Allerdings wird dazu eine andere Feldfunktion verwendet, nämlich {Hyperlink}, nicht der Inhalt der Textmarke erscheint, sondern dessen Name, und zudem WWW-konform, nämlich blau und unterstrichen. (Mehr zu Hyperlinks in Kapitel 55, »Web-Design«, S. 837.)

:-)
TIP

Vor allem in Verträgen wird häufig auf andere Absätze Bezug genommen. Verwenden Sie dazu einmal die Numerierungsfunktion; dann können Sie Absätze umstellen, ohne die Numerierung manuell ändern zu müssen (siehe Kapitel 21, »Listen, Numerierungen, Aufzählungen«, S. 361). Definieren Sie zudem in den Absätzen, auf die verwiesen wird, eine Textmarke. Dann können Sie mit {REF \n} einen Querverweis herstellen (so in der Art: »gemäß § 1.2 gilt ...«), und er stimmt immer, auch wenn aus § 1.2 mal § 4.5 wird. Und denken Sie daran: mit {SEQ} können Sie ebenfalls Querverweise zu einer fortlaufenden Numerierung erstellen (siehe Kapitel 21, »Listen, Numerierungen, Aufzählungen«, S. 361).

STEP

ÜBUNG: *Textmarken als Felder (Beispieldatei: RECHT.DOC)*

1. Gehen Sie an den Beginn des Dokuments, aktivieren Sie EINFÜGEN/FELD. Wählen Sie den Feldnamen »Bestimmen« aus.
Wenn man nicht so viel schreiben will, geht man übers Menü.

2. Gehen Sie in das Eingabefeld, ergänzen Sie folgendermaßen:
```
bestimmen verfasser "Mahatma Gandhi"
```
»Verfasser« ist der Name der Textmarke, »Mahatma Gandhi« ihr Inhalt. Anschließend mit OK bestätigen.

3. Gehen Sie an das Ende des Textes, drücken Sie in einem neuen Absatz `Strg`+`F9`.

   Word fügt die Klammern für ein Feld ein.

4. Schreiben Sie, genau so:

   ```
   {REF verfasser} sagt:"
   ```

   Mit REF *wird auf die Textmarke »Verfasser« Bezug genommen. Weil wir schon ein bißchen vorgearbeitet haben, können Sie sich auch auf die Textmarke »Autor« beziehen; die gibt es bereits.*

5. Ergänzen Sie jetzt so:

   ```
   {Pflicht}"
   ```

   »Pflicht« ist der Name einer vorhandenen, über das Menü definierten Textmarke.

6. Markieren Sie den Absatz, drücken Sie `F9`. Schalten Sie, falls nötig, in die Ergebnisdarstellung um mit `⇧`+`F9` oder dem Kontextmenü.

   Die Felder werden aktualisiert (weil es zwei sind, müssen beide markiert werden), es erscheint der Inhalt der Textmarken.

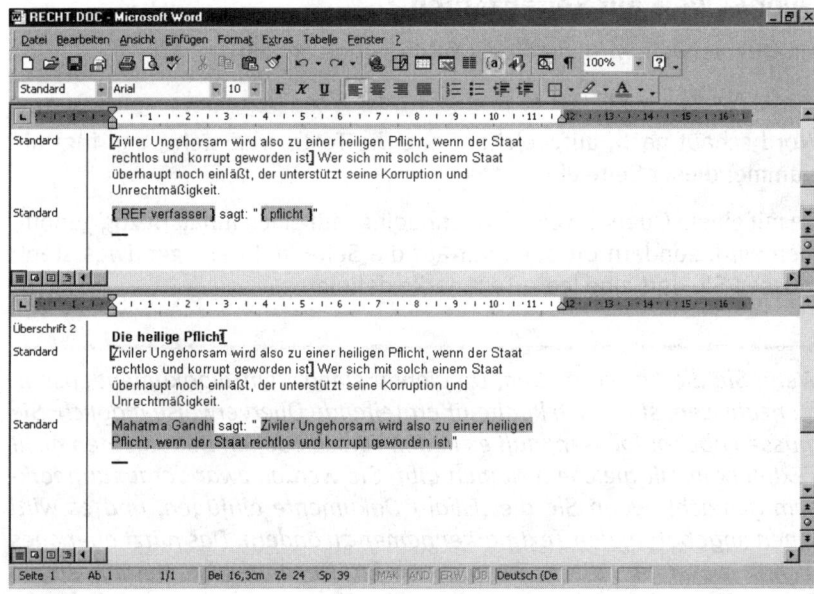

Abbildung 25.4:
Zwei Textmarken werden mit Feldfunktionen abgerufen

25.5 Querverweise

Textmarken können für mehr herhalten, als Ihnen vielleicht bewußt ist. Einen Einsatzbereich haben Sie im vorigen Abschnitt kennengelernt: An irgendeiner Stelle wird der Inhalt irgendeiner Textmarke eingefügt. Weitere Verwendungsmöglichkeiten finden Sie in diesem Abschnitt.

Das Prinzip ist immer das gleiche: Mit einer Feldfunktion wird Bezug genommen auf eine Textmarke. Was mit der Textmarke geschieht, entscheidet die Feldfunktion. Zum Beispiel fügt {REF} den Inhalt einer Textmarke ein.

Sofern Sie die Feldfunktionen, mit denen Sie sich auf eine Textmarke beziehen, nicht nach alter Väter Sitte manuell einfügen, sondern mit EINFÜGEN/FELD auswählen (Sie finden sie in der Abteilung *Verknüpfungen und Verweise*), können Sie mit OPTIONEN gleich die möglichen Schalter hinzufügen. Und Sie können von hier aus auch gleich auf Textmarken oder Formatvorlagen zugreifen.

Querverweis auf Seitenzahlen

Ein Querverweis wird mit dieser Feldfunktion erstellt:

```
{PAGEREF Textmarke}
```

Word schaut nach, auf welcher Seite die Textmarke steht, und fügt die Nummer dieser Seite ein.

Da mit einem Querverweis nicht unbedingt auf einen Inhalt Bezug genommen wird, sondern oft auch nur auf die Seite, auf der irgendwas steht, müssen Sie dort eine leere Textmarke definieren.

Wenn Sie die Absicht haben, Dateien in einem Zentraldokument zusammenzufassen, sind auch kapitelübergreifende Querverweise möglich. Sie müssen aber aufpassen, daß es in den verschiedenen Dokumenten nicht Textmarken mit gleichem Namen gibt. Sie werden zwar darauf aufmerksam gemacht, wenn Sie die (Filial-) Dokumente einfügen, und es wird Ihnen angeboten, den Textmarkennamen zu ändern. Das nützt aber alles nichts, wenn Sie diese Textmarken für Querverweise herangezogen haben. Denn die werden nicht angepaßt. Also: vorausplanen und absprechen, wenn mehrere Bearbeiter beteiligt sind.

Querverweis auf Formatvorlagen

Mit einer weiteren Feldfunktion kann auf Formatvorlagen Bezug genommen werden:

```
{STYLEREF Formatvorlage}
```

Die Formatvorlage ist hier einer Textmarke gleichzusetzen, der entsprechend formatierte Absatz deren Inhalt. Und der wird eingefügt.

Eingefügt wird stets der erste Absatz auf der Seite mit der Formatvorlage. Mit dem Schalter \ 1 wird der letzte Absatz eingefügt.

Das kann man vorzüglich in Kopf- und Fußzeilen verwenden (siehe Kapitel 18, »Kopf- und Fußzeilen«, S. 299), wo man gern Überschriften als »lebende« Kolumnentitel wiederholt. Und weil man, wenn man rationell arbeitet, Überschriften mit den »Überschrift«-Formaten belegt (siehe Kapitel 38, »Gliederung«, S. 599), lassen sich die »Überschrift«-Formate besonders leicht abrufen, nämlich mit den Nummern ihrer Ebenen von 1 bis 9 bzw. 0 für den Textkörper.

So wird auf das Gliederungsformat »Überschrift 1« Bezug genommen:

```
{STYLEREF 1}
```

Und so auf »Überschrift 6«, wobei die letzte Überschrift der Ebene 6 auf der aktuellen Seite herangezogen wird:

```
{STYLEREF 6 \1}
```

Alle anderen Formatvorlagenamen müssen Sie im Klartext schreiben:

```
{STYLEREF Titel}
```

Besteht der Formatvorlagename aus mehreren Wörtern, müssen sie zwischen Anführungszeichen gesetzt werden.

Beispiel: Eine Formatvorlage heißt »Text für Zitat«. Wenn Sie das so angeben:

```
{STYLEREF Text für Zitat}
```

erhalten Sie wahrscheinlich eine Fehlermeldung oder zumindest ein falsches Ergebnis, weil Word nach dem Format »Text« sucht. So ist es richtig:

```
{STYLEREF "Text für Zitat"}
```

Achten Sie darauf, daß vor dem letzten Anführungszeichen kein Leerzeichen steht! Das würde sonst als Teil des Formatvorlagenamens interpretiert.

Ähnlich wie bei {REF} kann auch bei {StyleRef} mit dem Schalter \n auf eine Absatznumerierung Bezug genommen werden. Das ist jedoch mit {StyleRef} längst nicht so flexibel, da die Quelle ja eine Formatvorlage ist und man nicht für jeden numerierten Absatz eine eigene Formatvorlage verwendet.

Querverweise mit der Menüfunktion

EINFÜGEN/   Querverweise, wie sie bisher beschrieben worden sind, fügt man entwe-
QUERVERWEIS   der manuell ein, tippend von Anfang bis Ende, oder wählt sie mit EINFÜ-
              GEN/FELD aus. Das eine ist gewiß so zeitaufwendig wie das andere.

Weit bequemer und variantenreicher indes geht es mit der Menüfunktion EINFÜGEN/QUERVERWEIS. Sie können hier unter verschiedenen Verweistypen wählen und bei jedem dann differenziert bestimmen, was eingefügt werden soll. Ich werde das an einigen Verweistypen detaillierter erläutern.

Abbildung 25.5:
Querverweise
einfügen

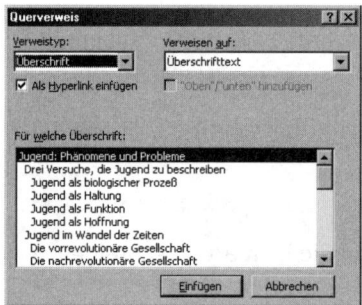

▶ Der Verweistyp »Überschrift« bezieht sich auf Absätze, die mit den Formatvorlagen »Überschrift« formatiert sind. Im Feld *Für welche Überschrift* sind sie alle zur Auswahl aufgeführt. Mit *Verweisen auf* können Sie näher bestimmen, ob der »Überschrifttext« eingefügt werden soll (also der Inhalt des Absatzes), die »Seitenzahl«, die »Überschriftnummer« (also die Kapitelnummer, sofern vorhanden) usw. Dabei gilt auch hier, daß Querverweise – zum Beispiel auch auf Überschriften in der Kopfzeile – automatisch aktualisiert werden, wenn Sie in die Layout-Ansicht schalten, ebenso beim Druck.

▶ Auch bei »Textmarke« werden alle vorhandenen Textmarken aufgeführt. Wiederum können Sie den Inhalt selbst einfügen oder auf die Seitenzahl bzw. die Absatznummer verweisen.

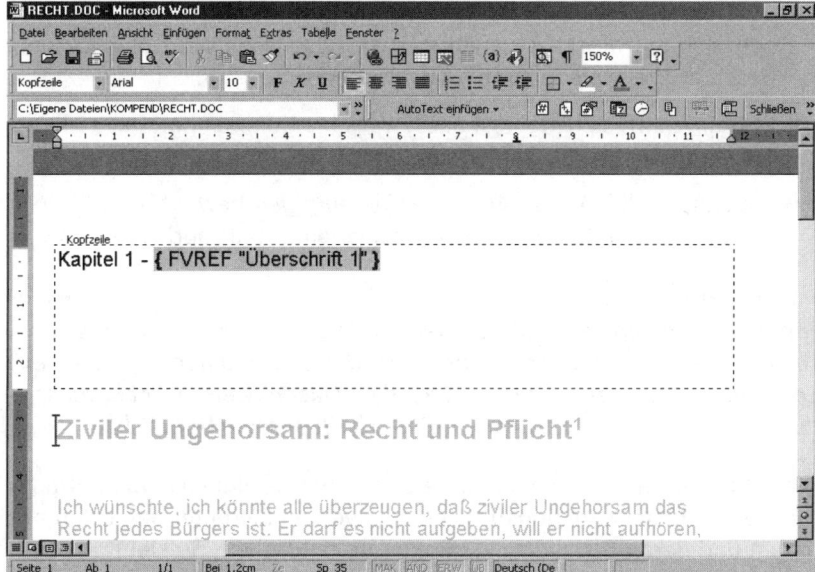

Abbildung 25.6:
Querverweis auf eine Gliederungsübersc hrift in der Kopfzeile – die Feldfunktion

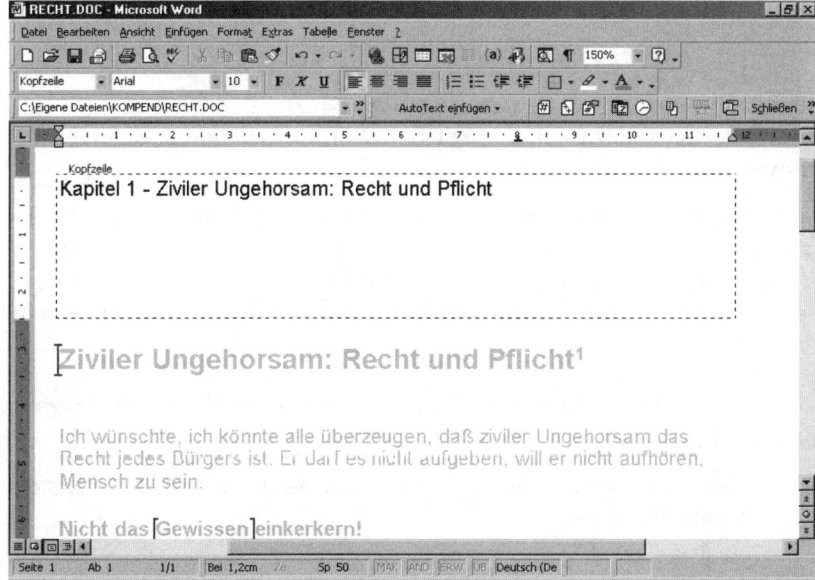

Abbildung 25.7:
... und das Ergebnis. So erzeugt man »lebende« Kolumnentitel

■➤ Bei »Fußnote« oder »Endnote« können Sie, wie gehabt, auf die Seitenzahl verweisen oder auf das Fußnotenzeichen. Damit wird aber nicht, wie weiter vorne beschrieben, die Fußnote kopiert, sondern wirklich nur das Fußnotenzeichen eingefügt (entspricht der Feldfunktion {NoteRef}).

▸ Die Querverweise auf Abbildungen, Gleichungen und Tabellen beziehen sich auf diesen Elementen zugewiesene Beschriftung. Zu den Beschriftungen siehe Kapitel 48, »Grafiken«, S. 725.

▸ Ein numeriertes Element ist alles, was eine Nummer hat. Dazu zählen numerierte Überschriften ebenso wie Listen.

▸ Die zusätzliche Option *Als Hyperlink einfügen* bewirkt, daß Sie mit einem Klick auf den Querverweis zur Originalstelle springen.

Fügt man Querverweise mit der Menüfunktion ein, wird man mit sämtlichen Überschriftenebenen konfrontiert, die im Dokument vorkommen. Ersetzen Sie diejenigen Ebenen, die Sie für Querverweise nicht brauchen, durch temporäre Formatvorlagen. Das schafft bessere Übersicht.

Wenn Sie solchermaßen eingefügte Querverweise einmal näher betrachten, sprich: in der Funktionsdarstellung, werden Sie unter den Feldfunktionen und deren Schaltern alte Bekannte entdecken. So sieht das zum Beispiel aus:

```
{REF _Ref274923198}
{PAGEREF _Ref274923216}
{REF _Ref274923216 \n}
```

Allerdings sehen Sie keinen Bezug auf eine Textmarke wie sonst (außer, Sie verweisen explizit auf eine solche). Word verschlüsselt vielmehr die Verweisstelle.

Diese Art, Querverweise zu erstellen, hat Vor- und Nachteile. Der Nachteil: Aus der Feldfunktion selbst können Sie nicht entnehmen, worauf Sie eigentlich verweisen; Sie sehen das nur am Ergebnis. Der Vorteil: Sie können bequem und in einem Durchgang alle nötigen Querverweise in einem Dokument erstellen.

ÜBUNG: *Querverweise (Beispieldatei: RECHT.DOC)*

1. Fügen Sie am Anfang des Dokuments folgende Felder als jeweils eigene Absätze ein:
   ```
   {PAGEREF Pflicht}
   {PAGEREF Autor}
   {STYLEREF 2}
   ```
   Die ersten beiden Felder beziehen sich auf Textmarken, das dritte Feld auf die Formatvorlage »Überschrift 2«.

2. Markieren Sie die Felder, und aktualisieren Sie sie mit `F9`.

    Angezeigt werden die Seiten, auf denen sich die Textmarken befinden, sowie der Inhalt des mit »Überschrift 2« formatierten Absatzes.

3. Öffnen Sie EINFÜGEN/QUERVERWEIS, wählen Sie nach Geschmack einen Verweistyp und die Verweisart.

    Sie können in dieser Datei Querverweise auf Überschriften, Textmarken und eine Fußnote erstellen.

4. Markieren Sie im Text das Fußnotenzeichen, und definieren Sie es als Textmarke.

    Vorschlag für den Namen:
    `Fußnote`

5. Fügen Sie irgendwo im Text folgende Feldfunktion ein:
    `{REF Fußnote \f}`

    Eine zweite Fußnote wird eingefügt. Wenn Sie sich die Fußnoten anschauen (ANSICHT/FUSSNOTEN), sehen Sie, daß es eine Kopie der ersten ist.

Sortieren

Kapitel 26

Vielleicht überrascht es Sie etwas, daß das Sortieren in einem eigenen Kapitel besprochen wird. In der Tat ist das keine so herausragende Funktion, die durch besondere Möglichkeiten glänzt. Aber sie ist vielfältig einsetzbar. In Tabellen natürlich, ebenso im normalen Text. Besonderer Bedarf besteht sicherlich bei Serienbriefen, wenn man die Adressen der Empfänger ordnen will.

26.1 Wie sortiert wird

Beim Sortieren werden Einträge in eine sinnvolle Ordnung gebracht. Diese Ordnung kann sein

TABELLE/
SORTIEREN

- alphanumerisch (Text und Zahlen gemischt),
- numerisch (nur Zahlen),
- nach Datum.

Sortiert werden können

- einzelne Absätze,
- einzelne Zeilen oder Spalten in einer Tabelle.

Grundsätzlich müssen Sie zunächst markieren, was sortiert werden soll, sonst sortiert Word das ganze Dokument.

Im Dialogfenster bestimmen Sie sodann die Einzelheiten, die für alle Arten von zu sortierendem Text gelten (und die weiter unten noch näher erläutert werden):

- *Aufsteigend* oder *Absteigend* als Sortierreihenfolge.

■➤ Den *Typ*: Text, Zahl, Datum.

■➤ Im Feld *1. Schlüssel* ist, je nachdem, was markiert ist, *Absätze* oder *Spalte* zu lesen.

Zum Ausprobieren und Nachvollziehen gibt es wie immer eine Beispieldatei: SORT1.DOC.

Abbildung 26.1:
Sortierkriterien
festlegen

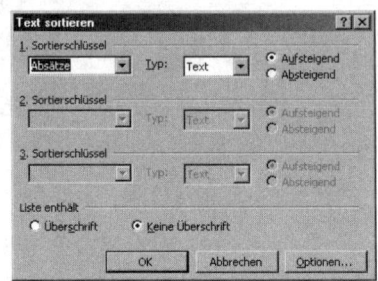

Abbildung 26.2:
Ein Ausschnitt aus
der Beispieldatei,
unsortiert und
sortiert

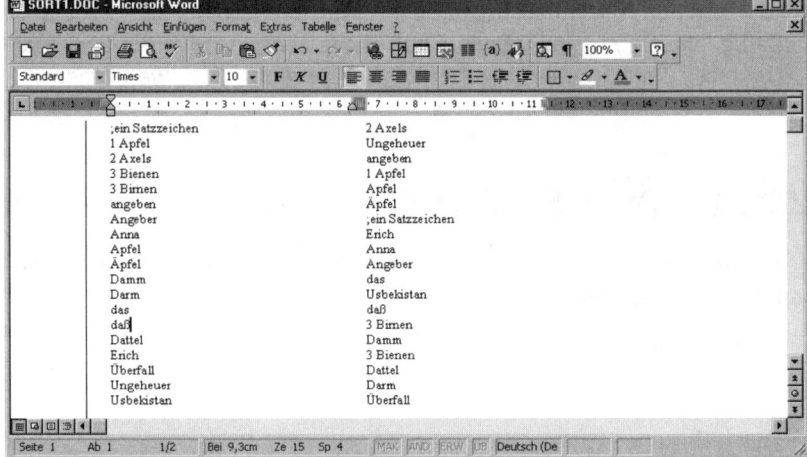

26.2 Die Sortierfolge

Words Sortierfolge ist höchst brauchbar, weil sie sich nicht stur an die ASCII- oder ANSI-Reihenfolge hält.

■➤ Bei Text-Sortierung kommen zuerst Satzzeichen (und andere Sonderzeichen), dann Zahlen, dann Buchstaben. Sortiert werden die Buchstaben ebenso wie die Zahlen. Anführungszeichen, Leerzeichen, Tabs und dergleichen werden ignoriert. Umlaute und »ß« sind im Alphabet richtig einsortiert.

■→ Bei Zahlen-Sortierung berücksichtigt Word nur Einträge, die mit Zahlen beginnen. Alle Einträge mit anderen Zeichen am Anfang werden unsortiert an den Anfang gestellt. Dabei orientiert sich Word an der natürlichen Ordnung, von 1 an aufwärts. 10 kommt nach 9 und nicht direkt nach 1 wie sonst oft.

Groß- und Kleinschreibung

Mit den OPTIONEN können Sie unter anderem bestimmen, daß Word *Groß-/Kleinschreibung* beachten möge. Ist das eingeschaltet, kommen innerhalb eines Buchstabens erst Wörter mit Großbuchstaben am Wortanfang, dann mit Kleinbuchstaben. Andernfalls wird normal alphabetisch sortiert.

Zudem können Sie im Dialogfeld *Text sortieren* über die Schaltfläche OPTIONEN eine *Sortiersprache* wählen und so auf die Besonderheiten verschiedener Länder Rücksicht nehmen.

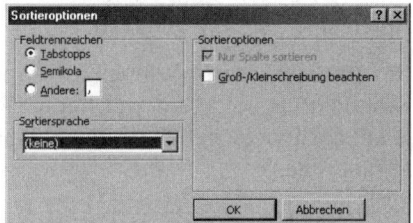

Abbildung 26.3:
Zusätzliche
Sortieroptionen

26.3 Auflistungen und Tabellen

Auflistungen werden vielfach als Datensätze für Serienbriefe verwendet. Das kann so aussehen:

```
Karl; Maier; 70372; Stuttgart
Hans; Müller; 13403; Berlin
Fritz; Schulz; 80333; München
Max; Adam; 73773; Aichwald
```

Die einzelnen Bestandteile, Felder genannt, sind hier durch ein Semikolon plus Leerzeichen getrennt (das Leerzeichen darf auch fehlen). Alternativ akzeptiert Word auch einen Tabulator:

```
Karl     Maier   70372   Stuttgart
Hans     Müller  13403   Berlin
Fritz    Schulz  80333   München
Max      Adam    73773   Aichwald
```

Und das Ganze läßt sich schließlich auch noch in eine »echte« Word-Tabelle umwandeln, was das Sortieren meist beträchtlich erleichtert (siehe hierzu Kapitel 15, »Tabellen«, S. 225).

Alle drei Arten verkraftet Word klaglos. Sie müssen bei den OPTIONEN nur angeben, wodurch die Felder getrennt sind. Eine »echte« Tabelle erkennt Word ohnehin automatisch.

➡ Jede Zeile muß ein eigener Absatz sein.

➡ Um Auflistungen oder Tabellen sortieren zu können, müssen wenigstens zwei Absätze markiert sein.

26.4 Sortieren nach einem Feld

Bei Auflistungen und Tabellen ist Word mitzuteilen, welches Feld oder welche Spalte das Schlüsselfeld sein soll. Nach diesem Feld wird dann sortiert. Bei Auflistungen heißt es »Feld«, bei Tabellen »Spalte«. Die Prinzipien sind aber die gleichen.

Um das gut nachvollziehen zu können, finden Sie in SORT.DOC eine Tabelle (Beispiel 3), bei welcher die Reihenfolge in den einzelnen Feldern leicht nachzuvollziehen ist (die Beispiele 4 und 5 sind dieselben Daten als Auflistungen):

1	Berta	Dörfel
1	Adam	Berlin
3	Cäsar	Detmold
2	Bianca	Amsterdam
4	Doris	Cottbus

Vorgabe für die Sortierung ist die erste Spalte. Das sieht dann so aus:

1	Berta	Dörfel
1	Adam	Berlin
2	Bianca	Amsterdam
3	Cäsar	Detmold
4	Doris	Cottbus

Sortiert ist nach den Nummern. Aber Sie können auch nach den Orten anordnen lassen. Das ist die dritte Spalte, die Sie mithin als 1. Schlüssel angeben müssen. Das Ergebnis:

2	Bianca	Amsterdam
1	Adam	Berlin
4	Doris	Cottbus
3	Cäsar	Detmold
1	Berta	Dörfel

Interessant wird es, wenn Sie weitere Schlüssel hinzunehmen. Beispielsweise als 1. Schlüssel Spalte 1, als zweiter Schlüssel Spalte 2:

1	Adam	Berlin
1	Berta	Dörfel
2	Bianca	Amsterdam
3	Cäsar	Detmold
4	Doris	Cottbus

Zuerst wird dabei nach der ersten Spalte sortiert. Gibt es dort gleichlautende Einträge, wird der 2. Schlüssel als Ordnungskriterium herangezogen.

Was mit Tabellen geht, das geht grundsätzlich auch mit Auflistungen, wie Sie mit den Beispielen 4 und 5 ausprobieren können. Sie sollten sich nur vergewissern, daß Word das Trennzeichen auch richtig erkannt hat.

Überschriften ausschließen

Ist in einer Tabelle die erste Zeile als Überschrift definiert (siehe Kapitel 15, »Tabellen«, S. 225), wird sie automatisch von der Sortierung ausgenommen. In den Schlüsselfeldern erscheint dann auch nicht »Spalte 1«, sondern hier stehen dann die Spaltenüberschriften.

Sie können die erste Zeile auch nachträglich in den Rang einer Quasi-Überschrift erheben und von der Sortierung ausklammern, wenn Sie im Dialogfenster *Überschrift* markieren.

Spalten sortieren

Wenn Sie nur eine Spalte sortieren möchten, nicht die gesamten Zeilen, markieren Sie die Spalte und wählen unter OPTIONEN *Nur Spalte sortieren*. Alle anderen Spalten bleiben von der Sortierung unberührt.

Das ist die sicherste Art, einen Adreßdatenbestand heillos durcheinander zu bringen.

26.5 Nach dem Datum sortieren

Datumswerte sortiert Word ebenfalls, allerdings mit kleinen Ausrutschern zwischendurch. Die Schreibweise ist so ziemlich egal, selbst abgekürzte Monatsnamen dürfen es sein, das Datum kann auch mitten im Text stehen – probieren Sie's mal aus mit Beispiel 6 in SORT.DOC.

Achten Sie darauf, daß im Dialogfeld der richtige Typ ausgewählt ist (*Datum*), und stellen Sie zudem *Deutsch* als *Sortiersprache* ein.

Rechnen

Kapitel 27

D aß eine Textverarbeitung auch rechnen kann, muß mittlerweile als Selbstverständlichkeit angesehen werden. Word geht noch ein wenig weiter. Mit Hilfe von Feldfunktionen lassen sich komplexe mathematische Berechnungen durchführen. Und wenn Sie dann noch mit Textmarken arbeiten, können Sie sich in Ihren Rechnungen auf andere Werte beziehen, die von Ihrer aktuellen Position seitenweise entfernt sind. Für Tabellen stellt Word eine vereinfachte Summenformel zur Addition bereit.

27.1 Rechnen im Text

Damit gerechnet werden kann, müssen erstens Zahlen vorhanden, zweitens, diese Zahlen markiert sein – und drittens braucht man eine entsprechende Funktion dafür. Allerdings: In keinem Menü taucht so etwas (mehr) auf. Die gute Nachricht: Die Funktion »ExtrasBerechnen« gibt es nach wie vor. Wer sie braucht, und manchmal ist sie ja praktisch, muß sie sich als Menüfunktion, Shortcut oder als Symbol installieren. Sie ist zu finden unter »Alle Befehle«.

Der ganze Vorgang lauft dann so ab:

➡ Sie markieren den Textteil mit den Zahlenwerten.

➡ Sie aktivieren EXTRAS/BERECHNEN.

➡ Word rechnet und zeigt das Ergebnis kurz in der Statuszeile.

➡ Das Ergebnis wird zugleich in die Zwischenablage geschrieben. Von dort können Sie es mit (Strg)+(V) an beliebiger Stelle in den Text einsetzen.

Text und Zahlen

Wenn sich zwischen den Zahlen Text befindet, stört das nicht im mindesten. Er wird einfach ignoriert. Mit zwei Ausnahmen:

- Ein Ausrufezeichen in der Markierung verhindert die Berechnung.

- »DM« als Währungsbezeichnung kann eingeschlossen werden und erscheint dann auch im Ergebnis. Allerdings muß die Position von »DM« genau dem entsprechen, was in der Systemsteuerung mit »Ländereinstellungen« festgelegt ist. (Normalerweise steht »DM« nach der Zahl, durch ein Leerzeichen getrennt.)

Davon abgesehen, können Sie auch ganze Absätze markieren. Ob die Zahlen nacheinander folgen oder untereinander stehen, ist im Prinzip gleichgültig.

Doch möglicherweise erhalten Sie ein falsches Ergebnis. Dann nämlich, wenn sich in dem Absatz, den Sie markiert haben, noch andere Zahlen befinden, die nicht mit berechnet werden sollen.

Beispiel: Ihr Text sieht so aus:

```
Umsatz   Äpfel 1996   500
Umsatz   Äpfel 1997   200
```

Wenn Sie beide Absätze komplett markieren, werden auch die Jahreszahlen mit addiert. In einem solchen Fall müssen Sie spaltenweise markieren:

- Sie richten die Zahlen mit Hilfe von Tabulatoren untereinander aus (siehe Kapitel 15, »Tabellen«, S. 225).

- Sie bringen den Cursor vor die erste Zahl, aktivieren mit Strg + ⇧ + F8 den Spaltenmodus (in der Statuszeile erscheint »SP«) und können nun mit den Cursortasten den Zahlenblock markieren und ihn berechnen lassen. Leichter geht's mit der Maus bei gedrückter Alt -Taste.

- Mit erneutem Strg + ⇧ + F8 oder Esc schalten Sie den Spaltenmodus wieder aus.

:-)
TIP

Berechnungen im Text lohnen sich eigentlich nur, wenn die Zahlen ohnehin da stehen. Muß man sie extra eintippen, weil nur das Ergebnis interessiert, ist der Windows-Taschenrechner besser geeignet. Dessen Ergebnis kann man kopieren und in den Text einfügen.

Die Rechenzeichen

Woher weiß Word, ob addiert oder subtrahiert, multipliziert oder dividiert werden soll? Das ist ganz einfach:

➡ Sie setzen vor die Zahl das Rechenzeichen (in der Fachsprache Operator genannt). Zum Beispiel »*3«. Dann weiß Word, daß mit 3 multipliziert werden soll. Die Operatoren sind aus Tabelle 27.1 zu ersehen.

➡ Fehlen die Rechenzeichen, werden die Zahlen addiert.

Wie in der Mathematik üblich, haben die Rechenarten eine Hierarchie: Erst kommen Potenzen, dann Multiplikation und Division, dann Addition und Subtraktion. Und wie ebenfalls üblich, können Sie Klammern verwenden, um Recheneinheiten zusammenzufassen oder auch nur, um Übersicht zu gewinnen. Aus der Schule weiß man vielleicht noch, daß 3+4*5 etwas anderes ergibt als (3+4)*5.

Tabelle 27.1:
Mathematische
Operatoren
(Rechenzeichen)

Operator	Bedeutung
+	Addition Beispiel: 500+10=510
−	Subtraktion Beispiel: 500−10=490
*	Multiplikation Beispiel: 500*10=5000
/	Division Beispiel: 500/10=50
%	Prozent Beispiel: 500*10%=50
^	Potenzen und Wurzeln Beispiel: 2^2=4 4^0,5=2 (Quadratwurzel) 27^(1/3)=3 (Kubikwurzel)

ÜBUNG: *Rechnen im Text (Beispieldatei: RECHEN_1.DOC)*

1. Öffnen Sie RECHEN_1.DOC.

   Diese Datei enthält einige vorbereitete Rechnungen, mit denen Sie üben können. Absichtlich wurden runde Zahlen gewählt, so daß man das Ergebnis auch im Kopf überprüfen kann.

2. Markieren Sie in Rechnung 1 den ganzen Absatz, aktivieren Sie EXTRAS/BERECHNEN.

*Keine besonderen Rechenzeichen, also wird addiert. Das Ergebnis er-
scheint in der Statuszeile und wird gleichzeitig in die Zwischenablage
geschrieben. Mit* Strg+V *können Sie es dort abholen.*

3. Markieren Sie in Rechnung 2 und 3 jeweils beide Absätze, und be-
    rechnen Sie.
    *Ob der markierte Textteil nur Zahlen enthält oder auch Text, ist für das
    Ergebnis gleichgültig.*

4. Markieren Sie in Rechnung 4 beide Absätze, und berechnen Sie.
    *Addiert werden alle Zahlen, die Word vorfindet – auch die Jahres-
    zahlen. So geht's also nicht.*

5. Bringen Sie in Rechnung 4 den Cursor vor die Zahl »500«, und drük-
    ken Sie Strg+û+F8.
    *Der Spaltenmodus. Nun sind Sie beim Markieren nicht mehr auf die
    Absatzgrenzen angewiesen.*

6. Markieren Sie die beiden Zahlenwerte, und berechnen Sie.
    Jetzt stimmt die Rechnung.

7. Berechnen Sie auch die Rechnungen 5 und 6.
    *Verschiedene Rechenarten sind gemischt. Ob sie untereinander oder
    nebeneinander stehen, ist gleichgültig.*

27.2 Rechnen mit Feldern

Markiert man einen Textteil und läßt ihn berechnen, ist man auf die
Grundrechenarten beschränkt: Addition, Subtraktion, Multiplikation,
Division, höchstens noch Potenzen und Prozentwerte.

Mit Feldfunktionen indessen läßt sich weitaus mehr anstellen. Feldfunktionen für Berechnungen heranzuziehen, bietet eine Reihe von Vorteilen:

➡ Die Zahlen, die der Berechnung zugrunde liegen, bleiben versteckt.
   Angezeigt wird nur das Ergebnis. Beispiel: Sie schreiben ein Angebot.
   Ihre Gewinnspanne ermitteln Sie mit einer Feldfunktion. Wie Sie kal-
   kulieren, braucht niemand zu wissen – und sieht auch niemand. Aber
   Sie können jederzeit nachschauen, wie das Ergebnis zustande
   gekommen ist.

➡ In Feldfunktionen können Sie sich auf andere Werte beziehen, zum
   Beispiel mit Hilfe von Textmarken. Das erlaubt Aktualisierungen,
   wenn sich die Grundwerte ändern.

➡ Feldfunktionen ermöglichen auch komplexe Berechnungen.

Syntax und dergleichen

Die Syntax der Rechen-Feldfunktion ist schlicht und lautet so:

{=Ausdruck}

Die Ergebnisse, das vorweg, können mit Nummernbildern formatiert werden. Detaillierte Erläuterungen dazu in Kapitel 14, »Felder«, S. 201.

Am Beginn einer Formel steht immer ein Gleichheitszeichen. Das unterscheidet zum Beispiel die Rechen-Bedingung {=IF} von der normalen Bedingung {IF} – und die Unterschiede sind bedeutsam.

Ausdruck ist das, was berechnet werden soll. Im einfachsten Fall eine Reihe von Zahlen, durch mathematische Operatoren gekoppelt: {=1+2+3+4}. Oder eine der Funktionen, die im folgenden erläutert werden, etwa {=SUM(1;2;3;4)}.

Die Funktionen brauchen Argumente: die Werte, mit denen gerechnet wird. In der Feldfunktion {=SUM(1;2;3;4)} beispielsweise sind 1;2;3;4 die Argumente der Funktion SUM.

Die Argumente stehen immer zwischen runden Klammern und werden durch ein Semikolon getrennt (zur Unterscheidung vom Dezimalkomma).

Manche Funktionen brauchen eine vorgeschriebene Anzahl von Argumenten. In der Syntax wird das so ausgedrückt:

{=SIGN(x)}
{=MOD(x;y)}

VORZEICHEN darf nur ein Argument haben, MOD muß zwei Argumente haben.

Manche Funktionen dürfen eine beliebige Anzahl von Argumenten haben. In der Syntax wird dies durch eine leere Klammer verdeutlicht:

{=SUM()}

Argumente können Zahlenwerte sein, andere Funktionen oder Bezüge auf Textmarken oder Tabellenbereiche.

Textmarken und Tabellenbereiche ihrerseits dürfen nur aus Zahlenwerten oder Funktionen bestehen. Grundsätzlich: Bei den mathematischen Feldfunktionen sind nur numerische Werte erlaubt, kein Text.

Formeln einfügen

Sie werden weiter hinten die mathematischen und sonstigen Funktionen noch kennenlernen. Wer ungern tippt, kann sich die Arbeit erleichtern:

➡ Sie öffnen TABELLE/FORMEL. Daß diese Funktion hier beheimatet ist, hat seinen Grund: Für Berechnungen in Tabellen gibt es noch ein paar Spezialitäten – siehe weiter hinten.

➡ Mit *Funktion einfügen* wählen Sie eine Funktion aus. Sie erscheint im Eingabefeld *Formel*. Sie können hier die Werte oder eine Textmarke einfügen.

➡ Mit *Zahlenformat* stehen die gebräuchlichsten Nummernbilder zur Auswahl bereit.

➡ Ist bei Aufruf der Funktion eine Formel markiert, erscheint sie im Eingabefeld *Formel* und kann bearbeitet werden.

Abbildung 27.1:
Formeln aufsetzen

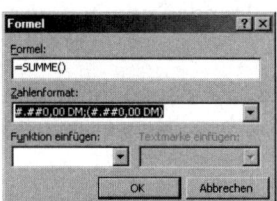

Mit EINFÜGEN/FELD *kann nur das Gleichheitszeichen ausgewählt werden, keine Funktion.*

Zu Ihrer Erleichterung

... gibt es die Beispieldatei RECHEN_2.DOC mit etlichen Berechnungen. Mit ihr können Sie die folgenden Erläuterungen besser nachvollziehen, ohne selbst schreiben zu müssen.

Und wenn Sie den Bildschirm teilen, in der einen Hälfte die Feldfunktionen und in der anderen die Ergebnisse anzeigen (mit [Alt] + [F9]), können Sie sofort sehen, wie sich Änderungen auswirken. Sie müssen nur jeweils das Feld mit [F9] aktualisieren. Ich beziehe mich in den folgenden Beschreibungen auf die Beispiele in dieser Datei.

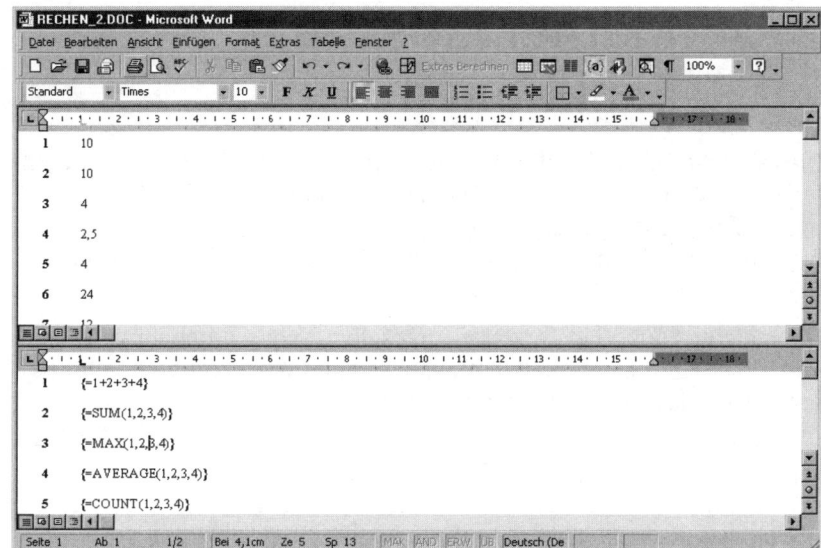

Abbildung 27.2:
Die Beispieldatei
RECHEN_2.DOC

27.3 Vergleichsoperatoren

Die mathematischen Funktionen vergleichen oftmals verschiedene Werte. Die Zeichen, mit denen solche Vergleiche ermöglicht werden, nennt man Vergleichsoperatoren.

Einen Vergleichsoperator kennen Sie ganz bestimmt, verwenden ihn auch häufig: das Gleichheitszeichen. Auch das Gleichheitszeichen vergleicht: ob der eine Wert identisch ist mit dem anderen.

Tabelle 27.2:
Vergleichs-
operatoren

Operator	Bedeutung
=	Gleich. Beispiel: 2*3 = 6
<	Kleiner als. Beispiel: 5 < 6
<=	Kleiner als und gleich
>	Größer als. Beispiel: 6 > 5
>=	Größer als und gleich
<>	Ungleich. Beispiel: 5 <> 6

27.4 Mathematische Funktionen

Dies sind die Rechenfunktionen im engeren Sinne. Sie führen – relativ einfache – Berechnungen durch. Alle diese Funktionen sind in Tabelle 27.3 aufgeführt, nebst Beispielen, wie man sie anwendet und zu welchem Ergebnis sie führen. Sie finden diese Beispiele (und andere) auch in RECHEN_2.DOC.

Die meisten Funktionen erklären sich selbst, schon durch ihren Namen. Wer bereits mit einem Kalkulationsprogramm wie Excel gearbeitet hat, kennt sie in identischer oder ähnlicher Form.

Tabelle 27.3: Mathematische Funktionen in Feldern

Funktion	Bedeutung
{=SUM()}	Ermittelt die Summe aus den Argumenten. Beispiel: {=SUM(1;2;3;4)} = 10
{=MAX()}	Ermittelt den höchsten Wert. Beispiel: {=MAX(1;2;3;4)} = 4
{=MIN()}	Ermittelt den niedrigsten Wert. Beispiel: {=MIN(1;2;3;4)} = 1
{=AVERAGE()}	Errechnet den Mittelwert. Beispiel: {=AVERAGE(1;2;3;4)} = 2,5
{=PRODUCT()}	Das Produkt aus den Argumenten. Beispiel: {=PRODUCT(1;2;3;4)} = 24
{=ABS()}	Absolutwert einer Zahl (Zahl ohne Vorzeichen). Beispiel: {=ABS(-12)} = 12
{=INT()}	Die nächstkleinere ganze Zahl. Beispiele: {=INT(2,3)} = 2 {=INT(2,9)} = 2
{=MOD(x;y)}	Der Rest, der bei einer Division von x durch y übrigbleibt. Beispiele: {=MOD(10;3)} = 1 {=MOD(10;5)} = 0 {=MOD(10;3,33)} = 0,01
{=ROUND(x;y)}	Rundet die Zahl x auf y Stellen. Beispiele: {=ROUND(2,149;2)} = 2,15 {=ROUND(2,149;1)} = 2,1 {=ROUND(2,15;1)} = 2,2

Einige Besonderheiten, die Ihnen vielleicht fremd sind, wenn Sie noch nie mit Tabellenkalkulation zu tun hatten:

- INT ermittelt, wie es korrekt-umständlich heißt, die nächstkleinere ganze Zahl. Auf deutsch: Die Dezimalstellen werden abgeschnitten. (INT hieß bis zur Version 2.0 GANZZAHL. Diese Feldfunktion wird bei der Übernahme von Dateien aus Word 2.0 nicht konvertiert!)

  Beispiel: {=INT(2,3)} liefert als Ergebnis 2.

- ABS eliminiert das Vorzeichen, daraus entsteht der absolute Wert einer Zahl. Hat seinen Sinn, wenn negative in positive Zahlen verwandelt werden sollen. Wird vom Finanzamt und von den Banken leider nicht als Bilanzausgleich akzeptiert.

  Beispiel: {=ABS(-12)} liefert als Ergebnis 12.

- MOD zeigt an, was bei einer Division übrigbleibt. Diese Funktion braucht genau zwei Argumente.

  Beispiel: {=MOD(10;3)} liefert als Ergebnis 1.

- ROUND rundet die Zahl x auf soviel Stellen, wie Sie mit y angeben.

Betrachten Sie sich dazu einmal Beispiel 11 in RECHEN_2.DOC:

```
{=ROUND(2,149;2)}=2,15
{=ROUND(2,149;1)}=2,1
{=ROUND(2,15;1)}=2,2
```

Offensichtlich kommen beim Runden dubiose Ergebnisse zustande, die aber einfach zu erklären sind.

Word arbeitet sich nicht von hinten nach vorne durch; sonst würde {=ROUND(2,149;1)} – 2,149 auf eine Nachkommastelle gerundet – erst 2,15 und dann aufgerundet 2,2 ergeben, wie das auch korrekt mit {=ROUND(2,15;1)} ermittelt wird.

Statt dessen schaut Word nach der Zahl, die der angegebenen Nachkommastelle folgt, in unserem Fall 4. Die wird dann ab- oder aufgerundet, und deshalb ergibt {=ROUND(2,149;1)} als Ergebnis 2,1.

Darauf kann man natürlich spekulieren. Auch Zehntelpfennige summieren sich zu einer Million, wenn man nur genügend davon hat.

27.5 Abfragen und Wahrheitswerte

Ein Teil der verwendeten Funktionen fragt nur einen bestimmten Zustand ab (Tabelle 27.4 auf Seite 497). Zum Beispiel ermittelt COUNT die Anzahl der Argumente, SIGN das Vorzeichen des Wertes – ob also eine Zahl negativ oder positiv ist.

Die meisten dieser Abfragen ergeben einen Wahrheitswert. Sie prüfen, ob eine Bedingung – formuliert durch die Funktion – zutrifft oder nicht. Die Bedingung ist entweder TRUE (sie trifft zu) oder FALSE (sie trifft nicht zu).

Was zutrifft, wird als Zahlenwert ausgegeben: 1 ist TRUE, 0 ist FALSE.

In den Beispielen 12 bis 14 in RECHEN_2.DOC sehen Sie einige Zahlenspiele, die mit den Funktionen AND, OR und NOT operieren:

```
{=AND(2+4=6;2*3=6)}=1
{=AND(2+4=5;2*3=6)}=0

{=NOT(1+1=2)}=0
{=NOT(1+1=1)}=1

{=OR(1+1=2;1+1=1)}=1
{=OR(2+1=2;1+1=1)}=0
```

Vielleicht fragen Sie sich, wozu diese Funktionen nötig sind. Ob von zwei Berechnungen beide richtig sind oder nur eine richtig ist oder gar keine, das sehen Sie auf einen Blick.

Bedenken Sie aber, daß die Beispiele mit einfachen Berechnungen arbeiten, um sie durchschaubar zu machen. Wenn es um eine ganze Kette von Rechenoperationen geht, müssen Sie erst mal lange rechnen, um herauszufinden, was zutrifft – überlassen Sie das besser Word.

Richtig interessant wird die Sache erst, wenn die Argumente nicht als Rechenoperationen dastehen, sondern als Bezüge auf andere Funktionen.

In Word sind bei UND und ODER nur zwei Argumente zulässig; für NICHT ist es nur ein Argument.

Tabelle 27.4:
Abfragen und
Wahrheitswerte in
Rechenfeldern

Funktion	Bedeutung
{=COUNT()}	Ermittelt die Anzahl der Argumente. Beispiel: {=COUNT(1;2;3;4)} = 4
{=SIGN(x)}	Ermittelt das Vorzeichen von x. 1: positiv −1: negativ 0: die Zahl ist 0 Beispiele: {=SIGN(222)} = 1 {=SIGN(-222)} = -1 {=SIGN(222*10-2220)} = 0
{=DEFINED(x)}	Ermittelt, ob x definiert ist; das Ergebnis ist ein Wahrheitswert: 1: TRUE (vorhanden) 0: FALSE (nicht vorhanden) Beispiel: {SET marke1 66} {=DEFINED(marke1)} = 1
{=AND(x;y)}	Liefert als Ergebnis TRUE, wenn alle Argumente wahr sind; ist eines der Argumente falsch, ist das Ergebnis FALSE. 1: TRUE (alles richtig) 0: FALSE (mindestens eins falsch) Beispiele: {=AND(2+4=6;2*3=6)} = 1 {=AND(2+4=5;2*3=6)} = 0
{=OR(x;y)}	Liefert als Ergebnis TRUE, wenn mindestens eines der Argumente wahr ist; sind alle Argumente falsch, ist das Ergebnis FALSE. 1: TRUE (mindestens eins richtig) 0: FALSE (alle falsch) Beispiele: {=OR(1+1=2;1+1=1)} = 1 {=OR(2+1=2;1+1=1)} = 0
{=NOT(x)}	Kehrt die Verhältnisse um; stimmt das Ergebnis, wird FALSE gemeldet, andernfalls TRUE. 1: TRUE (stimmt nicht) 0: FALSE (stimmt) Beispiele: {=NOT(1+1=2)} = 0 {=NOT(1+1=1)} = 1

27.6 Bedingungen

Diese Abfragen und ihr Ergebnis – 1 oder 0 – können in komplexere Berechnungen einbezogen werden und die weitere Operation von Bedingungen abhängig machen. Hierzu dient vordringlich die Funktion {IF(x;y;z)}. Auf deutsch:

```
{=IF(wenn das zutrifft;dann mache das;sonst das)}
```

Die Programmierer kennen das als IF-THEN-ELSE-Abfrage.

Tabelle 27.5:
Bedingungen in
Rechenfeldern

Funktion	Bedeutung
TRUE	Wahrheitswert: etwas stimmt. Ergebnis: 1
FALSE	Wahrheitswert: etwas stimmt nicht. Ergebnis: 0
{=IF(x;y;z)}	Wenn x zutrifft, dann tritt y in Kraft, andernfalls z (als y und z sind nur Zahlenwerte oder Wahrheitswerte zulässig sowie Bezüge auf andere Funktionen oder Textmarken, die Zahlenwerte enthalten). Beispiele: {=IF(2*3=5;111;999)} = 999 {=IF(2*3=5;TRUE;FALSE)} = 0 {=IF(2*3=6;TRUE;FALSE)} = 1 {SET m1 77} {=IF(2*3=5;TRUE;m1)} = 77 {=IF(m1 > 10;2*3;2*5)} = 6 {=IF(DEFINED(m1)=1;2;3)} = 2

Die Beispiele 15 und 16 in RECHEN_2.DOC zeigen, wie das funktioniert. Das Beispiel 15 operiert zunächst mit Wahrheitswerten:

```
{=IF(2*3=5;TRUE;FALSE)}=0
{=IF(2*3=6;TRUE;FALSE)}=1
```

Die Bedingung prüft, ob die Berechnung (2*3=5 bzw. 2*3=6) stimmt. Wenn sie stimmt, wird der Wahrheitswert TRUE (=1) ausgegeben, wenn sie nicht stimmt, der Wahrheitswert FALSE (=0).

Im ersten Fall ist das Ergebnis deshalb 0, denn 2*3 ergibt nicht 5 – die Funktion greift auf die »Sonst«-Anweisung zurück: FALSE. Im zweiten Fall stimmt die Bedingung 2*3=6, deshalb ist WAHR zutreffend, das Ergebnis ist 1.

Die dritte Zeile dieses Beispiels:

```
{=IF(2*3=5;111;999)}=999
```

zeigt, wie eine Bedingung einen Zahlenwert als Ergebnis liefert. In der Praxis könnte man das etwa dazu verwenden, um Rabattsätze von einem bestimmten Umsatz abhängig zu machen.

Wenn Word einen Syntaxfehler meldet, überprüfen Sie, ob Sie – beispielsweise – beim Runden das zweite Argument vergessen haben. Schauen Sie auch nach, ob nicht zu viele oder zu wenige Klammern vorhanden sind. Vor allem bei verschachtelten Funktionen verliert man leicht den Überblick.

:-) TIP

27.7 Rechnen mit Textmarken

Das Beispiel 16 in RECHEN_2.DOC lautet so:

```
{SET marke1 77}
{=DEFINED(marke1)}
{=IF(DEFINED(marke1)=1;2*3;2*5)}
{=IF(marke1 > 10;2*3;2*5)}
{=IF(2*3=5;TRUE;marke1)}
```

Zunächst wird eine Textmarke definiert:

```
{SET marke1 77}
```

Sie heißt »marke1« und hat den Inhalt 77 (zu Textmarken siehe Kapitel 25, »Textmarken und Querverweise«, S. 465). Mit

```
{=DEFINED(marke1)}
```

wird geprüft, ob die Textmarke »marke1« vorhanden ist; sie ist, das Ergebnis ist deshalb 1 (TRUE).

Die folgende Rechnung wird von der Existenz dieser Textmarke abhängig gemacht:

```
{=IF(DEFINED(marke1)=1;2*3;2*5)}
```

Ist die Textmarke »marke1« vorhanden? Dann stimmt die Bedingung DEFINED(marke1)=1; dann wird 2 mit 3 multipliziert. Wenn »marke1« nicht vorhanden ist, stimmt die Bedingung nicht, denn dann liefert DEFINED(marke1) nicht den Wert 1, sondern 0; also kommt das dritte Argument zum Zuge: 2*5.

In den nächsten zwei Zeilen wird ebenfalls »marke1« herangezogen. Diesmal aber ist ihr Inhalt, die Zahl 77, gefragt:

```
{=IF(marke1 > 10;2*3;2*5)}
```

Ist der Inhalt von »marke1« größer als 10, dann 2*3. In der letzten Zeile wird der Inhalt von »marke1« ausgegeben, wenn eine Bedingung zutrifft:

```
{=IF(2*3=5;TRUE;marke1)}
```

Wenn 2*3=5, dann wird der Wahrheitswert TRUE (=1) zurückgegeben; sonst die Textmarke »marke1« – also 77.

Auch Beispiel 17 in RECHEN_2.DOC verwendet Textmarken. Und zwar werden hier die beiden Rechenfunktionen am Anfang – {=SUM(10;5)} und {=PRODUCT(2;3)} – komplett als die Textmarken »m_eins« und »m_zwei« definiert. Und mit diesen Textmarken wird dann gerechnet:

```
{=m_eins+m_zwei}
```

Das ist eine elegante Art des Rechnens, die überdies den großen Vorteil bietet, daß man sich jederzeit auf diese Textmarken beziehen kann, sei es als Teil einer Berechnung wie eben oder durch bloßen Verweis mit {REF}.

Und wenn sich die Werte in den Funktionen, die den Textmarken zugrunde liegen, ändern, schlagen diese Änderungen überall durch. Nach einer Aktualisierung der Felder, versteht sich.

Beim Rechnen mit Textmarken in einer Tabelle darf nur der Inhalt einer Zelle als Textmarke definiert werden. Markieren Sie die gesamte Zelle, geht das zwar theoretisch auch. Aber Sie können sich dann in der Tabelle selbst nicht darauf beziehen, nur außerhalb. Die Textmarke enthält nämlich in diesem Fall keinen Wert, sondern: die gesamte Zelle.

{=IF} und {IF}

Wenn hier auch von »Textmarken« die Rede ist: Sie dürfen in Rechenfunktionen trotzdem keinen Text enthalten, sondern nur Zahlenwerte.

Das unterscheidet die Rechenfunktion {=IF} von der Bedingung {IF} (ohne Gleichheitszeichen).

Die Rechenfunktion kann mit Text nichts anfangen, kann auch keinen Text als Ergebnis liefern.

Die Bedingung hingegen kann das schon:

```
{SET marke 2*3}
{IF marke = 5 Richtig "Das ist falsch!"}
```

Da 2 mal 3 immer noch nicht 5 ist, so sehr wir uns auch bemühen, ist das Ergebnis dieser Bedingung der Text »Das ist falsch!«. Schafften wir es endlich, 2*3 auf 5 zu reduzieren, würde »Richtig« gemeldet.

In der Funktion steht das Dann-Argument »Richtig« ohne Anführungszeichen, weil es nur aus einem Wort besteht. Das Sonst-Argument sind mehrere Wörter, deshalb müssen sie von Anführungszeichen umschlossen sein.

Verwenden Sie Textmarken als Argumente, dann sollten Sie Textmarken und Vergleichsoperatoren durch ein Leerzeichen trennen. Bei der {IF}-Bedingung ist das zwingend erforderlich, bei den Rechenfunktionen zumindest anzuraten. Außerdem sollten die Textmarken nach Möglichkeit »sprechende« Namen haben. Bei »a« oder »b« weiß man bald nicht mehr, was sie bedeuten sollen.

Komplexe Berechnungen

Daß man verschiedene Rechenfunktionen miteinander kombinieren kann, haben Sie schon gesehen. Das kann man noch viel weiter treiben und Funktionen ineinander verschachteln – so lange, bis man den Überblick zu verlieren droht.

Das Beispiel 18 in RECHEN_2.DOC schreitet langsam fort vom Einfachen bis zum Komplizierten. Damit die Orientierung leichter fällt, sind die einzelnen Zeilen numeriert. Eine Berechnung ohne Sinn und Verstand, nur hübsch kompliziert und verschachtelt.

Blicken Sie durch? Wenn nicht, machen Sie die Kommentare sichtbar. Dort finden Sie Erläuterungen.

Wenn Sie ein Feld mit verschachtelten Formeln aktualisieren möchten, müssen Sie alles markieren. Sonst wird nur der Teil aktualisiert, in dem der Cursor steht.

27.8 Rechnen in Tabellen

Word ist auch – hätten Sie's gewußt? – ein Tabellenkalkulationsprogramm. Natürlich nicht mit solch mächtigem Funktionsumfang wie Excel (sonst wäre das ja überflüssig). Aber die Möglichkeiten sind ausreichend, um innerhalb und mit der Tabelle Berechnungen durchzuführen.

Grundsätzlich können Sie in Tabellen die gleichen Berechnungsformeln verwenden wie im normalen Text. Auch »ExtrasBerechnen« funktioniert, wenn Sie beispielshalber eine Spalte addieren möchten.

Darüberhinaus aber können Sie mit Bezügen auf Zellen rechnen – fast wie in einer richtigen Tabellenkalkulation.

➥ Rechenformeln mit Zellbezügen müssen sich innerhalb der Tabelle befinden, mit deren Werten gerechnet werden soll.

➥ Der Zellbezug erfolgt durch Angabe (in dieser Reihenfolge) der Spaltenbezeichnung und der Zeilennummer. Die Spalten werden mit Buchstaben gekennzeichnet, die Zeilen mit Zahlen. B3 ist Spalte 2, Zeile 3.

Noch unklar? Vielleicht hilft Ihnen folgende Darstellung:

	A	B	C	D	E
1	A1	B1	C1	D1	E1
2	A2	B2	C2	D2	E2
3	A3	B3	C3	D3	E3

Wer ein Kalkulationsprogramm kennt, dem ist das nichts Neues. Anders hingegen ist in Word:

➥ Die Zellbezüge sind absolute, keine relativen Bezüge. Sie passen sich daher Ergänzungen oder Verschiebungen nicht an.

➥ Nirgendwo wird die Zelladresse angezeigt. Sie müssen schlichtweg abzählen. Oder Sie markieren eine Zelle, öffnen TABELLE/ZELLENHÖHE UND -BREITE und lesen hier die Nummer von Zeile und Spalte ab.

➥ Sie können einen Zellbezug nicht durch Zeigen mit der Maus herstellen, sondern müssen ihn eintippen.

Das aber ist wieder bekannt:

➥ Sie können auch einen Tabellenbereich angeben. Er besteht aus einem Bezug auf die Zelle in der linken oberen Ecke des Bereichs und, getrennt durch einen Doppelpunkt, aus einem Bezug auf die Zelle in der rechten unteren Ecke des Bereichs.

Beispiel: Der Bereich, den Sie berechnen möchten, besteht aus den folgenden schraffierten Zellen:

	A	B	C	D	E
1	A1	B1	C1	D1	E1
2	A2	B2	C2	D2	E2
3	A3	B3	C3	D3	E3

Die Eckpunkte dieses Blocks sind die Zellen B2 und D3. Der Bereichsbezug lautet demgemäß:

```
B2:D3
```

Wenn Sie sich das alles durch den Kopf gehen lassen, werden Sie gewiß auch zu folgenden Schlüssen kommen:

- Berechnungen mit Zellbezügen sind nur dann sinnvoll, wenn es sich um eine feste Tabelle handelt, deren Aufbau nicht verändert wird. Die Werte in den einzelnen Zellen sind schon variabel, die holt sich die Formel ja für ihre Berechnung.

- Flexibler arbeiten kann man, wenn man die Werte in den Zellen als Textmarken definiert und mit denen dann rechnet. Auf die kann man sich auch außerhalb der Tabelle beziehen.

Beispiel: Sie definieren zwei Zellen als die Textmarken »Äpfel_Januar« und »Äpfel_April« und addieren beide Werte irgendwo im Text oder in der Tabelle mit folgender Formel:

```
{=Äpfel_Januar+Äpfel_April}
```

Haben Sie auch Excel, sind umfangreichere Berechnungen in Tabellen dort allemal besser zu bewältigen; die Excel-Tabelle läßt sich dann auf verschiedene Weisen in Word integrieren. Sie können eine Excel-Tabelle sogar direkt in Word öffnen und bearbeiten. (Zum gesamten Komplex siehe Kapitel 30, »Dateien verbinden«, S. 529.)

Summen sind einfach

Mit TABELLE/FORMEL oder dem Symbol (Kategorie »Tabelle«) können Sie hingegen sehr einfach Zeilen oder Spalten in einer Tabelle addieren.

➡ Eingefügt wird eine der folgenden Summenformeln:

```
{=SUM(LINKS)}
{=SUM(RECHTS)}
{=SUM(ÜBER)}
{=SUM(UNTER)}
```

➡ Hat Word die Auswahl, weil sowohl die aktuelle Zeile wie die Spalte Werte enthalten, wird die Spalte addiert.

➡ Alle Werte werden addiert, bis Word auf eine leere Zelle oder eine Zelle mit Text stößt. Dann ist Schluß.

➡ Zwischen der Summen-Zelle und der ersten zu addierenden Zelle dürfen sich jedoch beliebig viele leere Zellen befinden.

:-)
TIP

Die Zelle, die die Summe enthält, wird in die Addition nicht mit einbezogen.

Zwei Beispieldateien, mit denen Sie experimentieren können: RECHEN_3.DOC ist für solche automatischen Summierungen gedacht; RECHEN_4.DOC zeigt am Beispiel einer Rechnung, wie man die Rechenfunktionen in einer Tabelle einsetzen kann.

Formeln

Kapitel 28

Natürlich möchte Word auch die speziellen Bedürfnisse von Mathematikern und Statistikern oder generell von WissenschaftlerInnen befriedigen. Und die haben nun mal häufig mit Formeln zu tun. Word bringt einen speziellen Formel-Editor mit, der die Formelerstellung, sonst immer eine mühselige Angelegenheit, zum Kinderspiel macht. Symbole auswählen, Werte eintragen – fertig. Auch mit Feldfunktionen kann man nach wie vor Formeln erzeugen. Das ist um einiges umständlicher, aber für einfache Formeln durchaus ausreichend.

28.1 Der Formel-Editor

Eines der Zusatzprogramme, die Word mitbringt, ist der Formel-Editor.

Er ist, im Gegensatz zu den anderen Zusatzprogrammen wie WordArt oder Graph, ein eigenständiges Programm. Das heißt, Sie können ihn auch außerhalb von Word starten und die erstellte Formel über die Zwischenablage in jedes beliebige Windows-Programm übernehmen. (Ehrlich gesagt: Ob in jedes, möchte ich nicht beschwören, ich habe nicht jedes ausprobiert.)

Von Word aus starten Sie den Formel-Editor so:

➡ Sie wählen EINFÜGEN/OBJEKT und dann den Microsoft Formel-Editor oder installieren sich das Symbol (Kategorie »Einfügen«).

➡ Word schaltet in die Layoutansicht, die Menüzeile wechselt, eine Symbolleiste erscheint. Sie sind noch in Word, haben aber die Funktionen des Formel-Editors zur Verfügung. Ein schattierter Rahmen ist gewissermaßen das Eingabefeld.

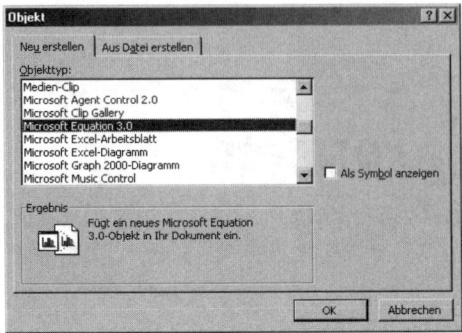

Beim Direktaufruf des Formel-Editors erscheint dieser Rahmen nicht. Auch sonst sieht der Formel-Editor dann geringfügig anders aus, hat aber natürlich keine anderen Funktionen.

Die Formel: ein Objekt

Vielleicht nicht unbedingt ein Objekt wilder Begierden, aber mit Sicherheit ein Word-Objekt. Davon ist in Kapitel 30, »Dateien verbinden«, S. 529, ausführlicher und grundsätzlicher die Rede. Hier nur so viel zum allgemeinen Verständnis, und da sind wir auch schon mitten drin im Formel-Editor:

- Ist die Formel fertiggestellt, klicken Sie irgendwo außerhalb des Formel-Rahmens. Sie erhalten wieder die Word-Menüleiste und Ihre gewohnten Symbolleisten.

- Die Formel (das Objekt) wird im Word-Dokument als Feldfunktion eingefügt: {INCLUDETEXT Equation}. Und zwar gleichgültig, ob Sie den Formel-Editor von Word aus oder direkt gestartet haben.

- Die Formel, das Objekt, kann in Word angeklickt werden, ähnlich wie eine Grafik, und läßt sich ebenso wie diese in der Größe verändern.

- Ein Doppelklick auf das Objekt oder die Menüfunktion BEARBEITEN/ FORMEL-OBJEKT aktiviert den Formel-Editor.

28.2 Eine Formel erstellen

Ich sag's gleich: Eine Formel ist zwar ein ästhetisch schöner Anblick und sie mit dem Formel-Editor zu erstellen ein Spaß an sich. Aber mit allem, was über eine bescheidene Wurzel hinausgeht, kann ich nichts (mehr) anfangen. Dies nur vorausgeschickt, damit Sie mich nicht irgendwelcher Todsünden zeihen.

Und so kann ich unverzagt als Spielmaterial eine Formel anbieten, die schlichter Unfug ist. Aber darum geht es ja nicht. Sie sollen lernen, wie man den Formel-Editor bedient, und dazu ist uns jedes Mittel, respektive jede Formel recht.

Freilich kann hier nur ein Grundwissen vermittelt werden; mit allen Feinheiten wären wir die nächsten 100 Seiten beschäftigt. Aber Sie erfahren genug, um mit dem Formel-Editor umgehen zu können und erhalten ausreichend Wissen, um sich selbständig tiefer einarbeiten zu können.

Unser Ziel

... ist zunächst einmal dieses Gebilde, das zumindest dem Aussehen nach einer Formel gleicht und – das ist die Absicht dabei – die wesentlichsten Elemente des Formel-Editors beansprucht:

$$a = \sqrt{\tfrac{2}{3} + 4} + (2 \leq 5)$$

Zunächst einmal müssen Sie in Word den Cursor dorthin bringen, wo die Formel erscheinen soll, und dann den Formel-Editor starten, wie weiter vorne beschrieben.

Der aktuelle Cursor-Standort ist wichtig. Wo der Cursor war, als Sie den Formel-Editor aufgerufen haben – dort wird die Formel eingefügt. Egal, wo Sie mittlerweile sind. Sie können die Formel aber jederzeit durch Ausschneiden und Einfügen an eine andere Stelle verschieben.

Wo es blinkt, da laß dich ruhig nieder

Im Formel-Editor sehen Sie zunächst einen gepunkteten Kasten, und innen drin blinkt etwas, das wie ein großes »L« aussieht. Das ist der Cursor.

Schreiben Sie einfach munter drauf los:

    a =

Fügen Sie aber nach »a« kein Leerzeichen ein. Das heißt, versuchen können Sie es ja. Aber die Leertaste zeitigt keine Wirkung. (Wie Sie trotzdem Abstände kriegen, kommt noch.)

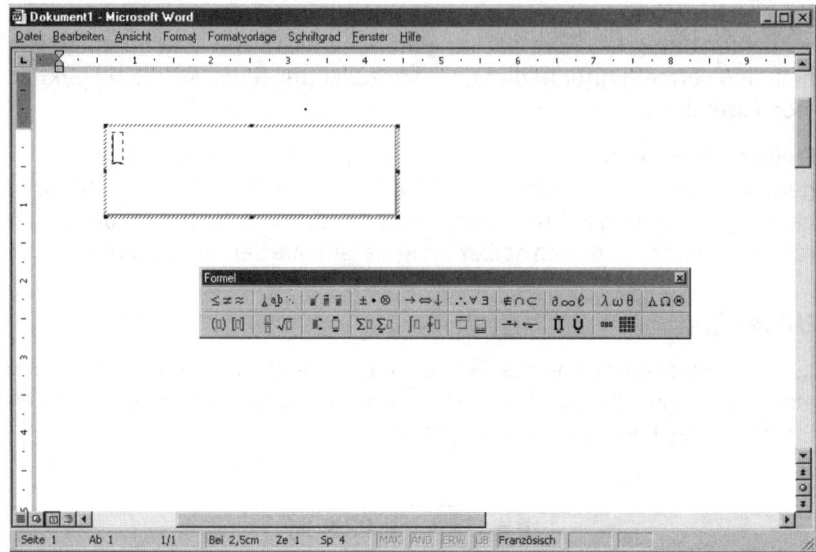

Formatvorlagen für Formeln

Sie schreiben jetzt nämlich mit der Formatvorlage »Mathematik«. Das bewirkt, daß Buchstaben kursiv erscheinen (so wollen es die Konventionen). Es bewirkt aber auch, daß der Formel-Editor mathematische Funktionen, die Sie eingeben, wie z.B. »sin«, als solche erkennt und nicht kursiv schreibt – auch das Konvention.

Sie können im Menü FORMATVORLAGE aber auch zu TEXT wechseln (bevor Sie schreiben oder nachträglich für markierten Text). Dann ist, um beim Beispiel zu bleiben, »sin« keine Funktion mehr, die der Editor besonders behandelt, sondern normaler Text. Und die Leertaste tut auch wieder.

Die Formatvorlagen unterscheiden sich durch Schriftart und Zeichenformat. Mit der Funktion FORMATVORLAGE/DEFINIEREN können Sie das einsehen und ändern.

Größen

Ähnlich läßt sich mit SCHRIFTGRAD/DEFINIEREN die Größe verschiedener Elemente festlegen; das ist ähnlich einer Formatvorlage und wirkt sofort. Hingegen betrifft ANDERE im selben Menü nur den markierten Text. Und wenn Sie Schwierigkeiten mit den Augen haben: einen Zoom gibt es auch (Menü ANSICHT).

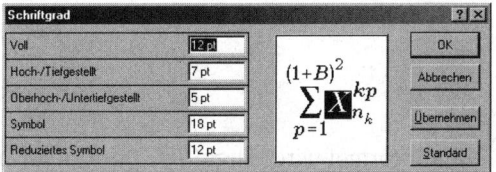

Abbildung 28.4:
Auch der
Schriftgrad der
einzelnen
Komponenten
kann angepaßt
werden

Änderungen – aber nicht für alle

Ändern Sie mit DEFINIEREN Schriftgrad oder Formatvorlagen, werden die neuen Einstellungen nicht in der Datei gespeichert, sondern in der Registrierdatenbank festgehalten (siehe Kapitel 65, »Die Registry«, S. 969). Sie gelten nicht rückwirkend für bestehende Formeln, sondern nur für neu erstellte – es sei denn, man ruft die alte Formel nochmals auf; dann übernimmt sie die aktuellen Einstellungen. Genau das gleiche trifft auch auf FORMAT/MATRIX und FORMAT/ABSTAND zu.

Dokumentieren Sie die Einstellungen, vor allem, wenn Sie in verschiedenen Dokumenten unterschiedliche Einstellungen verwenden!

:-)
TIP

Eine Vorlage auswählen

Der untere Teil der Symbolleiste enthält »Vorlagen« für mathematische Ausdrücke. Hier können Sie eine Vorlage auswählen und dann mit Werten füllen. Sie müssen dazu auf eines der Symbole klicken. Jetzt klappt ein Menü auf, und Sie wählen aus. Sobald Sie die Taste loslassen, erscheint das Formelzeichen gleichsam im Rohzustand auf der Arbeitsfläche.

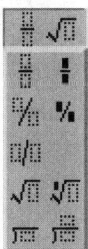

Bei jedem Symbol erkennen Sie schwarze Vierecke, graue Flächen oder gepunktete Kästchen. Hieraus können Sie entnehmen, wo Sie Werte eingeben können. Sie müssen schon genau hinschauen, die Symbole sind recht klein geraten. Die gestrichelten Brüche übrigens passen ihre Größe entsprechend dem Ausdruck im Zähler und Nenner an, die schwarzen nicht.

Wir brauchen jetzt das Symbol, das in der Außenspalte dargestellt ist. Und so kommt das Wurzelzeichen auf die Arbeitsfläche.

Als Argument unter der Wurzel hätten wir gerne einen Bruch und müssen dafür wiederum, mit demselben Symbol, eine Vorlage auswählen. Sie sehen im Klappmenü, daß es mehrere Sorten gibt.

$$a = \sqrt{\frac{\square}{\square}}$$

Die Rohformel wird eingefügt. Der Cursor blinkt im oberen Kasten. Also können Sie hier gleich »2« eintragen.

$$a = \sqrt{\frac{2}{3}}$$

Ein Klick mit der Maus bringt Sie in den unteren Kasten. Hier schreiben Sie »3«. Und damit wäre der erste Teil der Formel fertig.

Wie man den Cursor bewegt

Im Formel-Editor entscheidet die Art der Fortbewegung darüber, ob die folgenden Eingaben noch zum aktuellen Formelteil gehören oder ob ein neues Element beginnt.

Vergewissern wir uns zunächst, wie die Formel aussehen soll:

$$a = \sqrt{\tfrac{2}{3} + 4} + \left(2 \leq 5\right)$$

Unsere Formel verlangt als nächstes »+4«. Wenn Sie den Cursor falsch plazieren, erhalten Sie dieses Ergebnis:

$$a = \sqrt{\tfrac{2}{3}} + 4$$

Ein neues Element beginnt, das Wurzelzeichen wird nicht verlängert. Experimentieren Sie mit der ⌫-Taste, den Cursortasten und dem Mausklick, um herauszufinden, welche Wirkung die Fortbewegungsarten haben – besser als trockene Erklärungen ist, wenn Sie das im wahrsten Sinne erfahren.

Wir brauchen also »+4«, und zwar so, daß sich das Wurzelzeichen verlängert.

Für die nächsten Eingaben indes müssen Sie die Wurzel verlassen. Sie merken ja sofort, was sich tut, und mit einiger Erfahrung sehen Sie auch der Cursorform an, ob Sie noch in der Wurzel sind oder schon dahinter. Schreiben Sie bitte nur soweit:

$$a = \sqrt{\tfrac{2}{3} + 4} +$$

Jetzt brauchen wir nämlich Klammern, und damit die sich auch, wenn nötig, den Ausdrücken anpassen, wählen wir sie als Vorlage aus. Statt der vorgeschlagenen runden Klammern können Sie natürlich auch eine andere Sorte nehmen. Es geht ja hier nur ums Prinzip, und Auswahl haben Sie reichlich.

Wahrscheinlich haben Sie ohnehin inzwischen auf eigene Faust experimentiert, und da erhebt sich doch die Frage: wie bekommt man Elemente wieder weg? Nun, das Löschen geht genauso wie im Text (und ebenso können Sie Ausschneiden und Kopieren und an anderer Stelle wieder einfügen). Es empfiehlt sich jedoch, Elemente vor dem Löschen erst zu markieren.

Wenn Sie das einmal ausprobieren, sehen Sie nämlich, daß die einzelnen Elemente gewissermaßen aus Unterelementen bestehen. Die Wurzel selbst und die Elemente unter der Wurzel sind zwei Paar Stiefel. Beim Markieren merken Sie das sofort.

Sie merken es auch, wenn Sie den Cursor genau betrachten. Er ist ja nicht bloß ein senkrechter Strich, sondern hat waagrecht auch noch Linien. Daraus können Sie seinen Geltungsbereich ersehen.

Summen- und Integralzeichen passen sich in der Höhe den folgenden Ausdrücken nicht an. Sie müssen das Zeichen markieren (Strg +Mausklick) und die Größe manuell ändern.

Die Symbole

Die nunmehr eingefügte Klammer soll das enthalten:

$$(2 \leq 5)$$

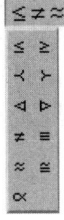

Die »2« ist klar. Was danach folgt, ist ein Symbol. Solche Symbole kann man im oberen Teil der Symbolleiste aussuchen. Wir nehmen gleich das erste. Aber nichts hindert Sie, auch ein anderes auszuwählen.

Und wenn Sie nun noch die »5« schreiben, ist unsere Formel komplett und muß nur noch in den Text übernommen werden. Dazu klicken Sie einfach außerhalb des Formel-Rahmens irgendwo im Text.

28.3 Feinarbeit an der Formel

Die Formel ist als Objekt in den Text integriert – Sie wissen, wie man von hier aus wieder in den Formel-Editor kommt? Ein Doppelklick auf die Formel oder die Menüfunktion BEARBEITEN/OBJEKT aktiviert den Formel-Editor.

Abstände

Im Format »Mathematik« hat die Leertaste keine Funktion. Abstände vergibt der Formel-Editor nach den Werten, die mit FORMAT/ABSTAND festgelegt worden sind.

Sie können die Abstände aber auch selber beeinflussen. Word fügt dazu Symbole ein, die Sie in der obersten Palette abrufen können. (Wenn Sie ANSICHT/ALLES ANZEIGEN wählen, sehen Sie auch als Sonderzeichen, was Sie eingefügt haben.) Grundeinstellungen werden mit FORMAT/ABSTAND vorgenommen.

Feinjustierung

Markierte Zeichen können Sie mit Tastenkombinationen um jeweils ein Pixel in alle vier Richtungen verschieben, in der 400-Prozent-Darstellung um jeweils ein Viertel Pixel. Die Tastenkombinationen sind der Tabelle 28.2 zu entnehmen.

Sollte sich keine sichtbare Wirkung zeigen, müssen Sie ANSICHT/ANZEIGE AKTUALISIEREN wählen, damit die Bildschirmdarstellung neu aufgebaut wird.

Bedeutung	Tasten
Kein Zwischenraum	⇧ + Leertaste
1-Punkt-Leerzeichen	Strg + Alt + Leertaste
Schmales Leerzeichen ($^1/_6$ Em)	Strg + Leertaste
Breites Leerzeichen ($^1/_3$ Em)	Strg + ⇧ + Leertaste

Taste	Bedeutung
Strg + ←	Nach links verschieben
Strg + →	Nach rechts verschieben
Strg + ↑	Nach oben verschieben
Strg + ↓	Nach unten verschieben

Ausschneiden und Kopieren

Teile der Formel oder die Formel selbst können ohne Problem markiert, sodann ausgeschnitten oder kopiert und irgendwo anders wieder eingefügt werden.

So umständlich muß es übrigens nicht sein, wenn Sie einen Teil einer Formel z.B. mit einer Klammer umgeben müssen. Sie markieren diesen Teil nur und weisen ihm eine Vorlage zu.

Vielleicht sind Sie aber mal so nett und ergänzen Ihre Formel um eine zweite:

$$a = \sqrt{\frac{2}{3} + 4} + (2 \le 5)$$

$$a + b = \sqrt{\frac{2}{3} + 4} + (2 \le 5)$$

➡ Sie markieren die Formel und kopieren sie (Strg + C).

➡ Sie gehen mit Ende an das Ende der Formel und fügen mit ↵ eine neue Zeile ein.

➡ Sie fügen die Kopie mit Strg + V ein und ändern.

Eine zweite Formel brauchen wir für die nächste Feinarbeit.

Ausrichtung

Im Menü FORMAT gibt es zunächst die üblichen Ausrichtungen wie Links, Zentriert und Rechts. Interessanter und für Formeln wichtiger ist indes die Option BEI = AUSRICHTEN.

Aktivieren Sie einfach mal diese Funktion, und Sie sehen sofort, daß die beiden Formeln am Gleichheitszeichen ausgerichtet werden. Sie müssen dazu nicht einmal markiert sein.

Die Funktion darunter im Menü, etwas schwer leserlich, bedeutet, daß die Formeln am Dezimalzeichen ausgerichtet werden.

 Darüber hinaus können Sie aber auch über die Symbol-Palette ein Ausrichtzeichen setzen – an beliebiger Stelle. Das ist dann der Punkt, an dem die Formeln ausgerichtet werden. Und das Ausrichtzeichen hat Vorrang vor der Menüfunktion.

28.4 Formeln mit Feldfunktionen

Auch mit Feldfunktionen kann man Formeln erstellen. Und wenn man all die Parameter mal im Kopf hat, geht es vielleicht sogar, zumindest für einfache Dinge, schneller als mit dem Formeleditor. Man muß ein Feld nur aktualisieren und nicht erst den Editor aus der Tiefe des Raums holen.

Eine mit Feldfunktionen erstellte Formel kann auch mit Doppelklick im Formel-Editor bearbeitet werden. Danach ist sie dann aber ein Objekt.

Wer schon mit den früheren Versionen von Word gearbeitet hat und Formeln braucht, hat sich an die Feldfunktionen gewöhnt. Und nur für einen einfachen Bruch oder eine kleine Wurzel reichen sie auf alle Fälle aus.

Alle Möglichkeiten hier zu erörtern, würde den Rahmen sprengen. Sie finden sämtliche Schalter und Parameter nebst ausführlichen Erläuterungen und vielen Beispielen im Referenzteil in Kapitel 64, »Feldfunktionen«. Mit nur knappen Erläuterungen sind sie zudem auch in Tabelle 28.3 auf Seite 515 aufgeführt, damit Sie, ohne hin- und herblättern zu müssen, gleich probieren können.

Die Beispieldatei FORMELN.DOC spielt die Möglichkeiten durch und soll Ihnen als Experimentierplattform dienen, ohne daß Sie sich mit viel Tipparbeit herumplagen müssen.

\a()	**Matrix**	
	\al	Links ausrichten
	\ac	Zentriert ausrichten
	\ar	Rechts ausrichten
	\con	Anzahl der Spalten (Vorgabe: 1)
	\vsn	Vertikaler Abstand (in Punkt)
	\hsn	Horizontaler Abstand (in Punkt)
\b()	**Klammern**	
	\lc\x	Linke Klammer aus dem Zeichen x
	\rc\x	Rechte Klammer aus dem Zeichen x
	\bc\x	Beide Klammern aus dem Zeichen x
\d()	**Horizontaler Versatz**	
	\fon	Versatz vorwärts (in Punkt)
	\ban	Versatz rückwärts (in Punkt)
	\li()	Linie bis zum Beginn des nächsten Zeichens
\f(x;y)	**Bruch**	
\i(x;y;z)	**Integral**	
	\su	Großes Sigma statt des Integralzeichens
	\pr	Großes Pi statt des Integralzeichens
	\in	Setzt die Zahlen als Matrix neben das Integralzeichen
	\fc\x	Ersetzt das Integralzeichen durch das Zeichen x
	\vc\x	Zeichen x in gleicher Höhe wie das dritte Element
\l()	**Liste**	
\o(x;y)	**Überlagern**	
	\al	Beide Zeichen links ausrichten
	\ac	Beide Zeichen zentriert ausrichten (Vorgabe)
	\ar	Beide Zeichen rechts ausrichten
\r()	**Wurzel**	
\s()	**Hochstellen oder Tiefstellen**	
	\upn	Um n Punkt hochstellen (Vorgabe: 2 Punkt)
	\don	Um n Punkt tiefstellen (Vorgabe: 2 Punkt)
\x()	**Kasten**	
	\to	Linie oben
	\bo	Linie unten
	\le	Linie links
	\ri	Linie rechts

Die Formelfunktion

Die Syntax für die Formelfunktion lautet:

```
{EQ Anweisung(en) [Schalter]}
```

Die Anweisungen machen die Formel, die Schalter differenzieren die Anweisungen, formatieren sie hauptsächlich.

- ➡ Die Anweisungen beziehen sich auf Argumente: Zahlen, Buchstaben, Symbole – oder Text.

- ➡ Die Argumente stehen in Klammern hinter der Anweisung.

- ➡ Manche Anweisungen brauchen eine vorgeschriebene Anzahl von Argumenten. Das wird so ausgedrückt: \f(x;y).

- ➡ Manche Anweisungen dürfen eine beliebige Anzahl von Argumenten haben. Eine leere Klammer deutet das an: \a().

- ➡ Sind mehrere Argumente vorhanden, müssen sie jeweils durch ein Semikolon voneinander getrennt werden.

- ➡ Die Schalter folgen den Anweisungen unmittelbar. Sie sind ja selber ein Teil der Anweisung. Auch sie werden mit dem umgekehrten Schrägstrich \ eingeleitet.

- ➡ Die Anweisungen dürfen beliebig angehäuft und kombiniert werden. Muß auch so sein, denn nur dann sind komplexe Formeln möglich.

Bruch

Beginnen wir ganz einfach, mit einem Bruch: \f(x;y). Notwendig sind zwei Argumente: ein Element über dem Bruchstrich, eins darunter. Schalter gibt es für diese Anweisung keine.

Indessen gilt, was für fast alle Formelanweisungen zutrifft: Die Argumente können beliebige Zeichen sein. Nicht nur Zahlen, auch Texte selbst umfangreicher Art, auch Grafiken. Beispiele:

```
{EQ \f(2;3)}
```

$$\frac{2}{3}$$

```
{EQ \f(Kaiser;FranzJoseph)}
```

$$\frac{\text{Kaiser}}{\text{FranzJoseph}}$$

Matrix

Eine Funktion, die mehrere Schalter verwendet, wird für eine Matrix benötigt. Die allgemeine Anweisung lautet \a(). Hier sind beliebig viele Argumente möglich. Zum Beispiel:

```
{EQ \a (1;2;3;4)}
```

```
1
2
3
4
```

Ohne zusätzlichen Schalter werden die Argumente alle untereinander gesetzt. \co definiert die Anzahl der Spalten:

```
{EQ \a\co2 (1;2;3;4)}
```

```
12
34
```

Weitere Schalter sorgen für die Ausrichtung der Elemente. Hier werden sie alle mit \ar rechtsbündig ausgerichtet:

```
{EQ \a\co2\ar (Tina;Max;Paul;Franz)}
```

```
Tina   Max
Paul  Franz
```

Um das Ganze etwas übersichtlicher gestalten zu können, läßt sich sowohl der Abstand zwischen den Spalten (\hs) wie der Abstand zwischen den Zeilen (\vs) bestimmen; die Maßeinheit ist jeweils Punkt:

```
{EQ \a\co2\ar\hs20\vs16 (Tina;Max;Paul;Franz)}
```

```
Tina      Max

Paul     Franz
```

Sie haben hier also eine Anweisung, die aus insgesamt fünf Teilen besteht.

Die Reihenfolge der vier Schalter \a, \co, \ar, \hs, \vs ist gleichgültig; nur die eigentliche Anweisung \a muß am Beginn stehen. Alle Teile beziehen sich auf den Ausdruck in Klammern.

Die Anweisungen können auch verschachtelt werden. Zum Beispiel, wenn eine Matrix linksbündig, die andere rechtsbündig gestellt werden soll:

```
{EQ \a\co2\hs10\vs4
(\a\ar(Tina;Paul);\a\al(Max;Franz))}
```

```
Tina  Paul
 Max  Franz
```

Genau besehen, sind das drei Matrizen. Die ersten beiden:

```
\a\ar(Tina;Paul)
\a\al(Max;Franz)
```

Weil es nur je zwei Argumente sind, könnte man das auch als Bruch definieren, meinen Sie? Nein, das geht nicht. Bei einem Bruch stehen die Elemente unabänderlich zentriert übereinander (und sind, nicht zu vergessen, durch den Bruchstrich getrennt); bei einer Matrix läßt sich die Ausrichtung wählen. Wie hier geschehen.

Diese beiden Matrizen sind nun in eine übergeordnete Matrix eingebettet. Schematisch dargestellt:

```
{EQ \a\co2\hs10\vs4 (Matrix1;Matrix2)}
```

Die Einbettung sorgt dafür, daß beide nebeneinander stehen; sie sind ja jetzt die Argumente der übergeordneten Matrix. Und deren Schalter beziehen sich auf beide Einbettungen gleichermaßen.

Versatz

Häufig benötigte Anweisungen betreffen den Schriftlinienversatz von Elementen. Sie werden nach oben oder unten gerückt, nach links oder rechts verschoben. Ohne solche Möglichkeiten könnte keine Formel erzeugt werden. Denn die vorhandenen Anweisungen, etwa für einen Bruch oder eine Matrix oder eine Wurzel, sind gleichsam nur die Grundbausteine. Für komplexe Formeln müssen sie kombiniert und variiert werden können.

Die Anweisung für eine Hochstellung, einen Versatz nach oben, lautet beispielsweise:

```
\s\up
```

Kann man sich mit etwas Englischkenntnissen leicht merken: Up, up and away. Die meisten Schalter lassen sich (im Gegensatz zu den Anweisungen) aus dem Englischen herleiten: \do – down, tiefstellen; \ba – back, rückwärts, Versatz nach links; \fo – forward, vorwärts, Versatz nach rechts.

Der Versatz wird, wie stets bei Formeln, in Punkt bemessen:

```
{EQ A\s\up10(3)}
```

$$A^3$$

```
{EQ A\s\do10(3)}
```

$$A_3$$

Ohne Maßangabe, mit bloßem \s, wird um zwei Punkt nach oben versetzt. Für normale Hochstellungen ist das ausreichend, so daß man sich den zusätzlichen Schalter sparen kann.

Der horizontale Versatz erfolgt mit \d und erfordert als einzige Anweisung eine leere Klammer nach dem Schalter. Hier werden die letzten zwei Buchstaben um 8 Punkt nach rechts versetzt:

```
{EQ 0\d\fo8()lé }
0  lé
```

\d ist die Anweisung, \fo8 der Schalter.

Klammern

Zu den wesentlichen Kennzeichen einer Formel gehört, daß sich das Formelzeichen der Höhe des Ausdruckes automatisch anpaßt. Bei Klammern muß man das allerdings ausdrücklich anweisen mit \b:

```
{EQ \b(\a(1;2;3))}
```

$$\begin{pmatrix} 1 \\ 2 \\ 3 \end{pmatrix}$$

Ohne \b sieht das so aus:

```
   1
  (2)
   3
```

Achten Sie einmal auf die Klammern in der Funktion. Die mit \b angewiesenen Klammern in der Formel sollen eine Matrix aus drei Elementen umschließen. Deshalb muß die Matrix zwischen Klammern gesetzt werden. Die Matrix braucht ihrerseits Klammern für die Argumente.

Eine andere Klammernart muß zusätzlich angewiesen werden:

{EQ \b\bc\{(\a(1;2;3)))}

$$\left\{ \begin{array}{c} 1 \\ 2 \\ 3 \end{array} \right\}$$

\bc ist der Schalter dafür. Er bestimmt, daß vorn und hinten die gleiche Klammer steht. (Mit \lc und \rc können Sie auch unterschiedliche definieren.) Ihm muß mit vorangestelltem Backslash mitgeteilt werden, welche Klammer verwendet werden soll: \{ – eine geschweifte. Aufgrund der öffnenden Klammer weiß Word, daß hinten die schließende folgt. Andernfalls sind auf beiden Seiten schließende Klammern.

Wurzel

Auch das Wurzelzeichen paßt sich dem Argument automatisch an:

{EQ \r (\f(3;a\s(2)*b\s(2)=c\s(2))))}

$$\sqrt{\frac{3}{a^2 + b^2 = c^2}}$$

\r ist die Anweisung für die Wurzel. Das Argument besteht selbst aus verschiedenen Anweisungen für den Bruch (\f) und für die Hochstellungen (\s).

Komplexe Formel

Sind natürlich möglich. Dann wimmelt es nur so von Klammern; schauen Sie mal das letzte Beispiel in FORMELN.DOC an. Für solche Fälle ist der Formel-Editor denn doch besser geeignet.

Formulare

Auch Sie, lieber Leser, können das Formular-Unwesen auf das vortrefflichste vermehren. Aber nun zeigen Sie mal allen Amtsschimmeln, daß Sie das besser können! Zumindest die Erstellung dürfte leichter fallen. Textfelder, Kontrollkästchen oder Dropdown-Felder fügen Sie mit Mausklick ein, erlauben hier nur eine Datumsangabe, beschränken dort die Eingabe auf eine bestimmte Länge. Der Benutzer hat dann ein Formular vor sich, das nur die Eingabefelder freigibt, ansonsten ist es gesperrt. So kann nichts kaputt gehen. Und Sie können, wenn Sie wollen, hinterher die eingegebenen Daten auswerten.

29.1 Was ist ein Formular?

So etwas wie die Steuererklärung etwa. Oder ein Antrag auf einen Telefonanschluß. Sagen wir's ganz allgemein: vorgegebene Fragen, die eine Antwort erheischen. Nur noch ankreuzen und ausfüllen. Alles ganz einfach, alles ganz klar. Eine Seite Fragebogen und fünf Seiten Gebrauchsanweisung dazu.

Genau so etwas können Sie mit Word auch machen. Aber Sie machen das natürlich anders als unsere Bürokraten. Bei Ihnen ist das wirklich verständlich. Und wenn doch nicht, geben Sie einfach eine Hilfestellung dazu.

Das besondere an einem mit Word erstellten Formular ist, daß Sie den Formulartext selbst (die Fragen) sperren können – niemand kann ihn ändern – und daß nur die eigentlichen Eingabefelder frei sind.

Zum zweiten: Formulare können auch so gespeichert werden, daß nur die Eingaben erfaßt werden. Die können dann in eine Datenbank übernommen und ausgewertet werden.

29.2 Ein Formular aufbauen

Einem Formular legt man typischerweise eine Tabelle zugrunde. Das muß nicht sein, ist aber praktischer. Zunächst legen Sie als vorausplanender Mensch die Struktur Ihres Formulars fest und schreiben, was Sie von den anderen Mitmenschen hören (bzw. lesen) wollen. Und dann fügen Sie die Formularfelder ein.

▉▶ Sie öffnen die Symbolleiste FORMULAR. In der finden Sie alles, was Sie für Formulare brauchen.

Wollen wir gemeinsam FORMULAR.DOC nachbauen, wenigstens teilweise? Sie finden die leere Tabelle, ohne Formularfelder, als FORM01.DOC unter den Beispieldateien.

Grundsätzlich geht es mit den Symbolen so:

▉▶ Sie fügen ein Formularfeld ein.

 ▉▶ Sie legen mit diesem Symbol die Eigenschaften eines Formularfeldes fest oder ändern sie. Diese Optionen erscheinen nicht automatisch beim Einfügen eines Feldes, Sie müssen schon das Symbol bemühen oder auf das Feld doppelklicken.

Der weitere Ablauf

Den wollen wir doch gleich festhalten. Sonst haben Sie ein tolles Dropdown-Feld erstellt und wundern sich, daß doch keines da ist.

 ▉▶ Mit diesem Symbol (oder mit EXTRAS/DOKUMENT SCHÜTZEN, *Formulare*) müssen Sie das Formular zunächst schützen. Wenn es geschützt ist, erscheint das Symbol gedrückt. Im Menü können Sie zusätzlich noch ein Paßwort vergeben.

▉▶ Jetzt erst können Sie Eingaben machen. Der Rest des Formulars ist vor Änderungen sicher.

▉▶ Um das Formular weiter bearbeiten zu können, müssen Sie den Schutz erst aufheben.

Wenn Sie mal mit ⌈Alt⌋+⌈F9⌋ hinter die Kulissen eines Formulars schauen, dann stellen Sie fest, daß die Eingabefelder Feldfunktionen sind. Die können Sie aber nicht manuell eingeben!

29.3 Textfelder

Ein Textfeld erlaubt Eingaben. Generell. Sie können aber jede Menge Restriktionen auferlegen und nur ganz bestimmte Eingaben zulassen, andere hingegen ausschließen. (Generell zur Vorgehensweise: Optionen, die nicht gleich beschrieben werden, kommen später an die Reihe. Wir wollen's doch etwas systematisch machen.)

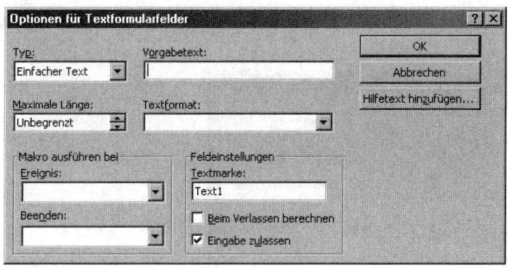

Abbildung 29.1:
Optionen für die
Einrichtung von
Textfeldern

▣➤ *Einfacher Text* ist jegliche Art von Texteingabe. Doppelten Text gibt es leider nicht, statt dessen können Sie den Benutzer beispielsweise beschränken auf Zahlen oder Datum.

▣➤ Sie können einen *Vorgabetext* erstellen. Er erscheint dann im Eingabefeld, kann aber vom Benutzer jederzeit geändert werden.

▣➤ Die *Länge* läßt sich festlegen. Man sieht sie dem Feld nicht an, aber mehr Eingaben gehen eben nicht. Die Obergrenze sind 255 Zeichen.

▣➤ Das *Textformat* setzt, beispielsweise, die Eingabe in Großbuchstaben – sobald das Feld verlassen worden ist.

▣➤ Jedes Formularfeld erhält automatisch eine Textmarke zugewiesen, die Sie selbstredend ändern können. Man braucht das, um in einem Makro die Eingaben abfragen zu können.

▣➤ Sie können das Feld *Beim Verlassen berechnen* lassen.

▣➤ *Eingabe zulassen* heißt eben dies. Wofür ein Eingabefeld, wenn man doch nichts eingeben kann, fragen Sie sich vielleicht. Nun, das ist eine einfache Möglichkeit, ein Feld zu sperren, ohne es gleich löschen zu müssen – falls man es später nochmals braucht.

▣➤ Das Eingabefeld wird normalerweise mit einem Raster hinterlegt. Wenn Sie das nicht möchten, können Sie das Raster mit dieser Schaltfläche auch entfernen. Das gilt aber generell für das ganze Formular!

:-)
TIP

Eingabefelder können Sie ohne Probleme kopieren und ausschneiden. Brauchen die Felder Textmarken für Makros, müssen Sie die allerdings nachträglich noch zuweisen.

Hilfestellung

Falls Ihr Formular doch nicht selbsterklärend ist, können Sie dem armen Menschen, der darüber brütet, auch Hilfe zuteil kommen lassen.

Abbildung 29.2: Bei den meisten Formularen brauchen Ihre Mitmenschen Hilfetexte

🖙 Schaltfläche HILFE HINZUFÜGEN – zwei Registerkarten, zwei Hilfemöglichkeiten, die auch beide gemeinsam ausgenutzt werden können: Einmal erscheint der Hilfetext in der Statuszeile, wenn der Cursor im Eingabefeld steht, zum andern mit ⌴F1⌴.

🖙 Sie können einen Hilfetext schreiben (*Benutzerdefiniert*).

🖙 Sie können einen vorhandenen *AutoText-Eintrag* verwenden – praktisch, wenn derselbe Hilfetext öfter erscheinen soll.

🖙 Sie können den Hilfetext auch wieder entfernen (*Ohne*).

Zahlen, Datum, Berechnungen

Die Formate für Zahlen- und Datumswerte werden, wie bei Texteingaben, wirksam, wenn das Feld verlassen wird.

»Aktuelles Datum« und »Aktuelle Uhrzeit« sind reine Eingabefelder, die vom Benutzer nicht bearbeitet werden können.

Das gleiche gilt für »Berechnungen«. Was Sie berechnen möchten, geben Sie als »Ausdruck« ein. Dieses Feld wird beim Öffnen aktualisiert, nicht während der Bearbeitung (für Eingaben ist es ohnehin gesperrt). Sie können sich also nicht auf Eingaben beziehen. Das geht nur mit einem Makro.

29.4 Kontrollkästchen

Die Dinger kennen Sie aus den Dialogfenstern: sowas zum Ankreuzen.
Der Benutzer braucht nur drauf zu klicken, und das Kreuz erscheint. Und
Sie müssen nur auf dieses Symbol klicken, um ein Kontrollkästchen in das
Formular einzufügen. Optionen dafür gibt es nicht allzu viele:

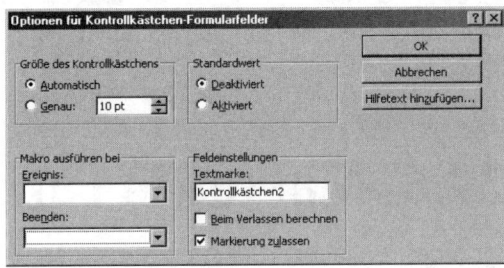

Abbildung 29.3:
Optionen für die
Einrichtung eines
Kontrollkästchens

➡ Sie können eine Größe festlegen oder das Kästchen automatisch
anpassen lassen.

➡ Sie können ein Kontrollkästchen von Anbeginn an markiert erscheinen lassen. Das entspricht dem Vorgabetext.

Mit Kontrollkästchen entwerfen Sie Multiple-choice-Felder: Mehrfachaus-
wahl möglich.

29.5 Dropdown-Felder

Sie schränken den Benutzer am stärksten ein und sind gleichzeitig am
eindrucksvollsten. Gewählt werden kann nur eine unter den angebotenen
Möglichkeiten. Auch das kennen Sie als Listenfelder aus vielen Dialogfenstern.

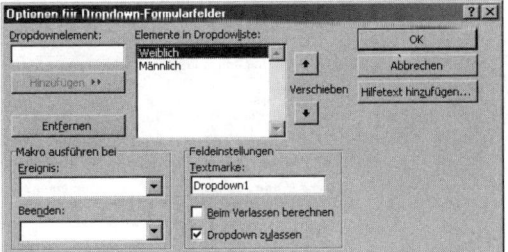

Abbildung 29.4:
Optionen für
Dropdown-Felder

■► In das Feld *Dropdownelement* schreiben Sie, was im Listenfeld erscheinen soll. Mit HINZUFÜGEN wird es in die Liste übernommen.

■► Mit den Pfeilen können Sie den markierten Eintrag nach oben oder unten schieben. Der erste Eintrag erscheint später als Vorgabe.

■► Mit ENTFERNEN löschen Sie den markierten Eintrag in der Liste.

Nicht vergessen: Dokument erst schützen, bevor Sie Ihre Eingabefelder testen können!

29.6 Makros in Formularen

Für jedes Eingabefeld können Sie ein Makro schreiben, das entweder beim »Betreten« oder beim Verlassen des Feldes ausgeführt wird. Gibt es Makros in der verbundenen Dokumentvorlage, können Sie sie im betreffenden Listenfeld auswählen. (Zu Makros allgemein siehe Kapitel 59 – Kapitel 61.)

In FORMULAR.DOC sind die Felder 3 (Betreten) und 13 (Verlassen) mit solchen Makros ausgestattet, von der allersimpelsten Art: Ein Dialogfenster mit einer Nachricht erscheint.

Abbildung 29.5:
Formular mit
Dropdown-
Auswahl

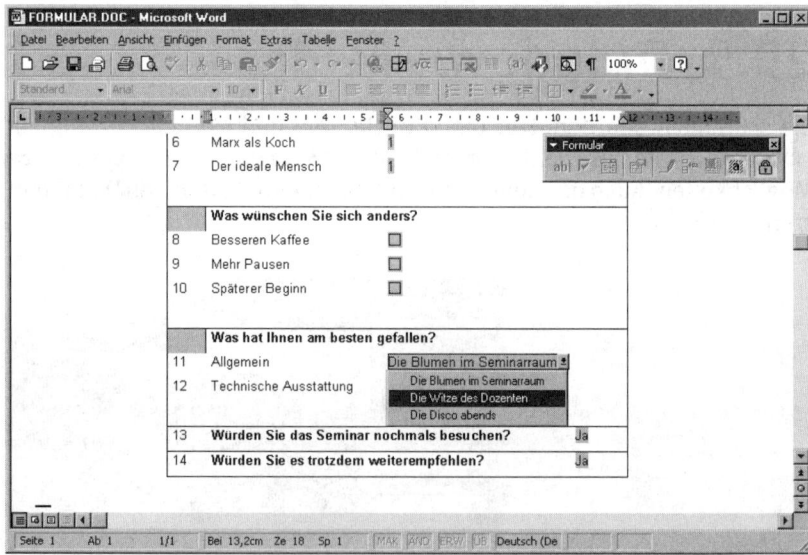

Immerhin, das Makro in Feld 13 macht sich von der Eingabe abhängig (und tritt deshalb erst nach dem Verlassen des Feldes in Aktion) – »Ja« bringt ein anderes Dialogfenster als »Nein«. Dazu muß die Eingabe abgefragt werden und muß das Eingabefeld mit einer Textmarke belegt sein. Raffinierteres ist natürlich möglich! Lassen Sie Ihre Phantasie spielen!

FORMULAR.DOC enthält ein AutoNew-*Makro. Das wird ausgeführt, sobald mit dieser Dokumentvorlage (darum handelt es sich ja bei dieser Datei) ein neues Dokument erstellt wird. Das Makro enthält nur eine einzige Anweisung.*

:-)
TIP

```
With ActiveDocument
.SaveFormsData=True
End With
```

Sie sorgt dafür, daß nur die Formulardaten gespeichert werden. Wenn Sie bei ganz arglosen Benutzern noch weiter gehen wollen, können Sie auch die Funktionen im Menü DATEI *beschneiden.*

29.7 Formulare anwenden

Am besten, man speichert ein Formular als Dokumentvorlage; dann kann das Original nicht überschrieben werden.

Und ansonsten ist ja alles ganz einfach: ausfüllen und auswählen. Des Dokumentschutzes wegen sind nur die Eingabefelder zugänglich, alle anderen Felder sind gesperrt.

■➡ Wenn Sie mit EXTRAS/OPTIONEN/*Speichern* oder DATEI/SPEICHERN UNTER die Option *In Formularen nur Daten speichern* wählen, wird nicht das gesamte Dokument, sondern werden nur die Eingaben gespeichert.

■➡ In dem Fall gibt es im Menü DATEI statt SPEICHERN UNTER die Funktion KOPIE SPEICHERN UNTER.

Wenn Sie das mit FORMULAR.DOC versuchen, werden Sie Schiffbruch erleiden. Das ist nämlich auch eine Dokumentvorlage, nur des bequemeren Öffnens wegen mit der Endung DOC versehen. Also: Speichern mit der Endung DOT, dann mit dieser Vorlage eine neue Datei erstellen – nun geht's.

Die Daten werden als Textdatei (Endung TXT) im sogenannten *Delimited*-Format gespeichert: Texte zwischen Anführungszeichen, die Felder durch Semikola getrennt.

So etwa:

```
"09.11.93";"OTTO KAISER";"45";"Männlich";"3";"1";
"6";1;1;0;"Die Disco abends";"Multimedia";
"Nein";"Ja"
```

Jedes Feld wird getreulich aufgeführt. Bei den Kontrollkästchen bedeutet »1« angekreuzt, »0« nicht angekreuzt.

Dieses Format kann von jeder vernünftigen Datenbank importiert werden. So lassen sich die Daten speichern und auswerten.

TIP

Die Textdatei mit den Formulardaten kann Word zwar ohne Probleme lesen, aber liest sie halt mitsamt den Anführungen und Semikola. Man kann die Datei aber einfach aufbereiten: in Tabelle umwandeln, mit Erset-zen die Anführungen entfernen.

Dateien verbinden

Kapitel 30

_E_ ine Datei wird eingefügt und somit Bestandteil des Word-Dokuments. Das ist die eine Sache. Dann aber wird das Dokument nur mit der anderen Datei verknüpft. Und verändert sich etwas an dieser Datei, stehen im Word-Dokument trotzdem die aktuellen Daten. Das magische Wort, das diesen Zauber auslöst, heißt OLE, _Object Linking and Embedding_. Das ist eine spannende Sache. Vor allem, wenn dann nicht gelinkt, also verbunden wird, sondern wenn Objekte eingebettet werden. Noch spannender wird es, wenn man zum Beispiel eine Excel-Tabelle bearbeiten kann, ohne dazu Word verlassen zu müssen.

30.1 Dateien einfügen

In diesem Abschnitt geht es um die erste Art, eine Datei einzufügen: sie so in das Word-Dokument zu integrieren, daß sie dessen Bestandteil wird. Sie werfen zwei Dateien zusammen.

EINFÜGEN/DATEI

▪► Sie aktivieren EINFÜGEN/DATEI.

▪► Sie wählen im Dateiauswahl-Fenster die Datei.

▪► Wenn es sich nicht um eine Word-Datei handelt, müssen Sie unter Umständen das richtige Dateiformat bestimmen; das aber nur, wenn in EXTRAS/OPTIONEN/_Allgemein_ die Option _Konvertierung beim Öffnen bestätigen_ markiert ist.

In der Regel erkennt Word selber, um welches Dateiformat es sich handelt, und schlägt das richtige vor. Vorschlagen indes und, weit wichtiger, importieren kann Word nur solche Dateiformate, für die ein entsprechendes Umwandlungsprogramm installiert ist.

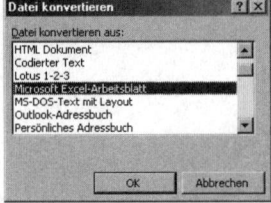

Nur einen Bereich einfügen

Das Dialogfeld DATEI EINFÜGEN hat unten die Schaltfläche BEREICH. Damit rufen Sie ein Dialogfeld auf, mit dem Sie bei Bedarf nur einen Teil einer Datei einfügen können.

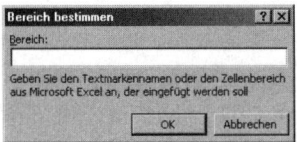

▪► Bei Textdateien geben Sie die Textmarke an. Die muß natürlich in der einzufügenden Datei vorhanden sein, und zwar nicht als Haltepunkt, sondern als Textmarke mit Inhalt (siehe Kapitel 25, »Textmarken und Querverweise«, S. 465). Das geht aber nur mit Word-Dokumenten. DOS-Word-Textmarken werden zwar übernommen, als Bereichsangabe hingegen nicht akzeptiert.

▪► Bei Tabellen geben Sie den Bereich mit Zeilen- und Spaltenkoordinaten an, zum Beispiel Z1S1:Z3S4. Das geht jedoch nur mit fremden Tabellen, zum Beispiel aus Excel, nicht mit Word-Tabellen. Wenn Sie keinen Bereich angeben, erscheint ein weiteres Dialogfeld, in dem Sie das bei Bedarf nachholen können. Danach wird die Tabelle in eine Word-Tabelle umgewandelt.

Einfügen über die Zwischenablage

Aus anderen Windows-Programmen können Sie auch über die Zwischenablage einfügen. Sie starten das Programm, markieren, was übernommen werden soll, und kopieren es mit (Strg)+(C) in die Zwischenablage. In Word fügen Sie die Zwischenablage mit (Strg)+(V) wieder ein.

Sie wissen, daß Sie bei dieser Aktion zwar Word (oder das andere Programm) verlassen dürfen – mitunter schiere Notwendigkeit, wenn der Speicher nicht reicht –, nicht aber Windows, denn sonst wird die Zwischenablage gelöscht.

Sind die Dateien zu groß, ist der Import über die Zwischenablage nicht möglich. Das passiert häufig bei Grafiken (siehe Kapitel 48, »Grafiken«, S. 725).

ÜBUNG: *Dateien einfügen (Beispieldateien: TANTE.DOC, EXCEL.XLS)*

1. Erstellen Sie ein neues Dokument. Aktivieren Sie EINFÜGEN/DATEI, wählen Sie TANTE.DOC.

   Ein Word-Dokument. Es wird an der Cursorposition in voller Länge eingefügt.

2. Fügen Sie TANTE.DOC nochmals ein, geben Sie als Bereich jedoch »Pfannkuchen« an.

   Ein Teil des Textes ist als Textmarke »Pfannkuchen« definiert. Nur dieser Teil wird eingefügt.

3. Fügen Sie jetzt die Datei EXCEL.XLS ein.

   Eine Excel-Tabelle. Sie muß erst konvertiert werden.
   Im Dateiauswahl-Fenster werden standardmäßig nur Word-Dokumente mit der Endung .DOC angezeigt, Sie müssen also erst den Dateityp ändern, um EXCEL.XLS überhaupt ausfindig machen zu können.

30.2 Dateien verknüpfen

Wenn Sie im Dialogfeld DATEI EINFÜGEN das Listenfeld bei der Schaltfläche EINFÜGEN aufklappen, werden Sie feststellen, daß sich dahinter noch ein weiterer Befehl verbirgt: *Als Verknüpfung einfügen* – der, nun ja, die einzufügende Datei mit dem Word-Dokument verknüpft.

Aber was bedeutet das? Sie kennen es vielleicht schon von Grafiken:

➡ Statt der Datei wird nur die Feldfunktion {IncludeText} in den Text geschrieben (bei Grafiken heißt sie {IncludePicture}). Die Einfügung ist also nur ein Verweis auf die Datei.

➡ Die Datei wird nur angezeigt, wenn Sie statt der Feldfunktion das Feldergebnis sichtbar machen (umschalten mit (Alt)+(F9) oder dem Kontextmenü).

➡ Sie können die eingefügte Datei im Ursprungsprogramm nach Belieben bearbeiten. Wenn Sie im Word-Dokument das {IncludeText}-Feld mit (F9) aktualisieren, erhalten Sie – wahrlich auf Knopfdruck – die neue Version.

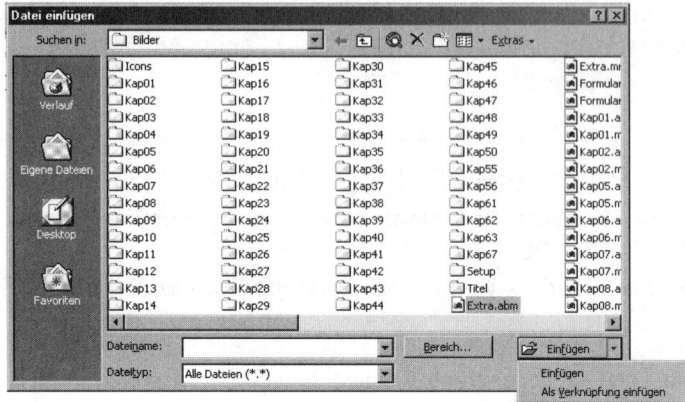

■► Sie können die eingefügte Datei auch in Word bearbeiten und die Änderungen mit $\boxed{Strg}$+$\boxed{\hat{\triangle}}$+$\boxed{F7}$ in die Originaldatei zurückschreiben. Das geht allerdings nur mit Word-Dokumenten, nicht mit Excel-Tabellen (dafür gibt es andere Methoden, die noch erörtert werden).

Sie erkennen daraus die Vorteile des Verbindens gegenüber dem Einfügen. Stellen Sie sich vor, Sie schreiben einen Bericht, der Material aus fünf verschiedenen Abteilungen Ihrer Firma enthält. Wie das Leben so spielt, hat jede Abteilung in letzter Minute noch dringende Änderungswünsche.

Bei eingefügten Dateien geht das dann so: Sie löschen diese Komplexe aus Ihrem Word-Dokument und fügen dann die Materialien wieder ein – und hoffen, daß das jetzt der letzte Stand ist.

Beim Verknüpfen springen Sie nur mit $\boxed{F11}$ die Felder nacheinander an, drücken $\boxed{F9}$, und die Sache ist geschehen. Und die Jungs können soviel ändern, wie sie möchten – das berührt Sie alles nicht, weil Ihnen daraus keine Arbeit erwächst.

Das Verknüpfen bietet sich also dann an, wenn nicht alle Informationen im selben Dokument aufbewahrt werden. Manchmal ist es ja auch für den Solisten vor dem PC praktisch, ein Dokument in kleinere Teile aufzuteilen und sie dann zusammenzufügen.

Allerdings müssen Sie bei Änderungen an den eingefügten Texten höllisch aufpassen, daß Sie mit $\boxed{F9}$ (eingefügten Text aktualisieren) und $\boxed{Strg}$+$\boxed{\hat{\triangle}}$+$\boxed{F7}$ (Änderungen in das Original zurückschreiben) nicht durcheinander kommen.

Beispiel: Sie fügen die Datei UHR.DOC in TANTE.DOC ein; dort ist sie als Feldfunktion vorhanden (bezeichnen wir das mal so, zur Unterscheidung vom Originaldokument). Um bequemer arbeiten zu können, haben Sie beide Dateien als Fenster auf Ihrem Bildschirm und können so hin- und herspringen.

In UHR.DOC (dem Originaldokument) ändern Sie etwas und arbeiten danach in TANTE.DOC weiter. Das Feld haben Sie noch nicht aktualisiert – weiß der Himmel warum (immer diese Hektik). Im Feld fällt Ihnen ein schlichter Schreibfehler auf. Sie berichtigen ihn und denken völlig logisch: Im Originaldokument muß ich nicht dasselbe nochmals machen, ich aktualisiere die Quelle mit $\boxed{\text{Strg}}$+$\boxed{\text{û}}$+$\boxed{\text{F7}}$.

So, und damit wird UHR.DOC mit der aktuellen Fassung des Feldes überschrieben, und die Änderung, die Sie zuvor am Originaldokument vorgenommen haben, sind futsch. Andersherum genau so: Sie ändern im Feld, vergessen, die Änderungen zurückzuschreiben und aktualisieren das Feld irgendwann – die Änderungen sind weg.

Noch flexibler sind Sie allerdings mit Zentraldokumenten (siehe Kapitel 39, »Das Zentraldokument«, S. 615).

:-)
TIP

Feldfunktion manuell

Sie können die Feldfunktion {IncludeText} auch selber in den Text einfügen, müssen dabei aber folgendes beachten:

➡ Sie müssen der Feldfunktion mit dem Schalter \c das Datenformat anhängen, sofern es sich nicht um eine Word-Datei handelt – ohne Anführung. (Allein deswegen lohnt sich schon der Weg über EINFÜGEN/DATEI).

➡ Denken Sie daran, daß bei Pfadangaben der doppelte Backslash stehen muß zur Unterscheidung vom Schalter.

In der Praxis sieht das Feld dann vielleicht so aus:

```
{IncludeText "c:\\kompend\\schiller.doc" \c MSWord-
Dos}
```

Wie beim normalen Einfügen können Sie die Verknüpfung auf einen Tabellenbereich oder eine Textmarke beziehen. Zum Beispiel:

```
{IncludeText "c:\\kompend\\excel.xls" \c MSBiff
z1s1:z3s6}
{IncludeText "c:\\kompend\\stalin.doc" schraube}
```

30.3 Vom Zauberer und seinen magischen Sprüchen

Und nun, liebe Kinder, entspannt euch mal schön im Sessel vor eurem PC und lauscht einem Märchen. Es erzählt von einem Zauberer, klein an Wuchs, doch groß an Einfluß, der lebte irgendwo im Zeichen des roten Mondes hinter den sieben Bergen im fernen Amerika. Und weil er so mächtig war, verbreiteten flinke böse Zungen allerhand Unfreundliches. Die einen, so steht geschrieben, empörten sich: Ein böser Zauberer! Ein Monopolist! Ein Diktator! Die anderen aber schrien, nicht minder laut: Ein guter Zauberer! Unser Erlöser!

Was dort hinter den sieben Bergen für solchen Aufruhr sorgte, waren die magischen Sprüche, die der Zauberer unters Volk zu bringen pflegte. Er erfand Zauberworte. Immer neue. Er tat sie freimütig kund.

Und alle, auch die Empörten, beeilten sich, die Zauberworte auswendig zu lernen und sie eifrig nachzuplappern. Immer neue. Und sie warteten. Aber die magische Wirkung wollte sich nicht einstellen.

Es gehörte aber zum Zauber des Zauberers, daß das Volk sich zwar verdrießen ließ, nichtsdestotrotz weiter auswendig lernte. Und weiter plapperte. Und weiter wartete. Und der Große Zauberer in seiner unendlichen Güte lächelt immer noch milde hinab zu den sieben Zwergen hinter den sieben Bergen und überlegt sich schon das nächste Zauberwort.

Zauberspruch 1: DDE

Das erste Zauberwort, das alle vom Stuhle riß, war DDE *(Dynamic Data Exchange,* auf Deutsch *Dynamischer Datenaustausch)*. Mit DDE werden Daten miteinander verbunden, ähnlich wie mit der Feldfunktion {IncludeText}. DDE allerdings erlaubt auch eine automatische Aktualisierung.

Das Einfügen klappt mit jeder Datei, deren Format Word umwandeln kann, DDE nur mit Programmen, die speziell darauf eingerichtet sind.

DDE ist ein wenig in den Hintergrund getreten. Der Haken bei der Sache ist: Word kann eine DDE-Verbindung nur aufbauen, wenn das zweite Programm (z.B. Excel) geladen ist. Word macht sich zwar beim Aktualisieren des Feldes anheischig, selbiges zu tun. Doch das verlangt üppigen Arbeitsspeicher. Und manchmal klappt es dann doch nicht.

Daß DDE im Prinzip schon funktionieren kann, merken Sie, wenn Sie eine Access-Datenbank als Datenquelle für Serienbriefe nehmen (siehe Kapitel 35, »Daten aus externen Quellen«, S. 577).

Aber der Zauberer hat sich ja sowieso wieder etwas Neues einfallen lassen.

Zauberspruch 2: OLE, erste Fassung

OLE ist mega-in. Das Linking von OLE *(Object Linking and Embedding)* ist nichts anderes als eine modernere Variante der DDE-Verknüpfung. Nur absolute Ignoranten und Leute, die kein Englisch können, bringen das in Verbindung mit der umgangssprachlichen Bedeutung im Deutschen und sagen: Der will mich linken.

Die Daten stehen in einem anderen Programm, in Word wird über eine Feldfunktion auf sie verwiesen, die Aktualisierung des Feldes sorgt für eine Aktualisierung der Daten in Word.

Das Embedding ist eine andere Philosophie. Die Daten – nehmen wir einmal an, es soll eine Excel-Tabelle sein – sind als eigene Excel-Datei gar nicht vorhanden. Sie stehen als ein »Objekt« in Word. In Word selber können sie aber auch nicht bearbeitet werden, im Gegensatz zu einer gelinkten Datei.

Vielmehr öffnet ein Doppelklick auf das Objekt die Anwendung, die dahintersteht – in unserem Beispiel Excel. In Excel bearbeiten Sie die Daten und schreiben die neuen Werte zurück in Word.

Zauberspruch 3: OLE 2.0

Aber was ein rechter Zauberer ist, der gibt natürlich keine Ruhe und gibt seinem Zaubertrank noch ein Kräutlein hinzu, rührt mit magischem Gemurmel um, und was dann in Flaschen abgefüllt wird, nennt sich OLE 2.0 – die derzeit aktuellste Fassung.

Bei der Erstversion von OLE wird beim Bearbeiten eines Objekts die damit verbundene Anwendung geöffnet – bei vielen älteren Anwendungen ist das immer noch so.

Bei OLE 2.0 hingegen ändert sich nur die Menüzeile – Sie sind nach wie vor In Word, haben aber die Funktionen beispielsweise von Excel zur Verfügung.

Damit ist Oberzauberer Bill Gates, der Microsoft-Chef, seinem früher mal erklärten Ziel der »Information on your fingertips« ein gutes Stück näher gekommen. Alle Daten, gleich, aus welchen Programmen, fließen irgendwo zusammen. Der Benutzer braucht gar nicht mehr zu wissen, woher sie kommen, nicht einmal, in welchem Programm er sich gerade befindet. Ein »fingertip« holt die Funktionen hervor, die er braucht.

:-)
TIP

Auch ein Word-Dokument können Sie mit EINFÜGEN/OBJEKT *als Objekt in ein anderes Word-Dokument integrieren.*

Wer kann's?

Sie können davon ausgehen, daß alle neueren Programme OLE 2.0 beherrschen – auf jeden Fall alle, die auf Windows 95/98 angepaßt worden sind.

30.4 Der Link zu einer Datei

Weil eine der Voraussetzungen für OLE ist, daß Sie die entsprechenden Programme auf Ihrem PC haben, können hier natürlich nur allgemeine Informationen gegeben werden.

Ich zeige die Prinzipien von OLE an einer Excel-Tabelle; eine kleine Tabelle EXCEL.XLS befindet sich unter den Beispieldateien. Zum einen, weil Excel weit verbreitet ist; zum andern, weil sich daran die Variationsbreite von OLE gut demonstrieren läßt. Wenn Sie Excel haben, können Sie das nachvollziehen. Andernfalls befindet sich in Ihrer Sammlung vielleicht ein anderes Programm, das OLE-fähig ist. Unter Windows zum Beispiel Paint.

Die Verbindung aufbauen

Der Ablauf ist immer der gleiche:

■► Sie starten Excel und öffnen die gewünschte Datei (eine Tabelle oder ein Diagramm).

■► Sie markieren – die gesamte Tabelle oder nur einen Teilbereich – und kopieren in die Zwischenablage. Excel können Sie jetzt wieder beenden, wenn Sie möchten.

■► Sie starten Word (oder haben es bereits gestartet und wechseln nur über) und aktivieren BEARBEITEN/INHALTE EINFÜGEN.

Und nun haben Sie eine Menge Datentypen zur Auswahl. Und zwei Optionen, die einander ausschließen: EINFÜGEN und VERKNÜPFEN. Das »Microsoft Excel-Arbeitsblatt-Objekt« ist Gegenstand des nächsten Abschnitts. Wir befassen uns hier mit den restlichen Möglichkeiten.

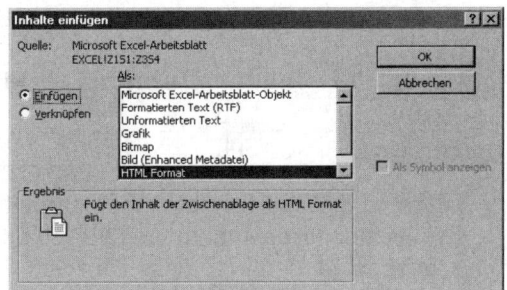

Die Verknüpfung

Mit VERKNÜPFEN setzt Word die Feldfunktion {Link} in den Text – die Nachfolgerin von {DDE} bzw. {DDEAuto}. Das sieht dann z.B. so aus:

```
{LINK Excel.Sheet.8 "C:\\KOMPENDIUM\\
EXCEL.XLS" "Z1S1:Z3S4" \r \a}
```

Der Schalter \r tut kund, in welchem Format (Dateityp) die Tabelle eingefügt wird; \a besagt, daß die Daten automatisch aktualisiert werden sollen.

Die Datentypen

Wie sich die unterschiedlichen Datentypen auswirken, zeige ich an der kleinen Tabelle EXCEL.XLS.

▶ Mit »Formatierter Text (RTF)« – das »RTF« heißt *Rich Text Format* – wird die Tabelle als Tabelle eingefügt, Schrift und Schriftauszeichnung sowie Ausrichtung werden beibehalten.

	Januar	Februar	März
Äpfel	20	300	40
Birnen	500	60	70

▶ *Unformatierter Text* trennt die Zellen der Tabelle durch Tabs, jede Zeile wird ein Absatz. Die Tabelle paßt sich den Formatmerkmalen des aktuellen Absatzes an.

	Januar	Februar	März
Äpfel	20	300	40
Birnen	500	60	70

▣► *Grafik* und *Bitmap* bringen ähnliche Ergebnisse:

	Januar	Februar	März
Äpfel	20	300	40
Birnen	500	60	70

Während die Text-Formate eine Bearbeitung auch in Word zulassen (wobei inhaltliche Änderungen freilich bei einer Aktualisierung über-schrieben werden), ist diese Form ein Grafik-Objekt, das sich über den text legt. Mit Doppelklick öffnet sich bei verknüpfter Einfügung Excel zur Bearbeitung, ansonsten Words Zeichenmodus (siehe Kapi-tel 50, »Zeichnen mit Word«, S. 769).

▣► Fügen Sie die Zwischenablage als *HTML-Format* ein, entspricht das Ergebnis dem RTF-Text.

▣► Und der *unformatierte Unicode[1]-Text* liefert genau das – unformatier-ten Text (Beispiel siehe oben), der gemäß UNICODE und nicht gemäß ASCII oder ANSI codiert ist.

▣► Bei einer Verknüpfung haben Sie zudem noch die Wahl des *Word Hyperlink*. Dabei wird ein Hyperlink zu dieser Tabelle aufgebaut, der Tabelleninhalt erscheint blau (hier natürlich nicht zu sehen) und unterstrichen (mehr zu Hyperlinks siehe Kapitel 55, »Web-Design«, S. 837). Sobald Sie auf diesen Hyperlink klicken, wird die Tabelle in Excel geöffnet.

	Januar	Februar	März
Äpfel	20	300	40
Birnen	500	60	70

Den ähnlichen Effekt erreichen Sie auch direkt mit BEARBEITEN/ALS HYPERLINK einfügen, mit dem kleinen Unterschied, daß hierbei ein relativer Pfad verwendet wird, im andern ein absoluter (auch dazu mehr in Kapitel 55, »Web-Design«, S. 837).

▣► Schließlich können Sie alle Verknüpfungen alternativ auch *Als Sym-bol anzeigen* lassen. Im Text erscheint dann das Symbol des Pro-gramms. Doppelklick öffnet Excel.

---

[1]UNICODE ist ein relativ neuer Standard für die Codierung von Zeichen. Im Gegensatz zu ASCII oder ANSI, die lediglich 255 verschiedene Zeichen codieren können (was für westeu-ropäische Alphabete mit nur 26 Zeichen und einigen Sonderzeichen vollkommen ausrei-chend ist), sind in UNICODE auch exotische Zeichensätze wie das kyrillische Alphabet, die arabischen Zeichen oder die chinesischen Charaktere definiert.

Gefällt es Ihnen nicht, wählen Sie ein ANDERES SYMBOL. Hier haben Sie auch die Möglichkeit, die Standardbeschriftung des Symbols zu ändern und etwas aussagekräftiger zu machen.

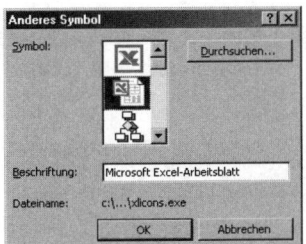

Abbildung 30.5:
Symbole von
Verknüpfungen
ändern

Das normale Einfügen

Ob verknüpft oder unverknüpft eingefügt: die Tabelle sieht immer gleich aus. Der gewichtigste Unterschied des normalen Einfügens zur Verknüpfung ist freilich, daß sich die Daten nicht aktualisieren lassen.

Ein Doppelklick auf eine »Grafik« oder »Bitmap« beispielsweise öffnet jetzt nicht Excel, sondern behandelt das Objekt als eine Grafik und stellt sie in den Word-Editor. Der Typ »Bitmap« wird dabei als eine Einheit betrachtet (wie eine Bitmap-Grafik), wohingegen Sie den Typ »Grafik« in seine Einzelbestandteile zerlegen können.

Haben Sie einen Textabsatz eingerückt und wollen eine Excel-Tabelle einfügen, die links bündig mit der Einrückung steht, dürfen Sie nicht das RTF-Format verwenden. Sonst rutscht nämlich die Tabelle nach einer Aktualisierung wieder an den linken Seitenrand. Mit einem Tabellen-Objekt hingegen geht es. Das können Sie entsprechend positionieren.

:-)
TIP

30.5 Die Verknüpfung aktualisieren

Es geht auch, wie gewohnt bei einem Feld, mit `F9` oder dem Kontextmenü. Aber das Menü BEARBEITEN/VERKNÜPFUNGEN bietet noch weitaus mehr Feinheiten und Einstellungsmöglichkeiten.

BEARBEITEN/
VERKNÜPFUNGEN

Hier sind sämtliche Verknüpfungen der Datei aufgeführt, auch zum Beispiel Grafiken, die verknüpft eingefügt sind. Die im Text markierte Verknüpfung ist im Dialogfeld hervorgehoben. Aber natürlich können Sie auch jede andere markieren.

■➤ VERKNÜPFUNG LÖSEN ist gleichbedeutend mit der Tastenkombination `⇧`+`Strg`+`F9` : Die Feldfunktion wird in das Ergebnis umgewandelt, Aktualisierungen sind hinfort nicht mehr möglich. »Grafik« und »Bitmap« werden dabei umgewandelt in Word-Grafik-Objekte!

■➤ QUELLE ÄNDERN ist eine etwas bequemere Form, die Feldfunktion zu bearbeiten. Sie können eine andere Datei wählen oder einen anderen Bereich.

■➤ JETZT AKTUALISIEREN entspricht `F9` .

■➤ QUELLE ÖFFNEN startet die Anwendung zusammen mit der verknüpften Datei, so daß sie bearbeitet werden kann. Das ist die einzige Möglichkeit, Daten, die nicht als Objekt eingefügt worden sind (bei unserer Excel-Tabelle also »Unformatierter Text« und »Formatierter Text (RTF)«), zusammen mit ihrem Ursprungsprogramm zu öffnen. Bei verknüpften Objekten genügt ein Doppelklick.

Damit wir uns richtig verstehen: Ein Objekt im Word-Sinne ist alles, das mit Markierungspunkten versehen wird, sobald Sie darauf klicken. Das trifft bisher zu auf die als Datentyp »Grafik« oder »Bitmap« eingefügte Tabelle, nicht jedoch auf die anderen Datentypen.

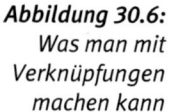

Abbildung 30.6:
Was man mit
Verknüpfungen
machen kann

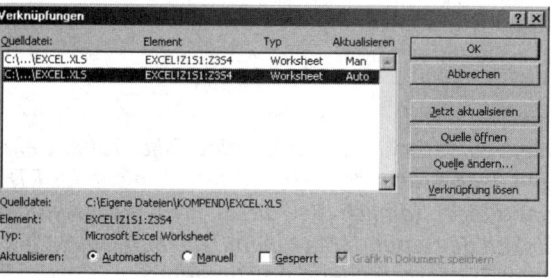

Automatisch oder manuell

In diesem Dialogfeld können Sie auch einstellen, ob die Daten automatisch oder manuell aktualisiert werden sollen. Manuell – das versteht sich wohl von selber.

Automatisch eigentlich auch. Aber da kommen ein paar Besonderheiten zum Tragen. Zunächst einmal bedeutet es, daß beim Öffnen der Dateien die automatischen Verknüpfungen – die manuellen nicht – nach Rückfrage aktualisiert werden. Damit sind die Daten immer auf dem neuesten Stand.

Ganz raffiniert wird es, wenn Sie die zweite Anwendung – bei uns also Excel – in einem zweiten Fenster laufen haben. Änderungen, die Sie in Excel vornehmen, wirken sich sofort auch in Word aus.

Sperren

Und schließlich können Sie auch noch *Gesperrt* wählen. Das ist genau das, was Sie vermuten: eine Aktualisierung wird unterbunden.

Individuelle Verknüpfung

Haben Sie ein verknüpftes Objekt markiert, gibt es im Menü BEARBEITEN (und im Kontextmenü) auch die Option VERKNÜPFTES ARBEITSBLATT-OBJEKT – sozusagen die Kurzfassung von BEARBEITEN/VERKNÜPFUNGEN, die ja sämtliche Verknüpfungen aufführt.

Hiermit können Sie dann die Verknüpfung bearbeiten oder öffnen (Sie landen in Excel) oder umwandeln, was aber je nach Objekt gar nicht möglich ist.

30.6 Das Einbetten eines Objekts

Was bisher besprochen wurde, ist der *Linking*-Teil von *Object Linking and Embedding*: das dynamische Verknüpfen von Daten. Die Übergänge zum *Embedding* sind jedoch fließend, zumindest, was die Technik der Bearbeitungsmöglichkeiten betrifft, nicht die Technologie, die dahintersteckt. Ein Doppelklick auf die Typen »Grafik« oder »Bitmap« öffnet die Ursprungsanwendung, also Excel – wer schon mal was von OLE gehört hat, weiß, daß dies bei Objekten so ist.

Was das Objekt zum Objekt macht

Die wesentlichsten Kennzeichen eines eingebetteten Objekts – und damit auch die Unterschiede zu einem verknüpften Objekt – sind:

▶ Die Daten (in unserem Beispiel eine Excel-Tabelle) werden im Word-Dokument gespeichert. Sie existieren unter Umständen gar nicht als eigenständige Datei – im Gegensatz zu einem verknüpften Objekt.

▶ Ein Objekt kann nur mit einem Doppelklick (oder mit BEARBEITEN/OBJEKT) bearbeitet werden. Dabei öffnet sich quasi innerhalb von Word das andere Programm.

▶ Ein Objekt kann wie eine Grafik bearbeitet werden (siehe Kapitel 48, »Grafiken«, S. 725). Bei Größenänderungen sollte man jedoch vorsichtig sein, insbesondere, wenn das Objekt Text enthält. Machen Sie lieber erst einen Probeausdruck, ehe Sie hunderte von Kopien durch den Drucker rauschen lassen!

➡ In der jeweiligen Anwendung können Sie Änderungen mit DATEI/ AKTUALISIEREN in das Word-Dokument zurückschreiben. Bei Anwendungen, die OLE 2.0 unterstützen, genügt ein Klick außerhalb des Objekts, und Sie befinden sich wieder in Word.

Ein Objekt einfügen

Wenn Sie, um immer noch bei unserem Excel-Beispiel zu bleiben, Tabellenzellen kopiert haben und in Word mit BEARBEITEN/INHALTE EINFÜGEN einfügen, können Sie auch »Microsoft Excel-Arbeitsblatt-Objekt« auswählen. Wenn Sie diesen Datentyp unverknüpft (!) einfügen, haben Sie aus den Daten ein eingebettetes Objekt gemacht.

Der andere Weg führt über EINFÜGEN/OBJEKT – den müssen Sie auch gehen, wenn Sie in WordArt oder Graph etwas machen wollen (für beide und auch für Excel gibt es allerdings auch Symbole als Kurzaufruf):

Abbildung 30.7:
Objekte einfügen

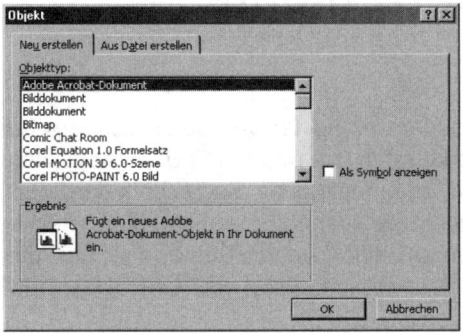

➡ Ein Dialogfeld (Registerkarte *Neu erstellen*) führt alle vorhandenen Anwendungen auf, deren Daten als Objekt eingebettet werden können.

➡ OK startet das gewählte Programm.

➡ Alternativ können Sie mit der Registerkarte *Aus Datei erstellen* auch eine Datei auswählen – zum Beispiel eine Excel-Tabelle. Sie landen dann aber nicht in Excel, sondern bleiben in Word und haben nach kurzer Zeit diese Datei als Objekt. Die Anwendung wird lediglich im Hintergrund gestartet. Wenn Sie hier VERKNÜPFEN wählen, bekommen Sie die gleiche Verknüpfung wie mit INHALTE EINFÜGEN.

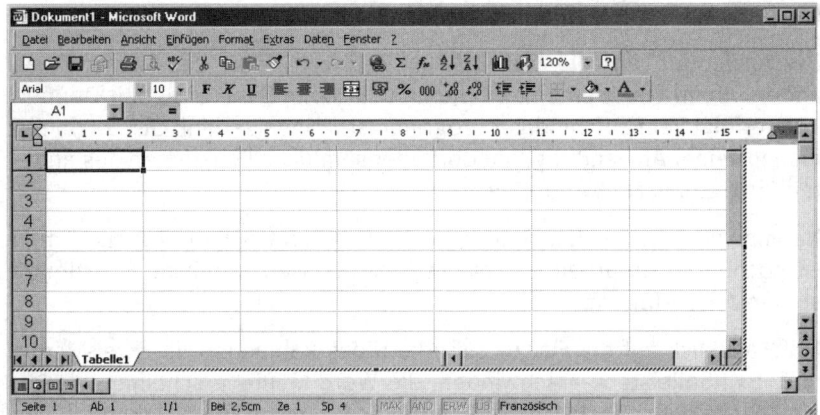

Bei EINFÜGEN/BESCHRIFTUNG *(siehe Kapitel 48, »Grafiken«, S. 725) gibt es auch eine* AUTOBESCHRIFTUNG. *Damit können Sie wählen, welche Objekte automatisch eine Beschriftung erhalten sollen.*

Im Objekt-Programm – Version 1

Gehen wir mal davon aus, daß Sie ein Objekt aus einem Programm einfügen wollen, das OLE 2.0 noch nicht unterstützt – nehmen wir eine ältere Version von CorelDraw!.

Nach EINFÜGEN/OBJEKT sind Sie in CorelDraw! gelandet – was machen Sie da?

➡ Sie erstellen eine neue Zeichnung. Ein leeres Arbeitsblatt haben Sie bereits vor sich. Es heißt wie Ihr Word-Dokument.

➡ Möchten Sie ganz sicher gehen, entscheiden Sie sich im Menü DATEI für KOPIE SPEICHERN UNTER. Damit können Sie die Daten, die ansonsten nur als Objekt in Ihrem Word-Dokument existieren, auch noch zusätzlich als eigenständige Datei speichern.

➡ Mit DATEI/AKTUALISIEREN wird Ihre Zeichnung in das Word-Dokument geschrieben, Sie bleiben aber noch in CorelDraw!.

➡ Sind Sie fertig, wählen Sie DATEI/BEENDEN. Sie werden gefragt, ob die Zeichnung aktualisiert werden soll, dann wird CorelDraw! beendet, Sie sind wieder in Word.

Im Objekt-Programm – Version 2

Bei Anwendungen, die OLE 2.0 unterstützen, läuft die Sache etwas anders. Beim Einfügen eines Objekts oder beim Bearbeiten mit Doppelklick erfolgt kein aufwendiger Programmstart mehr – dank OLE 2.0 bleibt man in seiner Anwendung, hat dort aber sämtliche Funktionen des anderen Programms zur Verfügung.

Nehmen wir mal Excel. In einem Rahmen befindet sich die Tabelle – man ist noch in Word, arbeitet aber mit Excel; dessen sämtliche Funktionen stehen zur Verfügung.

Ein Mausklick auf die Fläche außerhalb des Rahmens: Die Excel-Menüs und -Symbolleisten verschwinden, die Word-Menüs erscheinen wieder, die Tabelle befindet sich als eingebettetes Objekt im Word-Dokument. Ein Doppelklick auf das Objekt: Die Excel-Arbeitsumgebung ist wieder da.

OLE 2.0 macht's möglich – da ist dem alten Hexenmeister tatsächlich ein Zauberkunststück gelungen. Und mit OLE 2.0 geht noch so einiges mehr:

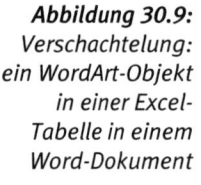 Drag & Drop auch über Programme hinweg. Sie packen ein Excel-Diagramm mit der Maus und ziehen es in ein Word-Dokument hinüber.

➡ Verschachtelte Objekte. In Word eine Excel-Tabelle bearbeiten, in diese ein WordArt-Objekt einfügen – kein Problem.

Abbildung 30.9:
Verschachtelung:
ein WordArt-Objekt
in einer Excel-
Tabelle in einem
Word-Dokument

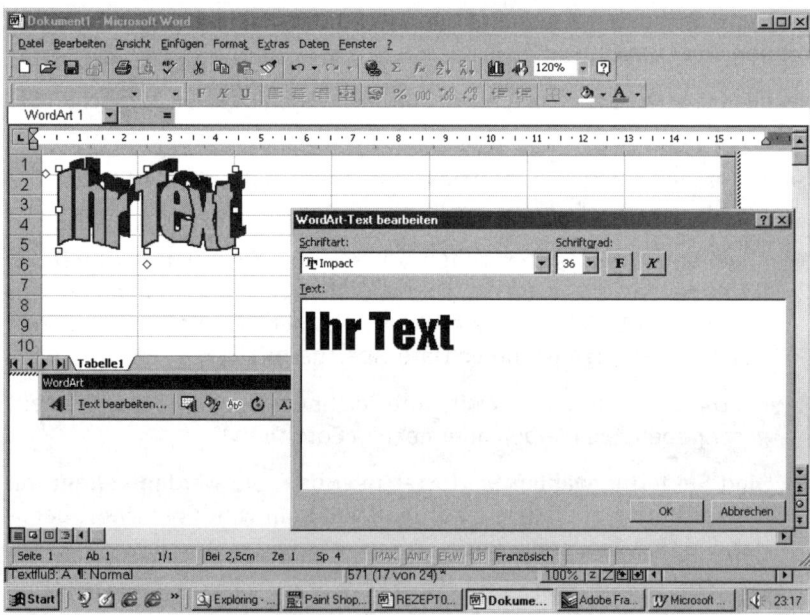

30.7 Klangobjekte und Videoclips

Im Multimedia-Zeitalter ist es mit nüchternen Zahlen oder eingebetteten Diagrammen (zum Beispiel aus Graph – siehe Kapitel 52, »Diagramme mit Graph«, S. 797 – oder aus Excel) nicht getan.

Deshalb können Sie auch Klangobjekte oder Vidoclips in ein Word-Dokument einbinden – ein Doppelklick setzt die Musik in Gang oder läßt das Video ablaufen.

Für Klangobjekte benötigen Sie freilich eine Soundkarte mit Lautsprechern. Sprachaufnahmen übrigens können auch eingebunden werden – siehe Kapitel 47, »Überarbeitungs-Funktionen«, S. 711.

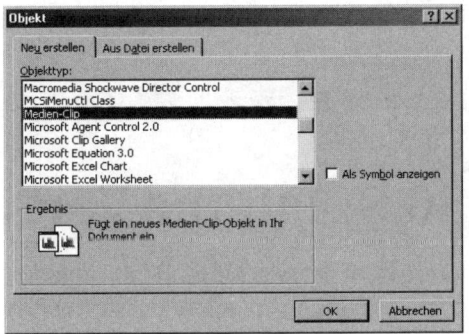

*Abbildung 30.10:
Video- und Audio-
Objekte einbetten*

Als Objekt-Typ wählen Sie *Wave-Audio* oder *MIDI-Sequenz* für Klangobjekte und *Videoclip* für ein Video. *Medien-Clip* vereint alle beiden Möglichkeiten und noch ein paar mehr. Mit SEQUENZ EINFÜGEN wählen Sie, was Sie gerne hätten. Was Sie überhaupt auswählen können, hängt von Ihrer Hard- und Software-Ausstattung ab; die Bandbreite reicht von der Audio-CD, Audio- und MIDI-Sequenzen, Video bis hin zu Animationen.

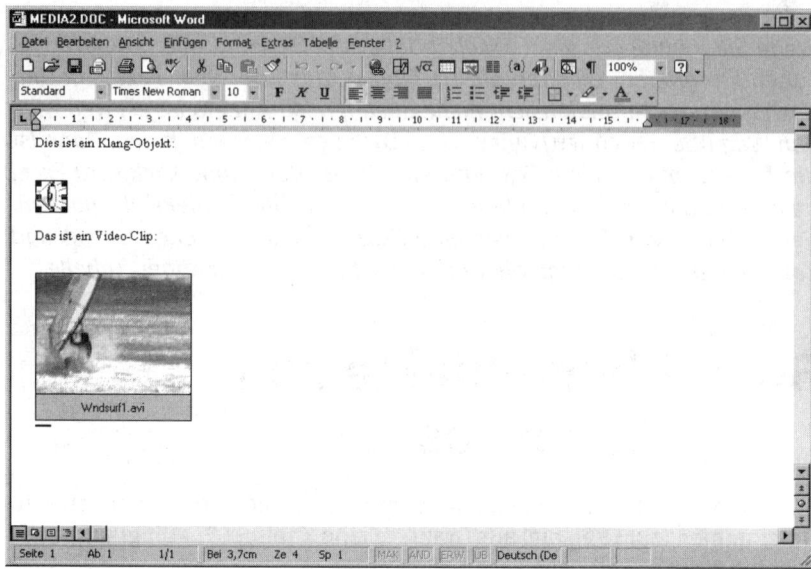

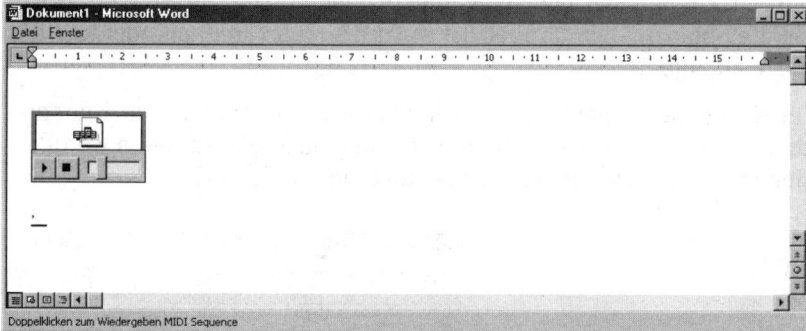

30.8 Interne Verbindungen

Interessant ist die Möglichkeit, innerhalb desselben Word-Dokuments eine Verbindung aufzubauen. Sie gehen vor wie gehabt:

➥ Sie markieren den Textteil und kopieren ihn in die Zwischenablage.

➥ Sie fügen ihn wieder ein mit BEARBEITEN/INHALTE EINFÜGEN und sollten dann natürlich, wenn Sie das schon machen, »Formatierten Text« und *Verknüpfen* wählen.

Der markierte Textteil wird als Textmarke `OLE_LINK1` definiert (mehrere Links werden durchgezählt), diese Textmarke dann in der Feldfunktion angesprochen:

```
{LINK Word.Document.8 "TANTE.DOC" "OLE_LINK1" \a\r}
```

Wozu kann man das brauchen? Immer dann, wenn Sie dieselbe Information mehrmals in einem Text haben möchten und sichergehen wollen, daß Änderungen überall berücksichtigt werden.

Aber, werden Sie jetzt einwenden, das kann ich auch mit einer ganz normalen Textmarke erreichen, das muß man doch nicht pompös einen internen Link nennen.

Selbstverständlich. Aber wer weiß, was der große Zauberer sich dabei gedacht hat. Bestimmt hat es etwas zu bedeuten. Sehen Sie nicht, wie er sich dort hinter den sieben Bergen zu seiner majestätischen Größe erhebt, tief Luft holt und ... So hören Sie doch!

Seriendruck

Teil VI

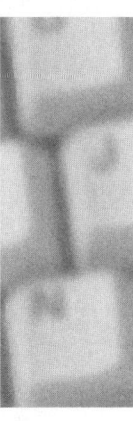

Kapitel **31**

Word hat eine enorm leistungsfähige Seriendruck-Funktion, die vollkommen menügesteuert abläuft. Bevor wir uns jedoch der zuwenden, widmen wir uns deren Hintergründen. Sie sollten die folgenden Abschnitte aufmerksam durchlesen, um das Seriendruck-Programm besser verstehen zu können.

31.1 Was ist Seriendruck?

Ein Seriendruck (im Englischen »Mailmerge«) mischt einen Text mit einem anderen. Das beste Beispiel sind Serienbriefe. In einer Datei sind die Adressen abgelegt, in einer anderen der eigentliche Brieftext.

Der hat Platzhalter für die Adressen oder sonstige Variablen. Beim Druck dann werden an die Stelle der Platzhalter die Adressen gesetzt. Und so erhalten 397 Empfänger den gleichen Brief mit jeweils persönlicher Anrede.

Serienbriefe sind die häufigsten Seriendruck-Anwendungen; deshalb werden wir uns darauf konzentrieren. Der Seriendruck kann aber immer dann eingesetzt werden, wenn ein ansonsten gleichbleibender Text an wenigen – und immer den gleichen – Stellen abweicht.

Die massenhafte Versendung ist keineswegs Bedingung dafür. Vorstellbar ist durchaus, auch für einzelne Rechnungen die Seriendruck-Funktion zu nutzen. Denn auch Rechnungen, und das ist die eigentliche Voraussetzung, haben einen gleichbleibenden Rahmen. Es ändern sich nur die einzelnen Elemente: Adresse, Produkt, Preis usw.

Wenn man schon für Briefe aus einem Adressenpool schöpft, kann man das auch mit Briefumschlägen und Etiketten tun. Die Prinzipien sind auch hier gleich.

31.2 Komponenten für den Seriendruck

Für Serientexte sind zwei Komponenten unabdingbar:

- das *Hauptdokument*, zum Beispiel ein Brief,
- die *Datenquelle* mit den Datensätzen, den Adressen.

Eigentlich kommt sogar noch eine dritte Komponente hinzu, nämlich der *Steuersatz*, auch Steuerzeile genannt. Er (sie) identifiziert die Felder der Datenquelle.

Daten und Steuersatz befinden sich in der Regel im selben Dokument; das muß aber nicht so sein. Der Steuersatz kann auch als eigene Datei, die Steuersatzquelle, ausgelagert werden.

31.3 Der Ablauf

Entweder Sie haben schon ein Hauptdokument und eine Datenquelle oder Sie haben keines von beiden. Oder nur eines. Ebenso vielfältige Möglichkeiten haben Sie, den Seriendruck zu beginnen. Entweder Sie erstellen erst ein Hauptdokument und/oder eine Datenquelle oder erst das eine oder das andere. Oder gar nichts und legen gleich los. Alles ist möglich.

Ich habe Sie doch hoffentlich hinreichend verwirrt jetzt? Der Einfachheit halber und um Sie schrittweise in die Welt des Seriendrucks einzuführen, gehen wir von einer gesunden Mischung aus: Datenquelle vorhanden, Hauptdokument muß noch erstellt werden. Es wird Ihnen dann leichter fallen, die anderen Varianten zu verstehen.

Sie sollten am besten die einzelnen Schritte gleich nachvollziehen. Spezielle Übungen sind nicht vorgesehen.

31.4 Der Seriendruck-Manager

EXTRAS/
SERIENDRUCK

Ob Sie ganz von vorn beginnen, also Datenquelle und/oder Hauptdokument erst erstellen müssen oder ob Sie zum Druck schreiten wollen: am Seriendruck-Manager führt kein Weg vorbei.

▶ Sie starten das Seriendruck-Programm mit EXTRAS/SERIENDRUCK. Dazu sollte eine Datei geöffnet sein. Es sollte, fürs erste, eine leere Datei sein.

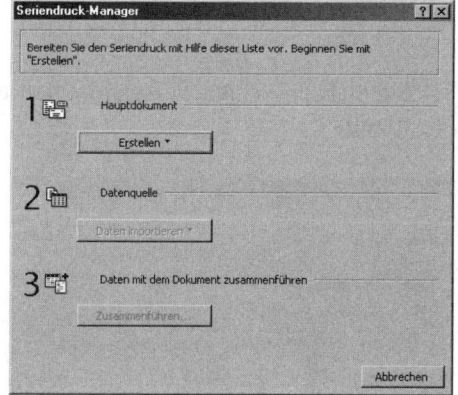

Abbildung 31.1:
Der Seriendruck-
Manager

Das Dialogfeld ist eine hübsche grafische Darstellung dessen, was in welcher Reihenfolge zu tun ist:

▶ Ein Hauptdokument wird erstellt oder geöffnet.

▶ Eine Datenquelle wird neu erstellt oder geöffnet.

▶ Der Serientext wird gedruckt.

Demnach gehen Sie also folgendermaßen vor:

▶ Sie klicken auf ERSTELLEN und wählen die SERIENBRIEFE aus.

▶ Sie entscheiden sich, ob das aktuelle Dokument als Hauptdokument genommen oder ein neues erstellt werden soll – eine fürsorgliche Rückfrage, weil im weiteren Verlauf das aktuelle Dokument mit einer Datenquelle verbunden wird, was vielleicht nicht immer erwünscht ist.

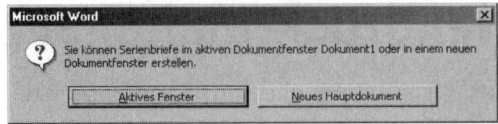

➥ Das Dialogfeld bekommt Zuwachs. Sie können das Hauptdokument jetzt schon BEARBEITEN. Was nichts anderes bedeutet, als daß das Dialogfeld geschlossen wird und Sie im Dokument landen. Lassen Sie's vorerst lieber, denn zunächst brauchen Sie noch eine Datenquelle.

➥ Sie klicken auf DATEN IMPORTIEREN und wählen dann DATENQUELLE ÖFFNEN – von diesem Fall wollen wir ja jetzt mal ausgehen. Suchen Sie sich unter den Beispieldateien als Datenquelle ADRESSEN.DOC heraus.

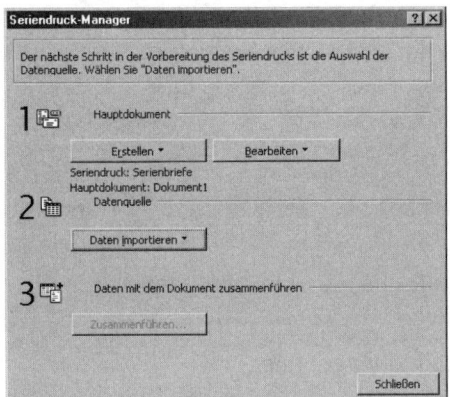

➥ Word vermißt Seriendruckfelder im Hauptdokument – klar, wir haben am Hauptdokument ja noch nichts getan. Klicken Sie also auf HAUPTDOKUMENT BEARBEITEN. Wir sind dort, wo wir hinwollen: im Hauptdokument. Die Datenquelle lauert irgendwo im Hintergrund.

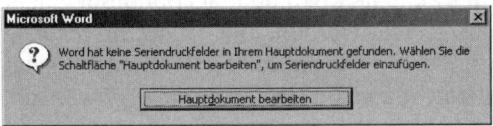

Der Seriendruck hat eine eigene Symbolleiste. Wenn Sie neugierig sind und die QuickInfo eingeschaltet haben, können Sie ja schon mal mit der Maus über die Symbole streichen. Die näheren Erläuterungen folgen später.

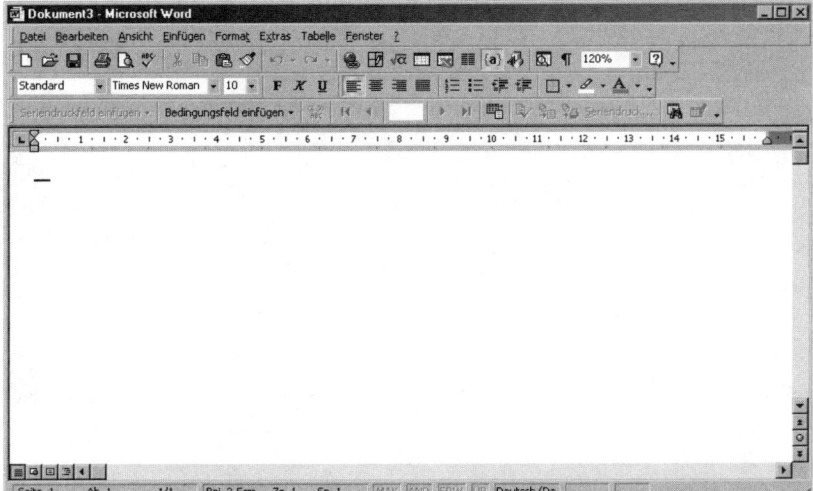

Die Datenquelle

Kapitel 32

Die Datenquelle ist die eigentliche Grundlage des Seriendrucks. Sie enthält die Daten, die beim Druck in das Hauptdokument gemischt werden. Damit das geschehen kann, müssen die Daten in strukturierter Form vorliegen.

32.1 Was ist eine Datenquelle?

Gehen wir mal von einer Adressenliste aus. Jede Adresse ist ein *Datensatz*, die einzelnen Bestandteile (Name, Straße, Ort usw.) sind dessen *Felder*. (Ein Beispiel dafür ist die Übungsdatei ADRESSEN.DOC.)

▪► Jeder Datensatz ist gleich aufgebaut und enthält dieselbe Anzahl Felder in derselben Reihenfolge.

▪► Die Datensätze werden am besten als Tabelle aufbereitet. Jedes Feld ist dann ein *Zelle*, jeder Datensatz eine *Zeile*. Die Felder können aber auch durch einen Tabulator oder ein Semikolon voneinander getrennt werden.

▪► Ist ein Feld leer, steht an seiner Stelle eine leere Zelle bzw. ein Tabulator.

▪► Die Tabelle können Sie formatieren, z.B. mit Linien.

Word ist also verhältnismäßig großzügig, was den Aufbau der Datensätze betrifft. Deshalb ist es kein Problem, Datensätze aus einem Datenbank- oder Kalkulationsprogramm zu übernehmen.

Eine Tabelle ist gewiß die übersichtlichste Art, Datensätze darzustellen. Zum Beispiel auch, um leere Felder besser zu erkennen. Mit Semikola sieht das etwa so aus:

```
Georg;Rank;Pappelallee 24;;München
;Muck;Augraben 12;90475;Nürnberg
Anna;Müller;;81677;München
Hilde;Gerke;Huttenstraße 2;85051;Ingolstadt
```

Bei einer Tabelle hingegen ist sofort zu sehen, wo etwas fehlt:

Georg	Rank	Pappelallee 24		München
	Muck	Augraben 12	90475	Nürnberg
Anna	Müller		81677	München
Hilde	Gerke	Huttenstraße 2	85051	Ingolstadt

Leere Felder, die nicht richtig definiert sind, bringen die gesamte Serien-briefproduktion durcheinander, ebenso leere Absätze nach den Datensätzen. Eine Trennung der Felder durch Tabulator oder Semikolon ist allerdings notwendig, wenn es mehr als 63 Felder sind. Dann kann Word das nicht mehr als Tabelle verarbeiten.

32.2 Der Steuersatz

Irgendwoher muß Word wissen, welche Daten an welcher Stelle in den Text übernommen werden sollen. Diese Informationen liefert der Steuer-satz. Er tut nichts anderes, als die einzelnen Felder mit Namen zu belegen.

- ➤ Jedes Feld bekommt einen eigenen Namen. Der Serientext identifiziert damit den Feldinhalt.

- ➤ Die Feldnamen sind gleichgültig. Sie müssen nur verschieden sein und sich an die Konventionen für Textmarken halten Kapitel 25, »Textmarken und Querverweise«, S. 465): das erste Zeichen ein Buchstabe, keine Leerzeichen, allenfalls Unterstriche.

- ➤ Der Steuersatz mit den Feldnamen muß der erste Absatz in der Daten-quelle sein. Wirklich der erste. Nicht einmal eine Leerzeile darf sich davor befinden. Das sieht dann so aus:

Vorname	Nachname	Straße	Plz	Ort
Georg	Rank	Pappelallee 24	80995	München
Josef	Muck	Augraben 12	90475	Nürnberg
Anna	Müller	Saalestraße 45	81677	München
Hilde	Gerke	Huttenstraße 2	85051	Ingolstadt

Beispiel: Stellen Sie sich das so vor: Beim Drucken schaut Word in der Datenquelle nach und betrachtet den ersten Absatz als Steuersatz. Was dort steht, nimmt Word als Feldnamen. Heißt es dort an dritter Stelle »Name«, weiß Word, daß es in jedem Datensatz das dritte Feld als »Name« anzusprechen hat.

Welchen Inhalt dieses Feld hat, interessiert Word nicht im geringsten. Ob dort ein Name steht oder eine Postleitzahl (weil zum Beispiel ein Tabulator für ein leeres Feld vergessen worden ist), ob der Inhalt ein Wort ist oder ein ganzer Roman: wenn Word im Serientext auf die Anweisung trifft, das Feld »Name« einzufügen, wird es eben eingefügt.

Steuersatz und Datensätze können sich, wie schon erwähnt, auch in verschiedenen Dateien befinden. Immer jedoch muß der Steuersatz der erste Absatz sein.

32.3 Woher kommen die Daten?

Die Datenquelle ist zum einen ein ganz normales Word-Dokument. In einer stillen Stunde erfassen Sie die Adressen Ihrer 397 besten Freunde und haben damit eine Datenquelle geschaffen. Von diesem Fall gehen wir zunächst aus.

Sie können diese Daten aber auch importieren. Zum Beispiel haben Sie in früheren Jahren damit begonnen, Ihre Schallplattensammlung in einer dBase-Datenbank zu katalogisieren. Oder pflegen seit einiger Zeit Ihre CD-Sammlung in einem Excel-Arbeitsblatt. Auch diese Daten können Sie importieren und als Datenquelle verwenden.

Zum dritten können Sie direkt auf Daten anderer Programme zugreifen und sie für Serientexte verwenden. Die Datenquelle existiert dann gar nicht als Word-Dokument, sondern ist und bleibt etwa eine Access-Datenbank. Sie holen sich von dort nur bei Bedarf die Daten.

Mit diesen letzten beiden Aspekten werden wir uns in Kapitel 35, »Daten aus externen Quellen«, S. 577, beschäftigen.

32.4 Datenquelle neu erstellen

Sie können, wie schon erwähnt, eine Tabelle mit Daten erstellen und später beschließen, sie (auch) als Datenquelle im Seriendruck zu verwenden. Sie können aber, wenn Sie den Seriendruck aufrufen, auch gleich eine neue Datenquelle anlegen.

☞ Sie aktivieren EXTRAS/SERIENDRUCK und erstellen ein neues Hauptdokument – ohne Hauptdokument keine Datenquelle.

☞ Bei DATEN IMPORTIEREN wählen Sie jetzt DATENQUELLE ERSTELLEN. Und das tun Sie dann im folgenden Dialogfeld.

Der Steuersatz

Was benötigt eine Datenquelle zunächst? Einen Steuersatz, also die Namen für die einzelnen Felder. Im Grunde machen Sie jetzt nichts anderes, als eine Tabelle zu erstellen und jeder Spalte eine Überschrift zu geben.

Vorgeschlagen sind schon etliche Feldnamen, wie sie üblicherweise in Serienbriefen auftreten. Sie können markieren und mit FELDNAMEN LÖSCHEN entfernen, was Sie nicht benötigen.

Abbildung 32.1:
Steuersatz für eine
Datenquelle
erstellen

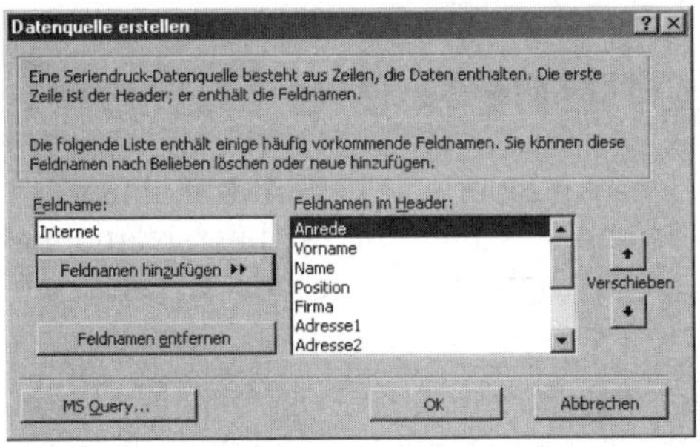

Für ein neues Feld schreiben Sie in das Eingabefeld *Feldname* eben diesen (Buchstabe am Anfang, keine Leerzeichen) und klicken dann auf FELDNAMEN HINZUFÜGEN.

Die definierten Felder werden an das Ende der Auswahlliste angehängt; Sie können sie einzeln markieren und löschen.

In welcher Reihenfolge Sie die Feldnamen eingeben, in welcher Reihenfolge sie mithin in der Datenquelle stehen, ist für den Seriendruck völlig gleichgültig. Nur Ihnen mag es die Übersicht erleichtern, wenn Sie eine halbwegs logische Ordnung einhalten. Deshalb können Sie den markierten Feldnamen mit den Pfeilen nach oben oder unten schieben.

Wenn sich die Schaltfläche nicht aktivieren läßt, haben Sie sich nicht an die Namensregeln gehalten – vielleicht ein Leerzeichen irgendwo?

Nach OK erfragt Word einen Dateinamen, dann müssen Sie sich entscheiden, ob Sie das Hauptdokument oder die Datenquelle bearbeiten möchten – und landen im zweiten Fall in einer Datenmaske, die darauf wartet, daß Sie die Adressen eingeben (S. 562).

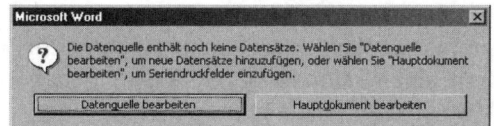

Abbildung 32.2:
Wahl zwischen der Bearbeitung der Datenquelle oder des Hauptdokuments

MS Query

Wenn installiert, können Sie vom Dialogfeld aus gleich das Abfrage-Tool MS Query aufrufen. Mehr dazu in Kapitel 35, »Daten aus externen Quellen«, S. 577.

32.5 Datenquelle bearbeiten

Wenn Sie den bisherigen Schritten gefolgt sind, haben Sie ein – noch leeres – Hauptdokument und eine Datenquelle namens ADRESSEN.DOC vor sich. Sie werden hin und wieder in die Verlegenheit kommen, daß Sie die Datenquelle bearbeiten müssen. Sei es, daß Sie Datensätze ändern, löschen oder neue anfügen.

Keine Angst vor der Datenquelle!

Sollten Sie jemals Respekt vor einer Datenquelle gehabt haben, allein schon des Namens wegen, dann haben Sie ihn mittlerweile sicherlich schon abgebaut. Es stecken keinerlei Geheimnisse dahinter. Eine Datenquelle ist eine stinknormale Tabelle.

Und mit der können Sie tun, was Sie mit Tabellen eben so tun können. Zeilen (sprich: Datensätze) anfügen, Spalten (also neue Felder) anhängen, etwas löschen, die Feldnamen ändern, Linien ziehen – was auch immer.

Sie können ADRESSEN.DOC öffnen und merken nichts davon, daß diese Tabelle in anderem Zusammenhang eine »Datenquelle« ist.

Wenn Sie sich aber schon im Hauptdokument befinden, können Sie mit diesem Symbol zur Datenquelle wechseln.

Eine Datenquelle ist zunächst einmal versteckt, bis Sie sie das erste Mal bearbeiten; dann erhält sie auch ein eigenes Fenster. So können Sie Hauptdokument und Datenquelle nebeneinander anordnen – nützlich, wenn Sie nur bestimmte Datensätze drucken wollen, aber die Datensatznummern nicht im Kopf haben.

Die Datenmaske

Die Datenquelle präsentiert sich zunächst als Datenmaske wie in einem professionellen Datenbankprogramm. Sie können vor- und zurückblättern, einen Datensatz direkt anspringen; können einen Datensatz ändern, löschen oder hinzufügen.

Abbildung 32.3:
Die Maske zur
Erfassung der
Daten

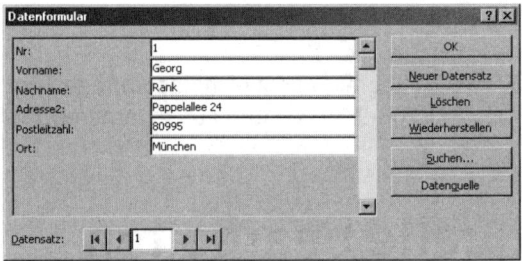

➥ WIEDERHERSTELLEN macht die Änderungen an einem Datensatz rückgängig.

➥ SUCHEN öffnet ein weiteres Dialogfeld. Sie geben ein, nach welchem Text (*Suchen*) in welchem Feld Sie suchen möchten. Der Datensatz wird dann in der Maske angezeigt.

➥ DATENQUELLE bringt Sie eben dorthin – Maske verlassen, Tabelle mit den Datensätzen angucken.

Abbildung 32.4:
Nach einem
Datensatz suchen

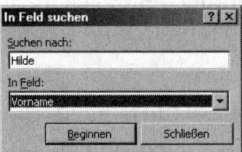

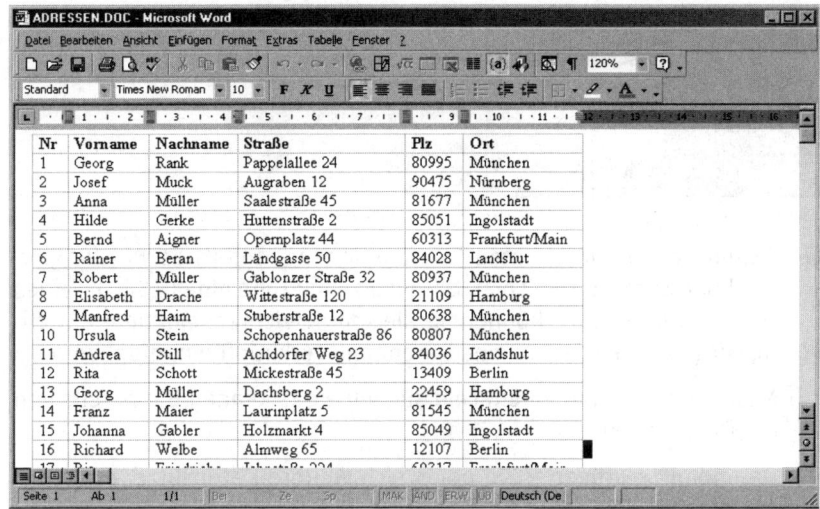

Abbildung 32.5:
Die Datenquelle:
eine Tabelle

Die Datenbankverwaltung

Nahezu alles, was zum Bearbeiten der Datensätze nötig ist, können Sie mit Symbolen erledigen:

 ... oder auch mit der Datenmaske, zu der Sie mit diesem Symbol zurückschalten.

 Aufsteigend oder absteigend sortieren. Sie müssen die Spalte markieren, die sortiert werden soll. Möchten Sie differenzierter sortieren, zum Beispiel nach mehreren Schlüsseln, können Sie selbstverständlich auch TABELLE/SORTIEREN aufrufen (siehe Kapitel 26, »Sortieren«, S. 481).

 Ein neuer Datensatz wird hinzugefügt. Word springt an das Ende der Tabelle, fügt eine neue Zeile ein, und Sie können gleich loslegen.

 Der aktuelle Datensatz wird gelöscht. Wenn es der falsche war, können Sie das ja wieder rückgängig machen.

 Der Feld-Manager. Mit seiner Hilfe können Sie weitere Felder (sprich: Tabellenspalten) anhängen oder einfügen, löschen oder umbenennen. Geht natürlich alles auch »zu Fuß« (siehe Kapitel 15, »Tabellen«, S. 225), aber mit solch einem Dialogfeld macht's vielleicht mehr Spaß.

Abbildung 32.6:
Der Feld-Manager

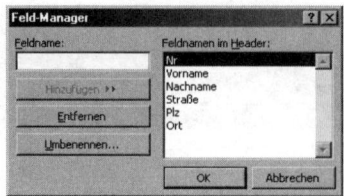

 ➡ Aktualisiert die markierten Feldfunktionen – sofern es welche gibt. Denkbar wäre zum Beispiel, Datensätze mit Hilfe eines {SEQ}-Feldes zu numerieren; dann können Sie sie später leichter selektieren. Wichtig wird das auch, wenn eine Datenbank verknüpft eingefügt wird.

 Nach einem Text in einem Feld suchen – das kennen Sie bereits von der Datenmaske.

 ➡ Datenbank einfügen – Sie holen sich weitere Datensätze, entweder aus einer anderen Word-Tabelle oder aus einem anderen Programm. Nicht nur des letzteren wegen ist das mehr als das bloße Einfügen einer anderen Datei. Sie können die Datensätze nämlich auch noch filtern. Das kommt in Kapitel 34, »Serientexte drucken«, S. 569.

 ➡ Damit geht es zurück zum Hauptdokument.

:-)
TIP

Wenn Sie die Wahl haben, verwalten Sie Ihre Datenbestände besser mit Access (oder einer anderen DDE-fähigen Datenbank) als mit Word. Eine Datenbank hat weitaus mehr Möglichkeiten der Selektion, und Sie können dabei auch mehrere Datenbestände einbeziehen.

Das Hauptdokument

Kapitel **33**

D as Hauptdokument definiert durch Feldfunktionen, an welcher Stelle die Inhalte aus der Datenquelle eingefügt werden sollen. Die Feldfunktionen sind die Platzhalter, die beim Druck durch die Felder aus den Datensätzen ersetzt werden. Wo immer Informationen aus den Datensätzen integriert werden sollen, stehen die Feldnamen.

33.1 Seriendruckfelder einfügen

Damit Sie die nötigen Verweise auf die Felder der Datenquelle nicht mühsam tippen müssen, können Sie sie mit der Schaltfläche SERIENDRUCK-FELD EINFÜGEN auswählen.

Seriendruckfeld einfügen ▾

➡ Sie müssen keineswegs alle Felder aus der Datenquelle im Hauptdokument verwenden. In unserer Beispieldatei ist etwa »Nr«, die laufende Nummer der Datensätze, für eine Adresse nicht notwendig.

➡ Aber Felder, die im Hauptdokument auftauchen, müssen in der Datenquelle vorhanden und durch einen Feldnamen definiert sein – kein Problem, wenn Sie sie mit der Schaltfläche auswählen. Das Menü führt nur auf, was auch vorhanden ist.

➡ Die Felder brauchen im Hauptdokument nicht in der gleichen Reihenfolge zu erscheinen wie in der Datenquelle.

➡ Ein Feld kann im Hauptdokument mehrmals verwendet werden.

Die Seriendruckfelder sind, wie erwähnt, Feldfunktionen. Wenn Sie sie mit (Alt)+(F9) sichtbar machen, sieht das vielleicht so aus:

Abbildung 33.1:
Hauptdokument
mit Serien-
druckfeldern

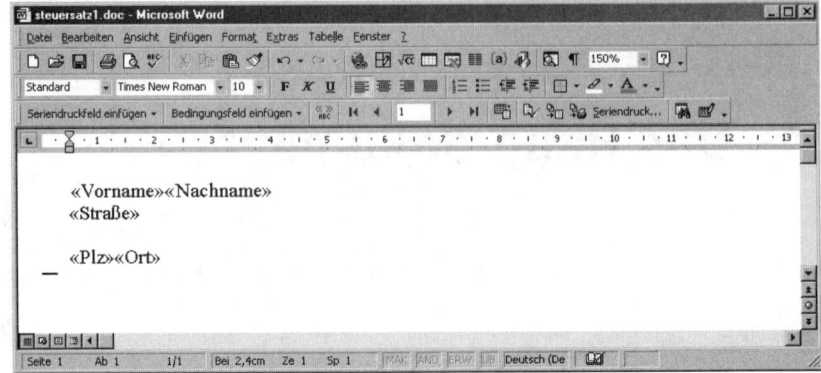

Abbildung 33.1:
Hauptdokument
mit Serien-
druckfeldern

```
{MergeField Vorname} {MergeField Name}
{MergeField Strasse}
{MergeField PLZ} {MergeField Ort}
```

Wichtig für Auf- und Umsteiger

Gleich zur Beruhigung: Wer von Word 6.0 oder Word 95 auf Word 2000 umsteigt, muß nicht umlernen; die anderen vielleicht schon. In der ersten Word-Version sind die Feldnamen wie Textmarken mit ihrem bloßen Namen angesprochen worden, mit Word 2.0 wurde die Feldfunktion {Datenfeld} eingeführt, seit Word 6.0 heißt sie {Seriendruckfeld}, seit Word 2000 schießlich {MergeField}.

Schalten Sie bei einem Serientext von Funktions- auf Ergebnisdarstellung ([Alt]+[F9]), erscheinen die Feldnamen zwischen den Zeichen « ». Dafür sorgt {MergeField}.

Diese Zeichen sind für Sie ein Hinweis, daß ein Feld an dieser Stelle steht und welches. Sie können diese Zeichen genausowenig wie die Feldklammern über die Tastatur eingeben. Sie sind lediglich eine optische Hilfe für Sie.

33.2 Vorschau

Die Datenquelle ist vorhanden, in das Hauptdokument sind die Felder eingefügt, einen Brieftext schenken wir uns vorerst mal – damit ist der Grundstein gelegt. Es ist nun die Aufgabe von Word, Datenquelle und Hauptdokument so zu mischen, daß ein lesbarer Brief zustande kommt.

Aber zunächst wollen wir doch mal anschauen, wie so ein Hauptdokument aussehen könnte, wenn statt der Seriendruckfelder die richtigen Daten stehen.

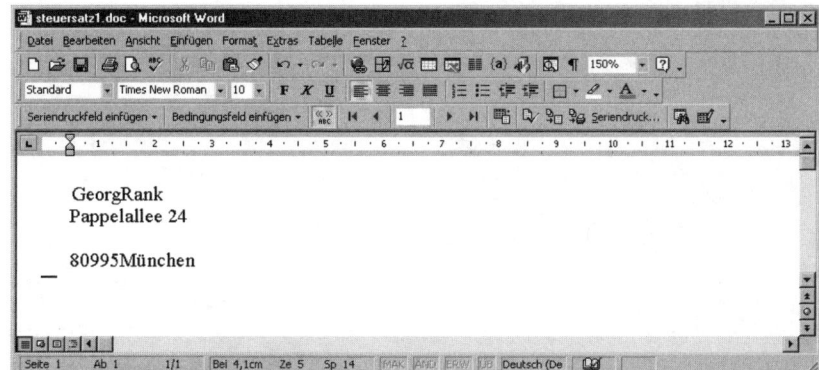

Abbildung 33.2:
*Vorschau: Daten
anstelle der
Seriendruckfelder*

➡ Klicken Sie auf dieses Symbol. Anstelle der Seriendruckfelder erscheinen – sofern Sie nicht die Feldfunktionen sichtbar gemacht haben – die Daten aus der Datenquelle. In der Symbolleiste wird die Nummer des aktuellen Datensatzes mitgeteilt.

Mit den Symbolen können Sie durch die Datenquelle blättern oder aber in das Eingabefeld die Nummer schreiben, die Sie anspringen wollen:

Nächsten Datensatz anzeigen

Vorigen Datensatz anzeigen

Zum ersten Datensatz springen

Zum letzten Datensatz springen

Serientexte drucken

Kapitel 34

*B*eim Druck – und erst dann – fügt Word in das Hauptdokument die richtigen Daten ein, so wie Sie das eben mit dem Symbol getan haben. Word holt das Hauptdokument her und ersetzt die Feldnamen durch die Daten des ersten Datensatzes – der erste Brief. Dann werden die Feldnamen durch die Daten des zweiten Datensatzes ersetzt – der zweite Brief. Und so geht es weiter: jeder Brief ein »persönlicher« Brief.

34.1 Hauptdokument prüfen

Dieses Symbol sollten Sie kurz bemühen, ehe Sie zum eigentlichen Druck schreiten. Es prüft das Hauptdokument auf seine Richtigkeit. Das ist ein Schritt, der auf alle Fälle nicht viel Zeit kostet, Sie aber vielleicht vor unangenehmen Überraschungen bewahrt.

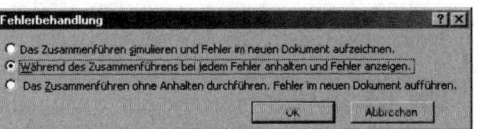

Abbildung 34.1: Fehler-protokollierung

Freilich möchte Word schon genauer wissen, was mit den Fehlern anzufangen ist. Ein solcher Fehler kann zum Beispiel sein, daß ein Datensatz ein Feld zuviel oder zuwenig hat. Wenn das der Fall ist, merkt es die Prüfung und macht, in der Reihenfolge der Optionen, folgendes:

➡ Der Seriendruck tut so, als würde er Hauptdokument und Datenquelle zusammenführen. Fehler werden in einem eigenen Dokument protokolliert, das im Anschluß sofort auf dem Bildschirm präsentiert wird.

■► Hauptdokument und Datenquelle werden tatsächlich zusammengeführt, das Ergebnis – Ihre Briefe – aber in ein Dokument geschrieben.
Bei jedem Fehler hält Word an und informiert sie.

■► Hauptdokument und Datenquelle werden zusammengeführt wie
eben und in ein Dokument geschrieben, die Fehler wie im ersten Fall
in einem (anderen) Dokument protokolliert.

34.2 Der Druck

Sie haben grundsätzlich folgende Möglichkeiten:

■► Mit DATEI/DRUCKEN. Das sollten Sie jedoch tunlichst unterlassen. Es
beschert Ihnen nämlich nicht 327 Serienbriefe, sondern lediglich
einen einzigen Brief – je nachdem, was Sie sichtbar gemacht haben,
mit den Seriendruckfelder oder den Daten des aktuellen Datensatzes.
Nur sinnvoll zur Prüfung, ob der Brief in Ordnung ist (Formatierungen,
Position der Felder usw.), oder wenn Sie nur diesen einen Ihrer 327
Briefe drucken wollen.

 ■► Dieses Symbol. Word arbeitet die gesamte Datenquelle durch (es sei
denn, Sie haben die Datensätze selektiert, siehe unten). Wenn Sie
derweil Kaffee trinken – lassen Sie sich ruhig Zeit –, merken Sie nach
dem 327. Brief, daß Sie leider an einer Stelle das falsche Feld eingefügt haben und Sie den Kunden nicht den Endpreis, sondern Ihre
Gewinnspanne mitgeteilt haben. Da hilft dann kein Kaffee mehr, nur
noch ein Cognac.

 ■► Dieses Symbol. Word schreibt alle Serientexte in eine Datei – wie bei
der Prüfung. Einen nach dem andern. Jeder Brief ein eigener Abschnitt
und auf einer neuen Seite. Sie können das Resultat kontrollieren,
ohne Papier zu verschwenden, und an jedem Brief Änderungen vornehmen (oder Formatierungen). Die Datei speichern Sie und drucken
Sie aus, wenn Sie ohnehin Kaffee trinken gehen – jetzt mit dem normalen DATEI/DRUCKEN. Einen Cognac gibt's hinterher leider nicht,
weil alles seine Ordnung haben wird. Sie haben's ja kontrolliert.

■► Dieses Symbol oder EXTRAS/SERIENDRUCK, sodann unter Punkt 3
(*Daten mit dem Dokument zusammenführen*) die Schaltfläche
ZUSAMMENFÜHREN. Sie landen in einem Dialogfeld ...

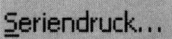 ■► ... zu dem Sie auch diese Schaltfläche in der *Seriendruck*-Symbolle-
ste bringt. Das ist die hohe Kunst, denn damit können Sie gezielt
angeben, welche Datensätze für den Druck herangezogen werden
sollen.

34.3 Datensätze selektieren

Wenn Sie nicht für alle Eventualitäten jeweils eigene Datenquellen anlegen, was einen kaum zu bewältigenden Verwaltungsaufwand bedeutet, stehen Sie vor dem allseits bekannten Problem: Ich habe eine riesige Sammlung mit Adressen, aber nur ausgewählte Menschen sollen einen Brief erhalten.

Das Problem lösen Sie mit der Schaltfläche ABFRAGEOPTIONEN im Seriendruck-Manager oder mit der Schaltfläche SERIENDRUCK in der *Seriendruck*-Symbolleiste im Hauptdokument. Vom Dialogfeld aus geht es dann ebenfalls weiter zu den ABFRAGEOPTIONEN, was wiederum auch eine eigene Schaltfläche im Seriendruck-Manager ist.

Den Seriendruck selbst lösen Sie dann mit ZUSAMMENFÜHREN aus.

Zielwahl

Sie können als Ziel den Drucker bestimmen oder aber in eine Datei schreiben lassen – das entspricht dem schon erwähnten Symbol im Hauptdokument.

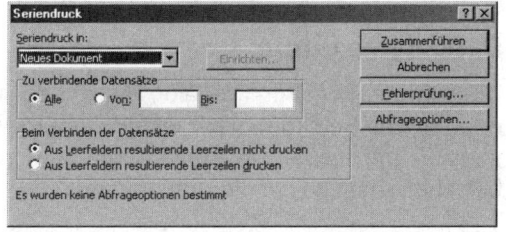

Abbildung 34.2:
Seriendruck starten

Elektronische Post

Statt dessen können Sie Ihre Briefe auch gleich als Fax verschicken oder in ein Mail-System einschleusen. Beides bedingt entsprechende Ausrüstung (siehe Kapitel 45, »Nachrichten senden«, S. 685). Word erwartet, daß die Mail- oder Fax-Adresse in einem Datenfeld hinterlegt ist, das Sie auswählen können.

Leerzeilen unterdrücken

Leere Felder in der Datenquelle – der eine Adressat hat einen Titel, der andere nicht – können übersprungen werden, weil sie normalerweise als Leerzeilen gedruckt werden, was zweifelsohne unschön ist.

Gezielte Auswahl

Alle arbeitet sämtliche Datensätze in der Datenquelle ab, *Von ... bis* grenzt auf eine Auswahl an Datensätzen ein. Dazu müssen Sie die Nummern der Datensätze angeben. Da ist es gut, wenn man vorher die Datensätze durchnumeriert (siehe Kapitel 32, »Die Datenquelle«, S. 557).

Von ... bis kann nur aufeinanderfolgende Datensätze ansprechen. Sie müssen sie also vorher notfalls entsprechend sortieren. Das können Sie bei Bedarf gleich von hier aus erledigen – Schaltfläche ABFRAGEOPTIONEN, Registerkarte *Datensätze sortieren*. Das kennen Sie bereits von der Sortierfunktion (Kapitel 26, »Sortieren«, S. 481).

Abbildung 34.3:
Datensätze
sortieren

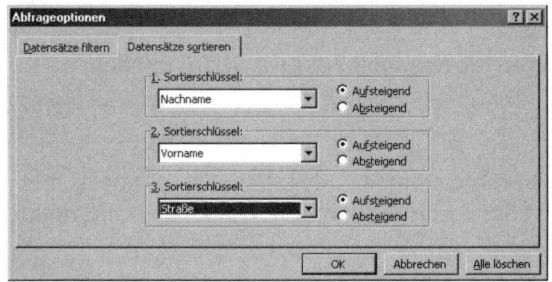

Datensätze filtern

Die andere Registerkarte von ABFRAGEOPTIONEN, *Datensätze filtern*, erlaubt eine Selektion nach inhaltlichen Kriterien. Sie stellen Bedingungen auf, und nur wer sie erfüllen kann, wird gedruckt. Diese Bedingungen beziehen sich alle auf die Datenfelder.

Angenommen, Sie wollen nur Adressaten anschreiben, die Georg heißen:

■➤ Sie wählen das Feld *Vorname* aus.

■➤ Sie wählen einen Vergleichsoperator im Feld *Vergleich*.

■➤ Ins Eingabefeld *Vergleichen mit* schreiben Sie die Bedingung, die erfüllt sein muß, also »Georg« – ohne Anführungszeichen. Die Bedingung lautet also: »Vorname ist gleich Georg«.

Eine weitere Bedingung soll hinzukommen: Briefe nur an diejenigen Georgs, die in München wohnen. Sie machen das auf die nämliche Weise, müssen aber jetzt zusätzlich entscheiden, ob die beiden Bedingungen durch UND oder ODER (schöner Wortzusammenprall) verknüpft werden sollen.

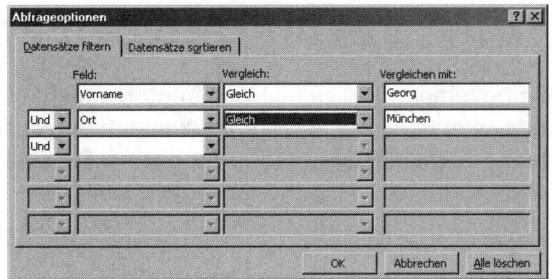

▸ UND heißt: Beide Bedingungen müssen gleichzeitig zutreffen. Nur wer *sowohl* Georg heißt *als auch* in München wohnt, bekommt einen Brief.

▸ ODER heißt: Eine von beiden Bedingungen muß zutreffen – egal welche. Alle, die Georg heißen, und alle, die in München wohnen, werden angeschrieben.

Bis zu sechs derartige Bedingungsverknüpfungen können Sie aufstellen und damit die Auswahl ganz gezielt eingrenzen. Bei gemischten Bedingungen hat immer UND die Oberhand und wird zuerst bedient.

Wenn Sie mit den üblichen Sortierkriterien nicht die gewünschte Auswahl zustandebringen, fügen Sie ein neues Feld in die Datenquelle ein, in das sie nur ein einziges Zeichen einzutragen brauchen – gewissermaßen eine Markierung für alle Datensätze, die in Frage kommen. Nach diesem Feld lassen Sie dann sortieren. Außerdem sollten Sie gefilterte oder sortierte oder von Bedingungen abhängig gemachte Datensätze immer zuerst in eine Datei schreiben lassen. Das geht schnell (schneller auch als der Druck), und Sie können überprüfen, ob die Kriterien auch greifen.

:-)
TIP

Bedingungen für das Filtern von Datensätze werden mit dem Hauptdokument gespeichert und sind mithin beim nächsten Druck gültig, auch wenn sie gar nicht mehr erwünscht sind. Achten Sie darauf, was unten im Dialogfeld steht, und entfernen Sie die Bedingungen gegebenenfalls mit Alle löschen.

34.4 Verbindungen ändern

Ein Dokument, das einmal als Hauptdokument hat herhalten müssen, ist auf immer und ewig ein Hauptdokument: mitgegangen, mitgefangen. Na, ganz so schlimm ist es nicht. Doch wenn Sie ein Hauptdokument öffnen, landen Sie gleich im Seriendruck-Programm, wie Sie an der Symbolleiste sehen. (Versuchen Sie das mal mit SERIE01.DOC.)

Die Verbindung lösen

Das Hauptdokument ist an seine Datenquelle gekettet – an diese und keine andere. Schleppt sie dauernd mit sich herum. Wenn Sie die Fesseln sprengen wollen:

➡ Sie aktivieren EXTRAS/SERIENDRUCK und bedienen die Schaltfläche ERSTELLEN bei *Hauptdokument*.

➡ Im Menü wählen Sie STANDARD-WORD-DOKUMENT WIEDERHERSTELLEN.

Die fürsorglich gemeinte Warnung von Word können Sie übergehen: Das ist ja genau, was Sie wollten. Und so wird dann aus einem Hauptdokument wieder normaler Text. Den Sie aber jederzeit wieder mit irgendeiner Datenquelle verbinden können.

Eine Datenquelle kann auch mit mehreren Hauptdokumenten verbunden sein, ein Hauptdokument aber nicht mit mehreren Datenquellen.

Die Datenquelle wechseln

Auch das kann ja notwendig werden, weil Sie Ihren Werbebrief nicht nur an die kulanten Kunden, sondern auch an die säumigen Schuldner schicken wollen, deren Adressen Sie in je eigenen Datenquellen gesammelt haben.

➡ Sie aktivieren EXTRAS/SERIENDRUCK und drücken aufs Knöpfchen DATEN IMPORTIEREN.

Sie wählen eine Datenquelle aus, und das Hauptdokument hat einen anderen Partner. Bis daß ein Mausklick sie scheidet.

Und auch noch einen Steuersatz

Wenn der Steuersatz (also die erste Zeile mit den Feldnamen) nicht in der Datenquelle, sondern als eigene Datei gespeichert ist (warum auch immer), müssen Sie ihn zusätzlich laden, weil sonst Word nicht weiß, wohin mit den Daten.

▪️▸ EXTRAS/SERIENDRUCK, dann DATEN IMPORTIEREN, dann STEUERSATZ-OPTIONEN und die Steuersatz-Datei auswählen.

▪️▸ Sie können auch einen neuen Steuersatz erstellen. Im folgenden Dialogfeld, bekannt vom Erstellen einer neuen Datenquelle, definieren Sie die Feldnamen und speichern anschließend die Datei.

Ein externer Steuersatz ist dann vonnöten, wenn beim Importieren aus einer Datenbank der Steuersatz nicht mitgeliefert wird.

:-)
TIP

Daten aus externen Quellen

Kapitel 35

isher sind wir davon ausgegangen, daß die Datenquelle ein Word-Dokument ist. Im betrieblichen Bereich werden freilich die Daten selten als Word-Tabellen erfaßt und gepflegt, sondern kommen vielfach aus einer Datenbank. Und dann hieß es bisher: aus der Datenbank in einem bestimmten Format exportieren, diese Daten in Word laden und meist auch noch bearbeiten.

Das muß jetzt nicht mehr sein. Word ermöglicht auf vielerlei Arten dynamische Verbindungen zu externen Datenbeständen, die dafür sorgen, daß Sie stets die aktuellsten Daten für Ihren Seriendruck haben.

35.1 Was unterstützt wird

Wenn Sie ein Hauptdokument mit einer Datenquelle verbinden, können Sie im Dateiauswahl-Fenster neben einem Word-Dokument andere Dateitypen wählen:

- Access-Datenbank (Endung MDB),
- FoxPro-Dateien (Endung DBF),
- Paradox-Dateien (Endung DB),
- dBase-Dateien (Endung DBF),
- Excel-Arbeitsblätter (Endung XLS),
- MS Query-Dateien (Endung QRY).

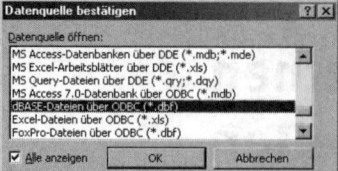

Je nach Datenformat erscheint ein Dialogfeld, dem Sie entnehmen, daß Sie die Daten »über DDE« oder »über ODBC« holen – was hat es damit auf sich?

35.2 DDE und OBDC

DDE stellt die Verbindung her zu einem anderen *Programm*, ODBC zu anderen *Daten (DDE: Dynamic Data Exchange; ODBC: Open Database Connectivity)*.

DDE setzt voraus, daß das Programm erstens diese Form des Datenaustausches unterstützt und zweitens vorhanden ist. Denn um die Verbindung aufzubauen und die Daten zu holen, muß das Programm gestartet werden. Sie lesen dann zum Beispiel in der Statuszeile »DDE-Verbindung zu Microsoft Access wird initiert« und dann »Microsoft Access wird gestartet«.

Da das Programm geöffnet ist, können Sie über eine DDE-Verbindung nicht nur auf die Daten zugreifen, sondern sie auch bearbeiten.

Anders bei ODBC. Man kann sich das als eine Schicht zwischen Word und den Datenbank-Daten vorstellen (die Fachleute sprechen von einer »Schnittstelle«). Sie wollen Daten im dBase-Format haben – ODBC sorgt dafür, daß Sie diese Daten bekommen und daß Sie (oder vielmehr Word) sie auch verstehen.

Damit haben Sie direkten Zugriff auf die immer aktuellsten Daten, ohne auch das Programm haben zu müssen, mit dem diese Daten erstellt worden sind; eigentlich müssen Sie nicht einmal wissen, woher die Daten stammen.

Mit ODBC können Sie die Daten aber nicht verändern. Deshalb versucht Word, wo immer das geht, eine DDE-Verbindung aufzubauen. Wenn Sie Access-Daten importieren möchten, schaut Word, ob Sie Access installiert haben. Wenn ja, kommt DDE zum Zuge, wenn nein, wird ODBC genommen.

ODBC besteht aus mehreren Programmteilen, die mit Word installiert werden. Sie können ODBC über ein Symbol in der Systemsteuerung steuern, was aber in der Regel nicht notwendig sein wird (und überdies fundierte Kenntnisse dieser Technologie erfordert).

Zwei Beispiele sollen Ihnen zeigen, wie eine DDE- und ODBC-Verknüpfung zustande kommt.

35.3 Daten aus Access mit DDE

Wenn Sie Daten aus Access holen, müssen Sie zunächst bestimmen, welche Tabelle verwendet werden soll (in Access besteht eine Datenbank aus mehreren Tabellen).

Sie können auch gleich eine Abfrage wählen, so vorhanden, und damit die Daten gleich selektiert importieren. Gibt es keine Abfragen, lassen sich die Daten mit SQL-Statements filtern. (SQL, *Structured Query Language*, ist eine Sprache zur Datenbankabfrage.)

Alles weitere läuft ab wie üblich: Sie fügen im Hauptdokument die Seriendruckfelder ein usw.

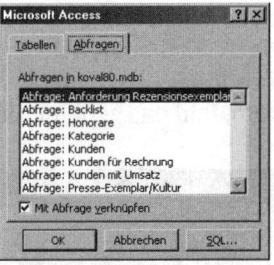

Abbildung 35.2:
Daten aus Access
importieren

Wenn Sie allerdings zur Datenquelle wechseln und die Daten aus einer DDE-Verbindung kommen (wenn also Access installiert ist), befinden Sie sich in Access und können die Daten direkt in der Access-Tabelle bearbeiten.

35.4 Daten aus dBase mit ODBC

Das Datenbankprogramm dBase ist nicht DDE-fähig, deshalb läuft der Datenaustausch über ODBC ab.

Davon merken Sie zunächst gar nichts. Sie erstellen wie gewohnt Ihr Hauptdokument. Wenn Sie aber die Datenquelle bearbeiten wollen, bietet Ihnen Word zuerst an, die Daten mit MS Query zu bearbeiten (siehe S.

582), und macht Sie, wenn Sie das nicht wollen, darauf aufmerksam, daß Sie damit die Verbindung abbrechen.

Klicken Sie trotzdem auf VERKNÜPFUNG AUFHEBEN, importiert Word die Daten im klassischen Sinne: macht eine Tabelle daraus, die Sie speichern und weiterverarbeiten können.

Das ist immerhin auch was. Der eigentliche Sinn von ODBC ist damit aber vorbei. Diese Daten sind sozusagen festgeschrieben, und ändert sich an der Original-Datenbank etwas, bekommen Sie's nicht mit.

Abbildung 35.3:
Datenquelle über
ODBC importieren

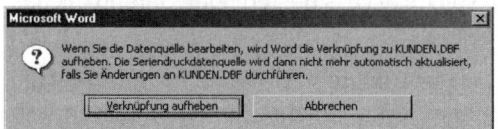

35.5 Datenbank verknüpfen

 Sie fahren u.U. besser, wenn Sie Daten aus anderen Quellen nicht im Seriendruck-Manager öffnen, sondern zunächst das Hauptdokument mit einer vorhandenen Datenquelle verbinden und von der Datenquelle aus dann den Import aktivieren (mit diesem Symbol). Damit können Sie nämlich (über die Schaltfläche ABFRAGEOPTIONEN) die Datensätze gleich filtern, und das geht mit DDE- und ODBC-Verbindungen gleichermaßen.

Abbildung 35.4:
Datenbank
importieren

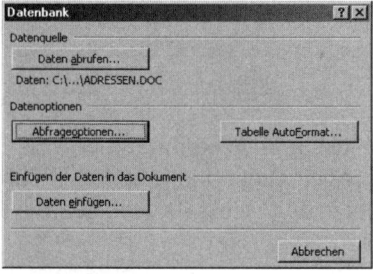

➤ Die linke Liste (*Datenquelle*) enthält alle Felder der Original-Datenbank.

➤ Rechts wird aufgelistet, was Sie übernehmen wollen – alles zunächst.

➤ Sie markieren im rechten Teil, was Sie nicht brauchen, und entfernen die Felder dann. Umgekehrt können Sie im linken Teil auswählen, was in den rechten – und damit in die Datenquelle für Ihr Hauptdokument – übernommen werden soll.

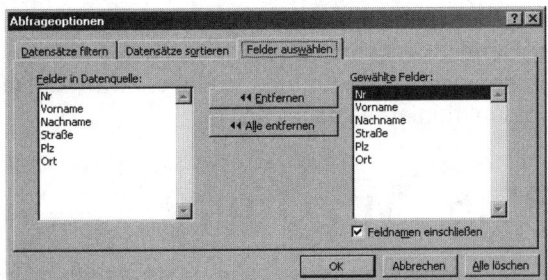

Abbildung 35.5:
Einzufügende
Felder auswählen

➠ Mit den anderen beiden Registerkarten können die Datensätze sortiert und selektiert werden, wie Sie das vom Druck kennen.

➠ Mit DATEN EINFÜGEN wird dann der Import gestartet, wobei Sie dann noch einmal eingrenzen, ob alle oder nur bestimmte Datensätze importiert werden sollen.

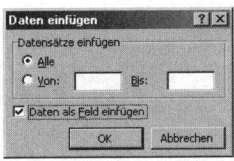

Abbildung 35.6:
Datenimport
starten

Viel wichtiger ist in diesem Dialogfeld allerdings die Option *Daten als Feld einfügen*. Ist sie deaktiviert, erfolgt ein ganz normaler Import – festgeschriebene Daten.

Als Feld hingegen bekommen Sie eine dynamische Verknüpfung auch mit einer ODBC-Datenbank und schlagen ODBC damit quasi ein Schnippchen. Zwar können Sie die Daten immer noch nicht bearbeiten, aber durch einfache Feldaktualisierung mit F9 erhalten Sie stets die neuesten Daten. Das Zurückschreiben von Änderungen mit Strg+⇧+F7 funktioniert hier nicht.

Das funktioniert auch mit einer Datenbank, zu der eine DDE-Verbindung hergestellt werden kann, ist dort aber eigentlich nicht nötig. Die echte DDE-Verbindung ist wesentlich praktischer.

Die Feldfunktion ist ein ziemliches Monstrum. Sieht zum Beispiel so aus:

```
{DATABASE \d "M:\\DBASE15\\VIDEO\\BETA.DBF"
\c "DSN=dBase Files;DBQ=M:\\DBASE15\\VIDEO;
FIL=dBase4;" \s "SELECT \"TITEL\", \"REGIE1V\",
\"REGIE1N\", \"LAND\" FROM BETA.DBF WHERE ((\"LAND\" =
'USA'))" \h}
```

Eine solchermaßen verknüpfte Datenbank können Sie übrigens nicht nur im Seriendruck verwenden, sondern auch in normalen Dokumenten. Die entsprechende Menüfunktion gibt es zwar nicht mehr, doch mit dem Symbol funktioniert es nach wie vor.

35.6 MS Query

Wenn Sie das Microsoft-Office-Paket oder Excel installiert haben, können Sie von Word aus auch dessen Abfrageprogramm »MS Query« nutzen (DATEN IMPORTIEREN/DATENQUELLE ERSTELLEN): sozusagen ein erweitertes ODBC.

Damit sind differenzierte Abfragen möglich (auch aus mehreren Tabellen), die gespeichert und dann z.B. auch in Excel verwendet werden können. Zu bedienen ist MS Query so ähnlich wie eine Abfrage in Access; ich erspare mir Details (es gibt ja auch Kompendien zu Excel und zu Access).

Abbildung 35.7:
Das Abfrage-Tool
MS Query

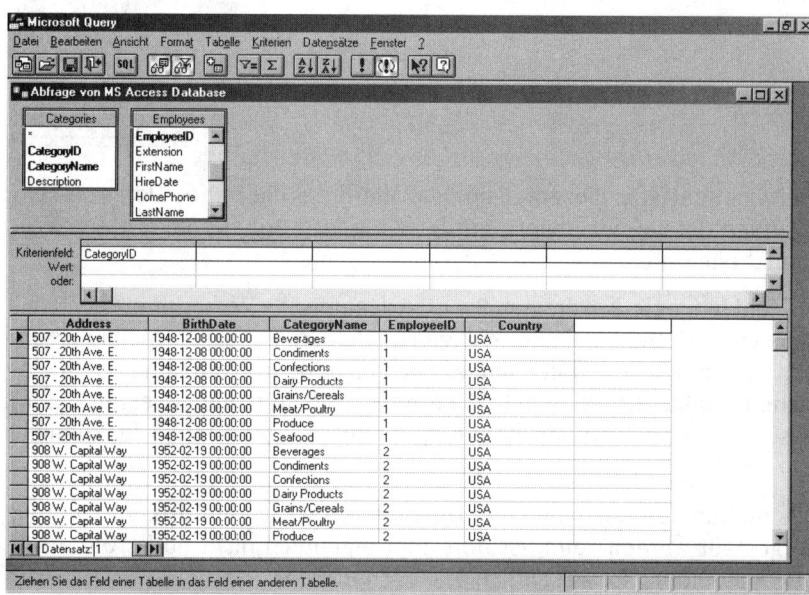

Das Besondere an MS Query: Die durch eine Abfrage herausgefilterten Daten (und das können ja durchaus auch sämtliche Daten sein) können auch geändert werden (Option BEARBEITEN ERMÖGLICHEN im Menü DATENSÄTZE); die Änderungen werden automatisch in die Original-Datenbank zurückgeschrieben. Das geht zum Beispiel auch mit dBase-Dateien, im Unterschied zum »normalen« ODBC.

Wer Access verwendet, wird auf MS Query besser verzichten. Es ist eben nur ein ODBC-Kanal, über den Sie nicht auf etwa bereits vorhandene Access-Abfragen zugreifen können.

35.7 Adreßbuch

Als weitere Quelle für Datensätze können Sie auch das ADRESSBUCH VERWENDEN, und zwar entweder Ihr persönliches Adreßbuch oder die Kontaktpersonenliste aus Outlook, sofern Sie diesen Terminmanager (Bestandteil des Office-Pakets) installiert haben. (Mehr über die Adreßbücher in Kapitel 45, »Nachrichten senden«, S. 685).

Obwohl es nicht so scheint, ist das Seriendokument mit dem Adreßbuch dynamisch verknüpft. Wenn Sie das Seriendokument aufrufen, haben Sie also stets den aktuellen Adressenbestand parat.

Diese Adreßbücher eignen sich ihrer Natur nach vornehmlich für elektronische Post. Wenn Sie Ihren Adressenbestand jedoch sorgfältig pflegen, können Sie ihn auch für normale Serienbriefe heranziehen.

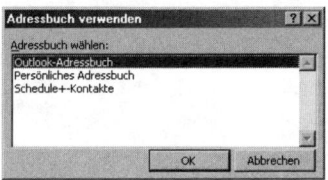

Abbildung 35.8:
Die Wahl zwischen
verschiedenen
Adreßbüchern

Bedingungen in
Serientexten

Kapitel 36

W as bisher beschrieben wurde, macht die Serienbrief-Erstellung
ganz schön bequem und ganz schön differenziert. Mit einer Reihe
von Feldfunktionen läßt sich jedoch ein noch umfassenderes Gerüst von
Bedingungen und Zusatzanweisungen aufbauen.

36.1 Die Feldfunktionen

Die hierfür verwendeten Feldfunktionen sind in Tabelle 36.1 aufgeführt.   `Bedingungsfeld einfügen ▾`
Alle lassen sich auch im Hauptdokument-Fenster auswählen mit der
Schaltfläche BEDINGUNGSFELD EINFÜGEN. (Fast alle Feldfunktionen finden
Sie in SERIE02.DOC.)

Das ist schon deshalb bequemer, weil Sie sich mit keiner Syntax herumschlagen müssen und alle notwendigen Eingaben in Dialogfeldern erfolgen. Ich erläutere trotzdem auch die Feldfunktionen, die dahinterstecken
(und die Sie mit (Alt)+(F9) sichtbar machen können) – man sollte auch
wissen, was sich da tut und wie man bei Bedarf in der Feldfunktion schnell
mal etwas ändern kann, ohne daß man den   dann umständlichen – Weg
über das Dialogfeld nehmen muß.

Brauchen Sie dieselben Bedingungen öfter, sollten Sie das Hauptdoku-   :-)
ment als Dokumentvorlage speichern, nach Bedarf bearbeiten und auf   TIP
dieser Grundlage neue Serientexte erstellen. Das hat auch den Vorteil,
daß Sie in der Vorlage gewissermaßen eine Rahmenbedingung aufstellen
und sie in jedem Einzeldokument weiter einengen können.

Tabelle 36.1: Abfragen und Bedingungen in Serienbriefen

Feldfunktion	Bedeutung
{FillIn}	Fordert einen Text an, der in den Serienbrief integriert wird.
{Ask}	Fordert Text für eine Textmarke an.
{Next}	Nächster Datensatz im selben Serientext.
{SkipIf}	Übergeht den Datensatz, wenn die Bedingung erfüllt ist.
{If}	Fügt unterschiedlichen Text ein, je nachdem, ob die Bedingung erfüllt wird oder nicht.
{MergeRec}	Die aktuelle Datensatznummer.
{MergeSeq}	Nummer des gerade gedruckten Serientextes.
{Skip}	Schließt Datensätze aus, welche die Bedingung erfüllen.

36.2 Zusatztext eingeben

Die Funktion `{FILLIN}` fordert während des Druckes vom Benutzer einen Text an und setzt ihn an dieser Stelle in den Brief.

Die allgemeine Syntax lautet folgendermaßen:

```
{FILLIN [Eingabeaufforderung] [Schalter]}
```

Die »Eingabeaufforderung« ist Ihre Mitteilung an den Benutzer. Damit sagen Sie ihm, was er überhaupt eingeben soll. Sie können aber auch auf die Eingabeaufforderung verzichten.

Mit dem Schalter `\d` und nachfolgendem Text geben Sie die Eingabe vor, die der Benutzer nur noch mit [Enter] zu bestätigen braucht, wenn sie genehm ist. Auch `\d` braucht nicht unbedingt einen Text; dann zeigt das Eingabefeld im Dialogfeld keinen Vorschlag.

Abbildung 36.1: Bedingungsfeld »Eingeben«

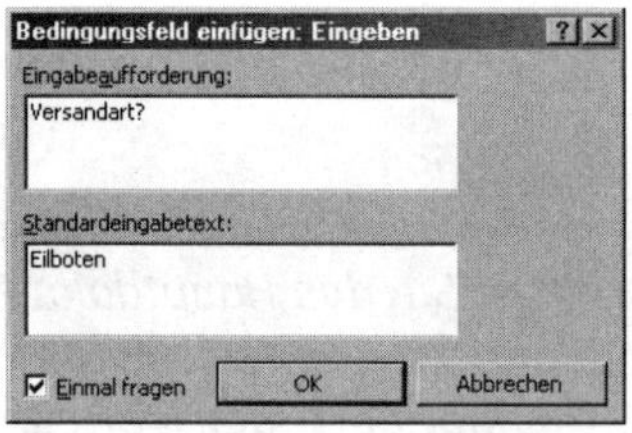

Der zusätzliche Schalter \o fragt nur einmal, nämlich beim ersten Brief, nach einer Eingabe. Sie wird dann in alle anderen Briefe übernommen. Dieses Dialogfeld wird durch folgende Anweisung erzeugt:

```
{FILLIN "Versandart?" \d "Eilboten"}
```

Abbildung 36.2:
Text wird vom
Benutzer abgefragt

36.3 Inhalt bestimmen mit »Frage«

{ASK} ist eine Variante der Eingabe, ähnlich im Aufbau, mit den gleichen Schaltern.

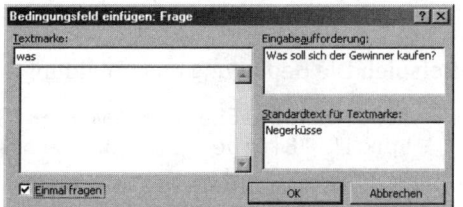

Abbildung 36.3:
Bedingungsfeld
»Frage«

Der angefragte Text allerdings wird nicht direkt in den Brief geschrieben, sondern er wird zum neuen Inhalt einer Textmarke, die Sie zuvor schon im Text definiert haben sollten.

```
{ASK Textmarke Eingabeaufforderung [Schalter]}
```

Abbildung 36.4:
Der Wert für die
Textmarke wird
abgefragt

Diese Textmarke (die sich übrigens gleich mit »Textmarke« in der Bedingungsfeld-Auswahl definieren läßt) können Sie mit {REF} einfügen oder auch für weitere Abfragen und Bedingungen heranziehen. Hier befindet sich die Textmarke »Was« im Brief:

```
{ASK was "Was soll sich der Gewinner kaufen?" \d
"Negerküsse"}
```

36.4 Bedingungen

Mit {IF} läßt sich ein in den Brief einzufügender Text von einer Bedingung abhängig machen:

```
{IF Bedingung Wahr_Text Falsch_Text}
```

Wird die Bedingung erfüllt, wird der Wahr_Text eingefügt, andernfalls der Falsch_Text. Die Bedingung bezieht sich auf ein Feld, das Sie im Dialogfeld auswählen, ebenso den Vergleichsoperator.

Abbildung 36.5:
Bedingungsfeld
»Wenn«

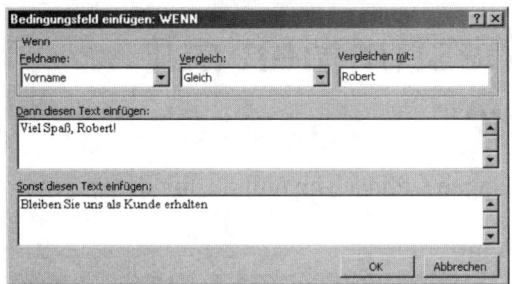

Beispiel: Die Bedingung aus Abbildung 36.5 erscheint so:

```
{IF {MERGEFIELD Vorname} = "Robert" "Viel Spaß, Ro-
bert!" "Bleiben Sie uns als Kunde erhalten"}
```

> *Vor und hinter dem Operator muß ein Leerzeichen stehen!*

Heißt der Kunde »Robert«, erscheint »Viel Spaß, Robert!«; alle anderen kriegen zu lesen: »Bleiben Sie uns als Kunde erhalten«.

Oder, um eine korrekte Briefanrede zu erhalten (wenn sich ein entsprechendes Feld »Anrede« in der Datenquelle befindet):

```
{IF {MERGEFIELD anrede} ="Frau" "Sehr geehrte" "Sehr
geehrter"}
```

Mit Bedingungen gelingt es auch, Leerzeilen zu unterdrücken, wenn ein Datensatz keinen Inhalt hat. Allerdings müssen Sie hier sehr genau darauf achten, wo die Anführungszeichen stehen und wo mit ⏎ ein neuer Absatz erzeugt wird (dargestellt durch das Zeichen ¶):

```
{IF {MERGEFIELD person} <> "" "¶
{MERGEFIELD adresse}"}
```

Kommen Ihre Daten aus Access und Sie möchten sich auf ein Ja-/Nein-Feld beziehen, wird *Ja* mit –1, *Nein* mit 0 angesprochen.

Während {IF} lediglich einen Text einfügt, führt {NEXTIF} (»Nächster Datensatz wenn«) eine Aktion aus:

```
{NEXTIF Bedingung}
```

Wenn Word auf einen Datensatz stößt, der die Bedingung erfüllt, wird er übergangen und erst der nächste wieder herangezogen.

Sie sollten {NEXTIF} an den Anfang des Dokuments stellen.

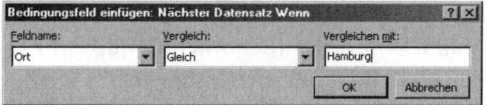

Abbildung 36.6:
Bedingungsfeld
»Nächster
Datensatz Wenn«

36.5 Datensätze überspringen

{SKIP} erlaubt eine negative Selektion der Datensätze für den Druck:

```
{SKIP Bedingung}
```

Alle Datensätze, die die Bedingung erfüllen, werden übergangen.

Beispiel: Bei einer Briefaktion wollen Sie die Bewohner eines bestimmten Ortes ausklammern:

```
{SKIP {MERGEFIELD plz} = 74423}
```

Das funktioniert natürlich nur, wenn das Feld »PLZ« vorhanden ist.

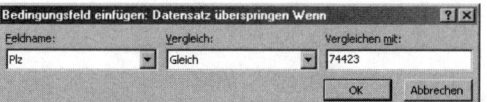

Abbildung 36.7:
Bedingungsfeld
Datensatz
überspringen

36.6 Datensatznummern

Das Bedingungsfeld »Datensatz verbinden« fügt die Feldfunktion {MERGEREC} ein, »Sequenz verbinden« die Feldfunktion {MERGESEQ}.

➡ {MERGEREC} ist die aktuelle Datensatznummer aus der Datenquelle. Wenn Frau Ursula Stein an 10. Stelle in der Liste steht, ist das also der Datensatz 10.

➡ {MERGESEQ} hingegen ist die Nummer des gerade gedruckten Serientextes. Frau Ursula Stein mag zwar die Datensatznummer 10 haben, erhält aber unter Umständen die Seriensequenznummer 9, weil vor ihr ein Datensatz übersprungen worden ist.

36.7 Mehrere Datensätze in einem Text

Normalerweise füllt Word einen Text mit dem ersten Datensatz, dann kommt der nächste Text mit dem nächsten Datensatz usw. Dieser übliche Ablauf läßt sich durchbrechen mit {NEXT}. Damit folgt dann im selben Dokument der nächste Datensatz.

Wozu das benötigt wird, ist leicht einsichtig. Zum Beispiel kann man damit eine Liste erstellen, beschränkt auf einige Felder:

```
{MERGEFIELD Name}{MERGEFIELD Telefon}{NEXT}
{MERGEFIELD Name}{MERGEFIELD Telefon}{NEXT}
```

Die Zeilen müssen Sie so oft wiederholen, bis die Seite voll ist. Auf der nächsten wird dann automatisch mit dem folgenden Datensatz weitergemacht. Einfacher freilich geht es, wenn Sie mit dem Seriendruck-Manager keinen Serienbrief, sondern einen Katalog erstellen (nächstes Kapitel).

Kataloge,
Umschläge, Etiketten

Kapitel **37**

Statt Briefen können Sie mit der Seriendruck-Funktion auch anders strukturierte Daten drucken, zum Beispiel eine Adreßliste. Ebenso lassen sich die Datensätze für Briefumschläge und Etiketten heranziehen. Beide können sie aber auch sozusagen »von Hand« ausgeben.

37.1 Kataloge

Wenn Sie im Seriendruck-Manager als Hauptdokument-Typ nicht SERIEN-BRIEF, sondern KATALOG wählen, erhalten Sie etwas, das man auch als Liste bezeichnen könnte.

Besondere Kennzeichen: Alle Datensätze kommen in ein und dasselbe Dokument (bzw. Blatt Papier) – etwas, das Sie beim normalen Serienbrief nur sehr umständlich mit {Next}- Anweisungen erreichen. Der Katalog hingegen ist eine äußerst bequeme Art, z.B. eine Adreß- oder Telefonliste zu erstellen.

Mehr ist dazu eigentlich gar nicht zu sagen. Außer, daß Sie am Ende der Seriendruckfelder ⏎ drücken sollten, wenn jeder Datensatz ein eigener Absatz werden soll. Sonst ist wirklich alles fortlaufend.

Ach ja: Alle sonstigen Differenzierungen wie Selektieren oder Bedingungsfeld sind hier natürlich auch möglich.

Sie können den Dokumenttyp jederzeit wechseln, indem Sie ihn im Seriendruck-Manager auswählen.

:-)
TIP

Abbildung 37.1:
Eine Serien-
Anweisung für
einen Katalog und
das Ergebnis

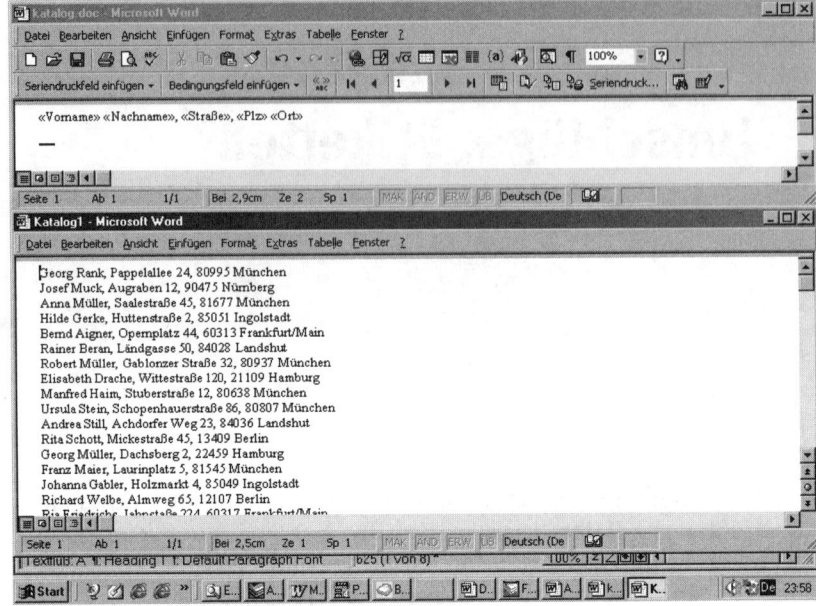

37.2 Briefumschläge

Auch der Druck von Briefumschlägen ist voll in den Seriendruck-Manager integriert. Denn auch wenn Sie die Funktion mit EXTRAS/UMSCHLÄGE UND ETIKETTEN aufrufen – früher oder später landen Sie auch dort, wo Sie mit der Wahl von UMSCHLÄGE als Hauptdokument-Typ hinkommen: Nämlich in einem Dialogfeld, in dem Sie zunächst einmal die Größe des Umschlags festlegen.

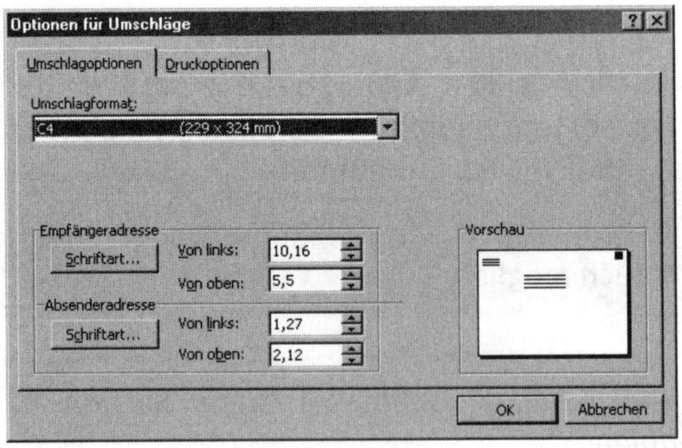

Abbildung 37.2:
Optionen für die
Umschlag-
gestaltung

Verschiedene Größen stehen zur Auswahl, mit »Benutzerdefiniertes Format« definieren Sie Ihr eigenes Format. Das richtige Format ist wichtig, weil sich danach auch die Position von Empfänger- und Absenderadresse richtet, die Sie millimetergenau bestimmen können, ebenso die verwendete Schrift.

Tabelle 37.1:
Post-Normmaße

Bezeichnung	Mindestmaß	Höchstmaß
Standardbrief	14,0 x 9,0	23,5 x 12,5
Kompaktbrief	10,0 x 7,0	23,5 x 12,5
Großbrief	10,0 x 7,0	35,3 x 25,0
Maxibrief	10,0 x 7,0	35,3 x 25,0

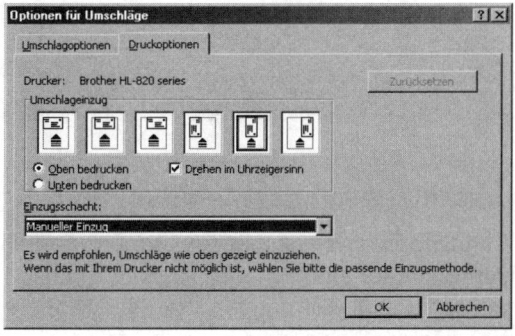

Abbildung 37.3:
Druckoptionen für Umschläge

➡ Mit den DRUCKOPTIONEN bestimmen Sie, wie der Umschlag eingezogen wird. Sie müssen schlicht und einfach probieren, was Ihrem Drucker genehm ist.

➡ Wenn das erledigt ist, müssen Sie in einem Dialogfeld die Seriendruckfelder auswählen – nicht viel anders als in einem Hauptdokument. Alles weitere ist wie in einem üblichen Serientext.

➡ Den Absender entnimmt der Seriendruck-Manager EXTRAS/ OPTIONEN/*Benutzer-Info*. Im Feld *Adresse* muß auch Ihr Name stehen, die Anschrift allein genügt nicht!

Umschläge mit der Menüfunktion

Wenn Sie EXTRAS/UMSCHLÄGE UND ETIKETTEN wählen, sieht die Sache ein wenig anders aus. Da Sie nicht mit einer Datenquelle verbunden sind, müssen Sie die Empfängeradresse eintippen (oder aus dem Brief kopieren), können Sie aber auch Ihrem Adreßbuch entnehmen, das Sie über die Schaltfläche mit dem Buchsymbol erreichen

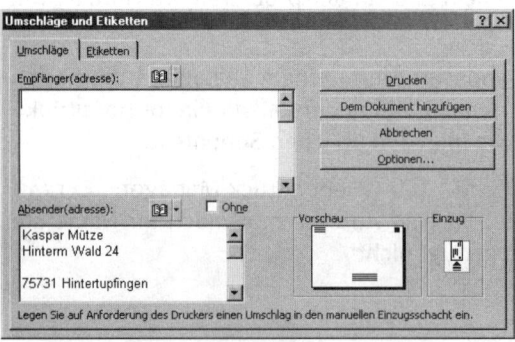

Mit DOKUMENT ÄNDERN können Sie Adresse und (wahlweise) Absender auch am Anfang des Dokuments einfügen lassen. Sie werden als eigene Seite gedruckt. Das kann praktisch sein, wenn Ihr Drucker zwei Schächte

hat: aus dem ersten nimmt er die Umschläge, aus dem zweiten das Brief-papier. Das müssen Sie dann aber mit DATEI/SEITE EINRICHTEN/*Papierzu-fuhr* definieren.

Mit den OPTIONEN wählen Sie wie oben Umschlaggröße und Druckerein-zug.

37.3 Adreßetiketten

Ebenfalls voll integriert in den Seriendruck-Manager ist der Druck von ADRESSETIKETTEN.

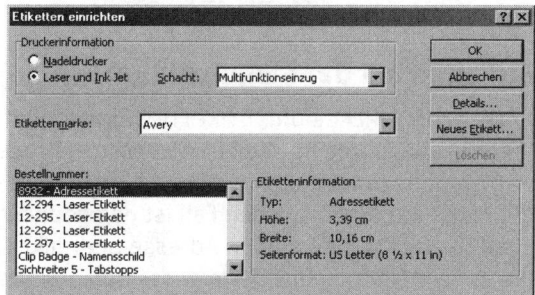

Abbildung 37.6:
Etiketten definieren

➤ Sie wählen Ihre Druckerart (Laser oder Matrix) und anschließend die Größe der Aufkleber. Da haben Sie eine Menge Standardformate ver-schiedener Hersteller zur Auswahl.

➤ Wenn nichts Passendes dabei ist oder wenn Sie's genauer wissen wollen, schalten Sie weiter zu den DETAILS. Hier können Sie die genauen Maße ablesen – und verändern. Das Vorschaubild paßt sich sofort an. Hübsch gemacht.

➤ Mit NEUES ETIKETT erstellen Sie ein benutzerdefiniertes Format – ganz nach Ihren Wünschen.

➤ Nun geht es weiter wie bei den Umschlägen: Seriendruckfelder aus-wählen.

Word erstellt eine Tabelle in den angegebenen Maßen mit den Feldern. Wenn Sie die Feldfunktionen einschalten, sehen Sie, daß Word hier mit der Funktion {NEXT} arbeitet.

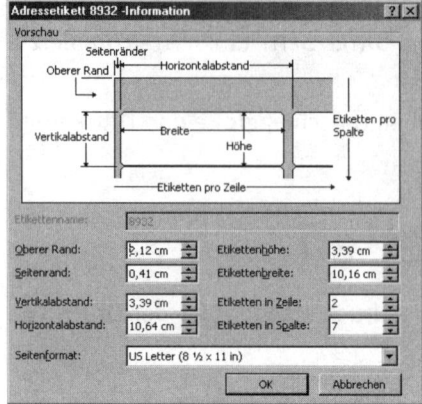

Etiketten mit der Menüfunktion

EXTRAS/UMSCHLÄGE UND ETIKETTEN funktioniert für Etiketten ähnlich wie für Umschläge: Sie müssen die Adresse eintragen oder Ihrem Adreßbuch entnehmen, können aber dafür wählen, ob nur ein Etikett gedruckt werden soll – für einen solchen Fall ist das gedacht. Oder dafür, daß sämtliche Etiketten mit derselben Adresse bedruckt werden. Dann müssen Sie die andere Option, *Eine Seite desselben Etiketts*, aktivieren.

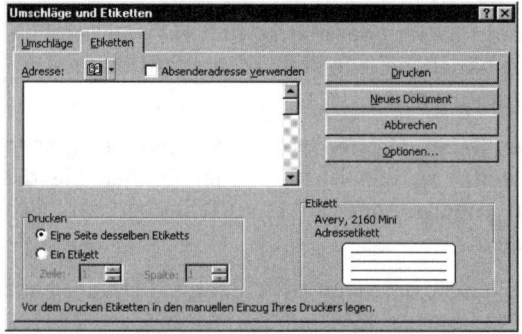

Bei nur einem Etikett können Sie wählen, welches es sein soll; so können Sie immer ein Blatt verwenden und es sukzessive bedrucken. Enorm wichtig ist natürlich dabei das richtige Etikettenformat (OPTIONEN).

Andere Einsatzmöglichkeit: Absender-Etiketten drucken. Wählen Sie *Absenderadresse verwenden*, wird Ihre Adresse aus EXTRAS/OPTIONEN/ *Benutzerinformationen* eingeblendet.

NEUES DOKUMENT druckt in eine Datei – zur Kontrolle und zur nachträglichen Änderung. Wie beim Etiketten-Seriendruck wird dafür eine Tabelle erstellt.

Umfangreiche Dokumente

Teil VII

Gliederung

Kapitel 38

Gliederungen sind ein Hilfsmittel für rationelles Arbeiten: das Gedankengerüst, an dem sich die spätere Ausarbeitung orientiert. Eine Gliederung erlaubt es, ein Dokument auf seine Überschriften zu reduzieren, auf die nackte Struktur also. Das verschafft einen Überblick über einen umfangreichen Text; wie tief der Blick geht, bestimmt der Anwender von Fall zu Fall. Überschriften lassen sich auf verschiedenen Ebenen ein- und ausblenden, der dazugehörende Text ebenfalls. Eine Gliederung verschafft zudem die Möglichkeit, ganze Textkomplexe im Handumdrehen umzustellen, das Dokument so neu zu organisieren.

38.1 Die Gliederungsansicht

Die Gliederungsansicht ist beides: Ansicht und Funktion zugleich. Sie erlaubt eine andere Sicht auf den Text und offeriert in dieser Sicht andere, erweiterte Arbeitsmöglichkeiten.

ANSICHT/
GLIEDERUNG

- Die Gliederungsansicht ist nur in der Normalansicht möglich. Jedoch kann auch die Konzeptschrift eingeschaltet werden.

- Layoutansicht und Gliederungsansicht hingegen schließen einander aus. Allerdings können Sie ein Fenster teilen und in der einen Hälfte die Gliederungsansicht wählen, in der anderen die Normalansicht oder sogar die Layoutansicht.

Die Gliederungsansicht ist unschwer zu erkennen, weil der Bildschirm doch erheblich anders aussieht (Abbildung 38.1):

- Sie verfügt über eine eigene Symbolleiste.

■► Die Überschriften sind mit einem Plus- oder einem Minus-Symbol versehen.

■► Vor normalen Texte steht ein lichtes Quadrat.

Abbildung 38.1:
Ein Dokument in
der Gliederungs-
ansicht

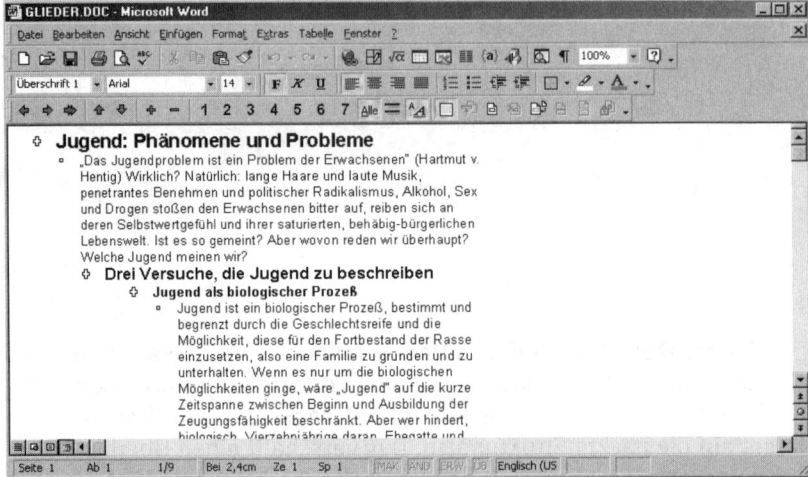

Abbildung 38.2:
Dokumentstruktur
mit Kontextmenü

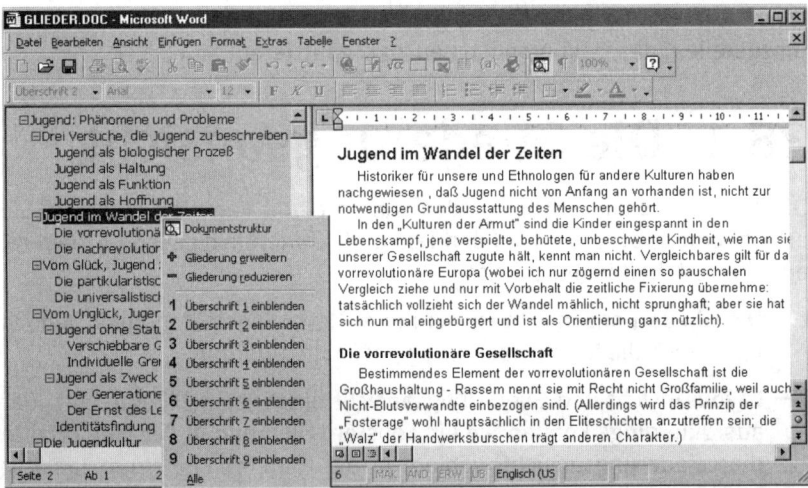

38.2 Die Dokumentstruktur

Vergleichbar mit der Gliederungsansicht ist auch die Dokumentstruktur, die sich als eigenes Fenster neben dem Text einblendet (auch in der Layout-Ansicht). Sie erlaubt rasche Navigation innerhalb eines Dokuments: Sobald Sie auf eine Überschrift klicken, springen Sie im Text auch dorthin. Ansicht/ Dokument-struktur

In der Dokumentstruktur lassen sich Überschriftenebenen ein- und ausblenden, entweder mit Klick auf das Plus- oder Minus-Zeichen vor einer Überschrift oder mit dem Kontextmenü.

Damit das alles klappt, müssen Sie, wie bei der Gliederungsansicht, die »Überschrift«-Formatvorlagen verwenden.

Im Unterschied zur Gliederungsansicht können in der Dokumentstruktur keine Komplexe verschoben werden.

38.3 Die Gliederungsebenen

Eine Gliederung fußt auf dem Prinzip der abgestuften Unterteilung. Ein Kapitel beispielsweise hat mehrere Unterkapitel, jedes Unterkapitel mehrere Unterabschnitte, die sich wiederum in Unterabschnitte aufteilen können. Word kann bis zu neun Gliederungsebenen verwalten.

Das Prinzip läßt sich am besten an der dezimalen Numerierung verdeutlichen:

```
1. Erste Ebene
   1.1 Zweite Ebene
       1.1.1 Dritte Ebene
       1.1.2 Dritte Ebene
            1.1.2.1 Vierte Ebene
            1.1.2.2 Vierte Ebene
       1.1.3 Dritte Ebene
            1.1.3.1 Vierte Ebene
            1.1.3.2 Vierte Ebene
   1.2 Zweite Ebene
       1.2.1 Dritte Ebene
       1.2.2 Dritte Ebene
2. Erste Ebene
   2.1 Zweite Ebene
   2.2 Zweite Ebene
```

Die Gliederungsformate

Für jede Ebene muß eine der Word-eigenen Formatvorlagen »Überschrift 1«, »Überschrift 2«, »Überschrift 3« usw. verwendet werden, sonst funktioniert die Sache nicht. Diese Formate können nicht gelöscht oder umbenannt, ansonsten aber beliebig verändert werden.

Natürlich können Sie jeder Gliederungsebene, mithin: jeder Überschrift eine andere Formatvorlage zuweisen. Das wäre jedoch unklug. Sie vergeben sich dadurch die Vorteile der Gliederungsfunktion, nämlich die Möglichkeit, Ebenen höher oder tiefer zu stufen und zu verschieben.

Die »Überschrift«-Formatvorlagen sind so definiert, daß ihnen in Ebene 1 und 2 das Format »Standard«, in allen weiteren Ebenen das Format »Standardeinzug« folgt.

Das funktioniert aber nur in den Bearbeitungsansichten. In der Gliederungsansicht wird mit ⏎ am Absatzende ein Absatz mit dem gleichen »Überschrift«-Format eingefügt.

▪▶ Gewöhnen Sie sich sozusagen von Kindesbeinen an, die »Überschrift«-Formatvorlagen zu verwenden. Sie bieten wirklich Vorteile. (Zu Formatvorlagen siehe Kapitel 23, »Formatvorlagen«, S. 407)

▪▶ Haben Sie Ihre Überschriften bisher mit anderen Formatvorlagen bedacht, können Sie die Ersetzen-Funktion nutzen, um allen die »Überschrift«-Formatvorlagen zuzuweisen (siehe Kapitel 13, »Suchen & Ersetzen«, S. 185).

▪▶ Für die Formatvorlagen »Überschrift 1« bis »Überschrift 3« gibt es bereits Shortcuts. Die ersten drei Ebenen lassen sich bequem mit [Alt]+[1], [Alt]+[2] und [Alt]+[3] zuweisen. Wer auch die anderen Ebenen verwendet, sollte sie ebenfalls auf Tastenkombinationen legen. Und da dem menschlichen Geist eine gewisse Trägheit nicht abzusprechen ist, empfiehlt es sich, in der Systematik fortzufahren: [Alt]+[4] für »Überschrift 4«, [Alt]+[5] ...

▪▶ Mit [Alt]+[⇧]+[→] bzw. [Alt]+[⇧]+[←] blättern Sie gleichsam durch sämtliche »Überschrift«-Formatvorlagen und weisen sie dem aktuellen Absatz zu. Oder anders gesagt: der Absatz wird höher- bzw. tiefer gestuft.

▪▶ Die »Überschrift«-Formatvorlagen basieren alle auf »Standard«. Praktischer ist es, sie sämtlich von »Überschrift 1« abzuleiten, da die Gliederungsformate untereinander gemeinhin doch einige Ähnlichkeit aufweisen.

▪▶ »Überschrift«-Formatvorlagen in Tabellen lassen sich auch für Verzeichnisse heranziehen.

▪▶ In FORMAT/ABSATZ können Sie auch eine Gliederungsebene einstellen. Das bedeutet, daß dieser Absatz dann in der Gliederungsansicht mit angezeigt wird, entsprechend der Ebene, die ihm zugeordnet ist.

Überschriften und Textkörper

Eine Gliederung besteht aus Überschriften (mit der Formatvorlage »Überschrift«) und Text, der hier als »Textkörper« bezeichnet wird. Zu jedem Textkörper gehört eine Überschrift; hingegen muß eine Überschrift nicht unbedingt auch Text haben. Überschrift und Textkörper aber sind herzinniglich miteinander verbunden.

Ähnlich ist das Verhältnis zwischen Überschriften höherer und niedrigerer Ebene. Eine richtige Klassengesellschaft: totale Abhängigkeit. Aber fein abgestuft.

Die Ebene 4 beispielsweise gehört zur Ebene 3, die Ebene 3 zur Ebene 2. Und in der letzten Konsequenz die Ebene 2 zur Ebene 1 – mit allem, was zur Ebene 2 dazugehört, nämlich: die Ebene 3, und zu der gehört wieder die Ebene 4, und zu der ...

Eine Gliederungsansicht kann reduziert oder erweitert werden. Zum Beispiel möchte man nur einen groben Überblick (etwa über die Kapitelüberschriften eines Buches) und reduziert deshalb bis zur Ebene 1. Alle Ebenen darunter sind nicht sichtbar (aber natürlich noch vorhanden).

Will man auch die Zwischentitel sehen, erweitert man die Gliederung entsprechend, vielleicht bis zur Ebene 3. Sichtbar sind die Ebenen 1, 2 und 3, alle weiteren Ebenen bleiben ausgeblendet.

38.4 Ein- und Ausblenden

In der Gliederungsansicht können Sie Ebenen ein- und ausblenden. Etwa nur bestimmte Ebenen – nur 1 bis 3. Oder die Überschriften aller Ebenen, so daß Sie die reine Struktur vor Augen haben, ohne den Text. Ob unterhalb einer Ebene noch etwas kommt, ist den Sinnbildern zu entnehmen:

- **Ein Plus-Zeichen:** Hier folgt noch etwas – gleichgültig zunächst, ob Text oder Unterebenen.

- **Ein Minus-Zeichen:** Dies ist eine Überschrift, zu der weder Text noch eine weitere Unterebene gehören – tiefer hinab in der Gliederungshierarchie geht es an dieser Stelle nicht.

- **Ein Quadrat:** Das ist ein Textkörper.

Sie können auf verschiedenen Ebenen Überschriften und Textkörper ein- und ausblenden. Sie verstecken damit gleichsam alles, was in der Hierarchie tiefer liegt. Man unterscheidet dabei globales und individuelles Ein- und Ausblenden.

Globales Ein- und Ausblenden

Diese Funktion betrifft das gesamte Dokument. Alle Gliederungsebenen werden über einen Kamm geschoren. Sie bestimmen dabei, bis zu welcher Tiefe dies erfolgen soll. (Sie können alles an der Beispieldatei GLIEDER.DOC nachvollziehen.)

Dafür stehen, wie gewohnt, sowohl Tastenkombinationen als auch die Symbole in der Sinnbildleiste zur Verfügung. Beim globalen Ein- und Ausblenden ist es übrigens im Unterschied zum individuellen gleichgültig, wo der Cursor steht.

➡ Sie drücken ⌨Alt+⌨⇧ und gleichzeitig die Nummer der Ebene, bis zu der eingeblendet werden soll. Zum Beispiel zeigt ⌨Alt+⌨⇧+⌨5 alle Überschriften bis zur Ebene 5.

➡ Sie klicken auf eine der Zahlen in der Sinnbildleiste. »5« z.B. zeigt alle Überschriften bis zur Ebene 5. Mit einem Symbol geht es aus unerfindlichen Gründen nur bis Ebene 7. Die Ebenen 8 und 9 müssen Sie deshalb mit ⌨Alt+⌨⇧+⌨8 bzw. ⌨Alt+⌨⇧+⌨9 sichtbar machen.

Angezeigt werden bei dieser globalen Änderung nur die Überschriften, in keinem Fall die dazugehörenden Textkörper.

➡ ⌨Alt+⌨⇧+⌨A oder das Multiplikationszeichen im numerischen Zehnerblock (⌨* oder ⌨x) oder »Alle« in der Symbolleiste blendet die Textkörper aller Ebenen aus oder ein. Weil zu einem Textkörper notwendigerweise eine Überschrift gehört, bedeutet dies: Alle Ebenen werden angezeigt.

Abbildung 38.3:
Nur die Ebene 1 ist
eingeblendet

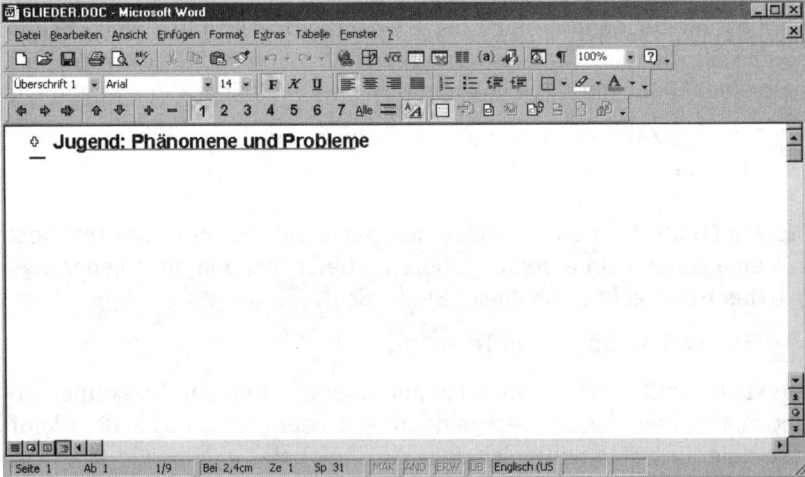

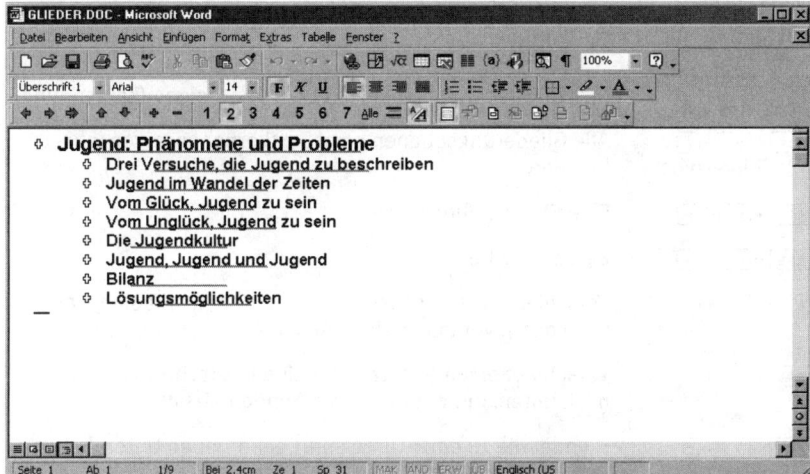

Eingeblendet bis
zur Ebene 2, das
heißt, alle
Überschriften mit
»Überschrift 1« und
»Überschrift 2«
sind zu sehen (aber
nicht »Überschrift
3«, »Überschrift 4«
usw.)

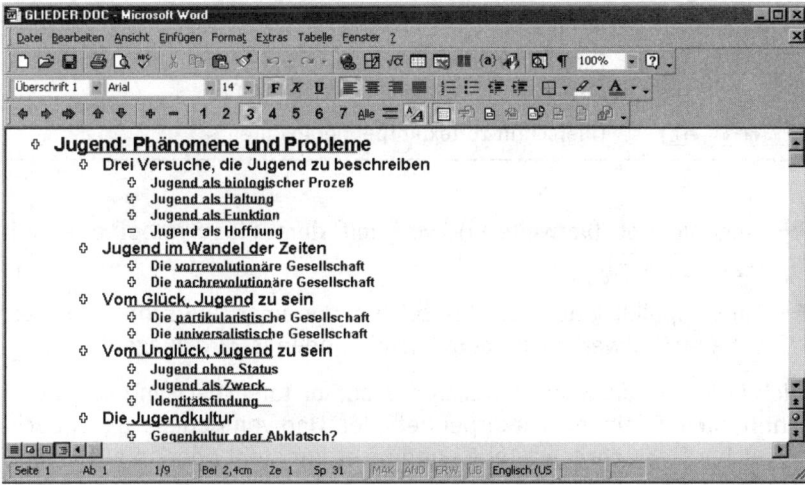

Abbildung 38.5:
Eingeblendet bis
zur Ebene 5

Individuelles Ein- und Ausblenden

Beim individuellen Ein- und Ausblenden bestimmen Sie für jede einzelne
Ebene, was unter ihr angezeigt und was ausgeblendet werden soll. Die
anderen Ebenen der gleichen Hierarchie werden davon nicht berührt.
Dazu ist es notwendig, daß der Cursor in einer Überschrift steht.

➥ Ausgeblendet (im Word-Jargon: »reduziert«) wird mit dem Minus-
Symbol oder mit [Alt]+[⇧]+[-].

Tasten	Bedeutung
Alt+⇧+n	Bis zur Gliederungsebene *n* (1 bis 9) anzeigen (Zahlenreihe)
Alt+⇧+A x (Zehnerblock)	Alle Gliederungsebenen samt Textkörper anzeigen/ausblenden
Alt+⇧+←	Eine Ebene höherstufen
Alt+⇧+→	Eine Ebene tieferstufen
Alt+⇧+↑	Verschiebt einen Absatz (oder eine Überschrift samt Text) nach oben, vor den vorigen Absatz
Alt+⇧+↓	Verschiebt einen Absatz (oder eine Überschrift samt Text) nach unten, hinter den nachfolgenden Absatz
Alt+⇧+*	Blendet die zu einer Überschrift gehörenden Unterebenen und Textkörper ein
Alt+⇧+-	Blendet die zu einer Überschrift gehörenden Unterebenen und Textkörper aus
Alt+⇧+L	Zeigt von jedem Absatz des Textkörpers nur die erste Zeile (der Text muß dazu eingeblendet sein)
Strg+⇧+N	Überschrift zu Textkörper herabstufen

▪▶ Eingeblendet (»erweitert«) wird mit dem Plus-Symbol oder mit Alt+⇧++.

▪▶ Ein Doppelklick auf das Plus-Zeichen vor einer Überschrift wirkt als Schalter. Entweder wird eingeblendet, oder es wird ausgeblendet.

Wichtig ist bei alledem, daß sich der Cursor tatsächlich in einer Überschrift, nicht in einem Textkörper befindet. Und von Bedeutung ist auch, in welcher Überschrift er steht – und ob er nur steht oder ob etwas markiert ist.

Denn die Aktion wirkt sich auf alles unterhalb dieser Überschrift, oder besser gesagt: dieser Ebene aus. Das folgt einer gewissen Gesetzmäßigkeit:

▪▶ Word arbeitet sich zunächst durch alle Ebenen hindurch: jeder Tastendruck oder Klick eine Ebene mehr oder weniger.

▪▶ Ganz zum Schluß kommen die Textkörper aller Ebenen (oder ganz am Anfang beim Ausblenden).

▪▶ Ist die Überschrift markiert, werden alle Unterebenen plus Textkörper ein- oder ausgeblendet.

Beispiel: Die Gliederung ist sichtbar bis Ebene 3. Einmal ⊞ – die Überschriften der nächsttieferen Ebene, also Ebene 4, werden eingeblendet, alle anderen dritten Ebenen bleiben, wie sie sind. Zum zweiten Mal ⊞ – Ebene 5. Noch einmal – Ebene 6. Abermals – Ebene 7. Und so weiter, bis die Textkörper an der Reihe sind.

Rückwärts geht es analog: Einmal ⊟ – alle Textkörper werden ausgeblendet. Noch einmal ⊟ – die Überschriften der Ebene 7 verschwinden. Und so geht es weiter, bis man wieder bei Ebene 3 angelangt ist.

Wird nun hingegen bei eingeblendeten Textkörpern die Überschrift der Ebene 3 markiert, verschwindet mit ⊟ alles, was darunter liegt – und mit ⊞ erscheint alles wieder.

Auf diese Weise können Sie differenziert bestimmen, was Sie sehen möchten oder nicht. Sie müssen nur darauf achten, daß Sie den Cursor immer in die richtige Überschrift stellen.

Nur die erste Zeile

Ein besonderer Leckerbissen ist ⟨Alt⟩+⟨⇧⟩+⟨L⟩ oder das äquivalente Symbol: ⟨Alt⟩+⟨⇧⟩+⟨L⟩ zeigt von jedem Text-Absatz nur die erste Zeile. Die Textkörper unterhalb der gewünschten Ebene müssen dazu aber zunächst eingeblendet werden.

Bessere Übersicht

Und da wir schon dabei sind, erkläre ich auch schnell zwei andere Symbole. Dieses hier schaltet die Formatierungen ein und aus – Überschriften mit ihren meist größeren Schriftgraden nehmen doch viel Platz in Anspruch.

Und das Symbol hier schaltet um in die Zentraldokument-Ansicht, eine besondere Variante der Gliederungsfunktion, die in Kapitel 39, »Das Zentraldokument«, S. 615 eingehend besprochen wird.

38.5 Höher- und Tieferstufen

Eine Überschrift läßt sich höher- oder tieferstufen, und damit kann die ganze Struktur eines Textes geändert werden. Tiefer geht es bis in die tiefsten Abgründe: Aus einer Überschrift kann auch normaler Text werden.

Überschriften anders einstufen

➡ ⟨Alt⟩+⟨⇧⟩+⟨→⟩ stuft eine Ebene tiefer, ⟨Alt⟩+⟨⇧⟩+⟨←⟩ eine Ebene höher.

Dieser Pfeil stuft eine Ebene tiefer. Das korrespondiert also mit der Tastenkombination.

 Mit diesem Pfeil geht es eine Ebene höher hinauf.

Von den angezeigten Ebenen hängt ab, ob lediglich die markierte Überschrift anders eingestuft wird oder ob alle Ebenen darunter der neuen Hierarchie folgen:

➡️ Sind alle Unterebenen ausgeblendet, werden auch diese Unterebenen höher oder tiefer gestuft.

➡️ Ist auch nur eine Unterebene eingeblendet, wird nur die markierte Überschrift höher oder tiefer gestuft.

Beispiel: Sie befinden sich in einer Überschrift der Ebene 3, z.B. im Absatz »Jugend ohne Status«. Dieser Komplex hat eine weitere Unterebene 4 (zwei Überschriften), die Sie eingeblendet haben. Sie stufen die Ebene 3 eins tiefer. Diese Überschrift wird also zur Ebene 4. Die bisherige Unterebene bleibt, es gibt also jetzt drei Überschriften der Ebene 4.

Blenden Sie hingegen die Unterebenen aus, so daß nur noch Ebene 3 sichtbar ist, wird auch die Unterebene 4 tiefergestuft, es wird also Ebene 5 daraus.

Das geht auch in den anderen Ansichten

`Alt`+`⇧`+`←` und `Alt`+`⇧`+`→` funktionieren auch in Normal- und Layoutansicht – nur nicht in der Seitenansicht. Aber sie wirken sich lediglich auf die markierte Überschrift aus und ändern die Hierarchie der Unterebenen nicht – als hätten Sie in der Gliederungsansicht die Unterebenen eingeblendet. (Denn Überschriften ausblenden kann man ja nur in der Gliederungsansicht.)

Spezialitäten mit der Maus

 ➡️ Sie bringen den Mauszeiger auf das Plus- oder Minus-Zeichen vor der Überschrift. Der Zeiger wandelt sich zu einem Kreuz.

➡️ Sie halten die linke Maustaste gedrückt und schieben nach rechts oder links. Und zwar so lange, bis eine graue senkrechte Linie erscheint, was dann der Fall ist, wenn Sie in die Nähe eines Einzuges kommen.

Vorteil: Auch alle Unterebenen sind davon betroffen, sie müssen nicht eigens ausgeblendet werden. Der Klick auf das Symbol hat bewirkt, daß alle Unterebenen markiert worden sind.

Sie erkennen daran übrigens, daß die Einrückungen der verschiedenen Ebenen nicht nur optischen, sondern auch praktischen Nutzen haben: als Haltepunkte beim Verschieben.

Überschrift zu Text herabstufen

Mit (Alt)+(⇧)+(→) beziehungsweise dem entsprechenden Symbol in der Sinnbildleiste geht es abwärts bis zur Ebene 9. Darunter folgt nur Text. Die Barriere, die eine Überschrift vom Textkörper trennt, ist jedoch leicht zu überspringen:

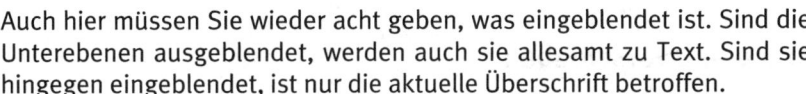 Sie drücken (Strg)+(⇧)+(N). Damit bekommt der Absatz die Format-vorlage »Standard«, aus einer Überschrift wird Text.

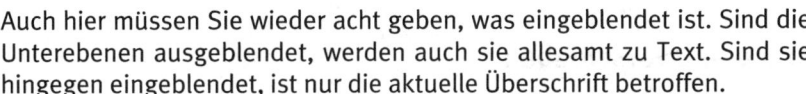 Sie klicken in der Sinnbildleiste auf diesen Doppelpfeil.

Auch hier müssen Sie wieder acht geben, was eingeblendet ist. Sind die Unterebenen ausgeblendet, werden auch sie allesamt zu Text. Sind sie hingegen eingeblendet, ist nur die aktuelle Überschrift betroffen.

Textkörper in Überschrift verwandeln

Das Umgekehrte geht natürlich genauso: einen Textkörper in den Adels-stand der Überschriften zu erheben. Sie verwenden dazu (Alt)+(⇧)+(←) und (Alt)+(⇧)+(→) beziehungsweise die Äquivalente in der Symbolleiste. Folgende Gesetzmäßigkeit tritt dabei in Kraft:

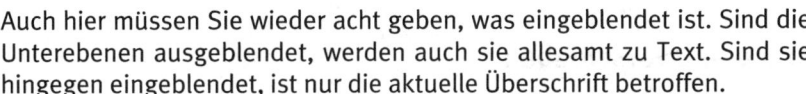 (Alt)+(⇧)+(←): Die gleiche Ebene wie die Überschrift davor.

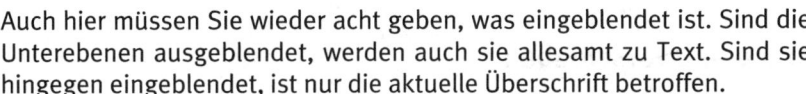 (Alt)+(⇧)+(→): Eine Ebene niedriger als die Überschrift davor.

38.6 Den Aufbau verändern

Der eine Sinn einer Gliederung besteht darin, nur das Wesentlichste einer Struktur sichtbar machen. So bekommen Sie zur Not eine Essenz aus einem dicken Buch auf einer ganzen Bildschirmseite unter. Ein anderer Vorteil ist, daß ganze Komplexe verschoben werden können. Normaler-weise müssen dazu viele, viele Absätze markiert, ausgeschnitten und an anderer Stelle wieder eingefügt werden. In der Gliederungsansicht geht das wesentlich bequemer.

Beispiel: Dieses Kapitel war eigentlich erst weiter hinten vorgesehen. Später habe ich mich entschlossen, es an diese Stelle zu rücken. Ich habe in die Gliederungsansicht geschaltet – und ungefähr das getan, was im folgenden beschrieben wird.

Markieren

Auch in der Gliederungsansicht gilt die eherne Regel: Erst muß etwas markiert sein, ehe verschoben werden kann.

Markiert wird in der Gliederungsansicht nicht anders als sonst auch. Mit einigen kleinen Unterschieden und Erleichterungen, die alle damit zu tun haben, daß in einer Gliederung Überschrift und Textkörper, Ebene und Unterebene eng zusammenhängen:

- Markieren Sie eine Überschrift durch Doppelklick in der Markierungsleiste, werden die Überschrift und alle Unterebenen gemeinsam markiert.

- Den gleichen Effekt erreichen Sie, wenn Sie auf das Plus-Zeichen vor der Überschrift einmal klicken.

Komplexe verschieben

Auch das Verschieben von Komplexen in der Gliederungsansicht folgt festen Regeln. Grundsätzlich gilt:

- [Alt]+[⇧]+[↑] schiebt den markierten Text vor den vorigen Absatz. Auch in der Symbolleiste gibt es etwas Entsprechendes zum Klicken.

- [Alt]+[⇧]+[↓] schiebt den markierten Text hinter den nächsten Absatz. Und natürlich hat Word auch hier ein entsprechendes Symbol zu bieten.

- Sie führen den Mauszeiger auf das Zeichen vor einem Absatz (Plus, Minus oder Quadrat), halten die linke Maustaste gedrückt (worauf etwas markiert wird) und schieben den Komplex nach oben oder unten. Die neue Position wird durch eine gestrichelte Linie angedeutet.

- Sie markieren einen Komplex (Klick auf das Zeichen davor) und klicken in der Sinnbildleiste auf den nach oben oder den nach unten gerichteten Pfeil.

So weit, so gut. Aber der Teufel steckt bekanntermaßen im Detail. Und das Verschieben in der Gliederungsansicht kann wahrlich teuflisch kompliziert werden, wenn man nicht aufpaßt.

Im Grunde ist es ganz einfach: Verschoben wird, was markiert ist. Die Maus macht das ganz eindeutig. Ein Klick auf das Plus-Zeichen, und alles unterhalb dieser Ebene ist markiert. Setzen Sie hingegen nur den Cursor in einen Absatz, ohne ausdrücklich etwas zu markieren, gilt dieser Absatz (aber nur dieser!) als markiert.

Das kann man auch anderswo verwenden

$\boxed{\text{Alt}}$+$\boxed{\text{⇧}}$+$\boxed{\uparrow}$ und $\boxed{\text{Alt}}$+$\boxed{\text{⇧}}$+$\boxed{\downarrow}$ können auch in den anderen Bearbeitungsansichten zum Verschieben benutzt werden. Nach viel Ausprobieren wird es Ihnen, erstens, in ungefähr 276 Tagen gelingen, die dahintersteckende Systematik zu durchschauen und, zweitens, Ihr Dokument wieder in seinen ursprünglichen Zustand zurückzuversetzen. Ratschlag: Machen Sie's lieber in der Gliederungsansicht!

Wenn Sie das ausprobieren möchten, sollten Sie einen Komplex farbig auszeichnen. Dann sehen Sie besser, wo er hinkommt.

:-)
TIP

38.7 Vom Nutzen einer Gliederung

Die Gliederungsfunktion, die in diesem Kapitel erörtert wurde, stellt Techniken bereit, mit denen der Aufbau eines Dokuments verändert werden kann. So gut, so klar.

Wer aus seiner Schulzeit noch ein Gliederungs-Trauma mit sich herumschleppt, ist jetzt vielleicht davon überzeugt, daß so eine Gliederung *doch* ihren Sinn hat.

Zwei Hinweise noch, wie man Gliederungen außerdem nutzen kann. Wobei das Wesen einer Gliederung, abermals gesagt, darin besteht, daß für Überschriften die »Überschrift«-Formatvorlagen verwendet werden. An ihnen hängt alles.

Überschriften numerieren

Die Menüfunktion FORMAT/NUMMERIERUNG UND AUFZÄHLUNGEN numeriert automatisch alle Absätze, denen »Überschrift«-Formatvorlagen zugewiesen sind, und stuft dabei ab nach den verschiedenen Ebenen. Bei Änderungen am Aufbau werden die Numerierungen automatisch aktualisiert – siehe Kapitel 21, »Listen, Numerierungen, Aufzählungen«, S. 361.

Das Zentraldokument

Das Zentraldokument ist eine Erweiterung der Gliederungsfunktion, weshalb man auch mit einem Symbol von hier nach dort schalten kann. Es erlaubt, Teile eines Dokuments als Filialdokumente auszulagern. Sie sind im Gesamtdokument noch immer enthalten, lassen sich jedoch auch solo bearbeiten.

Das hat seinen Sinn im Workgroup-Computing, wo die Dokumente verschiedener Bearbeiter in einen Bericht zusammenfließen, kann aber auch hervorragend genutzt werden, wenn ein Dokument einen solchen Umfang annimmt, daß es in einer Datei nur noch schwer unterzubringen ist.

Wenn Thomas Mann das schon gekannt hätte, der auch immer nur eine kleine Erzählung schreiben wollte, die sich dann zu einem mehrbändigen Werk auswuchs ... Alles zu Zentraldokumenten in Kapitel 39, »Das Zentraldokument«, S. 615.

PowerPoint

Word-Gliederungen können direkt in PowerPoint übernommen und dort für eine Präsentation aufbereitet werden. Dazu öffnen Sie die Gliederung in Word und wählen DATEI/SENDEN AN. Umgekehrt importieren Sie eine Word-Gliederung in PowerPoint mit DATEI/ÖFFNEN und dem Dateityp *Alle Gliederungen*.

Abbildung 38.6: Eine Gliederung von Word nach PowerPoint importiert

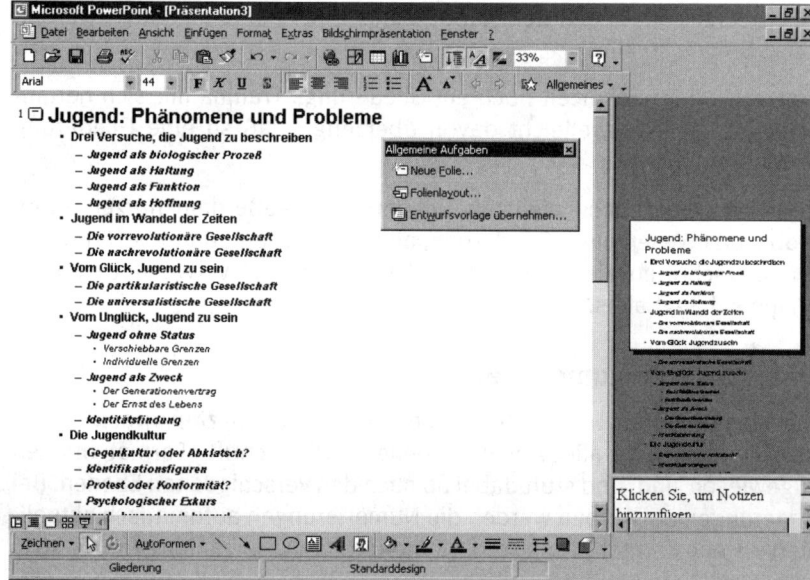

38.8 AutoZusammenfassen

EXTRAS/AUTO-
ZUSAMMENFASSEN

Ehrlich gesagt, weiß ich erstens nicht so recht, in welchem Sinnzusammenhang ich diese neue Funktion unterbringen und zweitens auch nicht, was ich mit ihr anfangen soll.

Diese Funktion – so die offizielle Beschreibung – analysiert das Dokument und weist jedem Satz eine Wertung zu. Enthalten die Sätze im Dokument häufig verwendete Wörter, erhalten sie eine höhere Wertung. Und daraus generiert nun Word eine Zusammenfassung. Zum Vorgehen:

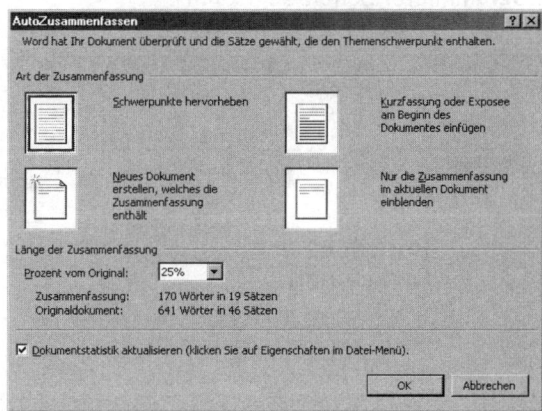

Abbildung 38.7:
Optionen für die
automatische
Zusammenfassung

━► Sie wählen die Art der Zusammenfassung. Sie wird entweder in ein neues Dokument geschrieben oder als Kurzfassung an den Anfang des Textes gestellt. Oder die Schwerpunkte werden im Text hervorgehoben oder, andersrum, alles ausgeblendet bis auf die Schwerpunkte.

━► Sie bestimmen die Länge der Zusammenfassung in Prozent vom Original.

━► Words Analyse können Sie in die Dokument-Eigenschaften eintragen lassen.

Letzteres ist das vielleicht einzig Sinnfällige an dieser Funktion. Weil Word im Grunde nur die Häufigkeit von Wörtern zählt, kann da nicht allzu viel schiefgehen.

Ansonsten schwanken die Ergebnisse zwischen merkwürdig und erheiternd. Den Sinn eines Dokuments, und der soll sich schließlich in einer Zusammenfassung niederschlagen, vermag Word nicht zu ermitteln.

Wenn Sie die Schwerpunkte hervorheben lassen, werden Sie im Dokument gelb markiert. Zudem erscheint eine Symbolleiste:

▶ Sie können damit das Dokument auf seine bloßen Schwerpunkte reduzieren. Auch wenn Sie nur die Zusammenfassung anzeigen lassen, wechseln Sie hiermit den Darstellungsmodus.

▶ Mit dem Schieberegler bestimmen Sie *on the fly* die Länge der Zusammenfassung.

▶ Mit SCHLIESSEN heben Sie die Zusammenfassung wieder auf.

Probieren Sie das mal aus, am besten mit einem eigenen Text. Sie werden mir dann gewiß zustimmen, daß diese AutoZusammenfassung nur ein Programmierer-Scherz sein kann.

Abbildung 38.8:
Das Ergebnis einer
automatischen
Zusammenfassung

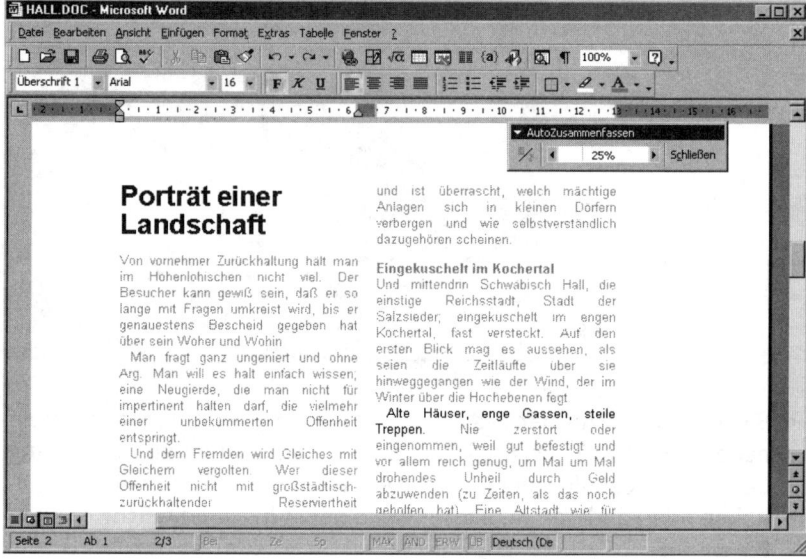

Das
Zentraldokument

Kapitel **39**

*E*in Zentraldokument faßt mehrere Einzeldokumente zusammen, die dann als Filialdokumente bezeichnet werden. Man kann das dazu verwenden, um für die einzelnen Kapitel eines Buches einen gemeinsamen Index, gemeinsame Verzeichnisse zu erstellen oder Querverweise auf andere Dateien einzufügen. Zentraldokumente sind aber auch und vor allem ein wichtiges Hilfsmittel beim Workgroup-Computing: Berichte von verschiedenen Bearbeitern fließen im Zentraldokument zusammen. Jederzeit hat man den Überblick über das Ganze und kann auch lesen, was die anderen beitragen. Um mit Zentraldokumenten umgehen zu können, sollten Sie über Gliederungen Bescheid wissen (Kapitel 38, »Gliederung«, S. 599).

39.1 Was sind Zentraldokumente?

Zentraldokumente sind der »Umschlag« für verschiedene Filialdokumente – womit gleich die für das Thema wichtigen Begriffe eingeführt sind. Dieses Buch insgesamt könnte man als *Zentraldokument* auffassen, die einzelnen Kapitel wären die *Filialdokumente*.

Nun kann ich ja auch sämtliche Kapitel eines Buches in ein einziges Dokument packen. Word verkraftet diese Datenmenge sogar bis zu einer gewissen Grenze, jeder Speichervorgang jedoch zwingt zum Däumchendrehen.

Umfangreiche Dokumente als einzige Datei sind also zumindest unpraktisch in der Handhabung, der reinen Datenmenge wegen.

▆► Zentraldokumente sind nicht die Summe ihrer Filialdokumente. Sie enthalten lediglich Verweise darauf. Das Zentraldokument selbst bleibt deshalb relativ klein.

Eines für alle

Ein anderes Beispiel. Wir haben da eine Arbeitsgruppe, die einen umfassenden Bericht erstellen muß. Jede Abteilung (Heide, Michi-Patrick, Jürgen und Stefan) liefert ihren Beitrag – als eigenes Dokument natürlich; denn wenn mehrere Menschen am selben Dokument arbeiten, ist das etwas schwierig.

Und irgendwo sitzt der Arme, der das alles koordinieren und zusammenfassen muß. Man kann die einzelnen Dokumente zum Beispiel so miteinander verbinden, daß das große Ganze immer auf dem aktuellsten Stand ist (siehe Kapitel 30, »Dateien verbinden«, S. 529).

Den Überblick indes hat nur der Koordinator. Unter den Kollegen geht das Telefonieren los. Heide an Jürgen: »Kann ich mal dein Dokument einsehen?« Jürgen an Heide: »Nee, arbeite gerade selber daran.« Stefan an Michi-Patrick: »Wo, um Himmels willen, hast du das bloß gespeichert?« Jürgen an den Koordinator: »Kommt Heides Teil jetzt vor oder nach meinem?«

▆► Das Zentraldokument enthält alle Filialdokumente. Jeder kann somit das gesamte Dokument einsehen.

▆► Die Filialdokumente können vom Zentraldokument aus geöffnet werden. Dabei muß man nicht wissen, wo die Filialdokumente gespeichert sind. Man öffnet lediglich das Zentraldokument, den Rest erledigt Word.

... und alle für einen

Indizes und Verzeichnisse lassen sich auch dateiübergreifend erstellen (siehe Kapitel 41, »Verzeichnisse«, S. 641, und Kapitel 42, »Index«, S. 653), was mit einigem Aufwand verbunden ist: zunächst muß man eine Liste aller Dateien erstellen, dann erst kann's losgehen. In einem Zentraldokument sind Verzeichnisse und Indizes kein Problem – im Zentraldokument sind ja die einzelnen Bestandteile definiert.

Was dateiübergreifend nicht geht, sind Querverweise. Und eine fortlaufende Seitennummerierung ist Handarbeit: Kapitel 14 endet mit Seite 127? Also beginnt Kapitel 15 mit Seite 128. Und wehe, in Kapitel 14 kommt noch etwas hinzu, das den Umfang vergrößert! Ebenfalls kein Problem für Zentraldokumente.

Die Voraussetzungen

Die Verwaltung von Filialdokumenten in einem Zentraldokument fußt auf der Gliederungsfunktion. Im Grunde ist ein Zentraldokument nichts anderes als eine große Gliederung, deren einzelne Teile als Filialdokumente definiert und ausgelagert werden.

➡ Sie müssen die Formatvorlagen »Überschrift 1-9« verwenden, um das Zentraldokument zu gliedern, sonst funktioniert es nicht.

➡ Sie müssen einige Vorüberlegungen zum Gesamtdokument anstellen. Das erspart Ihnen viel Ärger.

Worauf es ankommt, werden Sie noch erfahren.

39.2 Ein Zentraldokument erstellen

Am einfachsten ist es, ein gänzlich neues Zentraldokument zu erstellen. Damit haben Sie von vornherein Einfluß auf die Gliederung des gesamten Werkes.

➡ Sie erstellen ein neues, ganz gewöhnliches Dokument. Es ist von Vorteil, wenn Sie die damit verbundene Dokumentvorlage von vornherein so gestalten, daß sie auch die Belange der Filialdokumente abdeckt.

➡ Mit ANSICHT/GLIEDERUNG schalten Sie in die Gliederungsfunktion – erweitert um die Symbolleiste *Gliederung*, mit der auch die spezifischen Funktionen der Zentraldokument-Verwaltung ausgelöst werden. Hier verbirgt sich das Symbol für die Zentraldokument-Ansicht, die Sie aktivieren sollten.

➡ Sie erstellen eine (Grob-)Gliederung für das gesamte Zentraldokument und verwenden hierzu die »Überschrift«-Formatvorlagen.

➡ Sie können statt dessen auch eine vorhandene Datei öffnen und über ANSICHT/GLIEDERUNG in die Zentraldokument-Ansicht schalten.

Soweit ist das alles ja ganz einfach. Und wenn Sie Ihre Gliederung jetzt speichern, unterscheidet sich dieses Zentraldokument noch nicht von einem normalen Dokument.

Sie können die einzelnen Schritte mit der Beispieldatei LASVEGAS.DOC nachvollziehen. Sie finden auf S. 620 aber auch eine Übung.

Abbildung 39.1:
Die Zentral-
dokument-Ansicht.
Sieht aus wie die
Gliederungs-
funktion

39.3 Filialdokumente ausgliedern

Ein Zentraldokument wird im eigentlichen Sinne erst zu einem solchen, wenn einzelne Teile davon als Filialdokumente definiert werden.

➡ Sie markieren den Komplex, der ein Filialdokument werden soll. Bedenken Sie den Gliederungsmechanismus: Alle Unterebenen gehören dazu. Markieren Sie die zweite Ebene (»Überschrift 2«), gehören alle Unterebenen zu diesem Filialdokument. Zur besseren Übersicht sollten Sie die Gliederungsebenen reduzieren – im Beispiel bis auf Ebene 2.

➡ Sie klicken auf das Symbol. Dieser Komplex wird mit einem Rahmen umgeben, in dessen linker oberer Ecke ein kleines Sinnbild erscheint.

➡ Machen Sie das für jeden Bereich, der ein Filialdokument werden soll.

Sie können statt einzelner Ebenen auch mehrere Bereiche markieren und sie gemeinsam umwandeln. Dabei passiert folgendes:

➡ Die erste Überschrift im markierten Bereich sieht Word als »Haupt-überschrift« an: Mit dieser Gliederungsebene soll jedes Filialdokument beginnen.

➡ Dementsprechend wird der markierte Bereich umgewandelt. Ist die erste Überschrift in der Markierung Ebene 3, wird aus jeder Ebene 3, auf die Word trifft, ein Filialdokument.

■► Das hat dann zur Folge, daß eine Ebene 2, die ebenfalls zur Markierung gehörte, dem vorhergehenden Filialdokument zugeschlagen
wird.

Vielleicht ist jetzt verständlich, weshalb bei Zentraldokumenten einige
Vorüberlegungen angebracht sind. Eine sinnvolle und strikt durchgehal-
tene Gliederung ist unabdingbare Voraussetzung.

Abbildung 39.2:
Die Ebenen 2 sind
in Filialdokumente
umgewandelt

Filialdokumente speichern

Word macht das automatisch. Sie speichern das Zentraldokument, Word
speichert jedes Filialdokument als eigene Datei. Als Dateiname wird die
Überschrift des jeweiligen Dokuments genommen – bis zum ersten Satzzeichen. Hier kann Word seine Fähigkeit der langen Dateinamen voll aus-
spielen und ist nicht mehr zu kryptischen Abkürzungen gezwungen wie
früher. Wenn Ihnen die Dateinamen trotzdem nicht aussagekräftig genug
sind, müssen Sie die Filialdokumente umbenennen (siehe S. 624).

Zur folgenden Übung

Alle Übungen in diesem Buch sind selbstredend freibleibend. Aus Grün-
den, die Sie noch erfahren werden, kann ich Ihnen allerdings keine Filial-
dokumente als Beispieldateien liefern, lediglich ein nicht aufgeteiltes
Zentraldokument, das Sie selber weiterverarbeiten müssen. Mit dieser
Übung erstellen Sie sich das Basismaterial, mit dem Sie die folgenden
Erörterungen nachvollziehen können.

ÜBUNG: *Zentraldokument (Beispieldatei: ZENTRAL.DOC)*

1. Öffnen Sie ZENTRAL.DOC, und aktivieren Sie ANSICHT/GLIEDERUNG, um dort über den entsprechenden Schalter in die Zentraldokument-Ansicht zu schalten.

   Blenden Sie die Textkörper aus.

2. Markieren Sie alle Ebenen 2, und wandeln Sie sie in Filialdokumente um.

   Wir machen gleich alles auf einen Schlag. Sie sehen nun die Filialdokumente.

3. Machen Sie die Aktion wieder rückgängig.

   Ein Klick auf das Symbol genügt.

4. Blenden Sie bis zur Ebene 3 ein.

   Das geht genauso wie in der normalen Gliederungsansicht.

5. Markieren Sie von der ersten Ebene 3 (»Attraktionen«) bis zum Ende des Dokuments, und wandeln Sie dann um in Filialdokumente.

   Alle Ebenen 3 werden eigene Filialdokumente. Die Überschrift »Excalibur« mit Ebene 2 wird dem zweiten Filialdokument zugeschlagen.

6. Teilen Sie wieder so auf, daß alle Ebenen 2 ein eigenes Filialdokument bilden.

   Die letzte Aktion wieder rückgängig machen, erneut und diesmal richtig markieren und abermals umwandeln.

7. Speichern Sie das Zentraldokument.

   Achten Sie auf die Meldungen in der Statuszeile. Hier werden die Dateinamen der Filialdokumente angegeben. Sie haben nun Beispielmaterial, an dem Sie alle Aspekte ausprobieren können.

8. Probieren Sie auch mal das nebenstehende Symbol aus.

   Damit geht es von der Zentraldokument-Gliederung zur normalen Gliederung und wieder zurück.

39.4 Die Dokumente bearbeiten

Die Symbole in der Gliederungsansicht machen kenntlich, daß die »Schale« Filialdokumente umschließt.

Schließen Sie jedoch das Dokument und öffnen Sie es erneut, sehen Sie zu Ihrer Überraschung die Filialdokumente scheinbar verschwunden.

Abbildung 39.3:
Ungeschickte
Aufteilung: Die
erste Überschrift im
markierten Bereich
war Ebene 3,
deshalb endet hier
ein Filialdokument
mit Ebene 2

Warum das so ist, sehen Sie in der Normalansicht: die Filialdokumente sind nicht wirklich im Zentraldokument, sondern lediglich als Hyperlinks enthalten. (Zu Hyperlinks Kapitel 55, »Web-Design«, S. 837.)

Sie müssen erst in der Zentraldokument-Ansicht mit dem Symbol die Filialdokumente »erweitern« (und dann gegebenenfalls nochmals die Unterebenen einblenden). Auch in der Normalansicht haben Sie dann das gesamte Dokument vor sich. Entsprechend können Sie die Filialdokumente auch wieder reduzieren.

Abbildung 39.4:
Filialdokumente als
Hyperlinks

Das Zentraldokument bearbeiten

Mit dem Zentraldokument selbst können Sie grundsätzlich arbeiten wie mit einem Dokument üblicher Art. Sie können es zum Beispiel als Ganzes betrachten. In der Normalansicht bemerken Sie Abschnittswechsel im Text: Vor und hinter jedem Filialdokument wird ein solcher eingefügt.

Vom Zentraldokument aus lassen sich auch Änderungen in den Filialdokumenten durchführen – eben gerade so, als hätten Sie ein einziges Dokument vor sich.

Lediglich beim Speichern nach Änderungen ist ein Unterschied zu bemerken. Gespeichert wird das Zentraldokument selbst und das Filialdokument, an dem Sie Änderungen vorgenommen haben, nicht hingegen die anderen Filialdokumente, die unberührt geblieben sind. Sie ahnen, was damit auch möglich ist:

■► Das Zentraldokument kann auch Bereiche enthalten, die zum Zentraldokument selbst gehören, nicht zu einem Filialdokument.

Freilich muß all das bisher Gesagte relativiert werden. Das Bearbeiten geht nur reibungslos, wenn Zentraldokument wie Filialdokumente von Ihnen selbst stammen. Werden hingegen in einem Zentraldokument Dateien mehrerer Bearbeiter zusammengeführt, treten diverse Schutzmechanismen in Kraft, die ab S. 623 erörtert werden.

Ein Filialdokument bearbeiten

Zentral- und Filialdokumente sind ein Organisationsinstrument, wenn verschiedene Dokumente von verschiedenen Bearbeitern zusammenfließen sollen. Deshalb muß ein Filialdokument auch solo bearbeitet werden können. Prinzipiell gibt es dazu drei Wege:

■► Sie öffnen das Filialdokument direkt, also wie eine normale Datei. Es ist ja auch als normale Datei gespeichert und hat einen Dateinamen – zunächst einen von Word gegebenen, den Sie aber auch ändern können. Dies setzt voraus, daß Sie wissen, wo das Filialdokument gespeichert ist und wie es heißt.

■► Sie öffnen das Filialdokument vom Zentraldokument aus. Dazu müssen Sie in der Zentraldokument-Gliederungsansicht auf das Filialdokument-Symbol in der linken oberen Ecke doppelklicken (und zuvor bei Bedarf die Filialdokumente erweitern). Bei dieser Methode kann es Ihnen völlig egal sein, wie das Filialdokument heißt und wo es gespeichert ist.

■► Im »reduzierten« Zentraldokument klicken Sie auf den Hyperlink.

Das Filialdokument wird als eigenes Fenster geöffnet – Sie arbeiten und speichern wie gewohnt.

Das Zentraldokument bleibt als Fenster auf der Arbeitsfläche. Wenn Sie es einmal hervorholen, sehen Sie, daß das Symbol jenes Filialdokuments, das Sie gerade bearbeiten, um ein kleines Schloß ergänzt worden ist. Soll heißen: Dieses Filialdokument ist derzeit gesperrt.

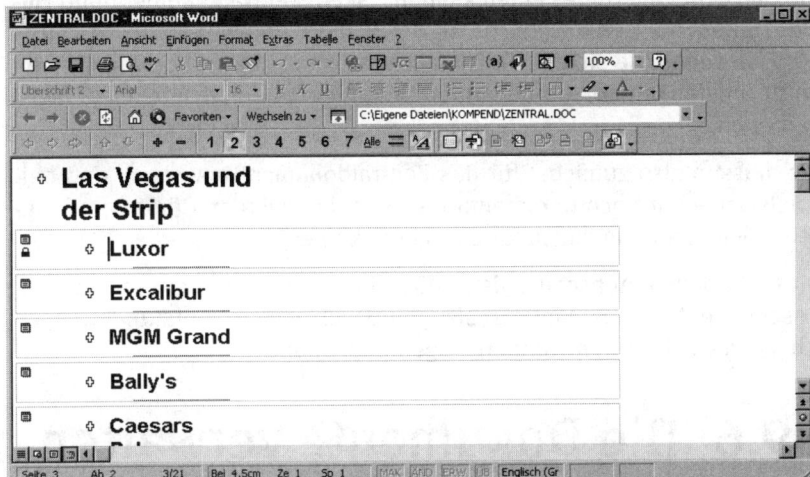

Abbildung 39.5:
Das erste
Filialdokument ist
gesperrt und
darum mit dem
Schloß-Symbol
versehen

39.5 Dokumente schützen

Wenn Sie ein Zentraldokument öffnen, das gerade von jemand anderem bearbeitet wird, wird eine Kopie des Dokuments geladen – aus Gründen der Datensicherheit können nicht mehrere Menschen zur selben Zeit an einem Dokument arbeiten; Word wüßte ja sonst nicht, welche Änderung es speichern soll. Die Kopie oder ein schreibgeschütztes Dokument kann zwar bearbeitet werden, muß dann jedoch unter einem anderen Namen gespeichert werden.

■➜ Öffnen Sie das Zentraldokument in reduzierter Ansicht, kann jemand anderes die Filialdokumente bearbeiten.

■➜ Öffnen Sie das Zentraldokument jedoch in erweiterter Ansicht, sind die Filialdokumente für andere Benutzer gesperrt.

Doch auch wenn Sie ein Zentraldokument öffnen, mit dem gerade niemand zu tun hat, können Sie es unter Umständen nicht bearbeiten.

- Als Autor können Sie Zentral- oder Filialdokument gegen Änderungen schützen. Wie das geht, ist in Kapitel 7, »Datei-Schutz«, S. 105, ausführlich beschrieben. Ein anderer Bearbeiter kann das Dokument dann, je nach Tiefe des Schutzes, nur noch eingeschränkt oder gar nicht mehr bearbeiten.
- Als Autor können Sie diesen Schutz auch wieder aufheben.

Die Sache hat allerdings einen kleinen Haken: Zentraldokument und Filialdokument müssen die gleiche Art des Schutzes aufweisen. Ist das nicht der Fall, sehen Sie sich einem ziemlichen Chaos gegenüber und können unter Umständen bei Ihren eigenen Dokumenten den Schutz nicht mehr aufheben.

Sie müssen also zunächst für das Zentraldokument anweisen, daß beispielsweise nur noch Kommentare eingegeben werden dürfen, und dieselbe Schutzart dann auch für ein Filialdokument.

Dieser Dokumentenschutz ist, alles in allem, eine etwas dubiose Geschichte. Noch niemand hat sie, glaube ich, wirklich verstanden. Auch ich nicht, wie ich unumwunden eingestehen muß.

39.6 Die Dokumente verwalten

Zentraldokumente in Arbeitsgruppen

Werden Zentraldokumente in Arbeitsgruppen eingesetzt, ist es sinnvoll, das Zentraldokument selbst auf einem Rechner zu speichern, auf den alle Mitglieder der Arbeitsgruppe Zugriff haben. Wo die Filialdokumente gespeichert sind, spielt dann ja grundsätzlich keine Rolle mehr. Sollen sie von mehreren Personen bearbeitet werden können, müssen die natürlich auch Zugriffsberechtigung haben.

Filialdokumente umbenennen

Die Namen, die Word beim Umwandeln in Filialdokumente wählt, sind möglicherweise nicht die, die Sie gern hätten. Es ist aber kein Problem, ein Filialdokument anders zu benennen:

- Sie öffnen das Filialdokument vom Zentraldokument aus – das ist wichtig.
- Sie speichern es mit DATEI/SPEICHERN UNTER unter einem anderen Namen, können auch ein anderes Verzeichnis wählen.
- Sie speichern anschließend das Zentraldokument.

Speichern Sie kein direkt geöffnetes Filialdokument unter einem anderen Namen! Benutzen Sie auch nicht den Explorer dazu, um ein Filialdokument umzubenennen oder in ein anderes Verzeichnis zu verschieben!

Denn dadurch wird die Verbindung zwischen Zentral- und Filialdokument aufgehoben, das Filialdokument ist mithin nicht mehr im Zentraldokument enthalten.

Ein Filialdokument einfügen

Soll ein bisher solo existierendes Dokument in ein Zentraldokument eingegliedert, also zu einem von dessen Filialdokumenten werden, gehen Sie folgendermaßen vor:

▪► Machen Sie in der Zentraldokument-Ansicht ALLES sichtbar – zumindest in dem Filialdokument, *nach* dem das neue Dokument eingefügt werden soll.

▪► Nun sehen Sie zwischen diesem und dem nächsten Filialdokument einen Textkörper-Absatz (Format »Standard«). Das ist sozusagen Niemandsland zwischen den zwei Abschnittswechseln, die die Filialdokumente voneinander trennen. Hierhin setzen Sie den Cursor. Wenn Sie das nicht tun, sondern den Cursor lediglich vor die Überschrift des Filialdokuments setzen, wird das einzufügende Dokument in diesem Filialdokument verschachtelt (kann ja auch Absicht sein).

▪► Mit dem Symbol holen Sie das Dokument, das eingefügt werden soll. Speichern Sie anschließend das Zentraldokument. Das neue Filialdokument behält seinen ursprünglichen Namen.

Filialdokumente entfernen

Sie stehen vor der Alternative: ganz weg oder das Filialdokument lediglich umwandeln, es so zu einem Teil des Zentraldokuments machen?

▪► Sie klicken auf das Filialdokument-Symbol, damit das Filialdokument insgesamt markiert wird, und drücken (Entf). Das Filialdokument wird damit aus dem Zentraldokument entfernt. Es existiert aber nach wie vor als eigenständige Datei. Ein Schutz muß vorher aufgehoben werden.

▪► Sie markieren das Filialdokument und klicken auf das Symbol. Das Filialdokument wird damit nicht gelöscht, sondern zu einem Teil des Zentraldokuments. Es ist zwar weiterhin als eigene Datei vorhanden, doch werden daran Änderungen vorgenommen, sind sie naturgemäß nicht im Zentraldokument.

Filialdokumente verbinden und aufteilen

Mehrere Filialdokumente zu einem zusammenfassen, ein Filialdokument in mehrere teilen – all das muß selbstredend in der Zentraldokument-Ansicht erledigt werden, da sonst die ganze Anordnung durcheinander kommt.

 ■► *Teilen:* Sie machen nach Bedarf die Gliederungsebenen sichtbar, setzen den Cursor in die Überschrift, *vor* der geteilt werden soll, und klicken auf das Symbol. Von hier an wird der Rest des Filialdokuments ein eigenes Filialdokument. Als Dateinamen nimmt Word wieder die ersten Zeichen des Dokuments. Sie können auf diese Weise aber nicht mehrere Unterebenen gleichzeitig zu Filialdokumenten machen, sondern immer nur einzeln nacheinander.

 ■► *Verbinden:* Sie ordnen die Filialdokumente hintereinander an, markieren das erste, markieren das zweite mit gedrückter ⇧-Taste, markieren das dritte mit ... Halt! Bei mehr als zweien geht's einfacher: das erste markieren und dann das letzte mit ⇧. Und dann ein Klick auf das Symbol.

Beim Verbinden bleiben die Abschnittswechsel erhalten, mit denen die einzelnen Filialdokumente getrennt waren. Je nach Notwendigkeit können Sie sie belassen oder löschen.

39.7 Das Zentraldokument ausnutzen

Ein Zentraldokument ist nicht bloß ein Behälter für verschiedene Einzeldokumente, es bietet gravierende Vorteile – und das nicht nur beim Workgroup-Computing, sondern ebenso für den Solisten vor seinem ganz persönlichen Computer. Vor allem für den, weil er sich nicht mit irgendwelchen Schutzmechanismen herumschlagen muß.

Filialdokumente anordnen

Die Zentraldokument-Ansicht ist ja nur eine erweiterte Gliederungsfunktion. Mithin können Sie alles machen, was Sie sonst auch mit einer Gliederung tun: Ebenen verschieben und somit das ganze Zentraldokument anders anordnen; Ebenen höher- oder tieferstufen. Sie können auch Komplexe von einem Filialdokument ins andere verschieben.

Wahrscheinlich war diese Ähnlichkeit einer der Gründe, die Zentraldokument-Ansicht aus dem ANSICHT-Menü zu entfernen und in der *Gliederung*-Symbolleiste zu verstecken.

Formate

Auch ein Zentraldokument ist mit einer Dokumentvorlage verbunden – logisch. Und daß man sie und insbesondere die Formatvorlagen so aufbaut, daß sie auch die Bedürfnisse der Filialdokumente abdeckt, ist auch logisch. (Oder sollte es zumindest sein.)

Was aber passiert, wenn Zentral- und Filialdokumente unterschiedliche Dokumentvorlagen verwenden, wenn sie zwar die gleichen, doch nicht dieselben Formatvorlagen haben – gleicher Name, doch andere Formatdefinitionen?

■➡ Im Zentraldokument gelten dessen Formatvorlagen – auch für alle Filialdokumente.

■➡ Wird jedoch ein Filialdokument geöffnet, ob vom Zentraldokument aus oder direkt, kehrt es wieder zu seinen Formaten zurück.

■➡ Die Dokumentvorlage des Zentraldokuments wird auf das Filialdokument übertragen, wenn Sie es vom Zentraldokument aus erstellen. Öffnen Sie das Filialdokument solo, kann es dennoch vorkommen, daß die Formatierungen nicht stimmen.

Seitenränder, Abschnittsformatierungen sowie Kopf- und Fußzeilen behalten die Filialdokumente bei: Sie sind ja innerhalb des Zentraldokuments einzelne Abschnitte.

Wenn auch die Filialdokumente auf derselben Vorlage basieren, erleichtert das die Kontrolle.

:-)
TIP

Index, Verzeichnisse, Querverweise

Was sonst nur mit einigem Aufwand zu bewerkstelligen ist, gelingt mit einem Zentraldokument mühelos: Indizes und Verzeichnisse aus mehreren Dateien, Querverweise über mehrere Dateien hinweg, weil das Zentraldokument ja als eine fortlaufende Datei betrachtet wird.

Hat ein Filialdokument ein eigenes Verzeichnis (oder einen eigenen Index), der nur für dieses Filialdokument gilt, müssen Sie das Verzeichnis im Filialdokument erstellen. Im Zentraldokument dürfen Sie nur die Seitenzahlen aktualisieren, da sonst auch die Verzeichnisebenen der anderen Filialdokumente mit berücksichtigt werden.

Bei Querverweisen müssen Sie das Zentraldokument im Auge haben. Textmarken, auf denen Querverweise oft beruhen, mit gleichem Namen, aber unterschiedlichem Inhalt dürfen nicht in verschiedenen Filialdokumenten auftauchen. Wenn doch, nimmt Word den Inhalt der ersten Textmarke, die im Zentraldokument auftaucht.

Seitennummern

Das Zentraldokument sorgt für eine fortlaufende Seitennumerierung auch in den Filialdokumenten. Wird jedoch ein Filialdokument geöffnet – egal, ob direkt oder vom Zentraldokument aus –, verliert es seine Paginierung wieder. Die richtigen Seitennummern gelten nur im Zentraldokument. Das gleiche gilt übrigens auch für Überschriften- oder Absatznumerierungen.

Drucken

Sie können das gesamte Zentraldokument einschließlich seiner Filialdokumente drucken – dann von der Normal- oder Layoutansicht aus. Natürlich auch ein einzelnes Filialdokument – wenn Sie es öffnen; dann allerdings hat es nicht die richtigen Seitenzahlen, und statt Querverweisen auf andere Filialdokumente bekommen Sie unter Umständen Fehlermeldungen, wenn die Felder beim Druck aktualisiert werden.

Das schränkt dann den Praxiseinsatz der Zentraldokumente doch entschieden ein. Zumindest umfangreiche Dokumente – sagen wir mal: alles, was über 50 Seiten hinausgeht – können zur Qual werden. Denn wann immer Sie in die Layoutansicht wechseln oder wenn Sie nur ein paar Seiten mittendrin drucken wollen: Word führt für alle Seiten davor einen Seitenumbruch durch. Wenn das für 30 Seiten geschieht, mag es ja noch angehen; bei ein paar hundert Seiten sitzen Sie vor dem PC und drehen Däumchen.

Von der Zentraldokument-Ansicht aus funktioniert der Druck wie bei einer üblichen Gliederung: Was eingeblendet ist, wird gedruckt.

Fußnoten

Im Gegensatz zu Kopf- und Fußzeilen, die einmal definiert werden und dann auf jeder Seite auftauchen, sind Fußnoten immer eine einmalige Angelegenheit. Fußnoten kennt jeder, und zumindest wer wissenschaftlich arbeitet, braucht sie auch häufig – zu häufig, denkt sich der Leser oft. Aber auch der Normalanwender ist hin und wieder dankbar, wenn er einen kleinen Hinweis als Fußnote unterbringen kann.

40.1 Fußnoten und Endnoten

Selbst bei renommierten Fachbüchern ist man mehr und mehr dazu übergegangen, sämtliche Fußnoten kapitelweise zusammenzufassen, weil alles andere zu mühselig und zu teuer in der Produktion sei. Und der Leser blättert und blättert ... Im Word-Sprachgebrauch sind das »Endnoten«. Die gehen auch.

Dank Word jedoch gilt die Ausrede von wegen mühselig und teuer nicht mehr, und Sie können die alte Tradition wieder aufnehmen (manche Traditionen haben ja durchaus ihre Berechtigung) und Fußnoten dort hinstellen (lassen), wo sie hingehören: die »Fußnote« im klassischen und im Word-Sinne.

Also nochmals: Fußnoten stehen am Ende, am Fuß einer Seite, Endnoten am Ende des Dokuments. Fuß- und Endnoten lassen sich in einem Text mischen; zur Unterscheidung werden unterschiedliche Fuß-/Endnotenzeichen verwendet.

Damit haben Sie die Gelegenheit, zum Beispiel Kommentare zum Text als Fußnoten zu definieren, Quellenbelege gesammelt am Schluß des Dokuments als Endnoten. Zum dritten schließlich lassen sich zu den durchnumerierten Fuß- und Endnoten weitere Fußnoten gesellen mit einem Stern oder ähnlichem als Zeichen.

Fußnoten können auch in Endnoten umgewandelt werden, einzeln oder komplett, und für Endnoten gilt das gleiche. So sind Sie nicht festgelegt auf das, was Sie einmal definiert haben, sondern können je nach Erfordernissen flexibel reagieren.

Um Sie nicht beständig mit dem Wortungetüm »Fuß-/Endnote« zu behelligen[1], begnüge ich mich mit der schlichten »Fußnote«; Sie wissen, daß sich das alles auch auf Endnoten übertragen läßt. Und wo es wirklich auf die Unterschiede ankommt, gehe ich natürlich darauf ein.

40.2 Fußnoten definieren

EINFÜGEN/
FUSSNOTE
Alt + Strg + F

Fußnoten können in der Normalansicht nur in einem speziellen Fensterausschnitt erstellt und bearbeitet werden.

➡ Sie bringen den Cursor an die Stelle im Text, wo Sie die Fußnote haben möchten.

➡ Sie aktivieren EINFÜGEN/FUSSNOTE und entscheiden sich zunächst grundsätzlich für eine Fuß- oder Endnote.

➡ Sie nehmen die Einstellungen vor, über die im folgenden noch zu sprechen sein wird.

➡ Sie beenden mit OK. Daraufhin wird der Bildschirm in zwei Hälften geteilt. Die untere Hälfte, jederzeit in der Größe veränderbar, nimmt die Fußnoten auf.[2]

Abbildung 40.1:
Dialogfeld zum
Einfügen von
Fußnoten

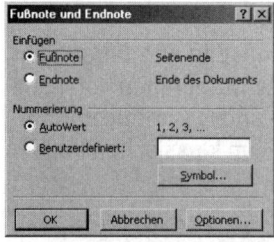

---

[1] Das zu schreiben macht mir ja keine Probleme, dank AutoKorrektur kann man ja schreiben lassen. Das hier ist die erste Fußnote. Sie werden im Verlauf dieses Kapitels noch auf mehr von der Sorte stoßen. Ist ja logisch.

[2] Fußnoten dürfen beliebig lang sein. Notfalls werden sie auf der nächsten Seite fortgesetzt.

➡️ Um das Fußnotenfenster zu schließen, klicken Sie auf SCHLIESSEN oder verkleinern es mit der Maus auf Nichts (Fensterteiler ins Leere ziehen) oder doppelklicken unmittelbar vor dem Fußnotenzeichen im Ausschnitt.[3]

Bringen Sie den Zeiger auf ein Fußnotenzeichen, erscheint sofort der Fußnotentext in einem kleinen Info-Fenster. Wenn Sie das Info-Fenster nicht zur Anzeige bringen können, checken Sie, ob in EXTRAS/OPTIONEN/ *Ansicht* die Option *QuickInfo* aktiviert ist.

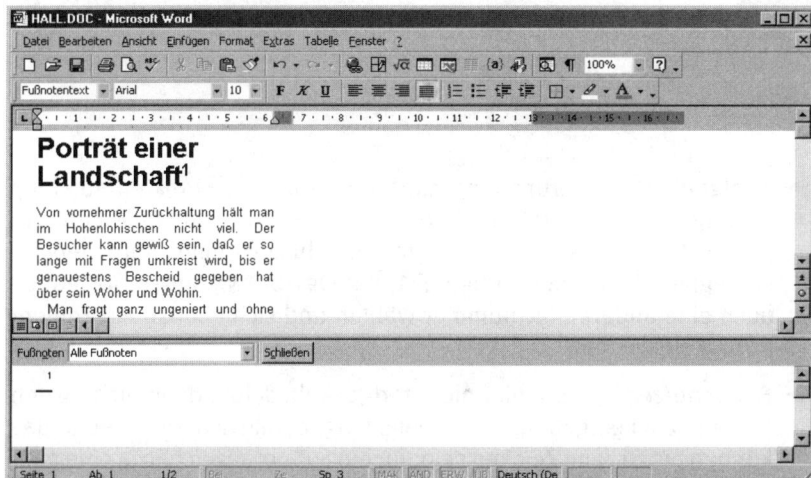

Abbildung 40.2:
Eine neue Fußnote ist im Entstehen. Das Fußnoten- zeichen ist bereits eingefügt, der Aus- schnitt für den Fuß- notentext geöffnet. Alles wartet jetzt auf den Text selber

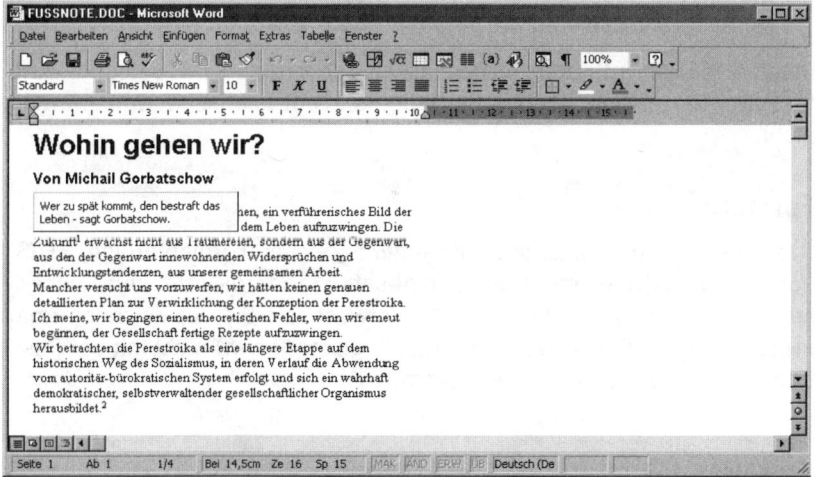

Abbildung 40.3:
Der Fußnotentext

---

[3] Alle Fußnoten werden, schön nacheinander, im selben Fensterausschnitt gesammelt.

Das Fußnotenzeichen

Zwei Arten von Fußnotenzeichen gibt es, die im Bereich *Numerierung* auszuwählen sind: eine von Word vorgenommene automatische Numerierung oder ein Fußnotenzeichen nach eigener Wahl.

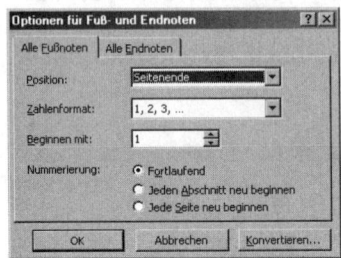

➡ Erfolgt die Numerierung automatisch (*AutoWert*), wird kontinuierlich weitergezählt und stets und sofort aktualisiert, wenn eine Fußnote gelöscht oder verschoben wird oder neu hinzukommt. Normalerweise beginnt die Numerierung bei 1, mit OPTIONEN können Sie jedoch auch eine andere Startnummer wählen und sich ebenso ein *Zahlenformat* aussuchen.[4]

➡ Bei *Benutzerdefiniert* wird nicht fortgezählt, selbst dann nicht, wenn Sie eine Zahl eingeben. Was Sie ins Eingabefeld schreiben – und das können bis zu zehn Zeichen sein, für ein Fußnotenzeichen ja eine ganze Menge[5] –, erscheint genau so im Text. Diese Art von Fußnotenzeichen bietet sich an, wenn nur gelegentlich eine Anmerkung gemacht werden soll.

Beide Arten von Fußnotenzeichen lassen sich mischen. Das selbstgewählte Fußnotenzeichen beeinflußt dabei die automatische Numerierung nicht.

Formate

Das Fußnoten*zeichen* erhält eine eigene Zeichen-Formatvorlage, »Fußnotenzeichen«, basierend auf der Absatz-Standardschrift und hochgestellt (und dabei gleich verkleinert). Verwechseln Sie das Zeichenformat »Hochgestellt« (FORMAT/SCHRIFTART, Register *Schrift*) nicht mit der Position »Höherstellen« in der Registerkarte *Abstand*.

---

[4] Standardmäßig verwendet Word für Fußnoten arabische Zahlen, für Endnoten kleine römische.

[5] Üblicherweise verwendet man einen Stern oder so etwas. Mit SONDERZEICHEN können Sie aber auch etwas Ausgefalleneres aussuchen. – Das Numerierungsformat im OPTIONEN-Fenster hat übrigens keine Auswirkung auf benutzerdefinierte Fußnotenzeichen.

Der Fußnoten*text* wird als »Fußnotentext« formatiert (ebenfalls basierend auf »Standard«) – kein Zeichen-, sondern ein Absatzformat.[6]

Änderungen an beiden Formatvorlagen schlagen, wie gewohnt, auf existierenden Fußnotentext oder Fußnotenzeichen sofort durch, so daß Sie diese Formate jederzeit anpassen können.

Für Endnoten gibt es die korrespondierenden Formatvorlagen »Endnotenzeichen« und »Endnotext«. Benutzerdefinierten Fußnoten werden ebenfalls die Endnoten-Formatvorlagen zugewiesen.

Die Trennlinien

Die Fußnoten müssen vom laufenden Text durch irgendetwas getrennt werden. So ist's Sitte, so ist's auch sinnvoll. Word setzt von sich aus eine etwa fünf Zentimeter lange Linie, die die »Standard«-Formatvorlage übernimmt, einschließlich aller Einzüge und Abstände.

Werden Fußnoten auf der nächsten Seite fortgesetzt, weil sie zu lang sind, wird die Fortsetzung vom übrigen Fußnotentext ebenfalls durch eine Linie getrennt. Die ist auch mit »Standard« formatiert, geht nun jedoch über die gesamte Breite, von Seitenrand zu Seitenrand.

Beide Linien können Sie ändern. Dazu müssen Sie zunächst einmal die Fußnoten sichtbar machen – ANSICHT/FUSSNOTEN[7]. Dort wählen Sie aus, ob Sie *Alle Fußnoten* oder *Alle Endnoten* sehen wollen.

Nächste Wahl: »Fußnotentrennlinie« oder »Fußnoten-Fortsetzungstrennlinie«. Bearbeitet werden beide gleich:

- Um die Linie zu löschen, muß sie ganz markiert werden.

- Sie können als Linie jedes beliebige Zeichen verwenden. Ihr Drucker muß es aber auch bewältigen können.

- Möchten Sie mehr Abstand zwischen Text und Fußnoten, geben Sie eine Reihe von Leerzeilen ein oder – noch besser – formatieren die Trennlinie entsprechend. Sie bekommt kein automatisches Format.

- ZURÜCKSETZEN im Fensterausschnitt setzt auf die Originallinien zurück, SCHLIESSEN beendet die Arbeit und speichert die neuen Linien.

---

[6] Das Zeichenformat der »Standard«-Absätze und damit also die Grundschrift des Dokuments wird mithin übernommen. Auch die Schriftgröße. Normalerweise aber verwendet man für den Fußnotentext eine kleinere Schrift. Faustregel: Sie sollte um 2 Punkt kleiner sein als die Grundschrift. Aber man sollte sich nicht sklavisch an diese Regel halten; entscheidend ist die Lesbarkeit, und das ist von Schrift zu Schrift verschieden.

[7] Die Trennlinien können Sie nur in der Normalansicht bearbeiten, die Fußnoten selbst auch in der Layoutansicht.

Fortsetzung folgt

Wenn eine Fußnote auf der nächsten Seite fortgesetzt werden muß, können Sie mit einem entsprechenden Vermerk darauf hinweisen. Den erstellen Sie mit der Auswahl *Fußnoten-Fortsetzungshinweis*. Word geht davon aus, daß Sie sich mit Fußnoten zurückhalten und hat deshalb keinen Fortsetzungshinweis vorgesehen. Er ist eigentlich auch nicht notwendig.

Durchgehend numeriert – oder was?

Gemeinhin werden Fußnoten durchnumeriert von der ersten bis zur letzten Seite. Und je nach Temperament ist der eine stolz, wenn er bei Fußnote 367 angelangt ist, dem anderen ist solcher Bienenfleiß eher peinlich.

Dem Menschen kann geholfen werden. Im OPTIONEN-Dialogfenster kann er bestimmen, daß die Fußnoten-Numerierung in jedem Abschnitt oder gar auf jeder Seite neu beginnen soll. Bei Endnoten bleibt nur die Wahl zwischen *Fortlaufend* und bei *Jeden Abschnitt neu beginnen*, was auch durchaus logisch ist. Endnoten auf jeder Seite sind ja Fußnoten.

Bei einem Dokument, das in mehrere Kapitel aufgeteilt ist, ergibt sich natürlich das Problem der Anschlußnumerierung. Sie müssen für jedes neue Teil die Startnummer festlegen. Um den richtigen Anschluß brauchen Sie sich nicht zu kümmern, wenn Sie die einzelnen Teile zu einem Zentraldokument zusammenfassen (siehe Kapitel 39, »Das Zentraldokument«, S. 615). Word numeriert dann fortlaufend weiter – sofern Sie, siehe oben, nichts anderes bestimmt haben.

Positionen

Fußnoten stehen am Fuß einer Seite, Endnoten am Ende des Dokuments. Soweit klar. Aber ein wenig kann man doch noch drehen an der Position in EINFÜGEN/FUSSNOTE, Schaltfläche OPTIONEN. [8]

- Fußnoten stehen normalerweise am *Seitenende* – unten auf der Seite; zu lange Fußnoten werden bekanntermaßen auf der nächsten Seite fortgesetzt. Das *Textende* meint: unmittelbar nach der letzten Textzeile, und zwar dann, wenn der Text die Seite nicht ganz füllt. Für volle Seiten gilt dann *Seitenende*.

- Endnoten stehen normalerweise am *Ende des Dokuments* – alle zusammengefaßt ganz hinten. Statt dessen können sie auch am *Abschnittsende* gesammelt werden – am Ende eines Abschnittes, wenn ein solcher definiert ist.

---

[8] Wenn Sie die Position der Fußnoten ändern, sollten Sie das Fußnoten-Dialogfenster mit SCHLIESSEN verlassen. OK oder (⏎) fügt nämlich an der Cursorposition eine neue Fußnote ein.

ÜBUNG: *Fußnoten erstellen (Beispieldatei: FUSSNOTE.DOC)*

1. Öffnen Sie FUSSNOTE.DOC.

    Sie enthält bereits viele Fußnoten als Spielmaterial für Sie. Bei diesem historischen Text haben sie sogar ihre Berechtigung.

2. Irgendwo im Text plazieren Sie den Cursor und aktivieren EINFÜGEN/ FUSSNOTE. Lassen Sie im Dialogfenster alles, wie es ist, und wählen Sie OK.

    Im unteren Teil sehen Sie die bereits vorhandenen Fußnoten. Ihre neue Fußnote wird automatisch an der richtigen Stelle mit der richtigen Nummer eingeordnet.

3. Fügen Sie an anderer Stelle im Text noch eine Fußnote ein, definieren Sie als Fußnotenzeichen einen Stern.

    Wie Sie selber überprüfen können, ändert das an der Numerierung der anderen Fußnoten nichts. Die Stern-Fußnote ist ein Einzelgänger.

4. Schalten Sie um in die Layoutansicht.

    Damit Sie sehen, wie so ein Text mit Fußnoten gedruckt aussehen würde.

40.3 Fußnoten bearbeiten

In der Layoutansicht werden die Fußnoten angezeigt, so daß Änderungen überhaupt kein Problem sind. Man sollte sich nur einen entsprechenden Vergrößerungsfaktor wählen. In der normalen Bearbeitungsansicht hingegen muß der Fußnotenausschnitt erst geöffnet werden – wenn er nicht ohnehin geöffnet bleibt, was ja sein darf.   ANSICHT/ FUSSNOTEN

▪► Sie aktivieren ANSICHT/FUSSNOTEN. Der Fußnotenausschnitt wird geöffnet, dessen Inhalt automatisch an die richtige, mit der Fußnote im Text korrespondierenden Stelle gerollt.

▪► In der Layoutansicht bewirkt ANSICHT/FUSSNOTEN nichts anderes als einen Sprung zu den Fuß- oder Endnoten. Ein eigenes Fenster wird dazu nicht geöffnet.

Mit der Maus stehen diese zwei Möglichkeiten offen:

▪► Sie tun so, als wollten Sie das Fenster teilen, halten dabei aber die ⇧-Taste gedrückt. Dies öffnet das Fußnotenfenster.

▪► Sie doppelklicken auf ein Fußnotenzeichen im Text, der Fußnotenausschnitt wird geöffnet.

Umgekehrt geht es genauso: Sie doppelklicken auf ein Fußnotenzeichen im Fußnotenfenster, das daraufhin geschlossen wird.

➡ Sobald Sie im Fußnotenausschnitt den Cursor in eine Fußnote setzen, wird der Text entsprechend gerollt, so daß Sie die Stelle vor sich haben, an der das Fußnotenzeichen steht.

Abbildung 40.5:
Fußnoten in der
Layoutansicht

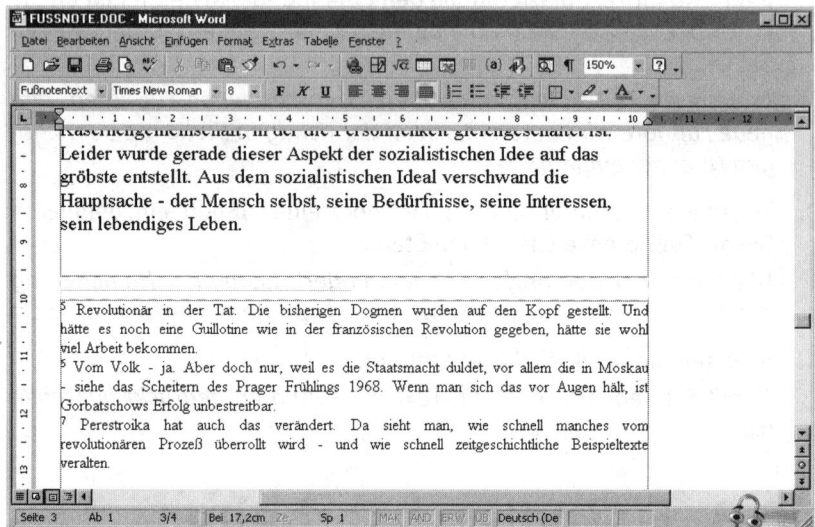

Verschieben, löschen, kopieren

Wenn Sie die nicht druckbaren Zeichen sichtbar machen, bemerken Sie um die Fußnotenzeichen einen gepunkteten Rahmen.

Fußnotenzeichen sind etwas Besonderes. Und weil die Fußnotenzeichen so aus dem Rahmen fallen, ist das Verschieben, Löschen oder Kopieren ganzer Fußnoten ein Kinderspiel. Alle diese Aktionen werden nicht mit dem Fußnotentext ausgeführt, sondern mit dem Fußnotenzeichen – der Text folgt automatisch nach, die anderen Fußnoten werden neu numeriert.

➡ Sie markieren im laufenden Text das Fußnotenzeichen.

➡ Sie löschen es. Auch der Fußnotentext wird gelöscht.

➡ Sie verschieben es. Der Fußnotentext kommt nach.

➡ Sie kopieren es. Kopiert wird auch der Fußnotentext.

Wer jemals in den Zeiten unserer Urahnen mit der Schreibmaschine Fußnoten zu schreiben hatte, der gerät schier aus dem Häuschen, wie einfach
das mit Word geht.

Fußnoten wiederholen

Und wer mit Fußnoten zu tun hat, weiß auch, daß sie sich oft wiederholen
– immer wieder die gleichen bei Literaturhinweisen. Nun kann man ja eine
solche Fußnote als AutoText-Eintrag speichern und schnell abrufen (siehe
Kapitel 11, »AutoText«, S. 151).

Es gibt aber noch einen eleganteren Weg, wenn Fußnoten wirklich identisch sind.

► Sie definieren das Fußnotenzeichen im Text als Textmarke – nennen
wir sie mal »Gorbi«. (Allgemeines zu Textmarken siehe Kapitel 25,
»Textmarken und Querverweise«, S. 465.) Die Beispieldatei FUSS-
NOTE.DOC enthält eine Textmarke mit diesem Namen. Probieren
Sie's aus!

► An der Stelle, an der die Fußnote wiederholt werden soll, fügen Sie –
im Text! – folgende Feldfunktion ein:

```
{REF Gorbi \f}
```

Der Schalter \ f wiederholt die Fußnote. Sie können die Feldfunktion,
statt zu schreiben, auch mit EINFÜGEN/FELD erstellen und können
dort auch gleich die Textmarke und den Schalter auswählen.

► An dieser Stelle erscheint im Text die nächste Fußnoten-Nummer, als
Fußnotentext selbst wird die »Gorbi«-Fußnote wiederholt.

Vorteil gegenüber dem Kopieren einer Fußnote: Wird die Original-Fußno-
te geändert und Sie aktualisieren das Verweis-Feld, haben Sie die neue
Fassung.

Querverweis auf eine andere Fußnote

Sie können auch auf eine andere Fußnote verweisen. Auch hier ist wieder
eine Feldfunktion im Spiel.

► Erstellen Sie eine neue Fußnote (EINFÜGEN/FUSSNOTE). Der Cursor
steht im Fußnotenausschnitt, und da soll er auch sein.

► Sie öffnen EINFÜGEN/QUERVERWEIS und wählen »Fußnote« oder
»Endnote«. Die vorhandenen werden angezeigt, auch die neue, noch
leere.

▉▶ Sie wählen die Fußnote aus, auf die verwiesen werden soll, und ebenso, worauf verwiesen werden soll: auf das Fußnotenzeichen oder auf
die Seite, auf der die Fußnote steht.

▉▶ Sie klicken auf EINFÜGEN (das Dialogfenster bleibt geöffnet, so daß
Sie weitere Verweise erstellen können), im Fußnotentext erscheint
eine Feldfunktion dieser Art:[9]

{NOTEREF _Ref276877716}

Die komische Zahl ist ein interner Bezug auf die Fußnote. Ist das Fußnotenzeichen, auf das verwiesen wird, als Textmarke definiert, steht
die anstelle der Zahl:

{NOTEREF Gorbi}

Und so können Sie dann munter verweisen, gleich zweifach, wenn Sie
möchten:

Näheres siehe Fußnote 25 auf Seite 38

Abbildung 40.6:
Querverweise in
den Fußnoten

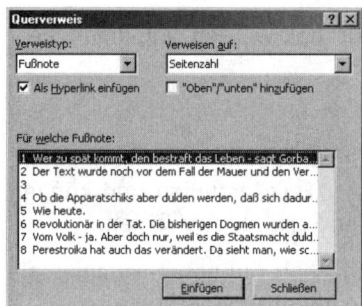

Fußnoten anspringen

Wo die nächste Fußnote ist, weiß oft nicht einmal der Autor eines Textes
genau. Hier bietet sich die Funktion BEARBEITEN/GEHE ZU an (noch
schneller: F5), mit der man schnell und gezielt zu einer bestimmten Fußnote springen kann.

Sie wählen »Fußnote« oder »Endnote« und geben dann die Nummer der
Fußnote ein. »6« beispielsweise springt zur Fußnote Nummer 6, von dort
aus geht es mit »–2« zwei Fußnoten zurück, also zur Fußnote 4.

---

[9] Sie können {NoteRef} um dem Schalter \f ergänzen. Dann wird die Fußnotennummer im
Format »Fußnotenzeichen« eingefügt. Die Feldfunktion nebst Schalter können Sie auch mit
EINFÜGEN/FELD auswählen, haben dort aber nur Zugriff auf Fußnoten(zeichen), die als Textmarke definiert sind, während mit EINFÜGEN/QUERVERWEIS sämtliche Fußnoten angezeigt
werden.

Ähnlich, vielleicht komfortabler: Sie springen mit den Doppelpfeilen rechts unten im Dokumentfenster. Zuvor müssen Sie aber natürlich das richtige »Objekt«, eben die Fuß- oder Endnote, auswählen.

40.4 Umwandeln

Aus einer Fußnote soll eine Endnote werden, dafür möchten Sie eine andere Endnote als Fußnote in den laufenden Text integrieren – kein Problem. Die einzige, schwerwiegende Entscheidung, die Ihnen abverlangt wird: alle oder einzelne?

Einzelne Fußnote umwandeln

➡ Mit Ansicht/Fussnoten machen Sie diese sichtbar und setzen den Cursor in die Fußnote, die umgewandelt werden soll.

➡ Sie öffnen das Kontextmenü – Klick mit der rechten Maustaste.

➡ Sie wählen In Endnote umwandeln (oder In Fussnote umwandeln, je nachdem), und es ist auch schon geschehen. Die Fußnote verschwindet. Wählen Sie jetzt »Alle Endnoten« im Auswahlfeld, taucht die vormalige Fußnote als Endnote wieder auf.

➡ Nach Bedarf müssen Sie das Format des Endnotenzeichens ändern.

Alle Fußnoten umwandeln

Dies geht nur über das Menü Einfügen/Fussnote, Schaltfläche Optionen, Schaltfläche Konvertieren.

Sie entscheiden, ob alle Fuß- oder Endnoten umgewandelt oder ob sie vertauscht werden sollen: aus den bisherigen Fußnoten werden Endnoten, die bisherigen Endnoten mutieren zu Fußnoten.[10]

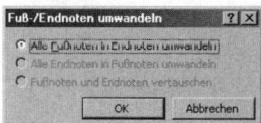

Abbildung 40.7:
Alle Fußnoten in Endnoten umwandeln oder vice versa

---

[10] Ein goldener Tip als Kapitel-Endnote: Übernehmen Sie Dokumente mit Fußnoten aus Winword 2.0, haben die Fußnotenzeichen nicht die entsprechende Formatvorlage, denn Formatvorlagen für Zeichen gibt es erst seit der Version 6.0. Sie sollten ihnen die Formatvorlage »Fußnotenzeichen« zuweisen. So können Sie erstens Formatänderungen leichter durchführen. Und zweitens bekommen neu eingefügte Fußnoten automatisch diese Formatvorlage, so daß Sie ohnehin irgendetwas ändern müssen.

Verzeichnisse

*B*ücher ohne Inhaltsverzeichnis (Sach- und Fachbücher zumindest) haben höchstens Brennwert: Wie soll man sonst etwas finden? Word erstellt Inhaltsverzeichnisse ohne Mühe. Ach, Sie schreiben gar keine Bücher und brauchen deshalb auch kein Inhaltsverzeichnis? Aber vielleicht andere Verzeichnisse. In einem Bericht etwa ein Verzeichnis der Abbildungen oder Tabellen. Auch das bereitet Word keinen sonderlichen Aufwand – und Ihnen auch nicht.

41.1 Verzeichnisse erstellen

Wenn Sie in diesem Dialogfenster die (Register-)Karte *Inhaltsverzeichnis* ziehen, müssen Sie sich zunächst für bestimmte Grundeinstellungen entscheiden, deren Wirkung Sie zum größten Teil im Vorschaufenster begutachten können:

EINFÜGEN/ INDEX UND TABELLEN

■➤ *Seitenzahlen anzeigen* – ist so üblich bei einem Inhaltsverzeichnis. Bei anderen Arten von Verzeichnissen muß es jedoch nicht unbedingt sein.

■➤ *Seitenzahlen rechtsbündig* fügt zwischen Eintrag und Seitenzahl einen Tabulator ein (sonst ein Leerzeichen) und stellt die Seitenzahlen an den rechten Spaltenrand; Sie können ergänzend auch ein *Füllzeichen* auswählen.

■➤ *Ebenen anzeigen* – geht davon aus, daß Sie ein Inhaltsverzeichnis aus Gliederungsebenen, mithin den »Überschrift«-Formatvorlagen erstellen wollen. Die Vorgabe »3« besagt, daß die Ebenen 1 bis 3 in das Inhaltsverzeichnis aufgenommen werden.

Abbildung 41.1:
Kriterien für die
Erstellung eines
Inhalts-
verzeichnisses
festlegen

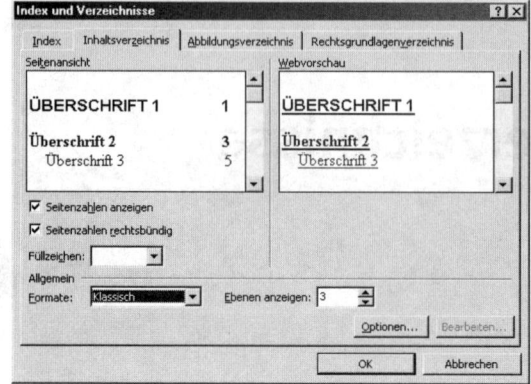

Das Verzeichnis formatieren

Diese Arbeit übernimmt Word, wenn Sie im Dialogfenster ein bestimmtes Format wählen; was unter einem »klassischen« oder einem »eleganten« Verzeichnis zu verstehen ist, zeigen die beiden Vorschaufenster getrennt für die Seiten- und die Webansicht.

Was Word dabei macht, ist ganz und gar nicht geheimnisvoll. Für die verschiedenen Verzeichnisebenen hat Word Formatvorlagen namens »Verzeichnis 1« bis »Verzeichnis 9«. Und Word ändert diese Formatvorlagen je nach Typ, den Sie gewählt haben.

Das können Sie auch selbst tun, entweder nachträglich, nachdem das Verzeichnis bereits erstellt worden ist, oder bereits im voraus.

Dazu wählen Sie den Typ »Von Vorlage«, klicken auf BEARBEITEN und haben nun gewissermaßen einen Auszug aus dem Formatvorlagen-Fenster vor sich (siehe Kapitel 23, »Formatvorlagen«, S. 407), von dem aus Sie die Formatvorlagen ändern können.

Die »Verzeichnis«-Formate basieren alle auf »Standard«. Das ist unpraktisch. Wenn Sie beispielsweise die Tabstops für die Seitenzahlen ändern, müssen Sie das in jeder Ebene tun. Besser, Sie ändern die Abhängigkeiten und machen »Verzeichnis 1« zur Grundlage aller »Verzeichnis«-Formate. Änderungen schlagen dann automatisch durch. Zusätzlich können Sie die neue Formatfolge in die Dokumentvorlage schreiben. Aber Vorsicht: Wenn Sie NORMAL.DOT verwenden, ist das global gültig!

Verschiedene Verzeichnisse in einem Dokument haben alle dasselbe Format – weil sie auf denselben Formatvorlagen beruhen. Sie können das nur umgehen, wenn Sie statt den »Verzeichnis«-Formatvorlagen andere zuweisen.

Das Verzeichnis wird als Feld eingefügt. Dasselbe können Sie also auch manuell erledigen. Die Menüfunktion dient nur der Bequemlichkeit. Dazu weiter hinten noch Näheres.

Sie können in einem Dokument mehrere Verzeichnisse haben. Word fragt dann, ob das bereits vorhandene Verzeichnis ersetzt werden soll.

Die Seitenzahlen eines Verzeichnisses sind Hyperlinks. Ein Klick darauf, und Sie springen an die entsprechende Stelle im Dokument – aber nur, wenn sich das Verzeichnis in derselben Datei befindet; bei einem Verzeichnis aus mehreren Dateien funktioniert das leider nicht (übrigens auch nicht mit einem Index). Zu Hyperlinks siehe Kapitel 55, »Web-Design«, S. 837.

ÜBUNG: *Inhaltsverzeichnis erstellen (Beispieldatei: VERZEICH.DOC)*

1. Setzen Sie den Cursor an den Beginn des Dokuments in den leeren Absatz. Aktivieren Sie Einfügen/Index und Tabellen.

    3 Ebenen sollen herausgezogen werden – ändern Sie, falls dies nicht die Voreinstellung ist. Wählen Sie ein Format nach Geschmack

2. Schalten Sie, falls nötig, mit [Alt]+[F9] auf Ergebnisdarstellung.

    Sonst sehen Sie unter Umständen nur die Feldfunktion, nicht das Inhaltsverzeichnis selber.

3. Setzen Sie den Cursor in das Verzeichnis, drücken Sie [F9].

    Damit wird das Verzeichnis aktualisiert (siehe den nächsten Abschnitt).

Die richtigen Seitenzahlen

Ein Inhaltsverzeichnis pflegt in der Regel vor dem eigentlichen Text zu stehen. Und da sehen Sie vielleicht ein Problem auf sich zukommen.

Wenn Sie das Inhaltsverzeichnis zum ersten Mal erstellen, beginnt der Text auf Seite 1, entsprechend ist die Seitennumerierung im Inhaltsverzeichnis.

Bloß stimmt sie jetzt nicht mehr. Denn auf Seite 1 steht jetzt das Inhaltsverzeichnis und erstreckt sich meinetwegen bis Seite 4, der eigentliche Text fängt auf Seite 5 an. Um Himmels willen!

Gemach, gemach! Das Problem löst sich von selber.

▪► Sie erstellen das Inhaltsverzeichnis, fügen es vor dem Text ein und formatieren es. Nun wissen Sie (und Word), wieviel Platz es beansprucht.

▪► Sie markieren das Inhaltsverzeichnis, drücken dann F9. Das Inhaltsverzeichnis ist ja ein Feld und braucht nur aktualisiert zu werden. Word fragt noch, ob Sie nur gern neue Seitenzahlen hätten (geht schneller) oder gleich ein ganz neues Verzeichnis. Damit hat dann alles seine Ordnung.

Abbildung 41.2:
Inhaltsverzeichnis
aktualisieren

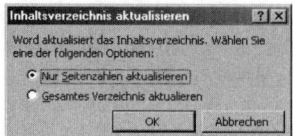

Gliederungsnumerierung

Wenn Sie die Überschriften numeriert haben (siehe Kapitel 21, »Listen, Numerierungen, Aufzählungen«, S. 361), wird die Numerierung in das Inhaltsverzeichnis übernommen. Die Nummern sind mit einem Tabulator vom Text getrennt, nicht mehr nur mit einem Leerzeichen wie in früheren Versionen, was für die Formatierung vorteilhaft ist.

Auch Gliederungs-»Überschriften« in Tabellen können für Verzeichnisse herangezogen werden.

41.2 Andere Verzeichnisse

Ein Verzeichnis aus Überschriften ist sozusagen die Pflicht. Die Kür bezieht sich auf andere Absätze. Und hier zeigt sich Word so flexibel, wie man sich's nur wünschen kann.

▪► Sie schalten vom Dialogfenster weiter mit OPTIONEN. Hier sehen Sie eine Liste sämtlicher Formatvorlagen, die im Dokument verwendet werden.

▪► Die Ebenen, die im Hauptfenster angegeben waren, sind mit einer Zahl versehen: »Überschrift 1« hat eine 1, »Überschrift 2« eine 2 usw. Diese Zahl bestimmt, welcher *Inhaltsverzeichnis*ebene die betreffende Formatvorlage zugeordnet wird. Steht hier beispielsweise eine »9«, wird die betreffende Verzeichnisebene mit »Verzeichnis 9« formatiert.

➡ Wählen Sie die Absätze (respektive die Formatvorlagen), aus denen Sie ein Verzeichnis erstellen wollen, und weisen Sie ihnen eine Verzeichnisebene zu. Die vorhandenen können Sie löschen. ZURÜCKSETZEN setzt immer auf die Überschriften 1 bis 3 zurück.

Die *Verzeichniseintragsfelder* kommen auf S. 646 zur Sprache.

Sie haben damit also wahrhaftig die Möglichkeit, aus sämtlichen Absätzen eines Dokuments ein Verzeichnis zu erstellen, und sei's aus den »Standard«-Absätzen.

Wissen Sie jetzt, warum Formatvorlagen nicht nur bequemer, sondern auch in anderer Hinsicht brauchbarer sind als manuelle Formatierungen?

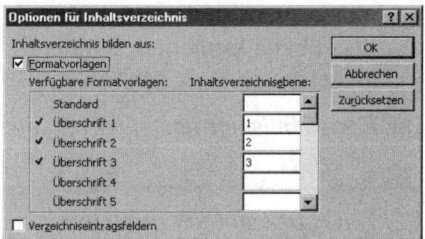

Abbildung 41.3:
Zusätzliche
Optionen zum
Inhaltsverzeichnis

Abbildungsverzeichnisse

Befinden sich in Ihrem Dokument Beschriftungen für Abbildungen, Tabellen oder dergleichen, erstellt mit EINFÜGEN/BESCHRIFTUNG, können Sie ein gesondertes Abbildungsverzeichnis mit der betreffenden Registerkarte erzeugen. (Näheres zu den Beschriftungen siehe Kapitel 15, »Tabellen«, S. 225, und Kapitel 48, »Grafiken«, S. 725.)

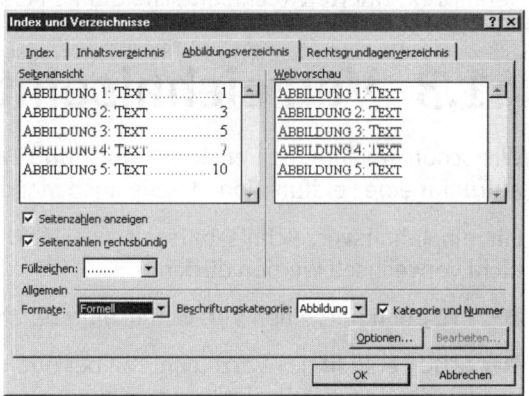

Abbildung 41.4:
Verzeichnisse für
Abbildungen,
Tabellen etc.
erstellen

Es ist im Prinzip das gleiche wie ein normales Verzeichnis, nur mit ein paar Optionen mehr.

➡️ Sie wählen eine *Beschriftungskategorie* aus, je nachdem, welche Art von Beschriftung Sie herausziehen möchten.

➡️ *Kategorie und Nummer* schließt auch den Beschriftungstext und die fortlaufende Numerierung mit ein (z.B. »Abbildung 1.1«) – der Text, der mit EINFÜGEN/BESCHRIFTUNG festgelegt und eingefügt wird. Ohne diese Option wird lediglich der Text aufgenommen, den Sie zusätzlich in der Beschriftung verwenden.

➡️ Die OPTIONEN erlauben Ihnen noch einmal, ein Verzeichnis auf eine bestimmte Formatvorlage zu beschränken. Im Unterschied zum normalen Verzeichnis wird dieses nicht mit einer (wählbaren) »Verzeichnis«-Ebene formatiert, sondern mit der Formatvorlage »Abbildungsverzeichnis« – wie generell ein Abbildungsverzeichnis.

Die *Verzeichniseintragsfelder* kommen im nächsten Abschnitt.

VERZEICH.DOC enthält zum Ausprobieren auch eine Abbildungs- und eine Tabellenbeschriftung.

Rechtsgrundlagenverzeichnis

Diese spezielle Möglichkeit steht nur zur Verfügung, wenn Sie als zusätzliche Sprache US-Englisch, kanadisches Französisch oder Holländisch installiert haben. Sie fußt auf dem angelsächsischen Rechtssystem, das sich auf Präzedenzfälle bezieht. Damit können Sie dann ein Verzeichnis der im Text zitierten Rechtsentscheidungen erstellen.

41.3 Verzeichniseinträge

Wie schon erwähnt, ist EINFÜGEN/INDEX UND TABELLEN lediglich ein Kurzaufruf für eine Feldfunktion, die Sie auch manuell eingeben können.

Für ein Inhaltsverzeichnis müssen zwei Feldfunktionen herhalten, die nicht verwechselt werden dürfen:

➡️ {TC} definiert einen Verzeichniseintrag, ähnlich einer Textmarke.

➡️ {TOC} erstellt das Verzeichnis selber und greift dafür, so gewünscht, auf die Verzeichniseinträge zurück.

Mit F11 *können Sie Verzeichniseinträge nicht anspringen! Dafür aber mit* F5. *Als Feld wählen Sie »Inhalt« aus. Word macht dann verborgenen Text sichtbar.*

Verzeichniseinträge

Die Syntax für die Feldfunktion lautet:

```
{TC Text [Schalter]}
```

Der Text muß, wie immer in solchen Fällen, zwischen Anführungszeichen stehen, wenn er aus mehreren Wörtern besteht. Bei einem Wort kann darauf verzichtet werden.

Drei Schalter stehen zur Auswahl. Den einen, \n, hat man schnell abgehakt: Er unterdrückt die Seitenzahl im Verzeichnis.

Verzeichnisebenen

Der Schalter \l bestimmt die Verzeichnisebene. So können Sie jedem Eintrag seine eigene Ebene zuweisen. Eine Automatik wie bei Überschriften gibt es hier verständlicherweise nicht.

Beispiel: Sie erstellen folgende Verzeichniseinträge:

```
{TC "Arbeit am Text" \l 1}
{TC "Text markieren" \l 2}
{TC "Mit der Tastatur" \l 3}
{TC "Mit der Maus" \l 3}
```

Das Inhaltsverzeichnis könnte dann etwa so aussehen:

```
Arbeit am Text                    8
    Text markieren               10
            Mit der Tastatur     12
            Mit der Maus         14
```

Verschiedene Verzeichnisse

Mit dem Schalter \f können Sie neben all den sonst möglichen noch weitere Verzeichnisse erstellen, die sich nicht mit Formatvorlagen erfassen lassen.

Für jedes dieser Verzeichnisse vergeben Sie ein Erkennungszeichen, das dem Schalter \f folgt. Das darf wirklich nur ein Zeichen sein – egal welches. Buchstaben natürlich, aber auch Zahlen, Umlaute oder Sonderzeichen wie # sind erlaubt. Diese Erkennungszeichen sind nicht notwendig, sondern nur ein Mittel, die Einträge zu selektieren.

Auf die Erkennungszeichen beziehen Sie sich bei der Erstellung des Inhaltsverzeichnisses.

Beispiel: Das könnten Verzeichniseinträge sein:

```
{TC "Tabelle 1" \f t}
{TC "Bild 1" \f b}
{TC "Tabelle 2" \f t}
{TC "Bild 2" \f b}
{TC "Tabelle 3" \f t}
{TC "Bild 3" \f b}
```

Mit den Erkennungszeichen »t« und »b« lassen sich dann zwei Verzeichnisse unabhängig voneinander erstellen:

```
Bild 1            12
Bild 2            28
Bild 3            36

Tabelle 1         16
Tabelle 2         19
Tabelle 3         22
```

Der Buchstabe »c« als Erkennungszeichen ist reserviert für ein Inhaltsverzeichnis, »f« für ein Abbildungsverzeichnis. »c« ist einigermaßen wichtig (siehe nächste Seite), »f« hat eher theoretische Bedeutung.

Verzeichniseinträge – bequem

Keine Angst, Sie müssen sich für Verzeichniseinträge nicht mühsam tippend durch das Dokument arbeiten.

➡ Sie markieren im Text ein Wort, das zu einem Verzeichniseintrag werden soll.

Abbildung 41.5:
Eintrag festlegen

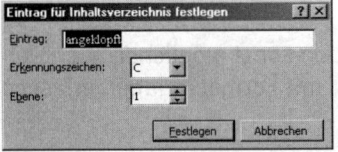

➡ Sie drücken [Alt]+[⇧]+[O]. Ein Dialogfenster erscheint. Sie brauchen nur noch das Erkennungszeichen auszuwählen und die Verzeichnisebene zu bestimmen.

► Die Auswahl der Erkennungszeichen beschränkt sich auf die Buchstaben von A bis Z. Möchten Sie ein absonderliches Zeichen, müssen Sie das in der Feldfunktion ändern.

► Das Dialogfenster ist eines dieser »schwebenden«, die geöffnet bleiben, so daß Sie sich bequem durch Ihren Text klicken können.

Verzeichnis aus Verzeichniseinträgen

Mit EINFÜGEN/INDEX UND TABELLEN lassen sich verschiedene Arten von Verzeichnissen aus Eintragsfeldern erstellen:

► Registerkarte *Inhaltsverzeichnis*, OPTIONEN: Ist *Formatvorlagen* deaktiviert, *Verzeichniseintragsfelder* hingegen markiert, werden die Eintragsfelder mit der Kennung »c« herausgezogen – nur diese.

► Zusätzlich können Sie Formatvorlagen in das Verzeichnis aufnehmen, wenn Sie *Formatvorlagen* markieren und bei den gewünschten Formatvorlagen die Verzeichnisebenen eintragen.

► Registerkarte *Abbildungsverzeichnis*, OPTIONEN: Ist *Formatvorlage* deaktiviert, *Verzeichniseintragsfelder* hingegen markiert, werden die Eintragsfelder herausgezogen, deren Erkennungszeichen Sie angeben.

► Zusätzlich können Sie eine Formatvorlage in das Verzeichnis aufnehmen, wenn Sie *Formatvorlagen* markieren und die gewünschte Formatvorlage auswählen. Sie wird in dem Fall nicht mit »Verzeichnis« formatiert, sondern mit »Abbildungsverzeichnis« – wie alle mit der Registerkarte *Abbildungsverzeichnis* herausgezogenen Verzeichniseinträge, unabhängig davon, welche Verzeichnisebene dem Eintrag zugewiesen ist.

► Zudem können Sie noch eine Beschriftungskategorie einschließen – das wären dann drei Elemente in einem Verzeichnis. Bestimmen Sie zuerst das Erkennungszeichen und die Formatvorlage und dann erst die Kategorie. Alternativ geht auch ein Verzeichnis aus Eintragsfeldern und Beschriftung; dann müssen Sie die Formatvorlage deaktivieren.

41.4 Verzeichnis erstellen mit der Feldfunktion

EINFÜGEN/INDEX UND TABELLEN macht nichts anderes, als eine entsprechende {TOC}-Feldfunktion zu erzeugen. Die Menüfunktion indes deckt nicht alles ab, was {TOC} zu bieten hat. Die Schalter sind in Tabelle 41.1 auf Seite 651 aufgeführt. Einige davon bedürfen gewiß einer Erklärung.

■► \o zieht die Gliederungsüberschriften für das Verzeichnis heran – alle, wenn nichts Näheres bestimmt wird. Wie in der Menüfunktion können Sie das Verzeichnis auf einzelne Ebenen beschränken.

{TOC \o "3-6"}

■► \f bezieht sich auf Verzeichniseinträge mit dem entsprechenden Erkennungszeichen. Hier wird ein Verzeichnis nur aus den Einträgen mit dem Erkennungszeichen »b« erstellt:

{TOC \f b}

\f ist als Schalter auch dann notwendig, wenn gar keine Erkennungszeichen vergeben worden sind und nur normale Verzeichniseinträge herangezogen werden sollen. Dann steht \f solo. Ohne \f werden nämlich sonst die Gliederungsebenen berücksichtigt.

■► \b beschränkt das Verzeichnis auf einen definierten Textbereich, der mit einer Textmarke belegt worden ist.

■► \c erstellt ein Verzeichnis aus einer Beschriftungs-Kategorie:

{TOC \c "Tabelle"}

Wird statt \c der Schalter \a verwendet, sind Beschriftungstext und Nummer nicht in das Verzeichnis eingeschlossen.

■► \n unterdrückt die Seitenzahlen und kann bei allen Verzeichnisarten eingesetzt werden.

■► \p definiert das Trennzeichen zwischen Text und Seitenzahl im Verzeichnis. De facto wird nur ein Zeichen akzeptiert (obschon bis zu fünf möglich sein sollen), so daß Sie beispielsweise keine zwei Leerzeichen angeben können.

■► Der Schalter \s setzt eine Sequenznummer vor die Seitenzahl. Was bedingt, daß eine solche Sequenznummer auch irgendwo vorhanden ist. Sie wird mit der Funktion {SEQ} erzeugt (siehe Kapitel 21, »Listen, Numerierungen, Aufzählungen«, S. 361).\d bestimmt das Trennzeichen zwischen Sequenznummer und Seitenzahl.

Schalter	Bedeutung
\a *Kategorie*	Abbildungsverzeichnis aus der angegebenen Beschriftungs-Kategorie, doch ohne Kategorie-Text und Numerierung.
\b *Textmarke*	Verzeichnis beschränkt auf den Bereich der Textmarke.
\c *Kategorie*	Abbildungsverzeichnis aus der angegebenen Beschriftungs-Kategorie.
\d *Zeichen*	Trennzeichen zwischen Nummernsequenz und Seitenzahl (nur in Verbindung mit \s).Vorgabe: Bindestrich
\f *Kennung*	Verzeichnis beschränkt auf Einträge mit diesem Erkennungszeichen.
\l *Ebenen*	Verzeichnis beschränkt auf Eintragsfelder mit den angegebenen Ebenen. Es muß ein Bereich angegeben werden (\l 1-3).
\n	Verzeichnis ohne Seitenzahlen.
\o *Ebenen*	Verzeichnis beschränkt auf Gliederungsebenen.
\p *Zeichen*	Trennzeichen zwischen Eintrag und Seitenzahl. Maximal sind zwar 5 Zeichen möglich, jedoch nur eines wird de facto akzeptiert. Vorgabe: Tabulator
\s *Sequenz*	Setzt vor die Seitenzahl die Nummernsequenz; das Trennzeichen kann mit \d bestimmt werden.
\t *Format*	Verzeichnis aus den angegebenen Formatvorlagen. Mit einem Semikolon angeschlossen werden kann die Verzeichnisebene (z.B. \T "Zitat;3")
\w	Tabulatoren in Tabelleneinträgen werden beibehalten.
\x	Zeilenende-Marken in Tabelleneinträgen werden beibehalten.

Tabelle 41.1:
Schalter für
Verzeichnisse

41.5 Verzeichnis aus mehreren Dateien

Wenn Sie ein langes Dokument in verschiedene Dateien aufgeteilt haben (was schon aus Gründen der Arbeitsgeschwindigkeit ratsam ist), können Sie gleichwohl ein gemeinsames Verzeichnis erzeugen.

➡ Sie erstellen eine neue Datei.

➡ Sie fügen untereinander Felder ein mit den Dateinamen der einzelnen Dokumente, nach dem Muster:

```
{RD "Dateiname"}
```

■► Als letztes fügen Sie ein {TOC}-Feld ein und aktualisieren dann die gesamte Datei.

Achten müssen Sie auf folgende Punkte:

■► Geben Sie die Dateinamen unbedingt mitsamt Pfad an, selbst wenn sich die Dokumente im selben Unterverzeichnis befinden, und zwar zwischen Anführungszeichen.

■► Sorgen Sie in den Einzeldokumenten für den richtigen Anschluß von Seitenzahlen, Fußnotennummern, Zählernummern und dergleichen.

Beispiel: Ein solches kapitelübergreifendes Verzeichnis könnte so aussehen:

```
{RD "c:\\texte\\kap01.doc"}
{RD "c:\\texte\\kap02.doc"}
{RD "c:\\texte\\kap03.doc"}
{RD "c:\\winword\\manus\\kap04.doc"}
{RD "c:\\buch\\kap05.doc"}
{TOC \o 1-3}
```

Bei einem umfangreichen gemeinsamen Verzeichnis aus mehreren Dateien steigt Word unter Umständen aus. Teilen Sie dann auf: zunächst die ersten fünf Dateien, dann die nächsten fünf ... Oder Sie lassen für jede Einzeldatei ein Verzeichnis erstellen und kopieren die dann zusammen. Außerdem dürfen In der Zieldatei für ein gemeinsames Verzeichnis weder die nicht druckbaren Zeichen noch Feldfunktionen sichtbar sein. Diese Einstellungen überträgt Word nämlich bei der Verzeichniserstellung auf die Einzeldokumente (die werden ja im Hintergrund geöffnet, und dann gilt eben die aktuelle Einstellung). Folge: Der Seitenumbruch ändert sich (es ist ja jetzt mehr Text), und im Verzeichnis stimmen die Seitenzahlen nicht.

Verzeichnis mit dem Zentraldokument

Wesentlich leichter tun Sie sich, wenn Sie mehrere Dokumente zu einem Zentraldokument zusammenfassen (siehe Kapitel 39, »Das Zentraldokument«, S. 615). Vorteile:

■► Sie erstellen damit ein gemeinsames Verzeichnis für mehrere Dateien, ohne mühsam eine Dateiliste mit {RD} aufbauen zu müssen.

■► Im Zentraldokument sorgt Word automatisch für eine fortlaufende Numerierung der Einzeldokumente.

Index

Kapitel **42**

Die Indexerstellung ist zu recht gefürchtet, weil sie viel Arbeit macht. Denn irgendwie muß im Text immer markiert werden, was im Index erscheinen soll. Word kann das zumindest teilweise abnehmen, indem bestimmte Wörter automatisch indiziert werden. Und eine Fehlerquelle gibt es auf alle Fälle nicht mehr, die früher allzu häufig anzutreffen war: Die Verweise auf die betreffenden Seiten stimmen immer. Denn das erledigt Word automatisch.

42.1 Indexeinträge über das Menü

Ein Index ist ein Stichwortregister. Es verweist mit Seitenzahlen auf bestimmte Stichwörter im Text.

EINFÜGEN/ INDEX UND TABELLEN

Die Stichwörter müssen im Text als Indexeinträge vorhanden sein. Diese Indexeinträge zieht Word heraus und erstellt daraus den Index.

Das sind zwei verschiedene Arbeitsgänge, die aber im selben Dialogfeld vereint sind.

Die Stichwörter müssen im Text markiert oder in ein Dialogfenster geschrieben werden (man kann dazu auch ein Makro einsetzen, siehe weiter unten).

Für dieses Kapitel sei Ihnen die Übungsdatei INDEX.DOC wärmstens ans Herz gelegt. Sie enthält schon jede Menge Indexeinträge, so daß Sie wie der Blitz einen Index generieren können.

Indexeinträge erfolgen immer als verborgen formatiertes Feld (Abbildung 42.2); Einzelheiten dazu im nächsten Abschnitt. Die Menüfunktion EINFÜGEN/INDEX UND TABELLEN macht auch nichts anderes, als ein Feld einzufügen. Aber Sie müssen sich wenigstens nicht mit Schaltern und korrekter Schreibweise herumplagen.

Die Arbeitsschritte

▶ Sie positionieren im Text den Cursor dort, wo der Indexeintrag erfolgen soll. Also genau hinter oder vor die Textstelle, die der Leser mit Hilfe des Index finden soll. Die richtige Position ist wichtig, denn aus ihr ergibt sich die Seitenzahl im Index.

▶ Sie öffnen EINFÜGEN/INDEX UND TABELLEN, Registerkarte *Index*, klicken auf die Schaltfläche EINTRAG FESTLEGEN (Shortcut dafür: Alt + ⇧ + X).

▶ In das Feld *Haupteintrag* schreiben Sie das Stichwort so, wie es später im Index erscheinen soll.

Abbildung 42.1:
Indexeinträge über
das Menü erstellen

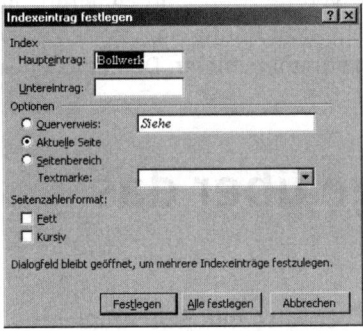

▶ Einfacher ist es, einen Textteil zu markieren. Er wird in das Eingabefeld übernommen, wo er bearbeitet werden kann.

▶ Sie bestimmen, ob die Seitenzahlen im Index *Fett* oder *Kursiv* gedruckt werden sollen, sowie etliche andere Feinheiten, die im folgenden beschrieben werden.

▶ Das Dialogfenster bleibt geöffnet, so daß Sie weitere Indexeinträge aufnehmen können.

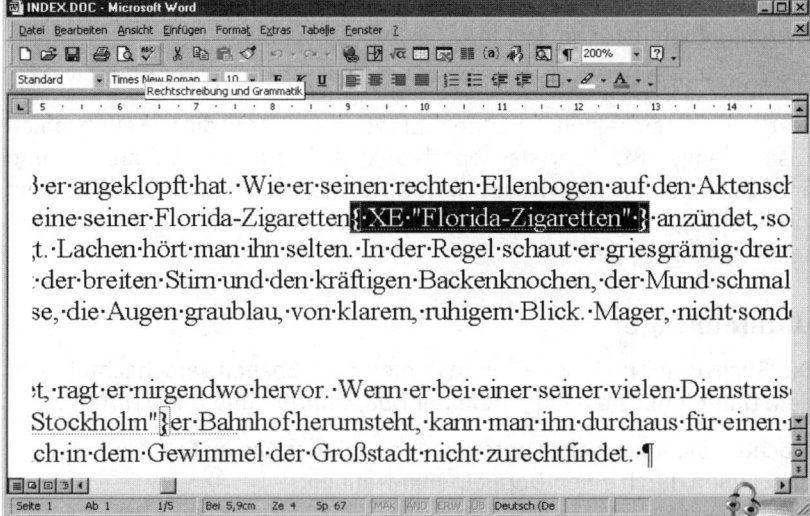

Worauf verwiesen wird

Der Verweis auf das Stichwort erfolgt in der Regel mit Seitenzahl; das
(*Aktuelle Seite*) ist die Vorgabe im Menü. Statt dessen sind aber auch
andere Arten von Verweisen möglich.

- *Querverweis* fügt statt der Seitenzahl einen Verweis auf ein anderes
  Stichwort ein; auf was verwiesen wird – das andere Stichwort also –
  und in welcher Art, müssen Sie hier eintragen und gegebenenfalls mit
  Shortcuts formatieren. Die Vorgabe ist »Siehe«; Sie können aber
  auch schreiben »Schlag nach bei Shakespeare« oder irgendwas
  anderes. Word kommt durcheinander, wenn ein solcher Verweis
  mehrfach auftaucht. Brav werden die Verweise aneinander gereiht.

- Mit dem Feld *Seitenbereich* fassen Sie Stichwörter zusammen, die
  über mehrere Seiten hinweg auftauchen. Den Bereich müssen Sie
  zuvor als Textmarke definiert haben (siehe Kapitel 25, »Textmarken
  und Querverweise«, S. 465), die Sie hier auswählen.

Beispiel: Sie haben Indexeinträge namens »Eintrag« über ein sechs Seiten langes Dokument verstreut. Ohne Bereichsangabe erscheinen sie im
Index so:

    Eintrag 1;2;3;5;6

Sie ersehen daraus: Nur auf der vierten Seite findet sich das Stichwort
nicht.

Nun definieren Sie diese sechs Seiten als Textmarke »Bereich« und geben die im Dialogfenster an. Der Index sieht jetzt so aus:

```
Eintrag 1-6
```

Statt der einzelnen Seiteneinträge werden die Seitenzahlen zusammengefaßt. Aber das beschränkt sich auf den definierten und angegebenen Bereich. Erfaßt werden erste und letzte Seite mit dem Indexeintrag, unbeschadet davon, ob es zwischendurch Seiten ohne diesen Indexeintrag gibt.

Untereinträge

Die Stichwörter im Index können in mehreren Ebenen verschachtelt werden. Dafür gibt es die Eingabefelder *Haupteintrag* und *Untereintrag*.

Möchten Sie noch weiter untergliedern, müssen Sie im Feld *Untereintrag* die Ebenen durch einen Doppelpunkt trennen:

```
Ebene 1:Ebene 2
```

Im Index sieht das dann so aus:

```
Haupteintrag
    Ebene 1
        Ebene 2
```

Enthält das Stichwort selbst einen Doppelpunkt, müssen Sie im Eingabefeld einen umgekehrten Schrägstrich \ davorsetzen (sonst wird ein Untereintrag daraus).

Automatische Indexeinträge

Sind immer wieder die gleichen Wörter als Einträge zu definieren – Namen beispielsweise –, können Sie sich die Indizierung vereinfachen.

➡ Mit der Schaltfläche ALLE FESTLEGEN durchsucht Word das gesamte Dokument nach dem angegebenen Stichwort in exakt derselben Schreibweise und fügt überall einen Indexeintrag ein. Dies geht allerdings nur mit der Option *Aktuelle Seite*.

➡ Sie können eine Konkordanzdatei erstellen mit einer Liste der Wörter, die indiziert werden sollen. Im Dialogfenster EINFÜGEN/INDEX UND TABELLEN klicken Sie dann auf die Schaltfläche AUTOMARKIERUNG und wählen die Konkordanzdatei aus.

Eine Konkordanzdatei ist eine ganz normale Textdatei, die Sie nennen können, wie Sie möchten. Sie besteht aus zwei Spalten. Die erste Spalte nennt den Text, nach dem im Dokument gesucht werden soll. Die zweite Spalte enthält den Indexeintrag. Und hier sind Sie völlig frei.

Die Konkordanzdatei für die folgende Übung sieht zum Beispiel auszugsweise so aus:

```
Beck                Beck, Martin
Sjöwall/Wahlöö      Sjöwall, Maj u. Per Wahlöö
Wahlöö              Wahlöö, siehe unter Sjöwall
Hammett             Hammett, Dashiell
Chandler            Chandler, Raymond
```

Ob Sie die Spalten durch Tabs trennen oder eine Tabelle daraus machen, ist unerheblich.

Die Vorteile einer solchen Konkordanzdatei liegen auf der Hand, gerade, wenn Namen indiziert werden müssen, und insbesondere, wenn die Indexeinträge anders lauten sollen, als die Stichwörter im Text auftauchen.

Trotzdem ist es ratsam, einen solchermaßen erstellten Index zu überarbeiten, da man sonst zu manchen Stichwörtern 15 Fundstellen hat, von denen eigentlich nur drei für den Leser relevant sind.

Wenn Sie nach einem Indexeintrag suchen möchten, müssen Sie verborgenen Text sichtbar machen. Dann läßt sich nach einem Feld suchen (Code ^d). Dabei können Sie die Indexeinträge nicht mit F11 *anspringen! Dafür aber mit* F5 *. Als Feld wählen Sie »XE« aus, und Word bietet an, verborgenen Text sichtbar zu machen – die Voraussetzung dafür.*

ÜBUNG: *Indexeinträge mit Konkordanzdatei (Beispieldateien: INDEX.DOC, KONKORD.DOC)*

1. Öffnen Sie INDEX.DOC, und machen Sie die nicht druckbaren Zeichen sichtbar.

   Sie sehen die Indexeinträge im Text.

2. Aktivieren Sie EINFÜGEN/INDEX UND TABELLEN, Registerkarte *Index*, und klicken Sie auf AUTOMARKIERUNG.

   Nun müssen Sie die Konkordanzdatei auswählen. Das ist die Datei KONKORD.DOC.

3. Einmal tief durchgeatmet, und schon ist das gesamte Dokument indiziert.

   Überprüfen Sie die Indexeinträge. Und natürlich können, sollen Sie auch üben, wie man normale Indexeinträge erstellt.

42.2 Indexeinträge mit Feldern

Die Feldfunktion für Indexeinträge lautet:

```
{XE "Text" [Schalter]}
```

■► Der Text muß zwischen Anführungszeichen stehen.

■► Enthält das Stichwort einen Doppelpunkt, muß ihm ein umgekehrter Schrägstrich \ vorangehen, sonst wird ein Untereintrag daraus.

Achten Sie darauf, daß Sie die Schalter nicht aus Versehen in die Anführungszeichen einschließen. Dann sind es nämlich keine Schalter mehr, sondern normaler Text.

Die Schalter sind in Tabelle 42.1 aufgeführt. Deren Wirkungsweise kennen Sie aus der Menüfunktion, bis auf \f.

\f kreiert gewissermaßen einen Auswahl-Index und korrespondiert mit dem entsprechenden Schalter für den Index selbst (siehe S. 662, hier auch ein Beispiel). Jedem Indexeintrag weisen Sie mit diesem Schalter eine bestimmte Kennung zu, und der Index wird nur erstellt aus Einträgen mit dieser Kennung.

Tabelle 42.1:
Schalter für
Indexeinträge

Schalter	Bedeutung
\r *Textmarke*	Bereich für Index
\t *Text*	Verweis statt Seitenzahl
\b	Seitenzahlen fett; kann kombiniert werden mit \i
\i	Seitenzahlen kursiv; kann kombiniert werden mit \b
\f *Kennung*	Indexeintragstyp

Schriftauszeichnungen in Indexeinträgen wie fett, kursiv, Kapitälchen, Farbe usw. werden im Index beibehalten. Eine andere Schriftart hingegen wird ignoriert. Sie muß später im fertigen Index zugewiesen werden.

42.3 Index erstellen mit dem Menü

Die Registerkarte *Index* im Menü EINFÜGEN/INDEX UND TABELLEN erstellt den eigentlichen Index – nachdem Sie Indexeinträge vorgenommen haben, versteht sich. Der Index wird an der Cursorposition eingefügt.

EINFÜGEN/
INDEX UND
TABELLEN

Sie müssen sich zunächst für bestimmte Grundeinstellungen entscheiden, deren Wirkung Sie zum größten Teil im Vorschaufenster begutachten können:

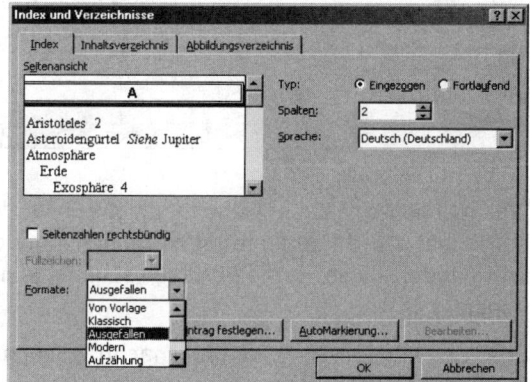

Abbildung 42.3:
Index über das
Menü erstellen

- *Eingezogen* stellt Untereinträge eingerückt untereinander in jeweils eine eigene Zeile, *Fortlaufend* setzt alle Ebenen hintereinander in einen Absatz und trennt sie lediglich durch ein Semikolon.

- *Seitenzahlen rechtsbündig* fügt zwischen Eintrag und Seitenzahl einen Tabulator ein (normal sind zwei Leerzeichen) und stellt die Seitenzahlen an den rechten Spaltenrand; Sie können ergänzend auch ein *Füllzeichen* auswählen.

- *Spalten* – nun ja: wie viele soll er haben, der Index? Word macht aus dem Index einen eigenen Abschnitt und formatiert ihn entsprechend.

Den Index formatieren

Diese Arbeit können Sie sich von Word abnehmen lassen, wenn Sie im Dialogfenster ein bestimmtes Format wählen; was unter einem »klassischen« (Abbildung 42.4) oder einem »ausgefallenen« Index (Abbildung 42.5) zu verstehen ist, zeigt das Vorschaufenster.

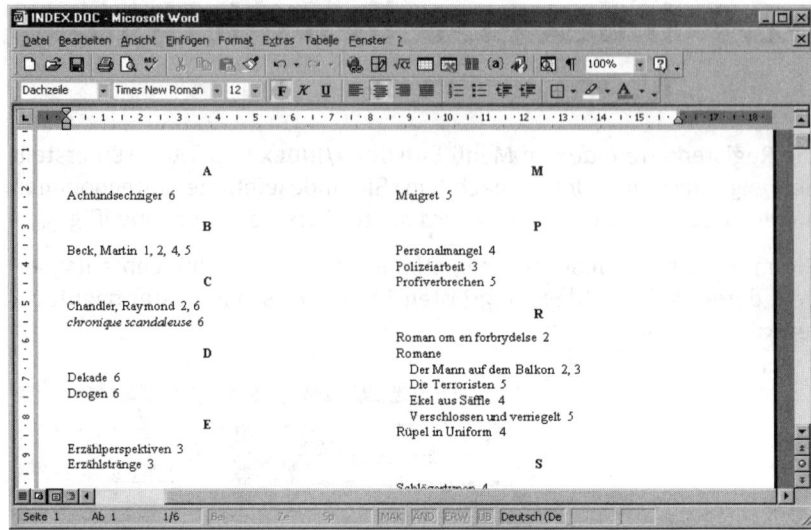

Was macht Word dabei Geheimnisvolles? Für die verschiedenen Indexebenen hat Word Formatvorlagen namens »Index 1« bis »Index 9«. Und Word ändert diese Formatvorlagen schlicht je nach Typ, den Sie gewählt haben.

Dasselbe können Sie auch tun – nachträglich, nachdem der Index bereits erstellt worden ist, oder vorher schon.

Dazu wählen Sie den Typ »Von Vorlage«, klicken auf BEARBEITEN und haben nun gewissermaßen einen Auszug aus dem Formatvorlagen-Fenster vor sich (siehe Kapitel 23, »Formatvorlagen«, S. 407), von dem aus Sie die Formatvorlagen ändern können.

Eine Formatvorlage fehlt allerdings in der Liste: »Indexüberschrift«, mit dem die Buchstaben zur Unterteilung formatiert sind.

Die »Index«-Formatvorlagen basieren alle auf »Standard« und übernehmen dessen Schrift. Ansonsten haben sie unterschiedliche Einzüge. Es ist ratsam, das zu ändern und sie allesamt von »Index 1« abzuleiten. Wenn Sie dann zum Beispiel die Schriftgröße ändern wollen, müssen Sie das nur einmal tun, nicht für alle Ebenen extra.

Sie können übrigens auch verschiedene Indizes hintereinander erstellen. Word fragt dann, ob der vorhandene Index ersetzt werden soll. Die verschiedene Indizes haben jedoch alle dasselbe Format – weil sie ja auf denselben Formatvorlagen beruhen. Sie können das nur umgehen, wenn Sie statt den »Index«-Formatvorlagen andere zuweisen.

42.4 Index erstellen mit Feldern

Die für die Indexerstellung benötigte Feldfunktion ist:

```
{INDEX [Schalter]}
```

Und weil der Index eine Feldfunktion ist, können Sie ihn jederzeit und schnell mit F9 oder dem Kontextmenü aktualisieren.

Die möglichen Schalter sind in Tabelle 42.2 auf Seite 663 aufgeführt.

Beispiele für verschiedene Indizes finden Sie in der Übungsdatei INDEX1.DOC.

Indexart

Die Schalter, die die Indexart bestimmen, können zum größten Teil auch über die Menüfunktion gesetzt werden:

▪► {INDEX} ohne jeglichen Schalter erstellt einen Standard-Index (jede Ebene eingezogen) ohne Unterteilung der alphabetischen Komplexe.

▪► {INDEX \r} erstellt einen fortlaufenden Index (Ebenen nur durch Semikolon getrennt).

▪► \h bestimmt die Unterteilung der alphabetischen Komplexe. {INDEX \h "A"} ist eine Unterteilung mit Buchstaben, {INDEX \h " "} (ein Leerzeichen) die Abgrenzung durch eine Leerzeile.

Bei der Unterteilung können Sie jedes beliebige (druckbare) Zeichen wählen. Statt eines »A« kann im Schalter auch jeder andere Buchstabe angegeben werden.

Beispiel: Unterteilungen könnten auch so aussehen, und es erscheint dann genau das, was zwischen Anführungszeichen steht:

```
{INDEX \h "AAAAAA"}
{INDEX \h "#"}
```

Eingrenzungen

Einige Schalter begrenzen den Index auf einen Bereich:

▪► \b beschränkt den Index auf einen Bereich. Er muß zuvor als Textmarke definiert werden, hinter dem Schalter steht der Textmarkenname.

▪► \p beschränkt den Index auf Einträge mit den angegebenen Anfangsbuchstaben. Sie müssen hier wirklich einen Bereich angeben, auch wenn es nur ein Buchstabe sein soll, zum Beispiel »a-a«.

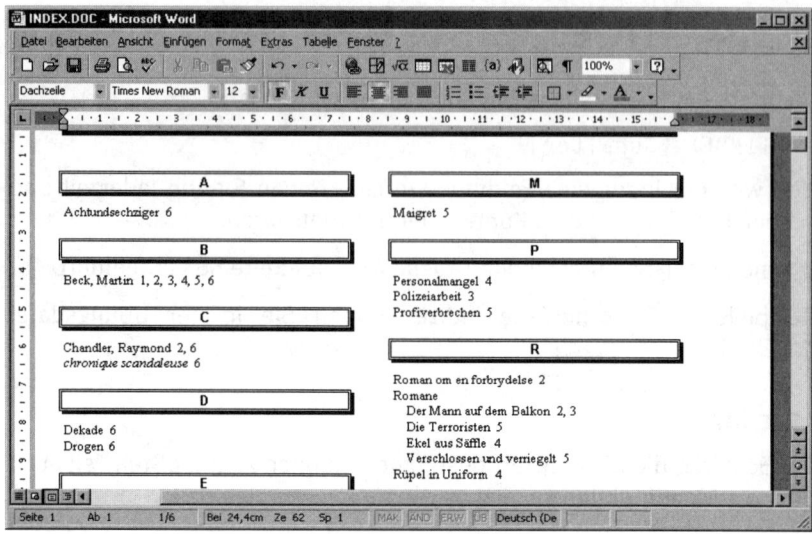

■► \ f beschränkt den Index auf Einträge, die mit derselben Kennung versehen sind.

Beispiel: Hier wird ein Index für den Textmarkenbereich »Bereich2« erstellt:

```
{INDEX \b bereich2}
```

Dieser Index zieht nur Einträge mit den Anfangsbuchstaben A und B heraus:

```
{INDEX \p a-b}
```

Wenn Sie nur ganz bestimmte Indexeinträge herausziehen wollen, müssen Sie diese mit dem Schalter \f zunächst mit einer Kennung versehen:

```
{XE "Otto" \f Nachbarn}
{XE "Hans" \f Nachbarn}
```

Mit der folgenden Anweisung erstellen Sie dann einen Index für alle Einträge, die die Kennung »Nachbarn« haben:

```
{INDEX \f Nachbarn}
```

Schalter	Bedeutung
\a	Zeichen mit Akzent werden gesondert sortiert.
\b *Textmarke*	Index beschränkt auf den Bereich der Textmarke.
\c *Anzahl*	Mehrspaltiger Index (höchstens 4 Spalten).
\e *Zeichen*	Trennzeichen zwischen Eintrag und Seitenzahl. Vorgabe: zwei Leerzeichen
\f *Kennung*	Beschränkt auf einen Eintragstyp.
\g *Zeichen*	Trennzeichen für Seitenfolge. Vorgabe: Bindestrich
\h *Zeichen*	Unterteilung der alphabetischen Komplexe. "A": mit Buchstaben Leerzeichen: mit Leerzeile
\l *Zeichen*	Trennzeichen für Seitenzahlen. Vorgabe: Semikolon und Leerzeichen
\p *von-bis*	Begrenzung auf Einträge mit den angegebenen Anfangsbuchstaben; es müssen zwei Buchstaben angegeben werden, zum Beispiel "a-a".
\s *Sequenz*	Vor die Seitenzahl wird eine Sequenznummer gesetzt (z.B. Kapitelnummer).
\r	Fortlaufender Index.
\d *Zeichen*	Trennzeichen zwischen Sequenznummer und Seitenzahl (nur in Verbindung mit \s).

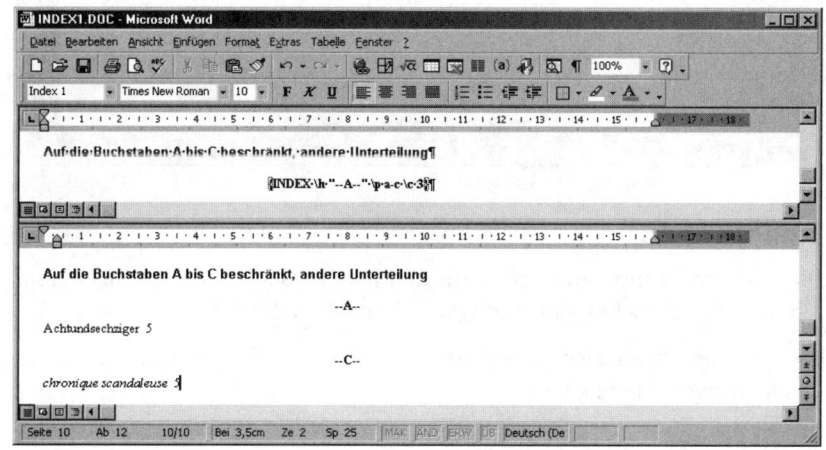

Abbildung 42.6:
*Ein anderes
Zeichen für die
Unterteilung.
Zudem ist der Index
auf die Buchstaben
A bis C
eingeschränkt*

Abbildung 42.7:
Andere
Trennzeichen,
zwischen Eintrag
und Seitenzahl (\e)
und zwischen den
Seitenzahlen (\l)

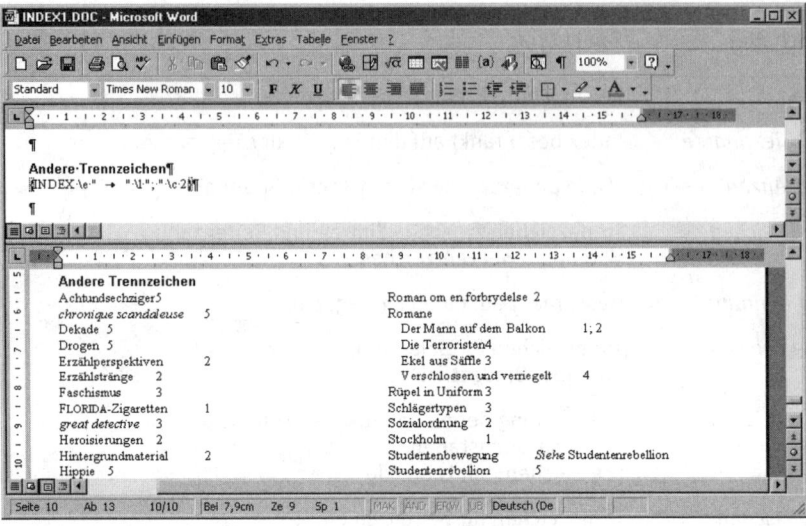

Abbildung 42.8:
Index mit
Sequenznummer
vor der Seitenzahl

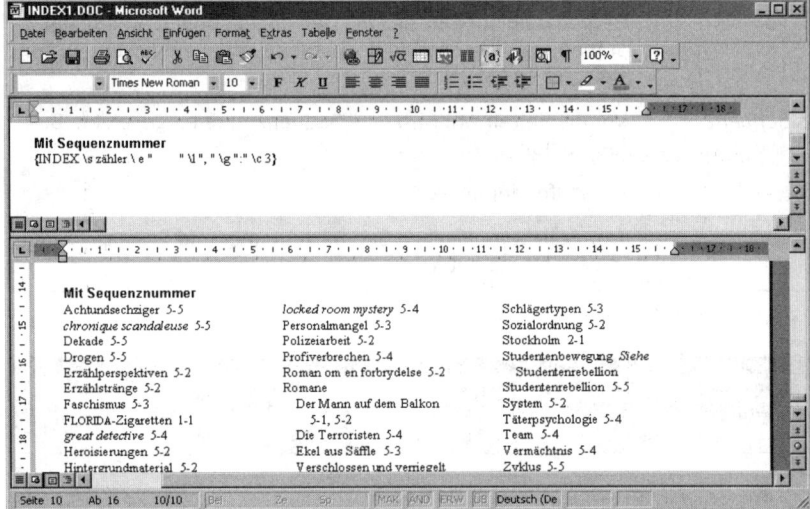

Trennzeichen

Die nächste Gruppe von Schaltern definiert verschiedene Trennzeichen.
Alle müssen zwischen Anführungszeichen gesetzt werden.

➡ \e: Das Trennzeichen zwischen Stichwort und Seitenzahl. Vorgabe
sind zwei Leerzeichen:

```
Stichwort 15
```

Für einen Tabulator drücken Sie die ⊨-Taste.

■► \l: Das Trennzeichen zwischen den Seitenzahlen. Vorgabe: Semikolon und Leerzeichen:[*]

```
Stichwort 15; 20; 26
```

Ein Komma wird so angewiesen:

```
{INDEX \l ","}
```

■► \g: Das Trennzeichen für eine Seitenfolge. Vorgabe ist ein Bindestrich:

```
Stichwort, 15-26
```

So wird daraus ein Doppelpunkt:

```
{INDEX \g ":"}
```

■► \d: Das Trennzeichen zwischen Sequenz-Nummer und Seitenzahl (siehe nächsten Abschnitt). Vorgabe ist ein Bindestrich:

```
Stichwort, 1-15
```

Wenn Sie hier auch lieber einen Doppelpunkt hätten:

```
{INDEX \d ":"}
```

Sequenznummer

Der Schalter \s setzt die Nummer einer Sequenz vor die Seitenzahl, zum Beispiel eine Kapitelnummer. Das setzt voraus, daß eine solche Nummer mit der Feldfunktion {SEQ} definiert wird und nicht mit der Menüfunktion FORMAT/NUMMERIERUNG UND AUFZÄHLUNGEN (siehe Kapitel 21, »Listen, Numerierungen, Aufzählungen«, S. 361). Sie könnten zum Beispiel folgenden Zähler verwenden:

```
{SEQ zähler \r1}
```

Dann wird der Index so erstellt:

```
{INDEX \s zähler}
```

Die Wirkungsweise sollten Sie in der Beispieldatei INDEX1.DOC studieren. Die ersten fünf Absätze sind mit einer Sequenznummer versehen. Indexeinträgen in einem dieser Absätze werden deshalb die Sequenznummer vorangesetzt. Alle anderen Stichwörter erhalten die letzte gültige Sequenznummern, also 5.

42.5 Index aus mehreren Dateien

Einen gemeinsamen Index für mehrere Dateien zu erzeugen, ist gar nicht kompliziert. Es geht genauso wie bei einem gemeinsamen Verzeichnis (siehe Kapitel 41, »Verzeichnisse«, S. 641):

- Sie erstellen eine neue Datei.

- Sie fügen untereinander Felder ein mit den Dateinamen der einzelnen Dokumente, nach dem Muster:

  `{RD "Dateiname"}`

- Als letztes fügen Sie ein `{INDEX}`-Feld ein und aktualisieren die Datei.

Geben Sie die Dateinamen unbedingt mitsamt Pfad an, selbst wenn sich die Dokumente im selben Unterverzeichnis befinden, und setzten Sie sie zwischen Anführungszeichen.

Das war's. Einen Streich spielt Ihnen höchstens der mangelnde Speicherplatz. Sie können sich behelfen, indem Sie mehrere Indexläufe machen: erst von A bis D, dann von E bis K, dann ... Zur Not für jeden Buchstaben einen.

Achten müssen Sie auf folgende Punkte:

- Sorgen Sie in den Einzeldokumenten für den richtigen Anschluß von Seitenzahlen, Fußnotennummern, Zählernummern und dergleichen. Das erledigt Word nicht.

- In dieser Zieldatei mit dem gemeinsamen Index dürfen weder die nicht druckbaren Zeichen noch Feldfunktionen sichtbar sein. Diese Einstellungen überträgt Word nämlich bei der Indexerstellung auf die Einzeldokumente. Folge: Der Seitenumbruch ändert sich (es ist ja jetzt mehr Text), und im Index stimmen die Seitenzahlen nicht.

Beispiel: Ein solcher kapitelübergreifender Index könnte so aussehen:

```
{RD "c:\\texte\\kap01.doc"}
{RD "c:\\texte\\kap02.doc"}
{RD "c:\\texte\\kap03.doc"}
{RD "c:\\winword\\manus\\kap04.doc"}
{RD "c:\\buch\\kap05.doc"}
{INDEX \h "A"}
```

Index mit dem Zentraldokument

Wesentlich leichter tun Sie sich, wenn Sie mehrere Dokumente zu einem Zentraldokument zusammenfassen (siehe Kapitel 39, »Das Zentraldokument«, S. 615). Vorteile:

➡ Sie erstellen damit einen gemeinsamen Index für mehrere Dateien, ohne mühsam eine Dateiliste mit {RD} aufbauen zu müssen.

➡ Im Zentraldokument sorgt Word automatisch für eine fortlaufende Numerierung der Einzeldokumente.

Word im Office

Teil VII

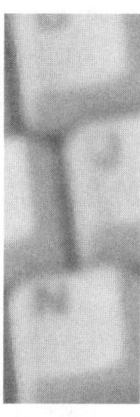

Word im Netz

Kapitel 43

Der PC, angetreten als persönlicher Computer, verabschiedet sich aus seiner Einzelgänger-Rolle. Zunehmend werden die PC vernetzt – in reinen, auf Servern basierenden Netzwerken oder in Peer-to-peer-Netzen, deren Teilnehmer sich zu Arbeitsgruppen zusammenschließen können; eine kostengünstige Alternative vor allem für kleinere Betriebe. Der Vorteil eines Netzes liegt auf der Hand: Die Teilnehmer können auf dieselben Daten zugreifen.

43.1 Peer to Peer

Windows 95/98 erlaubt den Aufbau eines sogenannten Peer-to-Peer-Netzes, wie das auch beim älteren Windows für Workgroups möglich ist. Dabei gibt es, im Unterschied zu einem »echten« Netzwerk wie Novell oder Windows NT, keinen dezidierten Server, der zentral die Daten und Programme verwaltet, sondern alle PC sind untereinander verbunden – die gewiß kostengünstigste Lösung zur Vernetzung nur einer Handvoll PC.

Denn neben Windows braucht jeder PC nur eine Netzwerkkarte und die nötigen Verbindungskabel.

In einem solchen Netz kann jeder auf die Festplatte jedes anderen zugreifen, ebenso dessen Drucker oder sonstige Peripherie-Geräte wie etwa ein CD-ROM-Laufwerk nutzen: eine wesentliche Kosteneinsparung bei der Hardware-Anschaffung. Ein gemeinsam benutzter hochwertiger und entsprechend schneller Drucker ist billiger, als an jedem Arbeitsplatz einen eigenen Drucker aufzustellen.

In vielen Firmen stehen noch ältere PC herum, die für die tägliche Arbeit zu schwach auf der Brust sind. Versuchen Sie, ob sie sich in ein Workgroups-Netz integrieren lassen! Als heimlicher Server für gemeinsam benutzte Dateien oder als Druck-PC taugen sie vielleicht noch.

Kein gleiches Recht für alle

Damit der wechselseitige Zugriff auf andere PC nicht in einem heillosen Chaos endet, vergibt jeder Teilnehmer Rechte an seinen Verzeichnissen: Im Verzeichnis BERICHT darf sich jeder tummeln, ins Verzeichnis BILANZ kommt nur Kollege Müller 'rein, und das Verzeichnis PRIVAT gehört nur mir ganz alleine.

Damit können sich – auch innerhalb eines »großen« Netzes – Teilnehmer zu einer Arbeitsgruppe zusammenschließen. Einer wird zum Chef bestimmt, gibt auf seinem PC die notwendigen Verzeichnisse frei, die anderen melden sich dort an und können nun von dort Daten holen oder speichern.

Ein Word für alle?

Theoretisch ist es möglich, auch unter Windows einen PC als Server zu bestimmen und dort zum Beispiel Word als gemeinsam benutzte Version zu installieren. Dann freilich ist ein Umstieg auf »richtige« Netzwerke eine Überlegung wert, da sie die komplizierten Verwaltungsmechanismen weit besser bewältigen.

Also wird wohl jeder Teilnehmer sein eigenes Word auf seinem eigenen PC haben. Mit jeweils einer eigenen Lizenz, versteht sich.

Wie aber organisiert man so ein Mini-Netz, wenn auf dieselben Daten zugegriffen werden soll?

Bauen wir doch mal so ein Netz auf, wobei ich um Verständnis bitte, daß nicht alle Details hier besprochen werden können. Aber es gibt ja genügend Bücher zu Windows 95/98, in denen das ausführlich beschrieben ist.

43.2 Aufbau eines Netzes

Wichtig zunächst:

➡ Sie müssen über das Symbol *Netzwerk* in der Systemsteuerung den »Client für Microsoft-Netzwerke« eingerichtet, die Netzkarte konfiguriert und die DATEI- UND DRUCKERFREIGABE aktiviert haben. Die Netzwerkkarte erkennt Windows in der Regel von selbst; wenn nicht, muß man die richtigen Werte manuell eintragen und dafür das Handbuch zu Rate ziehen.

Im Register *Identifikation* erhält der PC einen Namen und wird einer Arbeitsgruppe zugewiesen.

Im Register *Zugriffssteuerung* wird bestimmt, ob jeder auf den PC zugreifen kann (eventuell mit Paßwortschutz) – das ist die »Freigabeebene« – oder ob die Rechte für die einzelnen Benutzer auf einem zentralen Server verwaltet werden (»Benutzerebene«).

Bei einem Peer-to-Peer-Netz mit Windows müssen Sie berücksichtigen: Wenn andere auch auf Ihre Festplatte zugreifen, muß Ihr Rechner mehr arbeiten und wird deshalb unter Umständen langsamer. Gemeinsam benutzte Verzeichnisse sollten deshalb auf dem PC eingerichtet werden, der normalerweise am wenigsten benutzt wird.

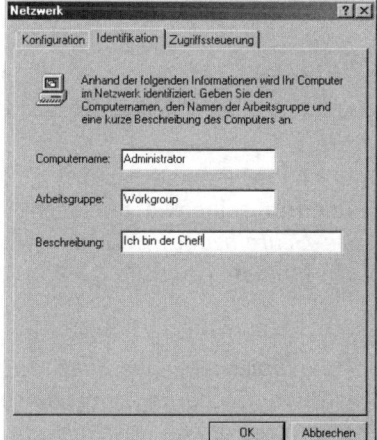

Abbildung 43.1:
Ein Netzwerk über die Systemsteuerung einrichten

Achten Sie darauf, daß BNC/KOAX-Netzkabel an beiden Enden einen Abschlußwiderstand haben.

Unsere Arbeitsgruppe

Demokratie hin, Gleichstellung her: einer sollte der Chef sein und den Daumen drauf haben. Nennen wir ihn schlicht den Administrator; seiner herausgehobenen Stellung wegen braucht er keinen Namen.

Weil er ja doch nicht sooooo arg viel am PC arbeitet, schließlich ist er der Chef und hat noch Wichtigeres zu tun, stellt er seinen PC als Pseudo-Server zur Verfügung.

Er richtet ein eigenes Verzeichnis ein, nennt es GRUPPE und gibt es für die anderen frei (FREIGABE im Kontextmenü des Explorers).

Abbildung 43.2:
Ein gemeinsames
Verzeichnis für die
Arbeitsgruppe im
Netz

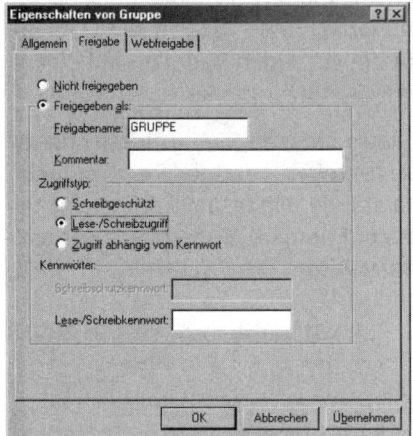

Dabei kann er bestimmen, ob die anderen Mitglieder der Gruppe die Dateien auf seinem PC nur lesen *(Schreibgeschützt)* oder auch bearbeiten *(Lese-/Schreibzugriff)* dürfen. Will er Mißbrauch verhindern, kann er für beide Arten des Zugriffs auch Kennwörter vergeben.

:-)
TIP

Bei Dokumenten, die allen zugänglich sind, empfehlen sich unter Umständen Sicherungsmechanismen wie ein Schreibschutz, so daß die Datei zwar geöffnet, doch nicht verändert werden kann (Kapitel 7, »Datei-Schutz«, S. 105).

Ein Bericht soll erstellt werden, zu dem die anderen ihre Beiträge leisten müssen. Der Administrator schreibt die einleitenden und verbindenden Worte und hat ansonsten alles unter Kontrolle.

Wenn ich dann mal die anderen Teilnehmer vorstellen darf? Michi-Patrick ist der Verkaufsleiter, von ihm wird man vor allem einen Wust an Zahlen erwarten dürfen. Stefan betreut die Kunden, Jürgen überwacht die Produktion.

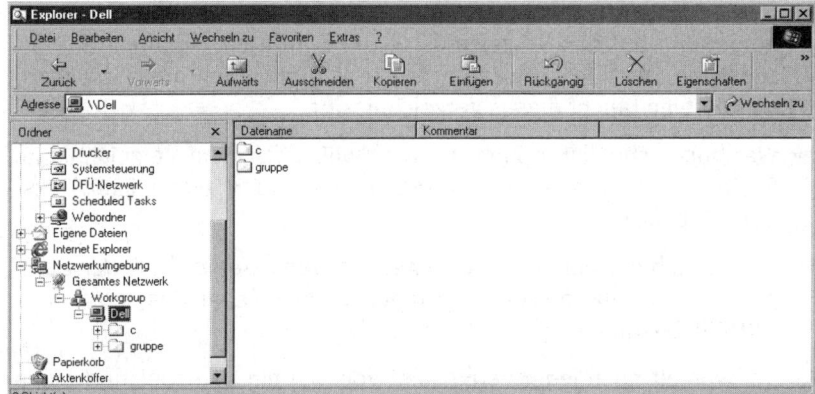

Abbildung 43.3:
In der Netzwerk-
umgebung sind die
PC zu sehen, die zur
Arbeitsgruppe ge-
hören

Abbildung 43.4:
Das Verzeichnis
GRUPPE ist
freigegeben (man
sieht es an der
Hand, die das
Verzeichnissymbol
hält)

Und Heide – tja, unsere Heide, sie ist das Mädchen für alles. Durchaus im positiven, herausragenden Sinne bitteschön: Wenn es irgendwo brennt, ist sie zur Stelle. Ihre Hauptaufgabe freilich ist die Katalogerstellung. Texten und layouten, das sind einige ihrer Stärken. Und weil ihr kritischer Verstand sofort irgendwelche Lücken aufspürt und keine gewundene Formulierung durchgehen läßt, ist ihr Rat überall gefragt. Bei den meisten wenigstens.

Zur Vorbereitung des großen Berichts hat der Administrator folgendes getan:

► Im gemeinsam benutzten Verzeichnis GRUPPE hat er die Dokumentvorlage BERICHT.DOT hinterlegt (raten Sie mal, wer die wohl erstellt hat?) und die anderen *per ordre de mufti* dazu verpflichtet, sie für ihre Lieferungen zu benutzen. Soll ja alles gleich aussehen.

- Die einzelnen Teilnehmer können über das Symbol *Netzwerkumgebung* auf das Verzeichnis GRUPPE auf dem Administrator-PC zugreifen. Auch in allen Dialogfenstern zum Öffnen oder Speichern von Dateien taucht dieses Verzeichnis auf.

- Wer noch schnelleren Zugriff haben will, weist dem Verzeichnis im Explorer mit EXTRAS/NETZLAUFWERK VERBINDEN einen Laufwerksbuchstaben zu.

- Die Teilnehmer haben mit EXTRAS/OPTIONEN/*Speicherort der Datei* als ihr Verzeichnis für Arbeitsgruppen-Vorlagen eben das Verzeichnis GRUPPE bestimmt.

Vorerst werkelt noch jeder vereinsamt vor sich hin und speichert seine Beiträge unter eigenem Namen im GRUPPE-Verzeichnis.

Das ist immerhin schon was. Heide kann sich zum Beispiel jederzeit das Dokument von Michi holen und da mal 'reinschauen. Das Diskettengeschleppe quer durch die Korridore entfällt. Und Heide kann sicher sein, daß sie im GRUPPE-Verzeichnis immer die aktuellste Fassung findet.

Der Administrator, perfide, wie er manchmal ist, wirft hin und wieder einen Blick in den Explorer und auf das Speicherdatum. Und wenn Jürgens Datum immer noch von gestern ist, obwohl der Kerl wie wild auf seinem PC herumhackt, dann kann er eigentlich nur spielen – oder was?

Wo ist was?

Wo die eigentlichen Dokumente gespeichert werden, ob lokal oder auf dem Administrator-PC, entscheidet die jeweilige Arbeitsorganisation. Dokumente auf einem zentralen Rechner, das ist klar, können von jedem benutzt werden.

Ansonsten wird mit EXTRAS/OPTIONEN/*Speicherort der Datei* bestimmt, wo was zu finden ist. Sie sind hier nicht auf die Vorgaben angewiesen, sondern können nach Belieben und Bedarf ändern. So kann etwa der Pfad zu den *Clipartgrafiken* nicht nur auf das Verzeichnis mit den Word-Cliparts weisen, sondern auch woanders hin – wo Sie eben Ihre Grafiken herholen.

Bedeutsam ist der Pfad zu den Dokumentvorlagen. Sie können differenzieren nach Benutzervorlagen (Ihren eigenen, die sonst niemanden etwas angehen) und Arbeitsgruppenvorlagen, gemeinsam benutzten also.

Wenn Sie beides angeben, werden bei den entsprechenden Auswahlfenstern (z.B. DATEI/NEU) auch die Vorlagen aus beiden Verzeichnissen angeboten. Befinden sich in beiden Verzeichnissen Vorlagen gleichen Namens, hat die Vorlage aus dem Benutzerverzeichnis Vorrang.

Microsoft Office

*O*ffice ist in. Wer als Software-Firma auf sich hält, schnürt seine Programme zu Bündeln und bringt sie zu einem Spottpreis – gemessen an den Preisen der Einzelprodukte – unters PC-Volk. Microsoft Office 2000 ist freilich mehr als nur ein dickes Paket. Die einzelnen Programme, deren eines Word ist, sind in vielerlei Hinsicht aufeinander abgestimmt: eine große Familie, die, was bei Familien nicht selbstverständlich ist, bestens untereinander harmoniert. Dieses Kapitel soll einen knappen Überblick geben, was mit Microsoft Office möglich ist.

44.1 Mehr als ein Paket

Vier Programme sind der Grundstock von »Microsoft Office«: Word (die Textverarbeitung), Excel (das Kalkulationsprogramm), PowerPoint (die Präsentationssoftware) und Outlook (die Terminverwaltung). In der erweiterten Fassung kommen noch hinzu Access (die Datenbank), FrontPage (der Web-Editor), PhotoDraw (das Grafikprogramm) und der Publisher (das DTP-Programm). Dieses Programmspektrum deckt also so ziemlich alles ab, was in der Büroarbeit zu erledigen ist.

Das kennst du doch ...

Alle Programm sind sich geradezu zum Verwechseln ähnlich, was natürlich kein Zufall ist:

- Die Menüleisten sind nahezu identisch.

- Die Symbolleisten sind ähnlich. In der *Standard*-Symbolleiste zum Beispiel findet man überall, von links nach rechts, die Symbole für das Erstellen einer neuen Datei, das Öffnen einer Datei, das Speichern, das Drucken, die Seitenansicht usw.

➡ Alle Produkte verwenden die IntelliSense-Technologie, die Sie in Word zum Beispiel von der AutoKorrektur kennen.

➡ Alle Programme nutzen Programmcode teilweise gemeinsam, was den Arbeitsspeicher entlastet.

➡ Die Wörterbücher für die Silbentrennung, die Rechtschreibprüfung und den Thesaurus, ebenso die AutoKorrektur-Liste, werden in allen Programmen gemeinsam verwendet.

Der Wechsel zu einem anderen Programm kommt deshalb nicht einem Umstieg und langem Irren durch die Menüs gleich.

44.2 Die Office-Symbolleiste

Das Office-Paket ist freilich mehr als die Summe der Einzelbestandteile. Als weiteres Programm kommt die Office-Shortcut-Leiste hinzu. Sie scheint nichts weiter zu sein als eben eine weitere Symbolleiste. In Wahrheit hat sie es aber faustdick hinter den Ohren.

Davor oder dahinter

Eine Besonderheit zunächst: Sie legt sich über alle geöffneten Programme, so daß Sie ständig Zugriff darauf haben. Das können Sie aber auch ändern. Im Systemmenü der Office-Leiste finden Sie zum Beispiel die Option AUTOMATISCH IM HINTERGRUND. Ebenso können Sie die Leiste MINIMIEREN – und ähnlich wie die Task-Leiste an einem der vier Bildschirmränder plazieren (wenn Sie sie nicht als Fenster haben wollen).

Das Parken an den Rändern ist zu empfehlen, wenn die Leiste in den Hintergrund soll. Wie die Task-Leiste tritt sie nur dann hervor, wenn Sie den Mauszeiger auf den Rand führen.

Anpassen

Über ANPASSEN im Systemmenü erreichen Sie ein Dialogfeld, mit dem Sie die Office-Leiste nach Ihren Wünschen konfigurieren können. Mit dem Register *Ansicht* zum Beispiel regeln Sie das Aussehen der Office-Leiste, von den Farben über die Größe der Schaltflächen.

Das Register *Schaltflächen* hält fest, welche Anwendungen oder Ordner in der Leiste angezeigt werden. Die gewünschten Programme werden mit den entsprechenden Schaltflächen hinzugefügt, umgestellt oder wieder gelöscht.

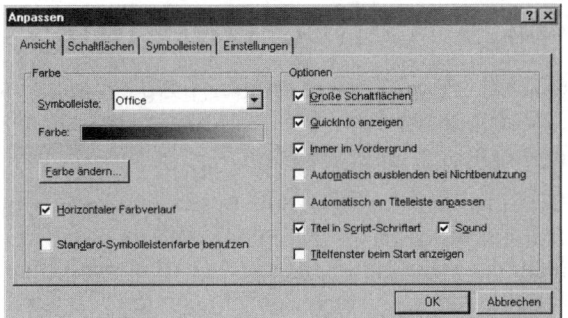

Abbildung 44.1:
Ansicht der Office-
Symbollieiste
anpassen

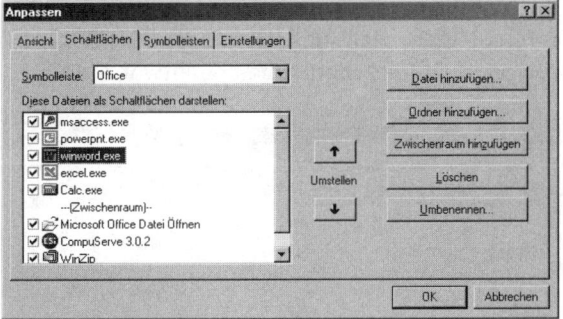

Abbildung 44.2:
Office-Symbolleiste
einrichten

Mit dem Register *Symbolleisten* schließlich erstellen Sie weitere Leisten. Auch hier sind schon etliche vorbereitet, die nur aktiviert zu werden brauchen; weitere können Sie jederzeit selbst definieren. So können etwa alle auf dem Desktop abgelegten Symbole, alle Anwendungen im Ordner *Programme* des Start-Menüs oder alle Ihre als Favoriten definierten Dokumente (siehe Kapitel 9, »Dateien suchen«, S. 115) in Leisten aufnehmen lassen. Diese Leisten werden bei jedem Start von Windows automatisch aktualisiert.

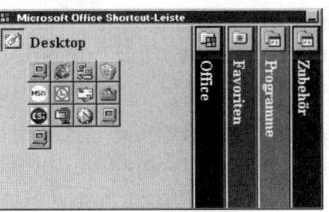

Abbildung 44.3:
Einige
vorgegebene
Symbolleisten

Im Grunde verschaffen Sie sich mit diesen Office-Leisten einen verkleinerten Windows-Desktop und haben damit alle benötigten Anwendungen und Dokumente im direkten Zugriff.

44.3 Office-Dateien

Zwei der Symbole in der Office-Leiste nennen sich »Neues Office-Dokument« und »Office-Dokument öffnen«. Die äquivalenten Funktionen finden sich auch im START-Menü.

Damit ist man dem Ziel, dokumenten- statt programmorientiert zu arbeiten, ein Stück nähergekommen. Die Idee dahinter: Der Anwender muß nicht mit mehr wissen, daß er PowerPoint aufrufen muß, um eine Präsentation zu erstellen; er will eine Präsentation haben, und der Computer soll selber dafür sorgen, daß die notwendigen Hilfsmittel (sprich: das richtige Programm) dafür zur Verfügung stehen.

Versteht sich, daß das Microsoft-Office-Paket solches Ansinnen mit Microsoft-Office-Programmen beantwortet.

Abbildung 44.4:
Ein neues Office-
Dokument erstellen

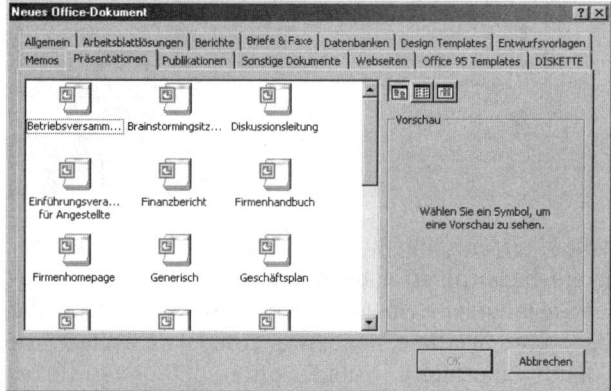

Wenn Sie ein »Neues Office-Dokument« anlegen, haben Sie ein ähnliches Dialogfeld vor sich, wie wenn Sie in Word ein neues Dokument erstellen und dazu eine Vorlage wählen können. Doch während in Word natürlich nur Word-Dokumentvorlagen zur Auswahl stehen, ist jetzt das Angebot erweitert etwa um Präsentationen und Tabellenvorlagen. Mit der Wahl der Vorlage starten Sie auch gleich das zugeordnete Programm.

Ähnlich verhält es sich mit »Office-Dokument öffnen«: das bekannte Dateiauswahl-Fenster, nur ist der Filter so gesetzt, daß Dokumente aus allen Office-Programmen erfaßt werden.

44.4 Daten-Integration

Daß der Datenaustausch zwischen den einzelnen Programmen bestens funktioniert, ist zwar nicht selbstverständlich, aber auch nicht überraschend.

Word und Access

Access-Datenbanken können mühelos als Datenquelle für den Seriendruck herhalten, und ist Access installiert, kann man von Word aus auch direkt auf die Access-Datensätze zugreifen (siehe Kapitel 35, »Daten aus externen Quellen«, S. 577).

Das ist der Daten-Integration erster Teil. Die Stärken des einen Programms – die mächtigen Datenbankfunktionen von Access mit den Verknüpfungs- und Abfragemöglichkeiten – werden vom anderen Programm genutzt. Serienbriefe kann halt Word besser, bis hin zu den Gestaltungsmöglichkeiten.

Word und PowerPoint

Was PowerPoint nun wieder besser kann als Word, ist die Präsentation von Daten jedweder Art. Solche Präsentationen sind oft die Quintessenz eines Berichts, der natürlich in Word entsteht. Denn dort gibt es, von allem anderen ganz zu schweigen, eine Gliederungsfunktion (die man ja auch erweitern kann zu einem Zentraldokument).

Also, die Gliederung ist bereits vorhanden, sie nochmals in PowerPoint einzutippen, wäre schlichte Arbeitsverschwendung – was liegt näher, als sie einfach zu übernehmen?

PowerPoint kann das. In Word gibt es dazu einen eigenen Menüpunkt (siehe Kapitel 38, »Gliederung«, S. 599).

Word und Excel

Excel-Tabellen in Word-Dokumente zu integrieren, ob verknüpft oder eingebettet, ist ein alter Hut – Kapitel 30, »Dateien verbinden«, S. 529, handelt davon. Und wie Sie auch wissen, muß Excel dazu nicht gestartet werden. Man ist damit bereits in Excel und hat dessen gesamte Funktionen zur Verfügung.

Word und FrontPage

Wollen Sie ins Web? Dann können Sie mit Word einfache Webseiten erstellen beziehungsweise Word-Dokumente in HTML-Dokumente für die

Veröffentlichung im Inter- oder Intranet konvertieren. Wer jedoch an professionellem Web-Design und der Einrichtung und Unterhaltung ganzer Websites interessiert ist, findet in FrontPage die richtige Unterstützung – siehe Schnupperkurs in Teil X, »Web-Publishing«, ab S. 817.

44.5 Office-Sammelmappe

Ein weiterer Schritt zur Datenintegration ist die Office-Sammelmappe. Damit werden Dokumente aus unterschiedlichen Anwendungen zu einem Projekt zusammengefaßt. Auch das beschränkt sich selbstredend auf die Microsoft-Programme: Word, Excel, PowerPoint, Access.

Eine solche Office-Sammelmappe hat entfernte Ähnlichkeit mit einem Zentraldokument (siehe Kapitel 39, »Das Zentraldokument«, S. 615), nur daß eben hier Dokumente aus verschiedenen Programmen zusammenfließen.

Eine Sammelmappe öffnen

Die leichteste aller Übungen: Sammelmappen haben die Endung .OBD. Es sind eigene, ganz spezielle Dateien, deren Einzelbestandteile nicht ohne weiteres mit ihren Ursprungsprogrammen geöffnet werden können

Eine Sammelmappe erstellen

Ähnlich wie ein Word-Dokument: Sie wählen eine leere Sammelmappe oder eine Vorlage.

Aufbau einer Sammelmappe

Eine Sammelmappe ist in verschiedene Abschnitte unterteilt. Deren Abfolge sehen Sie am linken Rand. Mit Klick auf das Symbol aktivieren Sie das jeweilige Dokument; gleichzeitig damit wird das entsprechende Programm aktiviert. Die Anordnung der Abschnitte können Sie jederzeit mit der Maus ändern.

Für die weitere Verwaltungsarbeit ist das Menü ABSCHNITT zuständig. Damit können Sie beispielsweise einzelne Abschnitte verbergen, umbenennen, löschen, drucken usw.

Sie können auch neue, leere Abschnitte hinzufügen oder eine vorhandene Datei in die Sammelmappe integrieren. Ebenso können Sie Abschnitte als eigenständige Dateien speichern.

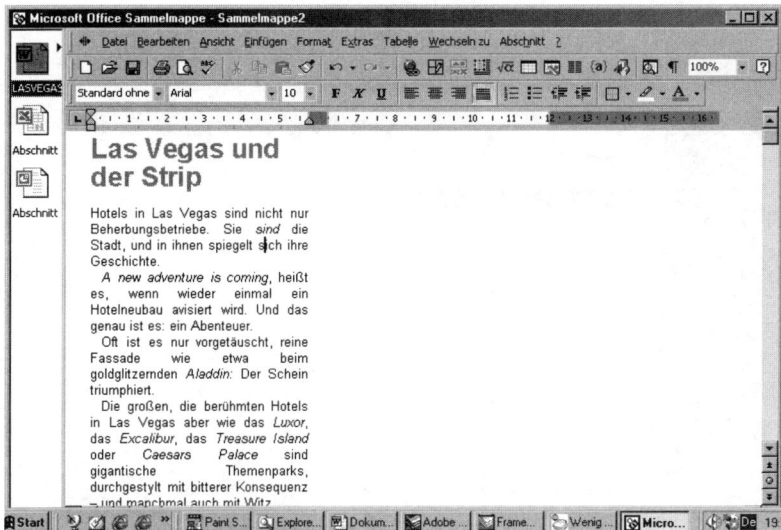

Abbildung 44.5:
*Eine Sammel-
mappe*

Allerdings: Eine eingefügte Datei ist nicht dynamisch mit ihrer Originaldatei verknüpft. Änderungen, die Sie an der Originaldatei vornehmen,
haben keine Auswirkung auf den entsprechenden Abschnitt in der Sammelmappe (umgekehrt natürlich genausowenig).

44.6 Outlook

Outlook nennt sich ein »Desktop Information Management-Programm«
(wow!) und soll nichts weniger als das zentrale Steuerungselement Ihrer
gesamten Arbeit sein – und der Ihrer Arbeitsgruppe. Outlook hat z.B.
einen Kalender, in den Sie Ihre Termine eintragen (an die Sie natürlich
auch erinnert werden), eine Aufgabenliste und ein Adreßbuch.

Das Journal protokolliert, was Sie so getan haben: welche Dateien Sie
geöffnet haben, wie lange Sie daran gearbeitet haben usw. Sie können
von hier aus diese Dokumente auch direkt öffnen.

Schließlich ist Outlook auch Ihr Post-Zentrum. Es sammelt die Mails, die
Sie verschickt und empfangen haben.

Ich will es bei diesem summarischen Überblick bewenden lassen, es würde sonst zu weit führen. [1]

---

[1] Habe ich Ihr Interesse an mehr Informationen zu Outlook geweckt, dann möchte ich Ihnen
das M&T-Kompendium zu Outlook von Louis/Pott ans Herz legen.

Abbildung 44.6:
Das Adreßbuch

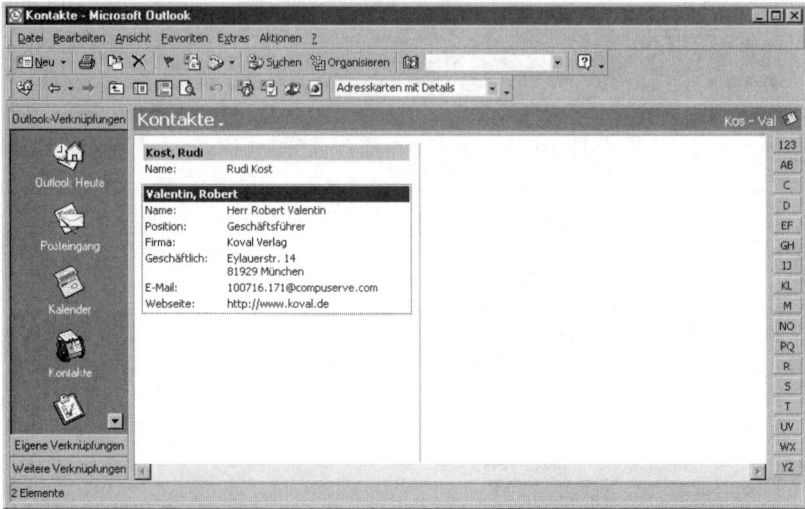

Abbildung 44.7:
Der Kalender

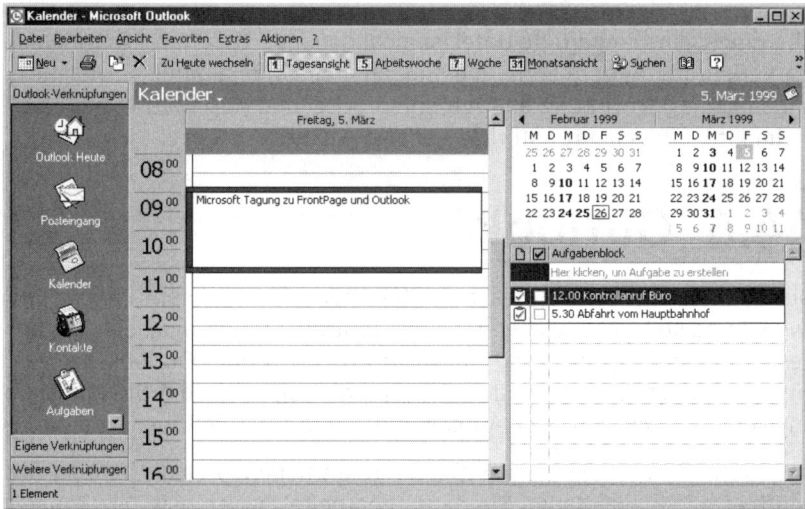

Nachrichten senden

Kapitel 45

Briefchen schreiben und übers Netz oder per E-Mail verschicken, das macht Spaß. Es hat darüberhinaus auch seinen praktischen Sinn. Sie können nämlich ein ganzes Word-Dokument versenden: an einen Teilnehmer, an mehrere oder gar als Ringsendung, die nach Erledigung weitergereicht wird – ein wichtiger Aspekt im Workgroup-Computing.

45.1 Voraussetzungen

Auf eines stürzen sich die Mitarbeiter mit Begeisterung, sobald das Büro vernetzt ist: auf Mail. Und Dutzende von Nachrichten schwirren durchs Netz. Gut so. Wenn der Sturm abgeflaut ist, wissen erstens alle, wie das Ding funktioniert und können es, zweitens, fortan für nützliche Gelegenheiten einsetzen.

Was kann man mit Mail machen?

Man kann zum einen Nachrichten senden – Briefe schreiben. Man könnte natürlich statt dessen auch das Telefon benutzen, und dafür spricht, daß man über den reinen Zweck hinaus auch noch ein bißchen klönen kann.

Aus eben diesem Grunde jedoch werden Mails als rationeller eingestuft: Man beschränkt sich auf das Wesentliche. Überdies findet jeder seine Post im Briefkasten, auch wenn er gerade nicht am Platz ist.

Von Word aus geht noch ein wenig mehr. Die Nachricht, die Sie versenden, ist ein Word-Dokument; der Klönschnack ist gewissermaßen als Haftzettel beigefügt.

Bei den Adressaten Ihrer Post sind Sie nicht auf eine Arbeitsgruppe oder andere Teilnehmer im Netzwerk Ihrer Firma beschränkt. Sie können Ihre Mails auch über das Internet an jeden beliebigen Menschen irgendwo auf der Welt schicken – vorausgesetzt, Sie wissen dessen E-Mail-Adresse.

Auch Serienbriefe können übrigens als Mails geschickt werden.

45.2 E-Mail-Server und -Clients

Der gesamte Postversand, sowohl der interne innerhalb einer Arbeits-gruppe wie der externe (E-Mails im Internet), läuft über E-Mail-Server und -Clients. Der Mail-Server steuert für eine Vielzahl von Benutzern deren Postverkehr, der über einer Art Briefkasten abgewickelt wird. Die Aufgabe des E-Mail-Clients besteht darin, die Post vom Server zu laden und Nach-richten zu senden. Für die Verbindung zwischen Client und Server richten Sie ein E-Mail-Konto.

E-Mail-Konto einrichten

Nutzen Sie als Übertragungsweg das Internet, benötigen Sie einen Inter-netzugang und damit einen Provider wie beispielsweise T-Online oder AOL. Sich durch den Dschungel der Provider-Dienste zu kämpfen, über-lasse ich dabei Ihnen. Zur Veranschaulichung möchte ich Ihnen zeigen, wie Sie bei einer bereits bestehenden Internet-Zugriffsberechtigung eines Providers Ihrer Wahl ein Internet-Konto speziell für Ihre E-Mail ein-richten. Einige der dabei abgefragten Informationen müssen Sie bei Ihrem Internet-Provider erfragen oder in Ihrem Handbuch nachschlagen.

Abbildung 45.1:
Ein E-Mail-Konto
für das Internet
einrichten

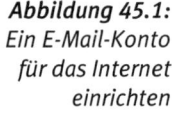

Wenn Sie von Word aus eine Datei über das Internet versenden wollen (DATEI/SENDEN AN) und noch kein Konto haben, werden Sie darüber informiert und aufgefordert, mit Hilfe eines Assistenten ein E-Mail-Konto einzurichten oder ein bereits bestehendes zu nutzen.

Vielleicht haben Sie ja schon irgendwann einmal ein E-Mail-Konto eingerichtet. Dann können Sie dies jetzt nutzen oder ein neues einrichten. Dazu bedarf es jedoch etlicher Angaben, die einzeln und mit Hilfe eines Assistenten von Ihnen abgefragt werden.

Da wäre zuerst einmal Ihr Name, so wie er auf der E-Mail erscheinen soll. Vielleicht möchten Sie sich ja auf Ihrer E-Mail mit einem Spitznamen verewigen.

Anschließend werden Sie um die Angabe Ihrer Internet-Adresse gebeten, die Sie eigentlich wissen müßten. Das folgende Dialogfeld fordert Sie auf, den Posteingangs- und Postausgangsserver Ihres Providers zu benennen. Näheres dazu erfahren Sie bei Ihrem Provider selbst oder in Ihren Handbüchern.

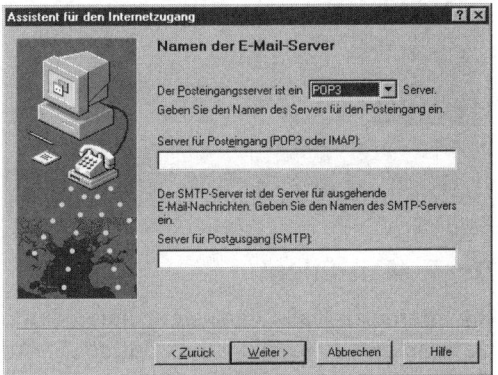

Abbildung 45.2:
Den Posteingangs-
und Postausgangs-
server benennen

Danach können Sie Ihrem Konto einen frei wählbaren Namen geben und es mit einem Paßwort verbinden, das Ihr Provider zuvor für Sie eingerichtet haben muß. Außerdem bietet sich hier die Möglichkeit, die gesicherte Kennwort-Authentifizierung zu aktivieren, sofern Ihr Provider dies unterstützt.

Bevor Sie die Einrichtung Ihres Kontos abschließen können, müssen Sie noch den Datenübertragungsweg wählen.

Damit ist dann auch schon die Einrichtung des E-Mail-Kontos abgeschlossen.

Abbildung 45.3:
Kontoname und
Paßwort eingeben

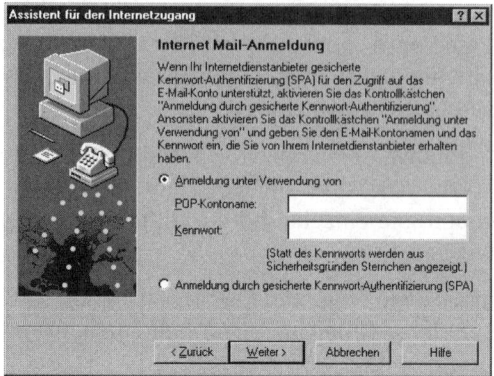

Abbildung 45.4:
Wie wollen Sie
verbunden werden?

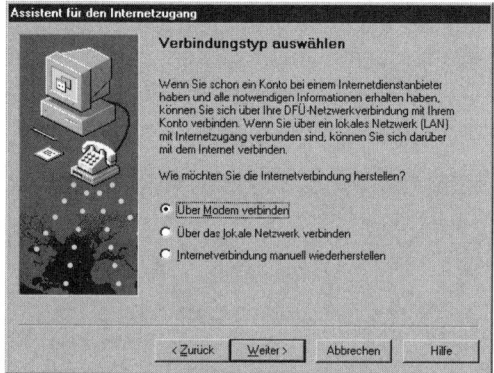

Der E-Mail-Client

Als Internet-E-Mail-Client steht Ihnen Outlook oder sein kleiner Bruder Outlook Exress zu Diensten. Outlook[1] wird mit Office ausgeliefert und Outlook Express ist Teil des Betriebssystems und somit für jeden verfügbar. Ganz offensichtlich wird dies, wenn Sie DATEI/SENDEN AN/MAILEMPFÄNGER (ALS ANLAGE) anklicken. Damit landen Sie direkt im Editor von Outlook Express zum Aufsetzen von Nachrichten. Sie können aber auch in Outlook festlegen, daß Word als E-Mail-Editor verwendet wird.

Zur Einrichtung eines Mail-Clients gehört die Angabe eines Ordners, in dem die heruntergeladenen Nachrichten abgelegt werden sollen.

Damit wären die Grundbedingungen für ein funktionierendes Mail-System erfüllt. Doch bevor Sie jetzt die erste Post auf den Weg bringen können, müssen Sie erst einmal Ihr Adressbuch füllen.

---

[1] Outlook ist der Nachfolger von Microsoft Exchange. Microsoft Exchange- oder Windows 95-Anwender brauchen aber nicht gleich zu wechseln – sie können weiterhin Exchange als E-Mail-Client verwenden.

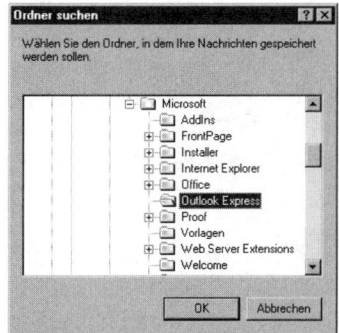

45.3 Das Adreßbuch

Das Adreßbuch rufen Sie in Outlook mit EXTRAS/ADRESSBUCH oder dem nebenstehenden Symbol auf. Danach können Sie Ihre Adressen eingeben, bestehende Einträge bearbeiten oder nach Adressen suchen. Mit dem Befehl DATEI/NEUE GRUPPE lassen sich mehrere Adressen zu einer Gruppe zusammenfassen, der Sie dann gesammelt eine E-Mail zusenden können.

Sie können das Adreßbuch sozusagen von Hand füllen. Sie können aber auch eine E-Mail-Adresse übernehmen, indem Sie den Absender einer Mail als Adresse speichern. Oder Sie greifen vom Adreßbuch aus auf eine der 13 Suchmaschinen zu, die Ihnen neben dem Adreßbuch zur Recherche mit BEARBEITEN/PERSONEN SUCHEN zur Verfügung stehen. Dafür benötigen Sie allerdings ein Internet-Verzeichnisdienst-Konto.

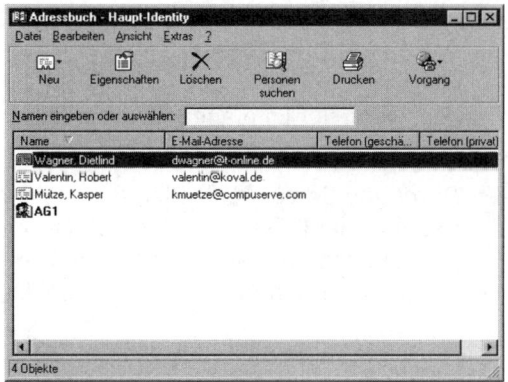

Abbildung 45.7:
Nach einer E-Mail-
Adresse suchen

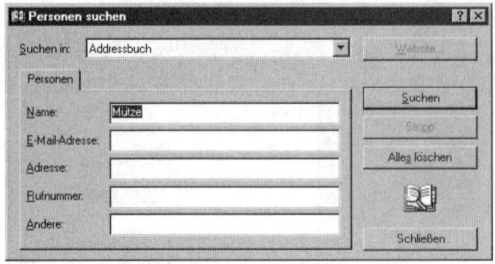

Die Angaben zu den einzelnen Adressaten können – je nach Mühe, die Sie sich machen – recht umfangreich sein. Wenn Sie auf einen der Namen oder eine Gruppe im Adreßbuch doppelklicken, öffnen Sie ein Eigenschaften-Dialogfeld mit etlichen Registerseiten.

Abbildung 45.8:
Eigenschaften der
Adressaten

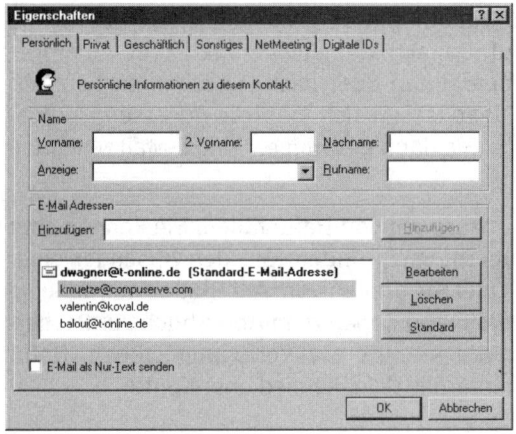

➡ *Persönlich.* Dies Register enthält die wichtigsten Daten zum Aufbau einer Verbindung. Hier aktivieren Sie auch *E-Mail als Nur-Text senden*, wenn der Empfänger Schwierigkeiten mit E-Mails im HTML-Format hat.

➡ *Privat* und *Geschäftlich.* Hier finden Sie Informationen bis in kleinste Detail zu der Privat- und Geschäftsanschrift. Hat Ihr Empfänger eine private oder geschäftliche Web-Site, so läßt sich die hier eintragen. Mit einem Klick bringt Sie der Internet Explorer dorthin.

➡ *Sonstiges.* Sogar ein Register für zusätzliche Kommentare ist vorgesehen.

➡ *NetMeeting.* Ist der Adressat Teilnehmer von NetMeeting-Konferenzen (siehe Kapitel 46, »NetMeeting«, S. 701), finden Sie hier alle wesentlichen Informationen.

■→ *Digitale IDs.* Hier erhalten Sie Auskunft über Digitale IDs des Empfän-
gers. Aufgrund dieser Angaben ist es möglich, E-Mails dieses Empfän-
gers sicher zu identifizieren, so daß Sie sicher sein können, daß die E-
Mail auch tatsächlich von der betreffenden Person stammt und nicht
unterwegs verändert wurde.

Haben Sie Ihre wichtigsten E-Mail-Kontaktpersonen eingegeben, kann
der Datenaustausch per E-Mail beginnen.

45.4 E-Mails senden

Nachdem nun die Vorbereitungen getroffen worden sind, kann der
eigentliche Postversand losgehen. Natürlich können Sie auch in Outlook
Mails verfassen und senden (und haben als Editor dafür Word zur Verfügung). Uns soll aber hier interessieren, wie Sie von Word aus eine Datei
verschicken, denn das ist ja das Besondere an der in Word integrierten
Mail-Funktion.

DATEI/SENDEN AN/
MAILEMPFÄNGER

Eine einfache Mail

Sie können zum einen direkt aus Word eine E-Mail versenden und wählen
dazu im DATEI-Menü SENDEN AN/MAILEMPFÄNGER. Der E-Mail-Editor
erscheint, integriert in die Word-Oberfläche. Damit stehen Ihnen sämtliche Word-Befehle zur Verfügung. Für das Aufsetzen und die Formatierung
der Mail können Sie also das ganze Funktionsspektrum von Word nutzen.

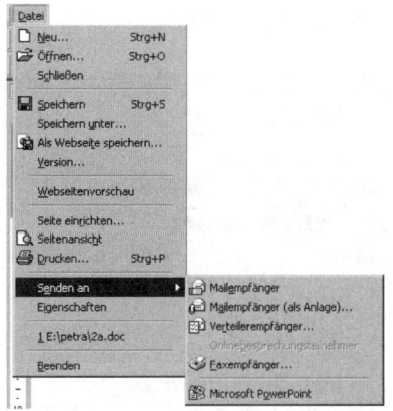

Abbildung 45.9:
*Von Word aus eine
Mail verschicken*

Um der wachsenden Bedeutung von E-Mails gerecht zu werden, können
Sie jetzt auch von Word aus über EXTRAS/OPTIONEN/*Allgemein* und den
Schalter E-MAIL-OPTIONEN ein Dialogfeld zum Konfigurieren Ihrer E-Mail

aufrufen. Doch dazu möchte ich auf die Abschnitte ab Seite 698 in diesem Kapitel verweisen.

aufrufen. Doch dazu möchte ich auf die Abschnitte ab Seite 698 in diesem Kapitel verweisen.

Abbildung 45.10:
Eine einfache E-
Mail versenden

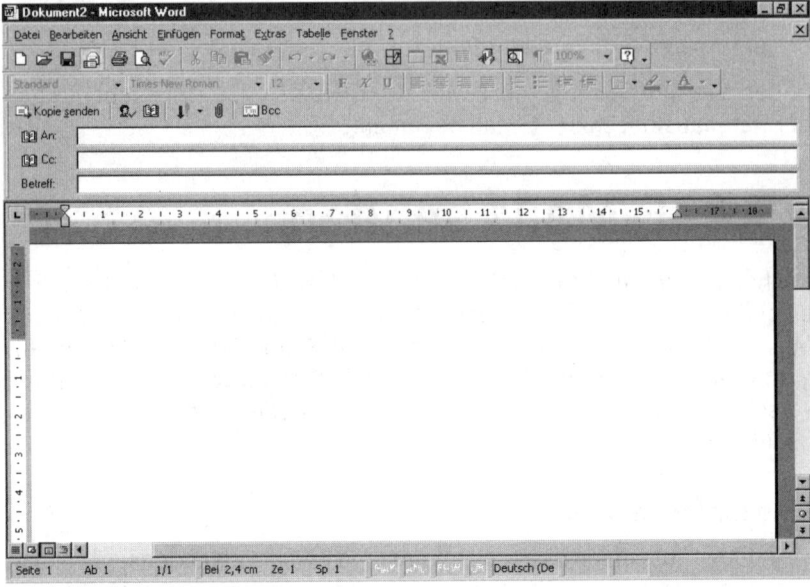

Bevor Sie jedoch Post versenden, müssen Sie den Empfänger bestimmen. Mit einem Klick auf die Schaltfläche An wählen Sie aus Ihrem Adreßbuch den Empfänger oder auch mehrere beziehungsweise eine Gruppe, wenn die E-Mail gleichzeitig an verschiedene Adressen gehen soll.

Abbildung 45.11:
Einen Empfänger
auswählen

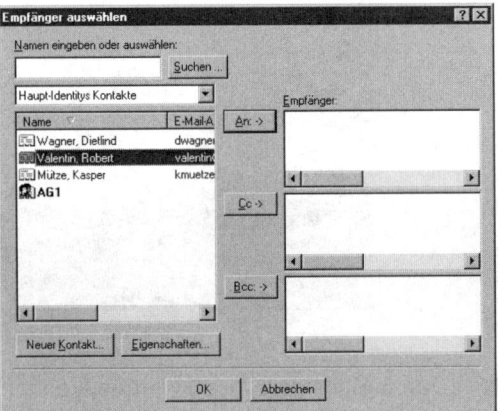

In dem Dialogfeld können Sie mit den Schaltern An, Cc und Bcc die Adressen direkt aus dem Hauplistenfeld in die entsprechenden Felder für Ihre E-Mail-Empfänger übernehmen.

➤ AN. Damit legen Sie den Empfänger des Originals fest. Mehrere Empfänger müssen durch Semikola getrennt werden.

➤ Cc. Hier können Sie den Empfänger einer Kopie bestimmen. Mehrere Empfänger müssen durch Semikola getrennt werden.

➤ Bcc. Hier geben Sie den oder die Empfänger einer Kopie ein, die für den Empfänger des Originals unsichtbar bleiben sollen.

Den Versand der Nachricht starten Sie mit der linken Schaltfläche der neu hinzugekommenen Symbolleiste KOPIE SENDEN. Damit wird die Mail sowie das dazugehörige Dokument in den Postausgangsordner von Outlook Express gestellt und ein Dialogfeld geöffnet, das nach Eingabe der erforderlichen Informationen eine Verbindung zu Ihrem Mail-Server herstellt, um die Datei hochzuladen.

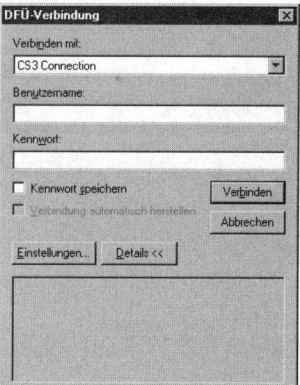

*Abbildung 45.12:
Die Verbindung
zum Mail-Server
wird hergestellt*

Nach dem erfolgreichen Versand sind die Dateien nicht verloren, sondern werden als Kopie in dem Outlook Express-Ordner *Gesendete Objekte* abgelegt. Somit stehen Sie Ihnen für einen erneuten Versand noch einmal zur Verfügung. Sie müssen dazu nur wieder in den *Postausgang* verschoben werden.

Gleichzeitig mit dem Versand der Nachricht holt Outlook Express übrigens auch die Post für Sie und legt Sie automatisch in seinen Posteingangsordner. In dem Statusfenster können Sie verfolgen, wie viele Bytes gesendet und empfangen werden.

Abbildung 45.13:
Das Statusfenster
zur Übertragung

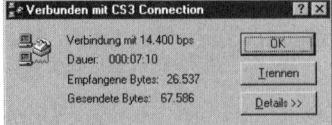

Eine E-Mail mit Dokument als Anlage

Sie wollen aber vielleicht nicht nur eine Mail verschicken, sondern dem Empfänger auch ein Dokument zukommen lassen. Einerseits können Sie eine Mail schreiben und dann über das nebenstehende Symbol ein Datei-auswahlfenster aufrufen, um eine beliebige Datei, Grafik oder anderes Objekt anzuhängen. Ihr »Brief« nimmt das Dokument gleichsam hucke-pack.

Abbildung 45.14:
E-Mail mit
angehängtem
Dokument

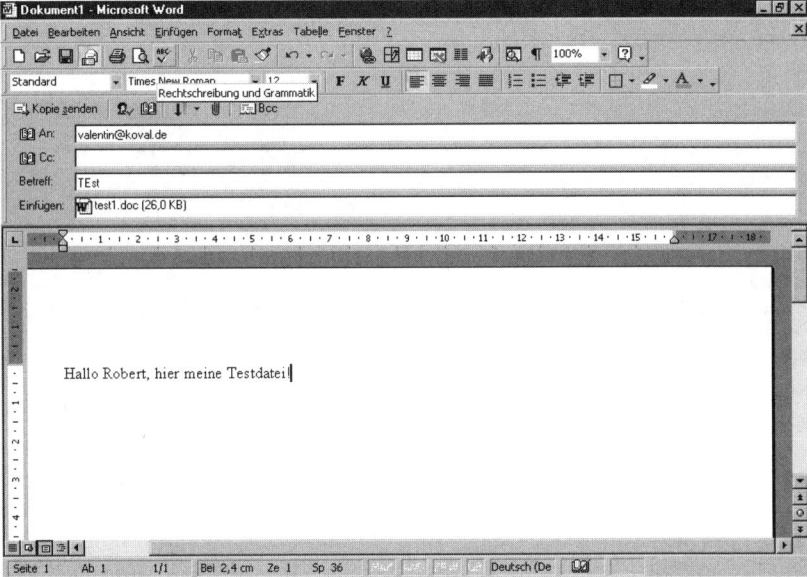

Oder Sie gehen den umgekehrten Weg, da Sie gerade ein Dokument bear-beiten, und versenden das in Arbeit befindliche Dokument direkt mit dem Befehl DATEI/SENDEN AN/MAILEMPFÄNGER (ALS ANLAGE).

Es fällt auf, daß Sie jetzt nicht mehr Word als Editor nutzen können, son-dern den Outlook Express-Editor aufrufen. Damit sind die Formatierungs-möglichkeiten Ihrer Mail natürlich wesentlich begrenzter. Vielleicht geht Microsoft ja davon aus, daß beim Versenden eines Dokuments aus dem Dokument heraus die Mail eher rudimentärer Art ist.

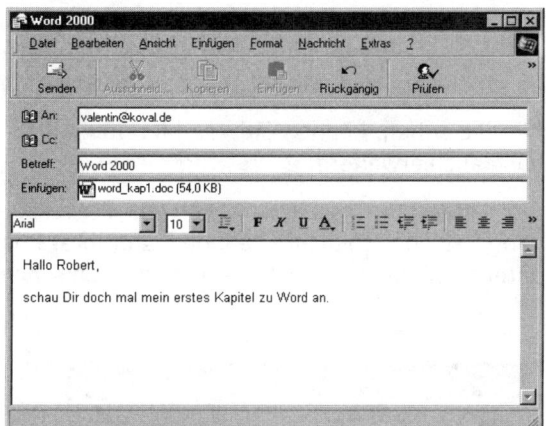

Abbildung 45.15:
Ein Dokument, das
als Anlage
versendet wird

Und dann wird auch hier über den Schalter SENDEN wie im Abschnitt davor beschrieben eine Verbindung aufgebaut, und der Versand erfolgt analog.

Verteilersendungen

Eine weitere Möglichkeit, mit der wir uns befassen, ist der Versand eines Dokuments an mehrere Empfänger gleichzeitig oder nacheinander. Das Besondere daran ist die Möglichkeit der Adressaten, das Dokument zu bearbeiten und wieder an den Absender zurückzusenden.

DATEI/SENDEN AN/
VERTEIL-
EREMPFÄNGER

Auch hier muß natürlich zunächst der Empfänger ausgewählt werden. Dies geht mit DATEI/SENDEN AN/VERTEILEREMPFÄNGER. Der erste Schritt muß sein, die Adressaten auszuwählen – also klicken Sie auf ADRESSE.

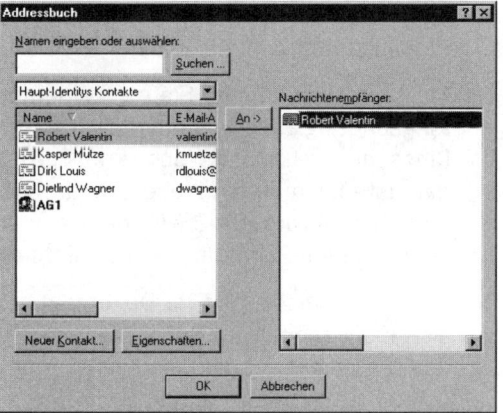

Abbildung 45.16:
Die Verteiler
adressen im
Adreßbuch
ermitteln

➡ Sie wählen die Teilnehmer aus ([Strg] gedrückt halten, während Sie sie markieren) und klicken auf AN. Die Namen erscheinen daraufhin in diesem Feld. Mit OK geht es zurück zum VERTEILER-Dialogfeld.

Wie Sie sehen, können Sie von hier aus mit NEUER KONTAKT Ihr Adreßbuch auch erweitern.

Die Adressaten erscheinen nun im VERTEILER-Dialogfenster, und Sie haben etliche Möglichkeiten, den Lauf Ihrer Post zu beeinflussen – das, unter anderem, unterscheidet die elektronische Post vom lahmen gelben Riesen:

Abbildung 45.17:
Die Verteilerreihen-
folge festlegen

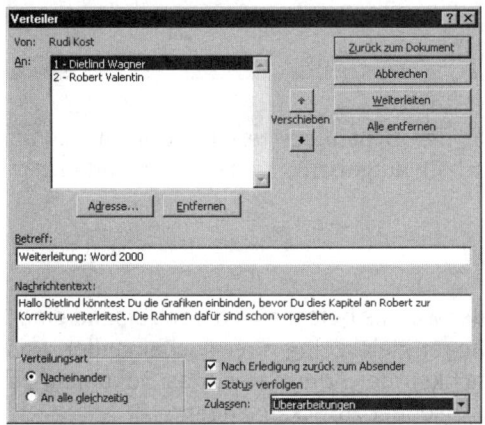

➡ Die *Verteilungsart*: *An alle gleichzeitig* – jeder erhält eine Kopie des Dokuments; *Nacheinander* – eine Ringsendung an alle Teilnehmer. Wer das Dokument erhalten und bearbeitet hat, schickt es weiter.

Irgendwann kommt es wieder zu Ihnen zurück, dafür sorgt *Nach Erledigung zurück zum Absender*.

➡ Mit *Umstellen* können Sie die Reihenfolge der Adressaten bei einer Ringsendung ändern. Stellen Sie fest, daß einer der Adressaten in der Ringsendung für eine Woche krank geschrieben ist, können Sie ihn in der Liste nach hinten stellen, so daß der Ring-Betrieb nicht unnötig aufgehalten wird. Dazu wird der Name markiert und mit der entsprechenden Pfeil-Schaltfläche nach hinten geschoben.

➡ Wollen Sie wissen, wo Ihr Dokument gerade ist und welcher Kollege sich nicht ranhält, müssen Sie *Status verfolgen* markieren. Sobald das Dokument auf die Reise geht, erhalten Sie eine Nachricht. Diese Option ist nicht anwählbar, wenn das Dokument an alle Teilnehmer gleichzeitig geht.

Was dürfen die Adressaten mit Ihrem Dokument machen? Das wählen Sie mit *Zulassen* aus.

▶ »Ungeschützt« ist gefährlich, da kann jeder machen, was er will. Und später herauszufinden, wer gestrichen hat, wo etwas hinzugefügt wurde, ist ziemlich schwer. Als Vorgabe ist deswegen die nächste Option aktiviert.

▶ »Überarbeitungen« schaltet bei jedem Empfänger zwangsweise in den Überarbeitungs-Modus, alle Änderungen werden markiert (siehe Kapitel 47, »Überarbeitungs-Funktionen«, S. 711).

▶ »Kommentare« läßt nur Kommentare zu, keine sonstigen Eingriffe in den Text (siehe Kapitel 47, »Überarbeitungs-Funktionen«, S. 711).

▶ »Formulareingabe« schützt den Text eines Formulars und gibt nur die Eingabefelder frei (siehe Kapitel 29, »Formulare«, S. 521).

Mit WEITERLEITEN wird das Dokument auf die Reise geschickt. Überlegen Sie es sich's kurz vorher noch anders, weil Ihnen ein genialer Gedanke durch den Kopf geht, der unbedingt noch in den Text muß, klicken Sie auf ZURÜCK ZUM DOKUMENT und landen wieder in Ihrem Text.

Sie könnten doch auch ABBRECHEN verwenden, werden Sie sich fragen. Natürlich. Aber das eben ist: ein Abbruch. Alle Einstellungen samt Betreff und Nachrichtentext sind weg.

Wird ein Dokument an alle Teilnehmer gleichzeitig verschickt, ist es wie bei einem Kettenbrief, hier aber nicht nur erlaubt, sondern sogar erwünscht: Einen Brief schicken Sie weg und erhalten mehrere zurück.

Na gut, der Vergleich hinkt gewaltig. Sie senden zwar nur ein Dokument, verschicken aber in Wahrheit einen ganzen Stapel. Jeder Adressat erhält eine Kopie des Dokuments, denn ein und dasselbe Dokument kann natürlich nicht von mehreren Benutzern gleichzeitig bearbeitet werden. Die Adressaten ändern das Dokument und schicken es zurück zum Manager.

Und bei dem stapeln sich dann im Posteingangskorb die Kopien. Aber nur dort, auf der Festplatte ist von ihnen nichts zu sehen, und auch die Empfänger merken nicht, daß sie mit einer Kopie arbeiten. Diese Kopie nämlich ist eingebunden in die Nachricht an den Manager, existiert nur in dieser Nachricht.

Und was macht der Manager nun mit den Kopien? Alle anschauen, die Änderungen der Kollegen herausschreiben, nachher übertragen in das Originaldokument? Nein, er »konsolidiert« das Dokument. Und weil er nicht so recht weiß, wie das geht, blättert er weiter zum nächsten Kapitel 47, »Überarbeitungs-Funktionen«, S. 711.

45.5 E-Mails signieren

NIcht nur von Outlook Express, sondern auch von Word aus können Sie jetzt Ihre E-Mails automatisch signieren. Signieren bedeutet, daß ein von Ihnen vorgegebener Text automatisch an das Ende der E-Mail gestellt wird. Sie können verschiedene Signaturen festlegen.

Die Vergabe einer Signatur erfolgt mit dem Register EXTRAS/OPTIONEN/ *Allgemein*. Dort finden Sie ganz unten die Schaltfläche E-MAIL-OPTIONEN, mit der Sie ein zweiseitiges Dialogfeld aufrufen.

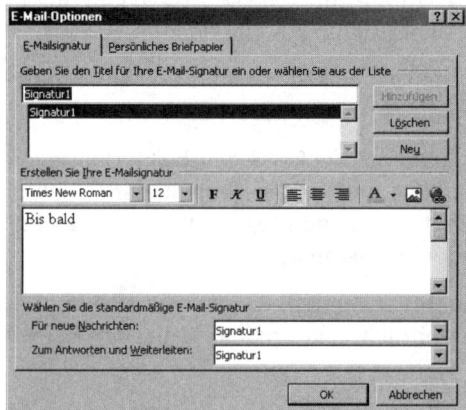

➥ Zuerst müssen Sie Ihrer E-Mail-Signatur einen Namen oder *Titel* geben. Denn über diesen Namen wird nachher festgelegt, welche Signatur für neue Nachrichten oder weitergeleitete Nachrichten verwendet werden soll.

➥ Anschließend können Sie die Signatur selbst in das Eingabefeld tippen. Das kann Ihr Name, eine Briefabschlußfloskel oder – wie das Grafiksymbol bereits andeutet – auch eine Grafik sein. Wie wäre es zum Beispiel mit Ihrer eingescannten Unterschrift? Das würde doch Ihre E-Mails sozusagen pseudo-authentifizieren.

➥ Zum Schluß können Sie noch entscheiden, welche der von Ihnen festgelegten Signaturen für *neue Nachrichten* oder *zum Antworten und Weiterleiten* verwendet werden soll.

Selbstverständlich können Sie Ihre Signaturen jederzeit bearbeiten, löschen oder deren Einsatzgebiete ändern.

Haben Sie Ihrer E-Mail eine bestimmte Schriftart zugewiesen, ist diese Schriftart für Ihre Signatur voreingestellt. Eine Vorschau sehen Sie im unteren Anzeigefenster. Die Schriftart für die Signatur ist jedoch nicht bindend und kann geändert werden.

Damit Ihre Einstellung zum Tragen kommt, müssen Sie, nachdem Sie alle Angaben ordnungsgemäß mit OK abgeschlossen haben, über DATEI/NEU das Symbol für eine neue E-Mail anklicken. Damit wird dann automatisch diese Signatur in Ihrer E-Mail angezeigt.

45.6 Eine individuelle E-Mail

Ebenfalls neu bei Word 2000 ist die Möglichkeit, Ihre E-Mail zu personalisieren. Nachrichten mit personalisiertem Hintergrund, Grafiken und Schriftarten lassen sich jetzt schnell und problemlos erstellen. Dazu stehen für viele besondere Gelegenheiten wie Geburtstag, Einladung, Geburt etc. spezielle Briefpapiermotive parat. Außerdem können Sie noch weiteres Briefpapier von der Microsoft Greetings Workshop-Webseite herunterladen.

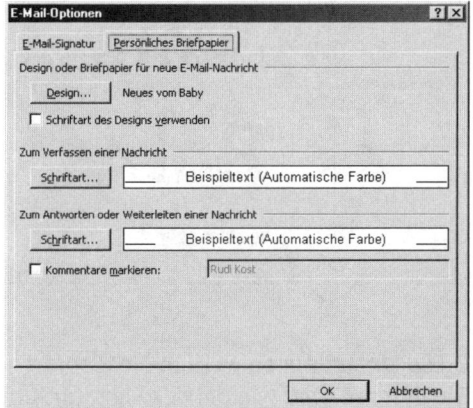

Abbildung 45.19: Persönliches Briefpapier

Auch dieses Dialogfeld erreichen Sie mit dem Befehl EXTRAS/OPTIONEN/ *Allgemein* und dem Schalter E-MAIL-OPTIONEN – muß ja so sein, da es zu dem gleichen Dialogfeld gehört wie die Einrichtung einer digitalen Signatur.

In dem Register *Persönliches Briefpapier* können Sie die *Schriftart zum Verfassen einer Nachricht* und die *Schriftart zum Antworten oder Weiterleiten einer Nachricht* unterschiedlich definieren. Dazu werden Sie in das

Dialogfeld zur Zeichenformatierung geführt, das Sie aus Kapitel 19, »Formatieren«, S. 317 kennen sollten.

Wesentliche auffälliger sind jedoch die Gestaltungmöglichkeiten, die sich hinter dem Schalter DESIGN verbergen. Links können Sie aus einem Listenfeld ein Design auswählen, das, wenn es bereits installiert ist, im Vorschaufenster angezeigt wird. Ansonsten müssen Sie das Design nachladen. Bei der Vielzahl der Gestaltungsvorlagen ist der Entwurf eines persönlichen Briefpapiers weniger eine Frage der Phantasie als vielmehr eine Frage der Zeit, um all die Vorlagen zu sichten.

Ein Design besteht aus komplexen Grafiken, die für besondere Anlässe wie Weihnachten, Einladungen etc. kreiert wurden und passend aufeinander abgestimmten Formatvorlagen für Überschriften, Aufzählungen, Hyperlinks, normalen Text und der horizontalen Linie, die dazu noch mit einem interessanten Hintergrund versehen wurden.

Abbildung 45.20:
Vorschau auf ein
ausgewähltes
Design

Diese Einstellungen werden nicht sofort in Ihrer E-Mail wirksam, sondern Sie müssen erst, wie bei der Signatur, über DATEI/NEU eine neue *E-Mailnachricht* erstellen.

NetMeeting

Kapitel 46

Das Senden von E-Mails und das Verschicken von Dateien als Anlagen zu E-Mail-Nachrichten sind nicht die einzigen Vorteile, die uns die zunehmende Vernetzung der Computer in Internet und Intranets bringt. Unter der Voraussetzung, daß die entsprechende Kommunikationssoftware installiert ist, kann man richtige Online-Konferenzen abhalten, bei denen die Teilnehmer dank Videoübertragung und Soundkarte visuell und akustisch präsent sind und gemeinsam diskutieren, an eine Tafel zeichnen oder ein Word-Dokument überarbeiten. Das Programm, das all dies möglich macht, heißt NetMeeting und wird von Microsoft frei vertrieben (beispielsweise als Teil des Internet Explorers oder des Office-Pakets oder über die Microsoft-Website).

46.1 NetMeeting einrichten

Zur Installation von NetMeeting gibt es wenig zu sagen. Üblicherweise wird NetMeeting zusammen mit dem Internet Explorer installiert, und man muß nur darauf achten, daß die Option nicht deaktiviert ist.

Bevor Sie jedoch mit NetMeeting arbeiten können, bedarf es noch einiger Einstellungen. Wenn Sie NetMeeting das erste Mal über das Windows-Startmenü aufrufen, werden all diese Einstellungen von NetMeeting automatisch abgefragt.

Wenn der erste Aufruf von NetMeeting über den Word-Befehl EXTRAS/ ONLINEZUSAMMENARBEIT/BESPRECHUNG *erfolgt, werden nur die wichtigsten Einstellungen abgefragt.*

Nachdem Sie in einem NetMeeting-Begrüßungsfenster darüber informiert werden, was Sie mit NetMeeting alles machen können, werden Sie
im folgenden Fenster aufgefordert, einen Verzeichnisdienstserver anzugeben.

Abbildung 46.1:
Verzeichnisdienst
auswählen

Über einen Verzeichnisdienstserver können NetMeeting-Teilnehmer miteinander Kontakt aufnehmen. Teilnehmer, die mit einem Verzeichnisdienst verbunden sind, können von anderen Teilnehmern über diesen
Verzeichnisdienst angerufen werden. Damit andere Teilnehmer Sie anrufen können, müssen sie allerdings wissen, unter welchem Namen Sie auf
dem Verzeichnisdienstserver registriert sind. Zu diesem Zwecke können
Sie sich beim Start von NetMeeting automatisch am Verzeichnisdienstserver anmelden lassen. Ihr Name wird dann in die Teilnehmerliste des
Verzeichnisdienst eingetragen, die von allen Teilnehmern eingesehen
werden kann.

:-)
TIP

Außer über einen Verzeichnisdienstserver kann man auch direkt durch
Angabe einer IP-Adresse oder einer Telefonnummer mit anderen NetMee-
ting-Anwendern Verbindung aufnehmen.

Name, Vorname und E-Mail-Adresse, unter der Sie beim Verzeichnisdienstserver registriert und angemeldet werden, geben Sie in einem eigenen Dialogfeld an (siehe Abbildung 46.2). Über das Kommentar-Feld
können Sie den anderen Teilnehmern anzeigen, zu welchem Zweck Sie
sich auf dem Verzeichnisdienstserver angemeldet haben: »Test«, »Suche
jemand zum Plaudern«.

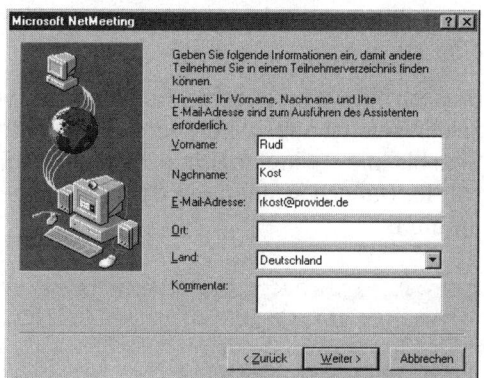

Abbildung 46.2:
Einträge für das
Teilnehmer-
verzeichnis

Um Ihren Namen und Ihre E-Mail-Adresse in die Verzeichnisliste des Verzeichnisdienstservers eintragen zu lassen, so daß Sie für andere Teilnehmer sichtbar sind, müssen Sie in NetMeeting den Befehl EXTRAS/OPTIONEN aufrufen und auf der Seite *Verzeichnis* die Option *Nicht in die Verzeichnisliste aufnehmen* deaktivieren.

Für die Verbindung über einen Verzeichnisserver ist es übrigens nicht unbedingt erforderlich, daß Name und E-Mail-Adresse stimmen, wichtiger ist, daß Sie durch die Angaben eindeutig identifiziert werden.

Die weiteren Einstellungen dienen der Anpassung der Übertragungsrate und der Einstellung von Mikrofon und Lautsprecher.

Sie können die Einstellungen zu Verzeichnisdienst, Name und E-Mail-Adresse jederzeit in NetMeeting über den Befehl EXTRAS/OPTIONEN *anpassen.*

46.2 Eine Konferenz einberufen

Ich möchte mich mit Thorsten im Internet treffen, um ein wenig zu plaudern und ihn zu bitten, einen kleinen Absatz für ein Word-Dokument aufzusetzen, das ich fertigstellen muß. Dazu müssen wir beide NetMeeting starten und über einen Verzeichnisdienst in Verbindung treten.

Eine Besprechung beginnen

Um von Word aus eine Onlineverbindung zu starten, rufen Sie den Befehl ONLINEZUSAMMENARBEIT/BESPRECHUNG BEGINNEN im Menü EXTRAS auf.

Word startet daraufhin NetMeeting und blendet das Dialogfeld ANRUFEN ein.

Um sich mit einem anderen Teilnehmer zu verbinden, wählen Sie den Verzeichnisdienst aus, unter dem der Teilnehmer angemeldet ist und warten Sie, bis die Teilnehmerliste des Verzeichnisdienstes heruntergeladen wurde. Danach können Sie den Teilnehmer in der Liste auswählen und anrufen.

Abbildung 46.3:
Andere
Teilnehmenr
anrufen

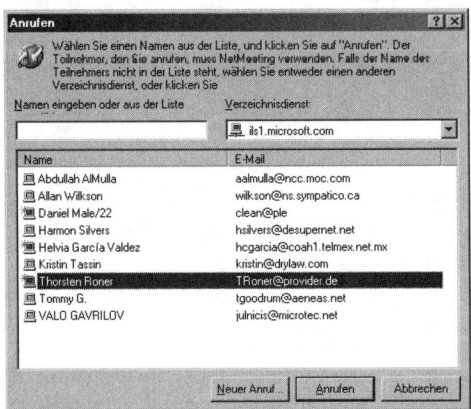

Voraussetzung ist natürlich, daß der Teilnehmer unter dem Verzeichnisdienst angemeldet ist. Wenn Sie NetMeeting beispielsweise nutzen wollen, um ein Word-Dokument zusammen mit einem Kollegen zu bearbeiten, müssen Sie den Kollegen also vorab telefonisch über Ihre Absichten informieren, damit sich dieser unter einem bestimmten Verzeichnisdienst anmeldet.

Wenn Sie und Ihr Kollege mit Outlook arbeiten, und Sie die Verbindung nicht sofort aufbauen wollen, können Sie auch eine Besprechung einberufen.

Besprechungen planen

Wenn Sie und Ihr(e) Kollege(n) mit Outlook arbeiten, können Sie auch den Befehl ONLINEZUSAMMENARBEIT/MEETING ANSETZEN im Menü EXTRAS aufrufen.

Word ruft daraufhin das Outlook-Fenster zur Einberufung von Besprechungen auf. Word hat bereits die Option für die Onlinebesprechung mit NetMeeting aktiviert, und die Angaben zu Verzeichnisserver und E-Mail-Adresse wurden der Konfigurierung Ihrer NetMeeting-Version entnommen. Sie brauchen nur noch die Teilnehmer auszuwählen, die per E-Mail zur Besprechung eingeladen werden sollen, den Betreff anzugeben und einen Termin festzulegen.

Wenn Sie den Schalter SENDEN drücken, werden alle Teilnehmer per E-Mail informiert und dazu aufgefordert, Ihnen eine Zu- oder Absage über ihre Teilnahme an der Besprechung zurückzusenden.

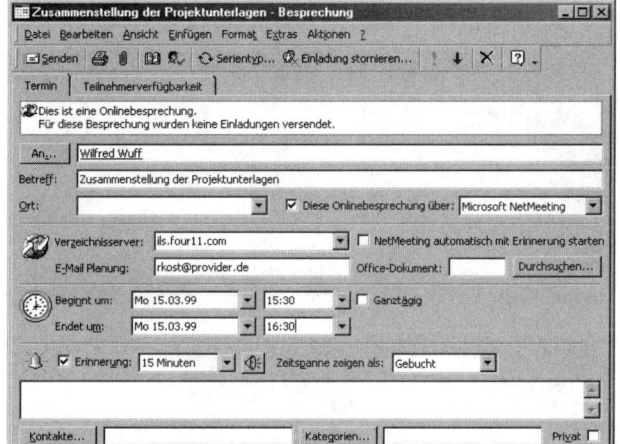

Abbildung 46.4:
Besprechung mit
Outlook einberufen

Fortgeschrittene Outlook-Anwender seien darauf hingewiesen, daß man auf der Registerkarte Teilnehmerverfügbarkeit *die Möglichkeit hat, Outlook einen Termin bestimmen zu lassen, zu dem alle Teilnehmer Zeit haben. Voraussetzung ist allerdings, daß Frei/Gebucht-Informationen für die einzelnen Teilnehmer verfügbar sind. Wer sich mit diesen Möglichkeiten näher vertraut machen möchte, der sei an die entsprechende Fachliteratur verwiesen.*

Anrufe über NetMeeting

Selbstverständlich braucht man nicht Word, um über NetMeeting mit anderen Teilnehmern Verbindung aufzunehmen. Auch im Hauptfenster von NetMeeting finden Sie alle nötigen Befehle zur Auswahl eines Verzeichnisdienstes und zum Anrufen von Teilnehmern.

Anrufe annehmen

Wenn Sie von einem anderen Teilnehmer angerufen werden, erscheint auf Ihrem Bildschirm eine Meldung, die Sie auffordert, den Anruf anzunehmen oder abzuweisen.

Abbildung 46.5:
Hauptfenster von
NetMeeting

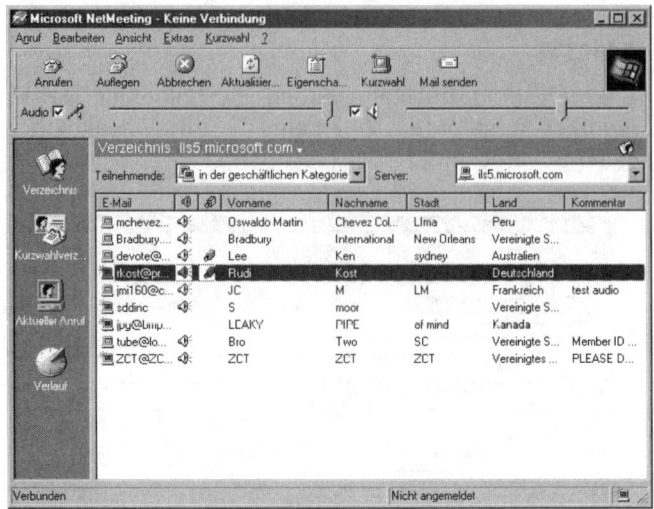

Abbildung 46.6:
Einkommender
Anruf

Wenn Sie den Anruf ANNEHMEN, wird die Verbindung zwischen Ihnen und dem Anrufer hergestellt. Auf diese Weise können auch mehrere Teilnehmer zueinander Verbindung aufnehmen und miteinander kommunizieren.

46.3 Onlinezusammenarbeit mit NetMeeting

Mittlerweile sind Sie mit Ihrem Kollegen in Kontakt getreten. Jetzt stellt sich die Frage, was man mit einer Online-Konferenz so alles anfangen kann.

Mikrofon und Video

Wenn Sie entsprechend ausgerüstet sind, können Sie auf einer Online-Konferenz Sprache und Videobild übertragen.

 Wenn das Hauptfenster von NetMeeting nicht auf Ihrem Bildschirm angezeigt wird, doppelklicken Sie in der Taskleiste auf das Symbol *Microsoft NetMeeting*.

Abbildung 46.7:
Videoübertragung
mit NetMeeting

Für welche Teilnehmer eine Übertragung von Sprache und Videobild möglich ist, können Sie an den Symbolen in den Teilnehmerverzeichnissen ablesen.

Doch auch wenn ein Teilnehmer in der Lage ist, Sprache und Videobild zu senden, können nicht beide gleichzeitig empfangen werden. Über den Schalter UMSCHALTEN wählen Sie aus, ob Sie Sprache oder Videobild empfangen wollen.

Dies ist aber noch nicht die letzte Einschränkung. Die direkte Unterhaltung ist immer nur zwischen zwei Teilnehmern möglich. Wenn Sie mit mehreren Teilnehmern gleichzeitig kommunizieren wollen, müssen Sie einen »Chat« beginnen.

Chat

Wenn Sie auf die Chat-Schaltfläche klicken, wird bei jedem Teilnehmer das Chat-Fenster für den gemeinsamen schriftlichen Dialog angezeigt. Damit verbunden ist ein Mini-Editor, der lediglich über die Funktionen Kopieren, Ausschneiden und Einfügen sowie Drucken verfügt. Formatänderungen sind nur am Schriftbild möglich, die sich dann am ganzen Nachrichtentext auswirken.

Sie verschicken eine Nachricht, indem Sie im Nachrichten-Feld den Text eingeben und dann die Eingabe-Taste drücken. Daraufhin erscheint die Nachricht bei allen Teilnehmern. Der gemeinsame Dialog aller Teilnehmer wird im großen Fenster angezeigt. Wollen Sie nur einem Teilnehmer eine Nachricht zukommen lassen (auch Flüstern genannt), müssen Sie vor dem Drücken der Eingabe-Taste den Namen des Teilnehmers in dem Listenfeld SENDEN AN anklikken.

In der Word-Symbolleiste Onlinebesprechung *gibt es ebenfalls eine Schaltfläche für den Aufruf des Chat-Fensters, ebenso für die anderen Funktionen, die im folgenden besprochen werden.*

Abbildung 46.8:
Chatten

Whiteboard

Damit öffnen Sie ein Dialogfenster, das Ihnen rudimentäre Zeichentools zur Verfügung stellt. Daneben gibt es noch einige Whiteboard-spezifische Schaltflächen, um zum Beispiel Fenster oder Bereich auszuwählen oder das Whiteboard zu sperren, so daß nur ein Teilnehmer Änderungen daran vornehmen kann.

Abbildung 46.9:
Eine gemeinsame
Tafel

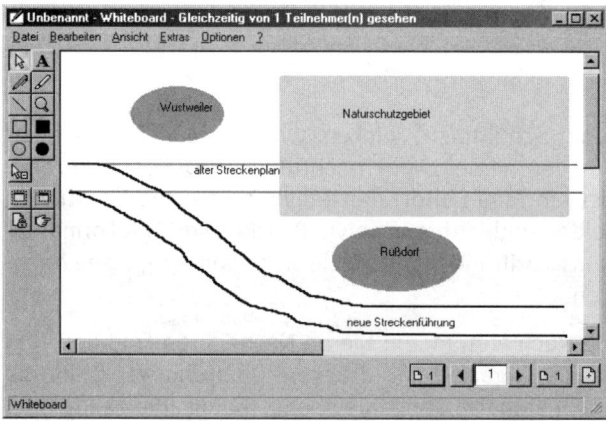

Dieses Whiteboard ist bei allen Konferenzteilnehmern gleichzeitig geöffnet und erlaubt Ihnen in der Grundeinstellung, mit den anderen Teilnehmern gleichzeitig eine Skizze zu bearbeiten, wobei jeder Teilnehmer eine eigene Stiftfarbe erhält, um später die Änderungen zuordnen zu können.

Dateien freigeben

Eine weitere Besonderheit von NetMeeting ist das Freigeben von Dateien. Damit haben Sie beispielsweise die Möglichkeit, mit mehreren Teilnehmern die Schwierigkeiten mit der neuesten Word-Version zu diskutieren und anderen Teilnehmern den Zugriff auf Ihre Word-Dokumente zu erlauben.

Um ein Word-Dokument mit anderen Teilnehmern gemeinsam online zu bearbeiten, bedarf es der folgenden Schritte:

➟ Öffnen Sie das Dokument.

➟ Klicken Sie auf die Schaltfläche FREIGABE und wählen Sie dann die freizugebende Datei aus. Diese erscheint dann in einem separaten Fenster auf allen teilnehmenden Bildschirmen zur Ansicht, kann aber noch nicht von den anderen Teilnehmern bearbeitet werden.

➟ Erst wenn Sie den Schalter ZUSAMMEN betätigen, erlauben Sie den anderen den Zugriff auf Ihre Word-Anwendung.

Dateien senden

Sie können mit NetMeeting auch Dateien senden. Dazu steht Ihnen der Befehl EXTRAS/DATEIÜBERTRAGUNG/DATEI SENDEN zur Verfügung. Voraussetzung ist allerdings eine stehende Internet-Verbindung, da sonst die Befehle nicht aktiviert sind.

Eine Besprechung beenden

Zum Beenden einer Besprechung rufen Sie den Befehl ANRUF/AUFLEGEN auf. Wenn Sie Ihre Sitzung mit NetMeeting gleich ganz beenden wollen, wählen Sie ANRUF/BEENDEN.

Überarbeitungs-Funktionen

47

E in Text entsteht in mehreren Phasen. Man schreibt, ändert, löscht, fügt hinzu. Mit Word lassen sich Arbeitsphasen dokumentieren. Änderungen an einem Text werden besonders gekennzeichnet. Das hat natürlich ganz praktischen Nutzen. Zum Beispiel kann damit jemand das Manuskript seines Kollegen bearbeiten, und der sieht sofort, was geändert worden ist. Ähnlich der Versionenvergleich. Word prüft zwei Texte auf Abweichungen und markiert diese. Zu diesem Themenkomplex gehören auch die Kommentare. Was man früher als Anregungen an den Rand der Seite schrieb (möglichst noch mit roter Tinte), läßt sich heute in den Text integrieren.

47.1 Korrekturmarkierungen

Die Überarbeitungsfunktion muß ausdrücklich eingeschaltet werden. Sie gilt, bis sie wieder ausgeschaltet wird, für alle bearbeiteten Texte. In der Statusleiste erscheint »ÄND«.

EXTRAS/
ÄNDERUNGEN
VERFOLGEN

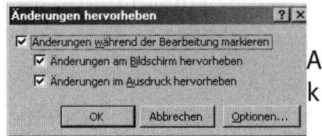

Abbildung 47.1: *Korrekturmodus ein- und ausschalten*

➡ Aktiviert und deaktiviert wird der Korrekturmodus mit EXTRAS/ÄNDERUNGEN VERFOLGEN/ÄNDERUNGEN HERVORHEBEN. Im Dialogfeld wählen Sie *Änderungen während der Bearbeitung markieren*.

■➤ Diesen Status erreichen Sie auch mit Doppelklick auf »ÄND« in der Statusleiste, mit dem Symbol in der *Überarbeiten*-Symbolleiste oder mit (Strg)+(û)+(E) - die Korrekturmarkierungen sind damit eingeschaltet.

■➤ Sie können entscheiden, ob die Änderungen am Bildschirm angezeigt (oft lästig, weil man nur mühsam den gültigen Text herausfinden kann) oder mit gedruckt werden sollen.

EXTRAS/DOKUMENT SCHÜTZEN *bestimmt, daß Änderungen nur im Bearbeitungsmodus möglich sind (???)*

Die OPTIONEN legen fest, wie und woran Textänderungen zu erkennen sind. Denn das ist der Sinn des Korrekturmodus': Daß Bearbeitungen mit einem Blick zu sehen sind.

Abbildung 47.2:
Optionen für
Korrekturen

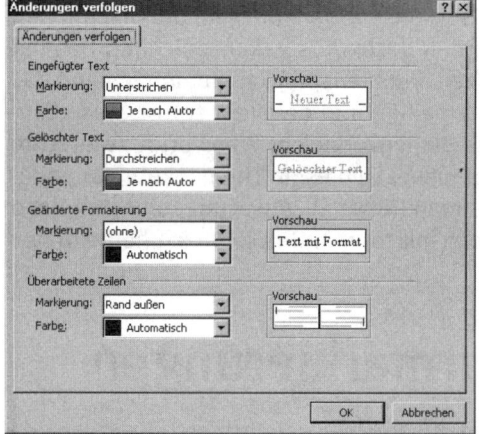

G
e
l
ö
s
c
h
t
e

■➤ Gelöschter Text wird durchgestrichen. Sie können ihn auch verbergen lassen.

■➤ Hinzugefügter Text wird entsprechend der Auswahl in der Sektion *Eingefügter Text* ausgezeichnet: fett, kursiv, einfach oder doppelt unterstrichen.

■➤ Für geänderte Formatierungen ist standardmäßig nichts vorgegeben, Sie können aber etwas auswählen.

■➤ Überarbeitete Zeilen lassen sich am linken oder rechten Seitenrand (außerhalb des Satzspiegels) mit einer Linie markieren. Bei unterschiedlichem Seitenrand für linke und rechte Seiten setzt *Außen* die Markierungsleiste außen an die Seite - links bei linken, rechts bei rechten Seiten. Die Markierungsleiste ist am Bildschirm sichtbar, wird auch gedruckt und weist unübersehbar auf die Stelle hin, wo etwas geändert worden ist.

- Für alle Markierungen kann eine Farbe zugewiesen werden. Wird die Option »Je nach Autor« gewählt, nimmt Word für jeden Bearbeiter eine andere Farbe.

Was passiert?

Nun nehmen Sie also Änderungen am Text vor.

- Sie löschen etwas. Es wird nicht entfernt wie sonst, sondern nur durchgestrichen. Am Rand erscheint die vertikale Markierungsleiste , sofern Sie sich dafür entschieden haben. Und zwar, wie Sie sehen, nur für die Zeilen, in denen etwas geändert worden ist. Die Markierungsleiste wird übrigens auch in der normalen Bearbeitungsansicht angezeigt. Ihr Abstand zum Text kann nicht verändert werden.

- Sie fügen dem Text etwas hinzu. Es wird unterstrichen oder fett oder kursiv, je nachdem, wofür Sie votiert haben. Am Rand weist ebenfalls die Markierungsleiste auf Änderungen hin.

Die Überarbeitungsmarkierungen werden gespeichert; sonst wären sie ja überflüssig. Sie können, wie erwähnt, ausgeblendet werden.

Steht kein Farbbildschirm zur Verfügung, hat sich als Überarbeitungsmarkierung doppelt unterstreichen für neuen Text als zweckmäßig erwiesen. Das kommt üblicherweise im normalen Text seten vor, im Gegensatz zu fett oder kursiv. Farbe ist aber auf jeden Fall auffälliger.

:-)
TIP

Änderungen übernehmen

Wie könnte soetwas in einer Arbeitsgruppe vor sich gehen? Heide hat sich Michis Dokument geholt, um den Text, auf dessen ausdrückliche Bitte, zu überarbeiten. Ihre Änderungen werden blau markiert.

Als nächster nimmt sich Jürgen das Dokument vor. Weil Word erkennt, daß der derzeitige Bearbeiter nicht mit dem identisch ist, der das Dokument als letzter gespeichert hat, bekommt Jürgen automatisch eine andere Farbe.

Was Michi dann vor sich hat, macht sich auf seinem Bildschirm zwar höchst malerisch. Doch er hätte viel zu tun, wollte er den ganzen Text durchblättern auf der Suche nach Änderungen.

Word macht es ihm leichter. Zunächst einmal kann er mit diesen beiden Symbolen aus der *Überarbeiten*-Symbolleiste die nächste Korrekturmarkierung anspringen - mit dem einen vorwärts, dem anderen rückwärts.

 Sodann kann er, wiederum mit Mausklick, jede einzelne Änderung verwerfen (dann wird an dieser Stelle der Originalzustand wiederhergestellt) oder akzeptieren.

 Oder er speichert diese Fassung als neue Version (siehe Kapitel 5, »Dokumente speichern«).

Das alles geht auch dialogfeldgesteuert mit EXTRAS/ÄNDERUNGEN VERFOLGEN/ÄNDERUNGEN AKZEPTIEREN ODER ABLEHNEN.

Abbildung 47.3:
Änderungen über
ein Dialogfeld
verfolgen

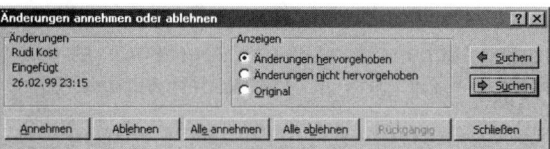

■► Er kann die Änderungen ALLE ANNEHMEN oder ALLE ABLEHNEN - globales Ja oder Nein.

■► Er kann die Änderungen ANNEHMEN oder ABLEHNEN - jede einzeln, und jeweils individuell entscheiden, ob er sie übernehmen oder verwerfen möchte.

Die Beschreibung im Dialogfeld informiert in jedem Einzelfall, wer sich wann über den Text hergemacht hat.

Weil ein Text mit Korrekturmarkierung ziemlich verwirrend kann, läßt sich das Dokument optisch bereinigen:

■► *Änderungen hervorgehoben* - alle Änderungen werden angezeigt.

■► *Änderungen nicht hervorgehoben* - die Korrekturmarkierungen werden versteckt, so daß Sie sich einen besseren Eindruck von der endgültigen Textfassung machen können.

■► *Original* - zeigt die ursprüngliche Fassung des Dokumentes.

Mit den weiteren Auswahlmöglichkeiten läßt sich folgendes anstellen:

■► Mit SUCHEN hüpfen Sie vorwärts oder rückwärts zur nächsten Änderung.

■► Mit ABLEHNEN heben Sie die aktuell markierte Änderung wieder auf. Sie springen dann automatisch zur nächsten Änderung.

■► RÜCKGÄNGIG hebt die Änderungen eine nach der anderen wieder auf.

Das Dialogfeld bleibt geöffnet, so daß Sie die Suche so lange fortsetzen können, wie Ihnen beliebt.

ÜBUNG: *Überarbeitungen dokumentieren*
(Beispieldatei: UEBERARBEITEN.DOC)

1. Öffnen Sie UEBERARBEITEN.DOC.

    An diesem Text sind im Korrekturmodus bereits Änderungen vorgenommen.

2. Aktivieren Sie EXTRAS/ÄNDERUNGEN VERFOLGEN/ÄNDERUNGEN HERVORHEBEN und im Dialogfeld *Änderungen während der Bearbeitung markieren.*

    Damit ist die Überarbeitungsfunktion eingeschaltet. In der Statuszeile wird »ÄND« erscheinen.

3. Löschen Sie etwas im Text, fügen Sie etwas hinzu.

    Sie sehen, wie die Korrekturmarkierungen gesetzt werden.

4. Öffnen Sie EXTRAS/ÄNDERUNGEN VERFOLGEN/ÄNDERUNGEN AKZEPTIEREN ODER ABLEHNEN, aktivieren Sie dann SUCHEN.

    Word springt zur nächsten Korrektur und markiert sie.

5. Aktivieren Sie ANNEHMEN.

    Das bezieht sich nur auf den markierten Text. Eine Löschung wird wirksam, oder die Korrekturmarkierung für hinzugefügten Text wird entfernt. So oder so verschwindet die Markierungsleiste.

6. Springen Sie mit SUCHEN zur nächsten Korrekturmarkierung, aktivieren Sie ABLEHNEN.

    Die Änderungen an dieser Stelle werden verworfen, der Originalzustand wird wieder hergestellt.

47.2 Versionsvergleich

Der Versionsvergleich ist eine schnelle und einfache Art, zwei Fassungen eines Dokumentes auf Abweichungen zu überprüfen.

EXTRAS/ÄNDERUNGEN VERFOLGEN/DOKUMENTE VERGLEICHEN

■► Sie laden die eine Datei und aktivieren EXTRAS/ÄNDERUNGEN VERFOLGEN/DOKUMENTE VERGLEICHEN. Im folgenden Dateiauswahl-Fenster wählen Sie die Datei, mit der verglichen werden soll. Diese zweite Datei wird nicht geöffnet, Word prüft beide nur auf Abweichungen.

Abweichungen kennzeichnet Word wie bei der Überarbeitungsfunktion: Markierungsleiste, Unterstreichungen, durchgestrichen.

➡ Enthält eines der beiden Dokumente bereits Überarbeitungsmarkierungen, erscheint eine Warnmeldung. Sie können den Vergleich trotzdem durchführen, aber möglicherweise werden nicht alle Unterschiede hervorgehoben.

Um genau zu überprüfen, worin sich beide Texte unterscheiden, müssen Sie die andere Datei in ein zweites Fenster laden und Absatz für Absatz durchgehen. Dank der Markierungen sehen Sie sofort, worauf Sie Ihr Augenmerk richten müssen.

Abbildung 47.4:
Zwei Dokumente
sind verglichen
worden

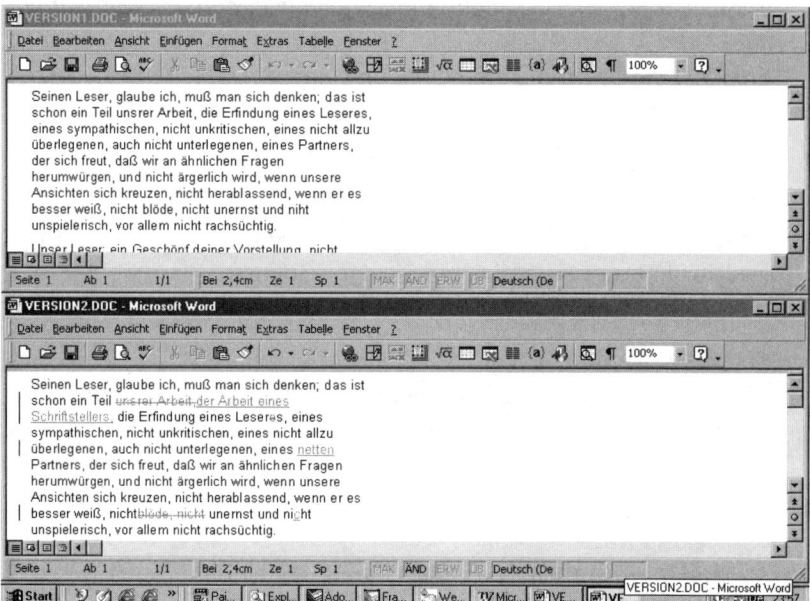

Dokumente zusammenführen

EXTRAS/DOKU-
MENTE ZUSAM-
MENFÜHREN

Ähnlich dem Dokumentenvergleich ist das Zusammenführen zweier Dokumente (früher hieß das *Änderungen konsolidieren*). Das wird unter Umständen benötigt, wenn ein Dokument via Mail an verschiedene Empfänger geschickt worden ist, jeder Änderungen vornimmt - und der Absender vor der schwierigen Aufgabe steht, all diese Änderungen in seinen Text zu übertragen.

Wenn ein geändertes Dokument zurückkommt und vom Absender geöffnet wird, kann er in einem Dateiauswahl-Fenster die Originaldatei auswählen. Die Änderungen werden dann in die Originaldatei übertragen. Sie haben dann einen Text mit Korrekturmarkierungen vor sich, die Sie wie gehabt prüfen, ändern, ablehnen, annehmen können.

So etwas können Sie natürlich auch mit zwei Dateien von der Festplatte machen, ohne sie vorher versandt zu haben.

ÜBUNG: *Versionsvergleich (Beispieldateien: VERSION1.DOC, VERSION2.DOC)*

1. Öffnen Sie VERSION2.DOC.

    Dieses Dokument weicht geringfügig ab von VERSION1.DOC. Sie müssen Ihren Max Frisch schon sehr genau kennen, um das herauszufinden.

2. Aktivieren Sie EXTRAS/ÄNDERUNGEN VERFOLGEN/DOKUMENTE VERGLEICHEN, wählen Sie im Dialogfeld als Vergleichsdatei VERSION1.DOC.

    Nach kurzer Zeit meldet Word das Ende der Aktion. Alle Zeilen, in denen Abweichungen festgestellt wurden, sind markiert.

47.3 Kommentare

Kommentare (früher hießen sie Anmerkungen) sind internen Notizen und Fußnoten ähnlich. Sie sind allerdings im Text selber nicht sichtbar und werden nur auf ausdrücklichen Wunsch gedruckt. Mit EXTRAS/DOKUMENT SCHÜTZEN kann eine Datei so geschützt werden, daß nur noch Kommentare möglich sind (Kapitel 6, »Datei-Schutz«).

Kommentare einfügen

Kommentare werden, ähnlich wie Kopf- und Fußzeilen oder Fußnoten, in einem speziellen Fensterausschnitt erstellt und bearbeitet. (Eine Beispieldatei für Kommentare ist KOMMENTAR.DOC.)   EINFÜGEN/
KOMMENTAR

▪▶ Sie bringen den Cursor an die Stelle im Text, wo Sie den Kommentar haben möchten.

▪▶ Sie aktivieren EINFÜGEN/KOMMENTAR oder benutzen das Symbol aus der *Überarbeiten*-Symbolleiste. Daraufhin wird der Bildschirm in zwei Hälften geteilt. Die untere Hälfte, jederzeit in der Größe veränderbar, nimmt die Kommentare auf.

➡ Um das Kommentarfenster wieder zu schließen, klicken Sie auf SCHLIESSEN oder auf das Symbol.

Kommentare im Detail

Die Kommentare werden durchnumeriert und mit den Initialen des Autors versehen - deshalb wird der Benutzername beim ersten Start von Word abgefragt. Sie können aber auch mit EXTRAS/OPTIONEN/*Benutzerinformationen* den Benutzernamen und die Initialen ändern.

Für Kommentare werden zwei Formatvorlagen verwendet: »Kommentarzeichen«, ein Zeichenformat, für die Initialen und die Nummern im Text (die Kommentarzeichen werden verborgen formatiert), sowie »Kommentartext«, ein Absatzformat, für den eigentlichen Kommentar (wie »Standard«).

Im Kommentarausschnitt wird vor jedem Kommentar eine Feldfunktion eingefügt. Sie ermittelt, auf welcher Seite des Textes der Kommentar zu finden ist. Sie können sie sichtbar machen mit (Alt)+(F9).

Kommentare drucken

Diese Seitennummern sind zum Beispiel dann hilfreich, wenn man die Kommentare ausdrucken läßt. Man kann sie gesondert drucken, indem man im Druck-Menü »Kommentare« statt »Dokument« wählt (siehe Kapitel 15, »Drucken«).

Es ist aber auch ein Druck zusammen mit dem Dokument möglich (über die Schaltfläche OPTIONEN). Die Kommentare kommen dann auf ein eigenes Blatt im Anschluß an den Text.

Kommentare einsehen und bearbeiten

ANSICHT/
KOMMENTARE

Die Menüfunktion oder das Symbol öffnen den Kommentarausschnitt. Beide Ausschnitte laufen synchron. Sind Sie im Textausschnitt auf Kommentar 87, wird der auch im Kommentarausschnitt angezeigt. Bringen Sie im Kommentarausschnitt den Cursor in Kommentar 14, zeigt auch der Textausschnitt die richtige Stelle.

 Im Text ist das Wort, an dem ein Kommentar klebt, gelb hervorgehoben. Führen Sie den Zeiger darauf, erscheint der Kommentar in einem Info-Fenster. Sollte das bei Ihnen nicht der Fall sein, prüfen Sie, ob in EXTRAS/OPTIONEN/*Ansicht* die Option *QuickInfo* aktiviert ist.

  Ansonsten können Sie die Kommentare beliebig bearbeiten, auch Text zwischen beiden Fensterausschnitten kopieren und verschieben. Benutzen Sie dazu die Befehle im Kontextmenü oder die Symbole (mit denen Sie Kommentare im Text auch anspringen können).

In den alten Word-Versionen (bis Word 95) wurden Kommentare nicht so klar hervorgehoben wie jetzt. Tatsächlich wußte man nie, wo ein Kommentar versteckt war. Leider wird das bei der Übernahme alter Dateien nicht konvertiert, und Sie können diese versteckten Kommentare auch nicht mit den Symbolen anspringen - es sei denn, Sie machen sie zuvor sichtbar, indem Sie die nicht druckbaren Zeichen anzeigen lassen. Dann geht's. Zum Ausprobieren gibt's die alte Datei ANMERK.DOC.

:-)
TIP

Kommentare lassen sich auch als verborgener Text in das Dokument integrieren. Jedoch besteht die Gefahr, daß diese Formatierung aus Versehen aufgehoben wird und etwas im Text steht, was dort nicht hingehört. Deshalb sind richtige Kommentare besser. Und sie lassen sich ja auch mit Drag & Drop leicht in den Text ziehen, wenn es notwendig sein sollte.

➡ Damit ein Kommentar gelöscht werden kann, muß im Text das Kommentarzeichen markiert werden; das geht am schnellsten mit ⇧+→. Noch einfacher ist es mit dem Kontextmenü, hier ist gibt es einen entsprechenden Befehl. Im Kommentarausschnitt kann lediglich der Kommentartext gelöscht werden, nicht das Kommentarzeichen.

➡ Die verbliebenen Kommentare werden automatisch neu numeriert.

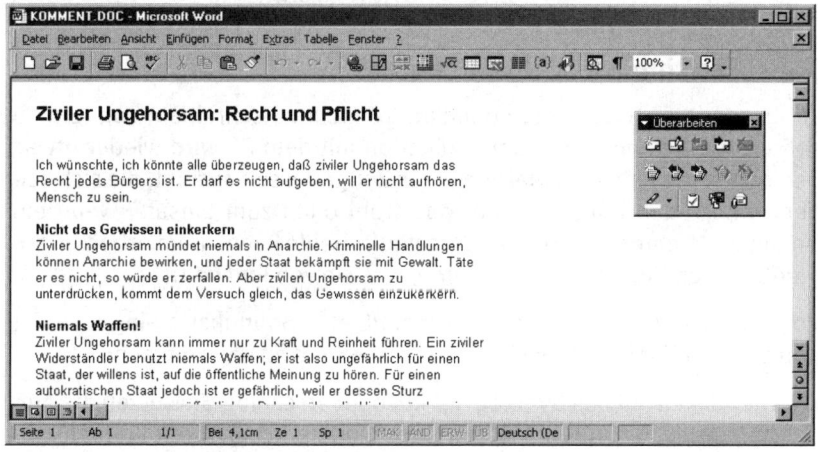

Abbildung 47.5:
Kommentare im
Text

Eine Alternative zum Öffnen des Kommentarausschnittes über das Menü bietet die Maus:

■▶ Sie teilen das Fenster, halten dabei aber die Taste ⌜Strg⌝ gedrückt. (Gedrückte ⌜⇧⌝-Taste öffnet hingegen den Fußnotenausschnitt.)

Im Auswahlfeld *Kommentar* können Sie entscheiden, welche Kommentare angezeigt werden sollen: Alle Bearbeiter, mithin sämtliche, oder nur die Kommentare von bestimmten Bearbeitern. Das natürlich nur, wenn es Kommentare von verschiedenen Bearbeitern gibt. (KOMMENTAR.DOC enthält Kommentare von zwei Bearbeitern.)

Abbildung 47.6:
Kommentare
bearbeiten

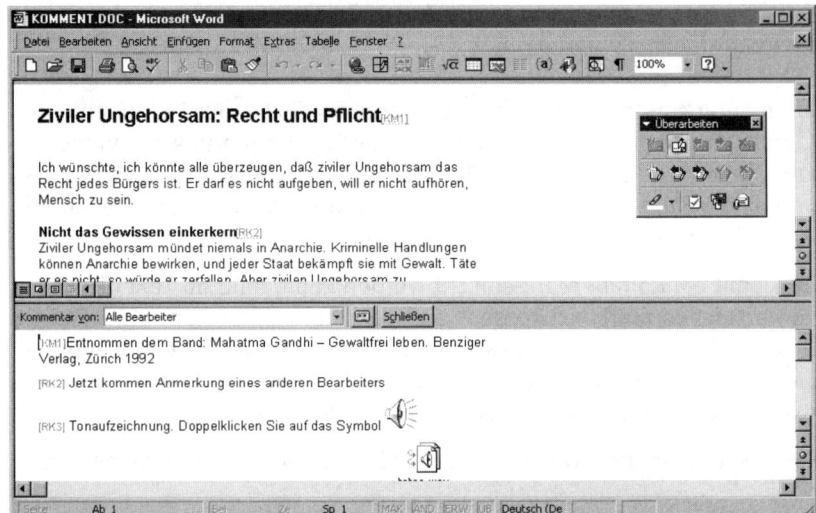

Tonaufzeichnung als Kommentar

Ein besonderer Gag ist es, Kommentare nicht zu schreiben, sondern zu sprechen - die anonyme Kommunikation mit dem PC wird wieder etwas persönlicher. Wenn man mal von jenen Zeitgenossen absieht, die sich selber gerne reden hören, kommt das wohl dann zum Einsatz, wenn ein Dokument mehrere Bearbeiter durchläuft: Heide kann ihrem Arbeitsgruppen-Kollegen Jürgen jederzeit *sagen*, was sie von ihm hält.

Voraussetzung dafür ist, daß in Ihrem PC eine Soundkarte eingebaut ist und Sie ein Mikrofon haben. Dann ist es im Prinzip ganz einfach:

■▶ Sie klicken auf das Symbol, der Recoder erscheint, Sie setzen die Aufnahme mit der roten Taste in Gang und sprechen Ihren Kommentar. Sie haben eine knappe Minute Zeit - also kurz und zackig, bitteschön (Geturtel zwischen Kollegen wird damit drastisch unterbunden). Zur Kontrolle können Sie Ihren Kommentar auch nochmals abhören. Mit DATEI/BEENDEN kehren Sie zurück zum Dokument, im Text erscheint ein Symbol mit einem Lautsprecher.

➡ Ein Doppelklick auf das Symbol startet die Wiedergabe. Auch das freilich nur, wenn eine Soundkarte vorhanden ist.

Sollte das nicht klappen - möglich ist ja alles -, können Sie auch folgendermaßen vorgehen, was im Prinzip das gleiche ist:

➡ Sie aktivieren EINFÜGEN/OBJEKT und wählen »Wave-Audio«.

➡ Der Klangrecorder erscheint, Sie klicken auf das Mikro-Symbol und sagen, was Sie zu sagen haben.

➡ DATEI/BEENDEN im Klangrecorder bringt Sie zurück.

Das nur in aller Kürze. Einzelheiten und Hintergründe dazu in Kapitel 29, »Dateien verbinden«, wo es auch um das Einbinden von Objekten geht. Dort erfahren Sie ebenso, wie Sie eine schon vorhandene Klangdatei oder sogar einen Video-Clip einbinden können - selbst in einen Kommentar. Ist doch auch ganz nett, wenn Jürgen Heide den Vogel zeigt. Ganz neue Möglichkeiten der Bürokommunikation tun sich auf.

Kommentar wiederholen

Es gibt einen eleganten Weg, um Kommentare zu wiederholen:

➡ Sie definieren ein Kommentarzeichen im Text als Textmarke - nennen wir sie mal »Kommentar«. (Allgemeines zu Textmarken siehe Kapitel 24.)

➡ An der Stelle, an der der Kommentar wiederholt werden soll, fügen Sie - im Text! - folgende Feldfunktion ein:

```
{REF Kommentar \f}
```

Der Schalter \f wiederholt den Kommentar. Sie können die Feldfunktion, statt zu schreiben, auch mit EINFÜGEN/FELD erstellen und können dort auch gleich die Textmarke und den Schalter auswählen.

An dieser Stelle erscheint im Text die nächste Kommentar-Nummer, als Kommentartext selbst wird der »Kommentar«-Kommentar wiederholt.

Vorteil gegenüber dem Kopieren eines Kommentars: Wird der Original-Kommentar geändert und Sie aktualisieren das Verweis-Feld, haben Sie die neue Fassung.

Kommentare konsolidieren

Genau wie Überarbeitungsmarkierungen können auch Kommentare konsolidiert werden, wenn via Mail verschickte Dokumente zum Absender zurückkommen.

:-)
TIP

Wenn auch andere Bearbeiter Zugriff auf Ihre Dokumente haben, aber nicht hemmungslos darin herumschreiben sollen, müssen Sie sich entscheiden, welche Art von Dokumentschutz Sie vergeben (siehe Kapitel 6, »Datei-Schutz«). Ein Schreibschutz (DATEI/SPEICHERN UNTER) verhindert eine Bearbeitung, nach Änderungen muß unter einem anderen Namen gespeichert werden. Werden Überarbeitungen oder Kommentare zugelassen (EXTRAS/DOKUMENT SCHÜTZEN), sind Eingriffe möglich, aber jederzeit zu sehen und wieder zurückzunehmen.

Zeichnen und Präsentieren

Teil IX

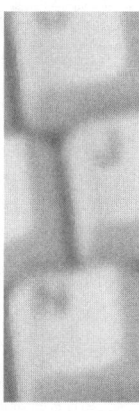

Grafiken

Kapitel 48

W as Word als Grafiken bezeichnet, sind für uns Normalmenschen schlicht Bilder. »Grafik« ist ein Sammelbegriff für Bilder, Zeichnungen, Diagramme. Solche Grafiken lassen sich mühelos in Word-Texte integrieren und genauso leicht bearbeiten. Sie lassen sich vergrößern, verkleinern oder verzerren. Auch Ausschnitte sind möglich. Nimmt man noch die Möglichkeiten des Positionierens und Textflusses um die Bilder herum hinzu, sind alle Grenzen gefallen, und man plaziert seine Grafiken nach Belieben.

48.1 Grafik-Formate

Grafik-Formate sind ein Irrgarten. Jedes Grafikprogramm pflegt mit Inbrunst sein eigenes Dateiformat: die Art und Weise, wie die Grafiken gespeichert werden. Mit der Folge, daß sie nur in diesem einen Grafikprogramm geladen und bearbeitet werden können und in sonst keinem.

Glücklicherweise haben sich im Laufe der Zeit einige Standardformate herausgebildet, und jedes Grafikprogramm, das etwas taugt, kann seine Grafiken in wenigstens eines der Standardformate konvertieren (was aber unter Umständen mit Qualitätsverlusten einher geht). Konvertieren heißt, eine Datei von einem Format in ein anderes umwandeln. In Grafikprogrammen heißt die entsprechende Menüoption meist EXPORTIEREN.

Auch Word kann Grafiken nicht in allen Formaten laden. Hat aber für die wichtigsten Konvertierfilter.

Pixel- und Vektorgrafiken

Pixelgrafiken nennt man auch *Bitmaps*. Die Grafik setzt sich aus einzelnen Bildpunkten zusammen; an Zeitungsbildern beispielsweise sieht man dieses Prinzip genau.

Grundsätzlich wird eine Pixelgrafik in der Auflösung gedruckt, in der sie gespeichert (oder eingescannt) wurde. Ist sie mit 75 dpi (*dots per inch*, Punkte je Zoll – die Maßeinheit) gespeichert, wird sie auch nur mit 75 dpi gedruckt, selbst wenn der Drucker eine höhere Auflösung erreicht (zum Beispiel 300 dpi bei Laserdruckern). Umgekehrt: Eine Pixelgrafik mit 300 dpi ist verschenkt, wenn der Matrixdrucker nur 75 dpi schafft.

Im Unterschied dazu werden Vektorgrafiken stets mit der Auflösung des Ausgabegeräts gedruckt. Vektorgrafiken setzen sich nicht aus Punkten zusammen, sondern aus Beschreibungen von Linien oder Kreisen: von hier bis dort und so lang.

Aus diesen – zugegeben verkürzten – theoretischen Ausführungen läßt sich ein praktischer Nutzen ziehen:

➡ Wann immer möglich, sollten Vektor- statt Pixelgrafiken verwendet werden, weil sie ein besseres Druckergebnis liefern.

TIFF-Bilder (Pixelgrafiken) nehmen eine gewisse Sonderstellung ein: Sie ermöglichen auch Graustufen. Alle Bildschirmabbildungen in diesem Buch sind zum Beispiel TIFF-Bilder. Auch eingescannte Bilder sind normalerweise TIFF-Bilder.

Sie haben aber wenigstens zwei gravierende Nachteile. Zum einen können sie beträchtlichen Umfang annehmen – eine Bildschirmabbildung etwa verschlingt rund 300 Kbyte, ein vierfarbiges Bild kann auf 25 Mbyte oder mehr kommen. Zum andern ist die Druckqualität nur bei hochauflösender Wiedergabe zufriedenstellend.

Die Grafikfilter

Bei der Installation (Kapitel 66, »Die Installation«, S. 973) können Sie entscheiden, welche Grafikfilter installiert werden sollen. Sie wählen entweder alle, wenn es der Speicherplatz erlaubt, oder nur diejenigen, die sie wirklich benötigen.

Word braucht diese Grafikfilter – man kann sie auch Umwandlungsprogramme nennen –, um die speziellen Grafikformate lesen zu können. Andersrum: Nur solche Grafiken können importiert werden, für die auch ein entsprechendes Umwandlungsprogramm installiert ist. Die meisten Grafikprogramme können jedoch ihre Grafiken in eines der Formate umwandeln, die Word versteht.

Grafikformat	Endung
WordPerfect-Grafiken	WPG
Micrografx Designer/Draw	DRW
Kodak Photo CD	PCD
Computer Graphics Metafile	CGM
Encapsulated PostScript	EPS
TIFF (Tagged Image Format)	TIF
Macintosh PICT	PCT
Paintbrush	PCX
Graphics Interchange	GIF
AutoCAD Format 2D	DXF
CorelDraw (3.0–6.0)	CDR
Windows Metafile	WMF
Windows Bitmaps	BMP
HP Graphics Language	HGL
JPEG-Import	JPG
Targa	TGA
Windows Enhanced Metafile	EMF
Portable Network Graphic	PNG

Tabelle 48.1:
Grafikfilter

Wenn Sie sich anfangs nur einige Grafikfilter herauspicken und später weitere hinzufügen möchten, müssen Sie das Setup-Programm von Word nochmals aufrufen, mit der Schaltfläche HINZUFÜGEN/ENTFERNEN weitergehen und die gewünschten Filter auswählen.

Zeigen oder verstecken

Eine Grafik wird – übrigens auch, wenn man Konzeptschrift wählt – in voller Schönheit dargestellt. Mit der Folge, daß es halt dauert, bis das Bild aufgebaut ist. Deshalb können Sie mit EXTRAS/OPTIONEN/*Ansicht* die Bilder ausblenden, so daß an ihrer Stelle ein leerer Rahmen erscheint: *Platzhalter für Grafiken*.

Wer viel mit Bildern zu tun hat und dauernd Bilder ein- und ausblendet, zeichnet sich die Einstellung als Makro auf und legt sie auf eine Taste oder ein Symbol (siehe Kapitel 63, »Symbol- und Menüleisten«, S. 955). Sie brauchen aber zwei Makros: eins, das die Grafik anzeigt, und eins, das zu den Platzhaltern umschaltet.

TIP

Wenn Sie bei den Druck-Optionen Konzeptausdruck wählen, werden Grafiken nicht gedruckt (ansonsten aber alle Formatierungen). Das beschleunigt den Druck ungemein.

48.2 Grafik einfügen

EINFÜGEN/GRAFIK/ AUS DATEI

Mit der Menüfunktion EINFÜGEN/GRAFIK bieten sich Ihnen mehrere Möglichkeiten, eine Grafik zu holen, wie es scheint. In Wahrheit freilich werden damit auch verschiedene andere Objekte eingefügt: ein Zeichnungsobjekt (Kapitel 50, S. 769), ein WordArt-Objekt (Kapitel 51, S. 791) oder ein Diagramm (Kapitel 52, S. 797). Auch mit der Möglichkeit, von Word aus ein Bild einzuscannen, werden wir uns später befassen (Kapitel 49, S. 751).

 Aus Datei ist das, was uns zunächst interessieren soll: Wir möchten eine Grafik, die auf der Festplatte gespeichert ist.

Es öffnet sich ein Dateiauswahl-Fenster. Der Dateifilter ist sozusagen neutral und gibt kein besonderes Grafikformat vor. Aber Filter für alle installierten Grafikformate lassen sich im Feld *Dateityp* auswählen.

 Dieses Dialogfenster verfügt auch über ein Vorschaufenster, so daß Sie sich mit einem Klick auf das Symbol *Vorschau* erst einmal die Grafik betrachten können, ehe sie in den Text eingefügt wird. Um die Vorschau einzublenden, müssen Sie den ANSICHT-Schalter in der Menüleiste anklicken und die gewünschte *Vorschau*-Ansicht auswählen.

Zur Illustration der Techniken verwende ich im folgenden ein von Word mitgeliefertes Clip-Art..

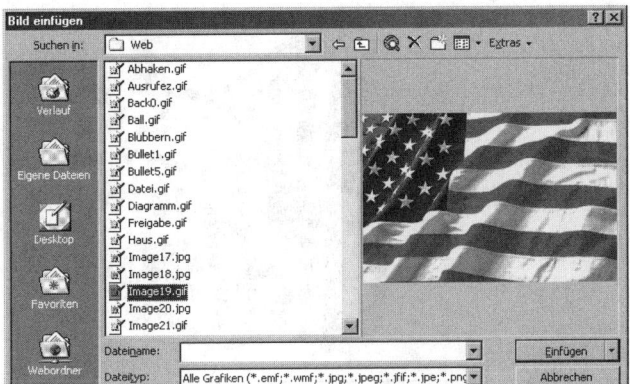

Die ClipArt-Galerie

Diese Funktion öffnet die *Microsoft ClipArt-Galerie*: ein Verwaltungsprogramm für Grafiken, Sounds und Video. Von Hause aus zeigt die *ClipArt-Galerie* alle auf Ihrer Festplatte gespeicherten WMF-ClipArts an (auch aus früheren Office-Versionen, so vorhanden). Sie können jederzeit eigene Grafiken importieren.

EINFÜGEN/GRAFIK/
CLIPART

Alle Grafiken lassen sich Kategorien zuordnen und mit Stichwörtern versehen. Sie können neue Kategorien anlegen, mit CLIPEIGENSCHAFTEN die Stichwörter des aktuellen Bildes ändern. Nach diesen Stichwörtern (oder nach dem Dateinamen oder dem Grafik-Typ) können Sie suchen.

Wenn Sie das sorgsam machen, haben Sie mit der *ClipArt-Galerie* ein hervorragendes Instrument, bei großen Bildersammlungen den Überblick zu behalten.

48.3 Die Art des Einfügens

Die Grafik wird an der Cursorposition eingefügt. Sie wird nicht automatisch ein eigener Absatz, sondern in den aktuellen Absatz integriert.

In der Regel ist es ratsam, in den Text erst mit ⏎ einen eigenen Absatz einzufügen und hier dann die Grafik. Damit wird die Grafik zu einem eigenen Absatz, was Formatierung und Positionierung wesentlich erleichtert. Wir kommen darauf noch zurück.

Sie sollten auf jeden Fall darauf achten, daß der Absatz den Zeilenabstand »Einfach« oder »Mindestens« hat (siehe Kapitel 19, »Formatieren«,
S. 317). Dann paßt er sich in der Höhe der Grafik an. Haben Sie beispielsweise einen festen Zeilenabstand von 12 pt zugewiesen, sind auch
nur die untersten 0,42 cm (so hoch sind 12 Punkt) von der Grafik zu
sehen, der Rest wird abgeschnitten.

Grundsätzlich können Sie eine Grafik auf dreierlei Arten einfügen:

- Das normale EINFÜGEN integriert die Grafik fest in das Dokument und
  speichert sie mit dem Dokument.

- VERKNÜPFUNG ZU DATEI erstellt lediglich eine Verbindung zu der Ori-
  ginalgrafik, speichert die Grafik aber nicht zusammen mit dem Dokument.

- EINFÜGEN UND VERKNÜPFEN erstellt ebenfalls eine Verbindung zu der
  Grafik und speichert sie zusammen mit dem Dokument.

Zarte Bande knüpfen

Wenn Sie im Dialogfenster die Grafik verknüpft einfügen wollen, müssen
Sie das Popup-Listenfeld zum EINFÜGEN-Schalter aufklappen und VER-
KNÜPFUNG ZU DATEI oder EINFÜGEN UND VERKNÜPFEN auswählen. Dadurch
wird die Grafik als Feldfunktion {IncludePicture} eingefügt – die Sie
natürlich auch manuell eingeben können. Das Feld lautet dann beispielsweise:

```
{IncludePicture "C:\\Clipart\\b100687_.wmf"
\* FORMATVERBINDEN}
```

Das Datenformat der Grafik braucht nicht angegeben zu werden, Word
erkennt es von selbst.

Die Feldfunktion verweist auf die Grafik, die irgendwo anders gespeichert ist. Das hat einen ganz entscheidenden Vorteil:

- Sie können die Grafik in einem Illustrationsprogramm bearbeiten, ohne daß sie hernach neu in das Word-Dokument geladen werden muß. Sie brauchen lediglich das Feld mit (F9) zu aktualisieren.

Auch auf die {IncludePicture}-Funktion können Sie alles anwenden, was sich auf Felder anwenden läßt, zum Beispiel mit (⇧)+(Strg)+(F9) durch das Ergebnis ersetzen oder mit (Strg)+(F11) sperren.

Bei Dateien, die aus Winword 2 übernommen werden und verknüpfte Grafiken enthalten, lautet die Feldfunktion {Import} *statt* {IncludePicture}. *Die Feldfunktion wird zwar prinzipiell noch unterstützt, obschon es sie nicht mehr gibt. Probleme kann es allerdings geben, wenn diese Felder aktualisiert werden. Besser, Sie ändern in* {IncludePicture} *(geht ohne Schwierigkeiten mit Ersetzen bei eingeschalteten Feldfunktionen).*

:-)
TIP

Ungemein wichtig ist, daß in der Feldfunktion der Schalter *Format-Verbinden verwendet wird (macht Word automatisch, wenn man im Dialogfenster die Option *Verknüpfung zu Datei* auswählt). Er sorgt dafür, daß nach einer Aktualisierung das bisherige Format – zum Beispiel eine Größenänderung – erhalten bleibt.

Allerdings muß man bei verknüpften Grafiken darauf achten, daß die Grafiken auch tatsächlich in dem angegebenen Verzeichnis sind, sonst sucht Word bei der Aktualisierung und findet nichts.

Das kann insbesondere dann zum Problem werden, wenn Word-Dokumente auf einem anderen PC ausgedruckt werden sollen. Allzu leicht vergißt man, die Bilder mitzukopieren, vor allem, wenn sie weit verstreut auf der Festplatte sind.

Gegen diese weitverbreitete Krankheit sind zweierlei Kräutlein gewachsen:

- Machen Sie eine Druckdatei (siehe Kapitel 16, »Drucken«, S. 267). Die Bilder werden in die Druckdatei eingeschlossen – was allerdings explodierende Dateigrößen zur Folge hat.

- Denken Sie sich eine kluge und vor allem für das Kopieren praktikable Verzeichnisstruktur aus und kopieren Sie notfalls die weit verstreuten Bilder in ein Verzeichnis.

Die Grafiken wild über die Festplatte zu verstreuen, ist jedenfalls nicht das richtige; irgendwann fehlt dann eine. Bei mir kriegen die Bilder eines

Kapitels jeweils ein eigenes Verzeichnis unter dem gemeinsamen Dach-
Verzeichnis »Bilder«. So kann ich die Bilder kapitelweise kopieren.

Speichern oder nicht?

Mit VERKNÜPFUNG ZU DATEI wird im Unterschied zu EINFÜGEN UND VER-
KNÜPFEN die Grafik nicht mit dem Dokument gespeichert (und der Feldfunktion der Schalter \d angehängt).

Wenn Sie die Grafik im Dokument speichern, bläht das die Dateigröße
auf, und bei vielen Bildern ganz gewaltig – das ist der Nachteil.

Der Vorteil indes: Selbst wenn die Grafik physikalisch nicht mehr existiert
(siehe oben!), ist sie doch noch im Dokument vorhanden, und ihr passiert
absolut nichts, solange Sie nicht das Feld aktualisieren.

Eine verknüpfte, doch nicht im Dokument gespeicherte Grafik hingegen
versucht Word beim Öffnen der Datei ebenfalls zu öffnen – und findet sie
nicht: leerer Rahmen statt Grafik.

Beides übrigens unbeschadet davon, ob *Automatische Verknüpfungen
beim Öffnen aktualisieren* in EXTRAS/OPTIONEN/*Allgemein* aktiviert ist,
und auch *Verknüpfungen aktualisieren* beim Drucken läßt die im Dokument gespeicherte, in Wahrheit aber gar nicht mehr vorhandene Grafik in
Ruhe. *Felder aktualisieren* beim Drucken jedoch macht kurzen Prozeß:
Grafik nicht da, also großer leerer Rahmen.

Verknüpfungen aktualisieren *beim Druck gilt nur für Grafiken, die* nicht *im
Dokument gespeichert sind.*

Ein entschiedener Nachteil einer verknüpften, aber nicht im Dokument
gespeicherten Grafik ist, daß Word jedesmal, wenn man im Text auf die
Grafik stößt, die Grafik neu lädt – bei jedem Seitenwechsel in der Layout-
ansicht beispielsweise, bei jedem Rollen des Textes.

Das kann ganz schön nerven und auch viel Zeit verschlingen, vor allem,
wenn der PC nicht zu den schnellsten gehört.

Import über die Zwischenablage

Grafiken aus anderen Windows-Programmen, zu denen Word keinen Grafikfilter bereithält, können auch über die Zwischenablage eingefügt werden. Das geht folgendermaßen:

■➤ Sie starten das andere Windows-Programm.

▪▶ Sie öffnen das Bild, markieren es und kopieren es mit (Strg)+(C) in die Zwischenablage.

▪▶ Sie beenden das Programm, wechseln zu Word und fügen die Zwischenablage mit (Strg)+(V) ein.

So geht es zumindest prinzipiell. In der Praxis stoßen Sie auf Schwierigkeiten an allen Ecken und Enden. Entweder ist die zu kopierende Grafik zu groß für den Zwischenspeicher oder der Arbeitsspeicher ist zu klein, um sie dann in Word wieder einfügen zu können, oder sie wird zwar angeblich eingefügt, ist aber unterwegs irgendwie verschütt' gegangen ...

Der Import über die Zwischenablage hat zudem den Nachteil, daß die Grafik nicht als Feldfunktion, sondern direkt in den Text eingefügt wird und somit nicht aktualisiert werden kann.

Bei Schwierigkeiten sollten Sie prüfen, ob die Grafik nicht als Objekt via OLE eingebunden werden kann (Kapitel 30, »Dateien verbinden«, S. 529).

48.4 Grafik formatieren

Was denn an einer Grafik zu formatieren sei, werden Sie sich vielleicht fragen? Eine ganze Menge! Wenn Sie unter »Formatieren« verstehen, daß damit das Aussehen, das Erscheinungsbild von irgendwas verändert wird, dann läßt sich eine Grafik genauso formatieren wie Text.

Das Absatzformat

Die Grafik ist üblicherweise Teil eines (Text-)Absatzes. Das heißt, dessen Formatierungen gelten auch für die Grafik. Daß der Zeilenabstand »Einfach« oder »Mindestens« sein sollte, damit die Grafik ganz angezeigt wird, ist bereits erwähnt worden.

Auch sämtliche Einzüge und Abstände wirken sich auf die Grafik aus. Das macht es leicht, der Grafik eine entsprechende Formatvorlage zuzuweisen und so eben die Abstände zum Text zu regeln.

Ein Erstzeileneinzug wirkt sich so aus, als sei der ganze Absatz eingezogen. Das ist auch durchaus logisch. Wird die Grafik in einen leeren Absatz eingefügt, befindet sie sich in der ersten Zeile.

Einzüge können etwas Probleme bereiten, wenn man die Grafik aus dem Textfluß herauslösen und positionieren will (wir kommen noch darauf), da sie dann beibehalten werden.

Rahmen und Linien

... sind für eine Grafik genauso möglich wie für einen normalen Textabsatz. Fast genauso. Sie haben dazu nämlich gleich zwei Möglichkeiten, die einander ergänzen.

➡ Mit FORMAT/RAHMEN UND SCHATTIERUNG weisen Sie der Grafik einen Rahmen zu; ein Hintergrundraster ist hier jedoch nicht möglich.

Abbildung 48.3:
Eine Grafik mit einem Hintergrundbild versehen

➡ Ein Abstand zwischen Rahmen und Grafik kann nicht bestimmt werden. Man erreicht ihn bei einer Grafik auf andere Weise (siehe den nächsten Abschnitt).

➡ Der Rahmen reicht nicht wie bei einem Textabsatz links und rechts über den Spaltenrand hinaus. Vielmehr schließt er mit dem linken Rand bündig.

➡ Mit FORMAT/GRAFIK und der Registerkarte *Farben und Linien* können Sie der Grafik eine Hintergrundfarbe, eine Struktur oder ein Muster verleihen (siehe Kapitel 22, »Positionieren«, S. 379). Linien indes können hier nicht ausgewählt werden.

Bei einem TIF-Bild ist so etwas natürlich wenig sinnvoll (es sei denn, Teilbereiche sind als transparent markiert – siehe Kapitel 49, »Der Photo Editor«, S. 751), bei einer WMF-Grafik wie unserem Beispielbild kann es jedoch einen zusätzlichen Effekt geben. Ich habe der Grafik eine Hintergrund-Struktur spendiert.

48.5 Vergrößern, verkleinern

FORMAT/GRAFIK Wenn Sie eine Grafik einfügen, trachtet Word danach, sie in ihrer vollen Größe einzubinden, genauer gesagt: in ihrer vollen Breite. Geht das nicht, wird sie so breit, wie eben Platz ist. Die Höhe wird im gleichen Verhältnis angepaßt.

Eine nachträgliche Änderung des Seitenrands bewirkt übrigens nicht, daß sich die Größe der Grafik verändert. Das müssen Sie schon selber machen.

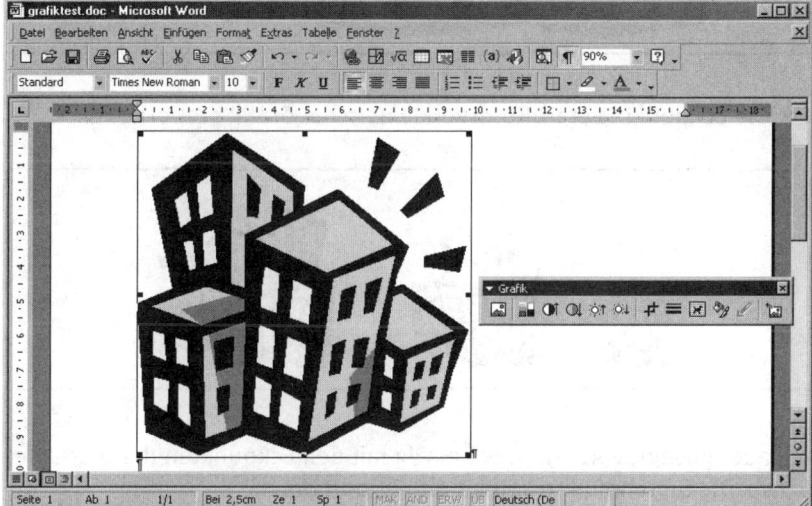

Abbildung 48.4:
Eine Grafik ist
markiert

Die Grafik markieren

Für alle Bearbeitungsvorgänge muß die Grafik zunächst markiert sein, nicht anders als Text auch:

➥ Klicken Sie auf die Grafik. Sie wird von acht Markierungspunkten umgeben (Abbildung 48.4).

Die Markierungspunkte zeigen einmal, daß die Grafik markiert ist; andernfalls kann FORMAT/GRAFIK nicht aktiviert werden. Zum andern sind sie nötig, wenn mit der Maus Größe und Ausschnitt verändert werden sollen.

➥ Die Markierungspunkte an den Seiten verzerren die Grafik in der Höhe oder in der Breite. Zum Beispiel so:

Abbildung 48.5:
Die Grafik in der
Breite gestreckt

■► Die Eckpunkte vergrößern/verkleinern die Grafik proportional.

Abbildung 48.6:
Die Grafik
proportional
verkleinert

Genauer gesagt, verändern Sie einzig mit den Eckpunkten die *Größe* der Grafik. Die Seitenpunkte ändern die *Proportionen*.

Leider können Sie in der Statuszeile die Änderung der Bildgröße nicht mehr ablesen. Dort wurde in früheren Versionen als Prozentwert bekanntgegeben, wie Sie die Grafik skalieren.

Ganz genau

Nun mal angenommen, Sie haben die Proportionen der Grafik verändert, das Bild also gehörig gequetscht: Wie erhalten Sie die ursprünglichen Proportionen zurück? Mit FORMAT/GRAFIK und dem Register *Größe*.

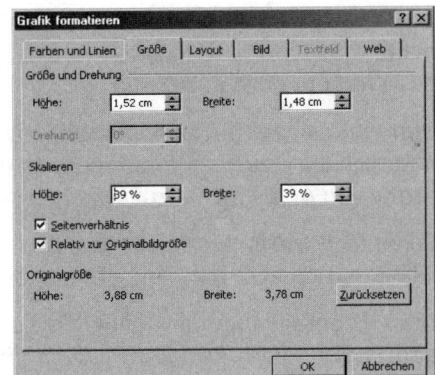

Abbildung 48.7:
Größe über das
Dialogfeld ändern

Ganz unten im Fenster können Sie die Originalgröße ablesen. Unter *Ska-lieren* finden Sie Prozentwerte – 100% in beiden Feldern, wenn die Grafik in der Originalgröße eingefügt werden konnte und sich die Proportionen nicht verändert haben. Ist das Bild verzerrt worden, zeigen Breite und Höhe unterschiedliche Werte an. Sie müssen – angenommen, die Breite stimmt – nur für die Höhe den gleichen Wert eingeben, und alles ist wieder wohlproportioniert.

Unter *Größe* können Sie die aktuelle Größe der Grafik in Zentimeter ablesen und festlegen.

Wenn Ihr Bild ganz genau 8 cm breit werden soll, geben Sie das ein. Aber wie errechnen Sie nun die proportionale Höhe? Sie rechnen gar nicht, Sie lassen rechnen:

- Sie achten darauf, daß die Option *Seitenverhältnis* markiert ist. Sie sorgt dafür, daß die Größe proportional verändert wird.

- Geben Sie beispielsweise als Breite 8 cm ein, aktualisiert Word daraufhin die Höhe. Sie merken es , wenn Sie in eines der anderen Felder klicken. (Ist aber nicht nötig, Sie können gleich mit OK bestätigen.)

- Seien Sie aber vorsichtig mit der Schaltfläche ZURÜCKSETZEN. Word trägt dann nämlich in beiden Feldern 100 % ein, und die Grafik reicht möglicherweise über den Seitenrand hinaus.

Prozentual

Ein Kinderspiel, damit Grafiken eine exakte Größe zu geben. Aber vielleicht fragen Sie sich, wozu die Prozentwerte nötig sind?

Beispiel: Die Bildschirmabbildungen in diesem Buch sollen, sofern es sich um ganze Fenster oder ein Vollbild handelt, so breit werden wie die Spalte. Dazu ist eine Verkleinerung auf ganz genau 47,2 Prozent nötig – Word richtet das automatisch so ein, wenn man ein Bild einfügt, man braucht den Wert nur noch abzulesen.

Nun gibt es aber auch viele Abbildungen von Dialogfenstern. Die sollen natürlich die gleichen Proportionen haben. Also wird ihnen ebenfalls eine Größe von 47,2 Prozent zugewiesen.

So einfach wie in Word geht das nicht einmal in vielen ausgewachsenen DTP-Programmen. Dort sind oft umständliche Rechnereien nötig.

Die Prozentangaben im Dialogfeld beziehen sich auf die Originalgröße der Datei – sofern *Relativ zur Originalbildgröße* markiert ist. Andernfalls wird die derzeit aktuelle Größe als 100% genommen.

48.6 Zuschneiden

Jede Grafik ist von einem Rahmen umgeben. Er ist lediglich ein Markierungsrahmen, der nicht gedruckt wird. Innerhalb des Rahmens befindet sich die Grafik.

Rahmen und Grafik führen jeweils ein Eigenleben. Beim Einfügen einer Grafik sind Rahmen und Grafik gleich groß. Beide, Rahmen wie Grafik, lassen sich jedoch unabhängig voneinander in der Größe verändern. Am Anfang mag das etwas kompliziert erscheinen. Diese Trennung ist indes nötig, um ein Bild auch beschneiden zu können, so daß nur noch ein Teil sichtbar ist.

Bisher hatten wir es mit der Grafik selber zu tun, jetzt kommt der Markierungsrahmen an die Reihe, mit dem Sie die Grafik beschneiden, einen Ausschnitt bestimmen können.

 Das Zuschneiden funktioniert nicht mehr wie früher mit gedrückter ⇧-Taste, vielmehr müssen Sie das Beschneidungs-Werkzeug aktivieren. Und Word schaltet unabänderlich in die Layout-Ansicht, was einigermaßen lästig werden kann, weil Word dabei ja unabänderlich einen Seitenumbruch durchführt ...

Abbildung 48.8:
*Drei Beispiele für
das Zuschneiden
der Grafik*

Wenn Sie einen entsprechenden Zoom-Faktor wählen (siehe Kapitel 4, »Ansichten«, S. 57), können Sie ziemlich exakt arbeiten. Ziehen und schieben Sie einfach auf allen vier Seiten und in alle Richtungen, bis Sie das Ergebnis befriedigt. Einige Beispiele sehen Sie hier.

An dem Bild mit Rahmen sehen Sie, daß man den Ausschnitt nicht nur verkleinern, sondern genauso vergrößern kann – was dann ja eigentlich kein Ausschnitt mehr ist, sondern für den Freiraum zwischen Grafik und Rahmen sorgt, der mit FORMAT/RAHMEN UND SCHATTIERUNG nicht möglich ist.

Auch beim Zuschneiden einer Grafik ist das Gitternetz wirksam, das sonst für Zeichnungsobjekte gilt. Schalten Sie es ab, wenn es stört (Kapitel 50, »Zeichnen mit Word«, S. 769).

:-)
TIP

Den Beschnitt können Sie in FORMAT/GRAFIK, Register *Bild*, auch direkt eingeben.

➤ *Positive Werte* verkleinern den Rahmen: der Ausschnitt im echten Sinne. Mit der Maus ist's zwar bequemer, aber für allerfeinste Verschiebungen muß man sich oft millimeterweise an den richtigen Ausschnitt herantasten.

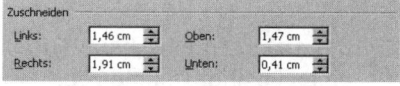

Abbildung 48.9:
*Positive Werte zum
Zuschneiden*

➤ *Negative Werte* vergrößern den Rahmen. Die Grafik erhält Freiraum außen herum – gleichmäßig, wenn man überall dieselben Werte eingibt. Sofern die Grafik nicht selbst einen weißen Rand hat, ist das gewiß besser als das Augenmaß.

Abbildung 48.10:
Negative Werte
zum Zuschneiden

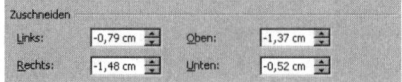

▪► ZURÜCKSETZEN setzt den Beschnitt wieder zurück.

Mittlerweile wissen Sie natürlich, wie sich die zwei Bilder oben in Word am bequemsten erzeugen lassen. Es sind Ausschnitte aus dem Dialogfenster, mit der Maus erzeugt.

Um mir die Mühe zu ersparen, die Werte für die Ränder vom ersten Bild abzuschreiben und fürs zweite Bild wieder einzugeben (denn natürlich soll es exakt der gleiche Ausschnitt sein), gehe ich folgendermaßen vor.

Ich füge das erste Bild verknüpft ein (das heißt, es ist als Feldfunktion vorhanden) und beschneide es. Dann kopiere ich es, mache die Feldfunktion sichtbar, ändere in der Feldfunktion den Dateinamen, aktualisiere mit [F9] – ein anderes Bild mit genau dem gleichen Ausschnitt. Was natürlich voraussetzt, daß die Vorlagen beide gleich sind.

48.7 Positionieren

Eine Grafik steht dort, wo sie eingefügt worden ist. Das ist oftmals nicht der Platz, an dem man sie haben möchte. Aber der läßt sich ziemlich frei bestimmen. Das geht haargenau so wie mit einem normalen Textabsatz (siehe Kapitel 22, »Positionieren«, S. 379).

Positionsrahmen

Der gute, alte, offiziell nicht mehr so wohlgelittene Positionsrahmen leistet bei vielen Abbildungen beste Dienste. Nur mit Hilfe eines Positionsrahmens ist es möglich, Abbildungen automatisch an den rechten Rand zu rücken.

 Sie markieren dazu die Grafik und stellen sie mit dem Symbol aus der *Formular*-Symbolleiste in einen Positionsrahmen. Ein anderer, besserer Weg:

▪► Sie erzeugen eine neue Formatvorlage und weisen diesem Absatz einen Positionsrahmen zu.

▪► In diesen Absatz fügen Sie die Grafik ein.

Und dann können Sie den Absatz mitsamt der Grafik so positionieren, wie das in Kapitel 22 erschöpfend beschrieben ist.

Frei flatternd

Auch die andere, nunmehr von Word protegierte Möglichkeit des Positionierens ist in Kapitel 22 eingehend erläutert: was für Textfelder gilt, das gilt auch für Grafiken.

In FORMAT/GRAFIK, Register *Layout*, wählen Sie dazu irgend etwas, nur nicht *Mit Text in Zeile*. In der Word-Terminologie wird die Grafik dadurch zu einem Zeichnungsobjekt. Auch eine so positionierte Grafik ist aber immer an einen Absatz gebunden.

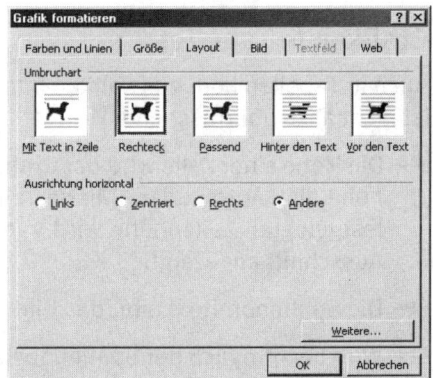

Abbildung 48.11:
Aus einem Bild wird
ein Objekt

Mit der Schaltfläche WEITERE können Sie sodann die exakte Position des Bildes regeln.

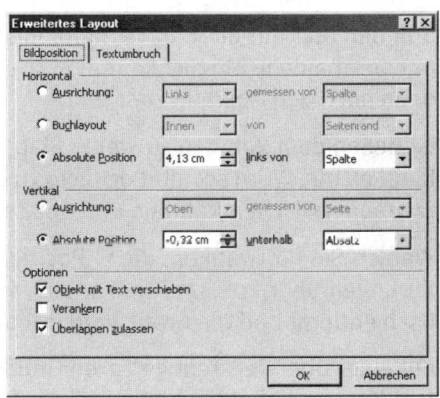

Abbildung 48.12:
Die Position der
Grafik

Grafik bewegen

Vor allem Grafiken, die von Text umflossen werden (siehe den nächsten Abschnitt), richtet man probierend und nach Augenmaß in der Layout-

Ansicht aus. Schon kleinste Änderungen der Position können große Wirkung haben. Die Arbeit mit der Maus ist dabei oft zu ungenau, dauernd das Menü öffnen zu müssen zu umständlich. Deshalb geht es auch einfacher und wirklich in kleinsten Schritten:

■➤ Sie markieren die Grafik.

■➤ Sie betätigen eine der Cursortasten und halten gleichzeitig ⟨Strg⟩ gedrückt – die Grafik wird um 0,3 mm verschoben.

■➤ Ohne ⟨Strg⟩ wird um 2,5 mm verschoben.

Grafiken in Tabellen

Auch in Tabellen können Grafiken integriert werden. Was dabei passiert, ist nicht allzu überraschend:

■➤ Die Höhe einer Zelle wird der Grafikgröße angepaßt, wenn die Zeilenhöhe als »Auto« oder »Mindestens« definiert wird. Bei einer genau festgelegten Zeilenhöhe wird von dem Bild nur ein entsprechender Ausschnitt angezeigt.

■➤ Die Spaltenbreite bleibt, das Bild wird eingepaßt.

■➤ Wird nachträglich der Spaltenabstand verändert, wird das Bild rechts abgeschnitten, wenn die Zelle zu schmal ist.

48.8 Der Textfluß

Soll der Text um ein Bild herumfließen, haben Sie bei Positionsrahmen nur bescheidene Möglichkeiten: »Umgebend« können Sie einstellen, und dann noch den Abstand zum Text.

Ist neben dem Rahmen zu wenig Platz (weniger als 1 Zoll, also 2,54 cm), fließt nichts. Word schaltet de facto zu der Alternative »Ohne«. Hier bleibt Freiraum zwischen Rahmen und Spaltenrand.

Wählen Sie für Grafiken, die in Positionsrahmen gesetzt wurden, Formatierungen über FORMAT/GRAFIK aus, wird der Positionsrahmen automatisch entfernt und die Grafik wird frei plazierbar.

Mit einer über den Text gelegten Grafik und dem Register *Layout* in FORMAT/GRAFIK hingegen können Sie so allerhand anstellen. Was Sie wählen, ist zunächst die *Umbruchart* und dann *Ausrichtung horizontal*, womit Sie die Grafik am linken oder rechten Rand ausrichten sowie zentrieren können.

Mit dem Schalter WEITERE erreichen Sie zwei zusätzliche Register, von denen das Register *Textumbruch* noch einmal die Textflußoptionen des *Layout*-Registers zur Auswahl stellt. Darüber hinaus bestimmen Sie hier, wie der Text um das Objekt fließt, und die Eingabefelder für den Abstand zum Text auf allen vier Seiten.

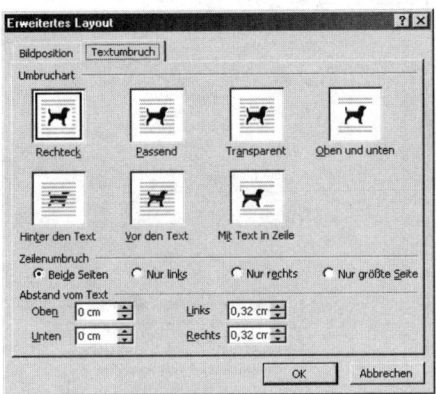

Abbildung 48.13:
Hier definieren Sie
den Textfluß

☞ *Rechteck* und *Zeilenumbruch/Beide Seite*n läßt den Text wahrhaftig auf allen Seiten um die Grafik fließen. *Nur links, Nur rechts* und *Nur größte Seite* läßt eine Seite frei. All dies hat nur Wirkung, wenn der Text auf der einen Seite nicht zu schmal ist.

☞ *Hinter den Text* und *Vor den Text* legt die Grafik über oder hinter den Text. Sie müssen jedoch aufpassen, daß der Text noch lesbar bleibt. Eine Grafik hinter dem Text können Sie freilich unter Umständen nicht mehr markieren. Sie müssen dazu das Markierungswerkzeug aus der *Zeichnen*-Symbolleiste verwenden (siehe Kapitel 50, »Zeichnen mit Word«, S. 769).

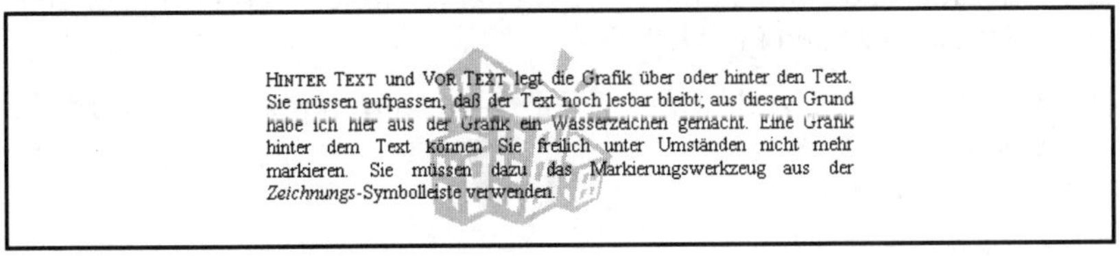

> HINTER TEXT und VOR TEXT legt die Grafik über oder hinter den Text. Sie müssen aufpassen, daß der Text noch lesbar bleibt; aus diesem Grund habe ich hier aus der Grafik ein Wasserzeichen gemacht. Eine Grafik hinter dem Text können Sie freilich unter Umständen nicht mehr markieren. Sie müssen dazu das Markierungswerkzeug aus der *Zeichnungs*-Symbolleiste verwenden.

Abbildung 48.14:
Eine als
Wasserzeichen
hinter den Text
gelegte Grafik

☞ *Passend* ist der interessanteste Textfluß. Während beim Rechteck sozusagen das gesamte Bild umflossen wird, fließt hier der Text um die tatsächlichen Bildkonturen. Was natürlich voraussetzt, daß das Bild wahrnehmbare Konturen hat. Ein Foto ist nicht geeignet, das Bild sollte freigestellt sein, das heißt, außen weiße Flächen haben, wie das bei den ClipArts der Fall ist. Dazu ist es allerdings oftmals nötig, die Konturen zu bearbeiten.

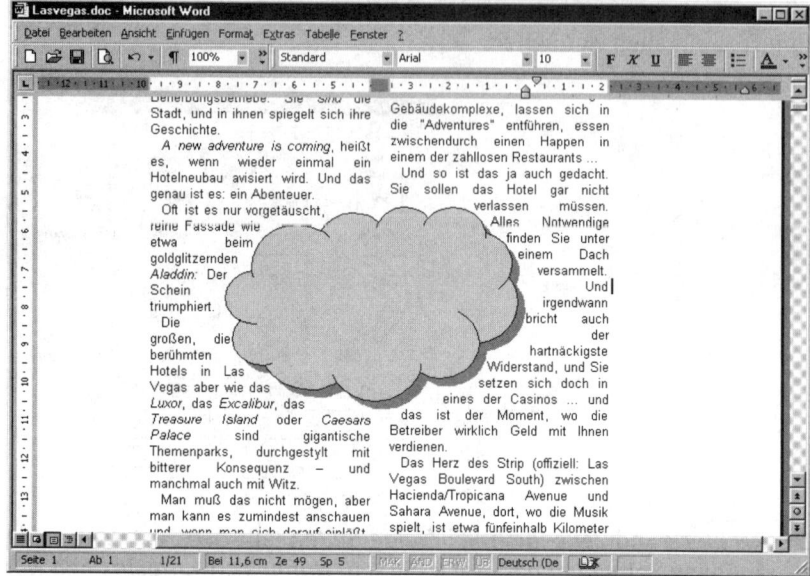

Kontur bearbeiten

 Wenn Sie auf dieses Symbol klicken, finden Sie auch die Option *Rahmen-punkte bearbeiten*. Die Kontur des Bildes wird dadurch mit einer roten Linie umgeben, auf der sich Punkte befinden. Damit können Sie den Textumfluß manipulieren:

- Sie ziehen die Punkte und verändern dadurch die Kontur.

- Jeder Klick zusammen mit [Strg] auf einen freien Bereich in der Linie setzt einen neuen Punkt.

- Klicken Sie mit gedrückter [Strg]-Taste auf einen Punkt, wird der gelöscht.

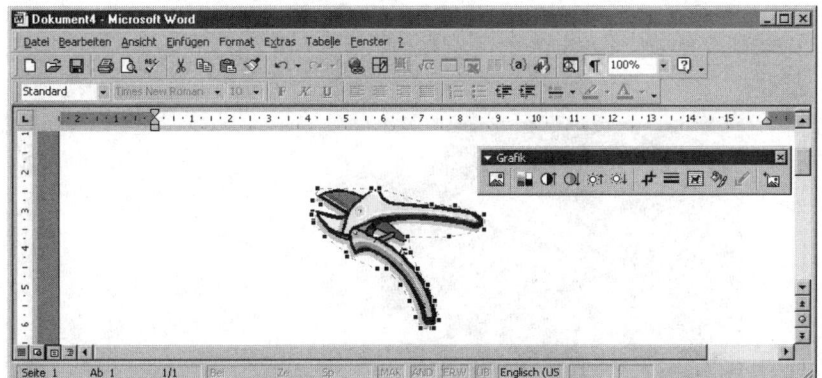

Abbildung 48.16:
Kontur bearbeiten

Überlappend

Im Register *Bildposition* finden Sie die Option *Überlappen zulassen*. Damit können Sie Bilder übereinander legen (Abbildung 48.17). Voraussetzung ist allerdings, daß diese Bilder die gleiche Umbruchart haben, also beispielsweise jeweils *Rechteck* oder *Passend*.

48.9 Grafik bearbeiten

Eine Bitmap-Grafik (z.B. einem TIFF-, BMP- oder PCX-Bild) können Sie in Word wenigstens rudimentär bearbeiten: Sie können Helligkeit und Kontrast verändern – entweder mit den Symbolen oder mit FORMAT/GRAFIK und dem Register *Bild*. Lassen Sie sich indes nicht von der Bildschirmdarstellung täuschen! Erst ein Probeausdruck gibt Aufschluß über die richtigen Werte.

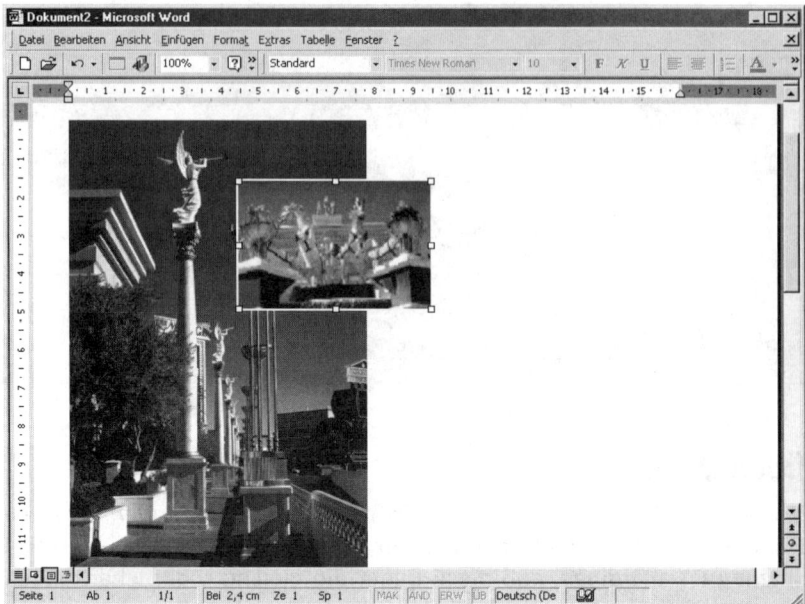

Um das mal zu demonstrieren, habe ich bei den folgenden Bildern (Farbbild in Graustufen umgewandelt) Helligkeit und Kontrast jeweils um 10 Prozent angehoben:

 Weitere Möglichkeiten: Eine Farbbild kann in ein Graustufenbild umgewandelt werden, jedes Bild in eine Schwarzweiß-Zeichnung (das habe ich hier mal mit unseren Gebäuden gemacht und mit Helligkeit und Kontrast ein wenig nachgeholfen) oder in ein *Wasserzeichen*. Den Effekt haben Sie auf S. 743 schon gesehen: Das Bild wird so blaß, daß es gut hinter einen Text gelegt werden kann.

Zurück zur ursprünglichen Fassung kommen Sie übrigens, wenn Sie *Automatisch* wählen.

Schließlich können Sie auch noch in Bitmap-Bildern Farben als transparent kennzeichnen, so daß der Hintergrund durchscheint. Dies wird in Kapitel 49, »Der Photo Editor«, S. 751, besprochen.

48.10 Beschriftung für die Grafik

Eine Grafik braucht eine Beschriftung, ganz klar. Wenigstens eine Bildnummer. Auch das kann Word halbwegs automatisieren, mit freilich recht bescheidenen Möglichkeiten.

EINFÜGEN/
BESCHRIFTUNG

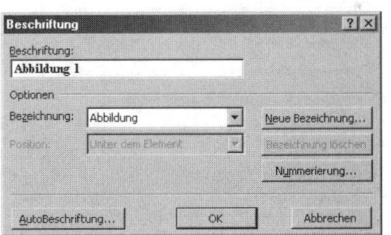

➡ In EINFÜGEN/BESCHRIFTUNG wählen Sie eine *Bezeichnung*; drei gibt Word vor (»Abbildung«, »Gleichung« und »Tabelle«), weitere Bezeichnungen können Sie erstellen. Die Bezeichnung hat ursächlich nichts mit dem Elementtyp zu tun, den Sie beschriften wollen (Sie können für eine Grafik auch die Bezeichnung »Tabelle« wählen), sondern sie bestimmt einzig allein den Text der Beschriftung – bei der Bezeichnung »Abbildung« ist eben »Abbildung« vorgegeben.

➡️ Entscheiden Sie sich für eine NUMMERIERUNG – das *Format* zunächst. Möchten Sie auch die *Kapitelnummer einbeziehen*? Dann müssen Sie Ihre Überschriften zuerst mit FORMAT/NUMMERIERUNG UND AUFZÄHLUNGEN numeriert haben (siehe Kapitel 21, »Listen, Numerierungen, Aufzählungen«, S. 361) und dann wählen, welche »Überschrift«-Formatvorlage für die Numerierung der Beschriftung herangezogen werden soll.

Abbildung 48.21:
Numerierung der
Beschriftung

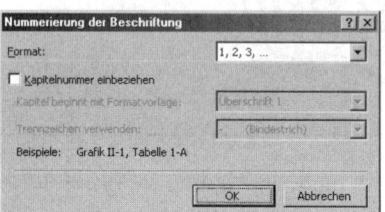

➡️ Die AUTOBESCHRIFTUNG ist eine beeindruckende Sache. Verschiedenen Typen ordnen Sie hier eine Bezeichnung zu, bestimmen die Numerierung und die Position (über und unter dem Element), und wann immer Sie einen solchen Elementtyp einfügen oder erstellen, kommt automatisch die Beschriftung dazu. Aufgeführt in der Liste sind alle OLE-fähigen Programme, die auf Ihrem System installiert sind (deren Produkte werden als Objekte eingefügt – siehe Kapitel 30, »Dateien verbinden«, S. 529). Sie finden aber zum Beispiel auch die Word-eigene Tabelle darunter.

Abbildung 48.22:
Automatische
Beschriftung

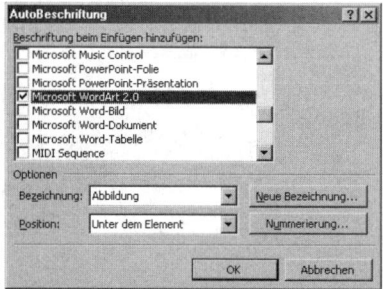

➡️ Neue Bezeichnungen können Sie erstellen, wann immer Sie Bedarf haben. Die Bezeichnung braucht erst einen Namen, und dieser Name ist dann auch schon der Beschriftungstext. Also gut überlegen! Wenn es schon zu spät ist fürs Überlegen, löschen Sie die Bezeichnung einfach und erstellen sie nochmals neu. Die drei vorgegebenen Bezeichnungen übrigens können Sie nicht löschen.

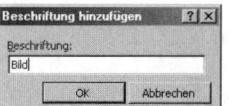

Abbildung 48.23:
Beschriftung
hinzufügen

Den Beschriftungstext der vorgegebenen Bezeichnungen können Sie im Dialogfenster nicht ändern, wohl aber später im Text.

Was Word bei einer Beschriftung macht, ist bewundernswert einfach. Die Numerierung besteht nämlich aus Feldfunktionen. Sieht etwa so aus:

```
Bild {STYLEREF 1 \n}-{SEQ Bild \*ARABIC}
```

Wer in Feldfunktionen erprobt ist (siehe Kapitel 14, »Felder«, S. 201), zudem die verschiedenen Techniken der Numerierung intus hat (siehe Kapitel 21, »Listen, Numerierungen, Aufzählungen«, S. 361), kann dies leicht entschlüsseln.

{STYLEREF} ist ein Bezug auf eine »Überschrift«-Formatvorlage, hier auf »Überschrift 1«. Der Schalter \n sorgt dafür, daß nicht die Überschrift selbst, sondern deren Numerierung eingefügt wird.

Dann wird mit {SEQ} ein Sequenz-Zähler aufgebaut, mit dem Namen der Bezeichnung; dahinter steht das zugewiesene Nummerformat. Bei der ersten Beschriftung wird zudem der Zähler auf 1 gesetzt.

Die Beschriftung erhält die Formatvorlage »Beschriftung«; Sie müssen sie nur noch Ihren Bedürfnissen anpassen.

Der Photo Editor

Kapitel 49

eil ja so ein Office-Paket möglichst alle Anwendungen abdecken soll, hat Microsoft auch ein Grafikprogramm beigelegt, den Photo Editor. Er bietet nur bescheidene Möglichkeiten zur Bildbearbeitung, kann deshalb professionelle Ansprüche nicht befriedigen, reicht für die Anforderungen des normalen Anwenders jedoch völlig aus, insbesondere, um Bilder für Web-Seiten zu bearbeiten.

49.1 Photo Editor starten

Der Photo Editor ist ein *Standalone*-Programm, kann also auch solo gestartet werden; Sie finden den entsprechenden Eintrag im START-Menü. Die andere Möglichkeit besteht darin, ein Bild als Objekt einzufügen (EINFÜGEN/OBJEKT; mehr dazu in Kapitel 30, »Dateien verbinden«, S. 529). Doch, o Schande: Der Photo Editor unterstützt OLE 2.0 nicht, er wird also doch als eigenständiges Programm gestartet.

49.2 Ein Bild öffnen

Der Photo Editor »versteht« die gebräuchlichsten Grafikformate:

- Graphics Interchange (GIF)
- Windows Bitmaps (BMP)
- JPEG (JPG)
- Tagged Image Format (TIF)
- Portable Network Graphic (PNG)

>> Kodak Photo CD (PCD)

>> Paintbrush (PCX)

Abbildung 49.1:
Der Öffnen-Dialog

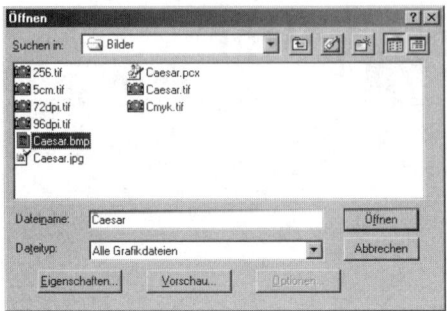

Abbildung 49.2:
Eigenschaften der
Grafik

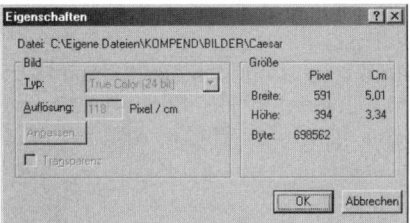

Sie wählen wie gewohnt Ihr Bild aus und können sich zunächst über dessen EIGENSCHAFTEN informieren: die Größe in Pixel und Zentimeter und die Dateigröße. Auch die Farbtiefe und die Auflösung können Sie ablesen – aber hier nicht verändern, das geht erst, wenn Sie das Bild geöffnet haben. Mit der VORSCHAU betrachten Sie das Bild.

Abbildung 49.3:
Vorschau der Grafik

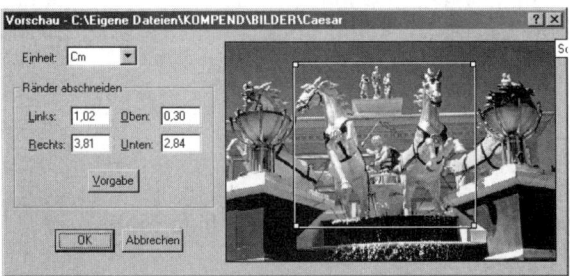

Aber mehr noch: Sie können hier gleich einen Ausschnitt bestimmen. Sie verschieben dazu die Eckpunkte im Vorschaufenster (sofern Sie den Beschnitt nicht numerisch eingeben möchten), können anschließend den ganzen Ausschnitt nach Belieben verschieben. Mit VORGABE machen Sie den Ausschnitt wieder rückgängig.

Photo CD

Bilder auf einer Photo CD liegen in komprimiertem Format vor, das in sich verschiedene Auflösungen erhält. Mit welcher Auflösung Sie ein Bild von der Photo CD öffnen möchten, entscheiden Sie mit den OPTIONEN. Sie können dabei das Bild auch gleich drehen oder herunterrechnen lassen auf 256 Farben.

Abbildung 49.4:
Ein Bild von einer
Photo CD öffnen

Dateien speichern

In all den vorgenannten Formaten, mit Ausnahme der Photo CD, kann der Photo Editor Bilder auch speichern. Mit dem Speichern können Sie auch die Farbtiefe reduzieren oder ein Farbbild in ein Graustufenbild umwandeln.

Einige Formate – BMP, PCX und TGA – können die Bilder gleichzeitig speicherplatzsparend als RLE komprimieren. GIF ist ein Format, das automatisch komprimiert. Auch TIF-Bilder lassen sich nunmehr kompromieren.

Bei JPEG läßt sich der Komprimierungsgrad einstellen. Sie sollten das Bild jedoch kritisch prüfen, da die Balance zwischen Komprimierung und noch ausreichender Bildqualität schwer zu finden ist.

In Kapitel 55, »Web-Design«, S. 837, werden die verschiedenen Komprimierungsarten und -grade an Beispielen erörtert.

GIF unterstützt nur 256 Farben, alle anderen True Color.

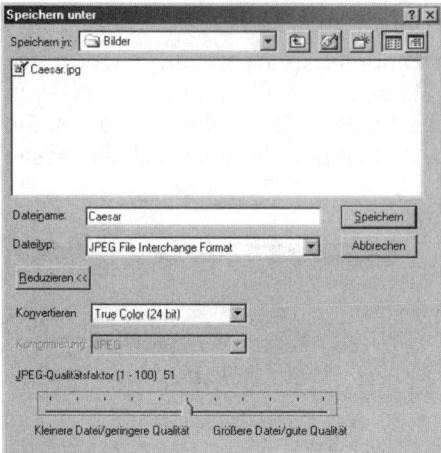

49.3 Farbtiefe und Auflösung

Für die Nicht-Fachleute unter den Lesern versuche ich mal, zwei Fachbegriffe, die bei der Bildbearbeitung immer wieder auftauchen, halbwegs verständlich zu erklären.

Farbtiefe

Die Farbtiefe entscheidet, wie »schön« ein Bild ausschaut. Wenn 16,7 Millionen Farbnuancen dargestellt werden können (*True Color* nennen das die Fachleute), wirkt ein Bild natürlich weitaus besser, als wenn es nur 256 Farben hat.

Auf dem Bildschirm ist der Unterschied nicht unbedingt gravierend, ebensowenig bei einem Ausdruck auf einem billigen Farbdrucker. Entscheidend ist die Farbtiefe für den Buchdruck oder den hochwertigen Ausdruck etwa mit einem Thermosublimationsdrucker.

Je mehr Farbinformationen ein Bild enthält, desto umfangreicher ist auch die Dateigröße. Sie können das selbst ausprobieren:

➡ Öffnen Sie die Beispieldatei CAESAR.TIF (für Interessierte: der pompöse Eingang zum Hotel *Caesars Palace* in Las Vegas).[1]

➡ Öffnen Sie DATEI/EIGENSCHAFTEN. Die berichten Ihnen, daß es sich um ein True Color-Bild mit 698.562 Byte handelt.

---

[1] Entnommen dem Reiseführer Las Vegas, Koval Verlag

■→ Wählen Sie bei *Typ* »Palette oder 256 Farben«. Die Dateigröße ändert sich auf 232.854 Byte. Wenn Sie die beiden Bilder nebeneinander betrachten, merken Sie den Unterschied sofort (sofern Ihr Bildschirm True Color darstellen kann). Die farbreduzierte Variante gibt es als 256.TIF unter den Beispielbildern.

Abbildung 49.6:
Bilder mit
verschiedener
Farbtiefe

Was Sie eben getan haben, nennt man das »Herunterrechnen« eines Bildes. Logisch, daß Sie damit Bildinformationen verlieren – die Sie auch nicht wieder hinzufügen können, wenn Sie von 256 Farben auf True Color »hinaufrechnen«.

Mit ANPASSEN im EIGENSCHAFTEN-Dialog können Sie die Anzahl der Farben noch weiter reduzieren, was nur Einfluß auf die Qualität, nicht auf die Dateigröße hat. Damit lassen sich aber auch ganz interessante Verfremdungseffekte erzielen.

Auflösung

Mit der Auflösung wird angegeben, wie dicht die Bildinformationen sind. Sie wird üblicherweise in dpi berechnet (*dots per inch*, also Punkte je Zoll). Die Auflösung entscheidet über die Qualität des gedruckten Bildes

Auch die Auflösung können Sie im EIGENSCHAFTEN-Dialog ablesen und verändern. Bei unserem Beispielbild berichtet der Photo Editor von 118 Pixel je cm. Wenn Sie mit ANSICHT/MASSEINHEIT auf *Pixel* umstellen, wird die Auflösung umgerechnet auf 300 Pixel je Zoll – das sind die dpi. (Die

Auflösung ist damit nicht verändert worden, sie wird lediglich in einer anderen Maßeinheit dargestellt.)

Welche Auflösung ein Bild benötigt, hängt ab vom Ausgabegerät und dessen Vermögen, die Bildpunkte möglichst eng aneinander zu drucken.

Abbildung 49.7:
Mit den
Eigenschaften die
Auflösung
heruntersetzen

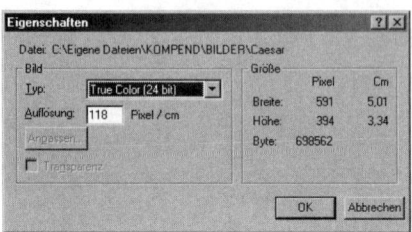

Eine Auflösung von 300 dpi wird für den Buchdruck benötigt, für die Bildschirmdarstellung reichen 72 oder 96 dpi, für die üblichen Drucker liegen die Werte irgendwo dazwischen. Machen Sie mal in einer ruhigen Stunde Probedrucke mit unterschiedlichen Bildauflösungen und urteilen Sie dann, welches die Mindestauflösung für Ihr Gerät sein muß. Am Bildschirm sehen Sie keinen Unterschied zwischen einem Bild mit 300 dpi und 72 dpi.

Auflösung und Dateigröße haben nur einen mittelbaren Zusammenhang. Durch die Änderung der Auflösung von 300 auf 72 dpi ändert sich die Dateigröße nicht.

Was sich ändert, ist die Größe des Bildes. Das 300-dpi-Bild hat eine Größe von 5,1 x 3,34 cm, das 72-dpi-Bild von 21,11 x 14,7 cm.

Das heißt, CAESAR.TIF könnten Sie, wenn eine Auflösung von 300 dpi gefordert ist, 5 cm breit drucken. Drucken Sie es größer, leidet die Qualität darunter.

BILD/   72DPI.TIF hingegen können Sie fast eine DIN-A4-Seite groß darstellen.
GRÖSSE ÄNDERN   Wenn Sie es aber nur 5,1 cm breit brauchen, ändern Sie seine Größe:

Abbildung 49.8:
Ein Bild in seiner
Größe ändern

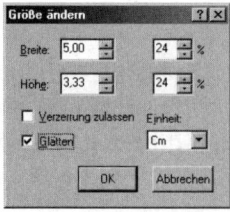

➡ Geben Sie die Breite von 5,1 cm ein; die Höhe errechnet sich automatisch, sofern Sie *Verzerrung zulassen* deaktiviert haben.

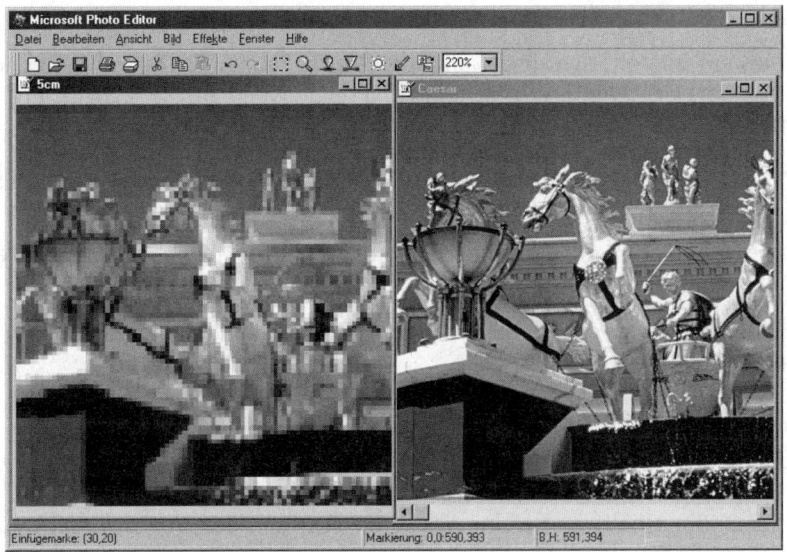

Abbildung 49.9:
Unterschiedliche
Qualität bei
unterschiedlicher
Auflösung

■→ *Glätten* sollten Sie aktivieren, damit werden die Pixel beim Umrechnen besser verteilt.

■→ Wie Sie dem Eigenschaften-Dialog entnehmen können, hat sich die Dateigröße reduziert auf 40.470 Byte. (Beispieldatei: *5CM.TIF*)

Und nur mal so theoretisch: Wenn Sie dieses Bild jetzt doch statt der Bildschirmauflösung von 72 dpi in Druckauflösung von 300 dpi bräuchten und die Auflösung entsprechend vergrößern, schrumpft die Bildgröße auf 1,2 x 0,81 cm. Zwischen Auflösung und Darstellung besteht also ein ursächlicher Zusammenhang.

Fügen Sie das umgerechnete Bild in ein Word-Dokument ein, werden Sie unter Umständen feststellen, daß es dort nicht 5 cm breit, sondern etliches kleiner ist. Dann hat Ihr Bildschirm eine Auflösung von 96 dpi, wie heute allgemein üblich. Versuchen Sie es dann mal mit dem Beispielbild 96DPI.TIF – heruntergerechnet auf 96 dpi, die Größe geändert auf 5 cm Breite.

Solche Änderungen von Auflösung und Größe haben ihren Sinn, wenn Sie Bilder für Web-Seiten bearbeiten. Es ist unnötig, mehr Bildinformationen und damit ein Mehr an Dateigröße mit herumzuschleppen, als das Ausgabegerät – in dem Fall der Bildschirm – überhaupt darstellen kann.

Ansicht vergrößern

Daß ein Bild mit niedriger Auflösung nur in kleiner Größe befriedigende Qualität hat, sehen Sie sofort, und erst recht, wenn Sie die Ansicht vergrößern:

■► Klicken Sie auf das Lupen-Symbol und dann in das Bild. Der aktuelle Zoom wird verdoppelt.

■► Halten Sie beim Klicken die ⬆-Taste gedrückt, wird die Ansicht verkleinert.

Natürlich können Sie die Zoom-Größe auch direkt in das Eingabefeld schreiben.

49.4 Bildbearbeitung

Die Bildbearbeitung ist eine Wissenschaft für sich. Wer sich nicht auskennt, macht ein Bild eher schlechter als besser. Sehen Sie es mir nach, wenn ich nicht allzu sehr in die Tiefe gehe.[2]

Bildteile duplizieren

Mit diesem Werkzeug markieren Sie einen Bildteil und können dessen Koordinaten und (während Sie den Rahmen ziehen) Speicherverbrauch in der Statuszeile ablesen.

Mit den Markierungspunkten läßt sich der Rahmen vergößern und verkleinern. Klicken Sie außerhalb des markierten Bereiches, wird die Markierung aufgehoben.

Sie können den Rahmen auch verschieben, müssen dazu aber den Zeiger ganz exakt auf die Rahmenlinie bringen.

Klicken Sie nämlich innerhalb des Rahmens und verschieben dann, erzeugen Sie ein Duplikat der Markierung, die Sie nach Belieben im Bild positionieren können.

Statt dessen läßt sich – alles folgende mit dem Menü BEARBEITEN – die Markierung auch ausschneiden (im Bild bleibt eine weiße Fläche) oder kopieren und wieder einfügen, auch als neues Bild.

---

[2] Zu diesem Thema gibt es ausreichend Spezialliteratur. Empfohlen sei Heico Neumeyers Photoshop-Kompendium (Markt&Technik), das sich zwar mit dem ungleich mächtigeren Profi-Programm befaßt, aber auch viel Grundlagenwissen vermittelt.

Abbildung 49.10:
Einen
Bildausschnitt
markieren

Abbildung 49.11:
Einen markierten
Bildausschnitt
duplizieren

Zuschneiden

Haben Sie einen Bildteil markiert und wählen anschließend BILD/ ZUSCHNEIDEN, können Sie – nun, das Bild beschneiden. Wie Sie dem Dialogfeld entnehmen, haben Sie dabei jedoch beeindruckend viele Möglichkeiten. Bei *Ränder zuschneiden* lesen Sie Ihre Markierung ab. Zusätzlich

BILD/
ZUSCHNEIDEN

können Sie um das (zugeschnittene) Bild außen herum einen weißen Rand hinzufügen; dessen Breite geben Sie bei *Ränder hinzufügen* ein.

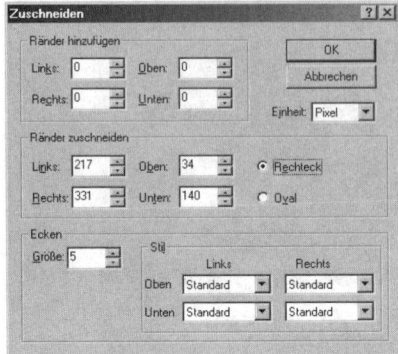

Abbildung 49.12:
Optionen für das
Zuschneiden eines
Bildes

Sie können entscheiden, ob Sie ein *Rechteck* oder ein *Oval* ausgeschnitten haben möchten und welchen Stil Sie bei den Ecken gerne hätten. Die Maßangabe bei *Ecken* bestimmt dabei, wie groß die abgerundete oder umgeknickte Ecke ist.

Weil's so schön ist, zeige ich die Ergebnisse an Beispielen.

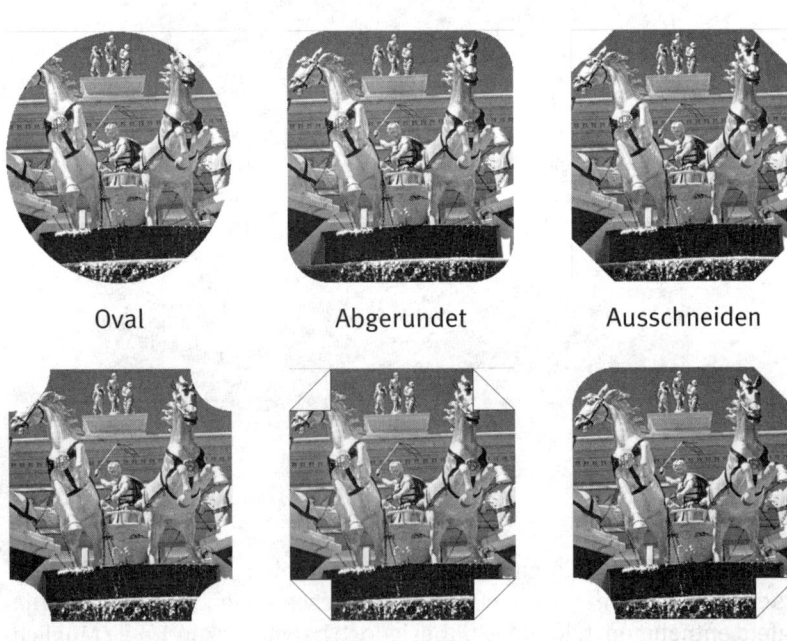

Oval   Abgerundet   Ausschneiden

Ausgeschnitten   Umgeknickt   Kombinierte Effekte

Möchten Sie nur diese Effekte haben, doch ohne Beschnitt des Bildes, müssen Sie zuvor das gesamte Bild mit [Strg]+[A] markieren.

Drehen

Das Dialogfeld zeigt die verschiedenen Möglichkeiten, die Sie haben – und in einem Vorschaubild auch gleich die Auswirkungen. Das ist sehr hübsch gemacht; sonst weiß man ja nie so recht, was jetzt *Invertieren* oder *Spiegeln* sein soll.

BILD/DREHEN

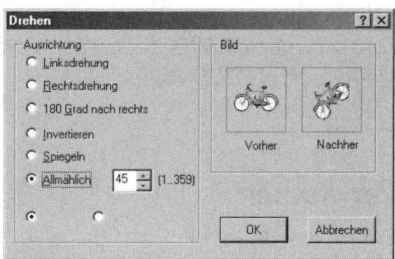

Abbildung 49.13:
Ein Bild kann auf verschiedene Weise gedreht werden

Mit dem Symbol drehen Sie das Bild um jeweils 90° nach rechts.

All das läßt sich übrigens auch auf einen Ausschnitt anwenden. Das Bild wird dann damit zugleich beschnitten.

Helligkeit und Kontrast

Hiermit verändern Sie Helligkeit, Kontrast und den Gamma-Wert. Mit dem Gamma-Wert verändern Sie vornehmlich die Mitteltöne, während die ganz hellen und ganz dunklen Töne weitgehend unbehelligt bleiben. Die Wirkung können Sie gleich im Bild beurteilen, sobald Sie den Schiebereg-ler loslassen.

BILD/
AUSGLEICHUNG

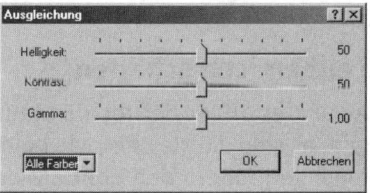

Abbildung 49.14:
Schieberegler für Helligkeit und Kontrast

Sie können damit das gesamte Bild manipulieren oder die Änderungen auf eine der drei Farben beschränken, aus denen sich ein Bild zusammen-setzt: Rot, Grün, Blau – deshalb spricht man auch von RGB-Bildern.

Damit ist es möglich, gezielt zum Beispiel die Rottöne zu dämpfen oder zu verstärken. Bedenken Sie jedoch, daß sich jeder einzelne Bildpunkt aus allen drei Farben mischt. Wenn Sie bei unserem Beispielbild für Rot den Gamma-Wert verringern, bekommt zwar der Himmel ein dunkleres Blau, gleichzeitig wird jedoch das weiße Gebäude grün.

Sie können es auch einmal mit der AUTOAUSGLEICHUNG probieren. Dabei versucht der Photo Editor, selbst die optimalen Werte herauszufinden. Je nach Vorlage ist das Ergebnis mal gut, mal grausig.

 Farbseparierte CMYK-Bilder kann der Photo Editor zwar öffnen, behandelt sie jedoch als RGB-Bilder.

Verwischen

 Ein rechter Mausklick auf das Symbol öffnet das Dialogfeld für die näheren Einstellungen. Dann wischen Sie mit dem Finger über Bildteile. Das will sehr sorgsam angewendet werden. Meist sieht das Bild hinterher wirklich aus wie Drinrumgemalt.

Abbildung 49.15:
Optionen zum
Verwischen

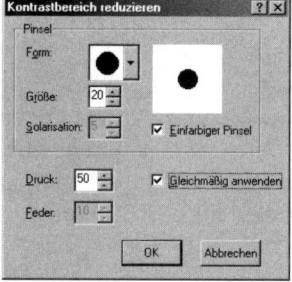

Teilbereiche schärfen

 Auch hier öffnet der rechte Mausklick das Dialogfeld für die Einstellungen; es sind die gleichen wie beim Verwischen. Diesmal schärfen Sie Bildteile, vergrößern den Kontrast der Pixel zueinander. Das ist viel leichter anzuwenden als das Verwischen. Wählen Sie aber einen genügend großen Zoom-Faktor!

Weitere Bearbeitungsmöglichkeiten

Die folgenden Bearbeitungsmöglichkeiten, alle im Menü EFFEKTE, streife ich nur summarisch und zeige sie an einem Beispiel, jeweils mit Extremwerten. In Dialogfeldern legen Sie jeweils die Einzelheiten fest; leider läßt sich der Effekt nicht sofort beobachten, sondern wirkt sich erst nach OK aus. Notfalls können Sie die Operation ja wieder rückgängig machen.

Alle Effekte können auch mehrmals hintereinander angewendet oder auf einen markierten Ausschnitt beschränkt werden.

Scharfzeichnen

Schärft die Konturen, bis hin zu reliefartigen Effekten.

Weichzeichnen

Mit viel Geduld erreichen Sie sogar einen Newton-Effekt; bei hohen Werten sieht's einfach unscharf aus.

Negativ

Kann bei Farbbildern auch auf die einzelnen Farbkanäle beschränkt werden

Verfeinern

Damit werden Bildstörungen entfernt, z.B. Fussel oder Kratzer. Bewirkt auch eine Schärfung des Bildes.

Plakateffekt

Reduziert die Anzahl der Farben bzw. Graustufen und kann auch auf einzelne Farbkanäle angewendet werden. 1 Bit bedeutet 2 Farben, 2 Bits 8 Farben, 3 Bits 16 Farben usw. Auf das nebenstehende Bild wurden 2 Bits angewendet.

Solarisation

Verschärft die Ränder. Je nach Auswahl ergeben sich unterschiedliche Effekte.

Dünn

Dick

Horizontal

Vertikal

Künstlerische Effekte

Damit bearbeiten Sie ein Bild nicht nur, sondern verfremden es, teilweise ganz gewaltig. Zu jedem Effekt gibt es eine Vielzahl von Einstellungen mit teilweise völlig verschiedenen Ergebnissen, glücklicherweise aber auch eine Vorschau, so daß Sie herumprobieren können. Und das müssen Sie viel, weil diese Filter bei jedem Bild anders wirken. Auch hierzu wieder einige Beispiele.

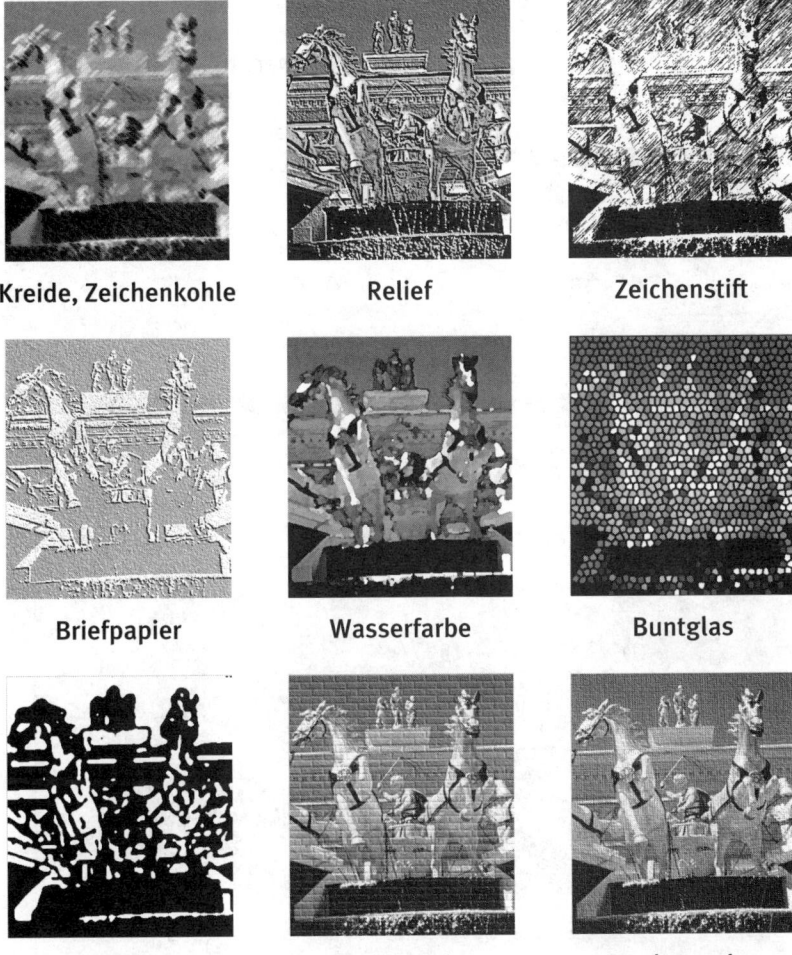

Kreide, Zeichenkohle	Relief	Zeichenstift
Briefpapier	Wasserfarbe	Buntglas
Stempel	Strukturgeber (Ziegel)	Strukturgeber (feine Leinwand)

49.5 Transparenz

Weiß in einem Bild ist wirklich Weiß und deckt damit alles ab, was darunterliegt. Bildbereiche können aber auch als transparent gekennzeichnet werden, damit dahinterliegende Elemente – zum Beispiel ein Hintergrund – durchscheinen. Solche Bilder werden häufig auf Webseiten verwendet (siehe Kapitel 55, »Web-Design«, S. 837).

Mit dem Symbol klicken Sie auf den Farbbereich, der transparent erscheinen soll. In einem Dialogfeld werden die Farbwerte angezeigt, Sie bestimmen mit dem Regler bei *Farbgleichheit* die Toleranz: Steht er auf *Genau*, werden nur die Pixel mit genau diesem Farbwert markiert, andernfalls auch ähnliche.

Abbildung 49.16:
Transparenz
bestimmen

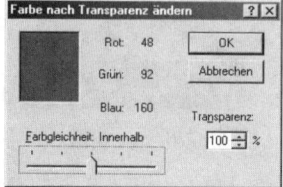

Abbildung 49.17:
Transparente
Bildteile

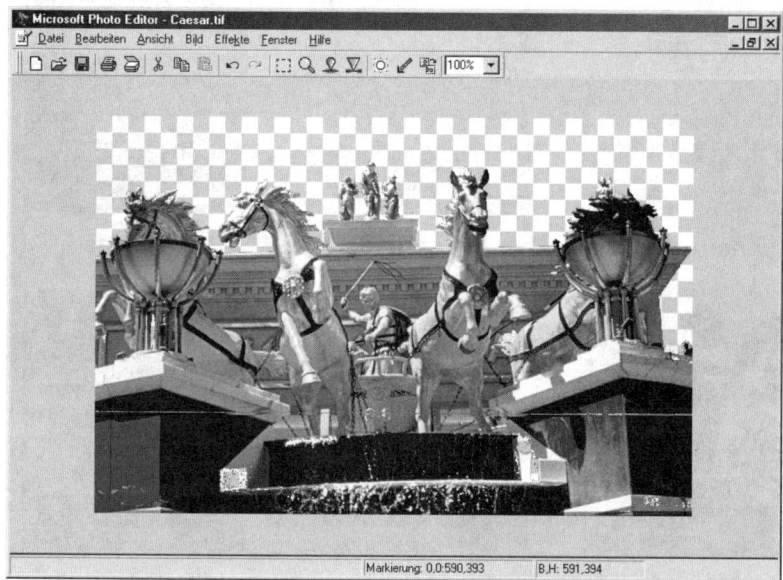

Das machen Sie so oft, bis alle gewünschten Bereiche gekennzeichnet sind. Sie müssen mit der Toleranz ein wenig spielen – zu viel erfaßt vielleicht auch Bildteile, die nicht erwünscht sind: Blauwerte kommen ja nicht nur im Himmel vor.

Gespeichert werden kann ein transparentes Bild nur in den Formaten GIF, TIFF und PGN; alle anderen unterstützen das nicht. Und nur bei GIF und PGN sind die Bildbereiche auch tatsächlich transparent, so daß Text auch die Konturen umfließen kann. Sie müssen aber wahrscheinlich die Konturenlinie noch nachbearbeiten (siehe Kapitel 48, »Grafiken«, S. 725).

Leider kann nur der letzte Schritt rückgängig gemacht werden. Speichern Sie deshalb das Bild nach jeder erfolgreichen Transparenz-Markierung.

49.6 Bilder scannen

Sofern Sie einen Scanner angeschlossen haben, können Sie vom Photo Editor aus Bilder einscannen. Das geht sogar direkt von Word aus mit EIN-FÜGEN/GRAFIK/VON SCANNER ODER KAMERA. Sie fügen den Scan dann als Objekt ein.

Mit dem Symbol meldet sich – nachdem Sie zuvor nötigenfalls im Menü DATEI Ihre SCANNER-QUELLE WÄHLEN – die Software Ihres Scanners – und wie die zu bedienen ist, müssen Sie selber wissen (oder mit viel Versuchen und noch mehr Irrtümern herausfinden).

Abbildung 49.18: Bearbeitung des Photos mit der Scanner-Software

Auf alle Fälle gibt es eine Voransicht *(PreScan)*, das erste grobe Scannen, nach dem Sie den Bildausschnitt bestimmen und unter Umständen auch schon Änderungen an Helligkeit, Kontrast usw. vornehmen. Es ist immer besser, das Bild bereits während des Scannens zu bearbeiten, als hinterher im Photo Editor.

Mit dem endgültigen Scan wird das Bild an den Photo Editor übergeben, wo Sie es speichern und bearbeiten können.

Abbildung 49.19:
Das gescannte Bild
im Photo Editor

Zeichnen mit Word

Kapitel 50

Die Word-Zeichenwerkzeuge bieten beeindruckende Möglichkeiten. Vor allem, da man damit direkt im Text zeichnen und somit beispielsweise Beschriftungen hinzufügen kann. Zeichnungselemente sind in der Art ihrer Plazierung und Verankerung eng mit Textfeldern verwandt; es wäre deshalb gut, wenn Sie darüber Bescheid wissen (Kapitel 22, »Positionieren«, S. 379).

50.1 Wege zum Ruhm

Zeichnungselemente entstehen auf dreierlei Weise, wobei die Art des Zeichnens jeweils gleich ist. Unterschiedlich ist nur, wie die Zeichnungselemente behandelt werden und was man mit ihnen machen kann. Gemeinsam indes ist allen: Zeichnungen sind (wie Positionsrahmen, Textfelder oder Grafikobjekte) stets in einem Absatz verankert und werden mit diesem Absatz verschoben.

Wenn die Zeichnungselemente in einem leeren Absatz verankert sind, ist die Gefahr außerordentlich groß, daß sie gelöscht werden.

Zeichnen direkt im Text

Gezeichnet wird direkt im Text. Dies geht nur in der Layoutansicht. Wenn Sie sich in der Normalansicht befinden und in der *Zeichnen*-Symbolleiste ein Zeichenwerkzeug anklicken, wechselt Word automatisch in die Layoutansicht. Und nur in der Layoutansicht sind die Zeichnungselemente auch sichtbar, in der Normalansicht nicht. Man sieht wirklich rein gar nichts.

Zeichnen in einem Positionsrahmen

Zunächst wird ein Positionsrahmen aufgezogen, in dem dann gezeichnet wird (siehe Kapitel 22, »Positionieren«, S. 379). Das bietet den Vorteil, daß Elemente, die nicht gruppiert werden können – zum Beispiel Grafiken und Zeichnungselemente – zusammengefaßt sind und sich gemeinsam verschieben lassen.

Zu sehen sind diese Zeichnungselemente ebenfalls nur in der Layoutansicht. In der Normalansicht deutet darauf lediglich ein leerer Rahmen hin, sofern der Positionsrahmen mit einem solchen umgeben ist.

Zeichnen in einem Behälter: die Word-Grafik

Zunächst wird ein »Behälter« für die Zeichnungselemente erstellt. Word schaltet dazu in einen eigenen Grafikmodus. Auch in diesem Behälter können mehrere Zeichnungselemente vereint sein.

Vorteil: Die Zeichnung kann als eigene Datei gespeichert und somit mehrfach verwendet werden.

Nachteil: Im Grafikmodus ist vom übrigen Text nichts zu sehen. Ein solcher Behälter eignet sich deshalb nur für selbständige Zeichnungen.

Zeichnungselemente in einem Behälter sind auch in der Normalansicht nicht zu sehen.

50.2 Grafik-Objekte

In der dritten Variante – Behälter für die Zeichnungselemente – entsteht eine Word-Grafik. Sie wird als Objekt in das Dokument eingebettet und so erzeugt:

➤ In der Auswahlliste von EINFÜGEN/OBJEKT wählen Sie »Microsoft Word-Bild«.

➤ Sie finden sich im Grafikmodus wieder – sieht aus wie Word, ist im Grund auch Word.

➤ Mit der Schaltfläche GRAFIK SCHLIESSEN bzw. mit DATEI/SCHLIESSEN UND ZURÜCKKEHREN geht es zurück ins Dokument.

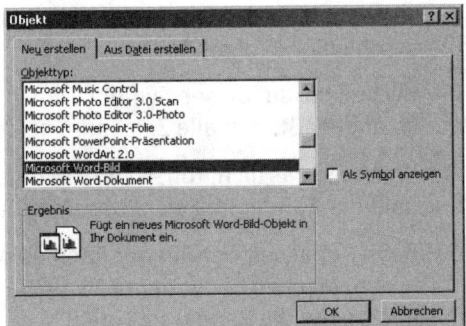

Abbildung 50.1:
*Ein Weg zum Word-
Grafikmodus*

Betrachten Sie diesen Grafikmodus als eine Art Malbrett. Sie können
genauso zeichnen wie direkt im Text (was noch besprochen wird). Sie
können schreiben und den Text formatieren, ihn in einen Positionsrahmen stellen und verschieben; Grafiken lassen sich importieren und Tabellen einfügen.

Kurz: Das ist wie das normale Word in Kombination mit einem Grafikprogramm.

Abbildung 50.2:
Eine Word-Grafik

Ränder anpassen

An die Ränder, die sichtbar sind, wenn die Textbegrenzungen eingeschaltet wurden (EXTRAS/OPTIONEN/*Ansicht*), brauchen Sie sich nicht gebunden zu fühlen. Sie können sie auch im Lineal verschieben wie die norma-

len Seitenränder. Nur, wenn Sie über den Rand hinauszeichnen, sollten Sie anschließend folgendes tun:

 ➡ Klicken Sie auf dieses Symbol. Damit werden die Ränder automatisch so angepaßt, daß alle Zeichnungselemente erfaßt werden.

➡ Wenn Sie das nicht tun, ist im Dokument nur das zu sehen, was innerhalb der Ränder im Zeichnungsmodus liegt.

➡ Beim Anpassen der Ränder kann es passieren, daß Elemente verrutschen. Machen Sie in dem Fall die Sache wieder rückgängig und verändern Sie die Ränder im Lineal.

➡ Auch wenn Sie Platz zwischen Elementen und Rahmen brauchen, müssen Sie den Rand mit dem Lineal anpassen.

Die Ränder im Grafikmodus und die Seitenränder im Dokument – welchen Zusammenhang haben sie? Eigentlich keinen. Ein Grafik-Objekt kann auch über den Seitenrand des Dokuments hinausragen. Trotzdem sollten Sie beide Ränder aneinander angleichen.

Das Grafik-Objekt bearbeiten

Jetzt kommen wir mit den Begriffen etwas durcheinander. Wir haben hier also ein Grafik-Objekt. Aber dann kann man auch noch andere Grafiken in ein Dokument einfügen – Bilder. So, und ein Grafik-Objekt können Sie nun genauso behandeln wie eine Grafik. Skalieren zum Beispiel.

➡ Wenn Sie proportional skalieren (mit den Eckpunkten), wird auch Text innerhalb des Grafik-Objekts proportional vergrößert oder verkleinert. Andernfalls wird er verzerrt.

➡ Sie können das Grafik-Objekt auch in einen Positionsrahmen stellen und mithin frei plazieren.

So werden Elemente zu Objekten

Auch nachträglich können Sie aus Zeichnungselementen, die direkt im Text erstellt worden sind, Grafik-Objekte machen:

➡ Sie markieren die Elemente.

 ➡ Sie installieren sich dieses Symbol aus der Kategorie *Zeichnen*.

➡ Mit dem Klick auf diesem Symbol packen Sie die Elemente gleichsam und nehmen Sie mit in den Grafikmodus.

Die Grafik speichern

Dazu wählen Sie im Menü DATEI die Funktion KOPIE SPEICHERN UNTER und geben einen Dateinamen an. Die Kopie der Grafik wird als Word-Dokument gespeichert und kann jederzeit wieder eingefügt werden.

50.3 Zeichnen im Text

Auch in der Normalansicht kann die Symbolleiste eingeblendet bleiben. Sobald Sie jedoch auf eines der Zeichenwerkzeuge klicken, schaltet Word in die Layoutansicht.

Und dann zeichnen Sie einfach munter drauf los. Wo, ist zunächst völlig gleichgültig.

- Zeichnungselemente werden immer in einem Absatz verankert. Wenn Sie die Ankerpunkte sichtbar machen (EXTRAS/OPTIONEN/*Ansicht*), sehen Sie genau, in welchem Absatz.

- Sie können den Ankerpunkt verschieben und das Zeichnungselement damit einem anderen Absatz zuordnen.

- Natürlich läßt sich auch das Zeichnungselement selbst verschieben und auch exakt positionieren – wird weiter hinten noch beschrieben.

50.4 Die Zeichenwerkzeuge

Auch wenn Sie noch nie mit einem Mal- oder Grafikprogramm zu tun hatten – so viel Mauserfahrung haben Sie bereits, daß Sie wissen, was Sie zu tun haben: Zeichenwerkzeug auswählen, mit gedrückter linker Maustaste zeichnen.

Tastenhilfe

So ganz auf die Tastatur verzichten können Sie trotzdem nicht:

- Halten Sie die ⌂ -Taste gedrückt, können Sie nur noch waagrecht, senkrecht oder diagonal zeichnen. So kommen beispielsweise Kreise oder Quadrate zustande.

- Halten Sie die Strg -Taste gedrückt, ist der Bezugspunkt beispielsweise bei Rechteck, Kreis und Bogen nicht die linke obere Ecke, sondern der Mittelpunkt des Elements.

- Beide Tasten können Sie auch kombinieren.

AutoFormen

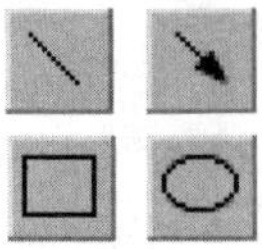

Ein schöner Begriff (muß ja alles Auto... sein heutzutage), der aber nichts anderes meint als die bekannten Zeichenwerkzeuge: Zeichen-Grundformen. Die wichtigsten wie Linie, Pfeil, Rechteck und Kreis finden Sie in der *Zeichnen*-Symbolleiste.

Abbildung 50.3:
Die Zeichnen-
Symbolleiste

Abbildung 50.4:
Jede Menge
Symbolleisten mit
Autoformen

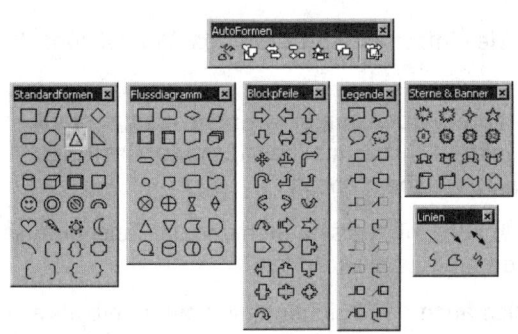

Zu den weiteren Formen gelangen Sie über AUTOFORMEN. Das Menü, das sich nun öffnet, läßt sich auch »abreißen« und als eigenständige Symbolleiste ablegen. Und genauso können Sie mit den Untermenüs verfahren.

Somit können Sie sich die Arbeitsfläche mit allen Symbolleisten vollpflastern und haben sämtliche AutoFormen auf Mausklick zur Verfügung. Übrigens: Jede AutoForm hat einen eigenen Namen – lassen Sie mal den Mauszeiger auf den Symbolen stehen.

Sie haben so viele vorgefertigte Formen zur Verfügung, daß damit kaum noch Wünsche offen bleiben dürften und das sonst so mühselige Verfertigen von Sternen, Bannern oder Flußdiagrammen zum vergnüglichen Spiel wird – Kompliment an Microsoft! Erläuterungen zu einigen besonderen AutoFormen folgen noch im Laufe dieses Kapitels.

Und sollte Ihnen selbst das noch nicht reichen, können Sie über den letzten Schalter in der *Autoformen*-Symbolleiste zu den ClipArts wechseln und dort nach dem gesuchten Element forschen.

:-)
TIP

Doppelklick auf ein Symbol bedeutet: Sie können mehrere Elemente dieser Form hintereinander zeichnen.

Abbildung 50.5:
Weitere
Autoformen

50.5 Zeichnungselemente bearbeiten

Zeichnungselemente markieren

Mauszeiger auf das Element führen, klicken – wenn die Markierungspunkte erscheinen, ist das Element markiert. Manchmal jedoch geraten Sie in Konflikt mit anderen Elementen auf der Seite, zum Beispiel mit dem Text. Dann verwenden Sie den Markierungspfeil. Er markiert nur Zeichnungselemente, sonst nichts. Und er bleibt aktiviert, bis Sie wieder ein anderes Zeichenwerkzeug wählen.

➡ Mit gedrückter ⌈ ⇧ ⌉-Taste werden mehrere Elemente markiert.

➡ Sie können auch mit dem Markierungspfeil ein Markierungsrechteck ziehen. Alle Elemente, die sich **vollständig** in diesem Rechteck befinden, werden markiert.

Verschieben

Klar, daß Sie die Objekte nach Belieben verschieben können. Halten Sie dabei die ⌈ ⇧ ⌉-Taste gedrückt, geht es nur noch horizontal oder vertikal.

Wer nicht mit der Maus herumzittern möchte, greift zu folgendem Trick:

➡ Sie betätigen eine der Cursortasten und halten gleichzeitig ⌈Strg⌉ gedrückt – das Objekt wird um 0,3 mm verschoben.

➡ Ohne ⌈Strg⌉ wird um 2,5 mm verschoben.

Form und Größe ändern

Markierte Elemente können in der Größe verändert werden. Viele Elemente haben zusätzlich noch gelbe Markierungspunkte (das heißt, Punkte sind es eigentlich nicht, vielmehr Rauten).

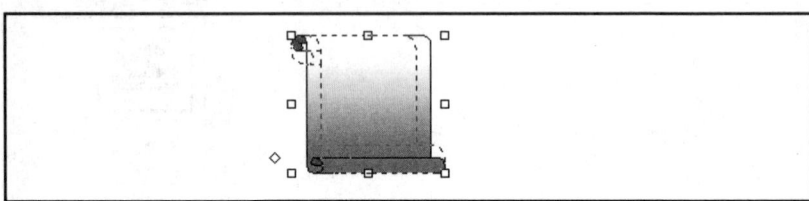

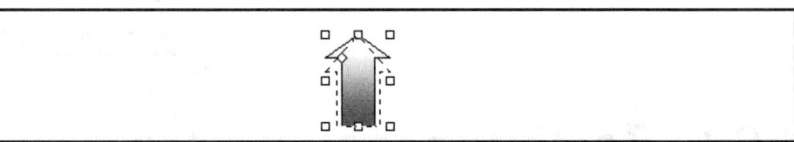

Damit wird dann nicht die Größe verändert, sondern die Form – bei einem Banner beispielsweise, wie es gerollt wird; bei einem Blockpfeil die Größe der Spitze.

Mit FORMAT/AUTOFORM (oder Doppelklick auf das Element) können Sie die Größe auch numerisch angeben.

Zeichnungselemente kopieren

Der übliche Weg – kopieren, wieder einfügen – geht zwar, ist allerdings nur nötig, wenn Zeichnungselemente in eine andere Datei eingefügt werden sollen. Denn es gibt einen einfacheren Weg:

➠ Markieren Sie das Element.

➠ Halten Sie (Strg) gedrückt und ziehen Sie. Damit erzeugen Sie eine Kopie.

Text in der Form

Nahezu jede Form kann auch Text enthalten. Dazu müssen Sie die Form markieren und dann im Kontextmenü TEXT HINZUFÜGEN wählen und, wenn Sie später etwas ändern wollen, TEXT BEARBEITEN. Den Text können Sie formatieren wie gewohnt.

50.6 Zeichnungselemente plazieren

Mit der Maus verschieben sich Zeichnungselemente am einfachsten. Doch wenn man sich auch scheinbar frei im Raum bewegt: Die Elemente sind, nicht anders als Textfelder oder Positionsrahmen, in einem Absatz verankert. Und schiebt sich dieser Absatz beispielsweise auf die nächste Seite, wandert das Zeichnungselement mit.

➡ Sie können die Ankerpunkte verschieben (sofern sie sichtbar sind – EXTRAS/OPTIONEN/*Ansicht*). Das Element behält dann seine Position auf der Seite und ist jetzt lediglich in einem anderen Absatz verankert. (Zu Ankerpunkten siehe Kapitel 22, »Positionieren«, S. 379.)

Das Gitternetz

Mit ZEICHNEN/GITTERNETZ öffnet sich ein Dialogfeld, mit dem Sie ein unsichtbares Gitternetz (oder Raster) definieren. Es hilft Ihnen, Elemente mit der Maus auszurichten und zu plazieren.

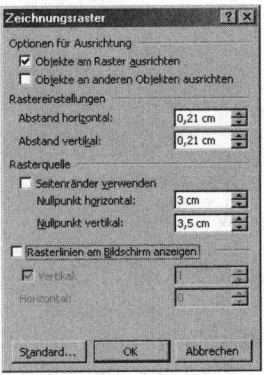

Abbildung 50.8: Optionen für das Gitternetz beim Zeichnen

Ist das Raster eingeschaltet (*Objekte am Raster ausrichten*), und das ist natürlich die Voraussetzung, wirken die Rasterlinien wie Magnete, die die Elemente anziehen. Haben Sie zum Beispiel eine Rasterbreite von 1 cm definiert, können Sie Elemente nur noch in Schritten von 1 cm verschieben.

➡ Der Nullpunkt bemißt sich vom Blattrand aus. Er kann wichtig werden, wenn Sie eine große Rasterbreite eingestellt haben, um Elemente auszurichten – bleiben wir bei 1 cm –, damit aber in Konflikt geraten mit einem Nullpunkt: Die Elemente müssen nun mal alle links bei 1,23 cm ausgerichtet sein. Also setzen Sie den Nullpunkt bei 1,23 cm.

━━▶ Halten Sie die [Alt]-Taste gedrückt, während Sie ein Element verschieben, wird das Raster außer Kraft gesetzt.

Die Raster-Einstellungen gelten auch für Textfelder, Positionsrahmen und
Grafiken.

Exakte Position

Allgemein für die Formatierung eines Elements ist FORMAT/AUTOFORM
zuständig. Sie erreichen es auch über das Kontextmenü oder mit einem
Doppelklick auf das Element. Mit dem Register *Bildposition*, das sich hinter dem Schalter WEITERE im Register *Layout* verbirgt, können Sie das Element ganz exakt plazieren, nicht anders als einen Textrahmen oder eine
Grafik, weshalb ich in Zweifelsfällen diese Kapitel zu konsultieren bitte
(Kapitel 22, »Positionieren«, S. 379; Kapitel 48, »Grafiken«, S. 725).

Abbildung 50.9:
Exakte
Positionierung der
Elemente über das
Menü

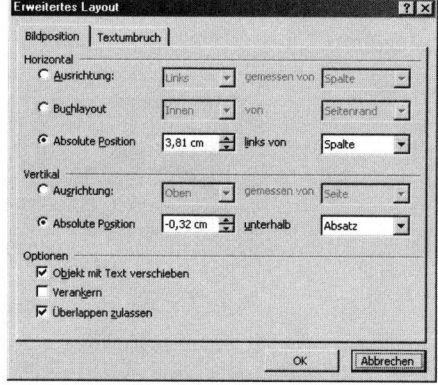

━━▶ Sie können die üblichen Bezugspunkte wählen (Seite, Seitenrand,
Spalte, Absatz). Ändern Sie den Bezugspunkt, wird die Position sofort
umgerechnet.

━━▶ Ändern Sie bei der vertikalen Position den Bezugspunkt von »Absatz«
zu »Seite« oder »Seitenrand«, bleibt das Zeichnungselement an dieser Position, auch wenn sich der Absatz, in dem es verankert ist, verschiebt. Freilich, rutscht dieser Absatz auf die nächste Seite, wandert
das Element mit.

━━▶ *Verankern* bedeutet lediglich, daß der Ankerpunkt nicht in einen
anderen Absatz verschoben werden kann.

Textfluß

Auch der wird nicht anders gehandhabt wie beispielsweise bei einer Grafik. Tut mir leid, wenn Sie zurückblättern müssen (Kapitel 48, »Grafiken«, S. 725).

50.7 Zeichnungselemente formatieren

Sie legen Farben, Linien und Füllungen fest. Das betrifft das markierte Element (oder mehrere markierte Elemente, versteht sich, ebenso gruppierte Elemente), gilt gleichzeitig aber fortan als Voreinstellung. Jedes neue Element erhält diese Farbe, diese Linie.

Zuständig ist wiederum FORMAT/AUTOFORM, das Register *Farben und Linien* diesmal. Etliches können Sie auch direkt mit Symbolen auslösen.

Das meiste davon wird Ihnen auch wieder von den Textfeldern bekannt sein (Kapitel 22, »Positionieren«, S. 379), so daß ich mich auf das Wesentlichste beschränken kann.

Füllfarben

Mit *Farbe* wählen Sie die Füllfarbe eines Elements. Oder einen der zahllosen *Fülleffekte*, die bei einem Zeichenelement natürlich weitaus besser zur Geltung kommen – wie hier der Rasterverlauf. Ein Farbverlauf wäre natürlich noch schöner, aber das ist im Monochromdruck leider nicht zu machen.

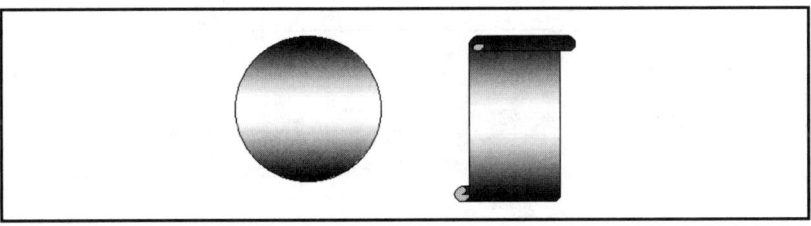

Abbildung 50.10: Besondere Fülleffekte

Linien

Sie wählen für die Randlinie Art, Farbe und Dicke, bei einer richtigen Linie auch noch Pfeile, wenn gewünscht, in verschiedenen Formen, Breiten und Längen (die Pfeilspitze ist damit jeweils gemeint),

Schatten

Sie kennen ja diese Schatten, die am Computer so gemeinhin erzeugt werden, nicht wahr? Das sind so diese ganz einfachen Geschichten, die Word natürlich auch noch drauf hat. Aber zusätzlich dazu noch viel, viel mehr. Probieren Sie das einfach mal mit verschiedenen Formen aus. Interessant sind die Schatten auch, wenn Sie dem Objekt keine Füllfarbe geben.

Abbildung 50.11:
Schatten-
Symbolleisten und
Beispiele

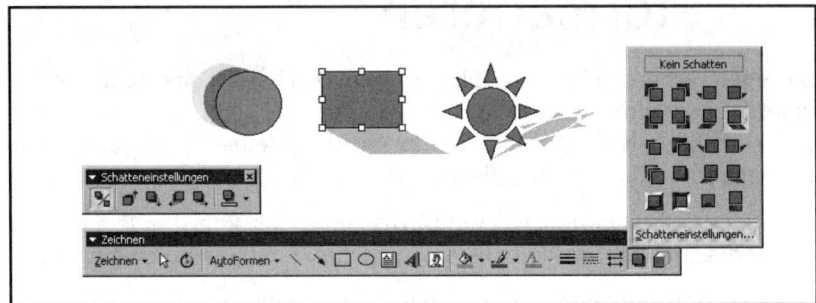

Wenn Sie auf die *Schatteneinstellungen* klicken, erscheint eine neue Symbolleiste. Mit dessen Symbolen können Sie den Schatten in alle vier Richtungen bewegen und ihm auch eine andere Farbe zuweisen

Dreidimensional

Noch raffinierter wird es, wenn Sie in die Dreidimensionalität gehen (was aber nicht mit jeder Objektform möglich ist). Sie wählen zwischen verschiedenen Grundformen und können dann mit den *3D-Einstellungen* ans Eingemachte gehen.

Abbildung 50.12:
Standardformen für
3D und 3D-
Einstellungen

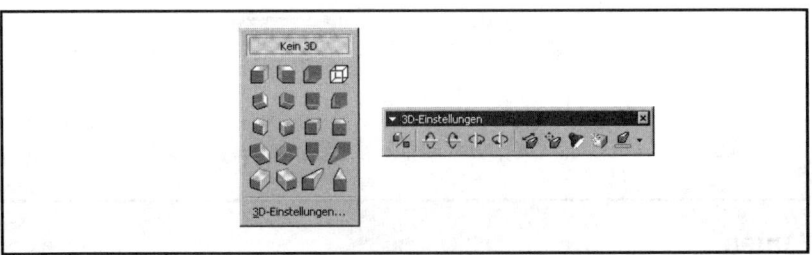

Die Symbole und ihre Bedeutungen (wobei das letzte eigentlich klar ist: Farbe) und jeweils einige Beispiele dazu:

Drehung. Das Objekt wird schrittweise in alle Richtungen gedreht, jeweils um 6°. Halten Sie 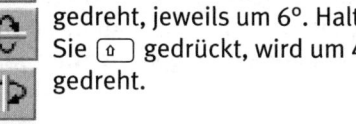 gedrückt, wird um 45° gedreht.

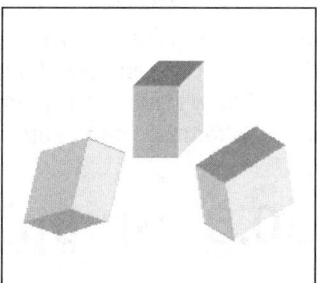

Die räumliche Tiefe. Verschiedene Werte sind vorgegeben, Sie können aber auch eine beliebige Tiefe angeben (gemessen in Punkt).

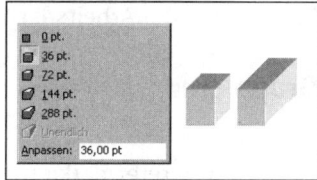

Die Richtung, in welcher der 3D-Körper in die Tiefe des Raumes ragt. Zusätzlich läßt sich bestimmen, ob die Linien parallel oder perspektivisch verlaufen sollen.

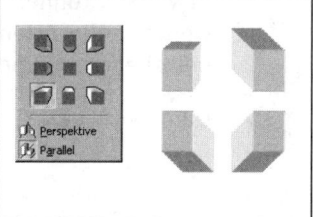

Die Beleuchtung. Sie legen fest, aus welcher Richtung das Licht kommt und welche Stärke es haben soll.

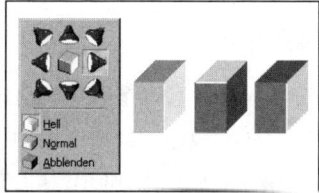

Die Oberfläche. Ein Drahtrahmen ist noch einsichtig und ersichtlich, die anderen Effekte hingegen erschließen sich dem Auge des Betrachters nur, wenn er weiß, was er gerade gewählt hat.

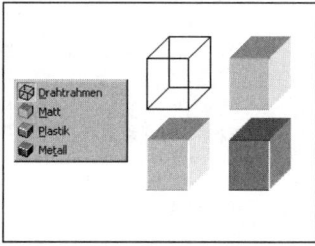

Vorgabe festlegen

Was immer Sie an Formatierungen einem Element zuweisen: Linienfarbe, Füllung, Schatten usw., können Sie (Menü Zeichnen) Als Standard für AutoForm festlegen. Elemente jedweder Art, die Sie zukünftig zeichnen, bekommen dann automatisch diese Formatierungen zugewiesen.

50.8 Gruppieren und Anordnen

Alle diese Funktionen erreichen Sie über das Menü Zeichnen in der Symbolleiste oder über das Kontextmenü. Alle Untermenüs können Sie abreißen und auf der Arbeitsfläche plazieren.

Gruppieren

 Mehrere markierte Elemente werden damit zu einer Gruppe zusammengefaßt. (Den Befehl dazu finden Sie unter Zeichnen.) Sie können nun gemeinsam verschoben oder skaliert werden. Alle Arten von Formatierungen (Farben, Linien etc.) betreffen die gruppierten Elemente gemeinsam.

 Damit wird eine Gruppierung wieder aufgehoben.

 Damit wird eine aufgehobene Gruppierung wiederhergestellt, ohne daß Sie die einzelnen Elemente erneut markieren müssen.

Reihenfolge: Vordergrund und Hintergrund

 Das markierte Element kommt in den Vordergrund. Es überdeckt die dahinterliegenden Elemente.

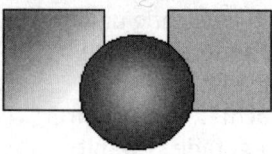

Das Umgekehrte: Das Element wird in den Hintergrund gestellt.

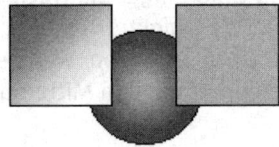

Während die beiden vorigen Symbole Elemente ganz nach hinten oder vorne stellen, tun's diese beiden jeweils nur um eine Ebene. Liegen beispielsweise vier Elemente aufeinander, kommt das oberste Element damit an Position 2, mit einem weiteren Klick an Position 3 usw.

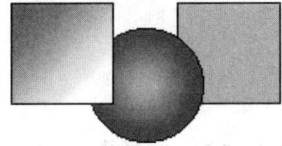

Legt ein Element hinter den Text (geht nur, wenn auch Text vorhanden ist). Der Text über dem Element ist damit zu lesen.

Hier steht der Text vor dem Kreis-Element

Das Element wird vor den Text gestellt und verdeckt ihn, er ist somit nicht mehr zu lesen.

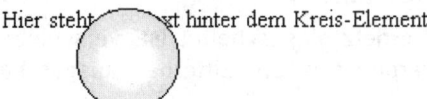

Hier steht ...xt hinter dem Kreis-Element

Drehen

 Geht auch mit FORMAT/AUTOFORM, Register *Größe*, wo Sie den Drehwinkel in Grad eingeben. Nach Augenmaß drehen Sie mit dem Symbol. Das Objekt erhält vier grüne Punkte, mit denen Sie drehen. Doch egal, an welchem Punkt Sie anpacken: gedreht wird immer um den Mittelpunkt.

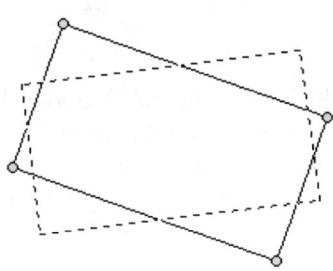

Kippen und Drehen

 Das Element wird horizontal gekippt.

 Das Element wird vertikal gekippt.

 Das Element wird um 90 Grad nach rechts gedreht.

 Das Element wird um 90 Grad nach links gedreht. Auch dieses Symbol müssen Sie erst installieren.

Am Raster ausrichten

  Wenn das Gitternetz eingeschaltet ist, verschieben die Symbole zum nächsten Rasterpunkt. Ist das Gitternetz ausgeschaltet, wird um jeweils ein Pixel verschoben.

Ausrichten

Elemente können in Relation zueinander ausgerichtet werden. Dazu müssen aber mindestens zwei markiert sein.

- *Relativ zur Seite* kann bei allen Arten der Ausrichtung zugeschaltet werden. Damit rutschen die Elemente beispielsweise an den Seitenrand.

- Ist nur ein Element markiert, kann es nur relativ zur Seite ausgerichtet werden – logisch.

- Sind mehrere Elemente markiert, ist die Position des äußersten Elements maßgebend (das Element ganz links, ganz oben usw.).

- Bei der vertikalen Ausrichtung sollten die Elemente nebeneinander stehen. Stehen Sie nämlich untereinander, rutschen sie alle zusammen. Analoges gilt auch für die horizontale Ausrichtung.

 Die Elemente werden alle links ausgerichtet.

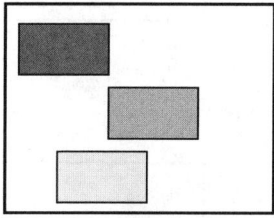 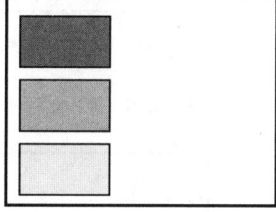

        Vorher   *Nachher*

 Die Elemente werden horizontal zentriert.

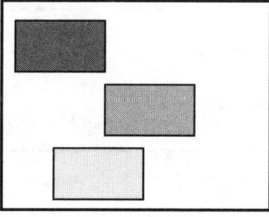 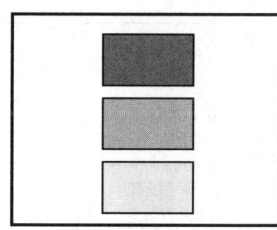

        Vorher   *Nachher*

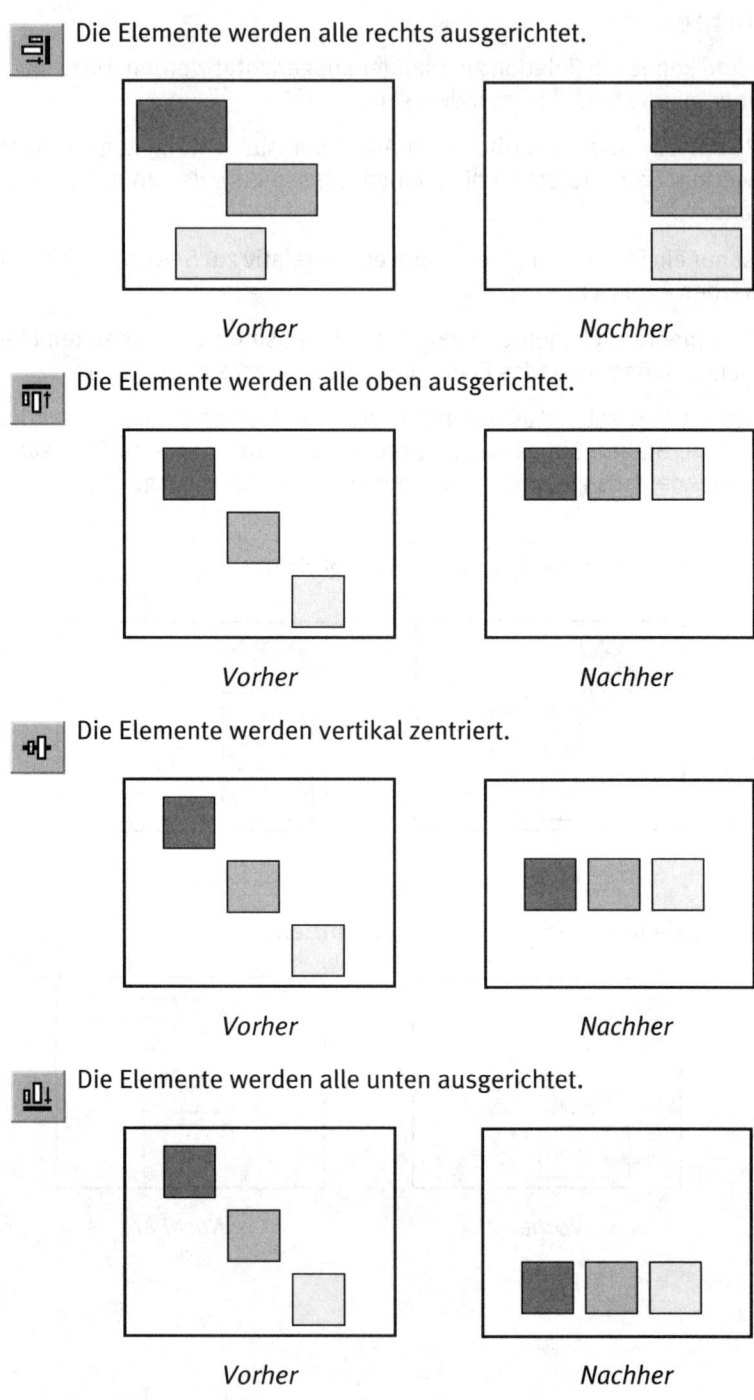

Die Elemente werden alle rechts ausgerichtet.

Vorher   *Nachher*

Die Elemente werden alle oben ausgerichtet.

Vorher   *Nachher*

Die Elemente werden vertikal zentriert.

Vorher   *Nachher*

Die Elemente werden alle unten ausgerichtet.

Vorher   *Nachher*

Die Elemente werden horizontal verteilt, und zwar so, daß zwischen den Elementen ein gleich großer Abstand bleibt.

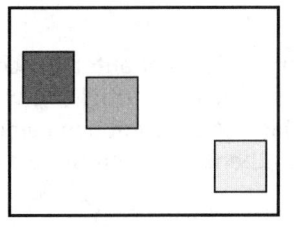   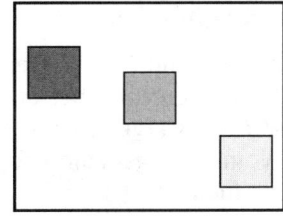

Vorher   *Nachher*

 Das gleiche, aber in vertikaler Richtung.

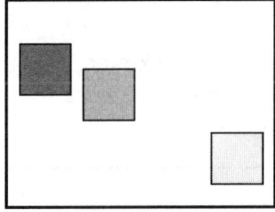   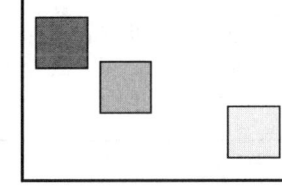

Vorher   *Nachher*

50.9 Freihand-Zeichnen

Drei Symbole sind für freihändiges Zeichnen zuständig, deren Handhabung sich nicht automatisch erschließt.

▪► **Freihand.** Damit »kritzeln« Sie einfach. Solange Sie den Mauszeiger gedrückt halten, erzeugen Sie eine Linie.

▪► **Freihandform.** Für gerade Strecken klicken Sie am Anfangspunkt, lassen dann los, führen den Zeiger zum zweiten Punkt, klicken, lassen wieder los usw. Auch hier können Sie zusätzlich ⟨⇧⟩ verwenden. Ein Doppelklick beendet die Figur, sie wird aber nicht geschlossen. Mit gedrückter linker Maustaste, ohne Klicken an den Eckpunkten, »kritzeln« Sie damit ebenfalls.

▪► **Kurve.** Sie klicken am Anfangspunkt und am Scheitelpunkt der Kurve, lassen dann los und ziehen Ihre Kurve. Ein neuer Klick setzt einen neuen Scheitelpunkt, Doppelklick beendet die Figur.

Solange Sie Freihandform und Kurve noch nicht mit Doppelklick beendet haben, können Sie mit ⟵ Punkt für Punkt wieder löschen.

Figuren schließen

Alle drei Freihand-Figuren werden am Ende nicht automatisch geschlossen. Sie können das aber erzwingen (auch nachträglich), wenn Sie im Kontextmenü KURVE SCHLIESSEN wählen. Word zieht dann einen geraden Strich vom Anfangs- zum Endpunkt. Ebenso können Sie die Figur auch wieder öffnen.

Figuren bearbeiten

Mit den Markierungspunkten vergrößern oder verkleinern Sie eine Freihandfigur wie gehabt. Sie läßt sich aber auch variantenreicher bearbeiten.

 ➠ Sie markieren die Figur und wählen im Kontextmenü PUNKTE BEARBEI-TEN. Nun werden die Eckpunkte der Figur markiert.

Abbildung 50.13:
Figur anhand ihrer
Eckpunkte
bearbeiten

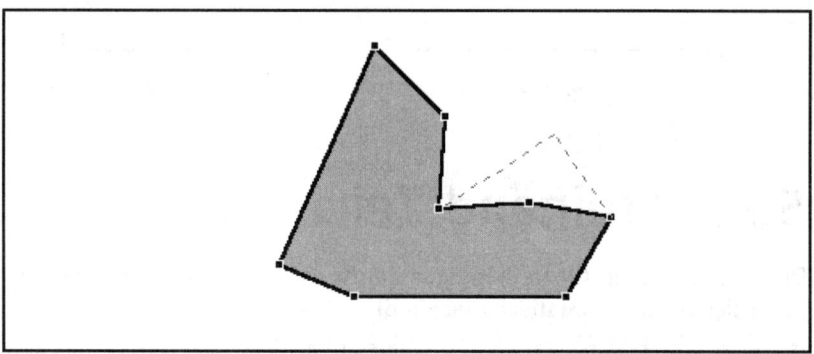

➠ Sie können jeden Eckpunkt anfassen und verschieben.

➠ Jeder Klick zusammen mit Strg auf einen freien Bereich in der Linie setzt einen neuen Punkt. Auf Strg können Sie auch verzichten, wenn Sie den Punkt gleich ziehen.

➠ Klicken Sie mit gedrückter Strg-Taste auf einen Punkt, wird der gelöscht.

➠ Ein Klick außerhalb der Figur (oder nochmals auf das Symbol) hebt diese Funktion wieder auf.

Wenn der Zeiger unmittelbar auf einem Punkt steht, können Sie im Kontextmenü noch zusätzliche Optionen auswählen:

■➔ AUTOPUNKT: Erzeugt ein sanft gebogenes Segment, das durch den gewählten Punkt läuft.

■➔ ÜBERGANGSPUNKT, PUNKT GLÄTTEN, ECKPUNKT: Da schau her – Word kann sogar Bézier-Kurven erzeugen. Mit den beiden Kontrollpunkten, die jetzt sichtbar sind, ändern Sie die Krümmung der Kurve. Das erfordert einiges an Fingerspitzengefühl – aber mit so was zeichnen die Profis die irrsten Objekte. Bei einem geglätteten Punkt liegen die Kontrollpunkte auf einer Linie, bei einem Eckpunkt kann der Winkel der Kontrollpunkte zueinander geändert werden.

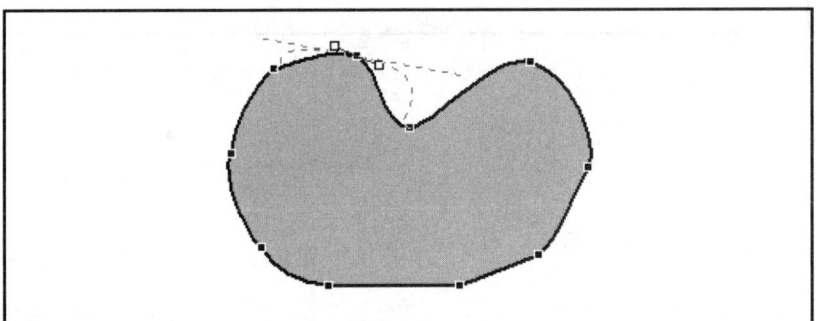

Abbildung 50.14:
Eckpunkte glätten

50.10 Textfelder und Legenden

Textfeld: Was das ist und was man damit machen kann, wissen Sie bereits aus Kapitel 22, »Positionieren«, S. 379.

Legende: Zum Beschriften von Elementen. Sie können viele verschiedene Formen zeichnen und sehen sofort, was eine Legende von einem Textfeld unterscheidet: Eine Linie verbindet sie mit einem anderen Element. Sie können die Legende verschieben, die Verbindungslinie ändert sich, aber bleibt am Element kleben.

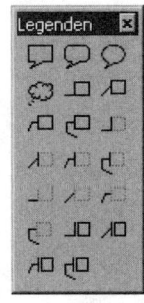

Sie können, andererseits, die Linie verschieben und verändern. Das geht nicht mehr wie früher mühsam über ein Menü, sondern frei Hand mit der Maus. Wenn Sie die Legende markieren, tauchen dazu die bereits bekannten gelben Markierungsrauten auf. Ansonsten formatieren Sie eine Legende genauso wie ein Textfeld, ebenso können Sie Legenden miteinander verknüpfen.

Abbildung 50.15:
Eine Legende

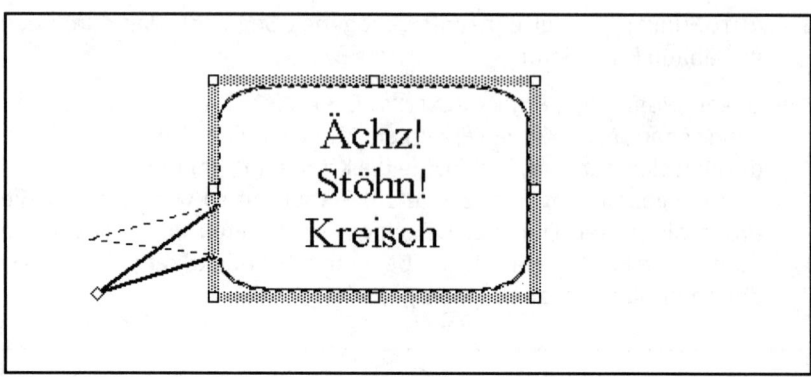

Effektvoll: WordArt

Kapitel 51

W ordArt ist für Spezialeffekte gedacht. Und hat einen mächtigen Funktionsumfang und große Variationsvielfalt. Sie können mit WordArt so allerlei Sächelchen anstellen und Ihr Dokument damit aufmotzen. Ich sag's absichtlich so drastisch, denn die Erfahrung lehrt, daß man auch gnadenlos einzusetzen bereit ist, was man so hat.

Verwenden Sie WordArt deshalb nur sehr sparsam. Im vollen Bewußtsein dessen, was Sie tun. Und was Sie Ihren Lesern antun. Jeder Effekt schleift sich ab und hebt sich selber auf.

Erklären muß man bei WordArt nicht viel. Nehmen Sie sich einfach mal eine Stunde Zeit und probieren Sie aus, was WordArt zu bieten hat.

51.1 Ein WordArt-Objekt

WordArt kann nur aus Word heraus (oder einem anderen Programm) gestartet werden. Das WordArt-Bild wird als Objekt eingefügt (zu Objekten siehe Kapitel 30, »Dateien verbinden«, S. 529). Die Bedienung ist einfach:

➡ Sie wählen EINFÜGEN/GRAFIK/WORDART oder klicken auf das Symbol in der *Zeichnen*-Symbolleiste.

➡ Es erscheint ein Dialogfeld, in dem Sie zunächst ein *WordArt-Format* auswählen. (WordArt unterstützt OLE 2.0. Deshalb bleiben Sie in Word, nur Menü- und Symbolleiste wechseln.)

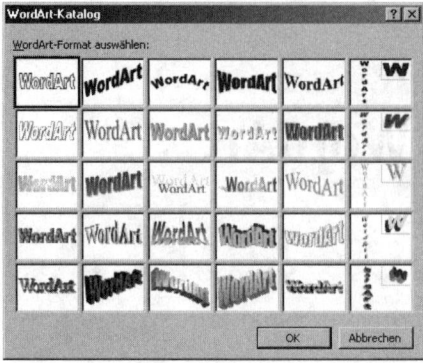

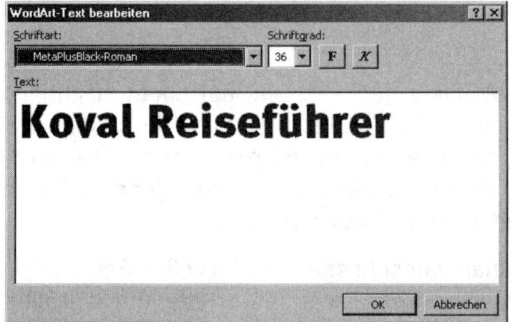

➡️ In einem weiteren Dialogfeld geben Sie Ihren Text ein oder ändern ihn. Er darf auch mehrere Zeilen umfassen, die Sie mit ⏎ umbrechen können. Sie können ebenso Text aus der Zwischenablage mit Strg+V einfügen.

➡️ Zudem wählen Sie gleich Schriftart (alle installierten Schriftarten sind zugänglich, auch PostScript-Schriften) und Schriftgrad.

➡️ Mit OK gehen Sie weiter. Die *WordArt*-Symbolleiste erscheint mit allen Elementen zur Bearbeitung.

➡️ Ein Klick außerhalb des Objekts verläßt WordArt, ein Klick auf das WordArt-Objekt öffnet WordArt wieder.

Die WordArt-Grafik ist wie ein übliches Zeichenobjekt und kann als solches behandelt werden. Zum Beispiel können Sie Schatten-oder 3D-Effekte darauf anwenden, können sie formatieren (etwa Fülleffekte zuweisen), ganz exakt positionieren – eben all das machen, was in Kapitel 50, »Zeichnen mit Word«, S. 769, ausführlich beschrieben ist und deshalb hier nicht mehr wiederholt werden muß.

Eine WordArt-Grafik hat auch die bekannten gelben Markierungsrauten, mit denen Sie die Form verändern können.

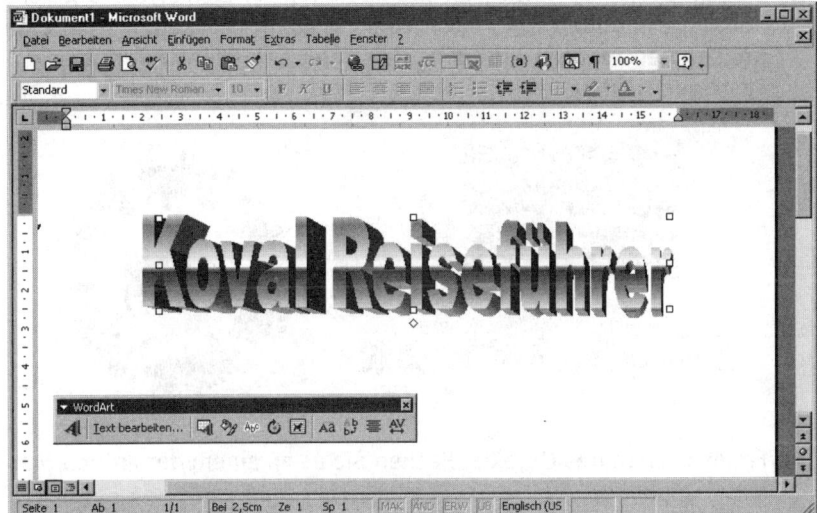

51.2 Spezialeffekte

Alle WordArt-Spezialeffekte können mit Symbolen abgerufen und zugewiesen werden. Probieren Sie die Effekte einfach aus! Sie sehen sofort, was passiert.

▬► Nur damit (oder mit Doppelklick auf das Objekt) können Sie den **Text ändern**.

▬► Öffnet den **WordArt-Katalog** (das Eingangs-Dialogfeld), aus dem Sie einen Stil auswählen.

▬► Öffnet das Dialogfeld für **Fülleffekte, Größe, Position** usw. Insbesondere den WordArt-Objekten kommt zugute, daß auch variantenreiche Farbverläufe möglich sind.

➡ **WordArt-Formen.** Damit lassen Sie Ihren Text schwingen und hüpfen und im Kreis wandern. Den Stempeleffekt erreichen Sie übrigens durch dreigeteilten Text: nach jeder Zeile ⏎ drücken. Für perfekte Kreisformen müssen Sie beim Ziehen an den Eckpunkten die ⇧-Taste gedrückt halten.

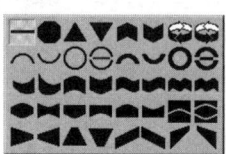

 ➡ **Freies Drehen des Objekts.** Packen Sie es an einem der grünen Markierungspunke.

 ➡ **Textfluß.** Kennen wir schon von den Grafiken. Bestimmt, wie der sonstige Text um das WordArt-Objekt fließt.

 ➡ **Gleichmäßige Schrifthöhe.** Groß- und Kleinbuchstaben werden gleich hoch.

KOVal Reiseführer

 ➡ **Kippt den Text.** Jeder einzelne Buchstabe wird um 90 Grad gedreht. Zusammen mit dem Drehen sind dadurch interessante Effekte möglich.

 ➡ **Ausrichten.** Hat nur Auswirkungen bei mehrzeiligem Text. Die *Wortausrichtung* ist wie Blocksatz:

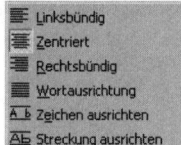

Koval   Reiseführer
Mehr sehen von der Welt

Zeichen ausrichten vergrößert die Zeichenabstände beim kürzeren Text:

Streckung ausrichten ist wie Blocksatz, dabei werden aber die Zeichen skaliert:

➡ **Zeichenabstand.** Vergrößert oder verkleinert den Abstand zwischen den Zeichen. Die Zeichengröße wird dabei angepaßt.

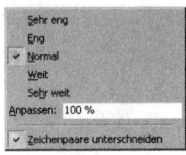

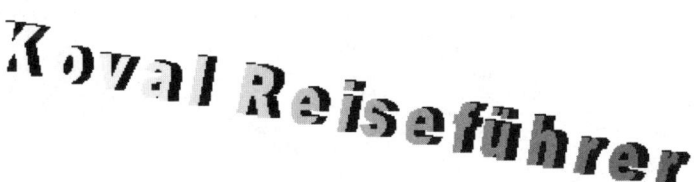

Diagramme mit Graph

Word selbst bietet keine direkte Möglichkeit, Daten zu visualisieren. Darunter versteht man, Daten bildlich zu »veranschaulichen«. Üblicherweise geschieht dies mit Diagrammen. Das sind zwei- oder dreidimensionale Gebilde mit zwei oder drei Achsen, auf denen Daten als Balken, Säulen usw. dargestellt werden. Was Word nicht kann, das kann Graph.

52.1 Wozu Graph?

Bei Graph, wie es mit Word ausgeliefert wird, handelt es sich um das abgemagerte Diagramm-Modul aus Excel. Wenn Sie über Excel verfügen, sollten Sie besser dessen Diagramm-Funktion verwenden, da Sie dort weitaus mehr Möglichkeiten haben, und das Diagramm dann als Objekt einfügen.

Nochmals: Objekte

Ein Diagramm, das mit Graph erstellt und dann in ein Dokument eingefügt wird, wird als Objekt eingebettet. Dieses Objekt können Sie wie eine Grafik behandeln, also seine Größe, und seine Position manipulieren, auch verzerren, kopieren, ausschneiden und löschen (siehe Kapitel 48, »Grafiken«, S. 725).

Das Diagramm an sich aber können Sie nur in Graph bearbeiten. Mit einem Doppelklick auf das Diagramm in Word wird Graph neu gestartet.

Schrittweise zu einem Diagramm

Die Konstruktion eines Diagramms geht nach ganz bestimmten Regeln schrittweise vor sich, die immer und für jedes Diagramm gleich sind.

➟ Falls Sie Daten übergeben wollen (beispielsweise aus Ihrer Word-Tabelle), markieren Sie diese Daten und kopieren sie in die Zwischenablage.

➟ Im Dokument setzen Sie den Cursor an die Stelle, wo das Diagramm eingefügt werden soll, und rufen Graph auf.

➟ Daten ins Datenblatt eingeben, einfügen aus der Zwischenablage oder importieren. Die Daten werden automatisch als Säulendiagramm dargestellt.

➟ Daten im Datenblatt formatieren.

➟ Diagrammart auswählen.

➟ Diagrammtext anbringen (Titel, Achsen, Erläuterungen).

➟ Darstellungsart der Elemente auswählen.

➟ Größe des Diagramms auf das gewünschte Maß trimmen.

➟ Mit einem Klick außerhalb des Rahmens übernehmen Sie das Diagramm in Ihr Dokument.

Und damit ist das fertige Diagramm nun Bestandteil Ihres Dokuments. Sie können es hier in seiner Erscheinungsform noch anpassen (Größe usw.), inhaltlich aber nicht mehr ändern.

Graph aufrufen

Zwei Möglichkeiten gibt es:

➟ Sie wählen EINFÜGEN/GRAFIK/DIAGRAMM.

➟ Sie wählen EINFÜGEN/OBJEKT, dann »Microsoft Graph 2000-Diagramm«.

Graph und seine Arbeitsfläche

Graph meldet sich immer mit derselben Mustertabelle mitsamt zugehörigem Säulendiagramm. Mit einem Symbol können Sie die Tabelle aus- oder einblenden.

Sie können das Datenblatt und das Diagramm beliebig vergrößern, verkleinern oder verschieben, indem Sie die Markierungspunkte mit der Maus packen und ziehen. Das Diagramm malt gleich die Kurven neu.

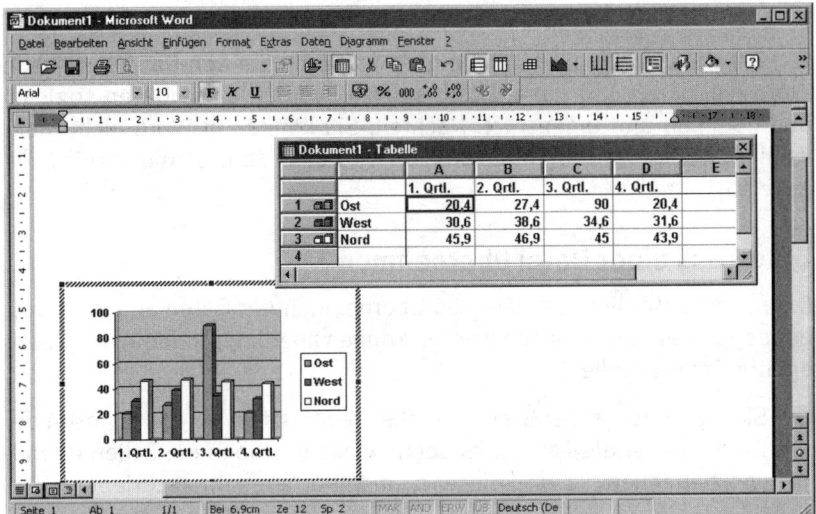

52.2 Daten für das Diagramm

Graph macht aus Daten Diagramme. Doch woher kommen die Daten?

Die eine Möglichkeit besteht darin, daß Sie die Daten direkt in die Tabelle von Graph eingeben. Dazu müssen Sie die Musterdaten in der Tabelle entfernen (markieren und (Entf)) und dann Ihre Daten eingeben. Wie das genau geht und welche Hilfen Graph dabei bietet, erfahren Sie noch.

Daten aus Word übernehmen

Die wahrscheinlich häufigste Möglichkeit wird sein, daß Sie in Word eine Tabelle erstellt oder von irgendwoher übernommen haben. Jedenfalls steht die Tabelle jetzt in Word (Beispieldatei: *FISCH1.DOC)*. Und daraus soll ein Diagramm werden.

➡ Sie markieren die Daten, aus denen Sie ein Diagramm machen wollen, und befördern sie mit BEARBEITEN/KOPIEREN in die Zwischenablage.

➡ Sie setzen den Cursor dorthin, wo das Diagramm hin soll.

➡ Dann starten Sie Graph und aktivieren dort das Datenblattfenster.

➡ Sie markieren die Zelle, in die der Inhalt der linken oberen Zelle der kopierten Daten kommen soll. Vorhandene Daten werden überschrieben. Die Beispieldaten markieren Sie mit der Maus und entfernen Sie mit (Entf).

➡ Sie fügen die Daten ein mit `Strg`+`V`.

Es geht theoretisch auch noch einfacher. Wenn Sie den Datenbereich in Word markieren und dann Graph starten, werden diese Daten sogleich übernommen und umgesetzt. Nachteil: Sie können in Word nicht mehr wählen, wohin das Diagramm soll; es wird deshalb mitten in die Tabelle gesetzt.

Daten aus einer Datei übernehmen

Die nächste Möglichkeit wäre das Übernehmen der Daten aus einer vorhandenen Datei. Eingelesen werden können allerdings keine Word-Dateien, nur Excel-Tabellen.

➡ Sie markieren in der Graph-Tabelle die Startzelle für das Einlesen der Daten (meist die Zelle links oben). Obacht: Haben die Zellen irgendwelchen Inhalt, so wird dieser beim Importieren überschrieben.

➡ Sie aktivieren den Befehl DATEN IMPORTIEREN im Menü BEARBEITEN (oder verwenden das Symbol) und markieren die gewünschte Datei. (Unter den Übungsdateien finden Sie FISCH1.XLS.)

➡ Im Dialogfeld werden alle Blätter der Excel-Arbeitsmappe aufgeführt; Sie wählen *Fische*. Mit *Gesamtes Blatt* übernehmen Sie die komplette Datei. Brauchen Sie nur einen Teilbereich der Daten, können Sie diesen mit *Bereich* spezifizieren (beispielsweise mit A4:C9).

➡ Mit OK oder `←` werden die Daten eingelesen.

Abbildung 52.2:
Daten importieren

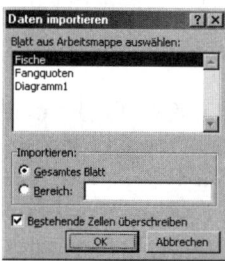

Excel-Diagramm übernehmen

Angenommen, jemand war schon mal fleißig und hat sowohl die Daten eingegeben als auch ein vernünftiges Diagramm daraus gemacht.

Also wäre es eine geradezu lästerliche Verschwendung Ihrer wertvollen Arbeitskraft, nochmals ein neues Diagramm zu erstellen, nicht wahr? Und deshalb bietet Graph auch die Möglichkeit, Excel-Diagramme direkt einzulesen.

Das geht genauso wie das Einlesen von Daten. Wenn Sie das einmal aus-probieren möchten, wählen Sie aus der Arbeitsmappe FISCH1.XLS das Blatt *Diagramm1*.

52.3 Bearbeiten des Datenblatts

Wenn Sie ganze Zeilen oder Spalten markieren wollen, müssen Sie auf die grauen Zellen ganz oben oder ganz links klicken.

Ansonsten sind die Aktionen nahezu identisch mit den entsprechenden Tabellen-Aktionen in Word. Natürlich gibt es einige Abweichungen, wenn auch kaum gravierend. Sie brauchen z.B. keine Zeilen oder Spalten »anhängen« – das Graph-Arbeitsblatt vergrößert sich von selbst, indem Sie nur den Bildausschnitt verändern Die Zeilenhöhe kann auch nicht ver-ändert werden, wohl aber die Spaltenbreite.

Rechnen innerhalb der Tabelle können Sie nicht. Das müssen Sie vorher in Word oder Excel oder sonstwo erledigen lassen.

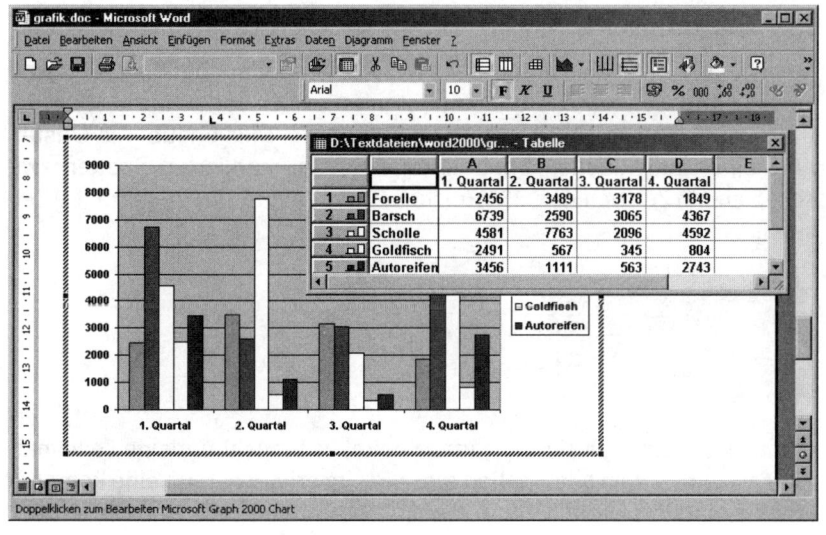

Abbildung 52.3:
Spalten- und
Zeilenbeschriftung
en in der Tabelle.
Sie werden in das
Diagramm
übernommen

Spalten- und Zeilen-Namen

Andererseits gibt es ein paar zusätzliche Vorschriften für das Arbeitsblatt, die in Word so nicht vorhanden sind. So müssen Spalten und Zeilen immer einen Namen haben – die jeweils erste Spalte und Reihe sind dafür vorgesehen.

Zeilen und Spalten einfügen

Dies geschieht im Menü EINFÜGEN. Sie markieren so viele Zeilen oder Spalten, wie Sie einfügen wollen. Hatten Sie nichts markiert, müssen Sie auswählen, wohin die restlichen Zellen verschoben werden sollen. Auch das kennen Sie bereits von den Word-Tabellen.

Abbildung 52.4:
Datenblatt
vergrößern oder
verkleinern

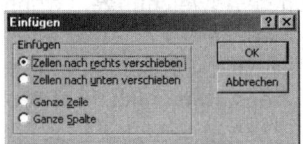

Excel-Anwender können zudem die gewohnten Tastenkombinationen benutzen: Strg+⊞ für das Einfügen, Strg+⊟ für das Löschen von Zellen. Ist eine Zeile markiert, wird eine ganze Zeile eingefügt bzw. gelöscht. Das gleiche gilt auch für Spalten.

Die Spaltenbreite

Manchmal passen die Zahlen nicht in die Zellen. Oder aber die Zellen sind viel zu breit, weil nur ein- oder zweistellige Zahlen vorkommen. Hier gibt es im Menü FORMAT Abhilfe mit SPALTENBREITE. Dies erlaubt die Einstellung einer individuellen Spaltenbreite für die markierten Spalten zwischen einem Zeichen und 255 Zeichen. Die Standardbreite beträgt 9 Zeichen.

Abbildung 52.5:
Spaltenbreite
variieren

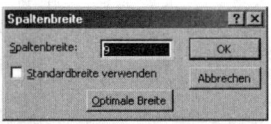

Diese Einstellung gilt für die ganze Spalte, es braucht nur eine Zelle markiert zu sein. Sollen alle Spalten diese Breite erhalten, muß eine komplette Zeile markiert werden.

Wollen Sie's wieder zurückstellen, genügt ein Klick auf *Standardbreite verwenden* im Dialogfenster.

Im übrigen kann die Breite einer einzelnen Spalte durch Anklicken der Trennlinie mit der Maus und Ziehen bei gedrückter Maustaste verändert werden, analog zu den normalen Tabellen.

Zeilenhöhe

Anders als in Word können Sie die Zeilenhöhe nicht beeinflußen, jedenfalls nicht direkt. Mehrere Textzeilen in einer Zelle sind nicht möglich. Allerdings paßt sich die Zeilenhöhe automatisch der Schriftgröße an.

Manuelle Dateneingabe

Sie markieren die Zelle zunächst. In eine leere oder auch schon gefüllte Zelle geben Sie den gewünschten neuen Wert ein und bestätigen mit ⏎. Ein etwaiger vorheriger Wert der Zelle wird damit überschrieben.

Aber Graph bietet noch eine Alternative: Sie können auch die Zelle markieren und F2 betätigen oder einfach auf der Zelle doppelklicken. Dann können Sie den Cursor beliebig plazieren und Änderungen vornehmen.

Nach ⏎ rutscht die Markierung in die Zelle darunter. Das können Sie mit EXTRAS/OPTIONEN abstellen.

Zahlenlänge

Nun kann es vorkommen, daß eine Zahl zu lang ist, um im voreingestellten Standardformat (= 9 Zeichen) in die Zelle zu passen. Graph wählt dann die Exponentialschreibweise (3.000.000.000 wäre dann 3E+9).

Paßt das immer noch nicht, benützt Graph einen »Gatterzaun«, eine Reihe von #####. Gegebenenfalls müssen Sie die Spalte verbreitern (siehe oben).

Zellenüberlauf

Paßt Text nicht in eine Zelle, läuft er in die Zelle rechts davon, sofern diese leer ist, ansonsten wird er abgeschnitten. Aber natürlich sieht's nur so aus. In Wahrheit ist er schon noch da, was Sie merken, wenn Sie die Zelle verbreitern.

Zahlenformat

In ZAHLEN im Menü FORMAT finden Sie etliche vordefinierte Formate für Zahlen, Datum, Uhrzeit usw. Diesen Formaten können Sie jederzeit mit *Benutzerdefiniert* eigene zufügen. Die Symbole, die hierfür gelten, sind nahezu identisch mit den Nummernbildern in Word (siehe Kapitel 14,

»Felder«, S. 201) mit einigen Ergänzungen, z.B. der Möglichkeit, auch Farben zu verwenden.

Abbildung 52.6:
Zahlenformat
festlegen

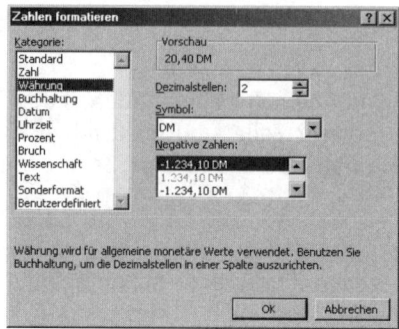

Für häufig benötigte Zahlenformate wie Währung oder Prozent finden Sie auch Symbole in der *Format*-Symbolleiste.

Schrift in der Tabelle

Graph bietet Ihnen dieselben Schriften, die Ihnen in Word zur Verfügung stehen. Sie finden diese in FORMAT/ZEICHEN. Sämtliche Schriftgrade sind verfügbar (Graph paßt Zellenhöhe und -breite automatisch an), ebenso einige Auszeichnungen (wie Fett, Kursiv, Unterstrichen, Durchgestrichen) und Farben.

Datenreihen

Graph zeigt immer ein Diagramm an. Standardmäßig sind darin eingeschlossen alle Zeilen und Spalten, die Daten enthalten.

Im Menü DATEN gibt es die Befehle ZEILE/SPALTE EINSCHLIESSEN und ZEILE/SPALTE AUSSCHLIESSEN, mit denen Sie die markierten Zeilen oder Spalten von der Darstellung ein- oder ausschließen können. Das gleiche erreichen Sie mit einem Doppelklick auf den Spalten- bzw. Zeilenkopf.

Die ausgeschlossenen Spalten und/oder Zeilen erscheinen grau (»abgeblendet«), verbleiben aber in der Tabelle und können jederzeit mit Doppelklick auf den Kopf bzw. per Menübefehl wieder eingeschaltet werden.

Spalte oder Zeile?

Datenreihen können prinzipiell in Zeilen oder in Spalten angelegt werden. Unsere Wahrnehmungsgewohnheiten sind allerdings eher auf Zeilen ausgerichtet. Dabei erscheinen Einträge in der jeweils ersten Zelle als Datenreihennamen.

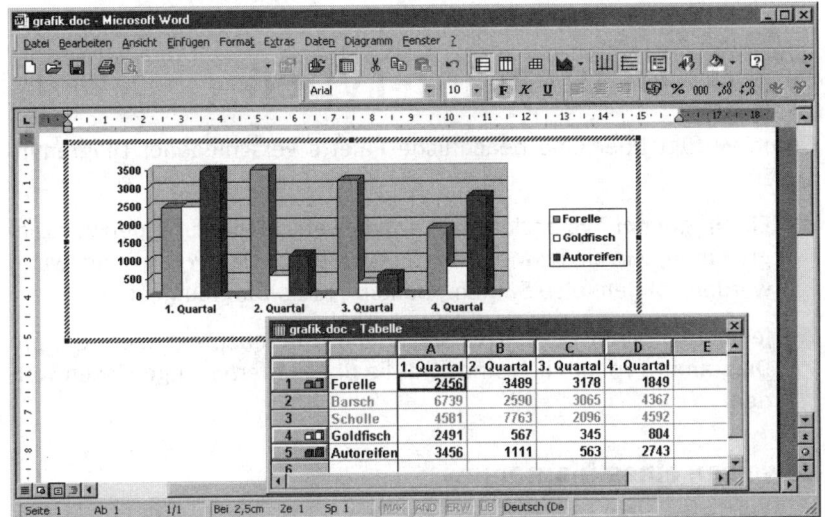

Mit den Befehlen DATENREIHE IN ZEILEN und DATENREIHE IN SPALTEN des Menüs DATEN bzw. den Symbolen kann dies festgelegt werden.

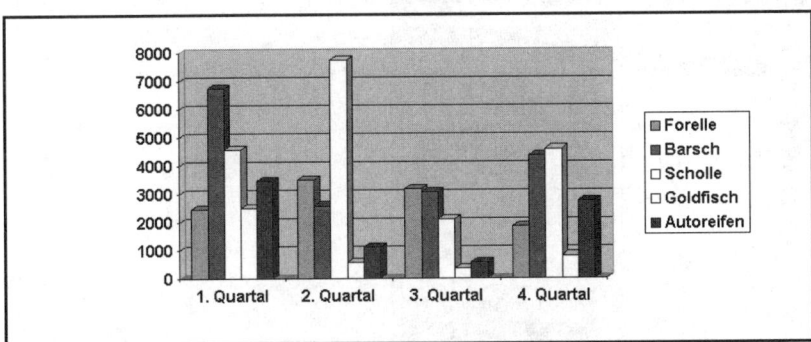

Abbildung 52.8:
Datenreihen in
Zeilen

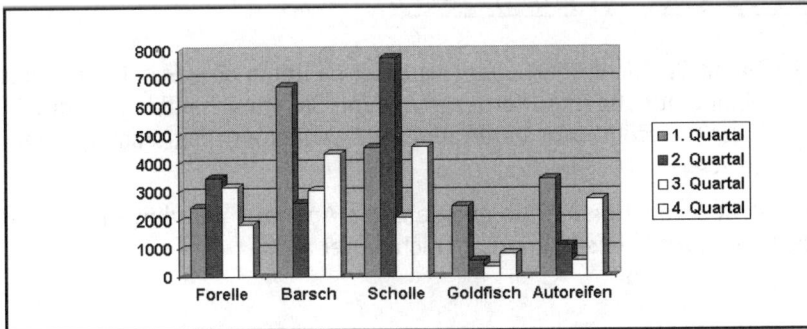

Abbildung 52.9:
Datenreihen in
Spalten

52.4 Diagramm-Typen

Graph verfügt über eine beachtliche Palette verschiedener Diagramm-Typen.

➟ Ein **Diagramm-Typ** bezieht sich auf die verschiedenen Typen von Diagrammen, wie sie im Menü DIAGRAMM/DIAGRAMMTYPEN ausgewählt werden können (also Säulen-, Balken-, Kreis-Diagramm etc.).

➟ Jeder Diagramm-Typ hat verschiedene Unterausprägungen, die pro Diagramm-Typ möglich sind und die über *Untertyp* zugewiesen werden.

Zuweisen eines Diagramms

➟ Sie wählen den *Diagrammtyp* aus, der Ihnen konveniert, suchen sich beim *Untertyp* eine elegante Variante, klicken diese an – und bestätigen mit OK oder ⏎. Und schon wandelt das bisherige Standard-Diagramm seine Form in die gewünschte.

Abbildung 52.10: Vorgegebene Diagrammtypen

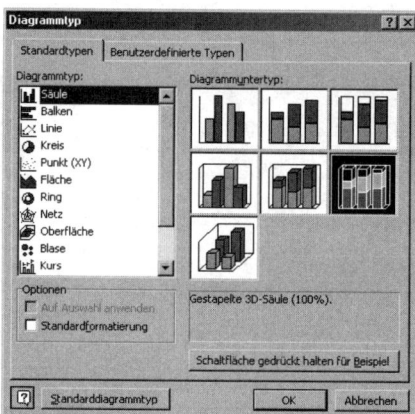

➟ Damit Sie nicht blind operieren, gibt es unten eine Schaltfläche mit einer eindeutigen Aufforderung: Wenn Sie die Schaltfläche gedrückt halten, werden Ihre Daten mit dem gewählten Diagrammtyp angezeigt.

 Mit dem Symbol haben Sie ebenfalls die Auswahl, allerdings nur unter den gebräuchlichsten Varianten, nicht unter allen.

Benutzerdefiniert

Neben den Standardtypen im ersten Register gibt es zusätzliche *Benutzerdefinierte Typen*, die Ihnen gleich eine Vorschau mit Ihren Daten zeigen.

Angezeigt werden »integrierte«, also von Graph mitgelieferte Typen. Diese Diagramme basieren auf Standardtypen, sind aber individuell formatiert.

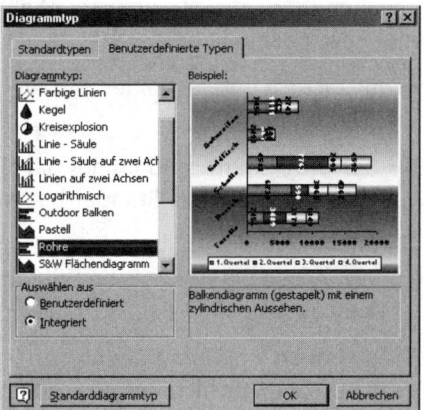

Abbildung 52.11: Benutzerdefinierte Diagrammtypen

Wenn Sie in diesem Register zunächst *Benutzerdefiniert* auswählen und dann auf OK klicken, können Sie das aktuelle Diagramm samt seinen Formatierungen als neuen benutzerdefinierten Typ hinzufügen und künftig auswählen.

Geben Sie dem Kind einen Namen und möglichst auch eine Beschreibung, damit Sie später noch wissen, was das Besondere an diesem Typ ist.

Der Standard-Diagrammtyp

In belden Reglstern können Sie elnen *Standarddiagrammtyp* bestimmen. Damit wird die aktuelle Auswahl als Standard festgehalten. Wenn Sie das nächste Mal Graph starten, werden Ihre Daten automatisch in diesen Diagrammtyp umgesetzt statt in das Säulendiagramm.

Vorsicht, Falle!

... mußte man früher warnen, weil der Wechsel des Diagrammtyps unter Umständen den Verlust sämtlicher Formatierungen zur Folge hatte. Das ist jetzt nicht mehr so. Sie müssen nur noch darauf achten, daß im Diagrammtypen-Fenster die Option *Standardformatierung* nicht aktiviert ist.

Das trifft allerdings nur auf die Standardtypen zu. Den benutzerdefinierten Typen ist ja gerade eigen, daß sie bereits besondere Formatierungen aufweisen.

Kleine Typologie

Jeder Diagramm-Typ betont bestimmte Aspekte der zugrundeliegenden Daten, und zwar jeweils andere. So kann die Wahl des falschen Diagramm-Typs Daten völlig verzerren bis hin zur Uninterpretierbarkeit, schlimmer noch: sie verleitet zur Fehlinterpretation (was ja auch manchmal Absicht sein kann).

Grundsätzlich unterscheiden wir zwei Arten von Diagrammen: die 2D- und die 3D-Diagramme.

■➔ 2D-Diagramme sind immer flächig, können maximal zwei Dimensionen anzeigen (das Standarddiagramm ist ein gutes Beispiel).

■➔ 3D-Diagramme haben durch Perspektive und Hinzufügen einer dritten Achse eine räumliche Wirkung und können somit drei Dimensionen abbilden.

Graph hat so viele Diagrammtypen – und von Version zu Version werden es mehr –, daß es nicht möglich ist, sie einzeln und eingehend zu besprechen. Nur ein paar Hinweise auf die Vor- und Nachteile der gebräuchlichsten Typen.

Abbildung 52.12:
Flächendiagramme

Flächendiagramm. Zeigt deutlich den zeitlichen und/oder den prozeßabhängigen Verlauf von Datenreihen. Trends sind relativ schwer zu erkennen.

Balkendiagramm. Ausgezeichnet geeignet, momentane Zustände und Verteilungen darzustellen, ebenso Abweichungen von irgendwelchen Soll-Werten oder Vorgaben. Dagegen sind Verläufe und Prozesse nicht darstellbar. Moderne Abarten davon sind Zylinder, Kegel oder Pyramide.

Säulendiagramm. Dies ist sicherlich die häufigste und bekannteste Diagrammform. Sie zeigt im wesentlichen statische Zustände an, den Vergleich mehrerer Datenreihen zu jeweils bestimmten Zeitpunkten oder Ereignissen. Ebenso können Abweichungen zu einer Null-Linie deutlich gemacht werden (Zu- oder Abnahmen beispielsweise von Parteien). Dagegen sind zeitliche Verläufe nur schwer zu erkennen.

Liniendiagramm. Diese Diagrammform haben Sie wohl in der Schule schon kennengelernt. Sie ist einfach und schnell zu erstellen und unmittelbar anschaulich. Insbesondere zeitliche Verläufe und Abläufe lassen sich damit sehr gut darstellen. Trends sind sofort zu erkennen.

Kreis- und Ringdiagramm. Eignet sich insbesondere für die Darstellung von Proportionen, von Teilen einer Gesamtheit, Anteile an dem Ganzen.  Die Absolutwerte sind jedoch kaum zu erkennen. Es enthält aber auch eine konkrete Gefahr, ausgelöst durch unsere Wahrnehmungsgewohnheiten: Im Vergleich von sehr großen und sehr kleinen Gegenständen werden die großen überschätzt, die kleinen unterschätzt. Das Kreisdiagramm macht die Großen also noch etwas größer. Oder würden Sie so ohne weiteres vermuten, daß bei dem nebenstehenden Diagramm drei Segmente gleich groß sind?

Netzdiagramm. Beim Netzdiagramm hat jede Rubrik ihre eigene Y-Größenachse, die Rubriken sind wie Vektoren um einen gemeinsamen Mittelpunkt vereint. Gelesen wird in Uhrzeigerrichtung. Der Wert einer Datenreihe entspricht der Fläche im Netz. Damit lassen sich Verläufe über einen Zeitraum hinweg verfolgen und relative Vergleiche sichtbar machen. Insbesondere dominierende Werte springen regelrecht ins Auge. Aber auch die Konstanz der Werte einer Datenreihe kann gut beurteilt werden. Abweichungen von der idealen Kreisform fallen als Beulen oder Krater sofort auf.

XY-Diagramm. Dieses Diagramm ersetzt die Rubriken der X-Achse durch eine andere Zahlenreihe. Damit lassen sich direkt Beziehungen zwischen zwei Datenreihen herstellen und beschreiben. Mögliche Abhängigkeiten der Datenreihen sind recht schnell erkennbar.

Verbunddiagramm. Über ein normales Säulendiagramm wird ein Liniendiagramm gelegt. Damit lassen sich in einem Diagramm Daten zeigen, die zwar in irgendeinem Zusammenhang stehen, aber unterschiedliche Einheiten verwenden.

Oberflächendiagramm. Ein Oberflächendiagramm ist, als ob über ein Säulendiagramm ein Tuch gelegt würde. Es entsteht ein Schichtenmodell, vergleichbar einem Landschaftsrelief. Jede Höhenschicht hat ihre eigene Farbe, die Sie deshalb nicht verändern können. Man kann also für jeden Datenpunkt ablesen, auf welchem Größenniveau er sich bewegt.

52.5 Die Formatierung eines Diagramms

Unter Diagramm-Formatierung verstehen wir das Bearbeiten und Verändern einzelner oder mehrerer Diagramm-Elemente (z.B. Achsenbeschriftung, Diagrammtitel, Legenden etc.).

Elemente des Diagramms

Diagramme bestehen aus vielen Elementen, die sich jeweils unterschiedlich formatieren lassen. Wenn Sie den Mauszeiger auf eines der Elemente führen, sagt Ihnen die Quick-Info, worum es sich handelt.

 Im Kontextmenü finden Sie dann jeweils die nötigen Befehle zur Formatierung, können aber auch das aktuell gewählte Element mit dem Symbol formatieren. Ein Doppelklick bewirkt das gleiche.

| Diagrammfläche ▼ | Und noch eine weitere Hilfe bietet Ihnen Graph an: Damit Sie nicht mühsam klickend ein Element markieren müssen, können Sie es in der Liste auch auswählen.

Generell können Sie bei allen Elementen die Schrift und die Farbe ändern. Als Füllmuster sind auch, wie bei Textfeldern oder Zeichenobjekten, Strukturen oder Farbverläufe möglich.

Diagrammfläche

Die *Diagrammfläche* ist der Hintergrund des gesamten Diagramms inklusive möglicher Accessoires wie Titel oder Legende usw.

Zeichnungsfläche

Der eigentliche Diagrammbereich, der von den beiden Achsen aufgespannt und standardmäßig grau hinterlegt wird, ist die *Zeichnungsfläche*, bei manchen Diagrammtypen auch *Wände* genannt. Deren Größe können Sie auch verändern.

Bei dreidimensionalen Diagrammen gibt es zudem noch eine *Bodenfläche*.

Zugeordneter Text

Im Menü DIAGRAMM/DIAGRAMMOPTIONEN findet sich das Register *Titel*. Damit können das Diagramm oder einzelne oder alle Achsen mit Namen versehen werden. Eingefügt werden dann so sinnvolle Begriffe wie »Titel«, »X« oder »Y«. Einmal eingefügt, sind sie auch im Diagramm änderbar.

Diese Art von Text heißt »zugeordnet«, weil er zu einem bestimmten Element des Diagramms gehört. Wird das Element innerhalb des Diagramms verschoben, wandert der Text mit.

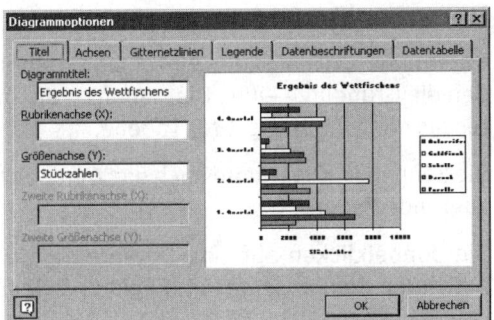

Abbildung 52.13: Optionen für die Betitelung des Dialgramms

Achsen

Die Rubriken- und die Größenachse lassen sich getrennt formatieren. Ihre Beschriftungen allerdings können nicht geändert werden, da sie ja aus der Tabelle entnommen werden. Hingegen können Sie die Text in einem beliebigen Winkel ausrichten. Mit den Symbolen sind Drehungen um 45 Grad möglich.

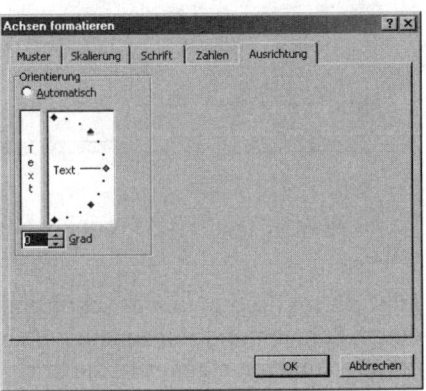

Abbildung 52.14: Auch die Achsen lassen sich formatieren

Gitternetzlinien

Diese sind ein nützliches Instrument (und sind nicht zu verwechseln mit den Gitternetzlinien bei Tabellen). Sie erleichtern die Beurteilung von Daten. Am einfachsten können sie mit den Symbolen ein- und ausgeschaltet werden.

Aber sollte es wahr sein, daß wir uns mit diesen profanen langweiligen Linien bescheiden müssen? Natürlich nicht: Ein Doppelklick öffnet das Dialogfeld zur Formatierung. Da können Sie auch gleich die *Skalierung* ändern.

Datenpunkte

Datenreihen, die sich aus einzelnen Datenpunkten zusammensetzen, bilden die Grundlage eines Diagramms – die Datenpunkte sind nichts anderes als die Zahlen aus Ihrer Tabelle.

Sie können im Diagramm auch die Werte anzeigen, die den Datenpunkten zugrunde liegen.

Sie doppelklicken auf eine Datenreihe (beispielsweise eine Säule) und aktivieren *Wert anzeigen* im Register *Datenbeschriftung*.

Abbildung 52.15:
Das Register zur
Beschriftung aller
Datenpunkte einer
Datenreihe

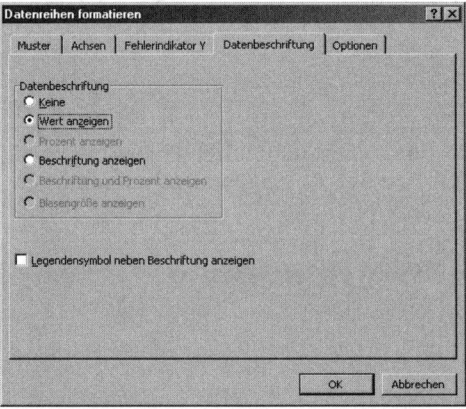

Damit werden alle (!) Datenpunkte beschriftet, mithin die gesamte Datenreihe.

Jede dieser Datenpunktbeschriftungen kann ihrerseits wiederum mit einem Rahmen und Flächenmuster versehen werden, eine andere Schrift erhalten und mit eigener Textausrichtung versehen werden.

In der Regel werden Sie die Beschriftungen verschieben müssen, weil sie sonst kaum lesbar an den Säulen kleben.

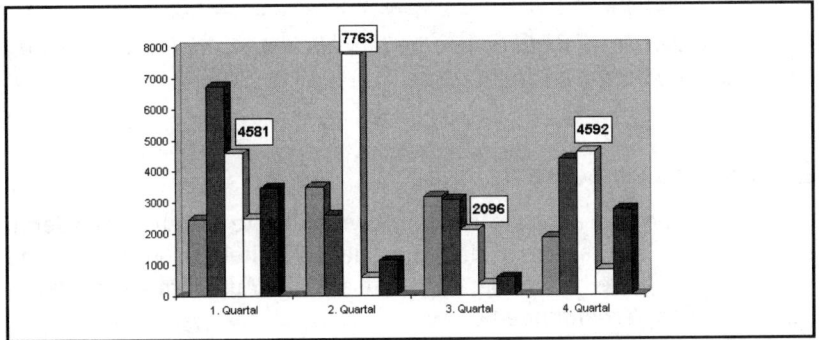

Legendenbildung

Klar, nicht nur zu einem Spion oder zu jeder vollbrachten Heldentat (von den nicht vollbrachten gar nicht zu reden) – auch zu einem ordentlichen Diagramm gehört eine Legende.

Mit dem Symbol kann die Legende bequem zu- und wieder abgeschaltet werden. Sie können die Legende auch verschieben.

Zusätzlicher Text

Angenommen, Sie wollen irgendwo in Ihrem Text erläuternde Bemerkungen anbringen. Diese stehen in keinem Bezug zu irgendeinem Element des Diagramms, heißen daher »nichtzugeordneter Text«.

Achten Sie darauf, daß kein Text markiert ist (klicken Sie irgendwo), und schreiben Sie einfach drauflos. Mitten im Diagramm erscheint Ihr Text. Der darf ruhig über mehrere Zeilen gehen (Zeilenwechsel mit ⏎).

Ist der Text fertig, klicken Sie wieder irgendwo im Gelände. Ihr Text wird von schwarzen Markierungskästchen eingerahmt, Sie können ihn an die gewünschte Stelle ziehen.

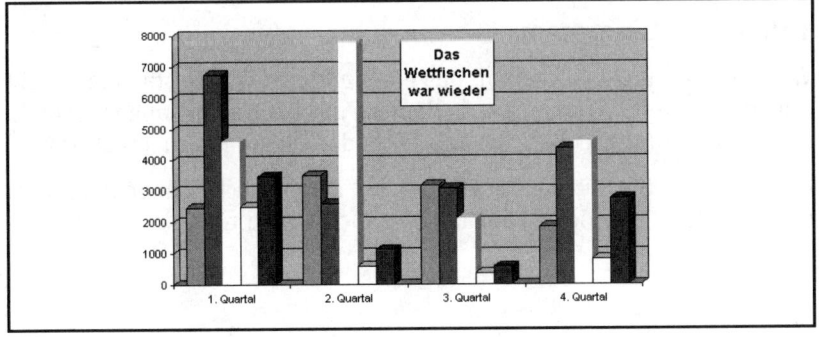

:-)
TIP

Wollen Sie den Text inhaltlich bearbeiten, klicken Sie einmal drauf – und Sie sehen den normalen Text-Cursor.

Zeichnungselemente

In Graph können Sie auch die *Zeichnen*-Symbolleiste öffnen und all deren Elemente in das Diagramm einfügen (siehe Kapitel 50, »Zeichnen mit Word«, S. 769). Sie haben hier sogar zusätzliche AutoFormen zur Verfügung, nämlich *Verbindungen*.

3D-Ansicht

Für 3D-Diagramme lassen sich in DIAGRAMM/3D-ANSICHT noch einige Parameter eingeben. Dazu gehören die *Betrachtungshöhe* (die beiden Pfeile links oben) und die *Drehung* (die beiden Pfeile Mitte unten). Damit kann die Ansicht eines 3D-Diagramms manipuliert werden.

Falls Sie das Kästchen *Rechtwinklige Achsen* ausgeschaltet haben, können Sie auch noch die *Perspektive* beeinflußen. Auch hier hilft nur Probieren. Die *Höhe der Basis* bezieht sich auf das Verhältnis der Z-Achse zur X-Achse. Und mit *AutoSkalieren* werden die Größenverhältnisse von 3D-Diagrammen denen der 2D-Formen angepaßt.

Abbildung 52.18: 3D-Ansichten formatieren

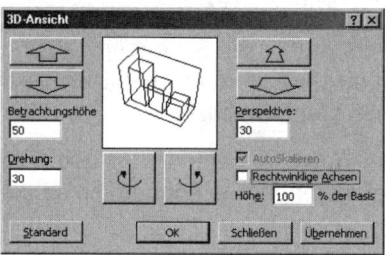

Tabelle im Diagramm

Weil die eigentlichen Daten oft aus einer anderen Quelle stammen, nicht unbedingt aus dem Dokument, in dem Sie das Diagramm haben möchten, haben Sie die Möglichkeit, die Tabelle in das Diagramm zu integrieren.

Das erledigen Sie mit diesem Symbol. Mit Doppelklick können (und müssen) Sie diese integrierte Tabelle dann auch formatieren.

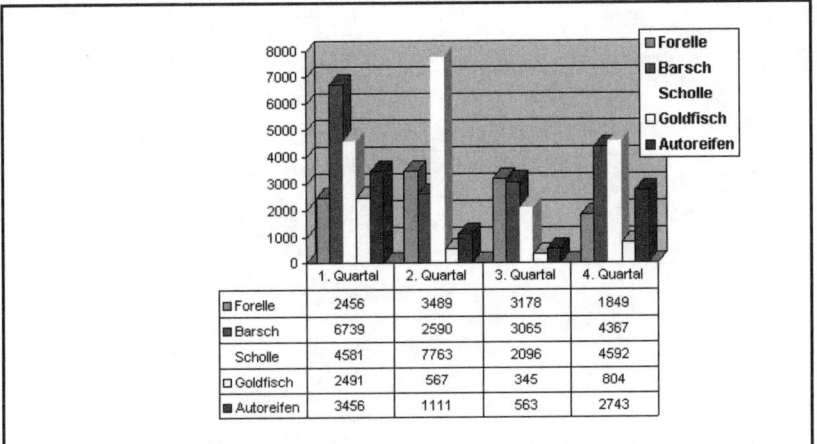

Abbildung 52.19:
Ein Diagramm mit
integrierter Tabelle

	1. Quartal	2. Quartal	3. Quartal	4. Quartal
Forelle	2456	3489	3178	1849
Barsch	6739	2590	3065	4367
Scholle	4581	7763	2096	4592
Goldfisch	2491	567	345	804
Autoreifen	3456	1111	563	2743

Web-Publishing

Teil **X**

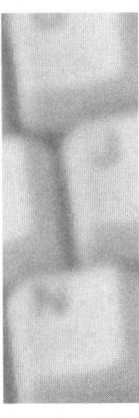

Grundlagen

Kapitel 53

*I*nternet, Intranet, WWW: jeder hat schon mal davon gehört. Das Internet ist ein weltübergreifendes Netzwerk, in dem man sich Informationen jeglicher Art zusammenholen kann. WWW (World Wide Web) ist ein Teil des Internets; das besondere Kennzeichen des Webs, wie es oft auch abkürzend genannt wird, ist ein bestimmter Formatierungsstandard, der für grafisch ansprechende Seiten sorgt. Ein Intranet schließlich ist ein World Wide Web auf Unternehmensebene.

53.1 Wie kommt man ins Internet?

Sie brauchen dazu ein Modem bzw. eine ISDN-Ausrüstung und einen *Service Provider*. Der Provider sorgt dafür, daß Sie Anschluß an das Internet haben – und läßt sich dafür bezahlen.

Wenn Sie bereits bei einem der gängigen Online-Dienste wie T-Online, CompuServe oder AOL angemeldet sind, brauchen Sie sich keine Gedanken um einen Provider zu machen. Diese Dienste treten selber als Provider auf, der Internet-Zugang ist in ihrem Angebot bereits enthalten.

Der Browser

Damit solche Webseiten angeschaut werden können, ist ein Browser nötig, der die Anweisungen umsetzt in eine darstellbare Seite.

Microsoft liefert einen solchen Browser mit, den Internet Explorer. Word selber hat aber auch Browser-Fähigkeiten: Sie können mit Word Webseiten anschauen und sogar im World Wide Web surfen. Allerdings haben Words Browser-Fähigkeiten auch Grenzen

53.2 HTML

Der Formatierungsstandard des Web, seine Seitensprache, wie auch gesagt wird, ist HTML *(Hypertext Markup Language)*. HTML sorgt für Textformatierungen, Grafikeinbindungen und Hyperlinks – das sind Verknüpfungen zu anderen Web-Seiten.

HTML ist im Grunde eine einfache Sprache. Jede gewünschte Formatierung wird mit einem Kommando *(Tag)* angewiesen und mit einem anderen Kommando wieder beendet – wie man das zu früheren Zeiten auch in jeder Textverarbeitung getan hat.

Ein solcher HTML-Quellcode sieht auszugsweise etwa folgendermaßen aus:

```
<title>Markt&amp;Technik:Katalog</title>
</head>

<body BGCOLOR="#FFFFFF" LINK="BLUE" VLINK="MAROON"
ALINK="RED">

<!--Anfang Layout-Tabelle-->
<table border="0" cellpadding="0" cellspacing="0"
width="760">
 <tr>
<!--Markt und Technik-Logo-->
    <td width="160"><img src="../images/mutlogo.jpg"
alt="Markt&amp;Technik"></td>
    <td width="600" valign="top">
<!--Anfang Tabelle-fuer Site-Navigation -->
  <table border="0" cellpadding="0" cellspacing="0"
width="75%" valign="bottom">
      <tr>
        <td colspan="6" width="75%"></td>
      </tr>
      <tr>
<!--Button für Katalogbereich-->
        <td align="center" width="100"><a href="katalog/
default.asp" onmouseover="chkVer('go11','but19')" onmouse-
out="chkVer('go11','but20')"><img src="../images/naviga-
tion/btn_katalog.gif" border="0" width="75" height="75"
name="go11" alt="Hier koennen Sie unsere Produkte
bestellen!"></a></td>
```

Was daraus entsteht, ist schon eher beeindruckend:

Abbildung 53.1:
Das Ergebnis

53.3 Mit Word ins Web

Zunächst sollten Sie die *Web*-Symbolleiste öffnen, damit Sie alle notwendigen Hilfsmittel zur Verfügung haben.

Die *Web*-Symbolleiste stellt Ihnen verschiedene Optionen zum Start Ihrer Reise ins Internet bereit.

▪► Wenn Sie genau wissen, welche Website oder Webseite Sie ansteuern wollen, geben Sie die URL direkt in das Eingabefeld für die Adresse ein.

▪► Wenn Sie Informationen zu einem bestimmten Thema oder die Website einer bestimmten Firma suchen, aber nicht die zugehörige Adresse wissen, sollten Sie mit einer Suchseite starten. Klicken Sie dazu auf das Symbol *Im Web suchen* – das gleichermaßen auch im ÖFFNEN-Dialogfeld zu finden ist.
Per Voreinstellung wird Sie dieser Befehl zur Suchseite des Microsoft Netzwerks MSN führen. Warum auch nicht – ein Schelm, wer Schlechtes dabei denkt. Sie werden aber auch gleich erfahren, wie Sie eigene Suchseiten einstellen können.

▪► Schließlich können Sie die voreingestellte Startseite anwählen.

Wie auch immer: Word verbindet Sie mit Ihrem Internet-Provider, werkelt und tut und baut schließlich die Webseite auf. Wenn Sie Glück haben.

> :-)
> **TIP**
>
> *Sollten es mit der automatischen Verbindung zum Internet Schwierigkeiten geben, bauen Sie die Internet-Verbindung vorab manuell auf, wählen sich also bei Ihrem Internet-Provider ein, und nutzen dann die Schalter der Web-Symbolleiste zum Surfen.*

Abbildung 53.2:
Eine Webseite in
Word

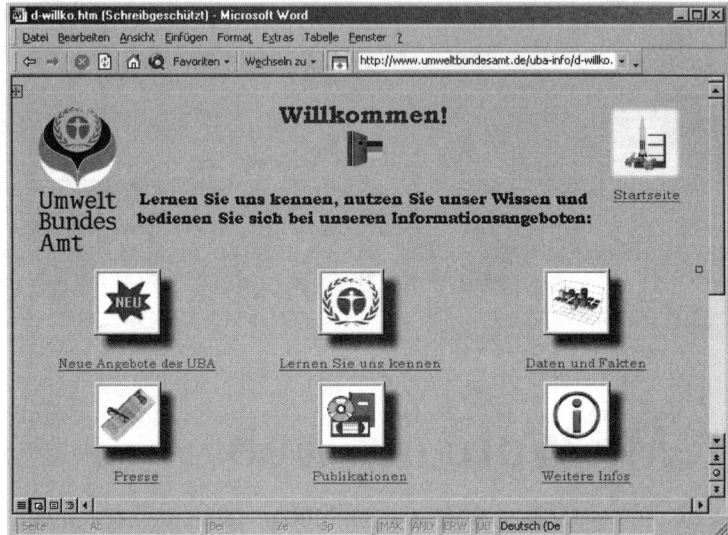

Einschränkungen

Word ist in seinen Webdarstellungsfähigkeiten doch etwas eingeschränkt. Vor allem Seiten, die viel Gewicht auf dynamische Inhalte legen und JavaScript oder Java verwenden, werden in Word nur verstümmelt angezeigt.

Fällt Ihnen solches auf oder wird Ihnen ein alternativer Text präsentiert, der Sie darauf hinweist, daß Ihr »Word-Browser« nicht die gewünschte Unterstützung bietet, können Sie bei Bedarf immer noch einen »richtigen« Browser aufrufen – etwa über den Befehl DATEI/WEBSEITENVOR-SCHAU.

Von solchen kleineren Unzulänglichkeiten und längeren Ladezeiten abgesehen können Sie mit Word genauso wie mit jedem anderen Browser im Internet surfen.

Navigation

Wer Microsofts *Internet Explorer* kennt, wird mit Freude registrieren, daß Words *Web*-Symbolleiste die gleichen Navigationsinstrumente einsetzt.

 Blättert vorwärts und rückwärts durch die bereits aufgerufenen Webseiten. Unmittelbar nach dem Start sind diese Symbole natürlich noch nicht aktivierbar – es gibt ja noch nichts zum Blättern.

 Stoppt die Übertragung der aktuellen Seite. Sinnvoll, wenn die Übertragung sehr lange dauert, zum Beispiel, weil auf der Seite viele Bilder enthalten sind.

 Baut die aktuelle Seite neu auf, d.h., die Daten werden erneut übertragen.

 Geht zur Startseite. Welche das ist, kann eingestellt werden.

 Geht zur Suchseite. Welche das ist, kann eingestellt werden.

 Blendet alle anderen Symbolleisten aus, nur die Web-Symbolleiste bleibt übrig. Schafft mehr Platz auf dem Bildschirm. Später können die anderen Symbolleisten über das gleiche Schaltbild wieder eingeblendet werden.

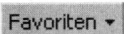 Die Favoriten. Webseiten, die Sie öfter aufsuchen, können Sie als Favoriten definieren, sie hiermit auch wieder aufrufen und sie damit direkt anspringen. Arbeiten Sie auch mit dem Internet Explorer, werden die dort definierten Favoriten übernommen.

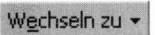 Öffnet ein Menü, mit teilweise den gleichen Funktionen, die mit den Symbolen ausgelöst werden, aber auch mit zwei Optionen für Voreinstellungen.

http://www.koval.de/ Eingabefeld, in das Sie die Adresse einer Website oder Webseite direkt eingeben und abschicken können.

Voreinstellungen

Wenn Sie sich mit einem Browser – sei es Word oder ein anderer Browser – ins Internet begeben, werden Sie zu einer bestimmten Startseite geführt. Jeder Provider präsentiert natürlich seine eigene Seite. Deshalb landen Sie mit Word bei der Microsoft-Startseite *http://www.msn.de*.

Mit WECHSELN ZU/STARTSEITE BESTIMMEN können Sie diese Startseite ändern. Doch Vorsicht: Wenn Sie auf JA klicken, wird die aktuell angezeigte Seite zu dieser Startseite!

Abbildung 53.3:
Startseite festlegen

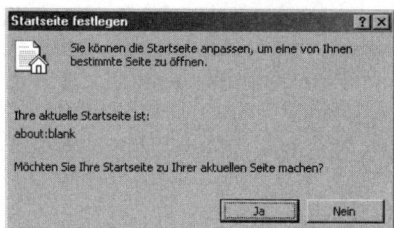

Ähnlich verhält es sich mit WECHSELN ZU/SUCHSEITE BESTIMMEN. Der Hintergrund: Weil das Web ein undurchdringlicher Dschungel mit Millionen von Seiten ist, gibt es verschiedene »Suchmaschinen«, mit denen man das Web gezielt nach Stichwörtern durchforsten kann. Voreingestellt als Suchseite ist

```
http://www.microsoft.com/access/allinone.htm
```

Das können Sie ruhig so lassen, denn diese Seite vereint die wichtigsten Suchmaschinen.

Abbildung 53.4:
Suchseite festlegen

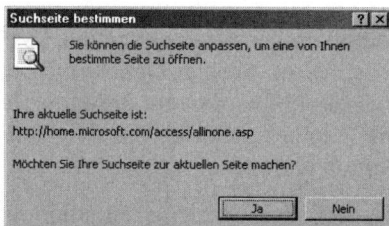

Dateien speichern

Wenn Sie eine Webseite auf dem Bildschirm haben, können Sie diese auch auf Ihrer Festplatte speichern, wie gewohnt mit DATEI/SPEICHERN UNTER. Sie wird als HTML-Datei gespeichert, die Sie dann auch wieder in Word oder einem anderen Browser betrachten können. Nicht gespeichert werden hingegen die Bilder, die sich auf der Original-Webseite befinden.

Wundern Sie sich nicht, wenn Sie eine Webseite ohne Bilder abgespeichert haben, Word die Seite beim nächsten Laden jedoch mit sämtlichen Bildern korrekt rekonstruiert. Dies liegt dann mit Sicherheit daran, daß der Word-Browser diese Bilddateien noch als temporäre Internetdateien auf Ihrer Festplatte zwischengespeichert hat.

Achten Sie darauf, daß beim Abspeichern das HTML-Format als Dateityp ausgewählt ist, damit Ihnen keine Formatierungsinformationen verlorengehen.

53.4 Webseiten ins Web

Auf Ihrer lokalen Festplatte dienen Webseiten nur Ihrem eigenen Vergnügen. Damit auch andere Menschen daran teilhaben können, müssen Sie auf den Webserver.

Speichern in einem Webordner

Ein recht komfortabler Weg zur Veröffentlichung von Webseiten ist das Speichern in Webordnern. Ein Webordner ist nichts anderes als ein Alias für ein Verzeichnis auf Ihrem Webserver, in das Sie Ihre Webseiten hochladen können – vorausgesetzt, Ihr Webserver unterstützt Webordner. Erkundigen Sie sich dazu bei Ihrem Internet-Provider, bei Ihrem Intranet-Systemadministrator oder lesen Sie in der Beschreibung Ihres lokalen Webservers nach.

Fällt der Bescheid positiv aus, erkundigen Sie sich auch gleich nach der Adresse des Webordners (Format *http://server/verzeichnis*). Sodann rufen Sie in Word den Befehl DATEI/SPEICHERN unter auf, klicken im linken Teil des Dialogfelds auf das Symbol WEBORDNER und danach in der Symbolleiste auf das Symbol NEUEN ORDNER ERSTELLEN. Mit Hilfe des Assistenten legen Sie dann den neuen Webordner an.

Sowie der Webordner eingerichtet ist, können Sie in ihm Ihre Webseiten wie in einem normalen Verzeichnis ablegen.

Speichern auf dem Web-Server

Die kommerziellen Online-Dienst CompuServe, AOL und T-Online bieten ihren Mitgliedern eigene Homepages an. Mit im Angebot ist auch spezielle Software, mit der die Webseiten auf den Webserver übertragen werden können.

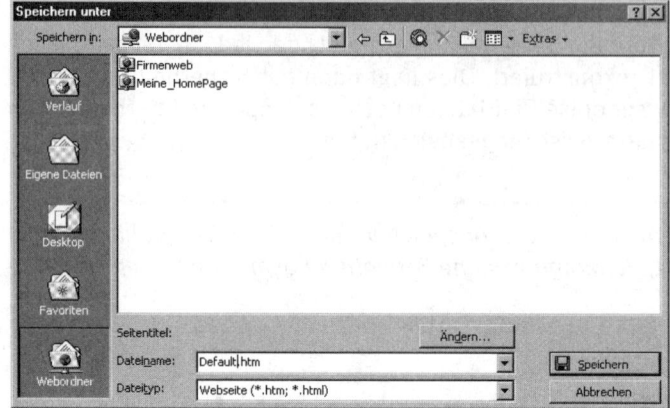

Auch Microsoft liefert so etwas mit – den *Web Publishing-Assistenten*, der sowohl mit Windows als auch verschiedenen Windows-Programmen (einschließlich Office) ausgeliefert wird.

Dieser Web Publishing-Assistent ist im Grunde nichts anderes als die allgemeine Version der Publishing-Assistenten der Online-Dienst-Provider. Der Windows-Publishing-Assistent läßt Sie selbst vorgeben, zu welchem Provider, sprich welchem Server, Sie Ihre Seiten übertragen wollen. Die Assistenten der Online-Dienst-Provider geben diesen üblicherweise vor – was Ihnen den klärenden Anruf bei Ihrem Provider erspart.

Das Ganze basiert auf einer Verbindung über das DFÜ-Netzwerk von Windows, das demzufolge installiert sein muß. Ebenso müssen Sie unter Umständen erst bestimmte Scripts installieren. Hinweise dazu erhalten Sie aber bei der Anwendung des Web Publishing-Assistenten.

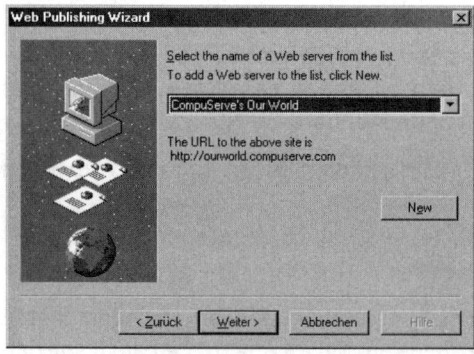

Webdokumente
neu erstellen

Kapitel **54**

Word ist, um das mal deutlich zu sagen, als HTML-Editor nur bedingt brauchbar; manches, was Web-Designern lieb ist, ist mit Word nicht durchführbar. Für den Hausgebrauch, für die eigene Homepage, als Grundlage komplexer Seiten oder für die Publizierung von Word-Dokumenten im firmeneigenen Intranet ist Word jedoch ein ideales Instrument. Schon, weil Sie dabei auch dessen sonstige Funktionen – wie etwa die Rechtschreibprüfung – nutzen können.

54.1 HTML-Code

HTML ist eine einfach strukturierte Seitenbeschreibungssprache, deren Kommandos (*Tags* genannt) zwischen spitzen Klammern stehen.

Jegliche Anweisung wird mit einem Tag eingeleitet und mit einem anderen Tag wieder beendet. Zum Beispiel leitet `<center>` eine Zentrierung ein, `</center>` beendet sie wieder. `<h1>` leitet eine Überschrift der Ebene 1 ein, `</h1>` beendet sie wieder. Sie merken schon: End-Tag und Anfangs-Tag unterscheiden sich nur durch den Schrägstrich.

Zudem müssen bestimmte Strukturen eingehalten werden. Jedes HTML-Dokument besteht aus zwei Bereichen: Einem *Header* mit globalen Einstellungen und Dokumentinformationen und einem *Body*, dem eigentlichen Inhalt. Der *Body* wird von den Tags `<body>` und `</body>` eingeschlossen. Dazwischen steht dann alles.

```
<html>

<head>
<meta http-equiv="Content-Language" con-
tent="de">
<title> HomePage </title>
</head>

<body>
<p>Hier folgt der <u>eigentliche</u> Inhalt
der Webseite</p>
</body>

</html>
```

Welche Tags verwendet werden und was sie bei den verschiedenen Browsern bewirken (möglichst das gleiche), ist so halbwegs normiert. Doch jeder Browser erweitert ständig seine Möglichkeiten um spezielle Effekte, die ein anderer Browser erst in seiner nächsten Version darstellen kann.

Andererseits fußt HTML gerade auf dem Konzept, daß die Formatierung der Webseiten durch den HTML-Code nur grob vorgegeben wird, und es dem Browser obliegt, die Formatierung nach seinen Möglichkeiten umzusetzen. Diese Verfahrensweise soll sicherstellen, daß Webseiten auf allen möglichen Browsern auf den verschiedensten Systemen annehmbar dargestellt werden können. Auf der Strecke bleiben ambitionierte Webautoren und Web-Designer, denen die Hände gebunden sind.

An diesem Punkt setzen die sogenannten Cascading Stylesheets und die CSS-Spezifikation ein. Cascading Stylesheets erlauben dem Web-Designer, die Formatierung seiner Webseiten bis ins Detail vorzugeben. Ob diese Formatierung auch beim Leser der Webseiten ankommen, hängt dann natürlich immer noch davon ab, ob dessen Browser CSS erkennt, doch da mittlerweile sowohl der Internet Explorer als auch der Netscape Navigator in ihren neuesten Versionen Cascading Stylesheets unterstützen, stehen die Chancen gut.

Ich will es damit vorerst bewenden lassen. Es gibt Spezialliteratur zu diesem Thema[1], und außerdem brauchen Sie sich damit eigentlich auch überhaupt nicht zu befassen.

Denn Word verbirgt die ganzen Tags vor Ihnen. Sie formatieren ein Web-Dokument genauso wie ein normales Dokument und überlassen Word die Aufgabe, dieses Dokument in den HTML-Standard umzuwandeln – das ist ja der ganze Witz dabei, sonst könnten Sie gleich einen beliebigen Editor

---

[1] Im Verlag Markt&Technik z.B. die Schnellübersicht HTML 4.0 oder das HTML -Kompendium

nehmen und die Tags mühevoll von Hand eingeben. Nur für spezielle Anweisungen müssen Sie in den Quelltext eingreifen.

Aber Sie sollen so ungefähr wissen, was sich hinter den Kulissen abspielt.

54.2 HTML-Vorlagen

Am leichtesten tun Sie sich, wenn Sie eine der mitgelieferten HTML-Vorlagen verwenden. Sie finden Sie in den Vorlagen-Unterordnern *Allgemein* und *Webseiten* und gehen vor wie gewöhnt: Sie erstellen eine neue Datei und wählen dazu die entsprechende Vorlage aus.

DATEI/NEU

➤ *Webseite* aus dem Unterordner *Allgemein* ist mit NORMAL.DOT zu vergleichen: Sie erhalten eine ganz und gar leeres HTML-Dokument.

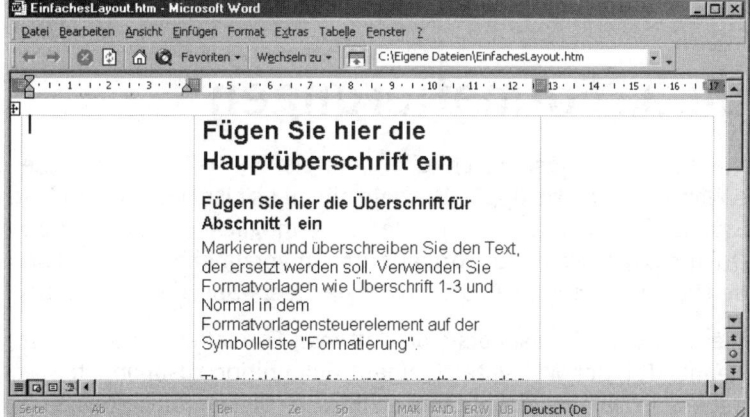

Abbildung 54.2:
Vorlage Einfaches
Layout

➤ Den Seitenaufbau der Vorlagen aus dem Unterordner *Webseiten* können Sie sich in der Vorschau anschauen. In den neu angelegten Webseiten finden Sie dezidierte Anweisungen, oder sagen wir Vorschläge, wie die Webseite weiter zu bearbeiten ist.

➤ Der *Webseiten-Assistent* nimmt Ihnen allerhand Arbeit ab. Sie können unter verschiedenen Seitenlayouts wählen und Ihren Seiten durch Verknüpfung mit einem Design ohne große Mühe ein professionelles und ansprechendes Erscheinungsbild geben. Das Schöne an diesem Assistenten ist, daß er aber nicht nur eine einzelne Webseite generiert, sondern gleich so etwas wie ein richtiges Web mit mehreren über Hyperlinks verbundenen Webseiten einrichten kann. Die Seiten, die der Web-Assistent erzeugt, enthalten bereits viele grafische Elemente – alles aber können Sie hernach natürlich noch ändern.

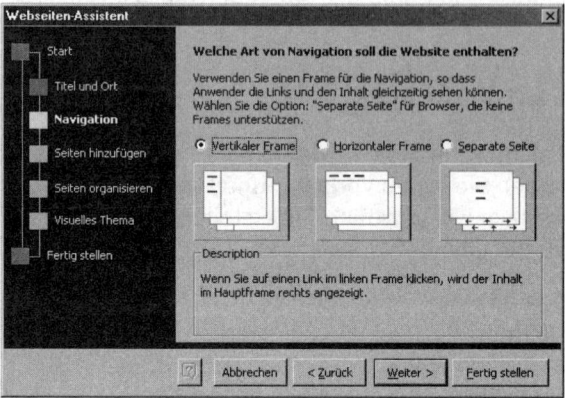

54.3 Formatierungen

Die Formatierungsmöglichkeiten mittels HTML-Tags sind, wie schon erwähnt, nicht allzu üppig. Deshalb nimmt es nicht wunder, daß ein neuer Standard geschaffen wurde, der es ermöglicht, innerhalb von HTML-Dokumenten dezidierte Formatierungen vorzunehmen. Die Rede ist von den schon erwähnten Cascading Stylesheets-Spezifikation (CSS 1.0).

Die Idee der »Stylesheets« ist, daß man Formatierungsanweisungen im Header-Teil der Webseite zu einer Stildefinition zusammenfaßt, den Stil mit einem Namen versieht und schließlich diesen Stil beliebigen Elementen der Webseite zuweisen kann. Erfahrene Word-Anwender werden sofort merken, daß dieses Konzept ja ganz genau den Formatvorlagen von Word entspricht. Tatsächlich sind Stylesheets im Prinzip nichts anderes als Formatvorlagen für Webdokumente (auch wenn die interne Umsetzung der CSS-Stylesheets natürlich etwas von den Word-Formatvorlagen abweicht).

Der zweite große Vorteil der Stylesheets ist, daß man in einer Stylesheet-Definition bis ins kleinste Detail festlegen kann, wie die Elemente, auf die das Stylesheet angewendet wird, zu formatieren sind. Während die Formatierungsmöglichkeiten mit HTML-Tags und -Attributen weit hinter den Möglichkeiten von Word zurückbleiben, erlauben es Stylesheets, nahezu sämtliche Word-Formatierungen in Webseiten nachzubilden.

```
<style>
<!--
 /* Font Definitions */
@font-face
{font-family:"CaflischScript Regular";
panose-1:0 0 0 0 0 0 0 0 0 0;
mso-font-charset:0;
mso-generic-font-family:roman;
mso-font-format:other;
mso-font-pitch:variable;
mso-font-signature:3 0 0 0 1 0;}
 /* Style Definitions */
p.MsoNormal, li.MsoNormal, div.MsoNormal
{mso-style-parent:"";
margin:0cm;
margin-bottom:.0001pt;
mso-pagination:widow-orphan;
font-size:12.0pt;
font-family:"Times New Roman";}
-->
</style>
</head>
```

Abbildung 54.4:
Stylesheet-
Definition mit
Schriftartdefinition
und Absatzformat

Das Problem der Stylesheet ist nur, daß die gesamten Stylesheet-Formatierungen verlorengehen, wenn die Webseiten in Browsern angezeigt werden, die CSS nicht unterstützen. Mittlerweile können aber sowohl der Netscape Navigator (ab Version 4.03) als auch der Internet Explorer (ab Version 3.02) Stylesheets verarbeiten. Der Internet Explorer unterstützt sogar die CSS-Spezifikation zur expliziten Positionierung von Webelementen (CSS 2.0).

Damit war Microsoft der Weg geebnet, sämtliche Word-Formatierungsmöglichkeiten 1:1 zu übertragen. Wenn Sie also in Word 2000 eine Webseite aufsetzen und formatieren, gehen Sie dabei ganz genauso vor, wie beim Aufsetzen und Formatieren eines Word-Dokuments. Word wandelt währenddessen im Hintergrund Ihre Formatierungen in Stylesheets um.

Wenn Sie sich einmal den HTML Code mit den Stylesheet Definitionen zu Ihren Webseiten anschauen wollen, rufen Sie den Befehl ANSICHT/HTML-QUELLE auf.

Inkompatibilitäten

Obwohl Sie in Word alle Freiheiten zur Formatierung und Gestaltung Ihrer Webseiten haben, sollten Sie einige Dinge, die möglich sind, nur mit Bedacht einsetzen. Denn was sich auf Ihrem Bildschirm wunderbar macht, kann später im Webbrowser wieder zunichte sein.

Die Erstellung von Webseiten mit Word ist vornehmlich auf die Veröffentlichung und den Austausch von Dokumenten im Intranet ausgerichtet. Solange alle Teilnehmer im Intranet mit Office2000 arbeiten, den Internet Explorer 5.0 verwenden und die gleichen Schriftarten auf ihren Rechnern installiert haben, wird es kaum Schwierigkeiten geben.

Wenn Sie aber Webseiten ins Internet bringen wollen, sei es die private HomePage oder ein Abschlußbericht, den Sie den kanadischen Filialen Ihrer Firma zur Verfügung stellen wollen, sollten Sie einige Punkte beachten:

➡ Word2000 setzt zur Formatierung der Webseiten voll und ganz auf CSS. In Browsern, die CSS nicht oder nur unzureichend unterstützen, gehen diese Formatierungen verloren.

➡ Schriftarten, die auf den Rechnern der Leser Ihrer Webseiten nicht installiert sind, können in deren Browsern nicht angezeigt werden.

➡ Die Darstellung und Funktionsweise von Office-Objekten, beispielsweise einer Excel-Tabelle, hängt davon ab, ob die Leser Ihrer Webseite ebenfalls Excel installiert haben oder sich Excel als Webkomponente von Ihrem Webserver herunterladen können.

➡ Die verschiedenen Browser unterscheiden sich in ihren Fähigkeiten zur Darstellung bestimmter Formatierungen, Effekte, etc. Wenn Sie auf der Seite *Allgemein* der Word-Optionen auf den Schalter WEBOPTIONEN klicken, gelangen Sie in ein weiteres Dialogfeld, in dem Sie – wiederum auf der Seite *Allgemein* – einstellen können, daß Funktionen, die von einer bestimmten Browser-Generation nicht unterstützt werden, deaktiviert werden.

Bestimmte Optionen von Word können in Browsern nicht dargestellt werden. Diese werden automatisch deaktiviert, wenn Sie eine Webseite bearbeiten. So zum Beispiel die Animationen im Dialogfeld ZEICHEN.

54.4 Ansichten

Sie werden nun gewiß schon an Ihrer ersten eigenen Webseite gebastelt haben. Der richtige Zeitpunkt, mal die verschiedenen Darstellungsformen zu erwähnen.

Weblayout

Üblicherweise arbeiten Sie in der Ansicht *Weblayout*. Das entspricht fast der Darstellung in einem Web-Browser, einschließlich des Web-Spezifikums (ist es Ihnen schon aufgefallen?), daß sich die Darstellung immer der Fensterbreite anpaßt.

ANSICHT/
WEBLAYOUT

Sie müssen also nie horizontal rollen, sondern nur vertikal. Was aber dann zum Beispiel zur Folge hat, daß auch Tabellen gequetscht werden, wenn das Fenster schmäler wird.

Im Weblayout sehen Sie sowohl Bild- oder Farbhintergründe wie auch die Formatierungen eines optional ausgewählten Designs.

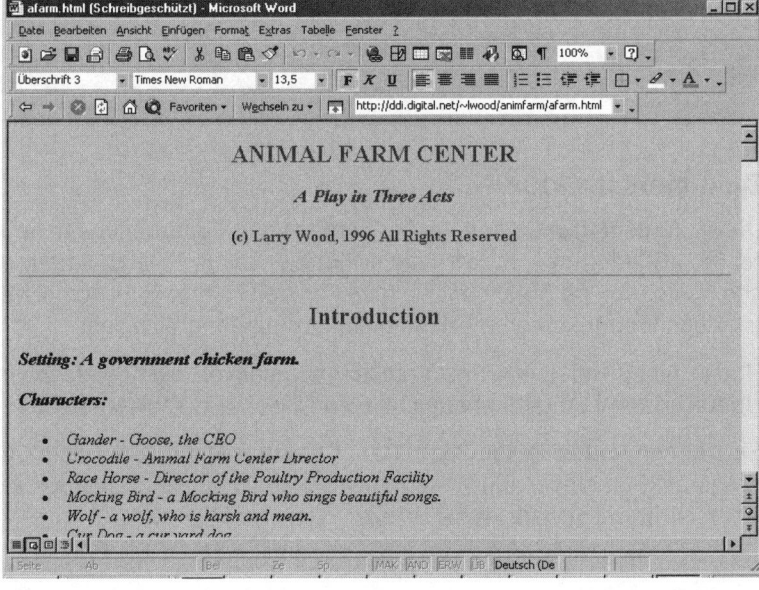

Abbildung 54.5:
Weblayout

Normalansicht

ANSICHT/
NORMAL

Das ist nicht der Fall in der Normalansicht, und auch der Seitenumbruch wird nicht der Fensterbreite angepaßt. Alles andere ist hingegen sichtbar.

Abbildung 54.6:
Normalansicht

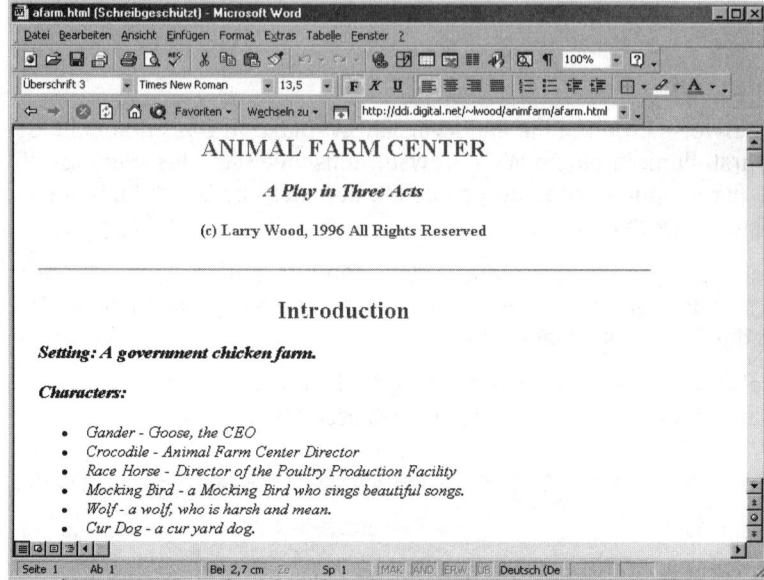

Dokumentstruktur

ANSICHT/
DOKUMENT-
STRUKTUR

Die Dokumentstruktur kennen Sie bereits von Gliederungen (siehe Kapitel 38, »Gliederung«, S. 599); sie erfüllt hier die gleiche Funktion: einfache Navigation im Dokument – wobei das freilich hier nicht so notwendig ist, denn Webdokumente sollten nicht allzu umfangreich sein.

Und es gibt die gleichen Einschränkungen: Sinnvoll erfaßt werden nur die Überschriften-Formate; aber nicht, wenn sie sich in Tabellen befinden.

Sie können, unter diesen Prämissen, übrigens auch die normale Gliederungsfunktion einsetzen. Word spricht in dem Fall auf die webtypischen Überschriften-Formate *H1* bis *H6* an.

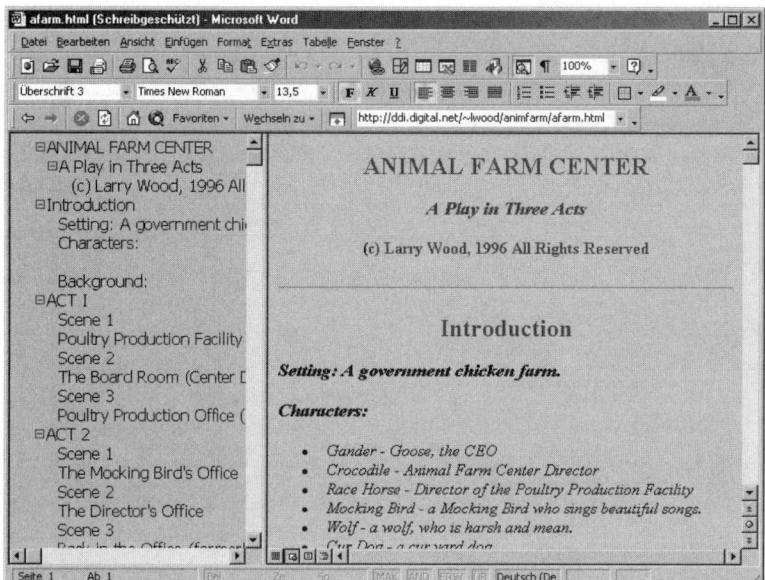

Abbildung 54.7:
Dokumentstruktur

Webseitenvorschau

Damit nicht genug der Ansichten: Die *Webseitenvorschau* startet Ihren bevorzugten Browser und stellt die Seite darin dar.

DATEI/WEBSEITEN-VORSCHAU

Bei Webseiten, die Sie vollständig in Word erstellt haben, ergibt sich kein Unterschied zum Weblayout. Allerdings, es gibt noch ein paar mehr Möglichkeiten für Webseiten, die in Word nicht zu verwirklichen sind (beispielsweise die Ausführung eingebetteter Skripte und Java-Applets).

Zur Kontrolle und gelegentlich auch, um solche Seiten überhaupt anschauen zu können, brauchen Sie die Webseitenvorschau.

Der Quellcode

Den Quellcode sichtbar machen und bearbeiten können Sie mit ANSICHT/ HTML-QUELLE (und müssen zuvor Ihr Dokument speichern). Angezeigt wird dabei nicht nur der reine Quelltext, sondern Sie haben eine ausgefeilte Entwicklungsumgebung vor sich. Als Web-Anfänger sollten Sie damit indes sehr, sehr vorsichtig umgehen. Man muß sich schon ziemlich eingehend mit der HTML-Struktur befaßt haben, um die Tags zu erkennen und, vor allem, richtig zu setzen. Und wenn Sie erst einmal im Quellcode nach einem Fehler suchen müssen, kann das sehr mühsam sein.

ANSICHT/ HTML-QUELLE

Mein Ratschlag: Lassen Sie besser die Finger davon und beschränken Sie sich auf die komfortable visuelle Gestaltung in Word (oder FrontPage).

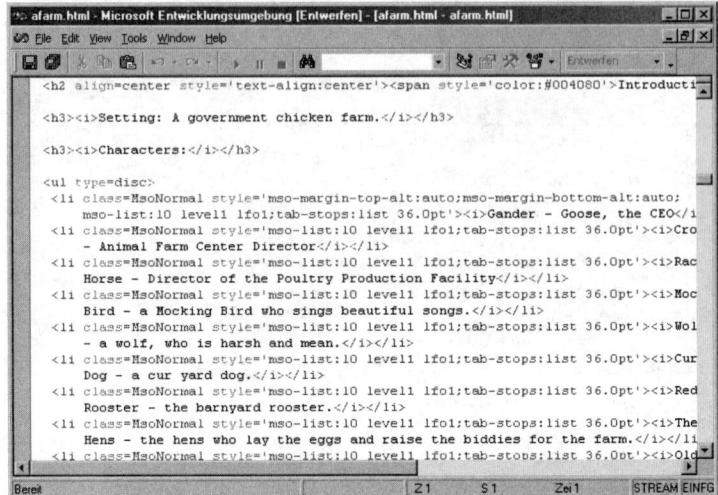

Web-Design

Kapitel 55

Reiner Text auf einer Webseite ist ja sowas von langweilig ... Das Web lebt von grafisch aufgemotzten Seiten – und die Telefongesellschaften leben auch davon, denn eine Grafik zu übertragen dauert nun mal länger als reiner Text. Das sollten Sie im Hinterkopf behalten, wenn Sie zum professionellen Web-Design schreiten.

Wodurch aber zeichnet sich professionelles Web-Design aus? Dadurch, daß man auf bestimmte, für Webseiten typische Gestaltungsmittel zurückgreift. Diese Gestaltungsmittel, soweit Sie uns von Word zur Verfügung gestellt werden, schauen wir uns in diesem Kapitel an.

55.1 Titel

Schon gemerkt? Im Browser wird nicht der Dateiname in der Titelleiste des Browsers angezeigt, sondern etwas anderes.

DATEI/
EIGENSCHAFTEN

Den Titel, den Sie gern angezeigt hätten, legen Sie mit DATEI/EIGENSCHAFTEN fest (Seite *Zusammenfassung*).

Webautoren, die hier die Optionen zu den webtypischen Seiteneinstellungen wie der HTML-Codierung vermissen, rufen bitte den Befehl EXTRAS/OPTIONEN auf und klicken auf der Seite Allgemein *auf den Schalter* WEBOPTIONEN.

:-)
TIP

55.2 Tabellen

Wie man Tabellen anlegt, formatiert und konfiguriert, das haben Sie bereits in Kapitel 15, »Tabellen«, S. 225, gesehen, und all das können Sie mit einer Tabelle auf einer Webseite auch machen. Daß wir uns hier noch einmal mit Tabellen befassen, liegt daran, daß in Webdokumenten Tabellen weit mehr zur Seitengestaltung genutzt werden als in Word-Dokumenten.

Daß Tabellen so häufig zur Gestaltung von Webseiten herangezogen werden, hat vor allem zwei Gründe:

- Früher waren Tabellen das einzig wirklich brauchbare Mittel, um Webseiten in Teilflächen aufteilen zu können. Wollte man Bilder gezielt an eine bestimmte Position im Fließtext setzen, griff man auf Tabellen zurück und plazierte Bild und Text in die Zellen der Tabelle. Wollte man zwei Aufzählungen nebeneinander statt untereinander plazieren, erzeugte man eine zweispaltige Tabelle. Wollte man einzelne Textpassagen unterschiedlich weit einrücken, erzeugte man eine mehrspaltige Tabelle und benutzte die äußeren, leer gelassenen Zellen zum Einrücken.

- In vielen Fällen ist der Seitenaufbau mit Tabellen immer noch am einfachsten zu realisieren. Heute hat man zwar auch die Möglichkeit, gemäß dem CSS 2.0-Standard Elemente frei auf einer Webseite zu positionieren, doch erstens setzt dies voraus, daß die Browser, in denen die Webseite angezeigt werden, ebenfalls CSS 2.0 unterstützen, und zweitens sind ausgefallene Seitenaufteilungen mit Tabellen meist wesentlich einfacher durch Tabellen zu erzeugen als durch explizite Koordinatenangaben, wie sie CSS 2.0 erfordert.

Wenn Sie Tabellen zur Seitenaufteilung einsetzen, sollten Sie darauf achten, daß die Tabelle ohne Rahmenelemente angezeigt wird.

Mehrspaltiges Layout mit Tabellen

In Abbildung 55.2 sehen Sie, wie man mit Hilfe einer Tabelle zu einem interessanten und attraktiven Seitenlayout kommt. Im Browser, in dem die Rahmenelemente der Tabelle nicht angezeigt werden, wirken diese Webseiten mit ihren scheinbar frei plazierten Elementen meist wesentlich reizvoller als vergleichbare Webseiten mit konservativem Seitenaufbau.

Abbildung 55.2:
Seitenlayout mit
Tabelle

Zentrieren mit Tabellen

Oftmals möchte man den Inhalt einer Webseite zentrieren. An für sich sollte dies kein Problem darstellen, doch der Webbrowser schlägt uns hier ein Schnippchen, da er Fließtext an die Breite des Browserfensters anpaßt. So kann ein wunderschön konzipierter Seitenaufbau buchstäblich in der Breite zerfließen, wenn der Leser sein Browserfenster von 600

Pixel Breite auf 800 Pixel aufzieht. Um solches zu verhindern, kann man ebenfalls auf Tabellen zurückgreifen.

Sie müssen lediglich die betreffenden Textpassagen, Bilder, etc. in eine Tabelle hüllen und dann den Befehl TABELLE/TABELLENEIGENSCHAFTEN aufrufen.

In dem Dialogfeld *Tabelleneigenschaften* auf der Seite *Tabelle* geben Sie eine *Bevorzugte Breite* in der Maßeinheit Zentimeter vor (nicht in Pixel!) und wählen Sie als Ausrichtung *Zentriert*.

Wenn Sie keine *Bevorzugte Breite* einstellen, wird die Tabelle immer so breit wie das Browser-Fenster. Auf die gleiche Weise können Sie auch die Breite einer einzelnen Spalte oder Zelle fixieren.

Abbildung 55.3:
Zentrieren mit
Tabellen

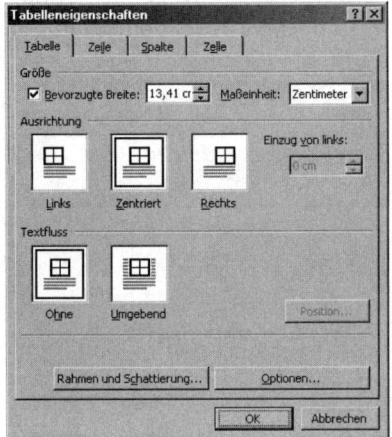

55.3 Grafiken

Das Internet kennt eigentlich nur zwei Grafikformate: GIF und JPEG. Andere sind zwar ebenfalls verbreitet oder im Kommen (z.B. PNG), aber diese beiden können von allen Browsern dargestellt werden und zeichnen sich zudem durch platzsparende Codierungen aus.

In eine mit Word erstellte Webseite können Sie jedoch prinzipiell jedes beliebige Grafikformat einfügen. Beim Speichern wandelt Word die Grafik so oder so in das GIF- oder JPEG-Format um. (Zu den Grafikformaten siehe Kapitel 48, »Grafiken«, S. 725.)

Bildbearbeitung

Theoretisch könnten Sie deshalb auch jedes beliebige Bild verwenden. Tante Emma auf dem Markusplatz in TrueColor und höchster Auflösung: das macht doch was her! Ihre Internet-Freunde werden es Ihnen danken. Kein Mensch wartet ab, bis die paar Megabyte geladen sind.

Ergo: Webbilder dürfen nur minimalste Dateigrößen haben – je kleiner, desto besser, weil schneller in der Übertragung. Auch TrueColor mit 16 Millionen Farben muß nicht sein. 256 Farben reichen in der Regel vollauf. Bei höherer Farbanzahl sehen Benutzer, die 256 Farben eingestellt haben, oft auch Fehlfarben

GIF und JPEG komprimieren die Bilder. GIF unterstützt dabei nur 256 Farben, JPEG hingegen TrueColor; entsprechend sind auch die Einsatzgebiete.

Beide können Bilder auch *interlaced* darstellen: sie bauen sich zunächst grob auf und verfeinern sich erst dann; der Benutzer kann so entscheiden, ob er warten will, bis alle Bilddaten geladen sind, oder ob ihm die Grobdarstellung genügt. (Bei JPEG heißt diese Möglichkeit *Progressive Encoding* und ist noch relativ neu, nicht alle Bildbearbeitungsprogramme können sie deshalb ausnutzen.)

Bilder, die Sie auf Webseiten verwenden wollen, müssen Sie also erst »herunterrechnen«. Microsofts PhotoEditor geht dafür zur Not auch; das beste, billigste Programm (Shareware) ist aber zweifelsohne Paintshop Pro.

ClipArts und Fotos (in annehmbarer Größe) finden Sie auf der Office-CD.   :-)
                                                                                   TIP

Um Ihnen mal zu zeigen, wie drastisch sich die Dateigröße durch verschiedene Maßnahmen reduzieren läßt (aber auch zuweilen die Qualität), finden Sie unter den Beispieldateien das gleiche Bild in unterschiedlichen Farbtiefen, Auflösungen und Formaten.

Eine Auflösung von 300 dpi ist für Webseiten unsinnig; das ist Druckauflösung. 72 dpi genügen.

Heruntergerechnet wurden die Bilder mit PaintShop Pro, weil hier bei GIF *interlaced*, bei JPEG *Progressive Encoding* angewiesen werden kann. Microsofts PhotoEditor bietet diese Möglichkeit nicht, dafür kann bei JPEG der Komprimierungsgrad eingestellt werden.

Deshalb wurde VEGAS1.TIF mit dem PhotoEditor nochmals heruntergerechnet zu:

➡ VEGAS1E.JPG (geringe Komprimierung) – 455 KB

➡ VEGAS1F.JPG (mittlere Komprimierung) – 63 KB

➡ VEGAS1G.JPG (hohe Komprimierung) – 11 KB

Tabelle 55.1:
Abhängigkeit von
Auflösung, Farb-
tiefe und Datei-
größe

Bild	Auflösung	Farbtiefe	Dateigröße
VEGAS1.TIF	300 dpi	16 Millionen	2.068 KB
VEGAS1A.GIF	300 dpi	256[*]	316 KB
VEGAS1B.GIF *(interlaced)*	300 dpi	256[*]	329 KB
VEGAS1C.JPG	300 dpi	16 Millionen	125 KB
VEGAS1D.JPG *(progressive)*	300 dpi	16 Millionen	118 KB
VEGAS2.TIF	300 dpi	256	1.036 KB
VEGAS2A.GIF	300 dpi	256	251 KB
VEGAS2B.GIF *(interlaced)*	300 dpi	256	264 KB
VEGAS2C.JPG	300 dpi	16 Millionen[**]	132 KB
VEGAS2D.JPG *(progressive)*	300 dpi	16 Millionen[**]	124 KB
VEGAS3.TIF	72 dpi	16 Millionen	120 KB
VEGAS3A.GIF	72 dpi	256[*]	23 KB
VEGAS3B.GIF *(interlaced)*	72 dpi	256[*]	25 KB
VEGAS3C.JPG	72 dpi	16 Millionen	10 KB
VEGAS3D.JPG *(progressive)*	72 dpi	16 Millionen	10 KB

[*] GIF reduziert automatisch auf 256 Farben

[**] JPEG erhöht auf 16 Millionen Farben ; deshalb empfiehlt sich, die Farbtiefe zuvor nicht zu reduzieren, um Qualitätsverluste zu verhindern

Grafik einfügen – verknüpft

Beim Einfügen eines Bildes ist es von einiger Wichtigkeit, ob Sie es verknüpft einfügen oder nicht.

Beim verknüpften Einfügen wird bekanntlich das Bild an seinem Speicherort gesucht. Wenn Sie es einfügen, ist der Speicherort Ihre Festplatte – zu der aber der Browser, wenn er das Bild anfordert, normalerweise keine Verbindung hat: Webseiten und ihre Elemente werden auf dem Webserver gespeichert, ob der nun in Ihrer Firma oder bei einem Internet-Provider steht.

Sie müssen also den Pfad entsprechend anpassen. Das ist nicht allzu schwierig. Denn eine verknüpft eingefügte Grafik ist auch in Web-Word eine Feldfunktion.

Bei einem Bild aus demselben Verzeichnis wie das HTML-Dokument wird zudem der Pfad nur relativ angegeben. (Zu absoluten und relativen Pfaden mehr auf S. 847–848.)

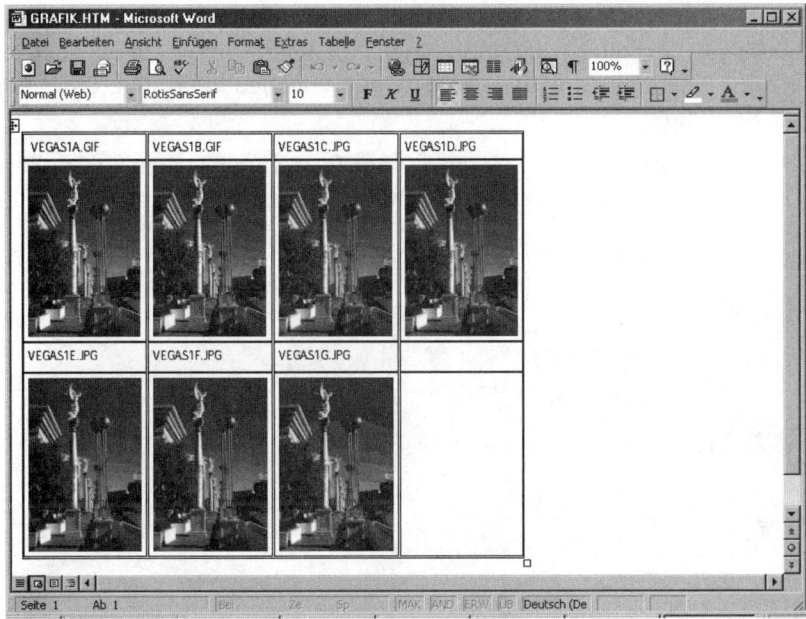

Abbildung 55.4:
Verschiedene
Grafikformate in
einer Webseite

Grafik einfügen – unverknüpft

Um den Schwierigkeiten mit richtigem Pfad und so aus dem Wege zu gehen, könnten Sie die Bilder auch unverknüpft einfügen, mithin im

Dokument speichern. Doch weit gefehlt! Was passiert, hängt von der Art des Speicherns ab:

➡️ Wird ein HTML-Dokument mit einer eingebetteten Grafik gespeichert, werden die Bilder kopiert, gleichzeitig aber umbenannt in *IMAGExxx* (*xxx* ist eine fortlaufende Zahl) – und plötzlich ist doch wieder eine Verknüpfung entstanden.

Grafik formatieren

FORMAT/GRAFIK   Wenn Sie eine Grafik markieren und den Befehl FORMAT/GRAFIK aufrufen oder die Grafik einfach doppelklicken, erscheint das Dialogfeld *Grafik formatieren*, das Sie bereits aus den vorangehenden Kapiteln zu den Grafiken kennen.

Wieder gilt, daß Sie die Grafik auf Ihrer Webseite in gleicher Weise bearbeiten können wie in einem Word-Dokument. Auf ein paar Punkte möchte ich Sie allerdings aufmerksam machen:

➡️ Einige der Optionen auf der Seite *Layout*, wie zum Beispiel die Umbrucharten *Hinter den Text* oder *Vor den Text*, mit denen man Grafik mit Text oder Text mit Grafiken überlagern kann, basieren auf CSS 2.0-Positionierung und werden nur von den neuesten Browsern unterstützt.

➡️ Etliche Optionen im Dialogfeld *Grafik formatieren* stehen für Grafiken in Webseiten überhaupt nicht zur Verfügung.

Abbildung 55.5:
Grafiken einrichten

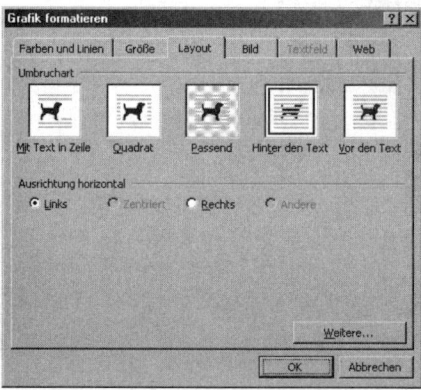

➡️ Auf der Seite *Web* können Sie einen alternativen Text angeben, der anstelle des Bildes auftaucht, wenn im Browser die Grafikanzeige deaktiviert ist (wird vielfach gemacht, um die Übertragungszeiten zu verkürzen) bzw. so lange, bis das Bild geladen ist.

Textfluß um Bilder

Im Register *Layout* können Sie zudem den Textfluß bestimmen: wie der Text um das Bild fließen soll. Neben der bereits angesprochenen absoluten Positionierung, die auch die Überlagerung mit Text zuläßt, sind hier vor allem drei Möglichkeiten interessant:

➡ Die Grafik soll allein in einer Zeile stehen. Wählen Sie auf der Seite *Layout* die Umbruchart *Mit Text in Zeile*.

➡ Die Grafik soll links stehen und der Text soll rechts um die Grafik fließen. Wählen Sie auf der Seite *Layout* die Umbruchart *Quadrat* und als horizontale Ausrichtung *Links*.

➡ Die Grafik soll links stehen und der Text soll rechts um die Grafik fließen. ählen Sie auf der Seite *Layout* die Umbruchart *Quadrat* und als horizontale Ausrichtung *Rechts*.

Abbildung 55.6:
Textfluß

Für ausgefallenere Positionierungen von Grafiken oder die Ausrichtung von Grafiken zum umgebenden Text eignen sich auch Tabellen sehr gut.

Transparenz

Oft geübte Praxis ist es, Bildbereiche als transparent zu kennzeichnen, damit dahinterliegende Elemente – zum Beispiel ein Hintergrund – durchscheint. Solche Effekte meistert sogar Microsofts Photo Editor.

Allerdings können Sie ein bereits eingefügtes Bild nicht mehr bearbeiten. Sie müssen das vorher tun oder aber das – erst noch zu bearbeitende – Bild als Objekt einfügen:

➠ Sie wählen EINFÜGEN/OBJEKT, Register *Neu erstellen*, und dann *Microsoft Photo Editor*.

➠ Der Photo Editor startet, und Sie öffnen Ihr Bild.

 Für die Transparenz ist ein Symbol zuständig, mit dem Sie auf den Farbbereich klicken, der transparent erscheinen soll. Details dazu in Kapitel 49, »Der Photo Editor«, S. 751.

Gespeichert werden kann ein solchermaßes transparent gemachtes Bild nur in den Formaten GIF und PGN; JPEG unterstützt das nicht.

 Für Autoformen, die Sie über den Befehl EINFÜGEN/GRAFIK/AUTOFORMEN *in Ihre Webseiten einbauen können, steht Ihnen auch die Option* Halbtransparent *auf der Seite* Farben und Linien *des Dialogfelds* GRAFIK FORMATIEREN *zur Verfügung. Sie brauchen nur die Farbe auszuwählen, die transparent erscheinen soll. Die Farbe wird allerdings nur halbtransparent und die Option hat keine Wirkung auf eingebettete Grafiken.*

Animierte Bilder

Der neueste Schrei im Web-Design sind animierte GIF-Bilder. Das sind eine Art Zeichentrickfilme, zu deren Erstellung es spezieller Programme bedarf.

Auf der Office-CD sind unter den ClipArts etliche solcher animierter Bilder enthalten, die Sie in Ihre Webseiten einbinden können. Für eine kleine Auswahl habe ich das in der Datei ANIM.HTM bereits getan.

Den Animationseffekt sehen Sie allerdings nur in der Webseitenvorschau – also in einem Browser.

55.4 Zeichnungsobjekte

Zeichnungsobjekte jedweder Art können Sie in Word-Web nicht direkt   <small>EINFÜGEN/OBJEKT</small>
zeichnen, sondern müssen sie als Objekt einfügen *(Microsoft Word-Gra-
fik)*. Beim Speichern werden sie in ein GIF-Bild umgewandelt. Ähnlich verhält es sich auch mit anderen Objekten wie Diagrammen beispielsweise.

55.5 Hyperlinks

Das Salz in der Suppe des Web sind die Hyperlinks: Verknüpfungen zu
anderen Webseiten. Hyperlinks erst machen den Reiz des Internet aus,
weil man damit wirklich weltweit surfen kann.

Auf dem richtigen Pfad

Jede Webseite verfügt über eine eindeutige Adresse, die URL *(Universal
Ressource Locator)*, vergleichbar dem Speicherort einer Datei.

Diese URL müssen Sie angeben, wenn Sie einen Hyperlink zu einer anderen Webseite aufbauen – sonst weiß der Browser ja nicht, wo er die
gewünschte Seite suchen soll.

Der absolute Pfad

Eine URL hat verschiedene Bestandteile – so ähnlich wie bei einem Dateinamen, zu dem notwendigerweise auch der Ordner gehört, in dem die
Datei abgelegt ist. Eine solche URL kann etwa so aussehen:

```
http://www.koval.de/muc/muc_inh.htm
```

■► `http://` beschreibt das Protokoll, die Darstellungsform der Daten, in
dem Fall für das WWW (es gibt auch noch andere Protokolle im Internet, etwa FTP). Beachten Sie den Doppelpunkt und den doppelten
Schrägstrich nach `http`!

■► `www.koval.de` ist der Domain-Name, hier für den Koval Verlag. Die
Endung de weist darauf hin, daß es sich um eine deutsche Internet-
Adresse handelt. Amerikanische Firmen haben beispielsweise die
Endung com, gov steht für eine Regierungsstelle, org für eine soziale
oder kulturell Organisation. Stellen Sie sich eine Domain als einen
Computer vor, auf dem die entsprechenden Daten gespeichert sind.

■► `/muc/muc_inh.htm` schließlich ist der Pfad zur gewünschten Datei –
`muc_inh.htm` ist der Name des Dokuments, das im Ordner muc
gespeichert ist.

In der obigen Form handelt es sich um einen absoluten Pfad, weil alles explizit angegeben ist: Domain, Pfad, Seite.

!!
STOP

Domain und Pfad werden durch den normalen Schrägstrich getrennt, nicht durch den umgekehrten wie bei üblichen Pfadangaben!

Abbildung 55.7:
Gut gestaltete Seite
mit lauter
Hyperlinks

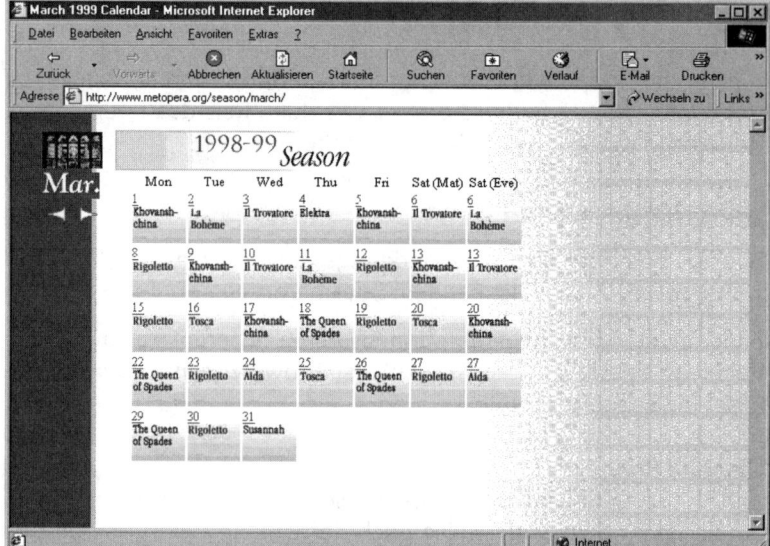

Der relative Pfad

Statt eines absoluten Pfades können Sie auch einen relativen Pfad angeben, sofern sich die Webseiten, auf die Sie verweisen, im selben Ordner oder in einem Unterordner befinden.

Auf eine Webseite im selben Ordner brauchen Sie nur mit deren Dateinamen hinzuweisen. Für eine Webseite in einem Unterordner wählen Sie diese Form:

```
../muc/muc_inh.htm
```

Die Großväter unter uns, die noch mit DOS und seinen kryptischen Befehlen großgeworden sind, können das auf Anhieb entschlüsseln. Mit den zwei Punkten .. geht man in der Ordnerhierarchie in die oberste Ebene und von dort aus in den Unterordner muc, wo das Dokument muc_inh.htm geholt wird.

Diese relativen Adressen sind sehr elegant. Beim Erstellen von Webseiten holen Sie sich ja die Elemente von der Festplatte, also wird deren Pfad eingetragen. Auf dem Webserver indes ist die Verzeichnisstruktur anders, ein absoluter Pfad verweist aber immer noch auf Ihre Festplatte.

Das ist besonders wichtig bei Bildern zum Beispiel, aber auch wenn Sie mit Hyperlinks auf andere eigene Webseiten verweisen.

Hyperlinks einfügen

Im Dialogfenster geben Sie die URL der Webseite an, zu der der Hyperlink führen soll oder wählen die Datei über eine der verschiedenen Optionen des Dialogfeldes aus.

EINFÜGEN/ HYPERLINK

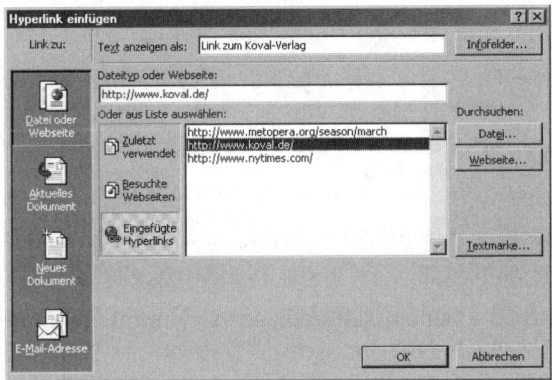

Abbildung 55.8:
Hyperlinks
einfügen

Bevor man jedoch das DIalogfeld aufruft, sollte man den Text, für den der Hyperlink eingerichtet werden soll, markieren – sonst kann der Leser Ihrer Webseite ja gar nicht erkennen, wo Hyperlinks zur Verfügung stehen. Gehen Sie also wie folgt vor:

- Sie markieren einen Text oder eine Grafik.

- Dann erstellen Sie den Hyperlink.

- Damit wird der markierte Text als Hyperlink hervorgehoben (einer Grafik ist nichts anzumerken).

Machen Sie Ihre Links aussagekräftig. Man soll dem Link sofort entnehmen können, wohin er führt.

:-)
TIP

Hyperlinks zu Webseiten oder lokalen Dateien

Nicht immer hat man die URL oder den Pfad der Webseite oder Datei, zu der man einen Hyperlink einrichten möchte, im Kopf parat. Für diese Fälle bietet das Dialogfeld *Hyperlink einfügen* einiges an Unterstützung.

Zuerst aber klicken Sie im Feld unter *Link zu* auf das Symbol *Datei oder Webseite*.

In der Mitte des Dialogfelds können Sie nun drei Listen mit Hyperlinks anzeigen lassen:

- ■➤ Eine Liste der *zuletzt verwendeten Hyperlinks*. Diese Liste ist meist sehr umfangreich und führt URLs und Pfade zu allen Dateien (auch Bilddateien) auf, die in letzter Zeit in Word bearbeitet wurden.

- ■➤ Eine Liste der zuletzt mit Ihrem Browser *besuchten Webseiten*.

- ■➤ Eine Liste der *eingefügten Hyperlinks*. Hier werden nur die Links aufgeführt, die Sie durch Eingabe der Adresse angesteuert haben (und nicht über weiterführende Hyperlinks).

Wenn Sie hier den gewünschten Link nicht finden können, klicken Sie auf

- ■➤ die Schaltfläche DATEI, um auf Ihrem lokalen Verzeichnis nach der Datei oder Webseite zu suchen, oder klicken Sie auf

- ■➤ die Schaltfläche WEBSEITE, um mit Hilfe Ihres Browsers im Internet nach der gewünschten Webseite zu fahnden.

Existiert die Seite noch gar nicht, weil Sie einen Hyperlink zu einer noch zu erstellenden Webseite einrichten wollen, klicken Sie links auf das Symbol Neues Dokument.

Interne Verweise

Statt zur ersten Zeile einer Seite zu springen, können Sie auch eine Textmarke oder Überschrift anspringen – gleichgültig, ob auf der aktuellen oder einer anderen Seite.

Nutzen Sie diese Möglichkeit für Verweise innerhalb einer Seite. In dem Fall geben Sie keine URL an, sondern nur die Textmarke oder die Überschrift, die Sie auswählen können, wenn Sie links im Dialogfeld auf das Symbol *Aktuelles Dokument* klicken.

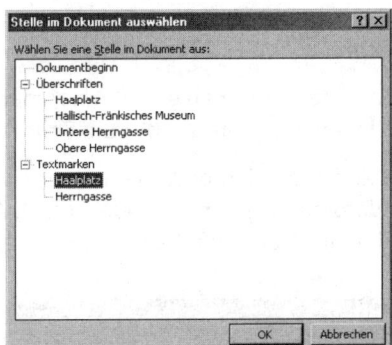

Abbildung 55.9:
Internen Verweis einrichten

Links für E-Mails

Wenn Sie Rückmeldungen von den Lesern Ihrer Webseiten erwarten oder den Lesern zumindest die Möglichkeit zur Kontaktaufnahme mit Ihnen einräumen wollen, sollten Sie auf jeden Fall Ihre E-Mail-Adresse auf der Webseite hinterlassen.

Üblicherweise richtet man dazu einen speziellen mailto-Link ein, der automatisch das E-Mail-Programm des Lesers aufruft und Ihre E-Mail-Adresse als Vorgabe anzeigt.

Wenn Sie Ihren Lesern diesen Service bieten wollen, klicken Sie auf das Symbol *E-Mail-Adresse* und geben Ihre E-Mail-Adresse und eventuell eine Vorgabe für den Betreff ein.

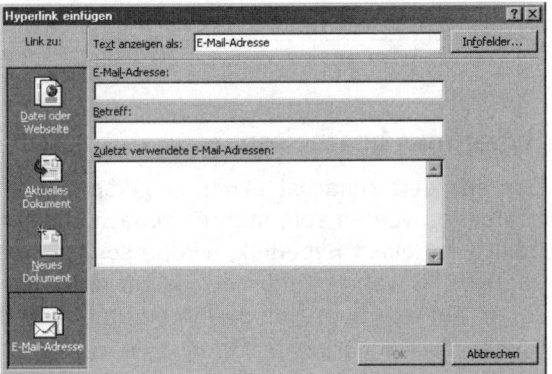

Abbildung 55.10:
E-Mail-Adresse hinterlassen

Hyperlink-Design

Es ist Usus, Hyperlinks in blauer Schrift und unterstrichen darzustellen – so weiß jeder, was es damit auf sich hat. Ein bereits angesprungener

Hyperlink errötet sozusagen: er wird violett – so wissen Sie, daß Sie dort schon waren.

Möchten Sie einen einzelnen Hyperlink andersfarbig anzeigen, markieren Sie ihn und weisen über die Schriftart eine andere Farbe zu.

Wenn Sie auf Ihrer Webseite den Cursor auf einen Hyperlink bringen, zeigt Word an, wohin der Verweis führt. Allerdings gibt das Info-Kästchen stets den absoluten Pfad an.

Abbildung 55.11:
Wohin führt der
Hyperlink? Wenn
Sie den Zeiger auf
den Link führen,
sehen Sie es

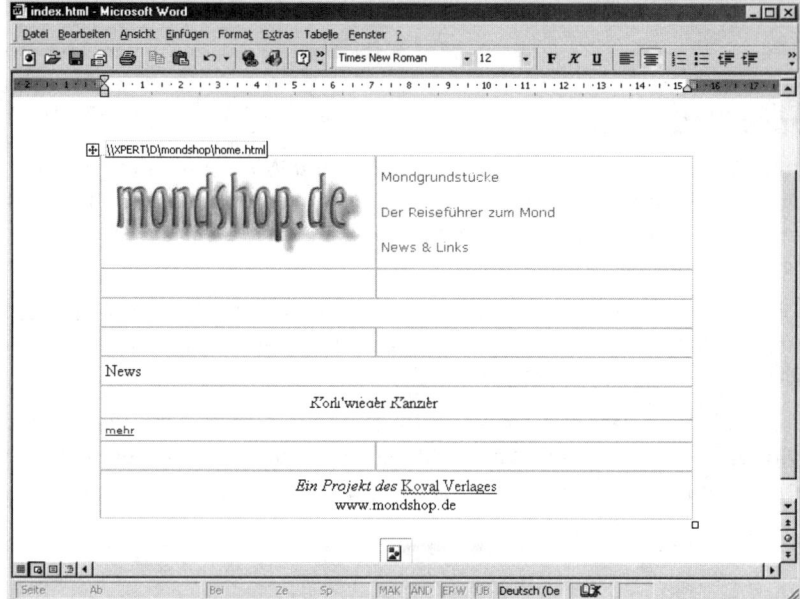

Hyperlinks bearbeiten

Das erfordert zunächst etwas Fingerspitzengefühl. Denn wenn etwas bearbeitet werden soll, muß es zunächst markiert werden. Klicken Sie freilich auf einen Hyperlink, wird ja sogleich die angegebene Webseite geöffnet. In Wahrheit müssen Sie gar nichts markieren. Es genügt, den Zeiger auf den Hyperlink zu führen und dann die rechte Maustaste zu drücken.

Wenn Sie's denn endlich geschafft haben, öffnen Sie mit der rechten Maustaste das Kontextmenü und haben unter HYPERLINK folgendes zur Auswahl:

➡ Sie können den HYPERLINK BEARBEITEN.

■► Sie können die Webseite, zu welcher der Hyperlink führt, ÖFFNEN oder IN NEUEM FENSTER ÖFFNEN – wenn's bei Ihnen funktioniert, ist's recht.

■► Sie können den HYPERLINK AUSWÄHLEN – für den Fall, daß Sie das nötige Fingerspitzengefühl vermissen lassen.

■► Sie können den HYPERLINK KOPIEREN und dann anderswo wieder einfügen.

■► Sie können den Hyperlink ZU FAVORITEN HINZUFÜGEN und auf diese Weise eine Web-Seite schnell öffnen, sei es im Internet oder lokal.

■► Sie können den HYPERLINK ENTFERNEN, wobei natürlich nur der Link, nicht aber der Text gelöscht wird.

Image Maps

Das ist etwas, das Word nicht erzeugen kann, was Sie aber immer häufiger auf Webseiten sehen. Eine Grafik wird dabei in Bereiche unterteilt, diese Bereiche werden mit einem Hyperlink unterlegt. Ist sehr praktisch und sehr beeindruckend, weil dem Designer alle grafischen Gestaltungsmöglichkeiten zur Verfügung stehen. (Mit FrontPage geht es, (siehe Kapitel 57, »Web-Design mit FrontPage«, S. 881.)

Bilder oder Image Maps als Hyperlinks sind zwar schön, aber oft merkt der Betrachter gar nicht, daß sich hinter einem Bild ein Hyperlink versteckt. Zumindest wichtige Hyperlinks sollten Sie zusätzlich auch in Textform einfügen oder deutlich kennzeichnen. Verlassen Sie sich nicht darauf, daß der Leser zufällig mit dem Mauszeiger über das Bild fährt und an dem veränderten Maussymbol erkennt, daß sich hier ein Hyperlink verbirgt.

:-)
TIP

Hyperlinks testen

Überprüfen Sie jeden Hyperlink – und zwar, wenn die Seite im Internet steht, nicht nur auf dem heimischen PC. Hyperlinks, die ins Leere gehen, sind ärgerlich.

Für Seiten mit zahlreichen Hyperlinks oder Webs mit vielen verzweigten Seiten und weiterführenden Seiten kann dies natürlich zu einer zeitraubenden Angelegenheit werden. Hier kann Ihnen FrontPage weiterhelfen (S. 897).

55.6 Hintergründe

Das Web ist ja längst zum Tummelplatz der Grafiker geworden. Mit Text allein gibt man sich nicht zufrieden, und mit einem normalweißen Hintergrund erst recht nicht.

FORMAT/
HINTERGRUND
Wenigstens Farbe muß sein – die leichteste aller Übungen: Sie wählen nur die Farbe aus.

Doch dies sieht ja auch etwas primitiv aus. So richtig selbstgestrickt, nicht wahr? Was machen die anderen so als Hintergrund? Irgendwelche schöne Strukturen.

Das sind schlichte Grafiken – mit FORMAT/HINTERGRUND, *Fülleffekte* holen Sie sich welche als Hintergrundbild und mit der Schaltfläche WEITERE STRUKTUREN auch andere.

Theoretisch könnten Sie auch hier jedes beliebige Bild nehmen (Register *Grafik*); das Ergebnis ist aber meistens fürchterlich.

Abbildung 55.12:
Hintergrund-
struktur auswählen

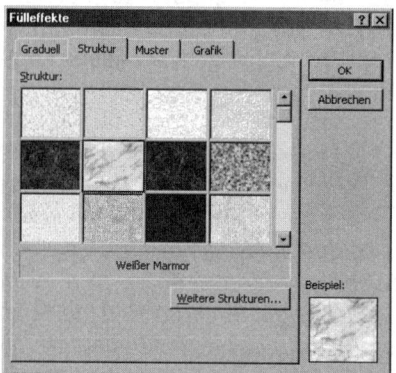

Denn ein Hintergrund wird vom Browser endlos wiederholt, horizontal und vertikal und angepaßt auf die Größe des Fensters. Deshalb reicht als Hintergrundbild ein kleines Quadrat – nur müssen auf allen Seiten die Anschlüsse stimmen, damit der Eindruck eines einzigen, durchgehenden Bildes entsteht. Das ist wie beim Fliesen eines Bads mit gemusterten Kacheln.

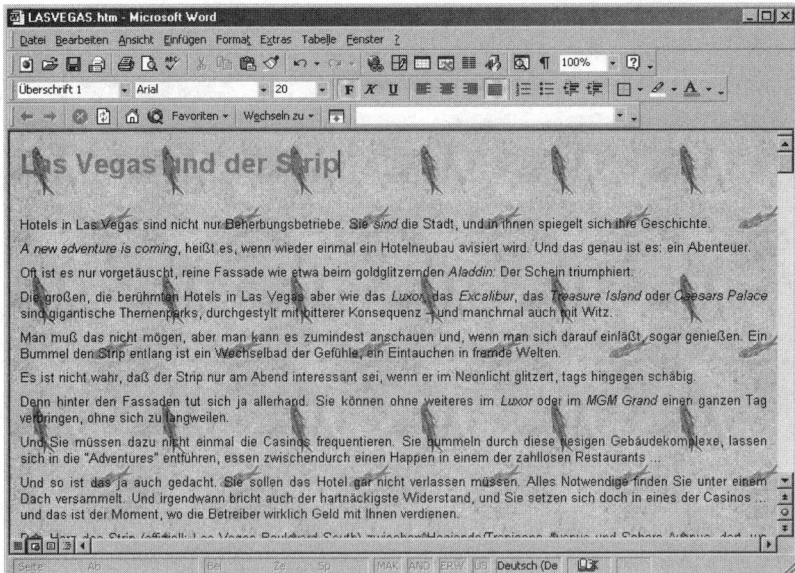

Abbildung 55.13:
Gleichmäßige
Struktur als
Hintergrund

Abbildung 55.14:
Ein normales Bild
als Hintergrund
erzeugt nicht den
gewünschten Effekt

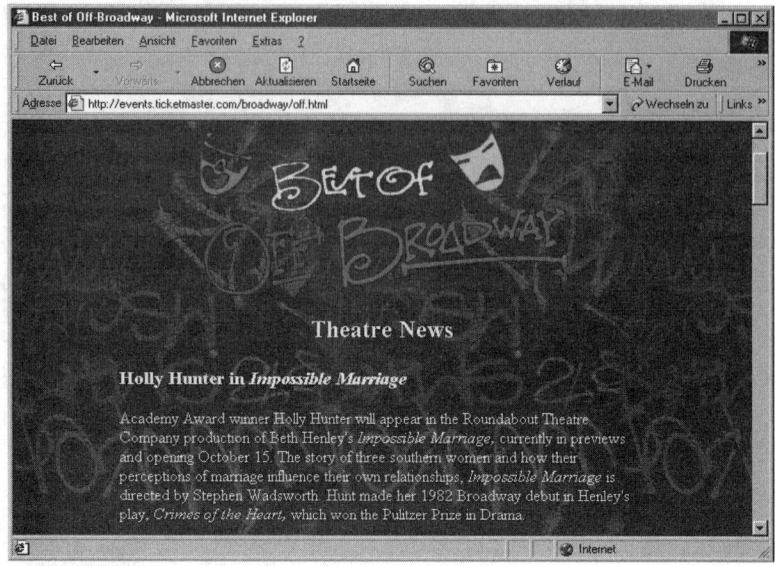

55.7 Designs

Neben dem Seitenhintergrund gibt es noch eine Reihe anderer Webseitenelemente, die das Erscheinungsbild einer Seite prägen:

➡ Welche Farben haben Hyperlinks?

➡ Wie sehen die Symbole von Aufzählungen aus?

➡ Wie sehen horizontale Linien aus?

➡ Wie sind Überschriften formatiert?

➡ Welches ist die Standardtextfarbe?

FORMAT/DESIGN Sie können alle diese Fragen mit einem Menübefehl beantworten, indem Sie Ihrer Webseite ein Design zuweisen.

In einem Design ist festgelegt, wie bestimmte Standardelemente von Webseiten zu formatieren sind. Word bietet Ihnen im Dialogfeld *Webdesigns* eine ganze Reihe von vordefinierten Designs zur Auswahl. Warum aber sollte man sich für ein Design entscheiden? Legt man sich damit als frei schöpfender Webdesigner nicht selbst Fesseln an? Ja und Nein:

➡ Die Verwendung eines Designs spart viel Formatierungsarbeit.

⏩ Legt man mehrere Webseiten an, für die man ein gemeinsames Design verwendet, trägt dies wesentlich zum einheitlichen Erscheinungsbild der Webseiten bei.

⏩ Die Formatierungen der Webelemente sind in den vordefinierten Designs wohl aufeinander abgestimmt.

⏩ Designs kann man auch anpassen oder nach eigenen Wünschen neu erstellen – allerdings nicht in Word, sondern nur in FrontPage (S. 856).

Und wenn Ihnen solche Designs den bekannten Dokumentvorlagen ähnlich scheinen, dann liegen Sie damit genau richtig.

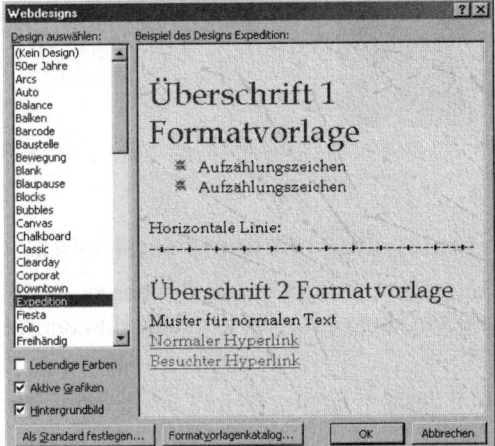

Abbildung 55.16:
Design auswählen

55.8 Frames

Frames sind separate Bereiche innerhalb eines Fensters, die individuell behandelt werden können: unterschiedliche Inhalte in den einzelnen Frames, in jedem Frame eigene Bildlaufleisten.

Frames als ein Mittel zur bloßen Seitenaufteilung anzusehen, wäre falsch – dafür sind Tabellen wesentlich besser geeignet. Frames sind dann interessant, wenn man das Browserfenster tatsächlich in unabhängige Anzeigebereiche teilen will. Beispielsweise ein Inhaltsverzeichnis als Führer durch die Website und einen Anzeigebereich, in dem die Seiten dargestellt werden, die über das Inhaltsverzeichnis ausgewählt werden.

Solche Frames können Sie nunmehr auch mit Word erstellen.

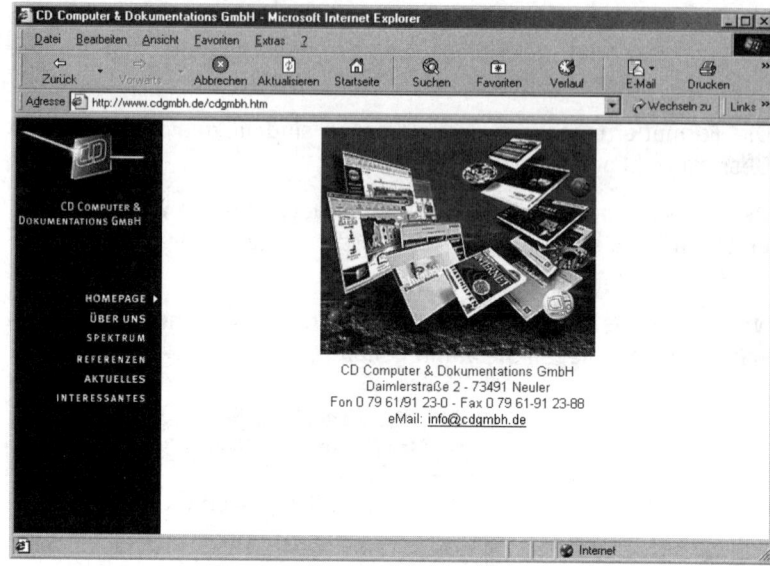

Frameseiten mit dem Assistenten

Einen guten Start verschafft Ihnen der Webseiten-Assistent, mit dem Sie z.B. ein kleines Web mit framegestütztem Inhaltsverzeichnis anlegen können.

Auf dessen zweiter Seite, *Navigation*, können Sie festlegen, daß Ihre Webseiten in zwei Frames aufgeteilt werden sollen, von denen ein Frame als Inhaltsverzeichnis fungieren soll.

Wenn Sie dann die weiteren Voreinstellungen beibehalten, vielleicht noch im letzten Schritt ein Design auswählen, erhalten Sie ein Web aus drei Seiten (siehe Abbildung 55.19).

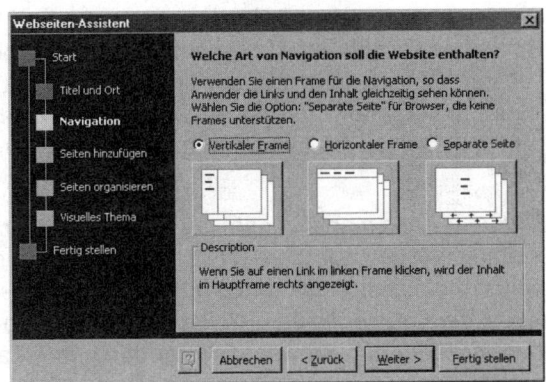

Abbildung 55.18:
Frames einrichten
lassen

Links sehen Sie das Inhaltsverzeichnis mit den Hyperlinks zu den drei Seiten des Web:

- Persönliche Webseite
- Leere Seite 1
- Leere Seite 2

Rechts sehen Sie den Inhalt der persönlichen Webseite.

Woran erkennt man nun, daß es sich hier tatsächlich um Frames, also Rahmenbereiche handelt? Vom Erscheinungsbild der Seite könnte es sich ebensogut um einen Seitenaufbau mit Unterstützung einer Tabelle handeln.

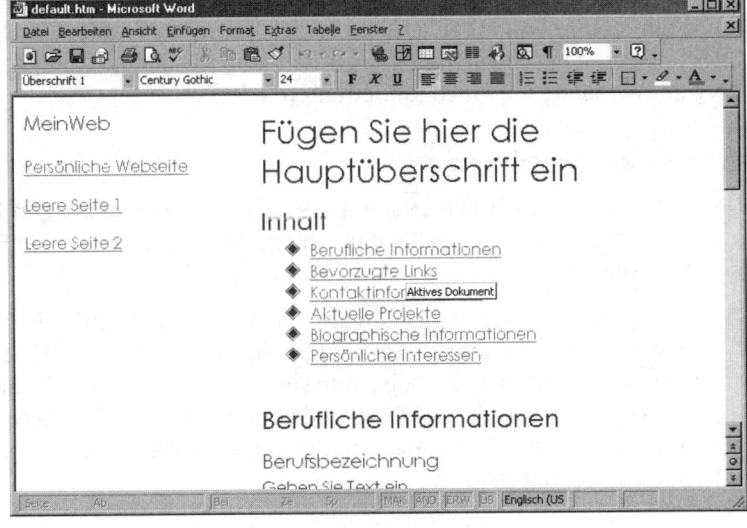

Abbildung 55.19:
Web mit Frames

Den ersten Hinweis erhält man, wenn man auf einen der Hyperlinks im Inhaltsverzeichnis klickt. Daraufhin wird die betreffende Seite in den rechten Bereich geladen, der linke Bereich mit dem Inhaltsverzeichnis bleibt unverändert. Das ist es, wozu man Frames einsetzt, und wie man eine solche Hyperlinkverarbeitung einrichtet, werde ich Ihnen noch zeigen.

Zweitens kann man im Kontextmenü eines der Frames den Befehl FRAME-EIGENSCHAFTEN aufrufen (das Vorhandensein des Befehls ist an sich selbst Indiz genug) und auf der Seite *Rahmen* des Dialogfelds die Option *Alle Framerahmenlinien anzeigen* aktivieren, woraufhin die Frames auch im Word- oder im Browser-Fenster durch ihre Rahmenelemente sichtbar gemacht werden.

Frameaufteilung anpassen

ANSICHT/SYMBOL-LEISTEN/FRAMES Um bestehende oder neu angelegte Webseiten nachträglich in Frames aufzuteilen oder um die Frameaufteilung anzupassen, müssen Sie die Symbolleiste *Frames* anzeigen lassen.

Abbildung 55.20:
Symbolleiste
Frames

In dieser Symbolleiste finden Sie alle Befehle, die Sie zum Einrichten eines weiteren Frames oder zum Löschen eines markierten Frames benötigen.

Zum Einsatz dieser Befehle gibt es nicht viel zu erklären, nur eines: Neu hinzukommende Frames teilen immer den aktuellen Frame. Die Reihenfolge, in der Sie Frames einrichten, spielt also für die endgültige Aufteilung der Webseite eine nicht unbedeutende Rolle.

Frames konfigurieren

 Über das Symbol FRAMEEIGENSCHAFTEN oder den gleichnamigen Befehl aus dem Kontextmenü rufen Sie das Dialogfeld zur Festlegung der Frameeigenschaften auf.

➡ Im Register *Frame* fällt das Eingabefeld *Anfangsseite* auf. Offenbar ist jedem Frame eine eigene Seite zugeteilt. Dem ist tatsächlich so. Um vollkommen korrekt zu sein, müssen wir zwischen der Frameseite unterscheiden, in deren HTML-Code die Aufteilung der Seite in die einzelnen Frames festgelegt ist, und den einzelnen Webseiten, die in den Frames angezeigt werden.

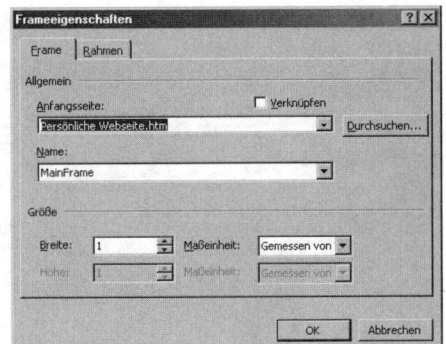

Abbildung 55.21:
Anfangsseite
festlegen

➡ Im Register *Frame* können auch die Breite und die Höhe des Frames festgelegt werden. Einfacher ist es jedoch meist, die Rahmenelemente der Frames anzeigen zu lassen und diese dann in Word mit der Maus zu verschieben.

➡ Ob die Rahmenelemente in Word beziehungsweise im Browser zu sehen sind und welche Stärke sie haben, legen Sie im Register *Rahmen* fest.

➡ Im Register *Rahmen* können Sie einzelne Frames auch mit Bildlaufleisten ausstatten (hier wäre die Option *bei Bedarf* sehr zu empfehlen) und den Frame an das Browserfenster anpassen lassen.

Frames und Hyperlinks

Bei Frames stellt sich immer die Frage: Was passiert, wenn der Besucher der Webseite einen Hyperlink in einem Frame anklickt? Wird die ganze Frameseite verschwinden und durch die neue Webseite ersetzt? Wird die neue Seite nur die Webseite in dem aktuellen Frame verdrängen? Kann ich die Webseiten, die sich hinter Hyperlinks im Frame A verbergen, im Frame B anzeigen lassen?

Alles geht – Sie müssen Ihre Hyperlinks nur richtig einrichten.

Abbildung 55.22:
Hyperlinks in
Frames einrichten

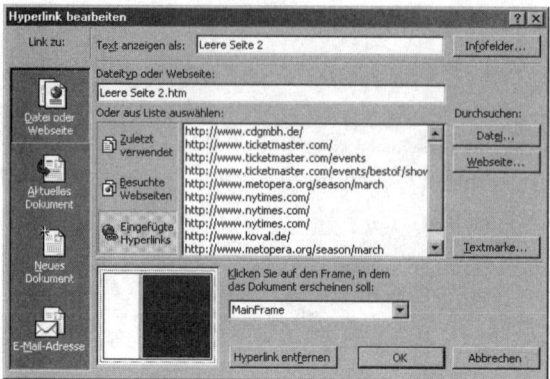

Wenn Sie einen Hyperlink aus einem Frame einrichten (Befehl EINFÜGEN/ HYPERLINK) oder bearbeiten (Befehl HYPERLINK BEARBEITEN in Kontextmenü), sehen Sie im unteren Bereich des Dialogfelds eine grafische Darstellung der Aufteilung der Frameseite.

Per Klick können Sie in diesem Feld auswählen, in welchem Frame die Webseite, die mit dem Hyperlink verbunden ist, angezeigt werden soll.

Gleichem Zweck dient das nebenliegende Listenfeld, in dem Sie auch Optionen zum Ersetzen der ganzen Frameseite oder zum Öffnen eines neuen Browser-Fensters finden.

55.9 Weiterführende Techniken

Words Möglichkeiten zur Erstellung von Webseiten sind damit bei weitem noch nicht am Ende.

Da wäre zum Beispiel noch die Symbolleiste WEBTOOLS, in der finden Sie Symbole zum Einrichten von

➡ Skripts

➡ skriptgestützten Steuerelementen

➡ Formularen

➡ Videos

➡ Hintergrundklängen oder

➡ Laufschriften

Videos, Sounds, Laufschriften – das dürfte Ihnen keinerlei Probleme bereiten. Ansonsten aber wird's recht kompliziert und sprengt den Rahmen eines Word-Kompendiums. Und wenn Sie bereits so weit in Ihren Benühungen fortgeschritten sind, stellt sich die Frage, ob es sich nicht lohnt, gleich zu einem Profitool zur Erstellung und Wartung von Webs und Webseiten zu wechseln – beispielsweise zu FrontPage, das im Premium-Office-Paket mit enthalten ist und dem ich mich in den beiden abschließenden Kapiteln zum Web-Publishing widmen werde.

55.10 Noch ein paar Tips

Zum Abschluß möchte ich Ihnen noch ein paar allgemeine Tips zum Webdesign mit auf den Weg geben.

- Ein einfaches, übersichtliches Design ist immer noch am wirkungsvollsten. Überfrachten Sie Ihre Seiten nicht mit allem, was theoretisch machbar ist.

- Seien Sie vorsichtig mit der Auswahl Ihrer Seitenhintergründe. Diese sollten dezent sein und die Lesbarkeit der Seite nicht beeinträchtigen.

- Überfordern Sie Ihre Web-Leser nicht mit zu vielen, zu großen Bildern. Lange Ladezeiten sind ätzend und schrecken ab.

- Vernachlässigen Sie bei Ihren Bemühungen um ein ansprechendes, attraktives Design nicht die inhaltliche Aussage Ihrer Webseiten.

Dokumente umwandeln

Kapitel 56

Word kann viel, kann aber einem »professionellen« Web-Editor wie etwa FrontPage (sicherlich der beste derzeit und auch aus dem Hause Microsoft) nicht das Wasser reichen. Word ist jedoch hervorragend geeignet, wenn bestehende, bereits formatierte Dokumente in Webseiten umgewandelt werden sollen.

56.1 Word-Dokument konvertieren

Zunächst öffnen Sie Ihr Word-Dokument wie gewohnt. Dann wählen Sie DATEI/ALS WEBSEITE SPEICHERN, geben einen Dateinamen an – und das war's auch.

DATEI/ALS WSEITE SPEICHERN

Zum Üben verwenden Sie bitte die Datei HTML.DOC. Sie können daraus an einigen Beispielen ersehen, was Word in das HTML-Format konvertiert und was nicht.

56.2 Wie wird konvertiert?

Was nicht konvertiert wird, sehen Sie auf Anhieb. Schriftanimation zum Beispiel nicht, ebensowenig der Textfluß um das Bild. Word listet bei der Konvertierung im Detail auf, welche Formatierungen verloren gehen werden.

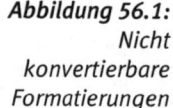

Abbildung 56.1:
Nicht
konvertierbare
Formatierungen

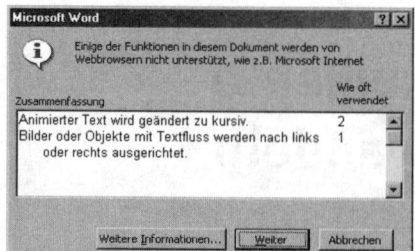

:-)
TIP

Wenn Sie auf der Registerseite Allgemein *der Weboptionen (Aufruf über* EXTRAS/OPTIONEN, *Schalter* WEBOPTIONEN *im Register* Allgemein*) die Option* Nicht unterstützte Funktionen deaktivieren *selbst deaktiviert haben, wird das Dialogfenster aus Abbildung 56.1 nicht angezeigt. Word wird dann auch im HTML-Format sämtliche Formatierungen erhalten. Wenn Sie die Webseite allerdings in einen Webbrowser laden, können die betreffenden Formatierungen nicht umgesetzt werden. Wenn Sie planen, ein HTML-Dokument irgendwann wieder in das DOC-Format zurückzuverwandeln, sollten Sie diesen Weg gehen.*

Und wie kommen, werden Sie sich fragen, all diese wunderschön gestalteten Webseiten zustande? Nun, dies liegt daran, daß Webautoren statt zu Textformatierungen wesentlich häufiger auf Grafiken und auf Tabellen zur Seitenaufteilung zurückgreifen – das haben Sie ja bereits gesehen.

Auch stehen den Webautoren besondere Hilfsmittel zur Verfügung, die nur bei Betrachtung der Webseiten in einem Browser zur Geltung kommen:

➥ Skripte für dynamische Inhalte

➥ Java-Programme für Animationen und anderes.

STOP

Word gibt seinen Webseiten automatisch die Endung HTM. Sollte Ihr Webserver aus irgendwelchen Gründen diese Endung nicht akzeptieren, speichern Sie einfach mit der Extension HTML.

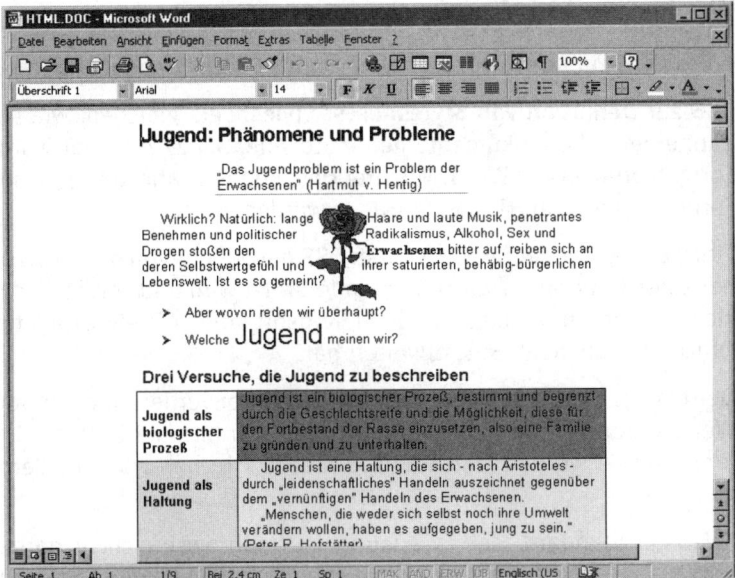

Abbildung 56.2:
Das originale Word-Dokument

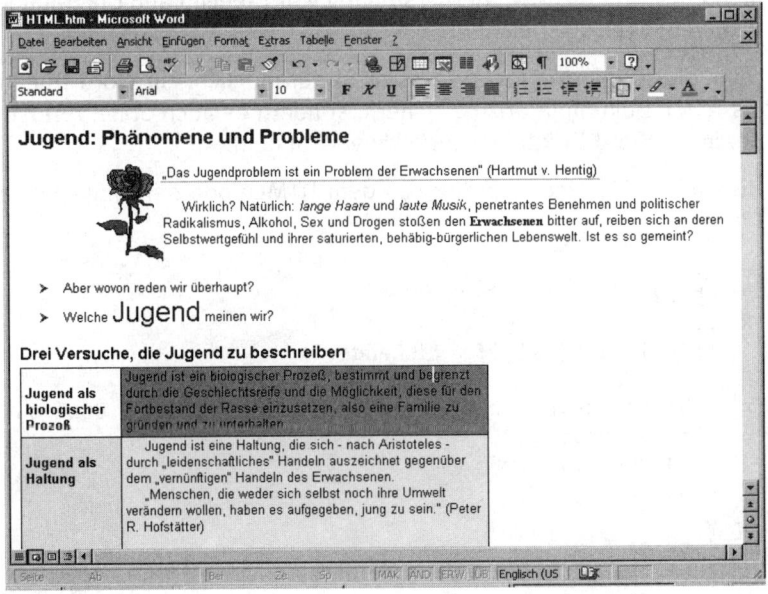

Abbildung 56.3:
Das IE 5.0-kompatible HTML-Dokument

Wie konvertiert Word?

Word zieht zur Konvertierung zwei wichtige Web-Standards heran:

CSS zur Definition von Stylesheets. Stylesheets gleichen, wie schon in Kapitel 54, »Webdokumente neu erstellen«, S. 827 erwähnt wurde, den Formatvorlagen von Word. Mit ihrer Hilfe können nahezu sämtliche Word-Formatierungen in HTML übertragen werden.

Einziges Haar in der Suppe ist, daß CSS derzeit nur von den Browsern der neuesten Generation vollständig unterstützt wird und selbst dies nur mit kleinen Einschränkungen, da Microsoft die CSS-Spezifikation für Office2000 um neue Stile erweitert hat.

Der einzige Browser, der derzeit die Word-Konvertierungen in optimaler Weise unterstützt, ist – wen wundert es – der Internet Explorer 5.0. Weitere Browser werden folgen und zu Kreuze kriechen oder aus dem Markt gedrängt.

XML. Ein Standard, der es erlaubt, in Webbrowsern nicht darstellbare Informationen in Webseiten zu speichern. Word nutzt diese Spezifikation, um Dateieigenschaften, Office-Objekte sowie Informationen zum Dokumentaufbau und zur Wiederherstellung von Tabellen und Diagrammen in den Webseiten zu speichern.

Dank dieser Informationen ist es nicht nur möglich, ein Word-Dokument als HTML-Dokument abzuspeichern, sondern es auch ohne Verlust wieder in ein Word-Dokument zurückzuverwandeln.

Hier sehen Sie einen Auszug aus dem HTML-Code der umgewandelten Datei:

```
...
<head>
...
<!--[if VML]><![if !VMLRender]>

<object id=VMLRender classid="CLSID:10072CEC-8CC1-11D1-
986E-00A0C955B42E"
 width=0 height=0>
</object>

<style>
v\:* {behavior:url(#VMLRender);}
o\:* {behavior:url(#VMLRender);}
w\:* {behavior:url(#VMLRender);}
.shape {behavior:url(#VMLRender);}

</style>
<![endif]><![endif]-->
```

```
<title>Jugend: Phänomene und Probleme</title>
<!--[if gte mso 9]><xml>
 <o:DocumentProperties>
  <o:Author>Rudi Kost</o:Author>
  <o:Revision>2</o:Revision>
  <o:TotalTime>0</o:TotalTime>
  <o:LastPrinted>1601-01-01T00:00:00Z</o:LastPrinted>
  <o:Created>1999-02-15T08:26:00Z</o:Created>
  <o:LastSaved>1999-02-15T08:26:00Z</o:LastSaved>
  <o:Pages>1</o:Pages>
  <o:Words>4011</o:Words>
  <o:Characters>22866</o:Characters>
  <o:Company> </o:Company>
  <o:Bytes>44544</o:Bytes>
  <o:Lines>190</o:Lines>
  <o:Paragraphs>45</o:Paragraphs>
  <o:CharactersWithSpaces>28081</o:CharactersWithSpaces>
  <o:Version>9.2216</o:Version>
 </o:DocumentProperties>
</xml><![endif]--><!--[if gte mso 9]><xml>
```

Grafiken und Zeichnungsobjekte

Sie werden, wie Sie gesehen haben, übernommen – allerdings nicht immer mit dem gewünschten Textfluß. Weitere Besonderheiten:

➡ Beim ersten Speichern werden TIF- oder andere Bilder in das GIF- oder JPEG-Format umgewandelt.

Die Konsequenz daraus: Sie können diese Grafiken und Bilder nicht mehr bearbeiten, auch nicht mehr aktualisieren, wenn es sich um verknüpfte Objekte handelte.

56.3 HTML-Dokument konvertieren

Auch der umgekehrte Weg ist gangbar: Sie wollen ein HTML-Dokument in ein Word-Dokument verwandeln. Dazu wählen Sie DATEI/SPEICHERN UNTER und wählen alsDateityp das DOC-Format.

DATEI/SPEICHERN UNTER

Wenn das HTML-Dokument in einem anderen Office-Programm als Word erstellt worden ist (z.B. mit FrontPage), müssen Sie beim Öffnen nur darauf achten, daß Sie mit der Schaltfläche ÖFFNEN den Punkt *In Microsoft Word öffnen* wählen.

Web-Design mit
FrontPage

Kapitel 57

ie erweiterten HTML-Fähigkeiten von Word, das neben seinem DOC-Format nun auch HTML als ureigenes, »natives« Format unterstützt, zielen vor allem auf die Klientel in den kleineren und größeren Firmen ab.

Da diese immer mehr auf Intranets und die Möglichkeiten des elektronischen Informationsaustausches über Webseiten, sprich HTML-Dokumente, setzen, war es für Microsoft vordringlich, für eine verlustlose Konvertierung von DOC in HTML zu sorgen, bevor sich diese Klientel überlegt, ganz auf HTML umzusteigen. Was den großen Firmen recht ist, soll dem kleinen Anwender billig sein – einfacher als mit Word können Sie kaum noch zu Ihrer privaten Homepage kommen.

Wer jedoch ernsthafter an der Erstellung von Webseiten interessiert ist, wer alle Möglichkeiten der aktuellen Webstandards ausprobieren und ausloten will oder wer größere Webs zu verwalten hat, der wird nach einem professionelleren Tool suchen – und findet dies in FrontPage, einem weiteren Produkt der Office-Familie. Die folgende Einführung macht Sie nur summarisch mit den vielfältigen Möglichkeiten von FrontPage bekannt. Wer mehr wissen will, sollte zum FrontPage-Kompendium aus dem Markt&Technik Verlag greifen.

57.1 Ein neuer Editor

Word-Anwender, die FrontPage das erste Mal aufrufen, werden mit Erleichterung feststellen, daß vieles im Aufbau des Menüsystems und der Symbolleisten wohl vertraut ist und sich gleichzeitig über den eher an die Sammelmappe oder Outlook erinnernden Fensteraufbau wundern.

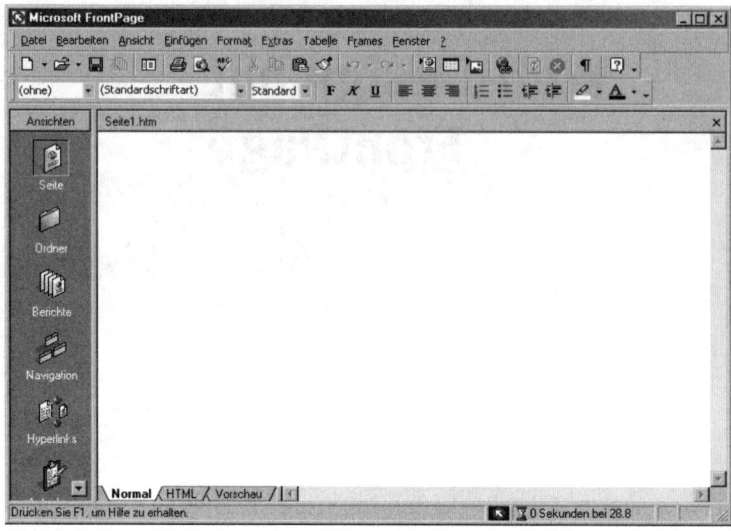

Die Web-Ansichten

FrontPage ist nicht nur ein leistungsfähiger HTML-Editor, mit dem man effizient Webseiten erstellen und editieren kann. Seine ganze Stärke entfaltet FrontPage erst in der Verwaltung ganzer Webs, also Websites aus zusammengehörenden Webseiten. Selbst private Homepages sind heute nur noch selten alleinstehende Webseiten, die bestenfalls Links auf die Webseiten anderer enthalten. Meist ist die Homepage der Eintrittspunkt in das eigene persönliche Web mit Hyperlinks zu weiteren Webseiten, auf denen über Hobbys, Privates (inklusive einer kleinen Bildergalerie) oder ähnliches berichtet wird.

Abbildung 57.2:
Struktur eines
persönlichen Webs

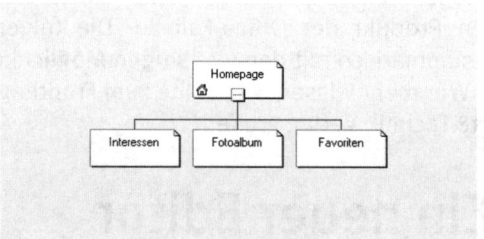

Ein solches Web kann eine praktisch unbegrenzte Komplexität erreichen (man surfe nur einmal durch die Webs größerer Firmen, beispielsweise `www.microsoft.com`). Dabei wird es mit zunehmender Komplexität immer schwieriger die Übersicht, über die zu dem Web gehörenden Webseiten und Bilddateien, die Hyperlink-Verbindungen zwischen den Seiten und die noch zu erledigenden Aufgaben zu behalten. Für all diese Aspekte bietet Ihnen FrontPage eine eigene Ansicht, die man über die Symbole in der Ansichtsleiste oder die entsprechenden Befehle im Menü ANSICHT auswählen kann.

Die Bedeutung der einzelnen Ansichten werde ich Ihnen in Kapitel 58, »Webverwaltung mit FrontPage«, S. 893 vorstellen.

Die Webseiten-Ansichten

Zur Bearbeitung einzelner Webseiten bedient man sich der Ansicht *Seite*. Wenn Sie in der *Formatierung*-Symbolleiste auf das Symbol *Neue Seite* klicken, legt FrontPage eine neue Webseite an und wechselt automatisch in die Ansicht *Seite*.

Neben der Ansicht-Leiste wird die leere Seite im Editorfenster angezeigt. Das Editorfenster ist selbst wieder in drei Ansichten aufgeteilt, die über die Register am unteren Rand des Fensters ausgewählt werden.

Tabelle 57.1:
Übersicht über die
Webseiten-
Ansichten

Ansicht	Beschreibung
Normal	In dieser Ansicht bearbeiten Sie Ihre Webdokumente wie gewöhnliche Textdokumente.

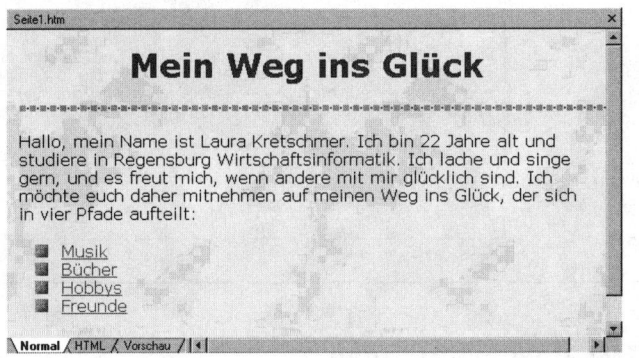

Ansicht	Beschreibung
HTML	Diese Ansicht zeigt den HTML-Code, den der Editor für Ihr Webdokument erzeugt hat. Sie können diese Ansicht nutzen, um den HTML-Code direkt zu bearbeiten.

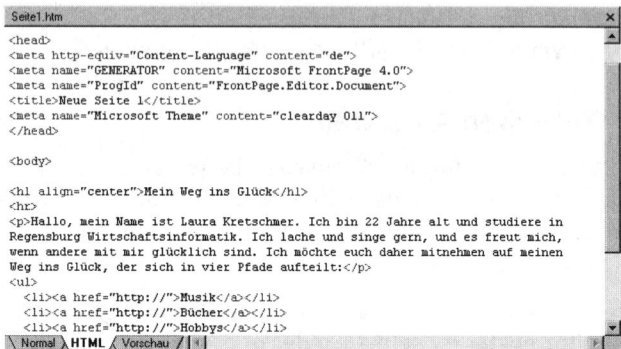

Vorschau	In der Vorschau können Sie prüfen, wie Ihr Webdokument im Internet Explorer (bzw. dem von Ihnen installierten Browser) dargestellt wird.

HTML-Dokumente laden

DATEI/ÖFFNEN   Bestehende Webseiten öffnen Sie ganz wie in Word durch Aufruf des Befehls DATEI/ÖFFNEN.

Doch Achtung! Eine in Word erstellte Webseite wird automatisch auch in Word geöffnet! Wenn Sie sie in FrontPage weiterbearbeiten wollen, müssen Sie im Popup-Menü ÖFFNEN den Eintrag *In FrontPage Explorer öffnen* wählen. (Und umgekehrt geht es genauso.)

DATEI/NEU/SEITE   Neue Seiten legen Sie – wiederum ganz wie in Word – über den Befehl DATEI/NEU an, nur daß Sie danach die Wahl haben, ob Sie eine einzelne

Seite oder ein ganzes Web neu anlegen möchten. Wenn Sie sich für eine einzelne Seite entschieden haben, springt ein Dialogfeld auf, in dem Sie aus einer Reihe von Vorlagen, für einfache Webseiten wie für Frameseiten (Sie erinnern sich: Kapitel 55, »Web-Design«, S. 837), wählen können.

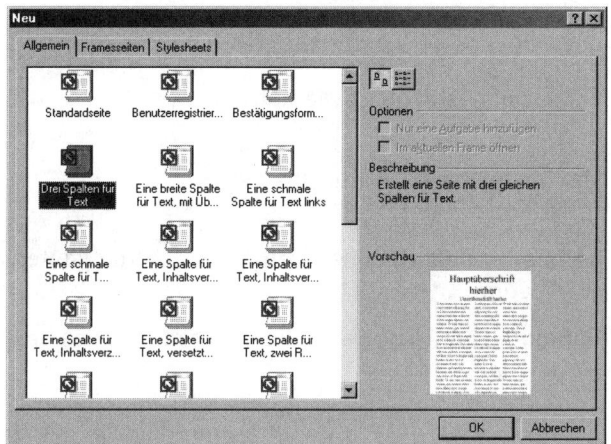

Abbildung 57.3:
Neue Seite anlegen

Wenn Sie Webseiten eines Webs bearbeiten wollen, laden Sie üblicherweise das ganze Web (Befehl DATEI/WEB ÖFFNEN). FrontPage öffnet daraufhin eine zusätzliche Ordnerliste, in der die Unterverzeichnisse und Dateien des Webs angezeigt werden. Per Doppelklick können Sie dann die zu bearbeitende Webseite in den Editor laden.

Formatvorlagen

Die traditionellen Formatierungsmöglichkeiten von HTML sind, wie schon erwähnt, nicht allzu üppig. Die wichtigsten stellt Ihnen FrontPage über das Listenfeld *Formatvorlage* und das Dialogfeld *Zeichen* zur Verfügung.

Im Listenfeld *Formatvorlage* finden Sie vorwiegend Absatzformate für Überschriften und Listen :

Normal: Normaler Text
HTML-Code: <p>

Formatiert: Courier-Schrift, erlaubt als einzige Formatvorlage die Arbeit mit Tabulatoren – der Text wird im Browser genauso dargestellt wie im HTML-Dokument
HTML-Code: <pre>

Adresse: kursiv, ohne Einzug – für die Adresse des Webautors
HTML-Code: <address>

Überschrift: Formate für die verschiedenen Überschriftsebenen
HTML-Code: `<H1>` bis `<H6>`

Numerierung: mit Einzug und automatischer Numerierung
HTML-Code: `<ol>`

Aufzählung: mit Einzug und Aufzählungssymbol
HTML-Code: `<ul>`

Verzeichnisliste: meist wie Aufzählung
HTML-Code: `<dir>`

Menüliste: meist wie Aufzählung
HTML-Code: `<menu>`

Definierter Begriff: ohne Einzug – für den zu erläuternden Begriff
HTML-Code: `<dt>`

Definition: mit Einzug – für die Erläuterung eines Begriffs
HTML-Code: `<dd>`

Vergessen Sie nicht, daß die Darstellung dieser Absatz- und Zeichenformate formate nicht festgeschrieben ist, sondern letztlich im Ermessen des Browsers liegt. Die obigen Beschreibungen geben also nur das typische Erscheinungsbild an.

Abbildung 57.4:
HTML-
Formatvorlagen

Die verschiedene Zeichenformate werden über das Dialogfeld *Zeichen* FORMAT/ZEICHEN zugewiesen:

Fett
HTML-Code: `<b>`

Kursiv
HTML-Code: `<i>`

Unterstrichen
HTML-Code: `<strike>`

Blinkend
HTML-Code: `<blink>`

Hochgestellt
HTML-Code: `<sup>`

Tiefgestellt
HTML-Code: `<sub>`

Betont
HTML-Code: `<strong>`

Hervorgehoben
HTML-Code: `<em>`

Beispiel
HTML-Code: `<samp>`

Definition
HTML-Code: `<dfn>`

Zitat
HTML-Code: `<cite>`

Variable
HTML-Code: `<var>`

Tastatur
HTML-Code: `<kbd>`

Code
HTML-Code: `<code>`

Vermutlich ist Ihnen nicht entgangen, daß es im Dialogfeld *Zeichen* Effekte gibt, die oben nicht aufgeführt sind. Dies liegt daran, daß es zu diesen Effekten keine zugehörigen HTML-Tags gibt. FrontPage erzeugt diese Effekte durch Stylesheets.

Eigene Formatvorlagen mit Stylesheets

Stylesheets sind in HTML das Pendant zu den Formatvorlagen von Word. Mit ihrer Hilfe kann man:

- bestimmte Elemente von Webseiten (Listen, Tabellen, Bilder, Hyperlinks) direkt und bis ins kleinste Detail formatieren. Sie brauchen nur das betreffende Element auf der Webseite zu markieren und im Kontextmenü des Elements den zugehörigen Eigenschaften-Befehl aufzurufen. In dem Dialogfeld finden Sie dann einen Schalter FORMAT-VORLAGE. Über diesen Schalter gelangen Sie schließlich in die Dialogfelder zur Formatierung des Elements.

- die Formatierung der HTML-Tags verändern. Wenn Sie den Befehl FORMAT/FORMATVORLAGE aufrufen, gelangen Sie in ein Dialogfeld, in dem Sie sich eine Liste sämtlicher HTML-Tags anzeigen lassen können. Indem Sie eines der Tags auswählen und dann den Schalter ÄNDERN drücken, gelangen Sie zu Dialogfeldern in denen Sie festlegen können, welche Formatierung mit dem HTML-Tag verknüpft werden soll. Diese Formatierung wird später auf alle Elemente der Webseite angewendet, die von dem HTML-Tag eingeschlossen sind.

- eigene Absatzformatvorlagen definieren. Hierzu rufen Sie ebenfalls den Befehl FORMAT/FORMATVORLAGE auf, drücken aber den Schalter NEU, um eine neue Formatvorlage zu definieren und mit einem Namen zu verbinden. Danach kann die Formatvorlage über das Listenfeld *Formatvorlage* beliebigen Absätzen zugewiesen werden.

Abbildung 57.5:
Eigene
Formatvorlage
definieren

57.2 Textgestaltung in FrontPage

Was die allgemeine Textformatierung und Seitengestaltung angeht, so funktioniert vieles in FrontPage ähnlich wie in Word. Kein Wunder, schließlich kommen beide Produkte aus einer Software-Schmiede und gehören beide zum Office-Paket.

Ich werde es daher Ihnen überlassen, sich in die Arbeit mit verschiedenen Schriftarten, Numerierungen und Aufzählungen, Tabellen und Grafiken einzuarbeiten. Mit den Erfahrungen, die Sie in Word gesammelt haben, dürften Sie damit kaum größere Schwierigkeiten haben. Lediglich zwei Themen werde ich, quasi stellvertretend für alle anderen, herausgreifen, um Sie darauf aufmerksam zu machen, daß es bei allen Gemeinsamkeiten auch Unterschiede gibt.

Aufzählungen

Um eine Aufzählung anzulegen, tippen Sie wie gewohnt die Elemente der Aufzählung ein, markieren diese und klicken in der *Formatierung*-Symbolleiste auf das Symbol für die Aufzählung.

Sie können auch hierarchische Aufzählungen anlegen. Markieren Sie einfach die Elemente, die Sie einer tieferen Ebene zuordnen wollen, und drükken Sie zweimal das Symbol zum Einrücken. FrontPage wird den Elementen der zweiten Ebene automatisch ein anderes Aufzählungszeichen zuweisen.

Sie können ebenso wie in Word auch eigene grafische Symbole für Ihre Aufzählungen auswählen, oder Sie weisen der Webseite ein Design zu und erfreuen sich an den Aufzählungszeichen, die im Design vorgegeben sind.

Dies ist aber noch nicht alles, was sich mit Aufzählungen machen läßt. Neuere Browser, die dynamisches HTML unterstützen, erlauben die Anzeige dynamischer Listen, bei denen die untergeordneten Ebenen durch Klick auf die übergeordneten Listenelemente auf- und wieder zugeklappt werden können.

Um eine Aufzählung als dynamische Aufzählung zu formatieren, weisen Sie Ihr über das Dialogfeld *Listeneigenschaften* (Befehl NUMERIERUNG UND AUFZÄHLUNGEN) die Eigenschaft *Ausblendbare Gliederung aktivieren* zu.

Abbildung 57.6:
Dynamische Liste
einrichten

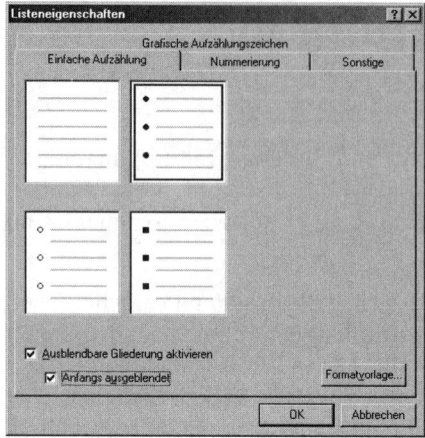

Abbildung 57.7:
Dynamische Liste

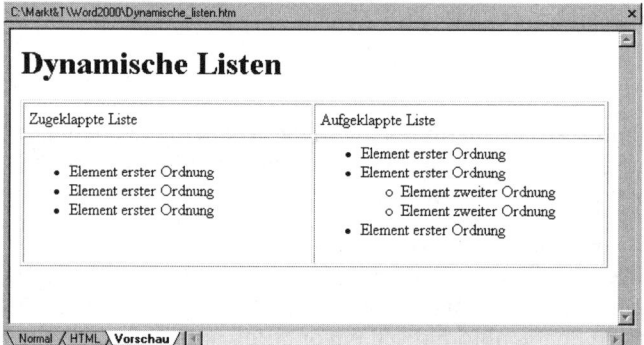

Hintergrundsound

In Word können Sie Ihre Webseiten auf dem Weg über die Symbolleiste *Webtools* mit einem Hintergrundklang versehen. In FrontPage rufen Sie dazu den Befehl DATEI/EIGENSCHAFTEN auf. Im Register *Allgemein* können Sie im Feld *Adresse* eine Klangdatei angeben oder über den Schalter DURCHSUCHEN eine Klangdatei auswählen. Zudem können Sie festlegen, wie oft die Klangdatei hintereinander abgespielt werden soll (Feld *Durchläufe*) oder ob sie gar *kontinuierlich* während der Anzeige der Seite im Hintergrund erklingen soll.

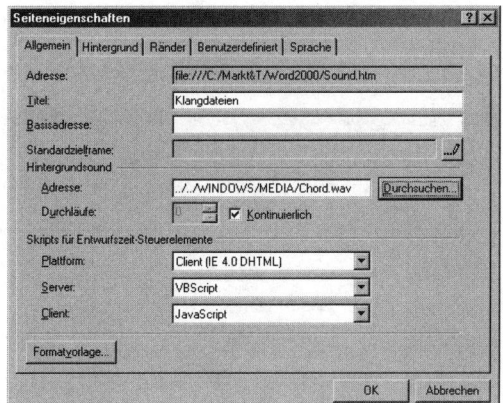

57.3 Image Maps

Ich habe Sie bereits in Kapitel 55, »Web-Design«, S. 837 auf die Möglichkeiten der Image Maps hingewiesen, der Einrichtung von Hyperlinks für Teilflächen von Grafiken. Word erlaubte uns leider nicht, selbst solche Image Maps zu definieren, in FrontPage ist dies kein Problem.

Die Einrichtung einer Image Map unterscheidet sich dabei kaum von der Einrichtung einer einfachen anklickbaren Grafik. Sie beginnt mit dem Einfügen der Grafik in die Webseite.

■► Fügen Sie die Grafik mit dem Befehl EINFÜGEN/BILD/AUS DATEI (oder EINFÜGEN/BILD/CLIPART) in Ihre Webseite ein und markieren Sie die Grafik.

■► Achten Sie auf den unteren Rahmen von FrontPage. Hier wird standardmäßig beim Markieren einer Grafik in der Normal-Ansicht die Symbolleiste *Grafik* eingeblendet. In dieser Symbolleiste finden Sie nicht nur verschiedene Optionen zur Bearbeitung des Bildes (Zuschneiden, Originalzustand, Drehen, Kontrast, etc.), sondern auch die Möglichkeit zur Definition von Hotspots – »heißer«, sprich sensitiver Bereiche, die auf Mausklick reagieren, sprich mit Hyperlinks verbunden werden können.

■► Wählen Sie beispielsweise das Symbol *Rechteckiger Hotspot* aus und ziehen Sie dann mit dem Bleistiftsymbol ein Rechteck um den sensitiven Bereich der Grafik. Wenn Sie die Maustaste loslassen, erscheint das Dialogfeld *Hyperlink erstellen*.

■► Geben Sie im Feld *URL* die Zieladresse des Hyperlinks ein.

➡ Richten Sie auf gleiche Weise mehrere, nicht überlappende Hotspots ein.

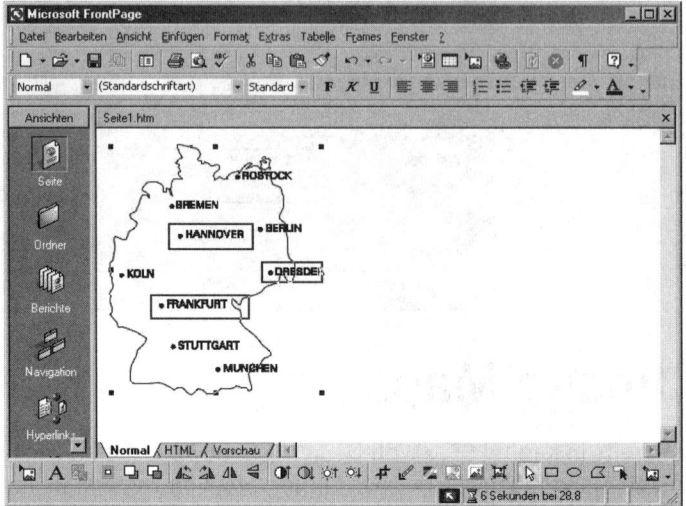

Um einen Hotspot zu verändern oder zu löschen, müssen Sie zuerst die Grafik und dann den Hotspot markieren.

:-)
TIP

Wenn Sie Schwierigkeiten haben, die Hotspot-Bereiche vor dem Hintergrund der Grafik zu erkennen, klicken Sie in der Grafik-Symbolleiste auf das Symbol Hotspots markieren, *und die Grafik wird ausgeblendet.*

57.4 Eigene Designs

Die Webseitengestaltung mit Designs habe ich bereits in Kapitel 55, »Web-Design«, S. 837 angesprochen. Designs sind eine große Hilfe, wenn man mit wenig Aufwand grafisch ansprechende Webseiten erstellen möchte. Zudem kann man durch ein webglobales Design allen Seiten des Webs ein einheitliches Erscheinungsbild verleihen.

Wie Sie wissen, können Sie die von Microsoft vordefinierten Designs auch in Word verwenden. Was Sie in Word aber nicht können, ist eigene Designs zu erstellen. Dies geht nur mit FrontPage.

Zuerst legen Sie sich ein neues Design als Kopie eines bestehenden Designs an.

➡ Rufen Sie den Befehl FORMAT/DESIGN auf.

➡ Wählen Sie im Dialogfeld *Designs* das Design aus, das Ihren Vorstellungen bereits am weitesten entgegenkommt und das Sie als Vorlage verwenden wollen.

➡ Klicken Sie auf den Schalter ÄNDERN und dann auf den Schalter SPEICHERN UNTER, um eine Kopie des ausgewählten Designs anzulegen.

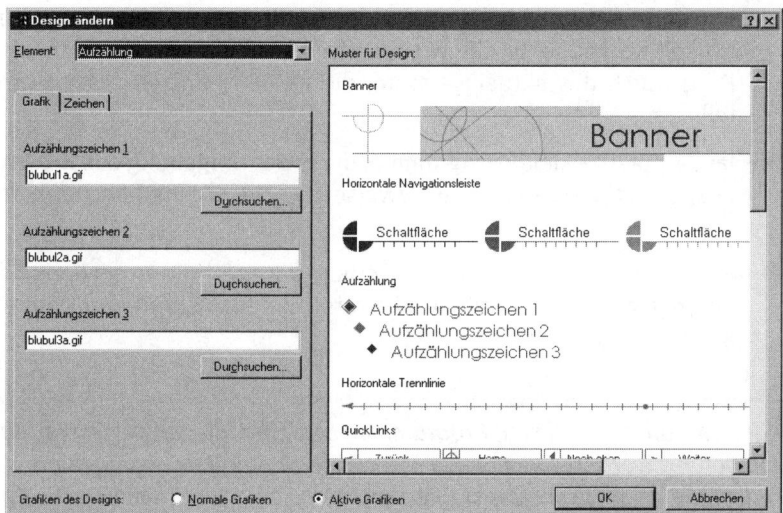

Abbildung 57.10:
Eigenes Design
(Kopie von
Blaupause)
bearbeiten

Diese Kopie können Sie nun anpassen.

➡ Wählen Sie Ihr neues Design in der Liste des Dialogfelds *Designs* aus und klicken auf den Schalter ÄNDERN.

➡ Über die Schalter FARBEN, GRAFIKEN und TEXT gelangen Sie zu Dialogseiten, auf denen Sie alle Eigenschaften des Designs bearbeiten und verändern können.

➡ Wenn Sie mit der Bearbeitung fertig sind, speichern Sie Ihre Änderungen

Sie können die neu angelegten Designs auch in Word verwenden.

:-)
TIP

57.5 Komponenten

Microsoft nannte seine Webkomponenten früher WebBots — als Abkürzung für Webroboter. Der Name war nicht schlecht gewählt, denn hinter den Komponenten verbergen sich tatsächlich kleine dienstbare Geister. Teils handelt es sich bei diesen Robotern um

- FrontPage-Funktionen, die ausgeführt werden, wenn die Webseite mit der Komponente gespeichert wird (beispielsweise die Datum/Uhrzeit-Komponente, die wie eine Feldfunktion wirkt und von FrontPage durch das aktuelle Datum, die aktuelle Uhrzeit ersetzt wird), teils um

- Java-Applets – kleine Programme, die in der Umgebung des Browsers ausgeführt werden (beispielsweise die Hover-Schaltflächen), teils um

- Programme, die auf seiten des Servers ausgeführt werden (beispielsweise der Zugriffszähler oder die verschiedenen Skripte zur Unterstützung von Formularen).

Für Komponenten, die auf Programmen basieren, die auf der Server-Seite ausgeführt werden, müssen die FrontPage-Servererweiterungen auf dem betreffenden Webserver installiert werden, sonst funktionieren die Komponenten nicht. Erkundigen Sie sich diesbezüglich bei Ihrem Serveradministrator respektive Internet Provider.

Tabelle 57.2:
Webkomponenten

Komponente	Verwendungszweck
Datum und Uhrzeit	Zur Anzeige der letzten Überarbeitung einer Seite
Kommentar	Zum Einfügen von Kommentaren in Webseiten
Navigationsleiste	Zur Einrichtung einheitlich gestalteter Hyperlinks
Seitenbanner	Titelleiste
Office-Komponenten	Office-Tabellen und -Diagramme, die als ActiveX-Komponenten eingebunden werden.
Anzeigenwechsler	Blendet nacheinander verschiedene Bilder ein.
Zugriffszähler	Zur Anzeige der bis dato erfolgten Zugriffe auf eine Seite
Hover-Schaltfläche	Animierte Schaltfläche
Laufschrift	Schriftzug, der über den Bildschirm läuft

Komponente	Verwendungszweck
Bestätigungsfeld	Zur Erstellung von Bestätigungsfelder für Formulare
Seite einschließen	Zum Einfügen von HTML-Dateien in Webseiten
Bild nach Zeitplan einschließen	Zur Einblendung eines besonderen Bildes innerhalb eines festgelegten Zeitraums
Seite nach Zeitplan einschließen	Zur Einblendung eines besonderen Textes innerhalb eines festgelegten Zeitraums
Ersetzung	Platzhalter, der später durch seitenspezifische Werte ersetzt wird
Kategorie	Erleichtert die Integration von Office-Dokumenten in Webs
Suchformular	Ermöglicht es dem Leser, die Seiten eines Webs nach beliebigen Stichwörtern zu durchsuchen
Inhaltsverzeichnis	Automatisch erstelltes und aktualisiertes Inhaltsverzeichnis

Laufschrift

Laufschriften sind eine nette, aber zuweilen nervige Spielerei. Und: Sie sind offiziell gar nicht vorgesehen, sondern eine ureigene Erweiterung von Microsofts Internet Explorer, mithin in anderen Browsern (z.B. Netscape)nicht zu sehen. (Beispieldatei: LAUF.HTM)

EINFÜGEN/ KOMPONENTE/ LAUFSCHRIFT

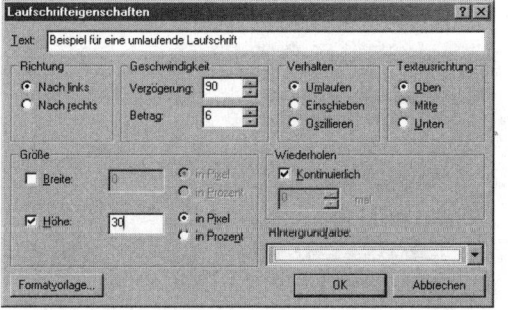

Abbildung 57.11: Laufschrift einrichten

Im Dialogfeld geben Sie Ihren Text ein, bestimmen Hintergrundfarbe, Richtung, Geschwindigkeit usw. und schließlich das *Verhalten*:

▸ *Umlaufen:* Die Schrift rollt von der einen Seite herein und auf der anderen wieder hinaus.

▸ *Einschieben:* Die Schrift rollt von der einen Seite herein, bleibt aber auf der anderen am Rand stehen.

➥ *Oszillieren:* Die Schrift läuft wie ein Ping-Pong-Ball immer vom einen Rand zum andern.

Abbildung 57.12:
Laufschriften in der
Vorschau

Zugriffszähler

EINFÜGEN/
KOMPONENTE/
ZUGRIFFSZÄHLER

Zugriffszähler findet man üblicherweise auf Webseiten, die sich mit der Anzahl ihrer Besucher brüsten wollen. Ihre Aussagekraft ist freilich fraglich, da der Webautor selbst einstellen kann, ab welcher Zahl der Zählern zu zählen beginnen soll.

Abbildung 57.13:
Zugriffszähler
einrichten

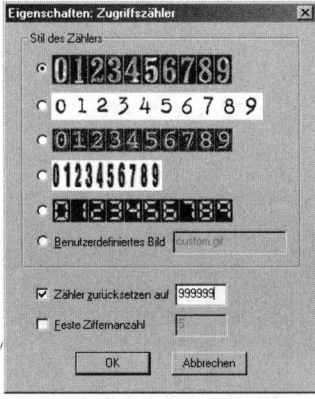

Im Dialogfeld wählen Sie ein Erscheinungsbild für Ihren Zähler aus, wobei Individualisten auch eigene Bilddateien mit Darstellungen für die Ziffern von 0 bis 9 vorgeben können. Auf Wunsch können Sie noch festlegen, ab welcher Zahl der Zähler zu zählen beginnen soll und wieviel Ziffern angezeigt werden sollen.

Der Zugriffszähler funktioniert nur dann, wenn die Seite von einem Webserver, der die FrontPage-Servererweiterungen installiert hat, heruntergeladen wird. Man muß die Webseite dazu nicht unbedingt publizieren; wenn man einen lokalen Webserver installiert hat, kann man die Webseite auch auf dem lokalen System austesten (siehe Kapitel 58, »Webverwaltung mit FrontPage«, S. 893).

57.6 Formulare

Während das Web normalerweise eine Einbahnstraße ist – Sie schauen sich schöne Seiten an –, wird es mit Formularen interaktiv: Sie können etwas übermitteln.

FrontPage hilft Ihnen bei der Erstellung von Formularen. Das ist aber nur der halbe Weg nach Rom. Wenn Sie auf Ihrer persönlichen Homepage ein solches Formular präsentieren und der Leser füllt es aus und schickt es ab, landen die Daten im Nirgendwo.

Der Webserver nämlich nimmt die Daten nicht automatisch in Empfang, sondern nur, wenn auf ihm entsprechende Programme zur Verarbeitung der Formulare bereitstehen. Das ist nicht automatisch der Fall – fragen Sie bei Ihrem Internet-Provider nach. Hat dieser auf seinem Webserver die FrontPage-Servererweiterungen installiert, ist alles bestens und Sie haben die optimale Unterstützung für die in FrontPage erstellten Formulare. Verweigert Ihr Provider aus Sicherheitsaspekten die Installation der FrontPage-Servererweiterungen, müssen Sie nachfragen, welche Möglichkeiten Ihnen zur Verarbeitung der Formulardaten bleiben.

Formular-Design

Um eigene Formulare von Grund auf aufzubauen, können Sie die für Formulare typischen Steuerelemente (Textfeld, Optionsfeld, Dropdown-Liste) über die Befehle im Untermenü EINFÜGEN/FORMULAR in Ihre Webseite aufnehmen. Mit dem ersten Steuerelement wird automatisch das Formular angelegt.

In Word finden Sie die Steuerelemente in der Symbolleiste Webtools.

Abbildung 57.14:
Aus
Steuerelementen
aufgebautes
Formular

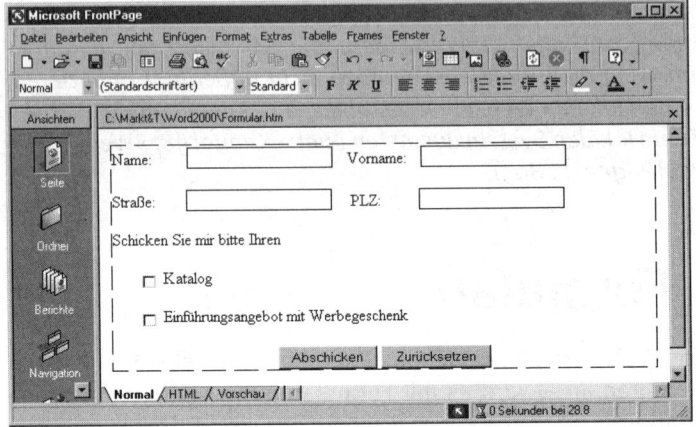

DATEI/SEITE/NEU   Einfacher geht es in vielen Fällen, indem Sie eine der Formular-Vorlagen oder den Formular-Assistenten verwenden.

Abbildung 57.15:
Der Formular-
Assistent

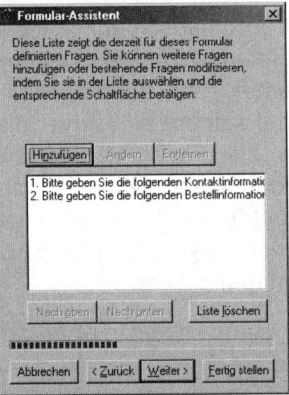

Der Formular-Assistent baut Ihre Formulare aus definierten Gruppen von Steuerelementen auf. Jede Gruppe enthält Steuerelemente zu einem bestimmten Thema, der Assistent selbst spricht hier von Fragen. Über den Schalter HINZUFÜGEN gelangen Sie in ein Dialogfeld, in dem Sie eine Gruppe auswählen können – etwa eine Gruppe von Steuerelementen zur Abfrage der Adresse oder eine Gruppe zum Abfragen von Bestellinformationen. Nachdem Sie die gewünschten Gruppen ausgewählt und konfiguriert haben, können Sie noch festlegen, wie das Formular formatiert und wie die Eingaben aus dem Formular verarbeitet werden sollen.

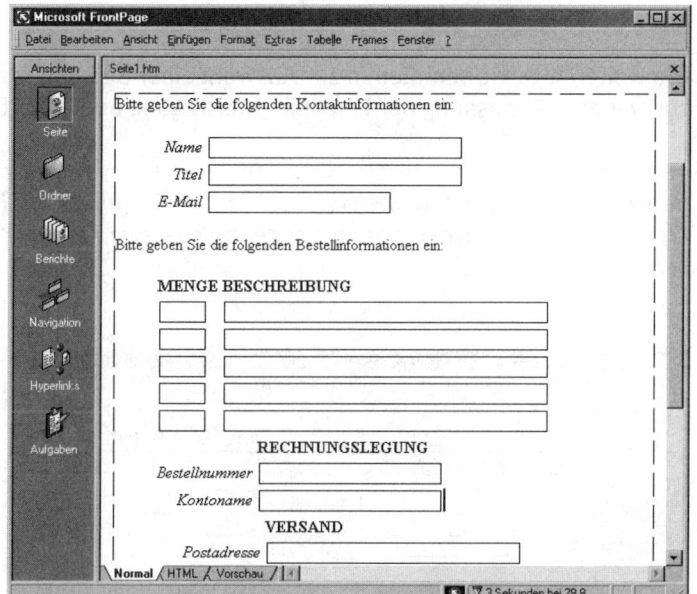

Abbildung 57.16:
Mit dem
Assistenten
erstelltes Formular

Zugang zu den Daten

Nachdem das Formular aufgebaut wurde. müssen wir uns noch darum kümmern, wie die Formulareingaben zu verarbeiten sind. Rufen Sie dazu das Kontextmenü zu dem Formular auf und wählen Sie den Befehl FORMULAREIGENSCHAFTEN aus.

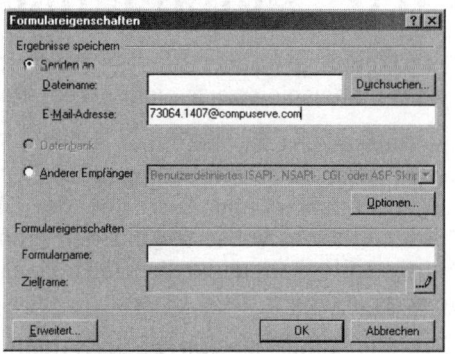

Abbildung 57.17:
Formulareingaben
verarbeiten

Im Dialogfeld können Sie entscheiden, ob die Formulareingaben

➥ in einer Datei auf dem Server gespeichert werden sollen,

➥ an eine E-Mail-Adresse gesendet werden sollen,

➥ von speziellen Skripten zu verarbeiten sind.

Die weiteren OPTIONEN dienen zur Auswahl einer Bestätigungsseite und zur weiteren Anpassung der Eingabenübertragung und -verarbeitung.

Beachten Sie, daß für die meisten Formen der Eingabenverarbeitung die FrontPage-Servererweiterungen auf dem Webserver installiert sein müssen.

Abbildung 57.18: Formulare werden zum Beispiel bei Online- Bestellungen eingesetzt

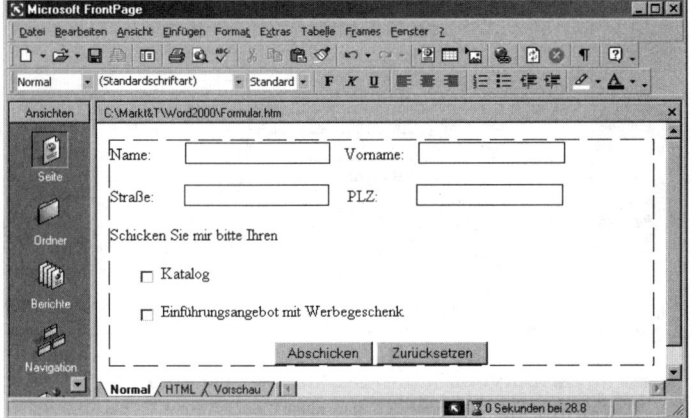

57.7 Datenbankanbindung

Mit FrontPage können Sie Ihre Webseiten ohne große Mühe mit Datenbanken, beispielsweise einer Access-Datenbank, verbinden.

Voraussetzung ist allerdings, daß die Seite auf einem Webserver publiziert wird, der die FrontPage2000-Servererweiterungen installiert hat. Zum Einrichten und Austesten der Datenbankverbindung sollten Sie einen lokalen Webserver mit den FrontPage2000-Servererweiterungen eingerichtet haben und die Webseite als Teil eines Webs auf dem lokalen Server anlegen.

EINFÜGEN/DATEN-BANK/ERGEBNISSE Zur Einrichtung der Datenbankverbindung brauchen Sie dann nur noch den Datenbank-Assistenten aufzurufen, der Sie nach dem Namen der

Datenbank fragt und in dessen Dialogfeldern Sie auch gleich angeben
können, welche Daten der Datenbank entnommen und wie diese Daten
formatiert und angezeigt werden sollen.

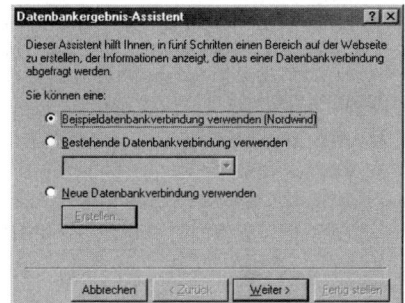

Abbildung 57.19:
Datenbankverbind
ung mit Hilfe des
Datenbank-
Assistenten
einrichten

57.8 Skripting

Skripting bedeutet, daß Sie VBSkripte oder JavaScript-Skripte in Ihre
Webseiten aufnehmen.

Skripte dienen vornehmlich der Gestaltung dynamischer Webinhalte. Auf
der Webseite in Abbildung 57.20 sorgt ein JavaScript beispielsweise
dafür, daß für die Symbole am oberen Rand größere, farbige Bilder geladen werden, wenn der Besucher der Webseite den Mauszeiger über das
Symbol bewegt.

Abbildung 57.20:
Bildwechsler mit
JavaScript

JavaScripte werden üblicherweise direkt in den HTML-Code der Webseiten eingefügt:

```
<head>
...
<script language="javascript">
<!--
function chkVer(imagename,objectsrc)
{
var n=navigator.appName
var v=parseInt(navigator.appVersion)
var browsok=((n=="Netscape")&&(v>=3))
var browsok2=((n=="Microsoft Internet Explo-
rer")&&(v>=4))

if ((browsok)||(browsok2))
document.images[imagename].src=eval(objectsrc+".src")
}
//-->
</script>

<title>Markt&amp;Technik:Katalog</title>
</head>
```

Aufgerufen werden die Skripte beim Eintritt bestimmter Ereignisse – etwa, wenn der Leser ein Element der Webseite anklickt (Ereignis onclick) oder die Maus über das Element bewegt (Ereignis onmouseover):

```
<table>
...
<!--Button für Katalogbereich-->
<td align="center" width="100">
<a href="katalog/default.asp"
onmouseover="chkVer('go11','but19')"
onmouseout="chkVer('go11','but20')">
<img src="../images/navigation/btn_katalog.gif"
border="0" width="75" height="75" name="go11"
alt="Hier koennen Sie unsere Produkte bestellen!"></
a></td>

...
</table>
```

Webverwaltung mit FrontPage

Kapitel 58

F rontPage nur als einfachen, wenn auch leistungsfähigen HTML-Editor anzusehen, würde dem Programm nicht gerecht. FrontPage unterstützt Web-Designer nicht nur beim Aufsetzen der einzelnen Webseiten, sondern auch bei der Verwaltung kompletter Webs – ein Aufgabenbereich, der heute immer mehr an Bedeutung gewinnt.

58.1 Der Webserver

Den größten Nutzen ziehen Sie aus FrontPage, wenn Sie auf Ihrem System einen lokalen Webserver installieren, beispielsweise den Personal Web Server von Microsoft, und Ihre FrontPage-Webs auf diesem lokalen Webserver anlegen.

Installation

Die Einrichtung eines lokalen Webservers ist heute kein großes Problem mehr. Microsoft liefert Office und FrontPage traditionell mit der aktuellsten Version seines Personal Web Servers aus, dessen Installation de facto nicht komplizierter ist als die Installation von Word. Ein paar Punkte sind allerdings zu beachten:

➡ Der Webserver ist darauf angewiesen, daß Ihr Computer als Client für Microsoft-Netzwerke konfiguriert ist und daß das Internet-Protokoll TCP/IP eingerichtet ist. Beide Einstellungen können bei Bedarf über die Systemsteuerung, Symbol *Netzwerk*, vorgenommen werden.

➡ Sie sollten den Webserver auf jeden Fall mit den FrontPage-Servererweiterungen einrichten. Achten Sie möglichst darauf, daß die aktuellste Version der Servererweiterungen verwendet wird. Für die Datenbankunterstützung von FrontPage2000 sind beispielsweise die FrontPage2000-Servererweiterungen erforderlich, während andere Elemente, wie zum Beispiel die FrontPage-Komponenten, auch zusammen mit den FrontPage98-Servererweiterungen ausführbar sind. Wenn Sie an den Servererweiterungen nicht interessiert sind, weil diese von Ihrem Internet Provider nicht unterstützt werden, können Sie sich die Installation sparen oder in FrontPage alle Funktionen, die auf die Servererweiterungen angewiesen sind, deaktivieren lassen (Befehl EXTRAS/SEITENOPTIONEN/*Kompatibilität*).

Webs auf Webserver anlegen

Ist Ihr lokaler Webserver eingerichtet, können Sie Ihre Webs direkt auf diesem Webserver anlegen. Natürlich werden die Dateien (HTML-Dokumente, GIF-Bilder etc.) trotz Webserver ganz normal auf Ihrer Festplatte abgespeichert, allerdings in einem besonderen Unterverzeichnis, das der Kontrolle durch den Webserver unterliegt.

:-)
TIP

Wenn Sie den Personal Web Server von Microsoft verwenden, durchforsten Sie Ihre Festplatte einmal nach einem Unterverzeichnis /wwwroot oder schauen Sie in dem Verwaltungsprogramm zu Ihrem Webserver nach, wie das Basisverzeichnis für die Webs auf dem Webserver lautet.

DATEI/NEU/WEB

Wenn Sie jetzt in FrontPage ein neues Web anlegen, wird Ihnen im Dialogfeld als Adresse für das Web ein Verzeichnis auf dem Webserver vorgeschlagen. Die Adresse beginnt mit der Protokollangabe *http://* und dem Namen Ihres Webservers. Das Verzeichnis für das Web können Sie frei wählen – es wird als Unterverzeichnis zu dem Basisverzeichnis Ihres Webservers angelegt.

Wenn Sie ein neues Web auf dem Webserver anlegen, versucht FrontPage, mit dem Server Kontakt aufzunehmen. Sind Server und TCP/IP-Protokoll korrekt eingerichtet, wird das Web auf dem Server angelegt und in FrontPage geladen, ansonsten erhalten Sie eine Fehlermeldung. Wenn Sie Glück haben, haben Sie nur einen Webnamen ausgewählt, für den es bereits ein Unterverzeichnis auf dem Webserver gibt, wenn Sie Pech haben, müssen Sie Ihre Installation überprüfen.

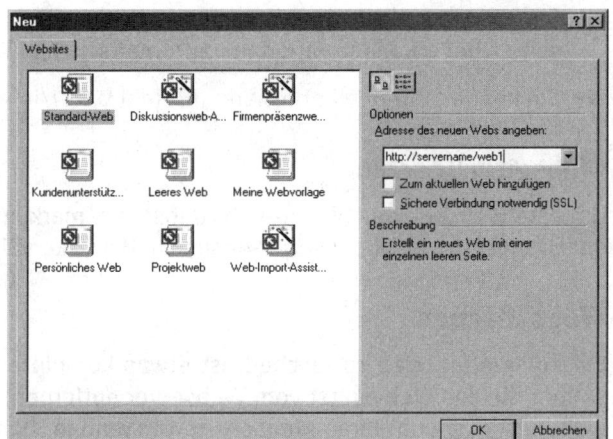

Abbildung 58.1:
Anlegen eines
neuen Webs

58.2 Webs verwalten

Für den Webautor sind die wichtigsten Aspekte der Webverwaltung, daß er sich einen Überblick über die Dateien des Webs machen kann und diese Dateien bei Bedarf schnell zur Bearbeitung in den Editor laden kann. FrontPage sieht für diese Arbeiten die Ordner-Ansicht und die Ordnerliste vor. Letztere wird für neue Webs automatisch geöffnet und kann ansonsten über das Menü ANSICHT aufgerufen werden. In der Ordnerliste, die für Webs auch in der Seite-Ansicht angezeigt wird, kann man Webseiten per Doppelklick in den Editor laden.

Daneben gibt es aber auch ganz profane Arbeiten zu erledigen.

Webs anlegen

Neue Webs werden über den Befehl DATEI/NEU/WEB angelegt. Dabei kann der Webautor aus einer Vielzahl von Webvorlagen schöpfen: vom leeren Web bis zum vollständigen Firmenpräsenzweb.

DATEI/NEU/WEB

Im Adressenfeld hängt man an den Namen des Webservers den Namen des neu anzulegenden Webs an. Der Webname ist gleichzeitig der Name des Unterverzeichnisses, in dem die Dateien des neuen Webs abgelegt werden.

Webseiten hinzufügen

Um neue Webseiten in ein Web aufzunehmen, gibt es verschiedene Möglichkeiten.

■➡ Sie können neue Seiten anlegen und im Web abspeichern.

■► Sie können in die *Ordner*-Ansicht wechseln und dann eine neue Webseite anlegen. Diese wird dann automatisch dem Web einverleibt.

■► Sie können Dateien importieren (Befehl Datei/Importieren).

Webseiten löschen

Um eine Webseite aus einem Web zu löschen, markieren Sie die Datei in der Ordnerliste oder der *Ordner*-Ansicht und drücken Sie die [Entf]-Taste.

Webs löschen

Ein komplettes Web zu löschen, ist etwas komplizierter. Grundsätzlich sollten Sie das Web zuerst vom Webserver entfernen, wozu Sie das Verwaltungsprogramm Ihres Webservers verwenden. Dann können Sie das Unterverzeichnis des Webs von der Festplatte löschen.

Die Ansichten

Für alle weiteren Arbeiten an Ihrem Web stehen Ihnen die verschiedenen Ansichten zur Verfügung.

Tabelle 58.1:
Die Ansichten

Ansicht	Beschreibung
Seite	Zur Bearbeitung der Webseiten im Editor. Für Webs wird standardmäßig zusätzlich die Ordnerliste angezeigt.
Ordner	Zeigt eine Übersicht über die Unterverzeichnisse und Dateien des Webs.
Berichte	Teilt sich in eine Reihe von Unterberichten auf, die den Webautor mit vielfältigen Statusinformationen zum aktuellen Zustand des Webs versorgen.
Hyperlinks	Grafische Darstellung der Vernetzung der Webseiten durch Hyperlinks.
Navigationsstruktur	Zur Kontrolle und Festlegung der Navigationsstruktur, die vor allem für Seiten mit Navigationsleisten und Seitenbannern von Bedeutung ist.
Aufgaben	Eine Aufgabenliste, die vom Webautor selbst angelegt wird und in der er festhalten kann, welche Arbeiten noch am Web vorzunehmen sind.

58.3 Hyperlinks testen

Wenn Sie die URL zu einer Webseite kennen oder die Webseite über das Dialogfeld *Hyperlink erstellen* auswählen, ist die Einrichtung eines Hyperlinks zu dieser Seite im Grunde ein Kinderspiel. Trotzdem sollten Sie es nicht versäumen, alle in Ihren Webdokumenten verwendeten Hyperlinks zu testen.

Einzelne Hyperlinks überprüfen

Haben Sie eine überschaubare Zahl von Hyperlinks zu überprüfen, können Sie dies direkt im Editor erledigen.

➡ In der *Vorschau* des Editorfensters brauchen Sie die Hyperlinks nur anzuklicken, um ihnen nachzugehen.

➡ Um Hyperlinks direkt in der *Normal*-Ansicht zu verfolgen, drücken Sie ⌜Strg⌟-Taste, während Sie auf den Hyperlink klicken.

➡ Oder klicken Sie in der *Hyperlink*-Ansicht von FrontPage mit der rechten Maustaste auf den Hyperlink, den Sie überprüfen wollen, und rufen Sie den Befehl HYPERLINK ÜBERPRÜFEN auf.

Vergessen Sie nicht, für externe Hyperlinks eine Verbindung ins Internet bereitzustellen.

Alle Hyperlinks eines Webs überprüfen

Alle Hyperlinks eines Webs wie oben beschrieben einzeln zu überprüfen, kann recht mühsam sein. FrontPage stellt Ihnen daher einen eigenen Befehl zur Verfügung, mit dem man alle Hyperlinks auf einmal überprüfen lassen kann.

*Abbildung 58.2:
Die Berichte-
Symbolleiste*

➡ Lassen Sie die *Berichte*-Symbolleiste anzeigen (Befehl ANSICHT/SYM-BOLLEISTEN/*Berichte*).

➡ Klicken Sie in der Symbolleiste auf das letzte Symbol *Hyperlinks überprüfen*.

▪► Aktivieren Sie in dem Dialogfeld die Option *Alle Hyperlinks überprüfen* und klicken Sie auf BEGINNEN.

In der Berichte-Kategorie *Unterbrochene Hyperlinks* wird Ihnen daraufhin der Zustand Ihrer Hyperlinks angezeigt. Alternativ können Sie sich den Zustand der Links einzelner Seiten auch in der *Hyperlinks*-Ansicht anschauen.

Fehlerhafte Hyperlinks korrigieren

Wird ein Hyperlink nach der Überprüfung als »Unterbrochen« ausgewiesen, stimmt etwas mit der URL nicht oder die adressierte Webseite existiert nicht mehr. Auf jeden Fall ist eine Korrektur erforderlich.

Dazu müssen Sie nicht unbedingt in den Editor zurückwechseln.

Abbildung 58.3:
Hyperlinks
korrigieren

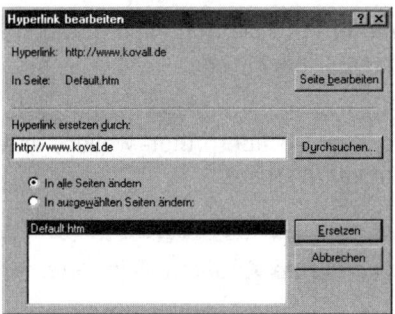

▪► Doppelklicken Sie statt dessen einfach in der Berichte-Ansicht *Unterbrochene Hyperlinks* auf den fehlerhaften Hyperlink.

▪► In dem Dialogfeld *Hyperlink bearbeiten* können Sie sogleich eine neue URL eingeben. Wird der gleiche fehlerhafte Hyperlink auf mehreren Seiten Ihres Webs verwendet, haben Sie sogar die Möglichkeit, die URL in einem Schritt auf allen betroffenen Seiten korrigieren zu lassen (Option *In allen Seiten ändern*).

▪► Klicken Sie auf den Schalter ERSETZEN.

58.4 Navigationsleisten

Navigationsleisten sind FrontPage-Komponenten, die automatisch Links (in Form von einfachen Text-Hyperlinks oder in Form von Schaltern) zu anderen Seiten des gleichen Webs herstellen. Navigationsleisten werden

meist in Verbindung mit gemeinsamen Randbereichen eingesetzt, können aber auch beliebig auf den Webseiten plaziert werden.

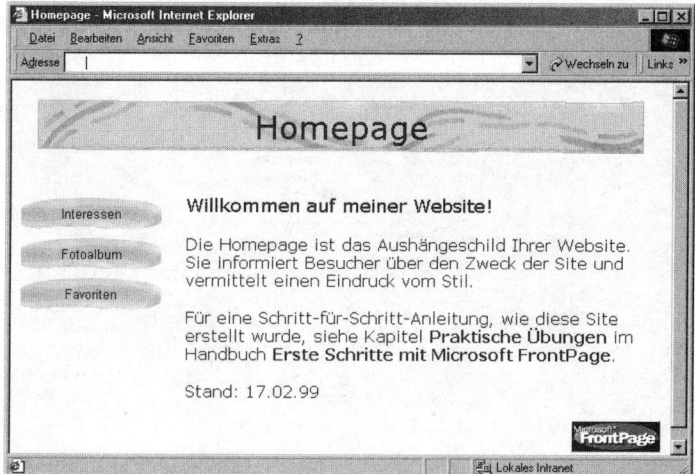

Abbildung 58.4:
Homepage mit
Navigationsleiste
für Links zu den
untergeordneten
Seiten des Webs

Navigationsleisten einfügen

Navigationsleisten dienen weniger dem Hin- und Herspringen zwischen
einzelnen Seiten als vielmehr dem Wechsel zwischen den Ebenen eines
hierarchisch aufgebauten Netzes. Bei der Einrichtung der Navigationsleisten gibt man daher auch keine direkten Zielseiten an, sondern wählt die
gewünschte Zielebene aus.

EINFÜGEN/
NAVIGATIONSLEISTE

Maßgeblich für die Zusammensetzung der Navigationsleisten ist die Navigationsstruktur, die Sie in der Navigationsansicht von FrontPage anlegen.

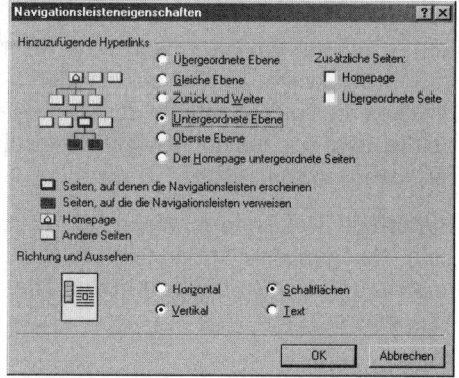

Abbildung 58.5:
Zielebene für
Navigationsleiste
auswahlen

Navigationsleisten und Navigationsstruktur

Die Ebenen, die Sie bei Einrichtung der Navigationsleisten auswählen, beruhen auf der Navigationsstruktur Ihres Webs. Um diese Navigationsstruktur aufzubauen oder abzuwandeln, wechseln Sie in die Navigationsansicht.

Abbildung 58.6:
Navigations-
struktur aufbauen

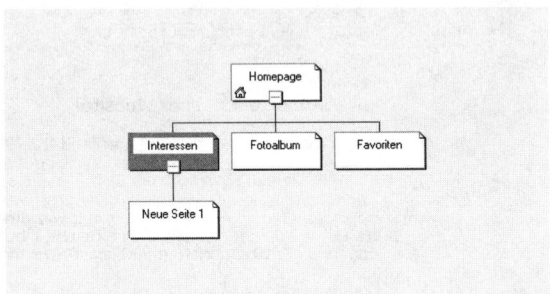

Seiten in die Navigationsstruktur aufnehmen: Per Drag&Drop können Sie Seiten aus der Ordnerliste in die Navigationsstruktur ziehen. Während Sie die Seite mit der Maus verschieben, zeigt Ihnen eine Verbindungslinie an, unter welcher Seite der Navigationsstruktur die neue Seite eingeordnet wird.

Über das Symbol *Neue Seite* können Sie eine neue Seite in das Web und die Navigationsstruktur aufnehmen. Die neue Seite wird der Seite untergeordnet, die bei Aufruf des Befehls in der Navigationsstruktur ausgewählt ist.

Navigationsstruktur ändern: Per Drag&Drop können Sie die Seiten innerhalb der Navigationsansicht verschieben und die Navigationsstruktur auf diese Weise anpassen.

Seiten aus der Navigationsstruktur löschen: Um eine Seite aus der Navigationsstruktur zu entfernen, markieren Sie die Seite in der Struktur und drücken die (Entf)-Taste. In dem Dialogfeld können Sie dann auswählen, ob die Seite nur aus der Navigationsstruktur oder ganz aus dem Web entfernt werden soll.

Hyperlink-Titel ändern: Wenn Sie die Beschriftung für einen Hyperlink einer Navigationsleiste ändern wollen, wechseln Sie in die Navigationsansicht und klicken Sie dort in den Titel der Seite. Geben Sie den neuen Titel ein.

Erscheinungsbild im Browser

Wenn Sie in einer Navigationsleiste eine bestimmte Ebene ausgewählt haben und diese Ebene für die aktuell in den Browser geladene Seite vorhanden ist, werden in der Navigationsleiste automatisch Hyperlinks zu allen Seiten dieser Ebene angezeigt.

Gibt es aus Sicht der geladenen Seite die gewünschte Ebene nicht (wenn beispielsweise die untergeordnete Ebene eingeblendet werden soll, aber in der Navigationsstruktur keine untergeordnete Ebene für die Seite eingerichtet wurde), wird im Browser auch keine Navigationsleiste angezeigt.

58.5 Browser-Kompatibilität einstellen

Wenn Sie sicherstellen wollen, daß Ihre Webseiten zu bestimmten Browsern und/oder Servern kompatibel sind, sollten Sie den Befehl EXTRAS/ SEITENOPTIONEN aufrufen und die Registerseite *Kompatibilität* anzeigen lassen.

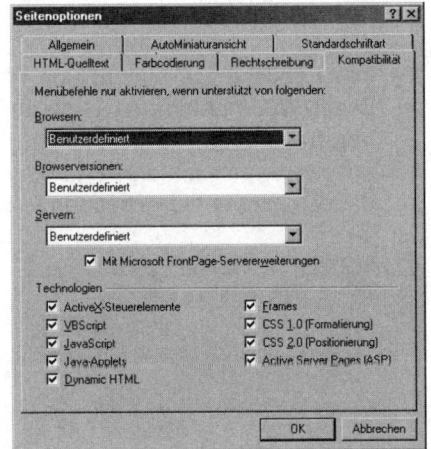

Abbildung 58.7:
Kompatibilität
sicherstellen

Standardmäßig sind auf dieser Registerseite alle Optionen aktiviert oder auf »Benutzerdefiniert« eingestellt.

Wenn Sie möchten, daß FrontPage Ihnen nur Formatierungen und Technologien freigibt, die von einer bestimmten Generation von Browsern unterstützt werden, wählen Sie die entsprechende Option im Listenfeld *Browser* aus.

Auch auf Ihren Webserver können Sie FrontPage abstimmen, wobei die interessanteste Option mit Sicherheit das Kästchen *Mit Microsoft Front-Page-Servererweiterungen* ist, denn viele Server unterstützen diese Servererweiterungen nicht.

58.6 Webs publizieren

Ist Ihr Web fertig, werden Sie es publizieren wollen. Dazu benötigen Sie ein Publishing-Programm, beispielsweise

- den Publishing-Assistent von CompuServe, den Sie sich über GO OURWORLD herunterladen können und mit dem Sie Ihr Web nur auf den Webserver *OurWorld* von CompuServe hochladen können (dafür aber ohne erst bei Ihrem Internet Provider wegen Namen und Adresse des Servers nachfragen zu müssen).

- den Publishing Assistent von Microsoft, mit dem Sie Ihr Web praktisch auf jedem Webserver veröffentlichen können. Vorraussetzung ist, daß Sie Namen und Adresse des Webservers (beziehungsweise des FTP-Servers, auf den die Dateien des Webs hochgeladen werden) kennen.

- den Publishing Assistent von FrontPage, den Sie über den Befehl DATEI/WEB VERÖFFENTLICHEN aufrufen. Dieser ist besonders für die Veröffentlichung auf Webservern geeignet, die die FrontPage-Servererweiterungen installiert haben und hilft Ihnen nötigenfalls sogar dabei, einen entsprechenden Provider ausfindig zu machen.

Abbildung 58.8:
Web
veröffentlichen

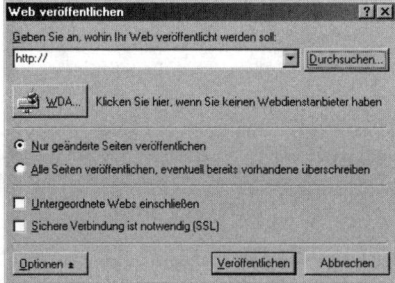

Web bekanntmachen

Zu guter Letzt müssen Sie Ihre Website im World Wide Web bekanntmachen, denn was nützt die schönste Website, wenn sie von niemandem gefunden wird.

Neben Mundpropaganda und E-Mail-Aktionen sollten Sie dazu auch die ureigensten Möglichkeiten des Webs nutzen, sprich sich unter den verschiedenen Suchmaschinen eintragen lassen. Eine gute Möglichkeit hierzu finden Sie unter `http://www.submit-it.com`.

Makros

Teil XI

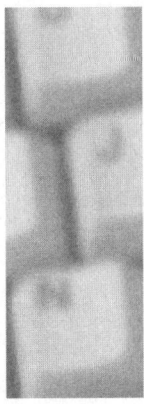

Makros aufzeichnen und abrufen

Makros sind Befehlsabfolgen, die mit nur einem Befehl, einem Short-cut oder einem Symbol ausgelöst werden können. Von Vorteil sind Makros immer dann, wenn Arbeitsabläufe automatisiert werden sollen. In der einfachsten Form ist ein Makro schlicht die Aufzeichnung dieser Befehlsabfolgen, die dann später wieder »abgespielt« wird. Und in dieser einfachsten Form sind Makros für jedermann/jederfrau einsetzbar.

59.1 Makros aufzeichnen

Der einfachste Weg, zu einem Makro zu gelangen, ist die Aufzeichnung dessen, was man tut. Sie können dazu entweder EXTRAS/MAKRO/AUF-ZEICHNEN wählen oder in der Statuszeile auf *MAK* doppelklicken.

EXTRAS/MAKRO/
AUFZEICHNEN

Ein Name für das Makro

Das Makro braucht einen Namen. Word nennt es schlicht »Makro« und hängt eine fortlaufende Nummer an. Spätestens ab »Makro5« wissen Sie freilich nicht mehr, was dieses Makro macht. Also sollten es schon etwas aussagekräftigere Namen sein.

➡ Ein Makroname darf nur Buchstaben, Zahlen und einen Unterstrich enthalten, keine Leerzeichen. Deshalb mischt man gern Groß- und Kleinschreibung, um den Namen übersichtlicher zu gestalten. Schleicht sich ein falsches Zeichen ein, ist OK nicht zu aktivieren.

➡ Der Name darf 255 Zeichen umfassen.

■► In einer kurzen *Beschreibung* können Sie festhalten, was dieses Makro tut und welchem Zweck es dient – zu Ihrer eigenen Erinnerung. Sehr zu empfehlen.

Abbildung 59.1:
Makro aufzeichnen

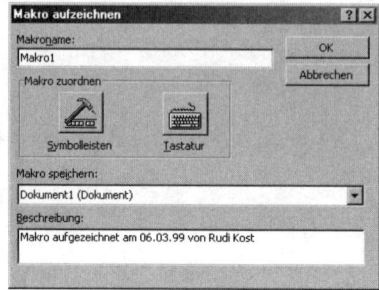

Der Schnellabruf

Ein Makro kann einer Schaltfläche oder einem Shortcut zugeordnet und damit schnell aktiviert werden. Und damit es auch wirklich ganz schnell geht, können Sie das von diesem Dialogfeld aus, noch vor der eigentlichen Aufzeichnung, gleich mit erledigen.

Abbildung 59.2:
Die Ausführung des
Makros mit einem
Tastaturkürzel
verbinden

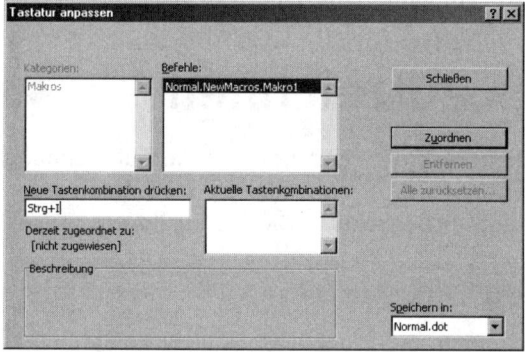

Das ist nichts anderes, was man sonst mit EXTRAS/ANPASSEN tut (siehe Kapitel 63, »Symbol- und Menüleisten«, S. 955). Höchstens mit dem Vorteil, daß man nichts auswählen muß – es wird nur das im Entstehen begriffene Makro angezeigt.

Natürlich können Sie auch jederzeit später mit EXTRAS/ANPASSEN die Zuweisung nachholen oder ändern.

Wem zur Verfügung stellen?

Makros werden entweder in einer Dokumentvorlage oder im aktuellen Dokument gespeichert. Wo, müssen Sie wählen mit *Speichern in*:

▮▶ Die globale Dokumentvorlage NORMAL.DOT ist immer in Benutzung. Makros, die darin gespeichert werden, stehen somit allen Dokumenten zur Verfügung.

▮▶ Ein Dokument kann auch mit einer eigenen Dokumentvorlage verbunden sein. Wenn Sie diese auswählen, können die Makros nur von Dokumenten benutzt werden, denen diese Dokumentvorlage zugewiesen ist.

▮▶ Schließlich kann ein Makro auch einzig und allein für das aktuelle Dokument reserviert werden.

Alles zu Dokumentvorlagen, auch zum Kopieren von Makros und anderen Elementen, in Kapitel 24, »Dokumentvorlagen«, S. 439.

Die Aufzeichnung

Haben Sie alles erledigt, beenden Sie mit OK, und fortan wird alles, was Sie tun, getreulich notiert. Buchstäblich alles. Ob Sie etwas schreiben, eine Menüfunktion auslösen, ein anderes Makro abrufen: alles. Oder sagen wir mal: fast alles.

▮▶ Der Makro-Rekorder speichert auch einen Großteil der Mausaktionen. Manche indessen sind nicht erlaubt. Zum Beispiel können Sie zwar Menüfunktionen abrufen, aber keinen Text markieren (der Zeiger wird durchsichtig und erhält ein kleines Tonband als Anhängsel).

▮▶ Eine kleine Symbolleiste erscheint. Mit diesem Symbol unterbrechen Sie die Makroaufzeichnung. Alles, was Sie anschließend tun, wird also nicht aufgezeichnet. Auch der Mauszeiger erhält seine normale Funktion zurück; so können Sie beispielsweise die Cursorposition ändern, ohne daß dies mit aufgezeichnet würde. Erneuter Klick auf das Makro setzt die Aufzeichnung fort.

▮▶ Mit diesem Symbol wird die Aufzeichnung beendet.

Folgendes sollten Sie bei der Aufzeichnung bedenken:

▮▶ Überlegen Sie sich vor der Aufzeichnung, was das Makro eigentlich tun soll und wie die Ausgangslage sein muß. Wird zum Beispiel zwischen zwei Fenstern hin- und hergesprungen, ist es sinnvoll, sie gleich richtig anzuordnen.

■➤ Bei der Makroaufzeichnung ist die richtige Startposition wichtig. Wenn Sie zum Beispiel die Größe einer Grafik per Makro ändern wollen, muß die Grafik markiert sein, bevor Sie die Aufzeichnung starten.

■➤ Denken Sie daran, daß Sie die Aufzeichnung jederzeit unterbrechen können – etwa, um etwas zu markieren, was meist mit der Maus schneller geht als mit der Tastatur. Oder die Fenster anzuordnen. Unterbrechen Sie das Makro nicht, wird das alles Schritt für Schritt festgehalten.

■➤ Wenn Sie während der Aufzeichnung einen Fehler machen, ist das oft noch kein Grund, die Aufzeichnung abzubrechen und nochmals neu zu starten. Machen Sie weiter, Sie können das Makro ja später bearbeiten.

In der folgenden Übung wird ein Makro aufgezeichnet, welches das nächste Wort zu einem Indexeintrag macht. Sowas gibt's doch schon, werden Sie sagen, sogar bequem aufzurufen mit [Alt]+[⇧]+[X]. Okay. Aber erstens müssen Sie immer noch ein Wort markieren, und zweitens taucht immer dieses Dialogfenster auf, obwohl Sie nichts weiter tun wollen, als das nächste Wort in den Index aufnehmen.

Wir machen es daher etwas anders. Und selbst wenn Sie nie einen Indexeintrag brauchen: An diesem Makro, das später überarbeitet wird, können Sie einiges über Makro-Programmierung erfahren. Und jedes Beispiel-Makro kann irgend jemand überhaupt nicht brauchen.

ÜBUNG: *Makro aufzeichnen (Beispieldatei: LASVEGAS.DOC)*

1. Setzen Sie den Cursor vor ein Wort.
   Das ist eine realistische Ausgangssituation.

2. Starten Sie die Makroaufzeichnung mit einem Doppelklick in der Statuszeile, nennen Sie das Makro
   `EintragFürIndex`.
   Sie können auch gleich eine Beschreibung eingeben. Weisen Sie dem Makro auch gleich einen Shortcut zu. Bestätigen Sie dann mit OK.

3. Machen bzw. schreiben Sie genau folgendes:
   [⇧]+[Strg]+[→] (Das nächste Wort wird markiert.)
   [Strg]+[C] (Das Wort wird in die Zwischenablage kopiert.)
   [←] (Zurück an den Anfang des Wortes.)

4. ⌈Strg⌉+⌈F9⌉

   Feldklammern einfügen.

5. XE "

   Funktion für Indexeintrag plus Anführungszeichen für den Eintrag.

6. Wenn Sie verborgenen Text nicht sichtbar gemacht haben, operieren Sie fortan blind.

   Kein Problem. Sie unterbrechen das Makro, schalten den ausgeblendeten Text ein, und setzen die Aufzeichnung dann fort.

7. ⌈Strg⌉+⌈V⌉

   Das kopierte Wort wird aus der Zwischenablage eingefügt.

8. Tippen Sie "

   Die Abführung zum Schluß.

9. Beenden Sie die Aufzeichnung.

   Das Makro ist festgehalten.

59.2 Makros abrufen

Ein Makro auszuführen geht ebenso einfach wie die Aufzeichnung:

EXTRAS/MAKRO/ MAKROS
⌈Alt⌉+⌈F8⌉

▶ Im Menü EXTRAS/MAKRO/MAKROS werden die Makros angezeigt. Sie können wählen, ob aus *Allen aktiven Dokumentvorlagen und Dokumenten* (das ist NORMAL.DOT plus aktuelle Vorlage plus eventuelle globale Vorlagen plus aktuelles Dokument), nur aus der mit dem Dokument verbundenen Vorlage, aus einer der globalen Vorlagen oder nur aus dem aktuellen Dokument.

▶ Sie wählen ein Makro aus und starten es mit ⌐ oder einem Klick auf AUSFÜHREN.

▶ Oder Sie starten, unter Umgehung des Dialogfeldes, das Makro mit der Tastenkombination, die Sie ihm zugewiesen haben.

Dann tut das Makro genau das, was Sie während der Aufzeichnung getan haben.

ÜBUNG: *Makro ausführen (Beispieldatei: LASVEGAS.DOC oder MAKROS.DOC)*

1. Falls Sie die Aufzeichnung in der vorigen Übung nicht mitgemacht haben, öffnen Sie MAKROS.DOC.

   Diese Datei enthält das Makro und noch einige andere.

2. Drücken Sie ⟨Strg⟩+⟨I⟩⟨1⟩ bzw. den Shortcut, den Sie zugewiesen haben.

   Mit ⟨Strg⟩+⟨I⟩⟨1⟩ ist das Makro in MAKROS.DOC gespeichert.

3. Öffnen Sie EXTRAS/MAKRO/MAKROS, wählen Sie das Makro *Indexeintrag1Wort_Version1* aus, klicken Sie auf AUSFÜHREN oder drücken Sie ⟨←⟩.

   Die andere Art, ein Makro abzurufen.

4. Schauen Sie, ob das Makro getan hat, was es tun soll.

   Ja? Nein? So oder so, wir werden dieses Makro in Kapitel 61, »Makros bearbeiten«, S. 921 ausbauen.

Der Visual Basic-Editor

Kapitel 60

F ür alle Umsteiger aus den Word-Versionen vor Word 97 schlägt jetzt die Stunde der Wahrheit. Sie müssen von ihrem liebgewordenen WordBasic, der bis Word 95 gültigen Makro-Sprache, Abschied nehmen und sich mit der neuen Makro-Sprache *VisualBasic for Applications* (VBA) befassen. Das fängt schon damit an, daß das Bearbeitungsfenster völlig anders aussieht.

60.1 Visual Basic-Editor starten

Für viele Gelegenheiten reicht es völlig, ein Makro aufzuzeichnen. Danach fängt die eigentliche Kunst aber erst an: Das Makro wird bearbeitet. Vielleicht hat man einen Fehler gemacht und möchte den aus der Makroaufzeichnung tilgen. Oder das Makro soll um Dinge ergänzt werden, die sich nicht aufzeichnen lassen.

Die Überarbeitung eines aufgezeichneten Makros gehört zum Alltag des fortgeschrittenen Word-Benutzers. Auch des sehr fortgeschrittenen. Denn Routineaktionen sind oftmals schneller aufgezeichnet als geschrieben und können dann ergänzt werden.

➡ Bevor Sie ein Makro bearbeiten, sollten Sie Ihren Text speichern. Sicher ist sicher.

Auf zwei Wegen gelangen Sie zum Visual Basic-Editor:

EXTRAS/MAKRO/ VISUAL BASIC- EDITOR
Alt + F11

➡ Sie öffnen EXTRAS/MAKRO/MAKROS, wählen Ihr Makro aus und klicken auf BEARBEITEN.

➡ Sie rufen den Visual Basic-Editor direkt auf mit EXTRAS/MAKRO/VISUAL BASIC-EDITOR oder mit Alt + F11.

Damit wir für die folgenden Erörterungen und Aktionen die gleiche Ausgangsbasis haben, sollten Sie jetzt bitte, falls noch nicht geschehen, die Datei MAKROS.DOC öffnen. Sie enthält Beispielmakros, die in diesem Kapitel und den folgenden diskutiert werden.

Fürs erste brauchen wir das Makro *Indexeintrag1Wort_Version1* – das gleiche, das Sie im vorigen Kapitel als Makro *EintragFürIndex* aufgezeichnet haben.

 Haben Sie das Makro ausgewählt, das Sie bearbeiten möchten, öffnet sich nicht bloß ein Fenster mit dem Makrotext, sondern ein eigenständiges Programm. Sie können es beenden, ohne daß gleichzeitig Word beendet wird; Sie können es geöffnet lassen und zu Word umschalten.

Abbildung 60.1:
Ein Makro im
Visual Basic-Editor

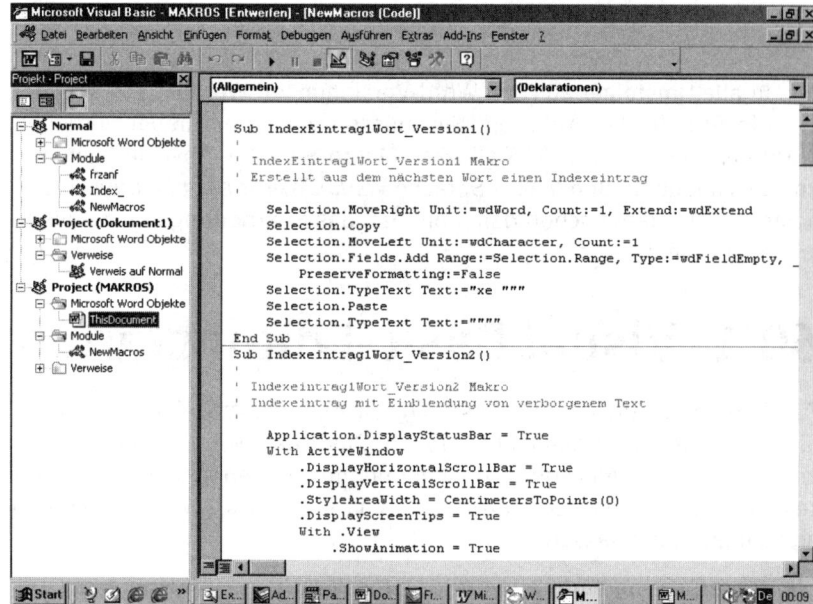

60.2 Orientierung

Wenn Sie sich auf dem Bildschirm zurechtgefunden haben, dann haben Sie schon zur Hälfte verstanden, wie VBA funktioniert – ziemlich anders als das frühere WordBasic. Im Rahmen dieses Buches kann es allerdings nur einen groben Überblick, keine umfassende Einführung geben. Markt&Technik hält zu diesem Thema ebenfalls ein Kompendium bereit.

Projekte und Projekt-Explorer

Die Makros sind unterteilt in verschiedene *Projekte*. Zwei Projekte sind immer da: die globale Vorlage NORMAL.DOT und das aktuelle Dokument, in unserem Fall *Makros*.

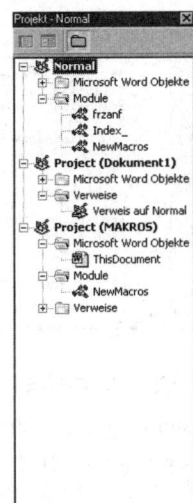

Abbildung 60.2:
Der Projekt-
Explorer

Ein Projekt hat verschiedene Bestandteile. Immer da ist *This Document*, hinzu kommen die eigentlichen Makros oder andere Module wie Formulare.

Makros enthält, wie Sie sehen, nur das Modul *NewMacros*; Word legt das von sich aus an, wenn Sie Makros aufzeichnen.

Der Code und die Prozeduren

Im Code-Fenster, das normalerweise immer geöffnet ist, wird der Programmcode der Makros angezeigt; doppelklicken Sie auf ein Makro im Projekt-Explorer, öffnet sich dessen Code-Fenster.

In unserem Fall besteht das Modul *NewMacros* aus verschiedenen Makros. Im VBA-Jargon heißen sie *Prozeduren*. Links unten im Code-Fenster finden Sie zwei Schaltflächen, mit denen Sie umschalten zwischen der *Prozeduransicht* (nur eine Prozedur wird angezeigt) und der *Vollständigen Modulansicht*. Hierbei sind sämtliche Prozeduren zu sehen. Im Listenfeld rechts oben wählen Sie diejenige aus, die Sie interessiert. Wie Sie sehen, sind alle Prozeduren (Makros) hier aneinander gehängt.

Wenn Sie die Abbildung des Projekt-Explorers betrachten, sehen Sie, daß es hier offensichtlich mehrere Module gibt.

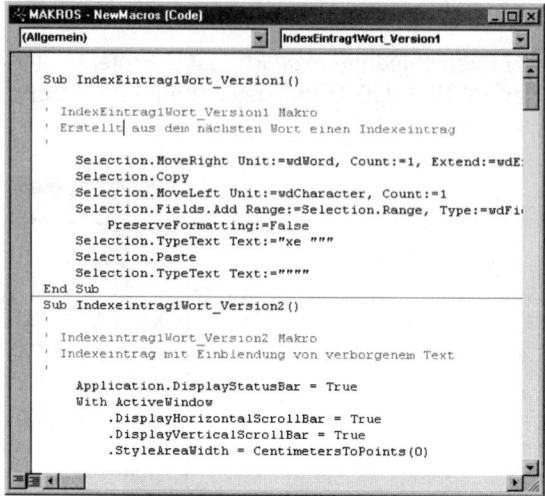

Eigenschaften

Sichtbar oder sichtbar zu machen ist das Eigenschaften-Fenster. Wenn Sie einmal im Projekt-Explorer *This Document* markieren, sehen Sie im Eigenschaften-Fenster viele, viele solcher Eigenschaften aufgeführt, bei *NewMacros* hingegen nur die Eigenschaft *Name*. Der Wert dieser Eigenschaft ist *NewMacros* – also der Name des Moduls. Hier können Sie etwas anderes eingeben: einen anderen Namen für das Modul. Mehr dazu gleich.

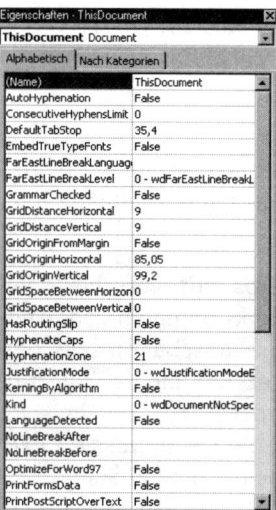

Fenster anordnen

Projekt-Explorer und Eigenschaften-Fenster sind normalerweise links auf der Arbeitsfläche fest verankert, können nur in ihrer Breite verändert werden, während das Code-Fenster beliebig veränderbar ist.

Die Verankerung der Fenster ist freilich nur praktisch, nicht zwingend. Wenn Sie in der Titelleiste das Kontextmenü öffnen, sehen Sie, daß VER-ANKERBAR abgewählt werden kann. Dann sind auch diese Fenster frei beweglich.

60.3 Ausführung kontrollieren

Die Makro-Symbolleisten (neben der Standard-Leiste sind noch andere zuschaltbar) dient u.a. dem, was der Fachmann »Debugging« nennt: der Überprüfung eines Makros auf Fehler.

Bevor wir uns aber daran machen, sollten Sie einige Vorbereitungen treffen:

▪➤ Sie ordnen Ihr normales Dateifenster und den Visual Basic-Editor neben-, untereinander oder überlappend an, so daß beide zu sehen sind. Wenigstens teilweise. Vielleicht müssen Sie das Code-Fenster zum Vollbild vergrößern, um den Code noch sehen zu können.

▪➤ Sie setzen den Cursor im Visual Basic-Editor an den Anfang des Makros *Indexeintrag1Wort_Version1*.

▪➤ Sie setzen den Cursor im Dateifenster vor ein Wort.

Nun kann Word das tun, was die Symbole anweisen. Als Makro-Neuling werden Sie mit vielem noch nichts anfangen können, aber das wird sich schnell ändern.

 Führt das Makro schrittweise aus, auch Unterroutinen. Nach jedem Befehl wird angehalten, und Sie fahren mit erneutem Klick oder mit F8 fort. Dies und die nächsten zwei Funktionen können Sie mit dem Beispielmakro gleich mal ausprobieren.

 Führt das Makro vollständig aus. Nichts wird markiert, nirgendwo wird angehalten – es läuft einfach ab.

 Der Makroablauf wird abgebrochen. Besonderes dann sinnvoll, wenn sich das Makro in einer Endlosschleife verfangen hat.

Stoppt das Makro, der Ablauf ist zu Ende. Sie können auch $\boxed{\text{Esc}}$ drücken – auch im Dokument, wenn ein Makro abläuft.

 Setzt vor die aktuelle Zeile ein Hochkomma. Damit wird diese Zeile zu einem Kommentar und beim Ablauf übersprungen (Symbolleiste *Bearbeiten*).

 Die Kommentierung wird wieder aufgehoben (Symbolleiste *Bearbeiten*).

 Setzt einen Haltepunkt. Das heißt, die Makroausführung stoppt an diesem Punkt. Das gilt aber nicht für den Einzelschritt-Modus. Ein erneuter Klick auf das Symbol löscht den Haltepunkt wieder.

Abbildung 60.5:
Makro im
Einzelschritt-
Modus

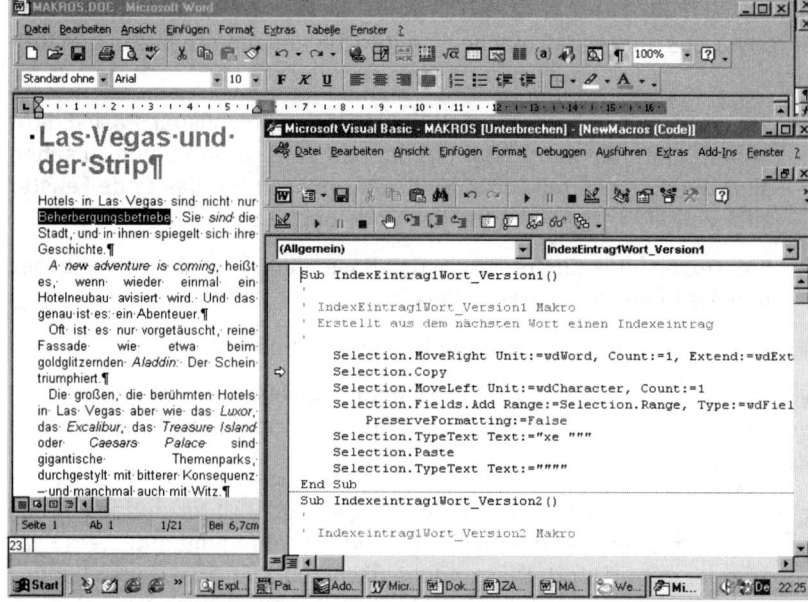

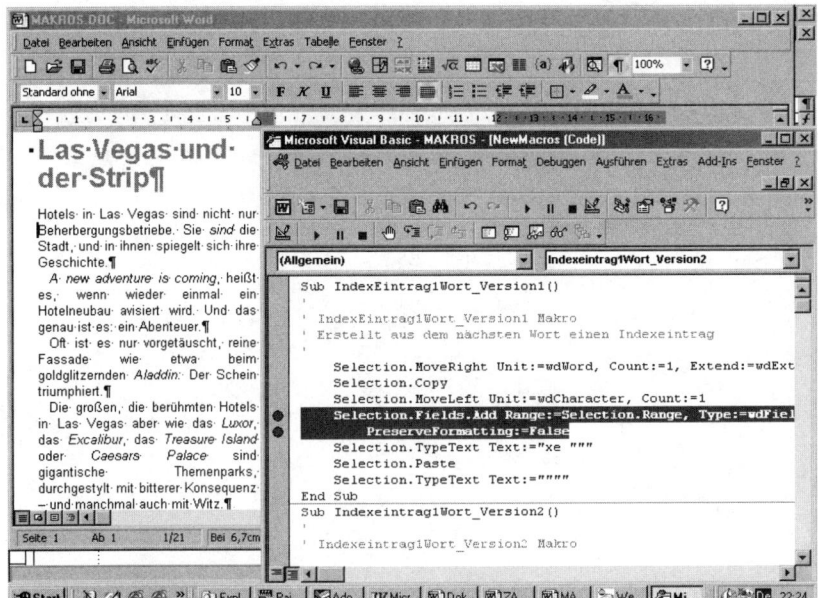

Abbildung 60.6:
*Makro mit
Haltepunkt*

Makros bearbeiten

E rwarten Sie an dieser Stelle bitte keine umfassende Einführung in die Programmierung mit VBA; das würde den Umfang dieses Buches sprengen. Ich möchte Ihnen lediglich einige Grundkenntnisse vermitteln, so daß Sie in etwa wissen, was so abläuft und damit Sie einfache Änderungen und Ergänzungen an Ihren aufgezeichneten Makros durchführen können.

61.1 VBA-Strukturen

Um VBA und dessen *objektorientiertes Programmieren* zu verstehen, müssen Sie sich mit einigen Begriffen und logischen Festlegungen herumschlagen:

■► Alle Elemente von Word sind **Objekte**. Ein Objekt kann das gesamte Dokument sein, aber auch ein Absatz, ein Zeichen, eine Textmarke, eine Feldfunktion, eine Grafik ....

■► Jedes Objekt verfügt über **Eigenschaften**. Eine Eigenschaft des Objekts *Dokument* ist beispielsweise dessen Name, eine Eigenschaft des Objekts *Absatz* ist der Blocksatz, eine Eigenschaft des Objekts *Zeichen* ist die kursive Formatierung. Eigenschaften sind also Merkmale eines Objekts, die abgefragt und geändert werden können.

■► Auf jedes Objekt können bestimmte **Methoden** angewendet werden. Das Objekt *Dokument* kann gedruckt oder gespeichert werden; das Drucken oder Speichern ist in dem Fall die Methode. Methoden sind demnach Aktionen, die mit einem Objekt durchgeführt werden können.

Objekthierarchie

Ein Dokument ist ein Objekt, ein Absatz ebenso, ein Zeichen auch: Objekte können demnach andere Objekte enthalten.

Diese Objekthierarchie wird in der VBA-Notation folgendermaßen berücksichtigt:

```
Objekt.Komponente.Komponente.Komponente. ...
```

Konkretes Beispiel:

```
Application.ActiveDocument.Close
SaveChanges:=wdSaveChanges
```

Application ist das Objekt in der Hierarchie ganz oben: das aktuelle Programm, in unserem Fall also Word. Eine Ebene darunter ist das Objekt *ActiveDocument*: das aktuelle Dokument.

Auf *ActiveDocument* wird die Methode *Close* angewendet: das aktuelle Dokument wird geschlossen. Und für die Eigenschaft *SaveChanges* wird der Wert *wdSaveChanges* gesetzt: beim Schließen wird das Dokument gespeichert.

Application müssen Sie im Regelfall nicht verwenden, es sei denn, Sie programmieren applikationsübergreifend, was mit VBA auch möglich ist, wollen also zum Beispiel von Word aus bestimmte Excel-Funktionen aufrufen.

Sie ersehen daraus auch schon, wie solch eine Anweisung geschrieben wird: Objekte und Methoden werden durch Punkte voneinander getrennt, die Eigenschaften werden angehängt.

61.2 Ein Blick in den Programmcode

Schauen wir uns einmal an, wie der Programmcode bei dem Makro *Indexeintrag1Wort_Version1* aussieht:

```
Sub IndexEintrag1Wort_Version1()
' IndexEintrag1Wort_Version1 Makro
' Erstellt aus dem nächsten Wort einen Indexeintrag
'
Selection.MoveRight Unit:=wdWord, Count:=1, Extend:=wdExtend
Selection.Copy
Selection.MoveLeft Unit:=wdCharacter, Count:=1
Selection.Fields.Add Range:=Selection.Range, _
Type:=wdFieldEmpty, PreserveFormatting:=False
Selection.TypeText Text:="xe """
```

```
Selection.Paste
Selection.TypeText Text:=""""
End Sub
```

Jede Prozedur steht zwischen den verbalen Klammern *Sub ... End Sub*.

Hinter dem einleitenden *Sub* ist der Name der Prozedur – Sie können ihn hier jederzeit ändern. Es folgt mit vorangestelltem Hochkomma, also auskommentiert, die Beschreibung des Makros und dann der eigentliche Makro-Code.

Das Objekt *Selection* ist der markierte Bereich, und Sie wissen: wenn nicht ausdrücklich etwas markiert ist, gilt die Einfügestelle als Markierung. In unserem Fall beschreibt also *Selection* die aktuelle Cursorposition.

Auf das Objekt *Selection* wird nun die Methode *MoveRight* angewendet. Leicht zu entschlüsseln: der Cursor wird nach rechts bewegt. Verschiedene Eigenschaften beschreiben die Methode *MoveRight* näher:

- *Unit:=wdWord* – der Cursor wird wortweise bewegt (zwei Zeilen weiter unten heißt es *Unit:=wdCharacter*, der Cursor wird also zeichenweise bewegt);

- *Count:=1* – wie weit wird der Cursor bewegt? Um eine Einheit, in dem Fall also um ein Wort;

- *Extend:=wdExtend* – der Cursor wird nicht bloß bewegt, gleichzeitig wird die Markierung erweitert.

Damit hätten wir also ein Wort markiert. Das Objekt *Selection* bezieht sich nun tatsächlich auf eine »echte« Markierung, und darauf wird die Methode *Copy* angewendet: das markierte Wort wird in die Zwischenablage kopiert.

Den Rest können Sie jetzt wohl selber entschlüsseln. Auffallen wird Ihnen dabei in der Zeile *Selection.Fields* der Unterstrich am Ende. Er ist notwendig, wenn eine Anweisung, die eigentlich in eine Zeile gehört, auf der nächsten Zeile fortgesetzt werden soll.

61.3 Das Makro ergänzen

Sie haben, denke ich, mittlerweile schon einmal probiert, wie so ein Makroablauf im Makro-Fenster aussieht. Und Sie werden sich, vermute ich weiter, gesagt haben, daß dieses Makro noch nicht das Gelbe vom Ei, ja sogar fehlerhaft ist.

Wenn Sie verborgenen Text nicht anzeigen lassen und einen halbwegs schnellen PC haben, schafft es das Makro unter Umständen gar nicht, die Abführungen mit in die Feldfunktion einzuschließen.

Wir wollen das Makro deshalb ergänzen: Ausgeblendeter Text soll automatisch ein- und wieder ausgeschaltet werden. Sie sehen damit gleichzeitig, ob das Makro auch richtig arbeitet.

Gewiefte Programmierer schreiben schnell diese kleine Ergänzung in den Makro-Code. Wir sind nicht so gewieft, wir haben keine Ahnung, wie die notwendige Anweisung lautet, haben keine Lust, in den Tiefen der Hilfestellung danach zu suchen – wir machen das, was man in solchen Fällen immer tut: Wir zeichnen das Makro nochmals auf, genauso wie vorher, schalten aber zuvor über EXTRAS/OPTIONEN den ausgeblendeten Text ein und am Ende den ausgeblendeten Text wieder aus.

Sie brauchen die Aufzeichnung nicht selber durchführen, das habe ich bereits für Sie getan. Sie finden diese Prozedur als *Indexeintrag1Wort_Version2* in *Makros.DOC*.

Die Datei enthält auch die Symbolleiste »Beispielmakros«. Damit können Sie alle Beispielmakros abrufen und testen.

Menüfunktionen ausführen.

Uns interessiert jetzt nur, wie das Makro den ausgeblendeten Text einschaltet:

```
Application.DisplayStatusBar = True
    With ActiveWindow
        .DisplayHorizontalScrollBar = True
        .DisplayVerticalScrollBar = True
        .StyleAreaWidth = CentimetersToPoints(0)
        .DisplayScreenTips = True
        With .View
            .ShowAnimation = True
            .Draft = False
            .WrapToWindow = False
            .ShowPicturePlaceHolders = False
            .ShowFieldCodes = False
            .ShowBookmarks = False
            .FieldShading = wdFieldShadingWhenSelected
            .ShowTabs = False
            .ShowSpaces = False
            .ShowParagraphs = False
            .ShowHyphens = False
            .ShowHiddenText = True
```

```
            .ShowAll = False
            .ShowHighlight = True
        End With
    End With
```

Auch das ist nicht so schwer zu entschlüsseln: Das Makro notiert schlicht-weg die aktuellen Einstellungen im Dialog EXTRAS/OPTIONEN, Register *Ansicht*, bzw. weist ihnen neue Werte zu.

Das ist ziemlich viel Programmcode – überflüssiger Programmcode. Denn wir wollen ja nur die eine Option *Ausgeblendeten Text* ändern, sonst nichts. Und zudem: Das Makro spiegelt *meinen* Status zum Zeitpunkt der Aufzeichnung wider und setzt bei Ihnen unter Umständen Werte, die Sie gar nicht haben möchten.

Also werfen wir 'raus, was wir nicht benötigen.

Erst testen, dann löschen

Bevor Sie aber nun wirklich löschen, sollten Sie erst einmal testen, was überhaupt gelöscht werden kann.

Es gibt dafür die elegante Methode des »Auskommentierens«. Die Zeilen, die Sie nicht haben möchten, werden mit vorangestelltem Hochkomma zu einem bloßen Kommentar degradiert (das Symbol macht das für Sie) und sind damit als Programmcode nicht mehr existent.

Ich habe das in der Prozedur *Indexeintrag1Wort_Version3* für Sie bereits erledigt und diesen Komplex folgendermaßen reduziert:

```
Application.DisplayStatusBar = True
        With .View
            .ShowHiddenText = True
        End With
    End With
```

So aber geht's nicht, beim Testen erhalten Sie eine Fehlermeldung. Noch eine weitere Anweisung ist nötig, nämlich *With ActiveWindow*:

```
Application.DisplayStatusBar = True
    With ActiveWindow
        With .View
            .ShowHiddenText = True
        End With
    End With
```

Die solchermaßen reduzierte Fassung finden Sie als Prozedur *Index-eintrag1Wort_Version4*.

Zweite Ergänzung

Nur so aus Spaß machen wir jetzt den Indexeintrag farbig, damit er sich besser abhebt vom Rest des Textes.

Es gibt mehrere Lösungen, das zu bewerkstelligen. Ich entscheide mich für folgende, damit Sie noch ein paar weitere VBA-Funktionen kennenlernen und damit sich diese Anweisung leichter übertragen läßt auf andere Makros:

In der Feldklammer wird zunächst, nach der Eingabe der Feldanweisung XE, eine Textmarke names »a« gesetzt. Ist der Indexeintrag fertig, wird die Markierungserweiterung mit F8 eingeschaltet und zurückgesprungen zur Textmarke. Dem nunmehr markierten Text wird eine Farbe zugewiesen.

Das alles von vorn bis hinten nochmals vollständig aufzuzeichnen, ist mir zu mühsam. Ich halte nur diese eben beschriebene Aktion fest – Sie finden Sie als Prozedur *Indexeintrag_Farbzuweisung*; überflüssige Teile sind auskommentiert:

```
Sub Indexeintrag_Farbzuweisung()
'
    With ActiveDocument.Bookmarks
        .Add Range:=Selection.Range, Name:="a"
'       .DefaultSorting = wdSortByName
'       .ShowHidden = False
    End With
    Selection.TypeText Text:=""""""
    Selection.Paste
    Selection.TypeText Text:=""""""
    Selection.Extend
    Selection.GoTo What:=wdGoToBookmark, Name:="a"
    Selection.Font.ColorIndex = wdPink
End Sub
```

Nun mache ich mir eine Möglichkeit des Visual Basic-Editors zunutze: Ich kann Makros oder Makro-Teile kopieren. Also gehe ich folgendermaßen vor:

➡ Ich kopiere die soweit ja lauffähige Prozedur *Indexeintrag-1Wort_Version4* und benenne sie um in *Indexeintrag1Wort_Version5* – einfach den Namen nach *Sub* ändern.

➡ Ich kopiere die relevanten Teile aus *Indexeintrag_Farbzuweisung* in die neue Prozedur.

➡ Die Prozedur *Indexeintrag_Farbzuweisung* könnte ich hernach löschen – von *Sub ... bis End Sub* –, sie ist jetzt überflüssig.

So sieht das Makro dann aus:

```
Sub Indexeintrag1Wort_Version5()
'
' Indexeintrag mit Farbauszeichnung
'
    Application.DisplayStatusBar = True
    With ActiveWindow
        With .View
            .ShowHiddenText = True
        End With
    End With
    Selection.MoveRight Unit:=wdWord, Count:=1,_
        Extend:=wdExtend
    Selection.Copy
    Selection.MoveLeft Unit:=wdCharacter, Count:=1
    Selection.Fields.Add Range:=Selection.Range, _
        Type:=wdFieldEmpty, PreserveFormatting:=False
    Selection.TypeText Text:="xe "
    With ActiveDocument.Bookmarks
        .Add Range:=Selection.Range, Name:="a"
    End With
    Selection.TypeText Text:=""""
    Selection.Paste
    Selection.TypeText Text:=""""
    Selection.Extend
    Selection.GoTo What:=wdGoToBookmark, Name:="a"
    Selection.Font.ColorIndex = wdPink
    Application.DisplayStatusBar = True
    With ActiveWindow
        With .View
            .ShowHiddenText = False
        End With
    End With
End Sub
```

Makro-Code ändern

Gefällt Ihnen die Farbe Pink nicht? Hätten Sie lieber Rot oder Blau? Kein Problem:

▪► Sie setzen im Code-Fenster den Cursor in der Zeile *Selection.Font.ColorIndex* in das Wort *wdPink*.

▪► Sie öffnen das Kontextmenü und wählen KONSTANTEN ANZEIGEN oder klicken auf das Symbol.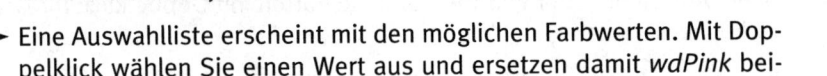

▪► Eine Auswahlliste erscheint mit den möglichen Farbwerten. Mit Doppelklick wählen Sie einen Wert aus und ersetzen damit *wdPink* beispielsweise durch *wdRed*.

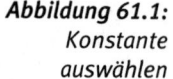

Abbildung 61.1:
Konstante
auswählen

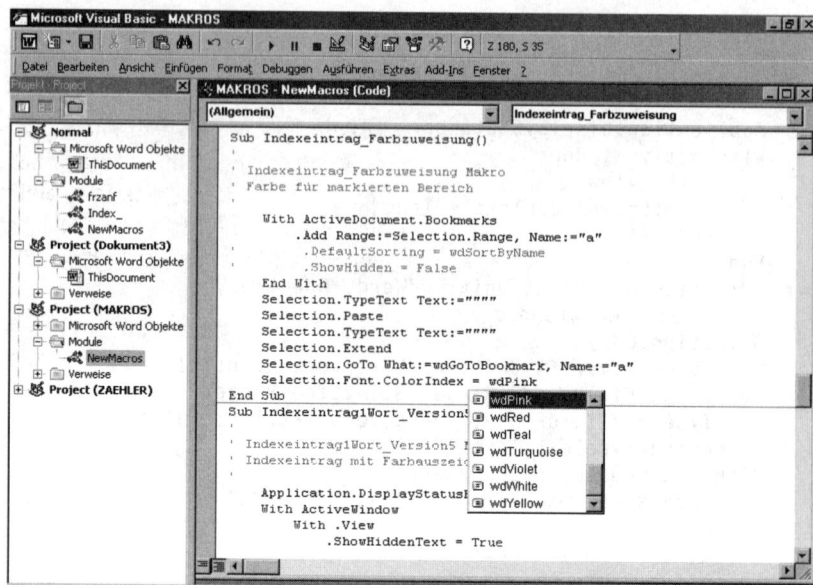

Den Cursor bewegen

Das Makro erfährt eine weitere Ergänzung: Der Cursor soll am Ende zum nächsten Wort bewegt werden. Nach Ablauf des Makros befindet er sich noch innerhalb der Feldklammern, der Indexeintrag ist noch markiert, wir müssen ihn also mit dreimal [Strg]+[→] bewegen.

Das zeichnen wir aber nicht auf, sondern schreiben es direkt in das Code-Fenster. Vielmehr: wir lassen schreiben.

Wir wissen noch, daß die Cursorbewegung irgendwas mit dem *Selection*-Objekt zu tun hat. Also fügen Sie mal nach der Zeile *Selection.Font.ColorIndex* eine Leerzeile ein und schreiben:

```
Sel
```

Dann drücken Sie [Strg]+[Leertaste] – und der Visual Basic-Editor ergänzt zu *Selection*. Hätten Sie nur *Se* geschrieben und dann [Strg]+[Leertaste] gedrückt, wäre sich der Editor nicht sicher gewesen, was Sie meinen, hätte ein Auswahlfenster geöffnet, und Sie hätten mit Doppelklick Ihre Auswahl übernommen.

Jetzt tippen Sie einen Punkt, Ihre Zeile sieht also so aus:

```
Selection.
```

Und ganz allein öffnet sich wiederum ein Auswahlfenster. Sie wissen schon noch, wie man den Cursor nach rechts bewegt, nämlich mit *Move-Right* – Sie brauchen nur auszuwählen, nicht selber zu schreiben.

Aber diese ganzen Eigenschaften und so, das wissen Sie nicht mehr. Deshalb klicken Sie auf dieses Symbol – der Visual Basic-Editor zeigt Ihnen, welche Eigenschaften *MoveRight* haben kann. Diese Quick-Info bleibt geöffnet, bis Sie Esc drücken oder doppelt bzw. rechts darauf klicken, auch wenn Sie schreiben – so können Sie sich jederzeit orientieren.

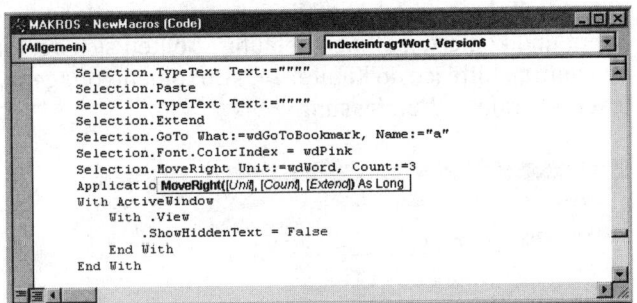

Abbildung 61.2:
Unterstützung durch Quick-Infos

So weit müssen Sie jetzt wenigstens schreiben:

```
Selection.MoveRight Unit:=
```

Dann können Sie mit Strg + Leertaste wieder das Auswahlfenster öffnen. Da gibt es allerdings sehr viel zum Auswählen, und Sie fangen besser schon mal an zu schreiben:

```
Selection.MoveRight Unit:=wdwo
```

Dann ist der Editor in der Auswahlliste zum richtigen Wort gesprungen, und Sie können mit Doppelklick ergänzen zu *wdWord*. Und den kleinen Rest schreiben Sie dann noch:

```
Selection.MoveRight Unit:=wdWord, Count:=3
```

Ist doch ganz einfach, dieses Programmieren, nicht wahr? Man muß wenigstens nicht viel selber schreiben.

61.4 Makros verwalten

Von Word aus

Wenn Sie in EXTRAS/MAKRO/MAKROS ein Makro markieren, können Sie dessen Beschreibung im Eingabefeld unten ändern oder ergänzen. Achten Sie aber darauf, daß die Schaltfläche SCHLIESSEN statt ABBRECHEN erscheint. Wenn nicht, brauchen Sie nur ein anderes Makro zu markieren.

Wie man Makros, überhaupt die Elemente einer Dokumentvorlage, umbenennt und kopiert, ist Ihnen geläufig? Sollten sich bei Ihnen Wissenslücken auftun, bitte ich, in Kapitel 24, »Dokumentvorlagen«, S. 439, nachzulesen. Hier nur in Kurzfassung:

Abbildung 61.3:
Makros verwalten

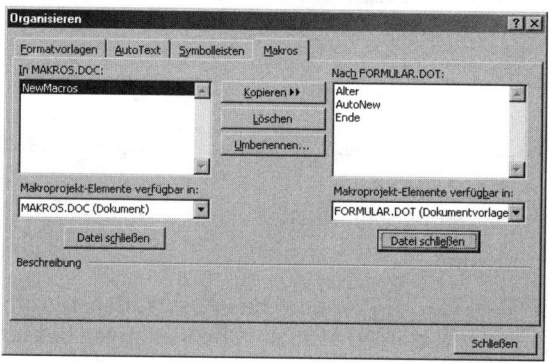

ORGANISIEREN öffnet ein Dialogfeld, in dessen einem Teil Ihre Dokumentvorlage ist. Im andern öffnen Sie ein Dokument oder eine Dokumentvorlage (erst DATEI SCHLIESSEN, dann DATEI ÖFFNEN und auswählen).

Nun können Sie Makros usw. von hier nach dort oder von da nach hier kopieren.

Auch um ein Makro umzubenennen müssen Sie sich in dieses Dialogfenster begeben. Das Löschen eines Makros geht auch im Hauptfenster.

Sie können allerdings nur komplette Module kopieren, nicht die einzelnen Prozeduren innerhalb eines Moduls.

Im Visual Basic-Editor

Im Projekt-Explorer lassen sich Module von einem Projekt ins andere kopieren. Sie müssen dazu nur das Modul markieren und in das andere Projekt hinüberziehen.

Auch löschen können Sie es natürlich, jedoch nicht einfach mit (Entf), sondern mit ENTFERNEN im Kontextmenü. Ein guter Schutz, denn zum einen erfolgt eine Sicherheitsabfrage, zum andern wird zugleich das Modul exportiert – etwas, was Sie auch ganz normal mit DATEI EXPORTIEREN tun können.

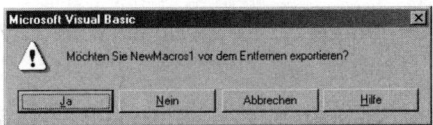

Abbildung 61.4:
Sicherheitsabfrage
vor dem Entfernen
eines Makros

Das Modul wird dann auf der Platte gespeichert, ist ganz normaler Text, den Sie in Word öffnen, den Sie aber auch wieder in den Visual Basic-Editor importieren können. Im markierten Projekt wird das Modul dann eingefügt.

Um ein neues Modul zu erstellen, wählen Sie im Kontextmenü EINFÜGEN.

61.5 Variablen

Variablen sind, etwas burschikos ausgedrückt, der Speicher für Werte jedweder Art. Der Inhalt einer Variablen, der Name sagt es, kann je nach Situation unterschiedlich sein. Sie können einer Variablen selbst einen Wert zuweisen oder durch eine Anweisung einen bestimmten Zustand ermitteln lassen.

Den Namen für eine Variable können Sie frei bestimmen. Er kann aus nur einem Zeichen bestehen, aber auch quasi aus einem ganzen Satz:

```
x = Selection.Paragraphs.Alignment = wdAlignParagraphLeft
WieistderAbsatzausgerichtet = Selection.Paragraphs.Alignment =
     wdAlignParagraphLeft
```

Hier wird abgefragt, ob der Absatz linksbündig steht. Beide Formen sind gültig, und beides erfüllt den gleichen Zweck. Regeln für Variablennamen:

➡ Sie müssen mit einem Buchstaben beginnen,

➡ sie dürfen nur Buchstaben, Ziffern und den Unterstrich enthalten;

➡ sie dürfen maximal 200 Zeichen lang sein.

61.6 Datentypen

Bei der Definition von Variablen sind die Datentypen von Bedeutung. VBA unterscheidet prinzipiell zwischen numerischen Werten und String-Variablen (Text). Bei beiden gibt es wieder unterschiedliche Typen, die nur bestimmte Wertbereiche speichern können und unterschiedlich viel Speicherplatz beanspruchen.

Um zu kennzeichnen, um welchen Typ es sich handelt, wird dem Variablennamen ein bestimmtes Zeichen angehängt. Ich will jetzt nicht sämtliche Typen durchsprechen, sondern nur die wichtigsten herausgreifen:

- **Integer %:** Ganze Zahlen von –32.768 bis 32.767:

  ```
  X% = 526
  ```

- **Single !:** Dezimalzahlen mit sechsstelliger Genauigkeit:

  ```
  X! = 25,67
  ```

- **String $:** Text bis zu 2 Milliarden Zeichen; der Text steht zwischen Anführungszeichen:

  ```
  X$ = "Text"
  ```

- **Variant:** Beliebiger Inhalt, keine Typenkennzeichnung, aber VBA muß dauernd auf Typen prüfen und umrechnen:

  ```
  X = "Dies ist ein Textstring"
  ```

Beachten Sie: Numerische Werte haben keine Anführungszeichen, im Gegensatz zu String-Variablen oder dem Typ »Variant«.

Wann immer Sie diese Variablen verwenden, müssen Sie die Typkennzeichnung mit angeben. Das umgehen Sie, wenn Sie die Variablen deklarieren. Allgemeine Form:

```
Dim Variablenname As Typ
```

Beispiele für die oben angeführten Datentypen:

```
Dim X As Integer
X = 526

Dim X As Single
X = 25,67

Dim X As String
X = "Dies ist ein Textstring"
```

61.7 Arrays, Schleifen, Sprünge

Ein Array ist sozusagen ein Sammeltopf für Variablen. Sie werden im Topf abgelegt und bei Bedarf geholt. Sie bleiben solange erhalten, bis ein neues Array definiert wird.

Arrays werden mit Dim deklariert. Schauen Sie sich mal das folgende Makro an (es ist auf den Beispieltext »Meine Tante« bezogen). Drei Wörter werden im Array *a* gespeichert, im Text gesucht und farbig markiert:

```
Sub DemoArray()
Dim a(3) As String
    a(1) = "Tante"
    a(2) = "Uhr"
    a(3) = "Onkel"

For i = 1 To 3
    Selection.HomeKey Unit:=wdStory
    Selection.Find.ClearFormatting
    With Selection.Find
        .Text = a(i)
        .Replacement.Text = ""
        .Forward = True
        .Wrap = wdFindContinue
        .Format = False
        .MatchCase = False
        .MatchWholeWord = False
        .MatchWildcards = False
        .MatchSoundsLike = False
        .MatchAllWordForms = False
    End With
    Selection.Find.Execute
    While Selection.Find.Found
        Selection.Font.ColorIndex = wdRed
        Selection.Find.Execute
    Wend
Next i
End Sub
```

Die eigentliche Aktion ist eine Schleife. Bei jedem Durchgang wird die nächste Variable als Suchtext eingesetzt. Das geht so oft, wie mit *For ... To* angegeben.

Hier werden sämtliche Variablen abgearbeitet. Sie können das aber auch auf eine Auswahl beschränken – *For i = 5 To 16* beispielsweise (wenn es so viel Variablen gibt).

Ebenfalls vielfach brauchbar ist die Bedingung *While Selection.Find.Found*. Es wird solange etwas gesucht und dann eine Aktion durchgeführt, bis der gesamte Text (oder im obigen Beispiel das Array) abgearbeitet ist.

Beachten Sie, daß solche Schleifen einen »Endpunkt« brauchen – ein reserviertes Codewort, an dem Word das Ende der Schleife erkennt. Bei *For ... To* ist das Next, bei *While* ist es *Wend*.

Sprünge

Mit dem Befehl *Goto* kann man zu einem Label (Sprungmarke) oder einer Zeilennummer springen. Die Sprungmarke wird von einem Doppelpunkt gefolgt, um sie als solche zu identifizieren.

```
If Bedingung Goto ende
.
.
.
ende:
```

Die Sprungmarke ende: kann entweder ganz am Ende des Makros stehen, beendet es also, oder führt zu einem anderen Komplex innerhalb des Makros.

61.8 Bedingungen

Erinnern Sie sich noch an das Indexeintrag-Makro? Wenn Sie ohne Leerzeichenausgleich arbeiten, wird bei dem kopierten und eingefügten Wort das Leerzeichen am Ende belassen. So kriegen wir das Leerzeichen weg und lernen dabei die IF-Bedingung kennen (Beispielmakro: »IndexOhne-Leerzeichen«):

```
Sub IndexOhneLeerzeichen()
    Selection.MoveRight Unit:=wdWord, Count:=1
    Selection.MoveLeft Unit:=wdCharacter, Count:=1
    a$ = Selection.Text
    If a$ = " " Then
        Selection.MoveLeft Unit:=wdWord, Count:=1,_
            Extend:=wdExtend
    Else
        Selection.MoveRight Unit:=wdCharacter, Count:=1
        Selection.MoveLeft Unit:=wdWord, Count:=1,_
            Extend:=wdExtend
    End If
    Selection.Copy
    Selection.MoveLeft Unit:=wdCharacter, Count:=1
    Selection.Fields.Add Range:=Selection.Range, _
    Type:=wdFieldEmpty, PreserveFormatting:=False
    Selection.TypeText Text:="xe """
    Selection.Paste
    Selection.TypeText Text:="""""
End Sub
```

Verfolgen wir mal, was das Makro jetzt macht. Zunächst wird, wie vorher, um ein Wort nach rechts gesprungen – aber tatsächlich nur gesprungen, nicht auch markiert. Dann geht es wieder mit *Selection.MoveLeft* um ein Zeichen nach links.

Warum? Überlegen wir genau: Ein Wort nach rechts bedeutet, der Cursor steht unmittelbar vor dem nächsten Wort – nach dem Leerzeichen, das unserem Wort folgt. Ein Zeichen nach links setzt den Cursor vor das Leerzeichen. Und eben das wollen wir weghaben. Es wäre nun kein Problem, die Markierung bis zum Anfang des Wortes zu erweitern, und wir hätten es geschafft.

Es könnte aber auch sein, daß dem Wort ein Satzzeichen folgt. Dann springt ⌈Strg⌉+⌈→⌉ vor das Satzzeichen, und mit *Selection.MoveLeft* steht der Cursor vor dem letzten Zeichen des Wortes. Das wollen wir natürlich vermeiden und müssen deshalb abfragen, welches Zeichen genau jetzt hinter dem Cursor steht. Dazu dient *a$ = Selection.Text*.

Damit wird der markierte Text in einer Variablen gespeichert. Hier heißt sie schlicht a$; man könnte jeden beliebigen Namen nehmen. Erfreulicherweise betrachtet Word das Zeichen, vor dem der Cursor steht, als markiert.

So, und was ist das nun für ein Zeichen? Davon hängt der weitere Verlauf ab. Was kann es sein? Entweder – Fall 1 – ein Leerzeichen oder – Fall 2 – etwas anderes: das letzte Zeichen des Wortes. Eine andere Möglichkeit gibt es nicht.

Die Abfrage

Hier gabeln sich also die Wege. Wenn die Markierung ein Leerzeichen ist, kann unmittelbar von hier aus nach links gehend das Wort markiert werden. Ist die Markierung hingegen kein Leerzeichen, muß erst um ein Zeichen nach rechts gegangen werden, um tatsächlich an das Wortende zu gelangen.

Diese Weggabelung – entweder so oder anders – ist in der Makrosprache eine *Bedingung*. Ihre allgemeine Syntax ist, bezogen auf unseren Fall:

```
IF leerzeichen THEN
Wort links markieren
ELSE
ein Zeichen nach rechts
Wort links markieren
END IF
```

Mach' entweder das eine oder das andere – das ist das Prinzip der Bedingung. (In Wahrheit ist sie nicht nur auf zwei Möglichkeit beschränkt, aber uns soll das jetzt genügen.) So sieht's dann aus:

```
If a$ = " " Then
    Selection.MoveLeft Unit:=wdWord, Count:=1,_
      Extend:=wdExtend
Else
    Selection.MoveRight Unit:=wdCharacter, Count:=1
    Selection.MoveLeft Unit:=wdWord, Count:=1, Extend:=wdExtend
End If
```

Die Klammern sind *IF* und *END IF*. Wenn Sie *END IF* vergessen, läuft die Sache nicht. Mit *IF* wird die Bedingung aufgestellt: *IF a$ = " "* – wenn die Variable *a$* (die gespeicherte Markierung) ein Leerzeichen ist, dann aber!

Diese ganz fürchterliche Drohung heißt *THEN*, und dieses Wort muß in derselben Zeile stehen wie *IF* (wenn die Zeile zu lang wird, muß sie am Ende einen Unterstrich haben). Was dann folgt – eben die Aktion, die das Makro ausführen soll – kann in der nächsten Zeile sein.

Wenn die Bedingung erfüllt ist, wenn die Variable also tatsächlich ein Leerzeichen ist und das Makro dann getan hat, was auf *THEN* folgt, dann geht es nach *END IF* weiter.

Wenn es aber kein Leerzeichen war, die Bedingung mithin nicht erfüllt ist? Dann muß das Makro schauen, was es statt dessen tun soll: nach *ELSE* steht es.

Und damit ist unser Problem bereinigt. Das Makro markiert auf alle Fälle nur das nächste Wort, ohne folgendes Leerzeichen.

So, und wenn Sie jetzt ein wenig nachdenken, kommen Sie bestimmt darauf, wie man die ganze Aktion etwas kürzer fassen kann. Nämlich so:

```
If a$ <> " " Then Selection.MoveRight Unit:=wdCharacter,_
    Count:=1
Selection.MoveLeft Unit:=wdWord, Count:=1, Extend:=wdExtend
```

Nicht nur kürzer, auch eleganter: Wenn die Markierung »ungleich« einem Leerzeichen, also kein Leerzeichen ist, dann geht's um eins nach rechts. Diese negative Bedingung erspart uns Tipparbeit und macht das Makro schneller (was sich bei einem so kleinen Makro natürlich noch nicht bemerkbar macht).

61.9 Nachrichtenfenster

MsgBox

Die einfachsten und vielfach einsetzbaren Dialogfelder sind Nachrichtenfenster, die mit *MsgBox* erzeugt werden (Beispielmakro: »InfoMitMsg-
Box«):

```
MsgBox prompt, buttons, titel
```

MsgBox gibt es in zwei Varianten. Einmal in dieser Form als Befehl, zum
andern in der Form *MsgBox()* als Funktion. Der Befehl *MsgBox* hat keinen
Rückgabewert, was bedeutet, daß die Reaktion des Anwenders nicht
abgefragt, der weitere Verlauf des Makros also nicht davon abhängig
gemacht werden kann, ob er auf OK geklickt hat oder auf ABBRECHEN oder
auf sonstwas. Also wirklich ein reines Nachrichtenfenster.

Anders bei der Funktion *MsgBox()*. Was angeklickt wird, kann ausgewertet werden. Hier in einer ganz einfachen Form – das Makro fragt, ob Sie
weitere Informationen möchten (Beispielmakro: »MsgBox«):

```
If MsgBox("Möchten Sie nähere Informationen?", 1, _
     "Demo MsgBox") = 2 Then GoTo ende
```

Klickt man im Dialogfeld auf ABBRECHEN, erscheint normalerweise eine
Fehlermeldung. Um das zu verhindern, ist die IF-Bedingung eingebaut.
Der Rückgabewert von ABBRECHEN ist 2; in dem Fall springt das Makro
zum Label *ende*, was die Prozedur beendet.

InputBox

Dieses Makro verknüpft *MsgBox* und *InputBox*. Mit *InputBox* können vom
Anwender Eingaben abgefordert werden. Sie werden als Variable gespeichert, zur weiteren Verwendung.

Wir benutzen das zu einer netten Spielerei:

```
Sub WieAlt()
If MsgBox("Möchten Sie nähere Informationen?", 1, _
     "Demo MsgBox") = 2 Then GoTo ende
MsgBox DateSerial(Year(Date), Month(Date), Day(Date)), 64, "Das
aktuelle Tagesdatum"
geburtstag$ = InputBox("Bitte geben Sie Ihr Geburtsdatum ein_
     (Tag.Monat.Jahr)", "Methusalem - Wettbewerb ")
Alter = DateSerial(Year(Date), Month(Date), _
     Day(Date)) - DateValue(geburtstag$)
MsgBox "Sie sind " + Str(Alter) + " Tage alt", , "Das hat Word
errechnet:"
ende:
End Sub
```

Das Geburtsdatum wird abgefragt und daraus die Zahl der Lebenstage errechnet. Kommt ganz schön was zusammen, wenn man in Tagen statt in Jahren rechnet.

Dialogfelder vorbelegen

Manchmal kann es nützlich sein, ein Dialogfeld zu öffnen und gleichzeitig bestimmte Einstellungen vorzugeben. Ein einfaches Beispiel, mit dem bei DATEI/ÖFFNEN der Dateifilter auf *Alle Dateien* gesetzt wird:

```
With Dialogs(wdDialogFileOpen)
.Name = "*.*"
.Show
End With
```

Show sorgt dafür, daß das Dialogfeld angezeigt wird.

61.10 Auto-Makros

Einige Namen sind für Makros mit speziellen Aufgaben reserviert:

- ► **AutoNew:** Wird ausgeführt, wenn ein neues Dokument mit der aktuellen Vorlage erstellt wird.

- ► **AutoOpen:** Beim Öffnen eines Dokuments.

- ► **AutoExec:** Beim Start von Word.

- ► **AutoClose:** Beim Schließen eines Dateifensters.

- ► **AutoExit:** Wird beim Beenden von Word ausgeführt.

Was diese Makros auslösen, ist Ihre Sache. Die reservierten Namen legen nur fest, *wann* die Makros ausgeführt werden.

Solche Auto-Makros können dazu benutzt werden, eine Arbeitsumgebung automatisch einzurichten. Zum Beispiel lassen sich damit bestimmte Dateien laden (mit »Datei1« etwa die zuletzt bearbeitete), Felder in Standardtexten aktualisieren und dergleichen.

61.11 Hilfe für Makros

Sie haben jetzt schon mit verschiedenen Makro-Anweisungen zu tun gehabt. Der erfahrene Anwender kennt die meisten davon auswendig, der Neuling weiß nicht, was es überhaupt gibt und wie es einzusetzen ist.

Dem Manne (und der Frau) kann geholfen werden. Die Word-Hilfe beinhaltet eine ausführliche Dokumentation zu allen Makro-Anweisungen.

■➤ Die Visual Basic-Editor-Hilfe können Sie benutzen wie die übliche Word-Hilfe: themenorientiert suchen oder im Index. Es gibt viele Beispiele (die Sie ja auch kopieren und damit testen und abändern können).

■➤ Auch der Office-Assistent läßt sich einsetzen und beispielsweise mit Fragen traktieren.

■➤ Die schnellste Hilfe erhalten Sie im Code-Fenster. Wenn Sie den Cursor vor/in/hinter einem Befehlswort haben und dann [F1] drücken, bekommen Sie genau dazu die Hilfestellung.

61.12 Makros konvertieren

Makros aus den Versionen 6.0/95 in der alten WordBasic-Sprache werden beim Öffnen einer Dokumentvorlage konvertiert: automatisch, anstandslos – aber nicht problemlos. Es gibt schon so einige Makros, die hinterher nicht mehr tun, was sie tun sollen. Erstellen Sie deshalb vor dem Konvertieren auf alle Fälle eine Kopie der Dokumentvorlage!

Konvertiert werden diese Makros allerdings in eine Art VBA-Pseudocode. Das sieht etwa so aus:

```
Dim a$
Dim Version$
a$ = WordBasic.[AppInfo$](15)
WordBasic.MsgBox a$, "Noch verfügbarer Festplattenspeicher in
KB", 64
Version$ = WordBasic.[AppInfo$](2)
WordBasic.MsgBox "Sie arbeiten mit Word Version " + Version$, 64
```

Dem Objekt *WordBasic* sind Methoden und Eigenschaften zugeordnet, die den WordBasic-Anweisungen entsprechen. Da kann man also leider nicht abschauen, wie man das in VBA jetzt so macht.

Solange die Makros laufen, ist's ja gut. In einer ruhigen Stunde können Sie ja dann die Makros neu in VBA schreiben.

Word anpassen

Teil XII

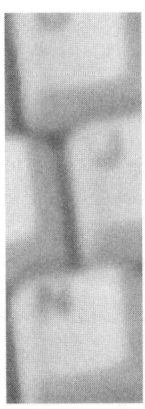

Allgemeine
Einstellungen

Das Menü EXTRAS/OPTIONEN faßt alles zusammen, was es in Word an Grundeinstellungen gibt: Vorgabewerte für vielerlei Funktionen, z.B. für das Speichern, das Drucken oder die Rechtschreibprüfung, die Sie dann direkt bei den jeweiligen Funktionen wieder ändern, wenn Bedarf danach besteht.

Sie finden in diesem Kapitel nur Erläuterungen zu drei Registern: *Ansicht*, *Allgemein* und *Benutzerinformationen*. Dies sind Grundeinstellungen, die für den täglichen Betrieb von Nutzen sind. Alle anderen Register sind funktionsspezifisch. Sie werden daher in den betreffenden Kapiteln erläutert.

62.1 Die Bildschirmanzeige

Alle Optionen dieser Registerkarte sind sozusagen dokumentenspezifische Grundeinstellungen. Das heißt, sie werden als Grundeinstellungen gespeichert. Ändern Sie sie jedoch, übernimmt jedes neu erstellte oder geöffnete Dokument die aktuellen Einstellungen.

Und um die Sache noch etwas komplizierter zu machen: Haben Sie mehrere Dokumente geöffnet, können Sie die Einstellungen für jedes Dokumentfenster anders wählen – mit Ausnahme der Statusleiste, die ist allgemeingültig. Verwirrt jetzt? Nicht so schlimm! Mit den Einstellungen dieser Registerkarte machen Sie garantiert nichts kaputt, sie betreffen ja nur die Bildschirmdarstellung.

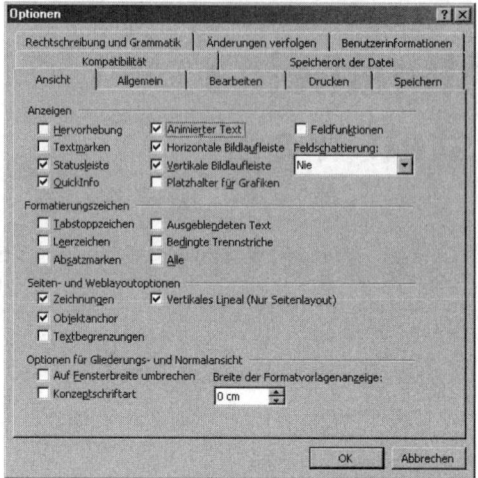

Mehr Platz auf dem Bildschirm

Daß man die Symbolleisten nach Bedarf ein- und ausblenden kann, wissen Sie bereits (siehe Kapitel 2, »Orientierungshilfen«, S. 31). Das Lineal kann man mit dem Menü ANSICHT abschalten. Aber noch mehr kann weg: die horizontale und die vertikale Bildlaufleiste, zudem die Statusleiste.

Mit der horizontalen Bildlaufleiste verschwinden allerdings auch die Symbole zum Umschalten der Ansichten.

Die Radikalkur

Das ganze Drumherum der grafischen Benutzeroberfläche Windows nimmt gut und gerne ein Drittel des Bildschirms ein. So schön und nützlich das auch ist ...

Die Radikalkur dagegen ist ANSICHT/GANZER BILDSCHIRM – nur noch Text auf dem Bildschirm, nichts anderes mehr. Halt, in einer Ecke eine Symbolleiste mit einer einzigen Schaltfläche! Sie schaltet wieder zurück in die vorige Ansicht. ⌈Esc⌉ statt dessen geht auch.

:-)
TIP

Klicken Sie ganz oben an den Rand, erscheinen die Menüs. Sie lassen sich auch mit ⌈Alt⌉ plus Auslösetaste öffnen.

Immer im Bild

■➤ *Hervorhebung* – die mit dem »Farbmarker« eingefügten Auszeichnungen lassen sich anzeigen oder verbergen. (Kapitel 19, »Formatieren«, S. 317)

■➤ *Textmarken* – wenn es welche gibt, werden sie markiert: leere Textmarken mit einem überdimensionalen Cursor, Textmarken mit Inhalt durch riesige eckige Klammern. (Kapitel 25, »Textmarken und Querverweise«, S. 465)

■➤ *Statusleiste* – kann wie bereits erwähnt, ein- und ausgeblendet werden.

■➤ *QuickInfo* – markiert die Stellen, wo Kommentare eingefügt worden sind, gelb und zeigt die Kommentare in einem Info-Kästchen an, sobald Sie den Mauszeiger daraufführen. Das gleiche Info-Kästchen erscheint bei Fußnoten. (Kapitel 47, »Überarbeitungs-Funktionen«, S. 711; Kapitel 40, »Fußnoten«, S. 629)

■➤ *Animierter Text* – ein nette, aber auch nervige Spielerei, die Sie deswegen auch abschalten können. (Kapitel 19, »Formatieren«, S. 317)

■➤ *Horizontale und vertikale Bildlaufleisten* – auch diese können Sie, falls Sie sie nicht benötigen, vom Bildschirm verbannen

■➤ *Platzhalter für Grafiken* – hat verständlicherweise nur eine Auswirkung, wenn der Text Grafiken (Bilder) enthält. Anstelle der Grafik wird ein leerer Rahmen angezeigt, was den Bildschirmaufbau erheblich beschleunigt. (Kapitel 48, »Grafiken«, S. 725)

■➤ *Feldfunktionen* – normalerweise ist das Ergebnis einer Feldfunktion zu sehen, hiermit die Funktion selbst. Mit $\boxed{\text{Alt}}$+$\boxed{\text{F9}}$ kann man auch zwischen Funktions- und Ergebnisdarstellung hin- und herschalten. (Kapitel 14, »Felder«, S. 201)

■➤ *Feldschattierung* – erlaubt, die Feldfunktionen hervorzuheben, entweder immer oder nur, wenn sie markiert sind.

Formatierungszeichen

Oftmals möchten Sie genau wissen, wo beispielsweise ein Absatz endet und ob sich an jener Stelle ein Tabulator befindet oder ein Leerzeichen. All dies wird mit diesem Bereich geregelt.

Sie können gezielt das zuschalten, was Sie auf dem Bildschirm sehen möchten, und Word verwendet dafür besondere Symbole:

■➤ *Tabstoppzeichen*, dargestellt als →.

- *Leerzeichen*, dargestellt als hochstehende Punkte.

- *Absatzmarken* (am Ende eines Absatzes), dargestellt als ¶. Diese Option wirkt sich auch auf Zeilenwechsel mit ⬚+↵ aus (Zeichen: ↵) und auf die Endemarke in einer Tabellenzelle (Zeichen: ¤).

- *Ausgeblendeten Text*, gekennzeichnet durch eine gepunktete Unterstreichung, wenn er sichtbar gemacht wird, ansonsten nicht zu sehen.

- *Bedingte Trennstriche* (an diesen Stellen kann eine Silbentrennung erfolgen), dargestellt als ¬.

Einzelzuweisungen sind nur über diese Menüfunktion möglich. Alle Sonderzeichen zusammen lassen sich hingegen so sichtbar machen (oder wieder ausschalten):

- Im Menü EXTRAS/OPTIONEN/*Ansicht* mit *Alle*.

 - In der *Standard*-Symbolleiste mit einem Klick auf dieses Symbol, das eine Absatzmarke versinnbildlicht.

Was passiert nun, wenn Sie nur einzelne Sonderzeichen, etwa Absatzmarken und Leerzeichen, mit EXTRAS/OPTIONEN als sichtbar gekennzeichnet haben und dann auf das Symbol klicken?

Ganz einfach: Die Absatzmarken und Leerzeichen sind in dem Fall immer zu sehen. Mit dem Symbol werden zusätzlich die anderen Sonderzeichen sichtbar gemacht oder wieder versteckt.

Noch mehr zu den Ansichten

Speziell zu den beiden Layout-Ansichten gibt es einige zusätzliche Optionen

- *Zeichnungen* – Zeichnungen sind nur in den Layout-Ansichten zu sehen. Deshalb kann man sie auch nur hier aus- und einblenden.

- *Objektanker* – gleiches gilt selbstverständlich auch für Objektanker, die anzeigen, mit welchem Absatz die Zeichnung, Grafik, Bild etc. verbunden ist.

- *Textbegrenzungen* ein- oder auszuschalten ist nur möglich in der Layoutansicht, in der Normalansicht erscheint diese Option nicht. Man sieht damit u.a. die Seitenränder.

- *Vertikales Lineal* – diese Option betrifft ausschließlich die Seitenlayout-Ansicht, da nur hier das vertikale Lineal genutzt werden kann.

Aber auch für die Gliederungs- und Normalansicht stehen Ihnen einige spezifische Optionen zur Verfügung:

➡ *Auf Fensterbreite umbrechen* garantiert, daß keine Zeile rechts ins Niemandsland hinausragt und Sie den Fensterausschnitt verschieben müssen. Dadurch verliert man jedoch die Kontrolle über den Zeilen- und Seitenumbruch. (Kapitel 4, »Ansichten«, S. 57)

➡ *Konzeptschriftart*: Zeichenformatierungen sind nicht zu sehen, statt dessen wird eine Einheitsschrift verwendet. Das macht den Bild- schirmaufbau schneller. (Kapitel 4, »Ansichten«, S. 57)

➡ *Breite der Formatvorlagenanzeige:* Die Formatvorlagenanzeige, deren (Anfangs-)Breite hier eingestellt und später leicht mit der Maus verändert werden kann, spielt eigentlich nur eine Rolle, wenn man tatsächlich auch mit Formatvorlagen arbeitet (siehe Kapitel 23, »For- matvorlagen«, S. 407). Sie zeigt an, welche Formatvorlage dem aktu- ellen Absatz zugewiesen ist. Bei einem Wert von 0 wird keine Spalte für die Formatvorlagenanzeige eingerichtet.

62.2 Allgemeine Einstellungen

➡ *Seitenumbruch im Hintergrund* umbricht das Dokument automatisch bei jeder Änderung. Sie wissen (nahezu) sofort, wo die Seiten zu Ende sind, wie lang das Dokument ist und auf welcher Seite Sie sich gerade befinden.

➡ *Blauer Hintergrund, weißer Text* – naja, sieht auf alle Fälle interessant aus. Probieren Sie's mal!

➡ *Feedback mit Sound* klingt natürlich weitaus eindrucksvoller als *Warnton bei Fehler,* wie es früher einmal hieß – der PC piepst, sobald man etwas falsch macht. Wer eine Soundkarte eingebaut hat, kann seinen PC auch dröhnen und rattern und klingeln lassen.

➡ *Feedback mit Animation* – ein animierter Zeiger bei verschiedenen Aktionen, die längere Zeit brauchen. Dazu zählt beispielsweise auch das Disketten-Symbol, das beim Speichern in der Statusleiste erscheint.

➡ *Konvertierung beim Öffnen bestätigen* – wenn Sie mißtrauisch sind, ob Word beim Import von Daten aus anderen Programmen auch den richtigen Umwandlungsfilter nimmt. Brauchen Sie eigentlich nur, wenn Sie des öfteren Fehler beim Import feststellen.

➡ *Automatische Verknüpfungen beim Öffnen aktualisieren* – Dateien, die verknüpft eingefügt sind, werden beim Öffnen des Dokuments aktualisiert und sind somit auf dem neuesten Stand. (Kapitel 30, »Dateien verbinden«, S. 529)

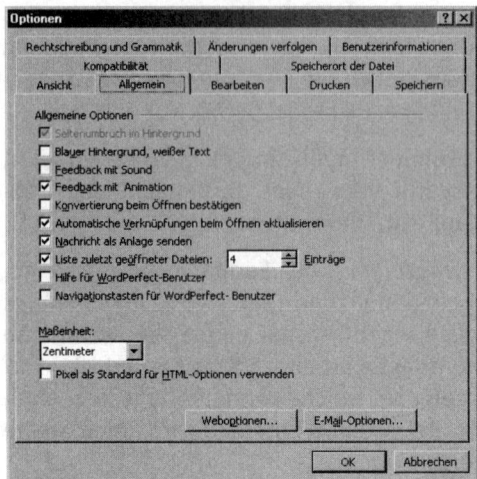

▶ *Nachricht als Anlage senden* setzt zunächst einmal voraus, daß ein Mail-Programm vorhanden ist. Dann können aus Word heraus Dokumente als Mail verschickt werden. (Kapitel 45, »Nachrichten senden«, S. 685)

▶ *Liste zuletzt geöffneter Dateien.* Die zuletzt geöffneten Dateien sind im Menü DATEI aufgelistet. Ein Klick, und sie werden wieder geöffnet. Hiermit wird festgelegt, wieviel Dateien die Liste umfassen soll – maximal 9. (Kapitel 5, »Dokumente erstellen und öffnen«, S. 75)

Maßeinheit

Wenn z.B. ein Seitenrand anzugeben ist, muß Word mitgeteilt werden, welche Maßeinheit damit gemeint ist. Die Grundeinstellung wird hier vorgenommen. Alle Maßangaben beziehen sich dann, von ein paar Ausnahmen abgesehen, auf die gewählte Maßeinheit. Es genügt, in den Dialogfenstern den bloßen Wert anzugeben, ohne Maßeinheit. Andere Werte rechnet Word automatisch um.

Beispiel: Sie haben als Maßeinheit »Zentimeter« gewählt. Wenn Sie etwa beim Seitenrand »3« angeben, erkennt Word das als »3 cm«. Haben Sie damit aber 3 Punkt gemeint, müssen Sie so schreiben:

```
3pt
```

Tabelle 62.1 auf Seite 949 zeigt die Maßeinheiten und die vorgeschriebenen Abkürzungen dafür.

Die Tabelle enthält noch die weitere Maßeinheit »ze« für Zeilen, die im Listenfeld nicht ausgewählt werden kann. Sie ist die vorgegebene Maßeinheit nur für den speziellen Zeilenabstand »Mehrfach«, kann aber auch bei anderen Abständen angegeben werden. (Zum Zeilenabstand siehe Kapitel 19, »Formatieren«, S. 317.)

■→ Die Maßeinheit für Absatz- und Zeilenabstände ist ansonsten Punkt, nicht mehr Zeilen wie bis zur Version 2.0. Dies gilt ebenso für die Zeilenhöhe in Tabellen.

■→ Schriftgrößen werden immer in Punkt angegeben.

■→ Die typographische Maßeinheit Punkt beruht in Word auf dem amerikanischen System, nicht auf den bei uns im Satzbereich gebräuchlichen Didot-Punkten.

■→ Geben Sie eine andere als die vorgegebene Maßeinheit in Dialogfelder ein, rechnet Word Ihre Eingabe in die Standard-Maßeinheit um. (Das merken Sie allerdings erst bei nochmaligem Aufruf des Dialogfeldes.)

Von der Registerseite *Allgemein* aus können Sie über zwei Schaltflächen unten rechts auf weitere Optionen zum Web oder zu E-Mails zugreifen. (Kapitel 45, »Nachrichten senden«, S. 685)

Maßeinheit	Abkürzung	Umrechnung
Zoll	"	1 " = 2,54 cm
Zentimeter	cm	1 cm = 0,393 "
Punkte	pt	1 pt = 0,00351 cm = $^{1}/_{72}$ "
Pica	pi	1 pi = 12 pt
Zeile	ze	1 ze = 12 pt

Tabelle 62.1:
Maßeinheiten

62.3 Benutzerinformationen

Name und *Initialen* führen den Namen und die Initialen des Benutzers dieser Word-Version auf. Das sind normalerweise Sie selbst, diese Angaben sind bei der Installation von Word abgefragt worden. Hier läßt sich aber auch ein anderer Name eintragen.

■→ Der Benutzername taucht zum Beispiel im Register *Zusammenfassung* der Datei-Eigenschaften auf oder kann über eine Feldfunktion überall in den Text eingefügt werden. Er ist auch wichtig beim Schutz von Zentral- und Filialdokumenten. (Kapitel 8, »Datei-Eigenschaften«, S. 109)

➡ Die Initialen werden für Kommentare oder Korrekturmarkierungen verwendet. Vor allem, wenn ein Dokument durch die Hände mehrerer Bearbeiter geht, ist es wichtig, daß die Kommentare zugeordnet werden können. (Kapitel 47, »Überarbeitungs-Funktionen«, S. 711)

➡ Die *Adresse* wird benötigt für Briefumschläge und Etiketten; Sie müssen aber Adresse **und** Name hier eintragen. Sie können eine neue Zeile mit ⏎ beginnen. (Kapitel 37, »Kataloge, Umschläge, Etiketten«, S. 591)

Abbildung 62.3:
Wo findet man die
Benutzer-
informationen

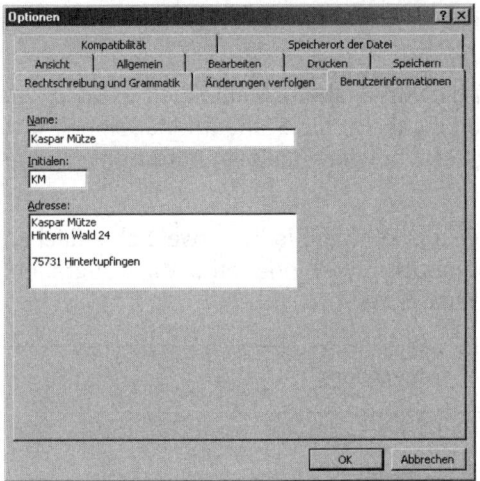

62.4 Extras/Anpassen

Das Register *Optionen* regelt das Erscheinungsbild von Word. Sie können

➡ *Große Symbole* statt kleiner anzeigen lassen;

➡ *Schriftartennamen in Schriftart anzeigen* lassen: Wenn Sie eine Schrift wählen, zeigt das Listenfeld, wie sie aussieht.

➡ die *QuickInfo*, die über die Bedeutung eines Symbols aufklärt, auf Wunsch auch mit den Tastenkombinationen einblenden, mit der die Funktionen ausgeführt werden können;

➡ eine *Menü-Animation* wählen, damit ein Menü nicht mehr schnöde aufklappt, sondern sich elegant entfaltet oder dynamisch abrollt. Spielerei!

Außerdem können Sie ganz oben in diesem Register Einfluß auf die neuen personalisierten Menüs und Symbolleisten von Word nehmen.

■► Standardmäßig ist die Option *Standard- und Formatsymbolleiste teilen sich eine Zeile* aktiviert. Vorteil ist, daß der Raum für die Dokumentansicht größer wird, Nachteil jedoch, daß die meisten der Symbole nicht mehr direkt zu erreichen sind, was für alle, die eher mit Tastaturkürzeln arbeiten, nicht unbedingt ein Nachteil bedeuten muß.

■► Als besonderes Schmankerl gilt ab Word 2000: *Menüs zeigen zuletzt verwendete Befehle zuerst an*. Angeblich war das ein häufig geäußerten Kundenwunsch. Ich für meinen Teil, habe diese Option erst einmal deaktiviert, da ich mich nicht daran gewöhnen kann, die Anordnung der Menübefehle nach jedem Aufruf eines neuen Menübefehls im gleichen Menü jedesmal geändert vorzufinden.

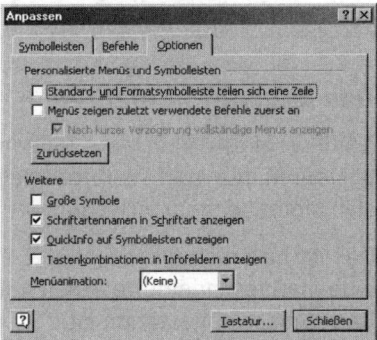

Abbildung 62.4:
Allgemeine
Optionen zum
Anpassen der
Menüs

Sie erreichen dieses Dialogfenster auch mit dem Kontextmenü (in einer Symbolleiste rechts klicken) oder mit ANSICHT/SYMBOLLEISTEN *und* ANPASSEN.

:-)
TIP

Die Symbolleisten

Mit dem Register *Symbolleisten* können Sie sich zunächst einen Überblick verschaffen, welche Symbolleisten überhaupt aktuell zur Verfügung stehen, können aber auch Leisten aus- oder einblenden:

■► Sie markieren die gewünschte Symbolleiste – ein Klick, und ein Haken davor erscheint.

■► Ein erneuter Klick: der Haken davor verschwindet. War die Symbolleiste zuvor eingeblendet, wird sie damit ausgeblendet.

Probieren Sie doch mal die Symbolleisten *Funktionstastenanzeige* und *Kontextmenü* aus! Was Sie an Symbolen in der *Erweiterten Formatierung* finden, ist übrigens teilweise für den asiatischen Sprachraum gedacht.

Abbildung 62.5:
Welche
Symbolleisten gibt
es, und welche sind
aktiv?

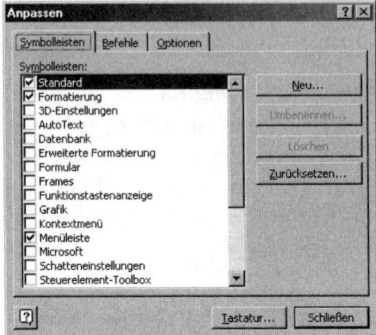

Das Register »Befehle«

Damit geht es wirklich ans Eingemachte, denn damit ändern Sie Symbolleisten, Menüs und Tastaturbelegung – wenn Sie wollen so radikal, daß sich niemand mehr zurechtfindet.

Das ist natürlich nicht Sinn der Sache. Vielmehr: Sie können sich damit eine maßgeschneiderte Arbeitsumgebung zusammenstellen, die auf Ihre Bedürfnisse abgestimmt ist.

Zugewiesen werden Makros, Schriftarten, AutoText-Einträge und Formatvorlagen, für die Tastatur auch noch Sonderzeichen. Alle diese Punkte finden Sie in der Registerkarte am Ende der Auswahlliste aufgeführt.

Abbildung 62.6:
Zugriff auf alles,
was Sie für die
Anpassung Ihrer
Arbeitsumgebung
benötigen

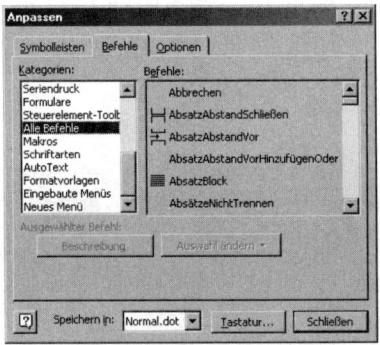

Davor gibt es auch noch »Alle Befehle«. Dazu muß man wissen, daß alle Word-Funktionen, die man über die Menüs abruft (und noch viele andere mehr), als Befehle vorhanden sind. Sie heißen wie die Menüfunktion (z.B.

»DateiÖffnen«) oder sind durch ihren Namen auf Anhieb zu entschlüsseln
(etwa »AbsatzBlock«).

Wenn Sie einen bestimmten Befehl besonders häufig brauchen, können
Sie ihn zum Beispiel als Symbol in einer Symbolleiste installieren.

Einzelheiten dazu in den folgenden Kapiteln.

Symbol- und Menüleisten

Kapitel 63

*U*nübersehbar prangen die Symbolleisten auf dem Bildschirm, und ihr Anliegen ist ebenso eindeutig: Funktionsabruf mit Mausklick. Nicht erst ein Menü öffnen, Funktion auswählen, im Dialogfenster weitere Entscheidungen treffen, sondern nur ein Mausklick.

Das ist zweifelsohne praktisch. Aber vielleicht brauchen Sie die vorgegebenen Funktionen gar nicht, die hier auf den Symbolen liegen, dafür andere, die nicht vorgesehen sind? Vielleicht gefallen Ihnen die Symbole nicht? Kein Problem. Das Ändern geht leicht.

63.1 Die Qual der Wahl

Die Unterscheidung zwischen Menüleiste und Symbolleiste ist bereits in Word 97 gefallen – was schon daraus ersichtlich ist, daß die Menüleiste wie eine Symbolleiste von ihrem Stammplatz weggezogen und beliebig auf der Arbeitsfläche plaziert werden kann.

Ebenso können Sie Symbole in die Menüleiste aufnehmen, Menüs in eine Symbolleiste integrieren, eine gänzlich neue Menüleiste zusammenstellen – die totale Freiheit also.

Wo werden die Anpassungen gespeichert?

Alle derartigen Anpassungen sind üblicherweise Bestandteil einer Dokumentvorlage; mit *Speichern in* können und müssen Sie wählen, welche das sein soll.

Wenn dem aktuellen Dokument keine spezielle Vorlage zugewiesen ist, gilt automatisch die sogenannte globale Vorlage NORMAL.DOT, die allen

Dokumenten zur Verfügung steht. Ansonsten müssen Sie hier eine andere Dokumentvorlage auswählen (siehe Kapitel 24, »Dokumentvorlagen«, S. 439).

Sie können die Änderungen aber auch im aktuellen Dokument speichern lassen und haben damit, ähnlich wie bei Formatvorlagen, eine dreistufige Auswahlmöglichkeit:

- ▶ NORMAL.DOT für alles, was Sie immer zur Verfügung haben wollen,

- ▶ die aktuelle Dokumentvorlage für gleichgeartete Dokumente und Arbeitsumgebungen,

- ▶ das aktuelle Dokument.

Alles wieder zurück

Wenn Sie zur originalen Belegung einer Menüleiste oder der Tastaturbelegung zurückkommen möchten:

- ▶ Sie wählen die betreffende Registerkarte.

- ▶ Sie klicken auf ZURÜCKSETZEN und müssen nun bestätigen, was Sie vorhaben.

Damit werden *alle* Änderungen rückgängig gemacht. Zur Aufhebung eines einzelnen Shortcuts usw. kommen wir noch.

63.2 Eine neue Symbolleiste

ANSICHT/
ANPASSEN/
Symbolleisten

- ▶ Sie klicken auf NEU und geben sodann der Symbolleiste einen Namen.

- ▶ Nötigenfalls wählen Sie auch, wo die Symbolleiste gespeichert werden soll *(Symbolleiste verfügbar machen in)*.

- ▶ OK erzeugt die neue Symbolleiste, die Sie nunmehr füllen können.

Abbildung 63.1:
Der Weg zu einer
eigenen
Symbolleiste

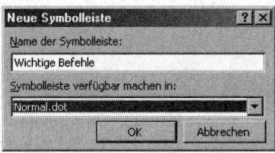

63.3 Symbolleisten anpassen

Der Weg führt über ANPASSEN im Kontextmenü oder über ANSICHT/SYM-BOLLEISTEN/ANPASSEN und die Registerkarte *Befehle*.

Die Befehle sind nach Kategorien geordnet – einfach ein Mittel, um sich besser zurechtzufinden. Wenn Sie mal abwärts rollen, stoßen Sie auf *Alle Befehle*. Das sind sämtliche Word-Funktionen, alphabetisch sortiert.

Es folgen dann *Makros*, *Schriftarten*, *AutoText*-Einträge und *Formatvorlagen*.

Am vorletzter Stelle finden Sie *Eingebaute Menüs* – das sind die Menüs, die Sie in der Menüleiste vorfinden und die Sie, wie schon erwähnt, auch in eine Symbolleiste aufnehmen können

Und schließlich, ganz am Ende, *Neues Menü* – Sie erstellen damit ein Menü nach eigenem Gusto. Darauf kommen wir noch.

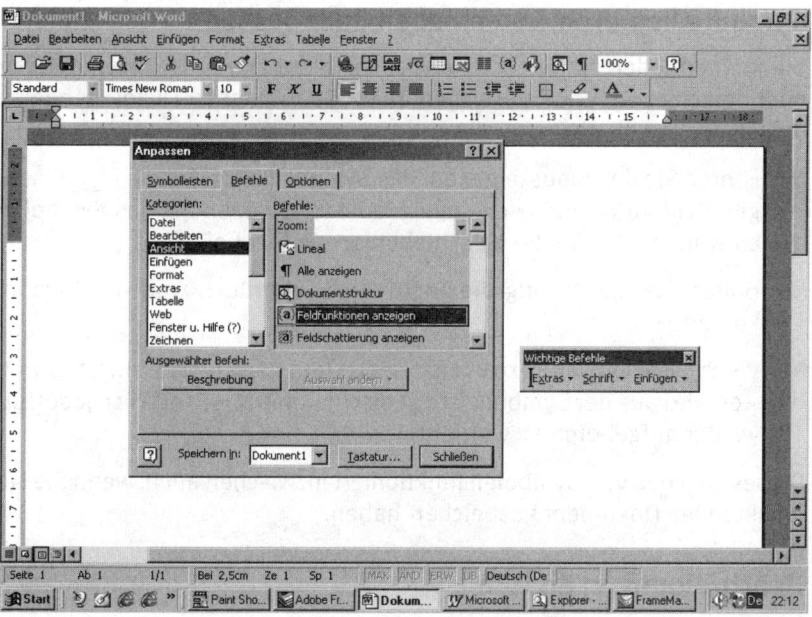

Abbildung 63.2:
Ein Symbol wird in eine Symbolleiste aufgenommen

Grundsätzlich geht es so:

▪► Sie wählen zunächst aus *(Speichern in)*, wo die angepaßte Symbolleiste gespeichert werden soll: in NORMAL.DOT, der aktuellen Dokumentvorlage oder dem aktuellen Dokument.

➡️ Sie wählen in einer der Kategorien die Funktion aus, die Sie in eine Symbolleiste aufnehmen möchten.

➡️ Klicken Sie auf BESCHREIBUNG, sagt Word Ihnen, was es mit der Funktion auf sich hat.

➡️ Mit gedrückter linker Maustaste ziehen Sie die Funktion in irgendeine Symbolleiste. Ein großer Zeiger informiert Sie, an welcher Stelle Sie im Begriff sind, das Symbol abzulegen. Sie können es aber danach jederzeit noch verschieben.

➡️ Klicken Sie anschließend auf SCHLIESSEN. Damit ist das Symbol in die Symbolleiste aufgenommen.

NORMAL.DOT ist die Vorgabe beim Aufruf des Dialogfensters. Also Vorsicht, wenn Sie die Anpassungen woanders speichern wollen!

Symbole kopieren, verschieben und löschen

Sie können jederzeit Symbole von einer Leiste in eine andere kopieren oder verschieben, ohne deswegen über den ANPASSEN-Dialog gehen zu müssen:

➡️ Führen Sie den Mauszeiger auf das Symbol, halten Sie die ⌨Alt-Taste gedrückt, drücken Sie die linke Maustaste, ziehen Sie das Symbol in eine andere Leiste. So verschiebt man ein Symbol.

➡️ Halten Sie gleichzeitig die Taste ⌨Strg gedrückt, wird das Symbol kopiert.

➡️ Wenn Sie es in den Textbereich ziehen und dann loslassen, ist es weg – es wird aus der Symbolleiste gelöscht (kann aber natürlich jederzeit wieder aufgenommen werden).

Dieses Löschen von Symbolen funktioniert inzwischen auch, wenn Sie sie im aktuellen Dokument gespeichert haben.

Beschreibungen ändern

Zunächst einmal nehmen wir begrifflich Abschied vom Symbol und nennen es fortan Schaltfläche, sonst kommen wir durcheinander; Sie werden gleich merken, warum.

Wenn Sie eine Schaltfläche – das Dialogfenster ANPASSEN ist noch geöffnet – markieren und auf AUSWAHL ÄNDERN klicken, können Sie folgendes tun (das gleiche Feld wird auch eingeblendet, wenn Sie die Schaltfläche anklicken und dann das Kontextmenü öffnen):

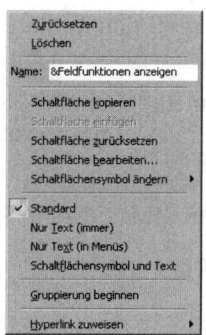

Abbildung 63.3:
Schaltflächen
gestalten

➨ Der NAME ist, was auf der Schaltfläche erscheint. Sie können ihn ändern. Möchten Sie, daß ein Buchstabe unterstrichen wird (als Auslösetaste zusammen mit [Alt]), müssen Sie ihm das kaufmännische Und & voransetzen.

➨ Sie können eine GRUPPIERUNG BEGINNEN – vor dieser Schaltfläche erscheint ein Strich in der Symbolleiste. Dient einzig der optischen Trennung.

➨ Sie entscheiden, ob auf der Schaltfläche nur ein Text erscheint oder auch das Schaltflächensymbol (sofern für diese Schaltfläche ein Symbol vorgesehen ist) oder nur das Symbol (Auswahl STANDARD). Menüs können Sie kein Symbol zuordnen, wohl aber Menübefehlen.

➨ Wenn nicht, können Sie mit SCHALTFLÄCHENSYMBOL ÄNDERN eins auswählen (allerdings nicht bei den eingebauten Menüs). Oder Sie können das standardmäßig vorgesehen Symbol ersetzen. Mit ZURÜCKSETZEN heben Sie eine solche Änderung wieder auf.

➨ Außerdem können Sie der Schaltfläche einen HYPERLINK zu einer Webseite zuweisen.

Symbole kopieren

Zur Auswahl haben Sie nur freie Symbole, nicht diejenigen, die Word für seine Funktionen vorgesehen hat. Aber Sie können jedes beliebige Symbol auf jede beliebige Schaltfläche übertragen.

➨ Sie markieren zunächst die Schaltfläche, deren Symbol Sie übertragen möchten, öffnen AUSWAHL ÄNDERN und wählen SCHALTFLÄCHE KOPIEREN. Wohin wird es kopiert? In die Zwischenablage.

➨ Markieren Sie jetzt diejenige Schaltfläche, der Sie das Symbol geben möchten. Sie öffnen wiederum AUSWAHL ÄNDERN und wählen SCHALTFLÄCHE EINFÜGEN. Hier erscheint jetzt das eben kopierte Symbol. Die

QuickInfo aber sagt Ihnen, daß die zugrundeliegende Funktion dieselbe geblieben ist. Also: ein anderes Symbol für eine Funktion.

■➤ Kommando zurück? SCHALTFLÄCHE ZURÜCKSETZEN. Die Funktion
erhält wieder ihr ursprüngliches Symbol.

■➤ Gefällt Ihnen das Symbol so nicht? SCHALTFLÄCHE BEARBEITEN über-
gibt das markierte Symbol dem Schaltflächen-Editor.

Das alles geht übrigens nicht mit Menüs.

Abbildung 63.4:
Ein Symbol
kopieren

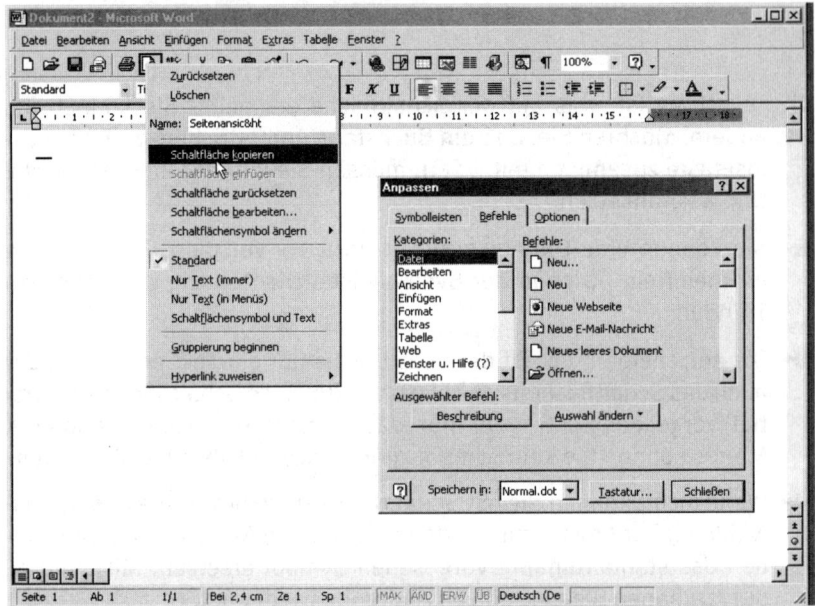

63.4 Ein Symbol entwerfen

Also: Mit SCHALTFLÄCHE BEARBEITEN kommt das markierte Symbol in den
Schaltflächen-Editor. Und wenn die Schaltfläche gar kein Symbol hat?
Dann entwerfen Sie damit ein gänzlich neues.

Der Schaltflächen-Editor stellt zwar einige Anforderungen an Ihr künstle-
risches Geschick (Sie werden merken, so ein Symbol zu entwerfen ist gar
nicht so einfach), jedoch keine, was die Bedienung betrifft.

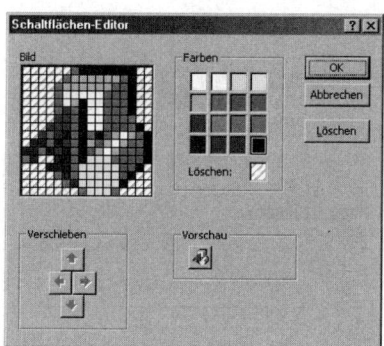

Abbildung 63.5:
*Ein Symbol selbst
gestalten*

➤ Sie wählen eine Farbe und klicken dann in der Malfläche Punkt für Punkt an – oder ziehen mit gedrückter linker Taste.

➤ Wenn Sie in der Malfläche mit der rechten Maustaste auf eine Farbe klicken, wird die ausgewählt.

➤ Mit den Pfeilen können Sie Ihr Bild verschieben.

➤ Die Vorschau zeigt Ihr Symbol in Originalgröße. Ein Blick darauf ist oft sehr ernüchternd.

Sie können Ihr Bild leider nicht speichern, nur wie oben beschrieben auf eine andere Funktion übertragen. Sie können aber in einem Grafikprogramm ein Symbol anfertigen und es dann einer Schaltfläche hinzufügen:

➤ Das Symbol sollte eine Größe von 16 x 16 Pixel haben; andere Formate erscheinen verzerrt.

➤ Sie kopieren das Symbol in die Zwischenablage und fügen es dann wie beschrieben in die Word-Schaltfläche ein.

63.5 Menüs ändern

Wie schon erwähnt, ist die Menüleiste nur eine andere Art von Symbolleiste und kann deshalb genauso behandelt werden wie eine solche: Sie können neue Funktionen aufnehmen, andere löschen, umbenennen – und nicht nur die Menüs selbst, sondern auch innerhalb der Menüs. Für ein gänzlich neues Menü gibt es die Kategorie *Neues Menü*.

Wenn Sie ein Menü um andere Funktionen ergänzen wollen, öffnen Sie das Anpassen-Dialogfeld, wählen die Funktion aus und ziehen sie auf das Menü. Es klappt automatisch auf, und Sie können die Funktion an der gewünschten Stelle plazieren.

Ganz schnell weg

Wenn Sie den Shortcut `Alt`+`Strg`+`-` drücken, wird der Cursor zu einem dicken Querstrich. Öffnen Sie damit ein Menü, klicken Sie auf eine Menüfunktion – und weg ist sie. Das ist sicher der schnellste Weg, eine Funktion aus einem Menü zu entfernen. Das geht aber nur mit den eingebauten Menüs, nicht mit neu erstellten.

63.6 Tips und Tricks

Ich hoffe, Sie haben inzwischen etwas den Respekt vor den vorgegebenen Menü- und Symbolleisten verloren und können sich vorstellen, auch darin Änderungen vorzunehmen. Und für alle Ängstliche: Keine Änderung ist unwiderruflich, es läßt sich alles rückgängig machen.

Damit Sie aber einige Anhaltspunkte haben, wann man besser eine eigene Symbolleiste anlegt oder einen Befehl im Menü, als Tastaturkürzel oder als Symbol aufnimmt, möchte ich Ihnen einige Tricks verraten:

➡ Menüfunktionen oder sonstige Befehle, die Sie häufig benötigen, sollten Sie sich als Schaltfläche oder als Shortcut schnell verfügbar machen. Aber was soll in ein Menü aufgenommen, was als Schaltfläche, was auf einen Shortcut gelegt werden? Denken Sie ergonomisch, prüfen Sie Ihre Arbeitsgewohnheiten!

➡ Aktionen, die den Schreibfluß unterbrechen, weil man erst mit der Maus irgendwo klicken muß, gehören auf Tastenkombinationen, nicht auf eine Schaltfläche. Ich verwende zum Beispiel ein Makro, das die Anführungen »« einfügt. Ich müßte die Finger von der Tastatur nehmen, zur Maus greifen, in der Leiste die Schaltfläche suchen und könnte dann erst weiterschreiben. Also: Shortcut. Anders sieht es aus, wenn man ohnehin mit der Maus etwas markiert, zum Beispiel eine Grafik. Dann ist es nur ein kleiner Schlenker zur Symbolleiste. Für die entsprechenden Funktionen sind deshalb Schaltflächen sinnvoll.

➡ Wenn Sie lange rätseln müssen, welche Funktion hinter einem Symbol steckt, verzichten Sie lieber auf ein Bild und greifen statt dessen zur Textform. Trotz QuickInfo ist es lästig, erst eine Reihe von Schaltflächen abfahren zu müssen, ehe man beim richtigen landet. Andererseits: Ein Symbol zieht den Blick magisch an. Da man ja nun auch Text und Symbol kombinieren kann, haben bei mir die besonders häufig verwendeten Schaltflächen beides.

➡ Fassen Sie die Schaltflächen funktionsbezogen zusammen. Wieder ein Beispiel aus der Praxis: Ich habe eine Symbolleiste, in der alles vereint ist, was irgendwie mit Grafiken zu tun hat: Formatvorlagen, Makros, Menüfunktionen. Ich hole sie, wenn ich sie brauche, und blende sie wieder aus, wenn sie Platz wegnimmt.

➡ Nutzen Sie auch das Prinzip der Dokumentvorlagen überlegt. Funktionen, Makros, Symbole, die Sie immer brauchen, gehören in NORMAL.DOT (oder in eine globale Vorlage) – es wäre entschieden zu viel Arbeit, sie immer wieder in spezielle Dokumentvorlagen kopieren zu müssen.

Tastenbelegung

Viele, viele Shortcuts bringt Word schon mit. Sie können sie alle, alle ändern und sämtliche Funktionen, Makros usw. mit einem Shortcut versehen – eine erfreuliche Nachricht für all jene, die eine Maus zwar für eine fortschrittliche Erfindung halten, sich trotzdem nicht ständig durch die Menüs wühlen wollen.

64.1 Welche Tasten gehen?

Bei der Wahl der Ihnen genehmen Tastenkombination haben Sie ganz schön viel Freiheit:

■➤ Immer muß eine der Tasten $\boxed{\text{Strg}}$, $\boxed{\text{⇧}}$ oder $\boxed{\text{Alt}}$ dabeisein – eine allein oder irgendeine Kombination aus den dreien.

■➤ Dann darf es irgendeine andere Taste sein. Gesperrt sind nur $\boxed{\text{F1}}$ (für die Hilfestellung), $\boxed{\text{Esc}}$, Windows-Systemkombinationen wie $\boxed{\text{Alt}}$+$\boxed{\text{⇆}}$, und $\boxed{\text{Num ⇩}}$ oder $\boxed{\text{Rollen ⇩}}$ funktionieren auch nicht.

Daß Sie die Schreibtasten solo oder mit $\boxed{\text{⇧}}$ so lassen müssen, ist ja wohl klar.

64.2 Präfix-Tasten

Sie können auch eine zweite Taste hinzunehmen, also zum Beispiel
⟨Strg⟩+⟨A⟩⟨B⟩ oder ⟨Alt⟩+⟨Strg⟩+⟨⇧⟩+⟨A⟩⟨I⟩ oder was auch immer.

- ⟨Strg⟩+⟨A⟩ ist in dem Fall die Präfix-Taste. Sobald Sie mal einen Shortcut mit dieser Präfix-Taste definiert haben, können Sie ⟨Strg⟩+⟨A⟩ (um
  bei dem einen Beispiel zu bleiben) nicht mehr belegen. Sie brauchen
  notwendigerweise eine zweite Taste.

- Natürlich können Sie ⟨A⟩ noch mit den anderen Sondertasten verbinden: ⟨Alt⟩+⟨A⟩ oder ⟨Alt⟩+⟨⇧⟩+⟨A⟩ oder ⟨Alt⟩+⟨Strg⟩+⟨A⟩ oder
  ⟨Strg⟩+⟨⇧⟩+⟨A⟩ – haben wir jetzt alle? Und wenn Sie diese Kombinationen wiederum als Präfix-Tasten nehmen, bekommen Sie eine
  ungefähre Ahnung davon, wieviel Shortcuts allein auf der Grundlage
  von ⟨A⟩ möglich sind.

- Versuchen Sie, Shortcuts mnemonisch zu vergeben. Mal angenommen, Sie wollen die vorgegebenen Shortcuts für die verschiedenen
  Ansichten ändern. »AnsichtLayout« auf ⟨Strg⟩+⟨A⟩ ist nicht so gut,
  ⟨Strg⟩+⟨L⟩ ist besser. Denn Sie denken nicht »AnsichtLayout«, sondern haben nur »Layoutansicht« im Kopf.

- Eine Gedächtnisstütze können Präfix-Tasten sein, wenn man Funktionsbereiche sinnvoll zusammenfaßt. ⟨Strg⟩+⟨L⟩ für die Layoutansicht, ⟨Strg⟩+⟨S⟩ für die Seitenansicht – damit sind die bequemen
  Tastenkombinationen schnell weg. Wie wär's denn damit: ⟨Strg⟩+⟨A⟩
  ist die Präfix-Taste für alles, was mit Ansichten zu tun hat.
  ⟨Strg⟩+⟨A⟩⟨L⟩ könnte dann die Layoutansicht sein, ⟨Strg⟩+⟨A⟩⟨S⟩ die
  Seitenansicht, ⟨Strg⟩+⟨A⟩⟨O⟩ für das Online-Layout usw. Setzen Sie
  sich mal eine halbe Stunde hin und überlegen Sie sich eine sinnvolle
  Struktur für Shortcuts – die Zeit holen Sie schnell wieder rein!

Die gültigen Shortcuts können Sie sich auch ausdrucken lassen (Kapitel 16, »Drucken«, S. 267).

64.3 Wie's geht

▶ Im ANPASSEN-Dialogfenster wählen Sie die Schaltfläche *Tastatur*.

▶ Sie wählen eine Kategorie und dann den gewünschten Befehl – wie wäre es denn, falls Sie mitmachen wollen, bei »Alle Befehle« mit »ExtrasAnpassenTastatur«?

▶ Gibt es dafür schon eine Tastenkombination, ist das in der Liste *Aktuelle Tastenkombinationen* vermerkt. Was Sie aber nicht zu stören braucht. Sie können demselben Befehl dutzende von Shortcuts zuweisen; einen davon werden Sie sich ja merken können.

▶ Möchten Sie einen vorhanden Shortcut (trotzdem) entfernen, markieren Sie ihn in der Liste *Aktuelle Tastenkombinationen* und klicken auf ENTFERNEN.

▶ Für den neuen Shortcut gehen Sie in das Feld *Neue Tastenkombination drücken* und drücken Ihre Tastenkombination.

▶ Ist die schon belegt (probieren Sie's zum Beispiel mal mit Strg+T), wird die aktuelle Zuordnung darunter vermerkt. Das gilt auch für Tastenkombinationen, die als Präfix-Taste definiert wurden. Möchten Sie die bewahren, löschen Sie das Eingabefeld – mit ←, weil Entf auch eine Shortcut-Taste sein kann – und versuchen Ihr Glück mit einer anderen Kombination.

▶ Mit der Schaltfläche ZUORDNEN machen Sie die neue Belegung aktenkundig. Eine bereits vorhandene Belegung wird damit aufgehoben.

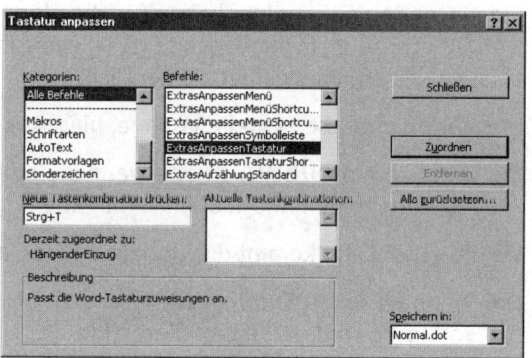

Abbildung 64.1:
Wie man Befehle
mit Tastaturkürzeln
verbindet

Die besonders einfach zu merkenden Shortcuts wie $\boxed{\text{Strg}}$*+*$\boxed{\text{B}}$ *oder* $\boxed{\text{Strg}}$*+*$\boxed{\text{A}}$ *sind ja schon vorbelegt. Man kann sie natürlich ändern – aber welche soll man ändern, welche lassen? Prüfen Sie sich wieder einmal: Klicken Sie immer auf die Schaltfläche, wenn Sie einem Absatz Blocksatz zuweisen? Dann können Sie* $\boxed{\text{Strg}}$*+*$\boxed{\text{B}}$ *ohne Probleme für etwas anderes nutzen.*

64.4 Shortcut für Shortcuts

Um Shortcuts zuzuweisen, gibt es auch einen Shortcut:

- Sie drücken $\boxed{\text{Alt}}$+$\boxed{\text{Strg}}$+$\boxed{+}$ (im Zehnerblock). Der Mauszeiger nimmt eine sehr seltsame Form an.

- Klicken Sie damit auf ein Symbol oder auf eine Menüfunktion (auch mit diesem Zeiger läßt sich ein Menü öffnen).

- Das ANPASSEN-Dialogfenster erscheint. Es enthält aber nur die eben angeklickte Funktion.

64.5 Hierarchien

Nehmen wir mal an, Ihr Dokument ist mit der Dokumentvorlage SPE-ZIAL.DOT verbunden; dort ruft $\boxed{\text{Alt}}$+$\boxed{9}$ FORMAT/ABSATZ auf. NOR-MAL.DOT ist auch noch da, ist ja immer da; $\boxed{\text{Alt}}$+$\boxed{9}$ ruft da die Datei-Eigenschaften auf. Zudem haben Sie die globale Dokumentvorlage GLO-BAL.DOT geladen; in ihr wird mit $\boxed{\text{Alt}}$+$\boxed{9}$ die Formatvorlage »Überschrift 9« zugewiesen. Was gilt jetzt eigentlich?

- Vorrang hat die aktuelle Vorlage, hier also SPEZIAL.DOT.

- Dann kommt NORMAL.DOT – wenn Sie beispielshalber in der aktuellen Vorlage den Shortcut entfernt haben.

- Zu guter Letzt kommt die globale Vorlage an die Reihe.

- Wenn Sie einen Shortcut zuweisen, wird eine vorhandene Zuordnung vermerkt – mit derselben Hierarchie.

Die Registry

Kapitel 65

och, doch, es gibt sie noch, die beiden Initialisierungsdateien WIN.INI und SYSTEM.INI von Windows – aus Kompatibilitätsgründen. Denn viele Programme sind noch nicht auf Windows 98 adaptiert, können aber weiterhin benutzt werden. Und viele Programme schreiben etwas dort hinein.

Für Word indes sind sie nicht mehr notwendig, ebensowenig wie die speziellen Word-Initialisierungsdateien wie WINWORD6.INI, die früher verwendet worden sind.

65.1 Die Registrierung

Der Ersatz für die Initialisierungsdateien ist die Registrierdatenbank *(Registry)*, in der alle Informationen gesammelt werden.

Diese Datenbank hat einen Vorteil: Es wird in Zukunft keine aufgeblähte WIN.INI mehr geben, es werden sich auch keine herrenlosen sonstigen INI-Dateien mehr herumtreiben, die irgendein Programm, das schon längst wieder gelöscht und vergessen ist, irgendwann einmal angelegt hat.

Der Nachteil: Die Registrierdatenbank ist schwer zu durchschauen – es kann »Wochen, wenn nicht Monate, dauern, bis man die Bedeutung der wichtigsten Einträge verstanden hat«.[1]

Deshalb will ich eine Erklärung gar nicht erst versuchen, sondern Sie nur durch die Verästelungen der Registrierungszweige führen.

---

[1] Peter Monadjemi: Windows 98 – Das Kompendium. Markt&Technik Buchverlag.

■■➤ Sie öffnen die Datenbank mit REGEDIT.EXE, das Sie im Windows-Verzeichnis finden.

■■➤ Im Abschnitt HKEY_LOCAL_MACHINE finden Sie Informationen über
Ihren PC, Ihr Benutzerprofil ist im Abschnitt HKEY_CURRENT_USER
(Sie wissen sicherlich, daß unter Windows 95/98 jeder Benutzer sei-
ne individuellen Einstellungen speichern kann).

■■➤ In beiden Abschnitten gibt es den Ordner *Software/Microsoft/Office/
9.0*, und hier finden Sie auch *Word*.

■■➤ In verschiedenen Unterordnern sind die aktuellen Einstellungen festgehalten, unter »Options« beispielsweise, was Sie mit EXTRAS/
OPTIONEN/*Speicherort der Datei* bestimmt haben.

■■➤ Sie können die Einträge ändern – aber alles, was Sie auf Anhieb verstehen, können Sie auch von Word aus ändern. Und von den anderen
Dingen sollten Sie besser die Finger lassen.

Abbildung 65.1:
Ein Blick in die
Registrierdaten-
bank

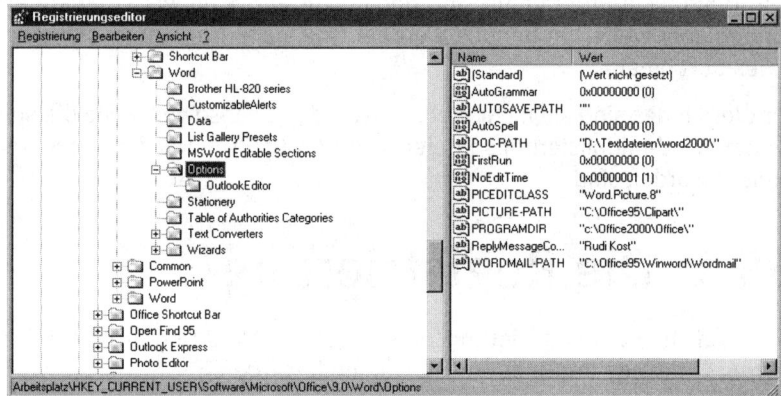

Es gibt ohnehin einen besseren und sichereren Weg, die Werte in der Registrierdatenbank zu ändern.

Suchen Sie im Office-Verzeichnis den Unterordner *Makros*. Hier finden Sie
die Dokumentvorlage SUPPORT9.DOT und darin das Makro *RegOptionen*,
mit dessen Hilfe Sie dialoggeführt alle für Word relevanten Einstellungen
anpassen können.

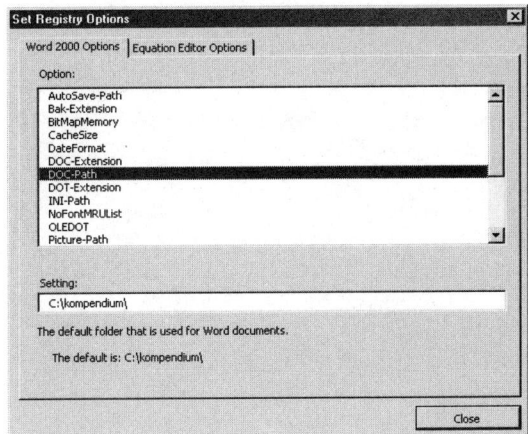

Abbildung 65.2:
Die Registry per Makro ändern

65.2 Einsichten

Eine weitere Möglichkeit, wenigstens Einsicht zu nehmen in aktuelle Einstellungen, bietet die Systeminfo, die Sie im Hilfemenü über INFO abrufen.

Daraus können Sie beispielsweise entnehmen, welche Wörterbücher, Grafikfilter und Textumwandlungsprogramme installiert sind. Ändern können Sie hier allerdings nichts.

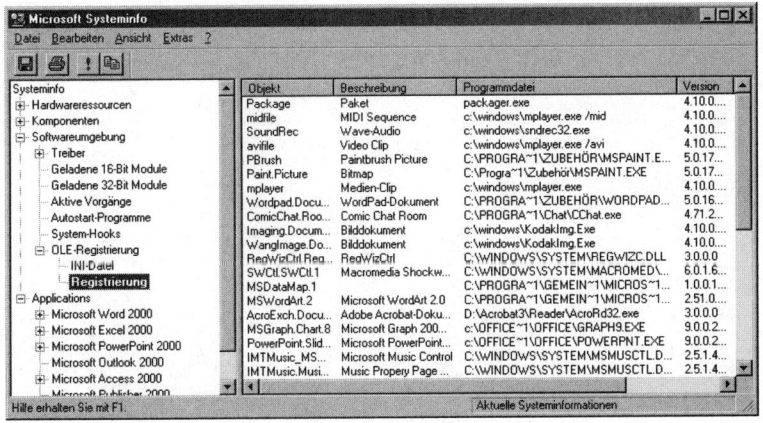

Abbildung 65.3:
Systeminfo

Die Installation

Kapitel **66**

Die Installation von Word ist an sich kein Problem. Sie läuft automatisch ab, und wann immer etwas zu entscheiden ist, werden Sie gefragt. Gleichwohl: Wenn man weiß, was sich so alles tut und worauf man achten muß, erspart man sich unter Umständen die Arbeit einer zweifachen Installation, weil beim ersten Mal doch nicht alles zur Zufriedenheit erledigt wird. Sie erfahren in diesem Kapitel auch, was beim Umstieg aus anderen Programmen zu beachten ist.

66.1 Was Word will

Was immer auch die offiziellen Mindestvoraussetzungen an die Hardware sind: unsere Computer sind immer zu langsam. In der Testphase habe ich Word 2000 auf einem 200MMX mit 32 Mbyte Arbeitsspeicher laufen lassen. Naja, ständig möchte ich so nicht arbeiten müssen.

Sie kennen ja wahrscheinlich das Spielchen: Damit eine neue Version mindestens genauso schnell läuft wie die bisherige, brauchen Sie mindestens einen doppelt so schnellen Prozessor und doppelt soviel Arbeitsspeicher ... Wer mit einem schmalbrüstigen PC Vorlieb nehmen muß, sollte sich überlegen, ob er die neuen Funktionen tatsächlich braucht oder ob er nicht besser bei seiner alten Version bleibt

Bildschirm und Grafikkarte

Also: Der PC kann nicht schnell genug sein. Aber damit ist es ja noch nicht getan. Ein Farbbildschirm ist heutzutage ja Standard, und ein 14-Zoll-Bildschirm tut es zur Not auch, wenn man hauptsächlich schreiben will und keine gestalterischen Aufgaben wahrnehmen muß. Ein 17-Zoll-Bildschirm ist natürlich besser, und dazu eine Grafikkarte, die eine Auflösung mindestens bis 1024 x 768 Punkten bei guter Bildwiederholrate schafft.

Bei niedrigen Auflösungen und Bildschirmabmaßen verpuffen solche Annehmlichkeiten wie Layoutansicht oder Formatdarstellung. 1024 x 768 Punkte werden zwar auch schon für 14-Zoll-Monitore angeboten, ist dort aber schlicht Unfug.

Die Speicherfrage: Haben oder Nicht-Haben

32 Mbyte sind heutzutage schon mickrig, 64 Mbyte sollten Standard sein, und was darüber hinausgeht, ist keineswegs Verschwendung und auch gar nicht mehr zu teuer. Beim Kauf eines neuen PCs sollten Sie darauf achten, daß der Hauptspeicher aufgerüstet werden kann, ohne daß Sie deswegen die eingebauten Speichermodule wegwerfen müssen.

Platzbedarf

Word macht sich auf der Festplatte recht breit, und wenn Sie gar das gesamte Office-Paket komplett installieren ...

Also: Ihre Festplatte darf nicht zu klein sein; für die eigentlichen Daten braucht man schließlich auch noch ein bißchen Platz. Aber daran hat man sich ja zwischenzeitlich gewöhnt: Neue Programme verlangen von allem immer mehr.

Glücklicherweise ist Festplattenspeicher so günstig wie noch nie. So günstig, daß man Festplattenspeicher unter 6 Gigabyte kaum noch im Handel bekommt.

6 Gigabyte: Das mag wahrlich gigantisch klingen, aber Sie sollten an die Zukunft denken. Sie werden auch noch mit anderen Programmen arbeiten, die gleich verschwenderisch mit dem Platz umgehen, und dann kommt ja irgendwann das nächste Update. Und daran hat man sich ja zwischenzeitlich gewöhnt: Neue Programme ...

Wenn Sie die Preise vergleichen, werden Sie feststellen: Je größer die Festplatte, umso billiger wird jedes Megabyte Speicher.

66.2 Der Ablauf der Installation

Die Installationsprozedur selber braucht nicht in allen Einzelheiten erklärt zu werden. Sie ist verständlich genug, damit auch Laien zurechtkommen. Word fragt alle notwendigen Entscheidungen ab. Einige Punkte mögen gleichwohl unklar bleiben, oder Sie wissen nicht so recht, ob Sie alles brauchen, was Word anbietet.

Die im folgenden beschriebene Word-Installation wurde im Zuge der Office-Installation durchgeführt:

▪► Sie starten Windows, legen die CD-ROM in das Laufwerk. Die CD-ROM mit dem Installationsprogramm müßte eigentlich alleine starten. Tut sie's nicht, benutzen Sie in der Systemsteuerung das Symbol *Software*.

▪► Als erstes fragt Word nach Ihrem Namen und Ihrer Firma. Der Name muß sein, der Firmenname ist freibleibend.

▪► Der CD-Schlüssel wird verlangt (eine mehrstellige Nummer).

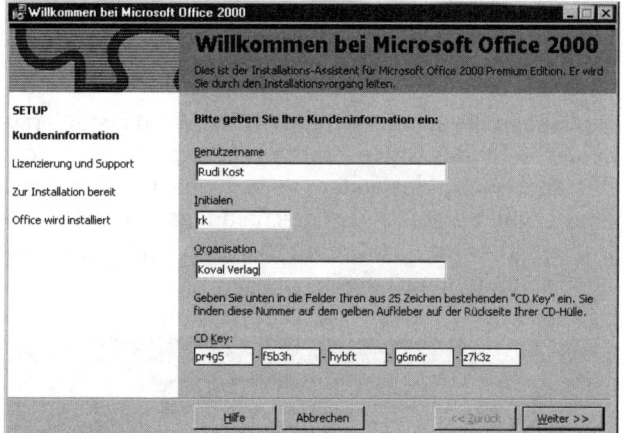

Abbildung 66.1:
Einige persönliche
Angaben

▪► Nachdem Sie die Lizenzbedingungen von Microsoft anerkannt haben, müssen Sie angeben, wie und was installiert werden soll.

▪► Ein *Update durchführen*. Nur häufig benötigte Dateien und Zusatzprogramme, die in Anlehnung an Ihre vorherige Office-Installation ermittelt werden, werden kopiert.

▪► Die *Benutzerdefinierte* Installation. Sie können gezielt auswählen, was Sie haben möchten.

Wenn Sie sich aus Platzgründen nur für eine Teil-Installation entscheiden, müssen Sie gleichwohl nicht für alle Ewigkeit auf die Zusatzprogramme verzichten. Sie können das Setup-Programm jederzeit erneut aufrufen und den Rest installieren. In dem Fall müssen Sie die *Benutzerdefinierte* Installation auswählen.

Abbildung 66.2:
Standardmäßige
oder individuelle
Installation

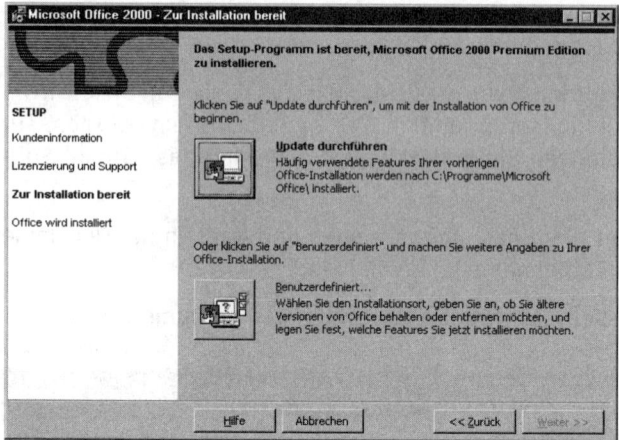

Nun geben Sie an, in welchem Ordner Word installiert werden soll. Vorgeschlagen für das Office-Paket wird *Programme\Microsoft Office*. Sie können aber auch jedes andere Verzeichnis angeben. Existiert es noch nicht,
wird es jetzt erstellt. Als Entscheidungshilfe sagt Word Ihnen in diesem
Dialogfeld, wieviel Platz dafür benötigt wird und wieviel auf Ihren einzelnen Festplatten noch frei ist.

Abbildung 66.3:
Wohin soll kopiert
werden?

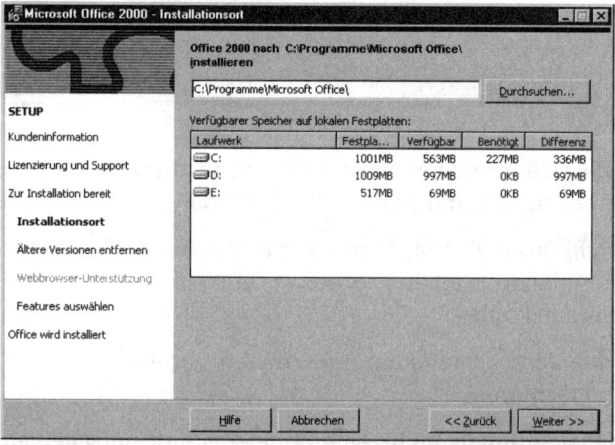

Befinden sich auf Ihrer Festplatte noch ältere Versionen eines Office-Pro-
dukts, werden Sie beim Setup gefragt, ob Sie diese löschen oder beibehalten wollen.

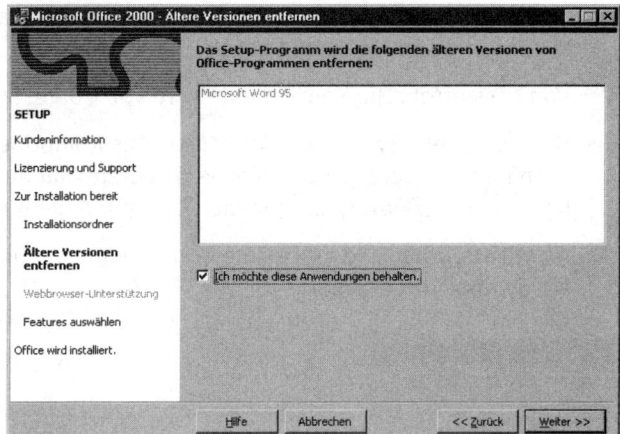

Abbildung 66.4:
Ältere Versionen
eines Office-
Produkts

Bei der *benutzerdefinierten* Installation ist jetzt der Zeitpunkt gekommen, da Sie sich für die Office-Produkte und deren Komponenten entscheiden müssen, die Sie installiert haben wollen.

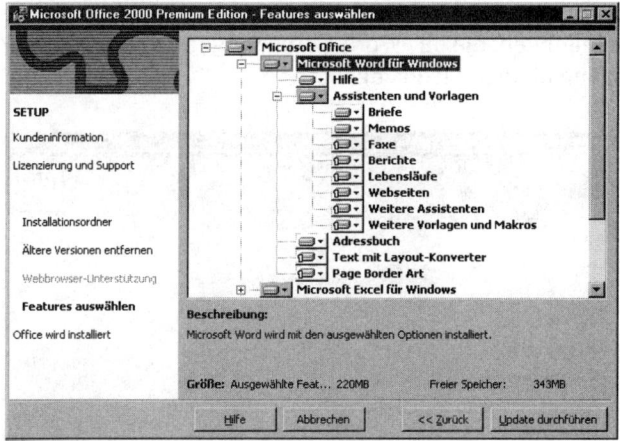

Abbildung 66.5:
Welche Office-
Programme sollen
installiert werden?

Jedes Office-Produkt besteht aus mehreren Komponenten, die in einer dem Explorer ähnlichen Verzeichnisstruktur angeordnet sind. Dementsprechend werden Knoten mit einem Klick auf das voranstehende Pluszeichen expandiert.

Sie können für jede Komponente individuell entscheiden, wie sie installiert sein soll. Angezeigt wird dies dann durch ein der Komponente vorangestelltes Symbol. In dem Listenfeld daneben können Sie die Art der Installation festlegen oder ändern:

➤ *Vom Arbeitsplatz starten*. Die Komponente wird auf die Festplatte kopiert und steht jederzeit zur Verfügung.

➤ *Von CD starten*. Die Komponente wird von CD gestartet.

➤ *Bei der ersten Verwendung installiert*. Die Komponente wird automatisch nachinstalliert, wenn Sie sie das erste Mal aufrufen oder benötigen. Was bedeutet, daß Sie die Office-CD einlegen müssen.

➤ *Nicht verfügbar*. Und gibt es die Komponente gar nicht, ist auch dafür ein Symbol vorgesehen.

Abbildung 66.6:
Komponente von
Festplatte oder CD
starten

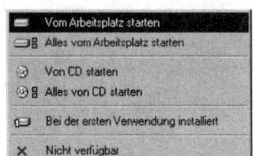

Sind alle Dateien kopiert, wird das System aktualisiert – alles so hergerichtet, daß Word läuft. Das dauert eine Zeitlang.

Zum guten Schluß muß Windows neu gestartet werden, damit alle Einstellungen, die das Word-Setup vorgenommen hat, wirksam werden. Und dann können Sie loslegen.

Abbildung 66.7:
Setup kopiert die
Dateien

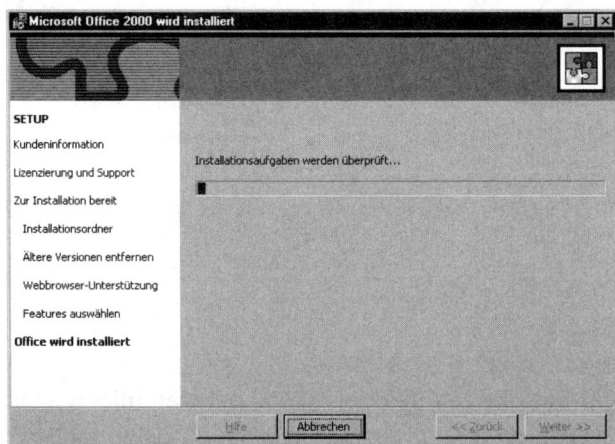

Die Ordner

Im *Microsoft Office*-Ordner (oder wie immer Sie es genannt haben) werden mehrere Unterordner angelegt. Im Ordner *Office* befinden sich die eigentlichen Office-Programme.

Im Ordner *Programme\Gemeinsame Dateien* findet sich der Ordner *Microsoft Shared*. Und hier wiederum gibt es Ordner für die Zusatzprogramme Graph, WordArt, den Formel-Editor usw., die Wörterbücher sowie die Text- und Grafikfilter.

Konverter und Grafikfilter

Wenn Sie die *Benutzerdefinierte* Installation wählen, haben Sie die Möglichkeit, Textkonverter und Grafikfilter nach Ihrem persönlichen Bedarf zu installieren.

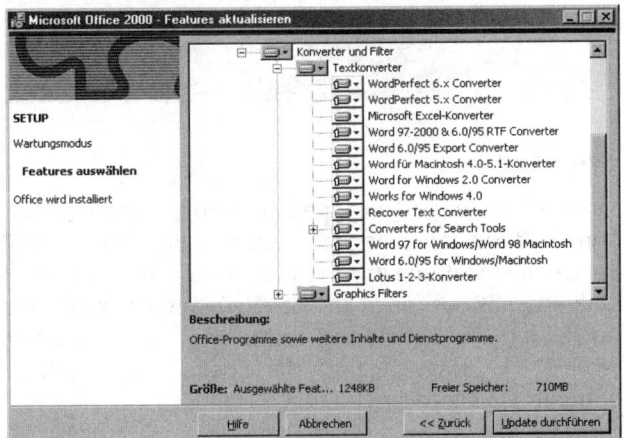

Abbildung 66.8: Textkonverter in Office

➡ Textkonverter braucht man, um Dateien aus anderen Programmen zu übernehmen oder Word-Dateien so aufzubereiten, daß sie von anderen Programmen bearbeitet werden können.

➡ Grafikfilter erlauben es, Grafiken in bestimmten Formaten in Word zu integrieren.

Jedes Umwandlungsprogramm benötigt natürlich Platz, ebenso die Grafikfilter. Wenn Sie haushälterisch umgehen müssen, sollten Sie nur diejenigen heraussuchen, die Sie unbedingt benötigen. Sie können ja später weitere installieren.

:-)
TIP

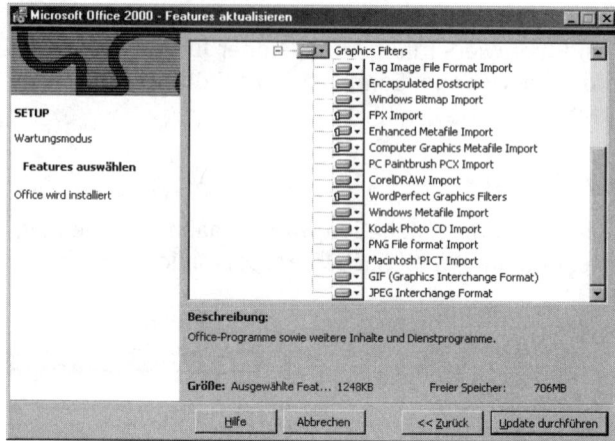

Schriften

Word bringt einige TrueType-Schriften mit und installiert sie auch gleich, ohne daß Sie etwas dagegen tun können. Wie ist das überhaupt mit der Schriftenverwaltung in Windows? Wie werden zusätzliche Schriften so installiert, daß sie auch in Word zugänglich sind? Weil das bei vielen Anwendern für Verwirrung sorgt, wird darauf in Kapitel 19, »Formatieren«, S. 317, eingegangen – denn beim Formatieren haben Sie ja, neben anderem, mit Schriften zu tun.

66.3 Nachinstallieren, deinstallieren, reparieren

Auch nach der Installation sind jederzeit Änderungen möglich. So können Sie fehlende Komponenten nachinstallieren oder bei Platzmangel Office-Produkte, die Sie nicht benötigen, deinstallieren.

Dazu müssen Sie nur die Office-Installations-CD einlegen und auf das Autoplay warten. Von dem aus können Sie Office reparieren sowie Komponenten deinstallieren oder – eben auch nachinstallieren.

Beim Nachinstallieren von Office-Komponenten landen Sie im gleichen Dialogfeld wie beim Installieren (siehe Abbildung 66.8).

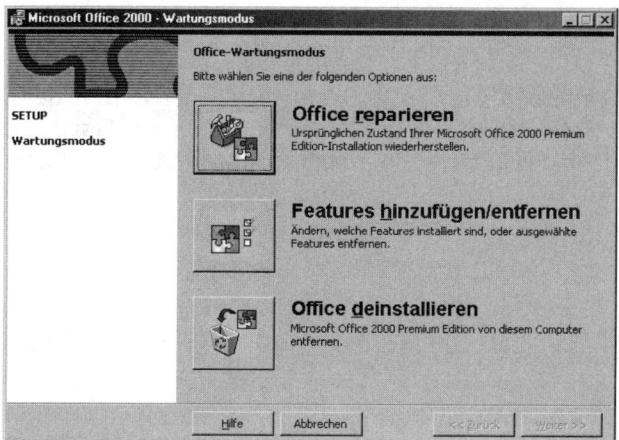

Abbildung 66.10:
*Wie nehme ich
Änderungen an
Office vor – oder
wie werde ich es
wieder los?*

66.4 Start-Tricks

So, Installation erfolgreich beendet? Dann wollen wir doch endlich Word
auch starten. Den entsprechenden Eintrag finden Sie im START-Menü, das
wissen Sie.

Auf dem Desktop

Schneller geht es, wenn Sie auf dem Desktop eine Verknüpfung zur Word-
Programmdatei erstellen.

▶ Im Explorer öffnen Sie den Unterordner *Office* mit den Programmda-
   teien.

▶ Hier markieren Sie WINWORD.EXE.

▶ Ziehen Sie die Datei mit gedrückter rechter (!) Taste auf den Desktop.

▶ Ein Kontextmenü fordert von Ihnen eine Entscheidung – und Sie
   möchten, bitteschön, eine Verknüpfung erstellen.

▶ Mit Doppelklick auf das Symbol starten Sie sodann Word.

Unter Windows 98 können Sie den Word-Eintrag auch aus dem START-
Menü auf den Desktop ziehen. Auf diese Weise läßt sich übrigens auch jedes Dokument, jeder Ordner auf dem Desktop ablegen.

Autostart

Arbeiten Sie täglich mit Word, können Sie sich selbst diesen Doppelklick
ersparen. Es gibt im START-Menü auch einen Ordner namens »Autostart«.

Hinterlegen Sie dort Word oder ein Dokument, wird Word beim nächsten Windows-Start gleich mit gestartet.

Sie wissen, wie Sie das START-Menü anpassen? In der Task-Leiste mit der rechten Maustaste das Kontextmenü öffnen, EIGENSCHAFTEN wählen und dann das Register *Programme im Menü "Start"* öffnen.

Anhang

Teil XII

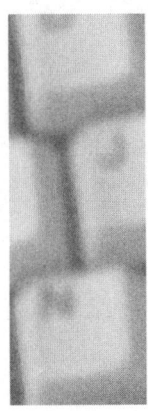

Feldfunktionen

D ieses Kapitel führt sämtliche Feldfunktionen alphabetisch auf. Sie finden bei jeder Funktion die möglichen Schalter, Hinweise, worauf besonders zu achten ist, Beispiele, die den Einsatz demonstrieren sowie Verweise auf die entsprechenden Kapitel dieses Buches, wo sie eingehender beschrieben ist.

A.1   Syntax

Jede Feldfunktion ist zunächst mit ihrer Syntax beschrieben, in folgender Form:

```
{TC Text [Schalter]}
```

Manche Funktionen stehen solo, andere brauchen noch Ergänzungen. Zum Beispiel muß eine Funktion, die ein Produkt bilden soll, wissen, aus welchen Zahlen das Produkt zu bilden ist. Diese Ergänzungen nennt man *Argumente*.

Im obigen Beispiel ist Text ein notwendiges Argument. Zwischen eckigen Klammern stehen die optionalen Argumente. Sie können zusätzlich angegeben werden, um die Funktion weiter zu differenzieren, müssen aber nicht. Optionale Elemente sind vielfach Schalter.

- Schalter werden stets mit dem umgekehrten Schrägstrich \, dem Backslash, eingeleitet.

- Zur Unterscheidung dazu verwenden Pfadangaben den doppelten umgekehrten Schrägstrich \\.

Manche Funktionen benötigen eine bestimmte, vorgeschriebene Anzahl von Argumenten, bei anderen dürfen es beliebig viele sein. Auch das ist aus der Syntax zu ersehen:

```
{=AVERAGE()}
```

Die runden Klammern ohne Inhalt besagen, daß die Funktion beliebig viele Argumente haben kann. Diese Funktion hingegen braucht genau zwei:

```
{=MOD(x;y)}
```

A.2   Feld sperren

Der Schalter \! verhindert eine Aktualisierung der Felder {Bookmark}, {IncludeText} und {Ref}. Dadurch kann sichergestellt werden, daß das Feldergebnis den Ursprungsdaten entspricht.

A.3   Zeichenformatierung

Diese Schalter bestimmen das Zeichenformat des Feldes. Sie werden mit * eingeleitet.

Beschreibung: Kapitel 14, »Felder«, S. 201

* Zeichenformat

Funktion: Zeichenformat des ersten Buchstabens wird übertragen

Entscheidend ist die Formatierung des ersten Buchstabens nach der ersten Feldklammer. Die Formatierung betrifft immer das gesamte Feld, auch wenn es nach einer Feldaktualisierung länger wird. Das unterscheidet Zeichenformat von Formatverbinden.

Beispiel

Feldfunktion	Ergebnis
{SET marke "Karl May"} {marke * Zeichenformat}	Karl May

* Formatverbinden

Funktion: Übernimmt nach einer Aktualisierung die Formatierung des vorherigen Resultates

Ist keine Formatierung vorhanden, wirkt Formatverbinden wie Zeichenformat: Die Formatierung des ersten Zeichens nach der Klammer gilt. Ist nach der Feldaktualisierung das neue Ergebnis länger als das alte, wird für den zusätzlichen Text das Format nicht übernommen.

Beispiel

Feldfunktion	Ergebnis
{SET marke "Karl May"} {marke * Formatverbinden}	**Karl May**
{SET marke "Karl Friedrich May"} {marke * Formatverbinden}	**Karl Friedrich** May

A.4   Schreibweisen

Diese Schalter bestimmen die Schreibweise eines Ausdruckes. Zum Beispiel kann er komplett in Großbuchstaben dargestellt werden. Sie werden mit * eingeleitet.

Beschreibung: Kapitel 14, »Felder«, S. 201

Schalter

Schalter	Bedeutung
* Grossbuchstaben	Alles in Großbuchstaben.
* Kleinbuchstaben	Alles in Kleinbuchstaben.
* SatzanfangGross	Das erste Wort mit Großbuchstaben.
* Initial	Beginnt jedes Wort mit einem Großbuchstaben. Hieß in Word 2.0 UF und in den noch früheren Versionen Alle-initial.

Beispiele

Feldfunktion	Ergebnis
{SET marke "Karl May"} {marke * Grossbuchstaben }	Karl May KARL MAY
{SET marke "Karl May"} {marke * Kleinbuchstaben }	karl may
{SET marke "karl may"} {marke * SatzanfangGross }	karl may Karl may
{SET marke "karl may"} {marke * Initial }	Karl May

A.5 Zahlenformate

Die Zahlenformate wandeln Zahlenwerte um. Sie werden mit dem Schalter * eingeleitet.

Beschreibung: Kapitel 14, »Felder«, S. 201

Schalter

Schalter	Bedeutung
* arabic	Arabische Zahlen. Standardeinstellung.
* ALPHABETIC	Großbuchstaben. Höchstwert: 780
* alphabetic	Kleinbuchstaben. Höchstwert: 780
* ROMAN	Große römische Zahlen. Höchstwert: 3.999
* roman	Kleine römische Zahlen. Höchstwert: 3.999
* CardText	Eine Zahl als Text. Höchstwert: 999.999. Der erste Buchstabe wird immer klein geschrieben. Verwenden Sie die Schalter für die Schreibweisen, um das zu ändern (*Grossbuchstaben, *SatzanfangGross).
* Ordtext	Ordnungszahl in Textform. Höchstwert: 999.999. Der erste Buchstabe wird immer klein geschrieben.
* Ordinal	Ordnungszahl. Achtung: Dieser Schalter hieß in früheren Versionen teilweise »Reserviert32«.
* Hex	Hexadezimalwert einer Zahl. Höchstwert: 32.767
* DollarText	Die Zahl vor dem Komma als Grundtext, ersetzt das Komma durch das Wort »und«, wandelt die Dezimalstellen in einen Bruch auf der Basis 100. Höchstwert: 999.999. Sind mehr als zwei Dezimalstellen vorhanden, wird auf zwei Stellen auf- oder abgerundet. Der erste Buchstabe des Grundtextes wird immer klein geschrieben.

Beispiele

Feldfunktion	Ergebnis
{PAGE * arabic}	25
{=1 * Alphabetic}	A
{=26 * Alphabetic}	Z
{=27 * Alphabetic}	AA
{=53 * Alphabetic}	AAA

Feldfunktion	Ergebnis
{=2 * ROMAN}	II
{=26 * ROMAN}	XXVI
{=5 * roman}	v
{=26 * roman}	xxvi
{=26 * CardText}	sechsundzwanzig
{=26 * OrdText}	sechsundzwanzigste
{=1 * Ordinal}	1.
{=26 * Hex}	1A
{=32767 * Hex}	.7FFF
{=26,60 * DollarText}	sechsundzwanzig und 60/100
{=26,60 * DollarText * SatzanfangGroß}	Sechsundzwanzig und 60/100

A.6 Nummernbilder

Die Nummernbilder entscheiden über Anzahl der Nachkommastellen, Tausenderpunkt und dergleichen. Sie werden mit \# angehängt und können (müssen) kombiniert werden.

Beschreibung: Kapitel 14, »Felder«, S. 201

Schalter

Schalter	Bedeutung
\# 0	Platzhalter für eine Ziffer. Angezeigt werden nur so viel Ziffern, wie 0 vorhanden. In Verbindung mit dem Dezimalkomma wird die Zahl der Dezimalstellen bestimmt; notfalls wird aufgerundet oder mit Nullen aufgefüllt. Vor dem Dezimalkomma sollten Sie immer 0 stehen haben.
\# #	Platzhalter für eine Ziffer. In der Funktion ähnlich wie 0, es wird aber nicht mit Nullen aufgefüllt, wenn # an letzter Stelle steht und die Zahl kleiner als 1 ist.
\# X	Beschneidet die Ziffer von links gemäß dem Nummernbild, wenn X an erster Stelle steht; es werden vor dem Komma nur soviel Ziffern dargestellt, wie das Nummernbild aufweist. X rechts des Kommas schneidet ebenfalls, rundet aber notfalls auf oder ab.
\# ,	Bestimmt die Stelle, an der das Dezimalkomma steht. Mit 0 hinter dem Komma wird die Anzahl der Dezimalstellen definiert.
\# .	Unterteilung nach Tausender-Stellen. Ein Punkt genügt, um auch höhere Zahlen zu unterteilen.
\# –	Wird verwendet, um negative Zahlen auszuweisen. Negative Zahlen können aber beispielsweise auch in Klammern gesetzt werden.
\# +	Damit können Zahlen dezidiert als positiv ausgewiesen werden. Dies geht aber nur mit positiven Zahlen.
\# positiv;negativ;null	Unterschiedliche Nummernbilder für positive, negative Werte und Nullwerte. Werden nur zwei Komponenten angegeben, so gilt die erste für positive Werte und Nullwerte, die zweite für negative Werte.
\# (Text)	Text, der in das Nummernbild eingeschlossen wird. Wenigstens ein Anführungszeichen muß sein; auf die Abführung kann verzichtet werden. Text vor dem Nummernbild wird automatisch mit einem Leerzeichen von der Zahl getrennt. Das in der Systemsteuerung festgelegte Währungssymbol muß nicht angeführt werden.

Schalter	Bedeutung
`Reihenfolge`	Die Nummer des vorhergehenden {SEQ}-Feldes oder einer Beschriftung. Muß von Accents grave eingeschlossen werden: {=Sum(A1:D4) \# „#0,00 aus der Auflistung `tabelle`"}

Beispiele

Feldfunktion	Ergebnis
{=0,567 \# 0}	1
{=0,567 \# 0,00}	0,57
{=0,567 \# 0,000}	0,567
{=567 \# #.##0}	567
{=567 \# #.##0,00}	567,00
{=0,567 \# #.###,000}	,567
{=567 \# x#}	67
{=0,567 \# 0,xx}	0,57
{=0,567 \# 0,00}	0,57
{=1567 \# #.##0}	1.567
{=3-4 \# −#}	−1
{=7 \# −#}	−7
{=3+4 \# +#}	+7
{=−7 \# +#}	-7
{=3+4 \# +#.##0,00; − #.##0,00;(#.##0)}	+ 7,00
{=3-4 \# +#.##0,00;- #.##0,00;(#.##0)}	- 1,00
{=4-4 \# +#.##0,00;- #.##0,00;(#.##0)}	(0)
{=4-4 \# +#.##0,00;-#.##0,00}	0,00
{=500 \# DM#.##0,00}	DM 500,00
{=500 \# "#.##0,00 Mark}	500,00 Mark

A.7 Datums- und Zeitformate

Syntax: {Feldfunktion [\@ "Datumsformat"]}

Bei allen Funktionen, die Datums- oder Zeitwerte ermitteln (z.B. {Date}, {PrintDate}, {Time}), kann das Ergebnis mit Schaltern formatiert werden. Aus den Datums-Funktionen läßt sich auch die Zeit und umgekehrt aus der Zeit-Funktion das Datum extrahieren.

Sie können die einzelnen Komponenten durch beliebige Zeichen trennen, da der ganze Komplex in Anführungszeichen steht.

»M« für Monat muß großgeschrieben werden, zur Unterscheidung vom Code »m« für Minuten. Bei den Stunden entscheidet die Schreibweise über das 12-Stunden- (»h«) oder das 24-Stunden-Format (»H«). Die Schreibweise der anderen Schalter ist ohne Belang. Das Standardformat (Funktion ohne zusätzliche Schalter) wird der Systemsteuerung entnommen und ist in der Regel »tt.MM.jj« bzw. »HH.mm«.

Schließen Sie keinen Text ein, der die Buchstaben T, M, J, H oder S enthält. Word setzt sonst an deren Stelle den Datums- oder Zeitwert.

Beschreibung: Kapitel 14, »Felder«, S. 201

Schalter

Schalter	Bedeutung
t	Tag ohne führende Null bei einstelligen Ziffern
tt	Tag mit führender Null bei einstelligen Ziffern
ttt	Wochentag als Text, auf drei Buchstaben abgekürzt
tttt	Wochentag ausgeschrieben
M	Monat in Zahlen, ohne führende Null
MM	Monat in Zahlen, mit führender Null
MMM	Monat als Text, auf drei Buchstaben abgekürzt
MMMM	Monat als Text, ausgeschrieben
jj	Jahr, zweistellig
jjjj	Jahr, vierstellig
h	Stunde ohne führende Null (amerikanisches 12-Stunden-Format)
hh	Stunde mit führender Null (amerikanisches 12-Stunden-Format)

Schalter	Bedeutung
H	Stunde ohne führende Null (europäisches 24-Stunden-Format)
HH	Stunde mit führender Null (europäisches 24-Stunden-Format)
m	Minuten ohne führende Null
mm	Minuten mit führender Null
s	Sekunden ohne führende Null
ss	Sekunden mit führender Null

Beispiele

Feldfunktion	Ergebnis
{DATE \@ "tt.MM.jj"}	01.01.96
{DATE \@ "t.M.jj"}	1.1.96
{DATE \@ "jjjj, MMM, tt"}	1996, Januar, 01
{DATE \@ "Monat MMMM"}	1ona1 Januar
{DATE \@ "tttt, t.M.jj, HH:mm"}	Montag, 1.1.96, 20:52
{DATE \@ "HH:mm"}	20:52
{TIME \@ "hh:mm"}	08:52
{TIME \@ "HH.mm"} Uhr	20.52 Uhr
{TIME \@ "tt.MM.jj"}	01.01.94

A.8   Alle Feldfunktionen

=

Funktion: Berechnet eine Zahl aus einer mathematischen Gleichung
Syntax: `{= Ausdruck [\# Nummernbild] [\* Zahlenformat]}`
Beschreibung: Kapitel 27, »Rechnen«, S. 487

In der Gleichung können mathematische Operatoren, andere Feldfunktionen (soweit sie Zahlenwerte liefern, siehe `{AnzZeich}`) und folgende Funktionen eingesetzt werden:

{=ABS()}	{=MIN()}
{=AND(x;y)}	{=MOD(x;y)}
{=AVERAGE()}	{=NOT(x)}
{=COUNT()}	{=OR(x;y)}
{=DEFINED(x)}	{=PRODUCT()}
FALSE	{=ROUND(x;y)}
{=IF(x;y;z)}	{=SIGN(x)}
{=INT()}	{=SUM()}
{=MAX()}	TRUE

Die Funktionen werden alle einzeln besprochen.

Ebenso kann auf Textmarken und bei manchen Funktionen auf Tabellenzellen oder -bereiche Bezug genommen werden. Die Textmarken dürfen aber nur numerische Werte, keinen Text enthalten.

Der Schalter \# definiert das Nummernbild, der Schalter * das Zahlenformat. Sie sind am Anfang dieses Kapitels erläutert.

Mathematische Operatoren

Operator	Bedeutung
+	Addition
−	Subtraktion
*	Multiplikation
/	Division
%	Prozent
^	Potenzen und Wurzeln
=	Gleich
<	Kleiner als

Operator	Bedeutung
<=	Kleiner als und gleich
>	Größer als
>=	Größer als und gleich
<>	Ungleich

=ABS

Funktion: Absolutwert einer Zahl (die Zahl ohne Vorzeichen)
Syntax: {=ABS( )}

Kein Bezug auf Tabellenbereiche möglich.

Beispiele

Feldfunktion	Ergebnis
{=ABS(-12)}	12
{=ABS(12)}	12

Advance (Versetzen)

Funktion: Versatz von Text horizontal oder vertikal
Syntax: {Advance [Schalter]}

Versetzt wird der Text, welcher der Feldfunktion folgt; er wird also nicht in die Feldfunktion selbst eingeschlossen (Beispiel: Das ist {Advance \d6} Versatz nach unten). Betroffen ist aller folgende Text, der Versatz muß durch eine erneute Anweisung rückgängig gemacht werden.

Schalter

Schalter	Bedeutung
\dn	Versatz um *n* Punkte nach unten
\ln	Versatz um *n* Punkte nach links.
\rn	Versatz um *n* Punkte nach rechts.
\un	Versatz um *n* Punkte nach oben.
\xn	Versatz um *n* Punkte horizontal, relativ zur Spalte oder zum Positionsrahmen. Betrifft bei einem Absatz nur die erste Zeile.
\yn	Versatz um *n* Punkte vertikal, relativ zum oberen Seitenrand.

=AND (UND)

Funktion: Wahrheitswert
Syntax: {=AND(x;y)}

Liefert als Ergebnis TRUE (WAHR), wenn alle Argumente wahr sind; ist eines der Argumente falsch, ist das Ergebnis FALSE (FALSCH). Die Rückgabewerte sind 1 (WAHR – alles richtig) oder 0 (FALSCH – mindestens eins falsch). Kein Bezug auf Tabellenbereiche möglich.

Ask (Frage)

Funktion: Eingabetext während des Seriendrucks
Syntax: {Ask Textmarke Eingabeaufforderung [Schalter]}
Beschreibung: Kapitel 36, »Bedingungen in Serientexten«, S. 585

Fordert während des Drucks von Serientexten eine Eingabe an, die als neuer Inhalt für die Textmarke definiert wird. In einem normalen Text erscheint das Dialogfenster erst nach Aktualisierung mit F9 .

Schalter

Schalter	Bedeutung
\d "Text"	Gibt den einzufügenden Text vor, der nach Belieben geändert oder mit ↵ bestätigt werden kann
\o	Erfragt den Text nur das erste Mal. In den weiteren Serientexten wird er übernommen

Beispiel

Feldfunktion	Ergebnis
{ASK was "Was soll sich der Gewinner kaufen?" \d "Negerküsse"}	

Author (Autor)

Funktion: Der Name des Autors aus der Datei-Info
Syntax: {Author [neuer Name]}

Der Name in der Datei-Info kann damit auch ersetzt werden (in Anführungszeichen).

Beispiele

Feldfunktion	Ergebnis
Der Autor dieses Textes ist {AUTHOR}	Der Autor dieses Textes ist Rudi Kost
{AUTHOR "Karl Marx"}	Ersetzt »Rudi Kost« durch »Karl Marx«.

AutoNum (AutoNr)

Funktion: Numerierung mit arabischen Ziffern

Syntax: {AutoNum}

Beschreibung: Kapitel 21, »Listen, Numerierungen, Aufzählungen«, S. 361

In einem normalen Absatz eine Dezimalnumerierung (1., 2.). Eine gegliederte Numerierung (bis zu neun Ebenen) erfolgt nur bei den »Überschrift«-Formatvorlagen; die Startnummer ist immer 1.

Folgende Numerierung wird erzeugt (früher »Reihenfolge« genannt):

```
1. Erste Ebene
    1. Zweite Ebene
        1. Dritte Ebene
        2. Dritte Ebene
    2. Zweite Ebene
        1. Dritte Ebene
```

AutoNumLgl (AutoNrDez)

Funktion: Numerierung mit Dezimalzahlen

Syntax: {AutoNumLgl}

Beschreibung: Kapitel 21, »Listen, Numerierungen, Aufzählungen«, S. 361

In einem normalen Absatz eine Dezimalnumerierung (1., 2.). Eine gegliederte Numerierung (bis zu neun Ebenen) erfolgt nur bei den »Überschrift«-Formatvorlagen; die Startnummer ist immer 1. Folgende Numerierung wird erzeugt (früher » Dezimal « genannt):

```
1. Erste Ebene
    1.1 Zweite Ebene
        1.1.1 Dritte Ebene
        1.1.2 Dritte Ebene
            1.1.2.1 Vierte Ebene
        1.1.3 Dritte Ebene
            1.1.3.1 Vierte Ebene
    1.2 Zweite  Ebene
        1.2.1 Dritte Ebene
```

AutoNumOut (AutoNrGli)

Funktion: Gliederungsnumerierung mit unterschiedlichen Nummern-formaten

Syntax: {AutoNumOut}

Beschreibung: Kapitel 21, »Listen, Numerierungen, Aufzählungen«, S. 361

In einem normalen Absatz eine Dezimalnumerierung (1., 2.). Eine gegliederte Numerierung (bis zu neun Ebenen) erfolgt nur bei den »Überschrift«-Formatvorlagen; die Startnummer ist immer 1. Folgende Numerierung wird erzeugt (früher » Gliederung « genannt):

```
    I. Erste Ebene
      A. Zweite Ebene
        1. Dritte Ebene
          a) Vierte Ebene
            (1) Fünfte Ebene
              (a) Sechste Ebene
                (i) Siebte Ebene
                  (a) Achte Ebene
                    (i) Neunte Ebene
```

AutoText

Funktion: Fügt einen AutoText ein

Syntax: {AutoText Name}

Beschreibung: Kapitel 11, »AutoText«, S. 151

Besteht der Name des Textbausteins nur aus einem Wort, sind keine Anführungen nötig.

AutoTextList (AutoTextListe)

Funktion: Dropdown-Liste zur Auswahl eines AutoTextes

Syntax: {AutoTextList "Text" \s Formatvorlage \t "Tip-Text"}

Beschreibung: Kapitel 11, »AutoText«, S. 151

Sie erstellen damit eine Dropdown-Liste, aus der Sie einen AutoText auswählen können.

Der Tip-Text erscheint als Info-Kästchen, sobald Sie den Zeiger auf das Feld führen. Mit der rechten Maustaste öffnen Sie sodann die Dropdown-Liste.

Der Text ist dabei das, was im Dokument auftaucht, wenn Sie das Feld eingefügt haben. Sobald Sie jedoch einen AutoText ausgewählt haben, wird der Text durch den AutoText ersetzt und verschwindet auf Nimmerwiedersehen . Insofern ist der Tip-Text zu empfehlen, um den Benutzer auf die Auswahlmöglichkeit hinzuweisen.

Schalter

Schalter	Bedeutung
\s Formatvorlage	Nur die mit dieser Formatvorlage verbundenen AutoTexte werden angezeigt
\t Tip-Text	Text, der in einem Info-Kästchen erscheinen soll

=Average (Mittelwert)

Funktion: Mittelwert einer Reihe von Argumenten
Syntax: {=Average()}

Kann sich auch auf Tabellenbereiche beziehen.

Beispiele

Feldfunktion	Ergebnis
{=AVERAGE(1;2;3;4)}	2,5
{=AVERAGE(37;14;333;56)}	110

BarCode

Funktion: BarCode für Postleitzahl
Syntax: {BarCode \u "Text" oder Textmarke \b [Schalter]}

Die U.S.-amerikanische Post verwendet auch maschinenlesbare Bar-Codes zur Ermittlung der Postleitzahl

Schalter

Schalter	Bedeutung
\b	Übernimmt die Postleitzahl aus einer davor angegebenen Textmarke
\f Buchstabe	Einfügen einer Facing Identification Mark (FIM): A oder C
\u	Kennzeichnet den Barcode als U.S-amerikanische Adresse

BidiOutline

Funktion: Stellt Outline als RNL dar
Syntax: {BidiOutline}

Comments (Kommentar)

Funktion: Der Kommentar aus der Datei-Info
Syntax: {Comments [neuer Text]}

Der Kommentar in der Datei-Info kann damit auch geändert werden.

Compare (Vergleich)

Funktion: Vergleich zweier Werte
Syntax: {Compare Wert1 Operator Wert2}

Wenn der Vergleich wahr ist, wird 1 zurückgegeben, andernfalls 0. Kann sich auf numerische Werte, Textmarken oder Texte beziehen. Texte aus mehreren Wörter müssen angeführt werden. Wird hauptsächlich beim Seriendruck eingesetzt.

Beispiele

Feldfunktion	Ergebnis
{COMPARE 1 > 2}	0
{COMPARE 1 < 2}	1
{COMPARE eins = zwei}	0
{COMPARE "Nummer eins" = "Nummer zwei"}	0

=Count (AnzSeiten)

Funktion: Die Anzahl der Argumente
Syntax: {=Count()}

Ein Bezug auf Tabellenbereiche ist möglich.

Beispiele

Feldfunktion	Ergebnis
{=COUNT(1;2;3;4)}	4
{=COUNT(3;4)}	2

CreateDate (ErstellDat)

Funktion: Das Datum, an dem das Dokument erstellt worden ist
Syntax: {CreateDate [\@ "Datumsformat"]}

Das Datum wird mit Schaltern formatiert; sie müssen zwischen Anführungszeichen stehen. Sie können mit den Schaltern für die Uhrzeit kombiniert werden. Beschreibung der Schalter sowie Beispiele im Abschnitt »Datums- und Zeitformate«, S. 993.

Database

Funktion: Verknüpfung zu einer externen Datenbank
Syntax: {Database [Schalter]}

ODBC-Datenbankabfrage mit dynamischer Verknüpfung. Beispiel:

```
{DATABASE \d "M:\\DBASE15\\VIDEO\\BETA.DBF"
\c "DSN=dBase Files;DBQ=M:\\DBASE15\\VIDEO;
FIL=dBase4;" \s "SELECT \"TITEL\", \"REGIE1V\",
\"REGIE1N\", \"LAND\" FROM BETA.DBF WHERE ((\"LAND\" =
'USA'))" \h}
```

Schalter

Schalter	Bedeutung
\b	Gibt an, welche der mit \l gesetzten Formate zugewiesen werden
\c	ODBC-Anweisungen
\d	Pfad und Dateiname der Datenbank
\f	Fügt Daten ein, beginnend mit der angegebenen Datensatznummer
\l	Weist der Datenbankabfrage ein Tabellen-AutoFormat zu
\o	Fügt zu Beginn des Seriendrucks Daten in das Dokument ein
\s	SQL-Anweisungen für die Datenbankabfrage
\t	Datensatznummer des letzten Datensatzes

Date (AktualDat)

Funktion: Das aktuelle Datum
Syntax: {DATE [\@ "Datumsformat"] [\l]}
Beschreibung: Kapitel 14, »Felder«, S. 201

Das Datum wird mit Schaltern formatiert; sie müssen zwischen Anführungszeichen stehen. Beschreibung der Schalter und Beispiele auf S. #. Kann auch mit [Alt]+[⇧]+[D] eingefügt werden.

=DEFINED

Funktion: Ermittelt, ob das Argument definiert ist
Syntax: {=DEFINED(x)}

Das Ergebnis ist ein Wahrheitswert (1: WAHR – vorhanden; 0: FALSCH – nicht vorhanden). Das Ergebnis ist auch 0, wenn ein Fehler auftritt (z.B. Division durch Null). Kein Bezug auf Tabellenbereiche möglich.

Beispiele

Feldfunktion	Ergebnis
{SET wert 66}	66
{=DEFINED(wert)}	1
{=DEFINED(1/0)}	0

DocProperty (DokEigenschaft)

Funktion: Informationen aus den Dokument-Eigenschaften

Syntax: {DocProperty "Name"}

Holt Informationen aus den diversen Rubriken der Dokument-Eigenschaften (DATEI/EIGENSCHAFTEN). Für Name steht eine der Rubriken.

Abgefragt werden können standardmäßig folgende Rubriken: Absätze, Anwendungsname, Autor, Bytes, Dokumentvorlage, Erstelldatum, Firma, Kategorie, Kommentar, Manager, Schutz, Seiten, Stichwörter, Thema, Titel, Versionsnummer, Wörter, Zeichen, Zeilen, ZuletztGedruckt, Zuletzt-GespeichertVon, ZuletztGespeichertZeit.

Sind eigene Rubriken definiert (Register *Anpassen*), werden sie in EINFÜ-GEN/FELD/OPTIONEN ebenfalls aufgeführt und können dort ausgewählt werden.

Für einen Teil der Informationen können Sie DokEigenschaft auch weglassen und nur den Feldnamen schreiben, zum Beispiel {AUTOR} statt {DokEigenschaft "AUTOR"}. Diese Info-Felder sind als eigene Funktionen aufgeführt.

DokEigenschaft ergänzt Info, beide überschneiden sich auch teilweise. Die Unterschiede: mit Info können die Daten in der Datei-Info auch geändert werden (sofern überhaupt möglich), was mit DokEigenschaft nicht geht. Info greift zudem nur auf die Register *Datei-Info* und *Statistik* zu.

DocVariable

Funktion: Inhalt einer VBA-Dokument-Variable

Syntax: {DocVariable "Name"}

Ermöglicht es, den Inhalt von VBA-Variablen (Visual Basic for Applications) des Word-Dokuments einzufügen.

Eq (Funktion)
Funktion: Erstellt eine mathematische Formel
Syntax: {Eq Anweisungen [Schalter]}
Beschreibung: Kapitel 28, »Formeln«, S. 505

Die Formel wird durch die Anweisungen definiert. Die Anweisungen selber werden durch Schalter differenziert, die meistens die Elemente der Formel formatieren. Innerhalb eines Formel-Feldes können die Anweisungen beliebig kombiniert werden.

Sind mehrere Argumente möglich, stehen bei der Beschreibung leere Klammern. Die Argumente müssen durch Semikola getrennt werden.

Matrix: \a()
Zweidimensionale Matrix aus einer beliebigen Anzahl von Ziffern. Wenn keine Spaltenanzahl definiert wird, stehen die Zahlen alle in einer Spalte untereinander. Bei mehreren Spalten erscheinen die Elemente von links nach rechts in der Reihenfolge, wie sie angegeben werden.

Matrizen können ineinander verschachtelt werden. Die Argumente können auch aus Text bestehen.

Schalter

Schalter	Bedeutung
\al	Innerhalb der Spalten links ausrichten
\ac	Innerhalb der Spalten zentriert ausrichten
\ar	Innerhalb der Spalten rechts ausrichten
\con	Anzahl der Spalten (Vorgabe: 1)
\vsn	Vertikaler Abstand zwischen den Zeilen (in Punkt)
\hsn	Horizontaler Abstand zwischen den Spalten (in Punkt)

Klammern: \b()
Erzeugt eine Klammer, die sich in der Höhe dem Ausdruck anpaßt (zum Beispiel einer Matrix). Der Ausdruck, auf den sich die Klammer bezieht, muß zwischen Klammern gesetzt werden. Dann ergeben sich automatisch runde Klammern. Zusätzlich kann mit den Schaltern das Klammerzeichen bestimmt werden.

Schalter

Schalter	Bedeutung
\lc\x	Linke Klammer aus dem Zeichen *x*
\rc\x	Rechte Klammer aus dem Zeichen *x*
\bc\x	Beide Klammern aus dem Zeichen *x*

Horizontaler Versatz: \d()

Erlaubt die präzise Positionierung eines Elementes: eines ganzen Ausdruckes oder eines einzelnen Zeichens. Zusammen mit Hoch- und Tiefstellen kann ein Element damit beliebig plaziert werden. Der Versatz
bezieht sich immer auf den ganzen nachfolgenden Ausdruck. Am Ende
der Schalter sind leere Klammern obligatorisch. Sie enthalten keine Argumente. Siehe auch Versetzen.

Schalter

Schalter	Bedeutung
\fon()	Versatz nach rechts um *n* Punkt
\ban()	Versatz nach links um *n* Punkt
\li()	Linie vom Ende des versetzten Zeichens bis zum Beginn des nächsten

Bruch: \f(x;y)

Diese Anweisung braucht zwei Argumente (z.B. {EQ \f(2;3)}). Ob die
Elemente Zahlen, Text oder Grafiken sind, spielt keine Rolle. Auf jeden
Fall werden sie übereinander zentriert.

Integral: \i(x;y;z)

Integral mit drei Elementen. Statt des Integralzeichens können mit den
Schaltern auch andere Zeichen zugewiesen werden.

Schalter

Schalter	Bedeutung
\su	Großes Sigma statt des Integralzeichens
\pr	Großes Pi statt des Integralzeichens für ein Produkt
\in	Setzt die Zahlen als Matrix neben das Integral
\fc\x	Ersetzt das Integralzeichen durch das Zeichen *x* in fester Höhe
\vc\x	Ersetzt das Integralzeichen durch das Zeichen *x* in gleicher Höhe wie das dritte Element

Liste: \l()

Erlaubt es, mehrere Ausdrücke zu einem Element zusammenzufassen und zum Beispiel Hoch- oder Tiefstellungen gemeinsam darauf anzuwenden. Die Ausdrücke innerhalb der Klammer können durch ein beliebiges Zeichen voneinander getrennt werden, auch durch Leerzeichen. Beispiel: {EQ A\s\do4(\l(1 2 3))} – die Tiefstellung bezieht sich hier auf alle drei Zahlen,

Überlagern: \o(x;y)

Setzt das zweite Argument über das erste. Normalerweise in die Mitte; aber mit zwei Schaltern auch links- oder rechtsbündig. Stellen Sie sich dazu beide Zeichen innerhalb von Rahmen vor, deren Ränder für die Ausrichtung maßgebend sind.

Die Überlagerung bei Proportionalschriften ist nie genau, da die Zeichen unterschiedliche Breiten haben. Verwenden Sie deshalb Schriften mit festem Zeichenabstand. Eine genauere Positionierung wird auf jeden Fall mit \d (horizontaler Versatz) erreicht. Siehe auch Versetzen.

Schalter

Schalter	Bedeutung
\al	Beide Zeichen links ausrichten
\ac	Beide Zeichen zentriert ausrichten (Vorgabe)
\ar	Beide Zeichen rechts ausrichten

Wurzel: \kr()

Enthält die Wurzel nur ein Argument, steht es im Wurzelzeichen. Bei zwei Argumenten ist das erste der Exponent (über dem Wurzelzeichen). Das Wurzelzeichen paßt sich in der Höhe dem Ausdruck an.

Hoch- und Tiefstellen: \s()

Definiert einen Versatz nach oben oder unten – also Hoch- und Tiefstellung. Mehrere Argumente werden als Matrix übereinander angeordnet. Siehe auch Versetzen.

Schalter

Schalter	Bedeutung
\up$n$	Um n Punkt hochstellen (Vorgabe: 2 Punkt)
\do$n$	Um n Punkt tiefstellen (Vorgabe: 2 Punkt)

Kasten: \x()

Zeichnet eine Linie oder einen Kasten um den Ausdruck. Ohne Schalter wird der Ausdruck umrahmt. Einzelne Linien können kombiniert werden.

Schalter

Schalter	Bedeutung
\to	Linie oben
\bo	Linie unten
\le	Linie links
\ri	Linie rechts
\di*n*	Vergrößert den oberen Abstand zwischen Ausdruck und Rahmen-linie um *n* Punkt; nur für Kasten
\ai*n*	Vergrößert den unteren Abstand zwischen Ausdruck und Rahmen-linie um *n* Punkt; nur für Kasten

FALSE (FALSCH)

Funktion: Wahrheitswert in einer Rechenfunktion
Syntax: FALSE

Ergebnis: 0. Ein Beispiel für den Einsatz finden Sie bei {=IF}.

FileName

Funktion: Der Name des Dokumentes
Syntax: {FileName [\p]}

Der Schalter \p ergänzt den Dateinamen um den Pfad.

FileSize

Funktion: Die Größe des Dokumentes
Syntax: {FileSize [Schalter]}

Ohne zusätzliche Schalter erfolgt die Angabe in Byte.

Schalter

Schalter	Bedeutung
\k	Dateigröße in Kilobyte
\m	Dateigröße in Megabyte. Ist die Datei kleiner als 1 Mbyte, wird 0 ausgegeben

FillIn (Eingeben)

Funktion: Eingabe während des Seriendrucks
Syntax: {FillIn [Eingabeaufforderung] [Schalter]}
Beschreibung: Kapitel 36, »Bedingungen in Serientexten«, S. 585

Fordert beim Druck von Serientexten einen Text an, der in den Serienbrief integriert wird. Die Eingabeaufforderung erscheint in einem Dialogfenster und teilt dem Benutzer mit, was er eingeben soll. In einem normalen Text erscheint das Dialogfenster erst nach Aktualisierung mit F9.

Schalter

Schalter	Bedeutung
\d "Text"	Gibt den einzufügenden Text vor, der nach Belieben abgeändert oder mit ⏎ bestätigt werden kann
\o	Erfragt den einzugebenden Text nur das erste Mal. In den weiteren Serientexten wird er übernommen

Beispiel

Feldfunktion	Ergebnis
{FILLIN "Versandart?" \d "Eilboten"}	

FormCheckbox (FormularKontrollfeld)

Funktion: Kontrollkästchen in einem Formular
Syntax: {FormCheckbox}
Beschreibung: Kapitel 29, »Formulare«, S. 521

Kann nicht manuell eingegeben, nur ausgewählt werden.

FormDropdown (FormularDropdown)

Funktion: Dropdown-Feld in einem Formular
Syntax: {FormDropdown}
Beschreibung: Kapitel 29, »Formulare«, S. 521

Kann nicht manuell eingegeben, nur ausgewählt werden.

FormText (FormularText)

Funktion: Textfeld in einem Formular

Syntax: {FormText}
Beschreibung: Kapitel 29, »Formulare«, S. 521

Kann nicht manuell eingegeben, nur ausgewählt werden.

GoToButton (GeheZu)

Funktion: Springt zu einer bestimmten Position im Dokument
Syntax: {GoToButton Anweisung Anzeigetext}
Beschreibung: Kapitel 14, »Felder«, S. 201

Als Ziel des Sprunges kann eine Textmarke angegeben werden oder, als Code verschlüsselt, eines der Ziele, die von der Menüfunktion BEARBEITEN/GEHE ZU verwendet werden. Der Sprung wird ausgelöst durch einen Doppelklick auf den Anzeigetext oder mit [Alt]+[⇧]+[F9].

Der Anzeigetext soll den Benutzer auf die Sprungmöglichkeit hinweisen. Er darf nicht länger als eine Zeile sein; Anführungszeichen sind nicht nötig, sie gelten als Teil des Textes.

Bei Sprungzielen mit den Codes kann durch Angabe einer Zahl zu einer bestimmten Position, zusätzlich mit Plus- oder Minuszeichen zu einer Position relativ zur jetzigen gesprungen werden.

Schalter

Schalter	Bedeutung
s	Seite
a	Abschnitt
z	Zeile
n	Kommentar
f	Fußnote
e	Endnote
d	Feld
t	Tabelle
g	Grafik
l	Formel
o	Objekt

Beispiele

Feldfunktion	Ergebnis
{GOTOBUTTON marke1 Doppelklicken hier}	Springt zur Textmarke »marke1«.
{GOTOBUTTON z10 Doppelklicken hier}	Springt in die Zeile 10.
{GOTOBUTTON z+10 Doppelklicken hier}	Von hier aus zehn Zeilen abwärts.

Hyperlink

Funktion: Sprung zu einer anderen Stelle
Syntax: {Hyperlink Dateiname [Schalter]}
Beschreibung: Kapitel 25, »Textmarken und Querverweise«, S. 465

Verweis auf eine andere Datei oder eine andere Stelle im Dokument, im Text nach WWW-Konventionen blau und unterstrichen dargestellt. Ein Klick auf den Hyperlink springt zu der angegebenen Stelle und öffnet gegebenenfalls die Datei.

Hyperlinks werden vornehmlich auf Web-Seiten eingesetzt, können jedoch auch in normalen Dokumenten verwendet werden.

Schalter

Schalter	Bedeutung
\h	Die Verknüpfung wird der Verlaufsliste nicht hinzugefügt
\l "Textmarke"	Anzuspringende Position (Textmarke) im Dokument, auf das verwiesen wird
\m	Verknüpfung mit einer ImageMap
\n	Öffnet ein neues Fenster

=If (Wenn)

Funktion: Bedingung in Rechenformeln
Syntax: {=If(x;y;z)}

Wenn x zutrifft, dann tritt y in Kraft, andernfalls z. Als y und z sind nur Zahlenwerte oder Wahrheitswerte zulässig sowie Bezüge auf andere Funktionen oder Textmarken, die Zahlenwerte enthalten. Ein Bezug auf Tabellenbereiche ist nicht möglich. Die Beispiele demonstrieren auch den Einsatz der Wahrheitswerte FALSE (FALSCH) und TRUE (WAHR).

Beispiele

Feldfunktion	Ergebnis
{=IF(2*3=5;111;999)}	999
{=IF(2*3=6;111;999)}	111
{=IF(2*3=5;TRUE;FALSE)}	0
{=IF(2*3=6;TRUE;FALSE)}	1
{SET marke 77}	
{=IF(2*3=5;TRUE;marke)}	77
{=IF(marke <-- 10;2*3;2*5)}	10

If (Wenn)

Funktion: Bedingung
Syntax: {If Bedingung Wahr_Text Falsch_Text}
Beschreibung: Kapitel 36, »Bedingungen in Serientexten«, S. 585

Je nachdem, ob die Bedingung zutrifft oder nicht, werden unterschiedliche Texte in das Dokument eingefügt. Vergleichsoperator und Text müssen durch Leerzeichen voneinander getrennt werden.

Beispiel

Feldfunktion	Ergebnis
{IF Umsatz > 5000 "Sie erhalten einen Bonus" "Sie erhalten nix!"}	Textmeldung, abhängig davon, ob ein Wert (als Textmarke »Umsatz« definiert) größer oder kleiner als 5000 ist.

Import

Funktion: Fügt eine Grafik ein

Diese Feldfunktion aus Word 2.0 zum Einfügen von Grafiken wird zwar nicht mehr verwendet, aber noch akzeptiert. Der Ersatz dafür ist IncludePicture. Um jegliche Probleme auszuschließen, sollte Import durch IncludePicture ersetzt werden.

IncludePicture (EinfügenGrafik)

Funktion: Fügt eine Grafik ein

Syntax: {IncludePicture Dateiname [Schalter]}
Diese Funktion ersetzt IMPORT aus früheren Word-Versionen.

Schalter

Schalter	Bedeutung
\c *Konverter*	Angabe eines Grafikfilters ohne die Dateierweiterung
\d	Verhindert das Speichern der Grafik innerhalb des Word-Dokuments und spart damit Speicherplatz

IncludeText (EinfügenText)

Funktion: Fügt ein Objekt ein
Syntax: {IncludeText Dateiname [Textmarke] [Schalter]}
Beschreibung: Kapitel 30, »Dateien verbinden«, S. 529

Handelt es sich bei dem einzufügenden Objekt um ein Word-Dokument, kann der Text direkt bearbeitet werden.

Schalter

Schalter	Bedeutung
\c *Objektname*	Klassenname des einzufrühenden Objekts
\!	Ausschalten der Aktualisierung durch Word

Index

Funktion: Stellt einen Index zusammen
Syntax: {Index .[Schalter]}
Beschreibung: Kapitel 42, »Index«, S. 653

Der Index wird an der Cursorposition eingefügt. Er beruht auf Indexeinträgen mit der Funktion {XE}. Ein Index aus mehreren Dokumenten wird mit {RD} erstellt.

Schalter

Schalter	Bedeutung
\a	Zeichen mit Akzent werden gesondert sortiert
\b Textmarke	Index beschränkt auf den Bereich der Textmarke
\c Anzahl	Mehrspaltiger Index (höchstens 4 Spalten)
\e Zeichen	Trennzeichen zwischen Eintrag und Seitenzahl Vorgabe: zwei Leerzeichen

Schalter	Bedeutung
\f Kennung	Beschränkt auf einen Eintragstyp
\g Zeichen	Trennzeichen für Seitenfolge. Vorgabe: Bindestrich
\h Zeichen	Unterteilung der alphabetischen Komplexe "A": mit Buchstaben – Leerzeichen: mit Leerzeile
\l Zeichen	Trennzeichen für Seitenzahlen Vorgabe: Komma und Leerzeichen
\p von-bis	Begrenzung auf Einträge mit den angegebenen Anfangsbuchstaben; es müssen zwei Buchstaben angegeben werden, zum Beispiel "a-a"
\s Sequenz	Vor die Seitenzahl wird eine Seqenznummer gesetzt (z.B. Kapitelnummer)
\r	Fortlaufender Index
\d Zeichen	Trennzeichen zwischen Sequenznummer und Seitenzahl (nur in Verbindung mit \s)

Beispiele

Feldfunktion	Ergebnis
{INDEX \h "-A-"}	Unterteilung der Buchstabenkomplexe mit der Zeichenfolge »-A-«.
{INDEX \b a-k}	Nur Einträge mit den Buchstaben A bis K
{INDEX \l "; "}	Seitenzahlen getrennt durch Semikolon und Leerzeichen.
{INDEX \f Nachbarn}	Beschränkt auf Indexeinträge mit der Kennung »Nachbarn«

Info

Funktion: Daten aus der Datei-Info
Syntax: {Info Feld [neuer Wert]}

Die Daten in der Datei-Info können damit auch geändert werden, sofern möglich. Sie können Info auch weglassen und nur den Feldnamen schreiben, zum Beispiel {Author} statt {Info Autor}. Deswegen sind in dieser Referenz alle Info-Felder als eigene Funktionen aufgeführt. Eine Ergänzung dazu ist DocProperty.

=INT

Funktion: Integerwert (nächstkleinere ganze Zahl)
Syntax: {=INT()}

Kein Bezug auf Tabellenbereiche. Hieß früher {GANZZAHL} und wird bei der Übernahme aus Word 2.0 nicht konvertiert!

Beispiele

Feldfunktion	Ergebnis
{=INT(2,3)}	2
{=INT(2,9)}	2

Keywords (Stichwörter)

Funktion: Stichwörter aus der Datei-Info
Syntax: {Keywords [neuer Text]}

Ersetzt die frühere Feldfunktion Schlüssel. Die Stichwörter können damit auch geändert werden.

LastSavedBy (GespeichertVon)

Funktion: Wer hat das Dokument zuletzt gespeichert?
Syntax: {LastSavedBy}

Link (Verknüpfung)

Funktion: Dynamische Verknüpfung von Daten
Syntax: {Link Objektname Dateiname Schalter}
Beschreibung: Kapitel 30, »Dateien verbinden«, S. 529

Nach F9 oder automatisch beim Öffnen der Datei werden die Daten aktualisiert. Geht nur mit Programmen, die OLE unterstützen. Bei einer Tabelle kann auch ein Bereich angegeben werden.

Die Datentypen »Grafik« und »Bitmap« machen die Daten zu Objekten, die nicht direkt bearbeitet werden können. Bei einem Doppelklick öffnet sich die Anwendung, aus der die Daten stammen.

Schalter

Schalter	Bedeutung
\a	Automatische Aktualisierung
\t	Fügt die Daten als unformatierten Text ein

Schalter	Bedeutung
\r	Fügt die Daten als RTF-Text ein *(Rich Text Format)*
\p	Fügt die Daten als Grafik
\b	Fügt die Daten als Bitmap ein
\d	Daten werden nicht im Dokument gespeichert

ListNum (ListenNr)

Funktion: Erzeugt eine Numerierung
Syntax: {ListNum "Name" [Schalter]}
Beschreibung: Kapitel 21, »Listen, Numerierungen, Aufzählungen«,
S. 361

Innerhalb einer gegliederten Liste können Sie damit eine eigene gegliederte Numerierung erzeugen. Der Name bezieht sich auf eine Liste, die Sie mit FORMAT/NUMERIERUNG UND AUFZÄHLUNGEN festgelegt haben.

Schalter

Schalter	Bedeutung
\l	Die Listenebene. Nicht auf neun Ebenen beschränkt wie bei einer Gliederung
\s	Anfangswert des Feldes.
NummerStandard	Numerierungsformat: gegliederte Numerierung (wie {AutoNr})
DezimalStandard	Numerierungsformat: Dezimalnumerierung (wie {AutoNrDez})
GliederungStandard	Numerierungsformat: Gliederung (wie {AutoNrGli})

MacroButton (MakroSchaltfläche)

Funktion: Führt ein Makro aus
Syntax: {MacroButton Makroname Anzeigetext}
Beschreibung: Kapitel 14, »Felder«, S. 201

Der Anzeigetext soll den Benutzer auf die Sprungmöglichkeit hinweisen. Er darf nicht länger als eine Zeile sein und ausnahmsweise **keine** Anführungszeichen haben. Das Makro wird ausgelöst durch einen Doppelklick auf den Anzeigetext oder mit [Alt]+[⇧]+[F9].

Beispiel

Feldfunktion	Ergebnis
{MACROBUTTON TextFormat Doppelklicken Sie hier}	Das Makro »TextFormat« wird ausgeführt.

=MAX

Funktion: Der höchste Wert einer Reihe von Argumenten
Syntax: {=MAX( )}

Kann sich auch auf Tabellenbereiche beziehen.

Beispiele

Feldfunktion	Ergebnis
{=MAX(1;2;3;4)}	4
{=MAX(19;222;33;14)}	222

MergeField (SeriendruckFeld)

Funktion: Feld aus einer Datenquelle
Syntax: {MergeField Feldname}
Beschreibung: Kapitel 36, »Bedingungen in Serientexten«, S. 585

Löst die frühere Funktion Datenfeld ab.

MergeRec (Datensatz)

Funktion: Die Nummer des aktuellen Datensatzes
Syntax: {MergeRec}
Beschreibung: Kapitel 36, »Bedingungen in Serientexten«, S. 585

Die Nummer bezieht sich auf die Reihenfolge in der Datenquelle. Vgl. auch MergeSeq.

MergeSeq (SeriendruckSeq)

Funktion: Nummer des gerade gedruckten Serientextes
Syntax: {MergeSeq}
Beschreibung: Kapitel 36, »Bedingungen in Serientexten«, S. 585

Im Gegensatz zu Datensatz (Datensatznummer) liefert Seriendruck-Seq die Nummer des aktuellen Serientextes.

=MIN

Funktion: Der niedrigste Wert einer Reihe von Argumenten
Syntax: {=MIN( )}

Kann sich auch auf Tabellenbereiche beziehen.

Beispiele

Feldfunktion	Ergebnis
{=MIN(1;2;3;4)}	1
{=MIN(121;2;33;40)}	2

=Mod (Rest)

Funktion: Rest bei einer Division
Syntax: {=Mod(x;y)}

Kein Bezug auf Tabellenbereiche möglich.

Beispiele

Feldfunktion	Ergebnis
{=MOD(10;3)}	1
{=MOD(10;4)}	2
{=MOD(10;3,33)}	0,01

Next (Nächster)

Funktion: Nächster Datensatz wird auf derselben Seite gedruckt
Syntax: {Next}
Beschreibung: Kapitel 36, »Bedingungen in Serientexten«, S. 585

Damit können auch Endlosetiketten bedruckt oder aus einer Datenquelle Listen erstellt werden. Die Felder müssen so oft wiederholt werden, wie sie gedruckt werden sollen. (Geht aber einfacher mit der Option »Katalog« im Seriendruck-Manager.)

Beispiel

Feldfunktion	Ergebnis
{MERGEFIELD Vorname} {MERGEFIELD Name}	Der zweite Datensatz wird unmittelbar nach dem ersten gedruckt
{NEXT}{MERGEFIELD Vorname} {MERGEFIELD Name}	

NextIf (NWenn)

Funktion: Bedingung für den Druck von Serientexten
Syntax: {NextIf Bedingung}
Beschreibung: Kapitel 36, »Bedingungen in Serientexten«, S. 585

Wenn die Bedingung erfüllt ist, wird der Datensatz übergangen und erst der nächste wieder herangezogen. Kann nicht verwendet werden in: Fußnoten, Kommentare, Kopf- und Fußzeilen oder anderen Feldern.

Beispiel

Feldfunktion	Ergebnis
{NEXTIF {MERGEFIELD NACHNAME} = "Maier"}	Der Datensatz »Maier« wird übergangen

=NOT (NICHT)

Funktion: Kehrt die Verhältnisse um
Syntax: {=NOT(x)}

Stimmt das Ergebnis, wird FALSE (FALSCH) gemeldet, andernfalls TRUE (WAHR). Die Rückgabewerte sind 1 (WAHR) oder 0 (FALSCH). Kein Bezug auf Tabellenbereiche möglich.

Beispiele

Feldfunktion	Ergebnis
{=NOT(1+1=2)}	0
{=NOT(1+1=1)}	1

Beispiele

Feldfunktion	Ergebnis
{=ODER(1+1=2;1+1=1)}	1
{=ODER(2+1=2;1+1=1)}	0

NoteRef (FussEndnoteRef)

Funktion: Verweis auf eine andere Fuß- oder Endnote
Syntax: {NoteRef Textmarke [\f]}
Beschreibung: Kapitel 40, »Fußnoten«, S. 629

Bei der Fuß-/Endnote, auf deren Fußnotennummer verwiesen werden soll, muß im Text (nicht im Fußnotenfenster) das Fußnotenzeichen markiert und als Textmarke definiert werden. Auf diese Textmarke wird dann Bezug genommen. Der Schalter \f fügt die Fußnotennummer im Format »Fußnotenzeichen« (hochgestellt) ein. Auf die Seitenzahl der Fußnote kann mit PAGEREF verwiesen werden.

NumChars (AnzZeichen)

Funktion: Die Anzahl der Zeichen, die das Dokument umfaßt
Syntax: {NumChars}

Das Feld wird beim Druck nicht automatisch aktualisiert.

Beispiele

Feldfunktion	Ergebnis
Das Dokument ist {NUMCHARS} Zeichen lang.	Das Dokument ist 582773 Zeichen lang.
Wortlänge: {={NUMCHARS}/ {NUMWORDS}} Zeichen	Wortlänge: 6,44 Zeichen *Mit einer Division der Zeichenanzahl durch die Wortanzahl wird die durchschnittliche Wortlänge ermittelt.*

NumPages (AnzSeiten)

Funktion: Gesamtumfang des Dokumentes
Syntax: {NumPages}
Beschreibung: Kapitel 17, »Kopf- und Fußzeilen«

Das Feld wird beim Druck nicht automatisch aktualisiert.

Beispiel

Feldfunktion	Ergebnis
Seite {PAGE} von {NUMPAGES}	Seite 127 von 478

NumWords (AnzWörter)

Funktion: Die Anzahl der Wörter, die das Dokument umfaßt
Syntax: {NumWords}

Das Feld wird beim Druck nicht automatisch aktualisiert.

Beispiel

Feldfunktion	Ergebnis
Dieser Text umfaßt {NUMWORDS} Wörter	Dieser Text umfaßt 89477 Wörter

=OR (ODER)
Funktion: Wahrheitwert
Syntax: {=OR(x;y)}

Liefert als Ergebnis TRUE (WAHR), wenn mindestens eines der Argumente wahr ist; sind alle Argumente falsch, ist das Ergebnis FALSE (FALSCH). Die Rückgabewerte sind 1 (WAHR – alles richtig) oder 0 (FALSCH – mindestens eins falsch). Kein Bezug auf Tabellenbereiche möglich.

Page (Seite)
Funktion: Die aktuelle Seitennummer
Syntax: {Seite [Format]}
Beschreibung: Kapitel 18, »Kopf- und Fußzeilen«, S. 299

Die Seitennummer kann mit den Schaltern für das Zahlenformat und/oder für die Schreibweisen formatiert werden.

PageRef (SeitenRef)
Funktion: Querverweis auf eine Textmarke
Syntax: {PageRef Textmarke}

Beschreibung: Kapitel 25, »Textmarken und Querverweise«, S. 465

Die Seitenzahl der Textmarke wird eingefügt.

Beispiel

Feldfunktion	Ergebnis
{SET kapname1 "Außer Atem"} Siehe »{kapname1}«, Seite {PAGEREF kapname1}	Siehe »Außer Atem«, Seite 12

Print
Funktion: Direkte Druckanweisungen
Syntax: {Print [Schalter] "Anweisung"}

Sendet Zeichen ohne Übersetzung zum Drucker. Insbesondere geeignet für Steuerzeichen oder für PostScript-Programme.

Schalter
Sollen PostScript-Programme gesendet werden, muß ein Bereich bestimmt werden. Die Syntax lautet dann:

```
{Print \p Bereich "Anweisung"}
```

Der Bereich bestimmt den Ursprung des Koordinatensystems auf der Seite.

Bereich	Bedeutung
\p para	Aktueller Absatz
\p page	Seite
\p pic	Die Grafik hinter {PRINT} im aktuellen Absatz
\p row	Tabellenzeile, in der sich {PRINT} befindet
\p cell	Tabellenzelle, in der sich {PRINT} befindet
\p dict	Definitionen und Prozeduren für die aktuelle Seite

Der Grafikursprung (0,0) wird in die linke untere Ecke des Elements verschoben. Als Clipping-Pfad wird der Umriß des gewählten Elementes definiert. Will das PostScript-Programm über das Element hinaus Text oder Grafik auf die Seite schreiben, wird die Ausgabe am Rand des Elements abgeschnitten.

Das PostScript-Programm wird von Word zwischen gsave und grestore eingeschlossen, damit der Graphic-State wieder restauriert wird. Das ist anders, wenn \p dict verwendet wird. Damit können Prozeduren und Objekte definiert werden, auf die mit weiteren {PRINT}-Feldern oder PostScript-Befehlen zugegriffen werden kann, allerdings nur auf der aktuellen Seite.

Sollen die dict-Definitionen für das ganze Dokument gültig sein, müssen sie in die Kopfzeile eingebunden werden.

Vor jeder Einbindung eines PostScript-Programmes außer bei \p dict werden von Word folgende Definitionen vorgenommen (die Maßeinheit ist Punkt):

Alle Bereiche:

Variable	Bedeutung
wp$y	Höhe des Elements (Y-Richtung)
wp$x	Breite des Elements (X-Richtung)
wp$xorig	X-Ordinate des gewählten Elements in Bezug auf die Seite
wp$yorig	Y-Ordinate des gewählten Elements in Bezug auf die Seite
wp$box	Pfad um das gewählte Element
wp$page	Aktuelle Seitennummer als Integer

Variable	Bedeutung
wp$fpage	Aktuelle Seitennummer als String
wp$date	Aktuelles Datum als String (Format der Systemsteuerung)
wp$time	Aktuelle Uhrzeit als String (Format der Systemsteuerung)

Bereich page (Seite):

Variable	Bedeutung
wp$top	Oberer Seitenrand
wp$bottom	Unterer Seitenrand
wp$left	Linker Seitenrand
wp$right	Rechter Seitenrand
wp$col	Anzahl der Spalten
wp$colx	Breite der einzelnen Spalten
wp$colxb	Abstand der Spalten

Bereich para (Absatz):

Variable	Bedeutung
wp$top	Absatzanfangsabstand
wp$bottom	Absatzendeabstand
wp$left	Linker Einzug
wp$right	Rechter Einzug
wp$first	Einzug der ersten Zeile
wp$style	Name des Druckformats als String

Da der Einsatz auf die aktuelle Seite beschränkt ist, dürfen keine Befehle verwendet werden, die die PostScript-Umgebung zurücksetzen. Dies gilt insbesondere für folgende Befehle:

```
banddevice      copypage        framedevice
grestoreall     initgraphics    initmatrix
nulldevice      renderbands     showpage
```

PrintDate (DruckDat)

Funktion: Das Datum, an dem das Dokument gedruckt wird
Syntax: {PrintDate [\@ "Datumsformat"]}

Das Datum wird mit Schaltern formatiert; sie müssen zwischen Anführungszeichen stehen. Sie können mit den Schaltern für die Uhrzeit kombiniert werden. Beschreibung der Schalter sowie Beispiele im Abschnitt »Datums- und Zeitformate«, S. 993.

Private (Privat)

Funktion: Speichert Daten aus anderen Dateiformaten
Syntax: {Private}

Beim Konvertieren aus anderen Dateiformaten speichert Word Daten in diesem Feld, die für die Rückkonvertierung notwendig sind. Das Feld kann nicht aktualisiert werden und hat keine Auswirkung auf die Formatierung.

=Product (Produkt)

Funktion: Das Produkt aus den Argumenten
Syntax: {=Product()}

Kann sich auch auf Tabellenbereiche beziehen.

Beispiele

Feldfunktion	Ergebnis
{=PRODUCT(1;2;3;4)}	24
{=PRODUCT(0,23;124)}	28,52

Quote (Angeben)

Funktion: Fügt Text oder Sonderzeichen ein
Syntax: {Quote "Text"}
Beschreibung: Kapitel 13, »Felder«

Für Sonderzeichen wird die Funktion {SYMBOL} verwendet.

Beispiele

Feldfunktion	Ergebnis
{QUOTE "Einfügetext"}	Einfügetext

RD

Funktion: Index oder Verzeichnis für mehrere Dateien
Syntax: {RD Dateiname}
Beschreibung: Kapitel 41, »Verzeichnisse«, S. 641; Kapitel 42, »Index«, S. 653

Mit {RD} werden in einer eigenen Datei und jeweils als ein Absatz die Dateien aufgelistet, für die ein Index oder Verzeichnis erstellt werden soll. Zuletzt folgt ein {Index}- oder {TOC}-Feld. Es empfiehlt sich, die Dateinamen samt Pfad anzugeben, auch wenn sie sich im aktuellen Verzeichnis befinden.

Word sorgt nicht für automatischen Anschluß von Seitenzahlen, Fußnoten oder Sequenznummern.

Beispiel

Feldfunktion	Ergebnis
{RD" Datei1"} {RD" Datei2"} {RD "Datei3"} {INDEX} {TOC}	Aus den drei Dateien werden ein gemeinsamer Index und ein gemeinsames Inhaltsverzeichnis erstellt.

REF

Funktion: Bezug auf eine Textmarke
Syntax: {REF Textmarke}
Beschreibung: Kapitel 25, »Textmarken und Querverweise«, S. 465; Kapitel 40, »Fußnoten«, S. 629

Der Inhalt der Textmarke wird eingefügt. Auf REF kann auch verzichtet und statt dessen nur der Textmarkenname angegeben werden, sofern er nicht identisch ist mit dem Namen einer Funktion oder eines Feldes aus einer Steuerdatei.

Der Schalter \f ist eine elegante Möglichkeit, eine Fußnote oder einen Kommentar zu wiederholen. Die Nummer der Fußnote oder des Kommentars, die wiederholt werden soll, muß markiert und als Textmarke definiert werden. Auf diese Textmarke wird dann Bezug genommen und die Fußnote oder Der Kommentar an dieser Stelle erneut eingefügt. Die Numerierung wird automatisch angeglichen. Im Gegensatz dazu kann mit FussEndnoteRef auf eine andere Fußnote verwiesen werden.

Bei einem Kommentar muß darauf geachtet werden, daß die Option *Formatierung bei Aktualisierung beibehalten* im Menü EINFÜGEN/FELD deaktiviert ist, da sonst das Kommentarzeichen nicht verborgen formatiert wird.

Wird mit \n auf eine Absatznummer Bezug genommen, muß im numerierten Absatz eine Textmarke vorhanden sein, wobei es gleichgültig ist, ob der gesamte Absatz oder nur ein Teil davon (z.B. ein Wort) als Textmarke definiert ist. Auch eine leere Textmarke ist möglich.

Schalter

Schalter	Bedeutung
\n	Fügt eine Absatznumerierung so ein, wie sie im Text erscheint
\r	Fügt eine relative Absatznumerierung ein
\w	Fügt eine komplette Absatznumerierung ein, d.h. mit allen Elementen der darüberliegenden Ebenen (»2.B.II«)
\t	In Verbindung mit \n, \r oder \w wird der nichtnumerische Teil einer Absatznumerierung unterdrückt: aus »Kapitel 3« wird »3«
\p	Die relative Position des REF-Feldes zu einer Textmarke. Kommt das REF-Feld vor der Textmarke, wird »unter« angezeigt, andernfalls »über«. Kann kombiniert werden mit \n, \r und \w
\f	Wiederholt eine Fußnote oder Kommentar und ordnet die Numerierung richtig ein
\h	Erstellt einen Hyperlink zu einer Textmarke. Im Dokument erscheint der Inhalt der Textmarke

Beispiele

Feldfunktion	Ergebnis
{SET marke1 "Mir reicht's!"} {REF marke1}	Mir reicht's!
{marke1}	Mir reicht's!

RevNum (ÜberarbeitungsNummer)

Funktion: Wie oft die Datei gespeichert worden ist

Syntax: {RevNum}

Die Angabe wird der Datei-Info entnommen.

=Round (Runden)

Funktion: Rundet die Zahl
Syntax: {=Runden(x;y)}

Kein Bezug auf Tabellenbereiche möglich.

Beispiele

Feldfunktion	Ergebnis
{=ROUND(2,149;2)}	2,15
{=ROUND(2,149;1)}	2,1
{=ROUND(2,15;1)}	2,2

SaveDate (SpeicherDat)

Funktion: Das Datum, an dem die Datei zuletzt gespeichert wurde
Syntax: {SaveDate [\@ "Datumsformat"]}

Das Datum kann mit Schaltern formatiert werden. Auch die Uhrzeit läßt sich einschließen. Beschreibung der Schalter sowie Beispiele im Abschnitt »Datums- und Zeitformate«, S. 993.

Section (Abschnitt)

Funktion: Die Nummer des aktuellen Abschnitts
Syntax: {SECTION}

SectionPages (AbschnittSeiten)

Funktion: Anzahl der Seiten im Abschnitt
Syntax: {SectionPages}

SEQ

Funktion: Zähler
Syntax: {SEQ Zähler [Textmarke] [Schalter]}
Beschreibung: Kapitel 21, »Listen, Numerierungen, Aufzählungen«, S. 361

Beliebig viele Zähler werden nebeneinander verwaltet; sie werden durch je eigene Namen identifiziert. Eine mit SEQ erzeugte Nummer kann auch als Textmarke definiert und darauf Bezug genommen werden. In Kopf-/Fußzeilen wird nicht hochgezählt.

Schalter

Schalter	Bedeutung
\rn	Anfangsnummer *n*; anderenfalls beginnt die Zählung bei 1
\c	Übernimmt die aktuelle Nummer (die letzte in der Sequenz)
\n	Zählt um eins weiter (Standardeinstellung)
\h	Das Feldergebnis wird nicht angezeigt
\s	Setzt die Numerierung bei der Überschriftenebene fort, die hier angegeben wird

Beispiele

Feldfunktion	Ergebnis
{SEQ Tabelle \r5}	Zähler »Tabelle« mit der Anfangsnummer 5
{SEQ kap_1 \c}.{SEQ kap_2}	Zwei Zähler für eine Kapitelnumerierung. Der erste übernimmt den aktuellsten Wert, ohne weiterzuzählen

Set

Funktion: Definiert eine Textmarke
Syntax: {Set Name Inhalt}
Beschreibung: Kapitel 25, »Textmarken und Querverweise«, S. 465

Der Inhalt der Textmarke kann beliebig lang sein. Er muß zwischen Anführungszeichen stehen, wenn er mehr als ein Wort umfaßt. Es kann auch eine leere Textmarke (ohne Inhalt) definiert werden, z.B. für Querverweise. Auf die Textmarke wird mit {REF} Bezug genommen. Bei der Aktualisierung zeigt das Feld kein Ergebnis.

Der Name der Textmarke darf aus Buchstaben (aber keine Leerzeichen), Zahlen (aber nicht an erster Stelle) und Unterstrich bestehen. Deshalb braucht der Name nicht angeführt zu werden.

=Sign (Vorzeichen)

Funktion: Das Vorzeichen des Arguments
Syntax: {=Sign(x)}

Rückgabewerte sind 1 (positives Vorzeichen), −1 (negatives Vorzeichen) oder 0 (die Zahl ist 0). Kein Bezug auf Tabellenbereiche.

Skip (Überspringen)

Funktion: Bedingung zum Überspringen von Datensätzen beim Serien-druck

Syntax: {Skip Bedingung}

Beschreibung: Kapitel 36, »Bedingungen in Serientexten«, S. 585

Alle Datensätze, welche die Bedingung erfüllen, werden übersprungen. Die Bedingung nimmt auf ein Feld der Datendatei Bezug.

Beispiel

Feldfunktion	Ergebnis
{SKIP {MERGEFIELD plz} = 74423}	Alle Datensätze mit der Postleitzahl 74423 werden übergangen

Beispiele

Feldfunktion	Ergebnis
{=AND(2+4=6;2*3=6)}	1
{=UAND(2+4=5;2*3=6)}	0

Beispiele

Feldfunktion	Ergebnis
{=SIGN(222)}	1
{=SIGN(-222)}	-1

SkipIf

Funktion: Bedingung

Syntax: {SkipIf Bedingung}

Wenn die Bedingung wahr ist, überspringt diese Feldfunktion das aktuel-le Seriendruckdokument und beginnt ein neues mit dem nächsten Daten-satz aus der Datenquelle.

StyleRef (FVREF)

Funktion: Fügt den Absatz mit dieser Formatvorlage ein

Syntax: {StyleRef Formatvorlage [\l] [\n]}

Beschreibung: Kapitel 18, »Kopf- und Fußzeilen«, S. 299; Kapitel 14, »Fel-der«, S. 201; Kapitel 25, »Textmarken und Querverweise«, S. 465

Eingefügt wird der Inhalt des Absatzes. Das erlaubt beispielsweise einen »lebenden« Kolumnentitel, der stets die aktuelle Kapitelüberschrift in der Kopfzeile aufführt.

Word sucht den ersten Absatz auf der aktuellen Seite, wenn nicht der Schalter \l angegeben wird. Der Schalter \l spricht den letzten Absatz mit der betreffenden Formatvorlage an.

Gliederungsüberschriften können verkürzt mit den Nummern 1 bis 9 angesprochen werden, der Textkörper mit 0. Ansonsten müssen die Formatvorlagennamen zwischen Anführungszeichen stehen, wenn sie mehr als ein Wort umfassen. Auf Groß- und Kleinschreibung muß nicht geachtet werden.

Soll auf eine Absatznumerierung verwiesen werden (Schalter \n), ist REF flexibler zu handhaben als FVRef.

Schalter

Schalter	Bedeutung
\l	Der letzte Absatz mit dieser Formatvorlage auf der Seite
\n	Fügt die Numerierung des Absatzes ein, auf den verwiesen ist

Beispiele

Feldfunktion	Ergebnis
{STYLEREF Titel}	Der erste Absatz mit dem Format »Titel« wird eingefügt.
{STYLEREF 6 \l}	Der letzte Absatz auf der Seite mit der Formatvorlage »Überschrift 6« wird eingefügt.

Subject (Thema)

Funktion: Das Thema aus der Datei-Info
Syntax: {Subject [neuer Text]}

Das Thema in der Datei-Info kann damit auch geändert werden.

=Sum (Summe)

Funktion: Die Summe der Argumente
Syntax: {=Sum( )}

Bezug auf Tabellen möglich.

Beispiele

Feldfunktion	Ergebnis
{=SUM(1;2;3;4)}	10
{=SUM(12,36;(10/2))}	17,36

Symbol (SondZeichen)

Funktion: Fügt ein Sonderzeichen in den Text ein
Syntax: {Symbol Zeichen [Schalter]}

Das Zeichen sollte mit seinem Dezimalwert angegeben werden.

Schalter

Schalter	Bedeutung
\f "Schriftart"	Der verwendete Zeichensatz
\s Größe	Die Schriftgröße
\h	Ignoriert die Höhe der aktuellen Zeile, so daß das Zeichen oben abgeschnitten wird

Beispiele

Feldfunktion	Ergebnis
{SYMBOL 168\f "Symbol" \s 9}	◆
{SYMBOL 204 \f "MS LineDraw" \s 20}	$\tilde{\mathrm{A}}$

TA

Funktion: Eintrag für Rechtsgrundlagenverzeichnis
Syntax: {TA [Schalter]}
Der Text des Eintrags wird als Versteckter Text formatiert. Das Rechtsgrundlagenverzeichnis erstellt man mit {TOA}.

Schalter

Schalter	Bedeutung
\b	Fettdruck der Seitenzahl des Eintrags
\c Kategorie	Kategorie des Eintrags anhand der Nummer entsprechend der Kategoriereihenfolge

Alle Feldfunktionen 1031

Schalter	Bedeutung
\i	Kursivdruck der Seitenzahl des Eintrags
\l *Vollständig*	Eintrag wird in seiner ausgeschriebenen, langen Form (langes Zitat) wiedergegeben
\r *Textmarke*	Gibt den Bereich der Seitenzahlen an, auf denen sich die Textmarke befindet
\s *Kurzform*	Eintrag wird in Kurzform (Kurzes Zitat im Rechtsgrundlagenverzeichnis) wiedergegeben

TC (Inhalt)

Funktion: Verzeichniseintrag
Syntax: {TC Text [Schalter]}
Beschreibung: Kapitel 41, »Verzeichnisse«, S. 641

Der Text muß zwischen Anführungszeichen stehen, wenn er mehr als ein Wort erfaßt. Der Schalter \f ermöglicht es, mehrere Verzeichnisse unabhängig voneinander zu erstellen. Jedes Verzeichnis bekommt ein eigenes Erkennungszeichen. {TOC} stellt dann das eigentliche Verzeichnis zusammen.

Schalter

Schalter	Bedeutung
\ln	Bestimmt die Verzeichnisebene (1 bis 9) des Eintrags
\fn	Erkennungszeichen für ein Verzeichnis (nur ein Buchstabe)
\n	Unterdrückt die Seitenzahl

Beispiele

Feldfunktion	Ergebnis
{TC "Mit der Tastatur" \l3}	Der Eintrag steht später im Inhaltsverzeichnis in Ebene 3.
{TC "Tabelle 1" \ft}	Verzeichniseintrag mit dem Erkennungszeichen »t«.

Template

Funktion: Der Name der aktuellen Dokumentvorlage
Syntax: {Template [\p]}

Der Schalter \p ergänzt den Namen um den Pfad.

Time (Zeit)

Funktion: Die aktuelle Zeit
Syntax: {Time [Zeitformat]}

Das Zeitformat wird mit Schaltern bestimmt. Aus der Funktion kann auch das Datum herausgezogen werden. Beschreibung der Schalter sowie Beispiele im Abschnitt »Datums- und Zeitformate«, S. 993.

Title (Titel)

Funktion: Der Titel aus der Datei-Info
Syntax: {Title [neuer Text]}

Der Titel in der Datei-Info kann damit auch geändert werden.

TOA

Funktion: Stellt ein Rechtsgrundlagenverzeichnis zusammen
Syntax: {TOA [Schalter]}
Erstellt das Rechtsgrundlagenverzeichnis aus Einträgen mit {TA}.

Schalter

Schalter	Bedeutung
\b *Textmarke*	Beschränkt auf den Bereich der Textmarke
\c *Kategorie*	Beschränkt auf die Einträge mit der angegebenen Kategorienummer
\d	Trennzeichen (maximal 5) zwischen Nummernsequenz und Seitenzahl (nur in Verbindung mit \s) Vorgabe: Bindestrich
\e	Trennzeichen zwischen Eintrag und Seitenzahl - maximal 5 Zeichen
\f *Kennung*	Verzeichnis beschränkt auf Einträge mit diesem Erkennungszeichen
\g	Trennzeichen (maximal 5) zwischen den Seitenzahlen eines mehrseitigen Bezugs Vorgabe: Bindestrich
\h	Zusätzliche Angabe der Kategorieüberschrift
\l *Ebenen*	Verzeichnis beschränkt auf Eintragsfelder mit den angegebenen Ebenen
\p *Zeichen*	Ersetzt fünf oder mehr verschiedene Seitenreferenzen der selben Rechtsgrundlage durch "Passim"
\s *Sequenz*	Setzt vor die Seitenzahl die Nummernsequenz; das Trennzeichen kann mit \d bestimmt werden

TOC (Verzeichnis)

Funktion: Stellt ein Inhalts- oder ein anderes Verzeichnis zusammen
Syntax: {TOC [Schalter]}
Beschreibung: Kapitel 41, »Verzeichnisse«, S. 641

Für das Verzeichnis können sämtliche Formatvorlagen, Beschriftungen und Verzeichniseinträge mit {TC} herangezogen werden. Wenn vor die Seitenzahl eine Sequenznummer gesetzt werden soll (Schalter \s), muß sie im Text mit {SEQ} definiert werden.

Schalter

Schalter	Bedeutung
\a *Kategorie*	Abbildungsverzeichnis aus der angegebenen Beschriftungs-Kategorie, doch ohne Kategorie-Text und Numerierung
\b *Textmarke*	Beschränkt auf den Bereich der Textmarke
\c *Kategorie*	Abbildungsverzeichnis
\d *Zeichen*	Trennzeichen (maximal 5) zwischen Nummernsequenz und Seitenzahl (nur in Verbindung mit \s) Vorgabe: Bindestrich
\f *Kennung*	Verzeichnis beschränkt auf Einträge mit diesem Erkennungszeichen
\l *Ebenen*	Verzeichnis beschränkt auf Eintragsfelder mit den angegebenen Ebenen
\n	Verzeichnis ohne Seitenzahlen
\o *Ebenen*	Verzeichnis beschränkt auf Gliederungsebenen. Es muß ein Bereich angegeben werden
\p *Zeichen*	Trennzeichen zwischen Eintrag und Seitenzahl. Maximal sind zwar 5 Zeichen möglich, jedoch nur eines wird de facto akzeptiert Vorgabe: Tabulator
\s *Sequenz*	Setzt vor die Seitenzahl die Nummernsequenz; das Trennzeichen kann mit \d bestimmt werden
\t *Format*	Verzeichnis aus den angegebenen Formatvorlagen. Mit einem Semikolon angeschlossen werden kann die Verzeichnisebene
\w	Tabulatoren in Tabelleneinträgen werden beibehalten
\x	Zeilenende-Marken in Tabelleneinträgen werden beibehalten

Beispiele

Feldfunktion	Ergebnis
{TOC \t "Zitat;3")	Verzeichnis aus der Formatvorlage »Zitat«; es wird mit »Verzeichnis 3« formatiert.
{TOC \o 3-6}	Verzeichnis aus der Gliederungsebenen 3 bis 6.
{TOC \a "Abbildung" \n}	Verzeichnis aus der Beschriftung »Abbildung«, aber ohne Kategorie-Text, Nummer und Seitenzahl.
{TOC \f "A" \l "1-1"}	Verzeichnis aus Einträgen mit der Kennung »f«, doch nur solche, die der Ebene 1 zugeordnet sind.
{TOC \s nummer \d ":"}	Vor die Seitenzahl wird die Nummer der Sequenz »nummer« gesetzt; Sequenznummer und Seitenzahl sind durch einen Doppelpunkt getrennt.

TRUE (WAHR)

Funktion: Wahrheitswert
Syntax: TRUE

Ergebnis: 1. Ein Beispiel für den praktischen Einsatz finden Sie bei der Funktion {=IF}.

UserAddress (BenutzerAdr)

Funktion: Die Adresse des Benutzers
Syntax: {UserAddress ["Neuer Text"]}

Wird EXTRAS/OPTIONEN/*Benutzer-Info* entnommen; eine neu angegebene Adresse wird dort aber nicht eingetragen, sondern lediglich als Feldergebnis angezeigt.

UserInitials (Benutzerinitialen)

Funktion: Die Initialen des Benutzers
Syntax: {UserInitials ["Neuer Text"]}

Wird EXTRAS/OPTIONEN/*Benutzer-Info* entnommen; neu angegebene Initialen werden dort aber nicht eingetragen, sondern lediglich als Feldergebnis angezeigt.

UserName (Benutzername)

Funktion: Der Name des Benutzers
Syntax: {UserName ["Neuer Text"]}

Wird EXTRAS/OPTIONEN/*Benutzer-Info* entnommen; ein neu angegebener Name wird dort aber nicht eingetragen, sondern lediglich als Feldergebnis angezeigt.

Beispiele

Feldfunktion	Ergebnis
{SET marke_1 Johann}	Der Inhalt der Textmarke besteht nur aus einem Wort, deshalb sind die Anführungen entbehrlich
{SET marke_2 "Johann Caspar David Friedrich"}	Der Inhalt der Textmarke besteht aus mehreren Wörtern, deshalb sind die Anführungen nötig
{SET marke_3 ""}	Eine leere Textmarke

XE

Funktion: Indexeintrag
Syntax: {XE Text [Schalter]}
Beschreibung: Kapitel 42, »Index«, S. 653

Aus den Einträgen wird mit {Index} der Index erstellt. Untereinträge werden durch einen Doppelpunkt getrennt. Enthält der Indexeintrag selbst einen Doppelpunkt, muß ihm der umgekehrte Schrägstrich \ vorangehen.

Schalter

Schalter	Bedeutung
\r *Textmarke*	Faßt Indexeinträge zusammen, die innerhalb eines als Textmarke definierten Bereichs erscheinen
\t *Text*	Verweis statt Seitenzahl
\f *Kennung*	Indexeintragtyp
\b	Seitenzahlen fett
\i	Seitenzahlen kursiv

Beispiele

Feldfunktion	Ergebnis
{XE "Indianer" \t "siehe auch Cowboys"}	Statt der Seitenzahl erscheint der Verweis »siehe auch Cowboys«
{XE "Winnetou" \b}	Die Seitenzahl wird fett gedruckt
{XE "Winnetou" \f "Gutewicht"}	Index läßt sich beschränken auf Einträge mit der Kennung »Gutewicht«

HTML-Referenz

Anhang B

S ie finden hier die wichtigsten, allgemein akzeptierten Tags von HTML
ab Version 3.2. Nicht alle dieser Effekte kann Word im HTML-Modus
darstellen oder erzeugen. Wenn Ihnen kein anderer HTML-Editor zur Verfügung steht, müssen Sie die Tags manuell in den Quellcode eingeben.

\<a>, \</a>
Funktion: Hyperlink; Verweis in lokalem Dokument

Parameter	Bedeutung
`href=URL`	URL des Ziel-Dokuments
`methods=Methoden`	Browser-Verweismethode
`name=Zeichenkette`	neuer lokaler Verweisname
`rel=Beziehung`	Beziehung zum Zieldokument
`target=Zeichenkette`	Name eines verweisenden Frames (Netscape)
`title=Zeichenkette`	Ersatztitel eines verweisenden Dokuments
`urn=URN`	URN Zieldokument (Zukunft)

\<address>, \</address>
Funktion: Einbindung einer Java-Anwendung

<applet>, </applet>
Funktion: Adresse des Web-Designers

Parameter	Bedeutung
align=Ausrichtung	Ausrichtung im Fenster
alt=Zeichenkette	Alternativtext, wenn Applet nicht läuft
code=Klasse	Klasse des Java-Programmes
codebase=URL	Adresse, woher das Applet geladen wird
height=n	Höhe des Applet-Fensters
hspace=n	horizontaler Abstand zum Applet-Fenster
name=Zeichenkette	Name dieses Applets
vspace=n	vertikaler Abstand zum Applet-Fenster
width=n	Breite des Applet-Fensters

<area>
Funktion: Mausfenster für Client-Image-Map

Parameter	Bedeutung
coords=Koordinaten	Koordinatenliste für Anklickregionen
href=URL	Ziel-URL dieser Anklick-Region
nohref	keine Ziel-URL für diese Region
shape=Anklickregion	Form der Anklickregion

<b>, </b>
Funktion: Fettschrift

<base>
Funktion: Neue Basis-URL für dieses Dokument

Parameter	Bedeutung
href=URL	neue Basis-URL
target=Zeichenkette	Standard-Frame Dokument

\<basefont\>
Funktion: Neue Standardschrift

Parameter	Bedeutung
size=n	neue Schriftgröße

\<bgsound\>
Funktion: Hintergrundsound (Internet Explorer)

Parameter	Bedeutung
loop=n | infinite	Wiederholung des Sounds
src=URL	URL der Sounddatei

\<big\>, \</big\>
Funktion: Schrift vergrößern

\<blockquote\>, \</blockquote\>
Funktion: Zitat

\<body\>, \</body\>
Funktion: Dokumentinhalt der HTML-Seite

Parameter	Bedeutung
alink=Farbe	Farbe für aktivierte Hyperlinks (Netscape)
background=URL	URL eines sich wiederholenden Hintergrundbildes
bgcolor=Farbe	Hintergrundfarbe
bgproperties=fixed	Hintergrundbild fixieren (Internet Explorer)
leftmargin=n	Abstand zum linken Rand (Internet Explorer)
link=Farbe	Farbe für Hyperlinks
text=Farbe	Standardfarbe für Fließtext
topmargin=n	Abstand zum oberen Rand (Internet Explorer)
vlink=Farbe	Farbe für bereits besuchte Hyperlinks

\<br\>
Funktion: Zeilenumbruch erzwingen

Parameter	Bedeutung
clear=Richtung	Vorrücken bis zum nächsten Freiraum

\<caption\>, \</caption\>
Funktion: Tabellenbeschriftung

Parameter	Bedeutung
align=Ausrichtung	horizontale Ausrichtung der Beschriftung
valign=Ausrichtung	vertikale Ausrichtung (Internet Explorer)

\<center\>, \</center\>
Funktion: Zentrierung der HTML-Elemente

\<cite\>, \</cite\>
Funktion: Textreferenz

\<code\>, \</code\>
Funktion: Programm-Quelltext

\<comment\>, \</comment\>
Funktion: Kommentar (Internet Explorer)

\<dd\>, \</dd\>
Funktion: Definitionsbegriff einer Definitionsliste

\<dfn\>, \</dfn\>
Funktion: Definition (Internet Explorer)

`<div>`, `</div>`
Funktion: Dokumentabschnitt

Parameter	Bedeutung
align=Ausrichtung	Ausrichtung des Dokumentabschnitts

`<dir>`, `</dir>`
Funktion: Verzeichnis

Parameter	Bedeutung
compact	gestauchtes Aussehen

`<dl>`, `</dl>`
Funktion: Definitionsliste

Parameter	Bedeutung
compact	gestauchtes Aussehen

`<dt>`, `</dt>`
Funktion: Inhalt einer Definition der Definitionsliste

`<em>`, `</em>`
Funktion: Text hervorheben

`<embed>`
Funktion: Einbinden zusätzlicher Dokumente

Parameter	Bedeutung
height=n	Höhe des Dokumentenfensters
hidden	Dokument (un-)sichtbar
parameter=wert	optionale Parameter des Dokumenttyps
scr=URL	Quell-URL des Dokuments
type=MIME-Typ	MIME-Typ des Dokuments
width=n	Breite des Dokumentfensters

\<font>, \</font>
Funktion: Schriftänderung vornehmen

Parameter	Bedeutung
color=Farbe	Farbe der Schrift
face=Schrift	Schriftart (Internet Explorer)
size=n | +n | -n	Schriftgröße, absolut/ relativ

\<form>, \</form>
Funktion: Formular definieren

Parameter	Bedeutung
action=URL	Aktion des Formulars auf dem Server
enctype=Kodierung	Kodierung der Parameter festlegen
method=get | post	Art der Parameterübergabe

\<frame>
Funktion: Definition eines Frames

Parameter	Bedeutung
marginheight=n	Abstand zum oberen/unteren Rand
marginwidth=n	Abstand zum linken/rechten Rand
name=Zeichenkette	Bezeichnung des Frames
noresize	Verbieten von Dimensionsänderungen
scrolling=Rollbalken	Rollbalken aus-/anschalten
src=URL	Quell-URL für diesen Frame

\<frameset>, \</frameset>
Funktion: Definition einer Framestruktur

Parameter	Bedeutung
cols=n | n% | * , .	Anzahl und Breite der Framespalten
rows=n | n% | * , .	Anzahl und Höhe der Framezeilen

\<h1\>, \</h1\>
Funktion: Überschriftsebene 1 – Dokumentüberschrift

Parameter	Bedeutung
align	horizontale Ausrichtung

\<h2\>, \</h2\>
Funktion: Überschriftsebene 2 – Abschnittsüberschrift

Parameter	Bedeutung
align	horizontale Ausrichtung

\<h3\>, \</h3\>
Funktion: Überschriftsebene 3

Parameter	Bedeutung
align	horizontale Ausrichtung

\<h4\>, \</h4\>
Funktion: Überschriftsebene 4

Parameter	Bedeutung
align	horizontale Ausrichtung

\<h5\>, \</h5\>
Funktion: Überschriftsebene 5 – Kommentar

Parameter	Bedeutung
align	horizontale Ausrichtung

<h6>, </h6>
Funktion: Überschriftsebene 6 – Autorenvermerk

Parameter	Bedeutung
align	horizontale Ausrichtung

<head>, </head>
Funktion: HTML-Dokument-Header

<hr>
Funktion: Horizontale Linie

Parameter	Bedeutung
align=Ausrichtung	horizontale Ausrichtung
noshade	3D ausschalten
size=n	Höhe der Linie in Bildpunkten
width=n | n%	Breite der Linie

<html>, </html>
Funktion: Markierung des HTML-Dokuments

Parameter	Bedeutung
version=Version	Versionsbezeichnung des verwendeten HTML

<i>, </i>
Funktion: Kursivschrift

<img>
Funktion: Grafikeinbindung

Parameter	Bedeutung
align=Ausrichtung	Ausrichtung der Grafik
alt=Zeichenkette	Alternativtext bei Grafikproblemen
border=n	sichtbarer Rahmen um Grafik
controls	Zusätzliche Video-Schaltflächen (Internet Explorer)
dynsrc=URL	URL der Video-Sequenz (Internet Explorer)
height=n	Höhe der Grafik
hspace=n	horizontal. Abstand zur Grafik
ismap	Markierung als Server-Imagemap
loop=n	Video-Wiederholrate (Internet Explorer)
lowsrc=URL	Quell-URL der Voransichtsgrafik (Netscape)
src=URL	Quell-URL der Grafik
start=Bedingung	Video-Abspielbedingung (Internet Explorer)
usemap=URL	Markierung als Client-Imagemap
vspace=n	vertikaler Abstand zur Grafik
width=n	Breite der Grafik

<input type=checkbox>
Funktion: Ankreuzfeld im Formular

Parameter	Bedeutung
checked	bereits vorab angewählt
name=Zeichenkette	Parameterbezeichner des Ankreuzfeldes
value=Zeichenkette	Parameter des Ankreuzfeldes

\<input type=file>
Funktion: Dateiauswahl im Formular

Parameter	Bedeutung
maxlength=n	Maximale Anzahl der Zeichen
name=Zeichenkette	Parameterbezeichner der Dateiauswahl
size=n	Anzahl der sichtbaren Zeichen

\<input type=hidden>
Funktion: Verstecktes Element im Formular

Parameter	Bedeutung
maxlength=n	Maximale Anzahl der Zeichen
name=Zeichenkette	Parameterbezeichner des Elements
size=n	Anzahl der sichtbaren Zeichen
value=Zeichenkette	Parameter des Elements

\<input type=image>
Funktion: Benutzerdefinierte Schaltfläche

Parameter	Bedeutung
align=Ausrichtung	Ausrichtung der Grafik
name=Zeichenkette	Parameterbezeichner der Schaltfläche
src=URL	Quell-URL der Grafik

\<input type=password>
Funktion: Paßworteingabe im Formular

Parameter	Bedeutung
maxlength=n	Maximale Anzahl der Zeichen
name=Zeichenkette	Parameterbezeichner des Paßworts
size=n	Anzahl der sichtbaren Zeichen
value=Zeichenkette	Voreingestelltes Paßwort

\<input type=radio\>
Funktion: Auswahlfeld im Formular

Parameter	Bedeutung
checked	bereits vorab angewählt
name=Zeichenkette	Parameterbezeichner des Auswahlfelds
value=Zeichenkette	Parameter des Auswahlfelds

\<input type=reset\>
Funktion: Zurücksetzen des Formulars

Parameter	Bedeutung
value=Zeichenkette	Beschriftung der Schaltfläche

\<input type=submit\>
Funktion: Abschicken des Formulars

Parameter	Bedeutung
name=Zeichenkette	Parameterbezeichner der Schaltfläche
value=Zeichenkette	Parameter der Schaltfläche

\<input type=text\>
Funktion: Texteingabefeld im Formular

Parameter	Bedeutung
maxlength=n	Maximale Anzahl der Zeichen
name=Zeichenkette	Parameterbezeichner des Feldes
size=n	Anzahl der sichtbaren Zeichen
value=Zeichenkette	Vorab definierter Parametertext

\<isindex\>
Funktion: Definition eines Index-Dokuments

Parameter	Bedeutung
`action=URL`	URL des Suchprogrammes (Internet Explorer)
`prompt=Zeichenkette`	Dargestellte Frage nach Suchtext

\<kbd\>, \</kbd\>
Funktion: Tastatureingabe

\<li\>, \</li\>
Funktion: Listeneintrag folgt

Parameter	Bedeutung
`type=Bullet`	Bullet-Typ
`value=n`	Eintragsnummer ändern

\<link\>
Funktion: Beziehung zu anderem Dokument

Parameter	Bedeutung
`href=URL`	Ziel-URL des Bezugsdokuments
`methods=Methoden`	Browser-spezifische Verweismethode
`rel=Beziehung`	Beziehung zum Zieldokument
`rev=Beziehung`	Beziehung vom Ziel-dokument
`title=Zeichenkette`	Ersatztitel eines verweisenden Dokuments
`urn=URN`	URN/Zieldokument (Zukunft)

\<listing\>, \</listing\>
Funktion: Programmlisting (veraltet)

\<map>, \</map>
Funktion: Client-Imagemap-Regionen definieren

Parameter	Bedeutung
name=Zeichenkette	Name dieser Region

\<marquee>, \</marquee>
Funktion: Laufschrift (Internet Explorer)

Parameter	Bedeutung
align=Ausrichtung	vertikale Ausrichtung
behavior=Verhalten	Laufart der Schrift
bgcolor=Farbe	Hintergrundfarbe
direction=Richtung	Laufrichtung der Schrift
height=n	Höhe des Fensters
hspace=n	horizontaler Abstand zum Fenster
loop=n | infinite	Wiederholung der Laufschrift
scrollamount=n	zu überspringende Bildpunkte
scrolldelay=n	Wartezeit zwischen Sprüngen
vspace=n	vertikaler Abstand zum Fenster
width=n	Breite des Fensters

\<menu>, \</menu>
Funktion: Menü

Parameter	Bedeutung
compact	gestauchtes Aussehen

\<meta\>
Funktion: Übergabe von Meta-Infos

Parameter	Bedeutung
content=Zeichenkette	Inhalt der Meta-Info
http-equiv=	Zeichenkette
name=Zeichenkette	Parametername der Meta-Info

\<nextid\>
Funktion: Automatische Dokumentenerstellung (veraltet)

Parameter	Bedeutung
n=n	Startposition der automatischen Erstellung

\<nobr\>, \</nobr\>
Funktion: Absatz ohne Zeilenumbrüche

\<noframes\>, \</noframes\>
Funktion: Abschnitt für Frame-lose Web-Browser

\<objekt\>, \</objekt\>
Funktion: Einbinden zusätzlicher Objekte (Internet Explorer)

Parameter	Bedeutung
align=Ausrichtung	Ausrichtung des Objekts
classid	Klassenidentifikation des Objekts
height=n	Höhe des Objektfensters
hspace=n	horitzontaler Abstand zum Objektfenster
id	interner Objektbezeichner
vspace	vertikaler Abstand zum Objektfenster
width	Breite des Objektsfenters

<ol>, </ol>
Funktion: Numerierte Liste

Parameter	Bedeutung
compact	gestauchtes Aussehen
start=n	Startnummer
type=Numerierung	Art der Numerierung

<option>, </option>
Funktion: Menü-/Listeneintrag im Formular

Parameter	Bedeutung
selected	bereits vorab selektiert
value=Zeichenkette	Parameter des Eintrags

<p>, </p>
Funktion: Textabsatz

Parameter	Bedeutung
align=Ausrichtung	horizontale Ausrichtung

<param>, </param>
Funktion: Parameterübergabe an Applets und andere eingebundene Objekte

Parameter	Bedeutung
name=Zeichenkette	Name des Parameters
value=Zeichenkette	Wert des Parameters

<plaintext>
Funktion: Restliches Dokument als Fließtext (veraltet)

`<pre>`, `</pre>`
Funktion: Vorformatierter Text

Parameter	Bedeutung
width=n	maximale Breite der Vorformatierung

`<s>`, `</s>`
Funktion: Durchgestrichener Text (Internet Explorer)

`<samp>`, `</samp>`
Funktion: Beispieltext

`<select>`, `</select>`
Funktion: Menü oder Auswahlliste im Formular

Parameter	Bedeutung
multiple	Auswahlliste mit mehreren Optionen
name=Zeichenkette	Parameterbezeichner
size=n	Anzahl gleichzeitig dargestellter Einträge

`<small>`, `</small>`
Funktion: Kleinere Schrift

`<strike>`, `</strike>`
Funktion: Durchgestrichener Text

`<strong>`, `</strong>`
Funktion: Stark hervorgehobener Text

`<sub>`, `</sub>`
Funktion: Tiefgestellter Text

`<sup>`, `</sup>`
Funktion: Hochgestellter Text

\<table>, \</table>
Funktion: Definition einer Tabelle

Parameter	Bedeutung
align=Ausrichtung	horizontale Ausrichtung
bgcolor=Farbe	Hintergrundfarbe (Internet Explorer)
border=n	Tabellenrahmen
bordercolor=Farbe	Rahmenfarbe (Internet Explorer)
bordercolordark=Farbe	Rahmenfarbe, dunkler Teil (Internet Explorer)
bordercolorlight=Farbe	Rahmenfarbe, heller Teil (Internet Explorer)
cellpadding=n	Abstand von Rahmen zum Zelleninhalt
cellspacing=n	Abstand zwischen Zellen
hspace=n	horizontaler Abstand zur Tabelle (Internet Explorer)
valign=Ausrichtung	vertikale Ausrichtung
vspace=n	vertikaler Abstand zur Tabelle (Internet Explorer)
width=n | n%	Breite der Tabelle

\<td>, \</td>
Funktion: Datenzelle der Tabelle

Parameter	Bedeutung
align=Ausrichtung	horizontale Ausrichtung
bgcolor=Farbe	Hintergrundfarbe (Internet Explorer)
bordercolor=Farbe	Rahmenfarbe (Internet Explorer)
bordercolordark=Farbe	Rahmenfarbe, dunkler Teil (Internet Explorer)
bordercolorlight=Farbe	Rahmenfarbe, heller Teil (Internet Explorer)
colspan=n	umfassende Spalten
nowrap	Zeilenumbruch unterdrücken
rowspan=n	umfassende Zeilen
valign=Ausrichtung	vertikale Ausrichtung
width=n	Breite der Zelle

<textarea>, </textarea>
Funktion: Mehrzeiliges Texteingabefeld im Formular

Parameter	Bedeutung
cols=n	Zeichenanzahl/Zeile im Feld
name=Zeichenkette	Parameterbezeichner des Felds
rows=n	Zeilenanzahl des Texteingabefelds
wrap=Umbruch	Verwaltung des Zeilenumbruchs

<th>, </th>
Funktion: Überschriftszelle der Tabelle

Parameter	Bedeutung
align=Ausrichtung	horizontale Ausrichtung
bgcolor=Farbe	Hintergrundfarbe (Internet Explorer)
bordercolor=Farbe	Rahmenfarbe (Internet Explorer)
bordercolordark=Farbe	Rahmenfarbe, dunkler Teil (Internet Explorer)
bordercolorlight=Farbe	Rahmenfarbe, heller Teil (Internet Explorer)
colspan=n	umfassende Spalten
nowrap	Zeilenumbruch unterdrücken
rowspan=n	umfassende Zeilen
valign=Ausrichtung	vertikale Ausrichtung
width=n	Breite der Zelle

<title>, </title>
Funktion: Titel des HTML-Dokuments

`<tr>, </tr>`
Funktion: Tabellenzeile

Parameter	Bedeutung
`align=Ausrichtung`	horizontale Ausrichtung
`bgcolor=Farbe`	Hintergrundfarbe (Internet Explorer)
`border=n`	Tabellenrahmen
`bordercolor=Farbe`	Rahmenfarbe (Internet Explorer)
`bordercolordark=Farbe`	Rahmenfarbe, dunkler Teil (Internet Explorer)
`bordercolorlight=Farbe`	Rahmenfarbe, heller Teil (Internet Explorer)
`valign=Ausrichtung`	vertikale Ausrichtung

`<tt>, </tt>`
Funktion: Teletext-Stil

`<ul>, </ul>`
Funktion: Ungeordnete Liste

Parameter	Bedeutung
`compact`	gestauchtes Aussehen
`type=Bullet`	Bullet-Typ

`<var>, </var>`
Funktion: Variablentext

`<wbr>`
Funktion: Potentieller Zeilenumbruch bei `<nobr>`

`<xmp>, </xmp>`
Funktion: Terminal-Beispieltext (veraltet)

Inhalt der CD-ROM
zum Buch

Anhang **C**

A uf der beiliegenden CD-ROM finden Sie alle Beispiele, die ich im Buch behandle, außerdem die wichtigsten Internet-Browser sowie nützliche Shareware-Programme.

C.1   Installation der CD-ROM

Die CD-ROM ist menügesteuert. Hierfür benötigen Sie einen internetfähigen Browser. Sollten Sie auf Ihrem PC noch keinen Browser installiert haben, dann können Sie zwischen dem Microsoft Internet Explorer 5.01 und dem Netscape Communicator 4.7 wählen. Diese finden Sie im Ordner *\Dienste\IE5* bzw. *\Dienste\Netscape*.

Legen Sie die CD-ROM in Ihr Laufwerk ein. Die Menüoberfläche wird nun automatisch über die Autostart-Funktion von Windows 95/98/2000 gestartet. Falls bei Ihrem PC die Autostart-Funktion nicht aktiviert ist, können Sie die Menüoberfläche mit einem Doppelklick auf die Datei *index.htm* aufrufen.

Am linken Rand des Bildschirms, in der Navigationsleiste, finden Sie die einzelnen Menüpunkte, über die Sie den Inhalt der CD-ROM genauer erkunden können.

- ALLES ZUM BUCH: Hier finden Sie alle zum Buch gehörenden Demos und Anwendungen..

- SHAREWARE: eine ganz aktuelle Sammlung von Shareware-Programmen.

- ONLINE: Zugangssoftware zu verschiedenen Onlinediensten wie T-Online und CompuServe.

■► AUTOR: Autorinformationen mit einem Link auf die Webpage von Markt + Technik zu den Titeln dieses Autors sowie mit einer Suchmöglichkeit nach Titeln innerhalb des Produktkatalogs.

■► PRODUKTKATALOG: das gesamte aktuelle Buch- und Softwareprogramm von Markt + Technik.

■► WIR ÜBER UNS: Der Verlag stellt sich vor.

■► KONTAKT: Von hier aus können Sie sich über E-Mail an uns wenden und uns Ihre Meinung zu einzelnen Titeln oder zum Gesamtprogramm mitteilen - wir bitten sogar darum!

Wenn Sie auf einen dieser Menüpunkte klicken, erhalten Sie die dahinterliegenden Informationen. Wenn Sie auf einen unterstrichenen Begriff klicken, öffnet sich der Inhalt eines Ordners, in dem die Dateien zu einem Programm enthalten sind. Die Installation eines Programmes wird häufig durch Doppelklicken auf einen Programmnamen wie beispielsweise *setup.exe* oder *install.exe* durchgeführt.

Falls ein Programm (aufgrund von Autorenvorgaben) nur in komprimierter Form auf der CD-ROM vorliegt, müssen Sie die Datei zunächst in einen beliebig benannten Ordner auf Ihrer Festplatte kopieren und dort entpakken.

Shortcuts

Anhang D

Viele Aktionen gehen mit Shortcuts immer noch schneller als mit der Maus. Vor allem geübte Schreiber tun sich mit diesen Tasten-kombinationen leichter. Die folgenden Tabellen fassen die wichtigsten Shortcuts zusammen.

Löschen, Ausschneiden, Einfügen

Tasten	Bedeutung
`Entf`	Zeichen rechts des Cursors oder markierten Text löschen
`←`	Zeichen links des Cursors löschen
`Strg`+`Entf`	Wort löschen von der Cursorposition bis zum Wortende
`Strg`+`←`	Wort löschen von der Cursorposition bis zum Wortanfang
`Strg`+`X` `⇧`+`Entf`	Ausschneiden (löschen) in die Zwischenablage
`Strg`+`C` `Strg`+`Einfg`	Kopieren in die Zwischenablage
`Strg`+`V` `⇧`+`Einfg`	Einfügen aus der Zwischenablage
`Strg`+`F3`	In Textbaustein »Sammlung« löschen
`⇧`+`Strg`+`F3`	Textbaustein »Sammlung« einfügen

Cursorbewegungen

Tasten	Bedeutung
Strg + →	Ein Wort nach rechts
Strg + ←	Ein Wort nach links
Strg + ↑	Ein Absatz nach oben
Strg + ↓	Ein Absatz nach unten
Pos1	Zum Zeilenanfang
Ende	Zum Zeilenende
Strg + Pos1	Zum Dateianfang
Strg + Ende	Zum Dateiende
Strg + Bild↑	An den oberen Rand des Fensters
Strg + Bild↓	An den unteren Rand des Fensters
Bild↑	Einen Fensterausschnitt nach oben
Bild↓	Einen Fensterausschnitt nach unten
Alt + Pos1	Zum Zeilenanfang in einer Tabelle
Alt + Ende	Zum Zeilenende in einer Tabelle
Alt + Bild↑	Zum Spaltenanfang in einer Tabelle
Alt + Bild↓	Zum Spaltenende in einer Tabelle

Taste	Bedeutung
⇥	Eine Zelle nach rechts (am Ende: Zeile anfügen)
↵	Am Ende einer Zeile: neue Zeile einfügen
Strg + ⇥	Tabstop in einer Zelle
⇧ + ⇥	Eine Zelle nach links
Alt + Pos1	Zum Zeilenanfang (erste Zelle in der Zeile)
Alt + Ende	Zum Zeilenende (letzte Zelle in der Zeile)
Alt + Bild↑	An das obere Spaltenende (erste Zelle in der Spalte)
Alt + Bild↓	An das untere Spaltenende (letzte Zelle in der Spalte)
Strg + ⇧ + ↵	Tabelle teilen

Markieren

Tasten	Bedeutung
`F8`	Markierungsmodus (mit `Esc` wieder ausschalten) bzw. Markierung vergößern
`⇧`+`F8`	Markierung verkleinern
`⇧`+`Strg`+`F8`	Spaltenmodus
`⇧`+`→`	Ein Zeichen rechts
`⇧`+`←`	Ein Zeichen links
`⇧`+`Strg`+`→`	Von der Cursorposition bis zum Wortende (einschließlich des folgenden Leerzeichens)
`⇧`+`Strg`+`←`	Von der Cursorposition bis zum Wortanfang
`⇧`+`Strg`+`↑`	Von der Cursorposition bis zum Absatzanfang
`⇧`+`Strg`+`↓`	Von der Cursorposition bis zum AbsatzendeVon der Cursorposition bis zum Absatzende
`⇧`+`Pos1`	Bis zum Zeilenanfang
`⇧`+`Ende`	Bis zum Zeilenende
`⇧`+`Strg`+`Pos1`	Bis zum Dateianfang
`⇧`+`Strg`+`Ende`	Bis zum Dateiende
`Strg`+`A` `Strg`+`5`	Ganze Datei (`5` im Zehnerblock)
`⇧`+`Alt`+`Bild↑`	Bis an den oberen Rand des Fensters
`⇧`+`Alt`+`Bild↓`	Bis an den unteren Rand des Fensters
`⇧`+`Alt`+`Bild↑`	Tabelle: Von der Cursorposition bis zum Beginn der Spalte
`⇧`+`Alt`+`Bild↓`	Tabelle: Von der Cursorposition bis zum Ende der Spalte
`⇧`+`Alt`+`Pos1`	Tabelle: Von der Cursorposition bis zum Beginn der Zeile
`⇧`+`Alt`+`Ende`	Tabelle: Von der Cursorposition bis zum Ende der Zeile

Bereich	Aktion
Wort	Doppelklick mit der linken Taste
Satz	`Strg` + Klick mit der linken Taste
Zeile	Linke Maustaste in Markierungsspalte drücken
Absatz	Klick in der Formatvorlagenanzeige Doppelklick in der Markierungsspalte Dreifachklick irgendwo im Absatz
Datei	`Strg` + Klick links in der Markierungsspalte Dreifachklick in der Markierungsspalte
Textblock	Linke Maustaste drücken, dann ziehen
Spaltenblock	`Alt` gedrückt halten, linke Maustaste drücken, ziehen

Taste	Bedeutung
`Alt`+`⇧`+`Bild↑`	Markiert von der aktuellen Zelle bis zum Anfang der Spalte
`Alt`+`⇧`+`Bild↓`	Markiert von der aktuellen Zelle bis zum Ende der Spalte
`Alt`+`⇧`+`Ende`	Markiert von der aktuellen Zelle bis zum Ende der Zeile
`Alt`+`⇧`+`Pos1`	Markiert von der aktuellen Zelle bis zum Anfang der Zeile
`Alt`+`5`	Markiert die ganze Tabelle (`5` im Zehnerblock)

Sonderzeichen

Taste	Bedeutung
`Strg`+`_`	Geschützter Trennstrich (Unterstrich)
`Strg`+`-`	Wahlweiser (bedingter) Trennstrich
`⇧`+`Strg`+`Leertaste`	Geschütztes Leerzeichen
`Strg`+`-` (Zehnertastatur)	Gedankenstrich
`Alt`+`Strg`+`-` (Zehnertastatur)	Langer Gedankenstrich (Streckenstrich)

Tabelle 66.8:
Datum, Zeit und
Seite

Tasten	Bedeutung
`Alt`+`⇧`+`D`	Datum-Feld einfügen. Format: `tt.MM.jj` Beispiel: 15.01.97
`Alt`+`⇧`+`T`	Zeit-Feld einfügen. Format: `HH:mm` Beispiel: 10:26
`Alt`+`⇧`+`P`	Seite-Feld einfügen.

Felder

Tabelle 66.9:
Felder

Taste	Bedeutung
`F9` `Alt`+`⇧`+`U`	Feld aktualisieren
`Strg`+`F9`	Feld einfügen
`⇧`+`F9`	Umschalten zwischen der Anzeige von Feldfunktion und Ergebnis (aktuelles Feld)
`Alt`+`F9`	Umschalten zwischen der Anzeige von Feldfunktion und Ergebnis (alle Felder)
`⇧`+`Strg`+`F9` `Strg`+`6`	Feldfunktion durch das Ergebnis ersetzen
`⇧`+`Alt`+`F9`	Feldaktion ausführen
`F11`	Zum nächsten Feld springen
`⇧`+`F11`	Zum vorigen Feld springen
`Strg`+`F11` `Strg`+`3`	Feld sperren (keine Aktualisierung)
`Strg`+`⇧`+`F11` `Strg`+`4`	Feldsperre aufheben
`Strg`+`⇧`+`F7`	Quelle aktualisieren

Tabellen

Taste	Bedeutung
[⇥]	Eine Zelle nach rechts (am Ende der Tabelle: Zeile anfügen)
[↵]	Am Ende einer Zeile: neue Zeile einfügen
[Strg]+[⇥]	Tabstop in einer Zelle
[⇧]+[⇥]	Eine Zelle nach links
[Alt]+[Pos1]	Zum Zeilenanfang (erste Zelle in der Zeile)
[Alt]+[Ende]	Zum Zeilenende (letzte Zelle in der Zeile)
[Alt]+[Bild↑]	An das obere Spaltenende (erste Zelle in der Spalte)
[Alt]+[Bild↓]	An das untere Spaltenende (letzte Zelle in der Spalte)
[Strg]+[⇧]+[↵]	Oberhalb der Zeile einen Textabsatz einfügen (Tabelle teilen)

Taste	Bedeutung
[Alt]+[⇧]+[Bild↑]	Markiert von der aktuellen Zelle bis zum Anfang der Spalte
[Alt]+[⇧]+[Bild↓]	Markiert von der aktuellen Zelle bis zum Ende der Spalte
[Alt]+[⇧]+[Ende]	Markiert von der aktuellen Zelle bis zum Ende der Zeile
[Alt]+[⇧]+[Pos1]	Markiert von der aktuellen Zelle bis zum Anfang der Zeile
[Alt]+[5]	Markiert die ganze Tabelle ([5] im Zehnerblock)

Formatieren

Taste	Bedeutung
`Strg`+`D`	Menü FORMAT/SCHRIFTART
`Strg`+`⇧`+`F`	Fett
`Strg`+`⇧`+`K`	Kursiv
`Strg`+`⇧`+`U`	Unterstreichen
`Strg`+`⇧`+`D`	Doppelt unterstreichen
`Strg`+`⇧`+`W`	Wort unterstreichen
`Strg`+`⇧`+`Q`	Kapitälchen
`Strg`+`+`	Hochstellen und Schrift verkleinern
`Strg`+`#`	Tiefstellen und Schrift verkleinern
`Strg`+`⇧`+`G`	Alles in Groß- oder Kleinbuchstaben
`⇧`+`F3`	Groß-/Kleinschreibung
`Strg`+`9`	Schrift vergrößern um 1 Punkt
`Strg`+`8`	Schrift verkleinern um 1 Punkt
`Strg`+`<`	Schrift verkleinern (um 1 Punkt, wenn kleiner als 12 Punkt; um 2 Punkt, wenn größer)
`Strg`+`>`	Schrift vergrößern (bis 12 Punkt um 1 Punkt größer, danach um 2 Punkt)
`Strg`+`⇧`+`B`	Schriftart »Symbol« für markierten Text
`Strg`+`⇧`+`A`	Schriftart wählen
`Strg`+`⇧`+`P`	Schriftgrad wählen
`Strg`+`⇧`+`H`	Zeichenformat »Verborgen«
`Strg`+`Leertaste` `Strg`+`⇧`+`Z`	Zeichenformatierung aufheben

Tabelle 66.13:
Absatz-
formatierungen

Taste	Bedeutung
`Strg`+`B`	Blocksatz
`Strg`+`E`	Zentrieren
`Strg`+`L`	Linksbündig
`Strg`+`R`	Rechtsbündig
`Strg`+`1`	Normaler Zeilenabstand (einzeilig)
`Strg`+`2`	Doppelter Zeilenabstand
`Strg`+`5`	Eineinhalbfacher Zeilenabstand
`Strg`+`0`	Anfangsabstand einfügen/aufheben
`Strg`+`M`	Einzug bis zum nächsten Tabstopp
`Strg`+`⇧`+`M`	Absatzeinzug aufheben (zurück zum vorigen Tab)
`Strg`+`T`	Hängender Einzug (erste Zeile ausrücken)
`Strg`+`⇧`+`T`	Ausrückung aufheben (zurück zum vorigen Tab)
`Strg`+`Q`	Absatz auf seine Formatvorlage zurücksetzen
`Strg`+`⇧`+`N`	Formatvorlage »Standard« zuweisen

Tabelle 66.14:
Formatvorlagen

Tasten	Bedeutung
`Strg`+`⇧`+`S`	Formatvorlage auswählen/definieren
`Strg`+`Q`	Absatz auf seine Formatvorlage zurücksetzen
`Strg`+`⇧`+`N`	Formatvorlage »Standard«
`Alt`+`1`	Formatvorlage »Überschrift 1«
`Alt`+`2`	Formatvorlage »Überschrift 2«
`Alt`+`3`	Formatvorlage »Überschrift 3«
`Strg`+`⇧`+`L`	Formatvorlage »Aufzählungszeichen«
`Alt`+`⇧`+`→`/`←`	»Überschrift«-Formatvorlagen zuweisen
`Strg`+`J`	AutoFormat starten

Gliederung

Tasten	Bedeutung
`Alt`+`⇧`+`n`	Bis zur Gliederungsebene *n* (1 bis 9) anzeigen (Zahlenreihe)
`Alt`+`⇧`+`A` `x` (Zehnerblock)	Alle Gliederungsebenen samt Textkörper anzeigen/ausblenden
`Alt`+`⇧`+`←`	Eine Ebene höherstufen
`Alt`+`⇧`+`→`	Eine Ebene tieferstufen
`Alt`+`⇧`+`↑`	Verschiebt einen Absatz (oder eine Überschrift samt Text) nach oben, vor den vorigen Absatz
`Alt`+`⇧`+`↓`	Verschiebt einen Absatz (oder eine Überschrift samt Text) nach unten, hinter den nachfolgenden Absatz
`Alt`+`⇧`+`*`	Blendet die zu einer Überschrift gehörenden Unterebenen und Textkörper ein
`Alt`+`⇧`+`-`	Blendet die zu einer Überschrift gehörenden Unterebenen und Textkörper aus
`Alt`+`⇧`+`L`	Zeigt von jedem Absatz des Textkörpers nur die erste Zeile (der Text muß dazu eingeblendet sein)
`Strg`+`⇧`+`N`	Überschrift zu Textkörper herabstufen

Stichwortverzeichnis

KOMPENDIUM

Bestell-Nr. 25487 · **DM 89,95**

Bestell-Nr. 25572 · **DM 89,95**

Bestell-Nr. 25516 · **DM 89,95**

Bestell-Nr. 25354 · **DM 99,95**

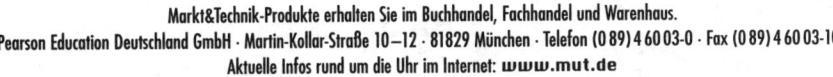